〈약 호〉

1. 외래어
그…그리스 말
네…네덜란드 말
독…독일 말
라…라틴 말
러…러시아 말
범…범어

스…스페인 말
일…일본 말
중…중국 말
포…포르투갈 말
프…프랑스 말

2. 부호
〈속〉 속담
( ) 표제어 한자 표시 및 외래어의 표시
[ ] 발음 표시
〔 〕 표제어 활용
→ 비표준어일 경우 가 보라
← 변한 말의 원말 앞에
: 긴 발음
= 같은 말
예 실지로 쓰이는 보기
①,②,③ 그 말뜻의 여러 갈래 뜻

 비슷한 말   준말   작은말
 반대말   여린말   센말
 본디말   큰말   거센말

표 학 사

아름다운 강수

국어학개론
공통편

조은학회 편

개정 한글 맞춤법·표준어 규정에 따른

머 리 말

우리가 한국 사람이라고 내세울 수 있는 것은 부모가 한국 사람이고, 한국말을 하기 때문입니다.

우리가 하는 한국말은 한국 사람인 부모에게서 듣고 배운 것입니다. 앉혀 놓고 가르친 것은 아닙니다. 그 부모가 한국 사람이지만, 한국말을 하지 않고 어느 다른 나라 말을 하고 살았다면, 그 아기는 그 말을 배웠을 것입니다. 그렇다면 그 사람을 떳떳한 한국 사람이랄 수는 없습니다.

초등 학교에 들어가서부터는 교과서를 가지고 '국어'를 배워 말수를 불려가고 있습니다. 텔레비전과 라디오를 듣고도 말을 배웁니다. 말의 정확한 발음과 뜻, 그리고 쓰임을 알려면 〈국어사전〉을 보아야 합니다.

이 〈국어사전〉은 찾는 법을 익히지 않고는 얼른 찾지 못합니다. 〈국어사전〉을 자꾸 찾아서 말뜻을 정확히 알아야 제 생각을 정확히 말할 수 있고, 남의 말을 바로 알아들을 수가 있습니다.

"나는 생각한다. 그러므로 내가 있다."

파스칼의 말입니다. 생각은 곧 말입니다. 소리 내지 않고 저 혼자 말을 하는 것이 생각입니다. 그러므로 정확한 생각은 정확한 말로만 할 수 있습니다. 말을 정확히 모른다면, 정확한 생각을 할 수가 없습니다.

그 사람이 하는 말은 그 사람의 사람됨을 나타낸다고 합니다. 정확히 발음하고 정확히 표현하는 사람이라야 남이 그 말을 믿고, 그 사람을 믿어 줍니다.

상스러운 말, 천한 말, 거친 말은 흉내도 내지 맙시다. 품위있는 말, 고상한 말을 많이 익히어, 훌륭한 한국 사람으로 자랍시다.

1989년 12월 일   교학사

일러 두기

 이 사전은 초등 학교 학생 여러분의 학습을 돕기 위하여 초등 학교용 교과서를 중심으로, 어린이를 위한 읽을거리에 나타난 낱말들을 모아 그 뜻을 쉽게 풀이하고, 그 말의 쓰임을 보인 것으로, 다음과 같은 점에 유의하였다.

1. 초등 학교 학생의 국어 학습은 물론, 수학·사회·자연·음악 등 학교에서 배우는 모든 교과에 걸쳐 필요하다고 생각되는 낱말을 널리 모았다.
2. 음악 용어·체육 용어랑, 신문·잡지 따위에서 쓰이는 일상 생활에 필요한 낱말도 되도록 많이 넣었다.
3. 활용되는 낱말은 표제어 옆에 그 예를 보였다.
  가깝다〔가까우니, 가까워서〕
  가늘다〔가느니, 가늘어서〕
4. 한자말에는 표제어 옆에 한자를 보였다. 그 표제어에 다른 한자말이 붙어서 된 낱말에는 붙은 말에만 한자를 보였다.
5. 표제어의 발음이 글자와 다를 경우에는 실제의 발음을 〔 〕 안에 보였다.
6. 외래어에는 그 말이 어느 나라 말인가를 표제어 옆에 약어로 표시하고 원어를 보였다.
7. 낱말의 뜻이나 설명은 초등 학교 학생이면 누구든지 알 수 있도록 쉽게 풀이하였다.
8. 설명만으로 알기 어려운 낱말에는 되도록 그림을 보였다.
9. 뜻만으로 이해하기 어려운 낱말에는 예문을 보여 그 낱말의 실제 쓰임을 알게 하였다. 그리고 반대말·비슷한 말을 보였다.
10. 일반 사전의 경우처럼 속담을 어느 낱말에 붙이지 않고 따로 세워 찾기에 편하게 하였다.

사전 찾아보는 방법

우리 한글은 글자 한 자 한 자가 닿소리와 홀소리 글자 둘 이상을 맞춰서 된 것이다. 가령 '학교'라는 두 글자는 'ㅎㅏㄱ' 'ㄱㅛ' 이렇게 다섯 개의 낱자로 된 것이다. 이 사전은 닿소리와 홀소리의 차례대로 말을 벌여 놓았다. 그 차례는 다음과 같다.

ㄱㄴㄷㄹㅁㅂㅅㅇㅈㅊㅋㅌㅍㅎ
ㅏㅑㅓㅕㅗㅛㅜㅠㅡㅣ

ㄲ·ㄸ·ㅃ·ㅆ·ㅉ과 같은 된소리로 시작되는 낱말은 ㄱ·ㄷ·ㅂ·ㅅ·ㅈ의 맨 끝자리에 모아 놓았다.

가급적
가까스로
까다롭다
까딱

둘쨋마디가 된소리인 낱말은 여린 소리가 끝난 다음에 넣었다. 찾아보는 차례를 표로 보이면 다음과 같다.

닿소리 : ㄱㄲㄴㄷㄸㄹㅁㅂㅃㅅㅆㅇㅈㅉㅊㅋㅌㅍㅎ
홀소리 : ㅏㅐㅑㅒㅓㅔㅕㅖㅗㅘㅙㅚㅛㅜㅝㅞㅟㅠㅡㅢㅣ
받 침 : ㄱㄲㄳㄴㄵㄶㄷㄹㄺㄻㄼㄽㄾㄿㅀㅁㅂㅄㅅ
　　　　ㅆㅇㅈㅊㅋㅌㅍㅎ

〈약 호〉

1. 외래어

그…그리스 말   스…스페인 말
네…네덜란드 말   일…일본 말
독…독일 말   중…중국 말
라…라틴 말   포…포르투갈 말
러…러시아 말   프…프랑스 말
범…범어

2. 부호

〈속〉 속담
( ) 표제어 한자 표시 및 외래어의 표시
[ ] 발음 표시
〔 〕 표제어 활용
→   비표준어일 경우 가 보라
←   변한 말의 원말 앞에
:   긴 발음
=   같은 말
예   실지로 쓰이는 보기
①,②,③ 그 말뜻의 여러 갈래 뜻
비 비슷한 말   준 준말   작 작은말
반 반대말   여 여린말   센 센말
본 본디말   큰 큰말   거 거센말

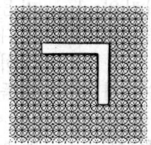

ㄱ[기역] 한글 닿소리의 첫째 글자.

가:[1] ①물건의 바깥쪽을 향하여 끝이 난 곳. ②끝. ③근처. 비 가장자리. 반 가운데.

가[2] 받침이 없는 말에 붙어 그 말이 임자말임을 나타내거나 다른 것으로 변함을 나타내는 말. 예내가 가겠다. 병아리가 닭이 되다.

가감승제(加減乘除) 더하기, 빼기, 곱하기, 나누기.

가:게 물건을 파는 집. 비 상점. 점포.

가게 기둥에 입춘(속) 격에 어울리지 않는다.

가격(價格) 물건의 값. 비 시세. 예가격 조절.

가:결(可決) 옳다고 결정함. 반 부결. —하다.

가경(佳景) 아름다운 경치.

가계부(家計簿) 집안 살림의 수입과 지출을 적는 장부.

가곡(歌曲) ①노래. ②우리 나라 재래 음악의 한 가지.

가공(加工) 인공을 더함. 예원료를 가공하다. —하다.

가공 무:역 외국에서 수입한 공업 원료로 제품을 만들어 다시 수출하는 무역.

가공품 가공하여 만든 물건.

가구(家口) ①집안 식구. ②한 집안이나 한 골목 안에서 살림을 하는 각 집의 수효. 예한 집에 두 가구가 산다.

가구(家具) 집안 살림살이에 쓰는 기구. 비 세간.

가극(歌劇) 노래와 음악을 섞어 가면서 하는 연극.

가:급적(可及的) 될 수 있는 대로. 예가급적 빨리 다녀오렴.

가까스로 ①겨우. ②빠듯하게. ③간신히. 예가까스로 지각을 면하다.

가까이 ①가깝게. ②친근하게. 반 멀리. 예우리 마을 가까이엔 큰 은행나무가 있다.

가깝다〔가까우니, 가까워서〕 ①동안이 멀지 않다. ②거리가 짧다. ③친하다. ④모양이 비슷하다. ⑤날짜가 멀지 않다. 반 멀다. 예가까운 시일 안에 결정해야 한다.

가꾸다 생물을 잘 자라게 하여 주다. 예꽃을 가꾸다.

가끔 ①때때로. ②종종. ③이따금. ④여러 번. 비 간혹. 종종. 반 자주. 늘. 예나는 가끔 늦잠을 잡니다.

가나(일 かな) 일본의 글자. 소리글자이나 낱소리글자는 아님. 자수는 50자.

가난 살림이 넉넉하지 못함. 비 구차. 빈곤. 반 부유. —하다.

가난 구제는 나라도 못 한다〈속〉 가난한 사람의 구제는 나라의 큰 힘으로도 어려우니, 개인의 힘으로는 더욱 어렵다.

가난뱅이 돈과 재물이 없는 사람. 빤부자.

가난한 집 제사 돌아오듯〈속〉 치르기 힘드는 일이 자주 닥쳐 오는 모양.

가내(家內) ①한 집안. 예가내 부업. ②가까운 일가.

가내 공업 집안에서 하는 작은 규모의 공업. 빤공장 공업.

가냘프다 가늘고 약하다. 비연약하다. 빤억세다. 예저 아이는 몸이 퍽 가냘프다.

가노라 '간다'는 뜻의 옛말.

가누다 몸이나 정신을 겨우 가다듬어 차리다. 예평균대 위에서 몸을 잘 가누고 섰다.

가느다랗다 아주 가늘다. 빤굵다랗다.

가느스름하다 조금 가늘다. 예언니 눈썹은 가느스름하다.

가는 날이 장날〈속〉 뜻하지 않은 일이 우연히 들어맞았다.

가는 말에 채찍질한다〈속〉 잘 하는 일을 더 잘 하도록 부추긴다.

가는 말이 고와야 오는 말이 곱다〈속〉 내가 남에게 좋게 해야 남도 남에게 좋게 한다.

가늘다〔가느니, 가늘어서〕 ①굵지 않다. ②소리가 작다. ③넓이가 좁다. ④몸이 파리하다. 빤굵다.

가:능(可能) 될 수 있음. 할 수 있음. 빤불가능. —하다.

가다 ①앞으로 나아가다. 빤오다. ②변하다. ③죽다.

가다듬다 ①정신을 차리다. 예마음을 가다듬고 문제를 해결하다. ②마음을 써서 일을 처리하다. 예해이해진 마음을 가다듬다. ③허랑한 마음을 버리다. ④목청을 바로 차리다. 예목소리를 가다듬다.

가닥 한 군데 딸린 낱낱의 줄.

가담(加擔) ①한편이 되어 일을 함께 함. ②도와 줌. —하다.

가댁질 서로 피하고 서로 잡고 하며 노는 아이들의 장난. —하다.

가두(街頭) 시가의 드러난 길거리. 예가두 행진.

가두다 ①잡아다 감옥에 넣다. ②드나드는 자유를 빼앗다. ③나오지 못하게 하다.

가득 많이 있는 것. 비잔뜩. 예병에 물이 가득 차 있다.

가득하다 ①꽉 차다. ②많이 있다. ③넘도록 차다. 예쓰레기통에 휴지가 가득하다. ④넉넉하다. 큰그득하다.

가득히 가득하게.

가뜬하다 ①기분이나 몸이 상쾌하다. 예푹 잤더니 몸이 가뜬하다. ②생각보다 가볍고 사용하기 편하다. 큰거뜬하다.

가라사대 말씀하시기를.

가라앉다 ①물밑으로 잠기다. ②진정되다. ③부은 것이 내리다. ④기운이 약해지다. 빤뜨다¹. 솟다. 솟아나다.

가락¹ ①손이나 발의 갈라진 부분. 예손가락. ②가느스름하고 기름하게 토막진 물건의 낱개. 예가락국수.

가락² ①음악의 곡조. 비장단. ②물레로 실을 자을 때 실을

가락가락 가락마다.
가락지 금·은으로 만든 손가락에 장식으로 끼는 두 짝의 고리. 비 반지.
가람 '강'의 옛말.
가랑비 가늘게 내리는 비.
가랑비에 옷 젖는 줄 모른다〈속〉재산 따위가 없어지는 줄 모르게 조금씩 줄어들어 간다.
가랑이 ①다리 사이. ②끝이 갈라져 벌어진 부분. 예 바짓가랑이.
가랑잎[-닙] 말라서 떨어지는 나뭇잎. 비 낙엽. 준 갈잎.
가랑잎에 불붙듯〈속〉성질이 조급하여 걷잡을 수 없음.
가랑잎으로 눈가리고 아옹한다〈속〉자기 일을 다 알고 있는 사람을 속이려고 한다.
가랑잎이 솔잎 보고 바스락거린다고 한다〈속〉허물이 많은 사람이 오히려 허물이 적은 사람을 나무라거나 흉을 본다.
가래 ①흙을 파 헤치는 기구. ②흙을 떠서 던지는 농기구.
가래질 농기구인 가래로 흙을 퍼서 떠 옮기는 일. —하다. 〔가래〕
가래톳 허벅다리 언저리가 부어서 몹시 아픈 병.
가:량(假量) ①쯤. ②수효와 분량을 대강 나타내는 말. 비 정도. 예 집에 있는 책들 가운데 3분의 1 가량은 소설이다.
가려내다 분간하여 추리다. 예 잘잘못을 가려내다.
가:련(可憐) 불쌍함. 가엾음. —하다.
가렵다〔가려우니, 가려워서〕①살갗을 긁고 싶다. ②몹시 인색하다. 비 다랍다.
가:령(假令) 이를테면. 예를 들면. 비 만일. 예 내가 가령 부자가 된다면 고아들을 돕겠다.
가례(家禮) 한 집안의 예법.
가로 옆으로 퍼진 모양새. 좌우로 건너지른 모양새. 반 세로.
가로(街路) 시가지의 도로.
가로글씨 옆으로 써 나가는 글씨. 반 세로글씨.
가로놓이다 장애물 따위가 앞에 놓여 있다. 예 어려움이 가로놓여 있다.
가로눕다〔가로누우니, 가로누워서〕①가로 또는 옆으로 눕다. ②길게 바닥에 눕거나 누운 것처럼 놓여 있다. 예 폭풍에 쓰러진 나무가 길에 가로누워 있다.
가로대 ①가로지른 나무 막대기. ②높이뛰기에 가로지른 나무 막대기.
가로막다〔가로막으니, 가로막아서〕①앞을 가로질러 막다. 예 길을 가로막다. ②옆에서 무슨 말이나 행동을 못 하게 하다. 예 말을 가로막다.
가로맡다 남의 일에 참견하다. 남이 할 일을 자기가 하다.
가로수(街路樹) 길거리의 양편에 심은 나무.
가로 좌:표(-座標) 좌표 평면 위의 한 점에서 가로축에 내린 수선이 대응하는 가로축 위의 수치. 반 세로 좌표.
가로 지나 세로 지나〈속〉이렇게 되거나 저렇게 되거나 매한

가로지르다 가지다.
가로지르다〔가로질러, 가로질러서〕 ①옆으로 건너지르다. 예 빗장을 가로지르다. ②가로질러 지나다.
가로축(—軸) 좌표 평면에서 가로로 놓인 수직선.
가루 아주 잘게 부스러진 물건.
가루는 칠수록 고와지고 말은 할수록 거칠어진다(속) 말을 삼가야 한다.
가루다 ①맞서 이기고 지는 것을 판가름하다. 예 승패를 가루다. ②자리를 함께 하다.
가루약(—藥) 가루로 된 약.
가르다〔가르니, 갈라서〕 ①쪼개다. ②따로따로 구분하다. ③ 몫몫이 나누다. 비 쪼개다. 반 합치다.
가르마 머리털을 한가운데로 가른 금. 예 가르마를 타다.
가르치다 ①알아듣게 하다. ②지식을 가지게 하다. ③할 수 있도록 지도하다. 비 지도하다. 반 배우다.
가름 ①함께 하던 일을 서로 나누는 일. ②셈. ③구별. 분별. —하다.
가리¹ 곡식·땔나무 등을 쌓아 둔 더미. 예 낟가리.
가리² 통발 비슷하게 대로 엮어 만든 고기잡는 기구.
가리가리 여러 갈래로 찢어진 모양. 준 갈가리.
가리개 ①가리는 물건. ②사랑방 같은 데 치장으로 치는 병풍의 하나. 두 폭으로 만듦.
가리다 ①택하다. 예 당선작을 가리다. ②골라 가지다. ③나뭇단을 차곡차곡 쌓다. 예 볏단을 가리다. ④덮다. ⑤보지 못하게 싸다. 비 감추다. ⑥머리를 대강 빗다.
가리지 못하다 옳고 그름을 분간하지 못하다.
가리키다 말이나 동작으로 무엇이 있는 곳을 알려 주다.
가마¹ 정수리에 소용돌이 모양으로 난 머리털. 예 쌍가마.
가:마² 조그만 집 모양같이 생긴 것으로 사람을 태워서 앞뒤에서 둘 또는 넷이 메고 다니게 된 탈것. 예 가마 타고 시집가네. 〔가마²〕
가마³ 숯·질그릇·벽돌·기와 등을 굽는 곳. 예 벽돌 가마.
가마니(일 かます) ①곡식을 담는 짚으로 만든 섬의 한 가지. ②가마니의 수효를 세는 말.
-가:마리 늘 욕을 먹거나, 매를 맞거나, 걱정을 당하는 따위의 사람. 예 욕가마리.
가마 밑이 노구솥 밑을 검다 한다(속) 제 흉은 모르고 남의 흉보기는 쉽다.
가만가만 가만히 가만히. 비 살금살금. 슬금슬금.
가만히 ①살그머니. 넌지시. ②소리 없이. ③몰래. 비 조용히. 예 왜 가만히 앉아만 있느냐?
가:망(可望) 될 만한 희망. 비 희망. 예 가망이 없다.
가:면(假面) ①나무·종이 등으로 만든 얼굴 모양의 탈. ②거짓으로 꾸민 표정.
가:멸다 살림이 넉넉하다.
가무(歌舞) 노래와 춤.
가문(家門) 그 집안의 신분 또

는 지위. ㉠가문이 좋다.
가물 가뭄.
가물에 콩 나듯〈속〉 썩 드물다.
가뭄 비가 오랫동안 오지 않는 날씨. 가물. 반장마.
가미(加味) ①음식에 양념 따위를 넣어 맛을 더함. ②어떤 것에 다른 성질의 것을 곁들임.
가방(네 kabas) 물건을 넣어 들고 다니는, 가죽이나 헝겊으로 만든 주머니.
가볍다〔가벼우니, 가벼워서〕 ①무게가 적게 나타나다. ②병세가 대단치 아니하다. ③착실한 맛이 적거나 없다. 반무겁다.
가보(家寶) 대대로 전하여 내려오는 집안의 보물·보배.
가:부(可否) 옳은가 그른가의 여부.
가:분수(假分數) [-쑤] 분모보다 분자가 크거나 같은 분수. 반진분수.
가빠지다 힘에 겨워 숨쉬기가 어려워지다.
가뿐하다 ①들기 좋을 만큼 가볍다. ②몸이 가볍다. ③걸리는 것이 없다.
가쁘다 ①괴롭다. ②매우 고단하여 숨쉬기가 어렵다. ㉠숨이 가쁘다. ③힘에 겹다.
가사(家事) 살림살이에 관한 일. 집안일.
가사(歌詞) 노래의 말.
가설(架設) 건너질러 설치함. ㉠전화를 가설하다. -하다.
가세(加勢) 힘을 보탬. -하다.
가세(家勢) ①그 집 살림살이의 정도. ②집안의 형세. ㉠가세가 기울다.
가속(加速) 속력을 더함. 또, 더해진 그 속도. -하다.
가솔린(gasoline) 휘발유.
가수(歌手) 노래하는 것을 직업으로 하는 사람.
가스(gas) 기체로 된 물질. ㉠도시 가스.
가슬가슬 ①성질이 꽤 까다로워서 수월하지 않은 모양. ②땀이 안 나 매끄럽지 않은 모양. 센까슬까슬. -하다.
가슴 ①목과 배 사이의 앞부분. ②마음이 우러나오는 근본. ㉠가슴 아프다.
가슴 깊이 새기다 잊어버리지 않게 똑똑히 익혀 두다.
가슴뼈 가슴의 한복판에 있는 뼈. 비흉골.
가슴앓이 가슴속이 켕기고 쓰리며 아픈 병.
가슴이 뭉클하다 슬픔이 가슴에 맺혀 답답하고 풀리지 아니하다. ㉠가슴이 뭉클한 장면.
가시 ①초목의 줄기나 잎에 나는 바늘 같은 부분. ②생선의 잔뼈. ③미운 사람의 비유. ④살에 박힌 나무·대 등의 가늘고 뾰족한 거스러미.
가:시(可視) 볼 수 있음.
가시다 ①본디 모양이 바뀌어지거나 없어지다. ㉠아픔이 가시다. ②물 따위로 씻은 것을 다시 헹구다. 반생기다. ㉠입안을 가시다.
가:식(假飾) 말이나 행동을 거짓으로 꾸밈. -하다.
가야금(伽倻琴) 줄 열두 개를 오동나무에 걸어 놓고 타는 악기. 〔가야금〕

가업(家業) 한 집안에 대대로 이어 오는 직업. 또는 한 집안에서 전문적으로 하는 직업.

가:없다 ①한량이 없다. ②끝없다. 예가없이 넓은 바다.

가열(加熱) 어떤 것에 더운 기운을 줌. 반냉각. —하다.

가:엽다 가엾다.

가:없다〔가엾으니, 가엾어서〕 ①불쌍하다. ②가련하다. ③딱하다. ④애처롭다. 애틋하다. 비측은하다. 불쌍하다.

가옥(家屋) 사람이 사는 집. 비집. 예현대식 가옥.

가요(歌謠) 세상에 널리 불려지는 노래. 예국민 가요.

가용(家用) 집안에서 필요하여 씀. 또는 그 물건.

가운(家運) 집안의 운수.

가운(gown) ①흰빛의 긴 웃옷. 의사·약사·이발사 등이 입음. ②여성의 긴 겉옷.

가운데 ①어느 편으로든지 치우치지 아니한 곳. ②중앙. 복판. 중간. ③속. 안. 비중간. 한복판. 반둘레. 가장자리. 가. 본한가운데.

가웃 한 되 또는 한 자의 반. 예두 자 가웃.

가위¹ 옷감을 베거나 종이를 오리는 데 쓰는 쇠로 만든 연모.

가위² 추석.

가위³ 자는 사람이 무서운 꿈 등을 꾸어 놀라는 일. 예가위(에) 눌리다.

가위바위보 손을 펴서 보를 만들고, 두 손가락을 내어 가위를 만들고, 주먹을 쥐어 바위를 만들어 가위는 보에, 바위는 가위에, 보는 바위에 각각 이기는 놀이.

가을 한 해 네 철의 셋째 절기. 입추로부터 입동 전까지.

가을갈이 가을에 논을 갈아 두는 일. —하다.

가을걷이[—거지] 가을에 익은 곡식을 거두어들이는 일. 비추수. —하다.

가을보리 가을에 씨를 뿌리고 이듬해 첫여름에 거두는 보리. 반봄보리. 준갈보리.

가을 중 싸대듯 한다〈속〉 일이 바빠서 이리저리 돌아다닌다.

가입(加入) 단체에 들어감. 비가담. 반탈퇴. 예유엔에 가입했다. —하다.

가작(佳作) ①잘 지은 작품. ②당선 다음가는 작품.

가장 ①제일. ②으뜸. ③첫째. 비제일. 예키가 가장 크다.

가장(家長) 집안의 어른.

가:장(假裝) ①임시로 꾸밈. ②거짓으로 꾸밈. 예가장 행렬. —하다.

가:장자리 물건의 둘레. 비가변두리. 반가운데. 복판.

가:재 앞발 둘은 게의 집게발같이 생겼고, 산골 물이나, 개울 상류의 바위틈에 사는 동물. 〔가재〕

가절(佳節) 좋은 시절. 좋은 명절. 예중추 가절.

가정(家庭) ①자기의 집. ②집안 식구가 한데 모여 사는 집. 예가정 방문.

가정 교:사 남의 집에서 돈을 받고 그 집 아이를 가르치는 사람. 비독선생.

가정 법원(家庭法院) 가정 문제와 소년 범죄 등을 다루는 지방 법원.

가정 상비약(家庭常備藥) 가정에서 응급 치료에 쓰기 위하여 평상시에 준비해 두는 약품.

가:제(독 Gaze) 무명실로 성기게 짠 흰 헝겊을 소독한 것으로 외과에서 많이 씀.

가져오다〔가져와서〕 ①'가지고 오다'의 준말. ②어떠한 결과가 되게 하다. 예행복을 가져오다.

가족(家族) 부부를 기초로 하여 핏줄로 이어져 한 집안을 이루는 사람들. 비식구.

가족 계:획 자녀를 알맞은 정도로 낳아 기르려는 계획.

가죽 동물의 몸을 싸고 있는 껍질을 이룬 물질. 비껍질.

가지¹ 사물을 구별하여 헤아릴 때 하는 말. 비종류.

가지² 풀이나 나무의 원줄기에서 갈려 나간 부분.

가지³ 자줏빛의 기다란 열매로 나물을 만들어 먹는 채소.

가지가지 여러 가지. 여러 종류. 비가지각색. 예사람들 생각도 가지가지다.

가지각색(一各色) 여러 가지 모양과 여러 가지 빛깔. 비가지가지. 각양 각색.

가지다 ①손에 쥐다. ②몸에 지니다. ③마음먹다. ④차지하다. ⑤아이를 배다.

가지런하다 여럿의 끝이 고르다. 비일매지다. 나란하다.

가지치기 나무의 가지를 잘라 주는 일. —하다.

가:짜 옳은 것이 아닌 것. 진짜가 아닌 것. 비거짓. 반진짜.

가:책(呵責) 꾸짖어 책망함. 예양심의 가책. —하다.

가축(家畜) 집에서 기르는 짐승. 소·말·돼지·닭·토끼 따위. 반야수. 예가축 병원.

가치(價値) ①값. 값어치. ②어떤 사물이 지니고 있는 의의나 중요성.

가파르다 땅이 몹시 비탈지다. 예가파른 언덕길.

가풍(家風) 한 집안의 풍습.

가하다(加—) ①주다. 보태다. 반감하다. ②상대방에게 어떤 행동의 영향을 입히다. 예압력을 가하다.

가해(加害) 남에게 해를 끼침. 반피해. 예가해자. —하다.

가호(加護) 하늘이나 신이 힘을 베풀어 잘 보호해 줌. —하다.

가:혹(苛酷) 매우 까다롭고 혹독함. 비혹심. 반관대. 예가혹한 처분. —하다.

가훈(家訓) ①집안 어른들이 자녀들에게 주는 교훈. ②선대부터 그 집안의 도덕적 기준으로 삼아 내려오는 가르침.

가:히 넉넉히. 옳게. 무던한 정도로. 예행동을 보고 그의 마음을 가히 짐작할 수 있다.

각(角) ①뿔. ②모퉁이. ③두 직선의 끝이 서로 만나는 곳.

각가지(各—) 여러 가지. 비갖가지. 예각가지 물건.

각각(各各) 따로따로. 제각기.

각국(各國) 여러 나라. 각 나라. 예각국 대표.

각기(各其) 각각 저마다.

각기둥(角—) 밑면은 다각형이고, 옆면의 모양은 직사각형 또는 정사각형으로 된 것.

각기병(脚氣病)[—뼝] 다리가 붓고 숨이 가쁘며 몸이 나른하게 되는 병. 비타민 B_1의 부족으로 생김.

각도기(角度器) 각의 크기를 재는 기구. 분도기.

각별(各別·恪別) ①유다름. 특별함. 예각별히 주의해라. ②깍듯함. —하다.

각본(脚本) 연극의 꾸밈새·무대의 모양·배우의 대사 등을 적은 글. 비극본.

각뿔(角—) 바닥면의 모양은 다각형이고, 다른 면은 몇 개의 삼각형으로 이루어진 도형.

각상(各床) ①한 사람분씩 따로 차린 음식상. ②각각의 음식상. 반겸상. —하다.

각색(各色) ①각각의 빛깔. ②여러 가지 종류. 비각종. 갖가지. 예각색 식물.

각색(脚色) 소설이나 시 따위를 고쳐 각본으로 만드는 일. —하다.

각서(覺書) ①나라끼리의 외교 문서의 한 가지. ②어떠한 일에 대하여 자기의 태도나 의견을 적은 글.

각설탕(角雪糖) 설탕을 굳게 뭉쳐서 네모 반듯한 정육면체로 만든 것.

각시 ①어린 계집. 젊은 여자. ②조그맣게 만든 여자 인형.

각시방(—房) ①인형이 있는 방. ②새색시의 방.

각양 각색(各樣各色) 여러 가지 모양. 비가지각색.

각오(覺悟) 앞으로의 일에 대비하여 마음의 준비를 함. 또는 그 준비. 비결심. 예새로운 각오로 새학기를 시작하다.

각자(各自) 각각의 자기. 예다치지 않게 각자 조심하자.

각재(角材) 네모지게 켜 낸 재목. 반통나무.

각종(各種) 여러 가지 종류. 비각색. 갖가지. 예각종 상품이 진열되어 있는 백화점.

각지(各地) ①여러 곳. ②각 지방. 비각처. 예수재민을 돕기 위한 돈과 물건이 전국 각지에서 모여들었다.

각처(各處) 여러 곳. 모든 곳. 비각 지방. 각지.

각하(閣下) 높은 자리에 있는 사람을 존경해서 일컫는 말.

각희(脚戲) 씨름. —하다.

간 ①짠맛의 정도. 예음식은 간이 맞아야 제 맛이 난다. ②짠 조미료를 통틀어 이르는 말.

간:(肝) 오장의 하나. 간장.

-간(間) ①둘의 사이임을 뜻하는 말. 예부자간. ②시간·공간적 사이를 뜻하는 말.

간간이(間間—) 가끔. 비간혹. 때때로. 드문드문. 이따금. 반자주. 예어디선지 벌레 소리가 간간이 들려 온다.

간격(間隔) ①물건과 물건의 사이. ②인간 관계의 멀고 가까운 정도. 비틈.

간:결(簡潔) 간단하고 요령이 있음. 비간단. 반복잡. 예간결한 문장. —하다.

간:곡(懇曲) 간절함. 예간곡한 부탁. —하다.

간교(奸巧) 간사한 꾀가 많음. 나쁜 지혜가 많음. 예그는 너구리처럼 간교하다. —하다.

간난(艱難) 몹시 힘들고 어려

움. —하다.

간:니 젖니가 빠지고 나는 이.

간:단(簡單) ①쉽고 단순함. ②복잡하지 않음. 비간결. 간략. 단순. 반복잡. —하다.

간단히 쉽게. 반복잡하게. 예이 일은 간단히 할 수 있다.

간:담회(懇談會) 여럿이 정답게 이야기하는 모임.

간데없다 ①어디 갔는지 모르겠다. ②없어졌다.

간드러지다 예쁘고 맵시 있게 가늘고 부드럽다.

간들거리다 ①바람이 부드럽게 불다. ②간드러지게 자꾸 움직이다. ③물체가 이리저리 자꾸 흔들리다.

간밤 지난밤. 비어젯밤.

간부(幹部) 어떤 모임이나 단체의 중심이 되는 사람들.

간사스럽다(奸詐一) 남을 속이는 태도가 보이다. 예웃어른한테 잘 보이려고 간사스럽게 웃고 있다.

간사하다(奸邪一) ①마음이 온당하지 못하다. ②마음이 바르지 않다. ③거짓이 많다. ④발라 맞추려는 태도가 있다.

간:색(間色) 삼원색 중 두 가지 색을 똑같은 분량으로 혼합하면 나타나는 색. 반원색.

간석지(干潟地) 바닷물이 드나드는 개펄.

간섭(干涉) 남의 일에 무리하게 참견함. 비참견. 반방임. 불간섭. —하다.

간:소(簡素) 순수하고 꾸밈이 없음. 단조롭고 소박함. 비검소. 예생활의 간소화. —하다.

간수 잘 거두어 보호함. 예물건을 잘 간수해라. —하다.

간수(看守) ①보살피고 지킴. ②감옥에서 죄수를 지키고 또 감독하는 사람. —하다.

간:신(奸臣·姦臣) 마음이 바르지 못한 나쁜 신하. 반충신.

간신히(艱辛—) 겨우. 억지로. 가까스로. 반수월히. 예좁은 곳에서 간신히 빠져 나왔다.

간에 가 붙고 염통에 가 붙는다 〈속〉이로우면 인격·체면을 돌보지 않고 아무에게나 아첨을 한다.

간에 기별도 안 간다〈속〉음식이 적어도 먹은 것 같지 않다.

간:유(肝油) 대구·명태·상어 따위의 간에서 짜낸 기름으로, 비타민 에이(A)가 많이 들어 있음.

간:유리(—琉璃)[—뉴—] 유리의 한쪽 면을 모래로 갈아 물건이 비쳐 보이지 않도록 한 유리.

간:이역(簡易驛) 설비를 거의 하지 않고 열차가 정거만 하도록 만들어 놓은 역.

간:장(肝腸) ①간장과 창자. ②애가 타서 녹을 듯한 마음. 예죽은 아들을 생각하는 어머니의 간장은 녹는 듯이 아팠다.

간:장(肝臟) 오장의 하나로서, 뱃속의 오른편 위쪽에 있는 소화 기관. 쓸개즙을 만들고 해독 작용을 함.

간:절(懇切) 일이 이루어지기를 대단히 바람. 비간곡. 절실. 예남북 통일은 우리의 간절한 소원이다. —하다.

간:접(間接) 바로 통하지 아니하고 중간에 남을 통하여 연락

간접세 하는 관계. 町직접.

간:접세 상품에 대한 세금을 만들거나 파는 사람에게 내게 하여, 간접적으로 사는 사람에게 부담시키는 국세. 주세·물품세 따위. 町직접세.

간:접 침략[-냑] 내란을 일으키게 하거나, 간첩을 보내어 사회 질서·민심 등을 뒤흔들어 국가를 뒤엎으려는 행위.

간:주곡(間奏曲) 극 또는 악극 중간에 연주하는 짧은 음악.

간지럽다 ①무엇이 살갗에 닿아 가볍게 문지를 때 참을 수 없이 자릿자릿하게 느껴지다. ②부끄럽다. 예낯간지럽다.

간직 잘 간수하여 둠. 町간수. 보관. -하다.

간척(干拓) 바다·늪 등을 막고, 물을 빼어 농토나 뭍으로 만드는 일. -하다.

간척지 간척을 하여 이룬 땅.

간:첩(間諜) 서로 맞서고 있는 나라의 사정을 알아내거나, 자기 나라 비밀을 적에게 알리는 사람. 스파이·첩자라고도 함. 예무장 간첩.

간:청(懇請) 간곡하게 청함. 町애원. 예한 번만 용서해 달라고 간청하였다. -하다.

간:친(懇親) 다정스럽고 친하게 사귐. 예간친회. -하다.

간:택(揀擇) ①분간하여 고름. ②임금·왕자·왕녀와 결혼할 사람을 고르는 일. -하다.

간판(看板) ①가게 이름, 상품 목록 들을 기록하여 달아 놓은 패. ②겉으로 나타난 것. 곧 졸업한 학교, 경력 따위.

간:편(簡便) 간단하고 편리함. 町간단. 단순. 町번잡. 예간편한 옷차림. -하다.

간:하다(諫一) ①어른이나 임금께 잘못을 고치도록 말하다. ②충고하다.

간행(刊行) 신문·잡지 따위를 박아서 냄. 町출판. 예간행물. -하다.

간:헐(間歇) 그쳤다 이어졌다, 쉬었다 일어났다 함. 예시위가 간헐적으로 일어나다. -하다.

간호(看護) 병자를 돌보아 줌. 町간병. 구완. 예환자를 간호하다. -하다.

간호사 의사를 돕고 병자를 보살펴 주는 사람.

간호 학교 간호하는 법을 가르쳐 주는 학교.

간:혹(間或) 이따금. 어쩌다가. 町가끔. 간간이. 혹간. 町항상. 늘. 예간혹 어릴 때 친구 생각이 난다.

간힘 괴로움을 억지로 참아 이겨 내려고 애쓰는 힘.

갇히다[가치-] 가둠을 당하다. 예죄를 짓고 옥에 갇혔다.

갈:가리 '가리가리'의 준말.

갈개발 하늘로 날리는 연의 아래 양쪽 귀퉁이에 붙이는 쐐기 모양의 긴 종이 조각.

갈고리 끝이 뾰족하고 구부러져서 물건을 끌어 잡아당기는 데 쓰는 물건.

〔갈고리〕

갈:기 말·사자 따위 짐승의 목덜미에 난 긴 털.

갈기갈기 여러 갈래로 찢어진 모양. 예이 서류를 갈기갈기 찢어 버려라.

갈:다 ①논밭을 쟁기로 파 뒤집다. 농사짓다. 圓일구다. ②칼날을 세우다. ③맷돌로 가루를 만들다. ④문질러 광채를 내다. ⑤바꾸다. ⑥노력하여 더욱 훌륭해지다.

갈대[-때] 강가 축축한 곳에 나는 대나무 같은 풀.

갈등(葛藤)[-뜽] ①서로 다툼. ②마음이 맞지 않음. 사이가 좋지 못함. ③일이 서로 얽히어 풀리지 않음.

갈라지다 ①서로의 사이가 멀어지다. ②둘 또는 여럿으로 나누어지다. 凹뭉쳐지다.

갈래 둘 이상으로 나누어진 부분. ⓔ세 갈래로 갈라진 길.

갈리다 ①목이 쉬어 목소리가 거칠어지다. ②가름을 당하다. ⓔ남북으로 갈리다. ③사람·물건이 바뀌다. ⓔ담당자가 갈리다. ④문질러 갊을 당하다. ⓔ이가 갈리다.

갈림길[-낄] 다른 곳으로 갈라져 가는 길. ⓔ죽느냐, 사느냐 하는 갈림길.

갈마들다 서로서로 대신하여 번갈아들다.

갈망(渴望) 목마른 사람이 물을 찾듯이 간절히 바람. 圓열망. —하다.

갈매기 갈매깃과의 바닷물새. 크기는 비둘기보다 좀 크고 털빛은 잿빛, 물갈퀴로 헤엄을 잘 침. 圓백구.

갈모 형제라(속) 아우가 형보다 잘났다.

갈무리 ①물건을 잘 간수함. ②마무리. —하다.

갈비 등에서 가슴까지 둘러싼 뼈로, 사람의 갈빗대는 24개. 圓늑골.

갈비휘다 자기 힘에 겹게 짐이 무겁다.

갈빗대 동물의 가슴을 이루는 좌우 열두 쌍의 굽은 뼈.

갈색(褐色)[-쌕] 거무스름한 주황빛. ⓔ갈색 인종.

갈수록[-쑤-] 더욱더욱. 점점. ⓔ가면 갈수록 입시 경쟁은 치열해진다.

갈수록 태산이다(속) 어려운 일을 당하면 당할수록 점점 더 어려운 일이 닥쳐온다.

갈아입다 다른 옷으로 바꾸어 입다. ⓔ옷을 갈아입다.

갈음 같은 것으로 바꾸어 대신함. ⓔ새 책상으로 갈음하였다. —하다.

갈증(渴症)[-쯩] 목이 몹시 말라서 자꾸 물을 찾는 증세.

갈채(喝采) 기뻐서 크게 소리내 떠들며 칭찬함. ⓔ박수 갈채를 받았다. —하다.

갈치 모양이 긴 칼 같고, 비늘이 없는 바다에 사는 물고기.

갈치가 갈치 꼬리 문다(속) 〔갈치〕 친근한 사이에 서로 모함한다.

갈퀴 낙엽·곡식을 긁어 모으는 데 쓰는 대나 철로 끝을 구부리어 만든 연모.

갈팡질팡 ①이리저리 헤매는 모양. ②방향을 정하지 않고 이리저리 분주히 다니는 모양. 圓허둥지둥. ⓔ어디로 갈지 몰라 갈팡질팡하며 헤매고 있다. —하다.

갈피 ①포개어 놓은 물건의 틈. ②복잡한 일의 갈리어진 곳.

갉다[각따] 날카로운 끝으로 잘게 문지르다. 큰긁다. 예쥐가 책을 갉아먹었다.

갉아대다 날카로운 끝으로 자꾸 문지르다.

감: ①감나무의 열매. ②물건을 만드는 재료.

감:각(感覺) 눈으로 보거나, 귀로 듣거나, 코로 맡거나, 혀로 맛보거나, 살갗이 무엇에 닿아서 느끼는 의식. —하다.

감:개(感慨) 마음속 깊이 사무치게 느낌. 예감개가 무량하다. —하다.

감:격(感激) ①몹시 고맙게 느낌. ②크게 느끼어 마음이 흔들림. 비감동. 감탄. 예선생님의 이야기를 듣고 우리는 모두 감격했다. —하다. —스럽다.

감금(監禁) 가두어 자유를 빼앗고 감시함. —하다.

감:기(感氣) 추워서 오한·두통이 나는 병. 비고뿔.

감기다 ①감게 하다. ②감아지다. 반풀리다.

감:다[-따] ①물로 머리나 몸을 씻다. ②둘러 가며 칭칭 말다. 반풀다. ③눈을 닫다. 반뜨다.

감당(堪當) 당해 냄. 견디어 냄. 비감내. 예내 힘으로 감당해 낼 수가 없다. —하다.

감독(監督) ①보살피어 거느리는 일을 맡아보는 사람. ②보살피어 잘못이 없도록 시키고 부리고 누르는 일. 비감시. 반방임. —하다.

감:돌다[감도니, 감돌아서] 빙빙 감아 돌다. 예그 방은 따뜻한 기운이 감돈다.

감:동(感動) 무엇에 느끼어 마음이 움직임. 비감격. 예그 소녀는 영화를 보고 감동해서 울었다. —하다.

감:량(減量) 분량·무게가 줄어듦. 예체중 감량. —하다.

감로(甘露) 옛날에 좋은 일이 있으면 내린다는 이슬. 이것을 먹으면 오래 산다고 함.

감리교(監理教) 그리스도교의 한 교파.

감:명(感銘) 깊이 느끼어 마음에 새김. —하다.

감:복(感服) ①마음에 깊이 느끼어 쫓음. ②깊이 느끼어 칭찬함. ③탄복함. —하다.

감:빛 익은 감과 같은 빛.

감:사(感謝) ①고마움. ②고맙게 여김. 비사례. 반원망. 예국군 용사들에게 감사를 드리자. —하다.

감사 덕분에 비장 나리 호사한다(속) 남의 덕에 호사한다.

감:사패 감사하는 뜻을 글로 나타낸 패.

감:상(感想) 느낌. 느낀 생각. 예이 글을 읽고 너의 감상을 말해 보아라.

감:상(感傷) 슬프게 느끼어 마음 아파함. —하다.

감상(鑑賞) 문학·미술·음악 따위의 예술 작품을 읽거나 보거나 듣고, 그 좋고 잘된 데를 맛보고 기림. 예음악을 감상하다. —하다.

감:상문 느낌을 적은 글. 예독서 감상문.

감:소(減少) ①줄어서 적어짐.

②덜어서 적게 함. 凹증가. —하다.
감:수(減數) ①뺄셈에서 빼내려는 수. ②수를 줄임. —하다.
감시(監視) 주의하여 봄. 보고 지킴. 단속함. 凹감독. 凹방임. 방관. —하다.
감시원 일이 잘못되지 않도록 보살피는 책임을 맡은 사람.
감:싸다 ①휘감아 싸다. ②흉이나 약점을 덮어 주다.
감:염(感染) 병이나 못된 풍습이 옮아서 물이 듦. —하다.
감옥(監獄) 죄인을 가두어 두는 곳. 凹옥. 형무소.
감자 둥근 알뿌리를 식용으로 하는 농작물 중의 하나. 초여름에 흰빛 또는 자줏빛의 꽃이 피며, 주로 녹말로 된 둥근 알뿌리가 생김.
감장 강아지로 돼지 만든다⟨속⟩ 비슷한 것으로 진짜를 가장해서 남을 속이려 한다.
감:정(感情) 기쁨·슬픔·놀람·성남 따위를 느끼는 마음. 凹기분.
감추다 ①숨기다. 旬비상금을 감추다. ②남이 모르게 하다. 旬속마음을 감추다. 凹드러내다.
감:축(減縮) 덜어서 줄임. 凹축감. 旬예산 감축. —하다.
감:치다 두 헝겊의 가장자리를 마주 대고 실로 감아 꿰매다.
감:침질 바늘로 감치는 일. —하다.
감:탄(感歎) 마음에 감동하여 칭찬함. 凹감격. 탄복. 경탄. 旬영옥이의 고운 노랫소리에는 감탄하지 않는 사람이 없다. —하다.
감:탄문 큰 느낌을 나타내는 글. '아, 참으로 기쁘구나'·'달도 참 밝구나' 따위의 문장.
감:탄사 무엇에 대한 느낌이나 놀람을 소리내는 낱말. 곧 '아아'·'아차'·'어어' 따위.
감:탄하여 마지 않다 어떤 일에 대단히 감탄하다.
감투 ①말총으로 엮어 만든 우리 나라의 고유한 모자의 한 가지. ②벼슬. 旬감투를 썼다. 〔감투〕
감:하다(減—) ①줄이다. ②덜다. ③적게 하다. ④빼다. 旬3에서 2를 감하면 1이다.
감:행(敢行) 용감하게 함. 凹결행. 凹중지. 旬그에게는 어려운 일이라도 감행하는 기개가 있다. —하다.
감:화(感化) 좋은 영향을 받아 감동되어 마음이 변화함. 旬나는 위인의 전기를 읽고 감화를 받았다. —하다.
감:회(感懷) 마음에 느낀 생각과 회포.
감:흥(感興) 마음에 깊이 감동되어 일어나는 흥취. 旬감흥이 일다.
감:히(敢—) ①송구함을 무릅쓰고. ②두려움을 무릅쓰고. 두려움 없이. 旬누구 앞이라고 감히 그런 말을 하느냐.
갑갑하다 ①일의 결과를 몰라 애가 타다. ②마음이 후련하지 아니하다. ③언행이 민첩하지 않다. ④트이지 않아 불쾌하다. 凹답답하다. 凹시원하다.
갑문식(閘門式) 운하나 독 따위

에서 선박을 통과시키기 위하여 수면의 높낮이를 고르게 하는 장치.

갑사댕기(甲紗—) 갑사 비단에 물감을 들인 댕기.

갑석 돌 위에 얹는 납작한 돌.

갑신정변(甲申政變) 1884년 12월, 우정국 낙성식을 기회로 개화파가 보수 세력을 몰아내고자 일으킨 정변.

갑오개혁(甲午改革) 1894년 개화당이 집권한 후 옛날식인 정치 제도를 서양의 진보적인 방식을 본받아 고친 우리 역사상 가장 큰 개혁.

갑옷(甲—) 옛날 전쟁할 때 화살이나 칼을 피하기 위하여 입던 쇠붙이로 만든 옷.

갑자기 생각할 새도 없이. 비별안간. 문득. 예검은 구름이 몰려오더니 갑자기 소나기가 쏟아졌다.

갑작스럽다〔갑작스러우니, 갑작스러워서〕생각할 사이도 없이 아주 급하다.

갑절 어떤 수를 두 번 합한 분량. 비곱. 배. 반절반. 예100은 50의 갑절이다. —하다.

갑종(甲種) 여러 종류의 것을 갑·을·병 등으로 차례를 정할 때의 그 첫째.

갑판(甲板) 배나 군함 위의 넓고 평평한 바닥.

값 ①사람이나 물건이 가지고 있는 중요성. ②작정한 금액. 예값을 정하다. ③주고받는 돈. 대금.

값나가다 값이 많이 나가다. 귀하게 되다. 가치 있다. 준값가다. 예값나가는 물건.

값도 모르고 싸다 한다〈속〉일의 내용이나 사정을 자세히 알지도 못하면서 덮어놓고 이렇다 저렇다 말한다.

값비싸다 ①값이 싸지 않다. ②값어치가 있다.

값싼 갈치 자반〈속〉값이 헐하고 쓰기에도 무던한 물건.

값싼 것이 비지떡〈속〉값이 싸면 품질은 좋을 수 없다.

값어치 ①가치. ②값. 예값어치가 있는 일.

값있다[가빋따] 무슨 일에 보람이 있다. 예값있는 일.

값지다 값이 많이 나갈 정도로 가치가 있다. 예값진 물건.

갓[1] 남자가 외출할 때에 머리에 쓰던 옛 모자의 한 가지.

[갓[1]]

갓[2] 금방. 이제 막. 예서울에서 버스로 갓 도착했다.

갓고깔 갓과 고깔.

갓나다 막 세상에 태어나다.

갓난아이[갓—] 낳은 지 얼마 안 된 아이. 준갓난애.

갓난애 '갓난아이'의 준말.

갓털 식물의 씨방 끝에 붙은 솜털 같은 것으로 꽃받침이 변해서 되었음. 비관모.

강(江) 크고 길게 흐르는 내. 비내. 하천. 반산.

강가[—까] 강의 가장자리. 강변. 예강가를 거닐다.

강감찬(姜邯贊, 948~1031) 고려의 유명한 장군. 1018년 거란족이 고려를 침입해 왔을 때, 귀주(지금의 구성)에서 큰 승리를 거두었음.

강강술래 부녀자들의 민속적인 춤, 또는 노래. '강강술래'라고 소리를 하면서 둥글게 늘어서서 추는 춤으로 임진왜란 때부터 유래함.

강건(康健) 기력과 몸이 튼튼하고 굳셈. —하다.

강경(强勁) ①도무지 굽히지 아니함. ②굳셈. ⑩강경한 태도. —하다.

강국(强國) 백성이 잘 살고 군사가 강한 나라.

강:권(强權)[-꿘] 억지로 누르는 권세. 비강제.

강기슭 강 양편의 가장자리 땅.

강남(江南) 중국 양쯔 강 이남의 땅이름. 제비가 겨울 동안 가 있는 곳.

강낭콩 콩의 한 종류로 여름에 흰빛 또는 자줏빛 꽃이 피고, 가늘고 긴 깍지에 열매가 열림. 열매는 식용함.

강:당(講堂) 학교에서 식이나 훈화를 하는 큰 방.

강대(强大) ①튼튼하고 큼. ②국력이 강하고 영토가 넓음. 반약소. —하다.

강대국 세력이 강하고 큰 나라. 반약소국.

강:도(强盗) 폭행·협박 같은 방법으로 남의 물건을 뺏는 사람.

강동 육주(江東六州) 고려 성종 12년(993)에 지금의 평안 북도의 서북면 해안 지대에 설치한 6주. 흥화·용주·통주·철주·귀주·곽주 등.

강력(强力) 힘이 굳센 것. 반무력. —하다.

강령(綱領) 일의 으뜸되는 큰 줄거리.

강릉(江陵)[-능] 강원도 동해안에 있는 중요한 도시. 명승 고적으로는 경포대·해운정·보현사·대관령 등이 있음.

강물도 쓰면 준다〈속〉 아무리 많아도 너무 헤프게 쓰면 없어지는 것이니 모든 것을 많다고 마구 쓰지 말고 아껴 써라.

강변 도:로(江邊道路) 강가를 따라 만들어 놓은 길. 비강가 도로.

강산(江山) ①강과 산. ②자연. ③나라. ④땅. 비강토. 산천.

강상(江上) 강물의 위.

강소천(姜小泉, 1915~1963) 아동 문학가. 함경 남도 고원 출생. 작품집에는〈호박꽃 초롱〉·〈꽃신〉·〈진달래와 철쭉〉·〈인형의 꿈〉등이 있음.

강:수량(降水量) 하늘에서 내린 물의 총량. 빗물과 눈을 녹인 물 등을 합친 양.

강:습(講習) 학문·기술 따위를 가르치고 받아 익힘. —하다.

강:습회 여러 사람을 한자리에 모아 놓고 학문이나 기술 따위를 가르쳐 주는 모임.

강심제(强心劑) 심장이 쇠약할 때에 쓰는 약으로 먹기도 하고 주사도 함.

강아지 개의 새끼.

강아지 똥은 똥이 아닌가〈속〉 다소 차이는 있을지라도 그 본바탕은 다 같다.

강아지 왈츠 강아지가 뛰노는 것을 보고 지은 쇼팽의 곡.

강압(强壓) 강한 힘으로 억누름. 비억압. —하다.

강:연(講演) 강의하는 식으로

연설함. 🔵연설. —하다.
강:연회 여러 사람에게 이야기하기 위한 모임.
강:요(強要) 무리하게 요구함. 억지로 기어이 시킴. ⑩복종을 강요하다. —하다.
강우규(姜宇奎, 1855~1920) 독립 운동가. 1919년 일본 제3대 총독 사이토에게 폭탄을 던졌으나 실패하였음.
강:의(講義) 글·학설의 뜻을 자세히 설명함. —하다.
강:의실 강의하는 교실.
강장제(強壯劑) 몸의 영양 부족, 쇠약을 회복하여 튼튼하게 하는 약제.
강재구(姜在求, 1937~1965) 베트남 출전을 앞두고 전우애와 희생 정신으로써 거룩한 군인 정신을 나타내었던 우리 국군 맹호 부대의 장교.
강적(強敵) 아주 강한 적.
강:제(強制) ①어떤 일을 억지로 하게 함. ②남의 자유를 억누름. 🔵강권. —하다.
강:제 노동 국가의 권력 따위로 강제로 시키는 노동.
강:제 노동 수용소 강제로 노동을 시키기 위하여 사람들을 모아 두는 곳. 공산주의 국가에서 볼 수 있음.
강:조(強調) 힘차게 높이 부르짖음. 🔵역설. —하다.
강조(康兆, ?~1010) 고려 시대의 정치가이며 장군. 현종 때 요나라 군사를 맞아 싸웠음.
강:좌(講座) ①대학 교수로서 맡은 학과목. ②오랫동안 두고 높은 정도의 학술을 가르치는 강습회나 강의록.
강직(剛直) 마음이 굳세고 곧음. ⑩강직한 선비. —하다.
강철(鋼鐵) 쇠 중에도 가장 강한 쇠. 🔴연철.
강철 같은 결심 강철과 같이 굳고 단단하게 마음먹은 것.
강타(強打) 세게 침. ⑩강타한 공이 담을 넘어갔다. —하다.
강:탈(強奪) 억지로 빼앗음. —하다.
강토(疆土) 한 나라의 국경 안에 있는 땅. 🔵강산. 영토. 국토. ⑩삼천리 우리 강토.
강하다(強—) ①힘이 세다. ②굳세다. ③튼튼하다. 🔵세다. 억세다. 🔴약하다.
강:행(強行) 강제로 시행함. ⑩억수 같은 빗속에서도 경기를 강행했다. —하다.
강호(江湖) ①강과 호수. ②세상을 비유하여 이르는 말.
강호(強豪) ①강하여 맞서 겨루기 어려운 상대. ②아주 강한 팀. ⑩강호를 물리치다.
강:화(強化) 부족한 점을 보충하여 더 튼튼하고 강하게 함. 🔴약화. —하다.
강화 대:교(江華大橋) 경기도 김포와 강화도 사이의 염하에 건설하여 육지와 섬을 연결하는 다리.
강화도 인천 광역시 강화군이 자리잡고 있는 섬. 인삼과 화문석 생산지로 유명함. 이 곳 마니산 꼭대기에는 단군 성지인 첨성단이 있음.
강화도 조약 1876년 우리 나라와 일본간에 체결된 최초의 수호 조약으로, 병자 수호 조약이라고도 함. 이로 인하여 우

강:화 조약(講和條約) 싸우던 나라끼리 평화를 맺는 조약.

강희안(姜希顏, 1417~1464) 조선 시대 초기의 화가. 산수화를 잘 그렸음.

갖가지 가지가지. 비각가지. 각종. 예백화점에는 갖가지 물건이 모두 갖춰져 있다.

갖은 골고루 갖춘. 비온갖.

갖추갖추 골고루 모두 다. '갖추'를 되풀이하여 뜻을 세게 함. 예바닷가에 가면 여러 종류의 조개를 갖추갖추 얻을 수 있다.

갖추다[갖추니, 갖추어서] ①미리 차리어 놓다. ②모자라지 않게 준비하다.

갖춘마디 악보 첫머리에 있는 박자표 대로 되어 있는 마디. 반못갖춘마디.

같다 ①이것과 저것이 서로 다르지 않다. ②딴 것이 아니다. 반다르다.

같은 값이면 다홍치마〈속〉 이왕 같을 바에는 품질이 좋은 것을 취한다.

같은 또래 나이가 비슷한 사이.

같이[가치] ①같게. ②함께. ③처럼. 비함께. 반혼자. 예나와 같이 놀자.

같이하다[가치—] 똑같은 사정에 놓이다. 함께 하다.

갚다 ①돌려주다. ②물어주다. 비보답하다. 반꾸다.

개: 가정에서 흔히 기르는 짐승. 성질이 온순하고 영리하며 냄새를 잘 맡음.

개(介・個・箇) 낱으로 된 물건을 세는 말. 예배 다섯 개.

개:각(改閣) 내각을 구성하는 국무 위원을 바꿈. —하다.

개간(開墾) 거친 땅을 일구어 처음으로 논・밭을 만듦. 비개척. —하다.

개경(開京) 개성의 고려 때 이름으로, 고려 태조 왕건이 왕위에 오른 이듬해(918년) 이 곳을 서울로 정하고 새 도읍을 열었음.

개곡선(開曲線) 곡선의 양쪽 끝이 서로 만나지 않고 열린 곡선. 반폐곡선.

개교(開校) 학교를 처음 시작함. 반폐교. —하다.

개교 기념일 학교를 처음 세운 날을 기념하는 날.

개구리 올챙이가 자란 것으로, 뒷발이 길고 발가락 사이에 물갈퀴가 있음. 소리주머니를 부풀리어 소리를 냄.

개구리밥 논이나 연못 등의 물에 떠서 자라는 작은 풀잎. 잎은 수면에 뜨고 뿌리는 물 속에 늘어뜨리고 있음.

개구리 올챙이 적 생각을 못한다〈속〉 잘 되고 나서, 가난하던 옛 일을 생각하지 못하고 처음부터 잘난 듯이 뽐낸다.

개구리헤엄 개구리와 같이 두 발을 함께 오므렸다가 뻗치며 치는 헤엄.

개구쟁이 장난을 잘 하는 아이를 가리키는 말.

개국(開國) 나라를 처음으로 세움. 비건국. —하다.

개굴개굴 개구리 우는 소리. 잭개골개골. —하다.

개근(皆勤) 하루도 빠지지 아니

하고 잘 출석함. —하다.
개 꼬락서니 미워서 낙지 산다〈속〉 자기가 미워하는 사람에게 그 사람이 싫어하는 일을 한다.
개:꼬리 개의 꽁무니에 가늘고 길게 내민 부분. 개의 꼬리.
개꼬리 삼 년 두어도 황모 못 된다〈속〉 본래부터 나쁜 것은 언제까지 가더라도 좋아지기 어렵다.
개나리 이른봄에 노란 꽃이 잎이 나기 전에 피는 나무.
개 눈엔 똥만 보인다〈속〉 어떤 것을 좋아하면 모든 것이 그것같이만 보인다.
개:다¹ 비나 눈이 그치고 구름·안개가 걷혀서 날이 맑아지다. 맨흐리다. 궂다.
개:다² 접어서 겹치다. 포개어 접다. 맨펴다.
개:다³ 덩이진 것이나 가루에 물이나 기름 등을 쳐서 죽 모양이 되게 하다. 예풀을 묽게 개다.
개똥도 약에 쓰려면 없다〈속〉 흔한 것이라 할지라도 정작 소용이 있어 찾으면 없다.
개:똥벌레 곤충의 하나. 물가의 풀밭에 사는데, 밤이면 배 끝에 파르스름한 불을 켜는 벌레.

〔개똥벌레〕
개:량(改良) 나쁜 데를 고치어 좋게 함. 비개선. 개조. 맨개악. 예농사짓는 방법을 개량하다. —하다.
개:량식 나쁜 점을 고쳐 쓸모 있게 새로 만든 것.
개:량종 전부터 있어 내려오던 것을 좋게 한 동식물의 품종. 맨재래종.
개:마 고원(蓋馬高原) 함경 남북도와 평안 남북도 일대에 걸친 우리 나라에서 가장 높고 넓은 고원 지대.
개막(開幕) ①연극을 시작함. ②행사 따위를 시작함. 맨폐막. 예올림픽의 개막. —하다.
개 머루 먹듯 한다〈속〉 매사에 소홀하고 그 내용을 잘 모르고 일을 한다.
개:미 곤충의 하나. 땅 속이나 썩은 나무 속에 집을 짓고 질서 있는 집단 생활을 함.
개미 금탑 모으듯 한다〈속〉 재물을 조금씩 알뜰히 모은다.
개미 쳇바퀴 돌듯 한다〈속〉 조금도 진보가 없이 제자리 걸음만 한다.
개발(開發) 살기 좋도록 발전시킴. 비개척. 예우리 나라는 지금 경제 개발에 노력하고 있다. —하다.
개발 도상 국가 개발이 진행되고 있어 발전하여 가고 있는 나라.
개발에 주석 편자〈속〉 옷이나 가진 물건이 제격에 맞지 않게 좋음.
개밥에 도토리〈속〉 따로 돌리어 외톨이가 된다.
개방(開放) ①열어 터놓음. ②숨김이 없음. 예문호 개방. —하다.
개벽(開闢) ①하늘과 땅이 처음으로 생김. ②하늘과 땅이 어지럽게 뒤집힘. —하다.
개 보름 쇠듯한다〈속〉 명절 같

개봉 19 개혁

은 날 아무런 별미 음식도 먹지 않고 그냥 지내 버린다.

개:봉(開封) ①붙인 것을 떼어 엶. 예편지를 개봉하다. ②영화를 처음으로 상영함. 예개봉 극장. —하다.

개비 장작 같은 물건. 또는 그것을 세는 단위.

개살구도 맛들일 탓〈속〉 무슨 일이든지 재미를 붙이면 좋아진다.

개:상(一床) 곡식을 타작하는 데 쓰는 농기구의 하나.

개:선(改善) 나쁜 것을 고쳐서 더욱 좋게 함. 비개량. 반개악. 예생활을 개선하여 명랑한 사회를 만들자. —하다.

개:선(凱旋) 싸움에 이기고 돌아옴. —하다.

개:선가 싸움에서 이기고 부르는 노래. 준개가.

개:성(個性) 개인이 가지고 있는 특별한 성질.

개성 다다기 오이의 한 품종. 일찍 되는 것과 늦게 되는 것이 있는데, 대체로 맛이 좋음.

개시(開始) 처음으로 시작함. 비시작. 반완료. 종료. 예업무 개시. —하다.

개싸움에 물 끼얹는다〈속〉 지나치게 떠든다.

개업(開業) 영업을 시작함. 반폐업. —하다.

개울 골짜기에서 흘러내리는 작은 물줄기. 비시내. 개천.

개:의(介意) 마음에 두고 생각함. —하다.

개:인(個人) ①자기 한 사람. ②낱낱의 사람. 반단체. 집단.

개:인 자격 어느 단체에 속하지

않는 개인으로서의 신분. 예개인 자격으로 참석하다.

개:정(改正) 바르게 고침. 예개정 맞춤법. —하다.

개:조(改造) 고치어 다시 만듦. 비개량. 예집을 개조하다. —하다.

개척(開拓) 거친 땅을 처음으로 일구어 논밭을 만듦. 비개간. 개발. —하다.

개척자 개척을 한 사람.

개척 정신 거친 땅을 갈고, 일궈서 기름지게 해보겠다는 굳세고 끈기 있는 정신.

개천(開川) 조그만 내. 도랑. 비개울.

개천가[—까] 작은 시내의 가. 개천의 언저리. 비냇가.

개천에서 용 난다〈속〉 보잘것없는 집안에서 훌륭한 자식이 태어난다.

개천절(開天節) 단군께서 우리 나라를 세우신 날. 10월 3일.

개최(開催) 무슨 모임을 차리어 여는 일. 예우리 나라는 1988년에 서울에서 올림픽을 개최했다. —하다.

개:축(改築) 다시 쌓아 짓는 것. 예개축 공사. —하다.

개통(開通) 열어서 통하게 함. 반두절. 불통. 예경부선 개통. —하다.

개평 노름판에서 구경꾼에게 주는 돈.

개표(開票) 투표한 결과를 내어 견주어 살핌. —하다.

개학(開學) 방학을 마치고 수업을 다시 시작함. 반방학. —하다.

개:혁(改革) ①고치어 새롭게

개화 함. ②어떤 일을 근본적으로 고침. —하다.

개화(開化) 문명이 진보·발달하는 것. 사람의 지식이 차차 나아가는 것. 땐미개. 예의식이 개화되다. —하다.

개화파 조선 말기, 새 문화에 눈을 뜨고, 뒤떨어진 것을 하루빨리 고치기 위해 적극적인 개화 운동을 하자는 무리. 독립당·개화당이라고도 함.

개회(開會) 회의나 모임을 시작함. 땐폐회. 예개회를 선언하다. —하다.

개흙 개천가에 있는 거무스름하고 차진 흙.

객관(客觀) 나와의 관계를 벗어나서 사물을 있는 그대로 봄. 땐주관.

객사(客死) 자기 집이 아닌 곳에서 죽음. —하다.

객석(客席) 손님의 자리. 땐주인석.

객실(客室) 여관 등에서 손님이 거처하는 방.

객지(客地) 집을 떠나 임시로 가 있는 곳. 回타향.

객차(客車) 사람을 옮겨 나르는 열차. 땐화물차.

객창(客窓) 나그네가 객지에서 머무는 방. 예객창에 누워서 고향을 생각한다.

객토(客土) 토질을 개량하기 위하여 딴 곳에서 파다가 논밭에 넣는 흙. 回흙갈이.

객혈(喀血) 병으로 인해 피를 토함. —하다.

갬: 비나 눈이 개고 날이 맑아짐. 땐흐림.

갯가 바닷물이 드나드는 강이나 내의 가장자리.

갯벌 바닷물이 드나드는 모래사장.

갱:생(更生) 거의 죽을 지경에서 살아남. 回회생. —하다.

갸:륵하다 하는 일이 훌륭하고 뛰어나다. 回장하다. 예남을 도우려는 정성이 갸륵하다.

갸름하다 가늘고 조금 길다. 땐둥그스름하다.

갸우뚱거리다 몸이 이쪽 저쪽으로 기울어지게 흔들리다. 또는 흔들다. 예이상하다는 듯이 고개를 갸우뚱거리다.

갸웃거리다 무엇을 보려고 자꾸 고개를 수그리다.

갸웃이 고개를 비스듬히 수그려서. 예고개를 갸웃이 숙이다.

걔: '그 아이'의 준말.

거 그것. 예거, 참 맛있다.

거간(居間) 물건을 팔고 사는 것을 중간에서 소개하여 주는 일. —하다.

거:국(擧國) 온 나라의 모두. 국민 전체.

거:금(巨金) 많은 액수의 돈.

거기 그 곳. 그 곳에.

거꾸러지다 ①선 것이 앞으로 넘어지다. 쓰러지다. ②엎드러지다. ③목숨이 끊어지다.

거꾸로 차례나 방향이 반대로 바뀌게. 짝가꾸로. 쎈꺼꾸로.

거느리다 ①앞에 데리고 있다. ②데리고 같이 가다. 예바다의 비행장 구실을 하는 항공 모함은 작은 군함들을 많이 거느리고 있다.

-거늘 앞말에 붙어서 '이미 사실이 이러이러하기에 그에 따라'의 뜻을 나타내는 말.

-거니와 지마는. 전마는. 예영희는 공부도 잘하거니와 마음씨는 더 착하다.

거:닐다 그저 이리저리 한가히 걷다. 비산책하다.

거:대(巨大) 엄청나게 큼. 예거대한 바위. —하다.

거덜나다 살림이나 사업 따위의 하는 일이 완전히 실패로 돌아가다. 결판나다. 예빚 때문에 살림이 거덜나다.

거:동(擧動) ①몸을 움직이는 태도. ②하는 짓. ③임금의 나들이. 비거둥. —하다.

거:두(巨頭) 우두머리되는 중요한 사람.

거두다 ①널려 있는 것이나 흩어진 것을 한데 모아들이다. 반뿌리다. ②가르치어 기르다. 예고아들을 거두다. ③모양을 내다. ④멈추어 끝을 내다.

거둬들이다 흩어진 것이나 널려 있는 것들을 한 곳에 모아들이다. 예가을이 되면 곡식을 거둬들인다.

거:드름 거만한 태도. 예거드름을 피운다.

-거든 '이러이러하면'의 뜻으로 구절을 잇는 데 씀. 예날이 개거든 가자.

거:들다〔거드니, 거들어서〕 ①남이 하는 일을 도와 주다. ②시중들다. 비돕다.

거들떠보지도 않다 관심 있게 쳐다보지도 않는다.

거듭 한 것을 또 하는 것. 비중복. 반복. 예한 장 바르고 그 위에 거듭 발랐다. —하다.

거듭제곱 같은 수·식을 거듭 곱함. 두제곱·세제곱 따위.

—하다.

-거라 명령하는 뜻을 나타내는 말. 예가거라. 자거라.

거란족(契丹族) 4세기경 만주에서 일어난 부족. 발해를 멸망시킨 뒤 나라 이름을 요라 고치고 크게 발전하였음.

거:래(去來) 물건을 사고 파는 일. —하다.

거루 거룻배.

거:룩하다 ①위대하다. ②훌륭하다. 예거룩한 마음.

거룻배 돛이 없는 작은 배. 준거루.

거르다〔거르니, 걸러서〕 ①체로 쳐서 찌끼는 남기고 알맹이만 뽑아 내다. ②차례를 뛰어넘다. ③할 것을 아니하다. ④갈 곳을 아니 가다.

거름 나무나 풀이 잘 자라게 하기 위하여 흙에 주는 양분. 비비료. —하다.

거름종이 액체 속에 들어 있는 찌꺼기나 먼지 등을 걸러 내는 데 쓰는 성긴 종이. 여과지.

거름흙 ①기름진 흙. ②거름을 놓았던 자리에서 그러모은 흙.

거리¹ ①길거리. ②사람이나 차가 많이 다니는 길. 비한길. 길거리. 예서울의 거리에는 자동차가 많습니다.

거리² ①다른 무엇을 만드는 데 감이 되는 물건. 예김칫거리. ②일거리.

거:리(距離) ①서로 떨어진 사이. ②사람과 사귀는 데 있어서의 간격.

거리끼다 ①마음에 걸려 방해가 되다. ②서로 뜻이 어긋나다.

거리낄 것 없이 마음에 걸릴 것

이 없이. 방해될 것이 없이.

-거리다 같은 짓을 잇달아 자꾸 함을 나타내는 말. [예]파도가 넘실거리다.

거:만(倨慢) ①권세를 믿고 멋대로 굶. ②잘난 체함. [반]공손. —하다.

거:머리 ①동물의 살에 붙어 피를 빨아먹는 물벌레. ②남에게 달라붙어 귀찮게 구는 사람.

거멓다 빛이 매우 검다.

거:목(巨木) 아주 큰 나무.

거무스름하다 조금 검다. [예]거무스름한 얼굴.

거무죽죽하다 고르지 않게 거무스름하다. [반]희읍스름하다. [예]살결이 거무죽죽하다.

거문고 오동나무의 긴 널을 속이 비게 짜고 그 위에 줄 여섯을 건 현악기.

거문고 인 놈이 춤〔거문고〕**을 추면 칼 쓴 놈도 춤을 춘다** 〈속〉 못난 주제에 남의 흉내를 낸다.

거미 그물같이 집을 지어 놓고 벌레가 걸리면 양분을 빨아먹고 사는 벌레.

거미도 줄을 쳐야 벌레를 잡는다 〈속〉 무슨 일이든지 준비가 있어야 결과를 얻을 수 있다.

거미줄 같다 사방으로 이리저리 얽힌 모양과 같다.

거:부권(拒否權) [—꿘] 남의 의견·요구를 거부할 수 있는 권리.

거북 물뭍 동물의 〔거 북〕 하나. 몸이 넓적하고 등과 배에 단단한 껍데기가 있고, 머리·꼬리·네 발이 그 속에서 나옴.

거북선(—船) 임진왜란 때 충무공 이순신 장군이 처음으로 만든 거북 모양의 철갑선.

거:북하다 ①몸·마음이 편안하지 아니하다. ②말하기 어렵다. [비]불편하다. [반]편안하다. [예]속이 거북하다.

거뿐하다 매우 가볍다. [예]하루 푹 쉬었더니 몸이 거뿐하다.

거:사(擧事) 큰일을 일으킴. [비]거행. —하다.

거세다 성질이나 목소리가 거칠고 억세다. [비]세차다.

거:수(擧手) 손을 위로 들어 올림. —하다.

거:수 경:례 손을 올려 공경의 뜻을 나타내는 인사의 한 가지. —하다.

거스르다〔거스르니, 거슬러〕 ①반대되는 길을 잡다. [예]강물을 거슬러 올라간다. ②큰 돈에서 받을 것을 제하고 남은 돈을 내어 주다. [예]거스름돈.

거슬러 올라가다 아래에서 위로 향하여 가다.

거슴츠레하다 졸리어 눈에 기운이 없다. [비]게슴츠레하다. [예]거슴츠레한 눈.

거:역(拒逆) 윗사람의 뜻이나 명령을 어김. —하다.

거울 ①사람의 형상을 그대로 비추어 보는 데 쓰는 기구. ②비추어 보아 모범이나 경계가 될 만한 사실.

거울삼다 지난 일이나 남의 일을 살피어 본받거나 주의하다.

거위 ㉠위인의 행적을 거울삼다.

거위[1] 온몸이 희고 목이 긴 가축으로 기르는 새.

거위[2] 모양은 지렁이 같고 사람의 뱃속에 붙어 살며 복통을 일으키게 하는 벌레. 비 회충.

거위배 회충으로 말미암은 배앓이. 횟배.

거의 ①대부분. ②대개. 비 거지반. 대개. ㉠숙제를 거의 다 했다.

거저 ①공으로. 힘들이지 않고. ②쓸데없이. 비 그냥.

거적 새끼와 짚으로 엮거나 결어서 자리처럼 만든 물건.

거:절(拒絶) 딱 떼어 물리침. 비 거부. ↔승낙. ㉠친구의 부탁을 거절하다. —하다.

거:점(據點) 활동의 근거가 되는 곳. ㉠독립 운동의 거점.

거:제(巨濟) 경상 남도 거제시에 있는 항구 도시.

거:제 대:교 경상 남도 통영시와 거제시를 잇는 다리. 길이가 740m, 폭이 10m, 남해의 명물 중의 하나.

거:제도 경상 남도 진해만의 앞쪽에 있는 섬.

거:족(擧族) 온 겨레. 민족 전체. ㉠거족 일치.

거:족적 운:동 민족이 다 같이 들고일어나 어떤 일을 꾀함.

거주(居住) ①사는 곳. ②살고 있음. —하다.

거죽 ①속과 반대되는 곳. ②안과 반대되는 곳. ③껍질. 비 겉. 표면.

거:지 빌어먹는 사람. 비 걸인.

거지도 손 볼 날이 있다(속) 아무리 가난한 집이라도 손님을 맞을 때가 있으니 깨끗한 옷쯤은 마련해 두어야 한다.

거:지 왕자(—王子) 미국의 마크 트웨인이 지은 소설. 얼굴이 똑같이 생긴 거지와 왕자가 옷을 바꾸어 입었다가 일이 벌어지는 재미있는 이야기.

거:짓 사실과 틀리게 꾸밈. 남을 속임. ↔참.

거:짓말 사실과 다르게 꾸며 하는 말. 남을 속이는 말. 비 허위. ↔참말. 정말. —하다.

거:짓말쟁이 거짓말을 잘하는 사람.

거:창하다(巨創—) 사물이 엄청나게 크다.

거:추장스럽다 다루기가 거북하고 귀찮고 짐스럽다. ㉠짐이 커서 들고 다니기가 거추장스럽다.

거치다 ①지나가다. ②잠깐 들르다. 비 지나다.

거친 먹이 영양이 적은 곡식의 짚 같은 가축의 먹이.

거칠 것 앞에 걸리거나 막히는 것. ㉠거칠 것이 없다.

거칠다〔거치니, 거칠어서〕 ①곱지 않다. ②반드럽지 않다. ③온순하지 않다. ④손버릇이 나쁘다. ⑤논밭에 잡풀이 무성하다. ↔부드럽다.

거침없다 ①앞에 걸리는 것이 없다. ②앞에 막히는 것이 없다. ③몸에 거리낄 것이 없다.

거푸 잇달아 거듭. ㉠잠깐 동안에 거푸 두 마리를 잡았다.

거푸집 ①부어서 만드는 물건의 모형. ②도배를 할 때에 붙지 않고 들뜬 빈 틈.

거품 물 속에 공기가 들어가서

둥글게 부풀어올라 물 위에 뜨는 것. 예비누 거품.
거:행(擧行) ①식을 치름. 예광복절 경축식을 거행하였다. ②명령대로 시행함. 비거사. —하다.
걱정 ①근심하는 일. ②염려하여 겁냄. ③마음을 씀. ④꾸짖음. 비근심. 염려. 반안심. 예아버지께서는 날이 가물다고 걱정을 하십니다. —하다. —스럽다.
건:강(健康) 몸에 아무 탈이 없이 튼튼함. 비건전. 반쇠약. 허약. 예사람에게는 무엇보다 건강이 제일이다. —하다.
건:강 관:리 건강을 유지하기 위하여 여러 가지 일을 보살펴서 다스림.
건:국(建國) 새로 나라를 세움. 비개국. —하다.
건:너 ①내를 넘어가다. ②이 끝에서 저 끝으로 가다. ③배를 타고 가다.
건너다보니 절터(속) 남의 소유에 속하여 있으므로 자기가 그것을 얻고자 해도 도저히 그 목적을 이룰 수 없다.
건:너다보다 이쪽에서 저쪽을 바라보거나 살피다.
건:너지르다 긴 물건의 양쪽 끝을 두 곳에 가로 대어 놓다.
건:너편 서로 마주 보고 있는 저쪽 편.
건:넌방 안방에서 마루를 사이에 두고 붙어 있는 방. 반안방. 예건넌방에서 놀자.
건:넛마을 서로 마주 보고 있는 마을.
건:네다 ①남에게 말을 붙이다. ②말을 건네다. ②가진 돈이나 물건을 남에게 옮기어 주다.
건달 하는 일 없이 빈둥대거나 게으름만 피우는 사람.
-건대 앞으로 하려는 일을 미리 말하여 둘 때 쓰는 말끝. 예생각하건대.
건더기 국물이 많은 음식에 섞여 있는 채소·고기 따위.
건:드리다 ①무엇에 무엇을 대어 움직이게 하다. ②남의 마음을 움직이게 하다. ③남을 성내게 하다. 예비위를 건드리다.
건:립(建立) 이룩하여 세움. 비수립. 건설. —하다.
-건마는 이미 말한 사실과 같지 않은 일을 말하려 할 때 쓰이는 말. 예나이는 먹었건마는 철이 없다.
건:망증(健忘症)[—쯩] 사물을 잘 잊어버리는 성질.
건몸달다 저 혼자서만 몸이 달아서 헛되이 애를 쓰다. 예아무도 들어주지 않는데 혼자만 건몸달았다.
건:물(建物) ①집. ②건축물.
건물로(乾—) ①공연히. ②힘 아니 들이고. ③그저.
건:반(鍵盤) 피아노·오르간·타자기 따위의 손으로 치게 된 바닥.
건방지다 주제넘다. 언행이 보기에 아니꼽다. 너무 아는 체하다.
건:설(建設) 새로 만들어 세움. 비건립. 반파괴. —하다.
건성 슬슬 겉으로만 함. 반진정. 예일을 건성으로 해치우는 것은 나쁜 버릇이다.

건:실(健實) 건전하고 착실함. 예건실한 생활 태도. —하다.

건:아(健兒) 씩씩한 사나이.

건:의(建議) 희망이나 의견을 내어 말함. —하다.

건:장(健壯) 몸이 크고 힘이 굳셈. 예건장한 청년. —하다.

건:전(健全) 튼튼하고 착실하며 완전함. 예건전한 사고 방식. —하다.

건전지(乾電池) 전기 에너지를 발생하는 약품을 녹말이나 종이에 흡수시켜 물과 같은 상태로 하여 쏟아지지 않도록 한 전지. 전전지 1개의 전압은 약 1.5V(볼트).

건:조(建造) 건물이나 배 따위를 만듦. —하다.

건조(乾燥) 습기나 물기가 없어짐. 반습윤. 예기후가 건조하다. —하다.

건조 기후 열대나 온대 지방의 일부에서 볼 수 있는 극히 비가 적은 기후. 반습윤 기후.

건조대 건조 기후를 이루고 있는 지역.

건지다 ①물 속에 있는 것을 집어내다. ②어려움에 빠진 사람을 도와서 벗어나게 하다. 예목숨을 건지다.

건:축(建築) 흙·나무·돌·쇠 따위를 써서 집·다리 따위를 세움. —하다.

건:축술 집이나 탑 따위를 만드는 기술.

건포도(乾葡萄) 포도를 말려 단맛과 향기가 있게 만든 것.

걷:기 걸어가는 일. 예1만 보 걷기 운동.

걷다¹ ①남에게 금품을 받아 모으다. 예기부금을 걷다. ②휘장·옷 따위를 말아 올리다.

걷:다² 두 다리를 번갈아 움직여 앞으로 가다.

걷어차다 발을 들어 몹시 세게 차다. 예엉덩이를 걷어차다.

걷어채다 남에게 걷어참을 당하다. 예정강이를 걷어채다.

걷잡다 쓰러지는 것을 거두어 붙잡다. 억제하다.

걷히다 ①끼었던 구름이나 안개 따위가 없어지다. ②곡식이나 돈·물건 따위가 거두어지다.

걸 '것을'의 준말. 예네게 줄 걸 그랬구나.

걸그물 그물의 한 가지. 그물코에 물고기가 걸리게 하든지 또는 얽히게 하여 잡는 그물.

걸:다¹ ①물건을 달아 매다. 예옷을 옷걸이에 걸다. ②가장자리를 기대어 걸쳐 놓다. 예솥을 걸다. ③상대편에게 어떤 행동을 시작하다. 예말을 걸다. ④약조금을 치르다. 예계약금을 걸다. ⑤문을 잠그다. 예대문을 걸다. ⑥전화기를 돌려 통화가 되게 하다. 예전화를 걸다. ⑦희망이나 기대 따위를 갖다. 예희망을 걸다.

걸:다² ①농토가 기름지다. ②액체가 묽지 않다. ③음식을 가리지 않고 잘 먹거나 말을 거리낌없이 함부로 하다.

걸:다³ 내놓다. 예적을 무찌르기 위해 생명을 걸고 싸웠다.

걸레 더러운 곳을 훔치는 데 쓰는 헝겊.

걸리다 ①걸음을 걷게 하다. ②얼마 동안의 시간이 들다. ③마음에 거리끼다. ④무엇에 부딪거나 닿아서 나아가지 못하고 멈추어 있다. 예목에 가시가 걸렸다.

걸맞다 ①서로 견주어 볼 때 두 편의 정도가 어울려 비슷비슷하다. 예걸맞는 상대. ②격에 맞게 어울리다.

걸머지다 ①짐바에 걸어서 등에 지다. ②빚을 많이 지다. ③중요한 임무를 맡다. 책임을 지다. 비젊어지다.

걸메다 짐을 줄로 걸어 한쪽 어깨에 메다.

걸:상(―床)[―쌍] 여러 사람이 같이 깔고 앉게 만들어 놓은 의자의 한 가지. 비의자. 반책상.

걸신(乞神)[―씬] 굶주리어 음식을 몹시 탐내는 욕심.

걸신들리다 배가 고파 음식에 대한 욕심이 몹시 나다.

걸어가다 서서 두 발을 움직이어 앞으로 나아가다.

걸어오다 ①탈것에 타지 않고 두 발을 움직여 오다. ②말이나 짓을 상대방에서 먼저 붙여 오다. 예시비를 걸어오다.

걸음 두 발을 번갈아 움직여 옮기는 것. 비발길.

걸인(乞人) 빌어먹는 사람. 비렁뱅이. 비거지.

걸 작(傑作)[―짝] ①잘 지은 글. ②잘 만든 물건. 반졸작.

걸:치다 ①옷 따위를 입거나 뒤집어 쓰다. ②양쪽을 맞닿아 이어지게 하다.

걸핏하면 조금이라도 일만 있으면. 툭하면.

검:(劍) 길고 큰 칼. 비칼. 예검술.

검:다 ①검은빛을 하고 있다. ②욕심이 많다. 반희다. 예마음이 검다.

검댕 그을음이나 연기 따위가 맺혀서 된, 검은 부스러기.

검둥이 ①털빛이 검은 개. ②살빛이 검은 사람. 비흑인.

검불 짚·풀 따위의 부스러기.

검:붉다[―북따] 검은빛을 조금 띠면서 붉다.

검:사(檢事) 죄지은 사람을 조사하고 재판을 통하여 벌을 받도록 하는 일을 맡은 공무원.

검:사(檢査) 사실을 조사하여 옳고 그름과 낫고 못함을 판단함. 비검열. 조사. ―하다.

검:사기 검사를 하는 데 쓰이는 기계.

검:사장 검사를 하는 곳. 예체력 검사장.

검:산(檢算) 계산이 틀림없는지를 알기 위한 계산. ―하다.

검:소(儉素) 사치하지 아니하고 수수함. 비검약. 반사치. 예검소한 생활. ―하다.

검:술(劍術) 칼을 쓰는 기술.

검:약(儉約) 절약하여 낭비하지 아니함. 비검소. 반낭비. ―하다.

검:열(檢閱) 검사하여 열람함. 비검사. ―하다.

검:정(檢定) 어떠한 일을 검사하여 정함. ―하다.

검:토(檢討) 내용을 검사하여 연구함. ―하다.

검:푸르다 검게 푸르다.

겁(怯) 무서워하거나 두려워하는 것. 비두려움. 반용기. 예겁 없는 아이.

겁먹다 무섭거나 두려운 생각을

겁쟁이 몹시 겁이 많은 사람.
것 ①사람. ②물건. ③일.
겉 밖으로 드러난 쪽. 비 거죽. 반 속.
겉봉(-封) 편지를 싸서 봉한 거죽. 비 봉투.
겉불꽃 불꽃 거죽의 밝지 않은 부분. 산소의 공급이 충분하여 온도가 가장 높음.
겉잡다 ①겉으로 보고 대강 셈쳐서 어림잡다. 예 겉잡아서 이틀 걸릴 일. ②겉으로 대강 짐작하여 헤아리다. 예 네 말은 통 겉잡을 수가 없다.
겉장 여러 장으로 된 맨 겉에 있는 종이. 비 표지. 반 속장.
-게¹ 명령의 뜻을 나타내는 말. 예 다 끝났으면 이젠 가게.
게:² 물에 사는 동물의 한 가지. 몸은 단단한 껍데기로 싸이고, 다섯 쌍의 발 중 한 쌍의 발은 집게 모양으로 생겼으며 옆으로 기어다님. 〔게²〕
-게끔 '게'의 뜻으로 힘차게 하는 말끝. 예 길을 물으니, 잘 가게끔 가르쳐 주었다.
게다가 그 위에. 그리고 또. 예 길도 험하고, 게다가 비까지 내려서 그날의 소풍은 그만 엉망이 되고 말았다.
게릴라(스 guerrilla) 작은 부대로 여러 곳에 갑자기 나타나 적의 후방을 소란하게 하는 특별 부대. 에스파냐어로 '작은 전쟁'이란 뜻.
게릴라 전:술 게릴라로 적을 치는 전술.

게슴츠레하다 졸리어 눈에 기운이 없다. 비 거슴츠레하다.
게:시(揭示) 여러 사람에게 알리기 위하여 써서 붙이거나 내어 걸음. 예 게시판. —하다.
게:시판 여러 사람에게 알리는 글·그림·사진 등을 붙이는 판. 비 알림판.
게:양(揭揚) 높이 달아 올림. 예 국기를 게양하다. —하다.
게:양대 국기 따위를 달도록 만들어 놓은 대. 예 국기 게양대의 태극기가 펄럭입니다.
게염 부러워하고 시새워서 탐내는 욕심. —스럽다.
게요 '것이오'의 준말.
게우다 ①먹었던 것을 토하다. ②까닭없이 차지하였던 남의 재물을 도로 내놓다.
게으르다〔게으르니, 게을러서〕 ①행동이 느리다. ②할 일을 아니하다. ③부지런하지 않다. 반 부지런하다.
게으름 행동이 느리고 일하기를 싫어하는 버릇이나 태도. 준 게름. 작 개으름. 예 게으름을 피우다.
게으름뱅이 ①게으른 사람. ②일을 하기 싫어하는 사람.
게을리 ①게으르게. ②일하기 싫어하는 마음을 가진. 반 열심히. 준 겔리. 작 개을리.
게임(game) ①운동 경기. ②한 판의 승부.
게임 세트(game set) 운동 경기에서 승부가 끝남.
게임 카운트(game count) 정구나 탁구에 있어서의 한 번에 승부가 난 판의 수.
게 잡아 물에 넣다(속) 애쓴 보

게재 / 격하다

람이 없다.

게:재(揭載) 신문·잡지 등에 글을 실음. 예학급 신문에 내가 쓴 글이 게재되었다. —하다.

게:트림 거만스럽게 하는 트림. —하다.

겨 쌀을 찧을 때에 가루가 되어 나오는 쌀의 겉껍질.

겨:냥 ①물건의 대소·길이와 넓이를 헤아리는 표준. ②목표물을 겨눔. —하다.

겨:냥도(一圖) 입체 도형의 모양·배치를 잘 알 수 있게 그린 그림.

겨누다 ①목적물의 방향과 거리를 똑바로 잡다. 예과녁에 총을 겨누다. ②어떤 물체의 넓이 따위를 알기 위해 다른 물체로써 마주 대어 보다. 견주다.

겨드랑이 가슴 옆 어깨 아래에 있는 부분.

겨레 한 조상에서 태어난 자손들의 무리.

겨루다 서로 버티어 이기고 짐을 다투다. 예힘을 겨루다.

겨를 일이 없는 사이. 한가한 때. 凹틈. 예쉴 겨를이 없다.

겨릅대 껍질을 벗겨 낸 삼대.

겨우 ①간신히. 어렵게 힘들이어. 가까스로. ②고작. 기껏.

겨우내 한 겨울 동안 죽. 예겨우내 시골에 있었다.

겨우살이 ①겨울을 지냄. ②겨울철에 입고 먹고 지낼 옷이나 양식 따위.

겨울 한 해의 네 철 가운데 마지막 철. 눈이 오고 바람이 몹시 불고 추운 때.

겨울새 겨울이면 찾아와 사는 철새. 우리 나라의 겨울새는 기러기·두루미·고니 등이 있음.

겨울잠 동면.

겨울철 겨울의 때. 凹동절.

겨자 빛이 누런 몹시 매운 양념.

격납고(格納庫) 비행기·비행선 따위를 넣는 창고.

격노(激怒)[경—] 몹시 화를 냄. —하다.

격돌(激突) 세차게 부딪침. 예적의 부대와 격돌하다. —하다.

격동(激動) 몹시 흔들리거나 움직임. —하다.

격려(激勵) 용기나 의욕이 솟아나도록 북돋움. —하다.

격렬(激烈) 매우 세참. —하다.

격론(激論)[경논] 심하게 의견을 내세워 다툼. —하다.

격리(隔離)[경니] 사이를 막거나 떼어 놓음. 예전염병 환자를 격리시키다. —하다.

격멸(擊滅) 쳐서 없앰. —하다.

격변(激變) 급격하게 변함. 예격변하는 국제 사회. —하다.

격분(激忿) 몹시 분해함.

격식(格式) 격에 어울리는 법식. 예격식에 맞추다.

격심(激甚) 몹시 심함. —하다.

격언(格言) 훌륭한 어른들이 남긴 말로서 교훈이 될 만한 짧은 말. 凹금언.

격전(激戰) 격렬하게 싸움. 예격전지. —하다.

격증(激增) 갑자기 늘거나 붊. 썩 많아짐. —하다.

격퇴(擊退) 적군을 쳐서 물리침. —하다.

격투(格鬪) 서로 맞붙어 때리며 싸움. —하다.

격파(擊破) 쳐부숨. —하다.

격하다(激—) 갑작스레 화를 내

겪다 다. 몹시 흥분하다. ㉠격한 감정을 누그러뜨리다.

겪다 ①어려운 일이나 치를 만한 일을 당하여 지내다. ㉠고통을 겪다. ②손님이나 여러 사람에게 음식을 차리어 대접하다. ㉠귀한 손님을 겪다.

견고(堅固) ①굳고 튼튼함. ②단단함. 田견실. —하다.

견디다 ①잘 참다. ②오래 부지하다. ③상당히 지내다. ④억지로 살다. 田참다.

견딜성(一性)[一썽] 잘 참아 견디는 성질. 田인내성.

견:문(見聞) 보고 들음. 田문견. —하다.

견:본(見本) 많은 수 속에서 하나를 보여 다른 것도 이렇다고 표시하는 물건. 田본보기. ㉠견본품.

견:습(見習) 남이 하는 것을 옆에서 보고 익히는 것. 남이 하는 것을 보고 배우는 것. 田견학. ㉠견습 사원. —하다.

견:습공 남이 하는 일을 보고 그대로 연습하여 익히고 있는 직공. 四숙련공.

견실(堅實) 굳고 착실함. 튼튼하고 충실함. 田견고. ㉠견실한 생활. —하다.

견우성(牽牛星) 칠월 칠석에 은하수를 건너서 직녀성과 서로 만난다는 별. 四직녀성.

견주다 ①비교하다. ②맞추어 보다. ③대보다. 田빗대다.

견줌 한 가지 일을 다른 것에 견주는 일.

견직물(絹織物) 누에고치에서 뽑은 생실로 짠 천.

견:학(見學) 실물을 보고 자기의 지식을 넓힘. 田견습. ㉠선생님의 안내로 방송국을 견학하였다. —하다.

견훤(甄萱, ?~936) 통일 신라 시대의 말기에 후백제를 세운 사람.

결:다 ①대·갈대·싸리를 엮어 그릇을 만들다. ②기름을 발라 말리다. ㉠장판지를 걸다.

결 나무·돌·갈잎 따위에 나타난 줄. ㉠살결이 곱다.

결과(結果) 어떤 원인으로 말미암아 생긴 일의 끝. 四원인. ㉠노력한 결과 성공하였다.

결국(結局) ①끝에 가서는. ②나중에는. ③드디어는. ④말하자면. 田결말. 나중. 필경. ㉠노력 끝에 결국 합격했다.

결근(缺勤) 일터에 나가지 않음. 四출근. —하다.

결단(決斷)[一딴] 일을 결정하는 것. 마음이 내키는 대로 작정함. —하다.

결단(結團)[一딴] 단체를 맺어 이룸. ㉠결단식. —하다.

결딴나다 ①깨지다. 무너지다. ②일이 실패하다. ③집안이 망하다.

결렬(決裂) 서로 뜻이 맞지 않아 갈라짐. 田분열. 四합의. —하다.

결론(結論) 죽 늘어놓고 설명한 말이나 글의 끝맺는 부분. —하다.

결리다 몸이 잡아당기는 것처럼 아프다. ㉠가슴이 결리다.

결막(結膜) 눈꺼풀의 안과 눈알의 겉을 이어서 싼 무색 투명한 얇은 막.

결막염 눈의 결막에 염증이 생

기는 병.

결말(結末) 일을 맺는 끝. 끝장. 비결국. 반시작. 발단.

결박(結縛) 두 손을 앞이나 뒤로 하여 묶음. —하다.

결백(潔白) ①깨끗하고 흼. ②마음이 깨끗하고 의심스러운 점이 없음. 비청백. —하다.

결부(結付) 연결시키어 붙임. —하다.

결빙(結冰) 물이 얼어 붙음. 반해빙. —하다.

결사(決死)[—싸] 죽기를 각오하고 결심함. 예결사 반대. —하다.

결산(決算)[—싼] 일정한 기간에 들어오거나 나간 돈의 액수를 전부 계산함. 반예산. 예연말 결산을 하다. —하다.

결석(缺席)[—썩] 출석하지 아니함. 빠짐. 반출석. —하다.

결석률[—썽뉼] 전체 학생의 수에 대한 결석생 수의 비율.

결선(決選)[—썬] 마지막 당선자를 결정하기 위하여 하는 선거. 반예선. —하다.

결성(結成)[—썽] 단체의 조직을 맺어 이룸. —하다.

결승(決勝)[—씅] 완전히 이기고 짐을 결정함. —하다.

결승 문자(結繩文字)[—씅—짜] 아득한 옛날 아직 글자가 없었을 때, 새끼에 매듭을 지어서 자기의 뜻을 나타내던 것.

결승선 운동 경기에서 최종적인 승부가 결정되는 지점에 그은 선. 반출발선.

결식(缺食)[—씩] 끼니를 거름. 예결식 아동. —하다.

결실(結實)[—씰] ①열매를 맺음. ②일의 결과가 잘 이루어짐. 예노력의 결실. —하다.

결심(決心)[—씸] 마음을 결정함. 또, 결정한 마음. 비각오. 결의. 맹세. 예오늘부터 저축을 하기로 굳게 결심했다. —하다.

결의(決意) 굳게 정한 뜻. 비결심. —하다.

결의(決議) 의논해서 결정함. 비결심. 의결. 반부결. 예만장 일치로 결의하고 회의를 끝마쳤다. —하다.

결의 형제(結義兄弟) 남남끼리 의리로써 맺은 형제.

결점(缺點)[—쩜] ①부족한 점. ②잘하지 못하는 점. ③나쁜 점. ④흉. ⑤허물. 비결함. 단점. 반장점.

결정(決定)[—쩡] 결단하여 작정함. 비작정. 확정. 반미정. —하다.

결코 절대로. 어떤 일이 있더라도. 딱 잘라 말할 수 있게. '결단코'의 준말. 예불의는 결코 정의를 이길 수 없다.

결투(決鬪) ①승부를 결정하기 위한 싸움. ②원한이나 말다툼이 있을 때 힘으로 부닥쳐 싸움. —하다.

결핍(缺乏) 물건이 대단히 적어 모자람. —하다.

결핍증 있어야 할 영양소가 없거나 부족하여 일어나는 증세.

결함(缺陷) 모자라는 점. 부족한 것. 갖추지 못한 것. 비결점. 흠.

결합(結合) 둘 이상이 서로 관계를 맺고 합쳐 하나가 됨. —하다.

결핵병(結核病)[一뼝] 결핵균이 몸 속에 있음으로 말미암아 생기는 병. 준결핵.

결혼(結婚) 혼인의 관계를 맺음. 비혼인. 반이혼. —하다.

겸(兼) 두 가지 일을 아울러 함을 나타내는 말. 예구경도 할 겸 돈도 벌 겸.

겸상(兼床) 두 사람이 한 상에 마주 앉게 차린 상. 또는 그렇게 앉아서 식사하는 일. 반각상. 독상. 외상. —하다.

겸손(謙遜) 남을 높이고 자기를 낮춤. 비겸허. 반불손. 예사람은 겸손한 태도로 남을 대해야 한다. —하다.

겸양(謙讓) 겸손한 태도로 사양함. 예겸양의 미덕을 갖춘 여인. —하다.

겸연쩍다 미안하여 볼 낯이 없다. 비무안하다. 예실례되는 일을 한 뒤에 그 사람을 만나려고 하니 퍽 겸연쩍다.

겸하다 ①합하다. 겹치다. ②맡은 위에 더 맡다. 예소풍을 겸해서 고기나 잡으러 가자.

겸허(謙虛) 겸손하여 교만한 행동을 하지 않음. 비겸손. 예겸허한 자세. —하다.

겹 합쳐서 거듭됨. 포개짐. 반홑. 예겹옷.

겹겹이 ①물건 위에 물건이 포개진 모양. ②물건이 거듭 쌓인 모양. 비첩첩이. 예겹겹이 둘러싸다.

겹:다〔겨우니, 겨워서〕 정도와 양에 지나쳐 힘에 부치다. 예힘에 겨운 일.

겹세로줄 보표에 수직이 되게 두 줄로 그은 세로줄.

겹집 여러 채가 겹으로 된 집.

겹치다 ①물건 위에 또 물건을 얹다. ②여러 가지 일이 한꺼번에 생기다.

경(卿) 임금이 높은 벼슬자리에 있는 신하를 대우하여 부르던 칭호.

경(經) 불교의 가르침을 적은 책. 예불경.

-경(頃) 일정한 시간의 전후를 어림잡아 일컫는 말. 비께. 무렵. 쯤. 예오후 5시경.

경각(頃刻) ①잠깐. ②눈 깜짝할 사이.

경거 망:동(輕擧妄動) 가볍고 분수없이 행동함. —하다.

경계(境界) ①나라와 나라가 갈리는 곳. ②땅이 나뉘는 곳. 비지경.

경:계(警戒) 잘못이 없도록 미리 주의하고 조심함. 비주의. 반방심. —하다.

경계선(境界線) 일이나 물건이 맞닿은 자리를 나타내는 선.

경:고(警告) 미리부터 조심하여 잘못이 없도록 타이름. 예경고문. —하다.

경공업(輕工業) 부피에 비하여 무게가 가벼운 물건을 만드는 공업으로, 섬유·식료품 따위. 반중공업.

경과(經過) ①시간이 지남. 예세월이 경과하다. ②겪음. ③일이 되어가는 형편. 예수술 경과가 좋다. —하다.

경:관(警官) 경찰관의 준말.

경구(硬球) 야구·정구·탁구에서 쓰는 딱딱한 공. 반연구.

경국대전(經國大典) 조선 시대 정치의 기준이 된 법전. 세조 때, 최항·노사신 등이 왕명으로 육전의 체제를 갖춘 법전 제정에 착수, 성종 때에 완성된 조선의 기본법.

경금속(輕金屬) 금속 중 비교적 가벼우며 비중 4이하의 금속으로 알루미늄·마그네슘·알칼리 금속 및 이들을 주체로 하는 합금. 빤중금속.

경기(景氣) 경제 생활의 변동.

경:기(競技) ①일정한 규칙 아래 운동이나 무술 등의 기술·기량을 겨루어 승부를 가리는 일. 예농구 경기. ②기술의 낫고 못함을 겨루는 일. —하다.

경기(驚氣)[—끼] 경련을 일으키며 아픈 어린아이의 병.

경기구(輕氣球) 큰 주머니를 만들어 그 안에 가벼운 기체를 넣어 공중에 높이 띄우는 물건. 비기구.

경:기장(競技場) 경기를 하는 곳. 예야구 경기장.

경기 평야(京畿平野) 한강 하류 및 임진강 하류에 걸쳐 발달한 평야.

경내(境內) 정하여 놓은 지경의 안. 예사찰 경내를 거닐다.

경:단(瓊團) 찹쌀·수숫가루 등을 작고 둥글게 만들어 삶아서 고물을 겉에 묻힌 떡.

경당(扃堂) 고구려 때 시골의 각지에서 세운 사립 학교. 신라 시대의 화랑 제도와 비슷한 교육 단체.

경:대(鏡臺) 거울을 달아 세운 화장대.

경도(經度) 경선의 위치를 '도'로 나타낸 것. 적도를 360등분하여 그리니치 천문대를 0°, 그 동·서를 각각 180°로 나타냄. 동쪽 것을 동경, 서쪽 것을 서경이라 부름. 빤위도.

경도(傾度) 기울어진 정도.

경력(經歷) 여러 가지 겪어 지내 온 일들. 비이력.

경련(痙攣) 근육이 병적으로 오그라드는 현상.

경:례(敬禮) 공경하는 뜻을 나타내기 위해 인사하는 일. —하다.

경:로(敬老)[—노] 노인을 공경함. 예경로 사상. —하다.

경로(經路)[—노] ①지나는 길. ②일이 되어 가는 형편이나 순서. 예범행 경로를 조사하다.

경:마(競馬) 말을 타고 달리는 경주. 흔히, 돈을 걸고 함.

경망(輕妄) 말과 행동이 가벼움. —하다. —스럽다.

경:매(競賣) 한 물건을 여러 사람이 사려 할 때 그중에서 값을 가장 많이 부르는 사람에게 파는 일. —하다.

경멸(輕蔑) 깔보고 업신여김. 예경멸의 눈초리. —하다.

경:모(景慕) 우러러보고 사모함. —하다.

경박하다(輕薄—) 언행이 경솔하고 신중하지 못하다.

경범(輕犯) 가벼운 범죄.

경:보(警報) 조심하라고 미리 알리는 보도. 예공습 경보.

경:복궁(景福宮) 조선 시대 초기인 1394년(태조 3년)에 지은 궁궐. 1592년 임진왜란 때 불타 없어졌는데, 대원군이 집권한 후에 다시 세웠음.

경부 고속 국도(京釜高速國道) 서울에서 부산을 잇는 고속 도

경부선 33 **경인선**

로. 길이 428km로, 1970년에 개통.

경부선(京釜線) 서울에서 부산을 잇는 철도. 길이 445.6km로 1905년에 개통.

경:북선(慶北線) 김천에서 영주를 잇는 철도로 길이 116.9km. 1931년에 완성되었음.

경비(經費) ①사업을 경영하는 데 필요한 돈. ②비용.

경:비(警備) 만일을 염려하여 미리 방비·경계함. —하다.

경:비선 사고가 생기지 않도록 미리 막는 일을 맡은 배. 예해안 경비선.

경비행기(輕飛行機) 연습용 또는 스포츠용으로 쓰이는 작은 비행기.

경:사(慶事) 경축할 만한 기쁜 일. 반흉사. —스럽다.

경선(經線) 지구를 그 양극을 지나는 평면으로 잘랐을 때, 그 평면과 지구 표면이 만나는 가상적인 곡선. 반날줄. 자오선. 반위선.

경성(京城) 서울의 일제 강점기 때 이름.

경솔(輕率) 말이나 행동이 조심성이 없고 가벼움. —하다.

경시(輕視) 대수롭지 않게 여김. 가볍게 여김. 반중시. 예인명 경시 풍조. —하다.

경:애(敬愛) 공경하고 사랑함. —하다.

경:어(敬語) 공경하여 높이는 말. 반높임말. 존대말. 반비어.

경영(經營) ①일을 다스려 가는 것. ②어떤 일을 해 가는 것. 예농장 경영. —하다.

경:영(競泳) 어떤 거리를 헤엄쳐 빠르기를 다투는 경기. —하다.

경우(境遇) 부닥친 형편이나 사정. 반처지. 예최악의 경우.

경우의 수 어떤 사건이 일어나는 경우의 가짓수. 예동전을 던질 때, 면이 나오는 경우의 수는 2이다.

경운기(耕耘機) 논이나 밭을 가는 기계.

경원선(京元線) 서울에서 원산을 잇는 철도. 길이 223.7km로, 1914년에 개통.

경위(經緯) 어떤 일이 진전되어 온 경로나 경과.

경유(經由) 거치어 지남. 예대전을 경유하여 목포로 갔다. —하다.

경유(輕油) 석유의 원유를 끓일 때 얻는 기름.

경음악(輕音樂) 여러 형식을 갖추지 아니하고, 간단한 악기만으로 연주하는 대중 음악.

경음악단 오락을 목적으로 하는 가벼운 음악을 연주하는 단체.

경:의(敬意) 존경하는 마음.

경의선(京義線) 서울에서 신의주를 잇는 철도. 길이 499km로, 1906년 개통.

경이(驚異) 놀라서 이상하게 여김. —하다.

경인 고속 국도(京仁高速國道) 서울에서 인천을 잇는 고속 도로. 길이 24km로, 1968년에 개통.

경인 공업 지대 서울·인천·부평·안양·수원을 중심으로 중화학 및 경공업이 발달한 우리 나라 최대의 공업 지대.

경인선 서울에서 인천을 잇는

철도. 길이 33.2km로, 1899년 우리 나라에서 처음으로 개통된 철도.
경작(耕作) 논밭을 갈아 농사를 지음. 비농작. —하다.
경작지 땅을 갈아 농사를 짓는 땅. 비농경지.
경:쟁(競爭) 서로 겨루어 다툼. 예경쟁 시험. —하다.
경:적(警笛) 주의·경계하느라고 울리는 고동.
경전(經典) 성인이 지은 글이나, 그들의 행실을 적은 글.
경제(經濟) ①물건을 만들어 내고 쓰고 하는 인간의 활동. ②돈을 절약함. —하다.
경제 개발 계:획 자원을 개발하고 산업을 발달시켜 나라의 살림살이를 튼튼하게 하고 국민 생활을 넉넉하게 하기 위한 국가의 계획.
경제 개발 오:개년 계:획 우리 나라에서 추진되던 경제 개발 계획으로 1962년부터 시작됨.
경제 사:회 이:사회 국제 연합의 주요 기관의 하나로 경제·사회·문화·교육의 여러 문제를 다루는 기관.
경제 작물 농가의 수입을 위해서 특별히 가꾸는 농작물.
경제 정책 나라가 국민 경제의 발전을 위해 세우는 방책.
경:종(警鐘) 뜻밖의 큰 일이나 몹시 위험한 일을 경계하기 위하여 울리는 종.
경:주(競走) 일정한 거리를 정하고 달려 승부를 다툼. 예경주용 자동차. —하다.
경지(耕地) 땅을 갈아 농사를 짓는 땅. 본경작지.

경:진회(競進會) 생산품을 일정한 장소에 진열하고 일반에게 관람시켜 그 좋고 나쁨을 겨루는 모임.
경:찰(警察) 개인의 자유를 제한하여 사회의 안녕과 질서를 유지하는 관리. 비순경. 예경찰관. 경찰서.
경:천사 십층 석탑(敬天寺十層石塔) 고려 시대의 대표적인 돌탑. 경복궁에 보존되어 있음. 높이 13m.
경첩 문을 달 때에 대는 물건. 돌쩌귀처럼 문짝을 다는 데 쓰는 장식으로, 두 개의 쇳조각을 맞물리어 만듦.
경:축(慶祝) 기쁘고 즐거운 일을 축하함. 비경하. —하다.
경춘선(京春線) 서울에서 춘천을 잇는 철도. 길이 87.3km로, 1939년 개통.
경치(景致) ①자연의 보기 좋은 구경거리. ②아름다운 산·내·들 따위. 비풍경. 예금강산의 경치를 꼭 구경하고 싶다.
경치다 ①매를 맞다. ②실패를 당하다. ③벌을 당하다.
경:칭(敬稱) ①높여 부르는 이름. ②특히 높이는 뜻으로 일컫는 말. —하다.
경쾌(輕快) ①정신이 산뜻함. ②마음이 거뜬함. ③걸음걸이가 대단히 가벼움. —하다.
경탄(驚歎) 아주 놀라 탄식함. —하다.
경:포대(鏡浦臺) 강원도 강릉시 동북쪽 7km 지점에 있는 높은 다락집. 관동 팔경의 하나로 아름다운 경치를 이룸.
경풍(驚風) 어린애가 깜짝깜짝

놀라는 병. 비경기.
경:하(慶賀) 기쁘고 즐거운 일을 치하함. 비경축. -하다.
경향(京鄕) 서울과 시골.
경향(傾向) ①마음이 한쪽으로 쏠림. ②한 방향으로 나아가려고 함.
경험(經驗) ①몸소 겪어 봄. ②실험으로 얻은 지식과 재주. 비체험. -하다.
경황(景況) 시간적인 여유나 겨를. 마음의 여유. 예바빠서 신문을 볼 경황이 없다.
곁 =옆. 예내 곁에 앉아라.
곁길 큰 길에서 곁으로 갈린 길.
곁눈 얼굴은 돌리지 않고 눈알만 돌려서 곁을 보는 눈. 예곁눈질.
곁두리 농부가 끼니 밖에 때때로 먹는 음식. 샛밥.
곁말 다른 말을 빌려서 하는 말. 빗대어 하는 말.
계:(契) ①예로부터 있어 온 상호 협동 단체. ②금전의 융통을 목적으로 일정한 인원으로 구성한 조직. -하다.
계곡(溪谷) 두 산 사이에 물이 흐르는 골짜기. 산골짜기.
계:교(計巧) 요리조리 생각하여 낸 꾀. 예계교를 쓰다.
계급(階級) 신분·재산·직업 따위로 나뉘어진 갈래. 예계급장. 계급 제도.
계:기(契機) 무슨 일을 일으키고 경험하는 기회.
계단(階段) 층층대.
계란(鷄卵) 닭이 낳은 알. 비달걀. 예계란 덮밥.
계:략(計略) 크고 깊은 꾀.
계:량(計量) 길이·부피·무게를 잼. 예계량 스푼. -하다.
계:량컵 음식을 만들 때 식품의 분량을 재는 기구.
계례(筓禮) 여자가 머리를 풀어 비녀를 지르던 성인식.
계림(鷄林) ①신라의 예전 이름. ②조선의 딴 이름.
계:면조(界面調) 국악에서 쓰이는 슬프고 느린 음계의 하나.
계:모(繼母) 자기를 낳은 어머니가 아닌, 아버지가 다시 장가든 새어머니. 의붓어머니.
계:몽(啓蒙) 사리에 어두운 사람을 가르치어 인도하는 것. 어린아이나 글을 알지 못하는 사람을 가르침. -하다.
계:발(啓發) 재능과 슬기를 열어 줌. -하다.
계백(階伯, ? ~660) 백제 말기의 유명한 장군. 나·당 연합군이 쳐들어오자, 결사대 5천 명을 거느리고 황산벌에 나아가 싸우다가 전사함.
계:보(系譜) 집안의 혈통이나 학문·사상이 계승되어 온 역사를 적은 책.
계:산(計算) 수량을 헤아림. 셈. -하다.
계:속(繼續) ①끊이지 아니하고 잇대어 나감. ②끊겼던 것을 다시 이어 나감. 반중단. -하다.
계:수나무(桂樹-) ①녹나뭇과에 딸린 늘푸른 큰키나무. ②옛날 사람들이 달 속에 있다고 상상하던 나무.
계:시(啓示) ①일깨워서 가르쳐 보임. ②사람의 슬기로 알 수 없는 일을 신이 가르쳐 알게 함. 비묵시. 예신의 계시. -하다.

계:시다 '있다'의 높임말.
계:약(契約) 두 사람 사이에 서로 뜻이 맞아 앞으로 법의 효과가 생기도록 맺는 약속. ⑩계약금. 계약서. -하다.
계:열(系列) 서로 관련이 있거나 유사한 점에서 연결되는 계통이나 조직. ⑩인문 계열.
계이름(階-) 도·레·미·파·솔·라·시 등의 음계 이름.
계:절(季節) 봄·여름·가을·겨울의 네 철. 비철. ⑩가을은 독서의 계절이다.
계:절풍 기후의 변화에 따라 방향을 바꾸는 바람.
계:주(繼走) 이어달리기. -하다.
계:집 ①'여자'의 낮은말. ②'아내'의 낮은말. 반사내.
계:집아이 아직 시집가지 아니한 어린 여자.
계:책(計策) 용한 꾀와 거기 따른 방법.
계:통(系統) ①순서를 따라 차례로 잇대어 통일함. ②한 집안의 혈통.
계:획(計劃·計畵) 꾀를 내어 일의 얽이를 세움. 또는 세우는 일. ⑩여름 방학 계획. -하다.
겻술에 낯내기〈속〉 공동의 것으로 자기가 생색을 낸다.
고 두 명사 사이를 잇는 토. ⑩사과고 배고 다 있다.
고개 ①목의 뒤쪽. ②산이나 언덕으로 오르내리는 비스듬히 기울어진 곳.
고객(顧客) 단골 손님.
고갯마루 산이나 언덕의 등성이가 되는 꼭대기.
고갯짓 고개를 흔들거나 끄덕이는 짓. -하다.

고결(高潔) 성품이 고상하고 깨끗함. 반비열. -하다.
고경:명(高敬命, 1533~1592) 조선 시대 임진왜란 때의 의병의 지도자. 전라도에서 의병을 일으켜 금산에서 왜군을 맞아 싸우다 전사하였음.
고고(呱呱) 아이가 세상에 처음 나오면서 우는 소리. ⑩고고의 소리.
고:고학(考古學) 옛적의 유물에 의하여, 옛날 사람의 문화를 과학적으로 연구하는 학문.
고:고학자 고고학을 연구하는 학자.
고공 비행(高空飛行) 15,000~20,000m 이상의 높은 하늘을 날아다님. 반저공 비행. -하다.
고공살이(雇工-) 남의 집의 일을 하여 주고 살아가는 것. 비머슴살이. -하다
고구려(高句麗, 기원전 37~서기 668) 삼국 시대의 한 나라.
고구마 메꽃과의 다년생풀. 뿌리에 둥글고 긴 덩어리가 달리는데 달고 맛이 좋음.
고:국(故國) 자기의 나라. 자기가 나서 자란 나라. 비본국. 조국. 반외국. 타국.
고군 분:투(孤軍奮鬪) ①수가 적고 도움이 없는 외로운 군대가 힘에 겨운 적과 맞서 용감히 싸움. ②적은 인원으로, 도움을 받지 않고 힘에 겨운 일을 해냄. -하다.
고:궁(古宮·故宮) 옛 궁궐. 옛날에 임금이 살던 대궐.
고귀(高貴) ①신분이 높고 귀함. ②소중하고 귀함. 비존귀. 반비천. -하다.

고:금(古今) 옛적과 지금.

고:금도 전라 남도 목포 앞바다의 완도와 조약도 사이에 있는 섬.

고급(高級) 높은 등급이나 계급. 맨저급. 하급.

고급품 품질이 좋고 값이 비싼 물건. 맨하급품.

고기 ①온갖 동물의 살. ②생선. 물고기.

고기는 씹어야 맛이요 말은 해야 맛이라〈속〉 할 말은 속 시원히 다 해 버려야 좋다.

고기도 저 놀던 물이 좋다〈속〉 낯익은 곳이 더 좋다.

고기알붙이[-부치] 물고기를 양어장에서 기를 때 알 낳는 연못에 넣어서 알이 붙게 하는 것.

고기압(高氣壓) 주위보다 높은 기압. 맨저기압.

고기잡이 ①고기를 잡는 사람. ②고기를 잡는 일. —하다.

고깃배 고기잡이를 하는 배. 비어선. 예어부의 고깃배.

고깔 중이 머리에 쓰는 세모지게 만든 모자. 베 조각으로 만듦. 예고깔 모자. 〔고깔〕

고깝다 ①마음이 순하고 바르지 아니하다. ②야속한 마음이 있다.

고난(苦難) 괴로움과 어려움. 비고생. 예고학하면서 많은 고난을 겪었다. —스럽다.

고단하다 몸이 나른하다. 기운이 없다. 비피곤하다. 맨편안하다.

고달프다 몹시 시달려 매우 고단하다. 기운이 없다.

고대 이제 막. 지금 막. 비이내. 예학교에서 고대 왔다.

고:대(古代) ①옛적. ②옛날. ③그전 세상. 맨근대. 현대.

고대(苦待) ①몹시 기다림. ②애를 태우며 기다림. 예아무리 돌아오기를 고대하고 있어도 돌아오지 않는다. —하다.

고대로 고치지 않고 전에 있던 대로. 큰그대로.

고:대 문명(古代文明) 오래 전의 시대의 문명. 맨근대 문명. 현대 문명.

고:대 소:설(古代小說) 옛날 사람이 쓴 소설. 우리 나라에서는 갑오개혁 이전의 소설.

고도(高度) 아주 높은 정도. 예고도의 훈련.

고독(孤獨) 외로움. 쓸쓸함. 예고독한 노인. —하다.

고동 ①일의 제일 중요한 고비. ②기계를 움직여 활동시키는 장치. ③기적 등의 소리.

고동(鼓動) ①마음에 깊이 감동하여 움직임. ②심장의 피가 뛰어 가슴에 울리는 소리. —하다.

고:동색(古銅色) 검누른 빛.

고되다 하는 일이 힘에 겨워 피곤하다. 비힘들다. 맨쉽다.

고드랫돌 발이나 돗자리 따위를 엮을 때 날을 감아서 매는 주먹만한 돌. 준고드래.

고드름 낙숫물이 흘러내리다가 얼어 붙어 길게 매달린 얼음. 〔고드름〕

고등(高騰) 물건 값이 많이 오름.

―하다.
고등(高等) 정도나 등급이 높음. 凹하등. ―하다.
고등 법원 지방 법원의 위, 대법원의 아래인 법원. 제2심 판결을 담당하는 법원.
고등어 바닷물고기의 한 가지. 몸 길이 40~50cm, 등 빛은 파랗고 배는 희며, 몸의 양쪽 옆은 누르스름함.
고등 학교(高等學校) 중학교를 나와서 들어가는 학교. 수업 연한은 3년임.
고 딕(Gothic) ①활자의 획을 굵게 만든 글자체. ②중세의 건축 양식. 직선적이고 높고 뾰족한 탑과, 창과 출입구의 위를 뾰족한 아치로 마무른 특색이 있음.
고락(苦樂) 괴로움과 즐거움.
고란사(皐蘭寺) 충청 남도 부여 백마강 왼편 기슭에 있는 작은 절. 450년 경에 세워졌으며 경내는 경치가 아름답고 절 뒤에서는 우리 나라에서 보기 드문 식물인 고란초가 자라고 있음.
고란초(皐蘭草) 난초 같은 풀 이름. 희귀 식물의 하나. 충청 남도 부여 고란사에 남.
고랑 두둑한 두 땅의 사이.
고래¹ 바다에 사는 몸집이 큰 동물. 새끼에게 젖을 먹이며, 허파로 숨을 쉼.
고래² 방의 구들장 밑에 연기가 통하는 길. 囝방고래.
고:래(古來) 옛부터 오늘까지.
고래고래 화가 나서 큰 소리를 지르는 모양.
고래등 같다 집이 높고 커서 웅장하다.

고래 싸움에 새우 등 터진다⟨속⟩ 윗사람끼리 싸우는 통에 공연히 아랫사람이 해를 당한다.
고량(高粱) 수수. 예고량주.
고려(顧慮) 지난 일을 다시 생각하여 봄. 생각함. ―하다.
고려(高麗, 918~1392) 태조 왕건이 개성에 세운 나라.
고려사 조선 시대 때, 세종의 명을 받아 정인지·김종서 등이 편찬한 총 139권으로 된 고려의 역사책. 고려 시대를 연구하는 데 가장 큰 자료임.
고려 자기 고려 시대에 만든 자기. 품질이 아주 단단하고 좋을 뿐만 아니라, 그 빛(비색)·조각·꾸밈새가 매우 아름다움. 청자가 가장 유명함. 〔고려 자기〕
고려장(高麗葬) 고구려 때, 늙은이나 쇠약한 사람을 구덩이나 산에 버려 두었다가 죽은 후 장사를 지냈다는 장례 풍습.
고:로(故―) ①그런 까닭에. ②그러므로.
고루 아무 차별 없이 두루 같게.
고루(固陋) 보고 들은 것이 좁고 고집이 셈. ―하다.
고르다¹ 서로 아무 차별이 없이 같다.
고르다² ①가려 뽑다. ②편편하게 만들다. ③정상적인 상태로 순조롭다. 예기후가 고르지 못하다.
고름 ①피부가 곪아서 나오는 누런 액체. ②'옷고름'의 준말.
고름병(―病)[―뼝] 누에의 전

염병의 한 가지. 피부에 회읍스름하거나 누른빛이 생기고 진물이 흘러서 죽음.

고리 ①긴 것을 구부리어 둥글게 만든 것. ②고리짝의 준말.

고리(高利) 비싼 이자. 凹저리. 몌고리 대금.

고리다 ①고린내가 나다. ②행동이 치사하고 인색하다.

고린내 고린 냄새.

고립(孤立) 남의 도움이 없이 외톨이 됨. —하다.

고마움 고맙게 여기는 마음.

고막(鼓膜) 귓속에 있어서 공기의 진동을 따라 흔들리는 막. 凹귀청.

고만 ①고 정도까지만. ②고냥 바로.

고만하다 크지도 작지도 아니하고, 더하지도 덜하지도 아니하고, 서로 비슷하다.

-고말고 물음에 대하여 그렇다고 하는 뜻을 나타낼 때 쓰는 말. 몌암, 좋고말고.

고맘때 고 때쯤. 囯그맘때.

고:맙다 은혜를 받아서 감사하고 즐겁다. 몌고마운 은인.

고모(姑母) 아버지의 누이.

고:목(古木) 오래 되어 묵은 나무. 凹노목.

고무(ㅍ gomme) 열대 지방에서 나는 고무나무의 껍질에서 흘러나온 액체로 만든 물질.

고무래 곡식을 긁어 모으거나 퍼거나, 밭의 흙을 고르는 데 쓰는 'T'자 꼴로 만든 농기구.

고무 마개 고무로 만든 마개. 실험을 할 때 플라스크나 시험관 주둥이를 막는 데 씀.

고무줄놀이 양쪽에서 잡은 고무줄을 뛰어넘는 놀이.

고무줄 저울 고무줄이 늘어나는 성질을 이용하여 물건의 무게를 달거나, 물체를 끄는 데 쓰는 간단한 장난감 저울.

고무 지우개 연필로 쓴 것을 지우는 고무로 만든 지우개.

고무 찰흙 찰흙과 같이 마음대로 모양을 바꿀 수 있도록 된 생고무.

고무총 고무줄의 힘을 이용하여 작은 돌멩이 같은 것을 날릴 수 있도록 한 장난감.

고무 풍선 얇은 고무 주머니에 공기나 수소 가스를 넣어 공중에 날리는 장난감.

고:문(古文) 옛 글. 옛 글자. 凹현대문.

고문(拷問) 죄인에게 여러 가지의 고통을 주어 죄의 사실을 캐어물음. —하다.

고문(顧問) ①의견을 물음. ②의견의 물음을 받는 사람. —하다.

고물 떡 거죽에 묻히는 콩·팥·녹두 따위의 가루.

고:물(古物) ①낡은 물건. ②헌 물건. ③옛날 물건.

고민(苦悶) 속을 태우고 몹시 괴로워함. —하다. —스럽다.

고:백(告白) 숨기지 아니하고 바른 대로 다 말함. —하다.

고:분(古墳) 옛날의 무덤. 몌고분을 발굴하다.

고분고분 말이나 행동이 공손하고 부드러운 모양. —하다.

고비¹ 편지·서류 따위를 꽂아 두는 벽에 붙인 종이 상자.

고비² ①사물의 가장 긴요한 곳. 때. ②막다른 때. 凹막바

고삐 〖반〗시초. 〖예〗심한 몸살에 걸려 죽을 고비를 넘겼다.

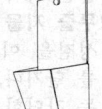
〔고비¹〕

고삐 소 같은 짐승을 몰기 위하여 짐승의 목에 매어 놓은 끈.

고:사(考査) ①자세히 조사함. ②학교에서 학생의 평소 성적을 시험함. —하다.

고사리 참고사릿과에 딸린 산나물. 어린 잎은 식용함.

고사하고(姑捨—) 그만두고. 〖예〗홍수로 집은 고사하고 목숨까지 잃을 뻔했다.

고산(高山) 높은 산.

고샅 ①마을 안의 좁은 골목길. ②좁은 골짜기의 사이.

고상(高尙) ①언행이 점잖음. ②학문이 높고 깊어 남보다 뛰어남. 〖비〗숭고. 〖반〗비천. 저속. —하다.

고생(苦生) ①구차한 생활. ②어렵게 지냄. ③몹시 애씀. 〖비〗고난. 고초. 수고. 〖반〗향락. 안락. 호강. 〖예〗아버지가 안 계셔서 어머니께서는 고생을 많이 하십니다. —하다. —스럽다.

고석(蠱石) 화산의 용암이 식어서 된 돌로 잔 구멍이 많고 가벼움. 속돌.

고:소(告訴) 해를 입은 사람이 그 사람을 검사 경찰에 신고하여 처벌을 구함. —하다.

고소하다 ①깨소금의 맛이다. ②미운 사람의 잘못되는 것을 보거나 들을 때에 도리어 기쁘고 재미스럽다.

고속 도:로(高速道路) 자동차가 아주 빠른 속도로 안전하게 달릴 수 있도록 넓고 평탄하게 만든 도로.

고속 버스 고속 도로를 빠른 속도로 달리는 버스.

고수(鼓手) 악대나 소리판에서 북을 치는 사람. 〖반〗나팔수.

고슴도치도 제 새끼가 함함하다면 좋아한다(속) 누구나 칭찬하여 주면 좋아한다.

고승(高僧) 학식이 많거나 지위가 높은 스님.

고심(苦心) 애씀. 마음과 힘을 다함. —하다.

고아(孤兒) 부모가 없는 가엾은 아이.

고아(高雅) 고상하고 우아함. 〖예〗고아한 자태. —하다.

고아원(孤兒院) 부모가 없는 아이들만 모아서 기르는 사회 사업 기관.

고안(考案) 어떤 일을 생각하여 냄. 또, 그 안. 〖비〗창안. 〖예〗디자인을 고안하다. —하다.

고압(高壓) ①강한 압력. ②높은 전압. —하다.

고:약하다 ①성질이 괴팍하다. 〖반〗착하다. 〖예〗놀부는 마음이 몹시 고약하였다. ②모양이 추하고 흉하다. ③날씨가 나쁘다. ④냄새가 안 좋다.

고양이 머리는 둥글고 꼬리는 길며, 온몸에 부드러운 털이 있고, 쥐를 잘 잡는 짐승.

고양이 목에 방울 단다(속) 실행하기 어려운 쓸데없는 얘기를 한다.

고양이 보고 반찬 가게를 지키라고 한다(속) 지키라고 했다가 도리어 도적을 맞기 쉽다.

고양이 앞의 쥐 걸음(속) 무서

고양이 죽은 데 운 사람 앞에서 설설 긴다.

고양이 죽은 데 쥐 눈물만큼〈속〉 매우 적거나 아주 없다.

고온(高溫) 높은 온도. 뗀저온. 예고온 다습한 기후.

고온 처:리기 높은 온도로 손질하여 어떤 일을 끝내는 기계.

고요의 바다 달 표면의 한 지점의 이름.

고요하다 ①조용하다. ②쓸쓸하고 한가하다. 비조용하다. 뗀소란하다.

고요히 시끄럽지 아니하고 조용하게. 비조용히.

고욤 일흔이 감 하나만 못하다〈속〉 자질구레한 것이 많아도 큰 것 하나를 못 당한다.

고용(雇傭) 돈을 받고 남의 일을 함. 예고용살이. —하다.

고용원(雇傭員) 보수를 받고 남의 일을 해 주는 사람. 비고용인.

고용주(雇用主) 삯을 주고 사람을 부리는 주인.

고원(高原) 주위의 지형보다 넓고도 높은 벌판. 뗀평야. 예고원 지대.

고유(固有) ①본디부터 있음. ②어느 물건에만 특별히 있음. 예고유 의상. —하다.

고유 문화 각 민족이 제각기 다른 환경 속에서 오랫동안 살아 오는 동안에 이룩한 특색 있는 문화. 비민족 문화.

고을 ①도를 몇으로 나눈 행정 구역의 하나. ②그 고장에서는 상당히 여러 집이 모여 있는 곳. 비읍.

고음(高音) 높은 소리로서 진동수가 많음. 뗀저음.

고 의(袴衣) 여름에 입는 남자의 홑바지.

고:이 ①삼가 조심하여. ②정성을 다하여. ③곱게. 예선생님의 말씀을 가슴속에 고이 간직하고 있겠다. 〔고 의〕

고이고이 아주 소중하게. 예아기를 고이고이 기르다.

고인돌 옛사람의 무덤이라고 하는 돌로, 그 안에서 옛사람의 뼈, 쓰던 그릇 따위가 나옴.

고:자질(告者—) 남의 잘못을 몰래 일러바치는 짓. —하다.

고작 기껏해야. 아무리 하여도. 비겨우. 예밤낮으로 연구했다는 것이 고작 그 정도냐!

고장 ①태어난 곳. ②생긴 곳. 비고향. 지방. 예우리 고장에서는 사과가 많이 난다.

고:장(故障) 뜻밖에 일어난 탈. 예라디오를 가지고 장난하면 고장나기 쉽다.

고:적(古蹟·古跡) ①옛 물건이 있던 자리. 고적지. ②남아 있는 옛적 물건.

고:전(古典) 옛날의 기록이나 책. 예고전 문학.

고정(固定) 정해진 대로 붙박혀 있고 바뀌지 않음. —하다.

고조(高祖) 할아버지의 할아버지. 고조부.

고:조선(古朝鮮) 우리 민족이 제일 먼저 이룩한 부족 국가. 단군이 세웠다 하며, 위치는 대동강을 중심으로 한 기름진 넓은 평야에 걸쳐 있었음.

고종(高宗) ①고려 제23대 왕 (재위 1213~1259). 몽고에 대

한 철저한 항쟁을 벌였고, 8만 대장경을 이룩하게 함. ②조선 제26대 왕(재위 1863~1907). 흥선 대원군의 아들. 대원군이 물러난 후부터 정치를 맡아 하면서, 대한 제국의 탄생을 선언하는 등 여러 제도의 개선에 힘썼음.

고지(高地) ①높은 땅. 짧저지. 평지. ②어떤 목표·목적.

고:지서(告知書) 무슨 일을 알리는 글발. 에납세 고지서.

고지식하다 ①성질이 곧고 변통성이 없다. ②어리석고 곧다.

고질(痼疾) ①고치기 어려운 오래 된 병. ②오래 되고 고치기 어려운 나쁜 버릇.

고집(固執) 남의 말을 듣지 않고 억지를 씀. 에네 고집만 세우지 말고 내 말도 좀 들어라. ―하다. ―스럽다.

고집쟁이 자기의 생각이나 의견만 주장하여 남의 말은 조금도 받아들이려 하지 않는 사람.

고찰(考察) 자세하게 참고하여 살펴 봄. ―하다.

고창증(鼓脹症)[―쯩] 소·양·염소 따위에 자주 일어나는 병. 겨울에 우리 속에 갇혀 있던 집짐승이 봄에 새 풀을 갑자기 많이 먹어 생기는 병.

고:철(古鐵) 낡은 쇠. 헌쇠. 에고철상. 고철 장사.

고체(固體) 일정한 모양과 부피를 갖추고 있는 물체.

고쳐 죽어 다시 죽어.

고초(苦楚) 어려움과 괴로움. 짧고난. 고생. 고통. 짧안락. 에6.25 때에 말할 수 없는 고초를 겪었다.

고추 붉고 매운 열매가 열리는 채소. 가루를 만들어서 음식에 넣어 먹음. 에고춧가루.

고추는 작아도 맵다(속) 사람이 몸은 비록 작아도 일은 알차게 한다.

고추잠자리 초가을에 떼지어 날아다니는 잠자리. 수컷은 몸이 붉고 암컷은 누르스름함.

고취(鼓吹) ①용기와 기운을 북돋아 일으킴. ②북을 치고 피리를 붊. ―하다.

고층(高層) ①높은 층. ②집에 있어서는 2층 이상의 층.

고치 누에가 실을 뽑아서 짓는 집. 명주실의 원료가 됨.

고치다 ①잘못된 곳을 다시 만들다. ②일을 바로잡다. ③병을 낫게 하다. 에나쁜 버릇은 빨리 고쳐야 된다.

고:토(故土) 고향. 또, 그 땅.

고통(苦痛) ①괴롭고 아픈 것. ②몹시 견디기 힘드는 괴로움. 짧고초. 짧쾌락. ―스럽다.

고프다 시장하다. 음식이 먹고 싶다. 에배가 고프다.

고:하다(告―) 일러 아뢰다. 까바치다. 짧여쭙다. 에비밀을 고하다.

고학(苦學) 자기가 학비를 벌어가며 공부함. ―하다.

고함(高喊) 큰 소리로 부르짖는 목소리. 짧함성. 에고함을 치다.

고해 바치다 일러 주다.

고:향(故鄕) ①제가 나서 자란 곳. ②제 조상이 오랫동안 살던 곳. 짧향토. 짧타향.

곡(曲) 노래의 가락.

곡(哭) ①소리를 내어 욺. ②사

람이 죽었을 때나 제사 때에 소리 내어 욺. —하다.
곡괭이 단단한 땅을 파는 연모.
곡마단(曲馬團) 여러 가지 재주를 부리는, 구경을 시키는 단체. 비서커스.
곡면(曲面) 곡선으로 이루어진 면. 반평면.
곡목(曲目) 연주할 악곡, 또는 곡 이름을 적은 것. 비곡명.
곡물(穀物) 사람이 늘 먹는 쌀·보리·콩·조·수수 따위의 총칭. 비곡식.
곡물 시:장 여러 종류의 곡식을 팔고 사는 시장.
곡선(曲線) 부드럽게 구부러진 선. 반직선.
곡식(穀—) 쌀·보리·조·수수·콩 따위를 일컬음. 비곡물.
곡절(曲折) ①까닭. ②자세한 일의 내용. 예우여 곡절.
곡조(曲調) 노랫소리의 높은 것과 낮은 것. 음악의 가락. 비가락.
-곤 ①같은 움직임을 여러 번 되풀이함을 나타낸 말. 예일요일이면 등산을 가곤 한다. ②'고는'의 준말. 예공부를 하곤 있지만 마음은 딴 곳에 있다.
곤:경(困境) ①어려운 때나 형편. ②곤란한 경우. 예곤경에 처하다.
곤:궁(困窮) 살기 어려움. 비곤란. —하다. —스럽다.
곤두박질 별안간 몸이 넘어지거나 거꾸로 박히는 것. —하다.
곤:란(困難) ①괴로움. ②어려움. ③고생스러움. 비곤궁. 반용이. —하다.
곤봉(棍棒) ①몽둥이. ②체조할 때에 쓰는 방망이 모양의 나무 기구. 예곤봉 체조.
곤전(坤殿) 왕비. 왕후. 중전.
곤충(昆蟲) 벌레의 통틀어 일컬음. 비벌레.
곤충기 파브르가 지은 벌레에 대한 것을 쓴 책.
곤충 학자 곤충에 대하여 연구하는 학자.
곤:하다(困—) 기운이 풀리어 나른하다.
곤:히 기운이 풀리어 나른하게. 예곤히 잠들다.
곧 ①즉시. 바로. 예지금 곧 가지 않으면 차를 놓친다. ②다시 말하자면.
곧다 ①똑바르다. ②마음이 정직하다. ③마음이 굳세고 바르다. 반굽다.
곧바로 ①즉시. ②어긋나지 않고 바르게. 예이 길을 곧바로 가면 우리 집이다.
곧은결 결이 곧은 나무를 나이테와 직각되게 켠 면에서 나타난 나뭇결.
곧이[고지] ①곧게. ②바로. ③거짓 없이.
곧이곧대로 조금도 변통성이 없이 사실대로.
곧이듣다 남의 말을 바로 듣다.
곧잘 ①제법 잘. 썩 잘. ②걸핏하면. 비제법. 예나는 여름이면 곧잘 산에 오른다. —하다.
곧장 ①쉬지 않고 줄곧. ②똑바로. 비막. 당장.
골[1] ①벌컥 성내는 기운. ②머릿골. 비화. 성.
골[2] 종이·피륙·판자 따위를 길이로 똑같이 나누어 오리거나 접는 금.

골:(goal) ①결승선. 결승점. ②축구 등에서 골 라인 위에 세운 두 기둥과 골 바와의 사이. ③축구·농구 등에서 공이 골인하여 득점하는 일. 또는 그 득점.

골격(骨格) 뼈대. 예골격이 튼튼하다.

골고루 하나도 빼지 않고 똑같게. 비고루. 예반찬을 골고루 먹어야 한다.

골:다[고니, 골아서] 잘 때에 드르렁드르렁 소리를 내다. 예코를 골다.

골:대[ㅡ때] 축구의 골 양쪽의 기둥.

골동품(骨董品)[ㅡ똥ㅡ] 오래 되고 희귀한 옛날 세간이나 미술품.

골:드(gold) 금. 황금.

골똘하다 하는 일에 온 마음을 쓰다. 비열중하다. 예무엇을 그렇게 골똘히 생각하느냐?

골라내다 여럿 가운데서 어떤 것을 가려 뽑아내다.

골:라인(goal line) ①결승선. ②축구나 하키에서 경기장의 양쪽 짧은 변을 가른 선.

골락새 딱따구리의 한 종류. 보호조인데 온몸이 검고 배와 허리만 희며, 수컷은 정수리에 새빨간 도가머리가 있어 아름답고, 우리 나라에서만 사는 새. 경기도 포천군 광릉에 많이 있음. 큰낙새.

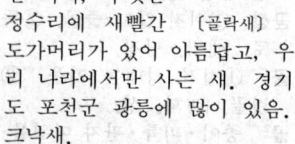
[골락새]

골마지 간장·술 따위의 물기 있는 음식물에 생기는 곰팡이의 한 가지.

골막(骨膜) 뼈를 싼 막.

골막염[ㅡ망념] 세균에 의해 골막에 염증이 생기는 병.

골:목 큰 길로 통한 좁은 길.

골:목대장 어린애들의 대장 노릇을 하는 아이.

골:목쟁이 골목에서 더 깊숙히 들어간 좁은 곳.

골몰(汨沒) 한 가지 일에만 온 정신을 쏟음. 비열중. 예독서에 골몰하다. ㅡ하다.

골몰히 한 가지 일에만 정신을 쓰는 모양. 비골똘히. 열심히. 예골몰히 연구하다.

골무 바느질할 때, 바늘을 눌러 밀기 위해 바늘 쥔 손가락 끝에 끼는 물건.

골:바람[ㅡ빠ㅡ] 산골짜기로부터 산 위로 부는 바람.

골:방(ㅡ房) 큰 방에 딸린 좁고 어두운 방.

골병(ㅡ病) 드러나지 않게 속으로 깊이 든 병.

골:에어리어(goal area) 축구에서 골 라인 안의 구역.

골오르다 화가 치받치다.

골육(骨肉) ①뼈와 살. ②가까운 혈통 관계가 있는 겨레.

골:인(goal in) 공이 골대 안에 들어감. ㅡ하다.

골자(骨子)[ㅡ짜] ①가장 중요한 부분. ②말이나 글의 요점.

골재(骨材)[ㅡ째] 모래·자갈과 같이 시멘트와 섞어서 콘크리트를 만드는 재료.

골절(骨折) 뼈가 부러짐. 예골절상을 입다. ㅡ하다.

골짜기 ①산의 쑥 들어간 곳. ②두 산의 사이에 깊이 파인

골치 '머릿골'의 속된말.
골ː키퍼(goalkeeper) 축구·하키 등에서 골을 지키는 선수.
골ː킥(goal kick) 공격측이 공을 상대방 골 라인 밖으로 내보냈을 때 수비측이 골 에어리어 안에 공을 놓고 차는 일. —하다.
골탕(—湯) 몹시 혼이 나는 것. 예친구들이 거짓말로 약속을 하여 나만 골탕을 먹었다.
골품 제ː도(骨品制度) 신라의 독특한 사회 제도의 하나인 신분제. 핏줄을 중히 여겨 골품에 따라 신분을 나누고, 사회적 지위와 벼슬자리, 일상 생활에까지 차이를 두었음.
골프(golf) 정해진 자리에서 골프채로 공을 쳐서, 잔디밭에 파 놓은 18개의 구멍에 차례로 넣어 가는 경기.
곪ː다〔곰따〕 ①탈이 난 살에 고름이 생기다. ②내부의 부패·모순이 쌓여 터질 정도로 되다.
곬〔골〕 ①물이 흘러 내려가는 길. ②한쪽으로 트인 길.
곯다 ①그릇에 다 차지 아니하다. ②먹는 것이 모자라서 늘 배가 고프다. ③속으로 물크러져 상하다. ④은근히 해를 입어 골병들다.
곰ː 곰과의 동물. 몸길이 1~3m. 몸이 뚱뚱하며 네 다리는 짧음. 온몸이 긴 털로 덮여 있고 나무에도 잘 오르는 잡식성 동물.
곰ː곰이 깊이 생각하는 모양.
곰ː국〔—꾹〕 소의 뼈와 고기를 진하게 고아서 끓인 국.

곰방대 대의 길이가 짧은 담뱃대. 비담뱃대.
곰ː보 마마를 앓아 얼굴이 얽은 사람. 〔곰방대〕
곰ː삭다 ①오래 된 옷 따위가 삭아서 푸슬푸슬해지다. ②담가 둔 젓갈 등이 오래 되어 푹 삭다.
곰ː취 엉거싯과에 딸린 여러해살이풀. 어린 잎은 먹음.
곰ː탕 ①곰국. ②곰국에 밥을 만 음식.
곰팡이 하등 균류에 속하는 미생물의 한 가지. 동식물에 기생하며, 축축한 기운이 있을 때에 음식·옷·세간 등에도 남.
곱 ①'곱절'의 준말. ②'곱쟁이'의 준말. ③수학에서 둘 이상의 수나 식을 곱해 얻은 수값.
곱ː다〔고우니, 고와서〕 ①아름답다. 예쁘다. 반밉다. ②부드럽다. ③깨끗하다. 산뜻하다. ④마음이 온순하다. 예심성이 곱다. ⑤가루가 잘다. 반굵다. 예분이 곱다.
곱ː다랗다 아주 곱다.
곱사등이 등이 굽고 등뼈가 불쑥 나온 사람.
곱셈 어떤 수를 몇 곱절하는 계산법. 반나눗셈. —하다.
곱셈표(—標) 곱셈의 기호 '×'의 이름. 곱셈 기호. 승표.
곱쟁이 곱절되는 수량.
곱절 같은 수량을 몇 번 되짚어 합치는 일. 예몇 곱절 더 예쁘다. —하다.
곱집합 한 집합의 원소를 첫째로 하고, 다른 한 집합의 원소를 둘째로 하는 모든 순서상의 집합. 예집합 ㉮와 집합 ㉯의 곱집합은 기호로 ㉮×㉯로 나타낸다.
곳 ①땅. 시골. ②거처하는 장소. ③있는 자리. ④가리키는 방향. 비장소. 예위험한 곳에 가지 마시오.
곳간 물건을 간직하여 두는 곳. 비창고.
곳곳 여러 곳. 이곳 저곳.
곳집 재물을 쌓아 두기 위하여 지은 집. 비창고.
공: 고무나 가죽으로 둥글게 만든 운동 기구의 한 가지.
공(功) ①공적. ②공로. 예이순신 장군은 나라에 큰 공을 세운 어른이시다.
공간(空間) ①비어 있어 아무 것도 없는 곳. 예무한한 우주 공간. ②무한히 퍼져 있는 장소. 반시간.
공간적 공간에 속하거나 관련되는 것. 공간의 성질을 띤 것.
공개(公開) 여러 사람에게 열어 놓음. 터놓음. 비개방. 반비공개. 비밀. —하다.
공개 방:송 방송하는 모습을 사람들에게 보이며 하는 방송.
공:격(攻擊) ①나아가 적을 침. ②잘못된 것을 쳐서 말함. 몹시 꾸짖음. 비돌격. 습격. 반방비. 방어. 수비. —하다.
공경(恭敬) 삼가 섬김. —하다.
공고(公告) 널리 세상에 알림. 예모집 공고. —하다.
공공(公共) ①일반 사회. 예공공의 안녕 질서. ②여러 사람과 같이 함. 예공공 단체.
공공 건물 공공 기관에 속하는 건물.
공공 복리 여러 사람의 행복과 이익.
공교롭다(工巧—) 공교한 듯하다. 예공교롭게도 까마귀 날자 배 떨어졌다.
공교하다 ①뜻밖에 맞거나 틀리다. ②때나 기회가 우연하게도 좋거나 나쁘다.
공군(空軍) 공중에서 싸우는 군대.
공그르기 끈을 접을 때나 치맛단을 꿰맬 때에 쓰는 바느질법의 하나.
공금(公金) 국가나 공공 단체 소유로 되어 있는 돈.
공:급(供給) ①요구하는 물품을 대어 줌. 비보급. ②바꾸거나 팔 목적으로 시장에 상품을 내놓음. 반수요. —하다.
공:기 다섯 개의 밤톨만한 돌을 땅바닥에 놓고 집고 받는 아이들의 놀이.
공기(空器) ①위가 벌어지고 밑이 뾰족한 사기로 만든 그릇. 예밥공기. ②빈 그릇.
공기(空氣) ①지구를 둘러싸고 있는 빛도 맛도 냄새도 없는 기체. ②분위기.
공기총 압축 공기의 힘으로 총알을 날려서 참새 같은 것을 잡는 데 쓰는 총.
공덕심(公德心) 여러 사람에 대한 도덕심. 예사회의 여러 사람이 서로 잘 살려면 공덕심이 많아야 한다.
공:동(共同) 여럿이 같이 일을 함. 반개인.
공:동 경작 여러 사람이 다 같이 농사를 지음. —하다.

공:동 경작지 여러 사람이 공동으로 농사짓는 땅.

공:동 못자리 한 마을 또는 몇 집이 아울러 적당한 곳을 골라서 만들고 또 공동으로 관리하는 못자리.

공:동 묘:지 여러 사람의 무덤이 한군데 모여 있는 곳. 땐사설 묘지.

공:동 생활 목적이나 환경을 같이하는 사람이 한데 모여 서로 도우며 사는 생활. —하다.

공:동 식수 여러 사람이 다 같이 나무를 심음. —하다.

공든 탑이 무너지랴〈속〉힘들여 한 일은 그리 쉽게 헛일이 되지 않는다.

공들이다(功—) 마음과 힘을 다하다. 열성을 바치다. 예내가 공들여 가꾼 꽃나무.

공력(功力) ①효험. 효력. ②애쓰는 힘. 힘들여 이루는 공. ③불법을 수행하여 얻은 공덕의 힘.

공로(功勞) 애를 써 이룬 공적. 비공적. 공훈. 예공로상.

공론(空論) 쓸데없는 의론. 비여론. —하다.

공립(公立) 공공 단체가 세움. 땐사립. 예공립 학교.

공명(功名) 공을 세워 이름을 떨침. —하다.

공:명(共鳴) ①같은 음을 내는 두 개의 물체 중 하나를 울리면 딴 것도 따라 울림. ②남이 하는 일에 찬성함. —하다.

공명 정:대(公明正大) 마음이 바르고 사사로운 점이 없음. —하다.

공:모(共謀) 두 사람 이상이 어떤 일을 같이 꾀함. —하다.

공무(公務) ①국가 또는 공공 단체의 일. ②여러 사람의 일. 비사무. 예공무 집행.

공무국(工務局) 공장 관계의 일을 맡아 하는 부서.

공무원(公務員) 국가나 지방 공공 단체의 사무를 직접 맡아보는 사람. 비관리.

공:물 제:도(貢物制度) 조선 시대 자기 고장의 특산물을 세금으로 바치던 제도.

공민(公民) 한 나라의 국민으로서 독립 생활을 하는 사람. 비자유민.

공민왕(恭愍王) 고려 제31대 왕(재위 1351~1374). 원나라 배척 운동을 일으켜 친원파를 내쫓고 영토의 회복과 제도의 개혁 등에 힘썼음.

공배수(公倍數)[—쑤] 두 개 이상의 정수에 공통한 배수. 땐공약수.

공백(空白) ①종이나 책에 글씨·그림이 없는 곳. 비여백. ②아무것도 없이 빔. 예공백을 메우다.

공법(公法) 국가와 국가 사이의 또는 국가와 개인과의 관계 등 공동 이익에 관한 사항을 정한 법률. 땐사법.

공복(空腹) ①아침이 되어 아직 아무것도 먹지 아니한 배. ②고픈 배. 배고픔. 예공복을 채우다. 비공장.

공부(工夫) ①학문과 기술을 배움. ②배운 것을 익힘. 비수업. 학문. 학습. —하다.

공분모(公分母) 여러 개의 분수를 통분한 공통 분모. 1/3, 3/

4, 5/6의 공분모는 12.

공:비(共匪) 공산군 또는 공산당의 유격대. 예공비 소탕.

공사(公使) 조약국에 머무르며, 자기 나라를 대표하여 외교 사무를 맡아보는 관리.

공사(工事) 건축·토목 등에 관한 일. 비역사. 예도로 공사를 시작하였다. —하다.

공사비 공사를 하는 데 들어가는 돈. 비공비.

공사판 어떤 공사가 진행되고 있는 일판.

공산(公算) 확실한 정도. 비가망. 확률. 예반장에 당선될 공산이 크다.

공:산(共産) ①'공산주의'의 준말. ②재산을 공동으로 가짐.

공:산 국가 공산주의를 신봉하고 따르는 나라.

공:산군 공산당의 군대.

공:산권[—꿘] 제2차 세계 대전 후 소련의 영향 밑에 공산주의 정권을 수립했던 여러 지역의 나라.

공:산당 공산주의의 실현을 위하여 조직된 정치 단체.

공:산 위성 국가 지난날, 소련의 지배를 받았던 공산 국가.

공:산주의 모든 재산을 다 같이 나누고, 개인 재산은 없이 하자는 주장이지만 실상은 개인의 자유를 무시하는 주의.

공산품(工産品) 공업에서 생산되는 여러 가지 제품.

공상(空想) 이루어질 수 없는 헛된 생각. —하다.

공:세(攻勢) 공격하는 태세나 세력. 반수세. 예평화 공세.

공손하다(恭遜—) ①겸손히 자기를 낮추다. ②남을 높이고 자기를 낮추다. 반거만하다. 교만하다. 불손하다. 예웃어른을 대할 때는 항상 공손한 태도를 가져야 한다.

공손히 ①고분고분하게. ②공경하고 겸손하게. 비겸손히. 반불손히. 예인사는 공손히, 말은 똑똑히 하자.

공수 특전단(空輸特戰團) 적의 하늘에 항공기를 타고 가서, 낙하산으로 적의 땅에 내려 싸우는 특별한 군대.

공습(空襲) 비행기로 공격함. —하다.

공습 경:보 적의 비행기가 습격해 왔을 때 조심하라고 알리는 소리. 사이렌이나 종 따위를 사용함.

공식(公式) 셈의 규칙을 보이는 식. 곧 삼각형의 넓이=높이×밑변÷2 따위.

공신(功臣) 나라에 공로가 있는 신하.

공약(公約) 여러 사람 앞에서 약속하는 것. 예선거 공약. —하다.

공약 삼장 기미 독립 선언서에 다 같이 약속한 세 조항의 글.

공약수 두 개 이상의 정수에 모두 있는 약수. '12, 9, 6'에서 3 따위. 반공배수.

공:양(供養) 부처 앞에 음식을 바침. 비불공. —하다.

공:양미 부처님께 올리는 쌀.

공업(工業) 여러 가지 원료를 가지고 사람의 수고를 들여 필요한 물건을 만들어 내는 일. 예공업 국가.

공업 규격 모든 공업 제품에 있

공업 단지 경제 성장을 위한 공업화 계획의 추진을 위하여 공장·사무소 따위를 한 곳에 몰아 놓은 지역. 준공단.

공업 용:수 공업의 생산 과정에 쓰이는 물.

공업 지역 지리적인 조건과 산업의 발달 조건으로 특히 공업이 왕성한 지역.

공업 표준화 제:도 공장에서 만든 물건의 규격을 나라에서 일정하게 정해 놓은 제도.

공연하다(空然—) 쓸데없다. 까닭이나 필요가 없다. 준괜하다. 예공연한 걱정은 하지 말아라.

공영(公營) 관청이나 공공 단체가 경영함. 반민영. —하다.

공:영(共營) 공동으로 경영함. —하다.

공예(工藝) 물건을 아름답게 만드는 재주. 제작의 기술.

공예품 인공을 가하여 예술적으로 만들어 일상 생활에 쓰는 물건. 가구·도자기 따위.

공:용(共用) 공동으로 사용함. 반전용. —하다.

공원(公園) 여러 사람이 마음대로 와서 놀기도 하고 바람도 쐬라고 만들어 놓은 동산.

공유(公有) 국가나 공공 단체의 것. 반사유.

공이 절구나 방아 등의 확에 곡식을 넣고 찧을 때 쓰는 기구.

공익(公益) 널리 세상 사람을 이롭게 함. 예공익 사업.

공익 사:업 널리 세상 사람들에게 이롭게 하는 사업. 철도·전신·전화·수도·의료 사업 등.

공:자(孔子, 기원전 552~479) 중국에서 태어난 성인으로 유교를 처음으로 펴신 분. 사람은 어질게 살아야 한다고 가르쳤는데 그의 언행은 〈논어〉란 책에 기록되어 있음.

공작도(工作圖) 물건을 만들 때 그 계획을 나타낸 그림.

공:작새(孔雀—) 꿩과에 속하는 몸집이 큰 새. 인도 원산으로 수컷은 머리 위에 10cm쯤 되는 털이 있고, 꽁지는 길며 아름다운데, 이것을 펴면 오색 부채처럼 찬란함.

공장(工場) 많은 직공을 거느리고 여러 가지 필요한 물건을 만들어 내는 곳.

공적(功績) ①일을 잘한 성적. ②힘써 일한 공로. 비공로. 업적.

공전(公田) 옛날에 백성들에게 빌려 주어 땅값을 바치게 하던 국가 소유의 땅.

공:전식 전:화(共電式電話) 핸들을 돌리지 않아도 전화기의 수화기를 들면 교환대로 신호가 가는 전화.

공정(公正) ①바르고 조금도 비뚤어짐이 없음. ②공평함. —하다.

공정대(空挺隊) 비행기를 타고 적의 후방에 내려서 전투를 하는 부대. 낙하산 부대. 본공정 부대.

공:제 조합(共濟組合) 조합원끼리 서로 돕기 위해 다달이 얼마씩 모은 돈으로 만든 조합.

공주(公主) 임금의 딸. 비왕녀. 반세자. 왕자.

공중(空中) 하늘과 땅 사이의 빈 곳. 回하늘. 허공.

공중(公衆) 사회의 여러 사람. 뭇사람.

공중 도:덕 여러 사람이 모여서 공동 생활을 해 나가는 가운데, 여러 사람이 다 같이 지켜야 할 도리.

공집합(空集合) 원소를 하나도 갖지 않는 집합. ㉠㉮={3, 5, 6, 7} ㉯={4, 8, 9}일 때, ㉮∩㉯={ }. 즉 집합 ㉮와 집합 ㉯의 교집합은 원소가 하나도 없는 공집합임.

공채(公債) 나라의 큰 사업 또는 전쟁 따위로 재정이 모자랄 때, 나라나 공공 단체가 지는 빚. 凹사채.

공책(空册) 글씨를 쓰지 아니한 책. 回노트. 학습장.

공:통(共通) 여러 사람에게 두루 통함. 回상통. 凹특수. 상이. —하다.

공:통되다 ①모든 것에 다 통하다. ②다 가지고 있다. 回상통하다. ㉠살갗이 누렇고 머리털이 검다는 것은 동양 사람이 가진 공통되는 점이다.

공:통 분모 여러 개의 서로 다른 분수를 처음 분수의 크기를 변하지 않고 같게 통분한 분모. 분모의 최소 공배수를 공통 분모로 함.

공:통점[—점] ①서로 닮은 점. ②서로 통하는 점.

공판(公判) 일반 사람들 앞에서 재판을 하는 일. —하다.

공평하다(公平—) 한쪽으로 치우치지 아니하다.

공포(公布) 여러 사람에게 널리 알도록 폄. 凹선포. —하다.

공:포(恐怖) 무서움과 두려움.

공표(公表) 세상에 널리 발표함. —하다.

공:학(共學) 남녀가 한 학교에서 함께 배움. ㉠남녀 공학. —하다.

공항(空港) 비행기가 뜨고 내리는 곳. 回비행장.

공해(公害) 산업이 발달함에 따라 생기는 대기 오염·수질 오염·소음 등 일반 시민에게 폐를 끼치는 해. ㉠산업 공해.

공:헌(貢獻) ①정성을 다함. ②마음을 씀. ③이바지함. 回기여. —하다.

공:화국(共和國) 국가의 의사가 국민의 합의 기관에서 결정되는 정치를 시행하는 나라로, 곧 민주 정치를 하는 나라. 凹전제국.

공회당(公會堂) 대중이 모이기 위하여 지은 집.

공훈(功勳) 나라를 위하여 세운 훌륭한 공. 回공로. 凹죄과.

공휴일(公休日) 모두가 쉬는 날. 나라의 경사스런 날이나 일요일.

-곶(串) 지명 아래에 붙어서 반도형으로 생긴 작은 땅을 이르는 말. ㉠장산곶.

곶감 껍질을 벗기고 말린 감.

과거(科擧) 옛날 조선 시대에 뛰어난 인물을 관리로 뽑을 때 보던 시험 제도.

과:거(過去) ①지나간 때. ②지나간 일. 凹현재. 미래.

과:격(過激) 지나치게 사납고 세참. —하다.

과:녁 활·총 따위를 쏠 때에

목표로 세워 놓는 것.
과:녁빼기 똑바로 건너다보이는 곳. 예 과녁빼기집.
과:단(果斷) 일을 딱 잘라서 결정함. —하다.
과:단성[-썽] 일을 용기 있게 결정하여 실행하는 성질.
과:로(過勞) 지나치게 일하여 피로함. —하다.
과:망간산칼륨(過 mangan 酸 kalium) 검붉은 기둥 모양의 결정체. 용량 분석용·산화제·살균 소독용으로 쓰임.
과:목(果木) 과실이 열리는 나무. 비 과수. 과실 나무.
과목(科目) ①학문의 구분. ②교과를 가른 구분.
과:부(寡婦) 남편이 죽은 여자. 비 홀어미. 반 홀아비.
과:산화수소수(過酸化水素水) 과산화수소를 물에 녹인 액체. 소독 작용을 하여 상처 소독에 쓰임. 상품명은 옥시풀.
과:석(過石) 작물 뿌리의 자람과 가지치기를 돕는 인산질 비료의 한 가지. 본 과인산석회.
과:세(過歲) 묵은 해를 보내고 새해를 맞음. 설을 쇰. 비 과년. —하다.
과:수원(果樹園) 과실 나무를 많이 심어 놓은 밭.
과:시(誇示) ①뽐내어 보임. ②사실보다 크게 드러내어 보임. —하다.
과:실(過失) ①잘못. ②허물. 반 고의. 예 과실 치사.
과:실(果實) 나무에서 나는 먹을 수 있는 열매. 비 과일.
과:실 나무 먹을 수 있는 열매가 열리는 나무. 비 과목.

과:언(過言) 지나친 말. 예 그 사람은 천재라 해도 과언이 아니다. —하다.
과업(課業) ①일과로 정한 학과. ②마땅히 하여야 할 일.
과:연(果然) 진실로 그러함. 비 참으로. 예 듣던 바와 같이 과연 훌륭한 사람이었다.
과:인(寡人) 임금이 자신을 낮추어 이르던 말.
과:일 식용으로 하는 과실.
과:잉(過剩) 예정한 수량이나 필요한 수량보다 많음. 예 과잉 생산. —하다.
과자(菓子) 밀가루·설탕·달걀 따위를 넣어 불에 익혀 간식으로 먹는 음식.
과:장(誇張) 실제보다 지나치게 불려서 나타냄. —하다.
과:정(過程) 일이 되어 가는 형편이나 순서. 비 경로.
과제(課題) 내어 주고 하게 하는 문제. 비 숙제.
과:하다(過—) 너무 지나치다.
과학(科學) 여러 가지 법칙과 자연의 이치를 연구하는 학문.
과학 기:술처 과학 기술 진흥을 위한 사무를 관장하는 중앙 행정 기관.
과학 문명 과학이 많이 발달하여 사람의 생활이 점점 나아져 가는 상태.
곽재우(郭再祐, 1552~1617) 임진왜란 때의 의병장. 의령에서 의병을 일으켜 홍의(붉은 옷)를 입고 많은 전공을 세워 홍의 장군이라 불리고, 정유재란 때 끝까지 의령을 지킴.
관(冠) 머리에 쓰는 것의 하나.
관(棺) 죽은 사람을 넣는 나무

관(貫) 무게의 단위의 하나. 한 관은 약 3.75킬로그램.

관가(官家) ①지방을 맡아 다스리던 곳. ②그 지방의 원을 일컫던 말. 비관청.

관:개(灌漑) 논밭에 물을 댐. 비관수. —하다.

관:개 농업 관개 시설을 갖추어서 짓는 농사.

관격(關格) 음식이 갑자기 체하여 먹지도 못하고 대소변도 못 보는 위급한 병.

관계(關係) ①남의 일에 간섭함. ②그 일에 손을 댐. 비관련. 상관. —하다.

관광(觀光) 다른 고장이나 다른 나라의 경치·형편·풍속 따위를 가서 구경함. —하다.

관광객 관광을 하러 다니는 사람. 비유람객.

관광 사:업 관광에 따르는 상호 친선·문화 교류·외화 획득 등의 효과를 높이기 위한 여러 가지 사업.

관광지 관광 시설이 있는 경치가 매우 좋은 곳.

관념(觀念) 과거에 겪은 감각이 아직도 마음에 남아 있는 생각. 비개념.

관대(寬大) 마음이 너그럽고 큼. —하다.

관동(關東) 강원도 지방을 널리 일컫는 말.

관:두다 그 정도에서 그치다. 고만두다.

관등회(觀燈會) 음력 4월 8일에 등을 달고 석가의 탄생한 날을 기념하는 명절.

관람(觀覽)[괄—] 연극·영화 등을 구경함. 비구경. —하다.

관람석[괄—] 연극·영화 따위를 구경하는 자리. 예극장 관람석.

관련(關聯) 서로 관계가 있음. 비관계. 연관. —하다.

관리(官吏)[괄—] 나라일을 맡아보는 사람. 비공무원.

관:리(管理) 맡아서 다스림. —하다.

관:리소[괄—] 사무를 맡아서 처리하는 곳.

관:리직[괄—] 관청이나 회사 등을 전체적으로 맡아 경영하는 일에 종사하는 직업.

관:목(灌木) 진달래·앵두나무 따위와 같이 작고 줄기가 많이 갈라져 나는 나무. 반교목.

관문(關門) ①어떤 곳을 드나드는 중요한 곳. ②경계에 세운 문. ③국경이나 요새의 문. 예관문을 통과하다.

관북(關北) 함경 남북도를 널리 일컫는 말.

관비(官費) 관청에서 내는 비용. 반사비.

관비생 관청에서 비용을 내주어 공부시키는 학생. 반사비생.

관상(觀賞) 구경하고 즐김. 예관상 식물. —하다.

관상대(觀象臺) →기상청.

관상쟁이(觀相—) 사람의 얼굴을 보고 재수·운명을 판단하는 일을 직업으로 삼는 사람.

관서(關西) 평안 남북도를 널리 일컫는 말.

관선(官選) 관청에서 뽑음. 반민선. —하다.

관:성(慣性) 정지하고 있는 물체는 언제나 정지해 있고, 운

관세 동하는 물체는 그 운동을 계속하려고 하는 성질. ⑩관성의 법칙.

관세(關稅) 나라가 국경을 지나는 상품에 대하여 세관에서 받게 하는 세금.

관:습(慣習) ①널리 인정된 질서나 규칙. ②개인의 버릇.

관심(關心) 마음이 끌리어 흥미를 가지고 잊지 못함. 비주의. 반무관심. ⑩어머니는 나의 학교 성적에 대해서 관심을 가지고 계신다. —하다.

관:악(管樂) 관악기로 연주하는 음악. ⑩관악 합주.

관:악기 대롱 안에 공기를 보내어, 그 진동에 의하여 소리를 내는 악기. 피리·트럼펫 따위. 금관·목관 악기의 총칭.

관:용(慣用) 습관적으로 늘 씀. ⑩관용어. 관용구. —하다.

관:용(寬容) 너그럽게 용서함. ⑩관용을 베풀다. —하다.

관절(關節) 무릎·팔꿈치 따위와 같이 뼈와 뼈가 서로 맞닿아 움직이는 곳. 뼈마디.

관:제소(管制所) 관할하여 통제하는 곳.

관중(觀衆) 연극이나 영화를 구경하는 사람들.

관직(官職) 나라일을 맡아 돌보는 자리. 비벼슬.

관찰(觀察) 사물을 주의하여 잘 살펴봄. ⑩벌들이 꿀을 따는 것을 관찰해 보자. —하다.

관찰사[—싸] 조선 시대 8도에 파견된 지금의 도지사에 해당되는 벼슬 이름. 그 지방의 행정·군사·사법권을 맡아 다스리며 관하의 지방 관리들을 지휘·감독하였음.

관찰 일기 관찰한 내용을 기록해 나가는 일기.

관창(官昌, 645~660) 신라 무열왕 때의 대표적인 화랑. 품일 장군의 아들. 16세의 나이로 황산 싸움에 나아가 싸우다 계백 장군에게 잡혀 죽었음.

관청(官廳) 관리들이 나라일을 보는 곳. 구청·동사무소 등. 비관가.

관측(觀測) 공중·지상 등의 자연 현상의 변화를 정확하고 세밀하게 관찰하여 재는 일. ⑩기상 관측. —하다.

관통(貫通) ①구멍을 꿰뚫어 통함. ②처음부터 끝까지 계속함. —하다.

관하여(關—) 관계하여. 대하여. ⑩일에 관하여 말하다.

관:할(管轄) ①사람을 거느리어 다스림. ②권리에 의하여 다스리는 범위. —하다.

관:현악(管絃樂) 서양 음악 합주의 일종으로, 관악기·현악기 및 타악기로 구성되는 음악. 오케스트라.

관:현악단 관현악을 연주하는 단체.

관혼상제(冠婚喪祭) 관례·혼례·상례·제례의 총칭.

괄목(刮目) 생각보다 발전의 속도가 너무 빨라 눈을 비비고 다시 봄. —하다.

괄시(恝視)[—씨] 업신여기고 대수롭지 않게 대함. —하다.

괄호(括弧) 숫자나 글의 어떤 부분을 분명하게 나타내기 위한 부호. ( )·{ } 따위.

광: 세간이나 그 밖에 온갖 물

건을 넣어 두는 곳. 圓헛간.
광:개토 대:왕(廣開土大王, 375~413) 고구려의 제19대 왕. 일생을 영토 확장에 힘써 북으로는 랴오허 강 동쪽 땅까지, 남으로는 한강 이북까지의 넓은 영토를 차지했음.
광:개토 대:왕릉비 장수왕이 부왕인 광개토 대왕의 공적을 기념하기 위하여 만주의 지린성에 세운 비. 높이 약 6.39m.
광경(光景) 그 때의 형편과 모양. 圓정경.
광:고(廣告) 글이나 말로 세상에 널리 알리는 일. 예잡지 광고. —하다.
광:고지 광고를 낸 종이.
광:대 인형극·가면극 같은 연극이나 노래·춤·줄타기 등의 재주를 잘 부리는 사람.
광란(狂亂)[—난] 미쳐 날뜀. —하다.
광명(光明) ①밝은 빛. ②환하게 빛남. ③부처·보살의 몸에서 비치는 빛. —하다.
광명 정:대 말과 행동이 떳떳하고 정당함. —하다.
광무(光武) 1897년에 고종이 정한 대한 제국의 연호.
광:물(鑛物) 금·쇠·석탄·구리·유황 따위와 같은 천연으로 나는 돌붙이나 쇠붙이.
광:물질[—찔] 광물로 된 물질. 광물의 성질을 가진 물질.
광:범위(廣範圍) 넓은 범위. 범위가 넓음. —하다.
광복(光復) 잃었던 나라를 되찾음. 圓해방. —하다.
광복군 일제 강점기 때, 중국에서 우리 나라의 독립을 위하여 일본과 싸운 군대.
광복절 우리 나라가 일본의 지배로부터 벗어난 것을 기념하고 대한 민국의 독립을 기념하는 국경일. 8월 15일.
광:산(鑛山) 유용한 광물을 파내는 산.
광:석(鑛石) 유용한 쇠붙이가 들어 있는 돌.
광선(光線) 빛의 줄기. 圓빛살. 예태양 광선.
광:야(廣野) 사방이 훤하게 터진 넓은 들. 圓벌판.
광:업(鑛業) 광물의 채굴·선광·제련 등을 행하는 산업.
광에서 인심 난다〈속〉 자기의 살림이 넉넉하고 유복해져야만 비로소 남을 동정하게 된다.
광역시(廣域市) 1995년 3월 직할시가 확장된 행정 구역. 부산·대구·인천·광주·대전·울산 등이 이에 해당됨.
광원(光源) 빛을 내는 물체. 圓발광체.
광음(光陰) ①세월. ②때.
광:장(廣場) 넓은 마당.
광주리 대·버들·싸리 따위로 엮어 만든 그릇.
광주 학생 항:일 운:동 1929년 11월 3일, 나주에서 광주로 통학하는 기차 안에서 우리 학생과 일본인 학생의 싸움이 원인이 되어 전국적으로 일어났던 학생들의 항일 운동.
광채(光彩) 눈부시게 번쩍거리는 빛. 圓광색.
광택(光澤) 곱게 윤이 나는 빛.
광:한루(廣寒樓)[—할—] 전라 북도 남원에 있는 다락집. 경내에는 춘향의 사당이 있음.

광합성(光合成) 녹색 식물들이 잎으로 흡수한 이산화탄소와 뿌리로 흡수한 수분을 재료로 하여, 햇빛의 힘을 빌려 녹말을 만드는 일.

광해군(光海君, 1575~1641) 조선 제15대 왕. 폭군으로 불리기도 하였으나, 후금에 대비하여 성을 쌓고 무기를 갖추는 등 국방을 튼튼히 하였음.

광:활(廣闊) 훤하게 트이고 넓음. 밴협소. —하다.

괘씸하다 마땅히 지켜야 할 일을 안 지켜 남에게 언짢은 느낌을 주다. 예선생님을 속이다니, 괘씸한 일이다.

괘:종 시계(掛鐘時計) 벽이나 기둥에 걸게 되어 있는 시계로 때가 되면 저절로 울려 시간을 알리는 시계.

괜:스레 아무 까닭이나 필요 없이. 예바쁜 사람을 괜스레 오라 가라 하여 성가시다.

괜찮다 ①걱정할 것 없다. ②아무렇지도 않다. ③그저 쓸만하다. 예상관없다.

괜히 ①아무 까닭 없이. ②쓸데없이. 예천천히 와도 될 걸 괜히 뛰어왔구나.

갱:이¹ '고양이'의 준말.

괭이² 땅을 파내는 농기구.

괴나리봇짐 보자기에 자그마하게 싸서 진 봇짐.

괴:다¹ 우묵하게 팬 곳에 액체가 모이다. 예구덩이에 빗물이 괴다.

괴:다² 유난히 귀여워하고 사랑하다.

괴:다³ ①밑을 받치다. 예턱을 괴다. ②음식을 그릇에 차곡차곡 쌓아 올리다. 예제사상에 과일을 괴어 놓다.

괴로움 몸이나 마음이 편안하지 못함. 비고통. 밴즐거움.

괴로워하다 마음에 고통을 느끼다. 마음이 편하지 않다. 예잘못한 일 때문에 괴로워하다.

괴롭다〔괴로우니, 괴로워서〕 ①고생스럽다. ②귀찮다. ③성가시다. ④아파서 견디기 어렵다. 밴즐겁다. 편하다.

괴롭히다 못살게 굴다. 성가시게 하다. 예제발 나를 괴롭히지 마라.

괴:뢰(傀儡) 꼭두각시.

괴:뢰군 괴뢰 정부의 군대.

괴:뢰 정권〔—꿘〕 힘이 없이 다른 나라의 조종대로 꼭두각시처럼 움직이는 정권.

괴:뢰 정부 남의 나라의 명령에 따라 움직이는 정부.

괴:물(怪物) 괴상하게 생긴 사람이나 물건.

괴:변(怪變) 괴이한 일.

괴:상하다(怪常—) 모양이 이상하다. 비괴이하다. 밴평범하다. 예괴상한 모습의 외계인.

괴수(魁首) 나쁜 짓을 하는 무리의 우두머리. 비수괴. 밴졸개. 졸도.

괴팍 성미가 이상야릇하고 화를 잘 냄. 예성질이 괴팍하다. —하다. —스럽다.

괴:혈병(壞血病)〔—뼝〕 잇몸 등에서 피가 나고, 상처가 나면 피가 계속해서 나게 되는 병. 비타민 시(C) 부족으로 생김.

굉음(轟音) 몹시 크고 요란하게 울리는 소리.

굉장(宏壯) 크고 훌륭함. —하

굉장히 ①대단히. ②아주 크고 훌륭하게. ⑩저 배는 굉장히 크구나.
교가(校歌) 학교의 기풍을 떨치기 위하여 만든 노래.
교과서(敎科書) 학교에서 가르치는 데 쓰는 책.
교교(皎皎) 달이 맑고 밝음. 희고 깨끗함. —하다.
교내(校內) 학교 안. 📵교외. ⑩교내 행사.
교단(敎壇) 선생님이 올라서서 가르치는 높은 단.
교대(交代) 서로 번갈아들어 대신함. 📵교체. —하다.
교도(敎徒) 종교를 믿는 사람. 📵신도.
교도(敎導) 가르쳐 이끌어 줌. —하다.
교도소(矯導所) 죄를 지어 형을 받은 사람을 일정한 기간 가두어 죄를 뉘우치게 하기 위해 세운 기관.
교련(敎鍊) ①군대에서 하는 병사 훈련. ②학생에게 하는 군사 훈련. —하다.
교류(交流) ①서로 뒤섞여서 흐름. ②서로 주고받음. ⑩문화 교류. —하다.
교만(驕慢) ①겸손하지 않음. ②남을 얕보고 자기를 높임. —하다. —스럽다.
교목(喬木) 소나무나 전나무처럼 줄기가 곧고, 높이 자라서 가지가 퍼지는 나무. 📵관목.
교:묘(巧妙) 재주나 솜씨가 아주 용하고 묘함. —하다.
교:문(校門) 학교의 드나드는 큰 문.
교:본(敎本) 글을 가르치는 책.
교:사(敎師) 가르치는 사람. 📵교원. 선생. 스승.
교:서(敎書) 미국 대통령이 의회에 보내는 정치상의 의견서.
교섭(交涉) 서로 말을 건네서 의논함. —하다.
교:실(敎室) 학교에서 학생들이 수업을 하는 방.
교:양(敎養) ①가르치고 기름. ②지식과 수양. ⑩높은 교양을 쌓아서 훌륭한 사람이 되자. —하다.
교역(交易) 서로 물건을 사고 팔아 바꿈. 📵교환. —하다.
교외(郊外) 공기가 깨끗하고 인가가 많지 아니한, 도시에서 좀 떨어진 곳. 📵야외. 📵도심. 시내.
교:원(敎員) 학교에서 학생을 가르치는 사람. 📵교사.
교:육(敎育) 가르쳐서 지식을 줌. 📵교화. —하다.
교:육 보:험 자녀가 커서 상급 학교에 가게 되었을 때를 대비해서 드는 보험.
교:육자 교육하는 사람. 📵교육가. 📵피교육자.
교:인(敎人) 종교를 믿는 사람. 📵신자.
교자상(交子床)[—쌍] 여러 사람이 함께 음식을 먹을 수 있게 만든 직사각형의 큰 상.
교:장(校長) 그 학교에서 대표 되는 어른.
교:재(敎材) 학생을 가르치는 데 필요한 재료.
교:정(校正) 잘못 쓰여진 글자를 바로잡는 일. ⑩교정을 잘 보아야 오자가 없다. —하다.

교:정(校庭) 학교의 마당. 예교정에서 졸업식을 올렸다.

교제(交際) 서로 사귐. 예교제가 많은 사람. —하다.

교주(敎主) 종교를 처음 시작한 사람. 비교조.

교직자(敎職者) ①학생을 가르치는 일에 종사하는 사람. ②교회에서 교도하는 직무. 목사·집사·전도사 따위.

교집합(交集合) 두 집합에서 공통인 원소들로 이루어진 집합. '∩'으로 나타냄.

교차(交叉) 가로 세로 엇갈림. 예교차로. —하다.

교체(交替) 서로 번갈아들어 대신함. 비교대. —하다.

교:탁(敎卓) 교실에서 선생님 앞에 놓은 책상.

교통(交通) 사람이나 물건이 오고 가고 하는 일. 비왕래.

교통 기관 기차·자동차·지하철·우편 등의 모든 설비.

교통량[—냥] 일정한 곳에서 일정한 시간에 왕래하는 교통의 분량. 예교통량이 많은 도심.

교통로[—노] 사람과 차 같은 것이 왕래하는 큰 길.

교통 사:고 자동차나 기차로 인해 사람이 다치거나 죽는 일.

교포(僑胞) 외국에 가서 사는 동포. 예재일 교포.

교향악(交響樂) 교향곡·교향시 등을 연주하는 관현악단을 위하여 만든 음악의 총칭.

교환(交換) 서로 주고받음. 서로 바꿈. 비교역. —하다.

교:회(敎會) 신도들이 모여 예배드리는 곳. 비예배당. 성당.

교:회당 예수교인이 예배를 보는 집. 비예배당.

교훈(校訓) 학교의 교육 이념을 간단 명료하게 나타낸 표어.

교:훈(敎訓) 가르치고 이끌어 줌. —하다.

구(球) ①공같이 둥글게 생긴 물체. 또는 그런 모양. ②구면으로 둘러싸인 입체.

구걸하다(求乞—) 남에게 돈·밥 따위를 거저 달라고 빌다.

구겨지다 구김살이 잡히다. 예옷이 구겨지다.

구격(具格) 어떠한 격식을 갖춤. —하다.

구:경 경치나 경기 따위를 흥미를 가지고 봄. 비관람. 예영화를 구경하다. —하다.

구:경꾼 구경하는 사람.

구관이 명관이라〈속〉오래 경험을 쌓은 사람이 낫다.

구:교(舊敎) 천주교·희랍교 따위와 같은 신교 이전의 교파.

구구구 비둘기·닭 등이 우는 소리. 센꾸꾸꾸.

구구법(九九法)[—뻡] 곱셈 때에 쓰는 셈의 공식으로, '2×5=10', '3×5=15' 따위.

구:국(救國) 위태하게 된 나라를 구해 냄. 반매국. —하다.

구근(球根) 공 모양이거나 덩어리를 가진 줄기나 뿌리로서 달리아·마늘 따위. 비덩이뿌리.

구:대륙(舊大陸) 아메리카 대륙 발견 이전부터 알려진 대륙. 곧 유럽·아시아·아프리카 대륙. 반신대륙.

구더기 파리의 애벌레.

구더기 무서워 장 못 담글까〈속〉다소 방해물이 있더라도 마땅

구덕 제주도 여자들이 쓰는 대로 엮은 바구니.

구덩이 땅이 움푹하게 팬 곳. 비웅덩이.

구독(購讀) 책·신문 따위를 사서 읽음. 예우리집은 신문을 정기 구독한다. —하다.

구두 가죽으로 만든 서양식 신.

구:두(口頭) 직접 입으로 말함. 반서면.

구두쇠 돈과 물건을 지나치게 아끼는 사람.

구들 고래를 켜고 구들장을 덮고 흙을 발라 방바닥을 만들고 불을 때어 덥게 한 장치.

구락부(俱樂部) 같은 목적을 가진 여러 사람이 모인 단체. 비클럽.

구럭 새끼로 그물처럼 엮어 만든 부대 같은 물건. 비망.

구렁 ①땅이 우묵하게 들어간 곳. ②빠지면 벗어나기 힘든 곳의 비유. 예악의 구렁.

구렁이 ①큰 뱀. ②성질이 음흉하고 능글맞은 사람의 별명.

구렁이 담 넘어가듯〈속〉 슬그머니 남 모르게 얼버무려 넘기는 모양.

구렁텅이 몹시 험하고 깊은 구렁. 예죽음의 구렁텅이.

구:령(口令) 여러 사람의 움직임을 고르게 하기 위하여 부르는 호령. 차려·쉬어 따위. —하다.

구루마(일くるま) 짐수레.

구르다¹〔굴러, 굴러서〕 데굴데굴 돌며 옮겨지다. 예구슬이 구르다.

구르다²〔굴러, 굴러서〕 발로 밑바닥이 울리도록 마구 내리디디다. 예발로 마루를 구르다.

구름 공기 속의 수분이 차게 되어 물방울 또는 얼음 알갱이가 되어 하늘에 연기같이 떠다니는 것. 예뭉게구름.

구름 다리 길 위로 높이 놓은 다리. 비굴다리. 육교.

구름판(一板) 멀리뛰기 운동을 할 때 발을 굴러 뛰는 판.

구리 빛이 불그스름한 쇠붙이.

구리판(一板) 구리를 얇고 넓게 편 것.

구린내 구리게 나는 냄새.

구매(購買) 물건을 삼. —하다.

구멍 파내거나 뚫어진 자리.

구멍을 보아 가며 쐐기 깎는다〈속〉 형편을 보아 가며 알맞게 일을 해야 한다.

구:미(口味) 입맛.

구박(驅迫) ①못 견디게 몹시 굶. ②심하게 대우함. 비학대. 예구박이 심하다. 부모 없는 아이라고 너무 구박을 하여서는 안 된다. —하다.

구:변(口辯) 말솜씨. 비언변.

구별(區別) ①갈라 놓음. ②몫을 가려냄. 비구분. 분별. 반혼동. —하다.

구부리다 한쪽으로 휘어 굽게 하다. 작고부리다. 센꾸부리다. 예구부린 손가락.

구분(區分) 따로따로 갈라서 나눔. 비구별. —하다.

구비하다(具備—) 고루 갖추다. 빠진 것이 없이 모두 있다.

구상(構想) ①생각하는 것. ②생각하여 엮는 것. ③생각을 얽어 맞춤. —하다.

구색(具色) 여러 가지 물건을

구석 ①가장자리에 쑥 들어간 곳. ②깊은 곳. ③모퉁이의 안쪽. 맨가운데. 복판.

구석구석 구석마다. 이 구석 저 구석 사방으로 미치지 않은 곳이 없이. 예구석구석을 살살이 살펴보아라.

구석방(一房) 집의 한 구석에 있는 방.

구석지다 한쪽 구석으로 치우쳐 으슥하다. 예구석진 골방.

구성(構成) 몇 가지 요소를 조립하여 하나로 만드는 일. 또, 그 결과. —하다.

구:세군(救世軍) 예수교의 한 파. 군대식 조직 밑에서 민중 전도와 사회 사업을 함.

구속(拘束) 제 마음대로 못하게 함. 자유롭지 못하게 함. 비속박. —하다.

구수하다 맛이나 냄새가 비위에 맞좋다. 작고소하다.

구슬 ①작고 둥근 아이들의 장난감. ②보석. 진주.

구슬 같은 눈물 구슬과 같이 맺혀 흐르는 눈물.

구슬이 서 말이라도 꿰어야 보배 〈속〉 아무리 좋은 솜씨와 훌륭한 일이라도 끝까지 이루어야 쓸모가 있다.

구슬치기 구슬을 던져 맞혀서 따먹는 놀이. —하다.

구슬프다 마음이 쓸쓸하고 슬프다. 비애달프다. 예멀리서 들려오는 구슬픈 피리 소리.

구:습(舊習) 옛날 풍속과 습관.

구실 ①꼭 하여야 할 일. 비소임. 역할. 일. 예사람은 제 구실을 해야 한다. ②여러 가지 세금.

구:실(口實) 핑계 삼을 거리. 예머리가 나쁘다는 구실로 공부를 안 한다.

구심력(求心力)[—녁] 원운동을 하는 물체가 달아나지 못하도록 중심쪽으로 당기는 힘. 맨원심력.

구역(區域) 갈라 놓은 지역. 예안전 구역.

구역질나다(嘔逆—) ①메스꺼워 토하고 싶어지다. ②아니꼬운 생각이 들다.

구완 병자에게 시중을 드는 일. 예어머니의 병구완을 하다. —하다.

구우 일모(九牛一毛) 많은 가운데 털 하나처럼 아주 적음.

구:원(救援) 괴로움에서 도와 건져 줌. 비구제. 구조. 맨침략. —하다.

구:원자 도와 주는 사람.

구월(九月) 일년 중 아홉 번째 드는 달.

구월 구일 음력 구월 초아흐렛날로 우리 나라 민속 행사의 하나. 중양절이라고도 함.

구월산[—싼] 황해도 신천군 용진면에 있는 산. 단군이 자취를 감춘 아사달산이 바로 이 산이라고 함.

구유 말·소의 먹이를 담아 주는 긴 통.

구재 학당(九齋學堂) 최충이 개경에 세운 사립 학교로 9개의 학급으로 나누어 교육했음.

구저분하다 깨끗하지 못하고 더럽다. 예구저분한 쓰레기.

구절(句節) ①한 토막의 말이나 글. ②글의 마디. 예철수야!

시 한 구절 읽어 보렴.
구절초(九節草) 산에 있는 국화 비슷한 풀. 가을에 흰 꽃이 피며, 잎은 약에 쓰임.
구정물 무엇을 씻거나 빨아 더러워진 물.
구:제(救濟) 어려운 사람을 도와 건짐. 回구원. —하다.
구:조(救助) ①가난한 사람을 도와 줌. ②어려운 경우를 당한 사람을 건져 냄. 回구원.구제. —하다.
구조(構造) ①꾸며 만듦. ②꾸밈새. —하다.
구조물 꾸며 만든 물건.
구:주(救主) 구원해 주는 주인이라는 뜻으로 예수를 일컬음.
구주(歐洲) 유럽.
구주 오소경(九州五小京) 통일 신라 시대의 지방 행정 구역. 전국에 9주와 5소경을 두었음.
구:차하다(苟且—) ①매우 가난하다. ②군색하고 딱하다. 回가난하다. 반넉넉하다.
구체적(具體的) 실제적이고 자세한 부분까지 다루는 모양.
구:출(救出) 구해 냄. —하다.
구태여 일부러. 애써. 짓궂게.
구토(嘔吐) 뱃속에 들어 있는 음식물 등을 입 밖으로 내놓음. —하다.
구하다(求—) 찾아 얻다. 바라다. 回찾다. 예직업을 구하다.
구:하다(救—) ①물건을 주어 돕다. ②급한 일을 벗어나게 하다. ③병을 낫도록 하다.
구:호(口號) 연설이 끝났을 때에 더욱 느낌을 깊게 하기 위하여 외치는 소리.
구:호(救護) 재난이나 어려움에 처하여 있는 사람을 도와 보호함. 예구호 물자. —하다.
구:호소 어려운 사람을 도와 주는 일을 맡은 곳.
구:황 작물(救荒作物) 흉작인 해에도 재배하여 가꿀 수 있는 농작물. 고구마·감자 따위.
국 고기나 나물 등에 물을 많이 붓고 간을 맞춰 끓인 음식.
국가(國歌) 한 나라의 국민과 나라를 대표하는 노래.
국가(國家) 나라.
국가 시험 나라에서 보이는 시험. 回국가 고시.
국가적 국가 전체가 관여하는 것. 예국가적 차원.
국경(國境) 나라와 나라 사이의 경계. 回국계.
국경 아닌 삼팔선 국경은 아니면서도 국경처럼 되어 있는 삼팔선.
국경일(國慶日) 국가적으로 경축하는 기념일.
국군(國軍) 그 나라의 군대.
국권 피:탈(國權被奪) 1910년 8월 29일, 한일 합병 조약에 의하여 일본이 강제 수단으로 우리 나라를 빼앗은 일.
국기(國旗) 그 나라의 표로 정한 기.
국난(國難) 나라의 어려움.
국내(國內) 나라 안. 반국외. 국제. 해외.
국내 시:장 나라 안의 시장. 반해외 시장.
국도(國道) 나라에서 직접 관리하는 중요한 도로. 반지방도.
국력(國力) 나라의 힘. 나라의 세력. 回국세.
국립 공원(國立公園)[궁닙—]

국가가 지정하여 경영·관리하는 공원.
국명(國名) 나라의 이름.
국명(國命) 나라의 명령.
국무(國務) 나라의 일. 비국사. 예국무에 충실하다.
국무 위원 나라의 중요한 일을 맡은 국무 회의의 구성원.
국무 총:리 대통령을 보좌하고 국무 위원을 감독하는 특정직 공무원.
국무 회:의 대통령과 국무 총리 및 국무 위원으로 조직된 중요한 일을 의논하는 회의.
국문학(國文學) 우리 나라의 문학. 또는 그것을 연구의 대상으로 삼는 학문. 반외국 문학. 예국문학을 전공하다.
국물 국·찌개·김치 등의 물.
국민(國民) 한 나라의 국적을 가진 백성. 비백성.
국민 가요 한 정신 밑에서 국민 전체가 부를 수 있는 노래.
국민 교:육 헌:장 국민의 교육을 통하여 생활하여야 할 기본 방향과 목표를 밝힌 규정. 1968년 12월 5일에 선포.
국민성 그 나라 국민이 공통으로 가지고 있는 고유한 성질.
국민 소:득 국민 전체가 일정한 기간(보통 1년) 동안에 생산하여 얻은 것을 돈으로 따져 놓은 액수.
국민 운:동 온 국민이 어떤 일을 이룩하기 위하여 힘을 합쳐서 하는 활동.
국민 은행 주로 서민을 상대로 적은 액수의 예금과 대부를 하여 주는 은행.
국민 의례 국가의 의식이나 예식에서 국민으로서 갖추어야 할 예법. 곧, 국기에 대한 경례·애국가 제창 등.
국민 투표 국가의 중대 사항에 대하여 모든 국민이 참가하는 투표.
국방(國防) 외적에 대한 나라의 방비.
국방비 국방에 필요한 육·해·공군의 유지비.
국법(國法)[一뻡] 나라의 법률.
국보(國寶) 나라에서 보배로 지정한 문화재.
국비(國費) 나라에서 주는 돈.
국빈(國賓) 나라의 귀한 손님으로 대접받는 외국인.
국사(國史) ①한 나라의 역사. ②한국 역사.
국사(國事) 나라에 상관되는 일. 나라의 정치. 비국무.
국산품(國產品) 자기 나라에서 생산한 물품. 반외래품.
국세 조사(國勢調査) 그 나라의 형편을 알기 위하여 어떤 정한 시간에 정한 곳에 사는 사람의 수효와 거기에 따른 여러 가지를 온 나라에 걸쳐 하는 조사.
국세청(國稅廳) 세금의 부과와 징수를 도맡고 있는 재정경제부에 딸린 관청.
국수 밀가루나 메밀 가루로 만든 음식의 한 가지.
국수 잘하는 솜씨가 수제비 못하랴〈속〉 어려운 것을 능히 하는 사람이 쉬운 것을 못할 리가 없다.
국수주의(國粹主義) 제 나라의 역사나 문화 따위가 덮어놓고 남보다 낫다고 믿고, 다른 나라의 문화를 싫어하는 주의.

국악(國樂) ①나라의 고유한 음악. ②우리 나라의 옛날 음악.

국어(國語) ①그 나라의 고유한 말. ②우리 나라 말. 凹외국어.

국어 사전 자기 나라 말을 모아서 일정한 차례로 벌여 싣고, 낱낱이 그 발음·뜻·쓰임 등에 대하여 풀이해 놓은 책.

국왕(國王) 그 나라의 임금.

국외(國外) 나라의 밖. 凹외국. 해외. 凹국내.

국위(國威) 나라의 권세와 위력 또는 위신. 예국위 선양.

국자감(國子監) 고려 시대 개경에 있던 오늘날의 국립 대학과 같은 교육 기관. 성종 때 모든 제도를 정비, 태조 때의 경학을 국자감으로 고친 이름.

국적(國賊) ①나라를 망치거나 해롭게 하는 사람. ②조국을 다른 나라에 파는 사람.

국적(國籍) 한 나라의 국민으로서의 자격과 신분.

국정(國情) 나라의 형편.

국제(國際) 나라와 나라와의 관계. 凹국내. 예국제 연합.

국제 견:본 시:장 여러 나라의 상품의 견본만을 진열하여 그 견본을 보고 거래를 약속하고 뒷날에 현품을 매매하는 시장.

국제 기구 나라끼리 조직한 기구. 凹국내 기구.

국제 무선 부호 나라와 나라 사이에 서로 통할 수 있게 정한 무선 부호.

국제 민간 항:공 기구 민간 항공에 관한 국제 연합의 전문 기구.

국제 사법 재판소 국제적 법률 분쟁을 해결하기 위한 국제 연합의 주요 기관의 하나. 네덜란드 헤이그에 있음.

국제 사:회 나라와 나라들이 모여서 이루고 있는 사회.

국제 연맹 1919년 파리 강화 회의에서 세계 평화를 위해, 함께 세계 여러 문제를 처리하자고 한 조직. 1946년에 해체됨.

국제 연합 제2차 세계 대전 이후에 생긴 국제적 조직. 유엔(U.N.).

국제 연합 교:육 과학 문화 기구 교육·과학·문화를 통한 세계 평화를 위하여 설립한 국제 연합 전문 기구. 본부는 프랑스 파리에 있음. 유네스코.

국제 연합군 국제 연합의 목적을 달성하기 위해, 가맹국의 군대로 조직된 군대. 유엔군.

국제 연합 아동 기금 아동을 활동 대상으로 하는 국제 연합의 기구. 유니세프.

국제 연합 안전 보:장 이:사회 국제 연합의 중요한 기관으로, 국제 평화와 안전의 유지를 임무로 함. 图안보리.

국제 연합 총:회 국제 연합에 가입한 전체 회원국으로 구성되며 국제 연합 헌장에 있는 모든 문제를 심의 권고하는 기구. 유엔 총회.

국제 올림픽 위원회 국제 올림픽 경기에 대한 일을 맡아보는 기구. 아이오시(IOC).

국제적 나라와 나라 사이에 관계되는 것. 凹국내적.

국제 적십자 위원회 1864년 앙리 뒤낭에 의해 창설된 적십자의 국제적 기구. 본부는 스위

국제 전기 통신 연합 스의 제네바에 있음.

국제 전:기 통신 연합 국제 전기 통신 조약의 목적을 달성하기 위한 국제 연합의 기구.

국제 통화 기금 국제 통화의 협조와 국제 무역의 증진을 목적으로 하는 국제 연합의 기구.

국채(國債) 한 나라의 중앙 정부가 지고 있는 빚.

국책(國策) ①그 나라에서 생각되는 방침. ②나라의 정책.

국토(國土) 그 나라의 영토. 그 나라의 땅. 圓강토. 영토.

국토 보:존 나라의 땅을 잘 보호하여 안전하게 함.

국토 종합 개발 사:업 한 가지 개발 사업을 함으로써 여러 가지 이익을 얻을 수 있도록 종합적인 개발 계획을 세워 개발하는 일.

국판(菊判) 책의 크기의 한 가지. 세로 21.8cm, 가로 15.2cm의 책의 체재.

국학(國學) ①신라 신문왕 2년, 관리를 양성할 목적으로 세웠던 일종의 국립 대학. 경덕왕 때 태학감으로 이름이 바뀌었음. ②나라의 고유한 학문.

국호(國號) 한 나라의 이름. 圓국명.

국화(國花) 그 나라의 상징으로 가장 귀중히 여기는 꽃. 그 나라의 특유한 꽃. 우리 나라의 국화는 무궁화임. 圓나라꽃.

국화(菊花) 보고 즐기려고 심는 여러해살이풀로 꽃은 보통 가을에 많이 피며, 높이는 1m쯤 되고, 꽃의 색깔이나 꽃 모양새는 여러 가지임.

국회(國會) 온 나라의 국민이 뽑은 의원들로 조직된 기관. 법을 만들고, 예산을 세우며, 국가의 모든 중요한 일을 의결함. ⑩국회 의장.

국회 의사당 국회 본회의가 열리는 건물.

국회 의원 국회에서 나라의 법을 정하는 국민의 대표자.

-군(君) 친구나 손아랫사람을 부를 때에 이름 뒤나 성 뒤에 붙여 부르는 말. ⑩김 군.

군:것질 끼니때 이외에 음식을 먹는 일. —하다.

군관(軍官) 군사를 맡아보는 관리. 장교.

군국주의(軍國主義) 군비를 튼튼히 하고 국제간의 분쟁을 무력으로 해결하려는 주의.

군기(軍紀) 군대의 규칙이나 질서. ⑩군기 엄수.

군대(軍隊) 일정한 조직을 가진 군인의 모임. 圓군인. 군사.

군데 낱낱의 곳. ⑩유리창 깨진 곳이 몇 군데인가 살펴보아라.

군데군데 여러 곳. 여기저기. ⑩그의 대답에는 군데군데 이상한 점이 있다.

군도(群島) 모여 있는 크고 작은 여러 섬. 圓제도.

군량(軍糧) 군대의 양식.

군량미 군대의 식량으로 쓰는 쌀.

군민(君民) 임금과 백성. ⑩군민이 하나가 되다.

군법(軍法)[—뻡] 군대에서의 잘못을 다스리는 법. ⑩군법 회의.

군복(軍服) 군인들이 입는 옷.

군비(軍備) 군사에 관한 설비.

군사(軍士) 군대의 계급이 낮은

군사 군인. 비병사. 군대. 군인.
군사(軍事) 군대의 일.
군사력 병력, 병기, 사기 등 모든 요소를 종합해서 본 전쟁을 치를 수 있는 능력.
군사 분계선 6·25 전쟁의 휴전 협정에 의하여 정하여진 동서 155마일에 걸친 휴전선.
군사상 군대와 전쟁에 관한 일에 있어서. 예석유는 군사상으로 매우 중요한 물자이다.
군사 우편 ①군사에 관한 우편. ②군대·군함 따위의 전투에 종사하고 있는 이들에게 보내거나 오는 편지.
군사 정전 위원회 휴전 협정에 의하여 그 협정의 실행 상태를 토의하기 위한 모임.
군:살 필요 이상으로 찐 살. 군더더기 살. 예군살을 빼라.
군색하다(窘塞―) ①집안이 가난하다. ②구차하다. ③넉넉하지 못하다. ④돈이 없다.
군:소리 ①쓸데없는 말. ②헛소리. 비군말. ―하다.
군:수(郡守) 한 군의 우두머리.
군신(君臣) 임금과 신하.
군악(軍樂) 군대에서 쓰는 음악. 예군악대.
군역(軍役) ①군대의 복무나 부역. ②싸움. 전쟁.
군의관(軍醫官) 군대에서 의료 군무에 종사하는 장교.
군인(軍人) 군대에 몸이 딸린 장교와 사병. 비군대. 군사.
군자(君子) 마음이 어질고 품행이 단정한 사람. 반소인.
군정(軍政) 군대에서 하는 정치. 반민정.
군졸(軍卒) 군사. 비병졸.

군주(君主) 임금. 군장.
군주국 임금이 주권자가 되어 다스리는 나라.
군중(群衆) ①많이 모인 사람. ②한 곳에 모인 여러 사람.
군집(群集) ①떼를 지어 모임. ②어느 지역에 모여서 생활하는 같은 종류의 생물. ―하다.
군:청(郡廳) 한 군을 다스리는 사무를 맡아보는 관청.
군청색(群青色) 짙은 남색색.
군:침 먹고 싶거나 할 때 속이 느긋거리며 입 안에 도는 침. 예보기만 해도 군침이 돈다.
군표(軍票) 전쟁하는 곳에서 물건을 사들이고 주는 표.
군함(軍艦) 전쟁에 쓰는 큰 배. 비전함.
군:현제(郡縣制) 전국에 행정 구역을 정하여, 중앙 정부에서 임명한 관리가 중앙 정부의 지시·감독을 받아 그 지방의 행정을 맡아보게 하는 제도. 반봉건제.
군호(軍號) ①군졸들 간에 주고 받아 위험을 막는 암호. ②군대의 암호. ③서로 말짓으로, 눈짓으로써 가만히 연락하는 일. ―하다.
군화(軍靴) 군인들이 신는 구두. 예군화 소리.
굳건하다 의지나 태도가 굳세고 씩씩하다. 예경제 기반을 굳건히 하여 선진국 대열에 들어서다. ―하다.
굳다 ①단단하다. ②견고하다. 튼튼하다. 예굳게 닫힌 성문. ③뜻이 흔들리지 아니하다.
굳세다 ①튼튼하다. ②힘이 많다. ③용기가 많다. ④강하다.

굳은 땅에 세차다. 빤약하다.

굳은 땅에 물이 괸다(속) 헤프게 쓰지 아니하고 아끼는 사람이 재산을 모은다.

굳음병[—뼝] 여러 가지 곰팡이 종류가 기생함으로써 생기는 누에의 병.

굳이[구지] 고집을 부려서 세게. 비굳게. 기어이.

굳히다 굳게 하다. 비다지다. 빤일구다.

굴 바다에 사는 조개의 한 종류로 바닷속 바위에 붙어 삶.

굴:(窟) ①바위나 산에 깊이 뚫린 구멍. ②산이나 땅 밑을 뚫어 만든 길. =터널. 비동굴.

굴:다 자꾸 그런 행동을 하다. 예그는 내가 바쁠 때면 꼭 나타나서 나를 못살게 군다.

굴:뚝 불을 때어 연기가 빠져 나가게 한 설비.

굴레 소·말 따위의 머리를 얽어 맨 끈. [굴레]

굴복하다(屈服—) 힘이 꺾여 굽혀 복종하다. 비복종하다.

굴비 소금에 절여서 말린 조기.

굴욕(屈辱) ①남에게 업신여김을 당함. ②몸을 굽히고 부끄러움을 참음.

굴하다(屈—) ①몸을 굽히다. ②힘이 부치어 넘어지다. 예실패에 굴하지 않고 노력하다.

굵다[국—] ①둘레가 크다. ②목소리가 울려 크다. ③살지다. 빤가늘다.

굵다랗다[국—] 매우 굵다. 빤가느다랗다.

굶:다[굼따] 먹지 않거나 먹지 못하여 배를 곯다. 빤먹다.

굶어 죽기는 정승하기보다 어렵다(속) 가난한 사람이라도 생명만은 이어갈 수 있다.

굶주리다[굼—] 먹을 것이 없어 먹지 못하다. 빤배부르다.

굶주림[굼—] 먹지 못하여 배가 고픈 것. 빤배부름.

굼닐다 몸을 구부리고 일으키고 하여 일하거나, 몸을 구부렸다 일으켰다 하다.

굼:뜨다 동작이 둔해 느리다. 비둔하다. 빤재빠르다. 예행동이 굼뜨다.

굼:벵이 매미의 애벌레. 누에와 비슷하나 좀 짧고 통통함.

굼[굼] '구멍'의 옛말.

굽 말·소·양 따위의 발끝에 있는 두껍고 단단한 발톱.

굽:다¹[굽으니, 굽어] 한쪽으로 휘어져 있다.

굽:다²[구우니, 구워서] 불 위에 놓거나 불 속에 넣어서 익히다. 예생선을 굽다.

굽실거리다 남의 비위를 맞추기 위해 몸을 자꾸 구부리다. 빤뻣뻣하다.

굽실굽실 남의 비위를 맞추려고 머리와 몸을 자꾸 구부리는 모양. —하다.

굽어보다 몸을 굽혀 아래를 내려다보다. 빤우러러보다.

굽은 나무가 선산을 지킨다(속) 쓸모 없는 것이 도리어 소용이 된다.

굽은 나무는 길맛가지가 된다〈속〉 세상에는 아무것도 버릴 것이 없다.

굽이굽이 꾸불꾸불 굽어 나간 모양. 예저 하얀 길은 마치 강

굽이치다 물이 굽이굽이 흘러가듯 뻗쳐 있구나!

굽이치다 힘차게 굼틀거려 굽이가 나게 되다. 예 낙동강은 오늘도 말없이 굽이쳐 흐른다.

굽히다 ①굽게 하다. 예 허리를 굽히다. ②먹은 마음이나 뜻을 늦추거나 버리다. 비 꺾이다. 반 펴다. 예 뜻을 굽히다.

굿 무당이 귀신 앞에 음식을 차려 놓고 노래하고 춤추며 복을 비는 일. ―하다.

굿보다 ①굿을 구경하다. ②남의 일을 옆에서 보기만 하다.

굿이나 보고 떡이나 먹지(속) 남의 일에 쓸데없이 간섭을 말고 이익이나 얻도록 하라.

궁(宮) 임금이나 임금의 가족들이 사는 집. 비 대궐.

궁궐(宮闕) 임금이 사는 집.

궁금증(一症) [―쯩] 궁금하여 답답한 마음. 예 그 일에 대한 궁금증이 풀렸다.

궁금하다 ①내막을 몰라 마음이 답답하다. ②염려되어 마음이 아니 놓이다. 비 답답하다. 예 미국에 계신 형님 소식이 궁금하다.

궁녀(宮女) 대궐에서 임금을 모시는 여자.

궁둥이 앉으면 바닥에 붙는 엉덩이의 아래쪽. 비 엉덩이.

궁리(窮理) 어떻게 하면 좋을까 하고 생각함. 비 연구. 예 어떻게 할까 하고 여러 가지로 궁리하였다. ―하다.

궁벽하다(窮僻―) 매우 한적하고 구석지다. 예 궁벽한 산골.

궁성(宮城) ①궁궐을 싸고 있는 성. ②임금이 거처하는 궁전.

궁예(弓裔, ?~918) 태봉의 왕. 신라의 왕족으로 한때 도적의 무리가 되었다가, 태봉을 세웠음(901).

궁전(宮殿) 임금이 사는 집. 비 대궐.

궁조(宮調) 아악의 조의 하나. 궁음으로 시작하여 궁음으로 끝나는 음계. 아리랑, 박연 폭포 따위.

궁하다(窮―) ①가난하다. 넉넉하지 못하다. ②변통할 도리가 없다.

궂다 ①언짢고 곱지 못하다. ②날씨가 좋지 못하다.

궂은비 오래 두고 짜증이 나도록 오는 비.

권(卷) 책을 세는 단위. 예 한 권. 두 권. 세 권.

권:고(勸告) ①권하여 말함. ②그렇게 하라고 권함. 비 권유. 반 만류. ―하다.

권력(權力) 남을 눌러서 복종시키는 힘.

권리(權利) ①권세와 이익. ②마땅히 주장해서 누릴 수 있는 법적인 능력. 반 의무. 예 사람은 누구나 행복하게 살 권리가 있다.

권세(權勢) ①남을 복종시킬 수 있는 힘. ②권력과 세력. 비 권력. 세력.

권율(權慄, 1537~1599) 조선 선조 때의 장군. 임진왜란 때 진주·의주 등에서 왜군을 무찔렀고, 특히 행주 산성 싸움에서 큰 승리를 거두었음.

권:장(勸奬) 권하여 장려함. 반 엄금. ―하다.

권:총(拳銃) 짧고 작은 총. 비

피스톨.

권:투(拳鬪) 두 사람이 글러브를 끼고 서로 치고 막는 운동.

권:하다(勸—) ①하도록 말하다. ②힘쓰도록 말하다. ③음식을 드리다.

궐기(蹶起) 마음먹고 벌떡 일어남. 예궐기 대회. —하다.

궤:(櫃) 물건을 넣는 나무로 넓적하게 만든 그릇. 궤짝.

궤:도(軌道) ①기차 따위가 다니는 길. ②마땅히 밟아야 할 제대로의 길. ③천체가 움직이는 일정한 길. 예달의 궤도.

귀 ①얼굴의 좌우에 있어서 소리를 듣는 것을 맡은 기관. ②그릇의 좌우에 귀 모양으로 달린 손잡이. ③실을 꿰는 바늘구멍.

귀가 보배다〈속〉 배운 것은 없으나 들어서 아는 것이 있다.

귀개 →귀이개.

귀걸이 귀에 거는 방한구.

귀고리 여자의 귀에 장식으로 다는 고리.

귀국(歸國) 자기 나라로 돌아가거나 돌아옴. —하다.

귀:금속(貴金屬) 쉽사리 화학 변화하지 않는 귀중한 금속. 금·은·백금 따위의 금속. 반비금속.

귀뚜라미 가을 밤에 귀가 아프도록 우는 벌레. 준귀뚜리. 〔귀뚜라미〕

귀띔 눈치로 알아차릴 만큼 요점만 알려 줌. 예도망치라고 귀띔하다. —하다.

귀:리 밭곡식의 한 가지. 높이는 60cm에서 90cm쯤 되며, 그 열매는 먹기도 하고 가축의 먹이로도 씀.

귀머거리 귀가 안 들리는 사람.

귀먹다 ①귀가 어두워서 소리가 들리지 않게 되다. ②남의 말을 이해하지 못하다.

귀밝이술 정월 보름날 아침에 귀가 밝아지고 마시는 술.

귀설다 자주 듣지 않아 듣기에 서투르다.

귀성(歸省) 객지에 나갔다 어버이를 뵈러 고향으로 돌아감. —하다.

귀순(歸順) 싸우던 마음을 버리고 복종하거나 순종함. 예귀순용사. —하다.

귀:신(鬼神) ①여러 가지 조화를 잘 부린다고 사람들이 생각하는 혼령. ②죽은 사람의 넋. ③특별한 재주가 있는 사람. 비악마. 예귀신같이 잘한다.

귀신도 모른다〈속〉 지극한 비밀이어서 아무리 잘 아는 이라도 그 비밀은 모른다.

귀신 듣는 데 떡 말한다〈속〉 듣고 썩 좋아할 이야기를 그 사람 앞에서 한다.

귀:애하다(貴愛—) 귀엽게 여기어 사랑하다. 예쁘게 보다.

귀양 죄지은 사람을 벌주기 위하여 섬이나 먼 곳으로 보내던 우리 나라 옛날 형벌의 한 가지. 비유형.

귀에 거슬리다 듣기가 싫다. 마음에 마땅하지 못하다.

귀에 걸면 귀고리 코에 걸면 코고리〈속〉 한 가지의 사물이 두 쪽에 관련되어 어느 한 쪽으로 결정짓기 어렵다.

귀:여워하다 귀엽게 여기다.

귀:엽다 사랑스럽다. 예쁘다. 凰밉다. 얄밉다.

귀영자 갓끈을 다는 데 쓰는 'S'자 모양의 고리.

귀이개 귀지를 파 내는 데 쓰는 연모.

귀:인(貴人) 신분이나 지위가 높은 사람. 凰천인.

귀:재(鬼才) 세상에 드물게 뛰어난 재주. 또는 그 재주를 가진 사람. 예피아노의 귀재.

귀:족(貴族) 옛날에 있었던 귀한 집안. 비양반. 凰평민.

귀주 대:첩(龜州大捷) 고려 때 침입한 요나라 군사를 강감찬 장군이 크게 물리친 싸움 (1019). 요나라 소배압의 10만 군사를 성동 대천의 물을 이용하여 무찔렀고, 다시 도망가는 군사를 주위에 숨겨 둔 군사로 공격하여 거의 전멸시켰음.

귀:중(貴中) 편지를 받을 단체의 이름 아래 쓰는 말. 예교학사 귀중.

귀:중하다(貴重—) 귀하고 중하다. 비소중하다. 중요하다. 凰비천하다. 천박하다.

귀지 귓구멍 속에 낀 때.

귀찮다 ①귀엽지 아니하다. ②보기도 싫고, 듣기도 싫다. 비성가시다. 凰반갑다.

귀:천(貴賤) 귀함과 천함.

귀청 귓속에 있는 얇은 막. 이 막이 흔들리어 소리를 들을 수 있게 함. 비고막.

귀틀집[—찝] 원시 시대 사람의 집의 하나. 통나무를 '정 (井)자' 모양으로 귀를 맞추어 얹고 흙으로 틈을 발랐음.

귀:하(貴下) 편지를 받을 사람의 이름 아래 쓰는 높임말. 예홍길동 귀하.

귀:하다(貴—) ①신분이나 지위가 높다. ②흔하지 않다. ③귀엽다. ④값이 많다. ⑤천하지 않다. 凰흔하다. 천하다.

귀항(歸港) 배가 항구로 다시 돌아옴. 예만선의 기쁨을 안고 귀항한 원양 어선. —하다.

귀화(歸化) 다른 나라의 국적을 얻어 그 나라의 국민이 됨. —하다.

귓가 귀의 가장자리. 비귓전. 예아직도 귓가에 생생한 할머님의 목소리.

귓결 우연히 들을 때. 뜻밖에 듣게 되는 것. 예귓결에 소문을 들었다.

귓속말 남몰래 상대방의 귀에다 대고 하는 말. —하다.

규격(規格) ①일정한 표준. ②물건을 만드는 품질, 모양, 크기 등의 일정한 표준. 비규모. 예규격품.

규모(規模) ①본보기. ②일정한 한도나 예산. ③만드는 방법. 솜씨. 비규격. ④얽어 놓은 모양. 예남대문은 규모가 굉장히 큰 건물이다.

규수(閨秀) 시집갈 나이가 된 남의 집 처녀를 점잖게 이름.

규율(規律) 정하여 놓은 법. 마련하여 놓은 제도·본보기.

규장각(奎章閣) 역대 임금의 글·글씨·문서·사진 등을 보관하던 관청. 조선 정조 때 창덕궁에 설치되었고 학문의 연구, 서적 편찬 등의 일도 맡아 보았음.

규칙(規則) 여러 사람이 다 같

이 지키기로 정한 법. 비규정. 법칙.

균(菌) 생물 중에서 가장 작은 것으로 눈으로는 볼 수 없으며, 물건을 썩게 하고 또는 병이 들게 하는 생물. 비세균.

균역법(均役法) 조선 영조 때 군역의 무거움을 덜어 주기 위하여 실시한 병역 세법. 종래의 군역 대신 베 두 필을 받던 것을 베 한 필로 반감하여 주었음.

균형(均衡) 더하고 덜함이 없이 둘이 똑같음. 비평균. 예균형이 잡혀 있다.

귤나무(橘—) 귤이 열리는 나무. 따뜻하고 물기가 잘 빠지는 땅에 자라는 상록수. 우리 나라에서는 제주도에서 많이 재배함.

그¹ '그이'·'그것'의 준말. 예그는 위대한 예술가이다.

그² ①자기로부터 조금 떨어져 있는 곳에 있는 사물. 예그 학교. ②이미 말한 것, 또는 서로 이미 알고 있는 것을 가리킴. 예그 이야기.

그것 말하는 사람이 듣는 사람의 가까이에 있는 사물을 가리키는 말. 예그것 이리 다오.

그게 그것이. 예이웃돕기를 하자고 영철이가 말하니까, 반 동무들이 그게 좋겠다고 찬성하였다.

그까짓 겨우 그 정도의. 준까짓. 그깟. 작고까짓. 예그까짓 일로 걱정할 필요 없다.

그끄저께 그저께의 앞 날.

그나마 그것마저도. 그것이나마. 예옷이 한 벌인데 그나마 해졌다.

그냥 ①생긴 대로. 있는 대로. 예그냥 두어라. ②그대로 줄곧. 비그대로. 예하루 종일 그냥 잠만 잔다. ③알고도 모르는 체하고 본 체만 체하는 모양.

그네 가로질린 나무에 두 줄을 늘이어 매고, 앞뒤로 왔다갔다 하게 된 기구. 〔그 네〕

그늘 ①햇빛이 다른 물건에 가려서 보이지 아니하는 곳. 비응달. 반양지. ②어버이가 보살펴 주는 아래.

그늘지다 빛이 가리어지다. 비응달지다.

그 다음 ①돌아오는 차례. ②그 일이 있은 뒤.

그다지 ①그같이. ②그처럼. ③그토록. 그리. 비별로. 예병이 그다지 심하지 않으니 안심하십시오.

그대 자네. 당신. 너.

그대로 ①전에 있던 대로. ②생긴 대로. 있는 대로. 그 모양으로. 비그냥. 예그는 그대로 웃고만 있었다.

그 동안 그 때부터 지금까지. 비그 사이.

그득 '그득히'의 준말. 작가득.

그득하다 분량이나 수효가 그릇이나 정도에 차다. 예통에 물이 그득하다.

그득히 넘칠 정도로 가득 차게. 예그득히 담다.

그따위 그러한 종류의 뜻을 나타내는 말.

그 때 그 당시. 전에 말한 때.

그득하다 ①넉넉하다. ②많다. ③넘도록 차다. 꼭 차다.
그라운드(ground) 운동장.
그래 손아랫사람에게 대답하는 말. 예그래, 알았다.
그래그래 자기의 생각과 같을 때 만족스럽게 하는 말. 예그래그래 그렇게 하자.
그래서 그렇게 하여서. 그리하여. 즉.
그래프(graph) 통계의 결과를 나타낸 표. 예막대 그래프.
그래픽(graphic) 그림과 사진.
그램(gram) 무게의 단위. 물 1 cm³의 무게가 표준으로 됨. 기호는 g.
그러게 '그렇게 하게'의 준말.
그러고 '그러하고'의 준말.
그러기에 그러기 때문에.
그러께 ①지난해의 앞 해. ②이태 전 해. 재작년.
그러나 그러하지마는. 그렇지마는. 예꽃밭에 꽃이 활짝 피었다. 그러나 아직 나비는 날아오지 않는다.
그러면 그와 같다 하면. 그렇게 하면. 예이걸 못 풀어? 그러면 이 문제를 풀어 봐.
그러므로 그러한 까닭으로. 그러하기 때문에.
그러세 '그렇게 하세'의 준말.
그러쥐다 그러당기어서 잡다.
그럭저럭 ①이리저리 지나는 동안. ②어찌어찌하는 동안. 예그럭저럭 올해도 다 갔구나.
그런데 그래서. 그러한데.
그런즉 그러한즉. 그러하니까.
그럴싸하다 그럴 듯하다. 비슷하게 괜찮다. 예네 말도 그럴싸하다.
그럼 ①'그러면'의 준말. 예그럼 어떻게 해야 되지? ②그렇지. 예그럼, 여부가 있나.
그럽시다 그렇게 합시다.
그렇게 그 모양으로. 그와 한가지로. 그처럼. 예오늘 같은 날씨를 그렇게 덥다고 해서야 어떻게 살 수 있니?
그렇고 말고[-러코-] 사실을 옳다고 인정할 때 쓰는 말. 그러하고 말고. 예그렇고 말고, 그는 정말 좋은 사람이야.
그렇다 그와 같다. 틀리지 않다. 그대로 있다. 반아니다. 본그러하다.
그렇지 사실을 옳다고 할 때에 나오는 말.
그려 보다 어떤 모습이나 모양을 머릿속에 떠올려 보다. 예전근 가신 선생님의 얼굴을 그려 보다.
그루 ①포기. ②나무를 세는 단위. 예한 그루의 사과나무. ③초목을 베어낸 밑동. ④한 해에 한 땅에 농사짓는 횟수. 비포기. 예그루갈이.
그루터기 풀이나 나무 따위를 베어내고 남은 뿌리 쪽의 부분. 〔그루터기〕
그룹(group) 집단. 무리.
그르다〔그르니, 글러서〕 ①옳지 않다. ②품행이 안 좋다.
그르치다 잘못하여 그릇되게 하다. 예동생은 조심성이 없이 너무 서두른 나머지 그만 일을 그르치고 말았다.
그릇¹ ①물건을 담아 두는 속이

빈 물건. ②일을 잘할 만한 뛰어난 인물.
그릇² 그르게. 잘못. 틀리게.
그릇되다 ①잘못되다. ②바르지 않다. 예그릇된 생각.
그리 ①그 곳으로. 그리로. 그 쪽으로. ②그다지.
그리니치 천문대(Greenwich 天文臺) 1675년에 세운 영국 런던 그리니치에 있는 천문대. 이곳의 경도 0도의 자오선을 태양이 지날 때를 정오로 하여 세계의 표준시로 정하고 있음.
그리다¹ 물건의 형상이나 감정을 그림이나 글로 나타내다. 예 그림을 그리다.
그리다² 보고 싶어 마음속으로 몹시 생각하다. 비 사모하다.
그리:스(Greece) 발칸 반도의 가장 남쪽을 차지하는 나라. 수도는 아테네.
그리스도(Christ) 기독교의 창시자. 이름은 예수. 아버지는 요셉, 어머니는 마리아. 십자가에 못박혀 죽었으나, 사흘만에 부활하였다고 전함. 비 예수. 기독.
그리움 보고 싶어 애타는 마음.
그리워하다 보고 싶어하다. 예 옛 친구를 그리워하다.
그린:란드(Greenland) 대서양과 북극해 사이에 있는 세계에서 가장 큰 섬.
그:림 ①물건의 형상을 종이 위에 선 또는 색채를 써서 나타낸 것. 비회화. 예그림을 그리다. ②아름다운 풍경.
그:림 문자[一짜] 옛날 미개한 사람들이 그림을 그려서 자기의 뜻을 나타내던 것.

그:림배 그림을 그려서 아름답게 꾸민 배.
그:림 연:극(一演劇) 이야기 줄거리를 그림으로 그려서 그것을 한 장씩 내보이면서 어린이들에게 설명하는 것.
그림의 떡(속) 모양은 좋으나 실지로 이용할 수 없다.
그:림일기(一日記) 글 대신 그림을 그리거나 그림과 글을 함께 쓴 일기.
그림자 광선에 물건이 가리어져 나타난 검은 모양.
그:림책 그림만으로 되거나 그림이 많은 어린이를 위한 책.
그립다 보고 싶은 마음이 간절하다. 예어머니가 그립다.
그만 ①그 정도까지만. ②그대로 곧. 반더. ③탓잡을 조건 없이. 예늦잠을 자다 그만 지각을 했다.
그만두다 ①중도에서 그치다. ②하려던 일을 그치다. 예동생이 싸웠다는 것을 아버지께 일러바치려다가 그만두었다.
그만큼 그만한 정도로. 예노력한 그만큼 이익이 온다.
그만하다 크지도 작지도 더하지도 덜하지도 아니하고 그저 비슷하다. 정도가 그만하다. 작고만하다. 예실력이 그만하면 잘하는 편이다.
그맘때 꼭 그만큼 된 때.
그물 노·실로 떠서 새·물고기를 잡을 때 쓰는 기구.
그믐 한 달의 마지막 되는 날.
그믐날 한 달의 마지막 되는 날. 예 사월 그믐날.
그 사이 그 때부터 지금까지. 그 동안.

그야 그것이야. 예)그야 더 말할 나위 없지.

그야말로 ①그것이야말로. ②정말. 과연. 진실로. 예)너는 그야말로 착한 아이로구나.

그예 마지막에 가서 그만. 마침내. 예)그예 떠났다.

그윽하다 ①깊고 고요하다. ②생각과 뜻이 깊다.

그을다 햇볕·연기·바닷바람 따위에 쐬어 빛이 검게 되다. 예)햇볕에 그으른 얼굴을 보니 믿음직스럽다.

그 이상 그보다 더 나은.

그자(-者) '그 사람'을 낮추어 이르는 말.

그저 ①아무 소득 없이. 아무 생각 없이. ②지금까지 그치지 아니하고 그대로 사뭇. 예)꾸중을 듣고 그저 울기만 했다.

그저께 어제의 전날.

그전 ①퍽 오래 된 지난날. ②얼마 되지 않은 지난날. ③어떤 시기의 이전 날. 비)예전.

그제야 그 때에야 비로소. 예)그제야 겨우 도착했다.

그중 그 가운데.

그지없다[-업따] 끝이 없다. 헤아릴 수 없다.

그처럼 그 모양으로. 그와 한가지로. 그렇게.

그치다 ①중지하다. ②멈추다. ③그만두다. 비)멈추다. 반)시작하다.

그 후 그 뒤.

극(劇) '연극'의 준말.

극난(極難) 몹시 어려움. 예)극난한 일. -하다.

극단(極端) ①맨 끝. ②한쪽으로 치우침. 예)극단적 행동.

극단(劇團) 연극을 하는 단체.

극도(極度) 더할 수 없는 정도. 가장 심한 정도. 예)몸이 극도로 쇠약해져 쓰러지고 말았다.

극동(極東) 동양의 가장 동쪽 부분. 곧 우리 나라·중국·필리핀·일본 따위. 반)근동.

극락(極樂) 부처가 있다는 나라로 가장 즐거운 곳. 불교에서 그리는 세계.

극력(極力) 있는 힘을 다하는 것. 조금도 힘을 아끼지 않고 최선을 다하는 것. 비)힘껏. -하다.

극복(克服) 이겨 냄. 예)난국을 극복하다. -하다.

극본(劇本) 극의 내용을 적은 책. 비)각본.

극심(極甚) 아주 심함. 예)극심한 가뭄. -하다.

극장(劇場) 연극이나 영화를 구경시키는 곳. 비)영화관.

극지(極地) 지구의 양쪽 끝. 남극과 북극 땅.

극진하다(極盡-) 마음과 힘을 다하다. 최선을 다하다. 비)지극하다. 예)선생님을 극진하게 대접하였다.

극형(極刑) 더할 수 없는 무거운 형벌. 사형.

극회(劇會) 연극을 하기 위한 모임. 예)어린이 극회.

극히 ①대단히. ②매우. ③몹시. 예)극히 짧은 시간 동안의 만남이었다.

근(斤) 저울로 다는 무게의 단위. 1근은 보통 0.6킬로그램.

근:(近) 거의 가까운. 예)근 10년 동안.

근거(根據) ①사물의 근본. ②

사물의 토대. —하다.
근거지 활동의 근거로 삼는 곳. 예원양 어업의 근거지.
근검(勤儉) 부지런하고 아끼어 씀. 예근검 절약하는 생활 태도. —하다.
근:교 농업(近郊農業) 도시 사람들에게 공급할 목적으로 대도시 근처에서 신선한 채소나 과일 따위를 재배하는 농업. 반원교 농업.
근:근이(僅僅—) ①간신히. ②겨우. 예집이 가난하여 학교 공부를 근근이 하였다.
근:년(近年) ①가까운 해. ②지나간 지 오래지 아니한 해.
근:대(近代) 얼마 지나지 아니한 지금과 가까운 시대. 요즈음. 비근세.
근:대화 뒤떨어진 상태로부터 벗어나 진보된 상태로 되게 함. —하다.
근:동(近東) 동양의 서쪽 부분. 곧 터키·이란·이라크·시리아 등의 나라. 반원동. 극동.
근:래(近來) 요사이. 이사이. 비근간. 요즈음. 최근. 예근래에 보기 드문 우수한 작품들이 전시되었다.
근력(筋力) ①기운. ②힘.
근로(勤勞) ①일에 힘씀. ②일정한 시간 동안 노무에 종사함. 비노동. —하다.
근로 기본권[—꿘] 근로자에게 그 생존을 확보하기 위해 인정되는 기본권. 근로권·단결권·단체 교섭권 등.
근로 소득 근로의 대가로 얻는 소득.
근로자 육체적 노동이나 정신적 노동을 통한 소득으로 생활하는 사람.
근:면(勤勉) 부지런하게 힘씀. 반나태. —하다.
근무(勤務) 일터에 나가 일함. 예근무 시간. —하다.
근:방(近方) 가까운 곳. 비근처. 예집 근방.
근본(根本) ①일이나 물건이 생기는 맨 처음. ②뿌리. 비근원. 반지엽. 예근본 원리.
근:사(近似) ①비슷함. 거의 같음. ②그럴 듯하게 괜찮음. 예아무리 궁리하여도 근사한 생각이 나오지 않는다. —하다.
근:사값(近似—) 어떤 수값에 아주 가까운 수값.
근성(根性) ①뿌리 깊게 박힌 성질. ②타고난 성질. 비타성. 예승부 근성.
근:세(近世) 오래지 않은 세상. 요새 세상. 비근대.
근:세 조선 고려를 이은 조선 왕조 500년 간을 일컬음.
근:시(近視) 가까운 곳에 있는 것만 잘 보고 먼 곳에 있는 것은 잘 못 보는 눈. 반원시.
근:신(謹愼) ①말과 행동을 조심함. ②잘못한 행동에 대하여 반성하고 들어앉아 행동을 삼감. —하다.
근실(勤實) 부지런하고 참됨. 예근실한 청년. —하다.
근심 괴롭게 애를 태우는 마음. 비걱정. 염려. 반안심. —하다. —스럽다.
근 십 년간 거의 10년 동안.
근엄(謹嚴) 조심성 있고 엄숙함. 비엄숙. —하다.
근역(槿域) 무궁화가 많은 땅이

근원(根源) ①물이 흐르기 시작하는 곳. ②맨 처음. ③일이 일어나기 시작하는 곳. 비근본. 뿌리.

근육(筋肉) 힘줄과 살. 곧 몸의 운동을 맡은 기관.

근ː인(近因) 어떠한 사실의 가까운 원인.

근ː일(近日) ①요사이. 요즈음. ②여러 날이 지나지 아니한 날. 예근일 개업.

근절(根絶) 어떤 일이 다시 일어나지 못하도록 뿌리째 뽑아 버림. 예밀수 근절. —하다.

근ː처(近處) 가까운 곳. 비근방. 부근. 예집 근처에서 놀다. 학교 근처.

근ː해(近海) 육지에서 가까운 바다. 반원양. 예근해 어업.

근화(槿花) 무궁화.

근ː황(近況) 요새 형편.

글 ①말을 글자로 쓴 것. ②배워 익히는 것. 비학문.

글감[-깜] 글로 쓸 바탕이 되는 재료. 비소재.

글귀[-뀌] 글의 구절.

글놀이 말을 하지 않고 글로 써서 이야기하는 놀이.

글모음 동요·동시·줄글 등을 모으는 일. 또는 모아 놓은 것.

글방(-房)[-빵] 옛날에 한문을 가르치던 집. 비서당.

글썽 눈물이 눈가에 괴어 넘칠 듯한 모양. —하다.

글쎄 대답할 말이 얼른 생각나지 않을 때 쓰는 말.

글씨 적어 놓은 글자. 또는 글자를 적는 일.

글씨체 ①글씨를 쓰는 일정한 격식. ②글자를 써 놓은 체.

글월 글. 편지. 문장.

글자[-짜] 사람의 말을 적는 부호. 비문자.

글짓기 글을 짓는 일. 비작문. —하다.

글피 ①모레의 다음에 오는 날. ②오늘부터 나흘째 되는 날.

긁다[극따] ①가려운 곳을 손톱 끝으로 문지르다. ②갈퀴로 거두어 모으다. ③남의 마음을 건드리다.

긁어 부스럼(속) 무사한 것을 건드려 사고가 나다.

긁적거리다[극쩍—] 자꾸 거죽을 문지르다. 예미안해서 머리만 긁적거리다.

긁히다[글키—] 긁음을 당하다. 짝갉히다.

금 ①구겨진 자국. 접은 자국. ②살거죽에 있는 잔 줄. ③가늘게 갈라진 홈. ④물건값. 시세. ⑤줄을 친 자국. 비선.

금(金) ①누른빛의 쇠붙이. ②모든 쇠붙이. 예금메달.

금ː강(錦江) 충청 남도 공주·부여·장항을 거쳐 서해로 흘러가는 강.

금강석(金剛石) 몹시 단단하고 광채가 아름다운 귀중한 보석. 다이아몬드.

금계랍(金鷄蠟) 학질에 쓰는 약. 키니네.

금고(金庫) 돈과 중요한 서류를 넣어 두는 쇠로 만든 궤.

금관(金冠) 금으로 만들거나 꾸민 관.

금관 악기(金管樂器) 쇠붙이로 만든 관악기. 관의 끝에 입술을 대고 불어서 입으로 음의 높낮이를 표현함. 트럼펫·트롬본 등.

금광(金鑛) 금을 파내는 광산.

금괴(金塊) 금덩어리.

금년(今年) 올. 올해. 빤내년.

금돈 은돈(金—銀—) 금으로 만든 돈과 은으로 만든 돈.

금력(金力) ①돈의 힘. ②금전의 위력.

금리(金利) 밑천이나 꾸어 준 돈에 대한 이자. 예금리가 오르다.

금메달(金 medal) 금으로 만든 메달. 각종 경기에서 1위를 한 사람에게 줌.

금방(今方) 지금 막. 이제 곧. 비금세. 금시. 반오래. 예금방 떠났다.

금붙이(金—)[—부치] 황금으로 만든 모든 물건.

금비(金肥) 화학 비료. 반퇴비. 거름.

금빛(金—)[—삧] ①금과 같은 빛. ②노란 빛. 비황금빛.

금산 위성 통신 지구국 1970년 6월 2일 통신 위성에 의한 통신을 하기 위해서 금산에 세워진 지구국.

금세 '금시에'의 준말. 비금방.

금속(金屬) 금붙이나 쇠붙이.

금속성 쇠붙이를 깎거나 부딪칠 때처럼 나는 소리.

금속 활자[—짜] 쇠붙이로 만든 활자.

금수(禽獸) 모든 짐승. 곧, 날아다니는 짐승과 기어다니는 짐승.

금:수 강산(錦繡江山) 비단에 수를 놓은 듯이 경치가 아름다운 땅. 흔히 우리 나라를 이름. 예삼천리 금수 강산.

금시(今時) 이제. 지금. 비금방. 예금시에 끝낼 수 있다.

금실 금을 가늘게 뽑아 만든 실. 비금사.

금시 초문(今始初聞) 이제야 비로소 처음으로 들음.

금액(金額) 돈의 액수.

금언(金言) 훌륭한 어른들이 교훈으로 남긴 짧은 말. 비격언. 예금언집.

금:연(禁煙) 담배 피우는 것을 금함. 예금연 구역. —하다.

금요일(金曜日) 일요일에서 여섯째 되는 날.

금융(金融) ①돈이 세상에 널리 도는 것. ②여유 있는 돈을 모아서 자금을 필요로 하는 사람에게 빌려 주는 것.

금융 기관 돈의 수요·공급을 맡아 하는 기관. 은행·보험 회사·협동 조합 등.

금융 실명제 돈을 예금·송금할 때 신분을 확인하는 제도.

금은 보:배(金銀寶—) 금·은·옥 따위의 귀중한 물건.

금일(今日) =오늘.

금자탑(金字塔) 훌륭하게 이루어 놓은 물건이나 빛나게 이루어 놓은 사업.

금전(金錢) =돈.

금전 출납부 돈의 들어오고 나감을 적어 두는 장부.

금:줄(禁—) 문에 질러매서 사람·귀신의 접근을 막는 줄.

금:지(禁止) 말려서 못하게 함. 예통행 금지 구역. —하다.

금침(衾枕) 이부자리와 베개.

금테(金—) 금 또는 금빛 나는

금품(金品) 돈과 물품.
금풍(金風) 가을의 신선한 기운을 띤 바람.
금:하다(禁—) 못 하게 금지시키다. 말리다.
금화(金貨) 금으로 만든 돈.
급격(急激) 급하고 세참. 예급격한 변화. —하다.
급기야(及其也) 마지막에는. 마침내.
급변(急變) ①갑자기 일어난 사고. ②갑자기 달라짐. 예급변하는 세계 정세. —하다.
급사(急死) 갑자기 죽음. 예사고로 급사하다. —하다.
급선무(急先務) 무엇보다 먼저 서둘러 해야 할 일.
급성(急性) 급한 성질. 반만성. 예급성 맹장염.
급속도(急速度) 몹시 빠른 속도. 예급속도로 발전하다.
급식(給食) 학교·군대 등에서 음식을 주는 일, 또는 그 음식. —하다.
급제(及第) ①시험에 합격함. ②과거에 합격함. 예장원 급제했다. —하다.
급체(急滯) 되게 체하여 상태가 매우 급박한 체증.
급하다(急—) ①빠르다. ②성미가 괄괄하다. ③병이 위독하다. ④일이 몰리다.
급하면 바늘 허리에 실 매어 쓸까〈속〉 아무리 급한 일이라도 차근차근해야 일이 바르게 된다는 뜻.
급행(急行) 빨리 감. 반완행. 예급행 열차. —하다.
급훈(級訓) 학급의 교육 목표로 내세운 교훈.
긍:정(肯定) 좋다고 승인함. 반부정. —하다.
긍:지(矜持) 자신 있는 바가 있어 자랑하는 마음.
기(氣) ①있는 힘의 모두. ②숨쉴 때에 나오는 기운.
기(旗) 종이·헝겊 따위로 여러 가지 모양을 만들어 대끝에 달아 공중에 세우는 물건.
기간(期間) 일정한 시기의 사이. 예휴가 기간.
기간(基幹) 근본이 되는 줄거리. 본바탕이 되는 줄기.
기간 산:업 한 나라의 모든 산업이 발달하는 데 기초가 되는 중요한 산업. 화학·기계·조선·제철 공업 등.
기갈(飢渴) 배고프고 목마름.
기개(氣概) 기상이 뛰어나고 절개가 높음.
기겁 갑자기 놀라거나 겁에 질려 숨막히는 듯한 소리를 지름. —하다.
기계(機械) 여러 가지 기관이 있는 장치.
기계 공업 기계의 힘을 사용하여 생산·가공하는 공업. 반수공업.
기계 문명 기계로써 이룬 현대의 문명.
기계톱 기계의 힘으로 톱날을 돌려서 나무를 자를 수 있게 되어 있는 기구.
기공(氣孔) ①벌레의 몸뚱이 옆에 있어서 숨쉬는 일을 하는 구멍. ②식물의 잎이나 줄기의 겉껍질에 있는 작은 구멍.
기관(器官) 동물의 생활 작용을 맡은 부분. 가슴이나 뱃속에 들어 있는 것을 '내장 기관'이라 함.

기관(氣管) 호흡기의 일부. 호흡이 통하는 길. 비 숨관.

기관(機關) ①물건을 활동하게 하는 기계. ②어떤 목적을 위하여 설치하는 시설.

기관사 물건을 운전, 활동하게 하는 기계를 움직이는 사람. 기차·기선 따위의 기관을 맡아보는 사람.

기관지(氣管支) 기관의 아래쪽에서 폐에 이르는 나뭇가지처럼 갈라진 부분.

기관총(機關銃) 연속적으로 총알이 재어지고 쏘아지는 총.

기:교(技巧) 기술이 꼼꼼하고 솜씨가 아주 묘함. —하다.

기구(崎嶇) ①살아가기가 어려움. ②운수가 사나움. —하다.

기구(器具) 그릇이나 세간·연장 따위. 비 도구.

기권(棄權) 자기의 권리를 버리고 쓰지 아니함. —하다.

기근(饑饉) ①흉년으로 인하여 곡식이 부족함. ②먹을 것이 없어서 굶주림.

기금(基金) ①기초가 되는 돈. ②준비하여 놓은 돈. 비 자금.

기급(氣急) →기겁.

기기 묘:묘(奇奇妙妙) 매우 이상하고 묘함. —하다.

기꺼이 기쁘게. 기껍게. 예기꺼이 승낙하다.

기껍다〔기꺼우니, 기꺼워서〕 마음속으로 기쁘게 여기다.

기:껏 힘이 미치는 한껏. 힘을 다하여. 고작. 예지금까지 한 일이 기껏 이것뿐이냐?

기:나긴 매우 긴. 길고 긴.

기:나길다〔기나기니, 기나길어서〕 아주 길다. 예기나긴 역사.

기나수(幾那樹) 높이 25m의 식물로 잎은 둥글고 꽃은 담홍색이며 향기가 있음. 껍질은 '기나피'라고 하여 강장약으로 쓰고 키니네를 만들어 학질 치료제 및 해열제로 씀.

기념(記念) ①죽은 사람 또는 이별한 사람을 생각나게 하는 물건. ②기억하여 잊지 아니함. 예 3월 1일은 3·1 운동을 기념하는 날이다. —하다.

기념식 잊지 않기 위하여 하는 모임.

기념일 잊지 않으려고, 마음에 새겨 두는 날.

기념탑 어떠한 일을 길이 기념하기 위하여 세우는 탑.

기는 놈 위에 나는 놈이 있다 〈속〉 잘하는 사람 위에 더 잘하는 사람이 있다.

기능(機能) 활동하는 힘이나 어떤 물건이 가지고 있는 힘. 비 성능.

기:능(技能) 기술에 관한 재주의 능력. 비 기술.

기:능공 ①기술적인 능력을 갖고 있는 사람. ②기술 자격을 얻은 사람.

기니 만(Guinea 灣) 아프리카 중부 서쪽 해안의 감비아에서 앙골라에 이르는 지역의 해안.

기다 다리와 팔을 땅에 대고 이리저리 다니다.

기:다랗다 매우 길다.

기다리다 ①오기를 바라다. ②끝날 때까지 있다.

기단(基壇) 건물이나 탑의 터전

기대 (期待) 장차 이루어지거나 좋은 성과를 얻도록 바람. 예 기대에 어긋나다. —하다.

기:대다 ①몸을 무엇에 의지하면서 비스듬히 대다. 예 나무에 몸을 기대다. ②마음을 의지하다. 예 남에게 기대어 살다.

기도 (企圖) 일을 꾸며 내려고 꾀함. —하다.

기도 (祈禱) 소원이 이루어지기를 신께 비는 일. 비 기원. 예 어머니를 위해 기도를 드리다. —하다.

기도 못 하고 뛰려 한다〈속〉 자기 실력 이상의 행동을 하려고 한다.

기독교 (基督敎) 예수 그리스도가 일으킨 종교. 비 예수교.

기둥 ①집을 버티고 서 있는 나무. ②단체·집안의 가장 중요한 사람.

기:량 (技倆) 재능. 예 있는 기량을 다 발휘하다.

기러기 오릿과에 속하는 새로, 목은 길고 다리는 짧으며 부리와 다리는 누른빛임. 가을 달밤에 떼를 지어 구슬피 울며 날아감.

기력 (氣力) 정신과 육체의 힘. 마음과 몸의 본디 타고난 기운. 비 근력.

기로 (岐路) 갈림길. 갈라진 길.

기록 (記錄) ①적어 두는 일. ②적어 놓은 것. 기재. 예 기록 영화. —하다.

기록문 보고 듣고 조사한 것을 정확하게, 요점을 빠뜨리지 않고 쓴 글. 예 관찰 기록문.

기록부 의논할 일을 적어 두는 일을 맡아보는 부서.

기롱 (譏弄) 실없는 말로 남을 놀림. —하다.

기르다〔기르니, 길러서〕①영양분을 주어 크게 자라게 하다. ②앞에 두고 가르치다.

기를 펴다 활기 있게 기운을 내다. 예 따뜻한 봄이 되니 모두 기를 펴고 다닌다.

기름 ①식물의 씨에서 짜낸 걸쭉한 물. ②동물의 몸 속에서 나오는 미끄럽고 끈기 있게 엉긴 물질.

기름지다 ①기름이 많이 끼어 있다. ②땅이 좋아서 곡식이 잘 되다. 반 메마르다. 토박하다. 예 기름진 농토.

기리다 좋은 점이나 잘하는 일을 일부러 칭찬하여 말하다.

기린 (麒麟) 높이가 6m나 되고 목과 다리가 유난히 길며, 이마에는 뿔 같은 혹이 나고, 털은 희누런 바탕에 갈색 얼룩점이 있는 아프리카에서 나는 가장 키가 큰 짐승. 〔기린〕

기막히다 ①놀라서 어찌할 줄 모르다. ②너무 지나쳐서 어이없다. ③숨이 막히다.

기미 얼굴에 있는 검은 기운의 흠. 예 기미가 끼다.

기미 독립 운:동 (己未獨立運動) 기미년, 곧 1919년 3월 1일을 기하여 손병희 등 33인이 앞장서서 우리 나라의 독립을 선언하고 민족 해방을 위하여 일제와 싸운 독립 운동.

기밀(機密) 함부로 드러내지 못할 중요한 비밀. —하다.
기박(奇薄) ①운수가 나쁨. ②팔자가 사나움. —하다.
기반(基盤) 기초가 될 만한 자리. 비기초. 터전.
기발(奇拔) 유달리 뛰어남. 예기발한 생각. —하다.
기발(騎撥) 옛날에 말을 타고 다니며 급한 공문을 전하여 보내던 사람.
기백(氣魄) 씩씩한 기력과 앞으로 나아가는 정신. 비기상.
기별(寄別) 소식을 알림. 또는 그 종이. 비통지. —하다.
기본(基本) 사물의 근본. 일이나 물건의 기초나 근본. 비근본. 바탕.
기본권[—꿘] 인간으로서 누릴 수 있는 기본적인 권리.
기본금 기초를 세우는 데 쓰이는 돈.
기본적 밑바탕이 되는.
기부(寄附) 돈이나 땅·물건 따위를 사회나 공공 단체에 내어 줌. 비기증. —하다.
기부금 기부하는 돈.
기분(氣分) ①환경이나 대상에 따라 저절로 생기는 단순한 감정. ②분위기.
기뻐하다 기쁘게 여기다. 즐거워하다.
기쁘다 ①마음이 즐겁다. ②반갑다. ③좋다. 반슬프다.
기쁨 즐거움. 반슬픔.
기사(記事) 사실을 기록함. 또는 기록한 것. 예신문 기사. —하다.
기사(騎士) ①말을 타고 싸우는 무사. ②중세 유럽의 무사 계급의 이름. 나이트.
기상(起床) 잠자리에서 일어남. 반취침. —하다.
기상(氣像) ①마음씨. ②장한 마음. ③정신. ④됨됨이. 비기백. 예꿋꿋한 기상.
기상(氣象) 대기 중에서 일어나는 여러 가지 현상. 날씨·기압 등. 예기상 통보.
기상청 날씨·기압·바다의 상태·지진·태풍 등을 관측하고 조사하여 그 결과를 모아서 천기도를 만들고 일기 예보를 하는 곳. 본국립 중앙 기상청.
기색(氣色) ①얼굴 모양. ②기쁨·성냄·슬픔·즐거움 따위가 얼굴에 나타나는 것. 비안색. 예기색이 좋지 않다.
기:생(妓生) 잔치나 술자리에서 노래 부르고 춤을 추는 것을 직업으로 하는 여자.
기생(寄生) 남의 몸에 붙어 사는 일. —하다.
기생충 사람이나 다른 동물의 몸에 붙어 사는 벌레. 회충·촌충·십이지장충·이·벼룩 따위.
기선(汽船) 끓는 수증기의 힘으로 움직이는 배.
기성(期成) 어떤 일을 꼭 이루려고 함. 예기성회. —하다.
기성(既成) ①벌써 이루어짐. ②이미 만들어져 있음. 예기성복. 기성품. —하다.
기세(氣勢) ①의기가 강한 모양. ②기운찬 모습. 비형세. 예우리 국군의 늠름한 기세를 보라.
기수(奇數) 둘로 나뉘지 않는 수. 비홀수.
기수(基數) 기초로서 쓰이는

수. 1에서 9까지의 정수.
기수(機首) 비행기의 앞머리.
기숙(寄宿) 남의 집에 몸을 붙여 기거함. —하다.
기숙사 학교나 공장 등에서, 학생이나 직공들이 자고 먹고 할 수 있도록 시설을 해 놓은 집.
기:술(技術) 이치를 실지에 쓰는 재주. 비기예.기능.
기술관 옛날 과거 시험의 하나인 잡과 출신의 벼슬아치를 이르는 말.
기술자[—짜] 어떤 분야의 전문적 기술을 가진 사람.
기슭 ①산의 아래쪽. ②강이나 바다의 변두리. 반봉우리. 예산기슭. 바닷기슭.
기습(奇襲) 꾀를 써서 갑자기 적진을 습격함. 비습격. 예기습 공격. —하다.
기악(器樂) 악기를 가지고 연주하는 음악. 반성악.
기악곡 기악을 위하여 만들어진 악곡.
기악 합주 여러 가지 악기를 각각 맡아서 여럿이 함께 연주하는 일.
기안(起案) 공문 따위의 문안을 처음으로 세워 글을 씀. 예기안 작성. —하다.
기압(氣壓) 지구를 둘러싸고 있는 공기가 지구 표면을 누르는 힘. 예고기압. 저기압.
기약(期約) 때를 작정하여 약속함. —하다.
기어이(期於—) ①꼭. ②반드시. ③틀림없이. =기어코. 비마침내. 예내가 생각한 일은 기어이 하고야 말겠어요.
기어코 =기어이.

기억(記憶) 마음에 새겨 두고 잊지 아니함. 반망각. 예기억에 남다. —하다.
기억을 더듬다 옛일을 기억을 되살려 생각해 내다.
기업(企業) 사업을 계획하거나 또는 잇대어 하는 생산 사업. 비사업.
-기에 원인·이유를 나타내는 말. 예오라기에 갔다.
기여(寄與) 이바지함. 공헌. —하다.
기역자 닿소리 가운데 첫째 글자 'ㄱ'을 가리키는 말. 예낫 놓고 기역자도 모른다.
기염(氣焰) 대단한 기세. 예잇달아 세 번을 이기니, 그 기염은 하늘을 찌른다.
기:예(技藝) 기술에 관한 재주와 솜씨. 비기술.
기온(氣溫) 대기의 온도.
기와 흙이나 시멘트 따위로 구워 만든 지붕을 잇는 물건.
기와집 지붕을 기와로 이은 집. =와가.
기운 ①하늘과 땅 사이에 가득 차서 만물이 나고 자라는 힘의 근원. ②생물이 살아 움직이는 힘. 생기. ③체력. 힘. ④기미. 예감기 기운.
기운(氣運) ①운수. ②시세의 돌아가는 형편.
기울어지다 ①한쪽으로 쏠리다. ②형세가 나쁘게 되다. ③해가 서쪽으로 치우쳐지다. 예기울어지는 국세를 누가 바로잡았는가?
기울이다 ①일정한 기준에서 한 편으로 쏠리게 하다. ②어떤 방향으로 향하게 하다. ③남기

기원 지 않고 총동원하다.

기원(祈願) 소원을 빎. 비기도. —하다.

기원(起源) 일이나 물건이 생겨난 그 근본. 예인류의 기원을 더듬다. —하다.

기원(紀元) ①역사상으로 연대를 계산하는 데 기준이 되는 해. ②나라를 세운 첫해.

기원전 서력 기원이 시작하기 전. 예기원전 100년.

기음(基音) 여러 가지 음계의 첫째 음.

기이(奇異) 이상함. 예기이한 현상. —하다.

기이다 일을 숨기어 드러나지 않게 하다.

기인(起因) 일이 일어나는 원인. —하다.

기인(基因) 기초가 되는 원인. —하다.

기일(期日) 작정한 날싸. 예기일 엄수.

기입(記入) 글씨를 써 넣음. —하다.

기자(記者) 신문·잡지에 글을 쓰고 편집을 하는 사람.

기장 수수와 비슷한 알이 굵은 곡식.

기저귀 젖먹이의 대소변을 받아내는 헝겊. 예기저귀를 갈다.

기적(汽笛) 기차나 배에서 '뚜우'하고 울리는 소리.

기적(奇蹟) 사람의 힘으로 어쩔 수 없는 이상한 일. 예죽었던 사람이 살아나다니 참 기적이로구나.

기절(氣絶) ①한때 정신을 잃음. ②숨이 끊김. ③깜짝 놀람. —하다.

기점(起點)[—쩜] 처음으로 일어나는 곳. 예경부선의 기점은 서울이다.

기점(基點)[—쩜] 기본이 되는 곳이나 점.

기준(基準) 근본이 되는 표준.

기준량[—냥] 두 개의 수량을 비율을 써서 비교할 때 기준이 되는 양.

기증(寄贈) 거저 물건을 보내 줌. 비기부. —하다.

기지(基地) 터전. 예공군 기지.

기:지개 몸이 고단할 때에 팔다리를 쫙 뻗는 짓. —하다.

기직 왕골 껍질이나 짚으로 엮은 돗자리.

기진(氣盡) 기력이 다함. 기운이 지침. —하다.

기진 맥진 기운과 힘이 죄다 빠짐. —하다.

기질(氣質) ①기력과 체질. ②한 사람 한 사람의 밑바탕되는 성질.

기차(汽車) 증기나 디젤 기관을 원동력으로 하여 궤도 위를 달리는 차량. 비열차.

기차표 기차를 탈 수 있는 표. 승차권.

기찻길 기차가 달리게 만들어 놓은 길. 비철로.

기척 ①발자취. ②목소리. 예집 안에 사람 있는 기척이 없다.

기체(氣體) 공기·산소·수소 등과 같이 일정한 모양과 부피가 없는 물질.

기초(起草) 글의 애벌 글을 씀. —하다.

기초(基礎) ①근본. ②밑바탕. 판기반. 터전. 토대. 예집을 지을 때에는 기초를 튼튼히 해

야 한다.
기초 작업 어떤 일을 하는 데 맨 먼저 하여야 할 바탕이 되는 일.
기침 감기로 말미암아 저절로 갑자기 터져 나오는 숨소리.
기침(起枕) 윗사람이 자고 일어남. 🔁기상. —하다.
기타(其他) 그 밖. 그 밖의 또 다른 것. 예기타 사항.
기특하다(奇特—) 말이나 하는 짓이 신통하여 귀염성이 있다. 예그 아이는 참 기특하다.
기틀 일의 가장 요긴한 고비.
기품(氣品) ①타고난 성질. ②개인이 가지고 있는 성질. ③사람의 됨됨이.
기풍(氣風) 마음과 태도.
기피(忌避) 꺼리어 피함. 예기피 인물. —하다.
기한(期限) ①미리 작정한 때. ②일정한 때.
기행문(紀行文) 여행에서 보고 들은 것이나 느낀 것을 기록한 글. 예기행문을 쓰다.
기호(記號) 무슨 뜻을 나타내거나 적어 보이는 표. 🔁부호. 예발음 기호.
기호(嗜好) 즐김. 좋아함. 예기호 식품. —하다.
기호(畿湖) 경기도와 황해도 남부, 충청 남도 북부 지역.
기회(機會) 어떤 일이나 행동을 하기에 꼭 알맞은 때. 좋은 때. 시기. 예이 기회에 외갓집에 다녀오겠어요.
기후(氣候) ①하늘의 현상. 그 날의 공중의 현상. 천후. ②기운. 곧 안부를 물을 때에 쓰는 말. 🔁날씨.

기후도 어떤 지역의 매년 평균적으로 되풀이되는 기상 상태 (기온·강수량·바람 등)를 나타낸 지도.
긴: 기다란.
긴급(緊急) 사건이 중대하고 또 급함. 예긴급 사태. —하다.
긴:긴해 음력 삼사월의 길고 긴 낮 동안.
긴:말 길고 긴 말. 또, 길게 하는 말. 🔁토막말. —하다.
긴요(緊要) 꼭 필요함. 🔁요긴. —하다.
긴장(緊張) 마음을 단단히 먹고 특히 조심함. 🔁이완. 예긴장된 순간. —하다.
긴:파람 긴 휘파람.
긷:다[길으니, 길어서] ①우물에서 물을 퍼내다. ②물을 퍼 나르다.
길[1] ①사람이 왕래하는 땅. ②걸어 다니게 된 곳. 도로. ③사람이 지켜야 할 도리.
길[2] 사람의 키의 한 길이. 예담의 높이가 한 길이나 된다.
길가[—까] 길의 가장자리.
길거리[—꺼—] 사람이 많이 다니는 길. 🔁거리. 예길거리에서 놀지 말자.
길고 짧은 것은 대 보아야 안다 〈속〉 잘하고 못하는 것은 겨루어 보아야 안다.
길:길이 ①물건이 높이 쌓인 모양. ②성이 나서 펄펄 뛰는 모양. 예일을 망쳤다고 길길이 뛰다.
길:다 ①짧지 않다. ②멀다. 오래다. 🔁짧다.
길들다 ①짐승이 잘 따르다. ②세간에 윤이 나다.

길들이다 길들게 하다. [예]나는 우리 집 바둑이를 길들여서 나중에는 심부름까지도 시킬 작정이다.

길라잡이 길을 안내하는 사람.

길마 짐을 실으려고 소의 등에 얹는 틀.

길모퉁이 길이 구부러지거나 꺾어져 돌아간 자리.

길목 중요한 어귀. 사람이 다니는 가장 중요한 길.

길몽(吉夢) 좋은 조짐이 되는 꿈. [반]악몽. 흉몽.

길섶[―썹] 길의 가장자리.

길손[―쏜] 먼 길을 가는 사람. 집을 떠나 손님 노릇하는 사람. [비]나그네.

길쌈 옷감을 짜는 일. ―하다.

길을 재촉하다 길을 바삐 서둘러서 걷다.

길이[1] 이 끝에서 저 끝까지 이르는 거리.

길:이[2] 오래오래. 오래도록. 언제까지나. [비]오래. [예]길이 빛내다.

길:이길이 오래오래.

길잡이 길을 인도하는 사람. [비]선구자.

길잡이책 기초가 되는 것을 알기 쉽게 안내한 책. 안내서.

길재(吉再, 1353~1419) 고려 말의 유학자로서 호는 '야은'. 우왕 말년에 성균관의 박사가 되어 선비들을 가르쳤으며 고려가 망하고 조선이 들어서자, 이성계는 그를 불러 벼슬을 주려고 하였으나, 충신은 두 나라를 섬길 수 없다 하여 받지 않았음.

길조(吉兆)[―쪼] 좋은 일이 있을 징조.

길짐승[―찜―] 개·소·말 따위의 기어다니는 짐승의 총칭. [반]날짐승.

길쭉하다 넓이가 좀 길다. [반]짤막하다.

길:차다 아주 미끈하게 길다. [예]대나무가 길차게 자랐다.

길흉(吉凶) 좋은 일과 나쁜 일. 행복과 불행.

김: ①수증기. ②논밭에 나는 잡풀. ③바다에서 나는 풀의 한 가지. 곧 종잇장같이 말린 것에 소금과 기름을 발라서 구워 먹는 반찬.

김덕령(金德齡, 1567~1596) 임진왜란 때 전라 남도 남양에서 의병을 일으킨 의병장. 광주 출생. '호익 장군'의 호를 받았음.

김:매다 쓸모 없는 풀을 뽑고, 가꾸어 주다.

김부식(金富軾, 1075~1151) 고려 시대의 학자이며 정치가. 〈삼국사기〉를 지었음.

김상헌(金尙憲, 1570~1652) 조선 인조 때의 학자이며 정치가. 호는 청음. 병자호란 때 끝까지 싸우기를 주장했으나 반대파의 주장에 몰렸음.

김생(金生, 711~791) 신라 경덕왕 때의 명필. '해동 필가'로 불림.

김 안 나는 숭늉이 덥다〈속〉 떠벌리는 사람보다 말을 안하는 사람이 도리어 무섭다.

김유신(金庾信, 595~673) 삼국 통일을 이룩한 장군. 고구려를 멸망시킨 후 태대각간(신라의 최고 관직)에 올랐음.

김윤후(金允候) 고려 고종 때의 장군. 몽고 침입 때 몽고 장군 살리타를 처인성(지금의 경기도 용인)에서 죽이고, 몽고군을 물러가게 하였음.

김장 겨울 동안 먹을 반찬으로 가을에 담그는 김치·깍두기. 또는 담그는 것. —하다.

김장밭 무·배추 등의 김장거리를 심어 가꾸는 밭.

김정호(金正浩, ?~1864) 조선 말기 고종 때의 지리학자. 1861년에 대동여지도를 완성하였음.

김정희(金正喜, 1786~1856) 조선 말기의 금석학자이며 서예가. 호는 추사 또는 완당. 특히 '추사체'로 유명함.

김종서(金宗瑞, 1390~1453) 세종 때 정치가이며 유명한 장군. 6진을 개척하여 두만강을 국경으로 하는 데 공이 컸음.

김좌진(金佐鎭, 1889~1929) 독립 운동가. 충남 홍성 출신. 3·1 운동 때 만주로 건너가 북로군정서를 조직하였음.

김천일(金千鎰, 1537~1593) 조선 시대 임진왜란 때 전라도 나주에서 의병을 일으켰음.

김춘추(金春秋, 604~661) 삼국 통일을 이룩하는 데 공을 세움. =태종 무열왕.

김치 무·배추 따위를 소금에 절여 고춧가루·파·마늘·생강 등의 갖은 양념을 하여 버무려 담근 반찬.

김칫국부터 마신다(속) 줄 사람은 생각도 안하는데 받을 편에서 공연히 서두르며 덤빈다.

김 택영(金澤榮, 1850~1927) 경기도 개성에서 태어난 조선 말기의 애국자. 호는 창강, 1908년 중국으로 망명하여 우리 나라 역사책을 썼음.

김포 공항(金浦空港) 우리 나라에서 가장 큰 비행장 이름.

김해 평야(金海平野) 김해를 중심으로 한 낙동강 하류의 평야. 쌀의 품질이 우수함.

김홍도(金弘道, 1760~ ?) 조선 후기의 화가로, 조선 시대 3대 화가 중의 한 사람. 호는 단원. 대표작으로는 〈서당〉, 〈씨름〉 등이 있음.

깁: 바탕을 좀 거칠게 짠 비단의 한 가지.

깁:다 조각을 대고 꿰매다.

깃 ①자기가 차지할 물건의 한 몫. ②새 날개의 털. ③옷깃. ④새의 보금자리.

깃들다 들어 있다.

깃발 기가 바람에 날리어 혼들리는 부분.

깊다 ①얕지 않다. ②속이 멀다. 맨얕다. ③학문·지식이 많다. ④밤이 오래 되다.

깊숙하다 깊고 으슥하다. 예깊숙한 산골 마을.

깊이¹ ①얕지 않게. 깊게. ②잘. 자세히.

깊이² 겉에서 속까지의 길이.

ㄲ [쌍기역] 'ㄱ'의 된소리.

까:뀌 재목을 깎는 연장.

까다 ①껍질을 벗기다. ②미리 쓴 것을 제하다. ③알을 품어서 새끼로 변하게 하다. 〔까뀌〕

까다롭다〔까다로우니, 까다로워

서] ①너그럽지 못하다. ②성질이 이상하다.
까닭 ①연고. ②일의 근본. ③이유. 예우리는 학생인 까닭에 공부에 열중해야 한다. ④때문. 예그 때문에.
까닭 없는 아무 이유도 없는.
까딱 ①고개를 앞으로 가볍이 꺾어 움직이는 모양. 예고개를 까딱한다. ②조금 움직이는 모양. 예까딱도 않는다.
까딱까딱 고개를 가볍게 앞으로 움직이는 모양. —하다.
까딱없다 조금도 변하거나 움직임이 없다.
까딱하면 조금이라도 실수하면. 예까딱하면 큰일난다.
까르르 여러 사람이 한꺼번에 자지러지게 웃는 소리.
까마귀 털빛이 새까맣고 부리가 길며 까악까악 우는 새.
까마귀가 메밀을 마다 한다(속) 평소에 즐겨하던 것을 뜻밖에 사양한다.
까마귀 날자 배 떨어진다(속) 아무 관계없이 한 일이 마침 다른 일과 공교롭게 때가 같아서 무슨 관계가 있는 것처럼 의심을 받게 된다.
까마득하다 아주 멀어서 아득하다. 예목적지까지는 아직도 까마득하다.
까막눈 글을 읽을 줄 모르는 사람의 눈. 비문맹.
까맣게 ①새까맣게. 예밥이 까맣게 타다. ②아주 높고 멀게. 반하얗게. 큰꺼멓게. 예어제 한 약속을 까맣게 잊었다.
까맣다 ①매우 검다. ②진하게 검다. 예살갗이 까맣게 탔다. ③어렴풋하다. ④분명하지 않다. ⑤흐릿하다. 반하얗다.
까:매지다 까맣게 되다. 예가매지다. 큰꺼매지다.
까무러치다 ①갑자기 숨이 끊어지다. ②한때 정신을 잃다. 예놀라서 까무러치다.
까뭇까뭇 군데군데 검은 모양.
까불다¹ ①행동을 경솔하게 하다. 반얌전하다. ②몹시 흔들리다. 예턱을 까불다.
까불다² 키에 곡식을 담아 겨 껍질을 흔들어 가볍이 떨어뜨리다.
까옥까옥 까마귀의 우는 소리. 준깍깍. —하다.
까지 지정된 시간 안으로의 뜻. 예내일까지 오너라.
까:치 까마귀같이 생겼는데 날개가 검고 등과 가슴이 희며 꼬리가 긴 새.
까투리 암꿩을 장끼에 대하여 일컫는 말.
깍:깍거리다 까마귀나 까치가 자꾸 심하게 울다.
깍두기 무를 잘게 썰어 양념에 버무려 만든 반찬의 한 가지.
깍쟁이 ①인색한 사람을 욕하는 말. ②나이 어린 거지.
깎다 ①얇게 베다. ②조금씩 저미다. ③머리털을 자르다. ④값을 적게 하다.
깎아지른 듯하다 반듯하게 깎아세운 듯이 가파르다.
깐깐하다 행동이나 성격이 너그럽지 못하다.
깔개 눕거나 앉을 자리에 까는 물건.
깔깔 큰 소리로 못 참을 듯이 웃는 소리.

깔깔거리다 큰 목소리로 자꾸 웃다. 圍걸걸거리다.
깔깔하다 ①반드럽지 않고 거칠다. ②마음이 좁고 성미가 보드랍지 못하다.
깔끄럽다 깔깔하여 매끈하게 보드랍지 않다. 圍걸끄럽다.
깔다 ①밑에 펴놓다. ②늘어놓다. ③돈이나 곡식 따위를 여러 군데 꾸어 주어 놓다.
깔때기 주둥이가 좁은 그릇에 액체를 따라 넣는 데 쓰는 원뿔 모양의 기구.

〔깔때기〕

깔리다 ①펴놓은 것같이 되다. 예낙엽이 깔리다. ②밑에 펴놓음을 당하다. 예흙더미에 깔리어 다치다.
깔보다 ①업신여기다. ②우습게 보다. ③낮추어 대접하다. 圓넘보다. 예몸이 작다고 너무 깔보고 덤비다가는 지기 쉽다.
깜깜하다 ①몹시 어둡다. 圍컴컴하다. ②아주 모르고 있다. 예소식이 깜깜하다.
깜박 ①눈을 잠깐 감았다가 뜨는 모양. ②등불이나 별 같은 것이 잠깐 흐려지다가 밝아지는 모양. ③정신이 잠깐 흐려지다가 맑아지는 모양. 圍끔벅. 쎈깜빡. 예깜박 잊다. —거리다. —하다.
깜부기 ①곡식 이삭이 병으로 검게 변한 것. ②얼굴빛이 까만 사람.
깜부기 병 보리 종류나 조·옥수수 따위에 발생하는 병의 한 가지. 이삭에 생기며, 이 병에 걸리면 까맣게 됨.
깜작거리다 눈을 자꾸 감았다 떴다 하다. 쎈깜짝거리다.
깜짝 ①눈을 세게 잠깐 감았다가 뜨는 모양. ②갑자기 놀라는 모양. 예뒤에서 별안간 소리가 나서 깜짝 놀랐다.
깜찍하다 ①너무 작다. ②영리하다. ③악착스럽다. 예깜찍하게 생겼다.
깡충깡충 신이 나서 짧은 다리로 자꾸 솟구처 뛰는 모양. 예토끼 두 마리가 깡충깡충 뛰어 나갔습니다. 圍껑충껑충.
깨끗하다 ①정하다. ②맑다. ③상쾌하다. ④더럽지 않다. ⑤마음이 가든하다. ⑥병이 완전히 낫다. ⑦산뜻하다. 圓말끔하다. 맑다. 정결하다. 圖더럽다. 불결하다.
깨끼적삼 깨끼옷으로 된 웃옷. 깨끼옷은 옷의 안팎 솔기를 곱솔로 박아 지은 겹옷.
깨:다 ①자다가 눈을 뜨다. 예기적 소리에 잠을 깨다. ②취한 기운이 흩어지다. ③지혜가 발달되다. ④미신에서 벗어나다. ⑤알이 까지다.
깨닫하다 오래 생각되지 않다가 어떤 실마리로 말미암아 환하게 깨닫다.
깨닫다〔깨달으니, 깨달아서〕 ①알아차리다. ②의심을 풀다. ③잘못된 것을 알다.
깨뜨리다 ①부수다. 굵은 것을 잘게 만들다. 예꽃병을 쳐서 깨뜨리다. ②쪼개다. ③성한 것을 금가게 하다. ④될 일을 안 되게 하다. ⑤약속을 지키지 않다.
깨물다 이로 물어 상처를 내다.

깨우치다 이치나 사리를 깨닫게 하다. 예잘못을 깨우치다.
깨:지다 ①갈라지다. ②부서지다. 예돌에 유리창이 깨지다. ③상처가 나다. ④약속이 취소되다.
깨치다 깨달아 알게 되다.
깻묵 들깨나 참깨에서 기름을 짜고 남은 찌꺼기. 물고기의 먹이, 화초의 거름으로 씀.
꺼:내다 ①속에 있는 것을 거죽으로 집어내다. 땐넣다. ②말을 시작하다. ③찾아내다.
꺼:리다 ①싫어하다. ②꺼림하게 여기다. ③주저하다. ④어려워하다.
꺼림하다 마음에 뉘우쳐지는 언짢은 느낌이 있다. =께름하다.
꺼멓다 빛이 심하게 검다.
꺼:지다 ①불이 죽다. ②거품이 사라지다. ③우묵하게 가운데가 들어가다.
꺾꽂이 가지를 잘라서 땅에 꽂아 뿌리를 내리게 해서 묘목을 만드는 일. —하다.
꺾다 ①구부리어 끊다. ②말을 못하게 하다. ③마음을 굽히다. 예고집을 꺾다.
껄껄 마음에 거리낄 것 없이 큰 소리로 우렁차게 웃는 소리. 작깔깔. —거리다.
껄껄하다 거죽이 거세어 반드럽지 못하다. 작깔깔하다.
껌(gum) 고무 액과 비슷한 치클이라는 것에 사탕과 향료를 넣어 만든 씹는 과자.
껌껌하다 ①몹시 어둡다. ②마음이 결백하지 못하다.
껍데기 달걀·밤·조개 따위의 겉을 싸고 있는 단단한 껍질. 땐알맹이.
껍질 딱딱하지 아니한 물체와 한 살이 되어 온몸을 싼 질긴 켜. 땐알맹이.
-껏 '있는 것은 모두'의 뜻으로 쓰이는 말. 예정성껏. 힘껏.
껑쩡거리다 긴 다리로 자꾸 힘 있게 뛰어가다.
껑충거리다 신이 나서 긴 다리를 자꾸 위로 솟구쳐 뛰다. 작깡충거리다.
껑충껑충 신이 나서 긴 다리를 솟구쳐 뛰면서 걷는 모양. 작깡충깡충. —하다.
-께¹ '에게'의 존대말. 예선생님께.
께² 말하는 그때. 쯤. 예보름께. 그믐께.
께름하다 =꺼림하다.
께서 '이·가'의 존대말.
껴안다[—따] 두 팔로 끼어서 안다. 예아기를 껴안다.
꼬기작꼬기작 구김살이 지게 자꾸 구기는 모양. 예고기작고기작. 큰꾸기적꾸기적. 예편지를 꼬기작꼬기작 구겨서 주머니에 넣었다. —거리다. —하다.
꼬까신 아이들이 신는 빛깔이 고운 신.
꼬꼬 암탉이 우는 소리.
꼬끼오 수탉이 우는 소리.
꼬:다 여러 가닥을 풀어지지 않도록 비비어 한 줄이 되도록 하다. 예새끼를 꼬다.
꼬드기다 ①부추기어 남의 마음을 흔들어 용기를 내게 하다. ②연을 높이 오르도록 얼레를 한 손에 쥐고, 다른 한 손으로

꼬리 동물의 꽁무니와 몸뚱이의 끝에 길쭉하게 내민 부분. 꽁지. 반머리.

연줄을 툭 잦히다.

꼬리가 길면 밟힌다〈속〉 나쁜 일을 오래 두고 하면 나중에는 남에게 들키고 만다.

꼬리를 물고 ①연달아. ②그치지 않고. ③연이어. 예많은 자동차가 꼬리를 물고 잇달아 지나갑니다.

꼬마 ①조그마한 사물을 귀엽게 이르는 말. 예꼬마 전구. ②'꼬마둥이'의 준말.

꼬마둥이 ①어린아이. 예우리집 꼬마둥이. ②키나 몸집이 남달리 작은 사람. 준꼬마.

꼬마 전:구(一電球) 손전등에 쓰이는 작은 전구. 3V·4.5V 용이 있음.

꼬물거리다 몸을 무겁게 자꾸 움직이다. 예꼬물거리지 말고 빨리 오너라. 큰꾸물거리다.

꼬박꼬박 ①졸거나 절할 때에 머리와 몸을 숙였다 드는 모양. ②차례를 거르지 아니하는 모양. ③남의 말을 잘 듣고 따르는 모양. 예어젯밤에 잠을 제대로 자지 못한 철수는 꼬박꼬박 졸고 있다.

꼬부라지다 한 쪽으로 굽게 되다. 반꼿꼿하다.

꼬불꼬불 이리저리 꼬부라진. 예꼬불꼬불한 산길을 간신히 올라갔습니다.

꼬빡 온밤을 뜬눈으로 새우는 모양. 예어머니의 병환을 간호하느라고 꼬빡 뜬눈으로 밤을 새웠다.

꼬집다 ①손가락이나 손톱으로 잡아 비틀다. ②남의 비밀을 들추어내다.

꼬창모 논에 물이 부족하여 흙이 좀 굳어서 꼬챙이로 구멍 뚫으면서 심는 모.

꼬챙이 물건을 꿰는 데 쓰는 가느다란 막대기.

꼬치 꼬챙이에 꿴 음식.

꼬투리 ①콩·팥 따위의 씨가 들어 있는 깍지. ②사건의 실마리. 일의 근본. 〔꼬투리〕 예그 일의 꼬투리를 캐다.

꼭 ①틀리거나 어기지 아니하고. ②힘주어 누르거나 조르는 모양. ③괴로움이나 아픔을 굳이 참고 견디는 모양. 비반드시. 예꼭 참고 이겨 내라.

꼭꼭 ①연해 힘을 주어 자꾸 누르는 모양. ②숨바꼭질할 때 잘 숨으라고 외치는 소리.

꼭대기 ①물건의 제일 위. ②일의 맨 처음. ③여러 사람의 우두머리.

꼭두각시 무대 위에 놓고 놀리는 이상야릇한 탈을 씌운 인형. 비괴뢰. 〔꼭두각시〕

꼭두각시놀음 ①배우 대신 인형을 만들어서 하는 민속극의 하나. ②남이 시키는 대로 하는 일. —하다.

꼭지 ①그릇 뚜껑의 손잡이. ②열매가 나무에 달린 부분.

꼭지연 연의 이마에 종이를 둥글게 오려 붙인 것.

꼳다 ①몽둥이를 곤두세우고 누다. ②글·글씨의 잘되고 잘

꼴 ①추악한 모양. 창피한 모양. 예꼴같잖다. ②소·말에게 먹이는 풀. 예꼴을 베다.

꼴찌 ①사물에 있어 남보다 제일 빠지는 사람. ②맨 끝. 맨 나중.

꼼꼼하다 ①성질이 차근차근하다. ②마음이 가라앉다. ③세밀하다. 자세하다. 예꼼꼼한 성격.

꼼짝 약하고 느리게 움직이는 모양. 예곰작. 큰꿈쩍.

꼼짝 못 하다 몸을 조금도 움직이지 못 하다. 예무서워서 꼼짝 못 하다.

꼽다 ①손가락을 구부리어 셈을 세다. ②사람의 이름을 들어가며 헤아리다.

꼿꼿하다 ①어려운 일을 당하여 꼼짝할 도리가 없다. ②매우 곧다. 반꼬부라지다. 비스듬하다.

꽁꽁 ①단단히 언 모양. 예손발이 꽁꽁 얼다. ②단단히 묶은 모양. 예꽁꽁 묶어라.

꽁숫줄 연의 아랫부분 한가운데 매어진 실로서, 위의 두 줄과 합쳐 연줄에 이어진 줄.

꽁지깃 새의 꼬리가 되는 털.

꽁지 빠진 새 같다〈속〉 몰골이 말이 아니다.

꽁치 정어리와 비슷한 바닷물고기. 몸이 가늘고 긺.

꽂다 ①박아 세우거나 찔러 넣다. 예기를 꽂다. ②꼭 끼우다. 예플러그를 꽂다. 반뽑다.

꽃 ①식물의 줄기나 가지에 붙어서 열매를 맺기 전에 피어 아름다움을 보이는 부분. 비화초. ②여자를 가리키는 말.

꽃가루 꽃 속에서 나는 분과 같은 가루.

꽃구름 동동 꽃과 같이 아름다운 구름이 떠 있는 모양.

꽃다발 여러 가지 꽃을 한데 묶은 것. 비화환. 예졸업하는 언니에게 꽃다발을 선사하였다.

꽃다지 오이·가지·호박 등의 맨처음에 열린 열매.

꽃답다〔꽃다우니, 꽃다워〕 꽃과 같이 아름답다.

꽃대궐 꽃으로 큰 집을 지은 것처럼 아름다운 것. 즉 꽃이 많이 피었다는 말.

꽃말[꼰—] 꽃의 특징에 따라서 상징적인 뜻으로 붙인 말. 예진달래의 꽃말은 사랑, 할미꽃은 추억을 나타냄.

꽃바구니 꽃을 담거나 꽂아 장식에 쓰는 바구니.

꽃밭 꽃을 심은 밭. 비화단.

꽃밭에 불지른다〈속〉 모질고 인정이 없다.

꽃병(—瓶) 꽃을 꺾어 꽂는 병. 비화병.

꽃봉오리 ①맺히어 아직 피지 아니한 꽃. ②나이가 어려서 앞으로 희망이 많음을 가리키는 말.

꽃분(—盆) 꽃나무를 심어 두는 흙으로 만든 그릇. 비화분.

꽃샘추위 봄철 꽃이 필 무렵의 추위.

꽃송이 꽃꼭지 위의 꽃 전체.

꽃술 꽃부리 속에 술 비슷이 생긴, 꽃이 번식하는 기관으로 암·수 두 가지가 있음.

꽃씨 꽃나무의 씨.

꽈:리 여자 애들이 꽈리나무 열

매를 따 가지고 씨가 든 속은 빼어 버리고 입에 넣고 뿌드득뿌드득 소리를 내어 부는 것. 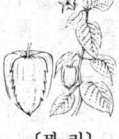 〔꽈리〕

꽉 ①힘을 들여 누르는 모양. ②가득 찬 모양. 예 극장에 손님들이 꽉 차서 자리가 없었습니다.

꽝 아주 크게 나는 소리. 대포나 총을 쏘거나 폭발물이 터질 때 울리는 소리. —하다.

꽝꽝 단단하고 세차게 잇달아 나는 총이나 대포 소리. 큰 쾅쾅. —하다.

꽤 생각보다 좀 심한 정도로. 예 사람이 꽤 많이 모였구나!

꽥: 성날 때나, 남을 겁주고 놀라게 하려고 갑자기 목청을 높여 지르는 소리. —하다.

꽹과리 줄을 꿰어 손에 쥐고 나무로 된 채로 치는 징보다 작은 놋쇠로 만든 농악기의 한 가지.  〔꽹과리〕

꾀 ①교묘한 수단. ②남을 잘 속이는 수단. ③일을 꾸며내는 묘한 생각. 예 저 사람은 꾀가 없어서 고생만 한다.

꾀꼬리 몸이 누르고 이른봄부터 꾀꼴꾀꼴하고 아름다운 소리로 우는 새.

꾀이다 ①꾀를 써서 자기의 뜻대로 되도록 힘쓰다. ②악한 일을 하게 하다.

꾀죄죄하다 몹시 꾀죄하다. 예 꾀죄죄한 얼굴.

꾀죄하다 옷차림이나 모양새가 지저분하다. 예 꾀죄한 옷. ②하는 짓이 너그럽지 못하고 속이 좁다. 예 꾀죄한 사람. 꾀죄한 얼굴.

꾀하다 ①어떤 일을 하려고 애쓰다. ②서로 의논한다. ③일의 계획을 세우다. 도모하다.

꾐:수[-쑤] 남을 속여서 자기가 생각하는 대로 행동하게 하려는 수단. 비 속임수. 예 꾐수에 빠지다.

꾸다 ①꿈을 이루다. ②돌려보낼 마음으로 물건을 받다. 비 빌리다. 예 돈을 꾸다.

-꾸러기 '그 사물이나 그런 버릇이 많은 사람'의 뜻. 예 욕심꾸러기. 잠꾸러기.

꾸러미 ①꾸려서 뭉쳐 싼 물건. 예 돈 꾸러미. ②짚으로 길게 묶어 중간중간 동인 것. 예 달걀 꾸러미. ③꾸러미를 세는 단위. 예 달걀 두 꾸러미.

꾸리 ①실을 감은 뭉치. ②실 따위를 감은 뭉치를 세는 단위. 예 복실 두 꾸리.

꾸리다 짐을 싸서 묶다. 예 이삿짐을 꾸리다.

꾸미는 말 임자말이나 풀이말 앞에 있어서 그 말의 뜻이나 내용을 자세히 설명하는 구실을 하는 말. 예 '예쁜 꽃이 핀다. 바다는 매우 푸르다'에서 '예쁜'은 '꽃'이라는 임자말을 꾸미고, '매우'는 '푸르다'는 풀이말을 꾸미는 말이다. 꾸밈말. 수식어.

꾸미다 ①사실이 아닌 것을 그럴 듯하게 거짓으로 만들다. 예 거짓말을 꾸미다. ②매만져서 겉으로 좋게 드러나도록 하

꾸밈 다. 예겉모양을 꾸미다.
꾸밈 ①겉모양을 보기 좋게 만듦. ②속이기 위하여 거짓으로 만듦.
꾸벅 졸거나 절할 때 머리나 몸을 앞으로 숙였다가 드는 모양. 작꼬박. 센꾸뻑. —하다.
꾸준하다 조금도 쉬지 않고 계속하다.
꾸준히 쉬지 않고 끈기 있게. 열심히.
꾸중 ①꾸짖는 말. ②잘못을 나무라는 말. 비꾸지람. 반칭찬. —하다.
꾸지람 꾸짖는 말. 나무라는 말. 비꾸중. 나무람. —하다.
꾸짖다 잘못을 나무라다.
꾹 ①괴로움을 참고 견디는 모양. ②힘주어 누르거나 죄는 모양. 작꼭.
꿀 꽃의 당분을 가져다가 모아 둔 벌의 먹이.
꿀꿀 ①물 따위가 가는 줄기로 몰리어 비스듬히 굽이진 데를 많이 흐르는 소리. ②돼지의 우는 소리. —거리다. —하다.
꿀단지[—딴—] 꿀을 넣어 두는 단지.
꿀도 약이라면 쓰다〈속〉 자기에게 이로운 말조차 싫어한다.
꿀떡¹ 떡가루에 꿀 혹은 설탕물을 내리어서 밤·대추 등을 켜마다 넣고 찐 떡.
꿀떡² 목구멍으로 힘차게 많이 삼키는 모양. 예고깃덩이를 꿀떡 삼켰다. —하다.
꿀리다 ①구김살이 생기다. ②경제 형편이 옹색하게 되다. 예살림이 꿀리다. ③마음속으로 좀 켕기다. ④힘이나 능력이 남에게 눌리다. 예힘이 꿀리다.
꿀 먹은 벙어리〈속〉 마음속에 지닌 말을 발표하지 못하는 사람을 놀리는 말.
꿀을 뜨다 벌통 안에 있는 꿀을 뽑아 내다.
꿀을 치다 꿀을 모으다.
꿇다[꿀타] 무릎을 구부려 바닥에 대다.
꿇어앉다 무릎을 꿇고 앉다.
꿈 ①잠자는 중에 깨어 있을 때와 같이 여러 가지 사물이 보이는 일. ②마음속으로 바라는 것. ③현실을 떠난 생각. 반현실. 생시. 예어젯밤에는 참 재미있는 꿈을 꾸었다.
꿈결[—졀] 꿈꾸는 사이. 예꿈결에 돌아가신 어머님의 모습을 보았다.
꿈꾸다 ①자는 동안에 꿈이 보이다. ②속으로 은근히 뜻을 세우거나 바라다. 예그가 항상 꿈꾸던 희망이 드디어 이루어졌다.
꿈보다 해몽〈속〉 사실보다 그 해석이 좋다.
꿈에도 생각지 않았던 ①조금도 생각한 일이 없는. ②아주 뜻밖의.
꿈에 본 돈이다〈속〉 아무리 좋아도 손에 넣을 수 없다.
꿈을 꾸다 ①터무니없는 것을 바라다. ②희망을 가지다.
꿈자리 꿈에 나타난 일이나 내용. 예꿈자리가 좋다.
꿈쩍꿈쩍 무겁고 느리게 움직이는 모양. 예꿈쩍꿈쩍 꼭 노인과 같이 느리다. —하다.
꿈틀거리다 몸을 이리저리 자꾸

꼿꼿하다 움직이다. 困꼼틀거리다. 예지렁이가 꿈틀거린다.

꿋꿋하다 굳세고 곧다. 굽히지 않고 바르다. 困꼿꼿하다.

꿍꿍이셈 속으로만 우물쭈물하는 속셈. 준꿍꿍이. 예도대체 너의 꿍꿍이셈을 모르겠다.

꿍:하다 말도 않고 덤덤한 태도를 가지다.

꿩 털이 곱고 날개는 비교적 작으며 고기맛이 썩 좋은 새.

꿩 구워 먹은 자리다〈속〉 어떤 일을 하고도 흔적이 없다.

꿩 대신 닭이다〈속〉 적당한 것이 없으면 비슷한 것으로 대신한다.

꿩 먹고 알 먹는다〈속〉 한꺼번에 두 가지 이득이 생긴다.

꿰:다 ①꼬챙이 끝을 들여보내다. ②구멍으로 실·끈 따위를 들여보내다. ③옷을 입다.

꿰:뚫다 ①이쪽에서 저쪽까지 꿰어 뚫어내다. ②거죽에서 속까지 들어가게 하다.

꿰:매다 바느질하다. 찢어진 것이나 터진 것을 깁다.

꿰:미 돈구멍으로 꿰어 묶은 노끈. 또는 노끈 같은 것으로 꿰어 놓은 분량.

뀌:다 방귀를 내보내다.

끄나풀 ①끈이 길지 않은 도막. ②남의 앞잡이 노릇을 하는 사람. 예경찰의 끄나풀.

끄다[끄니, 꺼서] ①불을 못 타게 하다. 예촛불을 끄다. ②전깃불·라디오 따위의 스위치를 내리다. 예라디오를 끄다. ③엉기어 덩어리로 된 것을 깨어 헤뜨리다. 예얼음을 끄다.

끄덕 고개를 앞뒤로 꺾어 흔드는 모양. 셴끄떡. ―하다.

끄덕거리다 머리를 앞뒤로 움직이다. 困까닥거리다. 셴끄떡거리다. 예고개를 끄덕거린다.

끄덕이다 알았다는 뜻으로 고개를 앞으로 가볍게 움직이다.

끄떡끄떡 고개를 자꾸 앞뒤로 꺾어 흔드는 모양. ―하다.

끄떡없다[―업따] ①단단하여 흔들리지 아니하다. ②굳세다.

끄르다[끄르니, 끌러서] 맨 것을 풀다. 예짐을 끄르다.

끄트머리 ①쓰고 남은 물건. ②하다가 덜한 일. ③실마리. ④맨 끝.

끈 물건을 묶기도 하고 붙잡아매는 데 쓰는 실이나 종이로 만든 가늘고 긴 물건.

끈기 참을성이 있어 끝까지 이어 가는 성질.

끈끈이 벌레나 쥐 등을 잡는 데 쓰는 끈끈한 물질.

끈끈하다 ①끈기가 많다. ②성질이 질기다.

끈덕지다 꾸준하여 끈기가 있다. 비끈질기다.

끈적이다 끈끈하여 잘 달라붙다. 困깐작이다.

끈질기다 끈기 있게 질기다. 비끈덕지다. 예끈질기게 조르다.

끊다[끈타] ①물건을 둘로 자르다. ②못 가게 막다. ③교제를 그치다. ④먹던 것을 아니 먹다. 예술을 끊다. ⑤죽다. 예목숨을 끊다.

끊음표 한 음표씩 끊어서 연주함을 나타내는 기호.

끊임없다 끊어지지 않고 쭉 계속하다. 예끊임없는 애정.

끌 나무에 구멍을 파거나 다듬

끌다 가지 끝에 매달아 놓은 는 연장.
끌:다 ①바닥에 대고 잡아당기다. ②시간을 미루다. ③제게로 오게 하다. 당기다.
끌려가다 억지로 붙들려 가다.
끌어안다 둘이 당겨서 두 팔로 가슴에 껴안다.
끌어올리다 잡아당겨서 위로 올리다. 예가라앉은 배를 끌어 올리다.
끓다[끌타] ①물이 불을 만나서 솟아오르다. ②음식이 불에 익다. 맨식다.
끓이다[끌―] ①끓게 하다. ②음식을 익히다. 맨식히다.
끔찍하다 ①지독하게 많다. ②매우 참혹하다. ③인정이 없다. ④아주 극진하다.
끔찍히 ①매우. ②대단히. 예저 아이는 부모 생각을 참 끔찍히도 한다.
끙끙거리다 앓거나 힘드는 일에 부대끼어 끙끙 소리를 계속 내다. 짝깽깽거리다.
끝 ①맨 나중. ②맨 아래. ③맨 꼭대기. 비마지막. 맨처음. 시작. 예바다의 끝.
끝끝내 맨 나중까지. 오래도록.
끝나다 일이 다 이루어지다.
끝동 여자의 저고리 소매 끝에 다는 헝겊. 〔끝 동〕
끝마치다 일을 끝내다.

끝말 책의 본문 끝에 싣는 글. 맨머리말.
끝없이 한없이.
끝장 ①일의 마지막에 이루어지는 결과. ②일의 마지막.
끼 아침·점심·저녁의 밥 먹는 수를 세는 말. 예하루 세 끼.
끼니 아침·점심·저녁과 같이 일정한 시간에 먹는 밥. 또, 먹는 일. 비식사.
끼니때 끼니를 먹을 때.
끼다[1] ①좁은 사이에 빠지지 않게 밀어 넣다. 예단추를 끼다. ②끌어안거나 겨드랑이 밑에 넣어 빠지지 않게 죄다. 예가방을 옆에 끼다. ③장갑 같은 것을 착용하다.
끼:다[2] ①이끼·녹 따위가 생겨서 엉기다. ②어떤 표정이 얼굴이나 목소리에 어리어 섞이다. 예노염이 낀 목소리. ③구름·안개 같은 것이 가리다.
-끼리 함께 패를 지음을 나타내는 말. 예오늘은 너희끼리 학교에 가거라.
끼얹다 어떤 것의 위로 흩어지게 뿌리다. 예물을 끼얹다.
끼우다 두 가닥의 사이에 꼭 박혀 있게 하다.
끼치다 ①몸에 소름이 돋다. ②남에게 신세를 지다. ③뒷세상에 남기다.
낌새 어떠한 일의 되어 가는 형편. 기미. 눈치.

ㄴ[니은] 한글 닿소리의 둘째 글자.

-ㄴ단다 -ㄴ다고 한다. 예누나가 시집간단다.

-ㄴ답니다 -ㄴ다고 합니다. 예그렇게 된답니다.

-ㄴ들 '-다고 할지라도 어찌'의 뜻으로 받침 없는 말에 붙는 말. 예내가 간들 아주 가랴.

-ㄴ지 받침 없는 말에 붙어, 의문을 나타내는 말끝. 예얼마나 예쁜지 모르겠다.

나¹ 말하는 이가 제 자신을 가리키어 이르는 말. 반너.

-나² 뜻이 서로 반대되는 말을 이을 때 쓰는 말.

나가다 ①안에서 밖으로 가다. ②앞으로 향하여 가다. ③자리에 오르다. ④살던 집이나 직장을 다른 곳으로 옮기다. 반들어오다.

나가떨어지다 ①뒤로 물러가면서 넘어지다. ②몸과 마음이 지쳐 녹초가 되다.

나간 놈의 몫은 있어도, 자는 놈의 몫은 없다〈속〉 게으른 사람을 경계하는 말.

나귀 모양은 말 같고 작으며 귀가 큰 짐승. 본당나귀.

나그네 ①먼 길을 가는 사람. 여행하는 사람. ②집을 떠나 있는 사람. 비길손. 여행자. 반주인.

나날이 날마다. 매일. 예나날이 발전하는 우리 나라.

나누다 ①하나였던 것을 둘 이상으로 가르다. ②구별하다. ③여러 몫으로 가르다. 반합하다. 예이익금을 나누다.

나눗셈 어떤 수를 몇 개의 몫으로 나누는 계산. 제법. 반곱셈. —하다.

나는 듯이 달리다 새가 날아가듯이 빨리 가다.

나다¹ ①생기어 나타나다. 예상처가 나다. ②따로 살다. 예살림을 나다. ③태어나다. 예금방 난 강아지. ④잘생기다.

나다² 동안을 지내다. 예곰이 동굴에서 겨울을 나다.

나돌다〔나도니, 나돌아서〕 ①나가 돌아다니다. 본나돌아다니다. ②소문 따위가 퍼지다. 예소문이 나돌다.

나뒹굴다〔나뒹구니, 나뒹굴어서〕 이리저리 마구 뒹굴다. 여기저기 어지럽게 널려 있다.

나들이 곧 돌아올 생각을 하고 가까운 데로 나감. 비외출. —하다.

나라 ①한 정부가 다스리는 구획. 비국가. ②이 세상과는 다른 특별한 세계. 예꿈나라. 별나라.

나라 글자[-짜] 국민 전체가 공동으로 쓰는 글자. 비국자.

나라꽃 한 나라의 상징으로서 그 나라의 백성이 다 같이 존중하는 꽃. 비국화.

나란하다 고르고 가지런히 줄지어 있다. 예가로수가 나란하게 늘어서 있다.

나란히 죽 늘어놓은 모양. 죽 늘어선 모양. 가지런한 모양. 비가지런히. 예학생들이 나란히 서 있다.

나루 강가의 배가 드나드는 곳.

나루터 나룻배로 건너다니는 곳. 비도선장.

나룻 입가의 턱과 볼에 난 털의 총칭. 수염.

나룻배 나루터에서 사람이나 짐 등을 건네 주는 배.

나르다 물건을 이곳에서 저곳으로 옮기다. 비운반하다.

나른하다 몸이 피곤하여 기운이 없다. 예봄이 되니 몸이 나른하다.

나름 그 됨됨이나 하기에 달림을 나타내는 말. 예잘하고 못하고는 사람 나름이다.

나리꽃 생김새는 개나리꽃 같으나 크고 향기가 좋으며 아름다운 흰 꽃. 백합. 〔나리꽃〕

-나마 ①이라도. 예너나마 안 왔으면 큰일날 뻔했다. ②까지.

나막신 진 땅에서 신기 위하여 나무를 파서 만든 신발.

나머지 ①남긴 부분. ②먹다 남은 나머지의 밥. ②마지막의 뜻을 나타내는 말. 예흥에 겨운 나머지 덩실덩실 춤을 추었다. ③마치지 못한 부분. 예끝내지 못한 나머지 일이 얼마나 되느냐?

나무 ①줄기와 가지가 단단한 모든 식물. ②재목. ③땔나무. 비수목.

나무라다 잘못했다고 꾸짖다. 비꾸중하다. 예자식의 잘못을 나무라다.

나무랄 데 마음에 들지 않아 흠이 되는 곳. 예저 사람은 부지런하여 나무랄 데가 없다.

나무람 꾸짖는 말. 비꾸지람. -하다.

나무 아미타불 '아미타불에 돌아가 의지한다'는 뜻으로 염불하는 소리의 하나.

나무에 오르라 하고 흔드는 격 〈속〉남을 더욱 곤경에 빠지게 하는 패씸한 심사.

나물 ①먹는 풀. ②채소를 잘게 썰어 갖은 양념을 해 가며 익힌 음식.

나뭇가지 나무의 가지.

나뭇단 나무를 베어 묶어 놓은 땔나무.

나뭇잎[-문닙] 나무의 잎.

나박김치 무를 얇고 네모지게 썰어서 절인 뒤에 고추·파·마늘·미나리 등을 넣고 국물을 부어 담근 물김치.

나 발 입은 좁고 끝은 넓어서 소리가 멀리 가는 쇠붙이로 만든 악기. 〔나 발〕

나부끼다 얇고 가벼운 물건이 바람을 받거나 다른 힘을 입어서 날리어 흔들리

나부랭이 다. ⑩깃발이 나부끼다.
나부랭이 실·종이·헝겊 따위의 자질구레한 조각. ⑩헝겊 나부랭이.
나붙다 어떤 곳의 밖에 붙여지다. ⑩삼일절의 기념 포스터가 거리에 나붙었다.
나비¹ 꽃으로 날아다니며 꿀을 빨아먹는 곤충의 한 가지.
나비² 옷감이나 종이 같은 것의 넓이. 비너비. 폭.
나쁘다 ①좋지 않다. ⑩날씨가 나쁘다. ②옳지 않다. ⑩나쁜 방법으로 돈을 벌다. ③해롭다. ⑩건강에 나쁘다. 반좋다.
나사(螺絲) ①비틀린 물건. ② '나사못'의 준말.
나사(羅紗) 양털로 짠 모직물로 양복감으로 쓰임.
나사못 나사 모양의 못.
나서다 ①나가 서다. ②생기다. ⑩일자리가 나서다.
나석주(羅錫疇, 1892~1926) 독립 운동가. 1926년 농민의 착취 기관이었던 동양 척식 회사에 폭탄을 던지고 자살하였음.
나아가다 ①앞으로 가다. ②점점 좋아지다. ③앞으로 향하여 차츰차츰 가다. 준나가다.
나아지다 차차 잘되어 가다. 좋아지다. ⑩형편이 나아지다.
나앉다[-안따] 자리를 다가앉거나 물러앉다.
나:약(懦弱) 뜻이 굳세지 못함. ⑩나약한 의지력. —하다.
나열(羅列) 죽 벌여 놓음. ⑩물건을 나열하다. —하다.
나오다 ①나타나다. ⑩싹이 나오다. ②다른 곳으로 옮기다. ⑩직장에서 나오다. ③앞으로 오다. 반들어가다.

나왕(lauan) 목재의 한 가지. 가구·건축 등의 재료로 쓰임.
나위 더할 수 있는 여유. 또는 해야 할 필요. ⑩하늘은 더할 나위 없이 푸르다.
나이 사람이나 동식물이 나온 뒤 지나간 햇수. 비연령.
나이 덕이나 입자〈속〉 나이 많은 사람을 대접해 달라는 말.
나이 젊은 딸이 먼저 시집간다 〈속〉 나이 젊은 사람이 시집가기 쉽다.
나이지리아(Nigeria) 아프리카 기니 만에 있는 공화국. 수도는 라고스.
나이터(nighter) 야간 시합. 주로 야구 시합을 말함.
나이테 나무의 가로면에 해마다 하나씩 생기는 둥근 둘레. 비연륜.
나이팅게일(Nightingale, 1820~1910) 플로렌스 나이팅게일. 영국에서 태어나 간호 사업을 개척한 간호사. 자선 사업가. 1854년 크림 전쟁 때 최초로 간호사가 되었으며, 이것이 바탕이 되어 적십자 운동이 일어났음.
나일 강(Nile 江) 아프리카 북동부를 남쪽에서부터 북쪽으로 흐르고 있는 큰 강. 길이 6,690km.
나일론(nylon) 비단과 흡사한 구조를 가진 합성 섬유. 비단보다 가볍고 질김.
나전 칠기(螺鈿漆器) 옻칠을 하고, 자개를 박은 나무 그릇.
나주 평야(羅州平野) 영산강 유역에 펼쳐진 평야.

나중 ①얼마 지난 뒤. ②끝. ③마지막. 비결국. 반처음. 우선. 먼저. 미리. 예저는 나중에 하겠어요.

나지막하다 매우 낮다. 반높직하다. 예나지막한 언덕.

나직하다 위치나 소리 따위가 높지 않고 부드럽다.

나체(裸體) 벌거벗은 몸. 비벌거숭이. 알몸뚱이.

나침반(羅針盤) 자침이 남북을 가리키는 특성을 이용한 기계로서, 배나 항공기 따위에서 방향을 알기 위해 씀. 〔나침반〕

나타나다 ①안 보이던 것이 보이다. 예외계인이 나타나다. ②겉으로 드러나다. ③없던 것이 생겨나다. 예콜레라 환자가 나타나다. 반사라지다.

나:태(懶怠) 느리고 게으름. 반근면. —하다.

나팔(喇叭) 끝이 나팔꽃 모양으로 된, 쇠붙이로 만든 악기.

나팔꽃 나팔 모양으로 이른 아침에 피었다가 햇빛을 보면 시드는 꽃.

나팔수 나팔을 부는 사람.

나:포(拿捕) 꼼짝 못하게 붙잡아 두는 일. 죄인을 붙잡는 일. 예간첩선을 나포했다. —하다.

나풀나풀 꽃잎이나 풀잎 같은 것이 한들바람에 날리는 모양.

나프탈렌(naphthalene) 좀 따위의 해를 막는 데 쓰는 약.

나흗날 초하루부터 넷째 되는 날. 준나흘.

나흘 4일. 4일 동안.

낙관(樂觀) ①일이 잘될 것으로 봄. ②세상을 즐겁게 봄. 반비관. —하다.

낙담(落膽) ①너무 놀라서 간이 떨어지는 듯함. ②일이 바라는 대로 아니 되어 기운이 꺾임. —하다.

낙동강(洛東江) 태백산에서 흘러나와 경상 남도·경상 북도를 지나 남해로 흘러가는 강.

낙동강 전:선 6·25 전쟁 때, 낙동강을 중심으로 아군과 공산군이 서로 치열한 공방전을 벌인 지대.

낙랑(樂浪)[낭낭] 한사군의 하나인 낙랑군. 지금의 청천강 이남, 황해도 자비령 이북에 있었던 군현.

낙뢰(落雷)[낭뇌] 벼락이 떨어짐. —하다.

낙망(落望) ①희망이 없어짐. ②희망을 잃음. 비낙심. 실망. 반희망. —하다.

낙방(落榜) 과거에 떨어짐. 비낙제. 반급제. —하다.

낙서(落書) ①책을 베낄 때 잘못하여 글자를 빠뜨리는 일. ②장난으로 아무 데나 함부로 쓴 글이나 그림. —하다.

낙선(落選) ①선거에서 떨어짐. 반당선. 예반장 선거에 낙선했다. ②작품 따위가 심사에서 떨어짐. 반입선. 예미술 전람회에서 낙선한 작품. —하다.

낙성(落成) 집·다리 따위의 공사가 끝남. —하다.

낙숫물(落水—) 처마 끝에서 떨어지는 빗물.

낙심(落心) 마음이 상함. 비낙망. 실망. 반분발. 예한 번 실

낙엽 98 **난봉**

패했다고 너무 낙심하지 마라. —하다.
낙엽(落葉) 떨어진 나뭇잎.
낙엽수 가을에 잎이 지는 나무를 통틀어서 일컫는 말. 참나무·밤나무·단풍나무 따위.
낙원(樂園) ①즐거운 곳. ②살기 좋은 곳. 비천국. 패러다이스. 반지옥. 예지상 낙원.
낙제(落第) 시험에 합격하지 못함. 비낙방. —하다.
낙제품(酪製品) 우유나 양젖을 원료로 하여 만든 제품. 버터·치즈 따위.
낙착(落着) 일이 끝남. 일이 마감됨. —하다.
낙천적(樂天的) 세상이나 인생을 즐겁게 생각하는 긍정적인 사고 방식. 반비관적.
낙타 =약대.
낙하산(落下傘) 항공중의 비행기에서 안전하게 땅에 내리기 위해 쓰는 기구. 〔낙하산〕
낙하산병 낙하산을 타고 적의 땅에 내려 군사 활동을 하는 병사.
낙화생(落花生) 땅콩.
낙화암(落花岩) 충남 부여의 백마강에 잇닿아 절벽을 이루고 있는 부소산 서쪽의 큰 바위. 백제가 망할 때 여기서 삼천 궁녀가 백마강에 몸을 던졌다고 함.
낙후(落後) 뒤떨어짐. 예낙후된 시설. —하다.
낚다 ①물고기를 낚시로 꿰어 잡다. ②끌어 잡아당기다.
낚대 '낚싯대'의 준말.

낚시 ①미끼를 꿰어 물고기를 낚는 작은 바늘로 된 갈고랑이. ②'낚시질'의 준말. —하다.
낚시질 낚시로 물고기를 잡는 일. —하다.
낚시터 낚시하는 곳.
낚싯대 낚싯줄을 맨 가늘고 긴 대. 준낚대.
낚싯밥 낚시 끝에 다는 미끼.
낚싯배 낚시를 할 때 쓰는 배.
난ː(亂) '난리'의 준말.
난간(欄干) 마루 끝이나 층층대의 가장자리에 세운 물건. 예난간에 기대다.
난관(難關) 일의 어려운 고비. 예난관에 부닥치다.
난국(難局) 어려운 판. 예일치 단결하여 난국을 헤쳐 나가자.
난ː대(暖帶) 열대와 온대의 중간에 있는 기후가 따뜻한 지대. 예난대 지방.
난ː데없다 ①나온 곳이 분명하지 않다. 예난데없이 나타나다. ②내력이 흐리터분하다.
난ː동(亂動) 함부로 하는 사나운 행동. 비소동. 예난동을 부리다. —하다.
난ː로(煖爐) 불을 피우는 화로. 비스토브.
난ː류(暖流) 일정한 방향으로 흐르는 더운 바닷물. 반한류.
난ː리(亂離) ①나라끼리 또는 같은 나라 사람끼리 무기를 가지고 하는 싸움. ②세상이 요란함.
난ː방 시ː설(煖房施設) 방 또는 안을 따뜻하게 덥히는 여러 가지 설비. 반냉방 시설.
난봉 말이나 행동이 거짓이 많고 성실하지 못하게 구는 짓.

난:사(亂射) 화살이나 탄환을 함부로 갈겨 쏨. 예기관총을 난사하다. —하다.

난:잡(亂雜) ①뒤섞여 어수선함. ②뒤죽박죽이 되어 한데 섞여 있음. ③여러 사람이 떠듦. —하다.

난쟁이 키가 몹시 작은 사람.

난:전(亂廛) 궁중·중국에의 진헌품을 취급하던 시장에서 파는 물건을 몰래 팔던 시장.

난:중일기(亂中日記) ①난리를 겪는 가운데 쓴 일기. ②충무공 이순신 장군이 1592년부터 돌아가시기 전까지 7년 동안 쓴 일기.

난처하다(難處—) 처리하기 매우 어렵다. 비딱하다. 예난처한 입장.

난초(蘭草) 여러해살이풀의 한 가지. 줄기가 없고 잎은 좁고 긴 칼 모양이며 꽃은 빛이 곱고 향기가 좋음. 준난.

난파(難破) 배가 항해하다가 폭풍 따위를 만나 부서짐. 예난파한 배가 가라앉았다. —하다.

난파선 사나운 비바람을 만나서 산산이 깨어진 배.

난폭하다(亂暴—) ①행동이 몹시 거칠다. ②몹시 사납다. 예난폭한 행동.

날:가리 곡식을 베어서 집 밖에 쌓아 둔 더미.

날:알[나달] ①곡식의 알맹이. ②쌀알.

날:알잎[나달닙] 낟알과 잎을 함께 이르는 말.

날 ①하루의 동안. ②칼의 날카로운 부분.

날- ①익거나 익히지 않은 것. 예날감자. ②가공하지 않은 것. 예날두부.

날개 새·곤충 따위의 다리 근처에서 좌우로 길게 나온 날아다니게 된 기관.

날갯죽지[—쭉찌] 날개가 몸에 붙어 있는 뿌리의 부분.

날금 남극에서 북극으로 그어진 금. 반씨금.

날다 ①공중에 떠서 가다. ②빨리 가다. ③냄새가 흩어지다.

날뛰다 ①뛰어나오다. ②날고 뛰는 듯이 함부로 덤비다.

날라리 → 태평소.

날래다 움직임이 나는 듯이 빠르다. 비날쌔다. 예그 새는 잡자마자 날래게 도망쳤다.

날:렵하다 날래고 재빠르다.

날로 나날이. 날이 갈수록. 예할아버지께서는 병이 날로 더 심해 가신다.

날로 날것인 채로. 예생선을 날로 먹었다.

날름 ①혀가 입 밖으로 빨리 나왔다 들어가는 모양. ②손을 빨리 내밀어 날쌔게 가지는 모양. —거리다. —하다.

날리다¹ 이름을 세상에 떨치다. 예한때 이름을 날렸던 배우.

날리다² ①바람에 흔들리다. ②먼지나 재가 일어나다. ③공중으로 날아가게 하다. ④공중에 높이 뜨게 하다. ⑤어름어름하다. 대강대강하다. 예다리 공사를 날려서 하다.

날림 아무렇게나 만든 물건. 예날림 공사.

날마다 그날그날. 나날이. 비매일. 예영희는 날마다 피아노

날면 기는 것이 연습을 열심히 한다.
날면 기는 것이 능하지 못하다 〈속〉 익숙하게 잘하는 재주가 겸해 있기가 어렵다.
날샐녘 날이 샐 무렵.
날숨[-쑴] 내쉬는 숨으로 보통 공기보다 탄산가스와 수분이 많고, 산소의 양은 적음. 빤들숨.
날실 피륙의 날을 이룬 실. 빤씨실.
날쌔다 동작이 나는 듯이 빠르다. 비날래다.
날씨 그 날의 일기. 비기후. 예어째 날씨가 비가 올 것 같다.
날씬하다 몸매가 호리호리하다. 비매끈하다. 큰늘씬하다. 예날씬한 몸매.
날아가다 ①공중을 날면서 가다. 예새가 날아가다. ②갑자기 날리어 떨어져 나가다. 예태풍에 지붕이 날아가다.
날염(捺染) 본을 대고 풀을 섞은 물감을 발라서 물을 들임. —하다.
날염실 날염을 하는 방.
날염판 원단에 무늬를 찍는 판.
날인(捺印) 도장을 찍음. 예서명 날인. —하다.
날줄 지도 위에 세로로 그려져 있는 줄. 빤씨줄.
날짐승[-찜-] 날아다니는 짐승. 곧, 새의 종류. 빤길짐승.
날짜 어떤 일에 소용되는 날. 비시일.
날카롭다〔날카로우니, 날카로워서〕 ①잘 들다. 예날카로운 송곳. ②성질이 칼날 같다. 너 그렇지 않다. 비뾰족하다. 빤뭉툭하다.

날품 날삯을 받고 하는 품팔이 일. 예날품팔이.
낡다[낙따] ①오래 되어 더럽고 해지다. ②오래 묵어 삭다. 비헐다. 빤새롭다. 예낡은 건물.
낡은 시대 지나간 옛 시대. 빤새로운 시대.
남 ①자기 밖의 다른 사람. ②친척이 아닌 사람. 비타인. 빤자기.
남(南) 남쪽. 빤북.
남구만(南九萬, 1629~1711) '동창이 밝았느냐'의 지은이. 조선 숙종 때의 소론의 우두머리. 바른말을 잘하여 모함을 받고 남해로 귀양을 간 적도 있으나, 뒤에 풀려 나와 영의정까지 지냈음.
남국(南國) 남쪽 나라. 빤북국.
남극(南極) 지구의 남쪽 끝. 빤북극.
남극 기지 남극에서 특별한 자연 현상을 관측하기 위해 설치한 기지. 남극 관측 기지.
남극 대:륙(南極大陸) 남극을 중심으로 한 대륙.
남기다 ①남아 있게 하다. ②이득을 보게 하다. 예이익을 많이 남기고 팔다.
남녀(男女) 남자와 여자. 사내와 아낙네.
남녀 노:소 남자·여자·늙은이·젊은이. 곧 모든 사람.
남녀 학생 남자 학생과 여자 학생. 곧, 모든 학생.
남녘(南—) 남쪽. 남방.
남:다[-따] ①더 있다. ②뒤까지 전하다. 예이름이 남다.
남다르다 다른 사람과 두드러지게 다르다. 예아버지께서는 우

남달리 남매 중 막내 동생을 남달리 귀여워하신다.
남달리 남다르게.
남대문(南大門) 서울에 남아 있는 옛날 성문의 하나. 원래의 이름은 숭례문. 국보 제1호.
남대문로 서울 특별시 종로의 보신각 앞에서 충무로 입구를 거쳐 서울역에 이르는 거리.
남동생 남자 동생. 반여동생.
남:루(襤褸) 옷이 해지고 더러움. 예남루한 행색. —하다.
남매(男妹) 오라비와 누이. 비오누이.
남바위 추울 때 머리에 쓰던 모자의 하나.
남반구(南半球) 지구를 남북 두 쪽으로 나눈 것의 남쪽 부분. 반북반구.
남:발(濫發) 함부로 발행함. 예수표를 남발하다. —하다.
남부럽지 않다 형편이 좋아서 남이 부럽지 않을 만하다. 예우리도 부지런히 일하여 남부럽지 않게 살아야겠다.
남부 지방(南部地方) ①남쪽 지방. ②부산 광역시·전라 남북도·경상 남북도·제주도를 포함한 지방.
남부형 남쪽 지방에서 쓰이는 모양. 예남부형 집.
남북(南北) 남쪽과 북쪽. 반동서. 예남북 이산 가족.
남북 대:화 ①남쪽과 북쪽이 서로 마주 대하여 이야기함. ②우리 나라와 북한 공산주의자들과의 사이에 이루어지고 있는 대화.
남북 전:쟁(1861~1865) 미국의 링컨 대통령 때 노예 제도를 폐지하자는 북부와, 또 이를 반대하는 남부 사이에 일어난 전쟁. 북쪽의 승리로 끝났음.
남북 통:일 남한과 북한을 통일하여 한 나라로 만드는 일. —하다.
남산(南山) ①서울 복판에 있는 산. 본디 이름은 목멱산. ②남쪽에 있는 산이라는 뜻.
남산 제일호 터널 서울의 중심부인 퇴계로 쪽에서 남산밑을 뚫어 한남동 쪽으로 통하는 자동차 전용 터널. 길이 1530m.
남생이 모양이 거북과 같으나 작고, 민물에서 사는 동물의 한 가지.
남서(南西) 남쪽과 서쪽의 중간 방위.
남성(男性) 남자. 사내. 반여성. 예남성복.
남아(男兒) ①사내아이. ②남자. 대장부.
남양(南洋) 태평양 가운데의 적도가 있는 부분.
남:용(濫用) 함부로 마구 씀. 비낭비. 반절용. 예약을 남용해서는 안 된다. —하다.
남음이 있다 충분하다.
남의 다리 긁는다〈속〉 자기를 위하여 한 일이 남을 위한 일이 되었다.
남의 말하기는 식은 죽 먹기〈속〉 남의 허물을 찾아내기란 아주 쉽다.
남의 잔치에 감 놓아라 배 놓아라 한다〈속〉 남의 일에 옳지 못한 참견을 한다.
남자(男子) 사내. 반여자.
남작(男爵) 서양에서 나라에 공이 있는 사람에게 주던 다섯 남중 고도 중 맨 아래 등급.
등급의 벼슬 중 맨 아래 등급.
남중 고도(南中高度) 태양이 남중했을 때의 고도. 하루 중에서 가장 큼.
남짓하다 무게·분량·수 따위가 어느 한도에서 조금 더 되다. 예동생은 키가 1m 남짓하다.
남쪽(南—) 해가 뜨는 쪽을 향하여 오른쪽. 반북쪽.
남편(男便) 여자가 자기와 혼인한 남자를 일컫는 말. 반아내.
남포등 석유를 담아 불을 켜는 등잔.
남풍(南風) 남쪽에서 불어오는 바람. 마파람. 반북풍.
남하(南下) 남쪽으로 향하여 내려감. 또는 내려옴. —하다.
남한(南韓) 남쪽 한국. 즉 휴전선 이남의 우리 나라. 반북한.
남해(南海) 남쪽의 바다.
남해 고속 국도 순천에서 부산을 잇는 고속 도로. 총 길이 176.5km. 1973년에 개통.
남해 대:교 경상 남도 하동군과 남해군을 잇는 현수교로 길이 660m. 한려 수도의 명물임.
남해안 ①남쪽 바닷가. ②우리 나라의 남해에 면한 경상 남도와 전라 남도의 바닷가.
낡 '나무'의 옛말.
납 무르고 열에 잘 녹는 청백색의 금속. 독성이 있음.
납땜질 납으로 쇠붙이의 이음매를 때우는 일. —하다.
납세(納稅) 세금을 냄. —하다.
납세 의:무 세금을 내야 하는 국민의 의무.
납치(拉致) 억지로 끌고 감. 예어린이가 납치되었다. —하다.
낫 풀과 나무를 베는 연장.

낫 놓고 기역자도 모른다(속) 기역자 모양으로 생긴 낫을 곁에 놓고도 기역자를 어떻게 쓰는지 모른다. 아주 무식한 사람을 가리키는 말. 〔낫〕
낫:다¹ 병이 고쳐지다. 완쾌하다. 예상처가 낫다.
낫:다² ①뛰어나다. 잘하다. ②다른 물건보다 좋다.
낫:살 지극한 나이. '나잇살'의 준말.
낭:독(朗讀) 글을 소리를 내어 읽음. 반묵독. 예독립 선언서 낭독. —하다.
낭떠러지 깎아지른 듯한 언덕. 비벼랑.
낭랑(朗朗) ①빛이 매우 밝은 모양. ②소리가 매우 흥겹고 명랑한 모양. 예낭랑한 목소리. —하다.
낭:만(浪漫) 사물을 이성적이기보다 감정적이며 달콤하게 느끼는 일. 또는 그렇게 느낀 세계. —하다.
낭:비(浪費) 금품을 쓸데없는 곳에 함부로 씀. 예시간과 재물을 낭비하다. —하다.
낭:설(浪說) 터무니없는 소문. 예낭설을 퍼뜨리다.
낭:패(狼狽) 일이 잘 안 되어 몹시 딱하게 됨. —하다.
낮 해가 뜰 때부터 질 때까지의 동안. 반밤.
낮다 ①높지 않다. 얕다. ②키가 작다. ③목소리가 크지 않다. ④신분이나 지위가 천하다. 반높다. 예계급이 낮다.

낮때 한낮의 동안.
낮말은 새가 듣고 밤말은 쥐가 듣는다(속) 남이 안 듣는 곳에서라도 말을 삼가야 한다.
낮보다 ①낮게 보다. ②깔보다.
낮은음자리표 낮은음자리를 나타내는 기호. 저음부 기호.
낮잠 낮에 자는 잠. 빤밤잠.
낮추다 ①낮게 하다. 예말소리를 낮추다. ②자기를 낮게 만들고 사양하다. 빤높이다.
낯 ①얼굴의 바닥. ②드러내서 남을 대할 만한 체면. 비얼굴.
낯가림 어린아이가 낯선 사람 대하기를 꺼리는 일. —하다.
낯모를 ①얼굴을 모르는. ②알지 못할. 빤낯익은.
낯붉히다 부끄럽거나 성이 나서 얼굴빛이 붉어지다.
낯설다 자주 보지 않아서 잘 모르다. 빤낯익다.
낯익다[난닉따] 자주 보아 잘 알다. 비익숙하다. 빤낯설다.
낱: 셀 수 있게 된 물건의 하나하나. 예낱개.
낱:낱이[난나치] 따로따로. 하나하나마다. 비일일이. 예노트마다 낱낱이 살펴보았다.
낱:말 한 생각을 나타내는 낱낱의 말. 비단어.
낱:소리글자[—짜] 그 이상 더 작게 나눌 수 없는 낱개의 소리로 된 글자. 음소 문자.
낱:자 하나하나의 글자. ㄱ·ㄴ·ㄷ·ㄲ·ㄵ······ 따위.
낳다[나타] ①사람이나 동물이 아이나 새끼를 내어 놓다. ②실로 피륙을 짜다. ③결과를 나타내다. 예열심히 공부한 결과 좋은 성적을 낳게 했다.

내¹: 강보다 작은 큰 개천. 비시내.
내² 물건이 탈 때에 일어나는 부옇고 매운 기운. 비연기.
내³ '나의'와 같음. 빤네.
내:(內) 안. 속. 빤외.
내:각(內閣) 국무 위원이나 장관으로써 조직한 행정상 최고 기관.
내객(來客) 찾아온 손님.
내걸다[내거니, 내걸어서] ①밖으로 내어서 걸다. 예문패를 내걸다. ②문제나 조건 따위를 내어 놓다. 예문제를 내걸다. ③희생을 무릅쓰다. 예목숨을 내걸다.
내:국세(內國稅) 국세 가운데에서 관세 따위의 조세를 제한 모든 세금.
내기 승부를 다투어 이기는 사람이 돈이나 물품을 차지하는 일. —하다.
내:내 끝끝내. 처음부터 끝까지. 비줄곧. 예일년 내내.
내년(來年) ①오는 해. ②이 다음해. =명년. 빤작년.
내:놓다 ①가두었던 것을 밖으로 나가게 하다. ②가리지 않고 드러내다. ③팔 물건을 여러 사람에게 보이다. 예집을 내놓다.
내:다¹ ①나타나게 하다. ②곡식을 팔다. 빤들이다. 예쌀을 내다.
내:다² ①약조한 돈을 주다. ②따로 살게 하다. ③틈을 만들다. ④구멍을 뚫다.
내:다보다 안에서 밖을 보다. 빤들여다보다. 예창밖을 내다보다.

내:닫다 ①앞으로 뛰어가다. ②별안간 뛰어나오다. ③기운 있게 나오다.
내:달리다 내닫다.
내:던지다 ①아무렇게나 냅다 던지다. 예보던 책을 내던지다. ②일에서 관계를 끊고 돌아보지 않다.
내:동댕이치다 아무렇게나 뿌리쳐 버리다. 힘껏 마구 내던지다. 예그릇을 내동댕이치다.
내:두르다〔내두르니, 내둘러서〕이리저리 휘휘 흔들다. 예지팡이를 내두르다.
내:디디다 발을 바깥쪽 또는 앞으로 밟다. 준내딛다. 예한 발짝을 내디디다.
내:락(內諾) 정식으로 하는 승낙이 아니고 우선 승낙함. -하다.
내:란(內亂) 나라 안에서 생긴 난리. 반외란.
내려가다 ①위에서 아래로 가다. 예계단을 내려가다. ②서울에서 시골로 떠나다. 예고향으로 내려가다. ③음식이 소화되다. 예먹은 것이 내려가다. ④값이 떨어지다. 예쌀값이 내려가다.
내려다보다 ①위에서 아래를 보다. ②남을 저보다 한층 낮추어 보다. 반올려다보다.
내려본각(-角) 높은 곳에서 낮은 곳에 있는 지점을 내려다볼 때 그 시선과 수평면을 이루는 각. 반올려본각. 〔내려본각〕
내려오다 위에서 아래로 오다.
내력(來歷) ①지내 온 일. ②실지로 경험하여 온 일. ③겪어 온 자취. 예집안의 내력.
내로라하다 어떤 분야를 대표할 만하다. 예내로라하는 세계의 과학자들이 모두 모였다.
내:륙 지방(內陸地方) 해안 지대에 대하여 바다에서 멀리 떨어진 지방. 반해안 지방.
내리다¹ ①높은 데서 낮은 데로 오다. ②높은 데서 낮은 데로 옮기다. 예짐을 내리다. ③음식이 소화되다. 예체한 것이 내리다. ④값이 떨어지다. ⑤살이 빠지다. ⑥풀이나 나무의 뿌리가 나다. ⑦이슬·서리·비·눈 따위가 오다.
내리다² 명령이나 지시 따위를 하다. 예이동 명령을 내리다.
내리막 ①높은 데서 낮은 데로 내려가게 되어 있는 비탈진 곳. ②한창때가 지나 쇠퇴해 가는 판.
내리막길 비탈진 길의 아래로 향하는 길.
내리쬐다 햇볕이 강하게 내리비치다.
내리치다 ①위에서 아래로 힘껏 치다. ②계속해 마구 때리다.
내림(來臨) 찾아오심. -하다
내림표 반음 내리는 기호. 플랫. 악보에 'b'로 표시함.
내:막(內幕) ①거죽에 나타나지 아니한 사실. ②사물의 내용.
내:밀다 ①한쪽 끝이 따로 나오다. ②한쪽으로 도드라지다. ③밖이나 앞으로 나가게 하다.
내:방(內房) 안방.
내방(來訪) 만나려고 찾아옴. -하다.
내 배 부르면 종의 밥 짓지 말라 한다〈속〉다른 사람에 대하여

내:뱉다 ①입 밖으로 힘껏 뱉다. 예침을 내뱉다. ②아무렇게나 말을 해치우다.
내:버리다 내던져 아주 버리다.
내:부(內部) 안쪽의 부분. 반외부. 표면.
내빈(來賓) 어떤 모임에 청함을 받고 찾아온 손님.
내:빼다 '달아나다'의 속된말. 예치고 내빼다.
내:뿜다 ①밖으로 세게 뿜다. ②기체·액체 따위가 세차게 밖으로 나오다. 반들이키다.
내:색(一色) 마음에 느낀 것이 얼굴에 드러나는 모양.
내:성적(內省的) 겉으로 드러내지 아니하고 속으로만 생각하는 성격인 것.
내세(來世) 죽은 뒤에 가서 산다는 미래의 세상.
내:숭 겉으로는 온유하게 보이나 속으로는 비꼬여 위험함. —하다. —스럽다.
내:쉬다 숨을 밖으로 내보내다. 반들이쉬다.
내:야(內野) 야구의 일루·이루·삼루·본루의 각 베이스 사이를 이은 선의 안. 반외야. 예내야수. 내야 안타.
내:외(內外) ①남편과 아내. 비부부. ②안과 밖.
내:외하다 아낙네와 사내가 서로 대면하지 아니하다.
내:용(內容) ①글이나 말의 기본 줄거리나 나타나 있는 사항. 예편지 내용이 궁금하다. ②어떤 일의 줄거리가 되는 것. 반형식. 예사건의 내용.
내일(來日) 오늘 바로 다음에 오는 날. 비명일.
내:장(內臟) 배와 가슴에 들어 있는 호흡기·소화기·비뇨기 등 여러 기관의 총칭.
내:젓다〔내저으니, 내저어〕 앞이나 밖으로 내어서 휘두르다.
내:정(內定) 드러내지 않고 남모르게 작정함. —하다.
내:주다 ①가졌던 물건을 남에게 건네 주다. 예책을 내주다. ②자기가 차지한 자리를 비워서 남에게 넘기다. 예자리를 내주다. ③속에서 꺼내어서 주다.
내주일(來週日) 이 다음 주일.
내:지(乃至) 수량을 나타내는 말 사이에 쓰이어 '얼마에서 얼마까지'의 뜻을 나타내는 말. 예2시간 내지 3시간 독서를 한다.
내:쫓다 있던 곳에 못 있게 하다. 쫓아내다. 들어내다.
내 코가 석 자〈속〉남의 고통이나 슬픔을 돌볼 겨를이 없다.
내:키다 하고 싶은 마음이 솟아나다. 예왠지 이번 일은 내키지 않는다.
내한(來韓) 외국인이 한국에 옴. 비방한. —하다.
내 할 말을 사돈이 한다〈속〉내가 마땅히 할 말을 남이 한다.
내:항(內項) 비례식에서 안에 있는 두 항. 2:3＝4:6에서 3과 4 따위. 반외항.
내:환(內患) ①나라 안의 걱정. ②집안의 근심스러운 일.
내:훈(內訓) ①부녀자에 대한 가르침. ②남몰래 하는 훈령.
냄비 음식을 끓이는 데 쓰는 그릇. 예냄비에 찌개를 끓이다.

냄:새 ①코로 맡을 수 있는 온갖 기운. ②어떤 사물·분위기 등이 가지는 색채·경향.

냅다 몹시 빠르고 세찬 모양. 예냅다 뛰다.

냅킨(napkin) 식탁 위에 접어서 얹어 놓는 수건이나 종이. 주로 양식을 먹을 때 씀.

냇:가 냇물 가까운 곳.

냇:둑 냇가에 쌓은 둑.

냇:물 내에 흐르는 물.

냉:기(冷氣) ①찬 기운. ②찬 공기. 반열기.

냉:담(冷淡) ①동정심이 없음. ②쌀쌀함. 예냉담한 반응을 보이다. —하다.

냉:대(冷待) 대접을 잘 하지 아니함. 푸대접. —하다.

냉:대림(冷帶林) 온대와 한대 사이의 내륙 냉대 지방에 분포하는 삼림.

냉:동실(冷凍室) 썩지 않게 보존하기 위하여 얼리는 장치를 해 놓은 방.

냉:상(冷床) 인공으로 따뜻한 열을 공급하지 아니하는 묘상. 반온상.

냉:수(冷水) 찬물. 반온수.

냉수 먹고 이 쑤시기〈속〉 실속이 없으면서 있는 체한다.

냉이 들이나 밭에 저절로 나는 풀. 잎은 민들레와 비슷하고 꽃은 하얀데, 뜯어다 국을 끓여 먹음.

냉:장고(冷藏庫) 식료품을 상하지 않게 하기 위하여 낮은 온도로 저장하는 상자.

냉:전(冷戰) 무기는 쓰지 않으나 전쟁을 연상하게 하는 국제간의 심한 대립. 반열전.

냉:정(冷情) ①마음이 퍽 쌀쌀함. ②매정하고 쌀쌀한 마음. 반온정. —하다.

냉:정(冷靜) ①감정을 눌러 고요하게 함. ②감정에 흐르지 않고 침착하여 사물에 흔들리지 않음. —하다.

냉큼 빨리. 얼른. 큰넝큼. 예냉큼 가거라.

냉:혈 동:물(冷血動物) 뱀·개구리·두꺼비 따위와 같이 체온이 일정하지 않고 바깥 공기에 따라 바뀌어지는 동물. =찬피 동물. 반온혈 동물.

-냐 손아랫사람에게 대하여 의문의 뜻을 나타내는 말. 예얼마냐?

냠냠 맛있는 음식을 먹으면서 내는 소리. —하다.

냠냠거리다 맛있게 먹다. 냠냠 소리를 자꾸 내다.

냥 ①돈의 단위. 열 푼이 한 냥. ②저울의 단위. 열 돈이 한 냥.

너 손아랫사람이나 친한 사람을 가리키는 말. 반나.

너구리 모양은 여우와 비슷하나 좀 작으며, 털빛은 암회색, 주둥이는 뾰족하고 꼬리가 큰 산짐승.

너그럽다〔너그러우니, 너그러워〕 마음이 크고 넓다. 도량이 크다. 예너그럽게 대하다.

-너라 '오다'의 어간에 붙어 명령하는 뜻을 나타내는 말. 예어서 오너라.

너럭바위 넓고 평평한 바위.

너르다〔너르니, 널러〕 이리저리 넓고 크다. 비넓다. 반좁다. 예너른 바다에 갈매기 한 마리

너리 잇몸이 헐어 헤지는 병.
너머 집·담·산의 저쪽. 예산 너머 저쪽.
너무 심하게. 정도를 지나서. 예문제가 너무 어렵다.
너무나 '너무'의 뜻을 힘주어서 하는 말. 예나는 합격 소식을 듣고 너무나 기뻐서 울었다.
너부렁이 헝겊·종이 같은 것의 자그마한 조각. 짝나부렁이.
너비 ①가로의 길이. ②피륙 등의 넓이. 비나비². 폭.
너울 ①옛날 여자가 나들이할 적에 쓰는 얇은 검정 헝겊. ②볕에 쬐어 시들어 늘어진 풀이나 나무의 잎.
너울거리다 부드럽게 굽어져 흔들리거나 움직이다.
너울너울 너울거리는 모양. 짝나울나울. 예황새가 너울너울 날아갑니다.
너털웃음 소리를 크게 내어 호탕하게 웃는 웃음.
너희 '너'의 복수.
넉넉하다 모자라지 않고 풍부하다. 충분하다. 반부족하다.
넋 ①사람의 혼. ②정신. 비얼. 영혼. 반육체.
넋두리 ①무당이 죽은 사람의 넋을 대신하여 하는 말. ②마음에 못마땅하여 불평을 하소연하는 말. ―하다.
넌더리 성가시어 괴로운 마음.
넌더리대다 넌더리나게 굴다.
넌지시 남이 모르게. 몰래. 비밀히. 살짝. 예다른 사람 모르게 넌지시 일러줬다.
널: 통나무를 톱으로 켜서 얇고 넓게 만든 재목.

널:길 고분의 입구에서 시체를 모셔 둔 방에 이르는 길.
널:뛰기 긴 널빤지의 중간을 괴고, 양끝에서 두 사람이 번갈아 뛰어오르는 놀이. ―하다.
널:리 ①범위가 넓게. ②너그럽게. 예널리 양해 바랍니다.
널:방 무덤 속의 주검이 놓여 있는 방.
널:빤지 나무를 판판하고 넓게 켜 낸 큰 조각.
널:조각 널빤지의 조각.
널찍하다 조금 너르다. 반좁다랗다.
넓다[널따] ①터전이 좁지 않다. ②빈 곳이 많다. ③흔하다. ④마음이 너그럽다. 비너르다. 반좁다. 비좁다. 예도량이 넓다.
넓이 넓은 정도.
넓이뛰기 → 멀리뛰기.
넓적다리[넙쩍따―] 무릎 위에 살이 많은 곳.
넓적하다[넙쩌카―] 평평하게 넓다. 반길쭉하다.
넓히다[널피―] 넓게 하다. 비늘이다. 반좁히다.
넘:나들다 이리저리 들락날락 하다.
넘:다[―따] ①수가 더 많아지다. 반모자라다. ②때가 지나가다. ③어떤 물건 위를 지나서 저편으로 가다.
넘버(number) 수. 번호.
넘버 원(number one) 첫째. 제일인자.
넘:보다 ①업신여기다. ②우습게 보다. 비깔보다. 얕잡다.
넘실거리다 물이 넘칠 듯이 출렁거리다. 예넘실거리며 흐르

는 강물.
넘어가다 ①선 것이 쓰러지다. ②동안이 지나가다. ③해 또는 달이 지다. 回지다. ④남의 소유가 되다. 예채권자에게 집이 넘어가다.
넘어뜨리다 ①선 것을 가로누이다. 쓰러지게 하다. ②남의 기운을 꺾다. 凹일으키다.
넘:치다 ①가득 차서 밖으로 흘러나오다. 예강물이 넘치다. ②마음의 느낌이 한도에 지나도록 세게 일어나다. 예기쁨에 넘치다.
넝마 해져서 입지 못하게 된 옷 따위.
넝쿨 땅바닥으로 뻗거나 다른 것에 감겨 오르는 식물의 줄기. 예칡넝쿨.
넣:다 ①속으로 들여보내다. 凹꺼내다. ②담다. ③일자리를 얻게 하다.
네 ①예. ②'너의'의 준말.
네:거리 동서남북으로 통하여 '十'자 모양으로 갈라져 나간 길. 凹십자로.
네덜란드(Netherlands) 유럽의 북서부에서 영국과 해협을 사이에 두고 있는 왕국. 수도는 암스테르담.
네:모 사각형. 凹사각.
네:모꼴 네 변으로 에워싸여 네 모를 이룬 꼴. 凹사각형.
네온 사인(neon sign) 공기를 빼어 없앤 유리관에 네온·수은·증기·질소 따위의 가스를 넣고 전기를 통하여 아름다운 빛을 내어 비치게 한 장치로서 간판 등에 이용함.
네트(net) 정구·배구·탁구에서 시합장 중간에 친 그물.
네팔(Nepal) 히말라야 산맥 중에 있는 작은 왕국. 산지가 많고 농업과 목축이 주된 산업임. 수도는 카트만두.
넥타이(necktie) 와이셔츠 칼라에 둘러매어 장식으로 하는 끈. 댕기. 줄타이.
넷 둘을 갑절한 수. 셋에 하나를 더한 수.
녀석 ①남자를 욕으로 일컫는 말. 예망할 녀석. ②사내아이를 귀엽게 일컫는 말. 예그 녀석 참 귀엽게 생겼다.
년 여자를 낮게 부르는 말.
녘 때나 방향을 가리키는 말. 예동녘. 서녘. 새벽녘.
노¹ 물건을 잡아매는 데 쓰는 가늘고 긴 끈.
노² 물을 헤치고 배를 나가게 하는 참나무로 만든 기구.
노간주나무 높이 10m 내외의 나무로 잎이 가늘고 5월에 꽃이 피며 약용·향료로 쓰임.
노고(勞苦) 수고롭게 애씀. 예선생님의 노고에 감사드리자. —하다.
노고지리 '종달새'의 옛말. 예뒷동산에서 노고지리 우는 소리가 들려 온다.
노곤하다(勞困—) 피곤하다. 고단하다.
노골(露骨) 조금도 숨김 없이 있는 그대로 드러냄.
노골적 숨김 없이 드러낸 상태. 예노골적인 표현.
노끈 종이로 꼬아서 만든 가늘고 긴 끈.
노:년(老年) 늙은 나이. 또는 늙은 사람. 凹청년.

노:닐다 이리저리 한가로이 왔다갔다하며 걷다.

노다지 금광 속에서 나는 금이 많이 붙은 광맥.

노동(勞動) 몸을 힘들게 움직여 하는 일. —하다.

노동자 육체 노동을 해서 벌어 먹는 사람.

노동 조합 경제적 지위가 약한 근로자를 보호하여, 생활을 안정시키려는 목적으로 조직된 조합.

노드 클리프(Northcliffe, 1865~1922) 데일리 메일을 창간한 영국인 신문 경영자. 아일랜드의 한 변호사의 아들로 태어나, 기자 생활을 거쳐 1896년, 동생인 로자미아와 함께 데일리 메일을 창간, 제1차 세계 대전 중에는 스스로 전선에 나아가 취재도 하였으며, 영국이 승리하는 데 크게 활약하였음.

-노라 자기의 동작을 말할 때 쓰는 말. 예나는 가노라.

노랗다 개나리꽃 같은 빛이 나다. 짙게 노르다. 큰누렇다.

노래 ①곡조가 있는 소리. ②곡조에 맞추어 부를 수 있게 지은 글. 비시. 창가. 가요. 예즐거운 노래. —하다.

노래기 응달지고 습기 있는 곳에 모여 낙엽 등의 밑에서 사는 냄새가 고약한 벌레.

노래 자:랑 방송 프로 등에서 노래 경연을 공개적으로 행하는 놀이.

노랫가락 ①노래의 곡조. ②무당이 부르는 노래의 한 가지.

노랫소리 노래를 부르는 소리.

노략질(擄掠—) 떼를 지어 돌아다니며, 사람과 재물을 빼앗는 짓. —하다.

노량 해:전(露梁海戰) 정유재란 때 노량 해상에서 왜군을 격파한 이순신 장군의 마지막 해전. 장군은 이 해전에서 쫓겨가는 왜군을 공격하다 적탄에 맞아 전사하였음.

노려보다 매서운 눈으로 쏘아보다. 예안경 너머로 노려보는 아저씨.

노력(勞力) ①힘들여 일함. ②무엇을 만들어 내려고 하는 활동. 예목표량을 달성하기 위하여 땀을 흘리며 밤늦게까지 노력했다. —하다.

노:련(老鍊) 오랫동안 경험을 쌓아 익숙하고 능란함. 예노련한 기술자. —하다.

노:령(老齡) 늙은 나이. 비고령. 노년.

노령 산맥(蘆嶺山脈) 소백 산맥의 추풍령 부근에서 전라 남북도의 경계를 서남으로 뻗어 무안 반도에 이르는 산맥.

노루 사슴과 비슷하나 조금 작은 산짐승.

노르무레하다 산뜻하지 않고 엷게 노르다. 큰누르무레하다.

노르스름하다 산뜻하고 엷게 노르다. 큰누르스름하다.

노르웨이(Norway) 유럽의 북서부 스칸디나비아 반도에 있는 왕국. 수도는 오슬로.

노름 돈을 걸고 승부를 다투는 내기. —하다.

노름꾼 노름을 일삼아 하는 사람. 비도박꾼.

노릇 ①하는 짓. ②업을 삼는

노릇노릇하다 군데군데 노르스름하다.

노리개 ①금·은으로 만든 여자의 장식품의 한 가지. ②취미로 갖고 노는 물건.

노리다¹ ①눈을 바로 뜨고 보다. ②눈독을 들이다.

노리다² ①노린내가 있다. ②치사스럽다. 인색하다.

노:망(老妄) 늙어서 망령을 부림. 비망령. —하다.

노 벨(Nobel,1833~1896) 스웨덴의 화학자. 다이너마이트와 무연 화약 등을 발명하여 큰 부자가 되었는데 죽을 때 노벨상 기금을 내놓았음.

노벨상 노벨의 유언에 따라 인류의 행복을 위하여 노력한 사람에게 주는, 세계에서 가장 권위 있는 상. 노벨의 막대한 유산을 기금으로 1901년부터 물리학상·화학상·문학상·의학상·평화상을 해마다 12월 10일(노벨이 죽은 날)에 스톡홀름에서 수여함. 1965년에 경제학상이 추가되었음.

노복(奴僕) 남자 종.

노:비(路費) 여행할 때 쓰는 돈. 비여비. 노자.

노새 ①수나귀와 암말과의 사이에서 난 짐승. ②말과 당나귀의 튀기.

노:소(老少) 늙은이와 젊은이.

노송나무 밑이다(속) 마음이 음흉하다.

노:숙(老熟) 경험을 많이 쌓아서 그 일에 익숙함. 반미숙. —하다.

노:염 분하고 섭섭하게 여기는 마음. '노여움'의 준말.

노:엽다[노여우니, 노여워서] 마음에 분하고 섭섭하게 여기다. 예업신여김을 받으니 아주 노엽다.

노예(奴隷) ①종. ②자유가 없고 남의 부림만 받는 사람. ③어떤 일에서 헤어나지 못하는 사람. 비노비. 종.

노예 제도 봉건 사회에서 노예를 짐승처럼 부리던 사회 제도. 예노예 제도의 폐지.

노:유(老幼) 늙은이와 어린이.

노:인(老人) 늙은이. 비영감. 반청년. 젊은이.

노:자(路資) 여행하는 데 드는 돈. 비노비. 여비. 예노자를 넉넉히 가지고 떠났다.

노 젓:다 노를 물에 넣고 움직여서 배를 가게 하다.

노적(露積) 가을에 익은 곡식을 거둬들여 집 밖이나 들에 쌓아 둔 것. 예노적더미.

노적가리 집 밖에 쌓아 놓은 곡식 더미. 〔노적가리〕

노적봉 ①서울 북쪽의 삼각산에 있는 봉우리 중의 하나. ②전라 남도 목포의 유달산에 있는 산봉우리 이름.

노점(露店) 길가의 한데에 벌여 놓은 가게.

노크(knock) 남의 방에 들어가기 전에 문을 똑똑 두드림. —하다.

노:트(note) 공책. 필기장.

노:파(老婆) 늙은 여자.

노:파심 남의 일에 대해 지나치게 걱정하는 마음.

노:하다 '성내다'의 높임말. 예 할아버지께서 노하셨다.
노획(鹵獲) 싸움한 결과 적의 군용품을 빼앗음. —하다.
녹(綠) 쇠붙이가 공기 속의 산소 작용으로 변하는 빛.
녹나다 녹이 생기다. 반윤나다.
녹다 ①물같이 되다. ②기운이 꺾이다. 반얼다.
녹두(綠豆) 팥보다 훨씬 작은 잡곡. 빛이 푸르며, 죽도 쑤고 묵도 만들어 먹고, 싹을 내어 숙주나물로 해서 먹기도 함.
녹말(綠末) 물에 불린 녹두를 갈아 가라앉은 앙금을 말린 가루. 비전분.
녹말풀 녹말을 물에 풀어 끓여서 만든 풀.
녹비(綠肥) 생풀이나 생나무 잎으로 만든 거름. 반금비.
녹색말(綠色—) 녹색을 띠고 있는 바닷풀을 통틀어서 일컫는 말. 파래·붕어말 따위.
녹색 식물 잎과 줄기 등이 녹색을 띠고 있는 식물. 엽록체가 있어서 광합성으로 스스로 녹말을 만듦.
녹슬다〔녹스니, 녹슬어서〕 쇠붙이에 녹이 나다. 비녹나다.
녹음(綠陰) 우거진 나무 그늘.
녹음(錄音) 소리를 넣어 나중에도 소리나게 하는 테이프나 소리판 따위. —하다.
녹음기 소리를 다시 들을 수 있도록 테이프 따위에 옮겨 놓는 기계.
녹음 방:송 녹음한 것을 재생시키어 하는 방송. 반생방송. —하다.
녹화(錄畫) 비디오 테이프에 텔레비전 방송에서 필요한 장면을 미리 찍어 두었다가 나중에 방송할 수 있도록 기록하는 일. —하다.
녹화기 텔레비전 방송 프로그램을 찍어 두었다가 나중에 방송할 수 있도록 꾸며진 기계.
논 물이 괴게 하여 벼를 심어 가꾸는 땅.
논두렁〔—뚜—〕 물이 괴어 있도록 논의 가를 흙으로 둘러막은 곳. 비논둑.
논둑〔—뚝〕 논의 가장자리를 흙으로 높게 쌓아 올린 곳. 비논두렁. 반밭둑.
논문(論文) 어떤 사실을 연구하여 그것을 이치에 맞도록 써서 세상에 펴내는 글. 예졸업 논문을 발표하다.
논바다〔—빠—〕 논의 바다.
논박(論駁) 잘못된 것을 공격하여 말함. —하다.
논밭 논과 밭. 비전답.
논배미 논과 논 사이를 구분한 곳. 논의 한 구역.
논벌〔—뻘〕 논으로 된 넓고 평평하게 생긴 너른 들판.
논설문(論說文) 어떤 일에 대하여 자기의 의견이나 생각을 말한 글.
논설반 사설이나 논문 따위를 맡아보는 사람들의 모임.
논술(論述) 의견을 논하여 진술함. 예논술 고사. —하다.
논어(論語) 공자의 언행을 적은 유교의 경전.
논의(論議) 서로 의논함. 비의논. —하다.
논쟁(論爭) 말이나 글로 다툼. —하다.

논타이틀 매치(nontitle match) 선수권의 방어나 쟁탈이 아닌 시합. 빤타이틀 매치.

논평(論評) 잘 되고 잘못됨을 따져 말함. —하다.

놀: 해가 떠오르거나 해가 지는 하늘에 구름 빛이 벌겋게 보이는 것. 본노을.

놀:다[1](노니, 노오) ①할 일 없어서 한가히 있다. ②하고 싶은 일을 하며 즐기다. ③구경하러 다니다. ④직업이 없이 지내다. 빤일하다.

놀:다[2](노니, 노오) 윷이나 주사위 따위를 던지다.

놀:다[3](노니, 노오) 귀하고 드물다. 예자손이 놀다.

놀:라다 ①뜻밖의 일을 당하여 가슴이 두근거리다. ②갑자기 무서운 것을 느끼다.

놀:라운 장래 놀랄 만큼 훌륭해질 앞날.

놀:라움 뜻밖의 일에 갑자기 일어나는 느낌.

놀:랍다[놀라우니, 놀라워] ①놀랄 만하다. ②몹시 장하고 갸륵하다. 예기술이 참으로 놀랍다.

놀:래다 남을 놀라게 하다. 예친구를 놀래 주다.

놀리다 ①아무 일도 하지 않고 놀게 하다. ②하던 일을 그치고 쉬게 하다. ③남을 조롱하다. 비조롱하다. ④광대들의 재주를 부리게 하다. ⑤몸을 움직이다. ⑥빤 빨래를 다시 빨다.

놀부 ①흥부전에 나오는 주인공의 한 사람. 마음씨가 나쁘고 심술궂음. ②마음씨 나쁜 사람의 비유.

놀이 노는 일. —하다.

놀이터 여러 가지 놀이를 할 수 있도록 꾸며 놓은 곳. 예남산 어린이 놀이터.

놀:자 놀자고 꾀는 말.

놈 ①사내를 낮추어 일컫는 말. 예고약한 놈. ②동물이나 물건을 가리키어 쓰는 말. 예큰 놈을 잡아라.

놋그릇 구리에 아연을 섞어서 만든 그릇.

놋다리밟기 안동·의성 등지에서, 정월 보름날 밤에 단장한 젊은 여자들이 공주를 뽑아 자신들의 허리 위로 걸어가게 하는 민속 놀이.

놋쇠 구리와 아연을 10:3으로 섞어서 만든 쇠.

농:(弄) ①쓸데없는 장난. ②실없는 말. —하다.

농(籠) 대·싸리·버들로 엮어 만들어 종이로 바른 상자. 옷 따위를 넣어 둠.

농가(農家) 농사짓는 사람의 집. 빤비농가.

농가월령가 농가에서 일년 동안 할 일을 가사 형식으로 만들어서 읊은 노래.

농:간(弄奸) 간사한 꾀로 남을 속이는 짓. —하다.

농경(農耕) 논밭을 갈아 농사지음. 예농경 사회. —하다.

농구(農具) 농사에 쓰는 기구. 비농기구.

농구(籠球) 다섯 사람씩 두 패로 갈리어, 일정한 시간에 서로 공을 바스켓 안에 많이 집어 넣기를 다투는 운동. 바스켓볼.

농군(農軍) 농사짓는 일꾼. 町 농민. 농부.
농기(農期) =농사철.
농기(農旗) 농촌에서 농사철에 풍년을 빌기 위해 부락 단위로 만든 기. 여럿이 모여 농사일을 할 때는 이 기를 옮겨 가며 농악을 울리고 모내기나 추수 등을 함.
농기구 농사짓는 데 쓰이는 여러 가지 기구. 삽·호미 따위.
농기 세:배 농기에 대하여 새해 인사를 올리는 일.
농:담(弄談) 실없는 말. 희롱하는 말. 농지거리하는 말. 町 진담. —하다.
농:도(濃度) 용액의 진하기. 곧 용액 속에 녹아 있는 물질의 양. 대개 녹아 있는 양을 용액 전체에 대한 퍼센트로 나타냄.
농락(籠絡) 남을 교묘하게 속임. 남을 자기 수중에 넣고 마음대로 다룸. —하다.
농로(農路) 농사에 이용되는 길. ㉑농로를 개설하다.
농민(農民) 농사를 짓고 사는 사람. 町농군. 농부.
농민 계:몽 농사짓는 사람들에게 지식을 가르쳐 깨우치게 하는 일.
농민 문학 전원의 특색을 그리거나 농민의 생활상을 그리어 향토색을 드러내는 문학.
농민 후계자 특별히 선발되어 국가로부터 기술·자금을 지원받아 농사짓는 사람.
농번기(農繁期) 농사일이 가장 바쁜 철. 町농한기.
농부(農夫) 농사를 지어 생활하는 사람. 농사짓는 사람. =농사꾼.
농사(農事) 논밭을 갈아 곡식·채소의 씨를 뿌리고 가꾸고 거두는 일. 町농업. —하다.
농사꾼 =농부.
농사직설(農事直說) 우리 나라에서 나온 가장 오래 된 농사에 관한 책. 1429년에 정초가 세종의 명을 받아 지었음.
농사짓다〔농사지으니, 농사지어서〕논밭을 갈아서 곡식을 가꾸다.
농사철 농사짓는 시기. =농기.
농아(聾啞) 귀머거리와 벙어리.
농아 학교 말 못하는 벙어리들에게 말을 가르치는 것을 중심으로 한 특별한 교육을 시키는 학교.
농악(農樂) 농부들 사이에 행하여지는 우리 나라 특유의 음악. 꽹과리·징·북·법고·장구·피리 등의 악기가 쓰임.
농악대 농악을 연주하는 사람들의 무리.
농약(農藥) 농산물이나 임산물의 병충해를 예방하거나 없애는 데 쓰는 약품.
농어 바닷물고기의 한 가지. 몸의 길이는 1m쯤이고, 빛은 등쪽은 검푸르고 배쪽은 희읍스름하며, 입은 크게 벌려졌는데, 위턱에는 단단한 뼈가 있음. 횟감으로 많이 쓰임.
농어민(農漁民) 농민과 어민. 농사짓는 사람과 고기잡이로 생활을 하는 사람. ㉑농어민 소득 증대 사업.
농어촌(農漁村) 농촌과 어촌. 농사를 짓거나 고기잡이를 해

농업(農業) 농사를 짓는 직업.

농업국 주로 농사를 많이 짓는 나라.

농업 용:수 농업에 쓰이는 물.

농업 축산국 농업과 축산을 위주로 하는 나라.

농작물(農作物) 농사로 논이나 밭에 심어서 가꾸는 물건.

농장(農場) 일정한 농지에 집·농구·가축 및 일꾼을 갖추고 농업을 일삼는 곳.

농지(農地) 농사를 지을 수 있는 땅. 논과 밭. 비농토.

농촌(農村) 농사를 짓는 사람들이 사는 마을. 반도시. 도회지. 예농촌 문제.

농촌 부:흥 운:동 잘사는 농촌이 되도록 농촌을 다시 일으키기 위한 활동.

농촌 진:흥원 뒤떨어진 농업의 경영과 기술의 발달을 위하여 각 도에 둔 기관.

농촌 진:흥청 농촌의 발전을 위한 일을 맡은 정부 기관. 농림부에 딸려 있음.

농토(農土) 농사짓는 땅. 비농지. 예농토가 많다.

농한기(農閑期) 농사일이 바쁘지 않은 시기. 반농번기.

높다 ①위로 멀다. 위로 길다. ②신분이 좋다. ③유명하다. ④학식이 많다. ⑤소리가 크다. ⑥나이가 많다. 반낮다.

높다랗다〔높다라니, 높다라서〕 썩 높다. 반야트막하다. 예높다랗게 매달린 상점의 간판.

높은음자리표 고음부 기호. 높은음자리를 나타내는 기호.

높이[노피] ①아래에서부터 위까지의 거리. ②높은 정도.

높이다[노피-] 높게 하다. 비올리다. 반낮추다.

높이뛰기[노피-] 공중으로 보다 높이 뛰는 것을 겨루는 육상 경기의 하나.

높이뛰기대 높이 뛰는 정도를 알아볼 수 있도록 가로대를 걸치게 만든 대.

높임말 상대편을 높여 하는 말. 말씀·진지 따위. 비존대말. 경어. 반낮춤말.

높직하다 높은 듯하다. 반나지막하다. 예높직한 언덕.

놓다[노타] ①두다. ②쥐고 있던 것을 그대로 두다. ③안심하다. 예마음을 놓다. ④불을 붙이다. ⑤총을 쏘다. ⑥실로 수를 만들다.

놓아 기르다 보살피지 않고 제멋대로 자라게 하다. 예소를 놓아 기르다.

놓아 주다 잡히거나 간힌 것을 풀어 자유롭게 하여 주다.

놓치다 ①잡았던 것을 잃어버리다. ②손에 쥐었던 것을 떨어뜨리다. ③기회를 잃다.

뇌(腦) ①머릿속에 있어, 정신 기능을 맡은 곳. ②기억력. ③사물을 분별하는 힘.

뇌까리다 남의 잘못이나 허물 또는 태도가 불쾌할 때에, 듣기 싫도록 자꾸 말하다.

뇌물(賂物) 좋지 아니한 생각으로 물건을 보내는 것. 곧 자기 개인의 이익을 얻기 위하여 금품을 보내거나, 초대하여 음식을 대접하는 것.

뇌빈혈(腦貧血) 뇌의 피가 적어

져서 생기는 병. 얼굴이 노래지고 어지러우며 갑자기 쓰러져 정신을 잃기도 함.

뇌성 벽력(雷聲霹靂) 천둥치는 소리와 벼락.

뇌염(腦炎) 머릿골에 염증이 생겨 일어나는 병.

뇌우(雷雨) 번개와 천둥이 요란한 가운데 쏟아지는 비.

뇌일혈(腦溢血) 뇌 속의 혈관이 터져 피가 뇌 속에 흘러나오는 병. 혈압이 높은 사람에게 흔히 일어남.

누:(累) 해를 입고 괴로움을 받음. 예 누를 끼치다.

누 각(樓閣) 사방을 바라볼 수 있도록 문과 벽이 없이 높게 지은 다락집.

〔누 각〕

누구 그 사람의 이름 대신에 '어느 사람'·'아무개'의 뜻을 나타내는 말.

누:나 사내 동생이 손위 누이를 이르는 말.

누:누이(屢屢―) 여러 번. 자꾸. 예 누누이 부탁하다.

누:님 '누나'의 존대말.

누더기 더럽고 해진 옷.

누:락(漏落) 적혀 있어야 할 것이 빠짐. ―하다.

누:렇다 매우 누르다. 잘 노랗다. 예 벼가 누렇게 익었다.

누룩 밀을 굵게 갈아 반죽하여 띄운 것. 술·초를 담그는 중요한 원료.

누룽지 솥 바닥에 눌어붙은 밥.

누르께하다 곱지도 짙지도 않게 누르다. 누르스름하다.

누르다〔누르니, 눌러서〕 ①힘을 들여서 위에서 아래로 밀다. ②무거운 물건을 얹어 놓다. ③힘을 못 쓰게 하다.

누릇누릇 군데군데 누른빛이 나는 모양. ―하다.

누리 '세상'의 옛말.

누리다¹ 복을 받다. 행복하게 지내다. 예 행복을 누리다.

누리다² 누린내가 나다. 예 고기 굽는 냄새가 누리다.

누린내 ①머리털이 불에 타는 냄새. ②종이·헝겊 따위가 불에 타는 냄새. ③기름기가 많은 고깃국 냄새.

누:명(陋名) 잘못을 억울하게 뒤집어씀. 예 누명을 쓰다.

누비다 ①피륙을 두 겹으로 한 사이에 솜을 두어 죽죽 줄이 지도록 성기게 꿰매다. 예 이불을 누비다. ②이리저리 빈틈없이 다니다. 예 거리를 누비고 다니는 자동차.

누에 뽕잎을 먹고 고치를 짓는 벌레.

누에섶 누에가 올라 고치를 짓게 하기 위하여 짚 같은 것으로 꾸민 물건.

누워서 침 뱉기(속) 남을 해치려다가 도리어 제가 해를 입게 됨.

누이 누나와 누이동생.

누이동생 자기보다 나이가 어린 누이. 여동생. 준 누이.

누:전(漏電) 전기가 새어 나옴. ―하다.

누:지다 젖다. 축축하게 되다.

누:차(屢次) 여러 차례.

누:추(陋醜) 더럽고 지저분함. 예 누추한 시골집. ―하다.

눈:¹ 공중의 수증기가 얼어서

땅으로 내려오는 육면 결정체.
눈² 얼굴에 있어서 물건을 보는 것을 맡은 기관.
눈³ 나무의 새로 막 터져 돋아 나오는 싹.
눈 가리고 아웅〈속〉 얕은 꾀를 써서 속이려고 한다.
눈감으면 코 베어 먹을 인심〈속〉 세상 인심이 험악하고 믿음성이 없음.
눈곱[一꼽] 눈에서 나오는 끈기 있는 물이 말라 붙은 것.
눈금[一끔] 저울·자·온도계 따위에 표시된 금.
눈길[一낄] 눈으로 보는 방향. 눈 가는 곳. 비시선. 예모두의 눈길이 나에게 쏠렸다.
눈깔 사람의 눈의 낮은 말.
눈꺼풀 눈을 덮은 가죽.
눈독[一똑] 가지고 싶은 물건을 욕심을 내어 눈여겨보는 것. 예눈독들이다.
눈 동 자(一瞳子)[一똥一] 눈의 검은 것이 동그란 모양으로 된 부분. 곧 눈 속으로 광선이 이르는 길.
눈망울 눈알의 앞쪽의 두두룩한 곳. 눈동자가 있는 곳. 예눈망울을 굴리다.
눈매 눈의 생김새.
눈멀다 ①눈이 보이는 힘을 잃다. ②사물을 잘못 보다.
눈물 ①울 때에 눈에서 나오는 물. ②동정하는 마음.
눈물겹다〔눈물겨우니, 눈물겨워서〕 몹시 불쌍하다.
눈물로 호소하다 눈물을 흘려 가면서 사정을 말하다. 있는 정성을 다하여 사정을 말하다.
눈물어리다 눈에 눈물이 괴다.

눈물이 글썽글썽 괴다.
눈물짓다 눈물을 흘리다. 비울다. 예그 아이를 보고 눈물짓는 사람이 많았다.
눈:발[一빨] 눈이 내릴 때 줄이 죽죽 서 보이는 눈. 예눈발이 날리다.
눈:밭 눈이 녹지 않고 쌓여 있는 땅.
눈:보라 바람에 불리어 휘몰아쳐 내리는 눈. 예기차가 눈보라치는 벌판을 달립니다.
눈부시다 빛이 강하여 바로 보기 어렵다. 황홀하다. 예눈부신 옷차림.
눈빛[一삗] 눈에서 비치는 빛이나 기운. 또는 눈에 나타나는 기색.
눈:사람 눈을 뭉쳐서 사람의 모양으로 만든 것.
눈살[一쌀] 눈썹과 눈썹 사이에 있는 주름. 예어머니는 찡그렸던 눈살을 폈다.
눈시울[一씨一] 눈언저리의 속눈썹이 난 곳. 예눈시울이 뜨거워지다.
눈:싸움¹ 눈을 뭉치어 서로 던지는 장난. —하다.
눈싸움² 서로 노려보는 아이들의 장난. —하다.
눈썰미 한 번 보아 흉내낼 수 있는 재주. 예눈썰미가 있어 보인다.
눈썹 눈 위에 난 털.
눈앞이 캄캄해지다 ①아무것도 보이지 않게 되다. ②너무 놀라거나, 겁이 나거나, 슬플 때에 하는 말.
눈어림 눈으로 보아 대강 수를 헤아림. 눈대중. —하다.

눈에 띄다 눈에 보이다.
눈에 선:하다 눈에 보이는 것 같다.
눈여겨보다[-너-] 잊지 않게 잘 주의하여 보다.
눈웃음치다 남의 마음을 사려고 소리를 내지 않고 눈으로 가만히 웃다.
눈을 이끌다 보고 싶은 마음을 일으키다.
눈이 부시다 빛이 너무 세어서 눈을 바로 뜨지 못하다.
눈자위[-짜-] 눈의 가장자리.
눈조리개 눈동자를 크게 했다 작게 했다 함으로써, 눈 속으로 들어가는 빛의 양을 조절하는 얼개의 하나. 홍채.
눈짓[-찓] ①눈을 놀리는 동작. ②눈을 움직여 무슨 뜻을 나타내는 것. —하다.
눈초리 눈의 꼬리. 눈이 가는 길. ⑩적군의 사나운 눈초리.
눈총맞다 몹시 미움을 받다.
눈치 ①남이 자기에게 대하는 태도를 살피는 것. ⑩그는 끝내 내 부탁을 들어주지 않을 눈치였다. ②남이 저에게 대하여 속으로 싫어하는 태도.
눈치가 빠르면 절에 가도 젓국을 얻어먹는다〈속〉 눈치가 있으면 어디를 가서도 군색하지 않다.
눈치채다 남의 속마음을 짐작하다.
눈코 뜰 새 없:다 몹시 바쁘다. ⑩가을이 되면 농부들은 추수하기에 눈코 뜰 새 없다.
눋:다〔눌으니, 눌어〕 ①불에 닿아서 검고 누르게 되다. ②조금 타다.

눕:다 ①몸을 밑바닥에 가로 대다. ②자다. 반일어나다.
뉘¹ ①누구. ②어느 사람.
뉘² 쌀에 섞인 벼 알갱이.
뉘:다 ①눕게 하다. 반일으키다. ②대소변을 누게 하다.
뉘엿뉘엿 해가 곧 지려고 하는 모양을 나타내는 말. ⑩해가 뉘엿뉘엿 넘어간다. —하다.

뉘우치다 자기가 잘못한 것을 깨닫다. 후회하다.
뉘 집에 죽이 끓는지 밥이 끓는지 아나〈속〉 여러 사람의 사정을 다 살피기가 어렵다.
뉴:딜:(New Deal) 미국의 루스벨트 대통령이 1933년 이래 실시한 경제 정책.
뉴:스(news) 새 소식.
뉴:올리언스(New Orleans) 미국 남부 미시시피 강 어귀에 있는 항구 도시.
뉴:욕(New York) 미국에 있는 세계 제2의 도시. 세계 상공업의 중심지이며, 국제 연합 본부가 있음.
뉴:질랜드(New Zealand) 남태평양의 오스트레일리아 남동쪽에 있는 영연방을 구성한 자치국. 수도는 웰링턴.
뉴:펀들랜드(Newfoundland) 캐나다의 동부 해안에 있는 세계 4대 어장의 하나.
뉴:햄프셔 종(New Hampshire 種) 닭 품종의 한 가지.
느끼다 ①깨달음이 일어나다. ⑩잘못을 느끼다. ②마음이 움직이다. ⑩아름답게 느끼다. ③목이 메어 울다.
느낌 느끼는 일.
-느냐 손아랫사람에게 물음을

나타내는 말. ⑩어디 가느냐.
-느니라 손아랫사람에 대하여 말할 때 흔히 쓰이는 말끝. ⑩그러면 못 쓰느니라.
느리다 ①빠르지 못하다. 비더디다. 둔하다. 반빠르다. ②새끼 꼰 것이나 피륙 짠 것이 성기다. 비배지 않다.
느티나무 느릅나무와 비슷한 매우 큰 나무.
늑대 개와 비슷하나 성질이 사나운 산에 사는 짐승.
늑막(肋膜) 사람의 갈빗대 안에 허파를 싼 막.
늑목(肋木) 체조에 쓰이는 기구의 한 가지. 몇 개의 기둥에 많은 막대를 가로로 끼워 놓은 것. 매달리기 등에 씀.
늑장 곧 해야 할 일을 두고 딴 일을 하거나 꾸물거리는 일.
늑장부리다 곧 해야 할 일을 두고 딴 짓을 하다.
는 받침 없는 말에 붙어, 주격·보격·부사격 등으로 쓰이는 보조사. ⑩나는. 달리는.
-는걸 움직임을 나타내는 말의 줄기에 붙어 어떤 움직임에 대한 자기의 느낌을 나타내는 말. ⑩비가 꽤 오는걸.
-는담 '어찌 그리 한단 말인고'의 뜻을 나타내는 말끝. ⑩무엇하러 먹는담.
늘 언제든지. 항상. 비언제나. 반이따금. ⑩늘 하던 일.
늘다〔느니, 늘어서〕 ①물건의 형상이 길어지다. ②사물이 본래보다 많아지다. ③재주가 더 하여지다. ⑩ 말솜씨가 늘다. ④부자가 되다. ⑤식구가 많아지다. 비불어나다. 반줄다.

늘리다 더 크거나 많게 하다. 반줄이다. ⑩수출량을 늘리다.
늘어놓다 ①어지럽게 여기저기에 두다. ⑩장난감을 늘어놓다. ②줄을 지어 죽 벌여 놓다. ⑩상품을 죽 늘어놓다.
늘어뜨리다 한쪽 끝이 아래로 처지게 하다. ⑩가지를 늘어뜨리고 서 있는 나무.
늘어지다 아래로 처지다. 반오그라지다. ⑩늘어진 수양버들.
늘이다 ①본디보다 더 길게 하다. ⑩고무줄을 늘인다. ②아래로 처지게 하다.
늘임표 한 마디 안에 있는 음표나 쉼표의 위쪽 또는 아래쪽에 붙여 길이를 늘이는 표. 기호는 '⌒'로 표시함.
늙다 ①나이가 많아지다. ②오래 되다. 반젊다.
늙은이 나이가 많은 사람. 늙은 사람. 반젊은이.
늠ː름하다 의젓하고 씩씩하다. ⑩우리 국군의 모습은 참 늠름하다.
능 임금·왕후의 무덤.
능구렁이 ①붉고 검은 점이 박힌 큰 뱀. ②성질이 매우 음흉한 사람의 비유. 〔능〕
능금 능금나무의 열매. 사과보다 작고 맛이 심.
능동적(能動的) 남의 작용을 받지 않고 자기편에서 상대편에게 작용하는 모양.
능라(綾羅) 두꺼운 비단과 얇은 비단.
능란하다(能爛—) 익숙하고 뛰어나다. 비능숙하다. 반서투르다. 미숙하다.
능력(能力) ①그 일을 감당할 수 있는 힘. ⑩생활 능력. ②지혜의 힘. ③완전히 자기의 권리를 사용할 수 있는 자격. 〔비〕실력. 〔반〕무능력.
능률(能率) 일정한 시간에 할 수 있는 일의 성적.
능숙하다(能熟—) 일을 솜씨 있고 익숙하게 하다. 〔비〕능란하다. 익숙하다. ⑩능숙한 솜씨를 보이다.
능청꾸러기 거짓을 정말처럼 태연하게 꾸며대어 남을 잘 속이는 사람.
능청스럽다 ①하고도 아니한 체 거짓이 많다. ②음흉한 슬기가 있다. ③변통성이 많다. ④의뭉스럽다. ⑩이놈이 능청스럽게 거짓말을 하는구나.
능청을 떨:다 거짓이 드러나지 않게 하느라고 아무 일 없는 듯이 만전을 부리다.
능통(能通) 무슨 일에 거침없이 익숙함. ⑩외국어에 능통한 사람. —하다.
능히 ①잘. ②재주 있게. ③넉넉히. 〔비〕가히.
늦가을 늦은 가을. 〔비〕만추.
늦다 ①이르지 않다. ②곡조가 느리다. ③미칠 수 없다. ④더디다. 〔반〕이르다. 빠르다.
늦잠 아침에 늦도록 자는 잠.
늦장마 철 늦게 오는 장마.
늦추다 ①잡아맨 것을 느슨하게 하다. ②높이 매단 물건을 조금 내려뜨리다. ③기간을 멀리 잡다.

늦추위 겨울철이 다 지나갈 무렵에 드는 추위.
늪 호수보다 작고 얕으며 늘 물이 많이 괴어 있는 곳.
닐리리 퉁소나 나발 같은 것을 운치 있게 부는 소리.
닝큼 빨리. 얼른. 지체 않고. 〔잠〕냉큼. ⑩닝큼 물러가라.
-니 ①여러 사물을 이을 때에 쓰는 말. ②원인·결과를 나타내는 말에 잇는 말. ⑩욕을 하니 대들었다.
니그로(Negro) 주로 중부 아프리카에 사는 피부가 검은 인종. 흑인.
-니까 '-니'의 힘줌말. ⑩봄이 오니까 꽃이 핀다.
-니라 받침 없는 말 다음에 붙어 손아랫사람에게 사실의 법칙과 확실함을 가르쳐 줄 때 쓰는 말. ⑩바닷물은 맛이 짜니라.
니스 투명하고 빨리 마르는 칠감의 한 가지.
니켈(nickel) 희고 윤이 나며, 공기 중에서도 빛이 변하지 않아 쓰이는 데가 많은 쇠.
니크롬선(nichrome 線) 전기풍로·전기 다리미 등의 발열체로 쓰는 금속선. 철과 니크롬의 합금으로, 높은 온도에도 타지 않고 열을 많이 냄.
-님 사람의 호칭 밑에 붙여 높임의 뜻을 나타내는 말. ⑩선생님. 아버님.
닢 잎이나 쇠붙이로 만든 돈이나 가마니를 세는 데 쓰는 말. ⑩엽전 한 닢. 가마니 두 닢.

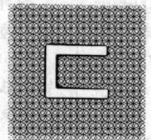

ㄷ[디귿] 한글 닿소리의 셋째 글자.

다:¹ ①있는 대로. ②남김없이. 비모두. 모조리. 죄다. 온통. 예숨은 그림을 다 찾았다.

-다² ①결정 또는 설명을 나타내는 말. ②감탄하는 뜻을 나타내는 말. 예하늘이 높다.

-다가 하던 말을 중단시키고 다른 말에 잇는 데 쓰는 말. 예잡았다가 놓아 준다.

다가가다 가까이 옮아 가다. 예칠판 앞으로 다가가다.

다가서다 가까이 옮아 서다.

다가앉다 앞으로 가까이 앉다.

다가오다 가깝게 옮아 오다. 반다가가다. 물러가다.

다각형(多角形) 세 개 이상의 직선으로 둘러싸인 평면형. 비여러모꼴.

다과(茶菓) 차와 과자.

다과점 다과를 파는 가게.

다그다 ①날짜를 앞으로 끌다. ②어느 물체에 가까이 옮기다.

다녀가다 어떤 곳에 왔다가 가다. 들렀다가 가다.

다녀오다 어떤 곳에 갔다 오다.

다니다 ①왔다갔다하다. ②드나들다. ③일하는 곳에 가다. 출근하다. 예회사에 다니다.

다다르다[다다르니, 다다라서] ①목적한 곳에 이르러 닿다. 비도착하다. 이르다. 닿다. ②기준에 미치다.

다달이 달마다.

다도(茶道) 차를 달여 마실 때의 방식 및 예의 범절.

다도해(多島海) 우리 나라의 남서 해안에 있는 바다.

다독(多讀) 책을 많이 읽음. 예여러 분야의 책을 다독하다. —하다.

다 된 죽에 코 풀기〈속〉일이 거의 다 이루어졌는데 갑자기 어떤 장애가 생겨 실패로 돌아가고 말 때를 이르는 말.

다듬다 ①맵시를 내다. ②옷감 따위를 다듬잇방망이로 두드리다. ③푸성귀의 좋은 것을 고르다. ④곱게 깎다.

다락 부엌 천장 위에 만들어 놓은 물건을 쌓아 두는 곳.

다람쥐 다람쥣과의 동물. 모양은 쥐와 비슷하나 크고, 털이 검붉고, 등에 검은 줄이 다섯 있으며, 꼬리가 길고 솔씨와 밤 따위를 잘 먹는 날랜 길짐승.

[다람쥐]

다:랍다[다라우니, 다라워] ①매우 더럽다. ②몹시 인색하다. 큰더럽다.

다랑어 고등어 모양으로 생긴

바닷물고기. 몸의 길이 약 3m 정도. 참다랭이.
다래 깊은 산에 나는 다래나무의 열매. 맛이 닮.
다래끼 눈꺼풀 언저리에 나는 작은 부스럼.
다루다 ①일이나 물건을 맡아 다스리다. ②가죽 따위를 부드럽게 만들다. ③조종하다. 예 사람을 잘 다루다.
다르다〔다르니, 달라서〕 ①같지 않다. ②틀리다. 団같다. 예 모양이 서로 다르다.
다리 ①동물의 몸 아래 있어서 걸음을 맡은 부분. ②물건 아래에 있어서 그 물건을 버티고 있는 것. ③개천·강의 양쪽 언덕에 걸쳐 놓아 사람이 다니게 하는 길.
다리다 다리미로 옷 따위의 구김살을 펴다. 예 옷을 다리다.
다리미 옷의 구김살을 펴는 데 쓰는 쇠로 만든 기구.
다리 아래에서 원을 꾸짖는다〈속〉 직접 말을 못 하고 안 들리는 곳에서 불평이나 욕을 한다.
다림질 다리미로 옷이나 피륙 따위를 다리는 일. 본다리미질. —하다.
다:만 오직 그뿐의 뜻을 나타내는 말. 団단지. 비록. 오로지. 오직. 한갓. 예 나는 다만 공부에 힘쓸 뿐이다.
다목적(多目的) 여러 가지 목적으로 쓰이는 것.
다목적 댐 전력 개발에만 그치지 않고, 농업 용수·공업 용수·홍수 조절 등 여러 가지 용도를 겸한 댐.

다물다〔다무니, 다무오〕 ①위아래 입술을 마주 대다. ②말을 아니하다. 団닫다.
다박머리 짧은 머리털이 흩어진 어린애. 国더벅머리.
다발 ①푸성귀 따위를 큼직하게 묶어서 단으로 만든 것. ②꽃, 푸성귀 따위의 묶음을 세는 말. 예 꽃다발.
다방(茶房) 차나 음료 등을 파는 영업집. 찻집.
다방면(多方面) 여러 방면.
다변(多變) 변화가 많음. 많은 변화. —하다.
다보탑(多寶塔) 경주 불국사에 있는 탑. 흰빛 화강암으로 만들어진 높이 10미터 가량의 탑으로 통일 신라 때 세워졌음.
다복(多福) 복이 많음. 예 다복한 가정. —하다.
다복솔 가지가 많이 퍼져 다보록하게 된 어린 소나무.
다부지다 ①담이 크다. ②기운이 세다. ③당돌하다. ④생김새가 옹골차다. 예 몸매가 다부지게 생겼다.
다사스럽다〔다사스러우니, 다사스러워〕 쓸데없는 일에 간섭을 잘하다.
다섯 둘에 셋을 합한 수. 넷에 하나를 더한 수.
다소(多少) 분량의 많음과 적음. 예 다소의 차이.
다소간 많으나 적으나. 얼마쯤.
다소곳하다 고개를 숙이고 말이 없다. —이.
다수(多數) 수효가 많음. 많은 수효. 団소수.
다:스(←dozen) 개수를 나타내는 단위. 12개를 한 묶음으로

세는 말. 예연필 한 다스.
다스리다 ①그 나라의 정치를 바로잡아 가다. ②어지럽지 않도록 단속하다. ③온 국민이 마음놓고 편안히 살 수 있게 하다.
다슬기 냇바닥에 사는 고동 모양의 길쭉한 조개. 우렁이와 비슷하나, 우렁이보다 가늘고 길며 훨씬 작음. 껍데기는 나사 모양이며, 검정색 또는 검은 갈색임.
다시 ①한 번 더. ②또. ③그 위에. ④새로이. ⑤전과 같이. 비거듭. 또. 예잘못 썼으니 다시 써라.
다시금 '다시'를 힘주어서 하는 말. 또 한 번. 예부모의 은혜를 다시금 느꼈다.
다시마 차고 좀 깊은 바다에서 나는 물풀의 한 가지. 아주 매끈하게 길고 넓으며 거죽이 반드럽고 줄이 있음. 기름에 튀겨 반찬으로 먹음.
-다시피 움직임을 나타내는 말의 줄기에 붙어 '어떠한 사실과 마찬가지로'의 뜻을 나타내는 말. 예보다시피 이렇게 훌륭한 집이다.
다:오 남에게 무엇을 청할 때 쓰는 말. 예이리 다오.
다음 ①어떠한 차례의 바로 뒤. 예다음은 네 차례다. ②사물의 둘째. 예미시시피 강 다음으로 긴 강.
다음 해 어떤 해의 바로 뒤에 오는 해. 비이듬해. 반지난해.
다이너마이트(dynamite) 폭발약의 한 가지. 광산에서 바위를 깨뜨리는 데 씀.

다이아몬드(diamond) 보석 중에서 제일 단단한 것으로 아름다운 빛을 냄. 비금강석.
다이얼(dial) ①시계·나침반 따위의 지침면. ②라디오의 사이클 눈금이 있는 판. ③자동식 전화기의 숫자판.
다잡다 ①감독하여 힘써 일하게 하다. ②마음을 써서 일을 마무리하다. 예마음을 다잡아 어려운 일을 처리하다.
다재(多才) 재주가 많음. 예다재다능한 인물. —하다.
다정(多情) ①인정이 많음. ②정다움. 반냉정. 무정. —하다. —스럽다.
다지다 눌러서 단단하게 만들다. 예집터를 다지다.
다짐 ①마음속으로 굳게 작정함. ②단단히 다져서 확실한 대답을 받음. 비결심. 예다시는 그런 잘못을 저지르지 않겠다고 굳게 다짐을 받았다. —하다.
다짜고짜로 옳고 그름을 가리지 아니하고 단박에 들이덤벼서. 예다짜고짜로 덤벼들다.
다채롭다(多彩—) ①가지각색이 한데 어울려 호화롭고 아름답다. ②여러 가지 계획이 한데 조화되어 변화하다. 다양하다. 예다채로운 행사.
다치다 ①부딪쳐서 깨지다. ②몸에 상처가 나다. ③상하다.
다투다 ①싸우다. ②시비하다. ③승부를 내려고 하다.
다:하다 ①힘이나 물자를 있는 대로 들이다. ②죄다 사용하여 없어지게 하다. ③마치다. 예우리들은 오직 나라를 위해 충

다행(多幸) ①일이 좋게 됨. ②뜻밖에 잘됨. 예잘 계시다니 참 다행입니다. —하다.

다행스럽다〔다행스러우니, 다행스러워〕 뜻밖의 일이 잘되어 좋다.

다행히 운수가 좋게. 마침 좋게. 비요행히. 반불행히.

다홍 산뜻한 붉은빛.

닥나무 뽕나무 비슷한 나무로서, 열매는 뱀딸기 같고 껍질은 종이의 원료가 되는 나무.

닥쳐오다 가까이 다다라 오다. 예결혼 날짜가 닥쳐온다.

닥치는 대로 일이나 물건이 몸에 가까이 다다르는 대로. 예힘도 세고 재주도 있어서 닥치는 대로 일을 해치운다.

닥치다 일이나 물건이 몸에 가까이 다다르다.

닦다〔닥따〕 ①더러운 물건을 문지르거나 씻어서 깨끗하게 하다. 예그릇을 닦다. ②문질러서 윤기를 내다. 예마루를 닦다. ③평평하게 고르고 다지다. 예집터를 닦다. ④힘써 배우다. 예학문을 닦다.

단: 푸성귀나 땔나무 따위의 묶음. =뭇. 예파 한 단.

단(但) 오직. 단지.

단(段) 땅 300평의 넓이. 또는 그 넓이의 단위.

단(壇) 좀 높게 만들어 놓은 곳. 무대. 예교단.

단가(單價)〔—까〕 낱개의 값. 예제품의 단가를 매기다.

단거리달리기 짧은 거리를 힘껏 달려 승부를 결정짓는 육상 경기의 한 종목.

단결(團結) 여러 사람이 마음을 하나로 한데 뭉침. 비단합. 협동. 반분열. 예일치 단결하여 싸우자. —하다.

단결심 많은 사람이 한마음 한뜻으로 뭉치려는 마음.

단계(段階) 일의 차례를 따라 나아가는 과정. 순서. 차례.

단골 한 가게에서만 늘 물건을 사 가는 손님. 반뜨내기.

단군(檀君) 고조선을 세우고 다스리신 맨 처음 임금.

단군 신화 하늘의 자손인 단군이 고조선을 세웠다는 내용의 우리 민족의 건국 신화.

단기(檀紀) 단군 기원. 단군께서 나라를 세우신 해를 중심으로 햇수를 세는 것. 서력 기원보다 2333년 전임.

단:내 ①물건이 눋는 냄새. ②몸에 열이 오를 때 코에서 나는 냄새.

단:념(斷念) 바라던 생각을 끊어 버림. 예미국으로 공부하러 갈 것을 단념하였다. —하다.

단단하다 ①무르지 않다. ②굳세다. ③질기다. ④튼튼하다. 비야무지다. 반무르다.

단단한 땅에 물이 괸다(속) 마음이 굳어야 재물이 모인다.

단당류(單糖類) 더 이상 나뉘지 않는 가장 간단한 탄수화물.

단독(單獨) ①단지 한 사람. ②혼자. ③단지 한 개. ④다만 그뿐. 비독단. 예단독 등반.

단련(鍛鍊)〔달—〕 ①쇠붙이를 불에 달구어 두드림. ②몸과 마음을 닦아 기름. 비연마. 수련. —하다.

단리법(單利法)〔—뻡〕 이자 계

산법의 하나. 원금에 대해서만 일정한 기간에 약정된 이율을 적용하여 이자를 계산하는 방법. 凹복리법.

단물 ①담수. 凹짠물. ②칼슘이나 마그네슘의 화합물을 별로 포함하지 않은 물. 凹센물.

단박 그 자리에서 바로. 한 번에. 몐단박에 먹어 치우다.

단백질(蛋白質) 우리 몸에 필요한 3대 영양소의 하나. 우유·고기 등에 많이 들어 있음.

단번(單番) 단 한 번. 한 차례.

단번에 단 한 번에.

단벌 ①딴 것은 통 없고 오직 그것 하나뿐인 물건이나 재료. ②오직 그것뿐인 한 벌의 옷. 몐단벌 신사.

단색(單色) 한 가지 빛깔. 몐단색 옷차림.

단:서(端緖) ①일의 처음. ②실마리. 몐사건 해결의 단서.

단:소(短簫) 앞에는 다섯, 뒤에는 한 개의 구멍이 있는, 대로 만든 악기. 〔단소〕

단속(團束) ①정신을 차리게 함. ②타일러 주의를 시킴. ③조심하도록 이름. ④경계를 단단히 하여 다잡음. 몐교통 단속. —하다.

단순(單純) ①복잡하지 아니함. ②섞인 것이 없음. ③제한이나 조건이 적음. 凹간편. 간단. 凹복잡. —하다.

단숨에 쉬지 아니하고 곧장. 대번에. 凹한숨에. 몐언덕을 단숨에 올라갔습니다.

단어(單語) 생각을 나타내는 낱낱의 말. 凹낱말.

단언(斷言) 끊어 말함. 잘라 말함. —하다.

단연(斷然) ①딱 잘라 변하지 않게. ②작정하는 태도가 있는 모양. 몐단연 그가 앞선다.

단:열재(斷熱材)[—째] 열을 쉽사리 전하지 않는 재료. 석면·유리 섬유·코르크 따위.

단오(端午) 명절의 하나. 곧 음력 5월 5일. 몐단오절.

단위(單位) 수량의 계산 기준이 되는 수치. 凹하나치.

단위 분수[—쑤] 분자가 1인 분수. 몐 $1/2·1/3·1/4$ 등.

단:음계(短音階) 으뜸음에서 둘째와 셋째, 다섯째와 여섯째 음 사이의 음정이 반음인 음계. 凹장음계.

단잠 ①곤하게 자는 잠. ②편히 자는 잠.

단장(丹粧) 곱게 잘 꾸밈. 凹화장. —하다.

단점(短點)[—쩜] 나쁜 점. 凹결점. 凹장점. 몐친구를 사귀려면 그 사람의 단점을 보지 말고 장점을 보아라.

단정(斷定) ①딱 잘라서 결정함. ②판단. —하다.

단정(端正) ①바르고 얌전함. ②어수선하지 않고 아담함. 아. 몐단정한 옷차림. —하다.

단정히 바르고 얌전하게. 몐옷을 단정히 입어야 한다.

단조롭다(單調—) 아무 변화가 없이 늘 같은 모양이다.

단지 간장·꿀·술 등을 담는 작은 항아리.

단:지(但只) 다만.

단:처(短處) 부족하거나 나쁜

점. 잘못된 곳. 단점. 결점. 凹장처.
단청(丹靑) 집의 벽이나 기둥 같은 데에 여러 가지 빛깔로 그림과 무늬를 그림. —하다.
단체(團體) 같은 목적을 이루기 위하여 결합된 무리. 凹개인.
단추 옷고름이나 맞대고 매는 끈 대신으로 구멍을 뚫어 꿰게 된 물건.
단칼에 칼을 꼭 한 번 써서. 예단칼에 승부를 내다.
단파(短波) 파장이 약 10m 이상 50m 이하, 좀더 널리 잡아 말하면 100m 이하의 전파. 凹장파.
단판(單一) 단 한 번에 이기고 지는 것을 판가름 내는 판. 예단판에 이기고 말겠다.
단풍(丹楓) 늦가을에 붉고 누렇게 물든 나뭇잎.
단풍취 산에 나는 여러해살이풀. 어린 잎은 나물로 먹음.
단합(團合) 한데 뭉침. 비단결. 예단합 대회. —하다.
닫다 ①빨리 가다. 달아나다. ②열었던 문이나 창을 도로 막다. 가리다. 凹열다.
닫히다[다치—] 문 따위의 열리어 있던 것이 닫아지다. 凹열리다¹.
달 ①밤 하늘에 떠서 세상을 밝게 비치는 지구의 위성. 凹해. ②일년을 열둘로 나눈 그 하나. 비월.
달가닥 단단하고 두꺼운 물건이 맞닿아서 나는 소리. 준달각. 큰덜거덕. —거리다. —하다.
달가스 1870년경에 덴마크의 부흥에 힘쓴 지도자. 덴마크가 독일과의 전쟁에서 기름진 넓은 땅을 빼앗겼을 때, 황무지 협회를 조직하여 식목과 개척에 힘쓰는 한편 협동 조합 운동을 전개하여 부흥의 터전을 닦았음.
달개비 습한 땅에 자라는 높이 15~50cm 정도의 한해살이풀. 줄기는 긴 마디로 되어 있으며 아침 일찍 남색의 꽃이 핌.
달걀 닭이 낳은 알. 비계란.
달구지 소 한 필이 끄는 짐수레.
〔달구지〕
달님 달을 사람처럼 생각하여 아름답고 다정하게 일컫는 말. 凹해님.
달다¹(다니, 다오) ①잡아매어 늘어뜨리다. ②걸어놓다. ③기록하다.
달다²(다니, 다오) ①꿀맛과 같다. ②입맛이 좋다. ③입에 맞다. ④마음에 들다.
달:다³(다니, 다오) 마음이 타다. 예애가 달다.
달다⁴(다니, 다오) 무게를 헤아리다. 예저울에 달다.
달라다 자기에게 무엇을 줄 것을 상대편에게 청하다.
달라붙다 ①끈기 있게 바짝 붙다. ②가까이 덤벼 대들다. ③한 가지 일에만 열중하다. 큰들러붙다.
달라지다 그전 것과 틀리게 되다. 다르게 되다.
달랑 ①차분하지 못하고 잇달아 까불거나 빨리빨리 움직이는 모양. ②작은 방울 따위가 한 번 흔들리어 나는 소리. 큰덜렁. 쎈딸랑. —하다.

달래다 마음이 즐겁도록 타이르다. 예우는 동생을 달래다.
달러(dollar) 미국 돈의 단위. 1달러는 100센트.
달려나가다 빨리 뛰어서 나가다. 예마당으로 달려나가다.
달려들다〔달려드니, 달려드오〕 가까이 덤비다. 덤비어 대들다. 예개들이 달려들었다.
달려오다 뛰어오다. 예나를 보고 달려오는 동생이 귀여웠다.
달력 한 해 동안의 날짜와 요일 등을 나타낸 것. 비책력. 월력. 캘린더.
달리 다르게. 예그 이야기를 또 달리 표현해 보았다.
달리는 말에 채찍질〈속〉 형편이나 힘이 한창 좋을 때 더욱 힘을 더한다는 말.
달리다¹ ①물건에 걸리어 늘어지다. ②느른하여 기운이 풀어지다. ③몸이 고단하여 눈이 뒤로 걸어 당기게 되다.
달리다² ①무슨 물건이 잇대어 뒤를 대지 못하게 모자라다. 예물건이 달려서 팔지를 못하고 있습니다. ②재주가 모자라다. ③힘에 부치다. 비모자라다. 예힘이 달리다.
달리다³ 바쁘게 몰아서서 빨리 가게 하다. 예차는 어둠을 헤치고 쏜살같이 달린다.
달리아(dahlia) 줄기는 1.5m쯤이며 여름과 가을에 여러 가지 빛의 꽃이 핌.
달맞이 음력 정월 보름날 저녁에 높은 곳에 올라가서 달을 구경하는 일. —하다.
달무리 달 언저리에 구름같이 허옇고 둥그렇게 둘린 기운. 반햇무리.
달밤〔一빰〕 달이 있는 밤.
달별 떠돌이별의 둘레를 도는 작은 별. 곧 지구를 도는 달 따위.
달빛〔一삧〕 달에서 비치는 빛. 비월광.
달성(達成) 마음먹은 대로 다 이룸. 비성취. 반미달. 예목적을 달성하기 위해 꾸준히 노력하다. —하다.
달아나다 ①빨리 가다. ②몸을 피하여 도망하다. 비도망치다. 반돌아오다.
달아오르다〔달아오르니, 달아올라서〕 ①얼굴이 화끈해지다. 예얼굴이 달아오르다. ②쇠붙이 같은 것이 몹시 뜨거워지다. 예다리미가 달아오르다.
달음박질 빨리 달려가는 걸음. 비경주. —하다.
달콤하다 맛이 알맞게 달아 감칠맛이 있다. 큰달큼하다. 예달콤한 사탕.
달팽이 소라 같은 껍데기 속에서 사는 작은 동물.
달포 한 달 가량 된 동안.
닿하다 ①뜻을 이루다. ②어떠한 곳에 닿아서 이르다.
닭 집에서 기르는 가축의 한 가지. 수컷은 볏이 크고 때를 맞추어 울며, 암컷은 알을 낳음. 예닭싸움.
닭의장 ①닭을 가두는 집. ②밤에 닭이 들어가 쉬고 자게 만든 장치. =닭장.
닭 잡아먹고 오리발 내어 놓는다〈속〉 어색하게 자기 행동을 숨기려 하나, 그 솜씨가 드러난다는 뜻.

닭 쫓던 개 지붕 쳐다보듯(속) 일이 실패되어 어찌할 수 없음을 비유하는 말.

닮:다[담따] ①서로 비슷하게 되다. ②차차 같아지다. ③흉내내다. 본뜨다.

닮은꼴 크기가 같지 않은 두 개의 도형에서 대응변의 비가 다 같고 대응각이 서로 같은 두 도형.

닮음비(—比) 닮은꼴의 두 도형에서 대응변의 길이의 비.

닮음의 중심 두 닮은 도형의 대응점을 이은 직선이 모두 한 점에서 만날 때, 두 도형은 '닮음의 위치에 있다'고 하고, 그 점을 닮음의 중심이라 함.

닳다[달타] ①갈리어 낡아지거나 줄어들다. 예구두가 닳다. ②졸아 없어지다. ③피부가 얼어서 붉어지다.

담¹ 벽돌 같은 것을 높이 쌓아 올려서 집의 둘레를 둘러막은 것. 비담장. 울타리.

-담² '-단 말인가'의 뜻. 예어찌 이리도 아름답담.

담:(膽) ①쓸개. ②용감한 기운. ③마음. 예담이 크다.

담그다 ①액체 속에 넣다. 예더운물에 몸을 담그다. ②간장·술·김치 따위를 만들 때 그 원료에 물을 부어 익도록 그릇에 넣다. 익히다. ③생선에 소금을 쳐서 젓갈을 만들다.

담기다 그릇에 물건이 담아지다. 예광주리에 담긴 과일.

담:다[—따] 그릇에 넣다. 반꺼내다.

담당(擔當) 자기가 맡아서 그 일을 처리함. 맡아봄. 비담임. —하다.

담:대(膽大) ①담력이 큼. ②겁이 없이 용기가 많음. 비대담. 예담대한 사람. —하다.

담:력(膽力) 겁이 없고 용감한 기운.

담:배 ①가짓과의 일년생 재배 식물. 가을에 잎을 따 말려서 담배의 재료로 쓰며 농업용 살충제로도 씀. ②담뱃잎을 말려서 만든 살담배·잎담배·궐련의 총칭.

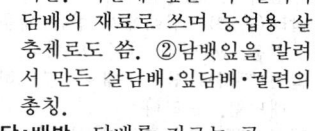

담:배밭 담배를 기르는 곳.

담:뱃대 담배를 피우는 데 쓰는 물건. 비곰방대.

담벽[—뼉] 함부로 들어오지 못하게 막아 놓은 벽.

담뿍 ①모두. 죄다. ②잔뜩. 함빡. 비듬뿍. 반조금. 예바구니에 고추가 담뿍 담겨 있어요.

담:수(淡水) 단물. 민물.

담양(潭陽) 전라 남도 광주 북쪽 영산강 상류의 기름진 고장. 근처에서 대가 많이 산출되어, 죽세공품으로 유명함.

담임(擔任) 책임을 지고 그 일을 맡아봄. 또는 그 사람. 비담당. —하다.

담임 선생님 한 학급을 맡아보는 선생님.

담장 =담¹.

담쟁이덩굴 벽이나 담 같은 데 붙어서 뻗어 나가는 풀 이름.

담:징(曇徵, 579~631) 고구려의 중이며 화가. 일본 호류사에 금당 벽화를 그렸음.

담판(談判) 서로 의논해서 판단함. —하다.

담화(談話) 이야기. —하다.

-답다[다우니, 다워] 이름을 나

타내는 말 맡에 붙어서 '무엇과 같다' 또는 '얼마만한 값어치가 있다'의 뜻을 나타내는 말. 예여자답다.

답답하다 ①병·근심으로 가슴이 막히어 괴롭다. ②궁금하다. ③갑갑하다. 예느려서 답답하다. 반시원하다.

답례(答禮) 남에게서 받은 예를 갚음. 예답례 인사. —하다.

답변(答辯) 묻는 대로 분명히 대답함. —하다.

답사(答辭) 식장에서 식사나 축사에 대하여 답례로 하는 말. 반송사. —하다.

답사(踏査) 실제 현장에 가서 보고 조사함. 예경주 고적을 답사하다. —하다.

답안(答案) 문제의 해답.

답장(答狀) 받은 편지에 대해서 대답하는 편지. —하다.

닷새 5일. 다섯 날. 예방학한지 닷새나 된다.

당(黨) 무리. 떼. 동아리.

당겨지다 끌리어지다.

당국(當局) 그 일을 맡아 하는 곳. 예관계 당국.

당기다 ①끌어서 가까이 오게 하다. 예손목을 잡아당기다. ②줄을 팽팽하게 하다.

당나귀 말의 한 가지. 보통 말보다 작음.

당나라(唐—) 중국 왕조의 하나. 수나라가 망한 후 중국 대륙을 지배했음.

당당하다(堂堂—) ①떳떳하다. ②의젓하다. ③공명 정대하다. 비떳떳하다.

당당히 떳떳하게.

당돌하다(唐突—) ①어려워하는 마음이 없다. ②다부지다. ③똑똑하다.

당면(當面) 일이 눈앞에 닥침. 예우리에게 당면한 문제는 어떻게 하면 좀더 효과적으로 공부를 할 수 있느냐는 것이다. —하다.

당번(當番) 돌아오는 차례. 비담당. 반비번. —하다.

당부(當付) 부탁함. 또는 그 부탁. 비부탁. 예꼭 전해 달라고 신신 당부를 했다. —하다.

당분간(當分間) 앞으로 얼마 동안. 잠시 동안.

당선(當選) 여럿 중에서 뽑힘. 비피선. 반낙선. 예현상 모집에 당선되었다. —하다.

당수(黨首) 한 정당의 우두머리. 당의 최고 책임자.

당시(當時) ①일이 생긴 바로 그 때. ②어떤 일을 당할 때. 비그 때. 예6·25 당시 아버지는 부산에 계셨다.

당신(當身) 상대편을 높여서 부르는 말. 비그대. 그분.

당연(當然) 마땅히 그렇게 되어야 함. 비마땅. 타당. 예당연한 일. —하다.

당연히 마땅히.

당원(黨員) 정당에 들어 정당을 구성하는 사람.

당의(糖衣) 알약을 먹기 좋게 하기 위해 겉에 당분이 든 막을 얇게 입힌 것. 예당의정.

당인리(唐仁里)[—니] 서울 마포구에 있으며 화력 발전소가 있음.

당자(當者) 바로 그 사람. 비본인. 본당사자.

당장(當場) 무슨 일이 일어난

바로 그 곳. 그 자리. 비곧. 예언니의 편지를 받고 당장 뛰어가고 싶었지만 어쩔 도리가 없었다.

당쟁(黨爭) 당파끼리 서로 권세를 잡으려고 다툼. —하다.

당좌 예:금(當座預金) 예금자의 요구대로 언제든지 지불한다는 약속 아래 하는 예금. 준당좌.

당직(當直) 근무하는 곳에서 번드는 차례가 됨. —하다.

당집(堂—)[—찝] 신을 모셔 놓고 위하는 집.

당차다 몸집은 작으나 올차며 다부지고 힘세다.

당치 않다(當—) 꼭 알맞지 아니하다. 예날씨가 추워졌다고 학교를 결석한다는 것은 당치 않은 일이다.

당태종 당나라를 세운 첫 왕.

당파(黨派) 뜻이 같은 사람끼리 한 패가 되어 나누인 갈래.

당파 싸움 당파를 지어 다툼.

당포(唐浦) 지금의 경상 남도 통영시 산양면 미륵도.

-당하다(當—) 움직임을 나타내는 말에 붙어 그 움직임이 남의 힘으로 이루어지고 있음을 나타내 주는 말. 예거절당하다. 포위당하다.

당화(糖化) 전분 따위가 당분이 됨. —하다.

당황(唐惶) 놀라서 정신이 어리둥절함. —하다.

닻 배를 멈추게 하는 기구.

닿는다 이른다. 도착한다.

닿:다 ①서로 접 [닻]하다. ②가서 이르다. 비다다르다. 반떠나다.

닿소리 자음. ㄱ·ㄴ·ㄷ·ㄹ…… 따위의 글자. 반홀소리.

대 속이 비고 곳곳에 마디가 있는 나무.

대:(大) 크다는 뜻. 큰 것.

대:(代) 임금의 자리나, 한 집안 어른의 자리 등 차례로 이어지는 계통. 예대를 잇다.

대:가(代價)[—까] 값 대신 얻는 값어치. 무엇을 희생하여 얻은 결과. 예노력한 대가.

대:가족 제:도(大家族制度) 많은 가족이 집안 어른을 중심으로 한데 모여 살았던 옛날의 가족 제도. 반핵가족 제도.

대:각(對角) 다각형에서 서로 마주 보는 두 쌍의 각.

대:각국사(大覺國師) =의천.

대각선(對角線) 다각형에서 서로 이웃하지 아니하는 두 각의 꼭지를 잇는 직선. 비맞모금.

대:감(大監) 정2품 이상의 관원을 높여서 부르는 말. 예대감마님.

대:강(大綱) ①세밀하지 아니한 정도. ②거의. 그저 웬만큼. 비대충. 대개. 대략. 반확실.

대갚음 은혜나 원한에 대하여 자기가 받은 만큼의 일을 돌려 보내는 일. —하다.

대:개(大概) ①대략. ②대강. 예우리 반 아이들은 대개 걸어서 학교를 다닌다.

대견스럽다[대견스러우니, 대견스러워서] 마음에 부족함이 없이 흡족하다.

대견하다 ①마음에 흡족하다. ②부족함이 없다. 예낮에 일하고, 밤에 학교에 다니는 것은 대견한 일이다.

대:결(對決) 서로 맞서서 겨룸. 또는 맞서서 결정함. 圓대치. —하다.

대:경 실색(大驚失色) 몹시 놀라 얼굴빛이 변함. —하다.

대:고모 아버지의 고모.

대:공(大公) 임금의 집안의 남자를 높여 일컫는 말.

대:관(戴冠) 제왕이 왕관을 받아 씀. —하다.

대:관령(大關嶺)[—괄—] 강원도 강릉과 평창군의 경계에 있는 높은 고개. 매우 험하며 아흔아홉 고개나 된다고 함.

대:관절(大關節) ①도대체. ②어떻든. ③아주. 도무지.

대:교(大橋) 큰 다리. 예성산 대교.

대구(大口) 깊은 바다에서 사는데 몸은 넓적하게 길고 둥글며, 머리와 입이 썩 크고, 비늘이 잔 바닷물고기로 겨울철에 많이 잡힘.

대구(大邱) 경상 북도의 도청 소재지로 광역시. 대구 분지의 중앙에 위치하고 도시 변두리에는 팔공산 등 높은 산과 언덕으로 둘러싸여 대륙성 기후를 나타내고 있음.

대:군(大軍) 많은 군사.

대굴대굴 작고 단단한 물건이 연해 굴러가는 모양. 큰데굴데굴. 센때굴때굴.

대:궐(大闕) 임금이 사는 집. 圓궁전. 궁궐.

대:규모(大規模) 큰 계획. 큰 범위. 凹소규모. 예서울 올림픽 잠실 주경기장은 대규모의 공사 끝에 만들어졌다.

대:금(代金) 물건값.

대:기(大氣) 땅덩이의 둘레를 싸고 있는 공기 전체.

대:기(待機) 때나 기회가 오기를 기다림. —하다.

대:기권[—권] 지구를 둘러싸고 있는 대기가 분포하는 범위 중 가장 바깥 부분.

대:꾸 남의 말을 받아 그 자리에서 자기 생각을 나타내는 말. 본말대꾸. —하다.

대나무 줄기가 곧고 마디가 있으며, 속이 빈 나무. 아시아·열대 지방에서 자람.

대:낮 낮의 가운데. 圓한낮.

대:내적(對內的) 내부나 국내에 상관되는 것. 凹대외적.

대님 한복 바지의 아래를 졸라매는 좁은 끈.

대:다 닿게 하다.

대:다수(大多數) 거의 전부. 거지반 다. 圓대부분. 凹극소수.

대:단하다 매우 심하다. 예집에 늦게 돌아온 동생에게 아버지는 꾸중이 대단하셨다.

대:담(對談) 서로 마주 보고 말함. 圓대화. —하다.

대:담(大膽) 담력이 큼. 겁이 없음. 예영철이는 겁이 조금도 없으며 대담한 행동을 예사로 하는 아이다. 圓담대. —하다.

대:답(對答) ①자기의 뜻을 나타냄. ②부르는 데 말로 응함. 圓답변. 대꾸. 응답. 凹물음. 질문. —하다.

대:대(大隊) 군대 단위의 하나

대:대로(代代—) 여러 대를 잇달아서. 예대대로 전해 내려온 보물.

대:도시(大都市) 큰 도시. 지역이 넓고 인구가 많으며 경제·문화·정치 따위의 중심이 되는 도시. 예서울은 빌딩이 많은 대도시이다.

대:독(代讀) 남의 글을 대신 읽음. —하다.

대:동(大東) 동쪽에 있는 큰 나라. 옛날에 우리 나라를 가리키던 말.

대:동법(大同法)[—뻡] 조선 시대 광해군 때부터 실시하였던 세금 제도. 농민들이 지방 특산물로 바치던 것을 쌀로 바치게 하였음.

대:동여지도(大東輿地圖) 조선 시대 김정호가 만든, 우리 나라 전 국토를 나타낸 최초의 지도.

대:들다〔대드니, 대드오〕 요구하느라고 세차게 달려들다.

대뜸 얼른. 곧.

대:략(大略) 대강의 줄거리. 비대충.

대:량(大量) 많은 분량. 반소량. 예대량 판매.

대:량화 많은 분량으로 바뀜.

대로 '그 모양과 같이'의 뜻을 나타내는 말. 예나는 선생님이 시키는 대로 공부를 하였더니 성적이 퍽 좋아졌다.

대:로(大路) 폭이 넓고 큰 길. 반소로.

대롱대롱 매달린 물건이 가볍게 흔들리는 모양. 예커다란 수세미외가 대롱대롱 매달려 있습니다. —하다.

대:륙(大陸) 지구상의 넓고 큰 육지. 큰 땅덩어리. 비육지. 대지. 반대양. 해양.

대:륙성 기후 대륙 내부의 기후로서, 비가 적고 밤과 낮, 또는 여름과 겨울의 덥고 추운 온도차가 심한 기후.

대:리(代理) 남을 대신함. 비대신. —하다.

대:리석(大理石) 횟돌이 변하여 된 반드럽고 아름다운 돌.

대:명사(代名詞) 명사를 대신하여 쓰는 품사. 대이름씨.

대목 가장 긴요한 때나 곳. 비고비. 부분. 예여기가 재미있는 대목입니다.

대:문(大門) 집으로 들어가는 큰 문. 비정문.

대발 대로 엮은 발.

대번 서슴지 않고 한 번에. 비단번.

대:법원(大法院) 재판을 최종적으로 담당하는 최고 법원. 준대법. 예대법원의 판결.

대:변(大便) 사람의 똥. 반소변.

대:보다 이것과 다른 것을 서로 견주어 보다.

대:보름 음력 정월 보름(15일). 본대보름날.

대본(臺本) 연극이나 영화 촬영에서 기본이 되는 각본. 예대본을 읽다. 영화 대본.

대:부분(大部分) 거의 전부. 비대개. 대다수. 거의 다. 반일부분. 예지원한 학생은 대부분 합격하였다.

대 분수(帶分數)[—쑤] 정수와 진분수로 이루어진 수.

대:비(對備) 앞으로 있을 일을 맞이하기 위하여 미리 준비함. 비준비. 예겨울을 대비하여 김장을 하다. —하다.

대:비원(大悲院) 고려 문종 때 가난한 사람과 병든 노인을 무료로 치료하여 주기 위하여, 개경의 동·서 두 곳에 설치하였던 의료 구제 기관.

대:사(大使) 국가 원수를 대표하여 다른 나라에 가서 외교 관계를 맡아보는 공무원.

대사(臺詞) 무대 위에서 연극 중에 배우가 하는 말. 대화하는 글. 예대사를 외다.

대:사간(大司諫) 조선 시대 국왕을 돕는 중요한 벼슬의 하나로 사간원의 우두머리.

대:사관(大使館) 대사가 있는 나라에서 사무를 처리하는 공관.

대:사헌(大司憲) 조선 시대의 국왕을 돕는 중요한 벼슬의 하나로 사헌부의 장관. 주로 관리들의 기강을 바로잡고 임금의 잘못을 말하였음.

대상(隊商) 한 동아리가 되어 사막이나 초원 같은 데를 지나는 장사치.

대상(對象) 목표 또는 상대가 되는 것. 비상대.

대:서양(大西洋) 남·북 아메리카와 유럽 사이에 있는 세계 제2의 큰 바다.

대:세(大勢) ①어떤 일이 진행되는 결정적인 형세. ②병의 급하고 딱한 형세.

대:수롭지 않다 ①시시하다. ② 중대하지 않다. ③신통할 것이 없다.

대숲 대가 많이 우거진 숲.

대:승(大勝) ①썩 나음. ②크게 이김. 반참패. —하다.

대:신(大臣) 벼슬이 높은 신하. 오늘날의 장관과 같은 벼슬.

대:신(代身) ①남을 대리함. ② 어떤 것을 갈아내고 딴것으로 채움. 비대리. 예어제 결석한 대신 오늘은 열심히 공부해야 한다. —하다.

대야 물을 담아서 얼굴·손·발을 씻는 데 쓰는 그릇.

대:여(貸與) 빌려 줌. 비대출. —하다.

대열(隊列) 줄을 지어 늘어선 행렬.

대:외(對外) 외부 또는 외국에 대함. 예대외 문제. 대외적 위신.

대:용(代用) 대신으로 씀. 예대용품. —하다.

대:우(待遇) 신분에 맞게 하는 대접. 비대접. —하다.

대:웅전(大雄殿) 절에 부처를 모셔 놓은 가장 큰 집.

대원(隊員) 어떤 무리에 딸린 사람. 예소방 대원.

대:원군(大院君) 임금의 바른 계통이 아닌 사람이 임금이 되었을 때, 그 임금의 친아버지의 존칭. 예흥선 대원군.

대:응(對應) ①마주 대함. 서로 같음. ②어떤 정해진 관계에 의하여 집합 ㄱ의 원소에 집합 ㄴ의 원소를 관련짓는 것. —하다.

대:응각 닮은꼴인 두 도형에서 대응하는 각.

대:응변 닮은꼴인 두 도형에서 대응하는 변.

대:응점[－쩜] 합동인 도형이나 닮은 도형에서 대응하는 점.
대:의(大意) 말이나 글 등의 대강의 의미. 대강의 뜻.
대:의(大義) 마땅히 해야 할 큰 의리. [예] 대의 명분.
대:의원(代議員) 정당이나 어떤 단체의 대표로 선출되어 회의에 참석하여 토의나 의결 따위를 하는 사람.
대:의 정치 국민이 선출한 의원이 정치에 참여하는 것.
대:자보(大字報) 큰 글자로 씌어진 대형 벽신문이나 벽보를 흔히 이르는 말.
대:자연(大自然) 넓고 큰 자연.
대:장(大將) ①군대에서 가장 높은 사람. ②어떤 무리의 우두머리.
대:장간[－깐] 쇠를 다루어 온갖 기구를 만드는 곳.
대:장경(大藏經) 모든 불경.
대:장부(大丈夫) 사내답고 씩씩한 남자. [예] 대장부답다.
대:장장이 쇠붙이를 달궈서 여러 가지 기구를 만드는 것을 직업으로 삼는 사람.
대:적하다(對敵－) ①서로 다투다. ②적수를 삼다. ③적을 마주 대하다.
대:전(大戰) 여러 나라가 넓은 지역에 걸치어 벌이는 큰 전쟁. [예] 제2차 세계 대전. －하다.
대:접(待接) ①예로써 대우함. ②음식을 먹임. [예] 손님을 대접하다. －하다.
대:접전(大接戰) 크게 어울려 싸움.
대:제학(大提學) 조선 시대 홍문관·예문관의 정이품 으뜸 관직.
대:조(對照) 둘을 마주 대서 비추어 비교함. －하다.
대:종교(大倧敎) 단군을 교조로 받드는 옛날부터 우리 나라에 있던 종교.
대:중(大衆) 백성의 무리. 여러 사람. [비] 민중.
대중말 한 나라 안에 표준이 될 만한 말. [비] 표준어.
대:지(大地) 넓은 땅. [비] 땅.
대:지(大志) 큰 뜻. 큰 마음.
대지(垈地) 집터로서의 땅.
대:질(對質) 서로 엇갈린 말을 하는 두 사람을 마주 대하여 말하게 함. [예] 두 사람을 대질 심문하다. －하다.
대쪽 대를 잘라 쪼갠 조각. 댓조각. [예] 대쪽같이 곧은 마음.
대:찬성(大贊成) 모두 옳다고 동의함. －하다.
대:책(對策) 어떤 사건에 대한 방책. [예] 예방 대책.
대청 대 안에 붙어 있는 얇고 흰 껍질.
대:청(大廳) 재래식 한옥에서, 방과 방 사이에 있는 큰 마루.
대:청소(大淸掃) 구석구석까지 대규모로 하는 청소. －하다.
대:체(大體) ①사물의 전체에서 요점만 딴 줄거리. ②요점만 말한다면.
대체로 대개. [예] 지난 겨울은 대체로 따뜻한 날씨였다.
대:추 대추나무의 열매.
대:출(貸出) ①물건을 빌려 줌. [예] 책을 대출하다. ②돈을 꾸어 줌. [예] 사업 자금을 대출하다.
대충 대강 추리는 정도. [예] 대충 줄거리만 말하다.

ㄷ

대:칭의 중심 두 도형이 한 점에 대하여 대칭될 때 그 점의 일컬음. 旧대응점.

대:칭축 두 도형이 한 직선에 대하여 대칭될 때 그 직선의 일컬음.

대:통령(大統領)[-녕] 국민에 의해 뽑혀서, 일정한 기간 동안 나라 전체의 일을 맡아보고 나라를 대표하는 사람.

대:패 나무를 반들반들하게 밀어 깎는 연장.

대:팻밥 대패질을 할 때 깎이어 나오는 종이같이 얇은 나무의 조각.

대:평소(大平簫) →태평소.

대:포(大砲) 화약의 힘으로 포탄을 쏘아 보내는 병기.

대:표(代表) 여러 사람 또는 단체를 대신하여 책임을 지고 나서는 사람. 또는 그 일. 旧대표자. 사장. —하다.

대:표적 여러 가지 중에서 가장 표준이 될 만한. 예3·1 운동의 대표적 정신은 민족 정신이다.

대:표점[-쩜] 넓이가 있는 지형이나 시설·물체의 중심점.

대:피(待避) 위험한 일을 당하지 않기 위하여 잠시 피함. 예긴급 대피. —하다.

대:하다(對-) 마주하다.

대:학(大學) 학교 중에서 정도가 가장 높은 학교.

대:학교 고등 전문 지식을 가르치는 학교.

대:한(大韓) ①'대한 제국'의 준말. ②우리 나라의 이름. 旧한국.

대:한(大寒) ①이십사 절기의 하나. 1월 20일경. ②지독한 추위. 대단한 추위.

대:한(對韓) 한국에 대한 일.

대:한 독립 만:세[-동닙-] 우리 나라가 일본의 손아귀에서 벗어나 스스로의 힘으로 설 수 있게 된 것을 축하하여 부르는 소리.

대:한 무:역 진:흥 공사 우리 나라의 수출 무역을 활발하게 하기 위하여 만든 기관.

대:한 민국 우리 나라의 이름.

대:한 민국 임시 정부 3·1 운동 이후 우리 나라의 애국 지사들이 독립 투쟁을 벌이기 위하여 중국 상하이에서 임시로 조직한 정부. 1945년 8월 15일의 광복과 더불어 귀국한 후 해체되었음.

대:한 적십자사 1947년에 조직된, 재해의 구조와 국민 보건 향상에 이바지하는 기구.

대:한 제:국 우리 나라 역대 국호의 하나. 고종이 1897년에 연호를 '광무'라 하고 왕을 '황제'라 하였으며, 조선을 '대한 제국'이라 하였음. 준대한.

대:항(對抗) 맞서서 버팀. 旧대적. 반복종. 굴복. —하다.

대:해(大海) 넓고 큰 바다. 旧대양.

대:화(對話) 마주 보고 이야기함. 또는 그 이야기. —하다.

대:회(大會) 여러 사람의 모임. 많은 사람이 모여서 하는 큰 행사. 예체육 대회. —하다.

대:흑산도(大黑山島) 전라 남도 신안군에 있는 섬.

댁(宅) ①남의 집의 높임말. 예댁이 먼가요? ②상대를 가리

댄스(dance) 무용. 무도. 춤. 예사교 댄스.

댐(dam) 전기를 일으키거나 물을 이용하려고 강이나 바닷물을 막아 두기 위해 쌓아 놓은 둑.

댑싸리 밭가 같은 곳에 저절로 나는 일년생 풀. 줄기는 비를 만들고 씨는 약으로 씀.

댓돌 마루 아래에 신을 벗어 놓아 두는 돌.

댕기 옛날 여자들이 머리 끝에 드리던 헝겊.

〔댕기〕

더 ①그 위에. ②더욱. ③많이.

더구나 더군다나. 예너도 못하는 일을 더구나 아이가 할 수 있겠니?

-더니 어떤 원인이나 조건을 만들고 다음에 다른 말이 오게 하는 연결 어미. 예무덥더니 비가 온다.

더덕 초롱꽃과에 딸린 깊은 산에 나는 여러해살이 덩굴진 풀. 뿌리는 먹으며 약으로도 쓰임.

더덕더덕 꽃·열매 같은 것이 곳곳에 많이 붙어 있는 모양. 쫘다닥다닥. ―하다.

더듬다 ①손으로 이리저리 만져 보며 찾다. ②말이 자주 막히다. 예말을 더듬다. ③앞뒤 일을 헤아리다.

더듬더듬 ①글을 읽을 때 군데군데 막히는 모양. ②보이지 않아 손으로 자꾸 어루만지는 모양. 예더듬더듬 초를 찾았다. ―하다.

더듬어 보다 미루어 생각해 보다. 예옛일을 더듬어 보다.

더디다 ①느리다. ②늦다. ③재빠르지 않다. 반빠르다.

-더라 지난 일을 도로 생각하여 하는 말끝. 예어제도 아침 일찍 가더라.

더러¹ ①얼마간. 예사람이 더러 모였더라. ②조금. ③이따금. 예더러 1학년 때의 선생님이 생각난다.

더러² 같은 끼리나 그 이하의 경우에 '아무에게 대하여'의 뜻을 나타내는 토. 예너더러 뭐라고 그러시더냐?

더럭 갑자기 심할 정도로 한꺼번에 많이. 예겁이 더럭 나다.

더:럽다〔더러우니, 더러워〕 ①때묻다. ②보기 싫다. ③천하다. 반깨끗하다. 정결하다.

더미 많은 물건이 한데 모여 쌓인 큰 덩어리. 예장작더미.

더부살이 남의 집에 살면서 품삯을 받고 막일을 하는 사람. ―하다.

더불어 같이. 함께. 예오래간만에 너와 더불어 학교에 같이 가니 즐겁기 한이 없구나.

더블(double) 이중. 겹.

더블 베이스(double bass) 현악기 중에서 가장 낮은 소리. 콘트라베이스.

더없이 그 위에 더할 수 없이. 더할 나위 없이. 예친구를 만나니 더없이 기쁘다.

더욱 ①더. 조금 더. ②더군다나. ③점점. 차차. ④갈수록. 할수록. 예공부를 더욱 열심히 해야겠다.

더욱이 그러한 위에다 더욱. 비

더워지다 더구나. 예몸집도 작고 더욱이 몸도 약하다.

더워지다 ①여름철이 되다. ②뜨거워지다.

더위 여름철의 더운 기운. 반추위. 예더위를 타다.

덕(德) 너그럽고, 어질고, 훌륭한 마음.

덕망(德望) 마음이 착하고 어질어 여러 사람이 우러러보고 따르는 일.

덕분(德分) 남의 도움을 받음. 비덕택. 예선생님 덕분에 병이 나았습니다.

덕육(德育) 도덕적으로 올바른 인간이 되게 하며, 정서를 풍부하게 만드는 교육.

덕으로 대:하다 위협을 하지 않고 착한 행동으로 상대하다.

덕을 닦다 어진 사람이 되기 위해 공부를 하고, 행실을 바로 잡다.

덕적도(德積島) 인천 광역시 옹진군에 있는 섬. 조기, 새우 등이 많이 잡힘. 피서지로도 유명함.

덕택(德澤) 덕이 다른 사람에게까지 미치는 은혜. 비덕분.

-던 설명하는 말 끝에 붙여 과거의 뜻을 나타내는 말. 예내가 살던 고향.

던지다 ①짐을 내버리다. ②물건을 공중에 띄워 저편으로 보내다.

덜: 한도에 미처 다 차지 못함을 나타내는 말. 예잠을 덜 잤더니 피로하다.

덜:다〔더니, 더오〕 ①감하다. ②적게 하다. ③빼다. 반보태다. 예수고를 덜다.

덜미 ①목덜미와 뒷덜미. ②몸의 아주 가까운 뒤쪽.

덜커덕거리다 크고 단단한 물건이 맞닿아서 잇달아 둔한 소리가 나다. 준덜컥거리다. 센떨거덕거리다. 작달카닥거리다.

덜컥 ①어떤 일이 갑자기 일어나는 모양. ②갑작스레 놀라거나 겁에 질려 가슴이 내려앉는 모양. ③서슴지 않고, 앞뒤를 돌아볼 겨를이 없이. 본덜커덕. —거리다. —하다.

덜컹덜컹 큰 물건이 맞닿아 부딪쳐 나는 소리. 예마차가 덜컹덜컹 소리를 낸다.

덤: ①물건을 살 때 조금 더 받는 것. ②몫 밖에 더 주는 것.

덤벙거리다 깊이 생각하지 아니하고 함부로 덤비며 까불다. 예기운 좀 있다고 함부로 덤벙거리다가 팔만 다치고 말았다.

덤벼들다〔덤벼드니, 덤벼들어서〕 함부로 달려들다.

덤불 풀이 많이 나서 엉클어진 곳. 예가시덤불.

덤비다 ①함부로 달려들다. ②성질이 매우 급하다.

덥:다〔더우니, 더워서〕 ①더위가 심하다. ②불 옆에 있는 것 같다. 반춥다.

덥석〔—썩〕 왈칵 덤벼서 움켜쥐거나 입에 무는 모양. 예철이는 사과를 덥석 깨물었다.

덧거름 씨앗을 뿌린 뒤에나 또는 모종을 옮겨 심은 뒤에 주는 거름.

덧거리 ①더 많이 얹어서 달라는 것. ②없는 사실을 보태어 말하는 일. —하다.

덧내다 ①남의 감정을 일으키

덧붙이다 다. 남을 노하게 하다. ②자극을 주다. ③종기나 상처 따위를 다시 도지게 하다.

덧붙이다[-부치-] 있는 위에 겹쳐 붙게 하다. 넉넉하게 하느라고 다시 더 넣다.

덧신 구두 위에 끼어 신는 신.

덧없다[덛-] ①확실하지 않다. ②사람이 나고 죽고 하는 것이 한결같지 못하다. ③무상하다. 예덧없는 세월.

덩굴 길게 벋어 가며 물건에 감기기도 하고 또는 퍼지기도 하는 식물의 줄기.

덩그렇다 ①높이 솟아서 우뚝하고 의젓하다. ②큰 건물의 안이 텅 비어 쓸쓸하다.

덩달아 영문도 모르고 남이 하는 대로 좇아. 예내가 노래를 부르자 동생도 덩달아 노래를 불렀습니다.

덩어리 ①뭉치어져 한 개로 된 물건. ②여럿이 모인 한 떼.

덩이 작은 덩어리.

덫 짐승을 꾀어 잡는 기구.

덮개 덮는 물건.

덮다[덥따] ①씌워 얹어서 보이지 않게 하다. ②가리워서 감추다. ③그릇의 뚜껑을 씌우다. 비씌우다. 반벗기다. 펼치다. 예솥뚜껑을 덮다.

덮어놓고[더퍼노코] ①무턱대고. ②이유도 없이. ③제멋대로. 예덮어놓고 설치다.

덮이다[더피-] 드러난 것에 다른 것이 얹히어 보이지 않게 되다. 예장독 위에 흰눈이 덮이다.

덮치다 ①위에서 겹쳐 누르다. ②여러 가지 일이 한꺼번에 닥치다. ③갑자기 엄습하다. 예추위가 덮치다.

데 ①곳. 예올 데 갈 데 없다. ②경우. 예아픈 데에 먹는 약.

데구루루 크고 단단한 물건이 딱딱한 바닥에 떨어져서 굴러 소리가 나는 모양.

데굴데굴 크고 단단한 물건이 계속하여 굴러가는 모양. 예땅에 떨어진 공이 데굴데굴 굴러갑니다.

데:다 ①불이나 끓는 물에 살이 벗어지거나 부풀어오르다. ②몹시 놀라다.

데리다 ①거느리다. ②이끌다. ③손아랫사람과 같이 있다.

데먼스트레이션(demonstration) 시위 운동. 준데모.

데모 '데먼스트레이션'의 준말.

데시리터(deciliter) 1리터의 10분의 1. 기호는 dL.

데이트(date) ①연월일. 날짜. ②약속. -하다.

데일리 메일(Daily Mail) 영국의 런던에서 발행되는 일간 신문. 1896년 노드클리프가 창간한 이래 지금은 약 200만 부 이상을 발행하고 있으며, 보수 당계에 속하는 신문이지만 중립을 지키고 있음.

도 같은 상태의 사물을 아울러 들 때에 쓰는 말. 예하늘도 바다도 푸르다.

도(度) ①각의 단위. ②온도의 단위. 예섭씨 0도.

도:(道) ①마땅히 지켜야 할 도리. ②어떠한 믿음으로 깊이 깨달은 지경. 예도를 닦다. ③각 도. 예경기도. 강원도.

-도(島) '섬'의 뜻. ㉔울릉도.

도가니 쇠붙이를 녹이는 데 쓰는 흑연으로 만든 그릇.

도감(圖鑑) 동물이나 식물 등의 모양이나 사는 방법 등을 사진이나 그림으로 그려 놓고 설명을 붙인 책. ㉔곤충 도감.

도거리 따로따로 나누지 않고 한데 합쳐서 몰아치는 일. ㉔일을 도거리로 맡다.

도:구(道具) 살림살이에 쓰는 그릇이나 일에 쓰이는 여러 가지 연장. 비기구. 연모.

도굴(盜掘) ①광업권의 허가를 받지 않거나 주인의 승낙 없이 몰래 광물을 채굴하는 일. ②고분 따위를 허가 없이 파내는 일. —하다.

도깨비 사람의 형상을 하고 여러 가지 이상한 재주를 가졌다는 귀신.

도:끼 나무를 찍거나 패는 연장의 하나. 쐐기 모양의 큰 쇠날에 자루를 맞춤.

도난(盜難) 도둑을 맞는 재난.

도:달(到達) 목적한 데에 다다름. 비도착. 반미달. —하다.

도대체(都大體) 대관절. 비대체. 도무지.

도:덕(道德) 사람이 지켜야 할 바른 길과 행위.

도돌이표(一標) 악곡을 연주할 때 되풀이하여 두 번 연주하라는 표. ‖: :‖로 표시.

도둑 남의 물건을 훔치거나 빼앗는 짓을 하는 사람.

도둑놈 개 꾸짖듯〈속〉 남이 알까 두려워서 입 속으로 우물쭈물한다.

도둑놈 개에게 물린 셈〈속〉 제 잘못 때문에 남에게 봉변을 당하여 아무 말 못한다.

도둑놈 문 열어 준 셈〈속〉 나쁜 사람에게 나쁜 일을 할 기회를 만들어 주어 제가 도리어 손해를 입는다.

도둑을 맞으려면 개도 안 짖는다〈속〉 운수가 나쁘면 모든 것이 잘 안 된다.

도둑을 앞으로 잡지 뒤로는 못 잡는다〈속〉 증거가 있어야 일을 밝힐 수 있다.

도둑이 제 발 저리다〈속〉 지은 죄가 있으면 자연히 마음이 조마조마하여진다.

도둑질 남의 물건을 주인 몰래 가져가거나 빼앗는 짓. 비도적질. —하다.

도둑질을 해도 손이 맞아야 한다〈속〉 무슨 일이든지 협력자가 있어야 하기가 쉽다.

도라지 산에 나는 여러해살이 풀. 뿌리는 굵으며 나물로 먹기도 하고 약으로도 쓰임.

도란도란 많지 않은 사람이 나직한 목소리로 정답게 지껄이는 모습. 큰두런두런. ㉔밤이 이슥하도록 도란도란 이야기를 나누었다. —하다.

도랑 폭이 좁은 작은 개울.

도래 둥근 물건의 둘레.

도:래(渡來) 물을 건너서 옴. 외국에서 건너옴. —하다.

도:량(度量) ①너그럽고 깊은 마음. ②일을 잘 다루는 품성.

도:량형 자·되·저울의 총칭.

도레미파(do·re·mi·fa) 음의 이름. 소리의 높음과 낮음을 나타내는 것.

도:련 두루마기·저고리 자락

끝 둘레.

도련님 ①남자 아이를 높여 부르는 말. ②결혼 안 한 시동생을 부르는 말.

도로 본래대로 다시. 향했던 쪽에서 돌아서 다시 반대쪽을 향하여. 예동생은 내게 준 물건을 곧잘 도로 빼앗는다.

도:로(道路) 사람이나 차들이 다닐 수 있는 큰 길.

-도록 설명하는 것에 붙여 쓰는 말. '가도록·먹도록' 따위.

도롱이 짚 따위로 엮어 어깨에 걸쳐 두르는 우장의 한 가지.

도르래 수평축의 둘레에 돌아갈 수 있는 바퀴에 홈을 파고, 여기에 줄을 걸어 물건을 달아 올리는 데 쓰는 수레. 비활차. 〔도르래〕

도리 기둥과 기둥 위에 가로 얹은 나무.

도:리(道理) ①사람이 행할 바른 길. ②일을 하여 낼 방도와 이치. 비방도. 방법. 예공부를 안 하고야 대학교에 들어갈 도리가 있나.

도리깨 벼나 보리 따위의 이삭을 쳐서 알갱이를 떨어뜨리는 데 쓰는 농구. 〔도리깨〕

도리어 ①반대로. ②거꾸로. ③차라리. 비오히려. 예잘못한 아이가 도리어 화를 낸다.

도마 채소·고기 따위를 올려놓고 칼질을 하는 조금 넓고 두꺼운 나무 토막.

도마뱀 몸의 길이는 19cm 가량이고, 네 개의 발이 있으며 꼬리가 가늘고 긴 뱀. 산이나 들판에 있으며 매우 날램.

도마에 오른 고기〈속〉 어찌할 수 없는 운명을 이르는 말.

도마 위에 고기가 칼을 무서워하랴〈속〉 죽을 지경에 이른 사람이 무엇이 무섭겠느냐.

도막 작고 짧은 동강. 비토막.

도막말 도막으로 된 짧은 말. 내용을 짧게 한 마디로 표현한 말. 반긴말.

도망(逃亡) 피하여 달아남. 비도주. 도피. 반추격. —하다.

도망치다 '도망질치다'의 준말. 몰래 달아나다.

도맡다 ①모두 맡다. ②죄다 차지하다.

도매(都賣) 나누어 팔지 아니하고 한데 합하여 팖. 반산매. 소매. —하다.

도매값[—깝] 도매로 파는 값. 반소매값.

도매상 생산자와 소매상의 중간에서 생산자로부터 생산된 물건을 한꺼번에 많이 사다가 소매상에게 파는 장사. 반소매상. 예남대문 옷 도매상.

도면(圖面) 무엇을 만들기 위해서, 그 모양을 그림으로 그려 놓은 것.

도모(圖謀) ①앞으로 할 일에 대하여 꾀함. ②꾀를 생각함. —하다.

도무지 이러니 저러니 할 것 없이 아주. 비아주. 좀처럼. 전혀. 도대체. 예이 문제는 도무지 모르겠습니다.

도:미 몸은 길둥글고 너부죽하며, 머리는 크고 입은 작으며,

도미 온몸에 큰 비늘이 있는 맛이 좋은 바닷물고기.

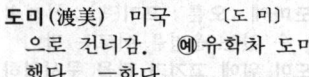
[도미]

도미(渡美) 미국으로 건너감. 예유학차 도미했다. —하다.

도박(賭博) 돈을 걸고 하는 노름. —하다.

도방 정치(都房政治) 고려 시대 최충헌이 도방(사병 제도)을 설치한 후 그곳에서 하던 무단 정치.

도보(徒步) 걸어감. 예도보 행진. —하다.

도서(島嶼) 크고 작은 섬들. 비섬. 예도서 기지.

도서(圖書) 글씨·그림·서적 따위. 비책. 예도서 출판.

도서관 책을 모아 놓고 여러 사람에게 읽히는 곳. 비도서실.

도서실 여러 가지 그림과 책 따위를 모아 두고, 일반 사람에게 보게 하기 위하여 만들어 놓은 방. 비도서관.

도:선(導線) 열이나 전기가 통하는 구리 따위의 쇠붙이 줄. 전기가 가장 잘 통하는 것은 백금·구리·납의 순서임.

도시(都市) 사람이 많이 사는 시가지. 비도회. 도회지. 반시골. 농촌.

도시락 ①타원형의 작은 고리짝. 점심밥을 담는 그릇. ②엷은 나무 판자나 알루미늄 따위로 상자처럼 만들어 밥을 담아 가지고 다니는 데 쓰는 그릇. ③'도시락밥'의 준말.

도안(圖案) 충분히 생각하여 여러 가지 형상을 채색을 해가며 그린 것.

도열병(稻熱病)[—뼝] 벼의 잎에 검은 점이 생기며 붉게 시들고 줄기와 마디가 썩는 병.

도와 주다 도움을 주다. 힘이 되어 주다.

도요토미 히데요시 16세기 말, 일본을 통일한 후 대륙 침략의 야망을 품고, 1592년 15만의 대군을 우리 나라에 보내어, 임진왜란을 일으킨 주인공.

도움 도와 주는 것. 반방해.

도움말 어떤 일을 더 잘되도록 도와 주는 말. 비조언.

도읍(都邑) ①서울. ②좀 작은 도시.

도:입(導入) 끌어들임. —하다.

도자기(陶瓷器) 질그릇·오지그릇·사기그릇을 통틀어 말함.

도장(圖章) 개인·단체의 이름을 나무 따위에 새긴 것으로 서류에 찍어 증거로 삼는 물건. 예도장을 찍다.

도:저하다(到底—) ①매우 좋다. ②훌륭하다. ③지극하다. ④마음을 다하다.

도:저히 끝끝내. 도무지. 비이루. 예네 말은 도저히 믿을 수 없다.

도주(逃走) ①달아남. ②쫓겨감. 비도망. —하다.

도:중(途中) 길을 가는 중간. 비중도. 예길을 가던 도중에 친구를 만났다.

도:지다 종기나 상처 따위가 다시 덧나다.

도:착하다(到着—) 목적한 곳에 다다르다. 비다다르다. 반떠나다. 출발하다.

도:처(到處) 이르는 곳마다. 여러 곳.

도:청(道廳) 도의 행정을 맡아 처리하는 지방 관청.

도:체(導體) 열이나 전기를 쉽게 전도하는 물체.

도:치(倒置) ①뒤바꿈. ②뒤바꾸어 둠. —하다.

도쿄 일본의 수도. 일본의 정치·문화·경제의 중심지.

도킹(docking) 인공 위성·우주선 따위가 우주 공간의 궤도 위에서 서로 결합함. —하다.

도탑다[도타우니, 도타워] ①인정이 많다. ②쌀쌀하지 않다.

도토리 도토리나무의 열매.

도톰하다 조금 두껍다. 예벌에 쐬어 도톰하게 부었습니다.

도:포(道袍) 보통 관리들이 예복으로 입던 옛날의 겉옷. 소매가 넓고 뒤에는 딴 폭을 대어 만듦. 예도포자락. 〔도 포〕

도:표(道標) ①앞길의 지명이나 거리 등을 적어 길가에 세운 푯말. 비이정표. ②앞날에 대한 길잡이.

도표(圖表) ①그림과 표. ②수량 관계를 직선 또는 곡선의 그림으로 나타낸 표.

도합(都合) 전부를 합한 계산. 비총계.

도해(圖解) ①그림으로 풀어 놓은 설명. ②그림의 내용에 대한 설명. —하다.

도형(圖形) 입체·면·줄·점 등이 모여서 된 것.

도화(圖畫) ①그림과 도안. ②그림을 그림.

도:화선(導火線) ①폭발약을 터지게 하는 심지. ②사건을 일으킨 직접 원인.

도화지 그림 그리는 데 쓰이는 종이.

도회지(都會地) 사람이 많이 살고 번화한 곳. 비도시. 반농촌. 시골.

독 김치나 간장 따위를 담그는 데 쓰는 운두가 높고 배가 부른 질그릇.

독(dock) 배의 건조나 수리, 또는 하물을 싣고 부리기 위한 설비. 비선거.

독감(毒感) 아주 독한 감기.

독농가(篤農家)[동—] 남보다 뛰어난 솜씨로 농사에 열성이 있는 농가.

독단(獨斷) 남과 의논하지 아니하고 혼자의 의견대로 결단함. 예독단적인 행동. —하다.

독려(督勵) 감독하고 장려함. 부추김. —하다.

독립(獨立)[동닙] ①다른 사람의 도움을 받지 아니함. ②다른 사람의 속박이나 구속을 받지 아니함. ③한 나라가 완전히 자립함. 비자립. 반예속. —하다.

독립국 다른 나라의 힘을 빌리지 않고 스스로 백성을 다스리고 자기 민족끼리 나라를 지켜 가는 나라. 비자유국.

독립 국가 다른 나라의 지배를 받지 않고 주권을 행사할 수 있는 나라.

독립군[동닙—] 나라의 독립을 위하여 침략자와 싸우는 군대.

독립당[동닙—] 1884년 보수 세력을 몰아내고자 우정국 낙성식을 기회로 갑신정변을 일으킨 친일 정치 단체. 김옥균·

박영효·홍영식 등이 중심 인물임.

독립문[동닙—] 1896년 독립 정신을 높이기 위하여 독립 협회에서 세운 돌문. 서울 특별시 종로구 교북동에 지금도 남아 있다. 사적 제32호.

독립 선언서[동닙—] 1919년 3·1 운동 때 우리의 독립을 널리 발표한 글.

독립성 자립하려고 하는 성질이나 성향. 삐자존성.

독립 신문[동닙—] 1896년에 서재필이 주동이 되어 발행한 우리 나라 최초의 현대식 신문. 민족 정신을 드높이고자 간행되었으나, 1898년 독립 협회의 해산과 함께 폐간되었음.

독립 운동[동닙—] 자기 나라가 남의 나라에게 빼앗긴 것을 도로 찾기 위하여 여러 가지 일을 하는 것.

독립 정신[동닙—] 남에게 얽매이거나 거느림을 받지 않고 스스로의 힘으로 판단하고 결정해 나가려는 정신.

독립 투사[동닙—] 나라의 독립을 위해 침략자와 꾸준히 용감하게 싸운 사람.

독립 협회[동닙—] 1896년에 서재필·이상재·이승만 등이 중심이 되어 국가의 독립과 민족의 자립을 찾기 위하여 조직한 정치·사회 단체.

독뱀 이빨에 독을 품고 있는 뱀. 삐독사.

독벌 독을 가진 벌.

독벌레 독을 가진 벌레.

독본(讀本) 글을 배우기 위하여 읽는 책.

독사(毒蛇) 살무사·방울뱀처럼 동물을 물 때에 독이 있는 물을 들여보내는 뱀. 머리는 삼각형 모양이며 몸이 굵고 꼬리가 짧음. 삐독뱀. 〔독 사〕

독서(讀書) 글을 읽음. 책을 읽음. —하다.

독서 삼품과[—꽈] 신라 시대 원성왕 때(788) 관리를 뽑기 위하여 두었던 일종의 과거 제도. '독서 출신과'라고도 한다.

독수리 몸이 크고 빛은 검은데 밤빛이 돌며, 다리는 누르스름하고 부리는 검은 사나운 새.

독습(獨習) 스승이 없이 혼자 배워서 익힘. —하다.

독약(毒藥) 조금만 먹어도 생명이 위험한 독한 약.

독일(獨逸) 중부 유럽에 있는 나라 이름. 제2차 세계 대전 후 동·서로 국토가 갈렸다가 1990년에 통일되었음.

독자(獨子) 외아들.

독자(讀者) 책·신문·잡지 등 출판물을 읽는 사람.

독자(獨自) 혼자. 홀로.

독자적 남과 어울리지 않고 저 혼자만이 따로 행동하는 것.

독재(獨裁) 한 사람이나 몇 사람만이 제 마음대로 정치를 하여 감. —하다.

독재 정치 국가의 모든 권력이 어느 개인이나 단체·계급에 모여져 있고, 몇 사람의 생각에 의하여 행하여지는 정치. 삐민주 정치.

독전(督戰) 전투를 감독하고 격려함. —하다.

독점(獨占) 혼자 차지함. 예사랑을 독점하다. —하다.
독주(獨走) ①경주 등에서 남을 앞질러 혼자 달림. ②남을 아랑곳하지 않고 자기 혼자서 날뜀. —하다.
독주(獨奏) 혼자서 악기를 타거나, 뜯거나 함. 반합주. 예피아노 독주회. —하다.
독차지 혼자서 모두 차지함. 예귀염을 독차지하다. —하다.
독창(獨唱) 혼자서 노래를 부름. 반합창. —하다.
독창(獨創) 저 혼자의 힘으로 비로소 생각하여 냄. 반모방. —하다.
독창력 스스로의 힘으로 만들어 내거나 생각해 내는 힘.
독창적 스스로의 생각으로 창조적인 것을 만들어 내는 힘이나 재주가 있는 것.
독촉하다(督促—) 몹시 재촉하다. 빨리 하라고 자꾸 조르다. 예일의 실정도 모르면서 덮어놓고 독촉만 한다고 일이 빨리 되는 것은 아니다.
독충(毒蟲) 독기가 있어 사람의 몸에 직접 해를 입히는 모기·빈대·벼룩·이·벌 따위.
독특(獨特) 특별히 다르거나 뛰어남. 비특이. 반평범. 예음식 맛이 독특하다. —하다.
독파(讀破) 책을 다 읽어 냄. 예천자문을 독파하다. —하다.
독학(獨學) 스승이 없이 자기 혼자서 배움. —하다.
독해(讀解) 글을 읽고 내용을 이해함. —하다.
독후감(讀後感) 책을 읽고 난 뒤에 그 느낌을 적은 글.

돈: 물건을 사고 팔 때 쓰는 화폐. =금전.
돈대(墩臺) 조금 높직하고 평평한 땅.
돈만 있으면 개도 멍첨지라〈속〉 천한 사람도 돈이 있으면 남들이 귀하게 대접해 준다.
돈만 있으면 귀신도 사귈 수 있다〈속〉 돈만 가지면 세상에 못할 일이 없다.
돈벼락을 맞다 갑자기 돈이 많이 생기다.
돈:주머니[—쭈—] 돈을 넣어 두는 주머니.
돈:지갑[—찌—] 돈을 넣어서 가지고 다니는 조그만 주머니.
돈키호테(Don Quixote) 에스파냐의 세르반테스가 지은 소설의 제목으로, 그 주인공의 이름. 주인공이 기사 이야기에 도취되어 하인 산초판다와 기사 수업을 떠나 여러 가지 익살스러운 일과 모험을 겪는다는 이야기.
돋다 ①해·달이 떠오르다. ②싹이 나오다. 움이 나오다. ③피부에 작은 종기가 나다.
돋보기 작은 물건이 크게 보이는 안경. 비확대경.
돋보기 눈 먼데 것은 잘 보아도, 가까이 있는 물건을 잘 보지 못하는 눈. 비원시안.
돋보이다 실제보다 더 좋게 보이다. 준돋뵈다. 본도두보이다. 예새 옷을 입은 영이가 한결 돋보인다.
돋아나다 싹이나 움 따위가 솟아 나오다.
돋히려는 돋아나려고 하는.
돌: ①흙이 굳어진 것. ②바위

가 부스러진 것으로 모래보다 굵은 것.
돌 ①일이 생긴 지 만 일년 되는 때. ②낳은 지 만 일년 되는 날. 예돌잔치.
돌격(突擊) 갑자기 쳐들어감. 비공격. 습격. —하다.
돌:다 ①둘레를 따라 움직여 가다. ②가까운 길을 두고 먼 길로 가다. ③어떤 기운이 널리 퍼지다. ④정신 이상이 생기다. ⑤무엇이 표면에 생기거나 나타나다.
돌:담집 제주도에서 볼 수 있는 집의 한 형태로, 구하기 쉬운 현무암 등의 돌로 바람을 막기 위해 돌담을 쌓음.
돌:덩이[—떵—] 바위보다 작고 돌멩이보다는 큰 돌.
돌려쓰다 여러 가지로 쓰다.
돌려주다 도로 보내 주다. 예빌려 온 책을 돌려주다.
돌려짓기 해마다 한 땅에 다른 곡식을 바꾸어 심음. —하다.
돌로 치면 돌로 치고 떡으로 치면 떡으로 친다〈속〉 욕은 욕으로, 은혜는 은혜로 갚는다.
돌리다[1] ①병이 회복되다. ②노염이 풀리다. ③없는 물건을 변통한다.
돌리다[2] ①돌게 하다. ②방향을 바꾸다. ③여기저기 보내다. ④마음을 달리 먹다. ⑤급한 일을 미루다. ⑥책임이나 공을 남에게 넘기다.
돌림병[—뼝] 한 사람이 앓으면 여러 사람이 돌려 가며 앓게 되는 병. 비전염병.
돌림판(—板) 물건을 얹어서 돌리는 판.

돌맞이 어떤 일이 시작된 뒤에 해마다 돌아오는 그날을 맞이하는 일. —하다.
돌:멩이 돌덩이보다는 작고 자갈보다는 큰 돌.
돌:무지무덤 고구려・백제 초기의 무덤 형태로, 시신을 넣은 관 위에 돌을 쌓아올렸음.
돌발(突發) 일이 갑자기 일어남. —하다.
돌변(突變) 갑작스럽게 변함. —하다.
돌:보다 ①도와 주다. 보호하다. ②뒤를 보살펴 주다. 예아기를 돌보다.
돌:부리[—뿌—] 돌멩이의 뽀족뽀족하게 내민 귀.
돌부리를 차면 발부리만 아프다〈속〉 쓸데없이 성을 내면 자기만 해롭다.
돌:비늘 물고기의 비늘 비슷한 윤이 나는 광물. 비운모.
돌아가다 ①오던 길을 다시 가다. 반돌아오다. ②여러 군데를 들러서 가다. ③죽다. 예할아버지께서 돌아가셨다.
돌아다니다 ①여기저기 쏘다니다. ②널리 유행하다.
돌아보다 ①지난 일을 다시 생각해 보다. ②돌보다.
돌아오다 ①자기 집으로 도로 오다. ②차례가 되다. 반돌아가다.
돌연(突然) 뜻 밖에. 별안간. 비갑자기. —하다.
돌절구도 밑 빠질 때 가 있다〈속〉 아무리 튼튼한 것이라도 많이 쓰면 결판난다.

〔돌 탑〕

돌진(突進)[―찐] 곧장 나아감. ―하다.
돌:탑 돌로 쌓은 탑.
돌파(突破) 뚫고 나감. ―하다.
돌:팔매질 돌 같은 작고 단단한 물건을 손에 쥐고 멀리 던지는 것. ―하다.
돌풍(突風) 갑자기 부는 바람.
돕:다[도우니, 도와] ①남을 위하여 힘쓰다. ②일을 이루게 하다. ③구원하다. 구제하다. 땐해치다.
돗바늘 굵고 큰 바늘.
돗자리 왕골의 줄기 따위로 엮어서 만든 고운 자리.
동(同) 명사 앞에 붙어 '같다'는 뜻으로 쓰는 말.
동(東) 동쪽. ⑩동쪽 하늘.
동:(洞) 지방 행정 구역의 하나. 시·읍·구의 아래.
동갑(同甲) 나이가 같음. 같은 나이.
동경(東京) 고려 시대 4경의 하나. 지금의 경주로, 우리 민족의 역사적 도시로서 중요시되었음.
동:경(憧憬) ①어떠한 일에 마음이 팔리어 그것만 생각함. ②그리워함. ―하다.
동:공(瞳孔) 눈동자에 있어 광선의 강약에 따라 커졌다 작아졌다 하는 구멍. 눈동자.
동:구(洞口) 동네 어귀. 마을로 들어가는 입구.
동국(東國) 대한의 딴 이름.
동국여지승람[―남] 조선 시대 성종이 노사신 등에게 명하여 만들게 한 지리책. 각 도의 풍속·역사·특산물·효자·위인 등의 이야기가 자세히 기록되어 있음.
동국통감 고려 성종 때(1484) 서거정·정효항 등이 왕명에 의하여, 신라 초부터 고려 말까지의 역사를 56권 26책으로 기록한 책.
동:굴(洞窟) 깊고 넓은 굴. 땐굴. ⑩동굴 탐사.
동그라미 둥글게 그리거나 둥글게 된 모양.
동그랗다 아주 둥글다.
동그래지다 동그랗게 되다.
동그마니 오똑하게. ⑩장에서 돌아오시는 어머니를 순이는 혼자 동구 앞에 동그마니 앉아서 기다리고 있었다.
동기(同氣) 언니·아우·오라비·누이. 곧 형제 자매.
동기(同期) ①같은 시기. ②한 학교에서 같은 해 졸업한 사람. ⑩현주의 언니와 우리 언니는 중학교 동기란다.
동:기(動機) 일을 일으키는 근본되는 원인.
동남(東南) 동쪽과 남쪽.
동남 아시아 인도차이나 반도와 그 부근의 크고 작은 섬들이 있는 지역. ㈜동남아.
동:냥 ①중이 마을로 시주를 얻으러 다니는 일. ②거지가 집집마다 구걸하러 다니는 일. ―하다.
동냥은 아니 주고 쪽박만 깬다〈속〉 요구하는 것은 주지 않고 나무라기만 한다.
동:네 ①제가 사는 집의 근처. ②지방 행정 구역의 하나. 땐동리. 마을.
동네 색시 믿고 장가 못 간다〈속〉 될성 싶지도 않은 것을

바라다가는 낭패만 본다.
동녘 =동쪽.
동댕이치다 ①힘차게 집어 던지다. ②하는 일에서 손을 떼다. 비팽개치다.
동동 물건이 떠서 움직이는 모양. '동실동실'의 준말.
동동주(—酒) 밥알이 동동 뜨는 막걸리.
동등(同等) ①높낮이의 구별이 없이 같음. ②같은 등급. 예동등권. —하다.
동떨어지다 너무 멀리 떨어지다. 서로 관계가 없이 떨어지다. 예동떨어진 질문을 하다.
동:란(動亂) 난리. 난리가 남.
동:력(動力) 열·물·바람·전기 등을 이용하여 기계를 움직이는 힘.
동:력 자원[—녀—] 기계를 움직이게 하는 힘의 밑천이 되는 것. 석탄·수력 따위.
동록(銅綠)[—녹] 구리 거죽에 생긴 푸른빛의 녹.
동록슬다 구리의 빛이 푸르게 변하다.
동료(同僚) 같은 곳에서 함께 일하는 사람. 비동지.
동류(同類)[—뉴] 같은 무리.
동:리(洞里) ①동네. ②마을. ③지방 행정 구역인 동과 리.
동:맥(動脈) 심장의 피를 몸 안의 모든 기관으로 보내는 계통. 반정맥.
동맹(同盟) 개인·단체·국가가 같은 행동을 하겠다고 맺는 약속. —하다.
동면(冬眠) 개구리·뱀 따위 냉혈 동물이 겨울에 땅 속에서 잠자며 봄이 되기를 기다리는 짓. —하다.
동몽선습(童蒙先習) 옛날 서당에서 어린이들이 천자문을 뗀 다음 배우던 한문 교과서. 조선 중종 때 박세무가 지었다고 전함.
동무 늘 친하게 어울려 노는 사람. 비친구. 예고향 동무.
동무 따라 강남 간다〈속〉가고 싶지 않은데 동무에게 끌려감.
동:물(動物) 스스로 운동을 하며 생명을 가진 생물. 비짐승. 반식물.
동:물 병원 동물들만 전문적으로 치료하는 병원.
동:물성[—썽] 동물의 본바탕이 되는 성질.
동:물원 여러 가지 동물을 길러 두고 여러 사람에게 구경을 시키는 곳. 반식물원.
동반구(東半球) 지구를 동서 두 쪽으로 나눈 동쪽 부분. 반서반구.
동방(東邦) ①동쪽에 있는 나라. ②우리 나라.
동백(冬柏) 잎은 길둥글고 끝이 뾰족하며 두꺼운데, 윤이 자르르 흐르며, 붉은 빛의 아름다운 꽃이 피고, 열매는 기름을 짜서 머릿기름·등잔 기름으로 씀.
동백꽃 봄에 붉게 피는 동백나무의 꽃.
동봉(同封) 같이 넣어 함께 봉함. 예편지에 사진을 동봉하여 부쳤다. —하다.
동:사(動詞) 사물의 움직임을 나타내는 품사. 자동·타동이 있고 말끝이 변화하는 것. =움직씨.

동사강목(東史綱目) 조선 시대 영조 때 안정복이 멀리 기자로부터 고려 말까지의 사적을 적은 역사책.

동산 ①조그만 산. ②뜰 안에 있는 꽃밭.

동:산(動産) 모양이나 성질을 바꾸지 않고 옮길 수 있는 재산. 곧 돈이나 가구 따위. 맨부동산.

동상(銅像) 구리로 만든 사람의 모양. 훌륭한 일을 한 사람을 길이 빛내기 위하여 그 사람 모양을 구리로 만들어 놓은 것. 예충무공 이순신 동상.

동생(同生) 아우 또는 손아래 누이. 비아우. 맨언니. 형.

동서(東西) ①동쪽과 서쪽. ②동양과 서양.

동성 동본(同姓同本) 성도 같고 본관도 같음.

동시(同時) ①같은 때. ②같은 시기.

동:시(童詩) 어린이가 쓴 시. 또는 어른들이 썼더라도 어린이의 마음을 나타낸 시.

동:시집 어린이들을 위한 시를 모아 한데 엮은 책.

동:심(童心) 어린이의 마음. 어린이다운 마음.

동아(東亞) 아시아 주의 동부. 동아시아.

동아리 ①긴 물건의 한 부분. 예아랫동아리. ②같은 목적으로 한 패를 이룬 무리. 예한 동아리가 되다.

동아줄 굵고 튼튼하게 꼰 줄. 비밧줄.

동안 ①사이. 새. ②때. 기간. 비사이.

동양(東洋) 우리 나라가 있는 동쪽 아시아. 중국·일본·인도 등이 있는 지방. 맨서양. 예동양미.

동양적 동양의 맛을 내는 것.

동양 평화론 ①동양의 평화에 대한 자기의 의견을 적은 글. ②안중근 의사가 뤼순 감옥에서 쓴 글.

동양화 동양의 여러 나라에서 역사적으로 발달해 내려온 그림. 주로 먹과 붓으로 산과 강의 정경을 그렸음. 맨서양화.

동여매다 묶어서 흩어지거나 떨어지지 않게 하다. 비싸매다. 예머리를 동여매다.

동:요(動搖) ①흔들려 움직임. 또 움직여 흔들림. ②마음이 불안하여 흔들림. —하다.

동:요(童謠) ①어린이들이 부르는 노래. ②어린이의 마음을 나타낸 어린이의 노래.

동:원(動員) 어떤 목적을 이루기 위하여 사람이나 물건을 한 곳으로 모음. 예길을 닦으려고 사람들을 동원했다. —하다.

동의(同意) ①의견이 같음. ②찬성함. —하다.

동:의(動議) 토의하기 위하여 의제를 회의에 냄. —하다.

동의보감(東醫寶鑑) 중국과 우리 나라의 의학책을 모아 하나로 만든 조선 시대 제일의 의학책. 허준이 선조의 명을 받아, 1597년에 착수하여 1611년에 완성하였음.

동이 모양이 둥글고 배가 불룩하며 아가리가 넓은 질그릇.

동이다 묶어서 매다. 돌라매서 묶다. 비묶다.

동인(東人) 조선조 14대 선조 8년에 동서로 갈린 당파 중 김효원을 두둔하던 파로, 그 후 동인은 또 남인과 북인으로 갈라졌음. 世서인.

동:작(動作) ①몸을 움직임. ②손발을 놀림. ③활동함. 비행동. —하다.

동전(銅錢) 구리로 만든 돈.

동:정(動靜) ①사람의 행동·일·병세 등의 벌어져 나가는 상태. ②움직임과 정지함. ③사람의 안부. 소식.

동정(同情) ①가엾게 여김. ②불쌍하게 생각함. ③남의 경우를 이해하여 줌. —하다.

동정금 남의 어려운 형편에 대하여 돕는 뜻으로 주는 돈.

동정심 남을 가엾게 여겨 따뜻이 대하는 마음.

동족 상잔(同族相殘) 같은 민족끼리 서로 싸우고 죽임. 예동족 상잔의 비극. —하다.

동지(同志) 뜻이 같은 사람. 뜻이 서로 같음. 비동료.

동지(冬至) 이십사 절기의 하나. 12월 22일경에 드는데, 일년 중 밤의 길이가 가장 긺. 世하지.

동짓달 일년 중 열한 번째 드는 달.

동쪽(東—) 해가 뜨는 쪽. 동녘. 世서쪽. 예동쪽 방향.

동창(同窓) 같은 학교에서 공부한 사람.

동창(東窓) 동쪽으로 난 창문.

동채 차전놀이에 쓰이는 틀. 이틀 위에 대장이 타고 앞뒤와 좌우로 움직이도록 지휘함.

동:치미 통무로 맛을 싱겁게 담근 김치.

동:태(凍太) 겨울에 잡아 얼린 명태. 世북어.

동트다 동쪽 하늘이 훤히 밝아오다.

동편(東便) 동쪽. 世서편.

동포(同胞) ①형제와 자매. ②한 나라의 백성. ③겨레.

동학(東學) 조선 말 철종 때 (1860) 최제우가 민족적 전통을 살리려고 일으킨 새로운 종교. 천도교.

동학 농민 운:동 1894년 동학 교도들이 주동이 되어 전봉준의 지휘 아래 일으킨 혁명. 외국 세력의 배척·계급 타파·여성 해방 등 근대 사상을 내걸었던 운동이었음.

동해(東海) 우리 나라 동쪽에 있는 큰 바다. 世서해.

동해 남부선 부산진에서 포항간의 철도로 길이 145.8km.

동해안 동쪽 바닷가. 世서해안. 예동해안은 물이 깊다.

동행(同行) 길을 같이 감. 예동행할 친구를 얻었다. —하다.

동향(同鄕) 고향이 같음. 한 고향. 예동향 친구.

동:향(動向) ①마음의 움직임. ②사물이 움직이는 방향.

동헌(東軒) 지방의 고을 원이 공적인 일을 처리하던 대청이나 집.

동화(同化) 다른 성질의 물건을 같게 만듦. —하다.

동:화(童話) 어린이를 상대로 하는, 재미가 있으며 동시에 예술적인 이야기.

동:화책 동화를 실은 책.

돛 돛대에 달아 바람의 힘으로

돛대 돛을 다는 배의 기둥.
돼:지 ①몸이 살찌고 성질이 미련하며 무엇이나 더러운 것을 조금도 꺼리지 아니하는 짐승. ②욕심이 많은 사람의 별명.
되 곡식의 분량을 되는 데 쓰는 네모진 그릇.
되글을 가지고 말로 써먹는다 〈속〉 글은 조금 배워 가지고도 가장 효과 있게 써먹는다.
되뇌다 같은 말을 여러 번 되풀이하여 말하다. 예같은 말을 수없이 되뇌다.
되는 대로 아무렇게나. 예그날그날을 되는 대로 살아가는 사람에게는 앞날을 기대할 수 없다.
되다¹ ①이루다. 성공하다. ②일이 끝나다. ③때가 오다. ④이르다. 예봄이 되면 나들이 가는 사람이 많다.
되다² 되로 물건의 용량을 헤아리다. 되질하다.
되:다³ ①묽지 않다. 물기가 적다. ②밥이 오돌오돌하다. 질지 않다. ③책임이 무겁다. ④일이 힘들다. ⑤중하다. 심하다. 예되게 아프다.
되도록 될 수 있는 대로. 예되도록 일찍 일어나거라.
되돌아보다 이제까지 지나온 곳을 돌아보다. 예떠나온 집을 몇 번이고 되돌아보았다.
되로 주고 말로 받는다〈속〉 남에게 조금 주고 그 갚음으로는 몇 갑절을 더 받는다.
되묻다〔되물으니, 되물어〕 묻는 말에는 대답하지 않고 도리어 묻다. 다시 묻다.

되바라지다 ①아늑한 맛이 없다. ②너그럽지 못하다. ③알밉도록 지나치게 똑똑하다. 반아늑하다. 예되바라진 여자.
되살다〔되사니, 되사오〕 ①먹은 것이 삭지 않고 도로 불어 오르다. ②거의 죽을 듯한 것이 다시 살아나다.
되살리다 다시 살아나게 하다.
되새기다 ①소 같은 동물이 먹은 것을 다시 내어 씹다. ②지난 일을 다시 생각해 보다.
되세우다 넘어진 것을 다시 세우다. 예전봇대를 되세우다.
되우 몹시. 막. 매우. 심하게. 예되우 앓다.
되직하다 묽지 않고 좀 되다. 예되직한 밥.
되짚어 ①도로 돌아서서. ②그 길로 곧. ③오던 길로 도로. 예친구네 집에 놀러 가다가 숙제 생각이 나서 되짚어 왔다.
되찾다 다시 찾다. 예웃음을 되찾다.
되풀이 같은 일을 다시 거듭함. 비반복. 예도대체, 너는 몇 번이나 되풀이해야 알아듣겠니? —하다.
된:서리 늦가을에 되게 온 서리. 반무서리.
된:소리 되게 나는 소리. 곧 ㄲ, ㄸ, ㅃ, ㅆ, ㅉ 따위.
된:장국〔—꾹〕 된장을 걸러 넣고 끓인 국.
될 뻔하다 될 것 같은 기회가 지나가다.
될 뿐더러 될 뿐만 아니라. 예걸어다니면 교통비도 절약이 될 뿐더러 건강에도 많은 도움이 된다.

될성부르다 [-썽-] 앞으로 잘 되어 갈 것 같다.

될성부른 나무는 떡잎부터 알아본다〈속〉 장래성이 있는 사람은 어릴 때부터 다르다.

됫박 되의 대신으로 쓰는 바가지. 예됫박질하다.

두각(頭角) '머리의 끝'이라는 뜻으로, 여럿 중에서 특히 뛰어난 학식이나 재능을 이르는 말. 예두각을 나타내다.

두건(頭巾) 머리에 쓰는 베로 만든 물건.

두고두고 오래 두고. 오래도록. 예두고두고 읽어 보겠다.

두근거리다 놀라서 가슴속이 자꾸 뛰다.

두꺼비 온몸의 살가죽에 우툴두툴한 것이 돋아 있으며 회색을 띤 갈색의 개구리의 한 종류.

두껍다〔두꺼우니, 두꺼워서〕 ①얇지 않다. 두께가 크다. 반얇다. ②후하다.

두껍닫이 [-다지] 미닫이를 열 적에 창짝이 속으로 들어가 가리게 된 빈 곳.

두께 두꺼운 정도.

두뇌(頭腦) ①머릿골. ②일이나 물건의 이치를 슬기롭게 판단하는 힘. ③우두머리. 두목. ④사물의 중요 부분.

두다 ①일정한 곳에 놓다. ②자기 집에 머무르게 하다. ③바둑이나 장기로 놀다.

두더지 몸은 쥐보다 크고, 머리는 뾰족하고 눈은 작으며, 땅속으로 다니는 짐승.

두더지 혼인 같다〈속〉 제 본분을 지키지 않고 엉뚱한 희망을 가진다.

두덩 우묵하게 빠진 땅의 가장자리로 두두룩한 곳.

두둑 밭의 가장자리를 조금 높게 만든 곳.

두둔하다 ①돌보아 주다. ②감싸주다. ③잘못을 덮어 주려 하다.

두둥실 공중이나 물 위로 천천히 떠 가는 모양. 예하늘에 솜 같은 구름이 두둥실 떠 있다.

두드러기 약이나 음식의 자극으로 피부가 부풀어올라서 몹시 가려운 피부병.

두드러지다 드러나다. 뛰어나다. 예여러 사람 중에서도 가장 두드러진 일을 하였다.

두드리다 여러 번 때리다. 자꾸 치다.

두들기다 함부로 마구 두드리다. 비때리다. 센뚜들기다.

두락(斗落) 씨 한 말을 뿌릴 수 있는 논이나 밭의 면적. =마지기.

두렁이 어린애의 배와 아랫도리를 가리기 위하여 솜을 두어 지은 치마의 한 가지.

두레박 줄을 길게 매어 우물물을 퍼내는 기구.

두레상 여러 사람이 둘러앉아 먹을 수 있게 만든 큰 상. 〔두레박〕

두려움 마음에 꺼려 일어나는 무서운 느낌. 비겁. 예두려움에 몸을 떤다.

두려워 ①무서워. ②겁을 내어.

두렵다〔두려우니, 두려워서〕 ①겁나다. ②무섭다.

두령(頭領) 여러 사람을 거느리

는 사람. 비두목.

두루 널리. 골고루. 빠진 데 없이. 예지난 여름 방학 때는 친구와 함께 동해안 지방을 두루 구경해 보았다.

두루마기 외투처럼 저고리 위에 입는 한복의 웃옷. 주로 외출할 때 입음.

두루마리 종이 조각을 이어 붙여 둥글게 감아 놓은 물건.

두루미 부리·목·다리가 모두 길고 털빛은 대개 흰빛의 큰 새. 연못·냇가·초원에 삶. 학. 〔두루미〕

두르다〔두르니, 둘러서〕 둘러막다. 예치마를 둘렀다.

두름 물고기나 나물을 길게 엮은 것. 예굴비 한 두름. 고사리 한 두름.

두릅 산기슭에 나는 두릅나무의 순. 새싹은 식용. 콩 모양의 검은 열매와 뿌리는 약으로 쓰임. 예두릅 나물.

두리둥실 물건이 떠서 둥실둥실 움직이는 모양. 예두리둥실 떠가는 배.

두리번거리다 눈을 크게 뜨고 여기저기를 휘둘러보다. 예집을 찾다 못 찾아 길에 서서 두리번거리고만 있습니다.

두릿그물 물고기 떼를 둘러싼 후 잡아 올리는 그물.

두:말없이 이러니 저러니 여러 말 없이. 예그는 두말없이 따라왔다.

두메 도회에서 멀리 떨어진 쓸쓸한 산골. 비산골. 반도시. 예두메 산골.

두목(頭目) 여러 사람의 우두머리. 비두령.

두부(豆腐) 물에 불린 콩을 갈아서 익힌 뒤에 베자루에 걸러서 소금물을 치고 익힌 음식.

두서(頭緖) ①일의 실마리. ②차례.

두서너 둘이나 셋 또는 넷. 예나도 두서너 번 가 보았다.

두어 둘 가량.

두엄 웅덩이를 파고 풀 따위를 썩인 거름.

두절(杜絶) 교통·통신 따위가 막혀서 끊어짐. —하다.

두텁다〔두터우니, 두터워〕 ①인정이 매우 많다. ②덕이 많다. ③후하다. ④야박하지 않다.

두통(頭痛) 머리가 아픈 병.

두툼하다 조금 두껍다. 반얄팍하다. 예두툼한 입술.

둑 물이 넘치는 것을 막기 위하여 내나 강의 가장자리에 흙이나 돌로 쌓은 것.

둑쌓기 물이 넘치는 것을 막거나 물을 가두기 위해 물가에 흙이나 돌을 쌓는 일.

둔:감(鈍感) 감각이 무딤. 또는 무딘 감각. 반민감. 예둔감한 사람. —하다.

둔:갑(遁甲) 재주를 부려 변신하는 술법. —하다.

둔덕 논밭의 가장자리에 있는 높직한 곳.

둔:재(鈍才) 아둔한 사람. 재주가 둔한 사람.

둔치 물이 있는 곳의 가장자리. 예한강 둔치.

둔:하다(鈍—) ①재주가 없다. ②영리하지 않다. ③느낌이 무디다. 비굼뜨다. 느리다.

둘: 하나에 하나를 더한 수. 하나의 갑절.

둘둘 물건을 여러 겹으로 말거나 감는 모양. [작]돌돌. [센]뚤뚤. 예)종이를 둘둘 말다.

둘러대:다 ①필요한 돈이나 물건 따위를 이리저리 둘러서 갖다 대다. ②그럴듯한 말로 꾸며 대다.

둘러막다 밖으로 돌아가며 둘러서 막다.

둘러보다 주위를 두루두루 살펴 보다. 예)교실을 둘러보다.

둘러서다 여럿이 둥글게 빙 늘어 서다.

둘러싸다 빙 둘러서 싸다. 예)담으로 둘러싸인 집.

둘러앉다 여러 사람이 둥글게 앉다.

둘레 ①가로 둘린 테두리나 바깥 언저리. ②물체의 가를 한 바퀴 돈 길이. 예)가슴 둘레.

둘리다 싸여서 닫히다.

둘:째 첫째의 다음.

둥 무슨 일을 하는 것도 같고 하지 않는 것 같기도 함을 나타내는 말. 예)공부를 하는 둥 마는 둥.

둥구미 짚으로 둥글고 깊게 엮어 만든 곡식을 담는 그릇.

둥그렇다 크게 둥글다.

둥글다〔둥그니, 둥글어서〕 가에 모가 없고 보름달과 같다. [반]모나다. [작]동글다.

둥긋하다 약간 둥글다. 둥그스름 하다.

둥둥[1] 큰 북을 잇달아 치는 소리.

둥둥[2] 가벼운 것이 공중에 떠서 움직이는 모양.

둥실 구름이나 가벼운 물건이 공중에 둥둥 떠 있는 모양. [작]동실.

둥실둥실 물건이 떠서 움직이는 모양. [작]동실동실.

둥우리 댑싸리나 짚으로 엮은 바구니 비슷하게 만든 그릇.

둥지 둥우리 모양의 새의 보금자리.

둥치 큰 나무의 밑동.

뒤: ①앞의 반대되는 곳. 곧 등 쪽. [반]앞. ②다음. 나중. ③미래. 예)뒤에 다시 보자.

뒤:곁 뒤뜰. 뒷마당.

뒤:꿈치 발뒤꿈치의 준말.

뒤낭(Dunant, 1828~1910) 스위스 사람으로 자선 사업가이며 적십자의 창설자. 1863년에 국제적인 적십자 운동의 필요를 발표, 제네바 협약을 맺는 데 성공, 적십자사 창설에 이바지 했음. 1901년 노벨 평화상을 받았음.

뒤덮다[-덥-] 온통 가려서 덮다. 예)흰 눈이 온 누리를 뒤덮다.

뒤:따르다 남을 따라 행동하다.

뒤뚱거리다 이쪽저쪽으로 쓰러질 듯이 느리게 기울어지고 흔들리다. [작]되똥거리다.

뒤뚱뒤뚱 뒤뚱거리는 모양을 나타내는 말. 예)곰 한 마리가 뒤뚱뒤뚱 걸어간다.

뒤:뜰 집채의 뒤꼍에 있는 마당. [반]앞뜰.

뒤를 잇다 뒤를 계속하다. 이어 받다.

뒤:미처 그 뒤에 곧 이어.

뒤범벅 마구 뒤섞여서 이것저것 구별할 수 없는 모양. 예)흙탕물이 옷에 튀겨 뒤범벅이 되고 말았다.
뒤섞다 ①한데 버무리다. ②물건을 함부로 섞다. ③차례를 없게 하다.
뒤섞이다 물건이 한데 모여 섞이다. 예콩과 팥이 뒤섞였다.
뒤엎다[―업따] 무너뜨리다. 뒤집어엎다. 예물그릇을 뒤엎어 바지가 물에 젖었다.
뒤웅박 쪼개지 않고 꼭지 근처에 구멍을 뚫어 속을 긁어 낸 바가지.
뒤:이어 뒤를 이어. 계속하여. 예버스에 뒤이어 택시가 지나갔다.
뒤적거리다 이리저리 들치어 가며 살피다. 예참고서를 뒤적거리다.
뒤적뒤적 무엇을 찾느라고 들추어보는 모양. ―하다.
뒤주 나무로 궤짝같이 만든 쌀을 담는 데 쓰는 세간.
뒤죽박죽 ①이것저것이 함부로 뒤섞인 모양. ②질서가 없이 얽히고 헝클어져 엉망이 된 모양. 예불이 나서 온 집안이 뒤죽박죽이 되었다.
뒤:지다[1] 남보다 떨어지다. 예성적이 뒤지다.
뒤지다[2] ①눈에 뜨이지 않는 물건을 찾다. ②속속들이 들추어 찾다.
뒤집다 ①속을 거죽으로 오게 하다. ②조용하던 것을 어지럽게 하다. ③순서를 바꾸다.
뒤집어엎다 ①안과 겉을 뒤집어서 엎다. ②물건을 뒤엎어서 그 속에 담긴 것을 엎지르다. ③어떤 일이나 상태를 전혀 딴것으로 바꾸어 놓다. ④폭력이나 그 밖의 방법을 써서 아주 없애거나 딴것으로 바꾸다.
뒤집히다 일이나 물건의 안과 겉이 뒤바뀌어지다. 예배가 뒤집히다.
뒤:통수 머리의 뒤쪽. 뒷골.
뒤:통수치다 바라던 일이 실패되어 매우 낙심하다.
뒤틀리다 ①반대 방향으로 꼬여서 비틀리게 되다. ②이치에 어그러지다.
뒤 프르(1780~1865) 프랑스의 의사로, 박물학자. 곤충의 생활 습성에 대하여 깊은 연구를 하였는데, 특히 비단벌레를 잡아먹는 사냥꾼벌에 대하여 연구한 결과를 엮은〈벌 이야기〉로 유명함.
뒤흔들다〔뒤흔드니, 뒤흔들어서〕 마구 흔들다. 예나무를 뒤흔드는 모진 비바람.
뒷:간(一間) 대소변을 보는 곳. =변소.
뒷간에 갈 적 맘 다르고 올 적 맘 다르다〈속〉 제 사정이 급할 때는 다급하게 굴다가 저 할 일을 다 끝내고 나면 마음이 변한다.
뒷:걸음 뒤로 걷는 걸음.
뒷:날 ①앞으로 다가올 세월. ②다음날. 빤앞날. 이후.
뒷:동산 집 뒤에 있는 동산.
뒷:마당 집 뒤에 있는 뜰. 빤앞마당.
뒷:목 타작할 때에 벼를 될 다음 마당에 처진 찌꺼기 곡식.
뒷:바라지 뒤에서 잘 하도록 도와 주는 일. 예우리를 뒷바라지하시기에 주름살이 늘어가는 어머니. ―하다.

뒷:밭 집 뒤에 있는 밭.
뒷:산 집이나 마을 뒤에 있는 산. ⺠앞산.
뒷:자락 옷의 등뒤에 늘어진 자락. ⑩뒷자락이 끌리다.
뒷:자리 뒤에 있는 자리. ⑩뒷자리에 앉다.
뒷:짐 두 손을 뒤로 돌려 마주 잡는 짓. ⑩뒷짐지다.
뒹굴다〔뒹구니, 뒹굴어서〕누워서 몸을 이리저리 돌리다. ⑩강아지가 눈 덮인 마당에서 뒹굴며 논다.
드나들다〔드나드니, 드나들어서〕자주 들어오고 나가다. ⑩배가 드나드는 항구.
드날리다 세력이나 이름이 드러나서 널리 떨치다.
드높다 굉장히 높다. 번쩍 들려 매우 높다.
드높이 굉장히 높게. ⑩가을 하늘이 드높이 맑다.
드높이다 번쩍 들어 매우 높게 하다.
드디어 무엇으로 말미암아 그 결과로. ⺠마침내. 필경. ⑩노력 끝에 드디어 성공하였다.
드라마(drama) '동작을 하다'라는 희랍어에서 나온 말로 극·각본·희곡 등의 뜻.
드라이버(driver) ①나사못을 돌려서 박거나 빼는 데 쓰는 연모. ②운전사.
드라이포인트(drypoint) 판화의 한 가지. 판에 그림을 새겨 그 홈에 물감을 부어 그림을 찍어내는 판화.
드러나 있다 거죽에 잘 나타나 있다.
드러내다 ①감추어져 있던 것을 나타나게 하다. ②세상에 알려지도록 하다. ⺠감추다.
드러눕다〔드러누우니, 드러누워서〕제 마음대로 편히 눕다. ⑩잔디밭에 드러눕다.
드럼통(drum 桶) 가솔린을 넣는 크고 둥근 통.
드렁칡 산기슭 언덕에 얽혀 있는 칡덩굴.
드롭 커:브(drop curve) 야구에서 투수가 던진 공이 타자 앞에 와서 갑자기 아래로 떨어지게 던지는 일.
드리고자 드리려고. ⑩아버지의 일을 도와 드리고자 부지런히 집에 돌아왔다.
드리다 윗사람에게 물건을 주거나 말씀을 여쭈다.
드리우다 어떤 물체를 위에서 아래로 늘이다. ⑩창문에 커튼을 드리우다.
드문드문 이따금. 띄엄띄엄.
드물다〔드무니, 드물어서〕①흔하지 않다. 귀하다. ②잦지 않다. ⑩왕래가 드물다.
드보르자크(Dvořák, 1841~1904) 구 체코슬로바키아의 음악가. 작품으로 교향곡 제9번〈신세계〉·〈유모레스크〉·〈슬라브 춤곡〉등이 유명함.
드새다 뜬눈으로 밤을 지내다.
드세다 세력이 아주 강하다.
드티다 ①자리를 조금씩 서로 비키다. ②날짜를 연기하다.
득실득실 많은 사람들이나 동물이 떼지어 들끓는 모양. ⺎득시글득시글. ⑩이리 떼가 득실득실하다. —하다.
득점(得點) 시험이나 경기에서 점수를 얻음. 또는 그 점수.

예최고 득점. —하다.
든든하다 ①무르지 않고 매우 굳다. ②약하지 않고 굳세다. ③속이 배서 여무지다. ④믿는 곳이 있어 마음이 굳세다. 예마음이 든든하다. ⑤배가 부르다. 예속이 든든하다.
-든지 무엇이나 가리지 않는 뜻으로 나타내는 말. 예가든지 말든지 마음대로 해라.
듣기놀이 여럿이 한데 모여서 어떤 말을 맨 처음 사람이 듣고, 다음 사람에게 차례차례 귓속말로 전하여, 맨 끝 사람에게 바르게 전해졌나, 틀리게 전해졌나를 알아보는 놀이.
듣다 ①소리를 느끼다. ②칭찬이나 꾸지람을 받다. 반말하다. 예철수가 선생님 말씀을 듣고 있습니다. ③물이 방울방울 떨어지다.
들: 인가가 없는 넓은 평야. 비벌판. 들판. 반산. 메.
들것[―껏] 거적의 좌우 끝에 작대기를 잡아매어 환자나 물건을 실어 나르는 데 쓰는 기구. 〔들 것〕 예환자를 들것으로 날랐다.
들:길[―낄] 넓은 벌판에 사람이 다니도록 만들어 놓은 길. 반산길. 예코스모스 핀 들길.
들끓다[―끌타] 많은 사람이 우글우글 모여들어서 물끓듯이 움직이다. 예시장에 가니 사람들이 들끓어 몹시 시끄럽다.
들:녘 산에서 멀리 떨어져 평야가 많이 있는 곳.
들다¹〔드니, 드오〕 ①자리를 높여 올리다. ②손에 잡아 가지다. 반놓다. ③실지 예나 증거로 사실을 끌어 말하다. 예확실한 증거를 들다.
들다²〔드니, 드오〕 ①내리던 비나 날이 개다. ②땀이 그치다. ③칼·대패·톱 따위의 쇠붙이 연장의 날이 날카롭다. ④나이를 꽤 많이 먹다.
들다³〔드니, 드오〕 ①있는 곳을 정하여 들어가다. ②풍년이나 흉년이 되다. ③절기가 돌아오다. ④마음에 꼭 맞다. ⑤물감·빛 따위가 물건에 스며들다. ⑥안으로 향하여 가거나 또는 오다. ⑦무슨 일에 어떠한 물건이 쓰이다. ⑧병이 생기다. ⑨나쁜 영향을 받아 그와 같이 되다.
들뜨다 ①단단한 바닥에 붙은 얇은 물건이 떨어져 틈이 벌어지다. ②마음이 가라앉지 않다. ③살갗이 누렇고 부석부석하게 되다.
들락거리다 자꾸 들어왔다 나갔다 하다. 들랑거리다.
들락날락 자꾸 드나드는 모양. —하다.
들러붙다 어떤 물건이 끈기있게 바짝 붙다. 본들어붙다. 작달라붙다.
들르다 지나가는 길에 잠깐 거치다. 예학교에서 오는 길에 이모 집에 들러라.
들며나며 ①항상. ②늘. ③들락날락.
들보[―뽀] 도리와 기역자로 기둥 위에 가로 건너지른 나무.
들볶다 못살게 애를 먹이다. 예과자를 사 달라고 들볶는 바람

들볶이다 못살게 괴로움을 받아 애를 먹게 되다.
들숨[一쑴] 들이쉬는 숨. 凹날숨.
들어가다 밖에서 안으로 향하여 가다. 凹나오다.
들어내다 ①물건을 들어서 밖으로 내놓다. 예책상을 들어내다. ②쫓아서 보내다.
들어서다 ①밖에서 안쪽으로 다가서다. ②몸을 피하다. ③막대들다.
들어오다 밖에서 안으로 향하여 오다. 凹나가다.
들여다보다 ①밖에서 안을 엿보다. ②가까이 대고 자세히 보다. 凹내다보다.
들여보내다 안이나 속으로 들어가게 하다.
들으면 병이요 안 들으면 약이다 〈속〉 걱정되는 일은 차라리 아니 듣는 것이 낫다.
-들이 그릇의 담기는 분량을 나타내는 말. 예한 되들이.
들이다 ①들어오게 하다. ②비용을 내다. ③살게 하다. 예방 하나를 세를 들였다.
들이닥치다 아주 바싹 가까이 닥치다. 예경찰이 들이닥치다.
들이대다 ①물건을 가져다가 마주 대다. ②버릇없이 자꾸 대들다.
들이마시다 쉽지 않고 빨아 마시다. 예죽을 들이마시다.
들이밀다 ①안으로 향하여 밀다. ②함부로 냅다 밀다. 凹내밀다.
들이치다 비나 눈 등이 바람에 불려서 안을 향해 세차게 뿌리다. 예비가 들이치다.
들:쥐[一쥐] 들에 사는 쥐를 통틀어 일컫는 말.
들쭉 높은 산에 나는 들쭉나무의 열매. 신맛과 단맛이 있고 잼이나 술을 만드는 데 씀.
들창(一窓) 사람은 드나들지 않고 공기를 넣거나 방을 밝게 하기 위하여 조그맣게 단 문.
들추다 ①무엇을 찾으려고 겉에 있는 것을 들어 올려 자꾸 뒤지다. ②나타나지 않은 것을 드러내게 하다.
들키다 ①남이 알게 되다. ②숨기려던 것이 남의 눈에 뜨이다. 예만화를 보다가 어머니에게 들켰다.
들:판 ①벌판. ②넓은 들. 凹평야. 벌판. 들. 凹뫼. 산.
듬뿍 그득하게 수북한 모양. 困담뿍.
듯이 듯하게. 예날아갈 듯이 기뻤다.
듯하다 말끝에 붙어 추측을 나타내는 말. 예찌는 듯한 더위.
등 ①가슴과 배의 뒤. ②뒤쪽.
등(燈) 불을 켜서 어두운 곳을 밝히는 기구. 凹등잔.
등거리 소매나 깃 없이 베·무명으로 만들어 등에 걸치는 홑옷. 〔등〕
등걸 줄기를 잘라낸 나무의 밑동. 예나무등걸.
등겨 벼의 겉껍질. 벼의 겨.
등:고선(等高線) 지도에서 표준해면으로부터 같은 높이에 있는 지점을 연결하여 놓은 꼬불꼬불한 선.

등골[―꼴] 등심대 속에 들어 있는 기관. 골의 명령을 신경에 전하고 신경의 흥분을 골에 전하는 길이 됨.

등귀(騰貴) 물건 값이 뛰어오름. ―하다.

등긁이 등을 긁는 데 쓰는 기구. 갈고리 모양으로 생김.

등나무(藤―) 우리 나라 중부 이남 및 일본·중국에 퍼져 있는 식물로서, 정원에 심어 그늘이 지게도 하며, 줄기는 '등'이라 하여 수공품에도 쓰임.

등대(燈臺) 밤에 뱃길의 위험한 곳을 비추거나, 목표로 삼기 위하여 등불을 켜 놓는 곳.
〔등 대〕

등때기 사람이나 동물의 가슴과 배의 반대쪽. '등'의 속된말.

등록(登錄) 문서에 적어 올림. ⓔ주민 등록. ―하다.

등반(登攀) 높은 데에 오름. ⓔ산악 등반. ―하다.

등불[―뿔] ①등에 켠 불. ②등잔의 불. 凷등잔불.

등사(謄寫) ①베껴 씀. ②등사판으로 박음. ―하다.

등산(登山) 산에 오름. ⓔ등산객. 등산복. ―하다.

등성이 산등성이. 산의 등줄기. 凷마루².

등:식(等式) 등호(=)가 들어 있는 식. ⓔ90+30=120.

등:신 어리석은 사람. ⓔ사람을 등신 취급한다.

등심 소의 등에 붙은 고기. 기름기가 많고 연함.

등쌀 몹시 귀찮게 야단을 부리는 짓. ⓔ아이들 등쌀에 책도 볼 수 없다.

등:온선(等溫線) 같은 온도의 지점을 연결한 지도상의 선.

등:외(等外) 정한 등급에 들지 못한 것. ⓔ등외로 밀려나다.

등잔(燈盞) 기름을 담아서 불을 켜는 데 쓰는 그릇. 凷등.

등잔 밑이 어둡다〈속〉 가까운 곳에서 생긴 일을 모른다.

등잔불[―뿔] 등잔에 켠 불. 凷등불.

등장(登場) ①무대에 배우가 나옴. ②무슨 일에 어떠한 사람이 나타남. 凷입장. 凼퇴장. ―하다.

등줄기[―쭐―] 등의 가운데 줄이 진 부분.

등:지(等地) 땅 이름 밑에서 '그러한 곳들'이란 뜻으로 쓰는 말. ⓔ고흥·완도 등지에서 생산되는 김이 맛있다.

등지다 돌아서다. 무엇을 등뒤에 두다. ⓔ그는 서울을 등지고 시골로 가 버렸다.

등피(燈皮) 남포의 불을 밝게 하기 위하여 씌우는 유리로 만든 물건.

등:한하다(等閑―) 무심히 보고 있다. 마음을 쓰지 않다.

등:호(等號) 같음을 나타내는 기호. '='. ⓔ2+3=5.

디디다 ①발을 밑에 대고 누르다. ②땅 위에 발을 올려놓고 서다. 凾딛다.

디:디:티:(D.D.T.) 농업용 살충제의 한 가지.

디딜방아[―빵―] 발로 밟아 곡식을 찧는 방아. 凷발방아.

디자인(design) ①도안. 설계.

②무늬. 본. —하다.
디:젤 엔진(diesel engine) 주로 중유를 태워서 기계를 움직이는 힘을 내는 기관.
디킨스(Dickens,1812~1870) 영국의 문학가. 재치와 익살·풍자에 찬 글로써 독자들로 하여금 눈물과 웃음을 자아내게 하면서 인도주의와 사회 개선을 부르짖어 세계 문학에 큰 영향을 끼쳤으며, 남긴 작품으로는 〈올리버 트위스트〉·〈두 도시의 이야기〉·〈위대한 유산〉 등이 있음.
디파:트먼트(department) 대규모의 소매점. 백화점.
디프테리아(diphteria) 두 살에서 일곱 살쯤까지의 어린 아이들에게 잘 걸리는 전염병의 한 가지. 편도선이 붓고 음식을 잘 넘기지 못하게 됨.
디:피:이:(D.P.E.) 사진의 현상·인화·확대. 또, 그런 일을 하는 가게.
딩딩하다 힘이 세다. 핑핑하다. 튼튼하다.
ㄸ[쌍디귿] 'ㄷ'의 된소리.
따갑다 ①몹시 더운 느낌이 있다. 큰뜨겁다. ②바늘로 찌르는 것처럼 아프다.
따:귀 뺨의 속된 말. 본뺨따귀. 예따귀를 때리다.
따끈하다 좀 따뜻한 느낌이 있다. 예따끈한 호빵.
따끔하다 찔리거나 꼬집힐 때의 느낌이 나다. 큰뜨끔하다.
따님 남의 딸을 높여 이르는 말. 비영애. 영양.
따다 ①붙어 있는 것을 잡아떼다. ②노름하여 돈을 얻다.

따돌리다 무슨 일을 할 때에 밉거나 싫은 사람을 떼어 내어 그 일에 관계를 못하게 하다.
따뜻하다 ①견디기에 알맞게 덥다. ②사랑이 깊다. 비따스하다. 반서늘하다.
따라 그 때문에. 그대로 쫓아서. 예나는 오빠를 따라 어린이 놀이터에 놀러 갔었다.
따라가다 ①뒤에서 쫓아가다. ②남의 의견대로 쫓다. ③남이 하는 대로 쫓아가다.
따라서 ①때문에. ②그대로 좇아서. 쫓아서. 예영이는 아저씨를 따라서 서울에 갔습니다.
따로 ①다르게. 달리. ②한데 뒤섞이지 않고 떨어져서. 반아울러. 한데².
따로따로 한데 뒤섞이지 않고 다 각각 떨어져서. 예따로따로 갖다 두어라.
따르다 ①따라가다. ②정답게 굴다. ③사모하여 좇다. 비좇다. ④그릇 안이나 밖으로 액체를 붓거나 쏟다.
따름이다 할 뿐이다. 예우리들은 선생님이나 부모님의 말씀에 따라 열심히 공부할 따름입니다.
따발총(—銃) 탄창이 따리 모양으로 동글납작하고 총을 쏘면 탄알이 잇달아 나오는 소련제의 자동 소총.
따분하다 ①답답하다. ②착 까부라져서 기운이 없다.
따사하다 따뜻하다.
따스하다 조금 따뜻하다. 비따뜻하다. 반서늘하다. 예방바닥이 따스하다.
따오기 해오라기 비슷한데, 몸

이 희고, 검은 부리는 밑으로 굽었음. 천연 기념물.
따옥따옥 따오기의 우는 소리.
따옴표 남의 말이나 어떤 글의 일부를 따다가 쓸 때 그 말이나 글의 앞뒤에 쓰는 문장 부호. " " · ' ' 따위. 인용부.
따위 그것과 같은 종류임을 나타내는 말.
따져 보다 ①캐물어 보다. ②이유를 끝까지 캐어서 알아보다. ③셈을 쳐보다.
따지다 ①수를 계산하다. ㉠이자를 따지다. ②일의 옳고 그름을 가리다. ㉠잘잘못을 따지다.
딱 ①꼭. ②굳세게. 힘있게. ③단단한 물건이 서로 부딪치거나 부러질 때 나는 소리.
딱따구리 날카롭고 단단한 부리로 썩은 나무에 구멍을 뚫고 그 속에 있는 벌레를 잡아먹는 새. 〔딱따구리〕 몸 빛은 녹색·흑색 등이고 반문이 있음.
딱딱하다 ①성질이 거세다. ②엄격하다. ③굳어서 단단하다. ㉠딱딱한 과자.
딱정벌레 껍데기가 단단한 곤충의 한 가지. 몸 빛은 금록색. 밤에 곤충을 잡아먹음.
딱지 우표나 증지. 또는 마크를 붙인 종이 조각.
딱총 누르면 화약이 터지도록 만든 아이들의 장난감 총.
딱하다 ①가엾다. 불쌍하다. ②처리하기 어렵다. ㉣난처하다. 애처롭다.

딴 곳 다른 곳.
딴소리 본뜻에 어그러지는 말. 본뜻과 다른 말. —하다.
딴전 그 일과는 아주 딴 짓을 하는 일. =딴청. ㉠딴전 피우지 말고 빨리 얘기해.
딴죽 자기의 발로 상대자의 다리를 옆으로 치거나 끌어당기어 넘어뜨리는 재주.
딴청 =딴전.
딴판 아주 다른 모양.
딸 여자로 태어난 자식.
딸꾹질 숨이 한때 막혔다가 갑자기 터져 나오려고 할 때에, 그것이 목구멍에 울려서 소리나는 증세. —하다.
딸리다 어떤 것에 속해 있다. ㉠내게 딸린 식구.
딸의 집에서 가져온 고추장〈속〉 무엇이나 아껴 두고 쓴다는 말.
땀 사람이나 동물의 몸에서 나는 물 같은 진액.
땀띠 땀을 많이 흘리어 살에 좁쌀알같이 돋는 붉은빛의 종기. ㉠땀띠약.
땀샘 살갗 속에 있으며, 땀을 걸러 내는 샘.
땅 ①우리가 사는 곳. 곧 지구의 거죽에 흙이 쌓인 곳. ②논이나 밭. 토지. ㉤대지. ㉥하늘. ㉠기름진 땅.
땅거미 해가 진 뒤로 컴컴하기 전까지의 어스레한 동안.
땅광[—꽝] 땅 속에 만들어 놓은 방 같은 곳. ㉤지하실.
땅굴[—꿀] ①땅 밑으로 뚫은 굴. ②땅을 파서 굴처럼 만든 곳. ㉠북괴의 남침용 땅굴.
땅꾼 뱀을 잡아 파는 사람.

땅덩이[—떵—] 땅의 큰 덩이. 대륙·국토·지구 등을 가리키는 말.

땅마지기 몇 마지기의 논이나 밭. 예땅마지기나 가졌다고 제법 으쓱한다.

땅바닥[—빠—] 아무 것도 깔지 않은 땅의 맨바닥. 땅거죽.

땅벌[—뻘] 몸이 작고 빛이 검으며 땅 속에 집을 짓고 사는 벌을 통틀어 일컬음.

땅서리병 주로 운동 부족으로 생기는 돼지의 병.

땅 짚고 헤엄치기⟨속⟩ 매우 쉽다는 말.

땅콩 줄기는 무더기로 나고 땅 속에 열리는데 이것으로 기름을 짜며 익혀 그냥 먹기도 하는 콩의 한 가지.

땋:다 여러 가닥을 한 가닥씩 서로 합하여 꼬다.

때[1] 몸이나 옷에 묻은 더러운 물질.

때[2] ①세월이 지나가는 동안. 시간. ②하루 밤낮을 갈라 놓은 것. 시각. ③시대. 시절. ④좋은 운수나 기회. 비시대. 예때를 기다리다.

때:다 아궁이에 불을 넣다. 예불을 때다.

때때로 가끔가다가. 이따금. 반늘. 줄곧. 예오늘 일기 예보에서 오후에는 때때로 비가 올 것이라고 말하더라.

때로 경우에 따라서. 예원숭이도 때로 나무에서 떨어진다.

때로는 '때로'를 힘주어 하는 말. 경우에 따라서는.

때를 가리지 않고 아무 때나. 언제든지.

때리다 사람이나 짐승을 아픔을 느끼도록 치다. 비두들기다.

때마침 그 때에 마침. 예남산에 올라갔더니 때마침 음악회가 열리고 있었다.

때아닌 뜻밖에. 의외의. 예벌써 봄인데 때아닌 눈이 내린다.

땔:감[—깜] 불을 때는 데 쓰이는 온갖 물건. 비연료.

땔:나무 땔감이 되는 나무.

땜:인두 쇠붙이로 땜질할 때 쓰이는 연모.

떠나다 ①출발하다. 길을 가다. ②다른 곳으로 옮겨 가다. 집을 옮기다. ③죽다. 반닿다. 도착하다.

떠내다 ①물 따위를 퍼내다. ②꽃이나 나무 따위를 흙과 함께 파내다.

떠내려가다 물 위에 둥둥 떠서 물을 따라 내려가다. 예배가 물에 떠내려가다.

떠돌이별 해의 둘레를 제각기 궤도를 따라 돌아다니는 별. 지구·화성·목성 따위.

떠들다[1](떠드니) ①큰 목소리로 지껄이다. ②소문이 크게 나다.

떠들다[2](떠드니) 가리거나 덮인 물건의 한 부분을 조금 걷어 쳐들다.

떠들썩하다 ①어느 한 부분이 착 달라붙지 않고 속이 떠서 들리다. ②여러 사람이 큰 목소리로 지껄여 시끄럽다. ③소문이 떠돌아서 왁자하다. 반조용하다.

떠듬거리다 말이 막혀서 순하게 나오지 않다.

떠받치다 떨어지거나 쓰러지지

떠버리 않게 밑에서 위로 받쳐서 버티다. 예매달린 박을 떠받치다.

떠버리 걸핏하면 떠드는 버릇이 있는 사람의 별명.

떠벌리다 ①굉장하게 떠들어대다. 예애, 그만 떠벌려라. ②굉장한 규모로 차리다.

떠오르다〔떠오르니, 떠올라〕 ①가라앉았던 것이 솟아서 위로 오르다. ②기억이나 생각이 되살아나다.

떠올라 기억이 되살아나. 예보이지 않게 될 때까지 차창 밖으로 손을 흔들던 누나의 모습이 자꾸만 떠올라 지울 수가 없었다.

떡 곡식 가루를 쪄서 만든 음식. 예시루떡.

떡가루 떡을 만들 가루.

떡갈나무 가을에 잎이 지는 나무. 열매인 도토리로 묵을 만들어 먹음.

떡갈잎〔—닙〕 떡갈나무의 잎.

떡메 흰떡이나 인절미 따위를 칠 때 쓰이는 무거운 방망이. 〔떡 메〕

떡방아 떡쌀을 빻는 방아. 예떡방아를 찧다.

떡보 떡을 몹시 즐겨서 많이 먹는 사람.

떡 본 김에 제사 지낸다〈속〉 마침 본 김에 해 버린다.

떡 줄 사람은 아무 말도 없는데 김칫국부터 마신다〈속〉 상대편은 생각지도 않는데 자기가 지레 짐작으로 다 된 일로 생각하고 행동한다.

떡 해 먹을 집안〈속〉 가족끼리 마음이 서로 맞지 않는 집안.

떨기 풀이나 나무의 한 뿌리에서 여러 줄기가 나와 더부룩하게 된 것.

떨:다〔떠니, 떠오〕 ①먼지를 털어 버리다. ②사람을 줄이다. ③곡식의 열매를 털다. ④빼다. ⑤무섭거나 추워서 몸을 흔들다.

떨리다 무섭거나 춥거나 하여 몸이 세게 흔들리다.

떨어뜨리다 ①손에 들었던 것을 놓치다. ②위에서 아래로 내려지게 하다. ③값을 싸게 하다. ④신·옷 따위를 해지게 만들다. ⑤붙었던 것을 따로 갈라지게 하다.

떨어지다 ①내려지다. ②남아 있다. ③값이 싸지다. ④뽑히지 못하다. ⑤붙어 있던 것이 흩어져 없어지다.

떨치다 ①이름이 널리 알려지다. ②소리가 높이 울리다.

떫:다〔떨따〕 익지 않은 감의 맛과 같다.

떳떳하다 ①마땅하다. ②정당하다. 비당당하다. 반부끄럽다.

떼¹ 사람이나 동물의 한 패를 이룬 무리. 비무리¹. 예목장에서 양 떼를 보았다.

떼² 제 의견이나 요구를 고집하는 짓. 비억지. 예떼를 쓰다.

떼:다 ①갈라놓다. ②떨어지게 하다. 반붙이다.

떼를 짓다 여럿이 모여 떼를 이루다.

떼쓰다 ①억지로 해 달라고 막 덤비다. ②이치에 맞지 아니한 말로 자기 주장을 고집하다. 예자전거를 사 달라고 아버지한테 떼썼다.

뗀석기 석기 시대에 인류가 돌을 깨뜨려 만든 기구.

뗏목 나무나 대의 토막을 엮어 물에 띄우는 재목.

또 ①그 위에. ②그뿐 아니라. ③다시 더. ④자꾸. 비다시. 예너 또 숙제를 안 해 왔니?

또다시 ①두 번째. ②한 번 더. ③하고 나서 다시.

또드락 마치 같은 것으로 가락이 있게 두드리는 소리. 큰뚜드럭. —거리다. —하다.

또드락또드락 물건을 가볍게 자꾸만 두드리는 소리. —하다.

또랑또랑하다 아주 밝고 똑똑하여 조금도 흐린 점이 없다. 예또랑또랑한 목소리.

또래 나이 또는 무슨 정도가 같거나 비슷한 무리. 예같은 또래의 아이들.

또렷하다 낱낱이 분명하다. 예글자가 또렷하게 보인다.

또박또박 ①흐리터분하지 않고 똑똑한 모양. ②난감하지 않고 또렷한 모양. ③차례를 거르지 않는 모양. 예회비를 또박또박 내었다. —하다.

또한 ①한가지로. ②이것도 저것도 마찬가지로. 예얼굴뿐 아니라 마음 또한 아름답다.

똑¹ ①꼭. ②아주. 틀림없이. ③마치.

똑² ①작은 물건이 떨어지거나 부러질 때 나는 소리. ②계속되던 소리가 갑자기 그치는 모양. 큰뚝.

똑같다 조금도 틀림이 없이 같다. 예크기가 똑같다.

똑딱단추 쇠로 된 단추의 하나. 속옷 같은 데에 닮.

똑똑하게 분명하게. 자세하게. 반흐릿하게.

똑똑하다 ①어리석지 않다. 재주가 있다. 똘똘하다. 비영리하다. 반어리석다. ②자세하다. 분명하다.

똑바로 ①아주 바르게. ②조금도 틀림없이. ③바른 대로. 반비스듬히. 예이 길을 똑바로 가면 학교가 나옵니다.

똘똘하다 ①영리하다. ②매우 똑똑하다.

똥구멍으로 호박씨 깐다〈속〉 겉으로 얌전한 체하면서 속으로 엉뚱한 짓을 한다.

똥싼 주제에 매화 타령한다〈속〉 잘못하고도 부끄러운 줄 모르고 날뛴다.

똥이 무서워서 피하나 더러워서 피하지〈속〉 악하거나 더러운 사람을 상대하여 겨루는 것보다 피하는 것이 낫다.

따:리 물건을 머리에 일 때 머리 위에 없는 짚이나 헝겊 따위로 둥글게 틀어 만든 것.

뙤약볕 되게 내리쬐는 여름의 뜨거운 볕.

뙤창 작은 들창.

뚜껑 모든 물건의 아가리를 덮는 물건. 비마개.

뚜렷이 ①똑똑히. ②분명히. ③환히. ④반듯하게. ⑤당당하게. 예검은 바탕에 흰 것을 놓으니 뚜렷이 나타난다.

뚜렷하다 똑똑하다. 분명하다. 예캄캄한 어둠 속에서도 뚜렷하게 나타나 보이는 그 모습.

뚜벅뚜벅 거만한 걸음으로 점잖게 걸어가는 모양. 작또박또박. 예복도에서 뚜벅뚜벅하는 소리가 나다.
뚝 ①계속되던 것이 갑자기 그치는 모양. 예울음을 뚝 그치다. ②성적 같은 것이 심하게 떨어지는 모양. 예성적이 뚝 떨어지다. —하다.
뚝뚝하다 성질이 부드러운 맛이 조금도 없이 굳기만 하다.
뚝배기 ①아가리가 둥글고 속이 깊게 된 작은 질그릇. ②찌개나 지짐이 등을 끓이는 투박한 질그릇. 〔뚝배기〕
뚝배기보다 장맛이 좋다〈속〉겉모양보다 내용이 훨씬 낫다. 실속이 있다.
뚝심 ①굳세게 버티어 가는 힘. ②딱딱하게 당해 내는 힘. 凹완력.
뚫다 ①구멍을 내다. 凹막다. ②길을 통하게 하다. ③헤치고 나가다. 예철조망을 뚫다.
뚫리다 구멍이 나다.
뚫어지게 보다 아주 자세히 쳐다보다.
뚫어지다 구멍이나 틈이 생기어지다.
뚱뚱하다 살이 쪄서 몸이 가로 퍼지다. 좍똥똥하다.
뚱보 살이 쪄서 뚱뚱한 사람. 또는 그런 사람을 놀리는 말. 凹홀쭉이.
뚱:하다 ①마음이 활발하지 않다. ②근심이 있는 것 같다. ③못마땅하여 심술이 드러나 보이다. ④말이 별로 없다.
뛰놀다 이리저리 뛰어다니며 놀다.
뛰다 ①몸을 날리다. ②몸을 솟구다. ③달아나다. ④값 따위가 갑자기 오르다. ⑤그네나 널을 가지고 놀다.
뛰어나다 ①여러 사람보다 낫게 생기다. ②다른 것보다 잘되다. 凹빼어나다. 우수하다. 凹못나다.
뛰어오르다 몸을 위로 솟구치어 높은 데에 오르다.
뛸 듯이 뛸 것처럼. 예새 옷을 해주신다는 어머니 말씀에 나는 뛸 듯이 기뻤다.
뜀 ①두 발을 한데 모으고 뛰어넘는 짓. ②몸을 날리어 높은 곳으로 오르는 짓.
뜀틀 운:동 뜀틀을 이용하여 뛰어넘기와 구르기 등의 여러 동작을 하는 운동.
뜨개질 털실 따위로 엮어서 옷·양말 등 여러 가지 물건을 만드는 일. —하다.
뜨겁다〔뜨거우니, 뜨거워서〕몹시 덥다. 열을 느낄 수 있다. 凹차갑다. 좍따갑다.
뜨끈하다 매우 따뜻한 느낌이 나다. 좍따끈하다.
뜨내기 사는 곳이 일정하지 않고 떠돌아다니는 사람.
뜨다[1] ①눈을 열다. 凹감다. ②가라앉지 않고 물이나 공기 위에 있다. 凹가라앉다.
뜨다[2] ①어떠한 곳에 담겨 있는 물건을 퍼내거나 덜어내다. ②얽어서 만들다. ③느리고 더디다. 예행동이 뜨다.
뜨다[3] 죽다. 예세상을 뜨다.
뜨물 쌀 따위를 씻은 물.
뜬것 ①떠돌아다니는 못된 귀신. ②우연히 관계를 맺게 된 사물.

뜬구름 하늘에 떠다니는 구름. 덧없는 세상일을 일컬음.

뜬눈 밤에 잠을 자지 못한 눈. ⑩뜬눈으로 밤을 새우다.

뜯게 헐어서 입지 못하게 된 옷 따위.

뜯기다 뜯어먹게 하다.

뜯다 ①붙었던 것을 잡아떼다. ②이로 물어 떼다. ③손가락으로 비틀어 자르다. ⑩봄 나물을 뜯다. ④거문고를 타다.

뜰 집안의 앞이나 뒤에 있는 평지. 凹마당. 정원.

뜸¹ 쑥을 비비어 살에 놓고 불을 붙여 그 열을 몸 속에 들여보내는 치료법.

뜸² 한 동네 안에서 따로따로 몇 집씩이 한데 모여 있는 구역. ⑩위뜸. 아래뜸.

뜸³ 찌거나 삶은 것을 불에 그대로 두어 푹 익게 하는 일. ⑩밥의 뜸을 들이다.

뜸부기 등은 검붉고 날개는 검으며, 아롱무늬가 있고, 대가리는 검고, 부리와 다리가 긴 물이나 논에서 많이 사는 새.

뜸:하다 한때 그치고 있다. 한동안 그치고 있다. '뜨음하다'의 준말.

뜻 ①무엇을 하려고 속으로 먹는 마음. ②글이나 말이 가진 속내. —하다.

뜻글 글자 한 자 한 자가 뜻을 나타내는 글. 표의 문자·한자 따위. 가령 '天'은 하늘의 뜻을 '人'은 사람이란 뜻을 나타냄.

뜻글자[—짜] 글자 하나하나가 뜻을 지니고 있는 글자. 표의 문자. 凹소리 글자.

뜻대로 마음먹은 대로. 생각했던 대로.

뜻밖에 생각지도 아니한 판에. 마음먹지 아니한 사이에.

뜻을 굽히다 마음을 돌이키다.

뜻을 꺾다 희망을 굽히거나 저버리다.

뜻을 살피시고 생각을 잘 아시고. 마음을 이해하시고.

뜻 있게 의미 있게. 좋게. 훌륭하게.

뜻하다 마음을 먹다. 생각하다. 의미하다.

띄:다 ①없던 것이 눈에 드러나 보이다. ⑩마을 사람들 눈에 띄다. ②감았던 눈이 열리다. 본뜨이다. ⑩눈이 번쩍 띄다.

띄어쓰기 글을 쓸 때에 문장을 구성하는 각각의 성분을 띄어 쓰는 일.

띄엄띄엄 차례 없이 드문드문. 凹촘촘히. ⑩띄엄띄엄 읽다.

띄엄띄엄 걸어도 황소 걸음(속) 더디게 하여도 틀림없이 확실한 일.

띄우다 ①물 위나 하늘에 뜨게 하다. ⑩연을 띄우다. ②물건에 훈김이 생기어 뜨게 하다. ⑩메주를 띄우다. ③부치거나 보내다. ⑩엽서를 띄우다.

띠 허리를 둘러매는 끈.

띠다 ①띠를 매다. ②몸에 지니다. ③일을 맡다. ④빛깔을 약간 가지다. ⑩야단맞을 각오를 하고 있는 나에게 선생님께서는 얼굴에 웃음을 띠고 말씀하셨습니다.

띵하다 ①정신이 얼떨떨하다. ②머리가 속으로 깊이 아프다.

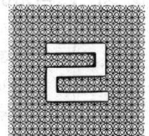

ㄹ[리을] 한글 닿소리의 넷째 글자.

-ㄹ까 말:까 받침 없는 말에 붙어서 하는 짓을 망설이는 뜻을 나타내는 말. 예책을 볼까 말까. 줄까 말까.

-ㄹ망정 받침 없는 말에 붙어서 '비록 그러하지만 그러나'의 뜻을 나타내는 말. 예나이는 어릴망정 철은 다 들었다.

-ㄹ 뿐더러 받침 없는 말에 붙어 어떤 일이 그것만으로 그치지 않고 그 밖에도 다른 일이 더 있음을 나타내는 말. 예빛깔이 좋을 뿐더러 향기도 매우 좋다.

-ㄹ세라[-쎄-] 받침 없는 말줄기에 붙어서 행여 그렇게 될까 염려하는 뜻을 나타내는 말. 예모처럼의 기회를 놓칠세라 노력하고 있다.

-ㄹ소냐[-쏘-] 'ㄹ 것인가'의 옛말. 예내가 너에게 질소냐.

-ㄹ수록[-쑤-] 말줄기에 붙어 일이 더하여 감을 나타내는 말. 예갈수록 태산이다.

-ㄹ 이만큼 받침 없는 말줄기에 붙어서 '-ㄹ 사람만큼'이란 뜻을 나타내는 말. 예찬성할 이도 반대할 이만큼이나 많을 것이다.

-ㄹ지언정[-찌-] 받침 없는 말끝에 붙어서 한 가지를 꼭 부인하기 위하여는 차라리 딴 것을 그렇게도 할 뜻이 없음을 나타내는 말끝. 예실패할지언정 그만두지는 않겠다.

라 '라고'의 준말.

라고 사물이 어떠하다는 것을 나타내는 말. 예집을 지키는 가축을 개라고 한다.

-라고 명령의 뜻을 나타내는 말. 예가라고 하였다.

라는 '라고 하는'의 뜻을 나타내는 말. 예코끼리라는 동물.

라듐(radium) 방사성 원소의 하나. 퀴리 부인이 발견한 것으로 우라늄과 함께 피치블렌드 속에 있음.

라디오(radio) 방송국으로부터 일정한 시간내에 음악·연극·뉴스·강연 등의 음성을 전파로 방송하여 듣게 하는 것.

라디오 드라마 라디오를 통하여 하는 연극.

라디오 방:송 방송국에서 라디오를 듣는 사람에게 들려주기 위하여 뉴스·노래·이야기·연극 따위를 하는 것.

라야 사물을 지정하는 데 쓰는 말. 예너라야 능히 그 일을 해 낼 수 있다.

라오스(Laos) 아시아의 동남부 인도차이나 반도에 있는 공화국. 수도는 비엔티안임.
라운드(round) 권투 용어로 시합의 횟수를 말함.
라이벌(rival) 경쟁하는 사람. 예라이벌 의식이 강한 사람.
라이터(lighter) 담뱃불을 붙이기 위하여 쓰는 점화기.
라인(line) ①선. 줄. 예선을 긋다. ②항공기·선박의 항로. 철도 노선. 예에어라인.
라일락(lilac) 높이 5m 정도까지 자라는 꽃나무로 정원에 많이 심음. 4월경에 보라색·흰색의 꽃이 가지 끝에 모여서 핌. 향기가 좋음.
라켓(racket) 테니스·탁구·배드민턴에서 공을 치는 채.
라파엘로(Raffaello,1483~1520) 르네상스 때 이탈리아의 대표적 화가이며 건축가. 성모자상과 초상화를 많이 그렸으며 고전 양식을 완성하였음.
-락 두 가지의 동작이 계속하여 변화하는 뜻을 나타내는 말. 오락가락, 될락말락 따위.
-랍니다 -라고 합니다. 예키는 작아도 기운이 장사랍니다.
랑 '는·은·와'의 뜻을 힘있게 쓰는 말. 예사과랑 배랑 많이 먹어라.
랑데부(프 rendez-vous) 만날 약속. 만나는 곳. -하다.
랭킹(ranking) 성적 순위. 등급 매기기. 예세계 랭킹 제1위의 선수.
-러 일정한 목적을 정하고 동작하는 말 뒤에 붙여 쓰는 말. 예공부하러 간다.
러닝 셔:츠(running shirt) 흔히 경주·경기할 때 입는 소매 없는 메리야스 셔츠.
러시아(Russia) 동유럽 평원과 아시아의 시베리아에 걸쳐 위치하는 광대한 대륙 국가. 1990년대 초 소련의 붕괴 후 새로 결성된 독립 국가 연합에서 중추적인 역할을 함.
러시 아워(rush hour) 출·퇴근 따위로 교통이 혼잡한 시간.
러·일 전쟁(1904~1905) 우리 나라의 이권을 독점하기 위하여 만주 땅에서 러시아와 일본이 충돌하여 일으킨 전쟁.
러키(lucky) 행운. 행복.
런던(London) 영국의 수도. 대영 박물관·그리니치 천문대·성파울 사원 등이 유명함.
레그혼:(leghorn) 닭의 한 품종. 이탈리아의 북부 도시 레그혼이 원산지이며, 흰 빛깔의 알을 많이 낳음.
레더(leather) 털과 기름을 뽑아 부드럽게 한 가죽.
레바논(Lebanon) 서남 아시아 지중해에 면한 공화국. 수도는 베이루트.
레슬링(wrestling) 씨름과 비슷한 운동 경기의 한 종목.
레이스(lace) 실을 바늘로 떠서 여러 가지 구멍 뚫린 무늬를 나타내어 상보 따위를 만들거나 옷의 꾸밈에 쓰는 것. 예레이스를 뜨다.
레인코:트(rain-coat) 비 올 때 입는 우비. 우장.
레코:드(record) 말이나 노래의 소리를 그대로 담아 놓은 판. 비음반.
레크리에이션(recreation) 오락. 휴양. 기분 전환.

레테르(네 letter) 상표. 표찰.

렌즈(lens) 특수 유리를 잘 갈아서 볼록하게 또는 오목하게 만들어 빛을 통과시키면 볼록렌즈는 물체가 크게 보이고, 오목렌즈는 작게 보임.

-려 생각하는 의향을 나타내는 말. 예글을 쓰려 한다.

-려니와 사물의 서로 반대되는 말귀를 잇는 말. 예가기는 가려니와 꼭 언제라고 말하지는 못하겠다.

-려무나 손아랫사람에게 어떤 일을 권하거나 허락하는 뜻을 나타내는 말. 준-렴. 예너 좋을 대로 하려무나.

-련 윗사람이 아랫사람에게 뜻을 물어 볼 때 쓰는 말. 예네가 가련?

-련다 '-려 한다'의 준말. 예집을 떠나련다.

-련마는 미래의 일이나 가정의 사실을 말할 때에 쓰이는 말. 예오라면 가련마는.

-렴 '-려무나'의 준말.

로 ①수단과 방법. 예코로 냄새를 맡는다. ②방향을 나타내는 말. 예어디로 갈까?

-로구나 감탄의 뜻을 나타내는 말. =-로다. 예알고 보니 너로구나.

-로다 =-로구나.

로 댕(Rodin, 1840~1917) 프랑스의 조각가. 조각에 있어 인상주의를 창시하였으며, 근대 사실파의 대표자. 작품은 〈생각하는 사람〉이 유명함.

로도 '로'와 '도'가 겹친 말. 예칼로도 벨 수가 없다.

로렌(Lorraine) 프랑스 북동쪽에 있는 도시. 철의 산지로 유명함.

로렐라이(독 Lorelie) 라인 강에 있는 큰 바위. 그 바위에 사는 물의 요정이 아름다운 노래로 뱃사람을 꾀어 빠져 죽게 한다는 전설이 있음.

로마(Roma) 이탈리아의 수도. 옛 로마 시대로부터의 유적이 많아 관광지로 유명함.

로마 교:황 로마 카톨릭 교회의 최고위 성직자의 뜻으로, '교황'을 분명히 일컫는 이름.

로마자[一짜] 로마의 글자로 오늘날 영국·미국을 비롯한 서양에서 쓰고 있는 소리 글자. A, B, C,……Z까지의 26자. 로마 글자.

로마 제:국 기원전 1세기 말부터 4세기 말까지 이탈리아 반도를 중심으로 지중해 연안 일대를 통일했던 제국.

로 봇(robot) 전기·자기를 이용하여 복잡하고도 교묘한 동작을 규칙적으로 하게 만든 인조 인간. 〔로 봇〕

로 빈 슨 크 루 소(Robinson Crusoe) 1719년에 처음 간행된 디포의 소설 이름. 주인공 로빈슨 크루소라는 소년이 집을 나가 뱃사람이 되어 항해하다 난파되어 무인도에 표류하였다가 가지가지 모험을 하고 돌아온다는 이야기.

로서 동작이 일어나는 곳을 나타내는 말. 예바람이 남쪽 바다로서 불어온다.

로스앤젤레스(Los Angeles) 미

로시니 국의 서남쪽에 있는 도시 이름. 우리 나라 사람들이 많이 살고 있음.

로시니(Rossini,1792~1868) 이탈리아의 낭만파 가극의 대가. 40여 곡의 가극을 작곡하였으며, 작품에는 〈세빌랴의 이발사〉·〈윌리엄 텔〉 등이 있음.

로:열티(royalty) 특허권이나 저작권의 사용료. 외국에서의 기술 원조의 대가 등 권리 사용의 대상.

로잔(Lausanne) 스위스 서쪽 레만 호 북쪽 호숫가에 있는 도시 이름. 풍경이 아름다워 관광객이 많으며 국제 올림픽 위원회가 있음.

로키 산맥(Rocky 山脈) 북아메리카 대륙의 태평양 쪽에 남북으로 뻗은 긴 산맥.

로:터리(rotary) ①회전기. 운전기. ②교통이 번잡한 시가의 네거리 중앙에 교통 정리를 위하여 만든 원형의 터전.

롤:러(roller) 주로 길쭉하게 축으로 되어 돌거나 구르는 물건으로 그 쓰임새가 다양함.

-롭다 어떤 명사 아래에 붙어서 형용을 나타내는 말. 예 꽃이 매우 향기롭다.

루마니아(Rumania) 동부 유럽에 있는 국가. 수도는 부쿠레슈티.

루:브르 박물관(Louvre 博物館) 프랑스 파리에 있는 국립 미술 박물관. 원래 왕궁이었으나, 그 주요 부분은 1791년 이래 박물관으로 쓰임.

루소¹(Rousseau,1712~1778) 프랑스의 문학가·사상가. 자유·평등 사상을 널리 퍼뜨리어 프랑스 혁명에 큰 영향을 주었고, 〈에밀〉 등을 썼음.

루소²(Rousseau,1812~1867) 프랑스의 화가. 바르비종파의 한 사람으로 연못·숲, 특히 비 온 뒤의 경치를 착실한 필치로 그렸음.

루스벨트(Roosevelt,1882~1945) 제2차 세계 대전을 승리로 이끌고, 뉴 딜 정책을 수행하고, 유엔의 기초를 세운 미국의 제31대 대통령.

룩셈부르크(Luxemburg) 서부 유럽에 있는 나라. 베네룩스 3국 중의 한 나라. 수도는 룩셈부르크.

룰:(rule) 규정. 규칙.

룸펜(독 Lumpen) 부랑자. 실업자. 예 룸펜 생활.

뤼순(중 旅順) 만주의 랴오둥 반도의 남쪽에 있는 항구.

르누아르(Renoir,1841~1919) 프랑스의 화가. 처음에는 음악을 하였음. 주로 풍경·나체·인물 등을 그렸음. 필치와 색조가 화사하고 밝으며 우아함.

를 목표로 삼는 뜻을 나타내는 말. 예 때를 기다린다.

리 까닭의 뜻으로 쓰이는 말. 예 그가 입학 시험에 떨어질 리가 없다.

리:그 전(league 戰) 여러 단체가 연합하여 대전하는 운동 경기로 전체 참가 팀이 적어도 한 번씩 다른 모든 팀과 시합을 하게 되는 경기 방식.

-리까 받침 없는 말의 줄기에 붙어서 손윗사람에게 미래의 일을 물을 때 쓰는 말. 예 어떻

리놀륨(linoleum) 리녹신에 수지·고무질 물질·코르크 가루 같은 것을 섞어 삼베 같은 데에 발라서 종이 모양으로 눌러 편 것. 서양식 건물의 바닥이나 벽에 붙임. 예리놀륨 장판.

-리다 '그러하겠다'는 뜻을 나타내는 말. 예내가 자세히 알아보리다.

리:더(leader) 지도자. 지휘자. 인솔자.

리듬(rhythm) 멜로디·하모니와 함께 음악의 3요소의 하나.

리듬놀이 리듬 악기로 장단을 맞추는 놀이.

리듬 악기 캐스터네츠·북 등과 같이 가락이 없고 음악에 대한 흥미를 돋굴 수 있는 악기.

-리라 추측이나 미래의 뜻을 나타내는 말. 예약한 자를 도와주리라.

-리만큼 받침 없는 말줄기에 붙어서 '그러하거나 그러한 정도만큼'의 뜻을 나타내는 말. 예나를 미워하리만큼 그에게 잘못한 일이 없다.

리바이벌(revival) ①부활. 소생. ②오래 된 영화 등을 다시 상영하는 것.

리벳(rivet) 알루미늄이나 구리 따위로 만든 짧은 못.

리비아(Libya) 아프리카 북부에 있는 왕국. 수도는 트리폴리임.

리빙 키 친(living kitchen) 부엌·식당·거실을 겸한 방.

리스본(Lisbon) 포르투갈의 수도이며 항구 도시.

리스트(list) 목록. 명부. 일람표. 예상품 리스트.

리스트(Liszt,1811~1886) 헝가리의 낭만파 음악가. '피아노의 왕'이라고도 하며 작품에는 〈헝가리 광시곡〉·〈파우스트〉·〈피아노 협주곡 제1번〉등이 있음.

리터(liter) 물이나 가루 같은 물건의 양을 잴 때 쓰는 단위. 4℃의 물 1kg의 부피를 1리터라고 함. 기호는 L.

리트머스 종이(litmus—) 산과 염기를 구별하는 데 쓰는 종이. 붉은 리트머스 종이는 알칼리성 용액에 넣으면 푸른빛으로 변하고, 푸른 리트머스 종이는 산성 용액에 넣으면 붉은빛으로 변함.

리포:터(reporter) ①취재 기자. ②보고자. ③통신원.

린스(rinse) 머리털을 부드럽고 광택이 있게 해주는 세제.

릴레이(relay) 여러 사람이 일정한 거리를 등분하여 달리는 경주. 비계주.

릴레이 식 릴레이 하는 것과 같은 형식.

링(ring) ①반지. 고리. ②권투·레슬링의 시합장.

링링링 은방울의 맑고 고운 소리를 흉내낸 말.

링컨(Lincoln,1809~1865) 미국의 정치가로 16대 대통령. 흑인 노예 해방을 위해 남북 전쟁을 일으켜 승리로 이끌어 노예를 해방했음.

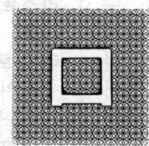

ㅁ[미음] 한글 닿소리의 다섯째 글자.

마(碼) 영국의 길이를 재는 단위. 91.44cm 가량임. 비야드.

마감 ①끝을 막음. ②셈을 다함. ③받아들이는 기한이 마지막이 됨. 예원서 접수 마감. —하다.

마개 그릇 아가리 따위에 끼워 막는 물건. 비뚜껑. 예마개를 열다. 병마개.

마고자 한복 저고리 위에 덧입는 옷.

마구 ①아무렇게나 되는 대로. ②앞뒤를 헤아리지 않고 외곬으로 세차게. 비아무렇든지. 함부로. 예마구 지껄이다.

마:구간(馬廐間)[—깐] 말이나 소가 거처하는 곳. 비외양간.

마구리 물건의 좌우 양쪽 머리의 면.

마구잡이 이것저것 따지지 않고 마구 하는 짓.

마굴(魔窟) 악한 일을 하는 사람들이 모여 있는 곳.

마귀(魔鬼) ①정체를 모를 못된 귀신. ②이상하고 흉악한 귀신. 예마귀 할멈.

마그마(magma) 땅속 깊은 곳에 있는 바위가 녹은 액체 상태의 물질. 온도가 매우 높고, 식으면 화성암이 됨.

마:나님 부인이나 할머니를 높여서 부르는 말.

마녀(魔女) 여자 마귀. 반선녀.

마:누라 ①자기의 아내. ②늙은 여자. 예주인 마누라.

마늘 밭에 심으며, 독특한 냄새가 있어 양념과 반찬에 쓰임.

마다 '낱낱이 다 그러함·모두'의 뜻을 나타내는 말. 예해마다 선물을 보내온다.

마:다하다 싫다고 하다. 예궂은 일을 마다하지 않고 하다.

마당 집안의 앞이나 뒤에 있는 단단하고 평평한 땅. 비뜰.

마당비 마당을 쓸기 위하여 댑싸리나 싸리로 만든 비.

마디 ①나무 줄기에 가지나 잎이 붙은 곳. ②뼈와 뼈가 맞닿은 곳. ③말이나 노래의 구절. 예노래 한 마디.

마땅하다 ①잘 어울리다. ②이치나 형편에 맞아 옳다. ③응당 그러하다. 비당연하다. 반못마땅하다.

마땅히 적당히. 당연히. 응당. 모름지기. 예죄를 범한 너는 마땅히 벌을 받아야 한다.

마라 말리는 말. 예아예 거짓말은 하지도 마라.

마라톤(marathon) 육상 경기의 한 종목. 정식 마라톤의 달리는 거리는 42.195km임.

마:력(馬力) 기계가 단위 시간 안에 하는 일로서, 1초 동안에 75킬로그램의 무게를 1m 움직이는 일의 양.

마련¹ ①계획을 세움. ②준비하여 갖춤. 비장만. 준비. 예겨우살이 마련에 바쁘시다. 돈을 마련하다. —하다.

마련² ①그렇게 되도록 되어 있음. ②망정. 예열심히 노력하면 잘 사는 길은 열리게 마련이다.

마렵다〔마려우니, 마려워〕 대변이나 소변이 나오려고 하는 느낌이 있다.

마루¹ 바닥을 널로 깔아 놓은 곳. 예뒷마루.

마루² 길게 등성이가 진 지붕이나 산의 꼭대기. 비등성이.

마룻바닥 마루의 바닥.

마르다¹〔마르니, 말라서〕 ①더운 기운에 물기가 날아가다. ②몸이 야위어 가다. ③입에 물기가 없어지다. 반젖다. 예목이 마르다.

마르다² 옷감이나 종이를 치수대로 베다.

마르코니(Marconi, 1874~1937) 이탈리아의 전기 기술자이며 발명가. 1895년에 무선 전신 장치를 발명하여, 1909년 노벨상을 받았음.

마른갈이 논에 물을 넣지 않고 가는 일. —하다.

마름 지주를 대신하여 논밭과 소작인을 관리하는 사람.

마름모 네 변의 길이가 모두 같으나 모든 각이 직각이 아닌 사각형.

마름질 옷감이나 종이 따위를 치수대로 베는 일. —하다.

마리 짐승이나 물고기를 셀 때 쓰는 단위. 예열대어 다섯 마리와 금붕어 세 마리.

마:마(媽媽) ①왕과 그 가족들의 칭호 밑에 붙여, 존대의 뜻을 나타냄. 예상감 마마. ②천연두. —하다.

마멸(磨滅) 닳아서 얇아지거나 없어짐. —하다.

마무리 일의 뒷단속. 예일을 마무리짓다. —하다.

마:방집(馬房—)〔—찝〕 말을 두고 삯짐 싣는 일을 하는 집.

마법(魔法) 요술을 부려 사람의 눈을 어리게 하는 술법. 비마술. 예마법사.

마:부(馬夫) 말을 다루는 사람.

마:분지(馬糞紙) 짚을 원료로 하여 만든 빛이 누렇고 품질이 낮은 종이.

마:산(馬山) 경상 남도의 항구 도시.

마소 말과 소.

마수(魔手) 악마의 손.

마수걸이 ①가게를 내고 처음 물건을 파는 일. ②맨 먼저 하게 되는 일. —하다.

마술(魔術) 요술. 특히, 무대에서 하는 요술. 비마법.

마술사〔—싸〕 마술을 잘 부리는 사람. 비마법사.

마스터(master) ①우두머리. 장교. 주인. 음식점 주인. ②정복하거나 숙달함.

마시다 ①액체를 목구멍으로 넘기다. ②공기를 빨아들이다. 예신선한 공기를 마시다.

마을 도회지 이외에 인가가 모여 있는 곳. 비동네. 촌.

마을 문고 마을에 여러 가지 책을 모아 두고 마을 사람 누구나가 읽어 보도록 마련해 놓은 곳이나 그 책.

마을일 마을의 여러 가지 일. 마을의 발전을 위한 일.

마을 회:관 마을 사람들의 모임을 위하여 지어 놓은 집.

마음 ①생각. 예네 마음을 모르겠다. ②정신. ③뜻. ④옳고 그른 것과 좋고 나쁜 것을 판단하는 힘. ⑤성의나 정성. 비정신. 반몸. 육체.

마음가짐 ①마음을 쓰는 태도. ②결심. 예굳은 마음가짐.

마음껏 ①마음을 다하여. ②만족하도록. 예소풍날은 마음껏 하루를 즐긴다.

마음놓다 믿고 의심하거나 염려하지 않다. 비안심하다. 준맘놓다. 예이젠 마음놓겠네.

마음대로 ①생각 나는 대로. ②하고 싶은 대로. 예네 마음대로 놀아라.

마음먹다 ①하고 싶은 생각을 가지다. ②마음을 작정하다. 예일이 순조로워 마음먹은 대로 잘되어 간다.

마음씨 마음을 가지는 태도. 비마음보. 심정.

마음에 거리끼다 생각이 자꾸만 나서 기분을 상하게 하다.

마음에 없:다 하고 싶지 않다. 할 생각이 없다. 예마음에 없는 꾸중을 하신다.

마음엔 '마음에는'의 준말. 예나는 좋다고 생각하는데 네 마음엔 드느냐?

마음은 간절하나 마음속으로 바라는 생각은 매우 크지만.

마음은 굴뚝 같다〈속〉속으로는 하고 싶은 마음이 많다.

마음의 그림 마음을 그대로 나타낸 그림 같다는 말.

마음의 양식(一糧食) 정신에 영양이 되는 것. 예독서를 하여 마음의 양식을 얻도록 하자.

마음 졸이다 ①마음을 조마조마하게 태우다. ②걱정을 몹시 하다.

마이너스(minus) 수학에서 감표 '—'의 이름. 반플러스.

마이크로폰(microphone) ①라디오에서 소리를 보내는 기계. ②확성기.

마일(mile) 영국의 육지 거리를 재는 단위로 1마일은 1.609 km임. 예휴전선 155마일.

마저 남은 것까지 죄다. 예이것마저 먹어라.

마:적(馬賊) 말을 타고 떼지어 다니는 도둑.

마:전 천을 빨아서 볕에 쬐어 희게 하는 일. —하다.

마주 서로 똑바로 향하여. 예얼굴을 마주 보고 눈싸움을 하였다. 마주 잡다.

마주 보다 서로 똑바로 향하여 보다.

마주 서다 둘이 서로 똑바로 바라보고 서다. 예마주 서서 이야기하다.

마주치다 ①서로 부딪치다. ②우연히 서로 만나다. 예복도에서 선생님과 마주치다.

마중 사람이 오는 것을 맞이하는 일. 비영접. 출영. 반배웅. 예나는 정거장으로 아버지의 마중을 나갔다. —하다.

마지기 =두락.

마지막 ①최후. ②일이 끝나는 판. 비끝. 맨 나중. 반처음. 예나는 너에게 마지막으로 일러두어야 할 말이 있다.

마지막 수업 프랑스의 소설가 알퐁스 도데가 지은 소설. 프랑스가 프로이센과의 전쟁에 져서 프로이센 영토가 되고 만 알자스 지방의 어느 초등 학교에서 프랑스 말로서는 최후의 수업이 되는 그날의 광경을 아멜 선생과 프랑스 소년을 통해서 그려낸 작품임.

마:지아니하다 진심으로 그러함을 강조하는 뜻을 나타내는 말.

마:차(馬車) 말이 끄는 수레. 예쌍두 마차.

마:차부자리(馬車夫—) 북쪽 하늘의 오리온자리 북쪽에 있는 별자리.

마찬가지 꼭 같음. 서로 같음. 비매한가지. 반다름.

마찰(摩擦) 물건과 물건을 서로 문지름. 예마찰력. —하다.

마찰 전:기 두 가지 물체를 서로 문지를 때 일어나는 전기. 양전기와 음전기가 있음.

마치¹ 못을 박는 데 쓰는 연장.

마치² ①거의 비슷하게. ②틀림 없이. 비흡사. 예흙이 마치 산더미처럼 쌓였다.

마치가 가벼우면 못이 솟는다 〈속〉위엄과 무게가 없으면 남이 순종하지 않고 오히려 반항한다.

마치다 ①일을 마지막으로 끝내다. 반시작하다. ②속에 무엇이 받치다. ③몸의 어느 부분이 결리다.

마침 ①꼭 알맞게. 예마침 잘 왔다. ②우연히 공교롭게도. 예오늘이 마침 내 생일입니다.

마침내 ①드디어. ②끝에는. ③나중에. ④종내. ⑤필경. 비기어이. 드디어. 이윽고. 예지루하던 일이 마침내 끝이 났다.

마침표(—標) ①한 개의 문장이 끝났음을 나타내거나 줄이어 끝맺음을 나타낼 때 찍는 부호. 비종지부. ②악곡의 끝을 나타내는 표.

마:크(mark) ①무엇을 상징하여 나타낸 도안이나 상표. ②기호. ③주목함. —하다.

마타시 임진년에 왜군의 수군 주력 부대를 거느리고 침입해 온 왜장의 한 사람.

마파람 남쪽에서 불어오는 바람. 마풍. 앞바람.

마:패(馬牌) ①조선 시대 관리들이 지방 출장 때에 역마 징발의 증명이 되던 둥근 패. ②암행 어사의 인장으로 사용된 둥근 패. 〔마 패〕

마포(麻浦) 서울의 서남쪽 한강 가에 있는 지역.

마흔 열의 네 곱절. 비사십.

막¹ 이제 방금. 금시. 비곧장. 예서울에 막 도착했다.

막² 걷잡을 수 없이. 몹시. 본마구. 예마루 위를 막 뛰어다닌다.

막(幕) ①휘장. ②무대 앞이나 뒤에 드리워 놓은 포장.

막걸리 청주를 떠내지 않고 그

막내 맨 마지막으로 난 아이. 판맏이.

막내둥이 '막내'를 귀엽게 일컫는 말.

막내딸 맨 마지막으로 난 딸. 판맏딸.

막다 ①통하지 못하게 하다. ②사방을 둘러싸다. ③더 못 나아가게 하다. 판뚫다.

막다른 골: ①길이 막혀 더 가지 못하게 된 골목. ②일이 절박하여 조금도 변통할 수 없는 경우.

막다른 골이 되면 돌아선다(속) 어떻게 할 수 없는 지경에 이르면 또 다른 꾀가 생긴다.

막다른 집 막힌 골목 안의 맨 끝의 집.

막대 그래프(—graph) 선분의 길이로 수나 양의 크기를 나타낸 그래프.

막대기 ①짚고 다니기에 알맞은 짧은 나무. ②가늘고 긴 나무.

막대 자석(—磁石) 둥근 막대나 넓적한 막대 모양의 자석.

막대하다(莫大—) 썩 크다. 한없이 크고 많다. 판근소하다. 예손해가 막대하다.

막돌 쓸모 없이 아무렇게나 생긴 돌. 비잡석.

막되다 말이나 행실이 거칠고 사납다.

막둥이 끝으로 낳은 아들. 막내아들.

막론(莫論) ①의논을 그만둠. 의논할 것조차 없음. ②말할 나위도 없음. 예농촌이나 도시를 막론하고 많은 학교가 세워졌다. —하다.

막막하다(寞寞—) ①적막하다. 쓸쓸하다. ②아득하다. 예날은 저물고 길은 멀고, 갈 길이 막막하다.

막무가내(莫無可奈) 어찌 할 수 없음. 예막무가내로 우기다. 잘못을 빌었으나, 그 고약한 사람은 막무가내였다.

막바지 ①더 갈 수 없는 막다른 곳. 예골짜기의 막바지. ②일의 마지막 단계. 예공사가 막바지에 이르렀다.

막벌이 힘든 막일로 돈을 버는 일. 예막벌이꾼. —하다.

막상 마침내 실제에 이르러. 예막상 해보니 생각보다 어렵다.

막심하다(莫甚—) 썩 심하다. 매우 대단하다. 예피해가 막심하다.

막연하다(漠然—) ①자세하지 않다. ②똑똑하지 못하고 어렴풋하다. 예그런 막연한 말을 믿을 수는 없다.

막잡이 허름하게 함부로 쓰는 물건.

막중(莫重) ①매우 중요함. ②매우 귀중함. —하다.

막차(—車) 그날의 마지막으로 오고 가는 차.

막히다 ①막음을 당하다. ②뚫리지 아니하다. ③거래가 끊어지다. 판통하다. 트이다. 예길이 막히다.

만[1] 그것은 있고 다른 것은 없다는 뜻을 나타내는 말. 비뿐. 예사과만 남았다.

만[2] 그 시일이 지났다는 뜻을 나타내는 말. 예꼭 일년 만에 만났다.

만:(萬) ①천의 열 곱절. ②수

가 많은 것.

만(灣) 물이 육지에 굽어 들어 온 곳. [예]아산만.

만:경 창파(萬頃蒼波) 끝없이 너른 바다.

만:고(萬古) ①먼 옛날. ②오랜 세월. [비]만대. 천고. [예]그는 만고의 영웅이다.

만:국(萬國) 세계 여러 나라. [비]만방. [예]만국 박람회.

만:국기 여러 나라의 국기.

만:국 우편 연합 국제 연합 전문 기구의 하나. 국제 우편 업무의 발전과 국제간의 우편물 교환을 하기 위한 기구로 본부는 스위스의 베른에 있음.

만:국 평화 회:의 러시아 황제 니콜라이 2세가 제창하여 1899년과 1907년에 열린 2차의 국제 회의. 네덜란드의 헤이그에서 개최. 특히, 2차 회의 때는 우리 나라의 밀사 사건이 있었음. 헤이그 평화 회의.

만:기(滿期) 정한 기한이 다 참. —하다.

만나다 ①서로 마주치다. 서로 마주 보게 되다. ②재앙을 입다. 때를 당하다. ③사람을 대하여 용건을 말하다. ④인연으로 관계가 맺어지다.

만:난(萬難) 여러 가지의 고생. [예]만난 극복.

만:년설(萬年雪) 1년 내내 녹지 않는 눈.

만:년필(萬年筆) 펜대 속에 잉크를 넣어 두고 쓸 때마다 적당하게 흘러나오도록 된 펜.

만:능(萬能) 모든 사물에 능통함. —하다.

만:담(漫談) 재미있거나 익살스럽게 세상이나 인정을 풍자하는 이야기.

만돌린(프 mandoline) 평퍼짐한 바닥에 강철로 만든 줄 네 쌍을 늘였고, 통의 배가 불룩한 비파와 비슷한 서양악기의 한 가지.

〔만돌린〕

만들다 ①물건을 짓다. ②글을 짓거나 모아서 꾸미다. [예]사전을 만들다. ③논밭에 씨를 뿌리고 자라게 하다. ④음식을 요리하다. ⑤일을 경영하다.

만:료(滿了) 한도나 기한이 꽉 차서 끝남. —하다.

만:루(滿壘)[말—] 야구에서 1·2·3루에 모두 주자가 있는 경우. —하다.

만류(挽留) 못하게 말림. 붙들고 말림. —하다.

만:리 변성(萬里邊城) 멀리 떨어진 국경 부근의 성.

만:리 타국 매우 멀리 떨어져 있는 다른 나라.

만만찮다 만만하지 아니하다.

만만하다 ①다루기 쉽다. ②두려울 것이 없다. [예]자신 만만하다.

만:무하다(萬無—) 도무지 없다. 결코 없다. [예]그럴 리 만무하다.

만:물(萬物) 천지간에 있는 모든 물건. [예]만물의 영장.

만:물 전:시장 세상의 온갖 것을 모아서 벌여 놓고 여러 사람에게 보여 주는 곳.

만:물초 금강산에 있는, 바위가 많은 산을 이름. 바위가 이상

하게 온갖 모양을 하고 있어 기묘한 경치를 보여 줌.
만:민(萬民) 모든 백성.
만:민 공:동회 1898년 독립 협회 주최로 서울에서 열린 민중 대회.
만:발(滿發) 꽃이 한창 보기 좋게 핌. 비만개. —하다.
만:방(萬邦) 모든 나라. 여러 나라. 비만국. 예세계 만방에 국위를 떨치다.
만:사(萬事) 모든 일. 여러 가지 일. 예만사가 순조롭다.
만:선(滿船) 배에 물건을 가득 실음. 또, 그 배.
만:세(萬歲) ①한없는 세월. ②영원히 삶. ③오래 살기를 비는 말. ④앞일을 축하하는 말. ⑤오래오래. ⑥길이길이.
만:수산(萬壽山) 옛날 고려의 서울 개성 서쪽에 있는 산.
만:안하다(萬安—) 아주 평안하다.
만:약(萬若) '혹 그러한 경우에는'의 뜻으로 어떠한 조건을 내세우는 경우에 쓰는 말. 비만일. 예만약에 내일 비가 온다면 소풍을 못 갈 텐데.
만:원(滿員) 작정한 사람 수에 다 참. 예만원 버스.
만:월(滿月) 가장 완전하게 둥근 달. 비보름달.
만:유 인:력(萬有引力) 모든 물건의 서로 끌어당기는 힘.
만:일(萬一) 가령. 비만약. 예내가 만일 새라면 하늘을 날 수 있을 텐데.
만:장 일치(滿場一致) 한 사람도 반대하는 사람 없이 다 좋다고 하는 것. —하다.

만:점(滿點)[—점] ①모자람이 없이 잘된 점. ②하나도 틀림이 없이 다 맞은 점.
만:족(滿足) 마음에 언짢음이 없이 흐뭇함. 비흡족. 반부족. 불만. 불평. 예만족스럽게 생각하다. —하다.
만:주(滿洲) 압록강과 두만강 북쪽에 있는 중국의 넓은 땅 이름. 중국인 자신은 일반적으로 동북이라 부름.
만지다 손으로 더듬다. 예코를 자꾸 만지다.
만지작거리다 끈질기게 자꾸 만져 보다.
만:찬회(晩餐會) 여러 사람을 청하여 저녁밥을 먹는 모임. 반조찬회.
만큼 거의 같은 수량이나 정도를 나타내는 말. 예싫증이 날 만큼 먹었다.
만행(蠻行) 야만스러운 행동. 예비인간적인 만행.
만:화 영화(漫畫映畫) 만화로 꾸며진 영화. 유명한 만화 영화로는 '백설공주'·'피노키오' 등이 있음. 예월트 디즈니의 만화 영화.
만회(挽回) 잃은 것이나 뒤떨어진 것을 바로잡아 회복함. 예패세를 만회하다. —하다.
많:다 ①적지 않다. ②남다. ③수가 넉넉하다. 비숱하다. 반적다. 예자식이 많다.
맏- 태어나는 차례의 첫번. 맏아들. 맏형.
맏딸 맨 먼저 낳은 딸. 비큰딸. 반막내딸.
맏물 맨 먼저 나온 푸성귀나 첫번째 딴 과실·곡식 따위.

맏아들 맨 먼저 낳은 아들. 비 큰아들. 반 막내아들.

맏이[마지] 여러 형제나 자매 중에서 제일 손위인 사람. 반 막내.

말¹ 가축의 한 가지. 아시아·유럽 원산으로 네 다리와 얼굴·목이 길며 갈기가 있음.

말:² 목소리. 비 언어.

말³ ①곡식·액체·가루 따위의 분량을 되는 데 쓰는 그릇. ②곡식·액체·가루 따위의 분량을 헤아리는 단위. 예 쌀 열 말. 술 두 말.

-말(末) ①'끝'의 뜻. 예 삼월말. ②'가루'의 뜻. 예 봉숭아말.

말 갈 데 소 간다〈속〉 아니 갈 데를 간다.

말갈족(靺鞨族) 오늘날의 만주족. 예로부터 숙신·읍루 등으로 불리었고, 고려 이후로는 여진·야인으로 불리었으며, 조선 시대에는 청나라를 세워 중국 대륙을 지배하기도 하였음.

말갛다 맑고 깨끗하다.

말:결[-껼] 무슨 말을 하는 김에. 예 무슨 말결에 그 말이 튀어나왔다.

말고삐 말굴레에 매어 끄는 줄. 예 말고삐를 잡다.

말구유 말먹이를 담는 그릇.

말굽[-꿉] 말의 발밑에 있는 두껍고 단단한 발톱.

말:귀[-뀌] ①말의 뜻. ②남의 말을 알아듣는 슬기. 예 말귀를 잘 알아듣는다.

말기(末期) 끝 무렵. 비 말엽. 반 초기.

말:꼬리 말의 끝. 비 말끝. 반 말머리.

말:꾼 시골서 밤에 동네집 사랑 같은 데에 모여 노는 사람.

말끔하다 ①말갛다. ②티 하나 없이 깨끗하다. 비 깨끗하다. 예 말끔히 청소하여라.

말:끝 말하는 끝. 반 말머리. 예 그는 말끝마다 제 자랑만 늘어놓고는 혼자 좋아하는 버릇이 있다.

말:끝을 맺지 못한다 하던 말을 끝까지 하지 못한다.

말년(末年) 인생의 마지막 무렵. 반 초년. 예 말년을 즐겁게 보내다.

말:놀이 말을 잇거나 줄이거나 지어서, 재미있게 주고받는 놀이. -하다.

말다 ①국물에 밥이나 국수를 넣다. ②둥글게 감다. ③그치다. ④중지하다.

말:다툼 말로써 옳고 그름을 가리는 다툼. 비 입다툼. -하다.

말더라 마는구나. '~더라'는 말 끝에 붙어 지난 일을 돌이켜 말할 때 쓰는 말. 예 이야기를 하다 말더라.

말:동무[-똥-] 서로 같이 이야기할 만한 친구.

말똥구리 풍뎅이처럼 생겼으며 여름철에 말똥·쇠똥 등을 굴려 굴속에 옮겨 그것을 먹고 사는 벌레. 쇠똥구리.

말똥말똥 ①정신이나 눈알이 맑고 생기 있게 또랑또랑한 모양. ②눈만 둥글게 뜨고 정신 없이 말끄러미 쳐다보는 모양. 큰 멀뚱멀뚱. -하다.

말뚝 소·말 따위를 매어 놓기 위하여 땅에 박아 놓은 나무.

말라리아(malaria) 일정한 시

간이 되면 열이 나고 오슬오슬 추워지는 전염병. 흔히 여름에 걸리며 말라리아 균을 가진 모기에게 물려서 걸림. 비학질.

말라티온(malathion) 농작물의 해충인 멸구나 진딧물을 죽이는 농약.

말래도 말라고 하여도. 예이제 제발 그런 소리는 나에게 하지 말래도 그러니?

말레이시아(Malaysia) 말레이 반도와 보르네오 북부에 걸쳐 있는 나라. 고무의 산지로 유명함. 수도는 콸라룸푸르임.

말로(末路) ①사람의 한 평생이 지나가는 길의 끝 부분. ②망해 가는 마지막 길.

말리다¹ ①젖은 물건을 축축한 기운이 없게 하다. 반적시다. ②하는 일을 못하게 하다.

말리다² 둥글게 감기다.

말 많은 집은 장맛도 쓰다〈속〉 가정에 말이 많으면 살림이 잘 안 된다.

말:맛 말이 주는 느낌. 그 말에서 오는 느낌.

말:문(—門) ①말하는 것. ②말을 시작하는 것.

말:문이 막히다 입이 열리지 않아 말할 수가 없다.

말미 일에 매인 사람이 다른 일로 말미암아 얻는 겨를. 예며칠 말미를 주십시오.

말미암다[—따] ①거쳐 오다. ②관계되다. ③인연이 되다.

말미암아 ①관계되어. ②까닭으로. 예그 사람의 방해로 말미암아 일이 틀려 버렸다.

말발굽[—꿉] 말의 발굽.

말:버릇[—뻐—] 항상 써서 버릇이 된 말의 투.

말복(末伏) 삼복의 하나. 몹시 더운 때.

말:본 ①글을 짓는 법칙. ②말하는 법. 비문법.

말:소리[—쏘—] 말하는 소리. 비목소리. 음성.

말:솜씨 말을 하는 수단.

말승냥이 '늑대'를 승냥이에 비해 크다는 뜻으로 이르는 말.

말:썽 문제를 일으키는 말이나 행동. 예내 동생은 내가 공부를 하고 있으면, 옆에 와서 자꾸 말썽을 부린다.

말:썽꾸러기 =말썽꾼.

말:썽꾼 말썽을 자꾸 부리는 사람. =말썽꾸러기.

말쑥하다 말끔하고 깨끗하다. 예말쑥한 모습.

말:씀 어른의 말. '말'의 높임말. —하다.

말:씨 말하는 태도. 말하는 버릇. 비말투. 예고운 말씨를 쓰자. 말씨가 공손하다.

말엽(末葉) 끝 무렵. 비말기. 반초엽. 예조선 말엽.

말이 떨어지기가 무섭게 어떤 말의 끝을 맺자마자 곧 이어.

말이 많으면 쓸 말이 적다〈속〉 말을 많이 하면 실속 있는 말은 오히려 적다.

말이 아니었습니다 ①이루 말로 다할 수 없을 정도였습니다. ②형편없습니다.

말:익히기 말을 바르게 잘 쓸 수 있도록 익히는 일.

말:조심(—操心) 말을 아무렇게나 하지 않고 조심해서 하는 짓. —하다.

말:주변[—쭈—] 말솜씨가 좋은

말:질 이러니저러니 하고 말로 다투는 짓. 예저 둘 사이에 말질이 좀 있었다. —하다.

말짱하다 ①치울 것이 없이 깨끗하다. 예집안을 말짱하게 치우다. ②옷·신 따위가 성하다. 예말짱한 물건.

말:참견(一參見) ①남들이 이야기할 때 옆에서 덧붙어서 말하는 짓. ②옆에서 쓸데없이 입을 놀리는 짓. —하다.

말총 말의 갈기나 꼬리의 털.

말타기 말을 타는 일.

말:투(一套) ①말버릇. ②말을 하는 모양. 비말씨.

말:할 수 없:이 이루 말로 표현할 수 없을 정도로. 분량·정도가 큼을 나타내는 말. 예나를 잘 따르던 바둑이의 죽음은 나를 말할 수 없이 슬프게 했습니다.

맑다[막따] ①다른 것이나 더러운 것이 섞이지 않고 깨끗하다. 투명하다. 예맑은 샘물. ②흐리지 않다. 예맑은 하늘. ③일이 헝클어지거나 터분하지 아니하다. 비깨끗하다. 개다. 반흐리다.

맑디맑다 썩 맑다. 더할 수 없이 맑다.

맑음 흐리지 아니함. 반흐림.

맘: '마음'의 준말.

맘마 '음식'의 어린이 말.

맘:씨 '마음씨'의 준말.

맛 음식이 혀에 닿을 때의 느낌. 예단맛.

맛나다 맛이 좋다. 맛있다.

맛보다 ①음식의 맛을 알기 위하여 먼저 조금 먹어 보다. 예찌개를 맛보다. ②몸소 겪어 보다. 또는 마음으로 느끼다. 예온갖 고생을 다 맛보다.

망가뜨리다 물건을 찌그러뜨려 아주 못 쓰도록 만들다.

망각(忘却) 잊어버림. 반기억. —하다.

망건(網巾) 상투 튼 이가 머리에 두른 그물 모양의 물건.

망그러지다 찌그러져서 못 쓰게 되다. 예궤짝이 망그러지다.

망나니 ①옛날에 죄인의 목을 베던 사람. ②성질이 아주 못되어 사람답지 못한 사람.

망:대(望臺) 적의 형편을 살펴보기 위하여 높이 세운 대. 비망루.

망:둥이 망둥잇과의 바닷물고기. 몸 길이는 15cm~40cm 가량임. 지느러미는 가늘고, 서해안에서 많이 남.

망라(網羅) ①남기지 않고 죄다 모음. ②휘몰이함. ③물고기나 새를 잡는 그물. —하다.

망령(亡靈) 죽은 사람의 영혼. 비영.

망:령(妄靈) 늙거나 정신이 어지러워져서 이상한 말과 행동을 하는 짓. 비노망. 예망령들다. —스럽다.

망막(網膜) 눈알의 가장 안쪽에 있는 상이 맺히는 부분.

망망하다(茫茫—) ①넓고 멀다. ②멀고 멀다. ③아득하다.

망명(亡命) 혁명 운동의 실패 또는 그 밖의 사정으로 제 나라에 있지 못하여 남의 나라로 몸을 피하여 옮김. 예망명길에 오르다. —하다.

망:발(妄發) 잘못하여 자기나

망상 자기 조상에게 욕되는 말을 하는 짓. 町망조. —하다.

망:상(妄想) ①헛된 생각. ②정당하지 아니한 생각. 예망상에 젖어 들다.

망설이다 ①머뭇거리다. ②어찌할 것을 결정 짓지 못하다. 예망설이지 말고 가자.

망신(亡身) ①창피를 당함. ②자기의 명예와 지위를 떨어뜨림. 町창피. —하다.

망아지 말의 새끼.

망연하다(茫然—) 넓고 멀어 아득하다.

망울 작고 둥글게 엉기어 뭉쳐진 물건.

망:원경(望遠鏡) 먼 곳에 있는 물건을 똑똑하게 보이도록 만든 안경의 하나.

망정 '-니'·'-기에' 등의 뒤에 붙어, 다행히 그러함의 뜻을 나타내는 말. 예마침 네가 와서 도와 주었기에 망정이지.

망종(亡種) ①좋지 못한 사람. ②몹쓸 종자.

망측하다(罔測—) 떳떳한 도리에 벗어나서 추측하기 어렵다. 町꼴사납다.

망치 단단한 물건이나 달군 쇠를 두드리는 데 쓰는 쇠붙이 도구의 하나.

망치다 ①아주 못 쓰게 만들다. ②못 입게 만들다. ③일을 잘못하다. ④결딴내다.

망태(網—) 물건을 담아서 들고 나르는 데 쓰는, 가는 새끼나 노로 엮어 만든 그릇. 본망태기. 〔망 태〕

망하다(亡—) 나라나 단체·개인 또는 사물이 깨어져서 못 쓰게 되거나 없어지다. 町패하다. 쇠하다. 町흥하다. 예나라가 망하다.

망:향(望鄕) 고향을 그리워하며 생각함. —하다.

맞다¹ ①틀리지 않게 되다. 町알맞다. 町틀리다. ②입맛·마음 따위에 들다. ③매맞다. ④맞아들이다.

맞다² ①노래나 소리의 가락이 서로 같이 나오다. 예장단이 맞다. ②비나 눈 따위를 몸으로 받다. ③도둑에게 물건을 잃다.

맞대다 '마주 대다'의 준말. 예이마를 맞대고 의논한다.

맞돈 물건을 살 때에 그 자리에서 주는 돈.

맞들다 두 사람이 마주 들다. 예백지장도 맞들면 낫다.

맞붙다 사이에 다른 사람을 넣지 않고 직접 대하다.

맞붙잡다 서로 마주 붙잡다.

맞서다 ①서로 마주 서다. ②서로 굽히지 아니하고 버티다. 예팽팽히 맞서 싸운다.

맞은편(—便) ①마주 보이는 곳. ②상대자.

맞이하다[마지—] 오는 사람이나 계절이나 정한 날을 기다려 받아들이다. 예하늘 높고 물 맑은 가을을 맞이하여 한층 더 공부에 힘쓰자.

맞장구치다 ①서로 마주 만나다. ②남의 말에 덩달아 편들다. 예내가 한 말에 철수도 덩달아 맞장구쳤다.

맞추다 ①서로 만날 것을 약속

하다. ②물건을 만들도록 미리 부탁하다. 주문하다. 예옷을 맞추다. ③맞게 하다. 예음식에 간을 맞추다.

맞춤법(一法)[一뻡] 글자를 일정한 규칙에 맞도록 쓰는 방법. 철자법.

맞히다 물음에 옳은 답을 하다. 예문제의 정답을 맞혔다.

맡기다 자기가 할 일을 남에게 부탁하다. 예숙제를 언니에게 맡기다.

맡다 ①코로 냄새를 들이마시다. ②낌새채다. ③자기가 책임을 지고 담당하다. ④남의 물건을 보관하다. ⑤허가를 얻다. ⑥주문 따위를 받다.

매¹ ①때리는 짓. ②회초리. ③'맷돌'의 준말.

매:² 부리와 발톱이 굽고 날카로우며, 나는 것이 빠르고 여러 새들을 잡아먹는 새로, 길을 들여 꿩을 잡는 데 씀.

매갈이 벼를 매통에 갈아서 쌀로 만드는 일. —하다.

매:국(賣國) 제 나라의 명예나 복리를 적대 관계에 있는 나라에 팖. 반애국. —하다.

매:국노 제 이익을 위하여 나라의 주권이나 이권을 팔아먹는 역적. 반애국자.

매기다 값이나 등급을 따져서 정하다. 예점수를 매기다.

매끄럽다[매끄러우니, 매끄러워] 거칠지 아니하고 반들반들하다. 큰미끄럽다.

매끈매끈 거칠지 않고 미끄러질 만큼 반드러운. —하다.

매끈하다 밋밋하고 흠이 없이 예쁘다. 비날씬하다. 반거칠다. 예매끈한 다리.

매:년(每年) 해마다.

매니저(manager) ①선수의 감독. ②관리인.

매:다¹ ①풀어지지 않게 하다. ②물건을 길게 잇다. ③묶다. 반풀다.

매:다² 식물이 잘 자랄 수 있도록 그 사이에 난 잡초 따위를 뽑다. 예콩밭을 매다.

매:달(每一) 달마다. 다달이. 비매월. 예매달 시험을 보다.

매:달리다[매다니, 매달아서] 묶어서 드리우거나 걸다. 예강아지 목에 방울을 매달다.

매:달리다 ①무엇에 붙어 의지하다. ②붙들고 늘어지다.

매도 먼저 맞는 것이 낫다(속) 어려운 일을 뒤로 미루지 말고 남보다 먼저 하는 것이 좋다.

매듭 실·끈 등을 잡아맨 자리. 예매듭이 풀리다.

매듭짓기 매듭을 만드는 일.

매력(魅力) 남의 마음을 사로잡아 끄는 힘.

매립지(埋立地) ①땅을 메우거나 묻어서 쌓은 곳. 예쓰레기 매립지. ②강가나 바닷가를 메워서 만든 땅.

매만지다 정돈해 손질하다.

매매(賣買) 물건을 사고 파는 일. 비흥정. —하다.

매:미 여름날 나무 위에서 맴맴 하고 우는 곤충.

매:미채 매미를 잡는 기구. 장대 끝에 망사로 된 주머니를 달았음.

〔매미〕

매부(妹夫) 누이의 남편. 손위

누이나 손아래 누이의 남편을 통틀어 이르는 말. 짠처남.

매:부리코 매의 부리처럼 코끝이 뾰족하게 내리 숙은 코. 또는 그런 사람.

매:사(每事) 일마다. 모든 일. 예매사에 신중해라.

매섭다[매서우니, 매서워] 남이 겁을 낼 만큼 성질이나 됨됨이가 모질다. 비독하다. 큰무섭다. 예눈초리가 매섭다.

매스 게임(mass game) 집단적으로 행하는 체조나 율동.

매암돌다 서서 몸을 왼쪽으로부터 또는 오른쪽으로부터 돌아가게 하다. 준맴돌다.

매:양(每一) 번번이. 언제든지.

매연(煤煙) 그을음이 섞인 연기. 예자동차 매연.

매우 보통 정도보다 퍽 지나치게. 비아주. 퍽. 무척. 대단히. 예어제 본 영화는 매우 재미있었다. 품질이 매우 좋다.

매운 바람 몹시 찬 바람.

매:월(每月) 달마다. 다달이. 비매달.

매이다 어떤 구속이나 압력을 당하는 처지에 놓이다. 비묶이다. 예일본에 매여 지낸 36년.

매:일(每日) 날마다. 나날이. 예우리 집에는 매일같이 조간 신문이 배달된다.

매장(埋藏) ①묻어서 감춤. ②광물 같은 것이 땅 속에 묻혀 있음. ―하다.

매장량[―냥] 광물 같은 것이 땅 속에 묻히어 있는 분량. 예지하 자원의 매장량.

매:지구름 비를 머금은 검은 조각구름.

매:진(賣盡) 모조리 팔림. 예극장표가 매진되다. ―하다.

매:진(邁進) 힘써서 빨리 나아감. ―하다.

매체(媒體) 한 쪽에서 다른 쪽으로 전하는 역할을 하는 것.

매:출(賣出) 물건을 내어 팖. 예연말 대매출. ―하다.

매치다 정신에 이상이 생겨, 말과 행동이 보통 사람과 다르게 되다. 큰미치다.

매캐하다 연기 등으로 목이 조금 컬컬한 느낌이 나다.

매통 벼를 갈아서 껍질을 벗기는 데 쓰는 기구. 나무로 맷돌같이 만든 것.

매트(mat) ①운 〔매통〕 동을 할 때 위험을 방지하기 위하여 바닥에 까는 푹신한 깔개. ②신의 흙을 떨기 위해 현관이나 방의 입구 같은 곳에 놓아 두는 깔개.

매트 운:동 구르기와 돌기를 기본 동작으로 하여 이루어지는 매트 위에서 하는 운동.

매한가지 꼭 같음. 서로 같음. 비마찬가지.

매형(妹兄) 누나의 남편. 비자형. 반매제.

매화(梅花) 이른봄에 다른 나무보다 먼저 향기로운 꽃이 피는데, 그 나무는 살구나무 같고, 꽃은 벚꽃과 비슷함.

맥(脈) ①기운이나 힘. 예맥이 풀리다. ②피가 돌아다니는 줄기. 본맥박.

맥박 염통의 피가 쉬지 않고 뛰는 것. 예맥박이 뛴다.

맥아더(MacArthur,1880~1964) 미국의 군인. 6·25 전쟁 때 유엔군의 총사령관으로서 인천 상륙 작전을 지휘하여 공산군을 물리쳤음.

맥없다 기운이 없다. 풀이 없다. 예맥없이 쓰러졌다.

맥이 빠지다 기운이 빠지다. 예시험에 떨어졌다는 소식을 듣고 그만 맥이 빠졌다.

맨: 꼭대기 제일 위.

맨: 나중 제일 나중. 비마지막.

맨드라미 가을철에 닭의 볏 모양 같은 빨강·노랑·흰색의 꽃이 피는 화초.

맨: 먼저 제일 먼저. 제일 앞. 예오늘은 맨 먼저 학교에 왔습니다.

맨몸 ①옷을 입지 않고 벌거벗은 몸. ②아무것도 지니지 아니한 몸.

맨발 아무것도 신지 않은 발. 예맨발로 뛰다.

맨밥 반찬이 없는 밥. 예맨밥을 먹다.

맨션(mansion) ①넓은 고급 아파트. ②대저택.

맨손 아무것도 가지지 아니한 손. =맨주먹. 비빈손.

맨손 체조(一體操) 기구나 기계를 쓰지 않고 하는 체조. 비도수 체조. 반기계 체조.

맨주먹 =맨손.

맨: 처음 제일 처음.

맴:¹ 제자리에서 몸을 뺑뺑 돌리는 장난. 본매암.

맴:² 매미가 울음을 그칠 때에 내는 소리.

맴: 맴 매미의 우는 소리.

맴을 돈다 한쪽으로만 자꾸 돌아간다.

맵다[매우니, 매워서] ①고추나 겨자의 맛처럼 혀를 찌르는 감각이 있다. ②성미가 몹시 독하다. ③몹시 춥다.

맵시 ①곱게 매만진 모양. ②생김새. 비볼품. 예옷을 맵시 있게 잘 입다.

맵자하다 모양이 꼭 제격에 어울려서 맞다.

맷돌 곡식을 갈아 가루를 만드는 데 쓰는 아래위 두 짝으로 된 둥근 돌.  〔맷 돌〕

맷방석(一方席) 맷돌이나 매통 아래에 까는 짚으로 엮은 둥근 방석.

맹:꽁이 ①장마 때 못이나 개울에서 귀가 아프도록 우는 개구리의 한 가지. ②고집을 부리거나 맹추 같은 사람.

맹랑하다(孟浪一) ①헛되고 옳지 못하다. ②자세하지 않다. ③예상 밖이다. ④이해할 수 없다. ⑤매우 똘똘하거나 까다로워 허술하게 볼 수 없다. 예맹랑한 아이.

맹:렬(猛烈) 기운이 몹시 사납고 지독함. 비치열. 격렬. 열렬. 예맹렬한 공격. —하다.

맹목적(盲目的) ①옳고 그른 것을 가리지 아니하는 것. ②덮어놓고 하는 것.

맹세 ①신에게 약속함. ②장래를 두고 약속함. 비맹약. 다짐. 서약. —하다.

맹:수(猛獸) 성질이 사나운 짐승. 비야수.

맹아 학교(盲啞學校) 소경이나

맹인 벙어리를 가르치는 학교.
맹인(盲人) 눈먼 사람. 비봉사. 소경. 장님.
맹장(盲腸) 척추 동물에서 소장과 대장의 접속부에 있는 길이 6cm 정도의 관. 비충수. 충양돌기. 막창자.
맹종(盲從) 옳고 그름을 가리지 아니하고 덮어놓고 남을 따름. —하다.
맺다 ①약속을 굳게 하다. 예계약을 맺다. ②인연을 짓다. ③일의 끝을 내다. ④옷고름이나 끄나풀·실 따위를 얽어 매듭지게 하다. 반풀다.
맺히다[매치—] ①꽃망울이나 열매가 생기다. 예씨가 맺히다. ②눈물·이슬 따위가 방울지다. 예이슬이 맺히다. ③마음속에 뭉쳐 있다. 예원한이 맺히다.
머금다[—따] ①입 속에 넣다. ②생각을 품다. ③눈에 눈물이 괴다. ④웃음 빛을 띠다. 예담 밑에 웃음을 머금고 피어 있는 봉숭아 꽃.
머:나멀다[머나머니, 머나멀어서] 멀고도 멀다. 아주 멀다. 예머나먼 고향.
머루 포도의 한 가지. 열매의 빛이 검고 포도보다 맛이 심.
머리 ①동물의 목 위가 되는 부분. ②물건의 꼭대기. ③일의 시작. 반꼬리.
머리말 책의 첫머리에 그 내용의 대강이나 그에 관계된 일을 간단히 적은 글.
머리맡 누웠을 때 머리가 향하는 곳.
머리카락 머리털의 낱개. 비머리털.
머리카락 뒤에서 숨바꼭질한다 〈속〉 얕은 꾀로 남을 속이려고 한다.
머리털 머리에 난 털. 비머리카락.
머무르다[머무르니, 머물러] ①남의 집에서 임시로 묵다. 예여관에 머무르다. ②쉬다. 예일손을 머무르다. ③처져 남아 있다. 준머물다.
머뭇거리다 ①용기 있게 나가지 못하다. ②어름어름하다. 비주저하다.
머미(mummy) 죽은 지 오래 되어도 거의 본디의 형상을 그대로 지니고 있는 송장. 비미라.
머슴 농사를 짓는 집에서 돈을 받고 일을 해주는 일꾼.
머슴살이 남의 집에 매여서 돈을 받고 그 집 일을 하여 주는 생활. —하다.
머:지않아 ①얼마 안 있으면. ②가까운 장래에. 예내 동생은 머지않아 유치원에 들어가요.
머:큐로크롬(mercurochrome) 상처 소독에 쓰이는 빨간 약.
먹 붓글씨를 쓰고 그림을 그리는 데 쓰는 검은 물감.
먹구름 빛이 몹시 검은 구름.
먹기는 파발이 먹고 뛰기는 말이 뛴다〈속〉 애쓴 사람은 제쳐놓고 애도 쓰지 아니한 사람이 보수를 받는다.
먹는 개도 아니 때린다〈속〉 음식을 먹는 사람을 때리거나 꾸짖지 말아라.
먹는 소가 똥을 누지〈속〉 공을 들여야 효과가 있다.
먹다¹ ①음식을 씹어 삼키다.

먹다 ②마시다. ③담배를 피우다. ④욕을 듣다. 밴뱉다.
먹다² 귀가 들리지 않게 되다.
먹먹하다 귀가 갑자기 막힌 듯이 소리가 잘 들리지 않다.
먹새 음식을 먹는 태도.
먹성 음식을 먹는 분량 또는 성미. ⑩먹성이 까다롭다.
먹음직하다 ①먹을 만하다. ②맛이 있어 보이다.
먹이 먹을 양식. 먹을 거리. 비식량.
먹이다 ①음식 따위를 먹게 하다. ②짐승 따위를 기르다. ⑩돼지를 먹이다. ③돈을 주다. ⑩뇌물을 먹이다.
먹이 다툼 생물들이 서로 제가 먹겠다고 다투는 것.
먹이 사슬 먹고, 먹히고 하는 생물 상호간의 관계.
먹이 연쇄(一連鎖) 초식 동물을 육식 동물이, 그 육식 동물을 다른 육식 동물이 잡아먹는 것과 같이, 먹이를 중심으로 이어진 생물간의 관계. 비먹이 사슬. 식물 연쇄.
먹장 먹의 조각. ⑩먹장구름.
먹지(一紙) 검정색의 복사지.
먼:길 가깝지 아니한 거리. ⑩미국까지 먼 길을 떠나시는 아버지를 전송하고 왔다.
먼 데 무당이 영하다〈속〉 잘 아는 사람보다 새로 만난 사람을 더 중히 여긴다.
먼:동 날이 새어 밝아 올 무렵의 동쪽 하늘. ⑩먼동이 튼다.
먼:발치 조금 멀리 떨어져 있는 곳. ⑩먼발치에서 바라본다.
먼저 ①앞서서. ②뒤지지 않게. ③우선. ④처음에. 비미리. 반나중. ⑩학교에서 제일 먼저 돌아온 사람은 영수였다.
먼지 가늘고 보드라운 티끌. 비티끌.
먼지떨이 먼지를 털어 버리는 기구. 비총채.
멀거니 정신없이 물끄러미 보고 있는 모양. ⑩멀거니 먼산만 바라보다.
멀겋다〔멀거니, 멀게서〕 ①매우 묽다. ②흐릿하게 맑다.
멀:다¹〔머니, 멀어서〕 ①가깝지 않다. ②거리가 길다. ③사이가 뜨다. ④세월이 오래다. ⑤친하지 않다. 반가깝다.
멀:다²〔머니, 멀어서〕 눈이 보이지 않게 되다. 장님이 되다.
멀:리 가깝지 않게. 멀게.
멀:리뛰기 뜀뛰기 경기의 한 가지. 일정한 거리를 두고 달려와서 발구름판에서 한 발로 뛰어, 멀리 뛰는 사람이 이기는 경기.
멀미 ①진저리나거나 싫증나는 것. ②배·차·비행기를 탔을 때 흔들림을 받아 메스껍고 어지러워지는 증세. ―하다.
멀어질수록 멀어짐에 따라.
멀쩡하다 ①더럽지 않다. ②성하다. ③염치가 없다. ⑩멀쩡한 거짓말. ④흠이 없다. 비온전하다. 쩐말짱하다.
멀찍이[―찌기] 약간 멀리. 약간 멀게. ⑩멀찍이 물러서라.
멈추다 ①비가 잠시 그치다. ②하던 일을 잠시 그치다. 비그치다. 반나아가다.
멈칫하다 하던 말이나 짓 또는 일을 갑자기 멈추다.
멋 세련되고 풍채 있는 맵시.

아주 말쑥하고 풍치 있는 맛. ⑩누나는 멋을 부린다.
멋대로 마음대로. 하고 싶은 대로. ⑩멋대로 생각하다.
멋들어지다 아주 멋이 있다.
멋없다[머덥따] 격에 맞지 않아 싱겁다. ⑩멋없이 키만 크다.
멋있다[머딛따] 아주 말쑥하고 아름답다. ⑩멋있는 사람.
멋쟁이 멋있는 사람. 또는 멋을 잘 부리는 사람.
멋지다[머찌—] 아주 멋이 있다. 썩 훌륭하다. ⑩너 참 멋진 모자를 썼구나.
멍 ①맞거나 부딪혀서 피부 속에 퍼렇게 맺힌 피. ②일의 내부에 생긴 탈.
멍군 장기에서 장군을 받아 막아 내는 일. —하다.
멍멍개 멍멍하고 짖는 개.
멍석 흔히 곡식을 널어 말리는 짚으로 엮어 만든 큰 자리. ⑩멍석자리를 깔았다.
멍에 수레나 쟁기 따위를 끌기 위하여 마소의 목에 얹는 기구.
멍울 우유 따위의 작고 둥글게 뭉쳐진 덩이. [멍에] 짭망울.
멍청이 어리석은 사람.
멍:하다 정신없이 우두커니 있는 모양.
메¹ ①평지보다 높은 땅덩이. 비산. 반들. ②메꽃의 뿌리.
메² 물건을 치거나 박을 때에 쓰는 나무나 쇠토막에 자루를 박아 만든 물건.
메가폰(megaphone) 입에 대고 말을 하며, 소리가 한 방향으로만 세게 전달되도록 하는 데 쓰는 기구. 확성 나팔. ⑩시끄러운 메가폰 소리.
메:기 머리는 넓적하고 크며 몸은 비늘이 없고 끈끈하며, 입이 몹시 크고 네 개의 긴 수염이 있는 물고기.
메꽃 덩굴풀의 한 가지. 다른 물건에 왼쪽으로부터 감기고, 잎은 살촉 같고 꽃은 엷은 분홍빛으로 나팔꽃 비슷한데, 그보다 작으며 낮에 피었다 저녁에 시들고, 뿌리는 쪄서 먹으면 달고 고소함.
메나리 농부들이 일하면서 부르는 노래의 한 가지.
메뉴(menu) 식단표.
메:다¹ 구멍이 막히다. ⑩하수도가 메다.
메:다² 물건을 어깨에 얹다. 어깨에 지다. ⑩가마를 메다.
메달(medal) 칭찬하거나 무슨 일을 기념하기 위해 납작한 쇠붙이에 여러 가지 모양을 새겨서, 개인이나 단체에게 주는 패. ⑩기념 메달을 받았다.
메뚜기 메뚜깃과의 곤충. 모양은 베짱이와 비슷하고, 머리가 둥글고 눈이 큰 곤충. 뒷다리가 발달하여 잘 뜀. [메뚜기]
메뜨다 밉살스럽도록 동작이 둔하다.
메리 크리스마스(Merry Christmas) '즐거운 성탄절'이란 뜻으로 크리스마스날에 서로 주고받는 인사말.
메마르다[메마르니, 메말라서] 땅이 기름지지 않고 바싹 마르

메밀 줄기는 둥글고 붉으며 꽃은 희고, 열매는 세모꼴인데 껍질은 검으며 익으면 가루를 내어 국수를 해 먹는 한해살이 곡식풀.

메스(네 mes) 수술할 때에 쓰이는 작은 칼.

메스 실린더(←measuring cylinder) 유리로 만든 둥근 통에 눈금을 매겨 액체의 부피를 재는 기구.

메슥메슥하다 ①토하고 싶다. ②대단히 아니꼽다.

메시지(message) 성명서·통지·사명 따위의 뜻.

메아리 산에서 소리를 지를 때에 마주 부딪쳐서 울리어 오는 소리. 則산울림.

메우다 구멍이나 빈 곳을 채워서 메게 하다. 준메다. 예웅 덩이를 메우다.

메이드 인 코리아(made in Korea) 한국제. 국산품.

메주 간장 따위를 담그는 원료로 콩을 삶아 절구에 찧어 큰 덩어리로 만들어 말린 것.

메추라기 몸이 뚱뚱하고 꼬리가 짧은 새의 한 가지.

메트로놈(프 métronome) 흔들리는 추의 원리를 응용하여 1분 동안에 박자의 속도를 헤아리는 기계.

멕시코(Mexico) 미국의 남쪽 중앙 아메리카에 있는 나라. 은이 많이 남. 수도는 멕시코 시티임.

멕시코 패 속 껍질이 오색이 아름답게 빛나는 조개로 고급 자개의 재료로 쓰임.

멘탈 테스트(mental test) 지능 검사.

멜로디(melody) 곡조. 노래의 가락. 則선율.

멜로디언(melodion) 건반이 있는 피아노나 오르간과 같은 악기로 입으로 바람을 불어 넣으며 건반을 눌러 소리를 냄.

멤버(member) 단체를 구성하는 한 사람. 구성원.

멥쌀 차지지 아니한 쌀. 끈기가 적은 쌀. 입쌀. 則찹쌀.

멧갓 나무가 많이 난 산.

멧돼지 멧 돼짓과의 산짐승. 돼지의 원종으로 빛은 흑색 또는 흑갈색임. 주둥이가 매우 길고 목은 짧고 강한 엄니가 내밀었음. 농작물을 해침. 고기는 맛이 좋음. 산돼지.

〔멧돼지〕

멧부리 산봉우리의 가장 높은 꼭대기. 則봉우리.

멧비둘기 산비둘기. 몸은 연한 잿빛이 섞인 갈색이며, 산이나 대나무밭에 삶.

-며 두 가지 이상의 동작·상태를 아울러 말할 때 쓰는 말. '고'·'면서' 따위. 예할 일은 해 가며 이야기해라.

며느리 아들의 아내.

며칟날 그 달의 몇째 되는 날.

며칠 ①몇 날. ②며칟날.

멱 목의 앞쪽.

멱:감다[—따] 냇물이나 강물 같은 데서 몸을 담그고 씻다.

멱둥구미 짚으로 둥글고 깊게 엮어 만든 그릇. 농가에서 곡식을 담음.

멱살 목 아래 옷깃을 여민 곳.

멱서리 곡식을 담기 위하여 짚으로 날을 촘촘히 넣어 만든 그릇.

멱통 목구멍.

-면 받침 없는 말에 붙어 가정적인 조건을 나타내는 어미. 예비가 오면 좋겠다.

면:(面) ①겉으로 난 쪽. ②얼굴. ③체면. ④지방의 한 행정 구역. 군을 몇으로 나눈 구역.

면:담(面談) 서로 만나서 이야기함. —하다.

면:도(面刀) 얼굴의 수염을 깎는 일. 예면도날. 면도칼. —하다.

면:목(面目) ①얼굴의 생긴 모양. ②남을 대하는 체면.

면밀(綿密) 찬찬하여 빠짐이 없음. 비세밀. 예면밀한 계산. —하다.

면:박(面駁) 서로 마주 보고 잘못된 것을 공격하여 말함. —하다.

-면서 두 가지 동작이 한 때에 일어나는 것을 나타내는 말. 예웃으면서 말했다.

면:식(面識) 얼굴을 서로 앎.

면:역(免疫) 병균이나 독소 따위가 몸 안에 들어와도 병이 나지 않는 것. 곧 돌림병에 걸리지 않는 저항력을 가지고 있는 일. —하다.

면:장(面長) 지방 행정 구역인 면의 우두머리.

면:재 구성(面材構成) 판지·베니어판·플라스틱 등 면을 재료로 사용하여 꾸민 구성.

면:적(面積) 물건의 평면의 넓이. 지면의 넓이.

면직(綿織) 목화의 섬유로 짠 옷감.

면포(綿布) 무명. 비광목.

면:하다(免—) ①벗어나다. ②피하다. ③그 일을 아니하게 되다. 비피하다.

면화(棉花) 목화.

면:회(面會) 서로 얼굴을 대함. 서로 만나 봄. 예면회 사절. —하다.

멸공(滅共) 공산주의 또는 공산주의자를 없앰. —하다.

멸구 과수나 농작물에 피해를 주는 작은 곤충.

멸망(滅亡) 망하여 아주 없어짐. —하다.

멸시(蔑視)[—씨] 남을 업신여김. 가볍게 봄. 비천시. 반숭배. 우대. —하다.

멸치 몸 길이가 13cm 가량으로 길고 원통상임. 등이 검푸르고 배는 흰 바닷물고기. 젓·조림 등을 만들어 먹음.

명(名) 사람의 수를 세는 말. 예관중이 적어도 십만 명은 될 것이다.

명나라(明—) 중국에 있었던 옛날 나라 이름. 원나라의 다음에 있었음.

명년(明年) =내년.

명당(明堂) 산수가 좋은 땅.

명도 대:비(明度對比) 명도의 차가 있는 두 색을 이웃해 놓았을 때 일어나는 현상.

명랑(明朗) ①밝고 맑아 걱정스러운 데가 없음. ②기분이 상쾌함. 비쾌활. 반우울. 예명랑한 성격. —하다.

명량 해협(鳴梁海峽)[—냥—] 전라 남도 진도와 육지 사이에 있는 바다의 좁은 부분.

명:령(命令) ①윗사람이 아랫사람에게 내리는 분부. ②어떤 일을 지정하여 그대로 하게 시킴. 비지시. 지령. 분부. 반복종. 순종. —하다.

명:령문[—녕—] ①명령이나 금지의 뜻을 나타내는 문장. ②명령의 내용을 적은 글.

명마(名馬) 이름난 말. 비준마.

명망(名望) 세상에 이름이 나고 좋은 평판.

명목(名目) ①표면상으로 내세우는 일컬음이나 명칭. 비명색. ②이유. 구실.

명물(名物) 유명한 물건. 그 지방에서 자랑할 만한 물건.

명백하다(明白—) 분명하고 의심이 없다. 예명백한 사실.

명사(名詞) 사물의 이름을 나타내는 낱말. 이름씨.

명산(名山) 이름난 산.

명상(瞑想) 눈을 감고 깊이 생각함. 예명상의 시간. —하다.

명석(明晳) 분명하고 똑똑함. 예명석한 두뇌. —하다.

명성(名聲) ①좋은 소문. ②평판. 예명성을 얻다.

명성 황후(明成皇后, 1851~1895) 조선 시대 제26대 고종의 비. 대원군 일파와 치열한 정치 싸움을 하였으며, 1895년 일본 침략자에 의해 경복궁에서 살해되었음.

명승(名勝) 이름난 경치. 예명승 고적.

명시(明示) 분명하게 가리킴. 똑똑히 드러내 보임. —하다.

명심(銘心) 마음에 새기어 둠. —하다.

명암(明暗) ①밝고 어두움. ②주로 서양화에 있어서 입체감을 나타내기 위하여 어두움과 밝음을 잘 조화시키는 일.

명예(名譽) 세상에 들리는 좋은 이름. 비영예. 영광. 반수치. 불명예. 예우리 선수들은 학교의 명예를 걸고, 있는 힘을 다하여 열심히 싸웠다.

명월(明月) ①밝은 달. ②음력 팔월 보름달. 예중추 명월.

명인(名人) 이름난 사람.

명작(名作) 썩 잘 지은 글. 뛰어나게 잘 만든 물건. 비걸작. 반졸작. 예세계 명작.

명절(名節) 온 겨레가 즐기는 좋은 날. 설·대보름·단오·추석 따위.

명주(明紬) 명주실로 무늬 없이 짠 피륙.

명주붙이[—부치] 명주실로 짠 각종 옷감.

명주실 누에고치에서 뽑은 실.

명창(名唱) 뛰어나게 잘 부르는 노래. 또는 잘 부르는 사람. 예명창 대회.

명칭(名稱) 사물을 부르는 이름. 비칭호.

명태(明太) 몸은 홀쭉하고 길며, 얼린 것은 동태라고 하고 말린 것은 북어라고 하는 바닷물고기.

명필(名筆) ①잘 쓴 글씨. ②글씨를 잘 쓰는 사람. 비달필. 반졸필.

명현(名賢) 이름이 높은 어진 사람.

명화(名畫) ①잘된 그림이나 영화. ②유명한 그림.

명확(明確) 아주 분명하여 틀림이 없음. 비정확. 분명. 확실.

㉠명확한 판단. —하다.

몇 똑똑히 모르는 수효를 나타내는 말. 凹여럿.

몇몇 둣 남짓한 수효를 막연하게 이르는 말. 凹여럿. ㉠이번 생일날에는 몇몇 동무들을 초청할 예정이다.

몇 푼 얼마 되지 않는 돈.

모 ①물건이 거죽으로 쑥 나온 맨 끝. ②벼의 싹.

모가치 제 차지로 돌아오는 한 몫의 물건.

모갯돈 액수가 많은 돈. 凹목돈. 凸푼돈.

모:교(母校) 자기가 배우고 졸업한 학교.

모금 물 따위를 입에 머금는 분량. ㉠한 모금의 물.

모금(募金) 어떤 일을 도와 줄 목적으로 여러 사람으로부터 돈을 거두어 모아들임. ㉠수재민을 위해 모금 운동을 하였다. —하다.

모금원 돈(기부금)을 모아들이는 사람.

모:기 여름에 동물의 피를 빨아 먹고 사는 작은 벌레.

모기 보고 칼 빼기〈속〉 대수롭지 아니한 일에 너무 성을 내어 덤비다.

모:기향(一香) 제충국 가루를 송진이나 물로 개어 가느다란 막대 모양으로 만든 것. 밤에 불을 붙여 놓으면 서서히 타면서 모기가 싫어하는 독한 연기를 내므로 모기가 방에 들어오지 않음.

모나무 모가 되는 어린 나무. 凹묘목.

모난 돌이 정 맞는다〈속〉 말과 행동에 모가 나면 남에게 미움을 받는다.

모내기 모내는 일. —하다.

모내다 ①모를 못자리에서 논으로 옮겨 심다. ②모종을 내다. 모심다.

모:녀(母女) 어머니와 딸.

모닥불 쓸어 모은 검불 따위를 더미지어 태우는 불.

모델(model) 그림을 그리거나 글을 쓸 때 본보기로 쓰는 사람이나 물건.

모두 전체의 수효나 양을 한데 합하여. 凹전부 다. 죄다. 凸일부. ㉠모두 모여서 공치기하자.

모둠발 두 발을 가지런히 같은 자리에 모은 발.

모:든 여러 가지의. 여러 종류의. 凹온갖. ㉠모든 사람.

모 란(牡 丹) 잎은 깃 모양으로 찢어진 겹잎이고 키는 1~2m 쯤 되며, 5월경에 탐스럽고 아름다운 꽃이 핌. 중국이 원산. 〔모 란〕

모래 잘게 부스러진 돌. 돌의 부스러기.

모래땅 모래흙으로 된 땅.

모래밭 모래로 덮이어 있는 곳. 凹모래톱.

모래 장난 모래를 가지고 하는 놀이. —하다.

모래톱 강을 끼고 모래가 덮이어 있는 큰 벌판. 凹모래밭.

모랫길 ①모래밭의 길. ②모래가 깔린 길.

모략(謀略) 남을 해치려고 꾸미는 일. ㉠모략을 써서 성공하

모레 내일의 다음 날.

모로 가도 서울만 가면 된다(속) 수단과 방법을 가리지 않고 목적만 이루면 된다.

모롱이 ①산모퉁이의 휘어 둘린 곳. ②굽은 물건의 내민 곳.

모루 대장간에서 달군 쇠를 올려놓는 받침.

모르게 ①알지 못하게. ②깨치지 못하게. 맨알게. 예나는 그것을 아무도 모르게 숨겼다.

모르다〔모르니, 몰라서〕 알지 못하다. 맨알다.

모르타르(mortar) 시멘트(소석회)와 모래를 섞어서 물에 갠 것으로 시간이 지나면 물기가 없어지고 단단하게 됨.

모른 체 ①일에 관계를 아니하는 태도. ②알고도 모르는 듯이. 맨아는 체. 예모른 체하고 지나가지 말고 인사를 해야지.

모름지기 마땅히.

모면(謀免) 꾀를 내서 벗어남. 어려운 고비에서 벗어남. 예위기를 모면하다. —하다.

모멸(侮蔑) 업신여기고 깔봄. 예모멸감을 느끼다. —하다.

모발(毛髮) 사람의 머리털.

모방(模倣) 남의 흉내를 냄. 남의 본을 뜸. —하다.

모범(模範) 배워서 본받을 만함. 비본보기. 예모범 운전사.

모빌(mobile) 알루미늄이나 셀룰로이드 판의 조각을 철사나 실에 여러 개 매달아 움직이는 아름다움을 나타낸 것.

모사(毛絲) 털실.

모서리 날카롭게 생긴 가장자리. 예책상 모서리.

모세관(毛細管) 온몸에 그물 모양으로 퍼져 있는 가늘고 작은 혈관.

모:셔라 윗사람 옆에 가까이 있어 돕는 뜻으로 조심하여 살펴라. 예할머니를 잘 모셔라.

모순(矛盾) ①창과 방패. ②말이나 행동이 서로 어긋나 앞뒤가 맞지 않음.

모스(Morse, 1791~1872) 전신기와 모스 부호를 발명한 미국의 기술자. 전자석의 실험을 하다가 전신기와 모스 부호를 발명하여 1843년에 워싱턴과 볼티모어 간의 전보 통신에 성공했음.

모스 부호 모스가 만든 전신 부호. 점(짧은 소리)과 선(긴 소리)을 여러 가지로 섞어 글자를 대신함.

모스크바 삼상 회:의(Moskva 三相會議) 1945년 12월 모스크바에서 개최된 미·영·소의 3상 회의. 이 회의에서 한국을 5년간에 걸쳐 신탁 통치하기로 결정했음.

모습 ①사람의 생긴 모양. ②됨됨이. 비모양. 예고향에 계신 어머님의 모습이 떠오른다.

모시 모시풀 껍질의 실로 짠 피륙. 충청 남도 서천군 한산에서 나는 모시는 희고 곱기로 유명함.

모:시다 윗사람 옆에 가까이 있어 돕는 뜻으로 조심하여 살피다. 예선생님을 모시고 우리 집으로 왔습니다.

모양(模樣) ①사람이나 물건의 겉에 나타난 생김새. ②어떠한

모욕(侮辱) 업신여기어 욕되게 함. 비치욕. 반영예. —하다.
모으다 ①쌓아 올리다. ②여럿을 한 곳으로 오게 하다. ③재물을 많이 모아 가지다.
모:음(母音) 홀소리. 반자음. 닿소리.
모이 가축들의 먹이. 새·짐승 따위의 양식.
모이다 ①많아지다. ②여럿이 한 곳으로 몰리다. ③떼를 이루다. 반흩어지다.
모이주머니 새 종류의 밥줄에 주머니 모양으로 되어, 먹은 모이를 저장하는 곳.
모:자(母子) 어머니와 아들.
모자(帽子) 모양으로나 추위를 막기 위하여 머리 위에 쓰는 물건.
모:자라다 어떤 표준에 차지 못하다. 비부족하다. 반남다. 자라다.
모자이크(프 mosaic) 나무·돌·타일·유리·색종이 등을 붙여서 도안·그림 등으로 나타낸 장식품.
모조리 ①하나도 남기지 않고 처음부터 끝까지. ②차례로 죄다. 모두. 비전부. 반대강. 예쥐를 모조리 잡자.
모종 옮기어 심을 만한 식물의 어린 싹. 비묘목. —하다.
모지라지다 물건의 끝이 닳아서 짧게 되다.
모직(毛織) 털실로 짠 옷감.
모:진 ①독한. ②강한.
모:질다 ①잔인하다. ②동정심이 없다. 인정이 없다. ③죽을 것 같아도 죽지 않다. ④질기다. 비맵다.
모집(募集) 널리 뽑아 모음. 비수집. 예사원 모집. —하다.
모쩌기 모판에서 모를 뽑는 일. —하다.
모차르트(Mozart, 1756~1791) 오스트리아의 고전파 음악가. 음악의 천재라고도 하며, 작품으로는 〈피가로의 결혼〉·〈돈 조반니〉·〈마적〉 등이 있음.
모처럼 ①별러서. 일껏. ②오래간만에. 반자주.
모:체(母體) ①어머니의 몸. ②바탕이 되는 물체.
모:친(母親) 어머니. 반부친.
모탕 장작 따위를 쪼갤 때에 밑에 받쳐 놓는 나무토막.
모:터(motor) 기계를 돌려 원동력을 일으키는 기계. 비발동기.
모퉁이 ①굽은 물건의 내민 곳. 구석의 겉쪽. ②길이 꺾인 곳. 비귀퉁이. 반가운데.
모필(毛筆) 짐승의 털로 맨 붓. 비털붓.
모험(冒險) ①위험을 무릅씀. ②덮어놓고 하여 봄. 비탐험. —하다.
모험가 위험을 무릅쓰고 이곳 저곳을 찾아다니는 사람. 비탐험가.
모형(模型) ①어떤 물건과 모양을 같게 만든 틀. ②본. 본보기. 예모형을 뜨다.
모형 비행기 비행기를 본떠서 만든 장난감 비행기.
모호하다(模糊—) 분명하지 않다. 흐리터분하다. 비애매하다.

다. ⓔ모호한 대답.
목 ①머리와 가슴이 이어진 부분. ②길의 어귀. 중요한 곳. 곧 다른 데로 갈 데는 없고 그 길로만 가야 되는 곳.
목걸이 보석이나 귀금속을 끈에 꿰어 목에 거는 장식품.
목격(目擊) 눈으로 몸소 봄. 비 목도. ⓔ목격자. —하다.
목공(木工) 목재를 재료로 물건을 만드는 일. 또는 만드는 사람. 비 목수.
목구멍이 포도청〈속〉 먹는 일 때문에 못할 일까지 한다.
목기(木器) 나무로 만든 그릇.
목덜미 목의 뒷부분.
목도(目睹) 직접 봄. 비 목격. —하다.
목도꾼 무거운 물건이나 돌덩이를 밧줄로 얽어 어깨에 메고 옮기는 사람.
목도리 추위를 막거나 모양으로 목에 두르는 물건.
목돈 푼돈이 아니고 한목의 돈. 비 모갯돈. 반 푼돈. ⓔ목돈 마련 저축.
목동(牧童) 소·양 따위를 치는 아이.
목록(目錄) ①책 머리에 제목을 죽 적은 것. ②물건의 이름을 죽 적은 것. ③조목을 죽 쓴 것. 비 목차.
목마르다[목마르니, 목말라] 물을 먹고 싶어하다.
목말 남의 어깨 위에 두 다리를 벌리고 앉는 것. ⓔ목말타다.
목메다 ①목구멍에 음식물 따위가 막히다. ②설움이 복받치어 목구멍이 막히는 듯하다. ⓔ목메어 울다.

목목이 중요한 길목마다.
목민심서(牧民心書) 정약용이 쓴 계몽서. 예로부터 지방 장관(목민관)의 사적을 수록하여 목민관의 백성을 다스리는 도리를 논한 책.
목사(牧師) 기독교에서 신자를 가르치고 예배를 인도하며 교회를 다스리는 사람.
목석(木石) ①나무와 돌. ②나무나 돌과 같이 감정이 없는 사람의 비유.
목성(木星) 태양계의 다섯째 떠돌이별로, 아홉 떠돌이별 중에 가장 크며 금성과 함께 가장 빛남.
목소리 ①사람의 목구멍으로 내는 소리. ②목청을 울리어 내는 소리. 비 말소리. 목청. 음성. ③의견이나 주장.
목수(木手) 집을 지을 때 재목을 다루는 사람. 비 목공.
목수가 많으면 집을 무너뜨린다〈속〉 의견이 구구하면 도리어 탈을 일으킨다.
목숨 살아 있는 힘. 살아가는 데 밑바탕이 되는 힘. 비 생명. ⓔ목숨을 구하다.
목요일(木曜日) 칠요일에서 다섯째 되는 날.
목욕(沐浴) 머리를 감고 몸을 씻는 일. 비 목간. —하다.
목장(牧場) 소·말·양 따위를 놓아 기르는 넓은 곳.
목재(木材) 건축에 쓰이는 나무의 재료. 비 재목.
목적(目的) ①일을 이루려는 목표. ②뜻하는 것. ③마음먹은 것. 비 목표. —하다.
목적지 가고자 하는 곳. ⓔ목적

목차(目次) 순서. 차례. 비목록. 예책의 목차를 보다.
목청 ①목에서 울려 나오는 소리. ②소리를 내는 기관. 비목소리. 성대.
목청껏 있는 힘을 다하여 소리를 질러. 예목청껏 외치다.
목초(牧草) 소·말·양·토끼 따위를 먹이는 풀. 비사료.
목축(牧畜) 돼지·소·말 따위의 가축을 기르는 일. —하다.
목침(木枕) 나무로 만든 베개.
목탄(木炭) ①숯. ②그림의 재료로 쓰려고 버드나무·오동나무 따위로 만든 숯.
목판화(木版畫) 나무판에다 직접 조각한 그림. 또는 조각한 나무판에 잉크·물감을 묻혀서 종이 따위에 찍어낸 그림.
목포(木浦) 전라 남도의 항구 도시.
목표(目標) ①목적을 삼는 곳을 정한 표. 예사람은 목표를 가지고 살아야 한다. ②눈으로 보아서 알 수 있는 표. 비목적. 예사격 목표. —하다.
목화(木花) 열매에서 솜을 얻는 풀 이름. 비면화. 솜.
몫 여럿으로 나누어 가지는 각 부분. 예이것이 네 몫이다.
몫몫이 여럿이 똑같이 별러 나눈 것의 몫마다.
몰:다〔모니, 몰아서〕 ①뒤에서 쫓아 앞으로 나가게 하다. 예양 떼를 몰다. ②남을 못된 자리에 밀어 넣다. 예범인으로 몰다.
몰두(沒頭)〔—뚜〕 무슨 일에 열중함. 비골몰. 열중. 예독서에 몰두하다. —하다.
몰라보게 알아보지 못할 만큼. 예몰라보게 자랐다.
몰락(沒落) ①싸움에 져서 나라가 망함. ②집안이 망함. 예몰락한 가문. —하다.
몰:래 남이 모르도록 가만히. 비슬그머니. 비밀히. 반떳떳이. 예아버지 구두를 몰래 닦아 놓았습니다.
몰려가다 ①떼를 지어 가다. 예여럿이 몰려가다. ②쫓기어 가다. 예개미 떼가 몰려가다.
몰려다니다 ①여럿이 떼를 지어 다니다. 예아이들이 몰려다닌다. ②억지로 쫓겨 다니다.
몰려들다〔몰려드니, 몰려들어서〕 한꺼번에 여러 사람이 떼를 지어 들어오다.
몰려오다 한꺼번에 떼를 지어 오다.
몰리다 ①여럿이 한쪽으로 밀려 뭉치다. ②몰아댐을 당하다. 예궁지에 몰리다.
몰살(沒殺)〔—쌀〕 죄다 죽음. 예일가가 몰살당하다. —하다.
몰상식(沒常識)〔—쌍—〕 상식이 아주 없음. —하다.
몰수(沒收)〔—쑤〕 ①빼앗음. ②법률을 어기었을 때 개인이 가질 재산의 권리를 나라에서 빼앗음. —하다.
몰아 ①이끌고. ②데리고.
몰아내다 바깥쪽으로 쫓아 버리다. 예못된 사람을 동네에서 몰아내다.
몰아치다 한 곳으로 몰리게 하다. 예닷새에 할 것을 몰아서 사흘에 마치다.
몰이 사냥할 때나 물고기를 잡

몰이꾼 을 때에 짐승이나 물고기를 몰아내는 일. —하다.

몰이꾼 사냥할 때에 짐승을 몰이하는 사람.

몰지각(沒知覺) 알지도 깨닫지도 못함. 예몰지각한 행동. —하다.

몸 동물의 머리에서 발까지의 전체. 비육체. 신체. 반마음.

몸가짐 몸의 동작이나 몸을 가지는 모양. 비자세. 태도.

몸놀림 몸의 움직임.

몸뚱이 사람이나 짐승의 몸의 덩치. 체구.

몸매 몸의 맵시.

몸부림 ①떼를 쓰거나 발악할 적에 몸을 흔들고 부딪는 짓. ②잠잘 때에 이리저리 뒹굴며 자는 짓. —하다.

몸살 몸이 몹시 피로하여 일어나는 병.

몸서리 ①무서워서 몸을 떠는 것. ②지긋지긋하게 싫증이 나서 다시 하고 싶지 않은 마음.

몸서리나다 무서워서 몸을 떨다. 몸서리치다. 예몸서리나는 6·25 전쟁.

몸서리치다 어떤 일에 지긋지긋하도록 싫증이 나다. 예그 일은 생각만 해도 몸서리쳐진다.

몸소 자기가 친히. 자신이 스스로. 비손수. 친히. 예대통령께서 몸소 일선 장병을 위문하시었다.

몸조심 ①몸을 함부로 쓰지 아니함. ②말과 행동을 삼감. —하다.

몸집[一찝] 몸의 부피.

몸채 집채의 주장이 되는 부분.

몹시 ①대단히. ②심히. ③더할 수 없이. 비무척. 아주. 반여간. 예몇 달 만에 할머니를 뵈니 몹시 늙으신 것 같았어요.

못 ①살가죽에 무엇이 스치거나 해서 두껍게 된 자리. ②물건을 떨어지지 않도록 붙이기 위하여 박는 뾰족한 쇠. ③땅이 넓고 깊게 패고, 그 속에 늘 물이 괴어 있는 곳. 비연못.

못:갖춘마디 악보의 첫머리에 있는 박자표대로 되어 있지 않은 마디.

못:난이 어리석은 사람. 미련한 사람. 비바보.

못:되다 ①되지 못하다. ②모진 성질을 가지고 있다.

못:마땅하다 ①언짢다. ②마땅하지 않다. 반마땅하다. 예아주머니는 너무 지나치게 까부는 철수를 보시고 좀 못마땅해 하시는 눈치였다.

못박히다 못으로 단단히 박아 놓아 꼼짝 못하게 하다.

못:생기다 잘나지 못하다. 비못나다. 반잘생기다.

못자리 ①볍씨를 뿌리어 모를 기르는 논. ②논에 볍씨를 뿌리는 일. —하다.

못:지않다 '못하지 아니하다'의 준말. 예나도 너에 못지않게 노력하겠다.

못:하다 ①다른 것보다 나쁘다. ②미칠 수 없다. 반낫다².

몽고(蒙古) 몽고 지방에 칭기즈 칸이 나타나 몽고족을 통일하여 세운 나라.

몽당붓 끝이 닳아서 쓰기 어려운 정도가 된 붓.

몽둥이 방망이보다 굵고 조금 긴 나무.

몽땅 ①꽤 많은 부분을 대번에 자르는 모양. ②하나도 남김없이 전부. 団전부. 圕뭉땅. 것몽탕. 예몽땅 도둑맞았다.

몽롱하다(朦朧—) ①구름이나 연기가 끼어 흐릿하다. ②어렴풋하다. ③분명하지 않다.

몽:상(夢想) 꿈속 같은 헛된 생각. —하다.

몽치 짤막하고 단단한 몽둥이. 작은 몽둥이.

몽혼(朦昏) 정신을 한때 잃어버림. —하다.

뫼¹ 사람의 무덤. =묘.

뫼² 산의 옛말.

묘:(墓) =뫼¹.

묘:기(妙技) 교묘한 기술과 재주. 예묘기를 보이다.

묘:목(苗木) 옮겨 심게 된 어린 나무. 団모나무. 모종.

묘:미(妙味) ①뛰어난 맛. ②이상야릇한 것. ③사물의 뛰어난 점. ④묘한 취미.

묘:비(墓碑) 무덤 가에 세워 놓은 비석. 죽은 사람의 이름, 한 일 등을 새겨 넣은 비. =묘석. 묘표.

묘:사(描寫) 사물이나 마음의 상태를 꼭 그와 같이 그려냄. —하다.

묘:상(苗床) 꽃·나무 따위의 모종을 키우는 자리.

묘:석(墓石) =묘비.

묘:안(妙案) 묘하게 생각하여 낸 안.

묘:지(墓地) 죽은 사람을 묻어 놓은 곳. 団분묘.

묘:책(妙策) ①좋은 계교. ②훌륭한 꾀.

묘:청(妙淸, ?~1135) 고려 인종 때의 중. 서경을 근거지로 하여 북진 정책을 강화해야 한다고 주장함으로써, 고려 초기의 외교 정책을 이끌어 가려 하였음.

묘:청의 난 묘청 등이 서경에서 일으킨 난(1135). 김부식을 중심으로 한, 반대 세력(개경파)에 의해 실패하였음.

묘:포(苗圃) 묘목 또는 모종을 심어 기르는 밭. 団모판.

묘:표(墓標) =묘비.

묘:하다(妙—) 이상하다. 예쁘다. 団야릇하다. 예꿈이 참 묘하다.

묘:향산(妙香山) 평안 북도 영변군에 있는 산. 경치가 아름답고 단군이 하늘에서 속세로 내려왔다는 곳으로, 서산·사명 두 대사의 원당이 있음.

무: 뿌리가 위는 푸르고 아래는 흰 채소. 예무김치.

무거리 곡식이나 고추의 찧은 것을 체에 쳐서 고운 가루를 빼고 남은 찌끼.

무겁다〔무거우니, 무거워서〕 ①저울에 달아서 근수가 많이 나가다. ②깊이 생각한 뒤에 말이나 행동을 천천히 하다. ③부담이 많다. 凹가볍다.

무게 물건의 무거운 정도. 団중량. 예몸무게.

무게 중심(—中心) 물체를 바늘이나 송곳 같은 것으로 받쳐 기울지 않게 되는 점. 그 물체가 모여서 작용한다고 생각하는 점.

무계획(無計劃) 계획이 없음. 凹계획. —하다.

무고(無故) ①아무 연고가 없

음. ②아무 탈이 없음. ③편안함. 비무사. —하다.
무:곡(舞曲) 춤과 악곡.
무:공(武功) 나라를 위해서 싸운 군사상의 공적.
무:관(武官) ①옛날 과거 시험의 하나인 무과 출신의 벼슬아치. ②군에 적을 두고 몸바쳐 일하는 관리. 반문관.
무관심(無關心) ①관심을 갖지 아니함. 마음에 두지 아니함. ②흥미를 느끼지 아니함. 예세상일에 무관심하다. —하다.
무구정광대다라니경(無垢淨光大陀羅尼經) 불경의 하나. 불국사 석가탑을 고치던 중 발견된 세계에서 가장 오래 된 목판 인쇄물.
무궁 무진(無窮無盡) 한이 없고 끝이 없음. 예무궁 무진한 해양 자원. —하다.
무궁화(無窮花) 잎은 뽕나무잎과 같고, 흰빛과 보랏빛의 꽃이 피는 우리 나라의 국화.
무:기(武器) 적과 싸울 때 쓰는 기구. 비병기.
무기명(無記名) 성명을 쓰지 않음. 반기명. 예무기명 투표.
무꾸리 무당이나 판수에게 길흉을 점치는 일. —하다.
무남 독녀(無男獨女) 아들이 없는 집안의 하나밖에 없는 딸.
무너지다 ①쓰러지다. ②넘어지다. ③결판나다. ④헐어지다.
무는 개를 돌아다본다〈속〉 말이 많은 사람을 두려워한다.
무능(無能) ①재능이 없음. ②수완이 없음. 반유능. —하다.
무늬 거죽에 여러 가지 형상이 나타난 모양.

무:단 정치(武斷政治) 무력만 가지고 해 나가는 정치.
무단히(無端—) 아무 까닭이 없이 덮어놓고.
무당(巫—) 귀신을 섬기어 길흉을 예언하는 여자. 비무녀.
무대 일정한 방향으로 흐르는 바닷물. 비해류.
무:대(舞臺) ①극장 정면 가운데에 높직하게 단을 만들어 연극·춤·노래 등을 하게 된 곳. ②마음껏 활동하고 솜씨를 나타낼 수 있게 된 판.
무더기 한데 모아 수북히 쌓은 물건의 더미.
무더위 찌는 듯한 더위.
무던하다 ①정도가 어지간하다. 예무던히도 애를 먹인다. ②성질이 덕이 있고 너그럽다. 예무던한 사람.
무덤 죽은 사람을 땅을 파서 묻어 놓는 곳. 비묘. 산소.
무덥다 찌는 듯이 덥다. 반서늘하다. 예날씨가 매우 무덥다.
무:도(舞蹈) 춤을 추는 오락. 비무용. 댄스. —하다.
무도하다(無道—) ①사람이 마땅히 지켜야 할 일에 어그러지다. ②어리석다. 지혜가 없다. ③무뚝뚝하다.
무:동(舞童) ①나라 잔치 때에 춤을 추고 노래를 부르던 아이. ②동네에서 필요한 경비를 마련하기 위해 꽹과리를 치고 춤을 추며 곡식을 얻어내는 무리들에 속하여 남의 목말을 타고 춤추던 아이.
무디다 ①날카롭지 않다. ②성질이 둔하다. ③느끼고 깨달아 아는 힘이 모자라다. 반날카

무럭무럭 ①김이나 연기가 많이 올라가는 모양. 예김이 무럭무럭 나고 있어요. ②동물이나 식물이 기운차게 자라는 모양. 짝모락모락.

무:력(武力) ①군의의 힘. ②마구 우겨대는 힘. 비병력. 군사. 완력.

무:력적 사나운 힘을 가지고. 즉, 군대와 경찰의 힘을 가지고. 반평화적.

무:력적 침략 무력으로 남의 나라를 억눌러서 빼앗는 것.

무력하다(無力—) ①힘이 없다. ②세력이 없다. ③재산이 없다. ④활동할 힘이 없다.

무렵 일이 있은 그때. 비즈음. 예해가 저물 무렵에야 그가 돌아갔다.

무례하다(無禮—) 예의가 없다. 예무례한 사람.

무료(無料) 돈이 들지 않음. 반유료. 예무료 입장.

무료(無聊) 심심함. —하다.

무르녹다 ①익을 대로 다 익다. ②그늘이 매우 짙다. ③일이 이루어지는 지경에 이르다.

무르다¹〔무르니, 물러〕 샀던 것을 도로 바꾸다.

무르다²〔무르니, 물러〕 바탕이 단단하지 않다.

무릅쓰다 하기 어려운 일을 참고 해내다. 예비가 오는 것을 무릅쓰고 길을 떠났다.

무릇 대저. 대체로 보아. 살펴보건대.

무릎 다리의 굽어진 마디의 앞부분.

무릎맞춤 서로 만나 옳고 그른 것을 밝히게 하는 일. —하다.

무릎을 치다 매우 좋은 일이나 놀라운 일이 있을 때 무릎을 치고 기뻐하다.

무리¹ ①모여 한 덩어리가 된 것. 비떼¹. 패. 예무리를 짓다. ②어떤 물건이 한때 많이 나오는 시기.

무리² ①이치에 맞지 아니함. ②억지가 많음. ③하기 어려움. 반순리. 예그런 무리한 요구는 아예 안 하는 것이 좋겠다. —하다.

무:말랭이 반찬거리로 썰어서 말린 무.

무명 무명실로 짠 피륙.

무명(無名) ①세상에 이름이 알려져 있지 않음. 예무명 가수. ②명분이 없음. 반유명.

무명실 면화의 솜을 자아 만든 실. 비면사.

무명씨(無名氏) 남에게 제 이름을 내걸지 않으려고 할 때 쓰는 말.

무명지(無名指) 엄지손가락으로부터 넷째 손가락. 약손가락.

무모하다(無謀—) ①꾀가 없다. ②깊은 생각이 없다. 예그 계획은 무모하다.

무미(無味) ①맛이 없음. ②재미가 없음. —하다.

무방(無妨) 괜찮음. 방해될 것이 없음. —하다.

무보수(無報酬) 보수가 없음.

무:사(武士) 무예에 익숙한 사람. 반문사.

무사(無事) ①일이 없음. ②아무 탈이 없음. ③잘 있음. ④손해가 없음. 비무고. —하다.

무사히 아무 일 없이. 비무고

히. [예]수학 여행에서 무사히 돌아왔다.

무상(無常) ①나고 죽고 흥하고 망하는 것이 한결같지 못함. ②세월이 빠르고 목숨이 덧없음. [예]인생 무상. —하다.

무생물(無生物) 생활할 힘이 없는 물건. 곧 흙이나 광물 따위. [반]생물.

무:생채(—生菜) 무를 채쳐서 양념을 하여 무친 나물.

무선(無線) 전선을 가설하지 않는 일. [반]유선.

무선 부:호 전파로 통신하기 위해 특별히 정해 놓은 기호.

무선 전:신 줄을 통하지 않고 전파로 통신할 수 있는 장치.

무선 전:화 전선 없이 전파를 이용하는 전화. 국제 전화 등에 쓰임.

무선 호출기 소형 수신기에 번호를 각각 부여하여 그 번호로 호출기 소지자를 호출할 수 있게 한 기계. 삐삐.

무섭다 ①겁나는 마음이 나다. ②사람이 다부지고 영악하다. [비]두렵다. 사납다. [예]작은 체구로 무섭게 일을 해낸다.

무:성(茂盛) 나무가 잘 자람. 초목이 번성함. [비]울창. [예]풀이 무성하다. —하다.

무쇠 솥 같은 것을 만드는 재료가 되는 쇠.

무수하다(無數—) 헤아릴 수 없이 많다. [예]밤하늘에는 무수한 별들이 반짝인다.

무:술 수업(武術修業) 무사가 갖추어야 할 몸가짐이나 칼·창·활 등 무기를 다루는 재주를 닦고 익히는 일.

무슨 의문의 뜻을 나타내는 말. [비]어떤. 어느.

무식(無識) 배운 것이 없음. [비]무지. [반]유식. —하다.

무식쟁이 배운 것이 없는 사람.

무심결(無心—)[—껼] 아무 생각 없이.

무심코 뜻하지 않고. 아무 생각 없이. [예]무심코 한 짓이다.

무심하다 ①생각이 없다. ②마음을 쓰지 아니하다. ③정신없이 지나다. [반]유심하다. [예]무심한 강물만 유유히 흐른다.

무안하다(無顔—) ①남을 대할 면목이 없다. ②볼 낯이 없다. [비]미안하다. [예]책을 빌려 줄 수 없다는 말에 무안해서 슬그머니 돌아와 버렸습니다.

무어 친구나 손아랫사람에게 의문의 뜻을 나타내는 말. [준]머. 뭐. [예]무어, 대체 그게 무슨 소리야?

무엇 이름이나 내용 따위의 모르는 사물을 가리키는 지시 대명사. [예]너는 무엇을 달라고 그러느냐?

무엇이든 아무것이나. [예]나는 무엇이든 우리가 할 수 있는 운동은 다 해보고 싶다.

무:역(貿易) ①한 번에 많은 물건을 사들임. ②내 나라의 물건과 다른 나라의 물건을 바꿈질함. [비]교역. —하다.

무:역항 외국과의 무역의 중심지가 되는 항구.

무:예(武藝) ①무사가 닦는 재주. ②활·말·칼 따위를 쓰는 법. [비]무술.

무:용(舞踊) 음악에 맞추어 율동적인 동작으로 감정과 의지

ㅁ

를 표현하는 예술. 비댄스. 무도. 춤. —하다.

무:용담(武勇談) 싸움에서 용감하게 활약하여 공을 세운 이야기. 예무용담을 들려주다.

무:용악 춤을 출 때 연주하는 음악.

무의미(無意味) 아무 뜻이 없음. —하다.

무익(無益) 이로울 것이 없음. 반유익. —하다.

무:장(武裝) 전쟁 때에 차리는 몸차림. 전쟁을 할 준비의 차림새. —하다.

무정(無情) 인정이나 동정심이 없음. —하다. —스럽다.

무:주(茂朱) 전라 북도 무주군의 군청 소재지. 부근에는 무주 구천동·덕유산 등의 명승지가 있음.

무지(無知) ①아무것도 모름. ②하는 짓이 거칠고 우악스러움. 비무식. 반유식. —하다. —스럽다.

무지개 햇빛이 공중에 떠 있는 무수한 물방울을 비칠 때 반사되어 보이는 현상으로 빨강·주황·노랑·초록·파랑·남·보라의 7가지 빛깔로 나타남.

무지하다 ①지식이 없다. ②하는 짓이 어리석다. 비무식하다. 반유식하다.

무진장(無盡藏) 다함이 없이 얼마든지 많이 있음. 비무한량. 예석탄이 무진장하게 있다. —하다.

무질서(無秩序)[—써] 질서가 없음. 반질서. —하다.

무찌르다 ①닥치는 대로 함부로 죽이다. ②가리지 아니하고 마구 쳐들어가다. 예적을 여지없이 무찔렀다.

무찔러 남기지 않고 모두 쳐없애서. 비쳐부숴.

무참(無慘) 매우 끔찍하고 참혹함. 비참혹. 예폭탄에 맞아서 무참하게 죽었다. —하다.

무참(無慚) 말할 수 없이 부끄러움. —하다.

무책임(無責任) ①책임이 없음. ②자기가 맡은 일에 책임을 느끼는 생각이 없음. 반책임. —하다.

무척 ①매우. ②퍽. ③대단히. 몹시. 비아주. 예저 나무는 무척 오래 되었다.

무:청 무의 잎과 잎줄기. 예무청처럼 싱싱하고 시퍼런 물결.

무턱 아무 까닭이나 거리가 없음. 헛턱.

무턱대다 아무런 까닭이 없다. 예무턱대고 뛰어들다.

무한(無限) 크기·넓이·시간 따위에 한이 없음. 반유한. 예무한한 영광. —하다.

무한히 한량이 없이. 끝이 없이. 한없이.

무화과(無花果) 잎은 세 갈래로 째진 손바닥 모양이고, 키는 3m쯤 되는 관목으로, 열매는 달걀 형상인데, 검보랏빛이며 맛이 좋음.

무효(無效) ①효력이 없음. ②보람이 없음. ③쓸데가 없음. 반유효. —하다.

무희(舞姬) 춤추는 것을 직업으로 삼는 여자.

묵 녹두나 도토리 같은 것의 앙금을 풀쑤듯이 되게 쑤어 그릇에 퍼 놓아 굳힌 음식.

묵다 ①오래 되다. 반새롭다. 예십년 묵은 구렁이. ②머무르다. 예호텔에서 묵다.

묵묵하다(默默—) 아무 말이 없다. 예그는 슬픈 얼굴을 하고 묵묵히 앉아 있다.

묵묵히[뭉무키] 잠잠하고 말없이. 예묵묵히 일만 한다.

묵상(默想) 말없이 마음속으로 생각함. 비묵념. —하다.

묵인하다(默認—) 말은 아니하나 속으로 허락하다.

묵직하다 조금 무겁다.

묶다 ①새끼나 노 따위로 단을 지어 잡아매다. ②풀어지지 않도록 단단히 매다. ③몸을 자유로 놀리지 못하게 얽어 매다. ④여러 가지를 한데 합치다. 반풀다.

묶음 한데 묶어 놓은 덩이.

묶이다 묶음을 당하다. 비매이다. 반풀리다.

문(門) 집으로 드나들 수 있게 뚫린 구멍.

문간(門間)[—깐] 대문이 있는 자리. 예문간방.

문고(文庫) 여러 사람이 읽을 수 있도록 책을 모아서 놓아 둔 곳. 예학급 문고.

문관(文官) ①옛날 과거 시험의 하나인 문과 출신의 벼슬아치. ②군사 밖의 행정 사무에 관계하는 관리. 반무관.

문교(文敎) ①학문으로써 사람을 가르쳐 이끄는 일. ②문화에 관한 교육.

문구(文句)[—꾸] 글의 구절.

문구멍[—꾸—] 문에 바른 종이가 찢어져서 난 구멍.

문단(文壇) ①글을 쓰는 작가들의 사회. ②문인들의 무대. 예문단의 등용문.

문:답(問答) 물음과 대답. 또는 서로 묻고 대답함. —하다.

문둥병[—뼝] 세균이 들어가면 살갗이 헐고 손발의 마디가 떨어지는 고치기 어렵고 몹시 흉한 전염병.

문둥이 문둥병에 걸린 사람.

문득 ①갑자기. ②별안간에. 센문뜩. 예문득 고향 생각이 나서 슬프다.

문:란(紊亂) 어지럽게 흩어져서 규칙이 서지 않음. 비혼란. 반정연. 예요사이 교내 생활이 대단히 문란해졌다. —하다.

문루(門樓) 대궐이나 성 등의 문 위에 지은 다락집.

문맹(文盲) ①글자를 읽거나 쓸 줄을 모르는 사람. ②눈뜬 소경. 비까막눈.

문맹 퇴:치 글 모르는 사람을 가르쳐 내는 일. 예문맹 퇴치 운동. —하다.

문명(文明) 학문이 발달하고 정신적 물질적 생활이 풍부하고 편리하게 되는 것. 비문화. 반미개. 야만. —하다.

문명 국가 문명이 발달하여 문화 수준이 높고 국민의 생활 수준이 높은 나라.

문명 생활 문명인이 하는 생활.

문명인 문화 생활을 하는 사람. 비문화인. 반야만인.

문무(文武) 학문과 무예. 곧 글을 읽는 것과 말타고 활 쏘는 일을 통틀어 가리키는 말. 예문무를 겸한 사람.

문물(文物) 문화의 발달로 이루어진 것. 곧 학문·교육·예문벌(門閥) 대대로 내려오는 그 집안의 신분과 지위.

문법(文法)[―뻡] 자기 나라 말·글을 바로 쓰기 위하여 배우는 글의 법칙. 비말본.

문비를 거꾸로 붙이고 환장이만 나무란다(속) 제가 잘못하여 놓고 남만 그르다고 한다.

문사(文士) 문학에 뛰어나고 시문을 잘 짓는 사람.

문서(文書) 글로써 사실이나 약속을 나타낸 것. 예계약 문서.

문신(文身) 살갗을 바늘로 떠서 모양을 새김. ―하다.

문:안(問安) 웃어른의 편안하고 아니한 것을 여쭘. 비안부. 예아저씨께 문안 편지를 써 보냈다. ―하다.

문어(文魚) 몸이 낙지와 비슷한 큰 바닷물고기. 우리 나라 동북 바닷가에 나며, 겨울과 봄에 많이 잡힘.

문예(文藝) ①시·소설·희곡·수필과 같이 아름다움을 나타내는 예술 작품. ②문학과 예술. 학문과 기예.

문예 부:흥 14~16세기 사이에 이탈리아를 중심으로 유럽 여러 나라에 일어난 예술 운동. 사람의 타고난 성품을 억누르지 말고 자유롭게 발전하도록 하자는 운동. 비르네상스.

문:의(問議) 물어보고 의논함. 예문의 전화. ―하다.

문익점(文益漸, 1329~1398) 공민왕 때의 성품이 곧고 학식이 뛰어난 선비. 진주 사람으로 원나라에 사신으로 갔다가 목화씨를 얻어 붓뚜껑 속에 넣어 가지고 와 퍼뜨렸음.

문자¹(文字)[―짜] 말을 눈으로 볼 수 있도록 적어 놓는 기호. 비글자.

문자²(文字)[―짜] 한문으로 된 어려운 글귀.

문장(文章) ①글월. ②글을 잘 하는 사람.

문:제(問題) ①대답을 요구하느라고 내는 물음. ②아직 해결되지 아니하고 그대로 있는 사건. 비물음. 반해답.

문:제도 안 되지만 ①어림도 없지만. ②비교가 안 되지만. 훨씬 낫지만.

문지르다[문질러서] 물건을 서로 대고 이리저리 밀거나 비비다. 예손바닥을 문지르다.

문집(文集) 시나 글 따위를 모아 엮은 책. 예학급 문집.

문패(門牌) 성명을 적어 대문 기둥에 다는 작은 패.

문풍지(門風紙) 문틈으로 들어오는 바람을 막기 위하여 바르는 종이.

문학(文學) 사상이나 감정을 상상의 힘을 빌려 말과 글로써 나타낸 예술 작품. 곧 시·소설·희곡 따위.

문학상 문학 부문에 대한 공적을 기리는 상.

문화(文化) ①사람이 깨어 세상이 밝게 됨. ②세상이 깨어 살기 좋아짐. 비문명. 반야만. 미개.

문화 민족 문화가 많이 발달한 겨레. 반미개 민족.

문화 생활 현대 문명의 좋은 점을 충분히 이용하는 살림살이.

문화 수준 문화 생활을 나타내는 정도.

문화 시:설 문화를 발전시키는 데 필요한 설비.

문화 영화 극영화를 제외한 교육이나 과학 등 학술 연구를 위하여 만든 영화.

문화 유산 다음 세대에 물려줄 모든 전통 문물과 옛 문화를 이르는 말.

문화인 ①학문이나 예술에 종사하는 사람. ②높은 지식과 교양을 지닌 사람. 비문명인.

문화재 문화적 가치를 지니고 있는 역사적인 유물. 예문화재로 지정되다.

문화적 학문이 나아가서 세상이 깨어나는 것. 반야만적.

묻:다¹ ①모르는 것의 설명을 청하다. ②책임 따위를 추궁하다. 반대답하다.

묻다² ①흙 또는 물건 속에 넣고 덮어 감추다. ②물·가루 따위가 달라붙다.

묻히다[무치—] 물건이 흙 속에 들어가 감추어지다. 예땅속에 묻힌 독을 꺼내다.

물 순수한 상태에서는 아무 빛깔도 냄새도 맛도 없고 투명함. 널리 있으며, 생물이 살아가는 데 없어서는 안 될 물질임. 예물을 마시다.

물가[—까] 바다나 강 따위의 가장자리.

물가(物價)[—까] 물건의 값.

물감[—깜] 천이나 가죽 등에 물을 들이는 재료. 비염료.

물건(物件) 이 세상에 여러 가지 모양을 갖추고 있는 것의 통틀어 일컬음.

물것[—껃] 사람이나 동물의 살을 물어 피를 빨아먹는 벌레의 총칭. 벼룩·모기·빈대 따위.

물결[—껼] 물이 움직이어 올라갔다 내려갔다 하는 현상. 비파도. 파문.

물고기[—꼬—] 물에서 사는 고기. 예물고기를 잡다.

물구나무서기 손을 땅에 대고 몸을 거꾸로 세우는 것.

물굽이[—꾸비] 바다나 강 따위에서 물이 구부러져 흐르는 곳.

물기[—끼] 축축한 물의 기운. 수분. 예물기가 너무 많다.

물기둥[—끼—] 물줄기가 기둥처럼 솟구쳐 위로 치솟는 모습. 예물기둥이 솟다.

물긷다〔물길으니, 물길어서〕 물을 푸거나 뜨거나 받다.

물끄러미 별로 주의하지 않고 멍하니 바라보는 모양. 예그는 먼 하늘만 물끄러미 바라보고 있다.

물끓듯 물이 끓는 것같이. 즉, 대단히 많은 사람이 들끓는 모양. 예올림픽 개회식이 열리는 잠실 운동장에는 사람들이 물끓듯 하였다.

물난리(—亂離) ①큰 물이 나서 이루는 수라장. 예홍수로 온통 물난리가 났다. ②먹을 물이 딸리어 우물이나 수돗물을 다투어 긷거나 받으려고 하는 소동.

물놀이 ①잔잔한 물이 공기의 움직임을 받아 움직이는 것. ②물장난. —하다.

물:다¹ 무더워서 물건이 상하다. 예배추가 물다.

물다² ①윗니와 아랫니로 물건을 깨물다. ②물건을 입 속에 머금다. ③손해를 갚다.

물들다〔물드니, 물들어서〕 ①빛깔이 옮아 묻다. 예하얀 옷이 붉게 물들다. ②행동·말·버릇 등이 닮아 가다. 예악에 물들다.

물땅땅이 물땅땅잇과에 딸린 곤충. 못이나 늪에 삶.

물러가다 ①뒷걸음질쳐 가다. 예뒤로 물러가다. ②윗사람 앞에 있다가 나가다. 예이만 물러가겠습니다.

물러나다 ①하던 일이나 자리를 내어 놓고 나오다. 예장관 자리를 물러나다. ②뒤로 가다. 후퇴하다.

물러서다 뒤로 나서다. 뒷걸음질하다. 예조금만 물러서라.

물렁물렁하다 매우 무르고 물렁하다. 작말랑말랑하다. 몰랑몰랑하다.

물렁뼈 물러서 굽힐 수 있는 연한 뼈. 코나 귀에 있음.

물렁하다 물기가 많고 야들야들하며 매우 부드러워 보이다.

물레 솜으로 실을 만드는 기계.

물레방아 물의 힘으로 돌려 방아를 찧게 만든 것. 비물방아.

물려받다 재물이나 지위 같은 것을 뒤이어 받다. 비상속받다. 반물려주다.

〔물레방아〕

물론(勿論) 두말 할 것도 없이. 비무론. 암. 예교과서는 물론 참고서도 다 보았다.

물리(物理) ①만물의 이치. ②모든 물체의 운동·성질·변화의 법칙을 연구하는 학문.

물리다¹ 싫증이 나다.

물리다² ①입으로 물게 하다. ②돈을 물어내게 하다. 손해를 갚게 하다. ③날짜나 시간을 연기하다.

물리적 변:화 물이 얼음으로 변하는 따위와 같이 모양만 변하는 것.

물리치다 물러나게 하다. 쫓아 없애 버리다. 반받아들이다. 예몰려오는 적을 물리치고 나아갔다.

물리친 쳐서 쫓아 버린.

물리학(物理學) 자연 과학의 한 부문. 물질의 물리적 성질과 현상·구조 등을 연구하며, 그 사이의 관계·법칙을 밝히는 학문. 예물리학자.

물리학상 물리학 부문에 대한 공적을 기리는 상.

물물 교환 시대(物物交換時代) 생산한 물건을 서로 바꾸어 쓰던 시대. 연모의 발달로 생산 방법이 개량되어 자기들이 쓰고 남을 만큼 물건을 많이 만들게 되자, 물물 교환이 시작되었고 우리 나라에서는 삼국 시대를 전후하여 이루어졌음.

물밀듯이 물이 세차게 밀려오듯이 연달아 많이 몰려오는 모양. 예사람들이 물밀듯이 밀려온다.

물바다 홍수로 말미암아 넓은 지역이 물에 잠긴 상태.

물방아 물의 힘으로 찧는 방아. 비물레방아.

물벌레 물 속에서 사는 벌레.

물벼락 벼락을 맞듯이 물을 갑

자기 뒤집어씀. [예]길을 가다가 물벼락을 맞았다.

물벼룩 민물 속을 헤엄쳐 다니는 아주 작은 동물. 물고기의 먹이가 됨.

물산(物產)[—싼] 그 지방에서 나는 물품.

물살[—쌀] 물의 흐르는 힘이나 줄기. [예]물살이 세어서 건너기 어렵다.

물상(物象)[—쌍] ①온갖 물체의 꼴. ②물리·화학·생물 따위의 학문.

물새[—쌔] 물위나 물가에서 사는 모든 새를 일컬음.

물색(物色)[—쌕] ①쓸 만한 사람 또는 물건을 찾아봄. ②물건의 빛깔. —하다.

물색없다[—쌕—] 말과 행동이 어울리지 아니하다.

물샐틈없다 ①꼭 막혀 조금도 빈틈이 없다. ②주위가 아주 엄밀하게 단속되어 있다.

물시계(—時計) 물을 이용하여 시간을 알 수 있게 만든 시계.

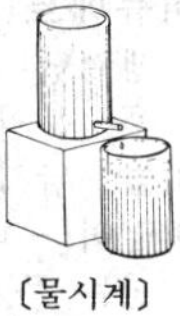
(물시계)

물알 곡식 열매 따위의 알이 아직 덜 익어서 물기가 많고 말랑말랑한 것.

물욕(物慾) 물건에 대한 욕심. [예]물욕에 사로잡히다.

물음 남에게 대답을 구하는 것. [비]문제. 질문. [반]대답.

물자(物資)[—짜] 물건을 만드는 데 드는 여러 가지 재료.

물장수 삼년에 궁둥이짓만 남았다〈속〉 애써 수고한 보람이 없다.

물줄기[—쭐—] ①물이 한데 어우러져 개천이나 강으로 흘러가는 줄기. ②물이 좁은 구멍에서 힘있게 내뻗치는 줄.

물질(物質)[—찔] 물건의 형체를 이루는 바탕.

물질 문명[—찔—] 자연을 개척하고 물질을 기초로 하여 이루어진 문명. [반]정신 문명.

물집[—찝] 살이 부르터 오르고 속에 물이 괸 것.

물체(物體) ①물건의 형체. ②감각·정신이 없는 유형물.

물총(—銃) 대롱 따위에 물을 넣어 내쏘게 만든 장난감 총. [본]물딱총. [예]물총을 쏘다.

물컹이 ①신체·의지가 굳세지 못한 사람의 별명. ②물컹한 물건.

물통(—桶) ①물을 긷는 데 쓰는 통. ②물을 담는 통을 통틀어 일컬음.

물풀 물 속에 나는 풀.

묽다[묵따] ①진하지 않다. ②되지 않다. ③재미가 적다. [비]싱겁다.

뭇 =단.

뭇 사람 여러 사람.

뭉개다 ①문질러 으깨거나 짓이기다. ②일을 어쩔 줄 몰라서 머무적거리다.

뭉게뭉게 연기나 구름이 잇대어 자꾸 나오는 모양.

뭉치 뭉친 덩어리.

뭉치다 여럿을 합쳐서 한 덩어리로 만들다. [예]굳게 뭉치다.

뭉클하다 깊은 느낌으로 가슴이 꽉 차 넘치는 듯하다. [작]몽클하다. [예]고마움에 가슴이 뭉클했다.

뭉텅이 큰 뭉치.

뭉툭하다 끝이 짧고 무디다. 짝몽톡하다. 예연필이 뭉툭하다.

뭍 물에 덮이지 아니한 땅. 비육지.

뭐 '무어'의 준말. 그게 무슨 소리냐는 놀람을 나타내는 말. 본무어. 예뭐, 서울 간다고 ?

뭐라고 '무엇이라고'의 준말. 그게 무슨 소리냐는 놀람을 나타내는 말. 본무엇이라고. 예뭐라고 ? 철수가 입원했어 ?

뭐람 '무엇이란 말인가'의 준말. 예내 꼴이 이게 뭐람.

-므로 '까닭으로'의 뜻을 나타내는 말.

미각(味覺) 혓바닥을 자극하는 맛의 느낌.

미ː간지(未墾地) 아직 논밭을 일구지 않은 거친 땅.

미ː개(未開) ①꽃이 아직 피지 않음. ②아직 땅을 개간하지 아니함. ③문명한 세상이 되지 못함. ④사람의 슬기가 발달되지 못함. 비야만. 원시. 반개명. 문명. 문화. —하다.

미ː개인 아직 문화가 깨이지 않은 사람. 비야만인. 반문명인.

미ː관(美觀) 아름다운 구경거리. 훌륭한 경치.

미국(美國) 북아메리카에 있는 연방 공화국. 수도는 워싱턴. 비미합중국.

미군(美軍) ①미국의 군대. ②미국의 군인.

미꾸라지 몸은 가늘고 길며 입에 수염이 있으며 진흙 물 속에 사는 작은 물고기.

미꾸라지 용 되었다〈속〉 가난하고 보잘것없던 사람이 큰 사람이 되었다.

미꾸라짓국 먹고 용트림한다〈속〉 ①시시한 일을 해 놓고 큰일이나 한 것처럼 으스댄다. ②재간도 없으면서 큰 인물의 소질이 있는 체한다.

미끄러지다 ①반들반들하거나 미끄러운 곳에서 밀려나가 넘어지다. 짝매끄러지다. 예얼음판에서 미끄러지다. ②뽑거나 고르는 데에 들지 못하다.

미끄럽다 물건의 거죽이 썩 반드럽다.

미끈거리다 미끄러워 자꾸 밀리어 나가다. 짝매끈거리다.

미끈하다 겉모양이 미끄러울 정도로 흠이 없이 곧다.

미끼 ①물고기를 잡을 때 낚시에 꿰는 먹이. ②남을 꾈 때에 쓰는 물건.

미나리 습한 곳에 나는 풀로 독특한 향기가 있고 연하여, 나물로 먹음.

미뉴에트(Minuet) 프랑스에서 생겨난 보통 빠르기의 아름다운 4분의 3박자의 춤곡.

미늘 낚시의 갈고리.

미닫이[—다지] 옆으로 밀어 여닫는 문.

미덥다[미더우니, 미더워서] 믿음성이 있다. 믿을 만하다.

미ː래(未來) 아직 오지 아니한 앞날. 비장래. 반과거.

미ː려(美麗) 아름답고 고움. —하다.

미ː련(未練) ①생각을 딱 끊을 수 없음. ②익숙하지 못함. —하다.

미련퉁이 꾀가 없이 매우 어리석고 둔한 사람. 비미련쟁이.

미련하다 ①어리석고 둔하다. ②못나다. ③익숙하지 못하다.

미루나무 강변·촌락 부근에 많이 심으며 줄기는 곧게 자람. 목재는 젓가락·성냥개비 등의 재료로 씀.

미루다 ①정한 기한을 연기하다. ②날짜를 끌다. ③책임을 남에게 넘기다. 団당기다.

미륵(彌勒) 돌로 만든 부처.

미륵사지 석탑 백제 시대의 대표적인 돌탑. 전라 북도 익산에 일부만 남아 있음.

미리 앞서서 먼저. 어떠한 일이 생기기 전에. 지레. 비먼저. 반나중. 예화재는 나기 전에 미리 막아야 합니다.

미:만(未滿) ①일정한 수에 차지 아니함. ②넉넉하지 못함. 흡족하지 아니함. 반초과. —하다.

미:명(未明) 날이 밝기 전.

미묘하다(微妙—) 이상하여 알 수 없다. 비기묘하다.

미미하다(微微—) 아주 작거나 적고 보잘것없다.

미:비(未備) 아직 다 갖추지 못함. 예시설이 미비함. —하다.

미쁘다 ①믿음성이 있다. ②미덥다. 믿음직하다.

미:상(未詳) 자세하지 않음. 알려지지 않음. 반자상. 예작가 미상의 작품. —하다.

미생물(微生物) 현미경으로만 볼 수 있는 썩 작은 생물.

미:성(未成) 아직 완성되지 아니함. 반기성. —하다.

미:세기 문 두 짝을 한편으로 밀어 겹쳐서 여닫는 문.

미소(微笑) ①싱긋 웃음. ②소리 없이 웃음. 비웃음. 반폭소. —하다.

미소 공:동 위원회(美蘇共同委員會) 1946년과 1947년의 두 차례에 걸쳐 미국과 소련의 대표가 서울에서 모여, 한국의 통일 문제를 의논한 회의.

미수(未遂) 어떠한 목적을 이루지 못함. —하다.

미:숙(未熟) 일에 익숙하지 못함. 반익숙. 숙달. —하다.

미:술(美術) 아름다움을 형태로 나타내는 예술. 곧 그림·조각 따위.

미:술적 아름다움을 목표로 한. 훨씬 더 아름답게 한.

미숫가루 찹쌀·멥쌀·보리쌀 따위를 찌거나 볶아서 가루로 만든 식품.

미스(Miss) 미혼 여성.

미스터(mister, Mr.) 주로 남자의 성 앞에 붙이는 호칭. 예미스터 김.

미시시피 강(Mississippi 江) 미국 중앙부를 남쪽으로 흐르는 세계 제3위의 긴 강. 최근에 탐험 조사된 바에 따르면 세계에서 제일 긴 강은 나일 강, 둘째로 긴 강은 아마존 강으로 밝혀졌음.

미신(迷信) 옳지 못한 일에 홀리어서 망령되게 믿는 일. 반과학. —하다.

미아리 고개 서울 특별시 성북구 돈암동에서 미아동으로 넘어가는 고개.

미:안(未安) ①마음이 편하지 못하고 거북함. ②남에게 대하여 겸연쩍은 마음이 있음. 비

죄송. —하다. —스럽다.
미안하기 짝이 없:다 ①미안함이 비길 데 없다. ②너무 미안하다.
미약(微弱) 아무 힘도 없이 아주 약함. —하다.
미얀마(Myanmar) 인도차이나 반도 서부에 있는 나라로 수도는 양곤.
미어지다 팽팽하게 된 가죽이나 종이 따위가 해져서 구멍이 생기다. 찢어지고 터지다. 준미이다. 예슬픔으로 가슴이 미어지는 것 같다.
미역 바닷속 바위에 붙어 사는 식물. 다시마보다 얇고 부드럽고 날개 모양으로 갈라졌음.
미역감다[—따] 물로 몸을 씻다. 목욕하다.
미역국 먹다 일터나 시험에서 떨리어 나가다.
미:완성(未完成) 완성되지 못함. 반완성. 예슈베르트의 미완성 교향곡. —하다.
미움 밉게 여기는 마음. 반사랑. 예남에게 미움받을 짓을 하면 안 된다.
미워지다 미운 생각을 가지게 되다. 싫어지다.
미음 쌀에 물을 많이 붓고 끓이어 체에 밭인 주로 환자가 먹는 음식.
미인(美人) 얼굴이 예쁜 여자.
미장이 집을 짓거나 고칠 때 벽 따위에 흙을 바르는 직업을 가진 사람.
미:정(未定) 아직 결정하지 못함. 반결정. —하다.
미주(美洲) 아메리카 주.
미:지(未知) 알지 못함. 아직 모름. —하다.
미지근하다 더운 기가 있는 듯하다.
미처 아직. 거기까지. 반이미. 예네가 올 줄은 미처 생각하지 못하였다.
미치광이 미친 사람.
미치다 ①정신에 이상이 생기다. ②너무 좋아하여 정신없이 덤비다. ③이르다. 닿다.
미친 듯이 미친 사람처럼. 예갑자기 '도둑이야!' 하는 소리가 나더니 어떤 사람이 미친 듯이 골목 밖으로 달려갔다.
미투리 삼껍질로 짚신같이 만든 신. 비마혜.
미:풍(美風) 아름다운 풍속. 예우리나라의 미풍 양속.
미풍(微風) 솔솔 부는 바람. 산들바람. 반태풍.
미:화(美化) 아름답게 또는 보기 좋게 꾸밈.
미:화부 곱게 꾸미고, 깨끗이 소제하는 것을 맡은 부서.
민간 단체(民間團體) 일반 국민들로 이루어진 모임. 반국영 단체.
민간 외:교 예술·문화·스포츠를 통하여 민간인의 자격으로 하는 외교 활동.
민국(民國) ①국민의 나라. ②민주 정치를 하는 나라.
민들레 잎이 뿌리에서 갈라져 나고 잎 사이에 꽃줄기가 나와 노랗고 둥근 꽃이 피며, 씨에 털이

[민들레]

붙어 바람에 날리어 멀리 흩어지는 산과 들에 저절로 나는 꽃풀.

민망하다(憫惘―) ①걱정스럽다. ②보기에 딱하다.

민물고기[―꼬―] 짜지 않은 물에 사는 물고기. 잉어·붕어·미꾸라지 따위.

민방위 훈련[―훌―] 적의 공격이나 재난에 의한 여러 사태에 대비하기 위하여 실시되는 민방위대의 훈련.

민법(民法)[―뻡] 사회 생활에 관한 일반 법률.

민비(閔妃, 1851~1895) →명성 황후.

민사 재판(民事裁判) 국민들 사이에서 사사로운 재산 문제 등으로 권리 다툼이 생겼을 때 하는 재판. ⊕형사 재판.

민선(民選) 국민이 뽑음. ⊕관선. ―하다.

민속(民俗) 일반 백성들의 풍속. ⑩민속 무용.

민속 놀이 각 지방의 생활과 풍습이 나타나 있는 놀이. 민간에서 시작되어 전해 내려오는 놀이.

민속 신앙 옛부터 민간에서 전해 내려오는 신앙.

민영환(閔泳煥, 1861~1905) 조선 말기의 충신. 시호는 충정공. 을사조약이 체결되자, 조약의 효력을 없앨 것을 상소하였다가, 뜻을 이루지 못하자 자결하였음.

민요(民謠) 일반 민간에서 여러 해를 두고 전하여 내려오는 순박한 노래로서 한 겨레의 인정·풍속·생활 감정 들이 담겨 있음.

민의원(民議員) 5·16 군사 정변 전의 국회 의원. ⊕참의원.

민족(民族) 일정한 지역에서 오랜 세월에 걸쳐 독특한 말·풍습·역사 등을 갖는 인간 집단. ⑩민족 의식.

민족 문화 한 민족의 말·풍습 등을 토대로 이루어진 독특한 문화.

민족성 한 민족이 가지고 있는 독특한 성질.

민족 정신 ①그 민족만이 가지고 있는 정신. ②한 민족은 하나로 뭉쳐서 독립해 나가야 한다는 생각.

민족주의 남의 지배를 받지 아니하고 같은 민족으로 나라를 조직하고자 하는 주의.

민족 중흥 쇠퇴하였던 민족의 힘을 불러일으켜 다시 성하고 기운차게 함.

민주(民主) ①주권이 국민에게 있음. ②'민주주의'의 준말. ⊕전제. 독재. ⑩민주 교육.

민주 공:화국 국가를 다스리는 최고·독립·절대의 권리가 국민에게 있는 나라.

민주 국가 주권이 국민에게 있는 나라. ⊕군주 국가.

민주대다 몹시 귀찮고 미워서 싫어하다.

민주 우:방 민주주의를 받드는 친구 나라.

민주 정치 국민이 주가 되도록 나라를 다스리는 정치. ⊕독재 정치.

민주주의 국민의 모든 의견을 좇아서 국민이 다 잘 살도록 하자는 생각.

민중(民衆) 백성의 무리. 민간의 일반 사람들.

민첩(敏捷) ①언행이 빠름. ②눈치를 잘 채고 일을 잘 함. ③재빠름. 凹민활. —하다.

민활(敏活) 날쌔고도 활발함. 凹민첩. —하다.

믿는 도끼에 발등 찍힌다〈속〉아무 염려 없다고 믿고 있던 일이 뜻밖에 실패한다.

믿다 ①꼭 그렇게 여겨 의심을 아니하다. ②마음으로 의지하다. 凹의심하다.

믿음 믿는 마음. 凹의심.

믿음직하다 믿을 만한 성질이 있다. 예믿음직한 국군 용사.

밀 ①꿀의 찌끼를 끓여 짜낸 기름. ②곡식의 한 가지.

밀가루[—까—] 밀을 갈아 만든 가루.

밀가루 장사하면 바람이 불고 소금 장사하면 비가 온다〈속〉하는 일마다 잘되지 않는다.

밀기울[—끼—] 밀을 빻아서 체로 가루를 내고 남은 찌끼. 곧 밀의 껍질이 많이 섞인 것.

밀:다 ①물건을 앞 또는 뒤로 나가게 하다. ②연기하다. ③책임을 넘기다. ④대패로 재목을 깎다.

밀도(密度)[—또] 빽빽한 정도.

밀:뜨리다 갑자기 세게 밀다.

밀려오다 ①밀림을 당하여 이쪽을 향해 오다. ②여럿이 한꺼번에 몰려오다.

밀리다 미처 다 처리하지 못한 일이나 물건이 쌓이다.

밀림(密林) 나무가 빽빽하게 들어선 숲.

밀물 육지를 향해 밀려 들어오는 바닷물. 凹썰물.

밀어내다 뒤에서 힘을 주어 밖으로 나가게 하다.

밀짚모자[—짚—] 밀짚이나 보릿짚으로 만든 여름 모자.

밀:치다 힘껏 밀다.

밉다 ①귀엽지 않다. ②사랑할 마음이 없다. ③원수 같다. ④보기 싫다. 凹얄밉다. 凹곱다.

밋밋하다 ①물건이 길고 곧다. ②흠집 없이 잘 자라다.

밍밍하다 ①음식 맛이 몹시 싱겁다. ②술·담배의 맛이 독하지 아니하다.

및 그 밖에도.

밑 ①아래. ②아래쪽. ③사물의 근본. 凹아래. 凹위.

밑거름 농작물의 씨를 뿌리거나 모를 내기 전에 주는 거름.

밑그림 ①모양의 대중만을 초잡아 그린 그림. ②수의 본으로 쓰기 위하여 종이나 헝겊에 그린 그림.

밑동 ①나무의 아래쪽. ②채소의 뿌리쪽.

밑 빠진 가마(독)에 물 붓기〈속〉①벌이는 적고 쓸 곳은 많아 늘 어렵게 지낸다. ②아무리 힘들여 애써도 보람이 나타나지 않는다.

밑씨 씨방 안에 들어 있어 나중에 씨가 되는 부분.

밑줄[—쭐] 글의 밑에 주의하기 위하여 그은 줄.

밑천 ①장사를 하는 데 필요한 자본. ②일을 경영하는 데 들인 재물.

밑층(—層) 아래층.

ㅂ [비읍] 한글 닿소리의 여섯째 글자.

-ㅂ디까 지난 일을 돌이켜 묻는 뜻을 나타내는 말. ⑩어느 쪽으로 갑디까?

바¹ 윗말을 받아서 잇는 말. ⑩옳다고 생각하는 바이다.

바² '밧줄'의 준말.

바가지 물을 푸거나 담아 두는 데 쓰는 그릇. ⑩바가지로 물을 푼다.

바가지긁다 ①남의 잘못을 몹시 나무라다. ②잔소리를 듣기 싫도록 하다.

바각거리다 바각바각 소리가 잇달아 나다. 쎈빠각거리다.

바각바각 바각거리는 소리. —하다.

바:겐 세일(bargain sale) 싼값으로 물건을 팖.

바구니 대·싸리·버들 따위로 둥글게 얽어 속이 깊숙하게 만든 그릇.

바:구미 쌀·보리 따위를 파먹는 벌레.

바그너(Wagner, 1813~1883) 독일의 낭만파 가극 작곡가. '가극의 왕'이라고 불림. 작품에는 〈탄호이저〉·〈로엔그린〉 등이 있음.

바그르르 ①적은 물이 넓은 면적에서 끓어오르는 모양. ②잔거품이 일어나는 모양이나 소리. 비바글바글. ⑩물이 바그르르 끓는다. —하다.

바글바글 적은 물이 넓은 그릇에서 끓는 소리나 모양. 비바그르르. —하다.

바깥 밖이 되는 곳. 비밖. 외부. 반안. ⑩안은 어두운데 바깥은 환하다.

바깥양반 그 집의 남자 주인. 남편. 바깥어른.

바깥쪽 바깥으로 드러난 쪽. 반안쪽.

바꾸다 ①어떤 물건을 주고 딴 물건을 받다. ⑩쌀과 보리를 바꾸다. ②변화시키다. ⑩모양을 바꾸다.

바꾸이다 서로 바꾸어지다. 준바뀌다.

바꿈질 물건과 물건을 서로 바꾸는 일. —하다.

바뀌다 '바꾸이다'의 준말.

바끄럽다 양심에 거리낌이 있을 때에 남을 대할 면목이 없다. 반뻔뻔스럽다. 큰부끄럽다. ⑩남의 물건을 훔치는 것은 바끄러운 일이다.

바나나(banana) 나무가 파초같이 생긴, 열대 지방에서 나는 과실의 한 가지. 그 열매는 영양분이 많음.

바느질 바늘로 옷을 짓거나 꾸

바늘 가늘고 끝이 뾰족하며 위에 있는 구멍에 실을 꿰어 옷을 꿰매는 데 쓰는 물건.

바늘 가는 데 실이 간다〈속〉 밀접한 관계가 있는 것은 서로 따른다. 둘이 붙어 다닌다.

바늘 갑옷 바늘 같은 것이 돋은 갑옷.

바늘귀[—퀴] 바늘의 위쪽에 뚫린 실을 꿰는 구멍.

바늘 도둑이 소도둑 된다〈속〉 작은 도둑이 자라서 큰 도둑이 된다는 말로, 나쁜 일일수록 늘어가기 쉽다.

바늘 방석(—方席) 앉아 있기가 몹시 불안한 자리.

바늘 방석에 앉은 것 같다〈속〉 자리에 있기가 몹시 불안하다.

바늘뼈에 두부살〈속〉 몸이 몹시 연약한 사람.

바다 육지 이외에 짠물이 괴어 있는 매우 넓은 곳. 비해양. 반육지.

바닥 ①물체가 편평한 평면을 이룬 부분. 반천장. 예마룻바닥. ②일 또는 물건의 다 된 끝. 예쌀이고 연탄이고 바닥이 났다. ③인가가 번화한 곳. 예서울 바닥.

바닷가 육지와 바다가 서로 맞닿은 곳. 비해변.

바닷길 배가 지나다닐 수 있는 바다의 물 위. 비항로.

바닷물 바다에 괴어 있는 짠물.

바닷바람 바다에서 불어오는 바람. 비해풍. 반산바람.

바둑 ①바둑을 두는 데 쓰는 작고 납작하고 둥근 검은 돌과 흰 돌. ②바둑판에 흑백의 바둑돌을 에워싸서 집을 많이 차지하는 것으로 승부를 다투는 놀이.

바둑이 털에 검은 점과 흰 점이 섞인 개.

바동거리다 자빠지거나, 주저앉거나, 매달려서 팔다리를 좀 크게 내저으며 몸을 자꾸 움직이다. 큰버둥거리다. 쎈바동거리다.

바라건대 제발 부탁하노니. 원컨대.

바라다 소원대로 되기를 기대하다. 비원하다.

바라보다 ①멀리 건너다보다. ②남의 것을 제 차지가 되기를 바라며 있다. 비쳐다보다.

바라지 ①벽을 뚫어 만든 작은 창. ②일을 돌보아 주는 일. 예뒷바라지. —하다.

바람¹ ①기압의 변화로 말미암아 일어나는 공기의 움직임. 예바람이 세차게 분다. ②들뜬 마음이나 짓. 예바람을 피우다. ③작은 사실을 크게 불려서 말하는 일. 비허풍. ④'풍병'의 속된말.

바람² ①무슨 일의 결에 따라 일어나는 기운. 예개가 짖는 바람에 도둑놈이 달아났다. ②차릴 것을 차리지 않고 나서는 차림. 예잠옷 바람으로 돌아다니다.

바람둥이 실없어서 믿을 수 없는 사람의 별명.

바람막이 바람을 막는 일. 바람을 막는 물건. —하다.

바람받이[—바지] 바람이 마주 치는 곳.

바람벽[—뻑] =벽.

바람 앞에 등불〈속〉 매우 위태한 처지.

바:랑 길 가는 중이 등에 짊어지는 자루.

바래다 ①햇볕을 받아 빛깔이 변하다. 오래 되어 변색하다. ②빨래 등을 볕에 쬐어 희게 하다. ㉠광목을 바래다.

바로 ①바르게. ②곧게. ③확실히. ④틀림없이. 뗴금방. 곧. 땐비뚜로. ㉠그것이 바로 나의 연필이다.

바르다¹ 〔바르니, 발라〕 ①풀·물·도료·화장품 등을 묻히다. ②종이에 풀칠을 하여 다른 물건에 붙게 하다.

바르다² ①비뚜러지지 않고 곧다. ②정직하다. ③참되다. ④옳다. 땐그르다.

바르르 ①추워서 갑자기 떠는 모양. ㉠바르르 떨다. ②갑자기 성을 내는 모양. 큰버르르. 셴파르르. —하다.

바르샤바(Warszawa) 폴란드의 수도.

바른말 옳은 말. 거짓이 없고 의로운 말. 땐거짓말. ㉠우리는 언제 어디서나 바른말을 해야 한다.

바른손 오른쪽의 손. 뗴오른손. ㉠바른손을 들어라.

바른쪽 앞을 향해 오른손의 쪽. 뗴오른쪽.

바리 ①놋쇠로 만든 여자 밥그릇. ②'바리때'의 준말.

바리케이드(barricade) 통행 금지의 방책. 즉 장벽이라는 뜻.
〔바리케이드〕

바리톤(baritone) 음악에서 테너와 베이스 사이인 남자의 소리.

바:보 어리석은 사람의 별명. 뗴못난이.

바빌로니아(Babylonia) 지금의 이라크가 있는 곳에 있었던 나라. 옛날의 페르시아 만의 북쪽 메소포타미아 평야에 있던 나라.

바쁘게 쉴 겨를이 없이. ㉠일을 바쁘게 서두르면 항상 실수를 하게 마련이다.

바쁘다 일이 많거나 급해서 쉴 겨를이 없다. 뗴분주하다. 땐한가하다. ㉠바쁘신 데도 불구하고 이렇게 많이 와 주셔서 대단히 감사합니다.

바쁜 쉴 겨를이 없는. 뗴분주한. 땐한가한.

바삐 바쁘게. 급하게. 뗴급히. 땐천천히. ㉠바삐 서둘러서 오너라.

바수다 두드리어 잘게 깨뜨리다. 큰부수다.

바심 ①굵은 것을 잘게 만드는 일. ②벼·보리 따위를 떠는 일. —하다.

바싹 ①물기가 아주 없이 마르거나 타 버린 모양. ㉠논에 물이 바싹 말랐다. ②갑자기 죄거나 달라붙거나 우기는 모양. ㉠바싹 껴안다. ③단단한 물건을 깨물 때에 나는 소리. ④몸이 매우 마른 모양.

바싹바싹 점점 가까이 다가가거나 마르는 모양. 큰버썩버썩. —하다.

바야흐로 지금 바로. 이제 한창. ㉠때는 바야흐로 가을이 되었다.

바위 매우 큰 돌.
바위를 차면 제 발부리만 아프다 〈속〉 일시적 흥분을 참지 못하고 일을 저지르면 제게만 해롭다.
바이스(vice) 기계 공장에서 작은 공작물을 아가리에 물려 꽉 죄어서 고정시키는 기계.
바이어스(bias) ①바느질을 할 때 제품의 가장자리에 따로 대는 단. ②엇비뚜름하게 자르거나 꿰맨 옷감의 금.
바이올린(violin) 가운데가 잘록한 타원형의 통에 네 줄을 매어 활로 문질러 연주하는 현악기.
바자(bazar) 공공 사업이나 사회 사업 등의 자금을 모으기 위해 벌이는 시장.
바작바작 마음이 몹시 죄는 모양. 큰버적버적. 예바작바작 속을 태우다.
바지 아랫도리에 입는 옷. 반저고리.
바지랑대[—때] 빨랫줄을 받치는 장대.
바짝 ①물기가 아주 졸아붙은 모양. 예빨래가 바짝 마르다. ②아주 가까이 달라붙거나 또는 몹시 죄거나 우기는 모양. 큰버쩍. 예바짝 다가앉다.
바치다 높은 이에게 드리다.
바퀴 ①수레를 나가게 하는 물건. ②둥글게 구부린 물건. ③갔다가 도로 오는 것. 예한 바퀴 돌아오다.
바탕 ①그 사람이 본디 가지고 있는 성질. ②그 물건이 본디 가지고 있는 품질. 비기본.
바탕글 등장 인물이 대화를 할 때의, 설명에 해당하는 글. 인물의 동작·표정·속마음 등을 설명하기도 하고 말할 때의 소리의 높낮이·강약 등을 지정하기도 함.
바투 ①짧게. 예머리를 바투 깎다. ②가까이. ③조금씩.
바티칸(Vatican) 이탈리아의 로마 서북부에 있는 교황을 원수로 하는 세계에서 가장 작은 독립국.
박 속은 먹고 겉은 바가지를 만들어 쓰는 덩굴 벋는 식물.
박(拍) 풍류나 춤의 박자를 맞추는 타악기의 한 가지.
박격포(追擊砲) 가까운 거리에 이용되는 구조가 간단하고 가벼운 대포의 한 가지.
박꽃 박에서 피는 흰 꽃.
박다 ①물건을 다른 물건의 속으로 들여보내다. 예못을 박다. ②음식에 소를 넣다. ③인쇄하다. ④사진을 찍다. ⑤박음질을 하다. 비꽂다.
박달나무 나무의 성질이 단단하고 반드러워 윷·다듬잇방망이 따위를 만드는 데 쓰임.
박대(薄待) 대접을 나쁘게 함. 비천대. 반후대. —하다.
박두진(朴斗鎭, 1916~)〈돌아오는 길〉을 지은 시인. 경기도 안성에서 출생. 자유 문학상·예술원상을 받음. 어린이를 위한 시 작품으로는 〈봄바람〉·〈바다와 아기〉·〈바닷가에서〉 등이 있음. 청록파 시인.
박람회(博覽會) 여러 가지 상품과 학예에 관한 것을 모아 벌여 놓고 여러 사람에게 관람 또는 사 가게 하여 산업의 진

박목월(朴木月, 1917~1978) 〈한가위 보름달〉·〈털양말〉을 지은 시인. 본이름은 박영종. 경북 경주에서 출생. 작품집으로는 〈초록별〉·〈산새알 물새알〉 등이 있음. 청록파 시인.

박물(博物)[방—] 온갖 사물에 대하여 보고 들음이 썩 많음.

박물관[방—] 여러 가지 옛날의 유물이나 예술 작품 따위를 널리 모아 놓고 여러 사람에게 보이는 곳.

박사(博士) 학문이 깊은 사람에게 주는 지위. 어떤 학문을 깊이 연구한 사람에게 주는 칭호. ⑩철학 박사.

박사(薄謝) 고마움을 나타내기 위하여 주는, 얼마 아니 되는 돈이나 물품.

박살 깨어져 산산이 부서지는 일. ⑩유리가 박살났다.

박살나다 산산이 부서져서 조각이 나다.

박살내다 완전히 때려 부수어 조각을 내다.

박세당(朴世堂, 1629~1703) 조선 숙종 때의 문란. 특히 농업에 대한 연구를 하여 〈산림경제〉란 농서를 저술했음.

박수 사내 무당.

박수(拍手) ①두 손뼉을 마주 두드려서 소리를 냄. ②기쁨·찬성·환영의 뜻을 나타내는 일. ⑩우리들의 박수에 못 이겨 노래를 부르시는 할머니. —하다.

박수 갈채 손뼉을 치고 소리를 질러 찬성 또는 환영하는 일. —하다.

박씨 박의 씨앗.

박아내다 ①사진을 찍어내다. ②글자를 인쇄하다.

박약하다(薄弱—) ①확실하지 않다. ②분명하지 않다. ③군세지 않다.

박연(朴堧, 1378~1458) 조선 세종 때의 사람으로 우리 나라의 3대 악성. 아악을 훌륭하게 이루어 국악 발전에 많은 공헌을 하였음.

박은식(朴殷植, 1859~1926) 독립 운동가. 3·1 운동 뒤에 상하이에서 독립 신문 등의 주필을 지낸 후에, 1925년에는 대한 민국 임시 정부 국무 총리, 그 이듬해에는 대통령을 지냈고 〈한국 독립 운동지혈사〉를 엮었음.

박을 켜다 톱으로 박을 자르다.

박음질 바느질법의 한 가지. 실이 되돌아 나오게 곱걸어서 꿰매는 일. —하다.

박이다 ①책이나 잡지를 인쇄하다. ②사진을 찍다.

박이연 연의 몸에 여러 가지 모양을 박아 넣은 것.

박이옷 박음질하여 지은 옷.

박자(拍子) 음악에 있어서 곡조의 진행하는 시간을 헤아리는 단위.

박자표 악곡의 박자 모양을 보표 위에 나타내는 표.

박절하다(迫切—) ①냉정하다. ⑩내 부탁을 박절하게 거절했다. ②인정이 없다.

박제가(朴齊家, 1750~1815) 조선 후기의 북학파에 드는 실학자. 〈북학의〉를 써서 상공업을 일으켜야 한다고 주장했음.

박:쥐 모양이 쥐같이 생기고 날개가 있으며, 낮에는 바위틈에 숨어 있다가 밤이면 나와 다니는 짐승.

박지원(朴趾源, 1737~1805) 조선 후기의 북학파에 드는 실학자의 대표적인 한 사람. 호는 연암. 〈열하일기〉를 씀.

박차(拍車) ①일의 나아감을 빨리 하기 위하여 더하는 힘. ②말타는 신 뒤축에 달려 있어 배를 차서 빨리 가게 하는 쇠로 만든 톱니바퀴.

박차다 ①발길로 냅다 차다. ⑩방문을 박차고 밖으로 뛰어나갔다. ②제 몫으로 있는 것이나 돌아오는 것을 내쳐 물리치다. ⑩들어오는 복을 박차다.

박탈하다(剝奪-) 남의 물건을 빼앗다. ⑩권리를 박탈하다.

박테리아(bacteria) 생물 중에서 가장 작은 것으로 병의 근원이 되는 것. 비세균.

박하다(薄-) ①후지 않다. 인색하다. ⑩인심이 박하다. ②이익이나 소득이 보잘것없이 적다. 반후하다.

박학(博學) 배운 것이 썩 넓고 많음. -하다

박해(迫害) 힘이나 권력으로 못 견디게 굴어서 해롭게 함. ⑩타민족을 박해하다. -하다.

박히다 ①물건이 다른 물건 속으로 들어가 꽂히다. ⑩말뚝이 박히다. ②인쇄물이나 사진 따위가 박아지다. 비찍히다.

밖 ①안의 반대되는 곳. ②거죽. 비바깥. 반안.

밖에 그것 이외에는. ⑩도망 갈 수밖에 없었다.

반:(半) ①둘로 똑같이 나눈 한 부분. ②일의 중간 부분.

반(班) ①어떤 공통점을 가지고 모인 집단. ⑩미술반. ②한 학년을 한 교실의 수용 인원 단위로 나눈 이름. ⑩4학년 2반.

반가워하다 즐겁고 기뻐하다.

반가이 기쁘고 즐겁게.

반:감(反感) 상대편의 말과 행동이나 태도에 대하여 반발하거나 반항하는 감정. ⑩반감을 사다.

반갑다〔반가우니, 반가워서〕 좋은 일을 맞거나, 바라던 일이 이루어져 마음이 즐겁고 기쁘다.

반:격(反擊) 쳐들어오는 적군을 도리어 침. -하다.

반:공(反共) 공산주의에 반대함. ⑩반공 정신. -하다.

반:공(半空) ①하늘과 땅의 중간. ②하늘과 땅 사이.

반:기(半旗) 조의를 나타내기 위하여 다는 국기. 깃대 끝에서 기폭만큼 내려 다는 기.

반기다 반가워하다. 반갑게 여기다.

반:나절 하루 낮의 반의 반.

반:납(返納) 빌린 것 따위를 되돌려 줌. ⑩도서관에서 빌린 책을 반납하다. -하다.

반:닫이[-다지] 앞의 위쪽 절반이 문짝으로 되어 아래로 젖혀 여닫게 된 나무로 만든 세간.

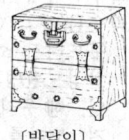
〔반닫이〕

반:달 ①동그라미의 반 같은 달. ②한 달의 반. 비반월.

반:달연 연의 이마에 반달 모양의 종이를 붙인 것.

반:대(反對) ①안에 대한 밖. ②속에 대한 거죽. ③남의 말이나 의견을 찬성하지 않고 뒤집어 거스름. 비거역. 반찬성. —하다.

반:대쪽 반대가 되는 방향. 예청군은 백군의 반대쪽에 있다.

반:도(半島) 세 면이 바다로 둘러싸이고 한쪽이 육지에 닿은 땅. 예한반도.

반:도국 삼면이 바다로 둘러싸이고 한면은 육지에 이어져 있는 나라.

반:동(反動) 어떠한 움직임에 대하여 그 반대로 일어나는 움직임. —하다.

반두 두 끝에 막대기를 대어, 두 사람이 맞잡고 고기를 몰아 잡도록 되어 있는 그물.

반드럽다 ①껄껄하지 않고 매끄럽다. ②거칠지 않고 곱다. ③성질이 약삭빨라 믿기 어렵다.

반드시 ①틀림없이. ②의심할 나위 없이. 비꼭. 예나는 반드시 성공하고야 말겠다.

반듯하다 ①어디가 비뚤어지거나 기울거나 하지 않고 바르다. ②생김새가 반반하다. 큰번듯하다. 센반뜻하다.

반디 개똥벌레.

반딧불 개똥벌레 꽁무니에서 반짝이는 불빛.

반딧불로 별을 대적하랴(속) 아무 〔반딧불〕리 억척을 부려도 불가능한 일은 이루어지지 않는다.

반:란(反亂) 나라를 뒤집으려고 일으키는 난리. —하다.

반:만년(半萬年) 만년의 반. 즉, 5000년. 예반만년 역사.

반:면(半面) ①반쪽 면. ②얼굴의 좌우 어느 한 쪽.

반:문(反問) 물음에 답하지 않고 되받아서 물음. —하다.

반:물 검은빛을 띤 짙은 남빛.

반:미(反美) 미국에 반대하는 일. 예반미 운동.

반:박음질 솔기를 튼튼히 하기 위하여 땀마다 뒷눈의 반을 되돌아와 뜨는 바느질의 한 방법. —하다.

반:박하다(反駁—) 남의 글이나 의견에 반대하여 말하다.

반반하다 ①구김살이 없다. ②울퉁불퉁하지 않다. ③얼굴이 예쁘장하다. ④가문이 조금 좋다. 큰번번하다.

반:복(反復) 한 것을 또 되풀이함. 비되풀이. 예반복 학습. —하다.

반:비례(反比例) 한 쪽의 양이 2배, 3배로 되면, 이에 따라 다른 쪽의 양이 1/2, 1/3로 되는 관계. —하다.

반:사(反射) ①되쏘임. ②부딪쳐서 되돌아옴. 반복사. 직사. 예반사 운동. —하다.

반:색하다 몹시 반가워하다.

반:생(半生) 한평생의 절반.

반석(盤石) ①넓고 편편한 바위. ②아주 믿음직스럽고 든든함을 비유하여 이르는 말.

반:성(反省) 지난 일에 대하여 잘한 것과 잘못한 것을 살핌. 예지난날의 잘못을 반성하고 착한 사람이 되다. —하다.

반:세기(半世紀) 1세기의 절반. 곧, 50년.

반:수(反數) =역수.

반:숙(半熟) 과일이나 곡식 또는 음식물이 반쯤 익음. 또는 반쯤 익힘. [예]달걀을 반숙하다. —하다.

반:신 반:의(半信半疑) ①반은 믿고 반은 의심함. ②믿기는 믿으나 의심을 함. —하다.

반:역(反逆·叛逆) ①역적을 꾀함. ②뒤집어엎으려고 꾀함. [예]반역을 꾀하다. —하다.

반영(反映) ①반사하여 비침. ②어떤 영향을 받아 드러나거나 드러냄. —하다.

반:올림 끝수의 4이하는 버리고, 5이상은 10으로 하여 올려서 계산하는 일. 곧, 4.4는 4로 하고, 5.5는 6으로 하는 따위. [비]사사 오입. —하다.

ㅂ

반:음(半音) 음과 음 사이가 반음으로 되어 있는 음.

반:응(反應) 어떤 물건의 작용으로 일어나는 변화의 현상. [예]화학 반응. —하다.

반자 방이나 마루에 종이나 나무로 반반하게 만든 천장.

반자르마신(Bandjarmasin) 보르네오 섬의 최대의 도시. 후추·금을 수출함.

반장(班長) 반의 일을 맡아보는 사람. [비]급장.

반:주(伴奏) 어떠한 악기나 노래에 맞추기 위하여 연주하는 일. [예]피아노 반주. —하다.

반죽 가루에 물을 조금 섞어서 이겨 갠 것. —하다.

반지(斑指) 손가락에 끼는 고리. [비]가락지.

반:지름 동그라미나 공 따위의 한가운데서 가에 이르는 거리. [반]지름.

반지빠르다 ①말과 행동이 얄밉다. ②대소·장단이 정도에 맞지 아니하다. ③알맞지 않다.

반짝 빛이 잠깐 나타나는 모양. [큰]번쩍. [센]빤짝. —하다.

반짝거리다 작은 불빛이 되풀이하여 반짝이다. [큰]번쩍거리다.

반짝반짝 반짝거리는 모양이 계속적으로 일어나는 모양. [큰]번쩍번쩍. [센]빤짝빤짝. [예]반짝반짝 작은 별. —하다.

반짝이다 빛이 세게 잠깐 나타났다가 없어지다. 또는 그리 되게 하다.

반:쯤 절반만큼. 절반 가량. [예]반쯤 먹었다.

반찬(飯饌) 밥과 아울러 먹는 여러 가지 음식.

반찬거리[—꺼—] 반찬을 만드는 데 쓰이는 여러 가지 재료.

반:칙(反則) 법칙이나 규정에 어그러짐. —하다.

반:침(半寢) 큰 방에 붙어 물건을 넣어 두게 만든 작은 방.

반:탁 운:동(反託運動) 신탁 통치를 반대하는 운동. 모스크바에서 열린 미국·영국·소련 3상 회의에서 결정된 한국 신탁 통치 5개년 계획안을 반대하던 거족적인 국민 운동.

반:투명체(半透明體) 반쯤 투명한 물체로서 흰 유리·기름종이·비닐 따위.

반포(頒布) 널리 펴서 알게 함. [예]훈민정음 반포. —하다.

반:하다 ①마음이 취하다. ②끌리다. [예]목소리에 반하다. ③마음에 사랑을 느끼다.

반:항(反抗) 반대하여 버팀. 맞섬. [반]복종. —하다.

반:향(反響) 어떤 일의 영향이 다른 일에 미쳐서 같은 결과가 생기는 현상.

반:환(返還) ①도로 돌려보냄. ②되돌아오거나 감. 예마라톤의 반환점. —하다.

받다 ①주는 것을 손에 가지다. 빤주다. ②머리로 내밀다. ③우산을 펴서 쓰다. ④도매로 물품을 가져오다.

받들다 높여 모시다. 예웃어른을 받들어 모시다.

받아들이다 ①받아서 자기 것으로 하다. ②어떤 말이나 청을 들어 주다.

받침 ①물건을 받쳐 놓는 물건. ②한글의 끝소리로 되는 닿소리 가운데 나중 나는 소리.

받히다 떠받음을 당하다. 예어둔 밤중에 기둥에 받혔다.

발:¹ ①가늘게 쪼갠 대오리나 갈대를 엮어 만든 물건. ②두 팔을 펴서 벌린 길이.

발² 동물의 다리 끝에 있어서 땅을 밟는 부분.

발가락[一까一] 발의 맨 앞에 따로 갈라진 가락.

발가숭이 옷을 벗고 알몸으로 있는 사람. 큰벌거숭이.

발각(發覺) 숨긴 일이 드러나게 됨. 또는 들킴. —하다.

발간(發刊) 신문·잡지 따위를 간행함. —하다.

발갛다 조금 연하고도 곱게 붉다. 큰벌겋다. 센빨갛다.

발개지다 발갛게 되다. 예무안을 당하여 얼굴이 발개지다.

발견(發見) 세상 사람에게 알려지지 않은 일이나 물건을 처음으로 찾아냄. 예신대륙 발견. —하다.

발광체(發光體) 제 몸에서 저절로 빛을 내는 물체로서 해·촛불 따위.

발굴(發掘) ①땅 속에 묻혀 있는 물건을 파냄. ②알려지지 않거나 뛰어난 것을 찾아냄. 예인재를 발굴하다. —하다.

발급(發給) 증명서 따위를 내어 줌. 예여권 발급. —하다.

발길[一낄] ①발이 앞으로 나아가는 기운. ②오고 감. 예발길이 끊어지다.

발끈하다 ①소견이 좁아서 성을 내다. ②뒤집어엎을 듯이 시끄럽다.

발단(發端)[一딴] 일이 처음으로 일어남. 예사건의 발단. —하다.

발달(發達)[一딸] ①자람. 커짐. ②진보하여 완전해짐. 비발전. 빤퇴보. 예과학의 발달. —하다.

발돋움 ①높은 곳에 손이 닿게 하기 위하여 딛고 서는 받침. ②발끝으로 딛고 서는 짓. —하다.

발동(發動)[一똥] ①움직이기 시작함. ②동력을 일으킴. 예발동이 걸리다. —하다.

발동기[一똥一] 기계를 돌려 원동력을 일으키는 기계.

발동선[一똥一] 기계의 힘으로 움직이는 배. 비통통배.

발뒤꿈치[一뛰一] 발바닥의 뒤 조금 높은 곳.

발등[一뜽] 발바닥의 반대되는 곳. 곧 발의 위쪽. 빤발바닥.

발라 맞추다 겉만 슬슬 꾸며대어 알랑거리며 남을 속여 넘기다.
발로(發露) 겉으로 드러남. 예애국심의 발로. —하다.
발맞추다 여러 사람이 걸음걸이를 서로 맞추다. 예발맞추어 앞으로 나가자.
발명(發明) 전에 없던 물건을 만들어 내거나 생각하여 냄. 예발명가. —하다.
발명왕 많은 발명을 한 사람. 특히, 에디슨을 가리키는 말.
발목 발의 관절이 있는 곳.
발바닥[—빠—] 발이 땅에 닿는 곳. 발의 아래쪽. 반발등.
발바리 ①개의 한 종류. ②점잖지 못하고 큰 볼일 없이 여기저기 돌아다니는 사람을 가리키는 말.
발버둥질 불만이 있어서 다리를 뻗었다 오므렸다 하며 몸부림치는 짓. 준버둥질. —하다.
발벗고 나서다 무슨 일에 적극적으로 덤벼들다. 예모금 운동에 발벗고 나서다.
발벗다 ①버선이나 양말 또는 신을 신지 않다. ②있는 재주나 힘을 다하다.
발사(發射)[—싸] 총·대포·활·로켓 등을 쏨. 예로켓 발사. —하다.
발산(發散)[—싼] 퍼져서 흩어짐. —하다.
발생(發生)[—쌩] ①처음 생겨남. ②태어남. ③처음 일어남. 예발생지. —하다.
발성 영화(發聲映畫)[—썽—] 영사할 때에 영상과 동시에 음성·음악 등이 나오는 영화. 반무성 영화.
발소리[—쏘—] 걸을 때, 발이 땅에 부딪쳐 나는 소리. 예멀리서 발소리가 났다.
발송(發送)[—쏭] 편지나 물품을 띄워 보냄. —하다.
발악하다(發惡—) ①옳고 그른 것을 가리지 않고 언짢은 소리나 모진 짓을 하다. ②온몸에 힘을 주어 기를 쓰다.
발언(發言) 자기의 의견을 말함. 반침묵. —하다.
발 없는 말이 천리 간다(속) 몰래 한 말이 전해져서 드러나게 된다.
발육(發育) 발달되어 크게 자람. 비성장. 예발육이 몹시 빠르다. —하다.
발음(發音) 소리를 냄. 또는 그 소리. —하다.
발음 기관 사람이 소리를 내는 데 필요한 기관.
발음체 소리를 낼 수 있는 물체를 통틀어서 말하는 것.
발자국[—짜—] 발로 밟은 흔적이나 모양.
발자취 ①걸음을 걷는 소리. ②발로 밟은 흔적.
발장난 발을 움직이면서 하는 장난. —하다.
발전(發展)[—쩐] ①일이 뻗어 나감. ②보다 높은 단계로 나아감. 보다 좋아짐. 비발달. 반퇴보. —하다.
발전(發電)[—쩐] 전기를 일으킴. 예수력 발전. —하다.
발전기[—쩐—] 전기를 일으키는 기계.
발전량[—쩐냥] 발전한 전기의

발전소[-쩐-] 전기를 일으키는 곳.

발진티푸스(發疹 typhus)[-찐-] 이가 균을 옮기는 돌림병의 한 가지. 장티푸스와 비슷함. 겨울·봄에 잘 감염됨.

발착(發着) 떠나감과 닿음. 예발착 시간. —하다.

발치 누워 있을 때 발을 뻗는 곳. 반머리맡.

발칵 기운이 갑자기 세게 솟는 모양. 큰벌컥.

발칸 반:도(Balkan 半島) 유럽의 동남부에 있는 큰 반도.

발코니(balcony) 서양식 건축에서 문 밖으로 길게 달아 내어 위를 덮지 않고 드러낸 자리. 〔발코니〕

발톱 발가락 끝에 있는 뿔같이 단단한 물건.

발판 높은 곳에 올라가기 위하여 걸치어 놓은 널.

발표(發表) 드러내어서 세상에 널리 알림. 비공포. 예합격자 발표. —하다.

발해(渤海) 고구려의 장군인 대조영이 698년 만주 지방에 세운 나라.

발행(發行) 출판물을 박아 냄. 비발간. 예신문사에서는 신문을 발행한다. —하다.

발현(發現) 숨은 것이 드러나 보임. —하다.

발휘(發揮) 떨치어서 나타냄. 예실력을 발휘하다. —하다.

밝다[박따] ①어둡지 않다. ②분명하다. ③똑똑하다. 비새다. 환하다. 반어둡다. 예달밝은 밤길을 걸어갔다.

밝혀지다[발켜-] 분명하다. 알게 되다. 예사실이 밝혀지다.

밝히다[발키-] ①어둡던 것을 환하게 하다. 예불을 밝히다. ②옳고 그른 것을 잘라 분명하게 하다. 예뜻을 밝히다.

밟:다[밥따] ①물건 위에 발을 올려놓고 누르다. ②발을 땅 위에 대다.

밤¹ 저녁부터 새벽 사이. 반낮.

밤:² 밤나무의 열매.

밤길[-낄] 밤에 걷는 길.

밤:꽃 밤나무의 꽃.

밤낮 늘. 언제든지. 비항상. 예밤낮 먹는 것만 찾는다.

밤새[-쌔] 밤의 동안. 본밤사이. 예밤새 안녕하십니까?

밤소경 밤눈이 어두운 사람.

밤일[-닐] 밤에 하는 일. 비야근. —하다.

밤참 밤에 먹는 군음식.

밤:톨 밤의 낱개만한 크기를 나타내는 말. 또는 밤의 알. 예밤톨만한 돌.

밥 쌀에 물을 붓고 불을 때어 끓인 음식.

밥반찬 밥에 갖추어서 먹는 여러 가지의 음식.

밥벌이 겨우 밥이나 먹고 살아 갈 정도의 벌이. —하다.

밥상 음식을 차려 놓는 데 쓰는 상. 예밥상을 차리다.

밥술 ①밥을 떠먹는 숟가락. ②밥 몇 숟가락.

밥통 ①밥을 담는 통. ②소화 기관의 하나. 입·목구멍·식도에 연결되어 있는데, 음식물을 모아 두고 소화시키는 일을

밧줄 볏짚이나 삼 따위로 굵고 길게 꼰 줄. 비동아줄.

방(房) 사람이 먹고 자고 하는 곳. 비구들.

방고래[-꼬-] 방의 구들장 밑에 연기가 통하는 길.

방공호(防空壕) 전쟁 때 적의 공습을 피하기 위하여 뚫거나 파서 만든 굴이나 구덩이.

방관하다(傍觀-) 곁에서 가만히 보기만 하고 있다.

방:구리 모양이 동이와 같고 조금 작은 물을 긷는 질그릇.

방글라데시(Bangladesh) 1972년 무력에 의해 동파키스탄이 독립한 공화국. 황마·쌀·사탕수수·담배 등이 많이 남. 수도는 다카임.

방글방글 좋아서 입만 조금 벌리고 복스럽게 자꾸 웃는 모양. 큰벙글벙글. 예방글방글 웃고 있는 저 아이는 참으로 예쁘게 생겼다. -하다.

방금(方今) ①이제. ②금방. 비지금. 예방금 도착했다.

방긋 소리 없이 입만 조금 벌리고 자연스럽게 웃는 모양. 비생긋. 큰벙긋. 예귀여운 아기가 방긋 웃는다. -하다.

방긋방긋 소리 없이 입만 벌리고 연해 웃는 모양. 큰벙긋벙긋. 센빵긋빵긋. -하다.

방도(方途) 일을 처러 갈 길. 예이제는 다시 살아 나갈 방도를 찾아야 한다.

방:랑(放浪) 어디라고 정한 바가 없이 떠돌아다님. 비방황. 예방랑 생활. -하다.

방면(方面) ①뜻을 두는 분야. ②생각하는 데. ③동서남북 중의 어느 위치. 비방향.

방문(房門) 방으로 드나드는 문. 예방문을 닫다.

방:문(訪問) 남의 집을 찾아감. -하다.

방물 장수 옛날에 여자에게 소용되는 옥이나 산호나 그 밖의 잡화를 팔러 다니던 여자.

방바닥[-빠-] 방의 바닥.

방방곡곡(坊坊曲曲) 여러 곳. 이르는 곳마다. 비구석구석. 예방방곡곡에 메아리치다.

방법(方法) ①그 일을 하는 법. ②그 일을 할 솜씨. 비방식. 방도. 수단. 예좋은 방법이 생각났어요.

방비(防備) 막기 위하여 준비하는 것. 비방어. 수비. 반공격. 습격. -하다.

방비선 적을 막는 선.

방:사(放射) 바퀴살 모양으로 가운데서 그 둘레에 곧은 살로 내뻗침. -하다.

방석(方席) 깔고 앉기 위하여 조그맣게 만든 요.

방:송(放送) ①무선 전파를 보내어 라디오·텔레비전을 듣고 보게 함. ②놓아 보냄. 예유선 방송. -하다.

방:송국 방송을 보내는 곳.

방:송극 라디오와 텔레비전을 통해 방송하는 연극.

방:송실 방송을 하는 방.

방:수로(放水路) 물을 뿜아 내거나, 내어 보내기 위하여 인공적으로 만든 물길.

방식(方式) ①일정한 격식. 꼴. 틀. 본. ②일을 하는 차례. 절차. 예추첨 방식.

방실방실 귀엽게 자꾸 웃는 모양. —하다.

방:심(放心) 마음을 다잡지 않고 놓아 버림. 만조심. 예방심은 금물이다. —하다.

방아 곡식을 절구에 담고 공이로 찧는 일.

방아깨비 머리는 앞으로 나오고 뒷다리가 매우 긴 곤충. 몸 빛은 녹색 또는 회색.

방아쇠 총에 붙어 있는 굽은 쇠. 손가락으로 잡아당겨 총을 쏘게 되어 있는 장치.

방앗간 곡식을 찧는 방아의 설비가 있는 집.

방어(防禦) 적이 공격하는 것을 막아 냄. 만습격. 침략. 예몸을 방어하다. —하다.

방어선 적의 공격을 막기 위하여 진을 쳐 놓은 전선.

방언(方言) 사투리. 만표준어.

방울 쇠붙이를 둥글고 속이 비게 만들어 그 속에 알을 넣어 흔들면 소리가 나는 물건.

방울방울 물 같은 것이 구슬같이 동글동글 맺혀 있는 모양.

방위(方位) 어떤 방향의 위치. 비방향.

방위선 방향과 위치를 정하기 위해 그어 놓은 씨금과 날금.

방위세(防衛稅)[—쎄] 국토 방위를 위한 재원 확보를 목적으로 걷는 세금.

방음벽(防音壁) 실외의 잡음이나 실내에서 생기는 소리의 반사를 막는 벽. —하다.

방:임(放任) 되는 대로 내버려 둠. —하다.

방적(紡績) 동물이나 식물의 섬유를 가공하여 실을 만드는 일. —하다.

방정 가볍게 하는 말과 행동.

방정맞다 말이나 하는 짓이 까불까불하다.

방정식(方程式) 미지항이 있는 등식.

방정하다(方正—) 말이나 행동이 바르고 점잖다.

방정환(方定煥, 1899~1931) 호는 소파. 서울 출신. 색동회를 만들어서 우리 나라 처음으로 어린이 운동을 하였다. '어린이'란 말을 만들어 쓰고 '어린이날'을 정하였음.

방죽(防—) 물을 막기 위하여 쌓은 둑.

방지(防止) 어떠한 일을 막아 그치게 함. 예사고를 미연에 방지하자. —하다.

방책(方策) 방법과 꾀. 예방책을 세우다.

방첩(防諜) 간첩을 막음. 예반공 방첩.

방청(傍聽) 회의나 방송 등을 옆에서 들음. —하다.

방청권[—꿘] 회의나 방송 같은 것을 옆에서 보고 들을 수 있도록 허락하는 표.

방:치(放置) 그대로 내버려 둠. 만보호. —하다.

방침(方針) ①앞으로 나아갈 일정한 길. 비방향. 예교육 방침. ②어떤 일을 하려고 하는 목적·주의.

방:탕하다(放蕩—) 나쁜 구렁에 빠지어 돌보지 아니하다. 예방탕한 생활.

방패(防牌) 전쟁에서 적군이 쏜 창이나 화살을 막는 데 쓰던 병기.

방풍림(防風林) 바람으로 인한 해를 막기 위하여 가꾸어 놓은 숲.

방:학(放學) 학교에서 학기나 학년이 끝난 뒤에 기한을 정하고 공부를 쉬는 일. 뗀개학. —하다.

방해(妨害) 남의 일에 훼살을 놓아 해롭게 함. 삐훼방. 장애. 뗀협력. 협조. 도움. 예떠들면 공부에 방해되니 조용히 앉아 있어요. —하다.

방향(方向) 향하는 쪽. 삐방위. 방침. 예앞으로의 방향을 잘 잡아야 한다.

방황(彷徨) 일정한 방향이나 목적이 없이 떠돌아다님. 삐방랑. —하다.

밭 물을 대지 않고 식물을 심는 자리. 뗀논. 예밭을 갈다.

밭고랑 밭의 이랑과 이랑 사이의 홈이 진 곳.

밭농사 밭에서 가꾸는 농사. —하다.

밭다 건더기와 액체가 섞인 것을 체 같은 데에 부어서 국물만 따로 받아 내다.

밭둑 밭 가에 둘려 있는 둑. 뗀논둑.

밭머리 밭이랑의 양쪽 끝이 되는 부분.

밭이랑[—니—] 밭에 흙을 높게 올리어 길게 만든 것.

밭일[—닐] 밭에서 하는 모든 일. —하다.

배¹ 동물의 가슴 아래와 다리 위의 부분.

배² 사람이나 물건을 싣고 물길로 다니는 물건. 삐선박. 예바다에 배가 떠 있습니다.

배³ 배나무의 열매. 예배는 맛이 달다.

배:(倍) 갑절.

배격(排擊) ①밀어 내침. ②남의 의견을 쳐서 말함. 삐배척. —하다.

배:경(背景) ①무대 위에 꾸며 놓은 그림이나 장치 따위. ②뒤에서 도와 주는 힘. ③뒤쪽의 경치.

배구(排球) 여섯 명 또는 아홉 명씩 두 패로 나뉘어 서로 공을 땅에 떨어뜨리지 않도록 해 가며 하는 경기.

배:급(配給) 벌려서 줌. 나누어 줌. 예배급품. —하다.

배기다¹ 억누르는 힘으로 밑에서 단단히 받치는 힘을 느끼게 되다.

배기다² 어려운 일을 참고 견디다. 고통을 참고 버티다.

배꼽 ①배의 가운데에 있는 탯줄을 끊은 자리. ②모든 열매의 꼭지.

배나무 배가 열리는 나무.

배:낭(背囊) 물건을 담아 등에 지도록 만든 주머니. 예배낭을 메다.

배다¹ 빽빽하다. 촘촘하다. 뗀성기다.

배:다² ①뱃속에 아이를 가지다. 삐잉태하다. ②뱃속에 알을 품다.

배:다³ ①스미어 바깥으로 젖어 나오다. ②버릇이 되어서 익숙하다. 예일이 몸에 배다.

배다리 배를 잇달아 띄워 놓고 그 위에 널빤지를 걸쳐서 만든 다리.

배:달(配達) 돌아다니면서 물

을 날라 줌. 비배부. 반수집. 예우편 배달. —하다.

배:달(倍達) 오랜 옛적에 우리 나라를 일컫던 말. 예우리는 배달 민족이다.

배:당(配當) ①나누어 줌. ②나누어 주는 몫. 예이익 배당. —하다.

배리다 ①맛이나 냄새가 조금 비리다. ②매우 적어서 마음에 차지 아니하다.

배목 걸쇠나 문고리에 꿰어 자물쇠를 꽂게 되어 있는 쇠.

배:반(背反) 신의를 저버리고 돌아섬. —하다.

배보다 배꼽이 크다〈속〉으레 작아야 될 물건이나 그에 딸린 것이 도리어 크다.

배부르다 ①음식을 넉넉히 먹어서 배 안이 꽉 차다. ②배가 뚱뚱하고 크다. ③군색하거나 아쉽지 않다. 반배고프다.

배부른 흥정〈속〉조금도 아쉽지 않아 자기 마음에 꼭 들면 하고, 만족하지 않으면 안함.

배:상(拜上) 편지 끝에 쓰는 말로 삼가 올린다는 말. —하다.

배상(賠償) 손해를 갚아 줌. 예배상금. —하다.

배:색(配色) 두 가지 이상의 색을 배합함. 또, 배합한 색. 예그 옷은 배색이 잘 되어 있다. —하다.

배설(排泄) 몸 속에 필요 없는 물질을 똥·오줌·땀 등으로 내보내는 일. —하다.

배:수(配水) 물을 보내 줌. 예수도 배수관. —하다.

배:수(倍數) 어떤 수의 갑절이 되는 수.

배:수진(背水陣) 더 이상 물러설 수 없도록 강이나 호수 따위의 물을 등지고 치는 진.

배:신(背信) 남에게 대한 신의를 저버리고 돌아섬. —하다.

배앓이 배를 앓는 병.

배:양(培養) ①식물을 심어 기름. ②사람을 가르쳐 기름. —하다.

배:양토 화초나 나무를 가꾸기 위하여 인위적으로 만든 흙.

배우(俳優) 영화나 연극을 하는 사람.

배우다 ①가르침을 받다. ②학문을 닦아서 지식을 얻다. 반가르치다. 예기술을 배우다.

배웅 떠나가는 손님을 따라 나가 작별하여 보내는 일. 비배행. 송별. 반마중. —하다.

배:율(倍率) 현미경이나 망원경 따위의 확대되는 비율.

배:은(背恩) 은혜를 배반함. 예배은 망덕. —하다.

배자(胚子) 동물이 밴 새끼나 알의 날 때까지의 일컬음.

배:자(褙子) 마고자 모양의, 소매가 없는 덧저고리.

배:재 학당(培材學堂) 우리 나라 최초의 근대식 중등 교육 기관. 지금의 배재 중·고등학교의 전신.

배중손(裵仲孫, ?~1273) 고려 원종 때의 장군. 삼별초의 지도자로서, 몽고군에 대항해 강화도에서 항전하였음.

배짱 ①거만한 마음. ②담이 큰 생각. ③염치를 모르는 것.

배척(排斥) 반대하여 물리침. 비배격. 반환영. —하다.

배:추 줄기·잎·뿌리를 먹을 수

있는 채소. 예김장 배추.
배:추벌레 배추흰나비의 애벌레. 몸에 털이 있고, 녹색이며, 배춧잎을 먹고 자람.
배:추흰나비 무꽃·배추꽃에 모여서 알을 낳는 흰나비. 알에서 깨어난 것을 배추벌레라 하는데 배추를 먹고 자람.
배:춧국[―꾹] 배추를 넣어 끓인 국.
배:치(背馳) 반대쪽으로 향하여 어긋남. ―하다.
배:치(配置) 적당한 자리나 위치에 나누어 둠. ―하다.
배:치도 건물의 위치 관계를 나타낸 도면.

배탈 먹은 음식이 체하여 설사가 나는 병.
배터리식 닭장(battery 式―) [―닥짱] 닭을 한두 마리씩 통에 넣어 여러 층(아파트식)으로 쌓아 올려 기르는 닭장.
배턴(baton) 릴레이 경주에서 주자가 다음 주자에게 넘겨 주는 막대기.
배:합 사료(配合飼料) 여러 가지 재료를 섞어서 만든 영양분이 많은 가축의 먹이.
배회(徘徊) 정처 없이 거닒. 예거리를 배회하다. ―하다.
배:후(背後) ①등 뒤. ②후원하여 주는 것. ③뒤에서 마음대로 다루는 것. 예배후 조정.
백(back) 등 뒤. 배경. 이면.
백(bag) 물건을 넣어 가지고 다니는 조그만 가방.
백골(白骨) 죽은 사람의 살이 썩고 허옇게 남은 뼈. 흰 뼈.
백과 사:전(百科事典) 학문·예술·기술·일상 생활 등 인간 생활과 관계 깊은 온갖 사항을 간단하고 알기 쉽게 풀이해 놓은 사전.
백과 전서 여러 가지 지식을 모아 설명하여 놓은 여러 권으로 된 책의 한 벌.
백구(白鷗) 흰 갈매기.
백금(白金) 빛깔은 여린 잿빛이며 대단히 귀한 쇠붙이.
백날(百一) 아이를 낳은 지 백일이 되는 날.
백두산(白頭山) 함경 북도·함경 남도와 만주와의 국경 사이에 있는 우리 나라에서 제일 높은 산. 높이 2744m. 산꼭대기에는 천지가 있음.
백로(白鷺) 부리·목·다리가 모두 길고 빛이 흰 새. 물고기 등을 잡아먹음. 해오라기.
백록담(白鹿潭) 제주도 한라산 봉우리에 있는 못.
백마(白馬) 털빛이 흰 말.
백마강(白馬江) 금강의 하류이며 부여를 돌아 부소산을 싸고 흐르는 강.
백만 대:군(百萬大軍) 아주 수가 많은 군대.
백모(伯母) 큰어머니. 반백부.
백미(白米) 흰쌀.
백미(白眉) 여럿 중 가장 뛰어난 사물이나 사람.
백미에 뉘 섞이듯〈속〉 썩 드물어서 좀처럼 찾아보기 어렵다.
백발(白髮) 하얗게 센 머리털. 예백발이 성성한 노인.
백배(百倍) ①백 곱절. ②여러 곱절.
백병전(白兵戰) 서로 직접 맞붙어서 하는 전투. ―하다.
백부(伯父) 큰아버지. 반백모.

백분율(百分率)[―뉼] 비율을 퍼센트로 나타낸 것. 곧 기준량을 100으로 보았을 때, 비교하는 양을 나타내는 비율. 단위는 '퍼센트' 또는 '프로'임.

백삼(白蔘) 수삼의 껍질을 벗기어 햇볕에 말린 흰 인삼.

백설(白雪) 흰 눈.

백설 공주 〈그림 동화집〉에 나오는 옛이야기. 아름다운 공주가 심술궂은 새어머니 때문에 갖은 고생을 겪다가 일곱 난쟁이와 이웃 나라 왕자님의 도움으로 마술에서 풀려나 행복하게 살게 되고 새어머니는 벌을 받게 된다는 이야기.

백성(百姓) 벼슬아치가 아닌 일반 국민. 비국민. 겨레.

백옥(白玉) 흰 빛깔의 옥. 흰 구슬. 예백옥 같은 얼굴.

백운교(白雲橋) 불국사로 들어가는 윗층층대로 16계단임.

백운동 서원(白雲洞書院) 조선 중종 때 주세붕이 풍기에 안향을 모시고자 세운 우리 나라 최초의 서원.

백의 종군(白衣從軍) 벼슬이 없는 사람으로 군대를 따라 전장에 나가는 것. ―하다.

백인(白人) 얼굴빛이 흰 사람. 서양 사람. 판흑인.

백일홍(百日紅) 여름부터 가을에 걸치어 빨간색의 아름다운 꽃이 피는데, 그 꽃이 백 날 동안이나 피어 있다 함.

백자(白瓷·白磁) 흰 빛깔로 된 도자기. 조선 시대에 유명한 자기로 서민적이며 소박한 점이 특징. 경기도 광주의 분원이 명산지로 유명함.

백장 소·돼지·개 따위를 잡는 일을 업으로 삼는 사람.

백장이 버들잎을 물고 죽는다 〈속〉 죽을 때를 당하여도 근본을 잊지 아니한다.

백제(百濟, 기원전 18~660) 고구려·신라와 더불어 우리 나라 삼국 시대의 한 나라.

백조자리 여름철의 초저녁 동북쪽 하늘의 은하 속에 있는 별자리. 6개의 밝은 별이 十자 모양으로 늘어서 있음.

백주(白晝) 대낮.

백중(百中) 음력 7월 보름날의 명절. 여러 가지 음식과 과일을 먹고 노는 날.

백지장(白紙張)[―짱] 하얀 종이의 낱장. 예얼굴이 백지장 같다.

백지장도 맞들면 낫다〈속〉 아무리 쉬운 일이라도 여럿이 힘을 합치면 더 쉽게 된다.

백합(百合) 개나리꽃같이 생긴 향기가 좋고 아름다운 흰 꽃. 나리.

백혈구(白血球) 피를 이루는 중요한 성분으로, 일정한 형체를 가지지 않았으며, 모세 혈관 밖에까지 나와서 병균을 잡는 성질이 있음.

백화점(百貨店) 여러 가지 상품을 벌여 놓고 파는 큰 규모의 소매 상점.

밸: ①창자. ②마음.

밸브(valve) 기계의 실린더에서 액체나 기체의 드나드는 구멍을 여닫는 구실을 하는 것.

뱀: 몸이 길고 둥글며, 발이 없고, 입이 커서 비교적 큰 물건을 통으로 삼키며 보기에 징그

뱀:장어(-長魚) 뱀같이 미끈하고 길게 생긴 물고기의 한 가지. 잔 비늘로 덮였고, 눈은 작으며, 등은 암갈색으로 맛이 좋음.

뱁댕이 베를 짤 때에 날이 서로 붙지 못하게 사이사이에 지르는 막대. 준뱁대.

뱁새가 황새를 따라가면 다리가 찢어진다(속) 힘에 넘치는 일을 하면 도리어 해만 입는다.

뱃길 배가 다니는 길.

뱃놀이 배를 타고 즐겁게 노는 일. -하다.

뱃머리 떠 있는 배의 앞 끝.

뱃멀미 배를 타면 어지러워서 괴로워하는 병. -하다.

뱃사람 배를 타고 고기를 잡는 사람. 비선원. 사공.

뱃속 배의 속. 배 안.

뱃심 염치가 없고 욕심만 부려서 버티는 힘.

뱃전 배의 좌우쪽 가장자리. 예뱃전에 걸터앉다.

뱅뱅 ①작은 것이 연달아 도는 모양. ②하는 일 없이 이리저리 돌아다니는 모양. 큰빙빙. 센뼁뼁. 거팽팽.

뱅:어 몸은 가늘고 기름하며, 빛이 흰 민물고기.

뱉:다 입 속의 물건을 입 밖으로 내보내다.

버둥거리다 드러눕거나 매달려서 팔다리를 내저으며 움직이다. 작바동거리다.

버드나무 개울가나 들에 나는 높이 8~10m의 나무. 4월 꽃이 핌. 가로수로 많이 심음. 버들.

버들강아지 강아지풀 같은 것이 나는 버드나무.

버들잎[-닢] 버드나무의 잎.

버럭 ①갑자기. ②몹시. ③크게. 예영길이 아버지는 소리를 버럭 지르셨다.

버르적거리다 고통 따위에서 헤어나려고 팔다리를 내저으며 몸을 괴롭게 움직이다. 준버릇거리다. 작바르작거리다. 센뻐르적거리다.

버릇 ①늘 하기 쉬운 짓이나 성질. 비습관. 습성. 예영길이는 아침에 늦잠을 자는 버릇이 있다. ②어른에게 대하여 차리는 예의.

버릇다 파서 헤집어 놓다.

버리다¹ ①내던지다. 반줍다. 예휴지를 버리지 말아라. ②돌보지 아니하다. ③쓰지 못하게 만들다. 예과로로 몸을 버리다. ④떠나다. 등지다.

버리다² 움직이는 말 아래에 붙어서 그 움직임을 완전히 끝냄을 나타내는 말. 예깜박 잊어버리다.

버마(Burma) → 미얀마.

버무리 여러 가지를 한데 뒤섞어서 만든 음식. 예콩버무리.

버무리다 여러 가지를 골고루 한데 뒤섞다.

버선 양말처럼 발에 꿰어 신는 물건으로 무명으로 만든 것.

버섯 그늘진 땅이나 썩은 나무 따위에 나는 식물.

버스(bus) 일정한 요금을 내고 여러 사람이 함께 탈 수 있는 큰 자동차. 예관광 〔버섯〕

버스.
버저(buzzer) 전기의 힘으로 소리를 내는 장치.
버젓하다 ①번듯하여 흠잡을 데가 없다. ②떳떳하여 굽힐 것이 없다. 쎈뻐젓하다. 예언제나 버젓한 행세를 하려면 죄를 짓지 말아라.
버짐 가렵거나 진물이 나거나 하는 피부병의 한 가지.
버찌 벚나무의 열매. 앵두보다 잘고 빛이 검붉음.
버캐 액체 속에 섞이었던 소금기가 엉기어 뭉쳐진 찌끼.
버·크셔(Berkshire) 영국의 버크셔 지방에서 개량된 털빛이 검고 네 다리의 끝과 주둥이·꼬리 끝 등의 부분만 흰 돼지의 품종.
버터(butter) 우유의 지방으로 만든 영양이 많은 식품.
버티다 ①쓰러지지 아니하게 가누다. ②서로 맞서서 겨루다. 예떡 버티고 서다. ③참고 배기다. ④의지하게 하다.
벅차다 ①힘에 부치다. ②밖으로 넘쳐 나올 듯하다. 예어린 너에게 이 일은 너무나 벅차다.
벅찬 감:정 넘칠 듯이 가득찬 감정.
번(番) ①밤을 지키는 일. ②차례. 예5번.
번갈아 차례를 섞바꾸어. 비교대로.
번개 천둥칠 때에 번쩍거리는 불빛. 전기를 띤 구름과 구름이 부딪쳐 빛을 내는 현상임.
번개가 잦으면 천둥을 한다〈속〉 자주 말이 나는 일은 마침내는 그대로 되고야 만다.
번개같이 빠른 굉장히 빠른.
번갯불에 솜 구워 먹겠다〈속〉 거짓말을 쉽게 잘한다.
번갯불에 콩 볶아 먹겠다〈속〉 행동이 매우 민첩하고 빠르다.
번거롭다 ①일이 어수선하고 복잡하다. ②조용하지 못하고 수선스럽다.
번데기 자루 같은 속에 죽은 듯이 들어 있는 애벌레.
번득이다 물건의 곁에 비치는 빛이 번쩍거리다. 잭반득이다. 쎈번뜩이다. 뻔득이다. 뻔뜩이다.
번듯하다 비뚤어지거나 기울거나 굽지 않고 바르다. 잭반듯하다. 쎈뻔듯하다.
번민(煩悶) 마음이 답답하여 괴로워함. 비고민. —하다.
번번이 늘. 자주. 항상. 여러번 다. 반가끔. 예번번이 약속을 어기다.
번성(繁盛) 성하여 감. —하다.
번식(繁殖) 붇고 늘어서 많이 퍼짐. —하다.
번역(飜譯) 한 나라의 말을 다른 나라의 말로 옮김. —하다.
번연히(幡然—) 환히. 분명히.
번영(繁榮) 무슨 일이 번성하고 영화롭게 됨. 비번창. 반쇠퇴. —하다.
번잡하다(煩雜—) 쓸데없는 일이 많고 어수선하다. 비복잡하다. 반쓸쓸하다.
번지(番地) 번호를 매겨서 갈라 놓은 땅. 또, 그 번호. 예번지가 틀려 편지가 되돌아왔다.
번:지다 ①물이 묻은 자리가 넓게 퍼지다. ②일이 벌어지다.

번쩍 ①가볍게 들어 올리는 모양. 예번쩍 들다. ②갑자기 눈을 크게 뜨는 모양. 예눈을 번쩍 뜨다. ③갑자기 정신이 드는 모양. 예정신이 번쩍 나다. 짝반짝. 센뻔쩍.

번창(繁昌) 사람이 많이 살고 번성함. 비번영. 번화. 반쇠퇴. 예우리 상점은 점점 번창해 가고 있다. —하다.

번호(番號) 차례를 나타내는 호수. 예전화 번호.

번화(繁華) ①큰 상점이 많고 사람과 차의 왕래가 복잡함. ②번성하고 화려함. 비번잡. 번창. 반한적. 예번화한 거리. —하다.

벋다 ①길게 자라 나가다. ②힘이 미치다. ③밖으로 향해 있다. 예넝쿨이 벋다.

벌¹ 벌판이나 넓은 들.

벌:² 꿀을 만들며 꽁무니 끝에 침이 있어서 쏘면 아픈 벌레.

벌³ 짝을 이루는 물건을 세는 말. 예옷 한 벌.

벌(罰) 죄를 지은 사람에게 몸과 마음에 고통을 주는 일. 비처벌. 형벌. 반상. 예나쁜 짓을 하여 벌을 받았다. —하다.

벌거숭이 옷을 벗고 알몸으로 있는 사람. 지각없는 사람. 비알몸.

벌거숭이산 나무나 풀이 없는 산. 비민둥산.

벌겋다 연하고도 곱게 붉다.

벌:다¹ 틈이 벌어지다.

벌:다² ①돈벌이를 하다. ②못된 짓을 하여 벌을 스스로 청하다.

벌떡 급하게 일어나거나 뒤로 자빠지는 모양. 예앉았다가 어른이 들어오시면 벌떡 일어나야 한다.

벌:떼같이 벌들이 떼를 지어 날아드는 것같이.

벌레 사람·짐승·새·물고기·조개 이외의 동물. 비곤충.

벌:리다 ①두 사이를 넓히다. 예틈을 벌리다. ②우므러진 것을 펴서 열다. 예손을 벌리다.

벌목(伐木) 산의 나무를 벰. —하다.

벌:벌 ①춥거나 무서워서 몸을 자꾸 떠는 모양. ②얼마 되지 않는 것을 가지고 몹시 아끼는 모양. 짝발발. 예몇 푼 가지고 벌벌 떤다.

벌써 ①이미. ②일찍이. ③앞서. 전에. ④어느 틈에. 비이미. 반아직. 예벌써 따뜻한 봄이 왔구나!

벌:어지다 ①넓어지다. ②퍼지다. ③틈이 나다. 반오므라지다. 예사이가 벌어지다.

벌에 쐰 바람 같다〈속〉 왔다가 머무를 사이도 없이 빨리 가 버린다.

벌:이 벌어 먹고 살기 위하여 하는 일. 예맞벌이. —하다.

벌:이다 일을 늘어놓다. 차리다. 예가게를 벌이다.

벌:집[—찝] 벌의 알을 기르거나 꿀을 받기 위해 육모진 구멍을 뚫어 만든 집. 비벌통.

벌집을 건드렸다〈속〉 섣불리 건드려서 큰 탈이 났다.

벌채(伐採) 산의 나무를 베어내는 일. —하다.

벌:통 꿀벌을 치는 통. 비벌집.

벌판 넓은 들. 비들. 들판. 반

산악.
범: 모양이 표범 같으나 크고 날쌔며 사나운 짐승. 깊은 산속에 삶. 비호랑이.
범:나비 형상이 크고 다갈색 날개에 검은 무늬가 있는 나비.
범도 제 말하면 온다〈속〉 남의 말을 하자 마침 그 사람이 나타난다.
범:람(氾濫) 물이 불어서 넘침. 예강물이 범람하다. —하다.
범:람원(氾濫原) 큰물이 질 적에 물에 잠기는 낮은 땅.
범벅 뒤섞이어 갈피를 잡을 수가 없게 된 일이나 물건. 예일이 범벅이 되다.
범:상(凡常) 평범함. 대수롭지 않음. 비평범. —하다.
범선(帆船) 돛을 달아 바람의 힘으로 가도록 한 배. 비돛단배. 돛배.
범 없는 골에는 토끼가 스승이라〈속〉 잘난 사람이 없는 곳에서는 그보다 못난 사람이 잘난 체한다.
범:연(泛然) 무심함. 깊이 주의하지 아니함. —하다.
범:위(範圍) 일정한 둘레의 언저리. 예시험 범위.
범:죄(犯罪) 죄를 저질러서 법을 어김. —하다.
범:하다(犯—) ①규칙을 어기다. ②남의 권리를 무시하다. ③남의 땅에 발을 들여놓다. ④옳지 못한 행동을 감히 하다. 예잘못을 범하다.
법(法) ①법률. ②도리. ③규칙. ④형식. ⑤방법.
법고(法鼓) 부처 앞에서 치는 작은 북. 농악에서 치는 작은

북. 비소고.
법관(法官) 법원에서 법률에 의하여 재판을 담당하는 사람.
법당(法堂) 불상을 모셔 놓고 불교의 도리를 설교하는 절 본채의 큰 방.
법률(法律) 나라에서 정하여 국민이 지키도록 하는 규율.
법왕(法王) 로마 교회의 우두머리. 비교황.
법정(法廷·法庭) 재판관이 죄인을 심문하고 판결을 하는 곳. 예법정 재판.
법치국(法治國) 일정한 법률에 의하여 다스리는 나라.
법칙(法則) ①원인과 결과의 규정. ②법식과 규칙.
벗: 마음이 서로 통하여 사귄 사람. 비친구. 동무.
벗기다 ①옷 따위를 벗게 하다. ②껍질을 깎거나 뜯어내다.
벗다 ①옷을 몸에서 떼어놓다. 반입다. ②모자·신발을 벗다. 반신다. ③빚을 갚아 가다. ④책임이나 누명을 면하다.
벗:삼다 벗이라고 생각하고 대하다. 예휴일에는 낚싯대를 벗삼아 하루를 보내신다.
벗어나다 ①어려운 일에서 헤쳐 나오다. ②이치나 규율에 어그러지다. ③자유롭게 되다.
벙거지 털로 검고 두껍게 만든 모자.
벙글거리다 입을 벌려 소리 없이 부드럽게 웃다. 작방글거리다. 센뻥글거리다. 예좋아서 연해 벙글거리다.
벙글벙글 입을 벌려 소리 없이 부드럽게 웃는 모습. 작방글방글. 센뻥글뻥글. —하다.

벙굿 소리 없이 입만 넝큼 벌려 웃는 모습. 〖작〗방굿. 〖센〗뻥굿. —거리다. —하다.

벙어리 말을 못하는 사람.

벙어리 냉가슴 앓듯〖속〗답답한 일이 있어도 남에게 말하지 못하고 혼자만 걱정한다.

벚꽃 벚나무의 꽃. 봄에 연분홍빛으로 피며 5개의 꽃잎으로 되어 있음.

벚나무 봄에 연분홍 꽃이 피고, 7월에 버찌가 익는 나무.

베 ①베실로 짠 여름 옷감. ②'삼베'의 준말.

베개 잠잘 때에 머리를 받치는 물건.

베끼다 글을 옮겨 쓰다.

베네룩스 삼국(Benelux 三國) 유럽에 있는 벨기에·네덜란드·룩셈부르크의 세 나라를 합쳐서 이르는 말.

베네수엘라(Venezuela) 남아메리카의 북서부에 위치한 공화국. 수도는 카라카스.

베네치아(Venezia) 이탈리아 북쪽에 있는 도시 이름.

베넷(Bennett) 영국 사람으로 목사이며 사회 사업가. 가난한 사람들을 위해 힘썼고 인보관을 세웠음.

베니어 합판(veneer 合板) 여러 장의 얇은 널빤지를 겹쳐 붙여서 만든 판자.

베:다 ①날이 있는 연장으로 물건을 자르거나 끊다. 〖비〗치다. 〖예〗낫으로 풀을 베었습니다. ②머리를 베개에 대다.

베란다(veranda) 서양식 건축에서 집채의 앞쪽으로 넓은 툇마루같이 튀어나오게 잇대어 만든 부분.

베르디(Verdi,1813~1901) 이탈리아의 최대의 가극 작곡가. 웅장한 가극을 많이 작곡하였음. 작품에는 〈아이다〉·〈리골레토〉·〈춘희〉 등이 있음.

베를리오즈(Berlioz,1803~1869) 프랑스 낭만파의 선구적인 작곡가. 작품에는 〈환상 교향곡〉·〈로미오와 줄리엣〉·〈로마의 사육제〉 등이 있음.

베를린(Berlin) 1990년부터 통일 독일의 수도. 제2차 세계 대전 후 미국·영국·프랑스·소련 4개국의 공동 관리하에 있다가, 1948년 이래 동서로 나뉘어져 동부는 동독의 수도가 되고, 서부는 서독에 편입되었음.

베리 굿(very good) 대단히 좋음. 썩 잘함.

베목 ①베. ②삼으로 짠 옷감.

베이스(base) 야구에서 내야의 네 귀퉁이에 놓은 방석같이 생긴 물건. 또는 그 위치.

베이징(Beijing) 북경. 중국의 화북 지방에 있는 도시. 옛날 중국의 도읍지.

베잠방이 베로 만든, 가랑이가 짧은 홀바지.

베짱이 여칫과의 곤충. 모양은 귀뚜라미 같고 빛이 푸르며 가을에 우는 벌레.

베토벤(Beethoven,1770~1827) 독일의 세계적인 작곡가. 고전파 말기에 낭만파의 선구를 이룸. 말년에 귀머거리가 되었으나 굳은 신념과 인내로 훌륭한 곡을 많이 작곡하였음. 작품에는 〈영웅〉·〈운명〉·〈전원〉 등 9

베트남 개의 교향곡과 〈비창 소나타〉·〈월광곡〉 등이 있음.

베트남(Vietnam) 인도차이나 반도 동쪽에 있는 나라. 수도는 하노이.

베트콩(Vietcong) 북베트남 공산당의 지원을 받아 남베트남을 파괴하기 위하여 게릴라전을 벌였던 무리들.

베틀 베를 짜는 기계.

베풀다〔베푸니, 베풀어서〕 ①널리 펴다. ②주다. ③은혜를 끼치다. ④행하다. ⑤차려서 하다. ⓔ잔치를 베풀다.

벤젠(benzene) 지방 따위를 녹이는 데 쓰는 물질. 특이한 냄새가 있고 불이 잘 붙음.

벤처 기업(Venture 企業) 새로운 아이디어와 기술을 바탕으로 소규모로 시작하는 모험적인 기업.

벨(Bell,1847~1922) 미국의 발명가. 자석식 전화기를 세계 최초로 발명하였음.

벨기에(België) 서부 유럽에 있는 군주국. 수도는 브뤼셀.

벨트(belt) ①혁대. ②두 개의 기계 바퀴에 걸어 동력을 전하는 띠 모양의 물건.

벼 쌀의 껍질을 벗기지 아니한 것. 논·밭 등에 심음.

벼락 공중에 있는 전기와 땅 위의 물건이 서로 부딪쳐 일어나는 불.

벼락 같은 하늘에서 내린다는 번갯불이 터지는 것 같은. 즉 그 기운이 세고 소리가 높은. ⓔ벼락 같은 호령.

벼락치는 하늘도 속인다〈속〉 속이려면 못 속일 사람이 없다.

벼랑 산·언덕·들의 깎아지른 듯한 곳. 비낭떠러지.

벼랑길〔—낄〕 절벽 위의 낭떠러지 길.

벼루 먹을 가는 데 쓰는 돌.

벼룩 뛰기를 잘하며 사람과 짐승의 몸에 붙어 피를 빨아먹는 작은 벌레.

벼룩의 선지를 내어 먹지〈속〉 얼마 되지 않는 이익을 극히 부당한 곳에서 얻어먹으려고 한다.

벼룻길〔—낄〕 낭떠러지를 따라서 강가로 통하는 길.

벼르다〔벼르니, 별러서〕 어떤 일을 하려고 미리부터 마음을 먹다. ⓔ지난 봄부터 여행을 가려고 벼르고 있었다.

벼베기 벼를 베는 일.

벼슬 관청 사무를 맡아보는 자리. 비관직. —하다.

벼슬아치 벼슬자리에 있는 사람. 비관원.

벼슬자리〔—짜—〕 관청에 나가 나라일을 맡아 하는 자리. 비관직.

벼 이삭 벼가 꽃대의 주위에 붙어서 익은 것.

벼훑이〔—훌치〕 벼를 훑어서 떠는 간단한 농기구의 하나.

벽(壁) 집의 주위 또는 방의 칸막이에 흙을 발라 만든 것. =바람벽.

벽골제(碧骨堤)〔—쩨〕 옛날 신라 때의 유명한 저수지. 전라북도 김제시에 있었음.

벽돌 끈기 있는 흙을 반죽하여 구워 만든 건축 재료.

벽란도(碧瀾渡) 예성강 하류에 있었던 항구. 멀리 아라비아

상인들까지도 진귀한 물건을 가지고 찾아올 정도로 외국 상인들로 붐비었음.

벽력(霹靂) 우르르 쾅쾅하는 천둥 소리.

벽보(壁報) 벽에 쓰거나 붙여 여러 사람에게 알리는 글.

벽신문(壁新聞) 여러 사람에게 보이기 위하여 벽에 신문처럼 써 붙이는 보도.

벽장(壁欌) 벽 쪽에 물건을 넣도록 만들어 둔 곳.

벽창호 고집이 세고 무뚝뚝한 사람을 일컫는 말.

벽촌(僻村) 외딴 곳에 떨어져 있는 으슥한 마을.

벽화(壁畫) 장식하기 위하여 건물의 벽에 그린 그림.

변:(變) ①난리. ②이상한 일. ⑩여름에 우박이 내리니 무슨 변이라도 일어나지 않을까?

변경(邊境) 나라의 경계가 되는 곳. 비국경.

변:경(變更) 변하여 다르게 고침. ―하다.

변:괴(變怪) 마땅한 도리에 어긋나는 못된 짓. 비괴변.

변:덕꾸러기 변덕을 잘 부리는 사람. =변덕쟁이.

변덕이 죽 끓듯 한다〈속〉 변덕을 몹시 부린다.

변:덕쟁이 =변덕꾸러기.

변:동(變動) 움직여서 변함. ―하다.

변두리 ①변화하지 아니한 한적하고 구석진 땅. ②가장자리.

변:론(辯論) 말로써 옳고 그름을 따짐. ―하다.

변리(邊利) 빚에서 느는 이자.

변:명(辨明) ①어떤 사건의 옳고 그른 것을 가리어 밝혀 말함. ②자신의 언행 따위에 대해 남이 납득할 수 있도록 설명함. ―하다.

변변히 ①흉하지 않게. ②잘. 비제대로. ⑩아파서 밥도 변변히 못 먹는다.

변소 =뒷간.

변:수(變數) 어떤 관계에 있어서 어떤 범위 안에서 변할 수 있는 수. 반상수.

변:압기(變壓器) 교류 전압을 변화시키는 장치.

변:역(變域) 변수가 취할 수 있는 값의 범위.

변:장(變裝) 옷차림이나 모양을 고쳐서 다른 모습으로 꾸밈. ⑩거지처럼 변장했다. ―하다.

변:전소(變電所) 발전소에서 보내오는 고압 교류 전류의 압력을 내리는 곳.

변:주곡(變奏曲) 어떤 가락을 바탕으로 해서 리듬·가락·화성·장식음 등을 변화시켜서 하나의 곡으로 만든 것.

변:천(變遷) 바뀌고 변함. 옮겨 달라짐. ⑩변천하는 시대. ―하다.

변:통(變通) ①일에 따라서 이리저리 처리함. ⑩임시 변통. ②물건을 이것과 저것을 서로 돌려 맞추어 씀. ⑩남의 돈을 변통하여 쓰다. ―하다.

변:하다(變―) ①달라지다. ⑩김치 맛이 변한다. ②새롭게 되다. ③고치다. ④바꾸다.

변:함없다 변하지 않고 한결같다. ⑩변함없는 사랑.

변:형(變形) 모습을 바꿈. 모양이 바뀜. 또는 그 바뀐 모양.

변:호(辯護) 남의 이익을 위하여 변명함. 예변호사. —하다.

변:화(變化) 달라지거나 달라지게 함. 반불변. 예신체적 변화. —하다.

별 맑게 갠 날 밤에 하늘에서 반짝거리는 수없이 많은 물체.

-별(別) 이름을 나타내는 말 밑에 붙어 그 말과 같은 종류로 구별할 때 씀. 예학교별로 학생 수가 다르다.

별것 이상하거나 특별한 것. 보통과 특별히 다른 것.

별고(別故) 뜻밖의 사고. 다른 까닭.

별기군(別技軍) 특별한 기술 교육을 받은 군대. 조선 말기 (1881년)에 생긴 신식 군대.

별나다 보통과 다르다. 예별난 친구가 다 모여서 떠든다.

별다르다〔별다르니, 별달라서〕 특별히 다르다. 유난히 다르다. 예모양이 별다르지 않다.

별도리(別道理) 별다른 도리. 딴 방법. 예별도리가 없다.

별:똥 밤에 공중으로 빠르게 지나가는 작은 빛.

별로 ①그다지. ②남달리. 비특히. 예이건 별로 어려운 문제가 아니다.

별명(別名) 본이름 외에 장난으로 부르는 이름. 반본명.

별무반(別武班) 고려 숙종 때 여진족을 정벌하기 위해 윤관이 편성한 특별 부대. 기병·보병으로 조직되었고, 승려들로 조직된 항마군이 있었다.

별미(別味) 특별히 좋은 맛. 또는 그 음식. 예계절의 별미.

별수(別數) 보통보다 더 좋은 어떤 일.

별안간 ①갑자기. ②잠깐 사이. ③난데없이. 비갑자기. 반이윽고. 예별안간 벼락이 치다.

별:이 삼형제 별 셋이 정답게 있는 모습.

별일(別—)〔—닐〕 ①드물고 이상한 일. ②특별히 다른 일. 예별일이 다 많다.

별:자리 별이 늘어서 있는 모양을 동물이나 물체에 비유해서 이름을 붙인 것. 큰곰자리·오리온자리 등.

별장(別莊)〔—짱〕 자기가 사는 집 이외에 바닷가나 경치 좋은 곳에 따로 지어 두고 가끔 가서 묵는 집.

볏¹ 닭·꿩의 머리 위에 있는 맨드라미꽃 같은 살.

볏² 보습 위에 비스듬히 대어 흙이 한 쪽으로만 떨어지게 하는 쇠.

볏가리 벼를 베어 차곡차곡 쌓아 놓은 것.

볏단 벼를 베어 묶어 놓은 것.

볏섬 벼를 담은 섬.

병:(病) ①건강이 안 좋아 피로움을 느끼는 증세. ②온갖 사물에 생기는 탈. 비병환.

병(瓶) 사기·오지·유리 따위로 만든 물 같은 것을 담는 데 쓰는 그릇.

병구(兵具) 전쟁에 쓰는 도구. 비무기. 병기.

병:구완 병을 앓는 사람을 돌봐 주는 일. 예어머니 병구완을 하다. —하다.

병기(兵器) 전쟁에 쓰는 모든 무기. 비무기. 병구.

병:나다 ①몸에 고장이 생기다. ②기계 따위에 고장이 생기다.
병:들다 병이 생기다.
병력(兵力) 군대와 병기의 힘. 비 군력.
병비(兵備) 미리 갖추어 놓은 군대나 병기 따위.
병사(兵士) 병정. 비 군사.
병:석(病席) 병자가 앓아 누워 있는 자리.
병:세(病勢) 병이 더하고 덜하는 형세.
병:신(病身) ①몸의 한 부분이 부족한 사람. ②병든 몸. ③재주가 남만 못한 사람.
병:실(病室) 환자가 있는 방.
병아리 닭의 새끼.
병역법(兵役法) 국민이 군인이 되어 일할 것을 규정한 법률.
병역 의:무 국토 방위를 위해 일정한 나이에 이른 남자가 군대에서 복무할 의무. 예 병역 의무를 마치다.
병:원(病源) 병의 근원.
병:원(病院) 질병을 진찰·치료하는 곳. 비 의원.
병:원놀이 병원에서 의사나 간호사가 하는 일을 흉내내어 노는 놀이.
병:인양요(丙寅洋擾) 1866년 병인년에 프랑스가, 대원군이 천주교를 억누를 때 프랑스인도 함께 처형한 것을 트집잡아, 프랑스 함대를 강화도에 보내어 불법 상륙하여 소란을 피운 사건.
병:자(病者) 병이 든 사람. 비 환자.
병:자호란(丙子胡亂, 1636~1637) 조선 시대 인조 때에 청 태종의 침입으로 일어난 청나라와의 싸움.
병정(兵丁) 군인. 비 병사.
병졸(兵卒) 계급이 낮은 군인. 비 병정. 반 장군.
병 주고 약 준다(속) 해를 입힌 뒤에 어루만진다.
병:창(並唱) 여럿이 한데 모여 노래를 부름. 예 들을수록 좋은 가야금 병창. —하다.
병풍(屛風) 바람을 막거나 물건을 가리기 위하여 방안에 치는 물건.

[병풍]

병:환(病患) 어른의 병을 높여 일컫는 말.
볕 햇빛으로 말미암아 따뜻하고 밝은 기운. 예 따뜻한 볕이 들어옵니다.
보(洑) 논에 물을 대고자 막아 놓은 둑. '봇물'의 준말.
보:건(保健) 건강을 지키고 유지하는 일. —하다.
보:건 위생 건강을 돌보고, 병의 예방과 치료에 힘쓰는 일.
보:결(補缺) 빈자리를 채움. 예 보결 시험. —하다.
보:고(寶庫) ①재물을 쌓아 둔 곳집. ②많은 재물이 나는 곳.
보:고(報告) ①알려 줌. ②시킨 일을 하고 나서 그 경과를 말 또는 글로 알림. 비 신고. 통고. —하다.
보:고문 견학 기록이나 조사·실험·연구·관찰 기록 등을 간추려서 쓴 글.
보:관(保管) 보호하여 잘 간수함. 예 이 책을 잘 보관해라. —하다.

보:교(步轎) 가마의 한 가지. 앞뒤에서 걸머메고 다니는 옛날의 탈것.

보:국(報國) 충성을 다하여 나라의 은혜를 갚음. —하다.

보금자리 ①새가 사는 곳. 새의 둥지. ②재미있게 사는 가정. 자기의 집.

보:급(補給) 물품을 뒷바라지로 대어 줌. 비공급. —하다.

보기 본보기. 비예. 예보기에서 골라라.

보기 흉한 보기 싫은. 보기에 좋지 못한.

보깨다 먹은 음식이 소화가 안 되어 뱃속이 거북하고 괴롭다.

보나마나 볼 것도 없이. 자기의 짐작이 틀림없을 것이라는 표현. 예그건 보나마나야.

보내다 ①물건을 부쳐 주다. ②사람을 가게 하다. ③시간을 지나가게 하다. 예심부름을 보내다.

보다¹ ①구경하다. ②일을 맡아서 하다. ③지키다. ④두루 살피다.

보다² ①두 가지를 비교할 때에 쓰는 말. 예작년보다 춥다. ②짐작의 뜻을 나타내는 말. 예비가 오나 보다.

보:답(報答) 은혜를 갚음. 예그의 은혜를 무엇으로 보답할까? —하다.

보:도(報道) 여러 가지 소식을 전하여 알림. 비통보. 예신문보도. —하다.

보:도(步道) 사람이 걸어다니는 길. 비인도. 예횡단 보도.

보:도국 방송국에서, 나라 안팎의 여러 가지 새로운 소식을 간추려서 방송에 내보내는 일 등을 맡은 곳.

보드득 물건을 힘주어 비빌 때 나는 소리. 큰부드득. 예이를 보드득 갈다. —하다.

보드랍다 ①거세지 아니하고 매끄럽다. ②곱고도 순하다. 예살결이 보드랍다.

보따리(褓—) 등에 지기 위하여 옷 따위를 보자기에 싼 것. 비보퉁이. 예보따리장수.

보라 '보랏빛'의 준말.

보람 한 일의 좋은 결과. 비효과. 효력. 성과. 예보람있는 일을 하고 싶어요.

보람차다 매우 보람있다.

보랏빛 자주에 남빛이 조금 섞인 빛.

보렴 보아라. 본보려무나.

보:료 짐승의 털이나 솜으로 두껍게 만들어, 앉는 자리에 항상 깔아 두는 요.

보르네오(Borneo) 동남 아시아에 있는 세계 제3위의 큰 섬.

보르도액(프 Bordeaux液) 살균제의 하나. 황산구리와 생석회를 혼합한 액체로 채소·과일 등의 해충을 죽이는 데 쓰임.

보름 그 달의 십오일.

보름날 그 달의 초하룻날부터 시작하여 열다섯 번째날.

보름달[—딸] 음력 보름날에 뜨는 매우 둥근 달. 비만월. 반초생달. 예뒷동산에 보름달이 떠올랐어요.

보리 볏과에 딸린 한해살이 곡식풀.

보리밥에는 고추장이 제일이다 〈속〉무엇이든지 자기의 격에

보리밭 보리를 심은 밭.
보리수(菩提樹) 인도 가야산 밑에 있는 나무. 석가가 이 나무 아래에서 도를 깨달았다고 함.
보:모(保姆) ①유치원의 여교사. ②옛날에 왕세자를 교육하던 여자.
보:물(寶物) 금·은·금강석·진주 같은 아주 귀하고 좋은 물건. 🗒보배.
보:발(步撥) 조선 시대 정부의 급한 공문을 전달하기 위해 설치되었던 파발제의 하나로, 걸어가서 전하던 사람. 🗒기발.
보:배(←寶貝) 귀중한 물건. 🗒보물, 보화. —스럽다.
보:복(報復) 원수를 갚음. 🗒앙갚음. —하다.
보부상(褓負商) 조선 시대 시골의 장터를 다니던 행상. 화장품 같은 일용품을 팔러 다니는 봇짐 장수와 농구 등을 팔러 다니던 등짐 장수.
보살(菩薩) ①부처의 다음가는 성인의 이름. ②불교를 알뜰히 믿는 여자 늙은이.
보살피다 ①친히 보며 감독하다. ②돌보아 주다.
보:색(補色) 색상이 다른 두 가지 빛을 합하여 흑색 또는 회색의 한 빛을 이룰 때 이 두 빛을 서로 일컫는 말. 곧 빨강과 초록, 주황과 파랑 등.
보:색 대비 보색 관계에 있는 색끼리 이웃해 놓았을 때에 일어나는 현상.
보서다(保—) 남을 보증하여 주다. 📝함부로 보서지 말아라.
보:석(寶石) 몸치장에 쓰이는 귀하고 값진 돌. 금강석 따위. 📝보석상.
보성 학교 조선 말, 광무 9년 (1905)에 이용익이 서울 전동에 세운 민족 학교. 민족 교육에 앞장 섰음.
보:세 가공 외국으로부터 수입한 원료를 가공하는 일.
보셔요 보십시오.
보:수(報酬) ①보답함. 갚음. ②한 일에 대한 소득. —하다.
보:수(保守) 낡은 생각이나 풍습 따위를 그대로 가지고 지킴. 📝보수당. —하다.
보:수파 ①보수주의를 믿고 받드는 당파. ②조선 시대 말 개화파에 대하여, 예로부터 내려오는 우리의 것을 쉽게 바꿈으로써 일어나는 폐단을 막고 옳은 것을 골라 서서히 개혁하자는 파. 사대당이라고도 함.
보슬보슬 눈이나 비가 가늘고도 성기면서 보드랍게 떨어지는 모양. 🗒주룩주룩.
보슬비 보슬보슬 오는 비. 🗒소나기.
보습 모양이 삽같이 생긴, 땅을 파서 헤치는 농구.
보시기 김치·깍두기 따위를 담는 작은 사기 그릇.
보쌈(褓—) ①양푼만한 그릇 바닥에 먹이를 붙이고 고기가 들어갈 구멍을 내고 보로 싸서 물 속에 가라앉혔다가 건져내어 물고기를 잡는 제구. ②뜻밖에 어떤 사람에게 붙잡혀 가는 일.
보쌈 김치(褓———) 배추를 쪼개 절여 속을 넣고 잎사귀로 휘감아 담근 김치.

보얗다 맑지 않고 안개나 연기가 낀 것같이 희끄무레하다.

보ː온(保溫) 일정한 온도를 보전함. 예보온병. —하다.

보ː온 묘ː포 추운 지방에서 볏모를 빨리 키우기 위하여 기름 먹인 종이 또는 비닐을 씌워 온도를 보전하는 묘포.

보ː위(保衛) 보호하여 지킴. 예국토를 보위하다. —하다.

보ː유액(保有額) 지니고 있는 액수. 예현금 보유액.

보ː육(保育) 어린이를 보호하여 기름. 예보육원. —하다.

보ː은(報恩) 은혜를 갚음. 예결초 보은. —하다.

보이 스카우트(boy scout) 소년 수양 단체의 하나. 소년단 또는 소년군이라고도 함. 1908년 영국의 베이든 포웰 장군이 처음 조직한 것으로 현재 세계적으로 널리 퍼져 있음.

보자기 물건을 싸기 위하여 피륙으로 네모지게 만든 물건.

보잘것없다 볼 만한 것이 못 된다. 비하잘것없다. 반값어치 있다. 예그것은 보잘것없는 물건입니다.

보ː장(保障) 거리낌이 없도록 보증함. 예신분 보장. —하다.

보ː전(保全) 보호하여 안전하게 함. 비보존. —하다.

보ː조(步調) 여러 사람의 걸음 걸이. 예보조를 맞추다.

보ː조(補助) 도와 줌. —하다.

보조개 볼에 우물진 자국. 비볼우물.

보ː존(保存) 더러워지고 상함이 없게 잘 간수함. 비보전. 예우리 나라에 있는 고적을 잘 보존하자. —하다.

보ː증(保證) ①거짓이 없다는 것을 증명함. ②빚 쓴 사람이 아니 갚을 때에는 자기가 대신 갚겠다고 약속함. 예보증서. —하다.

보짱 ①담대한 마음. ②속에 품은 생각. ③거만한 태도. ④염치를 모르는 것.

보채는 아이 밥 한 술 더 준다 〈속〉 무슨 일에나 가만히 있지 않고 조르며 서두르는 사람에게 더 잘 해주게 된다.

보채다 ①억지로 물건을 달래다. ②조르다. 예자전거를 사 달라고 보채다.

보ː초(步哨) 부대에서 경계, 감시의 임무를 맡은 병사. 비파수. 예보초병.

보ː충(補充) 모자라는 것을 보탬. 결점을 채움. 예보충 학습. —하다.

보태다 ①모자라는 것을 채우다. ②사실보다 거짓말을 더 넣다. 반덜다.

보ː통(普通) 특별하지 아니함. 널리 일반에 통함. 비일반. 평범. 예사. 반특별.

보ː통 선ː거 선거 원칙의 하나. 남녀·직업·재산 등의 구별없이 모든 국민이 똑같이 선거에 참가하는 선거 제도. 반제한 선거.

보ː통 예ː금 시중 은행에 언제든지 예금을 할 수 있고 찾아 쓸 수도 있는 예금.

보ː통 학교 지금의 초등 학교의 옛 이름.

보통이 물건을 보자기에 싸 놓은 것. 비보따리.

보:트(boat) 서양식의 작은 배. [예]보트 경기.
보:편(普遍) 널리 서로 통함. [반]특색. [예]보편주의.
보:편적 전체에 예외 없이 두루 널리 통하는 것.
보:표(譜表) 음표·쉼표 따위를 적기 위한 다섯 줄의 평행선.
보:합산(步合算) 돈을 빌리거나 할 경우에 원금·보합·기간·이자 중에서 세 값은 알고 하나는 모를 때, 그 모르는 값을 구하는 셈법.
보:험(保險) 재산이나 신체에 재난을 당하였을 때를 보장하기 위하여 일정한 적립금을 마련하고 보상 계약을 맺는 제도. [예]생명 보험.
보:험료[—뇨] 보험 계약에서 보험에 든 사람이 보험 회사에 지불하는 돈.
보:호(保護) 잘 돌보아서 지킴. [비]옹호. [반]박해. 방치. [예]어린이 보호. —하다.
보:호조 어느 정한 동안에는 잡지 못하도록 법률로 보호하는 새. 두루미·딱따구리·크낙새·꾀꼬리·제비 따위.
보:화(寶貨) 값나가는 재물. [비]보배.
복(福) 아주 좋은 운수. 좋은 일. 팔자가 좋은 것. [반]액. —스럽다.
복건(幅巾) 미혼 남자의 예복에 갖추어 쓰던 건. 현재는 어린 사내아이가 명절 때에 씀.
복닥거리다 복잡한 곳에서 여러 사람이 떠들다. [예]시장에는 장사치들이 복닥거리고 있었다.
복덕방(福德房) 집이나 땅을 팔고 사는 것을 중개하는 곳.
복도 사람이 다닐 수 있도록 만든 방의 한 옆으로 통한 마루. [비]낭하.
복리(複利) 이자에 다시 이자가 덧붙는 셈. [반]단리.
복무(服務)[봉—] 일을 맡아봄. [예]군 복무를 마치다. —하다.
복바가지 복을 가져다 준다는 바가지.
복받치다 ①속에서 들고 오르다. 솟아오르다. ②감정이 치밀어 오르다. [큰]북받치다. [예]설움이 복받치다.
복사(複寫) 그림·사진 따위를 되박음. [예]복사기. —하다.
복사(輻射) 열이나 빛이 물체로부터 직사의 경로를 밟아 사방으로 비치는 현상. [반]반사. —하다.
복사꽃 =복숭아꽃.
복수(復讐) 원수를 갚음. [비]앙갚음. —하다.
복숭아 복숭아나무의 열매.
복숭아꽃 복숭아나무에 피는 꽃. =복사꽃.
복슬강아지 살이 찌고 털이 많은 새끼개.
복습(復習) 배운 것을 다시 익힘. [반]예습. [예]복습 문제. —하다.
복싱(boxing) 두 경기자가 링 위에서 양손에 글러브를 끼고, 주먹으로 상대편을 쳐서 승부를 겨루는 경기. 권투.
복을 누리다 복을 받고 잘살다.
복의 이 갈 듯한다〈속〉 원한이 있어서 이를 바드득 간다.
복잡(複雜) 갈피가 뒤섞여 어수선함. [비]번잡. [반]간단. 단순.

복종(服從) 명령대로 좇음. 비 순종. 굴복. 반불복. 지시. 명령. 반항. —하다.

복지(福祉) 행복과 이익. 예아동 복지.

복지 국가 국민 전체의 복지 증진을 도모하는 나라. 또는 복을 누리면서 잘사는 나라.

복통(腹痛) 배가 아픔. —하다.

복판 편편한 물건의 한가운데. 비중심. 가운데. 반가장자리. 둘레. 변두리.

볶다 ①물을 쉬지 않고 불에 익히다. 예콩을 볶다. ②못살게 굴다.

본(本) ①'본보기'의 준말. ②'본전'의 준말.

본고장 ①자기가 나서 자란 본고향. ②본바닥. 준본곳.

본국(本國) 자기의 국적이 있는 나라. 반타국. 외국.

본능(本能) 태어날 때부터 지니고 있는 성능.

본디 처음부터. 전부터. 비본래. 반나중. 예이것은 본디 내것이다.

본디부터 본래부터. 처음부터.

본뜨다[본뜨니, 본떠서] ①이미 만들어진 물건을 보기로 해서 그대로 따라 하다. ②배워서 따라 하다. 비본받다.

본뜻 본디의 뜻. 옳은 뜻.

본래(本來) 처음부터. 비원래. 본디. 예그는 본래 서울에서 자랐다.

본론(本論) 말·글 등에서 주장이 되는 부분.

본바닥 ①근본이 되는 곳. ②자기가 나서 자란 곳.

본바탕 ①사람이 본디부터 가지고 있는 성질. ②물건이 본디부터 가지고 있는 품질. =본질. 예본바탕을 드러내다.

본받다 ①따라 하다. ②좇아 하다. ③흉내내다. 비본뜨다.

본보기 모양을 알리기 위하여 보여 주는 사물의 한 부분. 비표본. 모범. 견본.

본부(本部) 어떤 기관이나 단체의 중심이 되는 조직. 반지부. 예수사 본부.

본사(本社) 회사나 신문사의 지점·지국에 대하여 그 으뜸이 되는 곳. 반지사.

본시(本是) 본디. 본래. 본디부터. 예본시 곱던 얼굴.

본위(本位) 근본 바탕.

본인(本人) 그 사람 자신.

본질(本質) =본바탕.

본채 한 울타리 안에 있는 여러 채의 집 가운데 으뜸이 되는 집채.

본체만체 보고도 못 본 것처럼. 비본척만척. 예만나도 본체만체한다. —하다.

본초 자오선(本初子午線) 런던 그리니치 천문대를 지나는 날금 0도를 말하며 세계의 시간 표준이 되는 날금.

본토(本土) ①자기가 나서 자란 곳. ②이 땅.

볼 좌우쪽 뺨 아래에 있는 살. =볼따구니. 비뺨.

볼:(ball) ①공. ②야구에서 스트라이크가 아닌 투구.

볼겸[—껌] 그것도 보고 이것도 보려고.

볼:기 ①넓적다리 위 좌우쪽에

볼기짝 살이 두둑한 곳. ②형벌의 한 가지. 불기 맞는 것.

불:기짝 볼기의 좌우 두 쪽.

볼낯이 없:다 부끄럽다. 서로 대할 면목이 없다. 圓면목이 없다.

볼따구니 =볼.

볼록 통통하게 겉으로 쏙 내밀어 있음. 凡오목. —하다.

볼록 다각형(—多角形) 볼록 폐곡선으로 된 다각형.

볼록 렌즈 가운데가 볼록하게 도드라진 렌즈. 사진기나 망원경 따위에 이용함.

볼록판 판의 도드라진 부분에 물감을 묻혀 찍어내는 판.

볼록하다 통통하게 쑥 내밀어 있다. 囲불록하다.

볼리비아(Bolivia) 남아메리카 중앙부에 있는 공화국. 수도는 라파스.

볼멘소리 성이 나서 퉁명스럽게 하는 말투.

볼모 ①나라 사이에 침략을 아니하기 위하여 사람을 전당 잡혀 두는 일. 囲볼모로 잡히다. ②물건을 전당 잡혀 두는 일.

볼썽 남의 눈에 뜨이는 모양이나 태도. 囲볼썽사나운 꼴.

볼품 겉으로 볼 만한 모양. 圓맵시. 囲화를 버럭 낸 그의 얼굴은 볼품 사나웠다.

봄 일년의 첫째 철. 날이 따뜻하고 초목에 새싹이 나오는 때. 凡가을.

봄날 봄철의 날씨. 봄철의 날.

봄바람[—빠—] 봄철에 불어오는 훈훈한 바람. 圓춘풍. 凡가을 바람.

봄볕[—뼏] 봄날의 햇볕.

봄보리[—뽀—] 이른봄에 씨를 뿌리어 첫여름에 거두는 보리. 凡가을보리.

봄비[—삐] 봄에 내리는 비. 특히 조용히 내리는 가는 비.

봇도랑 보에 괸 물을 논에 대는 도랑.

봇짐 물건을 보자기에 싼 보따리. 囲봇짐 장사.

봉:급(俸給) 계속적으로 근무하는 사람이 받는 일정한 보수. 圓임금. 囲봉급 인상.

봉돌[—똘] 낚싯줄에 매어 다는 작은 납덩이나 돌덩이.

봉:사(奉事) ①웃어른을 받들어 섬김. ②앞을 못 보는 사람. 圓장님. 소경. —하다.

봉:사(奉仕) 아무 조건도 없이 섬겨서 위함. 圓공헌. 囲남을 위하여 봉사하는 것도 결코 쉬운 일이 아닐 것이다. —하다.

봉:사자 남을 위하여 자기를 돌보지 않고 노력하는 사람.

봉수대(烽燧臺) 옛날의 통신 방법의 하나인 봉화를 올리기 위해 산 위에 돌로 단을 쌓아 올린 곳.

봉숭아 꽃의 빛깔은 여러 가지인데, 붉은 꽃을 백반과 섞어 짓찧어, 여자 아이의 손가락 끝에 발갛게 물들이는 꽃풀. 봉선화.

봉:양(奉養) 어버이를 받들어서 모심. —하다.

봉오리 꽃이 맺히고 아직 피지 아니한 것.

봉우리 산꼭대기의 뾰족한 곳. 圓꼭대기. 凡기슭. 골짜기.

봉투(封套) 편지를 써서 넣고 봉하는 종이 주머니.

봉화(烽火) 난리를 알리는 불. 신라 때부터 있었음. 평상시에는 매일 저녁때 불을 올리는데, 만약 아니 올릴 때에 올리면 그 방면에 사고가 있는 줄 짐작하였음.

봉화대 봉화를 올릴 수 있도록 만들어 놓은 곳.

뵈:다 웃어른을 만나 보다.

부(部) 갈라서 구분한 것의 하나. 예문예부. 과학부.

부:(富) 재산이나 재물이 많음.

부:가(附加) 이미 있는 것에 붙이어서 더함. 예부가 가치. 비첨가. —하다.

부각(浮刻) 사물의 특징을 두드러지게 드러냄. —하다.

부:강(富強) 재물이 넉넉하고 힘이 강함. —하다.

부:결(否決) 회의에 낸 의견이 옳지 않다는 결정을 내리는 일. 반가결. —하다.

부:고(訃告) 사람이 죽은 것을 알리는 통지. 비부음. —하다.

부:과(賦課) 세금 및 부담금 등을 매기어 부담하게 함. 예세금을 부과하다. —하다.

부군(夫君) '남편'의 높임말.

부:귀(富貴) 돈이 많고 지위가 높음. 예부귀 공명. —하다.

부:근(附近) 그 둘레의 가까운 곳. 비근처.

부글거리다 ①많은 물이 자꾸 끓어오르다. ②큰 거품이 자꾸 일어나다. 작보글거리다.

부글부글 물 같은 것이 야단스레 자꾸 끓어오르는 모양. 작보글보글. —하다.

부끄러워하다 부끄러운 태도를 나타내다.

부끄럽다 ①남을 볼낯이 없다. ②수줍다. ③양심에 거리끼다.

부닥치다 몸에 부딪힐 정도로 닥치다. 부딪쳐 닥치다. 예어려운 일에 부닥치다.

부:담¹(負擔) 옷·책 따위를 넣는 농짝. '부담롱'의 준말.

부:담²(負擔) ①일을 맡음. ②책임을 짐. —하다.

부당(不當) 이치에 맞지 않음. 반정당. —하다.

부:대(負袋) 종이·가죽 같은 것으로 만든 큰 자루. 비포대.

부대(部隊) 군대의 한 무리.

부대끼다 무엇에 시달려 괴로움을 당하다.

부도(不渡) 수표나 어음의 발행 액수보다 예금 액수가 부족하여 지급을 못 받는 일.

부도체(不導體) 열이나 전기를 전하지 않는 물체로서, 유리·고무·나무 따위.

부동산(不動産) 움직여서 옮길 수 없는 재산. 곧 토지·가옥 등. 반동산.

부동산 중개인 일정 수수료를 받고 거래자 간에 부동산의 매매·교환하는 일을 하는 사람.

부두(埠頭) 항구에서, 배를 대고 여객이 타고 내리거나 짐을 싣고 부리는 곳.

부둥켜안다[—따] 두 손으로 힘껏 끌어안다.

부둥키다 두 팔에 힘을 주어 힘껏 안거나 붙잡다.

부드럽다 ①억세지 않다. ②곱고도 순하다. ③태도나 움직임이 유연하다. 반억세다.

부득이(不得已) 마지못하여 어찌 할 수 없이. 예그런 딱한

부듯하다 사정으로 부득이 결석하였다. —하다.

부듯하다 빈틈 없이 꽉 차다. 짝바듯하다. 셈뿌듯하다. 예희망으로 가슴이 부듯하다.

부등가리 아궁이의 불을 담아 내는 데 부삽 대신으로 쓰는 기구. 오지그릇이나 질그릇 깨진 것으로 만듦.

부등호(不等號) 같지 않은 두 수의 크고 작음을 나타내는 기호. >, <, ≠로 표시.

부:디 아무쪼록. 틀림없이. 꼭.

부딪다 물건과 물건이 힘있게 마주 닿다.

부딪치다 '부딪다'의 힘줌말. 예지나가는 사람과 부딪치다.

부뚜막 아궁이 위의 솥이 걸린 편편한 언저리.

부뚜막의 소금도 집어 넣어야 짜다(속) 아무리 쉽고 좋은 기회나 형편도 이용하지 않으면 소용없다.

부라리다 위협하느라고 눈을 부릅뜨고 눈알을 사납게 굴리다.

부랑(浮浪) 일정한 거처나 직업이 없이 이리저리 떠돌아다님. —하다.

부랑배(浮浪輩) 일정한 직업이 없이 떠돌아다니면서 나쁜 짓을 하는 무리.

부랑자 일정한 거처나 직업이 없이 떠돌아다니며 방탕한 생활을 하는 사람.

부랴부랴 매우 급히 서두르는 모양. 예부랴부랴 떠나다.

부러 실없는 거짓으로.

부러지다 꺾여 둘로 잘라지다.

부러진 칼자루에 옻칠하기(속) 쓸데없는 일을 함.

부럽다 ①남이 잘하는 것을 보고 자기도 그렇게 하고 싶다. ②남의 좋은 물건을 보고 자기도 가지고 싶다.

부레 물고기의 뱃속에 있어 물고기를 뜨고 잠기게 하는 공기 주머니. 비어표. 부낭.

부레뜸 연줄을 빳빳하고 억세게 하기 위하여 부레를 끓인 물을 연줄에 먹이는 일. —하다.

부려먹다 제 이익을 채우기 위하여 마구 시키다.

부:록(附錄) ①본문에 덧붙인 기록. ②신문·잡지 따위에 덧붙여 발행하는 것.

부룩 곡식·채소를 심은 밭고랑 사이에 다른 농작물을 듬성듬성 심는 일.

부르다¹ ①사람을 오라고 소리치다. ②사람을 청하다. ③일컫다. ④노래하다.

부르다²(부르니, 불러서) ①뱃속이 차서 가득하다. ②사람이나 물건의 배가 통통하다.

부르르 춥거나 무서워서 몸을 움츠리면서 갑자기 몸을 부들부들 떠는 모양. 짝보르르.

부르짖다 ①소리를 크게 지르다. ②큰 소리로 떠들다. ③목소리를 높여 울다. 비외치다.

부르트다 ①살가죽이 들뜨고 속에 물이 괴다. ②물것에 물리어 살이 부어 오르다.

부릅뜨다 남이 보기 사납게 눈을 크게 뜨다.

부리 ①새나 짐승의 주둥이. ②물건의 끝이 뾰족한 곳.

부리나케 ①빨리. 급히. ②쉬지 않고 펄쩍.

부리다 ①일을 시키다. ②사람

을 쓰다. ③짐을 내려놓다. ④재주나 꾀 따위를 피우다. ⓐ심술을 부리다.

부리부리하다 눈방울이 무섭도록 크고도 생기가 있다.

부모(父母) 아버지와 어머니. [비]어버이. 양친. [반]자식. 자녀. [예]부모 처자.

부부(夫婦) 남편과 아내. [비]내외. [예]부부 유별.

부분(部分) 전체가 못 되는 한 쪽. [반]전부. 전체.

부분 집합 어떤 집합에 포함된 원소들만으로 이루어진 집합.

부분품 전체 중의 한 조각을 이루는 물건.

부산(釜山) 한반도의 남동쪽에 있는 우리 나라 제일의 항구 도시로 광역시임.

부산하다 떠들썩하고 바쁘다.

부삽(一鍤) 숯불이나 아궁이의 재 따위를 담아 옮기는 데 쓰는 삽.

부:상(負傷) 몸을 다치어 상처가 남. [비]상이. [예]우리 아저씨는 6·25 때 팔을 부상당했다. —하다.

부:상병 전쟁에서 몸을 다쳐 상처가 난 병사. [비]상이 군인.

부서(部署) 일을 나누어 맡은 부분.

부서지다 단단한 물건이 잘게 깨어져 흩어지다. [작]바서지다. [예]부서진 바위.

부석사 무량수전 고려 중기에 지은 우리 나라에서 현재 남아 있는 가장 오래 된 목조 건물. 경상 북도 영주 부석사에 있음.

부:설(附設) 일이나 물건을 어느 것에 딸려서 설치함. [예]부설 중학교. —하다.

부소산(扶蘇山) 부여 북쪽에 있는 작은 산. 낙화암·고란사 등의 고적이 남아 있음.

부:속(附屬) 무슨 일이나 물건에 딸려서 붙음. [예]부속 병원. —하다.

부:송하다(付送一) 물건을 부치어 보내다.

부수(部首) 옥편에서 글자를 찾는 길잡이가 되는 한자의 한 부분.

부수(部數)[—쑤] ①부류의 수. ②책의 수효. ③신문·잡지 따위의 수효. [예]발행 부수.

부수다 여러 조각이 나게 두드려 깨뜨리다. [작]바수다. [예]유리창을 부수다.

부스러기 잘게 부스러진 찌끼. [작]바스라기.

부스럼 살갗이 헐어서 생기는 종기. [비]헌데.

부스스 천천히 느리게 움직이는 모양. [예]눈을 부스스 뜬다.

부시 부싯돌을 쳐서 불을 일으키는 데 쓰는 쇳조각.

부시다 광선이나 색채가 마주 쏘아 눈이 어리어리하다.

부:식토(腐植土) 식물이 썩어서 된 검은 흙으로 농사에 좋음. [준]부토.

부실하다(不實一) ①몸이 튼튼하지 않다. ②재산이 넉넉지 못하다. ③내용이 충실하지 않다. [예]책이 부실하다.

부아 ①동물의 호흡을 맡은 부분. [비]허파. ②분한 마음.

부양(扶養) 혼자 살아갈 능력이 없는 사람의 생활을 돌봄. [예]

부양 가족. —하다.
부:언(附言) 덧붙여서 하는 말. 또는 말함. —하다.
부:업(副業) 본 직업 이외에 하는 벌이. 맨본업. —하다.
부엉이 소리도 제가 듣기에는 좋다고〈속〉 자기의 단점을 자기는 잘 모른다.
부엌 음식을 만드는 곳.
부엌에서 숟가락을 얻었다〈속〉 하잘것없는 일을 성공이나 한 듯이 자랑한다.
부여(扶餘) 충청 남도 부여군의 군청 소재지. 옛날 백제의 수도로 옛 이름은 사비임.
부:엽토(腐葉土) 풀이나 나무 따위의 낙엽 같은 것이 썩어서 이루어진 흙.
부:원수(副元帥) 군대를 지휘하는 원수 다음가는 자리. 또는 그 사람.
부위(部位) 전체에 대한 부분의 위치. 예허리 부위.
부:유(富裕) ①재산이 많음. ②살림이 넉넉함. 비부강. 풍족. 맨가난. 빈곤. 빈궁. 예부유한 생활. —하다.
부인(夫人) 남의 아내를 부를 때 쓰는 말.
부:인(否認) 그렇다고 인정하지 아니함. 비부정. 맨시인. 예그런 일은 한 적이 없다고 부인한다. —하다.
부:임(赴任) 임명을 받아 일할 곳으로 감. 예시골 학교로 부임하여 가다. —하다.
부자(父子) 아버지와 아들. 맨모녀.
부:자(富者) 돈이 많은 사람. 살림이 넉넉한 사람. 비부호.
맨가난뱅이. 빈민. 빈자.
부자연(不自然) 어울리지 않음. 자연스럽지 못함. 비어색. 맨자연. 예아이가 어른 흉내를 내면 참 부자연스럽게 보인다. —하다. —스럽다.
부:잣집 재산이 많아 살림이 넉넉한 사람의 집.
부:전강(赴戰江) 함경 남도 서부를 북으로 흐르는 장진강의 지류. 길이 121km임.
부정(不正) ①바르지 않음. ②옳지 못함. 예부정 사건에 휩싸이다. —하다.
부:정(否定) 그렇다고 인정하지 아니함. 비부인. 맨긍정. —하다.
부조(扶助) ①도와 줌. ②잔칫집이나 초상집에 금품을 보냄. 예부조금. —하다.
부조는 않더라도 제상다리는 치지 말라〈속〉 도와 주지는 못할 망정 방해나 하지 말라.
부:조정실(副調整室) 방송실에서 나오는 방송을 1차로 받아서 고르게 하는(조정하는) 방.
부족(不足) ①모자람. ②만족하지 못함. 맨풍족. 충분. 흡족. 예경험 부족. —하다.
부족(部族) 공통의 조상·언어·종교 등을 가진, 원시 또는 미개 사회의 구성 단위인 지역적 생활 공동체.
부족 국가 원시 사회에 있어서, 부족에 의하여 형성된 국가.
부족 사:회 같은 언어와 종교를 갖는 원시적 민족이 이루는 사회. 씨족과 민족의 중간 사회 집단으로 한 지역에 사는 사람들로 이루어졌음.

부주의(不注意) 주의하지 아니함. 땐주의. —하다.
부지깽이 불 땔 때에 아궁이의 불을 헤치는 막대기.
부지런하다 일을 꾸준히 하다. 비근면하다. 반게으르다. 예순이는 무슨 일이든지 열심히 하며 부지런하다.
부지중(不知中) 알지 못하는 사이. 모르는 동안.
부질없다 쓸데없다. 보람없다.
부:착(附着·付着) 딱 붙어서 떨어지지 않음. —하다.
부채 손에 쥐고 흔들어 바람을 일으키는 물건.
부:채(負債) 남에게 진 빚. 비빚. 예부채를 청산하다.
부채꼴 한 원에서 두 반지름과 그에 대한 원의 한 부분으로 된 부채 모양의 도형.
부챗살 부채를 만드는 여러 개의 대나무 가지.
부처 불교를 처음으로 세운 사람인 석가모니.
부:처(夫妻) 남편과 아내. 내외. 부부.
부처 밑을 기울이면 삼거웃이 드러난다(속) 점잖은 사람이라도 내면을 들추면 추저분한 일이 없지 않다.
부:추 잎은 파와 비슷하고 특이한 냄새가 나는 풀로 양념·잡채에 씀.
부:추기다 어떤 일을 하도록 옆에서 들쑤시다.
부:축 옆에서 겨드랑이나 팔을 잡아 도와 주는 것. 예할머니를 부축하여 차에 오르시게 하였다. —하다.
부치다 ①힘이 모자라다. ②부채로 흔들어서 바람을 일으키다. ③편지나 물건을 보내다. 예이 편지를 부치고 오너라. ④농사를 짓다.
부친(父親) 아버지. 반모친.
부:탁(付託) ①말을 잘해 둠. ②당부함. ③맡김. 비청탁. 당부. 예할머니는 나이 어린 손녀 영희를 잘 보살펴 달라고 이웃 사람에게 부탁하고 돌아가셨다. —하다.
부탄(Bhutan) 인도의 동북부, 히말라야 산맥 속에 있는 왕국. 수도는 팀부.
부터 시작의 뜻을 나타내는 말. 반까지. 예처음부터 끝까지.
부:패(腐敗) ①썩음. ②썩어서 냄새가 남. 예부패 식품. ③타락함. —하다.
부풀다〔부푸니, 부풀어서〕 ①종이나 피륙 따위에 부푸러기가 일어나다. ②살가죽이 부르터오르다. ③몹시 즐겁거나 희망에 넘쳐서 마음이 들떠 있다. ④물체가 늘어나면서 부피가 더 커지다. 반오그라들다.
부품(部品) 어떤 물체를 만드는 데 부분적으로 필요한 물건.
부피 물건이 차지하고 있는 공간 부분의 크기.
부하(部下) ①남의 명령을 받아 움직이는 사람. ②남의 밑에 있는 사람. 비상사. 졸병. 반우두머리.
부:합(附合) 서로 맞대어 붙음. 비일치. —하다.
부형(父兄) 아버지와 형.
부호(符號) 표. 표시. 비기호.
부:호(富豪) 재산이 많고 권세가 있는 사람. 비부자.

부화기(孵化器) 가축의 알이나 물고기의 알을 인공적으로 깨게 하는 기구. 비부란기.

부화실 알을 깨는 장소.

부ː활(復活) ①죽었다가 다시 살아남. ②다시 일어남. 비소생. 재생. 예화랑 정신을 부활시키자. —하다.

부ː흥(復興) 다시 일으킴. 또는 다시 일어남. 비재건. 반쇠퇴. 예문예 부흥 운동. —하다.

북¹ 나무로 둥글게 통을 만들고 양쪽에 가죽을 팽팽하게 매어 방망이로 치면 둥둥 소리가 나는 악기.

북² 베틀에 딸린 기구의 하나. 씨실의 꾸리를 넣는 나무통.

북(北) 북쪽. 반남.

북(book) 책.

북극(北極) 지구의 북쪽 끝. 반남극. 예북극 탐험.

북극성 북극 가까이 있는 별로 위치가 변하지 않아 밤에 북쪽 방위의 지침이 됨.

북극 지방 한계는 분명하지 않으나 대체로 북위 66°30′의 북쪽 지방. 반남극 지방.

북대서양 조약 기구 미국·영국·캐나다·프랑스 등 16개국에 의해 설립된 집단 안전 보장 조직. 나토(NATO).

북데기 짚 또는 풀 따위가 엉클어진 뭉텅이.

북돋우다 ①뿌리에 흙을 덮어서 식물을 기르다. ②사람을 가르쳐 기르다. ③기운·정신을 더욱 높여 주다. 예시험 점수가 나빠서 힘을 잃은 동생에게 나는 좋은 말로 힘을 북돋우어 주었다.

북동 구성(北東九城) 고려 시대 (1107)에 윤관이 별무반을 이끌고 함흥 평야의 여진족을 내몰고 아홉 곳에 쌓은 성.

북동 육진 조선 시대 세종 때 김종서가 함경도 지방에 여진족을 몰아내고 설치한 국방상의 요지 여섯 곳.

북두 칠성(北斗七星)[—썽] 북쪽 하늘에 국자 모양으로 벌여 있는 일곱 개의 뚜렷하게 보이는 별.

북만주(北滿洲) 만주의 북부 지방. 반남만주.

북반구(北半球) 적도를 중심으로 지구를 등분했을 때의 적도 이북. 반남반구.

북받쳐오르다 마음속에서 치밀어 오르다. 예합격되었다는 소식을 듣고 북받쳐오르는 기쁨을 참지 못하였다.

북부형(北部形) 북부에서 쓰이는 형태.

북서(北西) 북쪽과 서쪽의 중간이 되는 방향. 반남동.

북서 사ː군 조선 세종 때 북서 방면의 여진족을 막기 위하여 압록강 상류 지방에 설치한 국방상의 요지 네 곳.

북서풍 북서쪽에서 불어오는 바람. 반남동풍.

북송(北送) 물건이나 사람을 북쪽으로 보냄. —하다.

북씨 지구의 북반구에 있는 씨줄. 반남씨.

북어(北魚) 말린 명태. 반동태. 예북어포.

북은 칠수록 소리가 난다〈속〉 못된 사람과는 다툴수록 손해만 더 커진다.

북쪽 해가 돋는 동쪽을 향하여 왼쪽. 凹북방. 凹남쪽.

북채 북을 치는 방망이.

북풍(北風) 북쪽에서 불어오는 바람. 凹남풍.

북한(北韓) 우리 나라의 휴전선 이북의 지방. 凹남한.

북해(北海) ①영국의 동해안과 유럽 대륙과의 사이에 있는 바다. 청어·대구가 많이 남. ②함경 북도의 동쪽 바다.

분 사람을 가리킬 때 높여 부르는 말. 凹저분이 철수의 할아버지이시다.

분(分) ①날도·씨도의 단위. 곧 1도의 60분의 1. ②시간의 단위. 곧 1시간의 60분의 1.

분:(忿) 억울한 일을 당하였을 때 마음속에 치미는 노여움. 凹분을 참지 못하다.

분(盆) 흙을 담아 화초나 나무를 심는 그릇.

분(粉) ①가루. 凹소맥분. ②얼굴에 바르는 백분. 凹얼굴에 분을 바르다.

분간(分揀) ①이것과 저것을 구별함. ②죄를 용서함. —하다.

분:개(憤慨) 매우 분하게 여김. 몹시 성냄. —하다.

분계(分界) 서로 나누인 두 땅의 경계. 凹군사 분계선.

분기 점(分岐點)[—쩜] 갈라져 나가는 곳. 갈라진 곳.

분꽃 잎은 둥글고, 꽃은 나팔꽃 비슷한데 그보다 작고, 씨 속에 흰 가루가 들어 있는 풀.

분:노(忿怒) 분하여서 몹시 성을 냄. —하다.

분단(分團) ①한 단체를 작게 나눈 그 부분. ②한 학급을 몇으로 나눈 그 하나. 凹삼 분단. —하다.

분단(分斷) 여러 개로 나누어 끊음. 나누어 자름. —하다.

분담하다(分擔—) 갈라서 맡다. 凹일을 분담하다.

분동(分銅) 저울에서 물건의 무게를 달 때에 쓰는 추.

분란(紛亂) 어수선하고 떠들썩함. —하다.

분:량(分量) 부피·수량·무게 등의 적고 많은 정도.

분류(分類) 종류를 따로 구별함. 凹분류 작업. —하다.

분리(分離) 서로 따로 나누어서 떨어지거나 갈라서 떼어 놓음. 凹결합. —하다.

분립(分立) 각각 나누어져서 따로 섬. —하다.

분망하다(奔忙—) 매우 바쁘다.

분명하다(分明—) 똑똑하다. 밝다. 환하다. 凹확실하다. 명확하다. 凹희미하다. 불분명하다. 凹분명한 태도.

분모(分母) 수학의 분수에서 가로 그은 선의 아래에 있는 수. 1/5의 5 따위. 凹분자^2.

분:무기(噴霧器) 물이나 약품을 안개처럼 흩어 뿜는 기구.

분:발(奮發) 마음과 힘을 돋우어 일으킴. 凹축구 시합에 진 우리 학교 선수들은 다시 분발하여 맹렬한 연습을 하고 있다. —하다.

분배(分配) 몫몫이 고르게 나누어 줌. —하다.

분별(分別) ①사물의 이치를 아는 것. ②가려냄. —하다.

분별없다 세상 물정을 알아서 가리지 못하다.

분부(吩咐) 아랫사람에게 명령하는 말. 비명령. 예아버지께서 분부하시는 일은 무엇이든지 다 해낼 수 있다. —하다.

분분하다(紛紛—) ①말썽이 많다. ②의견이 많다. ③어수선하다. ④뒤숭숭하고 시끄럽다.

분비(分泌) ①액즙이 스며 나옴. ②선세포의 작용에 의하여 특수한 액즙을 만들어 배출하는 기능. —하다.

분산(分散) 갈라져서 이리저리 흩어짐. 반결합. 예인구 분산 정책. —하다.

분석(分析) 낱낱이 나누어서 가름. —하다.

분쇄(粉碎) 가루처럼 잘게 부스러뜨림. 예분쇄기. —하다.

분:수¹(分數) ①자기 처지에 적당한 한계. 예자신의 분수에 맞게 살다. ②사물을 구별할 줄 아는 지혜. 예분수도 모르는 철부지.

분수²(分數) [—쑤] 어떠한 수효나 분량을 몇으로 나누어 가를 때에 두 수의 관계를 나타내는 수. 1/2, 2/3, 2/5 따위.

분:수(噴水) ①물을 뿜음. 또는 그 물. ②물을 뿜어 내게 만든 설비. 〔분수〕

분수령(分水嶺) 양쪽으로 갈라져 흐르는 물의 경계가 되는 산 또는 산맥.

분실하다(紛失—) 잃어버리다. 예지갑을 분실했다.

분야(分野) 어디에 딸린 범위나 환경. 비부문. 예과학 분야.

분양(分讓) 큰 덩이를 갈라 넘겨 줌. 예토지 분양. —하다.

분업(分業) 같은 관계가 있는 일을 여럿으로 나누어서 함. 비협업. —하다.

분업화 분업 형태로 되어감. —하다.

분에 심어 놓으면 못된 풀도 화초라 한다(속) 못난 사람도 좋은 지위만 얻게 되면 그럴싸해 보인다.

분:연히(奮然—) 힘을 내어 일어나는 모양.

분열(分列) 여럿으로 찢어져 나누임. 반통일. —하다.

분:외(分外) 분수에 넘치는 일.

분위기(雰圍氣) ①지구를 싸고 있는 대기. ②어떤 경우를 싸고 있는 한 때의 기분.

분유(粉乳) 우유에서 물기를 증발시키고 가루 모양으로 한 것. 가루우유.

분자¹(分子) 물질을 아주 잘게 나눈 알갱이.

분자²(分子) 수학의 분수에서 가로 그은 선의 위에 있는 수. 1/5의 1 따위. 반분모.

분잡하다(紛雜—) 사람이 많이 모여 북적거리다.

분주하다(奔走—) 일이 많아 몹시 바쁘다. 분망하다. 바쁘다. 반한가하다. 예농부가 분주히 일을 하고 있다.

분지(盆地) 산 따위의 높은 땅으로 둘러싸인 평평한 땅.

분:출(噴出) 내뿜음. 뿜어 냄. 예석유가 분출하다. —하다.

분침(分針) 시계의 분을 가리키는 긴 바늘.

분:통(憤痛) 몹시 분하여 마음이 쓰리고 아픔. —하다.

분통터지다 썩 분한 마음이 치밀어오르다.

분:투(奮鬪) 있는 힘을 다하여 맹렬히 싸움. 예고군 분투하다. —하다.

분포(分布) ①여러 곳으로 퍼져 있음. ②나누어서 널리 퍼뜨림. —하다.

분:풀이 분하고 원통한 마음을 풀어 버림. —하다.

분필(粉筆) 칠판에 글씨를 쓰는 흰 가루로 만든 물건. 백묵.

분:하다(忿—) ①억울하고 원통하다. ②아깝다.

분할(分割) 쪼개어 나눔. 예토지 분할. —하다.

분합(分閤) 대청 앞에 드리는 네 쪽의 긴 창살문.

분해(分解) 한 물질이 두 가지 이상의 물질로 나뉘어지는 화학적 변화. —하다.

분해자 죽은 생물체를 물이나 거름·기체 등으로 분해하여 물이나 흙, 또는 대기 중으로 되돌리는 구실을 하는 생물. 곰팡이와 세균 등.

분홍(粉紅) 엷고 고운 붉은빛.

분:화구(噴火口) 화산의 불을 내뿜는 구멍.

분:황사 석탑(芬皇寺石塔) 신라 선덕 여왕 때 경상 북도 경주시 분황사에 세운 탑. 현재는 일부만 남아 있음.

붇:다〔불으니, 불어서〕 ①물에 젖어서 부피가 부풀어 커지다. ②수효가 많아지다.

불 ①물건이 탈 때 붉게 빛나는 것. ②등에 켜서 어두운 곳을 밝히는 것.

불가능(不可能) 될 수 없는 것. 반가능. 예해 보지도 않고 불가능하다는 말은 당치도 않다. —하다.

불가리아(Bulgaria) 발칸 반도 동부에 있는 공화국. 수도는 소피아.

불가불(不可不) 꼭. 반드시.

불결하다(不潔—) 깨끗하지 못하고 지저분하다. 반청결하다. 깨끗하다.

불고기 살코기를 얇게 저며서 양념을 하여 재었다가 불에 구운 고기.

불고하다(不顧—) 돌아보지 아니하다. 관계하지 아니하다.

불공평(不公平) 공평하지 아니함. 반공평. —하다.

불과(不過) 지나지 아니함. 그 정도 밖에 아니됨. 예내 동생은 입학한 지 불과 몇 주일 만에 책을 읽게 되어 집안 식구들을 놀라게 하였다. —하다.

불교(佛敎) 인도의 석가모니가 세운 종교.

불구자(不具者) 몸이 온전하지 못한 사람. 비병신.

불구하고(不拘—) '에도', '는데도' 다음에 붙어서 앞의 말뜻을 뒤집어 뒷말에 이어지게 하는 말. 예책이 있음에도 불구하고 읽지 않는다.

불국사(佛國寺) 경상 북도 경주시 남쪽 토함산 기슭에 자리잡은 절. 541년(신라 법흥왕 27년)에 처음 지어, 임진왜란 때 불탔으나, 조선 시대 영조 때 다시 지어 대웅전과 극락전이 남아 있음. 최근에는 옛 모습대로 복원되었음.

불그레하다 조금 곱게 불그스름

불그스름하다 하다. 〈작〉불그레하다.
불그스름하다 조금 붉다. 〈준〉불그름하다. 〈작〉볼그스름하다. 〈센〉뿔그스름하다.
불긋불긋 붉은 점이 군데군데 있는 모양. —하다.
불기[—끼] 불을 때서 생기는 따뜻한 기운. 〈비〉화기.
불길[—낄] ①활활 타오르는 불꽃. ②세찬 기세로 전개되는 어떤 현상의 비유. 〈예〉방방곡곡에서 독립 운동의 불길이 일어났다.
불길하다(不吉—) ①좋지 않다. ②좋지 아니한 일이 있다.
불꽃 ①쇠붙이나 돌 같은 것이 서로 부딪칠 때 일어나는 불빛. ②기체가 타고 있는 것.
불꽃놀이 밤하늘에 화포를 쏘아 올려 불꽃이 일어나게 하는 놀이. 주로 경축이나 기념 행사 때에 함.
불꽃심 불꽃 중심의 어두운 부분. 기체로 변한 물질이 타지 않는 상태임.
불끈 ①물 속에서 떠오르는 모양. ②공중으로 솟아오르는 모양. ③성을 왈칵 내는 모양. ④주먹을 단단히 쥐는 모양. 〈예〉매를 맞고 화가 나서 주먹을 불끈 쥐었다.
불난 데 부채질한다〈속〉 엎친 데 덮치는 격으로 불운한 사람을 더 불운하게 만들거나 성난 사람을 더 성나게 한다.
불난 집에서 불이야 한다〈속〉 ①제 밑이 구린 사람이 남이 할 말을 제가 한다. ②자기의 나쁜 일을 자기가 말한다.
불:다¹〔부니, 불어서〕 바람이 일어나다. 〈예〉찬바람이 불다.
불:다²〔부니, 불어서〕 ①악기를 연주하다. 〈예〉피리를 불다. ②자기의 죄를 자백하다.
불도:저(bulldozer) 땅을 다지거나 지면을 고르고 편평하게 하는 토목 공사용 기계. 트랙터의 앞머리에 호미처럼 생긴 커다란 철판이 달려 있음.
불똥 ①심지의 끝이 다 타고 난 작은 불덩이. ②타는 물건에서 튀는 작은 불덩이.
불량(不良) ①착하지 못하고 행실이 나쁨. ②물건의 질이 좋지 않음. —하다.
불러오다 불러서 오게 하다. 〈예〉의사를 불러오다.
불로초(不老草) 먹으면 늙지 않는다는 전설의 풀.
불리(不利) 이롭지 아니함. 해로움. 〈반〉유리. —하다.
불만(不滿) 마음에 흡족하지 아니함. 〈비〉불평. 〈반〉만족. —하다. —스럽다.
불면 꺼질까 쥐면 터질까〈속〉 자녀를 아주 소중히 기름.
불목 온돌 아랫목의 가장 더운 자리.
불목(不睦) 사이가 서로 좋지 아니함. 〈예〉서로 불목하여 왕래가 없다. —하다.
불민하다(不敏—) 어리석고 둔해 민첩하지 못하다.
불발탄(不發彈) 쏜 뒤에도 터지지 않은 총탄이나 포탄.
불법(不法) 법에 어그러짐. 〈비〉위법. 〈반〉합법. —하다.
불변(不變) 변하지 아니함. 〈반〉변화. —하다.
불복(不服) 복종하지 아니함.

불분명하다(不分明—) 분명하지 못하다. 凡분명하다.
불붙는 눈초리 불이라도 붙을 듯이 열렬한 눈매.
불붙다 ①불붙은 것처럼 세차게 일어나다. 몌싸움이 다시 불붙다. ②불이 붙어 타오르다.
불사신(不死神)[—싸—] 어떤 고통이라도 견디어 내는 강한 신체.
불사약(不死藥)[—싸—] 먹으면 죽지 않는다는 전설의 약.
불상(佛像)[—쌍] 부처의 모습을 새긴 것이나 그린 것.
불손하다(不遜—)[—쏜—] 공손하지 아니하다. 몌행동이 불손하다.
불쌍하다 가엾고 애처롭다. 동정할 만하다.
불쑥 갑자기 쑥 내밀거나 나타나는 모양. 작볼쏙. 몌불쑥 손을 내밀다.
불씨 언제나 불을 붙일 수 있게 불을 이어 나가는 불덩이.
불안(不安) ①마음이 평안하지 아니함. ②세상이 떠들썩하여 편안하지 아니함. 凡걱정. 凡안심. 몌거짓말을 하여 불안하다. —하다.
불어나다 본디보다 커지거나 많아지다. 몌강물이 불어나다.
불어넣다 안으로 들어가게 하여서 지니게 하다.
불에 놀란 놈이 부지깽이만 보아도 놀란다〈속〉 무엇에 몹시 놀란 사람은 그에 관련 있는 물건만 보아도 겁을 낸다.
불온하다(不穩—) ①온당하지 아니하다. ②사리에 어그러지다. ③험상궂다.
불완전(不完全) 완전하지 못함. 凡완전. —하다.
불우(不遇) 좋은 때를 못 만나 세상에 잘 쓰이지 못함. 복이 없음. 凡불행. —하다.
불원간(不遠間) 멀지 아니하여. 며칠 안 되어서.
불유쾌하다(不愉快—) 유쾌하지 아니하다. 즐겁지 않다.
불의(不意) 뜻밖에 생각지 아니하던 판. 凡뜻밖. 의외.
불의(不義) 의롭지 못함. 옳지 못함. 凡정의. 불의에 항거하다. —하다.
불집을 건드린다〈속〉 위험한 짓을 사서 한다.
불찰(不察) 자세히 살펴보지 아니한 까닭으로 생긴 잘못.
불초자(不肖子) 부모에게 대하여 자기를 일컫는 말.
불친절하다(不親切—) 친절하지 아니하다. 凡친절하다.
불쾌(不快) 마음이 유쾌하지 아니함. 凡유쾌. 상쾌. —하다.
불타다 불이 붙어서 타다.
불통(不通) ①교통이 막혀서 통하지 못함. ②세상일에 어둡거나 눈치를 알아채지 못함. 몌소식 불통.
불편(不便) ①편하지 못함. ②편리하지 않음. 凡편리. 몌수도가 없어서 물을 길어다 먹는 것이 매우 불편하다. —하다.
불평(不平) ①남을 원망함. ②만족을 느끼지 못함. 凡불만. 凡만족. —하다.
불필요(不必要) 필요하지 않음. 凡필요. —하다.
불합격(不合格) 합격하지 못함.

불행 또는 일정한 기준에 미치지 않음. 便합격. —하다.
불행(不幸) ①복이 없음. ②운수가 나쁨. 비불우. 便다행. 행복. 예영희는 불행히도 어머니를 일찍 여의었다. —하다.
불허(不許) 허락하지 아니함. 便허가. 허락. —하다.
불현듯이 갑자기 생각이 치밀어 걷잡을 수 없게. 예하늘을 보니 불현듯이 고향에 가고 싶은 생각이 간절하다.
불화(不和) 화목하지 못함. 사이가 좋지 못함. —하다.
불화살 화살 끝에 불을 붙여 쏘는 화살.
불효(不孝) 어버이를 잘 섬기지 아니함. 예불효 막심. —하다.
불후(不朽) ①썩지 않음. ②영원히 전하여 없어지지 않음. 예불후의 명작. —하다.
붉다〔북따〕 빛이 핏빛 같다.
붉히다〔불키—〕 성이 나거나 부끄러워 얼굴을 붉게 하다.
붐비다 ①사람들이 들끓어서 복잡하다. 예기차가 붐비다. ②사물이 한데 엉클어져 복잡하다. 예일이 붐비다.
붓 ①글씨를 쓰고, 그림을 그리는 데 쓰는 물건. ②털붓·연필·철필·만년필 따위.
붓:다¹〔부으니, 부어서〕 ①액체를 그릇에 쏟다. ②씨앗을 뿌리다. ③이자를 치르다.
붓:다²〔부으니, 부어서〕 ①살가죽이 부풀어 오르다. 예얼굴이 붓다. ②성이 나다. 예욕을 먹고 잔뜩 부어 있다.
붓두껍 붓의 촉에 끼우는 뚜껑. 붓대보다 조금 굵은 대나무 따위로 만듦.
붕대(繃帶) 몸을 다쳤을 때 약을 바르고 아픈 곳을 묶는 좁고 길게 오린 헝겊.
붕붕 ①벌이 날개를 떨어서 내는 소리. ②자동차 따위에서 연해 울리는 경적 소리.
붕산(硼酸) 양칫물이나 의약품으로 쓰이는 물질 중의 하나. 무색 투명하며 뜨거운 물이나 알코올에 녹음.
붕:어 몸이 잉어 같으나, 좀 작은 민물고기.
붙다 ①마주 닿다. ②합하다. ③떨어지지 않다. ④불이 옮아서 당기다. ⑤좇아서 따르다.
붙들다〔붙드니, 붙들어서〕 ①손으로 쥐고 놓지 않다. ②가지 못하게 하다. ③도와 주다. 예버스 안에서 노인을 붙들다.
-붙이〔부치〕 ①가까운 일가. 예일가붙이. ②딸리어 있는 같은 종류. 예쇠붙이.
붙이다〔부치—〕 ①붙게 하다. 便떼다. ②거간하거나 소개하다. ③손으로 때리다. 예한 대 올려붙이다.
붙임줄〔부침쭐〕 악보에서 같은 높이의 두 음을 한 음과 같이 소리내는 것을 나타내는, 음표와 음표를 건너지른 좁은 줄. '⌒'으로 나타냄.
붙잡다 ①붙들어 쥐다. ②달아나는 것을 잡아 오다. ③벌이할 자리를 얻다. 便놓치다.
붙잡아매다 다른 것에다 붙들어 묶다. 예개를 붙잡아매다.
브라스 밴드(brass band) 금속제의 관악기를 중심으로 편성

브라질(Brazil) 남아메리카의 동부에 있는 연방 공화국. 수도는 브라질리아.

브람스(Brahms, 1833~1897) 독일의 신고전파 음악가. 작품에는 〈헝가리 춤곡〉·〈자장가〉·〈독일 진혼곡〉 등이 있음.

브로우치(brooch) 웃저고리나 깃에 핀이나 줄로 꽂거나 다는 장식품.

블라디보스토크(Vladivostok) 러시아 동부의 연해주 남쪽에 있는 항구 도시.

블라우스(blouse) 여자나 아이들의 겉에 입는 셔츠 모양의 낙낙한 윗옷의 한 가지.

비 ①하늘에서 떨어지는 물방울. ②먼지나 쓰레기를 쓸어내는 기구.

비:(比) 두 개 이상의 수량을 가로로 써서 그 사이에 ':'를 넣어서 두 수의 비율을 나타내는 것. —하다.

비:겁(卑怯) 겁이 많아서 더럽게 행동하는 태도. 비비열. 반용감. —하다.

비격 진:천뢰(飛擊震天雷) 1592년 화포공 이장손이 만든 특수한 폭탄. 일종의 박격포와 같은 무기.

비:결(祕訣) 감추어 두고 남에게 알리지 아니하는 썩 좋은 방법. 비비법.

비:고(備考) 참고하기 위하여 갖춤. 또는 갖추어 놓은 것. 예비고란.

비관(悲觀) 세상의 사물을 슬프게만 봄. 반낙관. —하다.

비:교(比較) 둘을 서로 대어서 견주어 봄. —하다.

비:구니(比丘尼) =여승.

비:굴하다(卑屈—) 용기가 없고 마음이 고상하지 아니하다. 예비굴한 행동.

비극(悲劇) ①슬픈 일을 나타낸 연극. ②매우 비참한 일. 비참극. 반희극.

비:근(卑近) 늘 보고 늘 쓸 수 있을 정도로 흔함. —하다.

비금속 원소 산소·질소·염소·탄소 등 금속의 성질이 없는 원소를 통틀어 일컫는 말.

비기다 ①견주어서 지고 이김을 가려내지 못하다. ②서로 견주어 보다. ③셈할 것을 엇셈하다. 비겨루다.

비꼬다 ①비틀어 꼬다. ②말로는 칭찬하나 속으로는 욕보는.

비꼿거리다 ①일이 될 듯 될 듯 하면서도 잘 아니 되다. ②서로 맞지 아니하여 자꾸 어긋나며 소리가 나다.

비끼다 ①비스듬하게 놓이거나 늘어지다. 예칼을 비껴 차다. ②비스듬히 비치다. 예산기슭에 석양이 비끼다.

비난(非難) 남의 잘못을 나무람. 남의 결점을 비웃음. 비비방. 반칭송. 칭찬. 찬송. 예사람은 남에게 비난받을 짓은 하지 말아야 한다. —하다.

비녀 여자의 쪽진 머리에 꽂는 장신구.

비누 때를 씻을 때 쓰는 물건.

비늘 물고기의 몸 표면을 덮고 있는 둥글고 단단한 조각.

〔비녀〕

비닐(vinyl) 주로 석탄산을 원료로 하여 만든 인조 섬유. 우비 등을 만듦.

비닐관 비닐로 만든 대롱.

비닐론 석탄과 석회석을 원료로 하여 만든 합성 섬유의 하나. 모포나 천막 등에 쓰임.

비닐 터널 화초나 채소를 일찍 가꾸기 위해 고랑을 따라 뼈대를 세우고 비닐을 씌운 온상의 한 가지.

비닐 하우스 작물의 추위를 막기 위해 비닐을 써서 온실처럼 만든 집.

비:다 속이 차지 않다. 속에 아무것도 없다. 밴차다.

비단(非但) '다만'의 뜻으로 부정을 나타내는 말. 예비단 그것만을 말하는 게 아니다.

비:단(緋緞) 명주실로 짠 피륙을 통틀어 일컬음.

비:단결[―결] 비단의 곱고 보드라운 짜임새.

비:둔하다(肥鈍―) 살이 쪄서 동작이 느리다.

비둘기 몸이 그리 크지 않고, 부리와 다리는 짧고, 날개는 크고 굳세며, 길들이기 쉽고, 방향을 잘 기억하는 새.

비듬 머리에서 생기는 살가죽의 부스러기.

비:등하다(比等―) 비교하여 보기에 서로 비슷하다.

비디오(video) ①음성에 대해 '화면'을 가리키는 말. 밴오디오. ②소리와 화면을 기록하고 재생하는 장치인 '비디오 테이프 리코더'의 준말.

비뚜로 바르지 않게. 한쪽으로 기울어지게. 밴바로.

비뚤어지다 ①중심을 잃고 한쪽으로 기울어지다. ②마음이 바르지 못하고 비꼬이다. 좩배뚤어지다. 셴삐뚤어지다. 예비뚤어진 마음.

비렁뱅이 거지.

비:례(比例) ①서로 견주어 봄. ②수를 서로 견주어 같은 관계를 셈하는 법. ―하다.

비:례 배:분 어떤 양을 주어진 비의 값에 따라 나누는 셈법.

비:례 상수 두 변수의 비가 일정한 식에서 비례 관계를 나타내는 데 쓰이는 정수.

비:례식 두 개의 비가 같음을 등식으로 나타낸 식.

비로소 처음으로. 마침내. 비이미. 예나는 비로소 그 이치를 깨달았다.

비록 가령. 아무리. 암만. 비다만. 예힘은 비록 약하나 마음만은 굳세다.

비롯하다 처음으로 시작하다. 예아버지를 비롯하여 온 집안 식구가 모두 즐겁게 노래를 부르며 놀고 있다.

비:료(肥料) 거름.

비:료 공장 비료를 만들거나 가공하는 곳.

비:루하다(鄙陋―) 마음이 고상하지 아니하고 더럽다.

비리다 ①생선의 냄새가 나다. ②날콩을 씹을 때의 맛이 있다. 좩배리다.

비명(非命) 제 타고난 수명이 아님. 뜻밖의 재난으로 죽음. 밴천명. 예아까운 사람이 비명에 가다니.

비명(悲鳴) ①슬피 욺. ②매우 아프거나 급할 때에 지르는 외

비문 마디 소리. 凹환성. —하다.
비문(碑文) 비석에 새긴 글.
비:밀(祕密) 숨기어 남에게 알리지 아니하는 일. 凹기밀. 凹공개. —하다.
비:밀 선:거 선거 원칙의 하나. 자기가 누구에게 투표하였는지 남이 알지 못하도록 하는 선거 제도. 凹공개 선거.
비:밀히 남몰래. 예이 쪽지를 비밀히 그에게 전해야 한다.
비바람 비와 바람. 凹풍우.
비방(誹謗) ①비웃으며 욕함. ②남을 헐뜯어 말함. 凹비난. —하다.
비범(非凡) 평범하지 아니함. 남보다 뛰어남. —하다.
비:변사(備邊司) 조선 시대 군무의 일을 맡아보던 관청. 처음에는 변방의 방비를 목적으로 설립되었고, 왜란 후에는 문·무의 최고 결정 기관으로 그 권한이 강화되었다가, 고종 때 폐지되었음.
비분(悲憤) 슬프고 분함. 예비분의 눈물. —하다.
비비다 ①맞대어서 문지르다. ②손가락 끝이나 손바닥을 문질러서 사이에 든 것을 둥근 덩이로 만들다. ③한데 뒤섞어서 버무리다.
비비새 멧새의 한 가지. 부리가 길고 눈이 작으며 빛이 회색인 아름다운 새. 뱁새.
비빔밥 밥에 고기·채소 따위를 섞고 갖은 양념을 하여 섞어서 비빈 밥.
비상(非常) ①뜻밖에 급한 일. ②평범하지 않음. —하다.
비상구 위급한 일이 생겼을 때에 피할 수 있게 한 문.
비:서(祕書) 중요한 자리에 있는 사람 밑에서 그의 사무를 맡아보는 사람. 또는 그 직책.
비석(碑石) 넓적한 큰 돌에 그 사람의 공이나 내력을 적어 세운 것. 凹빗돌.
비:수(匕首) 잘 드는 짧은 칼.
비스듬하다 조금 기울어져 있다. 凹꼿꼿하다. 똑바르다.
비슬비슬 ①슬슬 피하는 태도로 자꾸 밖으로 도는 모양. ②탐탁스럽게 하기를 싫어하는 모양. —하다.
비슷비슷하다 여럿이 모두 비슷하다.
비슷하다 ①거의 같다. ②어지간하다. ③조금 비뚜려져 있다. 예비슷하게 걸린 액자.
비싸다 값이 많다. 싸지 않다. 凹싸다.
비쌔다 ①마음에는 있으나 안 그런 체하다. ②일부러 사양하는 태도를 하다.
비애(悲哀) 슬픔과 설움. 예인생의 비애를 느끼다.
비약(飛躍) 급격히 발전하거나 향상됨. —하다.
비:어(卑語) 낮추어 부르는 말.
비:옥(肥沃) 땅이 걸고 기름짐. 예비옥한 농토. —하다.
비올라(viola) 바이올린보다 조금 큰 현악기. 연주법 등이 바이올린과 거의 같고, 음률은 바이올린보다 5도씩 낮음.
비:용(費用) ①드는 돈. ②쓰는 돈. 凹경비.
비운(悲運) ①슬픈 운수. ②슬픈 운명.
비웃 청어를 식료품으로 일컫는

말. ㉠생선 비웃.
비웃다 흉을 보며 웃다. 코웃음을 치다. 깔보고 웃다. ㉠되지도 않을 일로 공연히 헛고생만 한다고 모두들 비웃었으나 그는 그치지 않았다.
비웃음 남의 흉을 보며 웃는 짓. ⓑ조소.
비유(比喩) 어떠한 사물의 의미를 다른 사물을 가지고 설명함. ―하다.
비:유법[―뻡] 어떤 것을 알기 쉬운 다른 것에 빗대어서 나타내는 표현의 한 방법.
비:육(肥育) 가축을 살찌게 기르는 일. ―하다.
비:율(比率) 어떤 수나 양의 다른 수나 양에 대한 비.
비제(Bizet,1838~1875) 프랑스의 가극 작곡가. 가극 〈카르멘〉을 발표하여 유명해졌는데, 작품에는 〈아를의 여인〉·〈조국〉 등이 있음.
비좁다 넓지 않다. ⓑ넓다.
비죽거리다 비웃거나 울려고 할 때 소리 없이 입끝을 앞으로 내밀어 실룩거리다. ㉼배죽거리다. ㉻삐죽거리다.
비:준(批准) 서명이 확정된 조약을 국가 원수가 심사하여 동의하는 일. ―하다.
비:중(比重) 어떤 물건의 무게와 그 부피와 같은 섭씨 4도의 물의 무게와의 비교.
비지 두부를 짜낸 찌끼.
비지땀 힘드는 일을 할 때에 쏟아져 나오는 땀.
비지 먹은 배는 연약과도 싫다 한다〈속〉 배가 잔뜩 부르면 연한 약과라도 식욕이 나지 않

는다.
비짓국 먹고 용트림한다〈속〉 아주 거친 음식을 먹고도 잘 먹은 체하고 거드름 부린다.
비참하다(悲慘―) ①보기에 끔찍하다. ②퍽 불쌍하다. ③가련하다. ④가엾다. ⓑ처참하다. ㉠그의 아버지는 사변 때 비참한 죽음을 당하셨다.
비척비척 다리에 힘이 없어서 걸음걸이가 어지럽게 억지로 걷는 모양. ㉠병든 노인이 비척비척 걸어오고 있습니다.
비:천(卑賤) 신분이나 지위가 낮고 천함. ⓑ귀중. ―하다.
비추다 ①빛을 내쏘아 밝게 하다. ②맞대어 보다. ③그림자를 나타내다.
비:축(備蓄) 미리 장만하여 저축해 둠. ㉠식량을 비축해 두다. ―하다.
비:취(翡翠) 빛이 푸른 옥.
비:취빛[―삗] 곱고 아름다운 푸른 빛깔. ㉠비취빛 하늘.
비치다 ①환하게 되다. ②그림자가 보이다. ③드러나다.
비:커(beaker) 물을 따르기 편리하게 만든 아가리가 넓은 실험용 유리 그릇.
비:키다 ①있던 곳에서 몸을 피하다. ②물건을 옮기어 놓다. 한쪽으로 밀어 놓다. ㉠영희에게 내 자리를 비켜 주었습니다.
비타민(Vitamin) 적은 양으로 동물의 성장을 돕는 꼭 필요한 영양소의 한 가지
비탈 언덕·낭떠러지 따위의 기울어진 곳. ⓑ언덕.
비탈길[―낄] 평평하지 않고 한

비탈지다 땅이 매우 가파르게 기울어져 있다.

비통(悲痛) 몹시 슬퍼서 마음이 쓰리고 아픔. 비비장. 침통. 예비통한 표정. —하다.

비틀거리다 이리저리 쓰러질 듯이 걷다. 좌배틀거리다.

비:틀다 힘있게 틀다. 예빨래를 비틀어 짜다.

비:티:비:용액(B.T.B. 溶液) 약품의 성질을 알아보는 데 쓰는 시험약.

비:판(批判) 잘하고 잘못한 까닭을 가리어 밝힘. 비비평. 예신랄한 비판. —하다.

비:평(批評) 옳고 그른 것을 갈라 말함. 비비판. 예문학 비평. —하다.

비:하다(比—) 견주다. 비교하다. 예여름에 비하면 겨울의 낮은 너무 짧다.

비행기(飛行機) 발동기를 써서 사람이 타고 공중에 떠서 자유로이 날아다니게 된 기계. 비항공기.

비행선 공기보다 가벼운 기체의 힘으로 뜨게 하는, 비행기보다 훨씬 크고 느린 기계.

비행 접시 정체를 알 수 없는 비행 물체. 유에프오(UFO).

빅토리아 여왕(Victoria 女王) 영국의 여왕. 1837년부터 1901년까지 65년 동안이나 여왕으로 있으면서 영국이 강대하게 된 기초를 이룩했음.

빈:(Wien) 유럽의 중앙에 있는 오스트리아의 수도.

빈곤(貧困) 가난하여 살기가 어려움. 비가난. 반부유. 예빈곤한 집안. —하다.

빈궁(貧窮) 가난함과 궁함. 비빈한. 반부유. —하다.

빈대 사람을 물어 피를 빨아먹고 사는 납작하고 작은 벌레.

빈둥거리다 아무 하는 일이 없이 게으름만 부리고 놀다. 좌밴둥거리다. 센뻔둥거리다. 거핀둥거리다.

빈둥빈둥 하는 일 없이 놀고 있으면서 보기 싫게 자꾸 게으름만 부리는 모양. 예빈둥빈둥 놀기만 하다가는 성적이 떨어진다. —하다.

빈민(貧民) 가난하여 살기 어려워 구차한 살림을 하는 사람. 반부자.

빈민 구:제소 가난한 사람을 도와 주는 곳.

빈민굴 가난한 사람이 많이 모여 사는 마을.

빈민 학교 가난한 사람들을 모아 가르치는 학교.

빈번하다(頻繁—) 잦다. 자주 있다. 늘 일어나다.

빈부(貧富) 가난함과 넉넉함.

빈:손 아무것도 가진 것이 없는 손. 비맨손.

빈약(貧弱) ①내용이 충실하지 못함. ②가난하고 약함. 반부강. —하다.

빈자(貧者) 가난하게 사는 사람. 반부자.

빈정거리다 겉으로는 칭찬을 하는 체하며 속으로는 비웃다.

빈:칸 비어 있는 칸.

빈:틈없다 ①허술한 데가 없다. 예빈틈없는 사람. ②사이가 떨어져 빈 곳이 없다.

빈한(貧寒) 살림이 가난하여 집

빌다 안이 쏠쏠함. 비빈궁. —하다.
빌:다 ①물건을 달라고 구걸하다. 예빌어먹다. ②바라다. 원하다. 예복을 빌다. ③잘못을 용서해 달라고 원하다. 예잘못을 빌다.
빌딩(building) 높고 크게 지은 현대식 건물.
빌리다〔빌리니, 빌려서〕 남의 물건을 돌려주기로 하고 가져다가 쓰다. 비꾸다. 예옷을 빌려 입었다.
빌어먹다 남에게 음식을 구걸하다. 얻어먹다.
빔 명절·잔치 때에 새 옷을 갈아입는 일. —하다.
빗 머리털을 빗는 데 쓰는 기구. 예빗으로 머리를 단정하게 빗었습니다.
빗가다 ①비뚜로 가다. ②마음대로 행동하다. '빗나가다'의 준말.
빗나가다 비뚜로 나가다. 준빗가다. 빗나다. 예탄알이 빗나가다.
빗다 빗으로 머리털의 때를 빼고 곱게 만지다. 예참빗으로 머리를 곱게 빗다.
빗대다 ①엇비슷하게 대다. ②다른 것과 견주어 보다. ③사실과 틀리게 고백하다.
빗돌 글자를 새겨 세운 돌. 비석.
빗물 비가 내려 괸 물.
빗발 비가 내려칠 때 줄이 진 것처럼 보이는 빗줄기. 예화살이 빗발처럼 날아오다.
빗방울 비로 떨어지는 물방울.

〔빗돌〕

빗줄기 세차게 내리치는 비.
빙고(氷庫) 얼음을 넣어 두는 조그만 창고. 예석빙고.
빙구(氷球) =아이스 하키(ice hockey).
빙그레 소리 없이 웃는 모양. 예아버지께서는 그 말을 듣고 빙그레 웃으셨습니다.
빙그르르 ①물건이 미끄럽게 도는 모양. ②눈물이 방울지게 맺혀 도는 모양. 작뱅그르르. 센삥그르르. 거핑그르르.
빙글빙글 잇달아 미끄럽게 자꾸 도는 모양. 작뱅글뱅글. 센삥글삥글. 거핑글핑글.
빙긋이 소리 없이 입만 벌리고 자연스럽게. 비싱긋이.
빙:빙 ①자꾸 슬슬 도는 모양. 또는 돌리는 모양. 작뱅뱅. 센삥삥. ②사람이 하는 일 없이 슬슬 돌아다니는 모양.
빙산(氷山) 빙하의 끝이 바다에 이르러 쪼개져서 바다 위에 뜬 큰 얼음덩어리.
빙수(氷水) 얼음 냉수.
빙원(氷原) 땅의 표면이 얼음으로 뒤덮인 벌판.
빙점(氷點)〔—쩜〕 물이 얼기 시작하는 온도로 섭씨 0도.
빙:충맞다 똑똑하지 못하고 어리석다.
빙하(氷河) ①얼어붙은 강. ②남북극 지방에 수만 년 된 얼음이 내리누르는 무게로 하여 쪼개져서 경사진 곳으로 흘러내린 것.
빙하 시대 육지의 대부분이 빙하(얼어붙은 강)로 덮여 있던 시대. 지금으로부터 70~80만 년 전으로 짐작됨.

빚 ①꾸어 쓴 돈이나 물건. ②갚아야 할 금품. 비부채. 예돈이 없어서 빚을 얻었습니다.

빚다 ①밥과 누룩을 버무려 술을 담그다. ②가루를 반죽해 만두·송편 따위를 만들다.

빚 주고 뺨 맞는다(속) 남에게 후하게 하고 도리어 모욕을 당한다.

빛 ①어두운 곳을 환하게 하는 것. ②빛깔. ③채색. 물감. 예봉숭아의 빨간빛이 아름답습니다.

빛깔 눈에 비치어 빨강·노랑·파랑 따위로 느낄 수 있는 그것. 비색.

빛나다 ①윤이 나다. ②영광이 되다. 예우리는 부지런히 공부하여 이 나라의 빛나는 일꾼이 되자.

빛내도록 ①빛이 나게 하도록. ②훌륭하게 하도록. ③남들이 우러러보게 하도록.

빛에너지 빛이 물질에 흡수되면 열에너지로 변하고 사진 필름을 변화시키며, 물건의 빛깔을 변하게 하는 따위의 일을 할 수 있는 능력.

빛 좋은 개살구(속) 겉만 번지르르하고 실속이 없다.

ㅃ[쌍비읍] ㅂ의 된소리.

빠듯하다 남지 않고 꼭 되다. 예날짜가 너무 빠듯하다.

빠르기표 악곡의 처음 부분에 적어서 그 악곡의 빠르기를 나타내는 표.

빠르다[빠르니, 빨라] ①더디지 않다. ②느리지 않다. 반느리다. 예비행기는 빠르다.

빠:지다 ①구덩이 속으로 깊이 떨어지다. ②물 속으로 들어가다. ③마음을 빼앗기다.

빡빡 ①힘들어 닦을 때 나는 소리. 예유리창을 빡빡 문지르다. ②머리 따위를 아주 짧게 깎아 버린 모양. 예박박. 예머리를 빡빡 깎다.

빡빡하다 ①물기가 없어서 목이 메다. ②여유가 없이 꼭 맞아 빠듯하다. 반헐겁다.

빤:하다 분명하다. 확실하다.

빤:히 무슨 일의 내용이 환하게 들여다보이듯이 분명하게. 큰뻔히. 예빤히 들여다보인다.

빨강 빨간 빛깔이나 물감.

빨갛다 진하고도 곱게 붉다. 큰뻘겋다.

빨긋빨긋 군데군데 빨간 점이 있는 모양. 예발긋발긋.

빨다¹ ①입 속으로 당겨 들어오게 하다. ②속으로 배거나 스며들게 하다.

빨다² 더러운 물건을 깨끗하게 씻다. 예빨래를 빨다.

빨대[-때] 병 속에 든 사이다나 주스 같은 것을 빨아먹는 데 쓰는 가는 대롱.

빨래 ①때묻은 옷. ②때묻은 옷을 물에 빠는 일. -하다.

빨랫줄 빨래를 빨아서 널어 말리는 줄.

빨리 속히. 비급히. 반천천히. -하다.

빨리빨리 ①얼른 하라고 재촉하는 말. ②일이나 말을 아주 얼른 하는 모양. -하다.

빨아들이다 빨아서 속으로 들어오게 하다.

빳빳하다 단단하고 꼿꼿하거나 풀기가 세다. 예빳빳한 종이.

빻다 곡식을 절구에 찧어서 가루를 만들다.
빼내다 ①박힌 것을 뽑다. 예기둥의 못을 빼다. ②여럿 중에서 필요한 것만을 골라내다.
빼다¹ ①박힌 것을 뽑다. ②골라내다. ③추리다. ④없애다.
빼다² 달아나다.
빼먹다 빠뜨리다. 예머리말을 빼먹었다.
빼앗기다 빼앗음을 당하다. 준뺏기다.
빼앗다 ①남의 물건을 강제로 가져오다. ②남이 하는 일을 가로채 가다.
빼어나다 ①뛰어나다. ②훌륭하다. 예김 군은 우리 학급에서 가장 빼어난 재주를 가졌다.
빽빽하다 가득 들어서서 사이가 몹시 촘촘하다. 반듬성듬성하다.
뺄:셈 어떤 수에서 어떤 수를 덜어 내는 셈. 빼기로 계산함. 반덧셈. —하다.
뺑뺑 잇달아 빨리 도는 모양. 예뱅뱅. 거팽팽.
뺨 얼굴의 양쪽 살이 많이 붙은 부분. 비볼.
뺨따귀 '뺨'을 얕잡은 말.
뺨 맞는 데 구레나룻이 한 부조〈속〉소용이 없는 듯한 것이라도 때로는 쓰일 곳이 있다.
뻐기다 제가 잘난 체하고 으쓱거리면서 뽐내다.
뻐꾸기 비둘기만하고 뻐꾹뻐꾹 우는 새. 때까치·지빠귀 같은 딴 새의 집에 알을 낳아 까게 함. 초여름에 남쪽으로부터 날아오는 여름새로, 산이나 숲속에 삶.
뻑뻑하다 ①물기가 없어 부드러운 맛이 없다. ②여유가 없이 빠듯하다. 예일정이 뻑뻑하다.
뻔:하다 ①한 군데만 매우 똑똑하게 훤하다. ②잠깐 틈이 생기다. ③그렇게 될 것이 훤하게 들여다보이다. 예우리 팀이 이길 것이 뻔하다.
뻗다 ①꼬부렸던 것을 펴서 길게 내밀다. 예다리를 뻗다. ②어떤 것에 미치게 손 같은 것을 내밀다.
뻗치다 ①이 끝에서 저 끝까지 연해 닿다. ②고집을 쓰다. ③내밀다. ④'뻗다'의 힘줌말.
뻘겋다 매우 붉다. 작빨갛다.
뼈 동물의 몸을 버티는 살 속에 있는 단단한 물건.
뼈아프다 뼛속이 아플 정도로 마음속 깊이 사무치다. 예뼈아픈 고통을 견디다.
뼘 물건의 길이를 잴 때 엄지손가락과 다른 손가락을 잔뜩 벌린 거리.
뽀얗다[―야타] 연기나 안개가 낀 것 같다.
뽐내다 ①제가 젠체하다. ②의기양양하다. 비으스대다. 자랑하다. 반겸손하다.
뽑다 ①골라내다. ②추리다. ③사이를 떼다. ④없애다. ⑤빼다. 반꽂다. 심다.
뽑히다 ①여럿 가운데서 가려 내어지다. 예선수로 뽑히다. ②뽑아지다. 빠지다. 예못이 절로 뽑히다.
뽕 ①뽕나무의 잎. ②방귀를 뀌는 소리.
뽀두라지 =뽀루지.

뾰루지 뾰족하게 부어 오르는 작은 부스럼. =뾰두라지. [예] 이마에 뾰루지가 나다.

뾰족하다 물체의 끝이 날카롭다. [비]날카롭다. [반]뭉툭하다. [큰]뿌죽하다.

뿌다구니 물건의 삐죽하게 내민 부분. 또는 쑥 내민 모퉁이. [준]뿌다귀.

뿌듯하다 가득차서 빈틈이 없다. [여]부듯하다. [작]빠듯하다. [예]가슴이 뿌듯하다.

뿌리 ①풀·나무 들의 줄기에 붙어서 땅속에 박고 양분을 빨아올리는 것. ②모든 사물의 기초가 되는 것. [비]근원. [예]악의 뿌리를 뽑다.

뿌리다 ①넓게 헤뜨리다. ②넓게 끼얹다. ③비가 오다.

뿌리털 식물의 뿌리 끝에 아주 작게 빽빽하게 나는 흰 털. 이것으로 땅속에서 양분과 물을 흡수함.

뿌옇다[—여타] 투명하거나 선명하지 않고 희끄무레하다. 연기나 안개가 짙게 낀 것 같다. [작]뽀얗다.

뿐[1] 다만 어떠하거나 어찌할 따름이라는 뜻을 나타내는 말. [예]나는 다만 그의 말을 전했을 뿐이다.

-뿐[2] 그것만은 있고 다른 것은 없다는 뜻을 나타내는 말. [비]따름. 만[1]. [예]내가 가진 것은 이것뿐이다. 모인 사람들은 어린이들뿐이었다.

뿐만 아니라 '그러할 뿐만 아니라'의 준말. [예]그는 음악을 잘 할 뿐만 아니라 미술도 잘한다.

뿔 짐승의 머리 위에 나는 단단하고 길며 끝이 뾰족한 뼈같이 생긴 물건.

뿔 뺀 소 상이라〈속〉 지위는 있어도 세력이 없다.

뿔뿔이 서로 각각 나뉘어지는 모양. 따로따로 제각기. [예]학교가 파하자, 뿔뿔이 흩어져 자기 집으로 돌아갔다.

뿜다[—따] ①속에 있는 것을 밖으로 불어 내어 보내다. [예]불을 뿜는 화산. ②빛·냄새·기운 따위를 세차게 풍기다. [예]향기를 뿜는 꽃.

뿜어내다 속의 것을 뿜어 밖으로 나오게 하다.

삐:다[1] 괴었던 물이 줄다.

삐:다[2] 뼈가 퉁겨지다. [예]손목을 삐다.

삐죽거리다 마음이 마땅하지 않을 때 입을 쑥 내밀다. [작]빼죽거리다. [센]삐쭉거리다.

삐죽이 곧잘 성을 내거나 불평을 하는 사람을 가리키는 말.

삥: ①일정한 둘레를 한 바퀴 도는 모양. ②둘레를 둘러싼 모양. [예]남산을 삥 둘러 가며 성을 쌓았습니다. ③갑자기 눈물이 글썽해지는 모양.

ㅅ[시옷] 한글 닿소리의 일곱째 글자.

사:각형(四角形) 네 개의 직선으로 이루어진 다각형. 비네모꼴. 준사각.

사:개 ①상자 따위의 네 모퉁이를 들쭉날쭉하게 맞춘 곳. ②건축에서 기둥 머리를 도리나 장여를 박기 위하여 네 갈래로 오려 낸 부분.

사:건(事件)[一껀] ①일거리. ②뜻밖에 일어난 일. 비사고. ③법률에 관한 일.

사격(射擊) 대포나 총을 쏨. 예집중 사격. —하다.

사격전 서로 총이나 대포를 쏘며 싸움.

사:경(死境) 죽을 지경.

사경(沙耕) 모래에 필요한 양분을 주어 작물을 재배하는 일. —하다.

사:고(事故) ①일이 일어난 까닭. ②사건. 일. ③뜻밖에 일어난 탈. 예교통 사고.

사고(思考) 생각하고 궁리함. 비생각. —하다.

사고 방식 어떠한 일을 생각하는 방법과 태도.

사공(沙工) 배를 저어 부리는 일을 업으로 삼는 사람.

사과(沙果) 사과나무의 열매. 능금보다 큼.

사:과(謝過) 자기의 잘못을 뉘우치고 용서를 바람. 비사죄. —하다.

사:관(士官) ①병사를 지휘하는 무관. ②장교를 통틀어 일컫는 말. ③'사관 후보생'의 준말. 예사관 학교.

사:교(社交) ①여러 사람이 모여 교제함. ②사회의 여러 사람들과의 사귐. —하다.

사:군자(四君子) 매화·난초·국화·대나무를 일컬음. 또, 그것을 그린 그림.

사귀다 ①남과 사이좋게 지내다. ②교제하다.

사글세(一貰)[一쎄] 남의 집이나 방을 빌려 살면서 다달이 내는 돈.

사금(砂金) 모래 중에 섞여 있는 금.

사:기(士氣) ①용기를 내는 기운. ②정의를 꿋꿋이 내세우는 선비의 기개.

사기(沙器·砂器) 백토로 구워 만든 그릇.

사기(詐欺) ①남을 속임. ②남을 꾀로 속여 해침. —하다.

사나운 개 콧등 아물 틈이 없다 〈속〉 성품이 나쁘면 언제나 해를 입는다.

사나이 남자. 반계집.

사:납다〔사나우니, 사나워〕 ①

사내 용맹이 있다. ②마음이 악하다. ③험상궂다. 🔁무섭다. 🔄착하다. 순하다.

사내 ①'사나이'의 준말. ②'남편'의 낮은말.

사내아이 어린 남자아이. 🔄계집아이. 🔽사내.

사냥 들과 산에 가서 짐승을 잡는 일. —하다.

사냥개[—깨] 사냥할 때 쓰기 위하여 길들인 개.

사냥꾼 사냥을 하는 사람. 🔁포수. 📖곰 사냥꾼.

사다 ①돈을 주고 제 것으로 만들다. ②제 탓으로 고생이나 병을 얻다. 🔄팔다.

사다리꼴 한 쌍의 상대되는 변이 서로 나란히 되는 네모꼴.

사다함(斯多含) 신라 진흥왕 때 대표적인 화랑. 15세 때 대가야 정벌에 공을 세웠음.

사닥다리 높은 곳에 발로 디디며 올라갈 수 있도록 나무나 쇠 따위로 만든 기구.

[사닥다리]

사단(師團) 군대 편성의 단위. 군단의 아래이며, 연대의 위임.

사단장 사단을 거느려 나가는 우두머리되는 군인. 보통 준장이 그 직에 속함.

사당(祠堂) 죽은 사람의 신주를 모셔 놓은 집.

사당지기 사당을 지키는 사람.

사:대당(事大黨) ①세력이 강한 쪽에 붙는 무리. ②조선 말기에 독립당에 대하여 청나라 세력에 의존하려고 한 보수 세력. 민 씨 일파의 노년층이 중심이었음.

사:대 성:인(四大聖人) 이 세계 모든 사람의 스승이 될 만한 네 사람. 즉 공자·석가·그리스도·소크라테스.

사:대주의(事大主義) 세력이 강한 나라를 붙좇아 섬기자는 생각. 📖사대주의자.

사:도(使徒) 보람 있고 훌륭한 일을 위해 자기를 돌보지 않고 힘쓰는 사람. 📖평화의 사도.

사돈(査頓) 혼인 관계로 친척이 되는 사람.

사돈집과 뒷간은 멀어야 한다 〈속〉 말이 나돌기 쉬운 사돈집이나 냄새 나는 뒷간은 다 멀수록 좋다.

사또 옛날 지방의 우두머리가 되는 관원을 아랫사람이 높여 일컫던 말.

사또 덕분에 나팔 분다〈속〉 남의 힘을 빌려 제 일을 한다.

사또 떠난 뒤에 나팔 분다〈속〉 해야 할 때는 안 하다가 지난 뒤에 함을 놀리는 말.

사라지다 ①없어지다. ②꺼지다. ③안 보이다. ④녹다. 🔄나타나다.

사:람 슬기와 덕성을 갖춘 진화한 동물. 🔁인간.

사:람답다〔사람다우니, 사람다워서〕 사람으로 마땅히 해야 할 행동에 어그러짐이 없다.

사랑 ①귀여워함. ②예쁘게 여김. ③좋아함. ④사모함. 🔁애정. 🔄증오. 미움. 📖서로 사랑하며 아끼자. —하다.

사랑(舍廊) 안채와 따로 떨어진 방. 바깥 주인이 머물며 남자 손님을 맞아들이는 방.

사랑방 사랑채에 있는 방이나 또는 사랑으로 쓰는 방.
사래 밭이랑의 길이. 비이랑.
사:레 음식을 잘못 삼키어 숨구멍으로 들어갈 때 재채기처럼 뿜어 나오는 기운.
사력(沙礫) 자갈.
사력 댐 중심부에 흙을 넣고 양쪽을 자갈과 모래로 다지고 돌을 쌓아서 만든 댐.
사령관(司令官) 군대의 지휘를 맡아보는 사령부의 우두머리.
사:례(謝禮) 입은 은혜에 대하여 고마운 뜻을 나타내는 일. 예사례금. —하다.
사로잡다 ①산 채로 잡다. ②생각이나 마음을 한쪽으로 쏠리게 하다. 예마음을 사로잡다.
사뢰다 웃어른에게 말씀을 드리다. 여쭙다.
사:륙판(四六判) 가로 13cm에 세로가 19cm 되는 책의 크기.
사르다〔사르니, 살라서〕 물건에 불을 붙여 태우다.
사르르 ①눈이 힘없이 저절로 감기는 모양. 예눈을 사르르 감다. ②저절로 힘없이 풀어지는 모양. 큰스르르.
사리¹ 보름과 그믐날에 밀물이 들어오는 시각. 반조금.
사리² 국수·실·새끼 따위를 동그랗게 포개어 감아 놓은 것.
사리(私利) 자기 한 사람의 이익. 반공리. 예사리 사욕.
사리(舍利) ①부처나 고승의 유골. ②송장을 화장하고 남은 뼈.

〔사리²〕

사:리(事理) 일의 이치. 사람이 마땅히 지켜야 할 이치. 예사리에 맞게 행동을 하다.
사리다 ①조심하다. ②일에 힘을 다 쓰지 않다.
사리탑(舍利塔) 부처의 사리를 모셔 놓은 탑.
사립문 수숫대·싸리·대 같은 나뭇가지로 엮어 만든 문.
사:마귀 살갗에 생기는 녹두알만한 작은 군살.
사막(砂漠·沙漠) 모래만이 깔린 넓은 벌판.
사면(斜面) 한 쪽으로 기울어진 면. 비스듬한 면.
사:면(四面) ①동·서·남·북. ②모든 방면. 사방.
사:면체 네 개의 평면으로 둘러싸인 입체.
사:면 팔방 모든 방면. 예사면 팔방의 경치가 보이는 전망대.
사:명(使命) ①남에게서 받은 의무. ②해야 할 일. 비임무. 책임. 예우리 겨레의 사명은 남북 통일을 완수하는 것이다.
사:명당(四溟堂, 1544~1610) 조선 선조 때의 유명한 중. 본이름은 임이환. 임진왜란 때 승병을 이끌고 큰 공을 세웠음. =유정.
사모님(師母一) 스승의 부인. 윗사람의 부인.
사모아(Samoa) 남태평양 중앙에 있는 '사모아 제도'를 이루는 섬.
사모에 갓끈이다〈속〉 격에 어울리지 않는다.
사모하다(思慕—) 생각하고 그리워하다. 반시기하다.
사:무(事務) 맡아보는 일. 비직

무. 업무.
사:무국 주로 일반 행정 사무를 맡아보는 국.
사:무실 사무를 보는 방. 비사무소.
사:무직 관청이나 회사에서 사무를 처리하는 일에 종사하는 직업. 반기술직.
사무치다 속까지 깊이 미치어 닿다. 예원한이 뼛속 깊이 사무치다.
사물(私物) 개인 물건.
사:물(事物) 일과 물건. 예사물을 깊이 관찰하다.
사뭇 ①거리낌 없이 마구. ②계속하여 줄곧. 예사뭇 떠들어댄다. ③아주 딴판으로. 예듣던 말과는 사뭇 다르다.
사바(娑婆) 괴로움이 많은 이 세상. 사람이 사는 이 세상. 예사바 세계.
사발(沙鉢) 사기로 만든 밥그릇이나 국그릇.
사:방(四方) ①여러 곳. ②네 방위. 곧 동·서·남·북. 비사면. 예사방의 경치.
사방 공사(砂防工事) 산·강가 따위의 흙이나 모래가 빗물에 씻겨 내려가는 것을 막기 위해 하는 공사. —하다.
사범 학교(師範學校) 교육 대학의 이전 이름.
사법(司法) 삼권의 한 가지. 법률에 따라 재판을 하는 일.
사:변(事變) 나라의 큰 사건. 전쟁에 비길 만한 큰 일. 비난리. 예만주 사변.
사:변형(四邊形) 네 직선으로 둘린 평면형. 비사각형.
사복(私服) 교복이나 군복이 아닌 보통 옷.
사복(私腹) ①자기의 뱃속. ②자기의 욕심.
사뿐 소리가 나지 않게 가볍게 발을 내디디는 모양. 큰사뿐.
사뿐사뿐 발소리가 크게 나지 않도록 가볍게 걷는 꼴이나 소리. 큰서뿐서뿐. 거사푼사푼.
사뿐히 아주 가볍게. 큰서뿐히. 예눈을 사뿐히 밟다.
사:살 늘어놓는 잔소리. —하다.
사살(射殺) 총이나 활로 쏘아 죽임. 예공비 사살. —하다.
사:상(死傷) 죽음과 다침. 예사상자. —하다.
사상(思想) 생각. 뜻. 의견. 예건전한 사상.
사:색(四色) 조선 시대에 우리 나라에 있던 네 당파로서 남인·북인·노론·소론.
사:생(寫生) 실지의 경치나 물건을 보고 그대로 그림. 예사생 대회. —하다.
사:생 결단(死生決斷)[—딴] 죽고 사는 것을 돌보지 않고 끝을 냄. —하다.
사:생화 있는 그대로를 보고 그린 그림.
사:서(四書) 논어·맹자·대학·중용의 네 책.
사선(斜線) ①비스듬하게 그은 선. ②한 직선이나 평면에 수직이 아닌 선.
사:설(社說) 신문사나 잡지사의 주장을 쓴 글.
사설 시조 시조 형식의 하나. 종장 첫 구를 제외한 나머지 부분이 길어진 시조.
사소(些小) 매우 적음. 하찮음.

예 사소한 일. —하다.
사:수(死守) 목숨을 걸고 지킴. 예 진지 사수. —하다.
사슬 쇠로 만든 고리와 고리를 여러 개 이은 물건.
사슴 다리가 길고, 수컷은 뿔이 나고, 암컷은 뿔이 없는 짐승. 뿔은 녹용이라 하여 보약에 씀. 〔사슴〕
사:시(四時) 봄·여름·가을·겨울의 네 절기. 비 사철.
사시나무 버들과의 낙엽수. 한국 중부 이북의 산야에 남. 나무는 성냥개비를 만듦.
사:신(使臣) 임금이나 나라의 명령으로 외국에 심부름을 가는 신하. 예 외국 사신.
사:실(事實) ①실제로 있는 일. ②참된 일. 비 실상. 실제. 진실. 반 허위. 예 이번 일이 사실 가장 중요하다.
사암(砂岩) 모래가 물 속에서 굳어서 된 암석.
사양하다(辭讓—) ①받을 것을 받지 아니하다. 예 상을 사양하다. ②겸손한 마음으로 물러나서 남을 대신하게 하다.
사:업(事業) 어떤 계획을 세워 하는 일. 비 기업. 예 철수의 아버지는 사회 사업을 하신다. —하다.
사:에이치 클럽(4H club) 머리(지식)·마음(도덕)·건강(체육)·손(기술) 등, 4가지를 신조로 삼고, 농촌의 진흥을 위하여 농촌 청소년들이 조직한 모임.
사연(辭緣) ①하고자 하는 말. ②편지의 본문. 비 내용.
-사오니 '-으니'의 높임말. 예 있사오니. 없사오니.
사욕(私慾) 자기 한 몸의 이익만 차리는 욕심.
사:용(使用) ①물건을 씀. ②사람을 부림. 비 이용. 예 남의 물건을 사용할 때는 더욱 조심해야 한다. —하다.
사우디아라비아(Saudi Arabia) 아라비아 반도의 대부분을 차지하고 있는 나라. 주민은 아라비아인, 공용어는 아라비아어이며, 종교는 이슬람교임. 수도는 리야드.
사:원(社員) 회사에서 일을 보는 사람.
사:월(四月) 일년 중에 네 번째 드는 달.
사:월 초파일 부처님이 탄생한 날. 음력 사월 초여드렛날.
사위 딸의 남편.
사위 사랑은 장모(속) 사위를 사랑하는 마음은 장인보다 장모가 더하다.
사:유(事由) 일의 까닭. 비 이유. 예 사유서.
사육(飼育) 짐승을 먹여 기름. 비 사양. —하다.
사육 상자 짐승을 먹여 기르기 위하여 만든 상자.
사이 ①한 곳에서 다른 곳까지의 거리. 예 사이가 멀다. ②물건과 물건의 틈. ③어떤 때로부터 다른 때까지의 동안. ④사귀는 정분. 비 틈. 동안. 예 사이가 좋다.
사이갈이 농작물 가꾸기에서 농작물 사이의 땅을 파 일구는 일. —하다.

사이드 라인(side line) 정구·축구·농구·배구 등에서 경기장의 경계를 나누는 세로줄.

사이좋다 정답다. 비 의좋다.

사이즈(size) 크기. 치수. 문수. 예사이즈를 재다.

사이짓기 주가 되는 작물 사이에 다른 작물을 심어 가꿈. 간작. —하다.

사인(sign) 부호. 기호. 암호. 서명. —하다.

사:일구 혁명(四一九革命) 1960년 4월, 12년 동안에 걸친 이승만 정권의 독재 정치와 3·15 정·부통령 선거의 부정에 항거하여 학생과 시민이 들고 일어난 일.

사일로(silo) 겨울철에 가축의 먹이인 풀이나 곡물 따위를 마르지 않게 저장하는 창고.

사:자(使者) 어떠한 구실을 띠고 심부름하는 사람. 예저승 사자.

사자(獅子) 머리는 크고 둥글며, 꼬리는 길고, 수컷에는 뒷머리와 앞가슴에 긴 갈기가 있는 사나운 짐승.

사자놀이 사자의 탈을 만들어 쓰고 노는 민속 놀이.

사자자리 봄철의 대표적인 별자리. 앞발을 쳐들고 선 사자에 빗대어서 붙인 이름임.

사:장(社長) 회사의 대표가 되는 사람. 예신문사 사장에 취임하다.

사:적(史蹟) 역사에 남은 자취.

사:적(事蹟) 어떤 사건의 끼친 자취.

사:전(事前) ①일이 있기 전. ②일을 시작하기 전. 반사후.

사전(辭典) 말을 모아서 찾기 쉽게 일정한 순서로 벌여 놓고 낱낱이 그 뜻을 풀이한 책.

사:절(謝絕) 요구하는 것을 받아들이지 않고 거절함. 예신청을 사절하다. —하다.

사정(査定) 하나하나 조사하여 결정함. —하다.

사:정(事情) ①일의 형편. ②그렇게 된 까닭. 비형편. 실정. 예고아의 딱한 사정을 들어 주다. —하다.

사:정없다 ①조금도 인정이 없다. ②헤아려 돌봄이 없다. 예사정없이 끌고 가다.

사제(師弟) 스승과 제자.

사:족(四足) ①짐승의 네 발. ②'사지'를 낮추어 이르는 말.

사족을 못 쓴다(속) 반하거나 혹하여 어쩔 줄을 모른다.

사:죄(謝罪) 죄에 대한 용서를 빎. 비 사과. —하다.

사:주(四柱) 난 해·달·날·시의 네 가지.

사:주쟁이 사주로써 운명을 점치는 일을 업으로 하는 사람.

사:중주(四重奏) 네 개의 악기로 하는 연주. 보통 바이올린 둘에 비올라·첼로로 구성됨.

사:지(四肢) 두 팔과 두 다리.

사진(寫眞) 사진기로 찍고 화학적으로 가공하여 종이에 재생시킨 물체의 형상.

사진부 사진에 관한 일을 맡아 보는 부서.

사:차선(四次線) 4대의 차가 나란히 달릴 수 있는 넓이의 자동차 길.

사찰(寺刹) =절.

사:철 ①봄·여름·가을·겨울의

네 철. ②언제든지. 回사시.
사초(飼草) 가축의 먹이로 쓰이는 풀.
사:촌(四寸) 아버지와 형제되는 분의 아들딸.
사:촌 형님 아버지의 형님이나 동생의 아들 중에서 형이 되는 사람. 回종형.
사치(奢侈) 자기의 생활 정도에 지나치는 차림을 함. 필요 이상으로 치장함. 凹검소. 예젊은 여자가 사치스러운 옷을 입고 있다. —하다. —스럽다.
사카린(saccharin) 썩 맛이 단 빛깔이 하얀 가루.
사타구니 두 다리의 사이.
사탕수수(砂糖—) 사탕의 원료로 쓰이는 여러해살이풀.
사:태(事態) 일이 되어가는 형편. 예사태가 악화되다.
사:택(社宅) 회사에서 사원을 위하여 마련한 주택. 예직원용 사택을 짓다.
사:투리 어떠한 지방에서만 쓰는 표준어가 아닌 말. 回방언. 凹표준말.
사포(砂布) 헝겊에 금강석 가루나 모래・유리 가루 등을 아교로 붙여서 나무나 철의 표면을 닦을 수 있게 한 것. 샌드 페이퍼.
사표(師表) 남의 모범이 될 만한 학식과 도덕이 높은 사람.
사표(辭表) 맡고 있는 일자리를 물러날 때 내는 문서.
사하라 사막(Sahara 沙漠) 아프리카 북부에 있는 세계 제1의 사막.
사:학(四學) 조선 시대 성균관 밑에 설치된 동학・서학・남학・중학의 4학당. 4부 학당.
사할린(Sakhalin) 일본 북쪽에 있는 러시아의 섬 이름.
사:항(事項) 일의 낱낱의 조항.
사:형(死刑) 죄인의 목숨을 끊는 형벌. —하다.
사:형 선고 죄인의 목숨을 끊는 벌을 재판에서 결정하여 알림.
사:활(死活) 죽느냐 사느냐의 갈림.
사회(司會) 회의 등의 진행을 맡아보는 것. 예어린이회 사회를 맡았다. —하다.
사:회(社會) ①여러 사람이 모여서 공동 생활을 하는 단체. ②이 세상. 우리가 사는 세상. 回집단. 凹개인.
사:회 교:육 학교 교육 이외의 주로 청소년 및 성인에 대하여 행해지는 조직적인 교육 활동으로 집단에 적응하는 힘을 가르치는 일.
사:회 보:장 제:도 국민의 건강과 최저의 문화 생활을 보장하는 제도. 국민에게 국가 부담으로 물질적・의료상의 도움을 주어 그들의 생활을 안정시키고 사회를 개선하는 정책임.
사:회부 신문사에서 사회 일반의 사건에 대한 뉴스를 맡아보는 부서.
사:회 사:업 의지할 곳이 없거나, 아주 가난하여 생활이 곤란한 사람들을 도와 주는 일. 즉 고아원・양로원・구호소 따위에서 하는 일.
사:회 생활 여러 형태의 인간들이 집단적으로 모여서 질서를 유지하며 살아가는 공동 생활.
사:회적 개인을 벗어나서 사회

사:회 제:도 한 사회에 의하여 지지받고 있는 정치·경제 등의 제도 및 종교·도덕 등의 문화.

사흗날 초하룻날부터 세 번째 되는 날.

사흘 세 날. 3일.

사흘 굶어 도둑질 아니할 놈 없다〈속〉 아무리 착한 사람이라도 빈곤하게 되면, 마음이 변하여서 옳지 못한 짓을 하게 된다.

삭다 ①먹은 음식이 소화되다. ②물건이 오래 되어 썩은 것처럼 되다. ③죽이 물처럼 되다.

삭이다 음식을 먹어서 소화시키다. 예음식을 잘 삭이다.

삭정이 살아 있는 나무에 말라 붙은 가는 가지.

삭풍(朔風) 겨울철의 북풍. 예삭풍이 몰아치다.

삯 일을 한 데에 대하여 보수로 받는 돈이나 물건.

산(山) 평지보다 높게 솟은 곳. 비메. 반들.

산(酸) 수소를 포함하는 화합물로 청색 리트머스를 붉게 변해 놓는 성질이 있음.

-산(産) 물건이 나거나 생산되는 곳을 나타냄. 예국산 화장품. 일본산 전자 제품.

산거머리[—꺼—] 열대의 산에 살며 사람이나 짐승의 피를 빨아먹고 사는 거머리. 몸의 길이는 약 2cm임.

산골[—꼴] ①산과 산 사이에 있는 우묵히 꺼진 곳. ②=두메. 비산마을. 반평야.

산골짜기[—꼴—] 산골의 깊이 팬 곳. 비골짜기. 계곡. 반산마루. 준산골짝.

산기슭[—끼—] 산 밑의 편편한 곳. 산의 아랫부분.

산길[—낄] 산에 있는 험한 길. 반들길.

산나물 산에서 나는 먹는 나물. 비산채.

산너머 산의 저쪽.

산더미[—떠—] 물건이 썩 많이 쌓인 모양. 예아! 산더미 같은 파도가 밀려온다.

산돼지[—뙈—] 모양은 돼지 같으나 어금니가 강하고 뒷다리가 긴 짐승. 비멧돼지.

산들바람 시원하고 가볍게 부는 바람. 큰선들바람.

산등성이[—뚱—] 산줄기의 가장 높은 곳.

산딸기 산에 나는 낙엽 활엽 관목인 산딸기나무에 여는 열매.

산뜻하다 깨끗하고 시원하다. 비깨끗하다.

산:란하다(散亂—) ①흩어져 어지럽다. ②정신이 어수선하다.

산림(山林) 산과 수풀. 산의 수풀. 예산림이 우거지다.

산림계[살—] 자치적으로 고향의 산림을 가꾸고 보호하기 위해 조직한 모임.

산림 녹화 사:업[살—] 헐벗은 땅과 산에 식목·산림 보호·사방 공사 등을 하여 나무가 무성하게 하는 일.

산림욕(山林浴)[살림뉵] 숲 속에 들어가 맑은 공기를 쐬어 심신을 건강하게 하는 일.

산림 전문가[살—] 수풀을 가꾸거나 이용하는 일 등을 많이 연구하여, 그 방면에 지식과 경험이 풍부한 사람.
산림 조합[살—] 산림의 보호 육성과 산림 자원의 증가를 위해 조직된 조합.
산마루 산등성이. 凹산골짜기.
산:만하다(散漫—) 흩어져 널리 퍼지다.
산:말 ①살아 있는 말. ②눈에 보는 듯이 알맞게 잘 나타낸 말. 凹사어.
산명 수려(山明水麗) 자연의 경치가 아름다움. 산명 수자. —하다.
산모롱이(山—) 산기슭의 휘어져 돌아간 곳.
산:문(散文) 글자의 수나 운율의 제한을 받지 아니하고 자유롭게 쓰는 글.
산:물(産物) 그 고장에서 나는 물건이나 생산되는 물건. 예특산물.
산바람[—빠—] 산에서 부는 바람. 凹바닷바람.
산밭 산에 일구어 놓은 밭.
산벌[—뻘] ①산에 있는 꿀벌. ②사람이 기르지 않는 꿀벌.
산:병호(散兵壕) 총쏘기에 편리하고 포탄을 막을 수 있도록 파 놓은 구덩이.
산:보(散步)[—뽀] 이리저리 할 일 없이 거닐어 다님. —하다.
산봉우리[—뽕—] 산꼭대기의 뾰족하게 솟은 곳.
산불[—뿔] 산에 난 불.
산비둘기[—뼈—] 산에 사는 비둘기로 털빛은 푸르스름하고 부리와 다리는 붉음.
산비탈[—뼈—] 산 밑의 비스듬한 곳.
산 사람 입에 거미줄 치랴〈속〉 살기가 어렵다고 쉽사리 죽기야 하랴.
산:산이(散散—) 남김없이 흩어진 모양. 예심한 풍랑에 배가 산산이 부서졌다.
산:산조각 아주 잘게 깨어진 여러 조각. 예도자기가 땅에 떨어져 산산조각이 났다.
산삼(山蔘) 깊은 산에 저절로 나는 인삼.
산새[—쌔] 산에 사는 새.
산성(山城) 적을 막기 위해 산 위에 높이 쌓은 성. 예남한산성. 북한산성.
산:성(酸性) 신맛이 나는 물질의 성질. 푸른 리트머스 종이를 붉은색으로 변하게 하는 성질. 凹알칼리성.
산소(山所) 무덤.
산소(酸素) 기체 원소의 하나. 맛·냄새·빛깔이 없으며, 생물이 숨쉬는 데 없어서는 안 되는 원소임.
산수(山水) 산과 물의 경치. 凹산천. 강산.
산수 그:림 산과 물이 있는 경치를 그린 그림. 凹산수화.
산수평 자연의 아름다움을 판단하여 설명한 글.
산수화 산과 내의 경치를 그린 그림. 凹산수 그림.
산:술(算術) 더하기·빼기·곱하기·나누기의 계산법.
산:식(算式) 셈의 차례나 방법을 적은 식.
산악(山嶽) 크고 작은 모든 산. 凹평야.
산악 국가 국토가 크고 작은 산으로 이루어진 나라.
산악 지대 크고 작은 산으로 이

루어진 지대.
산ː액(産額) 물건이 나는 양.
산야(山野) 산과 들.
산ː업(産業) 살림살이에 필요한 모든 물건을 만들어 내는 일. 즉 농업·임업·목축업·수산업·광업·공업·상업·무역 따위. 예산업 공해.
산ː업 박람회[―방회―] 생산한 온갖 물건을 모아 벌여 놓고 여러 사람에게 구경시키고 파는 행사.
산ː업 자ː금 산업을 유지·발전시키기 위하여 소비되는 돈.
산ː업항 산업이 중심을 이루는 항구.
산ː업 혁명 18세기에 기계와 증기 기관의 발명으로 말미암아 영국을 중심으로 하여 전 유럽에 일어난 산업상의 대변동.
산열매 산에서 나는 열매.
산울림 산에서 소리를 지르면 맞은쪽 산이나 절벽 같은 곳에 부딪혀 그 소리가 되돌아와서 들리는 것. 비메아리.
산ː유국(産油國) 원유를 생산하는 나라.
산장(山莊) 산 속에 있는 별장.
산ː재(散在) 여기저기 흩어져 있음. 반밀집. 예할 일이 산재해 있다. ―하다.
산줄기[―쭐―] 큰 산에서 뻗어 내려간 산의 줄기. 비산맥.
산중턱 산허리쯤 되는 곳.
산지(山地) ①산이 많은 땅. ②무덤을 쓰기에 적당한 땅.
산ː지(産地) ①그 물건이 나는 곳. ②사람이 태어난 땅.
산ː지식 실지로 써먹을 수 있는 지식.

산천(山川) 산과 내. 비산수.
산청군(山淸郡) 경상 남도의 서쪽에 있는 지방 이름. 이 지방의 '단성'이란 곳에서 문익점이 출생했음.
산촌(山村) 산에 있는 마을.
산ː출(産出) 물건이 남. 또는 물건을 냄. ―하다.
산토끼 토낏과의 짐승. 야생하는 토끼로 길이 45~60cm이며 뒷다리가 긺. 털빛은 다갈색에 회색이 섞였으며 나무 껍질이나 농작물을 먹음.
산토닌(santonin) 회충 구제약.
산ː파(産婆) 아이를 낳을 때에 아이를 받고 아이 어머니를 보호하는 것을 직업으로 삼는 여자. 비조산원.
산ː표현 살아 있는 듯이 잘 나타내는 것.
산허리 산둘레의 중턱.
산호(珊瑚) 산호충의 많은 몸뚱이가 이룬 나뭇가지 형상의 뼈. 장식용으로 씀.
산호꽃 흡사 꽃과 같이 화려해 보이는 산호.
산호도 죽은 산호의 뼈가 바다 위에 드러나 이루어진 섬.
산화(酸化) 어떤 물질이 산소와 화합하는 것으로, 숯을 공기 중에서 태우면 산소와 결합하여 탄산가스가 생기는 따위. ―하다.
살[1] ①동물의 뼈를 싸고 있는 연한 고기. ②과실 같은 것의 껍질 속에 든 부드러운 물질.
살[2] ①벌의 꽁무니에 박혀 있는 침. ②수레바퀴의 햇발같이 뻗친 물건. ③'화살'의 준말.
살³ 나이를 세는 단위.
살⁴ 창문·부채·갓모·연 등의 뼈대가 되는 나무 오리나 대오리. 예부채의 살이 부러지다.
살강 밑에서 숟가락 얻었다(속) 횡재한 것 같으나 사실은 물건 임자가 분명한즉 헛좋았다.
살갗[―깓] 살가죽의 겉면. 비피부.
살같이[―가치] 화살과 같이 빠르게.
살결[―껼] 살갗의 곱고 거친 결. 예살결이 곱다.
살곶이다리 서울 성동구 성동교 동편 사근동 낮은 지대에 놓인 돌다리. 지금의 돌다리는 조선 성종 때 건립된 것임.
살구 살구나무의 열매. 처음에는 푸르고, 익으면 누르스름하게 되며 맛이 시큼함.
살구꽃 살구나무에 피는 꽃.
살균제(殺菌劑) 세균을 죽이는 약품. 석탄산·크레졸·알코올·요오드팅크 따위.
살그머니 남이 모르게 넌지시 행동하는 모양. 비살며시. 가만히.
살금살금 몰래 가만히 하는 모양. 예아무도 모르게 살금살금 걸어갔다.
살:기다툼 생물들이 서로 살려고 다투는 일. 비생존 경쟁.
살:다〈사니, 살아서〉 ①집을 정하고 먹고 자다. 예내가 사는 집. ②살림하다. ③목숨을 이어 나가다. 반죽다.
살랑 바람이 가벼이 부는 모양. 예봄바람이 살랑 불다.
살래살래 몸의 한 부분을 가볍게 가로 흔드는 모양. 큰설레설레. 센쌀래쌀래. 예고개를 살래살래 흔들다.
살려 살게 하여. 예자기의 취미와 특기를 살려 나갈 수 있는 직업을 골라야 한다.
살리다 ①죽게 된 것을 살게 하다. 반죽이다. ②잘 이용하다. 예아이디어를 살리다.
살림 한집안을 이루어 살아 나가는 일. 또는 그 형편. 비생활. 예살림을 차리다. 살림이 넉넉하다.
살림살이 살림을 차려서 사는 일. ―하다.
살며시 남이 모르게 넌지시 행동하는 모양. 비살그머니. 큰슬며시. 예그는 살며시 창문을 열고 밖을 내다 보았다.
살무사 몸이 비교적 굵고 등에 검정 점이 있는 독이 있는 뱀. 〔살무사〕
살별 ①빛나는 긴꼬리를 끌고 타원형으로 해의 둘레를 도는 별. 비혜성. ②뚜렷하게 뛰어남을 비유하는 말.
살:살 ①가볍게 가만가만히 걷거나 피하거나 문지르는 모양. 예살살 다가가서 병아리를 붙잡았다. ②바람이 조금씩 가볍게 부는 모양. ③보드랍게 녹는 모양. ④남을 달래거나 꾀거나 속이는 모양. ⑤넓은 그릇의 물이 천천히 끓는 모양. ⑥온돌방이 고루 뭉긋하게 더운 모양.
살상(殺傷)[―쌍] 죽이고 상처를 냄. ―하다.
살수 대:첩(薩水大捷)[―쑤―]

살아가다

고구려의 을지문덕 장군이 수나라 양제가 이끌고 쳐들어온 대군을 살수에서 크게 처부순 승리.

살아가다 ①목숨을 이어 나가다. ②살림을 해 나가다. 예적은 수입으로 근근이 살아가다.

살아나다 ①죽게 되었다가 다시 살게 되다. ②불이 꺼지려다 다시 일어나다. ③어려운 지경을 벗어나다. 비소생하다.

살얼음 얇게 언 얼음.

살을 에다 살을 베어 내다. 예창문을 여니까 살을 에는 듯한 바람이 들어온다.

살짝 남이 모르는 사이에 재빠르게. 큰슬쩍. 예살짝 방문을 열다.

살찌다 몸에 살이 많아지다. 반야위다.

살쾡이 산과 들에 사는 고양잇과의 산짐승. 빛은 회색 바탕에 머리와 등에 검붉은 무늬가 있으며 성질이 사나워서 꿩·닭 따위를 잡아먹음.

살펴보다 마음을 쏟아 자세히 주의하여 보다. 본살피어 보다. 예주위를 살펴보다.

살풍경(殺風景) ①살기를 띤 무시무시한 광경. ②풍경이 아주 보잘것없음. ③흥미가 없음. —하다.

살피다 ①잘 생각하다. ②일을 밝히다. ③알아내다. ④자세히 보다.

살해(殺害) 남의 생명을 해침. 곧 죽임. —하다.

삵 '살쾡이'의 준말.

삶:[삼] ①살아 있음. ②살아가는 일. 반죽음.

삶:다[삼따] ①물건을 물에 넣고 끓이어 무르게 만들다. ②말을 잘 듣도록 일러두다.

삼 껍질의 섬유로 삼베 따위를 짜는 한해살이풀.

삼가다 ①말이나 행동을 조심하다. 예남의 말을 삼가고 자기 일이나 충실히 하여라. ②경계하여 꺼리다.

삼각모 명주로 된 검은 모자. 유럽 지방에서 의식 때 씀.

삼각산(三角山) 서울의 북쪽 경기도 고양시에 있는 산. 북한산의 딴이름.

삼각자 세모난 자.

삼각주 모래와 흙이 물에 밀려 강 어귀에 쌓여서 이루어진 삼각형의 모래톱.

삼각형(三角形) 세 개의 직선이 세모를 이룬 형상. 비세모꼴.

삼강(三綱) 임금과 신하, 아버지와 아들, 남편과 아내 사이에 마땅히 지켜야 할 도리.

삼강행실도 조선 시대 군신·부자·부부의 도리에 모범이 될 만한 충신·효자·열녀 등에 관한 전기를 모아 엮은 책.

삼경(三更) 하룻밤을 다섯으로 나눈 셋째 때. 밤 11시~1시.

삼국(三國) 고구려·백제·신라의 세 나라.

삼국사기 고려 인종 때(1145) 김부식 등이 왕명을 받아 지은 지금까지 남아 있는 가장 오래된 우리 나라 역사책.

삼국 시대 우리 나라 역사에서 신라·백제·고구려의 세 나라로 갈라져 싸우던 시대.

삼국유사 고려 충렬왕 때의 중 일연이 지은 역사책. 단군 신

삼군 화에 대한 내용과 삼국사기에 빠진 사화를 실었고, 전설·야담 등을 중심으로 엮은 책.

삼군(三軍) ①육·해·공군. ②군대의 중군·좌익·우익을 일컫는 말. ③전체의 군대.

삼권(三權)[―꿘] 통치권의 세 가지로 곧 입법·사법·행정. ㉠삼권 분립.

삼남(三南) 충청 남북도·전라 남북도·경상 남북도를 통틀어 일컬음.

삼:다[―따] ①짚신을 만들다. ②인연을 맺다. ㉠벗을 삼다. ③무엇을 무엇으로 여기다.

삼대(三代) 아버지와 아들과 손자의 세 대.

삼대양(三大洋) 태평양·대서양·인도양의 세 바다.

삼도(三道) ①부모에 대한 세 가지 효도. ②충청도·전라도·경상도의 3도.

삼도 수군 통:제사 조선 시대의 벼슬 이름. 요즈음의 해군 사령관과 비슷한 직책.

삼라 만:상(森羅萬象) 우주에 있는 모든 사물과 현상.

삼랑진(三浪津)[―낭―] 경상 남도에 있는 도시. 경부선의 요지로, 경전선이 갈라지며 사과·배 등이 남.

삼림(森林) 나무가 많이 난 곳. ㉯숲.

삼면(三面) 세 방면.

삼민주의(三民主義) 중국의 쑨원이 주장한 민족주의, 민권주의, 민생주의.

삼발이 철로 만든 둥근 테에 발을 세 개 붙여서 설 수 있도록 되어 있는 기구. 과학 실험에서 알코올 램프로 가열할 때 플라스크나 증발 접시 등을 받쳐 놓는 데 씀.

삼베 삼실로 짠 옷감. ㉣베.

삼별초(三別抄) 고려 고종 때 생긴 특수 조직의 군대. 최우가 조직한 야별초의 좌·우 부대와 신의군을 통틀어 부르는 이름. 몽고와 끝까지 싸울 것을 주장하고 저항하다가 실패하였음.

삼복(三伏) 초복·중복·말복의 세 복. 한창 더운 때.

삼복 더위 삼복 때의 심한 더위. 한창 더운 때. ㉣복더위.

삼사(三司) 조선 시대 중앙 관청의 하나인 사헌부·사간원·홍문관을 함께 이르는 말.

삼삼 오:오(三三五五) 사오 명씩 각각 떼를 지은 모양.

삼삼하다 ①조금 싱거운 듯하면서 맛이 있다. ②눈에 어리다. ㉯어리다. ㉠눈앞에 삼삼한 고향 산천을 잊을 길이 없어서 고향 하늘을 바라보았다.

삼생(三生) 과거·현재·미래를 일컬음.

삼성 육부(三省六部) 고려 시대 나라 일을 맡아보았던 최고 관청. 3성은 중서성·문화성·상서성. 6부는 이부·호부·예부·병부·형부·공부.

삼시(三時) 아침·점심·저녁의 세 때.

삼신산(三神山) 중국의 전설에서 동쪽 바다 복판에 있는 신선이 산다는 세 개의 산.

삼십육계 줄행랑이 제일(속) 어려울 때는 그저 도망치는 것이 제일이다.

삼십팔도선(三十八度線) [―또―] 우리 나라 중부를 횡단하고 있는 북위 38도선. 1945년 8·15 광복 후부터 1953년 7월 휴전 성립 전까지의 남과 북의 정치적 경계선을 이루었음.

삼엄(森嚴) 질서가 바로 서고 무서우리만큼 엄숙함. 비엄중. 반허술. ―하다.

삼원색(三原色) 다른 어떠한 색을 섞어서도 만들 수 없고, 그 이상 나눌 수도 없는 세 가지 바탕이 되는 색. 빨강·파랑·노랑.

삼월(三月) 일년 동안에 세 번째 드는 달.

삼월말 삼월달의 끝.

삼위(三位) ①성적 등이 세 번째인 지위. ②세 개. 예삼위의 불상을 모셔 놓다.

삼일 운:동(三一運動) 일본의 속박에서 벗어나 자주 독립을 누리려고 1919년 3월 1일, 서울을 중심으로 전국 방방곡곡에서 만세를 부르며 힘차게 일어났던 독립 운동.

삼일절 [―쩔] 3·1 운동을 기념하는 날.

삼일 정신 3·1 운동을 일으킨 우리의 민족 정신. 곧 민족이 한데 뭉치자, 자유를 찾고야 말겠다, 평화를 사랑하자는 고귀한 정신.

삼정(三政) 조선 시대 국가 재정의 3대 요소인 전정·군정·환곡.

삼종 기도(三鐘祈禱) 아침·정오·저녁에 종을 칠 때마다 올리는 기도.

삼주야(三晝夜) 사흘 밤 사흘 낮.

삼짇날 =삼질.

삼질 음력 삼월 초사흗날. 삼짇날.

삼천리 강산(三千里江山) 우리 나라. '삼천리'라 하는 것은 서울을 중심으로 의주 천리, 부산 천리, 진주 천리를 말함.

삼촌(三寸) 아버지의 형제.

삼치 몸 길이 약 1m 가량으로 갸름하며 등이 새파랗고 배가 흰 바닷물고기.

삼키다 ①물건을 목구멍으로 넘기다. ②억지로 참다.

삼태기 대나 짚으로 엮어 거름·흙을 담아 나르는 기구.

삼팔선(三八線) 북위 38도선. 8·15 광복이 되자 이 선을 경계로 하여 우리 나라가 남북으로 갈라졌음.

삼포(蔘圃) 인삼을 심은 밭.

삼한(三韓) 삼국 시대 이전에 지금의 전라도와 경상도에 있던 세 나라. 즉 마한·진한·변한.

삼한 사:온(三寒四溫) 겨울에 사흘 동안은 춥고 나흘 동안은 따뜻해지는 현상.

삼한 시대 우리 나라 남부에 자리잡고 있던 마한·진한·변한의 세 부족 사회 시대.

삼합사(三合絲) 세 올로 꼰 실. 삼겹실.

삽(鍤) 땅을 파고 흙을 뜨는 데 쓰는 보습 비슷한 기구.

삽날 흙을 파는 삽의 날.

삽사리 털이 많이 난 개.

삽시간(霎時間) 아주 짧은 시간. 비순식간. 예시꺼먼 비구름이 삽시간에 하늘을 덮었다.

삽화(挿畫) 책 따위 인쇄물 속에 간간이 끼워 넣은 그림.
삿갓 대오리나 갈대로 엮어서 비나 볕을 가리는 데 쓰는 갓.
삿:대 배질을 하는 데 쓰는 장대. =상앗대.
상:(上) ①위. ②꼭대기. 반하.
상(床) 소반·책상 따위.
상(賞) 잘한 일을 칭찬하여 주는 물건. 반벌.
상:감(上監) 임금을 높이어 일컫는 말. 예상감마마.
상감(象嵌) 무늬를 파고 그 홈에 다른 재료를 채워 넣는 장식법의 하나. 예상감 청자.
상거(相距) 서로 떨어져 있는 사이. 두 곳의 거리.
상:고(上古) 먼 옛날. 반근고. 중고.
상:공(上空) ①높은 하늘. ②어떤 지역에서 수직되는 공중.
상관하다(相關—) 서로 관계나 관련을 맺다.
상극(相剋) ①두 사람의 마음이 서로 어울리지 아니하는 것. ②서로 밉게 보는 것.
상금(賞金) 상으로 주는 돈.
상급(賞給) 상으로 줌. —하다.
상:급생(上級生) 윗학년 학생. 반하급생.
상:기(上氣) 흥분이나 수치감으로 얼굴이 붉어짐. —하다.
상냥하다 성격이 싹싹하고 다정하다. 반무뚝뚝하다. 예상냥하고 정다운 말씨로 타이르다.
상놈(常—) 신분이 낮은 남자의 낮춤말. 반양반.
상:늙은이 여러 늙은이 중에 가장 나이가 많은 늙은이.

상당하다(相當—) ①꼭 맞다. ②어울리다. 비슷하다. ③뛰어나다.
상대(相對) ①서로 마주 대하고 있음. ②서로 관계가 있음. ③다른 것에 견주어 말함. 비대상. —하다.
상대방 맞은편. 상대가 되는 쪽. 비상대편.
상대 오:차 오차의 한계의 측정값에 대한 비율.
상대자 마주 대하고 있는 사람.
상대편 서로 마주 대하고 있는 쪽. 비상대방.
상록수(常綠樹) 소나무·잣나무처럼 잎이 사철 푸른 나무. 비늘푸른나무. 반낙엽수.
상:류(上流) 강물이 흘러내리는 근원이 되는 부분. 반하류.
상:륙(上陸) 바다에서 육지로 올라옴. 반하륙. 예인천 상륙 작전. —하다.
상:반신(上半身) 몸의 윗부분.
상벌(賞罰) 잘하는 것을 칭찬하고 잘못하는 것을 벌주는 일. —하다.
상법(商法)[—뻡] 사업에 관한 권리 관계를 규정한 법률.
상봉하다(相逢—) 서로 만나다. 반이별하다. 작별하다. 예이산 가족이 상봉하다.
상부 상조(相扶相助) 서로서로 도움. —하다.
상:상(想像) ①어떠한 일을 미루어 생각함. ②새로운 일을 꾸미어 생각함. 비짐작. 추측. 공상. 예미래의 내 모습을 상상하다. —하다.
상:상도 할 수 없:다 생각조차 할 수 없다. 어떻다고 짐작할

상:상조차 상상할 수도.

상:서(上書) 웃어른에게 편지할 때 쓰는 말로 글을 올린다는 뜻. 町하서. —하다.

상선(商船) 장사를 하러 다니는 배. 町군함.

상설 시:장(常設市場) 쉬는 날이 없이 매일 열리는 시장.

상세하다(詳細—) 자세하다. 세밀하다.

상속(相續) 재산·권리·의무 따위를 이어받음. 예상속세. —하다.

상쇄(相殺) 양편의 셈을 서로 비김. —하다.

상:쇠(上—) 농악대에서 꽹과리를 가장 잘 치는 사람으로 농악대 전체를 지휘하는 사람.

상:수도(上水道) 먹는 물이나 공업에 쓰는 물을 철관 따위를 통하여 대어 주는 설비. 町하수도.

상:수리나무 묵을 만들어 먹는 상수리가 열리는 나무.

상수항(常數項) 어느 관계의 식에서 문자를 포함하지 않는 항. 예관계식 $y=2x+10$에서 10을 상수항이라 한다.

상:순(上旬) 초하루부터 초열흘까지의 사이. 町하순.

상술(商術) 장사하는 솜씨. 예상술이 좋아 많은 돈을 벌다.

상스럽다 말이나 하는 짓이 야하고 천하다. 쎈쌍스럽다.

상식(常識) 누구나 가질 수 있는 보통 지식. 예일반 상식.

상심(傷心) 마음이 상함. 걱정을 함. —하다.

상아(象牙) 코끼리의 앞니.

상아탑 ①학자의 연구실. ②속된 세상을 떠나 고요히 학문 연구에 몰두하려는 경지.

상앗대 =삿대.

상약(相約) 서로 약속함. 또, 그 약속. —하다.

상어 몸이 둥근 송곳 모양이고 꼬리가 뾰족하며, 살갗이 깔깔한 바닷물고기.

상업(商業) 상품을 사고 팔아 이익을 얻는 영업.

상:연(上演) 연극을 무대에서 나타내 보임. —하다.

상:영(上映) 영화관에서 영화를 보여 줌. —하다.

상:오(上午) 밤 0시부터 낮 12시까지의 동안. 또는, 아침부터 점심때까지의 사이. 오전. 町하오.

상의(相議) 서로 의논함. 예진로 문제를 부모님과 상의하는 것이 좋겠다. —하다.

상이 군인(傷痍軍人) 전쟁에서 몸을 다친 군인. 町부상병.

상인(商人) 장사하는 사람. 町장수.

상자(箱子) 나무나 두꺼운 종이 따위로 만들어 물건을 넣게 된 그릇. 町통.

상장(賞狀)[—짱] 상으로 주는 증서.

상전의 빨래에 종의 발뒤축이 희다(속) 남의 일을 하여 주면 그만한 소득이 있다.

상점(商店) 물건을 파는 가게. 町점포.

상조(相助) 서로 도움. 예상부상조. —하다.

상종하다(相從—) 서로 친하게 지내다. 町교제하다.

상주(常住) 항상 거주함. 늘 머무름. 비거주. —하다.

상주 보고 제삿날 다툰다⟨속⟩ 정확히 아는 사람에게 도리어 자기의 틀린 것을 고집한다.

상징(象徵) 실지로 눈에 보이지 아니하는 내용을 어떤한 물건이나 일을 통해서 나타내는 일. —하다.

상처(傷處) 몸을 다친 곳.

상추 쌈을 싸서 먹는 채소.

상치되다(相値—) 두 가지 일이 공교롭게 마주치다.

상:쾌하다(爽快—) ①속이 시원하고 기분이 좋다. ②마음이 유쾌하다. 빤불쾌하다. 예상쾌한 아침.

상태(狀態) 일의 모양이나 되어가는 형편. 비실정.

상평창(常平倉) 고려 성종 때 마련한 일종의 물가 조절 기관. 가을에 곡식을 많이 사들였다가 봄에 싼값으로 백성들에게 팔았음.

상평통보(常平通寶) 조선 후기 숙종 때에 만든 엽전의 이름.

상품(賞品) 상으로 주는 물건.

상품(商品) 팔고 사는 물건.

상품화 팔 수 있는 물건이 되게 함. —하다.

상:하(上下) ①위와 아래. ②윗사람과 아랫사람. 예상하를 분별하다.

상하다(傷—) ①다치다. ②썩다. ③근심으로 마음이 언짢게 되다. ④여위다.

상하이(중,上海) 중국의 양쯔 강 어귀에 있는 중국 최대의 무역항이며 공업 도시.

상:현달(上弦—)[—딸] 지구에서 볼 때 달의 오른쪽 반이 빛나 보이는 상태의 반달. 음력 7~8일의 달. 빤하현달.

상형 문자(象形文字)[—짜] 물건의 모양을 본떠 만든 글자. 한자 따위.

상황(狀況) 일이 되어가는 형편이나 모양. 예상황 보고.

샅 두 다리 사이. 사타구니.

샅바 씨름할 때에 다리에 걸어서 상대편의 손잡이로 쓰는 천으로 만든 줄.

샅샅이[—싸치] ①빈틈 없이. ②틈이 있는 곳마다. 예아무리 샅샅이 뒤져도 나오지 않았다.

새¹ 낡지 않음을 나타내는 말. 예새 옷. 새 교육.

새:² 날짐승의 총칭.

새:³ '사이'의 준말.

새-⁴ 빛깔이 매우 짙고 산뜻함을 나타내는 말. 예새빨갛다.

새⁵ 산에 있는 갈대 비슷한 풀. 띠·억새 등의 총칭.

새겨듣다 자세히 뜻을 풀어 가면서 듣다.

새기다 ①글자나 그림의 형상을 파다. ②글의 뜻을 설명하다.

새김질 일단 삼킨 음식물을 도로 입 속으로 내보내어 다시 씹어 먹는 일. —하다.

새까맣다 ①아주 까맣다. ②멀어서 앞이 아득하다. ③아는 것이 전혀 없거나 전혀 기억이 나지 않는다. 예새까맣게 잊어 버렸다.

새 까먹은 소리⟨속⟩ 근거 없는 말을 듣고 잘못 옮긴 헛소문.

새끼¹ 짚으로 꼰 줄. 예새끼를 꼬다.

새끼² ①짐승의 어린 것. 예제

새끼치다 새끼를 낳거나 알을 까서 번식하다.

새 나라의 기둥 새로 선 나라를 잘 되게 할 일꾼.

새는 앉는 곳마다 깃이 떨어진다 〈속〉 이사가 잦을수록 세간이 준다.

새:다 ①틈에서 흘러나오다. ②비밀이 드러나다. ③날이 밝다. 비밝다.

새달 이 달 다음에 오는 달.

새:둥지 짚 같은 것으로 바구니 비슷하게 엮어 만든 새의 보금자리로 새가 알을 낳고 새끼를 키우는 곳.

새로 '새로이'의 준말. 예새로 산 신주머니.

새로운 낡지 않은. 반낡은. 예이 그림은 새로운 맛이 난다.

새로이 ①전에 없던 것이 처음으로. ②다시 고쳐서.

새롭다〔새로워〕 ①본디의 새것인 상태로 있다. ②지금까지 있은 일이 없다. 반낡다. 묵다. 예새로운 내용의 책.

새마을 운:동 마을 사람들이 힘을 합하여 부지런히 일함으로써 보다 살기좋은 마을을 이룩하자는 운동. 자조·협동·근면을 3대 정신으로 내걸고 있음.

새:매 몸이 날쌔어서 새를 잘 잡는 매의 한 가지.

새바람 여러 사람이 모두 따르게 되는 새로운 정신이나 마음가짐.

새발의 피〈속〉 분량이 너무 모자라 쓸모가 거의 없다.

새벽¹ ①밤이 막 밝았을 때. ②밝을녘. 새벽녘.

새벽² 누른빛의 차진 흙에 고운 모래와 말똥을 섞어서 벽이나 방바닥에 바르는 흙.

새벽달 보자고 초저녁부터 기다린다〈속〉 일을 너무 일찍 서두른다.

새봄 새로 오는 봄. 비신춘.

새빨갛다〔새빨가니, 새빨가오〕 아주 짙게 빨갛고 새뜻하다. 큰시뻘겋다.

새빨개지다 새빨갛게 되다.

새살림 처음으로 하는 살림. —하다.

새삼 한동안 잊었다가 다시 생각나 새로움. 예그런 슬픈 일을 새삼 생각해 낼 것 없이 다른 이야기나 하자.

새삼스럽다〔새삼스러우니, 새삼스러워서〕 ①한동안 아니하다가 다시 하고 있다. ②지나간 일을 잊었다가 다시 생각하고 있다. 예노력이 부족함을 새삼스레 느꼈다.

새삼스레 생각이 다시 새롭게. 본새삼스러이. 예선생님의 고마음이 새삼스레 느껴진다.

새색시 새로 시집간 여자. 비신부. 반새신랑.

새서방 새로 장가든 사람. 새신랑. 비신랑.

새싹 새로 돋은 싹. 사물의 근원이 되는 새로운 시초.

새:알 새가 낳은 알.

새앙 =생강.

새야 새야 파랑새야 경기 지방에서 주로 불리는 전래 동요. 동학 농민 운동이 실패로 돌아간 뒤부터 불리기 시작했는데, 당시 '녹두 장군'이란 별명이 새 옷 한 번도 입지 아니한 옷. 땐헌 옷. 예새 옷을 입다.

새우 몸이 갸름하고 온몸에 껍질이 덮이고 등이 굽고 긴 수염이 난 물고기의 한 가지. 〔새 우〕

새우다[1] 한숨도 자지 않고 밤을 밝히다. 준새다.

새우다[2] ①샘을 내다. ②시기하다. 시새우다.

새재 경상 북도 문경시와 충청 북도 괴산군 사이에 있는 재.

새집 새로 지은 집. 땐헌집.

새치 다랑어 종류의 일종. 따뜻한 바다에 살며 몸의 길이는 3.5m, 무게는 60kg이고, 코끝에 단단하고 긴뼈가 창같이 달려 있음. 남쪽 먼 바다에서 잡힘. 고기맛이 썩 좋음.

새침데기[—떼—] 겉으로만 얌전한 체하는 사람.

새큼하다 맛이 조금 시다.

새파랗다 ①아주 파랗다. 진하게 푸르다. ②몹시 노하고 있다. ③썩 젊다.

새파래지다 새파랗게 되다. 새파란 빛깔로 변하다.

새하얗다 매우 하얗다.

새 학년(—學年) 막 진급한 학년.

새 학문(—學問) 이제까지의 중국 한학에 대하여 서양에서 들어온 새로운 학문. 비신학문.

새해 새로 맞은 해. 비신년.

색(色) 물건의 빛깔.

색깔 =빛깔.

색다르다[색다르니, 색달라서] 종류가 다르다. 보통 것과 다른 특색이 있다.

색동 아이들의 옷소매의 동을 여러 가지 빛의 조각으로 대는 헝겊 오리.

색동옷 색동으로 지은 옷. 비꼬까옷. 예색동옷을 입었다.

색동 저고리 오색 비단으로 소매를 이어 만든 어린 아이의 저고리. 예설이라고 아기가 색동 저고리〔색동 저고리〕를 입고 세배를 드립니다.

색동회 1922년 일본 도쿄에서 방정환을 중심으로 세워진 어린이를 위한 문화 단체.

색맹(色盲) 색의 구별이 되지 않는 상태. 또는 그런 사람.

색상(色相) 빨강·파랑 등 사람의 눈으로 느낄 수 있는 색의 종류. 유채색에만 있음.

색상 대:비 색상이 다른 두 색을 이웃해 놓았을 때에 일어나는 현상.

색색(色色) 여러 가지의 빛깔.

색:시 ①아직 시집을 안 간 처녀. ②'새악시'의 준말.

색:시비 보슬비.

색인(索引) 책 속의 내용이나 낱말을 쉽게 찾아볼 수 있도록 벌여 놓은 차례. 인덱스. 예색인을 찾아보다.

색종이 물감을 들인 종이. 공작용으로 씀. 색지.

색채(色彩) 빛깔.

색칠(色漆) 색을 칠함. 또는 그 칠. 예대강의 윤곽을 그린 후

색팽이 두 가지 이상의 빛이 섞일 때 나타나는 빛깔을 알아보기 위하여 팽이의 윗면에 여러 가지 빛깔을 칠한 것.

색환(色環) 색을 색상이 비슷한 차례로 시계 바늘 방향으로 둥글게 늘어놓은 것.

샌 프 란 시 스 코(San Francisco) 미국의 태평양 연안에 있는 항구 도시.

샘:[1] ①남이 잘하는 것을 미워하는 마음. ②시기하는 마음. —하다.

샘:[2] ①물이 땅 속 바위틈에서 솟아 나오는 자리. ②'샘터'의 준말.

샘:굿 우물의 신에게 정초에 지내는 제사. 마을 대표 3사람이 한밤중에 우물가에 음식을 차리고, 동네에 사는 모든 호주의 이름을 부르고 제사 지냄.

샘:물 샘에서 솟아 나오는 물. 비 우물물.

샘:바리 샘이 많은 사람.

샘:터 ①샘이 있는 곳. ②샘물이 솟아 나오는 빨래터.

샘플(sample) 견본. 양복감의 견본. 예 샘플을 보이다.

샛:강 큰 강에서 갈라져 흐르다가 가운데 섬을 이루고 다시 하류 쪽에서 합쳐진 강.

샛:길 큰길 옆에 있는 좁은 길.

샛노랗다[샛노라니, 샛노라오] 빛깔이 더할 수 없이 노랗다. 큰 싯누렇다.

샛:별 새벽에 동쪽 하늘에서 반짝이는 별. 금성을 가리킴.

생(生) ①높은 사람에게 자기를 낮추어 이르는 말. 예 소생. ②산다는 뜻. 비 삶.

생각 ①마음속으로 느끼는 의견. ②어떠한 일을 하려는 목적. 비 사고. 반 행동. —하다.

생각하다 ①마음을 먹다. ②그리워하다. ③느끼다.

생강 생강과의 여러해살이풀. 뿌리는 맛이 맵고 향기가 좋아 양념으로 쓰임. = 새앙.

생계(生計) 살아가는 방법. 예 생계가 막연하다.

생글생글 소리 없이 정답게 눈웃음치는 모양. 큰 싱글싱글. 센 쌩글쌩글. —하다.

생긋 소리 없이 얼핏 눈만 조금 움직여 정답게 웃는 모양. 큰 싱긋. 센 쌩긋. —거리다.

생기(生氣) 싱싱하고 힘찬 기운. 예 생기 발랄.

생기다 ①없던 것이 있게 되다. ②일어나다. ③자기의 소유가 되다. ④어떠하게 보이다.

생김새 생긴 모양새.

생도(生徒) 군의 교육 기관. 특히, 사관 학교의 학생.

생략(省略) 덜어서 줄임. 반 첨가. —하다.

생명(生命) 살아가는 근원이 되는 힘. 비 목숨.

생명력[-녁] 생명의 힘. 목숨을 이어 가려는 힘.

생명 보:험 뜻밖의 죽음을 당했을 때를 대비하여 드는 보험.

생명체 목숨이 있는 것.

생물(生物) 생명이 있는 모든 동물과 식물. 반 무생물.

생방송(生放送) 미리 녹음·녹화하지 않고 그 시간에 직접해서 보내는 방송. 반 녹음 방송. 예 생방송 쇼.

생사(生死) 죽고 사는 것. 비사생. 예생사를 함께 하다.
생산(生産) ①물건을 캐내거나 만들어 냄. 반소비. 예대량 생산. ②아이를 낳음. —하다.
생산 본부 물건의 생산을 맡은 중심되는 사무소.
생산자 살아가는 데 필요한 물건을 스스로 만드는 사람. 반소비자.
생산품 캐내거나 만들어 낸 물건. 비제품.
생색(生色) 낯이 나도록 하는 일. 예생색을 내다.
생생하다(生生—) ①축나거나 썩지 않고 본디 그대로의 생기를 가지고 있다. ②빛이 맑고 산뜻하다. 비신선하다. 큰싱싱하다. 쎈쌩쌩하다.
생선(生鮮) 말리거나 소금에 절이지 않은 물고기.
생선 전유어 얇게 저민 생선의 살에 밀가루를 바르고 달걀을 씌워 기름에 지진 음식.
생시(生時) ①살아 있을 때. ②자지 아니하고 깨어 있을 때. 비평소. 반꿈. 예이것이 꿈이냐 생시이냐?
생식(生食) 식물을 날것으로 먹음. 반화식. —하다.
생신(生辰) '생일'의 높임말.
생애(生涯) 세상에서 살아 가는 동안. 살아 있는 동안.
생인손 손가락 끝에 나는 종기.
생일(生日) 세상에 태어난 날. 비생신. 반기일.
생장(生長) 자라남. 키가 커짐. —하다.
생전(生前) 살아 있을 동안. 비생시. 반사후.

생존(生存) 살아 있음. 비생활. —하다.
생존자 ①살아 있는 사람. ②끝까지 살아 남은 사람. 반사망자. 예난파선의 생존자.
생:쥐 몸이 매우 작고 털빛이 잿빛보다 조금 검은 쥐의 한 종류. 곡물·야채 등을 먹음.
생채기 손톱 따위로 할퀴어 생긴 작은 상처.
생채기 투성이 할퀴어 생긴 작은 상처가 범벅이 되어 더럽게 된 모양.
생철(生鐵) =무쇠.
생태계(生態界) 어느 지역 안에 살고 있는 생물의 무리와, 그 생활에 깊은 관계를 가진 환경 요소.
생트집 아무 까닭이 없이 일부러 부리는 트집. —하다.
생활(生活) 먹고 입고 자고 놀고 일하면서 살아감. 비생애. 살림. —하다.
생활권[—꿘] 생활하는 범위. 예일일 생활권.
생활력 살아가는 힘. 예생활력이 강한 사람.
생활 수준 살림살이의 정도나 형편. 예생활 수준이 높다.
생활 일기 하루의 생활을 통하여 보고, 듣고, 느끼고, 생활한 점을 그대로 쓴 일기.
샬레(독 schale) 과학 실험을 하는 데 쓰는 유리 그릇 중의 하나.
서 어떤 말에 붙어서 동작·장소를 나타내는 말. 예책상 앞에 앉아서 독서를 하고 있다.
서(西) 서쪽.
서경(西京) 평양의 딴이름.

서경덕(徐敬德, 1489~1546) 조선 성종 때부터 명종 때의 유학자. 호는 화담. 한평생 유학을 깊이 연구하였음.

서:경시(敍景詩) 자연의 경치를 노래한 시. 반서사시.

서:광(曙光) ①동틀 때 비치는 빛. 비새벽 빛. ②캄캄한 속에서 처음 나타나는 밝은 빛.

서글프다[서글프니, 서글퍼] 마음이 슬프고 허전하다. 예서글픈 심정.

서기(西紀) 서양에서 햇수를 세는 기원. 예수 그리스도가 난 후 4년을 기원 1년으로 해서 계산함.

서기(書記) ①관청에서 상관의 지휘를 받고 문서 따위를 받아 처리하는 사람. ②무슨 일을 하는 데에 기록을 맡아보는 사람.

서까래 도리에서 처마끝까지 건너지른 재목.

서남(西南) ①서쪽과 남쪽. ②서쪽과 남쪽의 사이. 반북동.

서남 아시아 아시아 대륙의 남서부에 해당되는 지역. 이란·이라크·사우디아라비아·터키·예멘 등의 나라가 있음.

서낭당 한 마을을 지키는 신을 모신 곳.

서늘하다 ①따뜻하지 않다. 조금 선선하다. 비선선하다. 시원하다. 반따뜻하다. 따스하다. 예아침 바람이 서늘하게 분다. ②무섭다. 비선뜩하다. 예등골이 서늘하다.

서다 ①가로놓였던 물건이 세로 곧게 되다. ②일어나다. ③걸음을 멈추다. ④날카롭게 되다. 예칼날이 서다.

서당(書堂) 동네 아이들에게 한문을 가르치는 집. 비글방.

서당 개 삼년에 풍월을 읊는다 〈속〉 무식한 사람이라도 글 잘하는 사람과 오래 있게 되면 자연 견문이 생긴다.

서대문(西大門) 서울 서쪽에 있던 문. 돈의문이라고도 함. 지금은 헐리고 없음.

서대문구 서울 특별시 행정 구역의 하나.

서덕출(徐德出, 1906~1940) 경상 남도 출생의 동요 작가. 1925년에 잡지 '어린이'에 〈봄편지〉를 발표한데 이어 70여 편의 동요를 남겼음.

서도(書圖) 글씨와 그림.

서:두(序頭) 어떤 일이나 차례의 첫머리.

서두(書頭) 글의 첫머리. 예서두를 잘 다듬다.

서두르다[서두르니, 서둘러서] ①일을 빨리 해치우려고 바쁘게 움직이다. ②부산하게 수선을 부리다. 준서둘다.

서둘러 ①일을 빨리 해치우려고 바쁘게 움직여. ②부산하게 수선을 부리어. 예그렇게 서둘러 가다가는 또 무슨 일이 나겠구나.

서랍 책상·장농 따위에 빼었다 끼웠다 하게 된 뚜껑 없는 상자. 예서랍을 열다.

서:럽다[서러우니, 서러워서] 언짢은 생각이 들어 마음이 원통하고 슬프다. 비슬프다.

서려 ①김이 엉기어. ②기가 꺾

서려 놓다 긴 끈이나 그물 같은 것을 차곡차곡 개켜 놓다.

서력(西曆) 서양의 책력. 서력 기원. 비서기.

서로 ①함께. 예우리 반 동무들은 언제나 서로 사이좋게 지낸다. ②다 같이.

서류(書類) ①글자로 쓴 문서. ②사무에 관한 문서.

서룻다 ①그릇을 씻다. ②좋지 못한 것을 쓸어 없애다.

서리 밤에 공기의 온도가 낮아 수증기가 얼어서 땅·지붕·초목에 희게 깔리는 물질.

서리다[1] 김이 엉기어 축축하게 되다.

서리다[2] 엉클어진 물건을 풀어서 감다.

서리맞은 구렁이(속) 찬서리를 맞은 구렁이같이 힘이 없고 행동이 몹시 느리다.

서릿바람 서리 내린 아침의 쌀쌀한 바람.

서릿발 땅속의 수분이 얼어 땅위로 솟아오른 것.

서막(序幕) ①연극 등에서 처음 여는 막. ②시작. 반종막.

서머 타임(summer time) 하기 일광 절약 시간.

서먹서먹하다 낯이 익지 못하여 어색하다. 비어색하다. 반자연스럽다. 예처음 전학해 오던 날은 낯설어 서먹서먹하였다.

서면(書面) 글씨를 쓴 종이. 반구두.

서:문(序文) 책의 첫머리에 그 책에 대하여 쓴 글.

서반구(西半球) 지구를 경도 0°및 180°선에서 동서 두 쪽의 반구로 나눈 것의 서쪽 부분. 반동반구.

서방(書房) ①어른된 사내의 성 아래에 붙이어 부르는 말. 예김 서방. ②남편의 낮은말.

서방님 '서방'의 높임말.

서:브(serve) 정구·탁구·배구 등에서 공격측이 먼저 공을 상대편 코트에 쳐 넣는 일. 또는 그 차례나 그 공. −하다.

서:비스(service) 봉사. 직무. 사무. 심부름. −하다.

서:비스직 호텔·식당·세탁·이발 등 서비스를 하는 일에 종사하는 직업.

서:사시(敍事詩) 어떤 이야기나 사건을 읊은 시. 반서경시. 서정시.

서산(西山) 해지는 쪽에 있는 산. 서쪽에 있는 산.

서산 대:사(西山大師, 1520~1604) 조선 시대 선조 때의 이름난 중. 본이름은 최현응. 승명은 휴정. 임진왜란 때 팔도 승병을 일으켜 나라에 큰 공을 세웠음. 문장에도 뛰어나 〈청허당집〉을 남겼음.

서산머리 서쪽에 있는 산꼭대기.

서서히(徐徐−) 차례대로 천천히. 반급히.

서성대다 망설이거나 또는 마음이 가라앉지 못하여 왔다갔다 다하다. 예차례를 기다리느라고 정류장에서 서성대다.

서:술문(敍述文) 사실이나 자기의 생각을 그대로 나타낸 글. 보통 '이다'로 끝맺음. '비가 올 것이다.' 따위의 문장.

서슬 날카로운 기세.
서슴다[—따] 말이나 행동을 머뭇거리며 망설이다. 예서슴지 않고 이야기하다.
서슴지 않다 ①주저하지 않다. ②망설이지 않다. 예선생님께서 꾸중하실 것을 짐작하였으나 나는 서슴지 않고 우리의 계획을 말씀드렸다.
서식(書式) 증서·청원서 따위의 문서를 쓰는 격식.
서신(書信) 편지.
서약(誓約) 맹세하여 약속함. 예서약서. —하다.
서양(西洋) 유럽과 아메리카를 합하여 이르는 말. 비서구. 반동양.
서양 음악 서양에서 생겨 발달한 음악.
서양화 서양에서 발달한 그림으로 그림 물감·크레파스·크레용·파스텔 등으로 그린 그림. 반동양화. 준양화.
서운하다 마음에 모자람을 느끼어 속의 한 구석이 빈 것 같다. 비섭섭하다. 반반갑다. 예서운한 감정이 남아 있다.
서울 그 나라의 정부가 있는 곳. 비수도. 수부. 반시골.
서울내기 서울에서 태어난 사람. 반시골내기
서원(書院) 선비들이 학문을 연구하고 또 훌륭한 사람들을 제사지내던 곳. 조선 중기부터 각 지방에 세워졌음.
서유구(徐有榘, 1764~1845) 조선 말기의 농정가. 고구마 재배에 관한 〈종저보〉 등의 농업책을 지었음.
서인도(西印度) 서인도 제도.

서인도 제도 중앙 아메리카의 동쪽 바다에 있는 섬. 쿠바·아이티·도미니카·자메이카 같은 나라와 영국령인 바하마 군도 등이 있음.
서재(書齋) 책을 갖추어 두고 글을 읽는 방.
서재필(徐載弼, 1863~1951) 우리 나라의 독립 운동가. 일찍부터 개화 사상에 눈을 떠 독립 협회 고문으로 있으면서 독립문을 세우고, 독립 신문을 발간하였음.
서적(書籍) 글·그림 따위를 종이에 인쇄하여 꿰맨 물건. 비책. 도서.
서점(書店) 책을 파는 가게.
서:정시(抒情詩) 기쁨과 슬픔 등 자기 마음을 읊은 시. 반서사시.
서쪽 해가 지는 쪽. 비서편. 반동쪽.
서캐 이의 알.
서:클(circle) ①원. 권(유성의 궤도). ②활동 범위. ③연구 또는 친목을 꾀하기 위한 모임. 예서클에 가입하다.
서:투르다/서:툴다[서투르니, 서툴러] ①눈에 익지 않다. ②보기에 어색하다. ③손에 익지 않다. 반능란하다. 익숙하다.
서편(西便) 서쪽 편. 반동편.
서해(西海) ①서쪽 바다. ②우리 나라의 황해. 반동해.
서해안 서쪽 바닷가. 반동해안.
서화(書畫) 글씨와 그림.
서희(徐熙, 940~998) 고려 초기의 훌륭한 외교관이며 장군. 성종 때 거란의 침입을 받고,

뛰어난 외교적 솜씨로 적장 소손녕과 담판을 벌여 그들을 물러가게 하였으며, 강동 6주를 개척하여 압록강 이남의 땅을 다시 차지하는 데 공을 세웠음.

석(石) 곡식 따위의 양을 셈하는 단위로 한 말의 열 곱절. 섬.

석가모니(釋迦牟尼) 불교에서 위하는 부처. 예석가모니불.

석가탑(釋迦塔) 불국사 뜰에 있는 탑.

[석가탑]

석굴암(石窟庵) 경주 토함산 동쪽에 있는 돌로 만든 건축물. 신라 경덕왕 때 김대성이 세웠음. 정면 중앙에 석가 여래상을 앉히고 벽에는 관세음 보살상 등 여러 불상을 조각하였음.

석기 시대(石器時代) 인류 문화의 원시 시대에 쇠붙이를 쓸 줄 모르고 중요한 기구를 돌로 만들어 쓰던 시대.

석류(石榴)[성뉴] 석류나무의 열매. 크기는 보통 고무공 정도이고 익으면 두꺼운 껍질이 쪼개지고 연분홍 빛깔의 신맛을 가진 씨가 나옴.

석반(石盤) 석회석을 얇게 깎아 만든 넓적한 판.

석불(石佛) 돌부처.

석쇠 물건을 얹어 굽는 데 쓰는 가는 철사로 그물같이 엮어 만든 기구. 비적쇠.

석수(石手) 돌을 쪼아서 여러 가지 물건을 만드는 사람. 비석수장이.

석수일 돌을 다루어 물건을 만드는 일.

석수장이 '석수'를 낮추어 가리키는 말.

석양(夕陽) 저녁때의 해.

석영(石英) 규소와 산소가 화합한 돌. 유리의 재료로 씀.

석유(石油) 땅속에서 솟아나는 탄소와 수소의 혼합물. 물보다 가볍고 특수한 냄새가 남.

석유 화:학 공업 석유·천연 가스 등을 원료로 하여 화학 제품을 만들어 내는 공업.

석차(席次) ①자리의 차례. ②성적의 차례.

석청(石清) 산 속의 나무나 돌 틈에 벌이 모아 놓은 꿀.

석탄(石炭) 옛날 식물이 땅에 묻히어 숯으로 변한 것.

석탄 가스 석탄을 공기가 통하지 않게 하고 가열할 때에 나오는 기체.

석회(石灰) 횟돌을 불에 구워 만든 흰 가루. 탄산칼슘. 준회. 예석회 비료.

석회석 석회분이 바다 밑에 쌓여서 굳은 퇴적암. 회색을 띠며 시멘트의 원료로 많이 쓰임. 석회석에 염산을 떨어뜨리면 거품을 내면서 탐.

석회수 소석회를 물에 넣어서 잘 놓아 두었을 때 생기는 윗물. 소독·살균제로 씀.

섞다 ①넣어서 혼합하다. ②다른 것을 보태다.

선: 좋고 나쁨과 맞고 안 맞음을 가리기 위하여 만나 보는 일. 예새로 만든 옷을 손님들에게 선보였다.

선:(善) 착하고 올바름. 어질고

좋음. 世악. —하다.
선(線) 줄이나 금. 世금.
선각(先覺) 남보다 앞서 깨달음. —하다.
선각자 남보다 먼저 깨달은 사람. 예한글 연구의 선각자.
선:거(選擧) 많은 사람의 뜻으로 여러 사람 가운데서 뽑아냄. 世선출. 예선거 운동. —하다.
선:거권[—꿘] 선거에 참가하여 투표를 행할 수 있는 권리. 世피선거권.
선:거장 선거하는 장소.
선경(仙境) 경치가 좋은 곳.
선고(宣告) ①널리 알도록 일러줌. ②재판관이 재판의 결과를 말해 줌. —하다.
선교(宣敎) 종교를 널리 선전함. 世포교. 예선교 활동. —하다.
선구(先驅) 행렬 맨 앞에 서서 가는 사람. 世앞잡이.
선구자 생각이 남보다 앞선 사람. 世길잡이.
선녀(仙女) 선경에 산다는 여자 신선.
선대(船隊) 많은 배의 무리.
선대칭 도형 도형을 어떤 직선으로 접어서 포개어 볼 때 완전히 겹쳐지는 도형.
선돌 원시 시대 사람들이 기념비로 세운 돌.
선동(煽動) 남을 부추기어 일을 일으킴. —하다.
선두(先頭) 첫머리. 맨 먼저. 世후미. 예선두 주자.
선둥이 쌍둥이 중에서 먼저 나온 아이.
선뜩하다 ①찬 기운이 몸에 닿아서 별안간 춥다. ②무서워서 마음이 서늘하다. 世서늘하다.
선뜻 가볍고 빠르고 시원스럽게. 世얼른. 예선생님이 무엇을 물으시거든 선뜻 대답해라.
선:량(善良) 착하고도 어질음. 世불량. 예그는 선량한 시민이다. —하다.
선:량(選良) ①뛰어난 인물을 선출함. 또, 그 인재. ②국회의원.
선:머슴 장난이 심하고 몹시 덜렁거리는 아이.
선명하다(鮮明—) 산뜻하다. 깨끗하다. 말쑥하다.
선무당이 사람 죽인다(속) 서투른 사람이 익숙한 체하여 일을 망친다.
선:물(膳物) 고마운 일에 보답이나 정으로 보내는 물건. 世선사. 예이 책은 아저씨께서 주신 선물입니다. —하다.
선박(船舶) 크고 작은 배들. 世배. 예선박 회사.
선반 널빤지를 벽에 가로질러 놓고 물건을 얹는 데 쓰는 장치. 예선반을 달다.
선반(旋盤) 쇠붙이를 자르거나 깎는 데 쓰이는 금속 공작 기계. 예선반공.
선:발(選拔) 많은 속에서 골라냄. —하다.
선발대(先發隊)[—때] 다른 부대보다 앞서 출발한 부대. 먼저 떠난 부대.
선배(先輩) 학식과 덕망이 자기보다 나은 사람. 世후배.
선:보다 사람이나 사물의 형편을 보다. 예할머니께서는 며느리감의 선을 보셨습니다.

선봉(先鋒) 맨 앞에 섬.

선분(線分) 곧은 줄. 두 점 사이를 가장 짧게 이은 직선.

선비 ①학문을 닦는 사람. ②옛날에 학식은 있으나 벼슬하지 아니한 사람. ③어질고 순한 사람을 비유하는 말. 비학자.

선:사(善事) ①고마운 일에 대한 보답이나 정으로 남에게 물건을 줌. 비선물. 예선사하다. ②신이나 부처에게 음식을 올림. —하다.

선생(先生) ①학문·기술을 가르쳐 주는 사람. ②나이나 학식이 맞서거나 그 이상인 사람에 대한 일컬음. 비스승. 반학생. 제자.

선선하다 ①조금 춥다. ②매우 서늘하다. ③성질이 쾌활하다. 비서늘하다. 반훈훈하다.

선:수(選手) ①특별히 선발된 사람. ②경기에 익숙한 사람.

선:심(善心) ①착한 마음. ②남을 도와 주는 마음. 반악심. 예선심을 쓰다.

선심(線審) 정구·야구·축구 등에서 선에 관한 규칙의 위반을 맡아보는 보조 심판원.

선:악(善惡) 착한 것과 악한 것. 선과 악.

선양(宣揚) 드러내어 널리 떨치게 함. 예국위 선양. —하다.

선양 중국 만주에 있는 공업 중심 도시.

선어(鮮魚) 말리거나 절이지 않은 물고기. 비생선.

선언(宣言) ①의견을 널리 알도록 말함. ②단체나 국가가 자기의 방침 등을 정식으로 말함. 비선고. 예우리 나라의 독립을 선언하였다. —하다.

선언서 방침이나 주장을 발표하는 글. 예독립 선언서.

선:웃음 우습지도 아니하면서 꾸미어 웃는 웃음.

선원(船員) 배를 타고 배 안의 일을 맡아보는 사람. 비뱃사람. 선인.

선율(旋律) 소리가 규칙적으로 이어져 나가는 움직임. 비멜로디. 예아름다운 선율.

선인(船人) 뱃사람. 비선원.

선인장(仙人掌) 여러해살이풀. 줄기는 넓적하고 즙이 많으며, 마디와 가시가 많음.

선:자(選者) 골라서 뽑는 사람.

선장(船長) 배의 우두머리. 비함장.

선재 구성 실·철사·노끈 따위와 같은 선을 이루는 재료를 사용하여 직선·곡선 등으로 꾸민 구성.

선전(宣傳) ①어떠한 주의나 주장을 많은 사람에게 퍼뜨림. ②널리 펴서 알게 함. 비광고. 예남의 잘못을 널리 선전하는 것은 옳지 않다. —하다.

선전 포:고(宣戰布告) 전쟁을 하겠다는 뜻을 국내외에 널리 알림. —하다.

선조(先祖) 조상. 반후손.

선조(宣祖) 조선 시대 제14대 왕.

선진(先進) ①남보다 일찍 사물을 깨달음. ②학식과 덕망이 자기보다 나음. ③남보다 앞서 나아감. 반후진.

선진국 산업 기술이나 일반 문화가 비교적 먼저 발달한 나라. 반후진국.

선착장(船着場) 배가 와 닿는 곳. 예여의도 선착장.

선창(船艙) 물가에 다리처럼 만들어서 배가 닿게 하는 곳. 비부두.

선:출(選出) 여럿 중에서 고르거나 뽑아 냄. 예반장 선출. —하다.

선:택(選擇) 골라서 뽑음. 예선택 과목. —하다.

선포(宣布) 널리 세상에 알림. —하다.

선풍(旋風) 회오리바람.

선풍기(扇風機) 작은 전동기에 날개를 달아 회전시킴으로써 바람을 일으키는 기계.

선:하다 ①눈에 보이는 듯하다. ②마음에 잊혀지지 않다. 예할머니의 모습이 눈에 선하다.

선:하다(善—) 착하다.

선:하품 ①음식이 체하였을 때에 자꾸 나는 하품. ②억지로 하는 하품.

선후(先後) ①앞과 뒤. ②먼저와 나중. ③앞서거니 뒤서거니 함. —하다.

섣:달 일년 중의 마지막 달.

섣:부르다 솜씨가 아주 설고 어설프다.

섣:불리 ①경솔하게. ②아무 생각 없이. ③서투르게. 어설프게. 예섣불리 손대지 마라.

설: 새해의 첫날.

설거지 그릇을 씻어 제자리에 두는 일. —하다.

설계(設計) 제작이나 공사 따위에 앞서 그 목적에 맞도록 모든 계획을 세움. —하다.

설계도 설계의 차례를 자세하게 보인 도면.

설:날 정월 초하룻날.

설:다〔서니, 서오〕 ①익지 않다. 덜 익다. ②서투르다.

설득(說得) 설명하여 알아듣게 함. —하다.

설레다 두근거리다. 예소풍 갈 일을 생각하니 가슴이 설렌다.

설레설레 머리나 꼬리 따위를 가볍게 좌우로 흔드는 모양. 준설설. 작살래살래.

설령(設令) =설사.

설립(設立) 만들어 세움. 시설하여 세움. —하다.

설마 그래도. 아무리 하다라도. 아무렇기로서니. 반으레.

설마가 사람 죽인다(속) 설마 그럴 수가 있나 하고 마음을 놓아 버린 곳에서 탈이 일어난다.

설명(說明) 풀어서 밝혀 말함. 비해설. 해명. —하다.

설문(設問) 문제나 물음을 만들어 냄. 또, 그 문제나 물음. 예설문 조사. —하다.

설법(說法)〔—뻡〕 불교의 도리를 설명하여 가르침. 예스님의 설법을 듣다. —하다.

설비(設備) 베풀어서 갖춤. 비시설. —하다.

설:빔 설에 입는 새 옷.

설사(泄瀉)〔—싸〕 배탈이 나서 누는 묽은 똥. —하다.

설사(設使)〔—싸〕 그렇다 치더라도. =설령.

설삶다〔—삼따〕 반쯤 삶다.

설설 기다 매우 두려워하여 기를 펴지 못하다. 센썰썰 기다.

설:쇠다 설을 지내다. 새해를 맞이하다.

설:움 서러운 느낌. 슬픈 마음.

설워하다 서럽게 여기다.

설익다 반쯤 익다.

설정(設定) 새로 만들어 정해 둠. 예목표 설정. —하다.

설주(—柱)[—쭈] ①문짝을 끼워 달려고 중방과 문지방 사이 문의 양쪽에 세우는 기둥. 본문설주. ②얼레의 기둥이 되는 나무 부분.

설총(薛聰) 신라 시대의 학자. 강수·최치원과 함께 신라의 3대 문장가. 원효 대사의 아들로 이두를 만들었다 함.

설치(設置) 베풀어 둠. 비설립. 예놀이 기구 설치. —하다.

설치다¹ 몹시 날뛰다. 예불량배가 설치다.

설치다² 한도에 못 미치고 그만 두다. 예잠을 설치다.

설탕(雪糖) 사탕 가루.

설피다 ①배지 않다. 짜거나 엮은 것이 거칠다. ②거칠고 서투르다.

설화(說話) ①이야기. ②한 민족 사이에서 전해 내려오는 옛 이야기.

섬¹ ①곡식을 담기 위하여 짚으로 엮어 만든 멱서리. ②한 말의 열 곱절. 예쌀 한 섬.

섬² 바다 또는 늪 가운데에 물 위로 드러나 있는 땅.

섬³ 돌층계의 계단.

섬기다 우러러 받들다. 예부모를 섬기다.

섬돌[—똘] 집채의 앞뒤에 오르내리게 만들어 놓은 돌층계.

섬멸(殲滅) 다시 일어날 수 없게 모두 무찔러 없앰. 예적군을 섬멸하다. —하다.

섬세(纖細) ①자세함. ②가느다람. ③아주 사소함. —하다.

섬유(纖維) 생물체의 몸을 이루는 실 같은 물질.

섬진강(蟾津江) 전라 북도 진안 군에서 시작하여 남해로 흘러 들어가는 강. 길이 212km.

섭생(攝生) ①병이 걸리지 않게 함. ②병이 낫게 함. 비양생. —하다.

섭섭하다 ①서로 헤어지기 어렵다. ②없어지는 것이 아깝다. ③남이 대하는 태도가 서운하고 흡족하지 아니하다.

섭씨 온도계(攝氏溫度計) 물의 빙점을 0도, 비등점을 100도로 하는 온도계.

섭취(攝取) 영양분을 빨아들임. 예영양 섭취. —하다.

성: 노여워하여 분하게 여기는 마음. 비화.

성:(姓) 한 겨레붙이의 갈래를 나타내기 위하여 대대로 이어 내리는 일컬음. 이·김·최·안·정·박 따위. 비씨.

성(城) 적의 군대를 막기 위하여 쌓은 높은 담과 집.

성가(聲價)[—까] 일정한 물건이나 사람 등에 대한 세상의 좋은 평판.

성가시다 ①귀찮다. ②괴롭다. ③싫다. 비귀찮다. 괴롭다.

성:격(性格)[—격] 개인이 가지고 있는 성질. 비성미. 성품.

성:경(聖經) 예수교의 교리를 적은 구약과 신약 전서.

성공(成功) ①자기가 하고자 한 목적을 다 이룸. ②사회적인 지위를 얻음. 비성취. 반실패. —하다.

성과(成果) 일이 이루어진 결과. 비효과. 보람.

성균관 개구리〈속〉 자나 깨나 글만 읽는 글방 도련님.

성글다 사이가 배지 않고 뜨다.

성금(誠金) 정성으로 내는 돈.

성:급하다(性急—) 성질이 급하다. 예아무리 기다려도 버스가 오지 않으니까 성급해서 더 참지 못하고 걸어가는 사람도 있었다.

성기다 ①사이가 배지 않고 뜨다. ②관계가 깊지 않고 버성기다. 빤배다.

성:깔 ①성질을 부리는 형세. ②날카로운 성질.

성:나다 ①노하다. 화나다. ②종기가 덧나다.

성:내다 화를 내다.

성냥 작은 나뭇개비 끝에 유황을 발라서 불을 켜는 물건.

성냥불 성냥에 붙은 불.

성냥팔이 소:녀 안데르센이 지은 동화. 어느 눈 내리는 날 밤에 추위에 얼어서 목숨을 잃은 성냥팔이 소녀의 가엾은 이야기.

성:능(性能) 기계 따위가 일을 해낼 수 있는 능력. 비기능.

성:당(聖堂) 천주교의 교회당.

성대(聲帶) 목구멍의 소리를 내는 곳. 비목청.

성:대하다(盛大—) 크고 훌륭하다. 비굉장하다. 빤간소하다.

성립(成立) 일이나 물건이 이루어짐. 예성립 조건. —하다.

성:마르다 도량이 좁고 성미가 급하다.

성:명(姓名) 성과 이름. 성함.

성명(聲明) 여러 사람에게 밝혀서 말함. 예성명서. —하다.

성묘(省墓) 조상의 산소를 찾아가서 살피어 돌봄. 예가족과 함께 성묘를 갔다. —하다.

성문(城門) 성을 드나드는 문.

성:미(性味) ①본디 타고난 특별한 성질. ②성질과 취미. 비성격.

성벽(城壁) 성의 담벼락.

성분(成分) ①물체를 이루는 분자. ②문장의 각 부분.

성삼문(成三問, 1418~1456) 조선 시대 단종 때의 충신이며 학자. 사육신 중의 한 사람. 집현전 학사로 세종 대왕을 도와 한글을 만드는 데 큰 공을 세웠음.

성성하다(星星—) 머리털이 희끗희끗하게 많이 세다.

성:쇠(盛衰) 성함과 쇠퇴함. 잘되고 못 됨. 비흥망.

성:스럽다〔성스러우니, 성스러워〕 거룩하고 고상하며 깨끗하다. 예성스러운 자리.

성실(誠實) ①정성스럽고 실속이 있음. ②참되고 거짓이 없음. ③부지런함. 예성실한 태도. —하다.

성심(誠心) 참된 마음. 정성이 있는 마음. 비성의.

성:씨(姓氏) 성을 높여 부르는 말.

성악(聲樂) 사람의 목소리로 아름답게 나타내는 음악. 빤기악. 예성악가.

성에 겨울의 추운 날, 창·굴뚝 등에 수증기가 허옇게 얼어붙은 것.

성왕(聖王) 백제 제26대 왕(재위 523~554). 서울을 웅진(지금의 공주)에서 사비(지금의 부여)로 옮긴 후 나라의 기틀을 잡고, 잃었던 한강 유역을 되찾았음. 불교와 우리 문화를 일본에 전해 주기도 했음.
성우(聲優) 주로 라디오 방송극에 출연하는 배우.
성:웅(聖雄) 거룩하리만큼 뛰어난 영웅. 예성웅 이순신 장군.
성원(聲援) 옆에서 소리쳐서 힘을 북돋우어 줌. —하다.
성의(誠意) 참되고 정성스러운 마음. 비성심.
성:인(聖人) 지혜와 도덕이 뛰어나 영구히 남의 모범이 될 만한 사람. 비성자.
성:인봉 울릉도에서 가장 높은 산봉우리. 높이 984m.
성장(成長) 자라서 커짐. 비장성. 성숙. 반위축. 쇠퇴. 예성장기. —하다.
성적(成績) ①학습에 의하여 얻은 지식·기능 따위의 평가된 결과. ②다 마친 뒤의 결과.
성적표 학습이나 훈련의 결과를 적은 표. 비통지표.
성:전(聖殿) 거룩하고 성스러운 곳. 성당. 예배당.
성종¹(成宗) 고려 제6대 왕(재위 982~997). 교육·정치 제도를 정비하였음.
성종²(成宗) 조선 제9대 왕(재위 1469~1494). 유교를 장려하였으며, 〈경국 대전〉을 완성하여 국가 제도를 정비하였음.
성:질(性質) ①타고난 본바탕. ②사람이 본디 가지고 있는 마음. 비성격.
성찰(省察) 자신이 한 일을 돌아보고 깊이 생각함. —하다.
성충(成蟲) 곤충이 알에서 깨어 새끼 벌레가 되고 그것이 자라 큰 벌레가 된 것. 반유충.
성취(成就) 목적을 이루어 냄. 비성공. 성사. —하다.
성층권(成層圈) 지구를 둘러싼 대기층. 지구 표면에서 약 10~50km까지의 높이.
성큼성큼 다리가 긴 사람이 걸어가는 모양.
성:탄(聖誕) ①성인이나 임금이 태어남. ②'성탄절'의 준말.
성패(成敗) 일의 성공과 실패.
성:품(性品) 사람이 본디 가지고 있는 성질. 비인격. 인품.
성하다 ①썩지 않다. ②깨어지지 않다. ③흠이 없다. ④몸에 병이 없다.
성:하다(盛—) ①자손이 많아지다. ②초목이 무성하다. ③세력이 강하다.
성:함(姓銜) '성명'의 높임말.
성:행(性行) 성질과 행동. 몸을 가지는 태도.
성:행(盛行) 매우 성하게 유행함. 예화약 놀이가 성행하다. —하다.
성:현(聖賢) 덕망이 높고 어진 사람.
성화(成火) ①몹시 마음을 태워 답답함. ②심하게 굶. 예늦다고 성화가 대단하다.
성:화(聖火) 성스러운 올림픽 대회 때의 횃불.
성:황(盛況) 어떤 일이 성대하게 이루어지는 모양. 〔성 화〕 예학예회는 성황리에 끝났다.
섶 ①누에가 올라가 고치를 짓도록 마련해 놓은 짚이나 잎나무. ②저고리 깃 아래에 딸린

섶을 지고 불로 들어가려 한다 〈속〉 제가 짐짓 그릇된 짓을 해서 화를 더 당하려 한다.

-세 어떤 말에 붙어 같이 하자는 뜻을 나타내는 말. 예밤이 깊었으니 그만 돌아가세.

세:(貰) 남의 집이나 물건을 빌려 쓰고 내는 돈.

세:간 집안 살림에 쓰는 모든 물건. 살림살이.

세:간나다 같이 살던 사람이 살림을 따로 차리다.

세:계(世界) ①온 세상. ②같은 무리. 비우주. 세상.

세:계 기상 기구 국제 연합 전문 기구의 하나. 기상 관측의 국제적 협력과 각국의 정보 교환 및 연구를 하는 기구.

세:계 보:건 기구 국제 연합 전문 기구의 하나. 1946년 유엔 총회 결의에 의해 1948년 4월 7일(세계 보건일)에 설립. 본부를 스위스의 제네바에 두고 있음.

세:계에 떨치다 온 세상에 이름을 날리다.

세:계적 ①온 세상에 널리 알려진. ②세계에 내놓아도 부끄럽지 않은. 예한국의 고려 청자는 세계적으로 유명하다.

세:계주의 온 나라의 평화와 발달을 주장하는 주의.

세:균(細菌) 생물 가운데서 가장 작은 것으로, 우리의 눈으로는 볼 수 없으며, 물건을 썩게 하고 병들게 하는 것. 비균. 박테리아.

세그루갈이 같은 농토에서 1년에 세 번 농작물을 가꾸는 일.

세:금(稅金) 국가 또는 지방 단체가 경비를 쓰기 위하여 국민에게서 받아들이는 돈.

세:기(世紀) ①시대. 연대. ②백 년을 한 세기로 정한, 연대를 세는 방법.

세:다¹ 머리털이 희어지다.

세:다² 사물의 수를 계산하다. 비헤아리다.

세:다³ ①힘이 많다. ②마음이 굳세다. ③세력이 크다. ④속력이 빠르다.

세:대(世代) ①여러 대. ②한 시대 사람들. 한 대. 약 30년. 예젊은 세대. ③세상. 예범죄가 들끓는 이 세대.

세:도 정치(勢道政治) 왕의 신임을 받는 사람이 모든 정치를 맡아 하던 정치. 조선 시대 순조 이후 3대에 걸쳐, 왕의 외척들이 정권을 잡고 50년 가까이 세도 정치를 계속하였음.

세:력(勢力) ①남을 복종시키는 힘. ②권세의 힘. 비권세. 예삼국 중에서도 고구려의 세력이 가장 세었다.

세:례(洗禮) 천주교에서 죄악을 씻고 새 사람이 된다는 표로 하는 의식의 한 가지.

세:로 위에서 아래로 똑바로 그은 것. 반가로.

세:로글씨 위에서 아래로 내리 쓰는 글씨. 한자 등을 쓸 때 많이 쓰임. 반가로글씨.

세:로 좌표 좌표 평면 위의 점에서 세로축에 내린 수선이 마주 대하는 세로축 위의 수.

세:로줄 ①세로로 그은 줄. 반가로줄. ②악보에서 마디를 구별하는 세로로 그은 줄.

세:로축 좌표 평면에서 세로로 놓인 수직선.

세르반테스(Cervantes, 1547~1616) 〈돈키호테〉를 지은 에스파냐의 소설가. 전쟁·노예 생활·감옥 생활 등 기구한 생활을 겪다가 〈돈키호테〉를 발표하여 이름을 냈는데, 폭 넓은 공상을 바탕으로 뛰어난 작품을 썼음.

세:마치 대장간에서 세 사람이 돌려 가며 치는 마치.

세:마치 장단 국악에서 세마치를 치는 것 같은 8분의 9박자의 빠른 장단.

세메다인(cemedine) 나무나 플라스틱 따위를 붙이는 데 쓰이는 풀.

세:모 삼각형의 각 모. 삼각.

세:모꼴 세 변으로 둘러싸인 꼴. 비삼각형.

세:모나다 세모 모양으로 생기다. 모가 세 개 있다.

세미나(seminar) 대학 따위에서 교수의 지도 밑에서 학생들이 공동으로 연구하는 교육 방법의 하나.

세:밀(細密) 세세하고 조밀함. 비정밀. —하다.

세:밑(歲—) 한 해의 마지막 때. 연말. 비세모.

세:배(歲拜) 새해의 인사로 하는 절. —하다.

세:사(細沙) 잔모래.

세 살 적 버릇 여든까지 간다 〈속〉 어릴 때의 나쁜 버릇은 좀처럼 고치기가 어렵다.

세:상(世上) ①모든 사람이 살고 있는 지구 위. 비세계. ②한 사람이 살고 있는 동안. 예가난 속에 한세상 보내다. ③마음대로 할 수 있는 곳. 예제세상인 것처럼 날뛴다.

세:상을 떠났다 '죽었다'의 존대말. 비돌아갔다.

세:세하다(細細—) ①아주 자세하다. ②자디잘아 보잘것없다. 비자세하다. 반엉성하다. 예언제나 그리운 벗을 만나 세세한 사연을 털어놓을까?

세:속 오:계(世俗五戒) 신라 때 화랑들이 꼭 지키기로 정했던 다섯 가지 가르침. 나라에 충성하고, 부모에 효도하며, 믿음으로 친구를 사귀고, 싸움에 나가서는 물러서지 않으며, 산 것을 함부로 죽이지 않을 것 등임.

세:수(洗手) 낯을 씻음. —하다.

세:시(歲時) ①새해. 설날. ②일년 중의 때때. 예세시 풍속.

세우다 ①물건을 서게 하다. ②일으키다. ③짓다. ④걸음을 그치게 하다. ⑤뜻을 정하다. ⑥칼날을 날카롭게 만들다.

세:월(歲月) ①날과 달과 해가 지나가는 시간. 비연월. 시일. ②장사의 거래. 예세월이 좋다.

세:율(稅率) 세금을 매기는 비율. 예세율이 낮다.

세이프(safe) ①안전. ②야구에서 주자가 아웃을 면함.

세인트루이스(Saint Louis) 미국 미주리 주 동부에 있는 도시. 축산과 자동차 공업 등이 발달했음.

세:자(世子) 임금의 자리를 이어받을 아들. 비태자. 반공주. 예세자빈.

세:제곱 미터 한 모서리의 길이가 1m인 정육면체의 부피의 단위. '세제곱 미터'라 읽고 '1m³'로 씀.

세 : 조(世祖, 1417~1468) 조선 제7대 왕(재위 1455~1468). 임금이 되기 전은 수양 대군. 단종을 몰아내고 왕위에 오른 후 문화 발전에 힘썼음.

세 : 종(世宗, 1397~1450) 조선 제4대 왕(재위 1419~1450). 〈훈민정음〉을 창제했으며, 밖으로는 국토를 정비하고, 안으로는 민족 문화를 크게 일으키는 등 여러 방면에 큰 업적을 남겼음.

세:차다 몹시 강하다. 매우 억세다. 비힘차다. 거세다. 반약하다.

세:찬(歲饌) 세배 온 사람에게 대접하는 음식. —하다.

세:탁(洗濯) 빨래. —하다.

세 : 톨 밤알 따위의 세 개.

세트(set) ①그릇이나 가구 따위의 한 벌. ②한 시합 중의 한 승부. ③촬영용 장치.

세:포(細胞) ①생물체를 이루는 단위. ②단체의 하부 조직.

센:물 칼슘·마그네슘 등 광물질이 들어 있는 물. 반단물.

센스(sense) 감각. 분별. 본능. 판단력. 예센스 있는 사람.

센터(center) ①중심. 복판. 중추. 핵심. ②물건이나 사람이 집중되어 있는 곳.

센트(cent) 미국 돈으로 1달러의 100분의 1.

셀로판(cellophane) 비스코스라는 물질로 만든 종이 같은 물건. 유리 모양으로 환히 비치며 반짝거림.

셀로판 종이 셀로판을 종이처럼 얇게 한 것. 담뱃갑이나 캐러멜 갑 등의 포장지에 쓰임.

셀룰로이드(celluloid) 필름이나 장난감에 쓰이는 무색 반투명의 물질.

셈: ①세어서 헤아림. 비계산. ②사물을 분별하는 슬기. ③사실의 형편 또는 그 까닭. 비셈판. 예어찌 된 셈인지 모르겠다. ④주고받을 액수를 서로 따지어 밝히는 일. —하다.

셈:속[—쏙] ①사실의 내용. ②속셈의 실속. 이해 타산.

셈:여림표 악곡의 셈여림의 정도를 나타내는 표. 강약 부호.

셋:집 일정한 셋돈을 주고 남에게 빌려 사는 집.

셋:째 둘째의 다음. 넷째의 위.

셔츠(shirts) ①속옷. ②윗도리에 입는 소매가 긴 서양식 속옷. 예셔츠를 빨다.

소¹ 가축의 하나. 머리 위에 뿔이 둘 있고, 눈이 크고, 털이 짧음. 밭을 갈고 짐을 나르는 데 쓰며 고기는 먹음.

소² 만두나 송편 따위의 속에 넣는 음식.

소(沼) 시내의 바닥이 특히 깊게 된 곳. 비늪.

소:가족 제:도(小家族制度) 부부 중심으로 이루어진 오늘날의 가족 제도. 부부 중심 제도. 비핵가족 제도. 반대가족 제도.

소가죽 소의 가죽. 비쇠가죽.

소:감(所感) 느낀 바의 생각.

소개(紹介) ①두 사람 사이에 서서 어떤 일을 주선함. ②모

소개문 298 **소녀**

르는 사람을 알게 하여 줌. 예 영희는 나에게 자기 친구 하나를 소개해 주었다. —하다.

소개문 아직 잘 알려지지 않은 것의 내용을 설명하여 사람들에게 소개하는 글.

소개장[—짱] 소개하는 편지.

소:견(所見) 일이나 물건을 보고 헤아리는 생각. 비의견. 예 소견이 좁아서 아무 일도 못합니다.

소:경 눈이 멀어서 앞을 보지 못하는 사람. 비장님. 봉사.

소경 기름 값 내기〈속〉 아무런 소득도 없는데 남과 같이 돈을 내니 억울함.

소경 단청 구경〈속〉 내용의 분별도 못하며 사물을 봄.

소경 매질하듯〈속〉 옳고 그름을 판별하지 못하고 일을 함부로 처리함.

소경 북자루 쥐듯〈속〉 쓸데없이 일이나 물건을 잔뜩 쥐고 놓지 않음.

소경이 개천을 나무란다〈속〉 제 잘못은 모르고 남만 나무란다.

소경이 저 죽을 날을 모른다〈속〉 아는 체하여도 제 앞일을 알지 못한다.

소경 제 닭 잡아먹기〈속〉 공것으로 알고서 먹고 보니 자기만 손해를 본 셈.

소경 팔매질하듯〈속〉 대중없이 함부로 일을 하는 모양.

소:고(小鼓) 농악기의 하나. 작고 운두가 낮으며 얇은 가죽으로 메운 북으로 자루가 달렸음.

소고기 소의 고기.

소:고춤 옛날부터 우리 민족이 즐겼던 농악춤의 일종.

소:곡(小曲) 짤막한 곡조.

소곤거리다 남이 못 알아듣게 작은 소리로 이야기하다. 비속삭이다.

소:공녀 미국의 버넷 여사가 지은 소설. 언제나 용기를 잃지 않고 슬픔을 이겨가는 세라 크루의 이야기를 그렸음.

소:국(小國) 작은 나라.

소굴(巢窟) 도둑 또는 나쁜 짓을 하는 무리들의 근거지.

소극(消極) ①자발적이지 못하고 마지못해 일하는 태도. ②무슨 일을 결정하지 못하고 어물거림. 반적극. 예소극적인 행동.

소금 음식물에 짠맛을 내는 데 쓰이는 나트륨과 염소의 화합물. 염화나트륨이라고도 하며, 흰빛의 정육면체 결정으로 바닷물을 증발시켜서 얻음.

소금도 먹은 놈이 물을 켠다〈속〉 죄지은 놈이 벌을 당한다.

소금에 아니 전 놈이 장에 절까〈속〉 비상한 흉계에 빠지지 아니한 사람이 여간한 꾀임에 속을 리가 없다.

소꿉질 계집애들이 장난감을 가지고 음식 차리는 흉내를 내는 장난. —하다.

소나기 여름철에 날이 말짱하다가 갑자기 쏟아지는 비. =소낙비.

소나무 잎이 바늘 같고 사철 푸른 나무.

소나타(이 sonata) 보통 4개 악장으로 되어 있는 큰 악곡.

소낙비 =소나기.

소:녀(少女) 나이 어린 여자아

소:년(少年) 나이 어린 사내아이. 世소녀.

소:다(soda) 식염과 유산을 열하여 얻은 하얀 가루. 또는 결정물.

소:다수 설탕물에 탄산가스를 넣은 청량 음료.

소 닭 보듯 닭 소 보듯〈속〉 아무 관심이 없이 본 둥 만 둥 한다는 뜻.

소담스럽다 소담하게 보이다. 소담한 맛이 있다. 圓탐스럽다. ⑳소담스럽게 핀 꽃.

소댕 솥을 덮는 뚜껑. 솥뚜껑.

소독(消毒) 병균이나 병독을 죽임. ⑳일광 소독. —하다.

소동(騷動) ①시끄럽게 떠듦. ②여러 사람이 법석을 함. 소란. 圓난동. —하다.

소:득(所得) 얻은 바의 이익. 圓수입. 世손실. ⑳소득세.

소:라 껍데기는 두껍고 모양은 달팽이 같은데 달팽이보다 큰 해산물.
〔소라〕

소:라게 바닷게를 통틀어 말함. 새우와 게의 중간형으로 집 같은 껍데기를 이끌고 다님. 대개 바닷속 모래 바닥에 살며, 살은 식용함.

소란(騷亂) 시끄럽고 어수선함. 圓요란. 世정숙. 평온. ⑳왜 조용히 있지 못하고 이렇게 소란하게 구느냐? —하다. —스럽다.

소련(蘇聯) 유럽 동부로부터 아시아 북부에 걸쳐 있는 연방 공화국. 1990년대 초 붕괴 후 결성된 독립 국가 연합의 이전 이름임. 수도는 모스크바.

소:로(小櫨) 접시 받침. 장여 따위에 틈틈이 끼우는 나무. '장여'는 도리 밑에서 도리를 받치고 있는 나무이고 '도리'는 기둥과 기둥 위에 건너 얹는 나무를 말함.

소록소록 ①아기가 곱게 잠자는 모양. ⑳소록소록 잠자는 아기. ②비가 보슬보슬 내리는 모양. ⑳소록소록 내리는 봄비. —하다.

소르본 대:학(Sorbonne 大學) 파리에 있는 가장 오래 된 대학의 하나. 1253년에 성직자 소르봉이 세웠음.

소:름 춥거나 무섭거나 할 때에 피부에 도톨하게 돋아나는 것. ⑳소름끼치다.

소리 ①귀에 들리는 것. ②소식. ③노래. 圓음성.

소리굽쇠 소리의 성질을 연구하는 데 쓰이는 U자 모양의 기구. 망치로 가볍게 치면 맑은 소리를 냄.

소리글자[―짜] 글자 하나하나에 뜻이 없이 소리만 나타내는 글자. 한글·로마 글자·일본의 가나 따위. 圓표음 문자. 世뜻글자.

소리치다 ①소리를 지르다. ②기세를 떨치다. 圓외치다.

소:망(所望) 바라는 바. 圓소원. 희망. —스럽다.

소매 웃옷의 좌우에 있어 두 팔을 꿰는 부분.

소:매상(小賣商) 도매 시장이나 생산 공장·도매상에서 물건을 사다가, 중간 이익을 얻고 소

비자에게 파는 장사. 또는 그 장수.
소모(消耗) 써서 없앰. 써서 닳아 없어짐. 间소비. 예소모품. —하다.
소몰이 풀밭을 따라 소를 몰고 다니는 일. 또는 그 사람.
소:문(所聞) ①여러 사람이 전하는 말. ②세상의 평판. 间소식. 풍문. 풍설. 예요새 이상한 소문이 떠돈다.
소:박하다(素朴—) 꾸밈이 없이 그대로이다. 间순박하다. 凹사치하다.
소:반(小盤) 밥이나 반찬 따위를 올려놓는 상. 间밥상.
소방관(消防官) 화재를 예방·경계 또는 진압함을 직무로 하는 사람.
소:백 산맥(小白山脈) 태백 산맥에서 갈리어 서쪽으로 달리다가 서남쪽으로 뻗어 내려 영남 지방과 호남 지방과의 경계를 이루는 산맥.
소:변(小便) 오줌. 凹대변. 똥.
소복소복 여럿이 모두 소복한 모양. 물건이 도드라지게 많이 담기어 있거나 쌓이는 모습. 큰수북수북. —하다.
소비(消費) 써서 없앰. 间소모. 凹절약. —하다.
소비자 돈이나 물건을 쓰는 사람. 또는 생산에 직접 관계하지 않는 사람. 凹생산자.
소비 조합 물건을 사 쓰는 사람 즉, 소비자가 물건을 싸게 사기 위하여 만든 단체.
소뼈 소의 뼈.
소상하다(昭詳—) 분명하고 자세하다. 间상세하다. 예잘 알도록 소상하게 이야기하였다.
소생(蘇生) 살아남. 다시 삶. 间부활. 회생. —하다.
소석회(消石灰) 생석회를 물에 작용시켜 만든 흰 가루. 수산화칼슘.
소:설(小說) 짓는 사람의 생각대로 사실을 꾸미고 덧붙이어 이 세상 일을 그린 문학적 이야기.
소:수(小數) ①적은 수. ②1이 못 되는 수를 십진법으로 나타낸 수. 곧 0.25 따위.
소:수(少數) 적은 수효.
소수 서원(紹修書院) 조선 시대 중종 38(1543년) 풍기 군수 주세붕이 백운동에 세운 백운동 서원의 후신.
소:수점 소수를 나타내는 점.
소식(消息) ①안부를 전하는 편지. ②형편·상태를 알리는 보도. 间기별. 소문.
소:양(素養) 평소의 교양.
소양강(昭陽江) 북한강의 지류. 춘천시의 북쪽에서 북한강에 합류됨. 길이 166.2km.
소양강 댐 북한강의 상류를 막아 만든 다목적 댐. 1973년에 완공되었음.
소:요(所要) 필요한 것. 예소요 비용.
소요(消遙) 한가롭게 슬슬 거닐고 돌아다님. —하다.
소:용(所用) ①쓰일 데. ②쓰임. 间필요. —하다.
소용돌이 바다가 두려빠져서 물이 빙빙 돌며 흘러가는 현상. 또는 그런 곳.
소:원(所願) 원하고 바람. 하고

소:위(少尉) 중위의 아래 계급.

소:위(所謂) 이른 바.

소:유(所有) 가지고 있음. 가짐. ⑩소유권. —하다.

소:인(小人) ①아주 작은 사람. 凹거인. ②속이 좁고 말이나 하는 짓이 떳떳하지 못한 사람. 凹군자. ③옛날에 천한 사람이 높은 사람에게 자기를 일컫던 말. 凹소생.

소인(消印) 우체국에서 한 번 사용한 우표 따위에 찍는 날짜 도장. —하다.

소:인수(素因數) 어떤 수의 인수 중에서 소수인 인수.

소:인수 분해 어떤 수를 소인수만의 곱으로 나타내는 것.

소일(消日) 심심하게 세월을 보냄. ⑩소일거리. —하다.

소 잃고 외양간 고친다(속) 이미 일을 그르친 뒤에 뉘우쳐도 쓸데없다.

소:자(小子) 부모에게 대하여 자기를 이르는 낮춤말.

소:작(小作) 남의 땅을 빌려서 농사를 지음. 凹자작. —하다.

소 잡은 터전은 없어도 밤 벗긴 자리는 있다(속) 나쁜 일이면 조그마한 일이라도 드러난다.

소:재(素材) 예술 작품의 기초가 되는 재료. 凹글감.

소정방(蘇定方, 595~667) 당나라의 장군. 660년에 백제에 처들어와서 신라군과 합세하여 백제를 멸망시켰음.

소:제(掃除) 깨끗하게 쓸고 닦고 정돈함. 凹청소. —하다.

소:중하다(所重—) 매우 필요하고 중하다. 凹귀중하다. 凹소홀하다. ⑩태극기는 소중히 지녀야 됩니다.

소:지(所持) 가지거나 지님. ⑩무기를 소지하다. —하다.

소:질(素質) 본디부터 가지고 있는 성질.

소집장(召集狀) 군대에 나오라는 나라의 명령을 적은 종이. 凬소집 영장.

소집하다 불러 모으다. ⑩학생들을 소집하다.

소쩍새 새의 한 가지. 크기는 비둘기 만하고 등 빛은 진한 잿빛이며, 배는 흰빛에 검은 줄이 있고 다리는 누름.

소:총탄(小銃彈) 한 손으로 들 수 있는 작은 총에 재어서 쏘는 총알. 탄알.

소치다 소를 먹여 기르다.

소켓(socket) 전구 따위를 끼우는 나사 모양의 기구.

소쿠리 바구니의 한 가지.

소크라테스(Socrates, ?~399) 고대 그리스의 대철학자로 세계 사대 성인의 한 분.

소:탕(掃蕩) 휩쓸어 죄다 없애버림. 凹전멸. ⑩공비 소탕 작전. —하다.

소파(sofa) 등을 기댈 수 있고, 양쪽 가에는 팔걸이가 있는 긴 안락 의자.

소:포(小包) 우편으로 부치는 물건. 소포 우편물.

소:품(小品) ①짤막한 글. 조그만 작품. ②변변하지 못한 물건. ③소도구.

소풍(消風) 답답한 마음을 풀기 위하여 바람을 쐼. —하다.

소풍(逍風) 운동이나 자연의 관찰을 겸하여 먼 길을 걸음. 비원족. —하다.

소프라노(soprano) 여자의 가장 높은 목소리.

소:행(所行) 한 일. 하는 일.

소:행(素行) 평소의 행실.

소홀하다(疏忽—) 힘을 들이지 않고 아무렇게나 하다. 비경솔하다. 허술하다. 반소중하다. 신중하다. 예작은 일이라도 소홀히 해서는 안 된다.

소화(消化) ①먹은 음식을 삭임. ②보고 들은 지식을 자기 것으로 만듦. —하다.

속: ①거죽과 반대되는 곳. ②밖과 반대되는 곳. ③가운데. 비안. 반겉. 밖.

속가(俗歌) 속된 노래. 곧 유행가 따위.

속국(屬國) 다른 나라에 매여 있는 나라. 비식민지.

속기(速記) 남이 말하는 것을 간단한 부호로 빨리 받아씀. 예속기사. —하다.

속다 ①남의 꾐에 빠지다. ②거짓말을 곧이듣다.

속담(俗談) 옛날부터 전하여 내려오는 교훈적인 말.

속도(速度) 사물이 빨리 움직이는 정도. 비속력.

속되다(俗—) ①고상하지 않다. ②점잖지 않다. 비야비하다. 비루하다. 반고상하다.

속력(速力) 앞으로 나가는 빠른 힘. 빠르기. 비속도.

속:말 속마음에서 우러나오는 참된 말. —하다.

속박(束縛) 꼼짝 못하게 묶어 놓은 것. 비구속. 반해방. —하다.

속:배포(—排布) 마음속에 품고 있는 생각.

속:불꽃 불꽃심 밖의 밝은 부분. 불꽃 중에서 가장 밝은 빛을 내는 부분.

속삭이다 나지막한 목소리로 비밀스런 이야기를 정답게 하다. 비소곤거리다. 반부르짖다. 외치다.

속삭임 속삭이는 짓. 비부르짖음. 외침. 예봄을 맞은 종달새들의 아름다운 속삭임.

속:상하다(—傷—) 마음이 상하다. 화가 나다.

속성(速成) 빨리 이룸. 빨리 됨. 예속성 재배. —하다.

속세(俗世) 속된 세상.

속:속들이 겉에서부터 속까지 샅샅이. 예그의 비밀을 속속들이 알고 있다.

속:옷 겉옷의 속에 껴입는 옷. 비내의. 반겉옷.

속이다 ①거짓말을 정말로 알게 하다. ②거짓말로 남을 꾀다.

속임수(—數)[—쑤] 남을 속이는 짓. 또, 그 수단. 비꾐수. 예속임수를 쓰다.

속절없다 희망이 없다. 바랄 것이 없다. 할 수 없다.

속하다(速—) ①느리지 않다. 빠르다. ②더디지 않다. 비재다.

속하다(屬—) 무엇과 관계되어 딸리는 그 범위에 들어가다.

속히 빨리. 얼른. 비급히. 반천천히.

솎다 ①골라 뽑다. ②사이를 떼

숨음질 촘촘하지 않게 하다.
숨음질 촘촘히 난 채소 따위를 뽑아 내는 일. —하다.
손¹ ①사람의 좌우쪽 팔 끝에 있어서 물건을 만지고 붙잡고 하는 부분. ②돌봐 주는 일. 일할 수 있는 사람. 예그 사람의 손을 빌렸다.
손² 주인을 찾아온 사람. 나그네. 손님.
손가락[—까—] 손끝에 달린 다섯 개의 가락. 반발가락.
손가락질[—까—] ①손가락으로 가리키는 짓. ②남을 흉보는 짓. 예손가락질 받을 일은 하지 말아라. —하다.
손길[—낄] ①손바닥을 펴서 늘어뜨린 손. 예손길이 닿을 만한 거리. ②위해 주려는 마음으로 내미는 손.
손꼽다 손가락을 꼽아 수를 세다. 예추석날을 손꼽아 기다리다.
손꼽히다 많은 가운데서 특히 손가락을 꼽아 셀 정도로 몇째 안 가게 뛰어나다. 예손꼽히는 관광지.
손녀(孫女) 아들의 딸. 반손자.
손님 찾아온 사람. 비객. 내빈. 반주인.
손목 손과 팔이 이어진 관절이 있는 곳. 비팔목.
손바닥만하다[—빠—] 아주 좁다는 것을 이르는 말. 예손바닥만한 땅.
손:방 할 줄 모르는 솜씨.
손버릇[—뻐—] 남의 물건을 훔치거나 망가뜨리는 버릇.
손뼉 손가락과 손바닥을 합친 전체의 바다. 예손뼉을 친다.
손수 자기 스스로. 비몸소. 친히. 예어머님이 손수 지으신 옷이다.
손수건(—手巾)[—쑤—] 땀이나 코를 씻는 작은 헝겊.
손수레 사람이 직접 손으로 밀거나 끌 수 있도록 만든 수레.
손쉽다[손쉬우니, 손쉬워서] 힘들거나 어렵지 않다.
손:실(損失) ①재물이 줄어 없어짐. ②이익을 잃어버림. 비손해. 반이익. 소득. —하다.
손아귀 엄지손가락과 다른 네 손가락과의 사이.
손:익(損益) 손해와 이익. 예손익 계산서.
손자(孫子) 아들의 아들. 반손녀. 예손자 며느리.
손잡이 무슨 물건에 손으로 잡게 된 자루.
손재주[—째—] 손으로 물건을 만드는 재주. 비솜씨.
손질 물건을 잘 매만지는 일. 예공구 손질. —하다.
손짓[—찓] 손을 놀려서 어떤 뜻을 나타내는 짓. 예빨리 오라고 손짓하다. —하다.
손톱 손가락 끝에 있는 뼈와 같이 단단한 부분.
손:해(損害) ①이익이 없음. ②해를 입음. ③밑짐. 비손실. 반이익.
솔개 부리와 발톱은 날카롭고 날개가 커서 잘 나는 새.
솔개 까치집 빼앗듯 〈속〉 남의 것을 억지로 빼앗는 모양.
솔개도 오래면 꿩을 잡는다 〈속〉 재주 없는 사람도 오래 되면 제법 할 줄 알게 된다.

솔기 옷 따위를 지을 때 두 폭을 맞대고 꿰맨 줄.

솔깃하다 그럴 듯하여 마음이 쏠리다.

솔바람 소나무 사이로 불어오는 바람.

솔밭 잔 솔이 많이 들어선 땅.

솔:솔 바람이 부드럽고 가볍게 부는 모양. 큰술술. 예솔솔 부는 봄바람.

솔숲 소나무가 우거진 숲. 비송림. 예솔숲이 우거지다.

솔직(率直)[一쩍] 거짓이나 꾸밈이 없이 바르고 곧음. 예느낌을 솔직하게 표현하자. —하다.

솜: 겨울 옷이나 이불 속에 넣는 목화에서 씨를 뽑아 낸 섬유질의 물건. 비목화.

솜씨 ①손으로 물건을 만드는 재주. ②사물을 처리하는 수단. 비손재주. 재주.

솟구다 높이 뛰어오르다.

솟다 ①오르다. ②끓어오르다. ③스며 나오다. ④우뚝 서다. 반가라앉다.

솟아나다 ①솟아서 밖으로 나오다. ②뛰어나다. ③높이 솟다. 반가라앉다.

솟아오르다 위로 힘있게 솟구쳐 오르다.

송(song) 노래.

송:가(頌歌) 찬양하는 노래. 비찬미가.

송골송골 땀이나 소름 따위가 자디잘게 잇달아 많이 돋아나는 모양. 예땀방울이 송골송골 맺혀 있다. —하다.

송:곳 작은 구멍을 뚫는 데 쓰는 기구.

송곳도 끝부터 들어간다⟨속⟩ 일이란 순서가 있는 것이다.

송곳 박을 땅도 없다⟨속⟩ 땅이라고는 조금도 없다.

송:구(送舊) 묵은 해를 보냄. 반영신. —하다.

송:구(悚懼) 마음에 두렵고 거북함. 예송구스러워 몸둘 바를 모르겠다. —하다. —스럽다.

송:금(送金) 돈을 부쳐 보냄. 예시골에 송금하다. —하다.

송:나라(宋—) 중국 왕조의 하나(960~1270). 우리 나라와는 학문과 예술에 있어서 활발한 교류를 하며 가깝게 지냈음.

송도(松都) 개성의 옛 이름.

송두리째 있는 것은 죄다. 모조리. 전부. 예화초를 송두리째 뽑아 버렸다.

송림(松林) 소나무 숲. 비솔숲.

송:별(送別) 사람을 떠나 보냄. 비배웅. —하다.

송:사리 민물에 사는 작은 물고기. 냇물이나 봇도랑 같은 곳에 떼지어 헤엄쳐 다닌다.

송:신(送信) 다른 곳에 통신을 보냄. 반수신. 예송신 장치. —하다.

송:신기 통신을 보내는 기계. 반수신기.

송:신소 통신을 보내는 곳. 반수신소.

송:신탑 방송 전파나 전신을 보내는 탑.

송아지 소의 새끼.

송알송알 ①술이나 장이 괴어서 끓는 모양. ②물이 방울방울 엉긴 모양. 예꽃잎에 이슬이 송알송알 맺혔다.

송어(松魚) 바다에 사는 물고기의 하나. 몸 길이는 약 60cm이며 등은 짙은 남색, 배는 은백색이고 알을 낳을 때는 강이나 개울로 거슬러 올라간다.

송:영대(送迎臺) 공항 등에서 사람을 보내거나 맞이할 때, 먼발치에서 바라볼 수 있도록 만든 대.

송:월대(送月臺)[一때] 충청 남도 부여의 부소산에 남아 있는 백제 때의 정자. 기우는 달을 보며, 술잔을 돌렸다고 하여 송월대라 일컫는다고 전함.

송이 꽃이나 열매 따위가 모여 달린 한 꼭지. 예꽃 한 송이.

송이(松栮) 솔밭에서 나는 먹는 버섯으로 향기가 매우 좋음.

송이송이 송이마다.

송:장 죽은 사람의 몸. 비시체.

송:전선(送電線) 전기를 멀리 보내기 위해 설치한 전선.

송진(松津) 소나무에서 나는 끈끈한 액체.

송:출(送出) 다른 곳으로 보냄. ―하다.

송충이(松蟲―) 소나무를 갉아먹어 큰 해를 주는 벌레의 한 가지. 갈색 또는 검은빛 털이 몸에 많이 나 있음.

솥 밥을 짓거나 국 따위를 끓이는 쇠로 만든 그릇.

솥 씻어 놓고 기다리기〈속〉 다 준비하여 놓고 기다린다.

솥에 개 누웠다〈속〉 여러 날 동안 밥을 아니 지었음을 알 수 있다.

쇄: ①바람이 몹시 부는 소리. ②소나기가 세차게 내릴 때의 비바람 소리.

쇄:국 정책(鎖國政策) 다른 나라와 통상도 하지 않고 내왕도 하지 않으려는 외교 정책. 반 개방 정책.

쇄:국주의 다른 나라와 장사나 교통을 안하려는 주의.

쇄:도(殺到) 세차게 몰려서 들어옴. ―하다.

쇠 ①쇠붙이를 통틀어 일컫는 말. ②'열쇠'·'자물쇠'의 준말.

쇠:가죽 소의 가죽. '쇠'는 '소의'라는 뜻을 나타냄.

쇠:고기 소의 고기.

쇠고랑 죄인의 손목을 묶는 둥근 쇠. 비수갑. 준고랑.

쇠귀에 경 읽기〈속〉 가르치고 일러주어도 알아듣지 못한다.

쇠:기름 소의 기름.

쇠다¹ ①채소 같은 것이 너무 자라 억세다. 예나물이 쇠어서 먹을 수 없다. ②병이 오래 되어 고치기 어렵다.

쇠다² 명절이나 생일 같은 날을 지내다. 예추석을 쇠다.

쇠:똥구리 껍데기가 단단한 벌레로, 쇠똥을 뭉쳐 굴리는 버릇을 가졌음.

쇠망치 쇠로 만든 망치.

쇠붙이[―부치] 금·은·구리·철이나 그런 것들이 섞이어 된 물질. 금속.

쇠:비름 밭이나 길가에 나는 한해살이풀. 굵고 연한 줄기가 땅으로 뻗고 전체가 붉은빛을 띰. 메마른 땅에서도 잘 자라며 약재 등으로 씀.

쇠:뼈 소의 뼈.

쇠뿔도 단김에 빼랬다〈속〉 무슨 일이든지 기회가 왔을 때 바로

쇠사슬 쇠로 만든 고리를 여러 개 이어 놓은 줄.

[쇠사슬]

쇠스랑 쇠로 갈퀴 모양으로 만들고 나무 자루를 길게 박은 농기구. 땅을 파헤치는 데 씀.

쇠약(衰弱) 힘이 차차 줄어서 약하여짐. 回허약. 回건강. —하다.

쇠자 쇠로 만든 길이나 높이를 재는 기구.

쇠죽(—粥) 짚과 콩을 섞어 끓인 소의 먹이.

쇠죽 가마에 달걀 삶아 먹을라 〈속〉 불량한 아이를 훈계한다는 것이 도리어 나쁜 방법을 가르친다.

쇠:털 소의 털.

쇠통 →전혀.

쇼팽(Chopin, 1810~1849) 폴란드의 낭만파 음악가. 작품에는 〈강아지 왈츠〉·〈군대 폴로네즈〉·〈이별의 노래〉·〈즉흥 환상곡〉 등이 있음.

수:(數) ①좋은 운수. ②셀 수 있는 물건의 많고 적음.

수:(繡) 헝겊에다 색실로 그림이나 글씨를 놓음. ⑩병풍에 수를 놓다.

수:건(手巾) 손·얼굴·몸 따위를 닦기 위해 너비보다 길이를 길게 만든 헝겊 조각.

수:고 일을 하는 데 애를 쓰고 힘을 들임. 回노고. 노력. 고생. ⑩먼 길을 찾아오시느라고 참 수고하셨습니다. —하다. —스럽다.

수공(手工) ①손으로 만드는 기술. ②간단한 물건을 만드는 재주를 가르치는 교과.

수공업 기계를 쓰지 않고 손으로 물건을 만드는 공업. 回기계 공업.

수구(守舊) 묵은 습관을 지킴. 回개화. ⑩수구파. —하다.

수군(水軍) 옛날에 바다를 지키던 군대.

수군거리다 다른 사람이 알아듣지 못하게 저희끼리만 이야기하다.

수그리다 고개를 앞으로 기울이다.

수기(手旗) 신호할 때 손에 쥐는 작은 기.

수기 신:호 눈으로 볼 수 있는 거리에서 하는 통신 방법의 하나. 오른손에는 빨간 깃발, 왼손에는 하얀 깃발을 들고 신호를 함.

수꿩 꿩의 수컷. 장끼.

수나라(隋—) 한나라가 망한 후 중국 대륙을 지배한 중국 왕조의 하나(581~618). 고구려를 여러 번 침략하였으나 번번이 실패하였음.

수나사(—螺絲) 표면에 나선형의 나사산이 있어 암나사에 끼우게 된 나사.

수난(受難) ①재난을 당함. ②어려운 일에 부닥침. —하다.

수납(收納) 받아 거둠. —하다.

수놈 짐승의 수컷을 귀엽게 이르는 말.

수:놓다 헝겊에 그림이나 글자를 색실로 떠서 놓다.

수:다스럽다 말이 많고 수선스럽다. ⑩수다스런 여자.

수:다하다(數多—) 수효가 많

수단(手段) ①그 일을 하는 법. ②사물을 처리하는 솜씨. 비방법. 수완. 예좋은 수단.

수달 바다에 사는 개 비슷한 짐승. 비해달.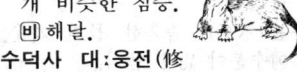
[수달]

수덕사 대:웅전(修德寺大雄殿) 고려 말의 건물. 부석사의 무량수전과 함께 고려 시대의 대표적인 목조 건물에 속함. 충청남도 예산군 덕산면에 있음. 국보 49호.

수도(水道) 물을 소독하여 가정이나 그 밖에 필요한 데에 보내 주는 시설. 예수돗물을 아껴쓰자.

수도(首都) 한 나라의 정치의 중심지. 비서울. 수부.

수도권[一圈] 수도를 중심으로 밀접한 관계를 맺고 있는 지역의 범위. 예수도권 전철화.

수도꼭지 수돗물을 나오거나 그치게 할 수 있게 만든 수도의 꼭지.

수동(手動) 손으로 움직임. 반자동.

수두룩하다 매우 흔하고 많다.

수라장(修羅場) 전란이나 싸움으로 비참하게 된 곳. 야단이 난 곳. 비난장판. 예뜻밖의 화재로 수라장이 되었다.

수란(水卵) 달걀을 끓는 물 속에 넣어서 반쯤 익힌 음식.

수:량(數量) 수효와 분량. 비수효. 예수량을 계산하다.

수렁 흙물이 괸 오목하게 빠져 들어간 땅.

수레 바퀴를 달아서 굴러가게 만든 물건.

수레 위에서 이를 간다(속) 이미 때가 늦은 뒤에 남을 원망한들 소용이 없다.

수려(秀麗) 경치나 얼굴 따위가 뛰어나게 아름다움. 비화려. 예수려한 경치. —하다.

수력 발전소(水力發電所)[—쩐—] 높은 곳에서 흘러 떨어지는 물의 힘으로 발전기를 돌려서 전기를 일으키는 곳. 반화력 발전소.

수력 전:기 물이 흘러내리는 힘으로 일으킨 전기.

수련(修鍊) 힘이나 정신을 닦아 단련함. 비단련. —하다.

수련법[—뻡] 닦고 기르는 방법. 비단련법.

수령(守令) 조선 시대 각 고을을 맡아 다스리던 지방관. 관찰사·부사·목사·군수·현감 등. 비원.

수로(水路) 뱃길. 물길. 반육로. 예수로로 중국에 갔다.

수뢰(水雷) 물 속에서 폭발시키어 적의 배를 부숴 버리는 병기.

수료(修了) 학업을 마침. 예수료식. —하다.

수루(戌樓) 적의 동정을 살피려고 성 위에 높게 쌓아 놓은 망대. 비보루.

수류탄(手榴彈) 적의 가까이에서 손으로 던지는 조그만 폭탄의 한 가지.

수륙(水陸) ①물과 뭍. 바다와 육지. ②수로와 육로.

수리 모양은 솔개 같고 힘이 세

고 크며, 등은 검고 배는 흰데, 성질이 사납고 부리와 발톱이 날카로워서 닭·토끼 등을 잘 잡아먹는 새.

수리(受理) 받아서 처리함. 예 사표 수리. —하다.

수리(修理) 고장이나 허름한 데를 손보아 고침. —하다.

수:리(數理) 수학의 이론.

수리 시:설(水利施設) 논밭에 물을 대어 주기 위하여 마련해 놓은 것. 저수지나 물길 등.

수립(樹立) 어떤 일을 베풀어 세움. —하다.

수마(水魔) 몹시 심한 수해.

수마석(水磨石) 물에 닳고 닳아서 날카로운 곳이 없어지고 반들반들하게 된 돌.

수면(水面) 물의 겉쪽. 물 위의 면.

수면(睡眠) 잠자는 일. 비잠. 예수면 부족. —하다.

수명(壽命) 목숨. 비명.

수목(樹木) 살아서 자라는 나무. 비나무.

수:박 열매가 박처럼 둥글고 살과 물이 많으며 맛이 좋은 과실. 예씨없는 수박.

수반(首班) 행정부의 우두머리.

수:백만(數百萬) 이삼백만 또는 사오백만. 아주 많은 수효를 이름.

수벌 벌의 수컷.

수범 범의 수컷.

수법(手法)[—뻡] ①작품을 만드는 솜씨. ②수단과 방법. 예수법이 놀랍다.

수병(水兵) 바다를 지키는 군인. 비해병.

수복(收復) 잃었던 땅을 도로 찾음. 비탈환. 예9·28 서울 수복. —하다.

수부(首府) 한 나라의 중앙 정부가 있는 곳. 비서울. 수도.

수북하다 많이 담기거나 쌓여 있다. 잡소복하다. 예풀이 수북한 곳에 새가 알을 낳아 놓았다.

수분(水分) 축축한 물의 기운. 예수분이 많은 음식.

수비(守備) 준비하여 지키고 막음. 비방비. 반공격. —하다.

수비군 지키고 막는 일을 맡은 군대. 반공격군.

수사(水使) 수군 절도사. 수군을 거느리고 다스리던 벼슬의 하나.

수산물(水産物) 물 속에서 나는 산물. 비해산물.

수산물 시:장 생선·건어물·바닷말 등 수산물을 파는 시장.

수산업 수산물의 어획·양식·제조 등에 관한 사업.

수산 자:원 바다에서 얻어지는 자원. 어류·조개류 따위.

수산화나트륨(水酸化 Natrium) 소금물을 전기 분해해서 얻는 흰색의 고체. 수용액은 강한 알칼리성을 나타내며 공업용으로 많이 쓰임.

수삼(水蔘) 땅에서 캔 채로 아직 말리지 않은 인삼.

수상(受賞) 상을 받음. 예대통령상을 수상했다. —하다.

수상(首相) 내각의 우두머리. 비총리.

수상(水上) 물의 위. 예수상 스키를 탔다.

수상 교통 강이나 바다를 교통로로 하는 물 위의 교통. 배·

나룻배 등이 교통 기관으로 사용됨. 唐육상 교통.

수상기(受像機) 방송된 텔레비전 전파를 받아서 영상을 만드는 장치.

수상하다(殊常—) 보통의 모양과 다르다. 唐이상하다.

수색(搜索) 죄진 사람을 찾아 잡아냄. 더듬어 찾음. 例수색 영장. —하다.

수색대 적의 위치나 병력 등을 살피기 위하여 파견되는 군대.

수석(首席) 차례에서 제일 위. 맨 윗자리. 例수석 합격.

수선 정신을 어지럽게 하는 말이나 짓. 例수선을 떨다. —하다. —스럽다.

수선(垂線) 하나의 직선이나 평면과 수직으로 만나는 직선. 唐수직선.

수선(修繕) 낡거나 허름한 것을 손보아 고침. —하다.

수선화(水仙花) 여러해살이풀로 따뜻한 지방에서 자라는 둥근 뿌리 꽃.

수성(水星) 태양계에 딸린 별의 하나. 해에서 가장 가까운 떠돌이별.

수성암(水成岩) 생물이나 모래가 물 밑에 가라앉아서 된 바위. 횟돌·청석 따위.

수세미 설거지할 때 그릇을 씻는 짚이나 수세미 외의 속으로 만든 물건.

수소 소의 수컷. 〔수세미〕

수소(水素) 빛·맛·냄새가 없는 가장 가벼운 원소.

수소문(搜所聞) 세상의 소문을 더듬어 살핌. —하다.

수속(手續) 순서를 밟음. 例여권 수속. —하다.

수송(輸送) 물건을 실어 보냄. 例수송기. —하다.

수수 포아풀과의 일년생 재배 식물. 열매는 식용하고 줄기는 건축재, 비 등을 만듦.

수수깡 수수의 줄기.

수수께끼 ①사물을 빗대어서 그 말의 뜻을 알아맞히는 놀이. ②사물이 괴이하여 알 수 없는 일. 例비행 접시는 20세기의 수수께끼다.

수수께끼 상자 상자 속에 무엇이 들어 있으며, 또 어떻게 되어 있는가를 알아맞히는 내기를 하는 데 쓰는 상자.

수수하다 ①모양이 좋지도 않고 흉하지도 않다. ②사치하지 않다. 唐평범하다.

수술 끝에 꽃밥을 달고, 암술 둘레에 서 있는 꽃의 한 기관. 唐암술.

수술(手術) 몸의 탈이 난 곳을 째거나 자르거나 하여 고치는 일. —하다.

수습(收拾) ①흩어진 물건을 주워 모음. ②어지러운 것을 바로잡아 질서를 세움. 例사태를 수습하다. —하다.

수식(修飾) 겉모양을 꾸밈. —하다.

수신(修身) 착하게 살려고 몸과 마음을 닦아 도덕을 배움. —하다.

수신(受信) 우편·전보 따위의 통신문을 받음. 唐발신. 송신. —하다.

수신기 다른 곳에서 보내오는

수신사(修信使) 조선 시대 나라의 명령으로 일본에 심부름 가던 사신.

수심(水深) 물의 깊이. 예호수의 수심이 깊다.

수심(愁心) 근심하는 마음. 또는 근심함. 예그의 얼굴은 수심에 싸였다. —하다.

수:십(數十) 열의 두서너 곱절 되는 수효. 예수십 마리의 양떼가 뛰노는 목장.

수압(水壓) 물의 누르는 힘.

수압 철관 수력 발전소에서 높은 곳으로부터 수차에까지 물을 이끌어 오는 관. 수압관.

수양(修養) 학문을 닦고 덕을 기름. —하다.

수양딸(收養—) 남의 딸을 제 딸로 삼아 데려다 기른 딸. 비수양녀. 양녀.

수양딸로 며느리 삼는다(속) 아무렇게나 일을 처리하여 자기 이익만을 꾀한다.

수업(修業) 학문과 기술을 익히어 닦음. —하다.

수업료[—엄뇨] 학생이 학교에서 가르침을 받는 것에 대한 대가로 내는 돈.

수:없다 ①썩 많아 헤아릴 수 없다. 예하늘에는 별들이 수없이 많다. ②해 볼 도리나 방법이 없다. ③재주가 없다. ④재수가 조금도 없다.

수에즈 운:하(Suez 運河) 아프리카 북동부 지중해와 홍해 사이를 연결하는 운하. 길이 168km로 1869년에 개통되었음.

수여(授與) 상장이나 상품 따위를 줌. 비수취. 예졸업장을 수여하다. —하다.

수염 남자의 코밑·턱·뺨에 나는 털.

수염이 대 자라도 먹어야 양반이다(속) 배가 불러야만 체면도 차릴 수 있다.

수영(水泳) 헤엄. —하다.

수영복 헤엄칠 때 입는 옷. 비해수욕복.

수영장 수영하는 장소.

수예(手藝) 자수나 편물같이 손으로 하는 기예.

수온(水溫) 물의 온도.

수완(手腕) 일을 꾸미거나 치러 나가는 솜씨. 비수단.

수요(需要) 상품을 사들이려는 희망이나 그 분량. 반공급.

수요일(水曜日) 칠요일의 하나. 일요일에서 넷째 되는 날.

수용하다(收容—) ①일정한 곳에 거두어 넣다. ②감옥에서 죄수를 가두다. 데려다가 넣어 두다.

수원(水原) 경기도의 도청 소재지로, 농업 연구의 중심지.

수위(水位) 강·바다·저수지 등의 물의 표면의 높이.

수위(守衛) ①지킴. ②주로 지키는 일을 맡아보는 사람. 예수위실. —하다.

수은(水銀) 보통 온도에서 액체로 있는 은백색 금속 원소의 한 가지.

수의(隨意) ①마음대로 함. 뜻대로 함. ②속박이 없음. 제한이 없음. 예수의 계약.

수익권(受益權) 국민이 국가에 대하여 어떠한 일이나 보호를 요구할 수 있는 권리. 국민의 3대 기본권 가운데 하나임.

수임(受任) 임무를 받음. 위임을 받음. —하다.
수입(收入) ①들어오는 돈. ②돈이나 곡식을 거두어들임. 비소득. 수납. 반지출. 예수입금. —하다.
수입(輸入) 다른 나라에서 나는 물건을 사들여 옴. 반수출. —하다.
수작(酬酢) ①술잔을 주고받음. ②말을 서로 주고받음. ③남의 말이나 행동을 업신여겨 하는 말. 예수작을 꾸미다. —하다.
수재(水災) 장마나 홍수로 말미암아 받는 피해. 비화재.
수재(秀才) ①재주가 뛰어난 사람. ②장가들지 아니한 남자의 높임말.
수저 숟가락과 젓가락.
수절하다(守節—) 절개를 지키다. 정절을 지키다.
수정(水晶) 돌의 한 가지. 무색 투명한 여섯 모 난 돌.
수정(修正) 바로잡아서 고침. 예원고 수정. —하다.
수정체 빛을 꺾어서 물체의 상이 선명하게 망막 위에 생기도록 하는 눈의 한 부분.
수제비 밀가루를 반죽하여 맑은 장국이나 미역국에 적당한 크기로 떼어 넣어 익힌 음식.
수족(手足) 손과 발. 비팔다리.
수준(水準) 사물의 어느 정도의 표준. 비정도.
수줍다 부끄러워하는 태도가 있다. 비부끄럽다. 반활발하다. 예시골 아이라 이렇게 수줍어한답니다.
수줍어하다 부끄러워하는 기색을 하다.
수증기(水蒸氣) 물이 증발하여 기체로 변한 것.
수지(樹脂) 나무의 진.
수직(垂直) 직선과 직선이, 또는 직선과 평면이 닿아서 직각을 이룬 상태. 반수평.
수직선 직선 또는 평면과 수직으로 만나는 선. 비수선.
수집(收集) 거두어 모음. 반배부. 분배. —하다.
수집(蒐集) 많이 모으는 것. 여러 가지 재료를 찾아서 모음. 비채집. 예우표 수집. —하다.
수차(水車) 물을 자아올리는 기계의 하나로서 우리 나라에서는 조선 시대 세종 때부터 이용했음.
수:차(數次) 두서너 차례.
수채 집안에서 쓰는 허드렛물을 버려 흘러나가게 만든 시설.
수채화(水彩畫) 물감을 물에 풀어서 그린 서양화.
수척하다(瘦瘠—) 몸이 야위어 파리하다. 몸이 몹시 말랐다. 비파리하다.
수:천(數千) 천의 여러 배 되는 수효. 몇 천.
수첩(手帖) 주머니에 넣어서 가지고 다닐 수 있도록 만든 조그만 공책.
수축(收縮) 물체의 부피가 줄어들음. 예수축 작용. —하다.
수축(修築) 헐어진 데를 고쳐서 쌓음. 비개축. —하다.
수출(輸出) 다른 나라로 물건을 내보냄. 반수입. —하다.

수출고 수출한 분량. 수출해서 얻은 돈의 액수.
수출 무:역 국내에서 생산된 상품을 외국에 파는 일.
수출 산:업 공업 단지 수출 산업을 장려하기 위하여 공장이나 사무소 따위를 한 곳에 몰아 놓은 지역.
수출선 외국에 팔 물건을 실어 나르는 큰 배.
수출 자유 지역 정부가 단지 및 설비를 마련하거나 건축해서 외국인 기업체에게 주어, 그들 기업체로 하여금 공업 제품을 생산해서, 수출할 수 있는 편의를 주는 공업 단지.
수출품 외국에 팔려 나가는 상품. [반]수입품.
수취(受取) 받아서 가짐. 받음. [반]수여. —하다.
수치(羞恥) 부끄러움. [반]자랑. —스럽다.
수캉아지 강아지의 수컷.
수캐 개의 수컷.
수컷 동물의 남성. [반]암컷.
수키와 암키와 사이에 엎어 놓는 기와.
수탈(收奪) 협박하여 남의 재물을 빼앗음. —하다.
수탉 닭의 수컷. [반]암탉.
수탕나귀 당나귀의 수컷.
수펄 →수벌.
수펌 →수범.
수평(水平) 잔잔한 물의 면처럼 평평한 상태. [반]수직.
수평면 바다 윗면같이 기울지 아니하고 평평한 면.
수평선 하늘과 바다가 맞닿은 것처럼 보이는 선.
수평아리 병아리의 수컷.
수포(水泡) ①물거품. ②보람 없는 결과. [예]일이 수포로 돌아갔다.
수표(手票) 돈을 대신하여 쓸 수 있도록 된 쪽지.
수표교(水標橋) 세종 때 건립된 서울 청계천에 있던 다리. 1958년 청계천 도로 공사로 장충단 공원에 옮겨 보관 중임.
수풀 나무가 무성한 곳.
수필(隨筆) 생각나는 대로 형식 없이 써 나가는 산문의 하나. [예]수필가. 수필집.
수학(受學) 학문을 배움. 수업을 받음. —하다.
수:학(數學) 수에 대한 것을 연구하는 학문.
수학 여행(修學旅行) 실지로 보고 들으면서 지식을 넓히기 위하여 학교에서 학생들을 데리고 가는 여행.
수해(水害) 홍수로 말미암아 세간이 물에 잠기고 심하면 집이나 논밭이 떠내려가는 재앙. [반]한해.
수행(遂行) 계획한 대로 해냄. [예]예정된 계획대로 다 수행하였다. —하다.
수행원(隨行員) 높은 지위에 있는 사람을 따라다니며 돕거나 신변을 보호하는 사람.
수험(受驗) 시험을 치름. [예]수험생. —하다.
수화(手話) 농아들이 말 대신에 손짓으로 대화를 하는 것. —하다.
수화기(受話器) 전화기의 일부로서 귀에 대고 전화를 받는 장치. [반]송화기.
수확(收穫) ①곡식을 거두어들

임. ②거두어들여서 얻음. 비획득. —하다.
수:효(數爻) 물건의 수. 비수량. 예수효를 세다.
숙녀(淑女) 교양을 갖춘 점잖은 여인. 반신사.
숙련(熟練) 익숙하게 익힘. —하다.
숙망(宿望) 오래도록 지닌 소망. 비소원. 숙원.
숙모(叔母) 아버지의 형제의 아내. 작은어머니. 반숙부.
숙박(宿泊) 여관에 머물러 묵음. 예숙박료. —하다.
숙부(叔父) 아버지의 동생. 작은아버지. 반숙모.
숙성하다(夙成—) ①나이에 비하여 키가 크다. ②나이는 어리나 속이 있다.
숙어(熟語) 두 가지 이상의 말을 합하여 한 뜻을 나타내는 말. 비익은말.
숙원(宿願) 오래 된 소원. 비숙망. 예숙원을 풀다.
숙이다 고개를 숙게 하다. 반쳐들다.
숙제(宿題) ①미리 내주어서 풀어 오게 하는 문제. ②뒤에 두고 처리하거나 생각할 문제. 비과제.
숙주나물 녹두를 물에 불리어 싹이 나게 한 것을 양념하여 볶은 나물.
숙질(叔姪) 아저씨와 조카. 삼촌과 조카.
숙청(肅淸) 잘못이나 그릇된 일을 치워 없앰. 또 그런 사람을 없애 버림. —하다.
순(筍) 식물의 싹.
순간(瞬間) 눈 깜짝할 사이. 잠깐 동안. 비찰나. 반영원. 예총을 쏘려는 순간에 피하다.
순간적 아주 짧은 시간인 것. 예순간적으로 일어난 사고.
순결(純潔) 아무 잡된 것이 섞이지 않고 깨끗함. 예순결 무구한 마음. —하다.
순경(巡警) 경찰관의 최하 계급.
순:경(順境) 일이 뜻대로 잘 되어 가는 경우. 반역경.
순국(殉國) 나라를 위하여 목숨을 바침. —하다.
순금(純金) 다른 것을 섞지 않은 순전한 금.
순대 돼지의 창자 속에 쌀·두부·숙주나물 등을 넣고 삶은 음식.
순례지(巡禮地) 옛 자취를 더듬어 참배하는 곳.
순박(淳朴) 성질이 순하고 꾸밈이 없음. 예농촌 사람들은 성질이 대개 순박하다. —하다.
순발력(瞬發力) 어떠한 충격이 있자마자 순간적으로 몸을 움직이고 곧 힘을 낼 수 있는 능력. 예순발력이 좋다.
순색(純色) 순수한 빛깔.
순:서(順序) 차례.
순:서쌍 두 원소를 짝으로 하여 하나의 새로운 원소를 만든 것.
순수(純粹) ①다른 것이 조금도 섞이지 않음. ②완전함. 반불순. —하다.
순:순하다(順順—) 성질이 고분고분하고 순하다. 예순순히 복종하다.
순식간(瞬息間) 눈 깜짝할 사이. 잠깐 동안. 비삽시간. 갑

순전 자기. ⑩순식간에 벌어진 일이라 모두 어리둥절해 했다.

순전(純全) 잡것이 섞이지 않고 순수하고 완전함. ⑩이 꿀은 설탕을 섞지 않은 순전한 꿀입니다. —하다.

순전히 아무것도 섞이지 아니한 모양. 완전한 모양.

순:조롭다(順調—) 아무 탈 없이 일이 잘되어 나가다. ⑩일이 순조롭게 되어 예정보다 빨리 끝났다.

순:종(順從) 거스르지 않고 잘 쫓음. 圓복종. —하다.

순지르기(筍—) 곁순을 잘라 내는 일. ⑩초목의 순지르기를 하다. —하다.

순진(純眞) 마음이 꾸밈이 없고 참됨. ⑩순진한 학생. —하다.

순찰사(巡察使)[—싸] 난리 때 지방의 군무를 순찰하던 임시 벼슬.

순:천(順天) 전라 남도에 있는 도시. 교통의 요지임.

순:풍(順風) ①솔솔 불어오는 온화한 바람. ②배가 가는 방향으로 부는 바람.

순:하다(順—) ①성질이 사납지 않다. ②맛이 독하지 않다. ③거침이 없다.

순:해지다 몸가짐이나 성질이 부드러워지다.

순환(循環) 쉬지 않고 돎. 자꾸 돌아감. —하다.

순환 운:동 걷기・매달리기・달리기 등의 기본 체력을 기르기 위한 운동.

숟가락 밥이나 국 따위를 떠먹는 기구.

숟갈 '숟가락'의 준말.

술 쌀과 누룩으로 담근 음료로 알코올 성분이 있어 마시면 취함.

술래 술래잡기할 때에 숨은 아이를 찾는 것을 맡은 아이.

술래잡기 여럿 가운데서 한 아이가 술래가 되어 숨은 아이를 찾아내는 놀이. —하다.

술렁거리다 세상 인심이 안정되지 않고 소란하다.

술렁이다 어수선하게 설레다.

술어(述語) 동사나 형용사 따위와 같이 그 주어의 동작이나 상태를 풀이하는 말.

술어(術語) 학문에서 전문적으로 쓰는 말. 圕학술어.

술주정꾼 술을 마시고 주정을 부리는 사람.

숨: 코나 입으로 공기를 내쉬고 들이마시는 기운.

숨:결[—껼] 숨쉬는 속도나 높낮이. ⑩숨결이 거칠다.

숨:골 호흡이나 피돌기를 맡아 보는 줏대가 되고, 또 소화를 시키는 소화액과 소화 운동도 맡은 기관.

숨:관 공기가 허파로 드나드는 관. 식도의 앞에 있으며 좌우 두 갈래로 갈라져서 허파 속으로 연결됨. 圓기관. 숨통.

숨기다 다른 사람이 모르도록 보이지 않게 감추다. 드러나지 않게 하다.

숨:다[—따] 보이지 않게 몸을 감추다.

숨바꼭질 숨은 사람을 찾아내는 아이들의 놀이. —하다.

숨:소리[—쏘—] 숨을 내었다 들이마셨다 하는 소리.

숨:을 거두다 목숨이 끊어지다.

숨을 죽이다 숨을 쉬지 않다.
숨:지다 목숨이 끊어지다. 마지막 숨을 거두다.
숨:차다 숨쉬기가 가쁘다.
숨:표 노래 도중에 숨을 쉬라는 표. 기호는 ',' 또는 'V'.
숫돌 칼이나 연장 따위의 날을 가는 데 쓰는 돌.
숫색:시 숫처녀.
숫양 양의 수컷.
숫염소 염소의 수컷.
숫:자(數字) 수효를 나타내는 데 쓰는 글자로서, 1, 2, 3, …이나 一, 二, 三… 따위.
숫쥐 쥐의 수컷.
숭고(崇高) 매우 높고 엄숙하고 고상함. 凹저속. 옌숭고한 희생 정신. —하다.
숭늉 밥을 퍼낸 뒤에 그 솥에 물을 부어 데운 물.
숭배(崇拜) 높이어 우러러 존경함. 凹숭상. 존경. 凹멸시. —하다.
숭상하다(崇尙—) 공경하고 사모하다. 소중하게 여기다.
숭:숭 조금 큰 구멍이 많이 뚫린 모양. 砼송송. 옌구멍이 숭숭 뚫리다.
숭:어 등은 짙은 잿빛, 배는 은빛이고, 온몸에 빳빳한 비늘이 있으며, 봄과 가을에 많이 잡히는 가까운 바다에서 사는 물고기.
숯 나무를 숯가마 속에서 구워서 만든 땔감.
숯이 검정 나무란다(속) 자기 흠이 더 큰 사람이 도리어 흠이 작은 사람을 흉본다.
술 물건의 부피. 물건의 분량.

숱하다 넉넉하다. 凹많다.
숲 '수풀'의 준말. 凹삼림.
숲 속 수풀의 안.
쉬:¹ ①떠드는 것을 못 떠들게 하는 말. ②젖먹이에게 오줌을 누일 때에 쓰는 말.
쉬:² ①쉽게. ②오래지 않아.
쉬:³ 파리의 알.
쉬:다¹ ①목이 잠기어서 목소리가 똑똑하게 나오지 않게 되다. ②음식이 상하여 맛이 변하다. ③하던 일을 잠시 그만두다. 凹일하다.
쉬:다² ①자다. ②그치다. ③피곤한 것을 낫게 하다. ④숨을 마시었다 내었다 하다.
쉬:쉬하다 소문나지 않도록 비밀 등을 숨기다.
쉬이 ①쉽게. 凹어렵게. ②오래지 않아.
쉬:파리 몸이 크고 빛이 검푸르며 소리가 큰 파리.
쉰: 열의 다섯 곱절. 凹오십.
쉴:새없이 끊이지 않고. 옌공장의 기계 소리가 밤새도록 쉴새없이 들려 와 잠을 한숨도 자지 못하였다.
쉼:표 ①악보에 쓰는 부호의 한 가지. 어느 시간 동안 연주하던 것을 쉬게 하는 표. ②글에 찍는 휴지부.
쉽:다〔쉬우니, 쉬워서〕 ①어렵지 않다. 옌쉬운 문제. ②가능성이 많다. 凹수월하다. 凹어렵다.
쉽:사리 쉽게. 빨리.
슈베르트(Schubert, 1797~1828) '가곡의 왕'이라고 불리는 오스트리아의 낭만파 음악가. 작품에는 〈마왕〉·〈겨울 나그네〉·

〈아름다운 물레방앗간의 아가씨〉·〈들장미〉 등이 있음.
슈탄스(Stans) 스위스의 중심부에 자리잡고 있는 조그마한 도시.
슐레스비히(Schleswig) 유틀란트 반도의 남쪽 지방. 북부는 덴마크, 남부는 독일의 영토.
슛(shoot) 축구·핸드볼·농구 등에서 골을 향해 공을 던지거나 차는 일. —하다.
스냅¹(snap) 야구에서 손에 힘을 주어 공을 속력 있게 던지는 일.
스냅²(snap) 단추의 한 가지. 똑딱단추.
스님 ①중이 그 스승을 일컫는 말. ②중을 높여 일컫는 말.
스러지다 모양이나 자취가 차차 엷어져 없어지다.
-스럽다 어떤 말 아래 붙어 형용하는 말을 만드는 말. 예사랑스럽다.
스로:인(throw-in) 축구에서 터치라인 밖에 나간 공을 두 손으로 들고 경기장 안으로 던져 넣는 것. —하다.
스르르 ①얽히거나 뭉친 것이 저절로 풀어지는 모양. 예보자기가 스르르 풀리다. ②눈이 힘없이 감기는 모양. 예졸음이 와서 눈이 스르르 감기다. ③슬며시 가만가만 움직이는 모양. 잭사르르. 예기차가 스르르 움직였다.
스리랑카(Sri Lanka) 인도 반도 남동쪽의 인도양에 있는 섬나라. 옛 실론 섬으로 수도는 스리자야와르데네푸라.
스리:런(three run) 야구에서 타자까지 합쳐서 베이스에 나가 있는 3인의 러너. 또는 이에 의한 득점.
스무고개 하나의 문제를 내어 놓고 스무 번 묻는 동안에 그것을 알아맞히는 놀이.
스물 열의 갑절.
스미다 물이 번져 들어가다. 예땀이 스미다.
스스럼없다 부끄럽거나 조심스러운 마음이 없다.
스스로 ①저절로. ②자기 힘으로. 비자연히. 저절로. 예스스로 공부하는 학생이 되자.
스승 자기를 가르쳐 주는 사람.
스위스(Switzerland) 유럽 중남부에 있는 연방 공화국. 영세 중립국이며 관광국으로 유명하고, 정밀 기계 공업이 성함. 수도는 베른임.
스위치(switch) 전기의 흐름을 이었다 끊었다 하는 기구.
스치다 ①서로 살짝 닿으면서 지나가다. 예귀밑을 스치는 바람. ②생각이 문득 떠올랐다 사라지다.
스카:프(scarf) 목도리. 머릿수건.
스칸디나비아 반:도(Scandinavia 半島) 유럽의 북서부에 있는 반도.
스케이트(skate) 구두에 대어 얼음 위를 달리는 데에 쓰는 쇠로 만든 기구.
스케이팅(skating) 얼음 지치기. —하다.
스케치(sketch) 실지의 경치나 물건을 보고 그대로 그림. 또는 그런 그림. —하다.
스케치북(sketchbook) 그림을

스코어(score) 경기할 때 얻는 점수.

스크랩북(scrapbook) 신문이나 잡지에서 필요한 부분을 오려 내어 붙이는 책.

스키(ski) 눈이나 얼음 위를 타고 가는 도구. 또 그것을 이용하여 하는 운동.

스타카:토(이 staccato) 한 음표 한 음표씩 끊어서 연주하는 일. 또, 그 기호. 음표 아래에 '·'을 붙임.

스타킹(stocking) 목이 길고 얇은 여성용 양말.

스타:트(start) 출발. 시작. 착수. 출발 신호. —하다.

스탠드(stand) 운동장 따위에 계단식으로 된 관람석.

〔스탠드〕

스테레오(stereo) 입체 음향.

스테이크(steak) 고기를 두껍게 썰어 구운 서양 요리의 하나.

스테인리스 스틸(stainless steel) 철·니켈·크롬 등을 넣어 녹슬지 않도록 한 강철.

스텝(step) 댄스에서 한 발 한 발의 움직임.

스토 부인(Stowe夫人, 1811~1899) 미국의 여류 소설가이며 노예 해방을 부르짖은 사람. 흑인 노예의 비참한 생활을 보고 소설〈톰 아저씨의 오두막집〉을 썼음. 이 밖에 고향의 모습을 나타낸〈그리운 고향의 사람들〉이 있음.

스톡홀름(Stockholm) 스웨덴의 수도. 해마다 노벨상 수상식이 열림.

스톱(stop) 정지. —하다.

스튜디오(studio) ①화가나 조각가의 제작실. ②라디오나 텔레비전의 방송실.

스트라이크(strike) 동맹 파업. 동맹 휴학. 요구를 관철할 목적으로 집단적으로 공부나 일을 하지 않는 것.

스트레스(stress) 몸이나 마음에 해가 되는 여러 자극이 주어졌을 때 일어나는 갖가지 반응.

스트렙토마이신(streptomycin) 1944년 미국의 왁스먼이 땅 속의 박테리아에서 얻은 항생 물질. 폐결핵의 특효약임.

스파이(spy) 적의 비밀을 알아내는 사람. 비 간첩. 밀정.

스페인(Spain) 에스파냐.

스포이트(네 spuit) 물이나 약품 등을 한 방울씩 떨어뜨리는 데 쓰이는 실험 기구.

스포:츠(sports) 육상 경기·야구·테니스 등에서 등산·사냥에 이르기까지 몸을 튼튼히 하기 위한 모든 운동.

스포:츠맨십(sportsmanship) 운동 선수로서 정정당당하게 행동하는 경기 정신.

스프레이(spray) 분무기.

스피:드(speed) 속력. 속도.

스피:커(speaker) 소리를 크게 하여 멀리 들리게 하는 장치. 비 확성기.

스핑크스(그 sphinx) 옛날 이집트에서 왕궁이나 신전·피라미드 등의 어귀에 세웠던 돌. 머리는 사람, 몸은 사자의 모습을 하고 있음.

슬그머니 남이 모르게 넌지시 행동하는 모양. 예부끄러워서 슬그머니 나오고 말았다.

슬근슬근 물건과 물건이 서로 맞닿아 가볍게 비비는 모양. 짝살근살근. 예슬근슬근 톱질 하세. —하다.

슬금슬금 남이 모르도록 자꾸 하는 모양. 비가만가만.

슬기 사리를 밝게 잘 처리해 가는 재능. 비재주. 지혜.

슬기롭다〔슬기로우니, 슬기로워서〕 꾀가 많다. 지혜가 많다.

슬다〔스니, 스오〕 ①물고기나 벌레 따위가 알을 깔겨 놓다. ②쇠에 녹이 생기다.

슬라이드(slide) 필름을 옆에서 밀어 넣게 된 환등기.

슬럼프(slump) 일시적으로 몸의 상태나 사업이 부진한 상태.

슬레이트(slate) 지붕을 덮는 데 쓰는 얇은 판. 시멘트에 석면을 섞고 물을 부어 압력을 가하여 편편한 모양으로 만든 것. 청회색 또는 청흑색.

슬로:건(slogan) 표어.

슬며시 드러나지 않도록 힘을 적게 들여서 넌지시. 비슬그머니. 예슬며시 일어나 나가다.

슬:슬 ①가만가만 기어가는 모양. ②눈이나 설탕 따위가 모르는 사이에 녹아 가는 모양. ③남을 슬그머니 달래거나 꾀거나 속이는 모양. 짝살살.

슬쩍 ①남에게 들키지 않게 얼른. 예슬쩍 피하다. ②힘들이지 않고 익숙하게. 짝살짝.

슬프다〔슬프니, 슬퍼〕 원통하고 서러운 생각이 들다. 비서럽다. 반기쁘다.

슬픔 슬픈 마음이나 느낌. 비설움. 반기쁨.

슬피 슬프게. 서럽게.

슬하(膝下) 어버이의 곁.

습격(襲擊) 갑자기 적을 덮쳐서 침. 비공격. 기습. 반방어. 방비. —하다.

습곡(褶曲) 평평한 지층이 옆에서 힘을 받아 구부러진 상태.

습관(習慣) 버릇. 비관습. 버릇. 습성. 예나쁜 습관은 빨리 고쳐야 한다.

습기(濕氣) 축축한 기운.

-습니다 설명하는 말 밑에 붙어 끝맺는 말. 예했습니다.

습도(濕度) 공기의 습한 정도. 공기 중에 포함된 수증기의 양. 백분율로 표시함.

습도계 공기 중에 있는 습기가 어느 정도인가를 재는 기구.

습득(拾得) 물건을 주움. 예분실물 습득. —하다.

습득(習得) 익혀서 얻음. 예기술 습득. —하다.

습성(習性) 버릇이 되어 버린 성질. 비습관.

습자(習字) 글씨 쓰기를 배워 익힘. —하다.

습작(習作) 아직 세상에 발표하지 않은 작품. 또는 연습으로 쓴 작품. —하다.

승(僧) 중. 비승려.

승강(昇降) 오르고 내림. 예승강기. —하다.

승강대 사람이 오르내릴 수 있도록 만들어 놓은 층대.

승강이 서로 제 주장을 고집하여 옥신각신함. —하다.

승객(乘客) 배나 차 따위를 타는 손님.

승격(昇格)[—껵] 한층 높이 올림. 곧 낮은 자리에서 윗자리로 올림. —하다.

승계(承繼) 뒤를 이어받음. [예] 회장직을 승계받다. —하다.

승:공(勝共) 공산주의와 싸워 이김. [예] 승공 통일. —하다.

승낙(承諾) 청하는 것을 들어 줌. [비] 승인. 허락. [반] 거부. [예] 결혼을 승낙하다. —하다.

승냥이 이리와 비슷한 산짐승.

승:리(勝利) 다투거나 싸워서 이김. [비] 승전. 승첩. [반] 패배. [예] 노력하는 자만이 승리할 수 있다. —하다.

승무(僧舞) 고깔을 쓰고 장삼을 입어 중처럼 차리고 때때로 법고를 치며 추는 춤.

승병(僧兵) 중들로 이루어진 군사. 승군.

승:부(勝負) 이기는 것과 지는 것. [비] 승패.

승상(丞相) 지금의 장관과 비슷한 높은 벼슬. [비] 정승.

승용차(乘用車) 사람이 타는 자동차.

승인(承認) 옳다고 승낙하고 인정함. [비] 승낙. —하다.

승자 총통(勝字銃筒) 옛날 대포의 한 가지. 화력이 강하여 많이 쓰였음.

승전(勝戰) 싸움에 이김. [비] 승리. [반] 패전. —하다.

승:전고 싸움에서 이겼을 때 치는 북. [예] 승전고를 울리다.

승차(乘車) 차를 탐. [반] 하차. —하다.

승천(昇天) 하늘에 오름. [예] 하늘로 승천하다. —하다.

승:패(勝敗) 이기고 짐. [비] 승부. [예] 승패를 결정짓다.

승화(昇華) 가열하였을 때 고체가 액체의 상태를 거치지 않고 기체로 변하는 현상. —하다.

시(時) 시간의 단위. 하루의 24분의 1임.

시(詩) 마음에 깊이 느낀 것이나 실지로 경험한 것을 리듬에 맞춰 쓴 글. [반] 산문.

시가(時價)[—까] 현재의 물건 값. 시장의 시세.

시가(詩歌) ①시와 노래. ②노래의 말.

시:가(市街) ①저잣거리. ②도시의 큰길. ③인가가 많고 번화한 곳. [비] 시내.

시:가전 도시의 길거리에서 서로 싸우는 전투. —하다.

시:가지 시가를 이룬 지역.

시:가 행진 여러 사람이 모여서 인가가 많은 거리를 지나가는 것. —하다.

시각(時刻) 때. [비] 시간.

시간(時間) ①어느 때로부터 어느 때까지의 사이. ②세월. [비] 시각. [반] 공간.

시간적 시간에 관한 것. [반] 공간적. [예] 시간적 여유.

시계(時計) 시간을 가리키는 기계. [예] 시계탑.

시골 ①서울에서 떨어져 있는 곳. ②고향. [비] 촌. 두메. 지방. [반] 도시. 도회. 서울.

시골내기 시골에서 태어나서 자란 사람.

시골뜨기 ①시골 사람이라고 낮추어 하는 말. ②듣고 본 것이 적은 시골 사람. [비] 촌뜨기.

시골티 시골 사람의 촌스러운 모습이나 태도. [비] 촌티.

시그널(signal) ①신호. ②건널목 어귀에 세운 신호등 따위.

시기(時期) ①정한 때. ②바라고 기다리던 때. 비기회. 시절. 예적절한 시기.

시기하다(猜忌—) 남이 잘하거나 잘되는 것을 미워하다. 비샘하다.

시꺼멓다 매우 꺼멓다. 꺼먼 빛에 다른 빛이 섞이지 않다. 반새하얗다. 작새까맣다.

시끄럽다〔시끄러우니, 시끄러워서〕 ①소리가 크게 나다. ②소문이 높다. ③듣기 싫을 만큼 떠들썩하다.

시나리오(scenario) 영화로 할 수 있도록 써 놓은 이야기.

시ː내 골짜기나 평지에서 물이 흐르는 조그만 내. 비내¹.

시ː내(市內) 그 도시의 안. 비시가. 반교외. 시외.

시ː내 전ː화 도시 안에서만 통용되는 전화. 반시외 전화.

시ː냇가 시내의 물가.

시ː냇물 시내에서 흐르는 물.

시누이/시뉘 남편의 누이.

시늉 어떤 움직임이나 모양을 흉내내는 짓. 비흉내. 예아픈 시늉을 하지 말아라. —하다.

시늉말 =흉내말.

시다 ①초맛과 같다. ②덜익은 살구맛과 같다. ③뼈마디를 삐어서 시근거리다.

시달리다 ①괴롭게 굴다. ②무슨 일에 몸이 괴롭게 되다. 예빚쟁이에게 시달리다.

시대(時代) ①시간을 역사적으로 나눈 한 기간. 비때. 시절. 예시대 상황. ②세상.

시댁(媤宅) 시집간 집. 곧 시부모가 있는 집을 높여서 하는 말. 비시가.

시ː디ː(CD) =콤팩트 디스크.

시ː디ː롬 콤팩트 디스크에 컴퓨터의 데이터를 기록하여 판독 전용 기억 장치로 쓰는 것.

시들다〔시드니, 시들어서〕 ①꽃이나 잎 따위가 거의 마르게 되다. ②기운이 없어져서 약해지다.

시들하다 대수롭지 않다. 마음에 차지 않다.

시디시다 맛이 몹시 시다.

시뜻하다 무슨 일에 지쳐서 싫증이 나다.

시래기 무청을 말린 것.

시렁 물건을 얹어 놓기 위하여 방이나 마루에 나무를 건너지른 것.

시ː력(視力) 눈으로 물건을 볼 수 있는 힘.

시루 떡을 찌는 데 쓰는 둥근 질그릇.

시루에 물 퍼붓기〈속〉 아무리 비용을 들이고 애를 써도 효과가 나타나지 않음.

시름시름 병세가 더하거나 낫지도 않으면서 오래 끄는 모양.

시름없이 ①근심과 걱정이 있는 태도로. ②아무 생각 없이.

시리다 손·발 따위가 몹시 차게 느껴지는 기운이 있다.

시리아(Syria) 지중해 동해안에 있는 공화국. 수도는 다마스쿠스.

시멘트(cement) 석회암에 찰흙을 섞은 것을 가마에 넣고 구워서 빻은 가루. 비양회.

시무룩하다 ①마음속으로 언짢게 여겨 아무 말이 없다. 예영수는 한바탕 싸움을 한 뒤 시무룩하게 앉아 있다. ②날이 흐리어 그늘지다.

시문(詩文) 솜씨 있게 지은 시와 글.

시:문(試問) 시험하여 물어 봄. ㉮구두 시문. —하다.

시:민(市民) 도시에 사는 사람. 또는 나라의 국민. ㋪국민. 주민.

시:민권[—꿘] 국민으로서 정치에 참여할 수 있고, 생명, 재산의 불가침, 언론 집회, 출판의 자유 등 국민으로서 가질 수 있는 기본적 권리.

시방(時方) 방금. 이제. 금시. ㋪지금.

시베리아(Siberia) 우랄 산맥에서 베링 해에 이르는 러시아 땅으로 몹시 추운 지방.

시:비(是非) ①옳은 것과 그른 것. ②옳으니 그르니 하고 다투는 일. —하다.

시뻘겋다〔시뻘거니, 시뻘거오〕 아주 붉다.

시사(時事) 그 당시에 생기는 여러 가지 세상일.

시새우다 저보다 나은 사람을 미워하고 샘하다.

시:선(視線) 눈이 이르는 방향. 눈이 가는 곳. ㋪눈길.

시:설(施設) 베풀어서 차림. ㋪설비. —하다.

시세(時勢) ①지금 형편. ②그 때의 물건 값. ㉮배추 시세.

시:소:(seesaw) 서양 널뛰기. 기다란 판자를 중간에 괴어 놓고 양쪽에 아이가 〔시소〕 타고 앉아서 서로 오르락내리락하는 것.

시:소: 게임 서로 번갈아 졌다 이겼다 하여 어느 편이 이길는지 모르는 게임.

시속(時速) 1시간을 단위로 하는 속력. ㉮시속 30마일.

시시하다 신통할 것 없다. 변변하지 못하다. ㉮영화 내용이 시시하다.

시아버지 남편의 아버지.

시:야(視野) 시력이 미치는 범위. ㉮시야가 넓다.

시어머니 남편의 어머니.

시어머니 미워서 개 옆구리 찬다 〈속〉 꾸지람을 듣고 그 화풀이를 다른 데다가 한다.

시:업(始業) 학교에서 학년이나 학기 처음에 학업을 시작함. ㋬종업. —하다.

시옷자 닿소리 'ㅅ' 글자.

시:외(市外) 그 도시의 밖. ㋬시내.

시:외 버스 시가지 밖으로 다니는 버스. ㋬시내 버스.

시원섭섭하다 한편으로는 시원하고 한편으로는 섭섭하다.

시원시원하다 말이나 하는 짓이 거리낌 없이 매우 시원스럽다.

시원하다 ①마음이 상쾌하다. ②동작이 활발하다. ③날씨가 상쾌하게 차다. ㋪서늘하다. ㋬답답하다. ㉮덥거든 시원한 그늘에 가서 쉬어라.

시월 상:달(十月上—)[—딸] 음력 시월을 새로 난 곡식을 신에게 드리기에 가장 좋은 달이라는 뜻에서 이르는 말.

시위 활에 살을 꿰어 잡아당기는 줄. ㋬활시위.

시:위(示威) 힘이나 기세를 드러내어 보임. —하다.

시:위 운ː동 많은 사람이 힘이나 용기를 드러내보임. 또는 그 행진이나 모임. 비데모.

시:인(是認) 옳다고 인정함. 반부인. 예잘못을 시인 하다. —하다.

시인(詩人) 시를 잘 짓는 사람. 비시객.

시일(時日) 때와 날. 비날짜. 세월.

시:작(始作) ①처음으로 함. ②쉬었다가 다시 하기를 비롯함. ③착수함. 비처음. 개시. 시초. 반끝. 완료. —하다.

시작이 반이다〈속〉 시작하기가 어렵지 손만 대면 반 이상을 한 것이나 같다는 말.

시:장(市場) 사람이 많이 모여서 물건을 사고 팔고 하는 곳. 비장터.

시장이 반찬이다〈속〉 배고프면 반찬이 없어도 밥맛이 좋다.

시장하다 ①배가 고프다. ②뱃속이 비다.

시재(時在) 현재 가지고 있는 돈이나 곡식.

시절(時節) ①때. ②세상. ③좋은 기회. 비시대. 시기. 예청년 시절.

시:접 속으로 접혀 들어간 옷솔기의 한 부분.

시:조(始祖) ①한 족속의 맨 첫번 조상. ②학문이나 기술 등의 길을 처음 연 사람.

시조(時調) 우리 나라에서만 발달된 시가의 한 형식으로, 대개 초·중·종 세 장으로 나뉘며, 글자 수는 합하여 약 45자 안팎임.

시:종(始終) 처음부터 끝까지의 사이. 예시종 일관.

시:종장(侍從長) 임금을 모시고 있던 시종원의 우두머리. 비시종관.

시:주(施主) 부처 또는 중을 위하여 돈이나 물건을 바침. 또는 그 사람. 비공양. —하다.

시중 윗사람의 옆에 있으면서 심부름을 함. 예하인이 주인의 시중을 들고 있다. —하다.

시중들다 옆에서 온갖 심부름을 하다.

시집(媤—) 시부모가 계신 집.

시집가다 남편을 얻다. 여자가 결혼하다.

시집도 가기 전에 기저귀 마련한다〈속〉 너무 준비가 빠르다.

시집살이 시집에 가서 하는 살림살이. —하다.

시:찰(視察) 돌아다니며 실지 사정을 살펴봄. 예산업 시찰. —하다.

시:책(施策) 어떤 일에 대한 계획과 그 일을 실지로 하는 방법. 또는 그것을 베풂. 예정부 시책을 발표하다. —하다.

시:청(市廳) 시의 행정 사무를 맡아보는 곳.

시:청(視聽) 눈으로 보고 귀로 들음. 예시청자. —하다.

시:체 죽은 사람의 몸뚱이. 비송장. 주검. 사체.

시:초(始初) 처음. 최초. 비시작. 반종말. 예단군의 역사가 우리 나라 역사의 시초이다.

시:추선(試錐船) 지질 조사나 광맥의 탐지를 위하여 깊이 구멍을 파 보는 일을 하는 데 쓰

이는 배.
시치다 바느질할 때에 임시로 드문드문 꿰매다.
시치미떼다 알면서도 모르는 체하다.
시침질 바느질을 할 때 두 겹 이상의 옷감을 고정시키기 위해 임시로 듬성듬성 뜨는 일. —하다.
시카고(Chicago) 미국 제2의 도시. 세계에서 가장 큰 곡물 시장·가축 시장으로 유명함.
시큰하다 뼈마디가 매우 저리고 시리다. [작]새큰하다.
시큼하다 맛이 조금 시다.
시키다 무엇을 하게 하다. 예일을 시키다.
시퍼렇다[시퍼러니, 시퍼러오] ①아주 퍼렇다. ②날카롭다. ③세력이 굉장하다.
시:합(試合) 서로 재주를 다툼. [비]경기. —하다.
시:행(施行) 실제로 베풀어 함. [비]실시. [반]폐지. —하다.
시:험(試驗) 문제를 내어 답안을 쓰게 하고 그 결과로 급제와 낙제를 정하는 일. [비]고사.
시:험관(試驗官) 시험하는 일을 맡아보고 감독하는 사람.
시:험관(試驗管) 적은 양의 약품이나 액체를 넣어 그 성질의 반응을 실험하는 데 쓰이는 유리관.
시:험 방:송 시험적으로 방송해 보는 것.
식(式) ①여러 가지 예식. ②일정한 표준·규정. ③어떤 격식·수속·규칙. ④계산의 순서. ⑤여러 가지 본보기.

식구(食口) 한집안에서 함께 사는 사람. [비]가족.
식기(食器) 음식을 담는 그릇.
식다 더운 것이 차게 되다. [반]끓다.
식단표(食單表) 일정한 때에 먹을 음식의 종목. 또는 그 가격을 적은 표.
식당(食堂) ①음식을 먹는 방. ②음식을 파는 집.
식도(食道) 먹은 음식을 밥통으로 넘기는 길. [비]밥길.
식량(食糧) 먹을 양식. [비]양식.
식모(食母) 남의 집에서 음식을 하여 주는 여자.
식목(植木) 나무를 심음. [비]식수. [반]벌목. —하다.
식목일 산을 푸르게 하기 위하여 나라에서 정한 행사로, 나무를 심는 날. 매년 4월 5일.
식물(植物) 뿌리를 땅이나 다른 물건에 박고, 양분을 빨아먹고 사는 나무나 풀. [반]동물.
식물원 여러 사람에게 보이거나 연구를 하기 위하여 여러 가지 풀과 나무를 모아 기르는 곳. [반]동물원.
식물학 식물의 모양·자라남 등 모든 현상과 이용에 대하여 연구하는 학문.
식민지(植民地) 본국 밖에 있어서 본국의 특수 통치를 받는 지역. [비]속국.
식민지 정책 자기 나라 세력에 든, 본국 외의 나라들을 다스리기 위해 마련한 정책.
식사(食事) 음식을 먹는 일. 또는 그 음식. [비]끼니. 예식사 시간. —하다.
식성(食性) 음식을 좋아하고 싫

식수(食水) 먹는 물. 비음료수. 예식수난이 심하다.
식수(植樹) 나무를 심음. 비식목. 예생일 기념으로 식수를 하다. ―하다.
식용(食用) 먹을 것에 씀. 예식용 버섯. ―하다.
식용 작물 먹을 목적으로 재배하는 농작물. 채소·곡식 등.
식은땀 ①몸이 쇠약하여 저절로 나는 땀. ②정신이 몹시 긴장되어 나는 땀.
식은 죽 먹기〈속〉 일이 매우 쉬워 예사로이 하는 모양.
식음(食飮) 먹고 마심. 또는 그 일. ―하다.
식인종(食人種) 사람을 잡아먹는 인종. 아프리카에 있다는 사람의 무리.
식장(式場) 식을 하는 곳.
식중독(食中毒) 음식물에 포함된 세균으로 일어나는 병. 복통·설사 등이 남.
식지(食紙) 음식이나 밥상을 덮어두는 데 쓰는 기름을 먹인 종이.
식지에 붙은 밥풀〈속〉 대수롭지 않은 것은 그럭저럭 없어진다는 뜻.
식체(食滯) 먹은 음식이 소화가 안 되는 병.
식초(食醋) 초산을 물로 묽게 하여 음식물에 신맛을 내는 데 쓰는 물질. 투명한 액체임.
식칼 집안에서 음식을 만드는 데 쓰는 칼. 비식도.
식탁(食卓) 식사할 때에 음식을 차려 놓는 상.
식히다 더운 것을 차게 만들다. 반끓이다.
신¹ 발에 신는 물건.
신² 어떤 일에 으쓱해지는 마음. 예신이 나서 춤을 춘다.
신(神) ①신명. ②귀신. ③기독교에서 하나님.
신-(新) 이름을 나타내는 말 위에 붙어 '새롭다'는 뜻을 나타냄. 반구-. 예신대륙.
신간(新刊) 책을 새로 냄. 또는 새로 간행한 책.
신경(神經) 사물을 느끼거나 생각하는 힘.
신고(申告) 어떠한 사실을 관청에 보고함. 또는 그 보고. 예출생 신고. ―하다.
신고(辛苦) ①어려운 일을 당해 애를 씀. ②마음과 힘을 수고롭게 함. ―하다. ―스럽다.
신곡(新曲) 새로 지은 곡.
신기(神奇) 이상하고 묘함. 비기이. 신비. 예신기한 재주. ―하다. ―스럽다.
신기록(新記錄) 새로운 기록. 운동 경기에 있어서 최고 성적. 예우리 나라 선수들은 신기록을 수립하려고 노력하고 있다.
신:기루(蜃氣樓) 바람 없이 잔잔한 날 광선의 굴절로 인하여 사막 지방 또는 바다 위 공중에 육지·나무·가게 등이 있는 것처럼 보이는 현상.
신기하다 이상하다. 신통하다. 비기이하다. 반평범하다. 예사람이 하늘을 날아다니게 되었으니 참으로 신기한 일이다.
신꼬챙이 짚신을 메는 데 쓰는 꼬챙이. 대나 나무 따위를 끝이 뾰족하고 가늘게 깎은 것.

신나다 매우 좋아하다. 흥미가 일어나다. 예신나는 방학.

신년(新年) 새해. 설.

신:념(信念) 반드시 되리라고 굳게 믿는 마음.

신다[―따] 신이나 버선을 발에 꿰다. 판벗다.

신대륙(新大陸) ①새로 발견한 대륙. ②남북 아메리카와 오스트레일리아를 가리킴. 판구대륙. 예콜럼버스가 신대륙을 발견했다.

신도시(新都市) 서울로 몰리는 인구를 줄이고자 서울 근교에 계획적으로 만든 도시.

신라(新羅)[실―] 삼국 시대의 한 나라(기원전 57~935). 박혁거세가 경주를 도읍으로 삼아 건국하였음. 고려 태조 왕건에게 멸망함.

신라방[실―] 당나라 산동 반도에 있던 신라인들이 모여 살던 마을.

신라소[실―] 신라방에 있던 신라인을 다스리던 관청.

신라원[실―] 신라방에 있던 신라인의 절.

신랑(新郞)[실―] 새로 장가가는 사람. 비새서방. 판신부.

신령(神靈)[실―] 신통하고 이상한 힘을 가지고 있다는 귀신. 비신선.

신령님[실―] 이 세상에 있다고 상상하는 성스러운 혼령. 비귀신.

신록(新綠)[실―] 초목의 새잎의 푸른빛.

신:문(訊問) 증인·피고인에게 캐어 물어 조사함. ―하다.

신문(新聞) ①새로운 소식이나 비판을 빨리 보도하는 정기 간행물의 하나. ②새로운 소식.

신문고(申聞鼓) 조선 태종 때 백성들이 억울한 일을 왕에게 직접 하소연할 때 치던 북. 대궐 문루에 달았음.

신문 기자 신문에 실리는 글을 쓰거나, 모으러 다니는 사람.

신문사 신문을 내는 회사.

신미양요(辛未洋擾) 1871년, 미국이 대동강을 거슬러 올라가다가 포격당한 상선인 제너럴셔먼 호의 문제로, 군함 5척을 보내 강화도를 공격해 온 사건.

신바람[―빠―] 흥겹고 신이 나서 우쭐해지는 기분.

신발 운동화·짚신·구두 같은 발에 신는 물건. 비신.

신부(神父) 천주교에서 한 구역을 맡아 신자들을 지도하는 사람. 비사제.

신부(新婦) 처음으로 시집간 여자. 비새색시. 판신랑.

신분(身分) 사회에서의 지위.

신비(神祕) 사람의 생각으로는 헤아리기 어려운 일. 비신기. ―하다. ―스럽다.

신사(紳士) 교양이 있고 예절이 있는 남자. 점잖은 남자. 판숙녀. 예신사복.

신:사용 남자들에게 쓰임. 예신사용 화장실.

신:사 유람단 1880년대의 개화기를 맞아 박정양 등 신사 10여 명을 일본에 파견하여 그들의 문물과 하는 일을 살펴보고 오게 한 시찰단.

신사임당(申師任堂, 1504~1551) 조선 시대의 유학자 율곡의 어머니. 문장·서화·경학·자수 등 학문과 예술에 뛰어났고 어진 어머니로 이름이 높았다.

신생(新生) ①새로 생겨남. ⑩신생 국가. ②인생을 새출발함. —하다.

신선(神仙) ①여러 가지 조화를 부릴 수 있다고 생각되는 사람. ②도를 닦아서 신통하게 된 사람. 뗴선인. 신령.

신선하다(新鮮—) 새롭고 깨끗하다. 산뜻하다. 뗴생생하다. ⑩신선한 공기.

신설(新設) 새로 세움. 새로 마련함. ⑩신설 학교. —하다.

신성하다(神聖—) ①거룩하다. ②깨끗하고 더럽지 않다. 뗴존엄하다.

신세(身勢) ①한 몸의 경우. ②자기의 사정. ③남에게 도움을 받는 것. 뗴처지. 신상. ⑩신세지다.

신세를 지다 남에게 많은 도움을 받다. ⑩친구의 신세를 지고 있다.

신속하다(迅速—) 매우 빠르다.

신수(身手) 사람의 얼굴에 나타난 건강색. 용모와 풍채.

신수(身數) 그 사람이 지닌 운수. ⑩신수가 불길하다.

신숙주(申叔舟, 1417~1475) 조선조 세종 때의 집현전 학사로, 한글을 만드는 데 공을 세운 학자이며 정치가.

신:앙(信仰) 종교의 교리를 믿고 받듦. 뗴종교. ⑩신앙의 자유. —하다.

신:용(信用) 믿고 의심하지 않음. 약속을 지킬 것을 믿는 일. ⑩신용 카드. —하다.

신윤복(申潤福) 조선 후기의 화가. 호는 혜원. 인물도·풍속도에 능함.

신음(呻吟) ①병자가 앓는 소리를 냄. ②근심으로 끙끙거림. —하다.

신:의(信義) 믿음성과 의리.

신의주 학생 반:공 의:거(新義州學生反共義擧) 1945년 11월 23일 신의주에서 일어난 학생들의 반소·반공 운동.

신인(新人) ①새사람. 새댁. ②새로 나타난 사람.

신:임(信任) 믿고 일을 맡김. —하다.

신:임장[—짱] 외교관을 파견하는 나라의 원수가, 가는 나라에 외교관의 신분과 파견하는 목적을 알리는 문서.

신 작로(新作路)[—장노] 새로 낸 큰길.

신장(身長) 사람의 키.

신:장(腎臟) 콩팥.

신전(神殿) 신의 궁전.

신주(神主) 죽은 사람의 이름을 적은 나무 조각.

신:중하다(愼重—) 매우 조심스럽고 경솔하지 아니하다. 뻔소홀하다. ⑩신중한 결정.

신진(新進) 새로 나오는 사람. ⑩신진 세력.

신채호(申采浩, 1880~1936) 구한국 말기의 언론인. 호는 단재. 상하이 등지에서 독립 운동을 하였고 우리 나라 국사 연구에 힘썼음.

신천지(新天地) 새로운 땅. 처음으로 알게 된 대륙. 신세계.

신청(申請) 어떠한 일을 청함. ⑩신청서. —하다.

신체(身體) 사람의 몸. 비육체. 몸. 예신체 검사.

신축(伸縮) 늘어남과 줄어듦. 늘이고 줄임. —하다.

신:탁(信託) 다른 사람에게 재산의 관리·운용·처분 등을 맡기는 일. —하다.

신:탁 통:치 국제 연합의 감독 아래 위탁을 받은 나라가 특정 지역을 통치하는 제도.

신토 불이(身土不二) 몸과 흙은 밀접한 관계이므로 제 고장의 농산물을 애용하라는 말.

신통 하다(神通—) ①이상하고 묘하다. ②모든 일에 신기하게 통달하다. 비신기하다.

신필(神筆) 아주 잘 쓴 글씨.

신하(臣下) 임금의 밑에서 나라 일을 보는 사람.

신학(神學) 그리스도교의 교리나 신앙에 대해 연구하는 학문.

신학문(新學問) 근래에 서양에서 들어온 새로운 학문.

신:호(信號) 일정한 부호나 손짓으로 서로 떨어진 사람끼리 뜻을 통하게 하는 방법. 예신호를 보내다. —하다.

신:호등 거리에 설치하여 색등을 켜고 끔으로써 운전자나 보행자에게 정지·진행 등을 지시하는 장치.

신:호탄 야간 전투에서 우군끼리 서로 연락하기 위하여 쏘는 신호용 탄알.

신혼(新婚) 갓 결혼함. —하다.

신화(神話) 역사가 있기 전의 전설로 신을 중심으로 한 이야기. 예단군 신화.

신효(神效) 아주 신통한 효력. —하다.

싣:다〔실으니, 실어서〕 ①물건을 수레 따위에 얹다. 맨내리다. ②신문이나 잡지 따위에 글을 기재하다.

실: 솜이나 고치에서 가늘고 길게 뽑아 만든 물건.

실감(實感) 실지로 그 지경을 당한 것 같은 느낌. —하다.

실:고추 실같이 가늘게 썬 고추. 고명으로 씀.

실기(實技) 실지의 기술. 예실기 시험.

실기 대:회 재주나 기술을 실지로 나타내어 겨루는 큰 모임.

실내악(室內樂) 크지 않은 장소나 작은 모임에서 연주하기에 적당한 음악.

실랑이 =실랑이질.

실랑이질 남을 못 견디게 굴어 시달리게 하는 짓. =실랑이. —하다.

실력(實力) 실제로 가지고 있는 힘. 비능력. 예실력 배양.

실례(失禮) 예의에 어그러짐. 예절에 맞지 아니함. —하다.

실례(實例) 실제 있는 예.

실로 참으로. 과연. 정말. 예그 사건은 실로 놀라운 일이다.

실로폰(xylophone) 두드려서 소리를 내는 악기의 한 가지. 〔실로폰〕

실록(實錄) ①한 임금 일대의 사실을 기록한 것. 예조선 왕조 실록. ②사실을 그대로 적은 기록.

실리다 출판물에 글이나 그림이 나타나다. 예내 작품이 신문에 실리다.

실리카 겔(silica gel) 습기를

방지하기 위하여 사용하는 흰색의 단단한 알갱이. 단, 염화 코발트로 물들인 것은 습기를 흡수하지 않았을 때는 파란색이고 습기를 흡수하면 분홍색이 됨.

실:마리 ①감겼거나 헝클어진 실의 첫머리. ②일의 첫머리. ③해결의 열쇠. 예사건의 실마리를 풀다.

실망(失望) 희망을 잃어버림. 비낙망. 반희망. 예떨어졌다고 실망하지 마라. 기회는 또 있다. —하다.

실물(失物) 물건을 잃어버림. —하다.

실물(實物) 실제로 있는 물건.

실상(實相)[—쌍] 실제 형태. 그때 사정. 비사실. 실황.

실생활(實生活) 실제의 생활. 예실생활에 맞는 교육.

실속(實—)[—쏙] ①사실의 내용. ②거죽에 나타나지 아니한 이익.

실수(失手)[—쑤] ①잘못 하여 그르침. 또는 그 일. 비실책. 실패. ②실례. —하다.

실습(實習)[—씁] 실지로 배워 익힘. 예가사 실습. —하다.

실시(實施)[—씨] 실제로 일을 함. 비시행. 반폐지. —하다.

실업(實業) 농·상·공업의 이익을 꾀하는 경제적 사업.

실업가 생산·경제에 관한 사업을 하는 사람.

실업 교:육 실업에 관한 지식이나 기능을 가르치는 일.

실업 학교 실업에 관한 교육을 실시하는 학교.

실없는 말 미덥지 않은 말. 비농담.

실없다 말이나 짓이 실답지 않다. 예나는 영식이의 실없는 장난에 속아 5km나 헛걸음을 했다.

실연(實演) ①실제로 해 보임. ②영화 배우들이 무대에서 극을 연기함. —하다.

실:오라기 한 가닥의 실.

실용(實用) 실제에 이용하여 씀. —하다.

실용성[—썽] 실지에 사용하기 알맞은 성질이나 실제로 쓰이는 성질.

실용적 실지로 쓰기에 적당한 것. 예실용적 가치.

실적(實績)[—쩍] 실제로 이룬 업적이나 공적. 예좋은 실적을 나타내었다.

실제(實際)[—쩨] 거짓이 아닌 경우나 형편. 비실지. 예말로만 떠들지 말고 실제로 해보아라.

실제로[—쩨—] 사실 그대로. 비실지로.

실지(實地)[—찌] ①참 경우. ②진실한 형편. ③사물이 현재 있는 곳. 비실제. 예무슨 일이든 실지로 해보아라.

실:지렁이 붉은 실부스러기 모양으로 인가 근처의 수채나 늪 속의 진흙에 사는 지렁이. 낚싯밥·물고기의 먹이 등으로 쓰임.

실지로[—찌—] 있는 그대로. 비실제로. 예실지로 경험하다.

실질(實質)[—찔] ①실지의 본바탕. ②꾸미거나 헛됨이 없이 실다움.

실책(失策) ①잘못된 생각. ②

실천(實踐) 실제로 행함. 비실험. 실현. 실행. 반이론. —하다.

실체(實體) ①실제의 물체. ②성질 또는 작용의 본체.

실컷 마음껏. 하고 싶은 대로 한껏. 예실컷 자거라.

실탄(實彈) 총이나 대포 등에 재어 쏘아서 실제의 효력이 있는 탄알.

실:톱 실같이 가는 톱. 목재를 둥글게 도려 내는 데 씀.

실팍하다 사람이나 물건이 보기에 매우 튼튼하다.

실패(失敗) ①성공하지 못함. ②잘못함. ③남에게 짐. 비실수. 반성공. —하다.

실:핏줄 동맥의 끝부분과 정맥의 첫부분을 이루는 가느다란 핏줄. 살갗과 힘살, 각 기관 등에 실뿌리처럼 갈라져 퍼져 있음.

실하다(實—) ①재산이 많다. ②기운이 세다. 비튼튼하다. 건강하다. ③신용이 두텁다.

실학(實學) 조선 시대 영·정조 때에 성리학에 대한 반동으로 일어난 학풍. 학문은 실생활에 이용할 수 있는 것이어야 한다고 주장하는 사상. 우리 민족 스스로 개척한 학문임.

실행(實行) 실제로 함. 비실천. —하다.

실험(實驗) 실제로 시험해 봄. 비실천. —하다.

실험 기구 실험하는 도구.

실현(實現) 기대나 계획 따위가 실제로 나타남. 비실천. 예우리는 남북 통일의 실현을 위해 힘쓰고 있다. —하다.

실형(實刑) 집행 유예가 아닌 실제로 받은 형벌.

실황(實況) 실제의 모양. 비실정. 실상. 예실황 방송.

싫다[ㅡ타] ①마음에 좋지 않다. ②하고 싶지 않다. ③밉다. 반좋다.

싫증[ㅡ쯩] ①마음이 가지 않고 싫은 생각. ②반갑지 않게 여기는 마음. 반재미.

심각(深刻) ①정도가 아주 심함. 예심각한 교통 체증. ②깊이 새김. —하다.

심:다[ㅡ따] ①풀·나무 따위의 뿌리를 땅에 묻다. ②씨앗을 땅에 묻다. 반뽑다. 캐다.

심리(心理) ①마음의 상태와 현상. ②마음.

심:문(審問) 자세히 따져서 물음. —하다.

심방(尋訪) 사람을 방문하여 찾아봄. —하다.

심:부름 시키는 일을 함. 남의 명령을 전함. —하다.

심:부름꾼 심부름을 하는 사람.

심:사(審査) ①자세히 조사함. ②조사하여 정함. —하다.

심:사원 심사를 맡은 사람.

심상치 않다 예사스럽지 않다. 예김새가 심상치 않다.

심술(心術) 고집을 부리고 남을 시기하는 마음.

심술궂다 ①심술이 많다. ②남이 잘되는 것을 방해하다. 비짓궂다. 반양순하다.

심술꾸러기 심술이 많은 사람. 예나의 동생은 참 심술꾸러기이다.

심술패기 심술이 많은 사람의 별명.
심신(心身) 마음과 몸.
심심풀이 할 일이 없어 시간을 보내기 위하여 무엇을 함. [예]심심풀이로 뜨개질을 하고 있는 언니. ―하다.
심심하다 ①할 일이 없어 괴롭다. ②음식 맛이 싱겁다.
심장(心臟) ①가슴속에 있는 염통. ②가장 중요한 곳.
심장부 ①염통이 있는 곳. ②가장 중요한 곳.
심정(心情) ①생각. 마음. ②마음에 느끼는 상태. [비]마음씨.
심지(心―) ①초의 가운데 박힌 실로 꼰 물건. ②남포·등잔 따위에 실을 꽂고 불을 켜는 물건.
심지어(甚至於) ①심하면. ②나아가서는. ③드디어는. [예]어른은 물론 심지어 아이들까지 붙들어 갔다.
심:청전(沈淸傳) 조선 시대의 고대 소설. 지은이와 연대를 모름. 심청의 희생적인 효성으로 아버지의 눈을 뜨게 했다는 이야기임.
심취(心醉) 깊이 빠져들어 도취함. ―하다.
심층(深層) 속의 깊은 층.
심통(心統) 마음의 본바탕.
심:판(審判) ①경기를 잘하고 잘못하는 것을 판단함. ②사건의 진상을 자세히 조사하여 판결함. ―하다.
심:판원 운동 경기의 심판을 보는 사람.
심포니(symphony) 교향곡.
심:하다(甚―) 정도가 지나치다. [비]너무하다. 지나치다. [예]심한 감기를 앓고 났더니 기운이 없다.
심화(深化) 정도가 심각해짐. [예]갈등이 심화되다. ―하다.
십년 공부 나무 아미타불/십년 공부 도로 아미타불〈속〉 여러 해 애써 한 일이 아무 효력이 없게 됨.
십대 제:자(十大弟子) 열 사람의 훌륭한 석가모니의 제자.
십리(十里) 약 4km의 거리가 되는 길.
십수년(十數年) 12년이나 13년 쯤.
십이월(十二月) 섣달.
십이지장충(十二指腸蟲) 기생충의 한 가지. 십이지장에 붙어서 살며 사람의 피를 빨아먹음. 이 벌레가 많으면 얼굴이 누래지고 퉁퉁 붓게 됨.
십일월(十一月) 동짓달.
십자가(十字架) 十자 모양으로 나무를 대어서 죄지은 사람의 팔과 다리에 못을 박아 죽게 하는 형틀.
십진 기수법의 전개식 10의 거듭제곱을 써서 나타낸 식.
십진법(十進法)[―뻡] 10개의 문자, 0, 1, 2, 3, 4, 5, 6, 7, 8, 9로 다른 임의의 수를 적는 법.
십진수 수를 셀 때 어떠한 단위가 열이 모이면 한 자리씩 올라가는 수.
싯누렇다 아주 누렇다.
싱가포르(Singapore) 말레이 반도의 남쪽 끝에 있는 도시인 공화국. 수도도 싱가포르임.
싱겁다〔싱거우니, 싱거워서〕 ①짜지 않다. [비]묽다. [반]짜다.

싱그럽다

예 국이 싱겁다. ②말이나 하는 짓이 제격에 어울리지 않고 멋쩍다.

싱그럽다 [싱그러우니, 싱그러워] ①냄새에 신선한 향기가 있다. ②싱싱하게 보이는 상태. 비 싱싱하다.

싱글거리다 눈과 입을 슬며시 움직이며 소리 없이 부드럽게 자꾸 웃다. 잔 생글거리다. 센 씽글거리다.

싱글벙글 소리 없이 입으로 웃는 모양. 예 동생은 새 옷을 입고 좋아서 싱글벙글 웃고 있다. —하다.

싱글싱글 은근한 태도로 연해 부드럽게 눈웃음치는 모습. 잔 생글생글. 센 씽글씽글. —하다.

싱긋 소리 없이 눈만 조금 움직여 부드럽게 얼핏 웃는 모양. 예 아저씨는 영희의 물음에 싱긋 웃으신 다음 이야기를 들려 주셨다. —하다.

싱싱하다 ①원기가 좋다. ②축나거나 썩지 않고 생기가 있다. 비 생생하다. 싱그럽다. 반 시들다. 상하다. 예 낚시질 가셨던 아버지가 싱싱한 붕어를 낚아 오셨다. ③빛이 맑고 산뜻하다.

싶다 희망의 뜻을 나타내는 말. 예 어디로든 가고 싶다.

ㅆ [쌍시옷] 'ㅅ'의 된소리.

싸늘하다 선선하고 좀 찬 기운이 있다. 반 훈훈하다. 따사하다. 예 싸늘한 겨울 날씨.

싸다¹ ①물건을 덮어 가리다. ②주위를 둘러막다. ③보살펴 주다. ④대소변이 급하여 바지에 누다.

싸다² ①값이 비싸지 않다. 비 헐하다. ②행실에 대하여 마땅하다. 예 잘못을 하였으니 매맞아 싸다.

싸다니다 여기저기 분주히 돌아다니다. 준 싸대다.

싸라기 벼를 찧을 때 잘게 부스러진 쌀.

싸리 싸리나무. 줄기가 가늘고 길며 잎이 작음.

싸리꽃 싸리나무의 꽃. 작은 나비 모양의 붉은 자줏빛임.

싸매다 헝겊 따위로 싸서 묶다. 비 동여매다. 예 상처를 붕대로 싸매다.

싸안다 [-따] 휘감아 싸서 안다. 예 포대기로 아기를 싸안고 나가다.

싸우다 두 편이 누가 이기나 다투다. 비 다투다.

싸움 싸우는 짓. 전쟁하는 짓. 다투는 짓. 비 전쟁. —하다.

싸움터 ①싸움을 하는 곳. ②전쟁을 하는 곳.

싸이다 ①물건이 덮이어 보이지 않게 되다. ②사방이 둘러막히다.

싸전 쌀과 그 밖의 곡식을 벌여 놓고 파는 가게. 쌀가게.

싹 풀이나 나무의 씨앗에서 나오는 잎이나 줄기.

싹싹 잘못을 용서하여 달라고 빌 때 손을 비비는 모양. 예 삭삭. 큰 썩썩.

싹싹하다 성질이 상냥하고 재빠르다. 말을 잘 듣는다.

싹트다 ①싹이 올라오다. ②어떠한 일이 일어나기 시작하다.

쌀 벼의 껍질을 벗긴 알맹이.

쌀쌀하다 ①몹시 서늘하다. 차다. ②인정이 없다. 정다운 맛이 없다.

쌀쌀히 인정 없이. 예거지라고 너무 쌀쌀히 대하면 못쓴다.

쌈¹ 김·상추·배추의 속대로 밥과 반찬을 싸 먹는 일. 또, 그 음식. 예상추쌈.

쌈:² '싸움'의 준말. —하다.

쌈지 담배를 담아 가지고 다니는 헝겊에 기름을 발라 말린 주머니.

쌍(雙) 짝이 맞는 물건을 세는 단위.

쌍둥이 한 번에 낳은 두 아이.

쌍쌍이 짝을 지어서.

쌓다 ①여러 겹으로 포개어 놓다. 반헐다. ②여러 번 거듭하다. ③경험을 얻다.

쌓이다 물건이나 일 따위가 한데 많이 겹치다. 준쌔다.

쌔근거리다 ①화가 나서 숨소리가 조금 거칠게 나다. ②어린 아이가 곤히 잠들어 조용히 숨을 쉬다. 예새근거리다.

쌔근쌔근 숨이 급하게 나오는 모양. —하다.

써 ①그것을 가지고. ②그에 대하여. ③그것으로 말미암아.

써느렇다 매우 서늘하다.

써:레 말이나 소로 끌게 하여 갈아 놓은 논밭의 바닥을 고르는 데 쓰는 농구. 〔써레〕

써:레질 써레로 갈아 놓은 논바닥을 고르거나 흙덩이를 깨는 일. —하다.

썩 ①빨리. 급히. ②매우. 몹시. 퍽. 예썩 좋은 성적.

썩다 ①물건이 상하여 못 쓰게 되다. ②곯아서 못 먹게 되다. ③마음이 상하다.

썩둑썩둑 연한 물건을 토막쳐 자르는 모양. 좍싹둑싹둑. 예무를 썩둑썩둑 자르다.

썩:썩¹ ①거침없이 쓸거나 닦는 모양이나 소리. ②종이나 피륙 등을 거침없이 베어 나가는 소리나 모양. 좍싹싹.

썩:썩² 잘못을 용서해 달라고 원하거나 애걸할 때에 손으로 비는 모양. 좍싹싹.

썰:다 물건을 잘게 베다. 예가래떡을 썰다.

썰매 눈 위나 얼음 위로 타고 다니는 기구.

썰물 빠지어 나가는 바닷물. 반밀물.

쏘가리 농어과의 민물고기로 길이 40~50cm. 머리가 길고 입이 크며 맛이 좋음.

쏘:다 ①화살이나 총을 놓아 날아가게 하다. ②듣는 사람이 뜨끔하게 느낄 만한 말을 하다. ③벌레가 살을 찌르다.

쏘다니다 이곳 저곳을 바쁘게 돌아다니다. 준쏘대다. 예책을 구하려고 쏘다니다.

쏘대다 여기저기 분주히 돌아다니다.

쏘아보다 꿰뚫을 듯이 따갑게 노려보다.

쏘아붙이다 듣고 있는 사람의 마음이 뜨끔하게 느낄 만한 말로 말하다.

쏘옥 천천히 귀엽게 내미는 모양. 예문틈으로 손가락을 쏘옥 내민다.

쏜살같이 날아가는 화살처럼 빠

쏜다 르게. 번개같이. ㉠소방차가 사이렌을 울리며 쏜살같이 달린다.

쏟다 ①흘러나오게 하다. ②마음에 있는 대로 죄다 드러내다. ③마음을 기울이다.

쏟아지다[쏘다—] 한꺼번에 많이 떨어지거나 몰려나오거나 생겨나다. ㉠갑자기 소나기가 쏟아지다.

쏠:다 쥐·좀 따위가 물건을 물어 뜯거나 갉아서 구멍을 내다. ㉠쥐가 구두를 쏠다.

쏠리다 ①기울어지면서 한쪽으로 치우쳐 몰리다. ②어떤 것에 끌리어 마음이 기울어지다. ㉠네게 쏠리는 마음.

쐐:기¹ ①물건과 물건과의 틈에 박아서 사개가 물러나지 못하게 하는 나무못. ②면화의 씨를 발라 내는 기구.

쐐:기² ①부나비 따위의 유충. ②송충이와 같이 생긴 벌레로 쏘는 힘을 가지고 있음.

쐬:다 ①바람·연기 따위를 몸이나 얼굴에 받다. ㉠찬바람을 쐬며 나돌아다녔습니다. ②자기 물건의 가치가 있고 없고를 남에게 평가받아 보다. ③벌 따위에게 쏘임을 당하다.

쑤:다 묵·죽·풀 따위를 불에 익히다.

쑤시다 찌르는 것같이 아프다.

쑥¹ 잎은 국화잎 같은데 연한 잎은 떡에 넣어 먹고, 쉰 것은 약재로 씀.

쑥² 힘을 주어서 당기거나 뽑아 내는 모양. [잭]쏙. ㉠칼을 쑥 뽑았다.

쑥갓 모양은 쑥잎 같고 특별한 향기가 있어 쌈이나 나물로 먹는 채소.

쑥스럽다[쑥스러우니, 쑥스러워서] 하는 짓이나 그 모양이 격에 어울리지 아니하여 어색하고 싱겁다.

쑬쑬하다 품질이 그리 좋지도 않고 나쁘지도 않다. [비]웬만하다. [잭]쏠쏠하다.

쓰개치마 옛날에 여자들이 외출할 때 머리로부터 몸의 윗부분을 가리어 쓰는 치마의 한 가지. [비]장옷.

쓰다¹ ①글씨를 그리다. ②글을 짓다. ③사람을 부리다. ④돈이나 물건을 없애다. ⑤힘을 들이다.

쓰다² ①머리 위에 얹다. ㉠모자를 쓰다. ②우산을 받다.

쓰다³ ①혀에 불쾌한 맛을 느끼다. ②입맛이 없다. ③괴롭다.

쓰다듬다[—따] ①어루만지다. ②사랑하다. ③위로하다. ㉠우는 숙이의 머리를 쓰다듬다.

쓰라리다 몹시 찌르는 것같이 아프다.

쓰라림 몹시 찌르는 것 같은 아픔. [비]고통.

쓰러뜨리다 한쪽으로 쏠리어 넘어지도록 하다. ㉠나무를 베어 쓰러뜨리다.

쓰러지다 ①쌓여 있거나 서 있던 것이 한쪽으로 쏠리어 넘어지다. ②앓아 눕거나 죽다.

쓰레기 ①비로 쓸어 모은 먼지. ②못 쓸 물건.

쓰레받기 방이나 마루의 쓰레기를 담아 내는 기구.

쓰레질 비로 쓸고 소제하는 일. —하다.

쓰르라미 몸이 조금 작고 '쓰르람쓰르람' 하고 우는 매미의 한 가지.

쓰리다 ①찌르는 것같이 아프다. ②시장하여 허기가 지다.

쓰이다 ①들다. ②쓰게 되다. ③소용되다.

쓰임 쓰이는 일.

쓱 빨리 지나가는 모양.

쓱싹쓱싹 톱질이나 줄질을 할 때 나는 소리. —하다.

쓱쓱 ①여러 번 문지르는 모양이나 소리. ②일을 손쉽게 하는 모양. 예쓱쓱 닦아 내다.

쓴웃음 기가 막히거나 마지못해 웃는 웃음. 예어이가 없어 쓴웃음만 나온다.

쓸개 소화에 필요한 물을 만드는 주머니 같은 내장.

쓸개즙 간에서 만들어져 쓸개에 저장되었다가 음식물이 지날 때에 십이지장으로 나오는 소화액. 지방의 소화를 도움.

쓸다 비로 쓰레기를 없애다.

쓸데없다[—떼업따] 아무 효력이 없다. 소용이 없다.

쓸리다 마찰되어 거죽이 벗겨지다. 예새로 입은 바지에 쓸리어 살이 아프다.

쓸모 ①쓸 만한 값어치. ②쓰이게 될 자리.

쓸쓸하다 ①외롭고 적적하다. ②날씨가 차고 음산하다. 閔번잡하다.

쓸어 주다 쓰다듬어 주다.

쓿다 곡식을 찧어 속껍질을 벗기고 깨끗하게 하다.

씀바귀 잎은 양귀비 잎 같고, 꽃은 노랗고, 뿌리는 나물을 무쳐 먹는 여러해살이풀.

씀씀이 돈이나 물건 따위를 쓰는 일. 예씀씀이가 헤프다.

씨 ①식물의 싹이 나오는 근본. 閉종자. 씨앗. 閔열매. ②동물이 발생하는 근본. ③아버지의 혈통. 자손.

씨근거리다 숨을 가쁘게 쉬다.

씨금 적도를 중심으로 동서로 그어진 금. 閉위선. 閔날금.

씨눈 씨앗에 있는 배. 이것이 자라서 식물이 됨.

씨도리 씨를 받기 위해 뿌리를 남기고 베어낸 배추.

씨름 두 사람이 서로 붙잡고 힘을 다투어 넘어뜨리는 것으로 승부를 겨루는 경기. —하다.

씨실 피륙을 가로 건너 짜는 실. 閔날실.

씨아 목화씨를 빼는 기구. 정천익이 만들었다고 전함.

씨앗 곡식이나 채소의 씨. 閉씨. 종자.

씨족(氏族) 원시 사회에 있어서 같은 조상을 가진 혈족 단체.

씨족 사회 핏줄을 같이 하는 사람을 중심으로 한데 모여 사는 원시 사회.

씨줄 지도 위에 가로로 그려져 남북 어디쯤인가를 나타내는 줄. 閔날줄.

-씩 각각 같은 수로 나누는 뜻을 나타내는 말.

씩:씩하다 ①기운차고 용감하다. 閉용감하다. ②목소리가 밝고 활발하다. 閔힘없다.

씹다 입에 음식을 넣고 이로 잘게 깨물다. 閉먹다.

씻다 ①물에 흔들어 더러운 것을 없애다. ②깨끗이 닦다. ③더러운 소문을 벗다.

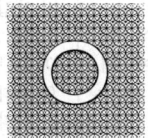

- **ㅇ** [이응] 한글 닿소리의 여덟째 글자.
- **아:¹** 감탄할 때에 나오는 소리. 비오.
- **아²** 받침 있는 말 밑에 붙어서 사람이나 물건을 부를 때에 씀. 예 복동아.
- **아가** '아기'의 어린이 말.
- **아가미** 물고기의 숨쉬는 구멍.
- **아가씨** '처녀'의 높임말.
- **아가위** 아가위나무의 열매. 맛이 심.
- **아가위나무** 능금나뭇과의 낙엽 교목. 정원수로 심음.
- **아관 파천**(俄館播遷) 을미사변으로 인하여, 1896년 고종과 태자가 러시아 공사관에 옮겨가 약 1년간 거처한 사건.
- **아교**(阿膠) 동물의 가죽을 끈끈하게 고아서 만든 풀.
- **아ː군**(我軍) 우리 편 군대. 비우군. 반적군.
- **아궁이** 방·솥에 불을 때려고 꾸며 만든 구멍.
- **아귀** ①물건의 갈라진 곳. ②씨의 싹이 트고 나오는 구멍.
- **아ː귀**(餓鬼) ①먹을 것에 굶주린 귀신. ②염치도 없이 먹을 것만 탐내는 사람.
- **아귀세다** =아귀차다.
- **아귀차다** ①뜻이 굳세어 남에게 굽히지 않다. ②손으로 쥐는 힘이 세다. =아귀세다.
- **아기** ①어린아이. ②나이가 많지 않은 딸 또는 며느리를 일컫는 말.
- **아기자기** ①썩 아름다운 모양. ②재미있고 오순도순한 모양. 예 아기자기한 모임. —하다.
- **아기 잠자리** 잠자리의 새끼.
- **아기 진달래** 조그맣고 귀여운 진달래.
- **아까** 조금 전. 조금 먼저. 앞서. 예 나는 숙제를 아까부터 하고 있었다.

- **아까시아** →아카시아.
- **아까운 죽음** 죽지 말아야 할 사람이 죽었을 때 하는 말.
- **아깝다** ①버리거나 잃기가 싫다. ②마구 할 수가 없다. 귀하고 소중하다. 예 아까운 인재. ③아주 섭섭하고 아쉽다.
- **아끼다** ①함부로 쓰지 아니하다. 예 시간을 아끼어 쓰다. ②마음에 들어 알뜰하게 여기다. 예 친구를 아끼다.
- **아낌없다** 주거나 쓰는 데 아끼는 마음이 없다. 예 아낌없이 주겠다.
- **아나마나하다** 알아도 괜찮고 몰라도 괜찮다.
- **아나운서**(announcer) 방송국에서 보도의 일을 맡아보는 사람. 예 뉴스 아나운서.

아낙네 남의 집 부녀를 일컫는 말. ⑳빨래하는 아낙네들.
아내 시집가서 남자의 짝이 되어 사는 여자를 그 남자에 대하여 일컫는 말. =처. 閩남편. ⑳사랑받는 아내.
아냐 '아니야'의 준말. ⑳그건 내 것이 아냐.
아네로이드 기압계(aneroid 氣壓計) 수은 대신 금속제의 상자를 써서 기압을 재는 기계.
아녀자(兒女子) 아이와 여자.
아늑하다 둘레가 폭 싸여 오목하다. 閩되바라지다. 團으늑하다.
아니 그렇지 아니하다고 부인하는 말.
아니고말고 '아니다'를 강조하는 말. ⑳그야 물론 박쥐가 새가 아니고말고.
아니꼽다 비위가 뒤집혀 볼 수가 없다. 구역이 나다.
아니다 사실을 부정할 때 쓰는 말. 閩그렇다.
아니 땐 굴뚝에 연기 날까(속) 사실과 원인이 없으면 그런 일이 있을 수 없다.
아니야 친구나 아랫사람에게 부정의 뜻을 나타내는 말. 國아냐. ⑳그게 아니야.
아니하다 윗말의 뜻을 뒤집는 데 쓰는 말. ⑳자기 할 일도 아니하고 큰소리만 친다.
아닌게아니라 과연 그렇다는 뜻으로 쓰는 말. ⑳아닌게아니라 네 말이 옳다.
아닌 밤중에[—쭝—] 뜻밖에.
아닌 밤중에 홍두깨(속) 갑자기 뜻밖의 일이 일어남.
아:담(雅淡) 보기 좋게 말쑥함.

고상하고 깨끗함. ⑳아담한 초가집을 짓고 살고 싶다. —하다. —스럽다.
아동(兒童) 어린이.
아둔하다 ①슬기롭게 보이나 재주가 둔하다. ②약지 못하다.
아드님 남의 집 아들의 높임말.
아득하다 ①한없이 멀다. ⑳아득히 먼 수평선을 바라보고 있다. ②까마득하게 오래다. ⑳아득한 옛날. ③앞길이 멀다.
아들 자기가 낳은 사내 자식. 閩자식. 閩딸.
아뜩하다 갑자기 몹시 어지럽다. 團어뜩하다.
-아라 명령하는 뜻을 나타내는 것. ⑳어서 가 보아라.
아라비아(Arabia) 서남 아시아에 있는 큰 반도.
아라비아 숫:자 산수에서 사용하는 1, 2, 3, 4…… 등의 숫자.
아람 아주 잘 익은 밤.
아랍(Arab) 이슬람교를 믿고, 아라비아어를 사용하며, 이슬람 문화의 영향을 받고 있는, 서남 아시아와 북아프리카 지역에 흩어져 사는 민족.
아랑곳 남의 일에 나서서 알려고 들거나 참견하는 짓. 閩모른체. —하다.
아랑곳없다 관계하거나 간섭할 필요가 없다. ⑳소란에도 아랑곳없이 할 일만 하다.
아래 ①위의 반대되는 곳. ②밑. ③낮은 곳. ④바닥. 閩밑. 閩위.
아래뜸 한 동네 안에서 따로따로 몇 집씩이 한 곳에 모여 있는 아래 구역. 閩위뜸.
아래층 이층 이상으로 된 집의

밑층. 빤위층.
아랫방 아궁이에 가까운 쪽의 방. 빤윗방.
아랫사람 ①손아래의 사람. 빤웃어른. ②지위가 낮은 사람.
아:량 너그럽고 깊은 마음. 예아량이 넓다.
아련하다 ①정신이 희미하다. ②생각이 분명하지 못하고 아리송하다. 비어럼풋하다. 예옛일이 아련히 떠올랐다.
아:령(啞鈴) 쇠로 쥐기에 알맞도록 양끝을 공처럼 만든 운동 기구의 하나. 두 개가 한 쌍임.

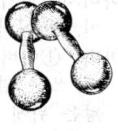
[아 령]

아로새기다 ①명심하다. ②교묘하게 새기다. 예도자기에 꽃무늬를 아로새기다.
아롱다롱 점이나 줄이 고르지 아니하고 배게 무늬를 이룬 모양. —하다.
아롱아롱 점이나 줄이 고르게 무늬를 이룬 모양. —하다.
아롱지다 아롱아롱한 모양이 있다. 예아지랑이가 아롱지는 고운 봄동산.
아뢰나이다 '알리다'의 높임말. 윗사람에게 알리다.
아뢰다 웃어른께 말씀 올리다. 비여쭙다.
아르(프 are) 한 변의 길이가 10m인 정사각형의 넓이를 단위로 이 넓이의 단위를 '1아르'라 하고 'la'로 씀. 1a=100 m².
아르바이트(독 Arbeit) 일. 작업. 노동. 학비를 벌기 위한 일반직 이외의 일거리.

아르헨티나(Argentina) 남아메리카의 남동부에 있는 공화국. 수도는 부에노스아이레스.
아른거리다 ①무엇이 조금 보이다 말다 하다. ②그림자가 희미하게 움직이다.
아름 두 팔을 벌리어 껴안은 둘레의 길이. 예세 아름이나 되는 느티나무.
아름답다〔아름다우니, 아름다워서〕 ①예쁘다. ②곱다. ③깨끗하다. 빤추하다. 흉하다.
아름드리 한 아름이 넘는 큰 나무나 물건. 예아름드리 소나무가 서 있는 뒷동산.
아리다 ①음식이 혀끝을 찌르는 것 같은 맛이 있다. ②상처가 찌르는 것같이 아프다.
아리땁다 마음씨나 몸가짐이 사랑스럽고 아름답다.
아리송하다 생각이 분명하지 않다. 희미하다.
아마 거의. 대개. 예아마 내일쯤은 무슨 기별이 올 테지.
아마도 ①'아마'를 강조하는 말. ②아무래도.
아마존 강(Amazon 江) 브라질에 있는 세계 제2의 강. 남아메리카의 안데스 산맥에서 브라질 고원을 거쳐 대서양으로 흐름.
아마추어(amateur) ①전문적 또는 직업적이 아닌 운동가·기술자·예술가 등. 빤프로페셔널. 예아마추어 선수. ②어떤 일에 익숙하지 못한 사람.
아메리고 베스푸치(Amerigo Vespucci, 1454~1512) 이탈리아의 탐험가. 남아메리카를 세 번 탐험했음.

아메리카 대:륙(America 大陸) 태평양·대서양·북극해로 둘러싸인 대륙.

아메:바(amoeba) 원생 동물의 하나. 몸의 조직이 매우 간단하고 형체가 일정하지 않음.

아:무 확실하지 않음을 나타내는 말. '어떠한'·'무슨'의 뜻. 예 아무 말이나 해라.

아무래도 아무리 하여도. 예 아무래도 너를 못 당하겠다.

아무렇게나 되는 대로. 정성들이지 않고. 예 동생은 아무렇게나 옷을 벗어 던지고 밖으로 나갔습니다.

아무렇든지 아무렇게 하든지. 아무려나. 아뭏거나. 비 마구. 반 신중히.

아:무리 아무렇게나. 비록. 부 제아무리. 예 이 문제는 아무리 생각해도 모르겠어요.

아무리 바빠도 바늘 허리 매어 쓰지 못한다〈속〉 급하다고 서두르거나 격식대로 하지 않으면 오히려 더 늦어진다.

아:무쪼록 꼭 될 수 있는 대로. 예 아무쪼록 몸 건강히 다녀오거라.

아무튼 '아무렇든지'의 준말.

아물거리다 희미하여 눈에 똑똑하게 보이지 않다. 예 아지랑이가 아물거리다.

아물다〔아무니, 아물어서〕 부스럼·상처가 나아서 맞붙다.

아물아물 ① 말이나 짓을 조금 똑똑하지 아니하게 하다. ② 정신이 희미하여 똑똑하게 보이지 않다. 비 가물가물. 예 바다 위에 돛단배가 아물아물하게 보인다. —하다.

아뭏거나 '아무렇든지'와 같음.

아미치스(1846~1908) 이탈리아의 소설가. 북이탈리아의 오네리아에서 태어남. 여행을 즐겨서 세계 각지를 돌아다니며, 풍속을 조사하기도 하였고 여행기도 썼는데, 1886년 소설 〈쿠오레〉를 써서 유명해졌음.

아방궁(阿房宮) ① 중국 진시황의 궁. ② 매우 크고 화려한 집의 비유.

아버지 자기를 낳은 남자 어버이. 반 어머니.

아비 ① 아버지가 자기를 낮출 때 쓰는 말. ② 여자가 자식을 낳은 뒤에 시부모에게 자기 남편을 이르는 말.

아빠 아버지의 어린이 말. 반 엄마. 예 아빠 앞에서 짝짜꿍.

아뿔싸 잘못되거나 언짢은 일을 뉘우쳐 깨달았을 때 내는 소리. 예 아뿔싸, 이 일을 어찌한담.

아산(牙山) 충청 남도 천안 서쪽의 작은 도시. 이순신 장군의 사당인 현충사가 있음.

아서라 하지 말라는 뜻을 나타내는 말.

아세테이트(acetate) 합성 섬유. 물에 비교적 강하고 부드러우나 변질하는 결점이 있음.

아쉽다 ① 없어서 불편하거나 서운하다. 예 헤어지기가 아쉽다. ② 적어서 퍽 모자라다.

아스완 댐(Aswan dam) 이집트 나일 강 중류에 건설된 댐.

아스파라거스(asparagus) 백합과에 속하는 여러해살이풀. 어린 줄기는 식용함.

아스팔트(asphalt) 거리의 바닥

아슬아슬 몹시 위태로워 두려움을 느끼는 모양. 예아슬아슬한 고비. —하다.

아시아(Asia) 중국·인도·시베리아·우리 나라 등이 포함되어 있는 가장 큰 대륙.

아시아 경:기 대:회 아시아 여러 나라 국민들이 모여서 하는 체육 대회. 4년에 한 번 올림픽 중간 해에 열림. 우리 나라는 1986년에 개최했음.

아시아 태평양 경제 협력체[—협녁—] 아시아·태평양 지역의 경제적 통일과 개방적 시장 경제 체제 실현을 목적으로 89년 한국, 일본, 미국, 호주, 캐나다, 뉴질랜드 등 6개국이 창설한 기구. 에이펙(APEC).

아:씨 ①'아가씨'의 준말. ②나이가 젊은 가정한 여자.

아:악(雅樂) 옛날 고려 때부터 내려오던 궁중 음악. 원래는 중국의 고악. 조선 시대 세종이 박연을 시켜 우리의 예식 음악으로 완성시켰음.

아양 ①남에게 잘 보이려고 하는 짓. ②남에게 환심을 사려고 하는 짓. —스럽다.

아양떨다 남에게 귀여움을 받으려고 일부러 애교 있는 말이나 행동을 하다.

아연(亞鉛) 희고 푸른빛이 나는 쇠붙이로서 질이 비교적 무름.

아연 실색(啞然失色)[—쌕] 뜻밖의 일에 너무 놀라서 얼굴빛이 변함. —하다.

아예 ①처음부터. 애당초. 예아예 그만두어라. ②절대로. 예아예 믿지 말게.

아우 형제 중에서 자기보다 나이가 적은 사람. 비동생. 반언니.

아우성 여러 사람이 기세를 올리며 악써 지르는 소리. 예큰불이 났다고 아우성을 치며 도망한다.

아우트라인(outline) 윤곽. 대강의 사연.

아욱 아욱과에 속하는 일년생풀. 잎은 넓은 난형이고 잎꼭지가 긺. 우리 나라 특산의 재배 식물로 연한 잎과 줄기는 식용함.

아울러 ①여럿을 한데 합하여. 예아울러 일컬음. ②여럿을 함께. 반따로.

아울리다 ①몸에 맞다. ②일이 순조롭게 되다. ③잘 조화되다. 큰어울리다.

아웃(out) 정구·축구·탁구·배구 등의 구기에서 공이 일정한 선 밖으로 나가는 것.

아유 뜻밖에 일어난 일에 대한 놀라움을 나타내는 소리. 큰어유. 예아유, 깜짝이야.

아이 나이가 어린 사람. 비어린이. 반어른.

아이고 ①아플 때, 힘들 때, 놀랄 때, 원통할 때 등에 부르짖는 소리. 큰어이구. 예아이고 큰일났구나. ②우는 소리. 특히, 상중에 곡하는 소리.

아이디어(idea) 관념. 이상. 착상. 좋은 생각.

아이스 케이크(ice cake) 얼음과자.

아이스크림(ice-cream) 달걀·우유·설탕·과실즙 따위를 섞

아이스 하키(ice hockey) 얼음 위에서 스케이트를 지치며 하는 운동의 한 가지. =빙구.

아이참 바라던 것이 어그러졌을 때의 느낌을 나타내는 말. 예 아이참, 속상해.

아이쿠 몹시 부딪치거나 갑자기 깜짝 놀랐을 때 지르는 소리. 큰어이쿠. 예아이쿠, 사람 살려.

아장아장 어린이가 처음 걷는 모양. —하다.

아쟁(牙箏) 거문고와 비슷하며, 대쟁보다 조금 작고 7개의 줄로 된 우리 나라 고유의 현악기의 한 가지.

아저씨 부모와 같은 항렬이 되는 남자. 비삼촌. 숙부. 반아주머니.

아주 ①온통. ②전연. 무척. ③참. ④영원히. 비몹시. 무척. 반전혀.

아주머니 ①부모와 같은 항렬의 여자. 곧 아저씨의 아내. ②부인네를 높이어 정답게 부르는 말. 반아저씨.

아주버니 남편과 같은 항렬이 되는 남자.

아지랑이 봄날 먼 공중에서 아물거리는 공기.

아직 ①때가 오지 아니한 뜻을 나타내는 말. 예날이 밝으려면 아직 더 있어야 된다. ②이미 있던 일이 달라지지 않은 뜻. 반이미. 벌써. 예아직 비가 오고 있다.

아찔하다 정신이 별안간 어지럽다. 예기둥에 이마를 부딪쳐 아찔하다.

아차 잘못된 것을 깨달았을 때에 선뜻 나오는 소리.

아첨(阿諂) ①남의 비위를 맞춤. ②남에게 좋게 보이려고 하는 짓. —하다.

아침 ①날이 밝아 올 때. ②새벽부터 서너 시간 동안. ③'아침밥'의 준말. 반저녁.

아침놀 아침에 해가 뜨기 전에 하늘이 붉게 보이는 것.

아카시아(프 acacia) 희거나 누런 꽃이 피는데 향기가 매우 좋으며 길거리에 많이 심는 나무. 기구재·땔나무로 씀.

아코디언(accordion) 손풍금.
[아코디언]

아테네(Athine) 그리스의 서울. 고대 그리스 도시 국가의 중심지.

아:트(art) '예술'·'미술'의 뜻. 예아트 디자이너.

아틀리에(프 atelier) ①그림을 그리는 방. 화실. ②사진관의 촬영실. 스튜디오.

아파:트(←apartment) 한 채의 큰 건물 안에 여러 가구가 사는 서양식 건물.

아편(阿片) 양귀비 열매의 진액으로 만든 마취시키는 약으로 설사·이질에 씀.

아폴로 십일호(Apollo 十一號) 달에 처음으로 착륙한 미국의 유인 우주선.

아프다 몸이나 마음이 견디기에 거북하게 몹시 괴롭다.

아프리카(Africa) 유럽의 남쪽에 있는 세계 제2의 대륙.

아픔 아픈 느낌.

아홉 여덟에 하나를 더한 수.

아흐렛날 초하룻날부터 아홉 번째 되는 날.
아흔 여든에 열을 더한 수.
악 있는 힘을 다하여 모질게 마구 쓰는 기운. 예악을 쓰다.
악감(惡感) 좋지 않게 생각하는 감정. 반호감.
악곡(樂曲) 음악의 곡조.
악기(樂器) 음악의 필요한 소리를 내는 데 쓰이는 기구.
악단(樂團) 음악을 연주하는 단체. 비악대.
악대(樂隊) 음악을 연주하기 위하여 조직된 단체. 음악대. 비악단.
악독(惡毒) 모질고도 독함. 비잔악. 지독. 반인자. 예사람을 죽이다니 참 악독한 놈이다. ―하다. ―스럽다.
악동(惡童) 행실이 나쁜 아이.
악랄(惡辣) 잔인함. ―하다.
악마(惡魔) 사람을 괴롭히는 나쁜 귀신.
악몽(惡夢) 좋지 않은 꿈. 무서운 꿈. 흉악한 꿈. 비흉몽. 반길몽. 예마치 악몽 같다.
악물다〔악무니, 악물어서〕 매우 아플 때나 무엇을 결심할 때, 아래위의 이를 힘주어 물다. 큰윽물다. 예이를 악물고 공부하다.
악보(樂譜) 음악의 곡조를 일정한 기호로써 나타낸 것.
악상(樂想) 음악의 곡조에 대한 생각.
악성(惡性) ①모질고 악독한 성질. ②병의 질이 나쁨. 예악성 종양.
악성(樂聖) 음악에 몹시 뛰어난 사람. 예악성 베토벤.

악수(握手) 두 사람이 서로 손을 마주 잡음. ―하다.
악쓰다 몸이 몹시 아프거나 괴로울 때 못 견디어 소리를 지르다. 예악쓰며 울다.
악어(鰐魚) 모양은 도마뱀과 같은데 몸이 크고 성질이 흉악하며 사람을 해치는 열대 짐승.
악용(惡用) 잘못 씀. 나쁜 일에 씀. 반선용. 이용. ―하다.
악음(樂音) 소리결이 고와서 들으면 좋은 느낌을 주는 소리.
악의(惡意) 악한 마음. 못된 생각. 반선의. 호의.
악장(樂章) 소나타·교향곡 등과 같이 여러 개의 소곡이 모여서 큰 악곡이 되는 경우의 각 소곡.
악전(樂典) 박자·음정·속도 등에 대한 규칙을 설명한 책.
악전 고투(惡戰苦鬪) 죽을 힘을 다하여 싸움. ―하다.

악절(樂節) 두 개의 악구로 성립되어 하나의 악상을 표현하는 구절.
악질(惡質) 성질이 모질고 독한 사람이나 동물.
악착 ①마음이 좁음. ②성질이 모질고 깜찍스러움. 예악착같이 덤비다. ―하다.
악착스럽다〔악착스러우니, 악착스러워〕 작은 일에도 끈기 있고 모질다. 큰억척스럽다. 예악착스런 생활력.
악착하다 ①성질이 잔인하고 악독하다. ②도량이 좁다. ③작은 일에도 끈기가 있다.
악하다(惡―) ①착하지 않다. ②성질이 나쁘다. 악독하다. 불량하다. 반착하다.

악한(惡漢) 나쁜 일을 하는 사람. 몹시 나쁜 사람.

악행(惡行) 나쁜 짓. 凹선행. 예악행을 일삼다. —하다.

악화(惡化) ①일이 나쁘게 변함. ②병이 더 깊어짐. 凹호전. 예병세가 악화되어 살아날 가망이 없다. —하다.

안 ①둘러싸인 가에서 가운데로 향한 곳이나 쪽. 凹속. 凹바깥. 밖. ②표준에 달하지 못한 정도. ③'아니'의 준말.

안간힘[—간—] 불평이나 고통, 아픔 등을 꾹 참으려고 할 때 저절로 나오는 힘. 예일등을 하려고 안간힘을 쓴다.

안감[—깜] 옷 안에 받치는 감. 물건의 안에 대는 감. 凹안집. 예안감 있는 옷.

안:갚음 ①부모의 은혜를 갚음. ②까마귀 새끼가 자라 어미를 먹임. —하다.

안:개 수증기가 찬 기운을 만나 공기 속을 연기처럼 부옇게 떠돌아다니는 것.

안:개뿜이 파리약 같은 걸 뿜는 데 쓰는 기구. 분무기.

안견(安堅, 1418~?) 조선 시대 초기의 화가. 산수화를 잘 그렸음. 〈몽유도원도〉·〈청산백운도〉·〈적벽도〉 등의 작품이 유명함.

안:경(眼鏡) 눈을 보호하거나 시력을 돕기 위하여 눈 위에 쓰는 기구.

안골포 해:전(安骨浦海戰) 임진왜란 때 이순신 장군이 왜군을 크게 격파한 싸움. '안골포'는 경상 남도 의창군 웅동면에 있는 포구.

안:내(案內) ①인도하여 줌. ②지도하여 줌. ③속 내용을 가르쳐 줌. ④통지함. 예안내장. —하다.

안녕(安寧) 편안히 잘 있음. 凹평안. 예선생님 안녕히 계십시오. —하다.

안녕히 평안히. 아무 탈 없이. 예안녕히 계십시오.

안:다[—따] ①두 팔로 끼어서 가슴에 품다. ②남의 일을 책임지고 맡다. 凹업다.

안데르센(Andersen, 1805~1875) 덴마크 출신의 유명한 동화 작가이며 시인. 아름다운 마음씨를 지닌 약하고 가난한 사람을 그린 동화를 많이 썼음. 작품에는 〈인어 아가씨〉·〈미운 오리새끼〉·〈성냥팔이 소녀〉 등이 있음.

안데스 산맥(Andes山脈) 남아메리카의 태평양 쪽에 남북으로 뻗은 산줄기.

안동(安東) 경상 북도 중부에 있는 도시. 특산물은 안동포임. 하회 마을이 유명함.

안동포 경상 북도 안동에서 나는 올이 가늘고 빛이 붉고 누런 삼베.

안되다 섭섭하거나 가엾어 마음이 언짢다.

안 되면 조상 탓〈속〉 제 잘못을 모르고 당치도 아니한 데에 탓을 돌린다.

안락(安樂) 마음이 편안하고 즐거움. 凹고생. 예안락한 생활. —하다.

안마당 집의 안채에 있는 마당.

안면 대:교(安眠大橋) 충청 남도 서해상인 안면도에 놓인 다

리 이름.

안방(—房)[—빵] 집 안채의 부엌에 붙은 방.

안방 극장 안방이 그대로 극장 구실을 한다는 뜻으로 텔레비전을 가리키는 말.

안보(安保) 안전하게 보호함. [예]총력 안보.

안부(安否) 잘 있느냐 못 있느냐를 물음. 또 그 소식. [예]할머니의 안부를 묻다. —하다.

안사랑(—舍廊)[—싸—] 안채에 붙은 사랑.

안색(顔色) 얼굴에 나타나는 기색. [비]얼굴빛. [예]안색이 창백하다.

안성 평야(安城平野) 경기도 안성군에 있는 안성천 유역에 발달한 평야. 쌀을 비롯하여 보리·면화 등과 품질이 좋은 담배를 산출함.

안시성 싸움 고구려 28대 보장왕 4년(645) 당나라 태종의 공격에 양만춘이 만주 영성자 부근에 있는 안시성에서 적군을 막아 크게 이긴 싸움.

안식(安息) 편안히 쉼. —하다.

안식처 편안히 쉬는 곳.

안심(安心) ①마음을 놓음. ②마음이 편안함. —하다.

안쓰럽다 자기만 못한 사람에게 폐를 끼치거나 도움을 받았을 때, 또는 그런 사람이 힘에 겨운 일을 할 때 미안하고 안되게 여기다.

안 인심이 좋아야 바깥양반 출입이 넓다〈속〉 아내가 찾아온 손님 대접을 잘하여야 남편이 다른 데 가서도 대접을 잘 받는다.

안잠자기[—짬—] 남의 집에서 일을 도와 주며 사는 여자.

안장(鞍裝) 말·나귀 따위의 등에 얹는 가죽으로 만든 물건. 곧 사람이 탈 때 깔고 앉는 것.

〔안 장〕

안전(安全) 편안하고 아무 탈이 없음. [비]편안. [반]위험. [예]안전 제일. —하다.

안전 보:장 이:사회 '국제 연합 안전 보장 이사회'의 준말.

안전띠 자동차나 비행기 따위에서 충격으로부터 보호하기 위하여 몸을 좌석에 고정시키는 띠. 안전 벨트.

안전 속도 교통 사고를 막기 위하여 미리 정해 놓은 일정한 속도.

안전을 기하다 무사하기를 약속하다.

안전 장치 ①총의 방아쇠가 움직이지 않도록 한 장치. ②위험을 막기 위해 붙여진 장치.

안전핀 ①타원형으로 구부려서 끝을 안전하게 숨긴 핀. ②수류탄이나 포탄이 함부로 터지지 않도록 신관에 꽂는 핀.

안절부절못하다 마음이 불안하여 어쩔 줄을 모르다.

안정(安定) ①편안하게 있음. [비]진정. ②자리가 잡힘. [예]안정된 사회. —하다.

안정감 안정된 느낌. 편안한 느낌. [예]안정감을 느끼다.

안정복(安鼎福, 1712~1791) 조선 정조 때의 학자. 우리 나라의 역사·지리에 관한 연구를 시작한 대표적인 실학자.

안정시키다(安靜—) 마음과 몸을 안정하게 하다.

안중근(安重根, 1879~1910) 조선 고종 때의 의사. 1909년 만주 하얼빈에서 침략자의 우두머리인 일본의 이토 히로부미를 사살하고, 1910년 뤼순 감옥에서 순국하였음.

안:질(眼疾) 눈을 앓는 병.

안찝 옷 안에 받치는 감. 비안감. 예안찝이 없는 옷.

안착(安着) 무사히 도착함. 예안착하였다는 소식. —하다.

안창남(安昌男, 1900~1930) 우리 나라 최초의 비행사. 특히 중국에 건너가 독립 운동을 하면서 후배를 길러 내는 데 힘썼음.

안채 안팎 각 채로 된 집에서 안에 있는 집. 반바깥채.

안타깝다〔안타까우니, 안타까워〕 일이 뜻대로 잘 되지 않아 마음이 갑갑하고 조바심이 나다. 예안타까운 표정.

안테나(antenna) 라디오나 텔레비전 따위의 전파를 송신 또는 수신하기 위하여 공중에 세우는 장치.

안팎 ①안과 밖. ②약간 웃돌거나 덜함. 예열 살 안팎의 나이. ③아내와 남편. 예안팎이 다 착실하다.

안:표(眼標) 나중에 보아서 알 수 있게 한 표. —하다.

안향(安珦, 1243~1306) 고려 충렬왕 때의 학자. 우리 살림에서 여러 가지 나쁜 점을 고쳐 살기 좋은 고장을 만들기에 힘썼음.

앉다 ①궁둥이를 자리에 대다. ②자리를 잡다. 반서다. 일어나다.

앉은뱅이 일어나 앉기는 해도 서지 못하는 불구자.

앉음새 자리에 앉아 있는 모양새. 예앉음새가 보기 싫다.

않다 '아니하다'의 준말.

알 ①새·물고기 따위의 새끼가 될 물질. ②'낟알'의 준말.

알깍쟁이 ①성질이 다부지고 모진 아이. ②어려서부터 깍쟁이인 사람.

알:다 ①깨닫다. ②기억하다. ③서로 낯이 익다. ④분별하다. ⑤사귀다. ⑥생각하여 판단하다. 반모르다.

알뜰하다 ①헤프게 쓰지 않고 아끼다. ②살림이 규모가 있어 빈 구석이 없다. 비소중하다. 반헤프다. 예무슨 일을 하더라도 알뜰히 해야 한다.

알래스카(Alaska) 북아메리카 북서부에 있는 큰 반도. 1959년 49번째로 미국의 주로 편입되었음.

알렉산더 대:왕(Alexander 大王, 기원전 356~323) 고대 그리스 문화를 널리 퍼뜨린 마케도니아 왕. 20세 때 왕위에 올라 그리스·페르시아·시리아·이집트를 손에 넣고 인도에까지 쳐들어갔었음.

알력(軋轢) 서로의 의견이 맞지 않아 싸움.

알루미늄(aluminium) 가볍고 부드러운 은백색으로 된 쇠붙이의 한 가지.

알루미늄박 아주 얇게 만든 알루미늄 판대기.

알 리가 알 까닭이. 알 턱이.

알리다 ①통지하다. ②일러주다. ③알게 하다. ⓔ합격 소식을 알리다.

알리바바(Ali Bābā) 〈알리바바와 40인의 도적〉에 나오는 주인공. 이 이야기는 〈아라비안 나이트〉에 나오는 이야기의 하나로, 동굴 속의 보물을 알리바바에게 빼앗긴 도적들이 알리바바의 집을 찾아 복수를 하려고 하나 슬기로운 시녀의 꾀에 넘어가 전멸한다는 내용임.

알림판 여러 사람에게 알리는 내용을 걸거나 붙여 놓은 판. ⓗ게시판.

알:맞다 정도에 지나치거나 모자라지 아니하다. ⓗ맞다¹. 적합하다. ⓔ이 책은 우리들에게 알맞은 책입니다.

알맹이 물건의 껍질을 벗기고 남은 속. ⓟ껍데기.

알바코 고등어과에 속하는 바닷물고기. '날개 다랑어'를 일컫는 말. 몸 길이가 1m 가량인데, 맛이 좋고 통조림의 원료로 쓰임.

알밤 밤송이에서 깐 익은 밤.

알뿌리 양파·마늘·감자 등과 같이 덩어리 모양으로 된 뿌리를 통틀어 말하는 것.

알사탕 알 모양의 잘고 동그란 사탕. 눈깔 사탕.

알선(斡旋)[─썬] 남의 일을 주선하여 줌. ⓔ취업을 알선하다. ─하다.

알씬거리다 눈앞에 자꾸 뱅뱅 돌며 떠나지 아니하다. ⓚ얼씬거리다.

알아차리다 =알아채다.

알아채다 눈치를 미리 알다. =알아차리다. ⓔ금방 알아채다.

알알하다 혀끝이나 살이 매우 아리다. ⓚ얼얼하다.

알은체 ①보고 인사함. ②남의 일을 간섭함. ─하다.

알을 까다 알을 품고 있다가 새끼가 나오게 하다.

알자스(Alsace) 프랑스 북동쪽에 있는 작은 도시.

알젓 생선의 알로 담근 젓.

알제리(Algérie) 아프리카의 북부에 있는 나라. 수도는 알제.

알짜 ①여럿 중에 가장 중요한 물건. ②음식 중에 제일 맛있는 음식.

알차다 속이 단단하고 여물다. 좋은 내용이 담기다. ⓔ알찬 내용을 가진 책.

알칼리(alkali) 물에 녹는 염기의 총칭. ⓔ알칼리성 식품.

알코올(alcohol) 술의 주성분으로 공기 중에서 잘 날아가고 불이 잘 붙으며 그 불의 열이 높음. 주요 성분은 탄소·산소·수소임. ⓗ주정.

알파벳(alphabet) 그리스 문자나 로마자를 적는 데 쓰이는 A,B,C…… 등 로마 글자 26자를 일컬음.

알퐁스 도데(Alponse Doudet, 1840~1897) 〈마지막 수업〉을 지은 애국적 소설가. 근대 프랑스 작가 중 많은 작품을 내어 많은 독자를 가졌음. 어려서는 온갖 고생을 겪으며 자라났으나 그의 성격은 조금도 삐뚤어지지 않아 많은 사람에게 깊은 존경을 받았음.

알프스(Alps) 유럽 평원과 지중해 사이에 있는 큰 산맥. 경

알프스 산 프랑스·독일·이탈리아·스위스·오스트리아 등의 나라의 국경을 이루고 있는 알프스 산맥에 있는 산.

알프스의 소:녀 스위스의 요한나 슈피리가 지은 소설. '하이디'라는 알프스 산에서 알롬 할아버지와 함께 사는 마음씨 곱고 예쁜 소녀의 이야기.

앓다[알타] ①병이 나서 아프게 지내다. 예몸살이 나서 앓고 있다. ②마음에 괴로움을 느끼다. 예앓는 마음.

암: ①그렇다는 뜻을 나타내는 말. ②말할 것도 없이. 비물론. 본아무렴.

암:(癌) ①악성 종양. 위암·유방암·폐암 따위가 있음. ②고치기 어려운 나쁜 폐단.

암:기(暗記) ①마음속에 기억하여 잊지 아니함. ②외움. 예암기력. —하다.

암:담하다(暗澹—) ①어둡고 침침하다. ②어찌 하여야 좋을지기가 막히다. ③쓸쓸하고 희망이 없다.

암만 ①밝혀 말하지 않을 때 숫자나 분량을 일컫는 말. ②아무리. 예암만 생각해도 그 까닭을 모르겠습니다.

암만해도 아무리 하여도. 도저히. 예암만해도 저 바위는 들 수가 없습니다.

암모니아(ammonia) 질소나 수소의 화합물. 냄새가 지독한 색깔 없는 기체의 한 가지.

암:산(暗算) 주판을 놓지 아니하고 머리 속으로 계산함. 또 그런 계산. 반필산. —하다.

암:상 샘내는 마음. 시기하는 마음. —하다. —스럽다.

암석(岩石) 바위. 바윗돌.

암:송(暗誦) 책을 보지 않고 글을 욈. —하다.

암수 암컷과 수컷을 한꺼번에 이르는 말. 비자웅.

암술 꽃의 일부분. 머리에 붙은 꽃가루를 씨방으로 보내는 길이 됨. 반수술.

암:시(暗示) 남이 모르게 넌지시 깨우쳐 줌. —하다.

암자(庵子) 작은 절.

암장(岩漿) 땅속의 아주 깊은 곳에 녹은 상태로 있는 뜨거운 물질. 마그마.

암:체(暗體) 제 스스로 빛을 내지 못하는 물체.

암:초(暗礁) 물 속에 감추어져 보이지 않는 바위. 예배가 암초에 부딪쳐 침몰했다.

암치 소금에 절여 말린 암민어.

암컷 동물의 암놈. 반수컷.

암탉 닭의 암컷. 반수탉.

암팡지다 ①몸은 작으나 담은 크다. ②몸은 자그마하여도 힘차고 다부지다.

암페어(ampere) 전류의 실용 단위. 기호는 A.

암:행(暗行) 비밀히 다님. 예암행 어사. —하다.

암:호(暗號) 당사자끼리만 알도록 약속한 비밀한 신호.

암:흑(暗黑) 캄캄하게 어두움. 반광명. 예암흑 세계.

암:흑 대:륙 문명의 고마움을 받지 못한 어둡고 컴컴한 대륙. 곧 아프리카 대륙.

암:흑면 ①죄악. ②사전의 추악

한 면. ③좋지 아니한 내용.
암:흑 시대 도덕·질서가 무너지고 문화가 쇠퇴한 시대.
압권(壓卷) 책이나 예술 작품 따위에서 가장 뛰어난 부분. 여럿 중에서 가장 뛰어난 것.
압도(壓倒) ①상대방을 눌러서 넘어뜨림. ②힘이나 재주가 남보다 뛰어남. —하다.
압력(壓力) ①어떤 물체가 다른 물체를 누르는 힘. ②사람을 위압하는 힘. 권세로 누르는 힘.
압록강(鴨綠江)[압녹—] 우리 나라와 만주 사이에 있는 우리 나라에서 제일 긴 강. 길이 790km.
압박(壓迫) ①내리누름. ②기운을 펴지 못하게 억누름. 예압박 받는 민족. —하다.
압사(壓死) 무거운 것에 눌려 죽음. —하다.
압송(押送) 죄인을 어떤 곳에서 다른 곳으로 옮김. —하다.
압수(押收) 법원·경찰서 같은 곳에서 증거물로 생각되는 물건을 강제로 빼앗아 감. 예압수 영장. —하다.
압제(壓制) 권력으로 압박하고 억제함. —하다.
앗 깜짝 놀랐을 때 내는 소리.
앗다 ①빼앗다. ②껍질을 벗기고 씨를 빼다. ③깎아 내다.
앙갚음 원수를 갚음. 비보복. 복수. —하다.
앙고라(Angora) 토끼털을 깎아서 털실을 만드는 토끼의 한 품종. 터키의 앙카라 지방이 원산지임.
앙금 물에 가라앉은 녹말 따위의 부드러운 가루.
앙:모하다(仰慕—) 우러러보고 사모하다.
앙상하다 ①꼭 째이지 못하다. ②뼈만 남도록 바짝 마르다. 예굶주려서 몸이 앙상하다.
앙심(怏心) 원한을 품고 앙갚음 하기를 벼르는 마음.
앙코:르(프 encore) '다시 한 번'의 뜻으로 음악회 따위에서 연주자나 가수에게 다시 청하는 일.
앙큼하다 욕심이 많고 담이 크다. 큰엉큼하다.
앙탈하다 ①시키는 말을 듣지 않고 꾀를 부리다. ②마땅히 할 것을 핑계를 대어 피하다.
앙화(殃禍) ①죄를 받는 것. ②나쁜 일을 함으로 말미암아 갚음을 받는 것.
앞 ①얼굴이 향한 곳. ②눈으로 보이는 편. ③바깥. ④다음. ⑤장래. 반뒤.
앞길 ①앞으로 나아갈 길. ②장차 당할 일. 비장래.
앞날 앞으로 올 날. 남은 세월.
앞뒤 앞과 뒤. 전후.
앞뜰 집 앞으로 난 뜰. 앞마당. 반뒤뜰. 예앞뜰에 핀 목련꽃.
앞마당 집 앞에 있는 마당.
앞산 집이나 마을 앞쪽에 있는 산. 반뒷산.
앞서다 남보다 먼저 나아가다.
앞세우다 ①먼저 내어 놓다. ②앞에 서게 하다.
앞잡이 ①앞에서 이끌어 주는 사람. ②남의 시킴을 받아 움직이는 사람. 비선구.
앞장서다 맨 앞에 서서 나아가다. 예앞장서서 행진하다.

앞지르다 빨리 가서 남보다 먼저 앞을 차지하다.

앞치마 부엌일을 할 때 몸의 앞에 입는 겉치마.

애:[1] '아이'의 준말.

애[2] 걱정에 싸인 초조한 마음 속. 예걱정이 되어 애가 탄다.

애[3] 마음과 힘의 수고로움. 예잘살아 보려고 애쓰다.

애개 ①업신여기는 소리. ②얕잡아 하는 말.

애걸하다(哀乞—) ①꼭 달라고 간청하다. ②슬프게 빌다.

애:교(愛嬌) 남에게 귀엽게 보이려고 아양을 떠는 짓.

애:국(愛國) 자기 나라를 사랑함. 반매국. 예애국 정신. —하다.

애:국가 나라를 사랑하는 정신을 집어 넣어 지은 노래.

애:국심 자기의 나라를 사랑하는 마음.

애:국자 나라를 사랑하는 마음이 강한 사람. 반매국노.

애꾸눈 한쪽이 먼 눈.

애:끊다 몹시 슬퍼서 창자가 끊어질 듯하다. 비애타다.

애달프다〔애달퍼, 애달프니〕 마음이 아프고 쓰라리다. 비구슬프다. 예애달픈 일.

애 덤 스 부 인(Adams 夫人, 1860~1935) 미국의 자선 사업가이며 평화주의자. 1885년에 스탈 부인과 함께 시카고의 빈민굴에 인보관 헐하우스(사랑의 집)를 세워 가난한 이웃을 도왔다. 1931년에는 노벨 평화상을 받았음.

애도(哀悼) 사람의 죽음을 슬퍼함. 예애도 행렬. —하다.

애:독(愛讀) 즐겨서 읽음. 예애독자. —하다.

애락(哀樂) 슬픔과 즐거움.

애를 끊나니 간장이 다 녹는 듯하다.

애:마(愛馬) 사랑하고 아끼는 말.

애:매하다 ①똑똑하지 아니하다. ②분명하지 아니하다. ③속이 컴컴하다. ④억울하다. 예애매한 판결.

애벌 맨 처음 대강하여 낸 그 한 차례. 예애벌구이.

애벌레 알에서 깨어나 번데기로 되기까지의 벌레.

애벌빨래 삶지 않고 대강 겉때만 빼는 빨래.

애상(哀傷) 슬퍼하고 가슴 아파함. —하다.

애석하다(哀惜—) 매우 아깝다. 예선생님의 죽음은 애석한 일이다.

애:송(愛誦) 좋은 글이나 노래를 즐겨 욈. —하다.

애송이 어린 티가 있는 사람이나 물건.

애순(—筍) 초목의 어린 싹.

애:쓰다 마음과 힘을 다하여 움직이다. 힘을 쓰다. 비수고하다. 예애써 가꾼 꽃밭을 강아지가 망가뜨렸다.

애오라지 넉넉하지는 못하나마 좀. 예애오라지 나라를 위해 힘쓰다.

애:완용(愛玩用) 매우 아껴 구경하며 즐기기에 알맞은 것. 예고양이를 애완용으로 기르고 있다.

애:용(愛用) 사랑하여 씀. 예국

애원(哀願) 간절히 원하고 바람. 비간청. 사정. —하다.
애:인(愛人) ①사랑하는 사람. ②남을 사랑함. —하다.
애절하다(哀絶—) 매우 슬프다. 예애절한 울음소리.
애:정(愛情) ①사랑하는 마음. ②그리워하는 마음. 비사랑.
애:족(愛族) 겨레를 사랑함. 예애국 애족 정신. —하다.
애:증(愛憎) 사랑과 미움.
애:지중지(愛之重之) 매우 사랑하고 소중히 여김. 예삼대 독자를 애지중지하다. —하다.
애:착(愛着) ①사랑하여 끌림. ②단념하기 어려움. —하다.
애:착심 사랑하는 마음이 세어 떨어질 수 없는 마음.
애:창(愛唱) 즐겨 부름. —하다.
애처롭다 불쌍한 것을 보고 마음이 슬프다. 예부모가 없는 친구가 애처롭다.
애초 맨 처음. 비처음.
애:타다 걱정이 대단하여 마음이 타는 것 같다.
애통하다(哀痛—) 매우 슬퍼다. 예애통한 일이다.
애틋하다 ①매우 아깝다. ②퍽 섭섭하다.
애팔래치아 산맥(Appalachia 山脈) 북아메리카 동부에 있는, 북동으로부터 남서로 뻗은 산맥. 석탄·석유·철광 자원의 매장량이 풍부함.
애:호(愛護) 사랑하고 보호함. 예동물 애호가. —하다.
애호박 열린 지 얼마 안 되는 어린 호박.
액세서리(accessory) 복장의 조화를 돕기 위한 부속품. 넥타이·핸드백·브로치 등.
액수(額數) 돈 같은 것의 머릿수. 비금액.
액운(厄運) 불행한 운수.
액자(額子) 글·그림·사진 등을 넣어 벽에 거는 틀.
액체(液體) 물이나 기름과 같이 흐르는 물질.
액화(液化) 기체가 액체로 변하는 현상. —하다.
앳되다 나이로 보아서는 좀 어리다. 애티가 있다.
앵두 앵두나무의 열매.
앵무새 머리는 둥글고, 윗부리는 갈고리같이 굽고, 아랫부리는 짧으며 털빛이 아름답고, 사람의 말을 잘 흉내내는 새.
〔앵무새〕
앵커 맨(anchor man) 라디오나 텔레비전의 종합 뉴스 사회자.
야: ①놀랍거나 반가울 때 내는 소리. ②남을 부르는 소리.
야:간(夜間) 밤사이. 반주간.
야:경꾼(夜警—) 방범·방화를 위해 밤에 동네를 도는 사람.
야:공(夜攻) 어둠을 타서 적을 침. 비야습. —하다.
야:광(夜光) 밤이나 어두운 곳에서 빛을 냄, 또는 그 빛.
야:광침(夜光針) 밤이나 어두운 곳에서도 볼 수 있도록 발광 도료를 발라 빛을 내는 바늘.
야:구(野球) 한 편이 아홉 사람씩 두 패가 공을 쳐서 점수를 다투는 운동.
야:단(惹端) 떠들고 법석거림. 예찻삯을 잊고 버스를 탔으니

이거 야단인걸. —하다. —스럽다.
야:단나다 큰 일이 생기다. 떠들썩한 일이 벌어지다. 예숙제를 못 해서 야단났구나.
야:단 법석 서로 다투고 떠들고 시끄러운 판. 예서로 먼저 가려고 야단 법석이다.
야:단스럽다 ①소란스럽다. ②시끄럽다. 반조용하다. 예뭘 그리 야단스럽게 떠드느냐?
야:단치다 ①함부로 떠들어대다. ②꾸짖다. ③조용한 곳을 떠들썩하게 만들다. 비꾸중하다. 벌주다.
야:담(野談) 민간에서 만든 역사의 이야기.
야:드(yard) 영국의 길이를 재는 단위. 1야드는 91.44cm임. 비마.
야들야들 부드럽고 연하며 윤이 나는 모양. 큰이들이들. 예야들야들한 살결. —하다.
야릇하다 괴상하다. 이상하다. 예야릇한 생각에 휩싸이다.
야:만(野蠻) ①문화가 깨지 못하고 유치함. ②교육을 받지 못하여 어리석고 야비함. 비미개. 반문명. 예야만스러운 행동. —하다. —스럽다.
야:만인 깨이지 못한 사람. 비미개인. 반문명인.
야말로 어떤 사물의 당연함을 나타내는 말. 예사자야말로 짐승의 왕이다.
야:맹증(夜盲症)[—쯩] 밤에는 물건을 잘 알아보지 못하는 병. 비타민 에이(A)의 부족으로 일어남.
야무지다 똑똑하고 모질다. 예영희는 일을 야무지게 합니다.
야:박하다(野薄—) ①남의 사정을 돌보지 아니하고 자기 생각만 한다. ②정이 두텁지 아니하고 제 생각만 한다.
야:비하다(野卑—) ①성격이 고상하지 아니하고 낮고 좁다. ②천하다. ③더럽다. 비속다. 예야비한 성격.
야:산(野山) 들 근처의 나지막한 산. 예야산 개발.
야:속하다(野俗—) ①인정이 없고 쌀쌀하다. ②마음이 섭섭하고 언짢다.
야:습(夜襲) 밤에 갑자기 쳐들어감. 비야공. —하다.
야:시(夜市) 밤에 길거리에 죽 벌이는 가게. 예야시장.
야:심(野心) ①사람을 해치려 하는 마음. ②바라서는 아니 될 것을 이루려는 마음. ③쓸데없이 출세를 바라는 마음. ④욕심이 많아 혼자 잘 되려는 마음. 예야심가.
야아 놀라거나 반가울 때 내는 소리. 예야아, 너로구나.
야옹야옹 고양이의 우는 소리.
야:외(野外) 들 밖. 들판. 비교외. 예야외 수업.
야:욕(野慾) 지나친 욕심. 비탐욕.
야위다 살이 빠져서 마르다. 반살찌다. 큰여위다. 예굶주려서 야위다.
야:인(野人) ①벼슬을 하지 않은 사람. ②만주족.
야:자(椰子) 잎은 새의 날개와 같이 생기고 줄기 위에 20~30개가 무더기로 나며, 큰 열매가 여는 나무.

야:전(野戰) 들판에서 하는 전투. 예 야전군. —하다.

야:전 병:원 싸움터의 군인들을 치료하기 위하여 임시로 차린 병원.

야트막하다 썩 야트막하다. 약간 얕은 듯하다. 반 높다랗다. 큰 여트막하다.

야:하다(冶—) 상스럽고 깊은 맛이 없이 천하게 아름답다. 예 빛깔이 야하다.

야:학(夜學) 밤에 배우는 공부. —하다.

야:학교 밤에 학생들을 모아 글을 가르치는 학교.

야:학회 밤에 공부를 하기 위하여 마련된 모임.

야:호 등산하는 사람이 정상에 오르거나 서로 부르는 소리.

약 몹시 기분이 나쁠 때 끓어오르는 감정. 화. 부아.

약(約) ①거의. ②대강.

약(藥) 병을 고치기 위하여 먹거나 바르는 물건.

약간(若干) 얼마 되지 아니함.

약다 미련하지 않다. 비 영리하다. 영악하다. 반 어리석다.

약대 모양은 말과 비슷하며 큰데, 등에 살혹이 있어 그 안에 지방을 지니고 있으므로, 사막 여행에는 꼭 필요한 짐승. = 낙타.

약도(略圖) 간단하게 줄여 대충 그린 그림.

약동(躍動) ①뛰어 일어남. ②생기가 있게 움직임. ③완연히 나타남. 예 약동감. —하다.

약력(略歷) 간단하게 적은 이력. 예 지은이 약력.

약물터 바위틈에서 맑고 찬물이 솟아 나오는 곳. 비 약수터.

약방에 감초〈속〉①꼭 있어야 할 필요한 물건. ②안 끼이는 데가 없다.

약분(約分) 분수의 분모와 분자를 그들의 공약수로 나누어 간단하게 하는 일. —하다.

약소(弱小) 힘이 약하고 작음. 반 강대. —하다.

약소국 국토·군사력·자원 등이 보잘것없는 작고 힘이 약한 나라. 반 강대국.

약소 민족 힘이 약한 민족.

약소하다(略少—) 많지 아니하다. 얼마 되지 아니하고 적다.

약속(約束) 서로 말로 정하여 놓음. 비 약조. 언약. 예 영이야! 내일 약속을 잊어선 안 돼. —하다.

약수(約數) 곱셈에서의 인수를 말함. 예 12의 약수는 1, 2, 3, 4, 6, 12의 6개이다.

약수터(藥水—) 약물이 나는 샘터. 비 약물터.

약오르다 성나다. 골나다.

약자(弱者) ①아무 힘이 없는 약한 사람. ②기술 따위가 모자라는 사람. 반 강자.

약조(約條) 조건을 붙여 약속함. 비 약속. —하다.

약진(躍進) ①껑충 뛰어 나아감. ②매우 빠르게 발전하거나 나아감. 예 약진하는 한국. —하다.

약초(藥草) 약의 재료로 쓰는 풀. 비 약풀.

약탈(掠奪) 경우를 밝히지 않고 덮어놓고 빼앗음. —하다.

약풀 약에 쓰이는 이로운 풀. 비 약초.

약품(藥品) 병자나 부상자의 병이나 상처를 고치기 위하여 먹거나 바르는 물건.

약하다(弱—) ①튼튼하지 않다. 병이 많다. 예병으로 오래 누워 있었더니 몸이 아주 약해졌다. ②여리다. ③무르다.

얄밉다[얄미우니, 얄미워서] 하는 짓이 간사하여 매우 밉다. 비밉다. 반귀엽다. 예자기는 놀고 있으면서 남에게는 일을 하라고 하니 참 얄밉다.

얄타 회:담(Yalta 會談) 1945년 2월, 미국·영국·소련의 대표들이 얄타에서 맺은 협정. 이 회담에서 한국을 38도 선으로 분할하여 미국·소련이 점령하기로 결정되었음.

얄팍하다 매우 얇다. 반두툼하다. 예고기를 얄팍하게 썰다.

얇다[얄따] ①두께가 두껍지 않다. 반두껍다. ②빛이 진하지 않다. 큰엷다.

얌전하다 ①성질이 조용하다. ②마음이 곱다. 비점잖다. 반까불다. 예말없이 얌전히 고개를 숙이고 있는 아이.

양(羊) 몸의 털이 곱실곱실하고 두 개의 고부장한 뿔이 난 염소와 비슷한 짐승.

양(量) ①분량. ②수량. 무게. 부피의 정도. 반질.

양:감(量感) 미술 작품에서, 실물의 부피나 무게의 느낌이 나도록 그린 것.

양귀비(楊貴妃) 고운 꽃이 피며, 열매의 진은 아편을 만드는 원료가 되는 약초.

[양귀비]

양규(楊規) 고려의 장군. 현종 때 요나라 군사와 잘 싸워 전과를 올렸음.

양:극(兩極) 남극과 북극.

양념 음식에 섞어서 맛이 나게 하는 고추·마늘·파·기름·설탕 따위. —하다.

양단(洋緞) 누에고치 섬유로 짠 비단의 한 가지.

양달(陽—) 볕이 잘 드는 곳. 비양지. 반응달.

양동이 함석 따위로 만들어 물을 담아 들고 다니게 만든 동이와 같은 그릇.

양력(陽曆) 지구가 태양의 둘레를 한 바퀴 도는 시간을 한 해로 잡고 마련한 책력. 1년을 365일로 치고 4년에 한 번씩 윤달을 두어, 그 해 2월을 29일로 함.

양:로(養老)[—노] 노인을 위로하여 편안히 받드는 일.

양:로 보:험[—노—] 늙어서 생활비를 벌 수 없을 때를 대비하여 드는 보험.

양:로원[—노—] 의지할 곳 없는 늙은이를 수용하여 돌보아 주는 곳.

양류(楊柳)[—뉴] 버드나무.

양만춘(楊萬春) 고구려의 명장. 644년 당의 태종이 30만 대군을 이끌고 고구려에 쳐들어왔을 때, 안시성을 결사적으로 지켰음.

양말 발에 신는 서양식 버선.

양:반(兩班) 문벌·신분이 높은 사람. 비귀족. 반상놈.

양:변(兩邊) 등식에서 좌변과 우변을 통틀어서 말한 것.

양:보(讓步) ①남에게 제 자리

를 내줌. ②자기의 주장을 굽혀 남의 의견을 좇음. —하다.
양복(洋服) 서양식의 옷. 世한복. 예양복 바지.
양복점 양복을 만들거나 또는 파는 가게.
양:봉(養蜂) 꿀을 받을 목적으로 벌을 기르는 일. —하다.
양:분(養分) 몸에 영양이 되는 성분이나 물질. 世영양분.
양비둘기 비둘기의 한 종류. 몸은 연한 회색, 머리·가슴은 녹색, 부리는 검음.
양사언(楊士彦, 1517~1584) 호는 봉래. 회양 군수를 지냈음. 금강산 만폭동에 들어가 세상을 잊고 글씨를 쓰며 청빈하게 지냈음. 조선조 4대 명필의 한 사람으로 불림.
양산(陽傘) 볕을 가리느라고 쓰는 가는 쇠살에 헝겊을 씌운 물건.
양서(良書) 내용이 좋은 책. 읽어서 이로운 책. 예양서 보급에 힘써야 한다.
양성(陽性) 적극적으로 나아가는 성질. 世음성.
양:성(養成) 길러서 이루게 함. 예인재 양성. —하다.
양:성소 어떠한 기술자를 길러 내는 곳.
양송이(洋松栮) 농촌에서 부업으로 지하실이나 창고·움 같은 곳에서 기르는 서양종의 송이버섯.
양수(陽數) 양의 정수. 또는 양의 유리수. +1, +2, +3… 등.
양순하다(良順—) 어질고 순하다. 世심술궂다.
양식(糧食) 사람이 먹을 곡식.

비식량.
양:식업(養殖業) 김·굴·고막 등을 길러 수확하는 수산업.
양심(良心) 본디 타고난 착한 마음.
양양(洋洋) 사람의 앞길이 한없이 넓어 발전성이 큰 모양. 예앞길이 양양하다. —하다.
양:어장(養魚場) 물고기를 인공적으로 알을 까게 하여 큰 물고기로 기르는 곳.
양옥(洋屋) 서양식으로 지은 집. 世한옥.
양:용(兩用) 양쪽 방면에 쓰임. 예수륙 양용 탱크.
양:원(兩院) 이원제 국회의 두 개의 의원. 곧 민의원과 참의원, 상원과 하원 등.
양:위(讓位) 임금의 자리를 물려줌. —하다.
양:육(養育) 길러 자라게 함. 예양육비. —하다.
양:자(養子) 아들 없는 집에서 대를 잇기 위해 한 계통에서 데려다 기르는 사내아이.
양자강(揚子江) =양쯔 강.
양:잠(養蠶) 고치를 얻기 위해 누에를 기름. —하다.
양:잠업 누에치기를 업으로 삼는 일. 잠업.
양재 구성 흙·모래·돌·나무·블록 따위의 덩어리를 이루는 재료를 사용하여 꾸민 구성.
양잿물 빨래의 때를 빼는 약품. 수산화나트륨.
양:조(釀造) 술·간장 따위를 만드는 것. 예양조장. —하다.
양:주(兩主) 내외. 부부.
양지(陽地) 햇볕이 잘 드는 곳. 비양달. 世음지. 응달.

양지바르다 햇볕이 잘 들다.
양:쪽 두 쪽. 🔲양편. 🔲한쪽. 한편. 예양쪽 손.
양쯔 강(揚子江) 중국의 중앙부를 동쪽으로 흐르는 아시아 최대의 강.
양초 실·헝겊으로 심지를 만들고 밀·백랍·쇠기름 따위를 끓여서 부어 굳힌, 불을 켜는 데 쓰는 물건.
양:치질 이를 닦고 물로 입 속을 씻어 내는 일. —하다.
양:친(兩親) 아버지와 어머니. 🔲부모. 어버이.
양탄자 굵은 베실에 짐승의 털을 박아서 짠 피륙. =융단.
양파 알뿌리가 크게 생기는 파의 일종. 알뿌리는 식용함.
양:편(兩便) 양쪽 편. 🔲양쪽.
양푼 음식을 담거나 데우는 데 쓰는 놋그릇.
양해(諒解) ①사정을 알아서 너그러운 마음을 씀. ②이해함. 예양해를 구하다. —하다.
양호하다(良好—) 매우 좋다. 예건강 상태가 매우 양호하다.
얕다 ①깊지 않다. ②학문·지식이 적다. 🔲깊다.
얕은꾀 얕게 생각하는 꾀. 속 뵈는 꾀.
얕은 내도 깊게 건너라〈속〉 모든 일을 조심스럽게 하여라.
얘: 손아랫사람을 부르는 소리.
어: ①감탄할 때에 나오는 소리. ②손아랫사람이나 친구들에게 대답하는 소리.
어:간(語幹) 말의 줄기. 곧 말의 변하지 아니하는 부분. 🔲어미.
어:감(語感) 말에 따르는 느낌이나 맛.
어:구(語句) 말의 구절.
어귀(←於口) 드나드는 목의 첫머리. 예마을 어귀.
어:근(語根) 말을 나누어 더 나눌 수 없는 데까지 이른 부분.
어금니 송곳니 뒤에 있는 이.
어긋나다 ①서로 길이 갈려 만나지 못하다. ②엇갈리게 되다. 예다리뼈가 어긋나다. ③계획이 틀어지다.
어기다 ①지키지 아니하다. ②배반하다. ③틀리게 하다.
어김없다 어기는 일이 없다. 틀림없다.
어깨 팔이 몸에 붙은 자리에서 목까지의 부분.
어깨동무 같은 또래의 어린이 친구. 또는 서로 팔을 어깨에 얹어 끼고 노는 일. —하다.
어깨를 겨누다 어떤 일에서 서로 나란히 하다.
어느 여럿 가운데의 어떤.
어느 게오 어느 것이오.
어느 날 언제라고 정할 수 없는 날.
어느덧 모르는 동안에. 어느 사이에. 🔲어느 새. 예여기에 온 지도 어느덧 3년이 된다.
어느 때 언제.
어느 모로 보나 어느 면으로 보든지. 예저 아이는 어느 모로 보나 그런 나쁜 짓을 할 아이가 아니다.
어느 새 알지 못하는 사이. 생각할 틈이 없는 동안. 어언간에. 🔲어느덧. 예어느 새 가을에 접어들었다.
어느 틈 어느 겨를.
어두운 환하지 않은. 예어두운

어두운 밤중에서 책을 보면 눈이 나빠진다.

어두운 밤중에 홍두깨 내밀듯 〈속〉 생각도 아니한 일이나 의견을 갑자기 제시한다.

어두육미(魚頭肉尾) 생선은 머리, 짐승은 꼬리 쪽이 맛있음.

어두컴컴하다 어둡고 컴컴하다. 비 어둠침침하다.

어둑어둑하다 날이 자꾸 저물어서 어두워지다. 예날이 어둑어둑하도록 돌아오지 않았다.

어둠 상자 ①빛의 성질을 알아보는 데 쓰기 위하여 안을 검게 칠한 상자. ②밖에서 빛이 새어들지 않게 만든 상자.

어둠침침하다 어둡고 흐리다. 비 어두컴컴하다.

어둡다〔어두우니, 어두워서〕 ①밝지 않다. ②어리석다. 예세상 물정에 어둡다. ③눈이 잘 보이지 않다. 비 캄캄하다. 반 밝다. 예밤눈이 어둡다.

어디 어느 곳. 어떤 곳. 예어디 좀 다녀올게.

어디메 → 어디.

어딘지 어디인지. 예그의 이야기는 어딘지 모르게 사람의 마음을 끄는 데가 있다.

어때 어떠하냐. 곧 괜찮다(상관없다)는 말. 예어때, 정말 근사하지.

어떻게 어떠하게. 어찌.

어떻든지 어떻게 하든지. 아무렇든지. 예어떻든지 간에 이 일만은 꼭 해내야 한다.

어뜩하다 갑자기 몹시 어지러워 까무러질 듯하다.

-어라 명령의 뜻을 나타내는 말. 예빨리 먹어라.

어레미 바닥의 구멍이 굵은 체.

어련하다 잘 알아서 하여 틀림 없다. 예네가 어련히 알아서 했겠니?

어렴풋하다 ①기억이 또렷하지 않다. ②자세히 들리지 않다. ③환하게 보이지 않다. 비 아련하다.

어렵(漁獵) ①고기잡이. ②고기잡이와 사냥.

어렵다〔어려우니, 어려워서〕 ①쉽지 않다. ②가난하다. ③병이 중하다. 비 힘들다. 반 쉽다. 예살아나기 어렵다.

어로(漁撈) 물고기·조개 등의 수산물을 잡거나 채취함. 예어로 작업. ―하다.

어록(語錄) 위인이나 유명한 사람들의 말들을 모은 기록, 또는 그 책. 예처칠 어록.

어뢰(魚雷) 물속으로 나아가 목표물을 폭파시키는 물고기 모양의 병기.

어루만지다 ①가볍게 문지르다. ②위로하여서 마음이 좋도록 하여 주다. 비 쓰다듬다.

어류(魚類) 물고기의 무리. 지느러미로 움직이며, 부레가 있어 물속에서 헤엄쳐 다니며 아가미로 호흡하는 척추동물의 한 무리. 비늘로 덮여 있음.

어:르다〔얼러서〕 어린아이를 달래거나 즐겁게 해 주려고 몸을 추슬러 주거나 또는 물건을 보여 주다. 예아기를 어르다.

어:른 ①윗사람. ②남의 아버지. ③아이가 아닌 사람. 비 성인. 반 아이. 어린이.

어른거리다 ①보였다 아니 보였다 하다. ②똑똑하게 보이지 아니하다.

어른 벌레 곤충의 형태를 완전히 갖추고 알을 낳을 수 있게 된 곤충. 성충.

어:른스럽다〔어른스러우니, 어른스러워서〕아이의 행동이 어른처럼 점잖다. 예나이는 어린데 어른스럽게 말을 한다.

어름 두 물건의 끝이 닿은 데.

어름어름하다 말과 행동을 똑똑하게 하지 아니하다. 비우물쭈물하다. 예어름어름하다가 차례를 놓쳐 버렸다.

어리 병아리를 가두어 기르는 싸리 따위로 만든 기구.

어리광 어린 체하는 짓. —하다. —스럽다.

어리다¹ ①비치다. 예강물에 어린 내 모습. ②눈물이 괴다.

어리다² ①나이가 적다. ②경험이 적거나 수준이 낮다.

어리둥절하다 정신없이 얼떨떨하다. 예처음 가는 길이라 어디가 어딘지 어리둥절하다.

어리벙벙하다 어리둥절하여 갈피를 잡을 수 없다.

어리석다 슬기롭지 못하고 둔하다. 비우매하다. 반똑똑하다. 슬기롭다.

어린이 어린아이. 나이가 어린 사람. 비아동. 아이. 반어른. 예어린이 대공원.

어린이날 5월 5일로서 어린이들을 사랑하고 착하게 기르자는 것을 특별히 강조하는 날.

어린이 은행 어린이들의 저축을 맡아보기 위하여 어린이들 스스로가 학교에 만든 은행.

어린이 임원회 학교 어린이회의 회장을 의장으로 하고, 4학년 이상 각반 어린이회의 회장과 부회장을 임원으로 하여 그들이 모여 하는 회의.

어린이회 초등 학교에서 학교 생활을 잘 해 나가는 데 필요한 여러 가지 일을 어린이들이 모여서 의논하는 모임.

어린이 회:관 어린이를 위한 문화·오락·시설을 해 놓은 집.

어림 대강 짐작으로 헤아림. 예어림잡은 수. —하다.

어림도 없:다 당치도 않다. 예철수가 나를 이기겠다고 덤비다니 어림도 없는 짓이다.

어림잡다 대강 짐작으로 헤아려 보다.

어마어마하다 엄청나고 굉장하다. 놀랄 만큼 으리으리하다.

어머나 끔찍하고 엄청난 것에 놀라는 때에 내는 소리. 예어머나, 이 일을 어쩌지.

어머니 ①자기를 낳은 여자 어버이. ②자식을 가진 부인. 반아버지.

어물어물 말이나 짓을 똑똑하지 아니하게 하는 모양. 예똑똑히 대답을 하지 못하고 어물어물하다. —하다.

어미 어머니의 낮춤말. 반아비.

어:미(語尾) 어떤 말의 줄기에 붙어서 여러 가지로 변화하는 부분. 반어간.

어미닭〔—닥〕병아리를 데리고 있는 암탉.

어민(漁民) 고기잡이를 업으로 삼는 사람.

어버이 어머니와 아버지. 비부모. 양친.

어:법(語法)〔—뻡〕말의 구성이나 표현 방법에 관한 법칙. 비

문법. 예어법에 맞게 말하다.
어부(漁夫·漁父) 고기잡이를 하는 사람.
어분(魚粉) 물고기나 조개를 찌거나 말려서 가루로 만든 것. 비료로 씀.
어:불성설(語不成說) 말이 조금도 이치에 맞지 않음.
어:색(語塞) ①어울리지 않음. ②격에 맞지 않음. ③서먹서먹하고 멋쩍음. ④보기에 서투름. 예양복에 운동화를 신은 모습이 어색하다. —하다.
어서 빨리. 속히. 얼른. 반천천히. 예어서 가야지 늦겠구나.
어서어서 매우 재촉하는 말.
어선(漁船) 바다에 나가 고기잡이를 하는 배.
어:설프다〔어설프니, 어설퍼〕 ①꼭 짜이지 못하여 갖추어 있지 못한 데가 많다. 예어설프게 만든 장난감. ②탐탁하지 않다.
어수룩하다 되바라지지 않고 조금 어리석은 듯하다. 예어수룩한 시골 사람.
어수선하다 가지런하지 않고 마구 헝클어지다. 예방 안을 어수선하게 하지 마라.
어스름 저녁이나 새벽의 어둡고 컴컴한 빛, 또는 그 때.
어슬렁거리다 몸이 크고 다리가 긴 사람이나 짐승이 천천히 걸어가다. 예사자가 먹이 주변을 어슬렁거린다.
어슬렁어슬렁 몸집이 큰 사람이나 짐승이 천천히 걷는 모양. —하다.
어슴푸레하다 ①흐리어서 똑똑하지 않다. ②희미해서 생각이 잘 안 나다.

어:안이 벙벙하다 기가 막히거나 어이가 없어 말이 나오지 아니하다. 예엉뚱한 생트집에 어안이 벙벙하다.
어어 뜻밖의 일을 당했을 때 내는 소리. 작아아.
어언간(於焉間) 모르는 동안. 어느덧.
어업(漁業) 영리의 목적으로 수산물을 잡거나 또는 이를 기르는 사업.
어여차 힘을 합할 때에 여럿이 일제히 내는 소리.
어엿하다 행동이 당당하고 떳떳하다. 버젓하다. 예대학을 졸업하고 어엿한 신사가 되다.
어우러지다 여럿이 한 동아리를 이루게 되다. 예설날에 친척들과 어우러져서 윷놀이를 했다.
어울리다 ①제격에 맞다. ②합당하다. ③격식에 맞다. 예양복과 넥타이가 잘 어울린다.
어:원(語源) 말의 근원.
어유 뜻밖에 벌어진 사건에 놀람의 느낌을 나타내는 소리. 작아유.
어음 일정한 시기에 일정한 장소에서 일정한 돈을 치르겠다는 것을 적은 증권.
어이가 없:다 엄두가 나지 않는다. 예어이가 없어 말도 못하겠다.
어이없다 일이 맹랑하여 기막히다. 비어처구니없다.
어장(漁場) 고기잡이를 하는 곳. 수산물이 풍부한 곳.
어저께 =어제.
어정쩡하다 ①미심하여 마음이 꺼림칙하다. ②기억이 또렷하지 않고 흐릿하다. ③매우 난

처하다.
어제 오늘의 전날. =어저께.
어젯밤 어저께의 밤. 비간밤.
어:조(語調) 말하는 본새. 말의 가락.
어중간(於中間) ①거의 중간이 되는 곳. ②엉거주춤한 형편.
어즈버 '아아'하는 느낌을 나타내는 옛말. 애달프다. 슬프다. 예어즈버 태평 연월이 꿈이런가 하노라.
어지간하다 ①웬만하다. ②무던하다. ③상당하다.
어지럽게 정신을 차릴 수 없게.
어지럽다 ①얼떨하여 정신을 차릴 수 없다. ②눈앞이 캄캄하고 머리가 아프다.
어질다 ①슬기롭다. ②착하다.
어질병[-뼝] 정신이 어질어질해지는 병.

어째 의문의 뜻을 나타낼 때 쓰는 말.
어째서 어떤 까닭으로. 예어째서 안 올까.
어쨌든 ①어찌하였든지. ②어찌되었든지. 예결과야 어쨌든 시작하고 볼 일이다.
어쩌나 어떻게 하나. 예이를 어쩌나, 어항을 깼으니….
어쩌다 ①가끔. ②뜻밖에 우연히. 본어쩌다가.
어쩌면 어찌하면. 예시골 간 언니가 어쩌면 오늘쯤 올 것 같습니다.
어쩐지 어찌된 까닭인지는 모르나. 예오늘은 어쩐지 기분이 좋지 않다.
어쩔 줄 어찌해야 좋을는지.
어찌 ①어떠한 방법으로. ②어떠한 이유로. 예네 어찌 그런 짓을 할 수 있단 말이냐? ③어떠한 정도로.
어창(魚倉) 배에서 잡은 물고기를 넣어 두는 곳간.
어처구니없다 엄청나게 기가 막히다. 비어이없다. 예창호의 어처구니없는 말에 나는 입이 다물어지지 않았다.
어청도(於青島) 전라 북도 서해상에 있는 섬. 조기·갈치 어업의 중심지.
어촌(漁村) 어업 생산을 주로 하는 지역이나 마을.
어:학(語學) ①말의 발달과 변천을 연구하는 학문. ②문법. ③외국말 공부.
어항 물고기를 기르는 유리 항아리. 예어항을 놓다.
어허 ①미처 생각하지 못한 일을 깨달아 느꼈을 때 내는 소리. ②크게 놀라거나 못마땅할 때 내는 소리. 작아하.
어:휘(語彙) 낱말을 모은 수.
억(億) 만의 만 곱절.
억누르다[억누르니, 억눌러서] 억지로 누르다. 예일본은 우리나라를 억누르고 있었다.
억보 자기의 생각을 고집하는 사람. 억지가 센 사람.
억설(臆說) 근거 없이 자기의 생각을 고집하는 말. 예억설을 부리지 말라. —하다.
억세다 ①뜻이 굳고 세차다. ②뻣뻣하고 세다. 비강하다. 반부드럽다.
억수 물을 퍼붓듯 세차게 내리는 비. 호우. 예억수 같은 비.
억압(抑壓) 억누름. —하다.
억울하다 ①억제함을 당하여 답답하다. ②원통하여 기가 막히다. ③죄 없이 누명을 쓰다. ㉠죄 없이 매를 맞다니, 억울한 일이다.
억제(抑制) ①내리눌러서 못 일어나게 함. ②억지로 못 하게 함. —하다.
억지 자기의 생각이나 행동을 무리하게 해내려는 고집. 비떼². 잔악지. ㉠억지를 부리다. —스럽다.
억지로 강제로. 무리하게. 반저절로. ㉠따라오려는 동생을 억지로 떼어놓고 왔어요.
억척스럽다 마음이 굳세다. ㉠그는 조금도 쉬지 않고 억척스럽게 일만 하고 있다.
억측(臆測) ①이유나 근거 없이 제 생각으로 추측함. ②어림치고 생각함. —하다.
언권(言權)[—꿘] 어떤 자리에서 말을 할 수 있는 권리.
언니 자매 사이나 여자들 사이에서 자기보다 나이가 많은 사람을 부르는 말. 반아우. 동생.
언덕 땅이 산보다는 낮고 둔덕보다는 높은 곳. 비비탈.
언덕바지 =언덕빼기
언덕빼기 언덕의 꼭대기. 또는 언덕의 비탈이 심한 곳. =언덕바지.
언도(言渡) 죄를 지은 사람에게 사실 심리를 마친 다음 재판관이 법률에 따라 결과를 선언함. '선고'의 옛 법상의 이름. —하다.
언동(言動) 입으로 하는 말과 몸으로 하는 행동. 비언행.
언뜻 ①잠깐. 별안간. ②잠깐만 나타나는 모양.

언론(言論) 옳고 그른 것, 좋고 나쁜 것에 관하여 말과 글로써 자기의 생각을 나타내는 일. —하다.
언명(言明) 말로써 자기의 뜻을 분명히 나타냄. —하다.
언:문(諺文) 한글을 좀 천시하여 일컫던 말.
언:문청 세종 임금이 한글을 만들기 위해 세운 관청.
언변(言辯) 좋은 말솜씨. 비구변. 입담.
언성(言聲) 말의 소리. ㉠언성이 높다.
언약(言約) 말로써 약속함. 비약속. —하다.
언어(言語) 사람의 생각을 나타내는 소리말. 비말².
언저리 둘레의 근방. 주위의 부근. 비둘레. ㉠귀 언저리.
언:제 어느 때.
언:제나 어느 때나. 비항상. 늘. 언제든지. 반가끔. ㉠순이는 언제나 깨끗한 몸차림을 하고 있어요.
언짢다 ①좋지 않다. ②품질이 낮다. ③불길하다. 반달갑다. ㉠친구와 말다툼한 일이 매우 언짢았다.
언청이 윗입술이 태어날 때부터 찢어진 사람.
언턱 물건 위에 층이 진 곳.
언행(言行) 말과 행실. 비언동. ㉠언행을 조심하다.
얹다[—따] ①물건을 높은 곳에 놓다. ②물건 위에 물건을 놓다. ③덮다.
얹혀 살다 자립 생활을 못 하고 남에게 의지해서 살다.
얻다 ①주는 것을 받아 가지다.

②줍다. ③깨닫다.
얼: 정신. 혼. 비넋. 예얼이 나간 사람 같다.
얼간 ①과히 짜지 않게 소금에 절인 자반. ②언행이 주책없는 사람의 별명.
얼굴 입·코·눈·눈썹이 있는 부분. 비낯.
얼굴빛[-삗] 얼굴에 나타나는 기색과 움직임. 비안색.
얼:다 물이 얼음이 되다. 반녹다. 예강이 얼다.
얼렁뚱땅 엉터리로 남을 교묘히 속이는 모양. —하다.
얼레 실을 감아 연을 날리는 데 쓰는 기구.
얼레빗 빗살이 굵고 성긴 큰 빗. 반참빗.
얼려 놓다 ①어울리게 놓다. ②얼리어지게 놓다. ③얽히어지게 놓다.
얼룩 본바탕의 어떤 부분에 다른 빛의 점이나 줄이 뚜렷이 섞인 자국.
얼룩말 말과의 짐승. 백색 또는 담황색 바탕에 흑색 줄무늬가 있음. 초원에 떼지어 사는데, 사나워서 길들이기 어려움.
얼룩빼기 옷의 한 부분에 묻은 잡것을 빼는 일.
얼룩소 털빛이 얼룩얼룩한 소.
얼른 빨리. 곧. 비선뜻. 속히. 반천천히. 예심부름을 얼른 갔다 오너라.
얼:리다〔얼르니, 얼러〕 한데 섞이다. 서로 얽히게 되다. 본어울리다.
얼:마 ①어떠한 수효의 분량과 정도. ②밝혀 말할 수 없는 수효나 정도.

얼:마나 얼마 가량이나. =오죽. 예요새는 얼마나 바쁘십니까?
얼:빠지다 정신이 혼란하여지다. 정신이 없어지다.
얼싸안다[-따] 두 팔을 벌리어 껴안다. 예돌아가신 엄마를 얼싸안는 꿈을 꾸었다.
얼씨구 신이 나서 나오는 소리. 예얼씨구 좋다.
얼씬거리다 눈앞에서 떠나지 않고 자꾸 나타나다. 작알씬거리다. 예자꾸 얼씬거리지 마.
얼씬하다 잠깐 나타나다.
얼:얼하다 ①햇볕 따위에 데어서 몹시 아리다. ②혀가 아프도록 맵다. ③상처가 몹시 아리다. 작알알하다.
얼음 물이 섭씨 0도 이하의 온도에서 얼어서 덩이가 된 것.
얼음 사탕 설탕을 굳게 뭉쳐서 얼음 모양으로 만든 것.
얼음장[-짱] 얼음의 좀 넓은 조각.
얼음판 얼음이 마당처럼 된 곳.
얽다¹ ①얼굴에 마마의 흔적이 생기다. ②물건의 거죽에 홈이 많이 나다. 작앍다.
얽다² ①묶다. ②엮다. ③매다. ④감다.
얽어매다 이리저리 얽어서 매다. 예얽어맨 밧줄.
얽히고 설키다 이리저리 매우 복잡하게 얽히다.
얽히다 얽힘을 당하다. 서로 엇갈리다. 예실이 얽히다.
엄 →움.
엄격(嚴格)[-껵] 말이나 행동이 엄숙하고 딱딱함. 예엄격한 규율. —하다.
엄금(嚴禁) 엄하게 금지함. 반

엄두 감히 하려는 마음이나 생각. 예 내 힘으로는 감히 엄두도 내지 못하겠다.

엄마 어린아이가 어머니를 정답게 부르는 말. 반 아빠.

엄마닭 새끼를 가진 닭의 암컷.

엄밀(嚴密) ①아주 비밀함. ②엄하게 함. ③실수가 없도록 조심조심함. —하다.

엄벌(嚴罰) 엄하고 중한 형벌. 심한 벌. —하다.

엄살 일부러 아픈 체하는 짓. 예 엄살부리다. —하다.

엄수(嚴守) 엄하게 지킴. 예 규칙 엄수. —하다.

엄숙하다(嚴肅—) ①위엄이 있게 보이다. ②엄하고 삼가는 태도가 있다. 비 근엄하다. 엄하다. 반 경박하다. 예 조용히 하라는 선생님의 엄숙한 목소리에 떠들썩하던 교실 안이 갑자기 조용해졌다.

엄:습(掩襲) 불시에 습격함. —하다.

엄:연하다(儼然—) ①씩씩하고 점잖다. ②아무리 하여도 부인할 수 없다. 예 숨길 수 없는 엄연한 사실이다.

엄정하다(嚴正—) 엄격하고 바르다. 엄중하고 정직하다.

엄중(嚴重) 몹시 엄함. 비 삼엄. 예 엄중한 경비. —하다.

엄지 ①손·발의 제일 굵은 가락. 예 엄지손가락. ②중요한 지위에 있는 사람.

엄청나게 ①굉장히. ②몹시. ③매우. 예 비가 많이 와서 냇물이 엄청나게 불었다.

엄청나다 뜻밖에 정도가 너무 과하다. 예 생각보다 엄청나게 시간이 걸렸다.

엄하다(嚴—) ①심하다. ②무섭다. 비 엄숙하다.

업(業) 자기가 날마다 하고 있는 벌이·공부. 예 생업. 학업.

업계(業界) 같은 상업이나 산업에 종사하는 사람들의 사회.

업다 사람을 등에 지다. 반 안다. 예 아기를 업다.

업:신여기다[—너—] 만만히 여기다. 깔보다. 넘보다. 반 존경하다. 예 네가 부자라고 가난한 사람을 너무 업신여기지 말아라.

업어치기 유도·씨름에서 상대방을 업듯이 넘기는 기술.

업적(業績) ①일의 성적. ②해 놓은 일의 보람. 비 공적. 예 박 선생님은 교육 사업에 많은 업적을 남기고 돌아가셨다.

없:건마는 없지마는. 예 아무도 날 반길 이 없건마는 나는 고향에 가고 싶다.

없:다 ①있지 않다. ②비다. ③가지지 아니하다. ④가난하다. 반 있다.

없:애다 ①없어지게 하다. ②죄다 쓰다.

엇갈리다 이리저리 서로 걸리다. 서로 어긋나게 놓이다.

엇시조 초장이나 중장이 평시조보다 글자 수가 더 많은 시조. 종장은 변화가 없음.

-었다 과거를 나타내는 말끝.

엉겁결 ①자기도 미처 모르는 사이에 갑자기. ②뜻하지 아니한 순간. 예 놀라서 엉겁결에 소리치다.

엉금엉금 굼뜨게 기어가는 모

엉기다 물 같은 것이 죽이나 풀 같이 되다.

엉너리 남의 환심을 사려고 어벌쩡하게 서두르는 짓.

엉:덩이 볼기가 있는 부분.

엉:덩이뼈 엉덩이에 붙은 뼈.

엉뚱하다 욕심이 많고 담이 크다. 요령 없는 말을 하다. 예 하라는 일은 않고 엉뚱한 짓만 하는구나.

엉망 ①뒤죽박죽인 상태. ②뒤섞여 차례가 없는 상태. ③퍽 가난한 상태.

엉성하다 꽉 짜이지 않다. 갖추어져 있지 못한 데가 많다. 반 세세하다. 치밀하다.

엉:엉 크게 소리내어 우는 모양. 예 너무 약이 올라서 엉엉 울어 버렸다.

엉클다 실·새끼 따위를 서로 뒤섞어서 풀어지지 않게 하다.

엉클어지다 실이나 새끼 따위가 서로 얽히어져서 풀어지지 않게 되다. 거 헝클어지다.

엉클 톰스 캐빈(Uncle Tom's Cabin) 미국의 스토 부인이 쓴 〈톰 아저씨의 오두막집〉의 본디 이름.

엉큼엉큼 ①기운 차게 기어가는 모양. ②걸음을 활발하게 걷는 모양.

엉큼하다 욕심이 많고 담력이 크다. 엉뚱한 속심을 품고 제 도에 넘치는 일을 하는 경향이 있다.

엉키다 실·노·새끼가 서로 얽히어 풀어지지 않게 되다.

엉터리 ①터무니없는 사실. ②얼렁뚱땅하고 지내는 사람. 예 우리 동네에 있는 의사는 엉터리라는 소문이 퍼져 있다.

엊그저께 두어 날 전. 며칠 전. 준 엊그제.

엊그제 어제 그저께. 이삼 일 전. 예 엊그제 다녀왔다.

엊저녁 어저께의 저녁.

엎다 ①그릇의 아가리를 땅으로 가게 하다. ②뒤집다. ③망쳐 버리다.

엎드러지면 코 닿을 데〈속〉 거리가 매우 가까운 곳.

엎드리다 몸의 앞과 배를 땅에 대다.

엎어 버리고 없애 버리고. 무너뜨리고.

엎지르다 담기어 있는 물 따위를 쏟아지게 하다.

에¹ 장소·방향에 쓰는 말. 예 산 위에 뜬 구름.

에:² 말이 곧 나오지 않거나 연설조로 말을 할 때 말마다 사이에 끼워 넣어 말의 연락을 부드럽게 하는 말.

에게 상대편을 나타내는 말. 예 누구에게 줄까?

에:끼 ①마음에 마땅치 않을 때 내는 소리. 예 에끼, 몹쓸 사람 같으니. ②싫증이 나서 그만두려 할 때 내는 소리.

에끼다 셈을 서로 제하다.

에나멜(enamel) 사기 그릇이나 쇠붙이에 바르는 칠로서, 빛깔은 여러 가지가 있으며, 겉이 매끈하고 윤이 남.

에너지(energy) 물체가 일을 할 수 있는 능력.

에누리 ①사실 받을 값보다 더 많이 부르는 물건값. ②보태어 말함. ③물건값을 깎는 일.

―하다.

에:다 날카로운 칼 같은 것으로 도려 내다. 예살을 에는 듯한 추위.

에디슨(Edison, 1847~1931) 미국의 발명가. 축음기·전등·영사기 등 1000여 종을 발명하였음. '발명왕'이라 불림.

에라 실망하여 단념해 버리려고 할 때에 내는 소리. 예에라, 모르겠다.

에비앙(Evian) 프랑스의 레만 호 남쪽에 있는 피서지로 이름 난 곳. 샘물이 병에 효험이 있다 하여 유명함.

에서 시작했다는 뜻을 나타내는 말. 예서울에서 부산까지.

에스키모(Eskimo) 북아메리카의 북극권 연안과 그린란드 등지에 살고 있는 몽고 및 인디언 계통의 문명이 미개한 인종. 키가 작고 피부는 황색, 머리칼은 검은빛이며 고기잡이와 사냥으로 생활함.

에스파냐(España) 남유럽 이베리아 반도의 대부분을 차지한 공화국. 수도는 마드리드. 다른 이름은 스페인.

에어내다 너무 슬퍼서 사람의 마음을 깎아 내는 듯하다. 예가슴을 에어내는 듯한 애끓는 슬픔.

에어 컨디셔너(air conditioner) 실내의 온도와 습도를 조절하는 기계.

에우다 어떤 음식을 먹어 끼니를 때우다. 예오늘 점심은 고구마로 에우기로 하였다.

에워싸다 가장자리를 둘러막다. 사방으로 빙 둘러싸다. 비둘러싸다.

에워싸이다 에워쌈을 당하다.

에이 속이 상하거나, 실망하여 집어치우려는 뜻을 나타냄. 예에이, 그만두겠다.

에이치 비:(HB) 연필의 짙고 연한 정도를 나타낸 기호. '썩 검다'는 뜻.

에이치 엘 케이 에이(H.L.K.A.) 한국 방송 공사 중앙 방송국 제 1 방송의 국제 무선 부호의 이름.

에콰도르(Ecuador) 남아메리카의 북서쪽 태평양 연안에 있는 공화국. 수도는 키토.

에티오피아(Ethiopia) 아프리카의 동부 고원에 있는 흑인 왕국. 수도는 아디스아바바.

에티켓(프 étiquette) 예의. 의식. 예법.

에피소:드(episode) ①이야기나 문장 중에 끼워 본줄기와는 관계가 없는 짤막한 토막 이야기. ②일반적으로 알려지지 않은 재미있는 이야기. 일화.

엑스(x) 수학에서 모르는 수(미지수)를 나타내는 데 쓰는 기호.

엑스선(X線) 사람의 몸의 내부를 꿰뚫어 보고 특수 질병의 치료와 진단에 이용되는 의학상 중요한 광선. 엑스레이.

엑스축(X軸) 좌표축에서 가로로 그은 수직선.

엑스트라(extra) 연극이나 영화 촬영 때에 단역을 하는 임시 고용 배우.

엔드 라인(end line) 정구·배구·농구 등에서 코트의 짧은 쪽의 구획선.

엔진(engine) 기계를 움직여서 활동시키는 장치.

엘리베이터(elevator) 동력으로 사람이나 짐을 아래위로 나르는 기계. 回승강기.

-여(餘) 수효나 순서를 뜻하는 말 밑에 붙어 그 이상이라는 뜻을 나타냄. 예십여 명.

여가(餘暇) 겨를. 틈.

여간(如干) ①보통. ②조금. 凹몹시. 대단히. 예그는 키가 여간 크지 않다.

여객(旅客) 여행하는 손님. 回나그네. 여행자.

여객선 손님을 태우는 배. 凹화물선.

여:건(與件)[一껀] 주어진 조건. 回조건. 예불리한 여건.

여관(旅館) 일정한 돈을 받고 나그네를 묵게 하는 집.

여군(女軍) 여자 군인. 또는 그 군대.

여기 ①자기에게 가장 가까운 곳. ②자기가 있는 곳. 凹저기. 예여기서 좀 쉬었다 가십시오.

여기다 마음으로 어떠하다고 생각하다. 예섭섭히 여기다.

여기저기 이곳 저곳에. 예여기 저기 돌아다니다.

여깁니다 생각합니다.

여년(餘年) ①남은 나이. ②나머지 해. ③남은 목숨. ④그만큼의 해.

여년 전 몇 년 전.

여념(餘念) 다른 생각. 어떤 일에 정신을 쓰고 남은 생각.

여느 보통의. 예사로운. 예여느 때보다 일찍 일어났다.

여:닫다 열고 닫고 하다. 예창문 여닫는 소리.

여덟[一덜] 일곱에 하나를 더한 수. 回팔.

여덟팔자[一덜一짜] 한자의 팔(八)이란 글자. 또는 그 글자와 비슷한 모양. 예여덟팔자 걸음.

여동생 여자 동생. 凹남동생.

여드렛날 초하룻날로부터 여덟째의 날.

여러 수효가 많은.

여러 가지 많은 수. 온갖.

여러 날 많은 날.

여러 모 여러 가지.

여러모꼴 여러 모로 이루어진 꼴로서, 다섯 모가 더 되는 꼴. 回다각형.

여러 번 많은 횟수.

여러분 한 곳에 모인 여러 사람을 부르는 말.

여러 지방 여러 곳.

여러 차례 여러 번 거듭하는 차례. 예여러 차례의 협상.

여러 해 많은 해.

여럿 ①물건 따위가 많은 수. ②많은 사람. 凹혼자.

여:론(輿論) ①사회 여러 사람의 의견. ②세상 사람들의 일치한 생각. 回공론.

여름 일년 사시 중 둘째 절기. 봄과 가을 사이 回하절. 凹겨울. 예여름 휴가.

여름내 이른 여름부터 늦은 여름까지의 사이. 온 여름 동안.

여름 방:학 여름 한창 더울 때에 하는 방학. 凹겨울 방학.

여름 불도 쬐다 나면 섭섭하다 〈속〉 쓸데없는 듯한 것이라도 없어지면 서운하다.

여름새 여름이 되면 찾아오는

새. 우리 나라의 여름새는 제비·뻐꾸기·두견새·소쩍새 등.
여리다 ①질기지 않다. 반질기다. ②모질지 못하다.
여:명(黎明) 밝을녘. 새벽.
여무지다 ①영악하고 다부지다. ②여물게 되다. 잭야무지다.
여물 소·말 따위의 먹이로 말린 짚을 썬 것.
여물다 ①열매가 잘 익다. ②일이 이루어지다. 비익다.
여물박 소나 말의 먹이를 뜨는 데 쓰는 바가지.
여미다 옷깃·장막 따위를 바로 잡아 합치다.
여백(餘白) 글씨를 쓰고 남은 빈 자리.
여보 부부 사이에 부르는 말.
여보시오 나이가 비슷한 친구나 남을 부를 때에, 보통으로 높여서 정답게 부르는 말.
여봐라 '여기 보아라'의 준말. 손아랫사람을 부르거나 주의를 일으키는 소리. 예여봐라, 게 누구 없느냐.
여:부(與否) 그렇고 그렇지 아니한 분간. 예지금 한창 경기를 하는 중이라 승패 여부를 분간하기 힘들다.
여북 ①응당. ②얼마나. ③꼭. ④오죽.
여비(旅費) 여행하는 데 드는 돈. 노자.
여생(餘生) 남은 평생. 예할아버지는 화초 가꾸기로 여생을 보내신다.
여섯 다섯에 하나를 더한 수. 셋을 갑절한 분량.
여성(女性) ①여자. ②여자의 성질. 비여자. 반남성.
여수(麗水) 전라 남도의 한 시. 여수 반도 끝에 있는 항구 도시로, 농산물과 수산물이 풍부하며, 각종 공업이 성함.
여승(女僧) 여자 중. =비구니.
여식(女息) 딸. 비영애.
여신(女神) 여자인 신.
여염집[-쩝] 일반 백성이 살림하는 집.
여왕(女王) 여자 임금님.
여우 모양은 개와 비슷하고 입은 뾰족하며, 꼬리는 굵고 긺. 성질이 간교한 짐승.
여울 강가나 바닷가에 물살이 빠르고 세게 흐르는 곳.
여위다 몸에 살이 빠지다. 몸이 마르다. 잭야위다.
여유(餘裕) ①넉넉한 것. 예여유 있는 태도. ②나머지.
여의다 죽어 헤어지다. 예부모를 여의다.
여의도(汝矣島) 한강 가운데 있는 섬. 국회 의사당과 방송국이 있음.
여의주(如意珠) 불교에서 모든 소원을 이루게 해 준다는 구슬로, 용의 턱 밑에 있다 함.
여인(女人) 성년이 된 여자.
여자(女子) 여편네. 계집애. 비여성. 반남자.
여전하다(如前-) 전과 다름이 없다. 전과 꼭 같다. 비의구하다.
여전히 전과 다름없이. 예오늘도 여전히 많은 사람들이 모였구나.
여정(旅程) 여행하는 일정이나 길의 차례.
여지없다(餘地-)[-업따] 더할 나위가 없다. 예오랑캐를 여지

없이 쳐부수다.
여진족(女眞族) 옛날 우리 나라 북쪽에 살고 있던 오랑캐들.
여집합(餘集合) 전체 집합 ㅈ={1, 2, 3, 4, 5, 6, 7, 8}이고, 집합 ㄱ={2, 4, 6, 8}, 집합 ㄴ={1, 3, 5, 7}일 때, 집합 ㄱ의 원소가 아니면서 전체 집합의 원소로 된 집합. 즉, 집합 ㄱ의 여집합은 집합 ㄴ임.
여:쭈다 웃어른께 말씀드리다.
여:쭈어 말씀을 드리어. 아뢰어. [예]친구네 집에 놀러가도 좋으냐고 나는 어머니께 여쭈어 보았다.
여:쭙다 말씀을 드리다. [비]아뢰다. 고하다.
여:치 날개는 푸른빛이고 배는 누른빛이며, 여름에 나타나 수컷은 꽤 큰 소리로 우는 곤충.
여태/여태껏 ①아직도. ②지금까지도. [예]공부는 하지 않고 여태 놀고만 있었구나.
여편네 ①결혼한 여자. ②아내의 낮춤말.
여한(餘恨) 남은 원한.
여:행(勵行) 힘써서 실행함. —하다.
여행(旅行) 볼일이나 구경을 위해 먼 길을 감. —하다.
여행자 여행을 하는 사람. [비]나그네. 여객.
역(驛) 기차의 정거장.
역겹다(逆—) 성이 날 만큼 몹시 거슬리다. [예]나 보기가 역겨워 가실 때에는 말 없이 고이 보내 드리오리다.
역경(逆境) 모든 일이 뜻대로 되지 아니하여 불행한 처지. [반]순경. [예]역경에 처하다.
역단층(逆斷層) 단층면의 암반 일부가 밀려 올라간 단층.
역대(歷代) 차례차례 서로 전해 내려오는 여러 대.
역량(力量) 무엇을 할 수 있는 힘. [예]역량이 부족하다.
역력하다(歷歷—) 또렷하다. [예]피로한 기색이 역력하다.
역사(役事) 길을 닦거나 다리를 놓거나 집을 짓는 따위의 큰 일. —하다.
역사(歷史) ①사람이나 세상이 변해 온 자취. ②변해 온 과정을 적은 기록. =청사.
역사책 역사를 기록한 책.
역설(力說) ①힘써 말함. ②힘써 주장함. [예]나는 수학 여행의 필요성을 아버지께 역설하였다. —하다.
역성 옳고 그름을 따지지 않고 한쪽 편만 두둔하여 줌. [예]역성들다. —하다.
역수(逆數) 두 수의 곱이 1일 때, 두 수는 서로 역수라고 한다. 즉, 어떤 수에 대한 1의 비의 값을 말하고, 분수에서는 분자와 분모를 바꾼 수.
역시(亦是) 또한. 여전히. [예]너는 역시 착한 아이이다.
역암(礫岩) 자갈이 진흙이나 모래에 섞여 굳어져서 된 암석. 퇴적암의 하나.
역원제 옛날에 여행하는 사람이나 관청의 명령을 지방에 전하는 관리의 편의를 돌봐 주던 일종의 여관.
역작(力作) ①힘들여 만든 작품. ②힘들여 지음. —하다.
역장(驛長) 기차 정거장의 우두머리.

역적(逆賊) 반역을 꾀한 사람.

역전(力戰) 힘껏 싸움. —하다.

역전 경:기(驛傳—) 장거리 경주의 하나로서, 일정한 길을 각 편이 몇 사람씩 이어 달리며, 전체의 시간으로 승부를 다루는 경기.

역정내다(逆情—) 노여워하다. 심술내다. 화내다.

역하다(逆—) ①구역이 날 듯 속이 메슥메슥하다. ⑩역한 냄새. ②마음에 거슬리다. ⑩그의 말이 역했다.

역할(役割) 각각 자기가 맡은 일. 回소임.

엮다[역따] ①실·새끼 따위로 이리저리 맞추어 물건을 만들다. ②물건을 얼기설기 매다. ③책을 쓰다. ④얽다. ⑤겯다.

엮음 ①엮어서 만듦. ②책을 만듦.

연 댓가지에 종이를 붙이고 실을 매어 공중에 날리는 장난감. ⑩방패연. 꼬리연.

연간(年間) ①한 해 동안. ⑩연간 생산량. ②어느 왕이 재위한 동안. ⑩세종 연간.

연감개 → 얼레.

연개소문(淵蓋蘇文, ?~666) 고구려 말기의 정치가. 당나라의 침략에 대비하여 천리 장성을 쌓고 국방을 튼튼히 하였으며, 당의 침략을 물리치는 데 큰 공을 세웠음.

연결(連結) 떨어진 물건을 이어 맺음. 잇대어 맺음. 回절단. ⑩경상 남도와 전라 남도를 연결하는 경전선의 개통으로 남해안 지방의 교통이 편리하게 되었다. —하다.

연고(緣故) ①혈통상이나 법률상의 관계. ②까닭. ③인연.

연관(聯關) 서로 관계를 맺음. 回관련. —하다.

연:구(研究) 깊이 생각하며 조사하여 가면서 공부하는 일. 回탐구. 궁리. —하다.

연:구가 어떠한 일을 조사하고 생각하는 사람.

연:구심 사물의 이치를 깊이 생각하는 마음.

연:구열 연구하는 마음.

연:극(演劇) 배우가 극본에 의하여 치장을 하고 여러 가지로 행동하는 예술.

연기(延期) 정하여진 기한을 뒤로 물림. —하다.

연기(煙氣) 물건이 불에 탈 때 일어나는 검거나 희뿌연 기체. 回내².

연:기(演技) 배우가 무대에서 그럴싸하게 해보이는 말이나 동작. ⑩좋은 연기를 보이다. —하다.

연꽃(蓮—) 연못에 피는 연분홍의 예쁜 꽃.

연날리기 연을 날리는 놀이.

연년(年年) 해마다. 매년.

연놀이 연날리기를 하며 노는 놀이.

연:단(演壇) 연설하는 사람이 서는 좀 높게 만들어 놓은 곳.

연달다(連—) 잇달다. ⑩연달아 일어난 교통 사고.

연대(年代) ①지나온 시대. ②시대. 세상. ⑩연대를 밝히다. ③햇수와 대수.

연도(年度) 사무의 편의를 위해 구분한 일년간의 기간.

연도(羨道) → 널길.

연두(年頭) 그 해의 첫머리. 예 연두 기자 회견.

연:두(軟豆) 푸른빛과 노란빛을 합한 빛.

연등회(燃燈會) 고려 시대부터 내려온 봄철의 불교 의식의 하나. 2월 보름날 집집마다 등불을 달고 부처님에게 정성을 바치며 나라와 개인의 행복을 빌었음.

연락(連絡) ①서로 관련을 맺음. ②서로 이어 놓음. ③서로 사정을 알림. 예편지를 하든지 사람을 보내든지 곧 연락을 하여라. —하다.

연락용 서로의 사정을 알리는 데 사용되는 것.

연령(年齡)[열—] 나이.

연료(燃料)[열—] 열을 이용하기 위하여 때는 재료. 숯·석탄·석유·나무 따위. 비땔감.

연료림[열—] 땔감으로 쓰기 위하여 가꾸는 숲.

연륙교(連陸橋) 육지와 섬을 잇는 큰 다리.

연:마(研磨·練磨) ①갈고 닦음. ②학문을 연구함. 비연습. —하다.

연막(煙幕) 적군의 눈에 뜨이지 않으려, 자기 군대 또는 땅 위의 물건을 가리는 짙은 연기.

연맹(聯盟) 공동의 목적을 가진 다수인이 동일하게 행동할 것을 맹약하는 일. 또, 그 조직체. 비연합. —하다.

연명(延命) ①목숨을 이어감. ②겨우 살아 나감. —하다.

연모 물건을 만드는 데에 쓰는 기구와 재료. 비연장.

연못 연꽃을 심은 못. 비호수.

연발(延發) ①계속하여 일어남. 예사고 연발. ②총포를 잇달아 쏨. 예연발총. —하다.

연방 잇달아 곧. 비연속.

연백 평야(延白平野) 황해도 예성강 하류에 발달한 평야.

연분 구등법 조선 시대 세금 제도의 하나. 세종 때(1444) 그 해 농사의 잘되고 못됨에 따라 세금의 기준을 달리하였음.

연:분홍(軟粉紅) 빛깔이 엷은 분홍. 예연분홍 치마.

연:붉다 연하게 붉다.

연비(連比) 셋 이상의 비. 50 : 80 : 100 따위.

연:사(演士) 연설하는 사람.

연상(聯想) 한 가지 일이나 물건으로 말미암아 관계되는 다른 여러 가지를 생각함. 예연상 작용. —하다.

연:설(演說) 여러 사람 앞에서 자기의 생각을 말함. —하다.

연세(年歲) '나이'를 높여 하는 말. 비춘추. 예할아버지는 연세가 많으시다.

연소(燃燒) 물건이 탐. 산소와 화학 변화를 일으키는 현상. 예완전 연소. —하다.

연속(連續) 끊이지 아니하고 죽 이음. 비연방. 계속. 예연속극. —하다.

연:수(軟水) 칼슘이나 마그네슘을 약간 품고 있는 물로, 비누가 잘 풀림.

연:습(練習) 학문이나 기술 등을 계속해서 배우고 익힘. 비연마. —하다.

연시조(聯時調·連詩調) 두 연 이상으로 된 시조. 평시조가 겹쳐 있는 시조 형식.

연싸움 연날리기에서 연줄을 걸고 서로 상대방의 연줄을 끊으려는 놀이.

연안(沿岸) 강이나 바닷가.

연:약(軟弱) 무르고 부드러움. 판강건. 예연약한 아기 손. —하다.

연:예(演藝) 여러 사람 앞에서 연극·음악·춤 같은 재주를 보임. 예연예인. —하다.

연이율(年利率) [-니-] 일년을 단위로 하여 정한 이율.

연잇다[연이으니, 연이어] 연속하여 잇다. 예연이어 달리는 자동차들의 행렬.

연:자매 소·말·나귀에게 끌게 하여 곡식을 찧는 큰 맷돌. 〔연자매〕

연장 물건을 만드는 데 쓰는 기구. 비연모. 예농사를 잘 지으려면 농사짓는 연장이 있어야 한다.

연장(延長) ①늘여서 길게 함. ②길게 뻗침. —하다.

연:주(演奏) 여러 사람 앞에서 음악을 들려줌. —하다.

연:주실 여러 사람 앞에서 음악을 들려주는 방. 스튜디오.

연줄[-쭐] 연을 매어서 날리는 데 쓰는 실.

연중 행사(年中行事) 해마다 정기적으로 있는 행사.

연지 여자가 단장할 때 양쪽 뺨에 찍는 붉은 칠.

연착(延着) 정각보다 늦게 닿음. —하다.

연:출(演出) 무대 감독이 배우의 특징·무대 장치·조명 등을 생각하여 각본을 살려 나가면서 상연함. —하다.

연:출자 극을 지도해서 이끌어 가는 사람.

연통(煙筒) 양철로 만들고 자유로 옮길 수 있게 된 굴뚝.

연판(鉛版) 지형에다 납을 끓여 부어 만든 인쇄판.

연평도(延坪島) 인천 광역시 옹진군에 있는 섬.

연표(年表) 연대 차례로 그 해에 일어났던 사실을 적은 표. 본연대표.

연필(鉛筆) 가는 나무 속에 흑연을 넣어 만든 것.

연:하다 ①질기지 않다. 판질기다. 예고기가 연하다. ②빛이 옅고 산뜻하다.

연합(聯合) 둘 이상의 단체나 나라가 서로 힘을 합함. 비연맹. 판분립. —하다.

연합국 주의·사상 따위를 같이 하여 같은 행동을 하기로 약속한 나라들. 비동맹국.

연합군 두 나라 이상의 군대가 합한 군대. 예국제 연합군.

연해 죽 잇대어. 잇달아. 예총소리가 연해 요란스럽게 들려 왔다.

연:화(軟化) ①단단한 것이 부드럽고 무르게 됨. ②강경하게 주장하던 태도를 버리고 좋도록 서로 의논하여 나아감. 판경화. —하다.

연:회(宴會) 여러 사람이 모여 음식을 먹고 즐겁게 지내는 일. 비잔치.

연후(然後) 그런 뒤에. 예숙제를 한 연후에 놀러 나가거라.

열 아홉에 하나를 더한 수. 다섯의 갑절인 수. 비십.

열(列) 사람이나 물건이 죽 벌여 선 줄.

열¹(熱) 물질의 온도를 높이는 원인이 되는 에너지.

열²(熱) ①몸에서 나는 더운 기운. ②흥분된 마음.

열강(列強) 여러 강한 나라. 예세계 열강간의 각축전.

열거(列擧) 어떤 사실이나 예 등을 하나씩 들어 말함. 예문제점을 열거하다. -하다.

열광(熱狂) 어떤 일에 몹시 흥분하여 미친 듯이 날뜀. -하다.

열기(熱氣) ①뜨거운 기운. ②뜨겁게 가열된 상태.

열 길 물 속은 알아도 한 길 사람의 속은 모른다〈속〉 사람의 마음은 헤아릴 수 없다.

열녀(烈女) 절개와 정조가 굳은 여자.

열:다(여니, 열어서) ①닫혔던 문·창을 터놓다. ②장사나 업무 따위를 시작하다. ③모임을 베풀다. ④열매가 맺히다.

열대(熱帶)[-때] 기후가 몹시 더운 지방. 반한대.

열등(劣等)[-뜽] 보통 수준보다 뒤떨어져 있음. -하다.

열띠다 어떤 일에 열을 올려 흥분된 마음이 뒤엉키다. 열성을 띠다. 열기를 품다.

열람(閱覽) 책이나 문서 등을 훑어보거나 내용을 조사하면서 읽음. 예토지 대장을 열람하다.

열량(熱量) 물체의 온도를 높이는 데 소요되는 열의 양. 칼로리로 나타냄.

열렬(熱烈) ①몹시 정열을 내어 열성스러움. ②열심의 정도가 대단함. -하다.

열리다 ①열어지다. 반닫히다. ②문화가 발달되다. ③열매가 맺히다.

열망(熱望) 열렬히 바람. 예평화를 열망하다. -하다.

열매 ①식물의 꽃이 핀 뒤에 맺히는 물건. ②일의 결과.

열무 어린 무. 예열무 김치.

열반(涅槃) ①불교에서, 불도를 완전히 이루어 모든 고통과 근심에서 벗어나는 최고의 정신적인 상태. 예열반의 경지. ②덕망 있는 승려의 죽음을 이르는 말. 예열반에 들다. -하다.

열 번 찍어 아니 넘어가는 나무가 없다〈속〉 아무리 꿋꿋한 사람이라도 여러 차례 꾀고 달래면 결국 그 꾐에 넘어가고 만다.

열병(熱病) 몸에 높은 열이 나는 병.

열사(烈士)[-싸] 절개를 굳게 지킨 사람. 예이준 열사.

열성(熱性)[-썽] 흥분되기 쉬운 성질. 비열².

열세(劣勢)[-쎄] 힘이나 세력 따위가 상대편보다 떨어져 있음, 또는 그런 형세나 상태. 예열세를 만회하다. 반우세. -하다.

열:쇠[-쐬] 자물쇠를 여는 쇠.

열심(熱心)[-씸] 어떤 일에 온 마음을 기울임, 또는 그런 마음. -하다.

열악(劣惡) 품질·형편 따위가 몹시 떨어지고 나쁨. 예열악한 환경. -하다.

열어젖뜨리다 문이나 창 따위를 넓게 열어 놓다.

열:없다 ①담이 크지 못하고 겁이 많다. ②조금 겸연쩍고 부

열없어서 부끄러워서. 예모두 숙제를 하고 혼자 못 한 까닭에 열없어서 변명할 수가 없었습니다.

열에너지(熱 energy) 열이 다른 물질에 온도 변화를 일으킬 수 있는 능력.

열의(熱意) 뜨거운 마음. 열렬한 성의. 예열의가 대단하다.

열의 복사 열이 중간에 있는 물체에 의하지 않고 직접 다른 곳으로 옮겨 가는 현상.

열의 이동 열의 온도가 높은 곳에서 온도가 낮은 곳으로 옮겨 가는 현상.

열정(熱情)[―쩡] ①열을 내는 마음. 몹시 흥분된 마음. ②열렬한 애정. 반냉정.

열중(熱中)[―쭝] ①어떤 일에 온 정신을 바쳐 열심히 함. ②마음을 오로지 함. 비골몰. 열심. 반태만. 예공부에 열중한 철수는 밖에서 불러도 몰랐다. ―하다.

열차(列車) 기관에 객차·화차 등을 달아 운전의 장치를 한 기차. 비기차.

열흘 열 날. 10일.

엷:다[열따] ①물건의 두께가 두껍지 않다. ②빛이 진하지 아니하다. 반짙다. ③사람의 하는 짓이 빤히 들여다보인다.

염기(鹽基)[―끼] 알칼리라고도 하며 붉은 리트머스 종이를 푸른빛으로 변하게 하는 성질을 가진 물질.

염기성 용액 붉은 리트머스 종이를 푸른빛으로 변하게 하는 용액.

염낭 허리에 차는 작은 주머니.

염라 대:왕(閻羅大王) 사람이 죽은 뒤에 생전의 선악을 헤아리어 상과 벌을 준다고 하는 저승의 임금.

염:려(念慮) ①마음을 놓지 못함. ②걱정하는 마음. 비근심. 걱정. 반안심. 예부모님은 우리의 장래를 염려하여 주신다. ―하다. ―스럽다.

염:병(染病) 균이 창자에 들어가 일어나는 병. 곧 장티푸스.

염:불(念佛) ①불경을 욈. ②실패하거나 아까워서 자꾸 되씹음. ―하다.

염불에는 마음이 없고 잿밥에만 마음이 있다(속) 마땅히 할 일에는 정성을 들이지 않고 딴 곳에 마음을 둔다.

염산(鹽酸) 염소·수소의 화합물로서, 자극적 냄새가 있는 액체. 공업용·약용으로 쓰임.

염:색(染色) 피륙에 물을 들임. 반탈색. ―하다.

염:색실 염색을 하는 방.

염:세(厭世) 세상이 괴롭고 귀찮아서 싫어함. 예염세주의. ―하다.

염소 모양은 양과 비슷한데 턱수염이 있는 짐승.

염소(鹽素) 녹황색의 기체로서, 표백·살균제로 쓰임.

염:원(念願) 마음속 깊이 생각하고 바람. 비소원. 예우리의 염원은 통일이다. ―하다.

염전(鹽田) 바닷물을 끌어들여 햇빛에 증발시켜 소금을 만드는 밭.

염:주 비둘기 온몸이 연한 잿빛

염초 이 섞인 갈색이고 식물의 씨나 곤충을 먹고 사는 새. 우리 나라 북부에 삶.

염초(焰硝) '초석'이라고도 하는, 빛깔이 없거나 흰빛을 띠는 물질. 화약이나 비료의 원료가 됨.

염치(廉恥) 마음이 깨끗하여 부끄러움을 아는 것.

염치없다 염치를 알아차리는 마음이 없다.

염탐(廉探) 몰래 사정을 살펴봄. ㉠염탐꾼. —하다.

염통 가슴속에 있는 주머니 모양의 내장으로 피를 돌게 함. ㋰심장.

염화칼슘(鹽化 calcium) 흰색의 고체. 습기를 흡수하는 성질이 크므로 건조제로 사용함.

엽록소(葉綠素) 식물의 세포 가운데 있는 초록빛의 작은 알맹이로, 특히 잎 속에 많이 있는데, 해의 도움을 받아 물과 탄산가스를 원료로 하여 전분을 만듦. =잎파랑이.

엽록체[—녹—] 녹색 식물의 잎이나 줄기의 껍질 속에 있는 녹색의 알갱이. 여기서 광합성 작용을 함.

엽서(葉書) 크기와 지질이 한정되고 우편 요금의 표를 인쇄한 통신 용지. ㉠엽서를 띄우다.

엽전(葉錢) 놋으로 만든 옛날의 돈. 둥글고 납작하며 가운데에 네모진 구멍이 있음.

엿 쌀·수수·옥수수 따위와 엿기름을 고아서 만든 단 음식의 한 가지.

엿기름 보리를 물에 축여 싹이 나게 한 것의 가루.

엿:듣다 몰래 듣다. 남이 모르게 가만히 듣다.

엿:보다 몰래 보다. 남이 모르게 넌지시 보다. ㉠누가 오는가 엿보고 있다.

엿새 6일. 여섯 날.

영(零) 수가 없는 것. '0'을 기호로 함.

영(靈) 죽은 사람의 혼. ㋰신령. 영혼. 혼령. 망령.

영:감(令監) 나이가 많은 남자. ㋰노인.

영감(靈感) 신비스러운 느낌.

영광(榮光) ①좋은 일. ②좋은 명예. 좋은 자리. ㋰영예. ㋩치욕. ㉠오늘 졸업식에서 언니가 영광스럽게도 최우수상을 타서 온 식구가 흐뭇해 하였다. —스럽다.

영:구(永久) 길고 오램. ㋰영원. —하다.

영:구적 변하지 않고 오래갈 수 있는 것. ㋩일시적.

영:구치 간니.

영국(英國) 유럽의 서부인 대서양을 끼고 유럽과 아메리카를 잇는 통로에 자리잡고 있는 섬나라. 수도는 런던.

영글다 →여물다.

영기(令旗) 옛날 군중에서 군령을 전하는 기. 푸른 비단 바탕에 붉게 '영(令)'자를 새겨 붙였음.

영남(嶺南) 경상 남북도를 널리 일컫는 말.

영동(嶺東) 강원도 대관령의 동쪽 땅을 일컫는 말.

영동 고속 도:로 경부 고속 도로의 신갈에서 강릉까지 통하는 고속 도로.

영동선 경북 영주와 강원도 강릉 사이를 잇는 산업 철도.

영락없다(零落—) 조금도 틀리지 않고 꼭 들어맞다.

영령(英靈) 죽은 사람, 특히 전쟁에서 죽은 사람의 영혼을 높여 이르는 말. ⑩호국 영령.

영롱하다(玲瓏—) 빛이 찬란하다. ⑩영롱한 아침 이슬.

영리(營利) 돈이나 물건으로 이익을 꾀함. —하다.

영ː리하다(恰悧—) 슬기롭고 똑똑하다. 비약다.

영문 ①까닭. ②형편. 비이유. ⑩어찌된 영문인지 요즘은 통 소식이 없다.

영민하다(英敏—) 똑똑하고 재빠르다.

영산강(榮山江) 호남 평야를 흘러 황해로 들어가는 강.

영ː상(影像) 광선의 굴절 또는 반사에 의하여 비쳐지는 형상.

영ː생(永生) 영원히 삶. 오래 사는 것. —하다.

영서 지방(嶺西地方) 태백 산맥을 가운데로 하여 서쪽 지방을 이르는 말. 맨영동 지방.

영선사(領選使) 1880년대의 개화기를 맞아 청나라에 파견된 사절. 당시 청나라의 과학 기술을 익히고자 청년 학도들을 뽑아 김윤식을 영선사로 하여 파견하였음.

영세(領洗) 천주교에서 신자가 될 때 받는 의식. 비세례. ⑩영세를 받다.

영ː속(永續) 오래 계속함. 비지속. —하다.

영수(領收) 돈이나 물건을 받아 들임. —하다.

영수증 돈이나 물건을 확실히 받았다는 표로 내주는 물표.

영아(嬰兒) 젖먹이.

영악하다 이해에 분명하고 약다. 비약다.

영애(令愛) 남의 딸을 높여 이르는 말. 비영양.

영양(營養) 생물이 취하여 몸의 소모를 보충하며, 생활력을 보전하는 양분.

영양가[—까] 식물 가운데 있는 영양소의 양·질·칼로리 수 따위로 정해지는 영양상의 가치. ⑩영양가 높은 음식.

영양물 영양소를 가지고 있는 음식물.

영양분 영양소의 분량. 비양분.

영양소 사람의 몸이 생활해 나가는 데 필요한 중요 성분으로 탄수화물·지방·단백질과 비타민·무기질·물 따위임.

영양 실조[—쪼] 영양의 부족으로 일어나는 이상 상태.

영어(英語) 영국·미국·캐나다·뉴질랜드 등에서 일상어로 쓰이는 말.

영업(營業) 경영하는 일. 장사하는 일. —하다.

영업국 신문사나 잡지사 같은 데서, 신문·잡지를 팔기도 하고, 광고 수입도 계획하고 하는 부서.

영업세액 수입 금액이나 판매 금액에 대한 세금의 액수. 현재는 폐지됨.

영연방(英聯邦) 영국의 국왕을 형식상의 원수로 하여 각 나라는 독립되어 영국 본토와 연방 관계를 맺고 있는 나라들의 조직. ⑩영연방 체육 대회.

영:영(永永) 영원히. 영구히. 오래오래. 비영원히. 반잠간. 예어머니는 영영 돌아오지 못할 곳으로 가셨구나!

영예(榮譽) 영광스러운 명예. 좋은 소문. 비명예. 영광. 반수치.

영예로운 영광스럽고 명예로운.

영웅(英雄) 재주·용맹이 뛰어나 큰일을 이룬 인물.

영:원(永遠) 오래오래. 길이길이. 비영구. 반순간. —하다.

영:원한 생 언제라도 살아 있는 생명.

영:원히 언제까지나. 이 세상 끝날 때까지. 비영구히. 영영. 예그가 남긴 훌륭한 업적은 인류 역사가 계속되는 한 영원히 빛날 것이다.

영월대(迎月臺)[—때] 충청 남도 부여의 부소산에 있는 고적. 백제 때 임금이 달맞이하던 곳이라 함.

영의정(領議政) 조선 시대의 최고의 관직. 지금의 국무 총리와 비슷한 벼슬 이름.

영장(靈長) 알 수 없는 이상한 힘을 가진 첫째 되는 것. 곧, 사람을 가리키는 말. 예인간은 만물의 영장이다.

영접(迎接) 손님을 맞아 대접함. 비환영. —하다.

영:정(影幀) 그림 따위로 나타낸 사람의 모습. 예충무공의 영정.

영조(英祖, 1694~1776) 조선조 제21대 왕(재위 1724~1776). 학문을 아끼고 탕평책을 써서 여러 당파의 인재를 고루 써 당파 싸움을 막았음.

영:창(映窓) 방을 밝게 하기 위하여 낸 두 쪽의 미닫이.

영토(領土) 한 나라의 주권을 행사할 수 있는 지역.

영하다(靈—) ①효험이 좋다. ②사람의 지혜로는 알 수 없는 이상한 힘이 뚜렷하게 있다.

영:향(影響) 한 가지 사물로 인하여 다른 사물에 작용이 미치는 결과.

영혼(靈魂) 죽은 사람의 넋. 비넋. 영.

영화(榮華) 몸이 귀하게 되어서 이름이 빛남. 예영화를 누리다. —스럽다.

영:화(映畫) 활동 사진의 장치에 의하여 영사막에 비치는 그림. 예영화를 상영하다.

영:화관 영화를 상영하여 관객에게 볼 수 있도록 한 곳.

옆 오른편과 왼편 곁의 근방이나 가. =곁.

옆구리 갈빗대가 있는 가슴과 등 사이를 이룬 부분.

예:¹ 웃어른에게 대답하는 말.

예² '여기'의 준말.

예:(例) 그전부터 하여 내려온 일. 비보기.

예(禮) 공경하는 뜻으로 표하는 인사. 비예의. —하다.

예:견(豫見) 어떤 일이 있기 전에 미리 앎. 비선견. —하다.

예:고(豫告) 어떠한 사실을 미리 알림. —하다.

예:고없이 미리 알리지 않고.

예:금(預金) 은행 같은 곳에 돈을 맡겨 둠. —하다.

예닐곱 여섯이나 일곱.

예다 ①'가다'의 옛말. ②'행하다'의 옛말.

예당 평야(禮唐平野) 충청 남도 예산군과 당진군에 걸쳐 분포하는 평야. 삽교천 유역에 형성된 충적 평야로 토양이 비옥하고 농업 용수가 풍부함.

예:로부터 그전부터. 옛날부터.

예:리하다(銳利—) 연장 따위가 날카로워 잘 들다.

예:맥족 옛날 중국의 동북 변경 밖에 살던 민족으로 우리 민족의 중심이 되고 있음.

예물(禮物) 사례의 뜻을 나타내기 위하여 주는 물건.

예:민(銳敏) 날카롭고 날쌤. 재빠름. —하다.

예:방(豫防) 일이 생기기 전에 미리 막음. [예] 예방 주사를 맞다. —하다.

예배(禮拜) 신이나 부처 앞에 존경하여 공손히 절하는 일. —하다.

예법(禮法)[—뻡] 예의의 법칙. 예절을 행동으로 나타내는 것. [예]예법대로 행동해야 한다.

예:보(豫報) 미리 알림. [예]일기 예보. —하다.

예:비(豫備) 미리 준비함. [비]준비. —하다.

예:쁘다 ①매우 아름답다. ②곱다. ③보기에 좋다. [반]밉다.

예:쁘장하다 좀 예쁘다. [예]예쁘장한 소녀.

예:쁜 ①고운. ②아름다운. [반]미운. [예]봄엔 예쁜 꽃이 많이 핍니다.

예:사(例事) 보통으로 있는 평범한 일. [비]보통. [반]특별. [예]상급생이 되더니, 그는 결석이나 지각을 예사로 알던 버릇이 없어졌다.

예:사로 보통 있는 일처럼 아무렇지도 않게.

예:사롭다〔예사로우니, 예사로워서〕 보통 일처럼 있을 만하다. 흔한 일이다.

예:산(豫算) 미리 계산함. [반]결산. —하다.

예:산서 돈이 들어오고 나가는 내용을 미리 대중해서 계산하여 적은 것.

예:삿일[—닐] 보통 있는 일.

예:상(豫想) ①어떠한 일을 당하기 전에 미리 생각함. ②미리 헤아리어 어림침. [예]예상 문제. —하다.

예서 여기서.

예성강(禮成江) 개성 부근으로 해서 황해로 흘러 드는 강.

예:속(隷屬) 딸려서 매임. [반]독립. —하다.

예:수교 예수 그리스도가 처음 일으킨 종교. [비]기독교.

예순 열의 여섯 배. 육십.

예:술(藝術) ①학예와 기술. ②특별한 재료·모양·재주로 아름다운 점을 표현하려고 하는 것. 곧 음악·미술·문학·연극 따위.

예:술가 예술 작품을 만들어 내는 사람. [비]예술인.

예:술의 도시 예술이 많이 발달되고 예술하는 사람이 많은 도시. [예]예술의 도시 빈.

예:술 작품 문학, 미술 따위의 창작물.

예:술 활동 아름다움을 창조해 내는 활동.

예:습(豫習) 미리 익힘. [반]복습. —하다.

예:약(豫約) 미리 약속함. [비]선

약. —하다.
예:언(豫言) 미리 헤아리는 말. 예미래를 예언하다. —하다.
예:언자 앞날을 미리 말해 주는 사람.
예:외(例外) 일반적인 규칙에서 벗어나는 일.
예의(禮儀) 예를 차리는 절차와 지키는 일. 삐예. 예절.
예:전 오래 된 지난날. 삐그전. 옛날. 삐요즈음.
예절(禮節) 예의와 절차. 삐예의. 팬실례.
예절바르다 예의와 범절이 제대로 맞다.
예:정(豫定) 미리 작정함. 삐계획. 예예정된 시간을 어기지 말아라. —하다.
예찬(禮讚) 좋거나 아름다움을 높이고 기림. 예청춘 예찬. —하다.
예:측하다(豫測—) 앞으로 생길 일을 미리 짐작하다.
예포(禮砲) 어떤 일을 축하하기 위하여 총이나 대포를 탄알 없이 쏨.
옛:날 지난 지가 오래 된 날. 삐예전. 옛적. 팬오늘날.
옛:적 오랜 옛 시대.
옜다 손아랫사람에게 무엇을 줄 때 하는 말.
오:¹ 손아랫사람에게 '그러냐'는 뜻으로 하는 말.
오:² 느낌을 나타내는 말. 삐아. 예오! 슬프다.
오³ ①말귀의 끝남을 나타내는 말. 예어디로 가오. ②바라는 것을 나타내는 말.
오:(五) 다섯.
오가다 오고 가고 하다. 왕래하다. 예오가는 사람.

오:거 조선 시대의 통신 연락망으로 횃불을 올린 중요한 곳. 서수라·만포진·의주·동래·순천의 다섯 군데.
오:경(五經) 시경·서경·주역·예기·춘추의 다섯 가지 책.
오:곡(五穀) 쌀·보리·조·콩·기장의 다섯 가지 곡식.
오:군영(五軍營) 임진왜란을 계기로 서울을 방비할 목적으로 조직된 훈련 도감·총융청·수어청·어영청·금위영의 다섯 군영.
오금 무릎·팔뚝의 구부러지는 안쪽.
오금박다 큰소리를 치던 이가 그와 반대되는 말이나 행동을 할 때, 그 장담한 말을 내세워 꾸짖다.
오금아 날 살려라 도망칠 때 너무 조급해서 빨리 다리가 놀려지기를 바란다.
오금팽이 구부러진 물건의 굽은 자리의 안쪽.
오:나 ①손아랫사람에게 대답하는 말. ②자기 혼자 무엇을 결심했을 때 내는 소리.
오너라 오라는 명령.
오뉘 오라비와 누이. 삐남매. 본오누이.
오는 앞으로 올. 예오는 일요일에는 북한산으로 놀러 가기로 했습니다.
오는 정이 있어야 가는 정이 있다〈속〉 남이 잘하면 이쪽에서도 그만큼 상대편에게 보답을 하게 된다.
오늘 이 날. 오늘날. =금일. 예오늘이 제 생일입니다.

오늘날 지금의 시대. 땐옛날.
오다 ①이쪽에 가까이 미치다. 땐가다. ②비·눈이 내리다. ③때가 되다. ④이르다.
오:대양(五大洋) 태평양·대서양·인도양·남빙양·북빙양의 다섯 바다.
오:대주(五大州) 아시아주·유럽주·아프리카주·오세아니아주 및 남북 아메리카주의 다섯 큰 주.
오:도 양:계(五道兩界) 고려 시대 지방 행정 구역의 하나. 현종 때 정하였음. 5도는 서해도·교주도·양광도·경상도·전라도, 양계는 북계와 동계.
오동(梧桐) 잎은 크고 꽃은 보랏빛이며, 거문고·장롱 따위를 만듦. 삐머귀나무.
오동도 전라 남도 여수 앞 바다에 있는 섬. 동백꽃과 대나무로 둘러싸여 경치가 아름답고 섬 꼭대기에 등대가 있음.
오두막집 사람이 겨우 살 정도의 조그마한 집.
오들오들 춥거나 무서워서 몸을 자꾸 떠는 모양. 큰우둘우둘. 예비에 맞아 오들오들 떠는 참새. —하다.
오디 뽕나무의 열매.
오뚝 서 있는 물건이 조금 웃머리가 높은 모양. 삐우뚝. 땐움푹. 예어제 사 온 오뚝이가 책상 위에 오뚝 앉아 있다.
오뚝이 아무렇게 던져도 오뚝오뚝 일어서는 아이들의 장난감.
오:라기 길게 자른 가는 끈. 예실오라기.
[오뚝이]

오라버니 자기보다 나이가 많은 오라비.
오라비 여자가 자기의 남자 형제를 일컫는 말.
오라이(←all right) 가도 좋다는 차장의 신호.
오:락(娛樂) 즐기는 것. 위로를 받으려고 하는 장난. 삐유희. —하다.
오락가락 왔다갔다하기를 되풀이하는 모양. 예먼구름만 오락가락 마음이 설렌다. —하다.
오:락실 오락하는 방.
오랑캐 ①두만강 근방에 살던 종족. ②미개한 백성. 삐되놈.
오랑캐꽃 잎은 길고 둥글며 꽃은 자줏빛인 여러해살이풀.
오래 시간이 길게. 삐한참². 길이². 땐금방.
오래다 한 때로부터 다른 때까지의 사이가 길다.
오래달리기 자기 체력을 끈기 있게 유지하면서 먼 거리를 끝까지 달리는 육상 운동.
오래오래 오래도록.
오랜 긴. 땐잠깐. 짧은.
오랫동안 시간적으로 썩 긴 동안. 땐잠시.
오렌지(orange) ①귤. ②귤빛.
오로지 오직. 삐다만. 예마음을 오로지 학문에만 쏟다.
오로지하다 ①한 가지만 하다. ②어떤 일을 전문으로 하다.
오:륜(五倫) 사람으로서 지켜야 할 다섯 가지. 곧, 아버지와 아들 사이는 친애해야 하며, 임금과 신하간에는 의리가 있어야 하며, 부부 사이에는 서로 구별이 있고, 어른과 어린

오르간 (organ) 풍금.

오르내리다 ①올라갔다 내려갔다 하다. ②남의 입에 자주 말거리가 되다. 예 헛소문이 사람들 입에 오르내렸다.

오르다〔오르니, 올라서〕 ①위로 가다. 예 산을 오르다. ②값이 비싸지다. ③몸에 살이 많아지다. ④병독이 옮게 되다. ⑤기록에 적히다. 반 내리다¹. 예 명단에 오르다.

오르막 올라가는 길. 반 내리막. 예 헐레벌떡 오르막을 오른다.

오르지 못할 나무는 쳐다보지도 말라(속) 분에 넘치는 일은 아예 생각도 말라.

오른손 오른편에 붙어 있는 손. 반 왼손.

오른쪽 앞을 향해 오른손의 쪽. 비 우측. 예 오른쪽으로 가.

오:리 모양은 기러기와 같고, 부리가 넓적하며, 다리가 짧은 가축의 하나. 집오리·물오리·청머리오리 등이 있음. 〔오 리〕

오리온자리 (Orion—) 겨울철의 별자리. 바깥쪽의 4개의 밝은 별과 가운데의 3태성으로 이루어져 있음.

오막살이 ①작고 낮은 초가집. ②오두막집의 살림살이.

오:만하다(傲慢—) 잘난 체하다. 거만하다.

오:망 떨다(迂妄—) ①말이나 하는 짓이 가볍다. ②몹시 까불다.

오목 다각형(—多角形) 오목 폐곡선으로 된 다각형.

오목 렌즈(—lens) 가운데가 얇고 가장자리가 두꺼워 오목한 렌즈. 반 볼록 렌즈.

오목오목 쏙쏙 들어간 모양. 반 볼록볼록. —하다.

오목판 판의 오목한 부분에 물감을 넣어서 찍어 내는 판화.

오목 폐곡선(—閉曲線) 폐곡선 내부의 두 점을 이을 때 폐곡선과 만나게 되는 폐곡선.

오목하다 속이 조금 깊다. 반 볼록하다. 예 오목한 그릇.

오:묘하다(奧妙—) ①깊고 그윽하여 알 수 없다. ②이상하여 알 수 없다.

오:물(汚物) 지저분하고 더러운 물건. 비 쓰레기. 예 오물 처리 방안을 논의하다.

오물오물 벌레나 물고기 따위의 몸피가 작은 것이 한 군데 모여 자꾸 꼼지락거리는 모양.

오므리다 가장자리의 끝이 한 군데로 모이게 하다.

오:버타임 (overtime) 규정 시간 이외의 시간.

오보에(이) oboe) 관현악용의 높은 음의 목관 악기. 소리가 부드럽고 슬픔.

오:복(五福) 오래 살고, 잘 고, 건강하고, 덕을 닦고, 목숨을 탈없이 제대로 마침의 다섯 가지 복.

오붓하다 ①물건이 비교적 많다. ②살림이 알뜰하다. 살림이 어렵지 않다.

오빠 계집아이가 손위의 오라비를 부르는 말.

오:색(五色) ①파랑·노랑·빨강·하양·검정의 다섯 가지 빛깔. ②여러 가지 빛깔. 예오색이 찬란하다.

오:색실 다섯 가지 알록달록한 빛깔로 된 실.

오:선지(五線紙) 음악에서 악보를 그리기 위하여, 다섯 줄씩 띄어서 줄을 그은 종이.

오솔길[—낄] 폭이 좁은 호젓한 길. 예꼬불꼬불한 오솔길.

오수덕 고원 평안 북도 중강진에 있는 고원. 옛날부터 토질병이 심하여 사람은 도저히 살 수 없다고 알려진 곳.

오수의 개 이야기 오수 지방의 전설. 불이 나서 주인이 위태롭게 되자, 개가 제 몸에 물을 묻혀다가 불을 꺼서 주인을 구하고는 자신은 지쳐서 죽었다는 이야기.

오스트레일리아(Australia) 오스트레일리아 대륙과 뉴기니의 일부로 이루어진 연방 공화국. 수도는 캔버라. 영어방에 속함. 목축 산업이 발달함.

오스트리아(Austria) 중부 유럽에 있는 나라. 수도는 빈.

오슬오슬 소름이 자꾸 끼칠 듯이 추워지는 모양. 예오슬오슬 추워진다. —하다.

오아시스(oasis) 사막 가운데 물이 흐르고, 풀과 나무가 있어 쉴 수 있는 곳.

오아시스 농업 사막 지방의 샘이 있는 곳이나 강물이 흐르는 곳에서 밀·대추·야자 등을 가꾸는 농업.

오얏 →자두.

오:열(五列) 스파이. 비간첩.

오:염(汚染) 공기·물·땅 같은 곳에 생물이 생활하는 데 해로운 물질이 섞이는 것. 예오염 지대. —하다.

오:월(五月) 일년 중 다섯 번째에 드는 달.

오이 덩굴에 거죽이 두툴두툴하고 둥글고 긴 열매가 열리는 채소.

오이는 씨가 있어도 도둑은 씨가 없다〈속〉 도둑질은 유전이 아니다.

오이소박이 오이로 담근 김치의 한 가지.

오이씨 오이의 씨. 준외씨.

오일(oil) 기름.

오:일륙 군사 정변(五一六軍事政變) 1961년 5월 16일, 박정희 육군 소장을 비롯한 청년 장교들이 장면 내각을 뒤엎고 정권을 장악한 일. 오일륙 혁명.

오:장(五臟) 몸 안의 다섯 가지의 내장. 곧 간장·심장·비장·폐장·신장.

오:전(午前) 밤 열두 시부터 오정까지. 오정 전. 비상오. 반오후. 하오.

오:정(午正) 낮 열두 시. 비정오. 반자정.

오존(ozone) 염소와 비슷한 냄새를 가진 기체. 살균·소독·표백에 씀.

오죽 =얼마나. 예네 병이 낫기만 한다면 오죽 기쁘겠니.

오죽헌(烏竹軒) 강릉시 죽헌동에 있는 보물 제165호로 지정된 집. 이율곡이 탄생한 집. 조선 시대 초기에 지은 목조 건물로서 유적·유물·필적·각판 따위가 보존되어 있음.

오줌 오줌통에서 오줌 나오는 길을 통하여 몸 밖으로 나오는 물. 비소변.

오줌보 콩팥에서 걸러진 오줌이 괴는 살 주머니.

오지 그릇 붉은 진흙으로 만들어 볕에 말리거나 약간 구운 다음 오짓물을 입히어 다시 구운 질그릇.

오직 그것만. 단지. 오로지. 한갓. 비다만. 예오직 너만은 믿을 수 있다.

오징어 몸은 작은 주머니 같고, 열 개의 발이 있으며, 등 속에 작은 뼈 같은 흰 물건이 있는데, 적을 만나면 시꺼먼 먹물을 뿜고 달아남.

오:차(誤差) 참값과 근사값과의 차이.

오:차의 백분율[一늂] 상대 오차를 백분율로 나타낸 것.

오:차의 한:계 그 수값으로 반올림하여 얻은 근사값(올림과 버림에 의하여 얻은 값).

오:케스트라(orchestra) 관악과 현악의 협주. 비관현악.

오:케 이(O.K.) 좋아, 틀림없어, 또는 알아들었어의 뜻.

오페라(opera) 극과 음악을 합해 하는 연극. 비가극. 악극.

오프셋(offset) 종이에 찍기 전에 일단 고무 헝겊에 찍은 다음, 그 잉크가 채 마르기 전에 그 고무 헝겊의 것으로 종이에 옮겨 찍는 인쇄.

오:픈 게임(open game) 주요한 경기가 시작되기 전에 누구든지 자유롭게 참가할 수 있는 경기.

오:한(惡寒) 몸이 오슬오슬 춥고 괴로운 증세.

오:해(誤解) 그릇 해석함. 그릇된 해석. 반이해. —하다.

오호(嗚呼) 슬플 때나 탄식할 때 내는 소리.

오:후(午後) 오정부터 밤 열두 시까지. 오정 뒤. 비하오. 반오전.

오히려 이것보다는 차라리 다른 것이 낫다는 뜻으로 쓰이는 말. 비차라리. 도리어. 예그것보다는 오히려 이것이 낫다.

옥(玉) ①환하게 보이고 푸른 빛을 띤 돌. ②구슬. ③보석.

옥(獄) 죄지은 사람을 가두어 두는 곳. 비감옥.

옥수수 줄기·잎은 수수와 비슷하고, 열매는 여러 겹의 껍질에 싸이었으며, 끝에 술이 달렸는데 그 껍질을 벗기어 찌거나 구워 먹음.

옥수숫대 옥수수나무의 줄기.

옥신각신 옳으니 그르니 하고 서로 다투는 모양. 예옥신각신 서로 다투다. —하다.

옥양목(玉洋木) 목화 섬유로 짠 천의 한 가지.

옥좌(玉座) 임금이 앉는 자리.

옥천교(玉川橋) 서울 창경궁에 있는 돌다리의 이름.

옥타브(octave) 한 음으로부터 여덟 개 되는 음정과의 사이.

옥토(沃土) 기름진 땅. 비옥한 땅. 반황무지.

옥토끼 ①달 속에 산다고 하는 토끼. ②털빛이 흰 토끼.

옥편(玉篇) 한문 글자를 설명하여 놓은 책.

온:[1] 전부의. 비온갖.

온[2] 이상하거나 못마땅할 때에

나오는 소리. 예온, 이게 무슨 짓이람.

온:갖 여러 가지. 모든. 비갖은. 모든. 예나라를 위하여 온갖 힘을 다 바치다.

온:건하다(穩健—) 말이나 하는 짓이 사리에 어그러지지 아니하고 착실하다.

온난 전선(溫暖前線) 따뜻한 공기가 찬 공기를 밀치고 나아갈 때 생기는 전선. 넓은 지역에 비가 내리고 비가 그친 뒤에는 기온이 갑자기 높아짐. 반한랭 전선.

온달(溫達, ?~590) 고구려 평원왕 때의 장군. 집이 가난하여 남루한 옷차림을 하고 구걸하고 다녀, '바보 온달'이라고 불렸는데 평강 공주와 결혼한 뒤에는 무술을 익혀 장군이 되었음.

온:당하다(穩當—) 사리에 어그러지지 아니하고 이치에 옳다. 반부당하다.

온 대(溫帶) 북위 23.27°~66.33° 남위 23.27°~66.33° 사이의 온화한 지대로, 현대 문화는 거의 이 지역에 집중되어 있음. 반한대.

온데간데없다 갑자기 어디로 갔는지 찾을 수가 없다. 예싸움 구경을 하고 돌아와 보니, 내 가방이 온데간데없이 사라지고 말았다.

온도(溫度) 덥고 추운 정도.

온도계 온도를 재는 기구. 비한란계.

온돌(溫突) 구들.

온돌방[—빵] 방바닥 밑으로 불기운을 넣어 방을 덥게 하는 장치를 한 방.

온량하다(溫良—) 성질이 온순하고 착하다.

온면(溫麵) 더운 장국에 만 국수. 반냉면.

온상(溫床) 인공적으로 열을 가해 속성으로 재배하는 묘판. 반냉상. 예온상 재배.

온순(溫順) 마음이 부드럽고 순함. 비유순. 반난폭. —하다.

온스(ounce) 영·미 두 나라의 무게의 단위. 파운드의 16분의 1. 28.35g.

온실(溫室) 겨울에 화초를 기르느라고 덥게 장치한 방.

온:전하다(穩全—) 결점이 없고 완전하다.

온:종일 하루가 다 지나도록. 비하루 종일. 예온종일 집에 있었다.

온천(溫泉) 땅속에서 더운물이 솟는 곳.

온천물 땅속으로 스미든 지하수가 땅속 깊은 곳에서 데워져 다시 땅 위로 솟아 나오는 물. 온천수.

온:통 모두. 죄다. 통째. 비전부. 예비를 맞아서 옷이 온통 젖었다.

온화하다(溫和—) ①날씨가 따뜻하고 바람이 없다. ②성질이 온순하고 인자하다.

온:힘 있는 힘을 모두.

올¹ 올해. 비금년.

올:² 피륙의 날과 씨의 하나하나. 예올이 부드럽고 가늘다.

올:가꾸기 농작물을 제철에 앞서 일찍 가꾸는 일.

올가미 새끼·노 따위로 고리를 지어 짐승을 잡는 장치.

올동말동[―똥―똥] 옳지 안 올지. 예비가 올동말동하다. ―하다.

올라가다 낮은 데서 높은 데로 향하여 가다. 반내려오다.

올려다보다 아래쪽에서 위쪽을 바라보다. 반내려다보다.

올려본각(―角) 나무의 높이나 건물의 높이를 잴 때, 올려다 보는 방향이 수평면과 이루는 각. 반내려본각.

올리다 ①윗사람에게 바치다. 예진짓상을 올리다. ②올라가 게 하다. 반내리다¹. 예깃발을 높이 올리다.

올리브(olive) 늘푸른 교목으로, 보통 감람이라고 함. 열매로 짠 기름은 식료와 약품 등에 쓰임.

올림¹ 윗사람에게 편지를 쓸 때 자기 이름 밑에 쓰는 말. 예김 철수 올림.

올림² 근사값을 구하는 경우에, 구하는 자리의 숫자를 1만큼 크게 하고 그것보다 아랫자리 의 숫자는 모두 0으로 하는 방법.

올림푸스(Olympus) 그리스 서북부에 있는 산으로 그리스 신화상 유명한 산.

올림피아(Olympia) 올림픽이 시작된 그리스의 땅 이름.

올림픽(Olympic) 그리스에서 4 년마다 올림피아에서 행하던 경기. 지금은 세계 각국에서 돌아가면서 열림.

올림픽 경기 ①옛 그리스에서 제우스신에게 제사를 지낼 때 5일간 올림피아 언덕에서 시행 한 경기. ②1896년부터 4년마다 세계 각국이 참여한 가운데 열리는 운동 경기.

올망졸망 작고 또렷한 덩어리 같은 것이 고르지 않게 벌여 있는 모양. ―하다.

올:바로 곧고 바른 대로.

올:바르게 똑바르게. 틀림이 없이. 반그르게.

올:바르다[올바르니, 올발라서] 옳고 바르다. 예모든 일을 올 바르게 처리해야 한다.

올:밤 일찍 익는 밤.

올:벼 일찍 여무는 벼.

올봄[―뽐] 올해의 봄.

올빼미 얼굴 모양은 부엉이와 비슷하고, 눈이 둥글며 낮에는 숨었다가 밤에 나와서 작은 새나 쥐 등을 잡아먹는 새. 〔올빼미〕

올챙이 알에서 깨어나 완전한 개구리가 되기까지의 상태. 물속에서 아가미로 호흡함.

올해 이 해. 비금년. 반내년.

옭매다[옹―] 잘 풀어지지 않 도록 단단히 매다.

옮기다[옴―] ①자리를 바꾸다. ②말을 전하다. ③병을 전염시 키다.

옮:다[옴따] ①있던 곳을 바꾸다. ②물들다. ③전염하다. 예 감기가 옮다.

옳다[올타] ①무엇을 옳게 여길 때 내는 소리. ②이치에 맞다. 예네 말이 옳다.

옳아[오라] ①옳지. ②암. ③정말. 예옳아, 네가 아파서 못 왔구나.

옳지[올치] 그렇다는 뜻을 나타

옳지옷 '올바르지'의 옛말. '옷'은 뜻을 강조하기 위한 말.
옴: 손가락·발가락 사이가 짓무르기 시작하여 차차 온몸에 퍼지며 몹시 가려운 피부병.
옴츠러지다 ①춥거나 무서워서 몸이 작아지다. ②겁을 먹고 용기를 잃어버리다. 圓움츠러지다.
옴폭하다 속으로 폭 들어가 오목하다. 圓움푹하다.
-옵- 높여 말할 때 가운데 끼워서 쓰는 말. ⑩가시옵소서.
옵서:버(observer) 국제 회의에서 의견을 말할 수 있으나 표결권이 없는 사람.
옷 사람의 몸에 입는 물건. 비 의복. 피복.
옷감 옷을 만드는 천.
옷걸이 옷을 거는 도구.
옷고름 저고리·두루마기 따위에 단 끈.
옷깃 저고리나 웃옷의 목에 둘러 대어 앞으로 여미는 부분.
옷을 갈아입는 느티나무 철이 바뀜에 따라 나뭇잎이 돋아나기도 하고 또 떨어지기도 하는 느티나무를 사람에 빗대어 한 표현.
옷을 여미고 옷의 앞쪽을 단정히 모으고.
옷자락 옷의 깃이나 옷 앞뒤의 아래로 늘어진 부분.
옷장 옷을 넣어 두게 된 세간. 비 의장. 장롱.
옷차림 옷을 입은 모양. ⑩그 사람의 옷차림은 부자 같아 보인다.
옹골차다 실속 있게 꽉 차고 기운차다.
옹:기 질그릇이나 오지 그릇.
옹:기장이 옹기를 만드는 사람.
옹:기전 옹기를 파는 가게.
옹기종기 크고 작은 물건이 많이 모여 있는 모양. —하다.
옹달샘 땅에서 물이 솟아나오는 작고 오목한 샘.
옹달우물 앉아서 바가지로 퍼낼 수 있는 우물.
옹배기 질그릇 만드는 흙으로 만든 작은 그릇.
옹:색하다(壅塞—) ①살기 어렵다. ②막히어서 통하지 않다. 圓군색하다.
옹솥 조그마한 솥. 圓가마솥.
옹이 나무의 몸에 박힌 가지의 그루터기.
옹:호(擁護) ①부축하여 보호함. ②편을 듦. —하다.
옻 옻나무에서 나는 진. 물건에 바르는 칠의 원료로 씀.
와 받침 없는 두 말 사이에 쓰는 말. ⑩너와 나.
와가(瓦家) =기와집.
와글와글 많은 사람들이 모여서 떠드는 모양. ⑩장터에 사람들이 와글와글 들끓다. —하다.
와락 급히 대들거나 잡아당기는 모양. 圓워럭.
와르르 쌓였던 것이 야단스럽게 무너지는 소리. 圓워르르. ⑩담이 갑자기 와르르 무너졌다. —하다.
와이 셔츠(white shirts) 양복 저고리 속에 바로 입는 소매가 긴 서양식 셔츠.
와이어 게이지(wire gauge) 철사의 굵기를 재는 기구.
와이 엠 시: 에이(Y.M.C.A.)

기독교 청년회.
와이 좌:표(Y座標) =좌표축.
와이축(Y軸) 좌표축에서 세로로 그은 수직선.
와해(瓦解) 사물이 흩어짐. 깨어짐. —하다.
왁자지껄하다 여러 사람이 모여 소리를 높여 몹시 떠들다. [예] 시장에서 사람들이 왁자지껄하게 떠든다.
왁자하다 몹시 떠들썩하다. [예] 밖이 왁자해서 나가 보았다.
완강하다(頑強—) 태도가 거칠고 굳세다. [비] 굳세다. [반] 나약하다.
완고하다(頑固—) 듣고 본 것이 적고 어리석으면서도 주장을 내세우기만 하다.
완공(完工) 공사를 마침. 공사가 끝남. [비] 준공. —하다.
완:구(玩具) 어린이가 가지고 노는 장난감. [비] 장난감.
완도(莞島) 전라 남도 남해에 있는 섬.
완도 대:교 전라 남도 해남 반도와 완도를 연결하는 다리.
완:두(豌豆) 콩과의 덩굴풀. 잎은 새깃 모양의 겹잎인데, 작은 잎은 말리어 덩굴손으로 변함. 꽃은 희거나 자줏빛이며, 연한 꼬투리가 열리는데 속에 든 둥근 씨는 먹음.
완:력(腕力) 주먹 기운. 팔의 힘. [비] 뚝심. 힘꼴.
완:상(玩賞) 좋아서 구경함. 취미로 구경함. —하다.
완성(完成) ①다 이루어 냄. ②완전히 됨. [비] 완수. 완공. [반] 미완성. 착수. [예] 제3 한강교가 드디어 완성되었다. —하다.
완수(完遂) 목적을 완전히 달성함. [비] 완성. [예] 책임을 완수했다. —하다.
완숙(完熟) 완전히 익음. [반] 반숙. [예] 완숙한 기술. —하다.
완:연하다(宛然—) ①뚜렷하다. [예] 완연한 봄이다. ②똑똑하다. ③모양이 비슷하다.
완:장(腕章) 옷의 팔 부분에 두르는 표장.
완전(完全) ①부족한 것이 없음. ②흠이 없음. [비] 완벽. 온전. [반] 불완전. [예] 오래 된 병이 이제는 완전히 나았다. —하다.
완:충 지대(緩衝地帶) 두 나라 사이에 충돌을 피하기 위하여 설정하는 중립 지대.
완쾌(完快) 병이 완전히 나음. [비] 쾌유. —하다.
완:행(緩行) 느리게 감. 천천히 감. [반] 급행. —하다.
완:화(緩和) ①느슨하게 되는 것. ②부드럽게 어루만지는 것. [반] 강화. —하다.
왈츠(waltz) 춤출 때 쓰는 3박자의 곡조. 원무곡.
왈칵 어떤 일이나 감정이 갑자기 심하게 나타나는 모양. [큰] 월컥. [예] 분한 마음이 왈칵 치밀었다.
왕(王) 임금. [반] 신하.
왕건(王建, 877~943) 고려의 태조(재위 918~943). 원래 태봉의 왕인 궁예의 신하였으나, 궁예의 부하들이 왕건을 왕으로 세웠음.
왕겨 벼를 찧을 때 처음 생기는 굵은 겨.
왕골 돗자리를 만드는 데 쓰는

한해살이 풀.
왕국(王國) 임금이 다스리는 나라. 凹 군주국.
왕궁(王宮) 임금이 사는 궁전. 凹 궁궐.
왕:래(往來) 오고 감. 凹 내왕. 왕복. —하다.
왕:림(枉臨) '오다'는 뜻의 높임말. —하다.
왕모래 알이 굵은 모래.
왕밤 굵은 밤.
왕:방(往訪) 찾아감. —하다.
왕방울 가장 큰 방울. 예 왕방울 같은 눈.
왕벌 몸집이 비교적 큰 말벌 또는 호박벌을 일컬음.
왕:복(往復) ①가고 오고 함. ②갔다가 돌아옴. 凹 왕래. 반 편도. —하다.
왕비(王妃) 임금의 아내.
왕산악(王山岳) 우리 나라 3대 악성 중의 한 사람. 고구려 때의 정치가이며 음악가로서, 거문고를 만들었음.
왕성(旺盛) ①잘되어 한창 성함. ②세력이 일어남. ③자손이 많아짐. ④기운이 좋음. 凹 쇠퇴. 부진. —하다.
왕실(王室) 임금의 집안. 凹 왕가. 황실.
왕:오천축국전(往五天竺國傳) 신라의 중 혜초가 인도와 그 근처의 여러 나라를 순례하고 그 행적을 적은 기행문.
왕:왕(往往) 가끔. 때때로. 예 사람은 왕왕 실수를 한다.
왕위(王位) 임금의 자리. 凹 왕좌. 제위.
왕자(王子) 임금의 아들.
왕정(王政) 임금이 하는 정치.
왕조(王朝) 임금이 직접 다스리는 조정. 예 조선 왕조.
왕좌(王座) ①임금의 자리. ②으뜸가는 자리. 확고 부동한 위치. 凹 왕위.
왕후(王后) 임금의 아내.
왜 ①무슨 까닭으로. 어째서. ②의문의 뜻을 나타내는 대답.
왜:가리 해오라기의 한 가지. 몸 빛은 잿빛인데 머리와 목은 흰빛이며 다리가 긺.
왜구(倭寇) 옛날 우리 나라를 침범하던 일본의 해적.
왜군(倭軍) 일본의 군사. 왜병.
왜놈 일본 사람.
왜무 재래종 무에 대하여 굵고 길며 살이 연한 일본 무.
왜병(倭兵) 일본의 군인을 얕잡아 이르는 말. 凹 왜군.
왜선(倭船) 일본 군대의 배.
왜장(倭將) 일본 군대의 대장.
왜적(倭敵) 적국인 일본.
외- 말 위에 붙어 하나만으로 됨을 뜻하는 말. 예 외아들.
외(椳) 한옥을 지을 때, 흙을 바르기 위해 벽 속에 엮은 가느다란 나뭇가지.
외:가(外家) 어머니의 친정.
외:갓집 어머니의 친정집.
외겹 겹겹이 되어 있지 않은 단 한 켜.
외곬 ①한 곳으로 통한 길. ②다른 일은 하지 않고 오직 그 일만 하는 것.
외:과 의사(外科醫師) [—꽈—] 살갗이나 다친 데를 고치는 의사. 凹 내과 의사.
외:관(外觀) 거죽의 모양. 겉보기. 凹 볼품.
외:교(外交) ①외국과의 교제나

교섭. ②바깥 일의 주선.
외:교권[—꿘] 제3국의 간섭을 받지 않고 외국과 국교를 맺는 등의 외교 교섭을 할 수 있는 정당한 권리.
외:국(外國) 자기 나라 밖의 다른 나라. 🖽타국. 해외. 🖻고국. 국내. 내국. 본국. 조국.
외:국어 다른 나라의 말. 🖻모국어. 몐외국어를 잘 한다.
외:국 영화 다른 나라에서 만든 영화. 🖻국산 영화. 🖾외화.
외:금강(外金剛) 금강산의 주봉의 동쪽을 일컫는 말.
외나무다리 한 개의 통나무로 만든 다리.
외:다/외:우다 책을 보지 않고 그 글귀를 읽다. 🖽암기하다.
외따로 홀로. 외롭게.
외딴집 따로 떨어져 있는 집.
외:람되다(猥濫—) 분수에 넘치는 짓을 하여 죄송하다.
외:래 문화(外來文化) 외국에서 들어온 문화. 🖻고유 문화.
외:래어(外來語) 외국에서 들어와 우리말처럼 굳어져 쓰이는 말. 버스·라디오 따위.
외롭다 ①의지할 곳이 없다. ②쓸쓸하다. 🖽고독하다.
외:륜산(外輪山) 칼데라를 에워싸고 있는 산.
외마디 소리 괴로움을 이기지 못하여 부르짖는 소리.
외:면(外面) 겉면. 겉모양.
외:면하다(外面—) 아는 체를 안하고 낯을 돌리다. 몐영철이는 나와 싸운 것이 아직 분이 안 풀렸는지 나를 보자 곧 외면해 버렸다.
외:모(外貌) 겉모습. 겉모양.
🖽외형. 몐단정한 외모.
외:부(外部) 거죽. 밖. 🖻바깥. 🖻내부.
외:상 돈은 나중에 주기로 하고 먼저 물건을 사는 일. 🖻맞돈.
외아들 형제가 없이 단 하나만 있는 아들. 🖽독자. 🖻외딸.
외양간[—깐] 소·말 따위가 자고 먹는 곳. 🖽마구간. 몐소 잃고 외양간 고친다.
외:적(外敵) 다른 나라로부터 쳐들어오는 적. 🖽외구. 몐외적의 침입.
외:족(外族) ①어머니 편의 일가. ②외국 민족. 우리와 같은 민족이 아닌 민족. 🖽타족.
외:출(外出) 집 밖으로 나감. 🖽나들이. —하다.
외:치다 소리를 질러서 알려 주다. 🖽소리치다. 부르짖다. 🖻속삭이다. 몐별안간 "불이야!"하고 외치는 소리가 들려 왔다.
외톨이 의지할 데도 없고 매인 데도 없는 홀몸.
외:투(外套) 겨울 양복 위에 덧입는 겉옷.
외:할머니 어머니의 친정 어머니. 외조모.
외:할아버지 어머니의 친정 아버지. 외조부.
외:항(外港) 선박이 입항하기 전에 잠깐 머무르는 항구. 🖻내항.
외:항선(外航船) 많은 물자를 싣고 외국을 드나드는 배.
외:해(外海) 육지를 멀리 떠난 넓은 바다. 🖻내해.
외:형(外形) 겉으로 드러난 모

양. 비외모. 외양. 예외형이 단정하다.

외:화(外貨) 다른 나라의 돈. 예외화 획득.

왼:손 왼쪽에 있는 손. 반오른손.

왼:쪽 왼편. 반오른쪽.

요 ①받침 없는 말에 붙어 '고'의 뜻을 나타내는 말. 예이것은 책이요, 저것은 붓이요, 또 저것은 먹이다. ②의문을 나타내는 말끝. 예누구요?

요 사람이 누울 때 방바닥에 까는 것으로 솜을 두어 만든 물건. 반이불.

요강 오줌을 누는 데 쓰는 둥그런 그릇.

요건(要件)[―껀] ①중요한 용건. ②필요한 조건. 비요소.

요구(要求) ①무엇을 달라고 청함. ②하라고 청함. 비요청. ―하다.

요금(料金) 보거나 쓰거나 수고를 끼친 값으로 치르는 돈.

요기 '여기'를 얕잡거나, 가리키는 장소를 퍽 좁힐 때 쓰는 말.

요기(療飢) 배고플 때에 간단히 음식을 먹음. ―하다.

요긴(要緊) 썩 필요함. 비긴요. ―하다.

요나라(遼―) 거란족이 랴오허강 상류에 세운 나라(916~1125). 3차에 걸쳐 고려에 침입했으나 서희의 외교와 강감찬의 공격으로 물러났음.

요다음 이번이 아닌 다음 기회. 예어머니께서 요다음 학기에는 공부를 더 잘하라고 하십니다.

요동(搖動) 흔들림. 흔들어 움직임. 흔들음. ―하다.

요란(搖亂) 시끄러움. 비소란. 반고요. 조용. 예빈 달구지가 더 요란하다. ―하다.

요란스럽다 시끄럽다. 반조용하다. 예자동차 공장에서는 기계가 요란스럽게 돌아간다.

요람(搖籃) ①어린이를 누이고 흔드는 작은 그물이나 채롱. ②어떤 일이 발달되는 처음 시대. 예요람에서 무덤까지. 〔요 람〕

요량(料量) ①앞일에 대한 생각. ②짐작. 예잘 요량해서 행동해라. ―하다.

요렇다 요런 모양과 같다. 본요러하다. 큰이렇다.

요령(要領) ①제일 필요한 대목. ②반드시 알아야 할 점.

요르단(Jordan) 서남 아시아의 이스라엘과 사우디아라비아와의 사이에 있는 왕국. 수도는 암만.

요리(料理) ①음식을 만듦. ②맛있는 음식. ③어떤 일을 다룸. ―하다.

요리사 음식을 만드는 일을 하는 사람.

요리조리 방향이 일정하지 않은 모양. 큰이리저리.

요망(妖妄) ①요사스러움. ②언행이 경솔함. 비요사. ―하다. ―스럽다.

요망(要望) 매우 바람. ―하다.

요사(妖邪) 경솔하고 간사한 태도가 있음. 비요망. 예요사스러운 간신들. ―하다. ―스럽다.

요사이 이 동안. 🔟요즈음. 예 요사이 어떻게 지냈소?

요새 '요사이'의 준말.

요새(要塞) 나라를 방비하는 데 중요한 곳.

요소(尿素) 질소 성분이 가장 많이 들어 있는 비료.

요소(要素) 어떠한 일에 꼭 필요한 원소. 🔟요건.

요술(妖術) 사람의 눈을 어리게 하는 이상한 술법. —하다.

요술쟁이 요술을 부리는 재주가 있는 사람. 🔟마술사. 마법사.

요양(療養) 병을 낫기 위해 치료하고 휴양함. —하다.

요염(妖艶) 매우 아리따움. 예 요염한 자태. —하다.

요오드(독 Jod) 알코올에 녹여 요오드 용액을 만드는 데 쓰는 물질. 갈색의 고체이며, 열을 가하면 붉은 증기로 변함.

요오드 용액 요오드를 알코올에 녹인 것. 소독약으로 씀. 옥도 정기.

요원하다(遼遠—) 멀고 멀다. 아득히 멀다.

요전 며칠 전.

요절(夭折) 나이가 젊어서 죽음. 🔟요사. —하다.

요점(要點)[—쩜] 중요한 점. 🔟중점. 예요점만 간단히 이야기하시오.

요:조숙녀(窈窕淑女) 품위 있고 정숙한 여자.

요즈음 요사이. 준요즘. 예요즈음은 단풍이 한창이다.

요지(要旨) 중요한 뜻. 대강의 내용. 예글의 요지.

요지(要地) 정치·문화·교통·군사 등의 핵심이 되는 중요한 곳. 예군사상의 요지.

요지경(瑤池鏡) ①통 속에 그림을 넣고 그것을 돋보기를 통하여 들여다보게 만든 장난감. ②알쏭달쏭하고 묘한 세상 일을 비유하는 말. 예세상은 요지경 속이다.

요청(要請) 요긴하게 청구함. 🔟요구. —하다.

요컨대(要—) 중요한 점을 말하자면. 딴 말은 할 것 없이.

요:크셔(Yorkshire) 영국 요크셔 지방에서 개량된 돼지 품종의 하나.

요통(腰痛) 허리가 아픈 증세.

요 한 슈트라우스(Johann Strauss, 1825~1899) 오스트리아의 낭만파 음악가. '왈츠의 왕'이라고도 함. 작품에는 〈예술가의 생애〉·〈아름답고 푸른 도나우〉·〈봄의 소리〉 등이 있음.

요항(要項) 중요·요긴한 사항.

요행(僥倖) ①뜻밖에 얻은 행복. ②수고 없이 얻은 행복. 예요행을 믿다. —하다.

욕(辱) ①남을 저주하는 말. ②명예스럽지 못한 일. 예욕 들을 짓을 한다. —하다.

욕되다 부끄럽고 불명예스럽게 되다. 예가문을 욕되게 하다.

욕망(欲望) 하고자 하는 마음. 🔟욕심. —하다.

욕먹다 ①남에게 악평을 듣다. ②명예가 더러워지다.

욕설(辱說) ①남을 못 되도록 하거나 미워하는 말. ②남의 이름을 더럽히는 말. 욕지거리. 🔟칭송. —하다.

욕심(慾心) ①탐내는 마음. ②

자기에게만 이롭게 하고자 하는 마음. 団욕망. 예명예에 대한 욕심.

욕심 나다 욕심이 생기다.

용(龍) 모양은 큰 구렁이 같고, 온 몸이 비늘로 싸여 있으며 갖은 재주를 다 부릴 수 있다는 상상의 동물. 〔용〕

-용:(用) 어떤 말 아래에 붙여 '쓰임'의 뜻을 나타내는 말. 예학생용 가방. 자가용.

용:감하다(勇敢—) ①용기가 있어서 일을 척척 잘 처리하여 나가다. ②결단성이 있다. 団 씩씩하다. 団비겁하다. 예몸이 튼튼하여야 용감한 국군이 될 수 있다.

용:감히 씩씩하게.

용:건(用件)[-껀] 볼일. 해야 할 일. 예무슨 용건으로 왔니?

용궁(龍宮) 바닷속에 있다고 생각하는 용왕의 궁전.

용:기(勇氣) ①씩씩한 기운. ②겁을 먹지 아니하는 기운. 団겁. 비겁.

용납하다(容納—) ①너그러운 마음으로 남의 말을 받아들이다. ②남의 잘못을 잘 감싸 주다. 용인하다.

용:단(勇斷) 용기 있게 일을 결단함. —하다.

용담(龍膽) 산과 들에 보랏빛 꽃이 피는 여러해살이풀. 줄기와 뿌리 말린 것을 '용담'이라 하여 약에 씀.

용:도(用途) 쓰는 곳. 쓰는 법. 예용도가 다양하다.

용:돈[-똔] 개인의 자질구레한 일에 쓰이는 적은 액수의 돈. 예용돈을 아껴쓰다.

용:맹(勇猛) 날쌔고 사나움. 団비겁. —하다.

용:맹스럽다〔용맹스러우니, 용맹스러워〕 씩씩하고 사납게 보이다.

용모(容貌) 사람의 얼굴 모양.

용비어천가(龍飛御天歌) 조선 세종 27년에 왕명에 의하여 한글로 처음 지어진 글로, 조선의 건국을 기린 글.

용:사(勇士) ①용기가 있는 군인. ②날쌔고 씩씩한 남자.

용상(龍床) 임금이 앉던 자리.

용서(容恕) 나쁜 점을 꾸짖지 않음. 団처벌. —하다.

용소(龍沼) 폭포수가 떨어지는 바로 밑에 있는 웅덩이.

용솟음 물이 끓어오름. —하다.

용솟음치다 물이 끓어오르는 것처럼 힘있게 솟아 나오다.

용:수(用水) 물을 쓰는 일. 예공업 용수. 농업 용수.

용수철(龍鬚鐵) 나사 모양으로 되어 늘었다 줄었다 하는 철사. 団코일. 스프링.

용:쓰다 ①기운을 몰아서 내다. ②괴로움을 억지로 참다.

용액(溶液) 물질이 녹아 있는 액체. 소금물·설탕물 등.

용:어(用語) 쓰는 말.

용왕(龍王) 용궁의 임금.

용이(容易) 어렵지 않고 쉬움. 団곤란. —하다.

용자(容姿) ①얼굴과 자세. ②얼굴의 모습. 団용모.

용적(容積) 물건을 담을 수 있는 그릇의 부피. 団들이.

용접(鎔接) 두 금속에 높은 전열이나 가스열을 주어 접합시키는 일. —하다.

용접기 용접하는 땜질 기구.

용:지(用地) 어떤 일에 쓰기 위한 토지. 예 건축 용지.

용:지(用紙) 어떤 일에 쓰이는 종이. 예 답안 용지.

용트림 거드름을 피우느라고 짐짓 하는 트림. —하다.

용틀임(龍—) 임금이 거처하는 궁전 등에 장식한 용의 그림이나 새김.

용:하다 ①재주가 좋다. ②성질이 무던하다. 착하다. ③장하다. 잘하다.

용해(溶解) ①물질이 어느 액체 속에서 고루 녹는 현상. ②녹음. 또, 녹임. —하다.

우거지다 나무나 풀이 빽빽하게 들어차다. 비 무성하다. 울창하다. 예 숲이 우거지다.

우:군(友軍) ①우리 군대. ②우방의 군대. 비 아군. 반 적군.

우글거리다 여럿이 모여 자꾸 움직이다. 비 들끓다. 예 사나운 짐승들이 우글거리는 밀림 속으로 용감히 들어갔다.

우:기(雨期) 비가 많이 내리는 시기. 우계. 반 건기.

우기다 고집하다. 떼쓰다.

우대하다(優待—) 특별히 잘 대접하다. 비 후대하다. 반 천대하다. 학대하다.

우덕순(禹德淳) 애국 지사. 충청 북도 제천 출신. 안중근 의사와 만나 이토 히로부미를 죽이러 같이 하얼빈으로 갔다가 안 의사가 이토를 죽인 후 안 의사와 함께 붙잡혀서 3년 동안 감옥살이를 하였음.

우두(牛痘) 천연두(마마)의 전염을 예방하기 위하여 사람의 몸에 놓는 약. 종두.

우두둑 ①단단한 물건을 깨무는 소리. ②갑자기 무엇인가가 세게 부러지는 소리. 작 오도독. —거리다. —하다.

우두머리 ①물건의 꼭대기. 물건의 위. ②단체의 수령. 비 두목. 반 졸개.

우두커니 정신 없이 멀거니 서 있거나 앉아 있는 모양.

우등(優等) ①높은 등급. ②성적이 훌륭하게 빼어남. 비 열등. 예 우등생. —하다.

우등상 공부와 행실이 남보다 뛰어나서 주는 상.

우뚝우뚝 군데군데 서 있는 물건이 모두 윗머리가 몹시 높은 모양. —하다.

우뚝하다 ①높이 솟아 있다. ②남보다 뛰어나다. 작 오똑하다.

우랄 산맥(Ural 山脈) 아시아와 유럽을 남북으로 가르는 러시아 연방에 있는 산맥.

우람하다 큰 것이 모양이 웅장하여 위엄이 있다.

우량(優良) 뛰어나게 좋음. 예 우량품. —하다.

우:량(雨量) 비가 온 분량.

우:량계 비가 얼마나 왔는가를 재는 기계.

우러나다 물에 잠긴 물건의 빛 또는 맛이 빠짐.

우러나오다 어떤 생각이 마음속에서 스스로 생겨나다. 예 동정심이 우러나오다.

우러러보다 ①위를 쳐다보다.

②사모하다. 비쳐다보다. 반굽어보다. 예우리 학생들 모두가 우러러보는 교장 선생님.

우렁이 논이나 개울물에 사는 작은 조개. 나사 모양으로 된 껍질이 있고, 머리와 가슴의 구별이 없으며, 배로 기어다니고 빛은 녹갈색임.

[우렁이]

우렁차다 소리가 크고 힘차다. 비굉장하다. 반가냘프다. 예우렁찬 나팔 소리가 들려 온다.

우레 공중에서 전기의 작용으로 일어나는 소리. 비천둥.

우레 같은 박수 좋아라고 손뼉을 치는 소리가 마치 천둥 소리 같다는 말.

우레같이 우레 소리같이. 곧 큰 소리.

우루과이 (Uruguay) 남아메리카 남서쪽 대서양에 위치한 공화국. 수도는 몬테비데오.

우루루 →우르르.

우르르 ①큰 것들이 급하게 몰려가거나 움직이는 모양. 예사람들이 우르르 몰려왔다. ②쌓였던 물건이 무너지는 것과 같은 모양. 또는 소리.

우륵(于勒) 우리 나라 3대 악성 중의 한 사람. 원래는 가야 사람이었으나, 신라에 가서 가야금을 만들었음.

우리[1] 짐승을 가두어 두는 곳. 예돼지우리.

우리[2] 자기나 자기 동아리. 반너희.

우리네 자기와 관계가 있는 사람 모두.

우리다 물건을 물에 담가 맛이나 빛을 빼다.

우리들 자기와 관계되는 모든 사람.

우리말 우리 나라 말.

우릿간(一間) 돼지·소·말 들이 먹고 자는 곳.

우마차(牛馬車) 소와 말이 끄는 수레.

우매하다(愚昧一) 어리석고 어둡다. 아무것도 모르다. 비어리석다. 반현명하다.

우묵하다 속이 조금 둥글게 깊숙하다. 작오목하다.

우물 땅을 파고 샘물을 괴게 하여 물을 얻게 하는 설비.

우물 안 개구리〈속〉 세상 물정에 어두운 사람을 일컬음.

우물을 파도 한 우물을 파라〈속〉 무슨 일이든지 한 가지 일을 꾸준히 계속해야만 성공할 수 있다.

우물쭈물하다 말이나 행동을 똑똑하게 하지 못하고 흐리멍덩하게 하다. 비어름어름하다.

우미(優美) 뛰어나게 아름다움. —하다.

우:박(雨雹) 봄·여름에 공중에서 오는 싸라기눈보다 굵은 눈덩이.

우:방(友邦) 가까이 사귀는 나라. 비우방국. 예6·25 전쟁 때 우리는 자유 우방의 도움을 많이 받았다.

우:변(右邊) 등식에서 등호(=)의 오른편 부분. 반좌변.

우비다 ①속에 붙은 물건을 떼다. ②구멍 속을 넓게 깎다.

우:산(雨傘) 비가 올 때 손에 들고 머리 위를 가리는 제구.

비양산.
우선(于先) ①먼저. ②무엇보다도. 반나중. 예우선 아는 문제부터 풀어라.
우선권[―꿘] 남보다 먼저 할 수 있는 권리.
우세(優勢) 세력이 남보다 월등히 뛰어남. ―하다.
우수(偶數) 2로 나누어지는 수. 비짝수. 반기수.
우수(優秀) 여럿 가운데 아주 뛰어남. 비우월. 반열등. 예우수한 인재. ―하다.
우:수리 물건값을 제하고 거슬러 받는 잔돈.
우수성 여럿 가운데 가장 빼어난 성품이나 성질.
우수하다 여럿 중에서 제일 뛰어나다. 예우수한 기술.
우스꽝스럽다 몹시 우습다.
우습다 ①웃음이 날 만하다. ②재미있다. ③보잘것없다. ④가소롭다.
우승(優勝) 많은 가운데서 첫째 되게 이김. 반참패. ―하다.
우승자 이긴 사람.
우아하다(優雅―) 고상하고 아름답다. 예우아한 고려 자기.
우:애(友愛) ①형제 사이에 정이 두터움. ②벗 사이의 정. ―하다.
우엉 엉거싯과의 두해살이풀. 높이 1m, 살이 많은 뿌리를 먹고 열매는 이뇨약으로 쓰임.
우역(牛疫) 소가 걸리는 돌림병의 한 가지.
우:연(偶然) 뜻하지 않은 일. 뜻하지 않은 바. 반필연. 예길을 가다가 우연히 친구를 만났다. ―하다.

우왕(禑王) 고려의 제32대 왕. 공민왕이 죽은 후 10세(1374)에 왕이 되었으나, 14년(1388)에 이성계에게 피살당함.
우:우 여러 아이들이 시시하거나 야비한 것을 한꺼번에 야유하여 내는 소리.
우울(憂鬱) 마음이 답답함. 기분이 개운하지 않음. 반명랑. 예기분이 우울하다. ―하다.
우월(優越) 뛰어나게 나음. 비우세. 반열등. ―하다.
우유(牛乳) 소에서 짜낸 젖. 흰빛의 액체로서 지방·단백질·당분이 많고 소화가 잘됨.
우유병 우유를 담아 두는 병.
우:정(友情) 벗의 정. 벗들끼리 서로 믿고 사랑하는 마음. 우의. 예변함 없는 우정.
우:주(宇宙) 해·달·별을 싸고 있는 한없이 큰 공간과 시간. 비세계. 천지.
우:주 비행사 인공 위성이나 우주선을 타고 우주를 다니는 비행사.
우:주선 사람이 타고 우주 여행을 하는 데 쓰이는 인공 위성의 하나.
우:주 시대 우주를 무대로 인간의 활동이 펼쳐지는 시대.
우:주 왕복선 우주 여행을 갔다가 돌아오는 데 쓰는 비행기.
우:주 정류장[―뉴―] 우주 여행의 중간 기지로서, 지구 둘레의 궤도에 만들어지는 큰 인공 위성.
우중충하다 속이 깊고 밝지 않다. 어둡고 흐리어 침침하다.
우지지다 '우짖다'의 옛말. 새따위가 시끄럽게 몹시 울다.

우지직 ①잘 마른 솔가지 따위를 부러뜨리는 소리. ②잘 마른 보릿짚이나 나뭇가지 따위가 불에 타는 소리. ③질기고 단단하게 생긴 물건이 부러지거나 부서지거나 하는 소리. ㉔오지직. —거리다. —하다.

우지진다 시끄럽게 몹시 운다.

우짖다 ①울부짖다. ②울며 지저귀다. 旧지저귀다.

우쭐거리다 뽐내듯 장단에 맞추어 멋있게 움직이다. ㉕우줄거리다. ㉔오쭐거리다. ㉚우쭐거리며 걸어간다.

우체국(郵遞局) 전신·전화·통신의 사무를 맡아 보는 곳.

우체통 부칠 편지를 넣는 통.

우ː측(右側) 오른편. 旧오른쪽. 凹좌측.

우크라이나(Ukraine) 러시아 연방의 남서부에 있는 한 지방. 수도는 키예프.

우편(郵便) 국민의 부탁을 받아 편지나 그 밖의 물건을 받을 사람이나 장소에 전하는 일.

우편국 '우체국'의 옛말.

우편물 우편으로 부치는 편지나 물품.

우편 번호 우편물의 행선지를 숫자로 표시한 것.

우편 저ː금 우체국에서 맡아 관리하는 저금. 보통 저금과 정기 저금·정기 적금·조합 적금 따위가 있음.

우편 집배원 편지·소포·전보 따위를 배달하는 사람.

우표(郵票) 우편물에 붙이는 돈을 냈다는 표.

우ː화(寓話) 어떤 사물에 비겨서 의견이나 교훈의 뜻을 나타낸 이야기. 대표적인 것이 〈개미와 베짱이〉·〈여우와 두루미〉 등이 나오는 이솝 우화임.

욱박지르다 →윽박지르다.

운ː동(運動) ①몸을 튼튼하게 하기 위하여 팔·다리·몸통 등을 움직임. ②여러 가지의 경기. ③분주히 주선함. 旧체육. —하다.

운ː동 경ː기 일정한 규칙에 따라 재주를 서로 겨루는 일.

운ː동부 운동에 관한 일을 맡아 보는 부서.

운ː동 선ː수 무슨 경기를 특별히 잘하는 사람.

운ː동 에너지 운동을 하고 있는 물체가 갖고 있는 에너지.

운ː동장 운동 경기·유희를 하기 위하여 만들어 놓은 넓은 마당. 旧경기장. 凹교실.

운ː동 정신 운동을 할 때 이기고 지는 일에만 마음을 두지 아니하고 바르고 힘껏 싸우는 아름다운 정신.

운ː동회 운동 경기의 큰 모임. 旧체육회.

운두 물건의 둘레의 높이.

운ː명(運命) ①타고난 운수와 목숨. ②잘 살게 되는 것과 못 살게 되는 것에 관한 일. 旧운수. 숙명. ㉚자기의 운명은 자기가 개척해야 한다.

운ː명(殞命) 죽음. 목숨이 끊어짐. —하다.

운모(雲母) 6각의 널빤지꼴로 엷게 벗겨지기 쉬운 광물. 旧돌비늘.

운ː반(運搬) 사람·물건 따위를 옮겨 나름. 旧수송. 운송. —하다.

운:반 작용 흐르는 물이 흙·돌 같은 것을 운반하는 작용.

운:석(隕石) 별똥.

운:송(運送) 물건을 운반하여 보냄. 비운반. 예운송비. —하다.

운:수(運數) 사람에게 돌아오는 좋은 일과 나쁜 일. 비재수. 운명.

운:수(運輸) 큰 짐을 멀리까지 날라 옮김. 예운수 회사. —하다.

운:수업 규모가 크게 화물 운송을 하는 영업.

운:영(運營) 일을 경영하여 나감. 비경영. —하다.

운요호 사:건(雲揚號事件) 1875년 일본 군함 운요호와 우리 나라 강화도 포대 간에 일어난 포격 사건. 이로 인하여 강화도 조약이 체결되었음.

운:용(運用) 움직여 씀. 부리어 씀. 비활용. —하다.

운작(雲雀) 종달새.

운:전(運轉) ①움직여 돌림. ②자동차 따위를 부림. 비조종. 예운전사. —하다.

운:하(運河) 육지를 파서 강을 내고 배가 다니게 만든 길.

울 담 대신에 풀이나 나무를 엮어서 집 주위를 둘러막은 것. 본울타리.

울긋불긋 여러 가지 빛이 뒤섞인 모양. 비알록달록. 예앞산에 진달래가 울긋불긋 피었다. —하다.

울:다 ①아프거나 슬퍼서 소리를 내면서 눈물을 흘리다. 반웃다. ②새들이 노래하다.

울렁거리다 가슴이 두근거리다.

울릉도 우리 나라 동해안에 있는 섬으로 경상 북도에 속해 있으며 화산으로 이루어졌음.

울리다¹ ①소리가 들려 오다. 진동이 퍼지다. 예종이 울리다. ②다른 것에 미치다.

울리다² ①울게 하다. ②소리가 나게 하다. ③세력을 부리다.

울림 소리가 무엇에 부딪쳐 되울려 나오는 일. 또는 그 소리. 예산울림.

울림 마이크 소리가 어떤 데 부딪쳐 되울려 나오도록 장치된 마이크. 방송국이나 연극에서 유령이나 산울림 소리를 낼 때 쓰임. 에코 마이크.

울림통 기타의 통. 소리굽쇠의 바탕 상자와 같이 발음체가 낸 소리를 더욱 크게 울리게 하는 구실을 하는 통.

울먹거리다 자꾸 울먹이다. 반방글거리다.

울먹이다 금방이라도 울음이 터질 듯하다. 예울먹이는 동생을 달래다.

울멍줄멍 크고 작은 여러 덩어리가 고르지 않게 벌여 있는 모양. 작올망졸망. 예울멍줄멍 늘어선 꼬마들. —하다.

울며 겨자 먹기〈속〉마음에 없는 일을 억지로 함.

울부짖다 큰 소리를 치고 울다.

울분(鬱憤) 가슴에 쌓인 분한 마음. 예울분을 터뜨리다. —하다.

울산(蔚山)[—싼] 경상 남도의 광역시. 공업 단지가 이루어진 후 공업이 크게 발달되었음.

울상[—쌍] 울려고 하는 얼굴 모양.

울음 ①우는 소리. ②우는 일. 🕮웃음.
울적하다(鬱寂—)[—쩍—] 마음이 쓸쓸하고 기분이 좋지 아니하다.
울지 않는 아이 젖 주랴〈속〉 어떠한 일에나 요구하지 않으면 주지 않는다.
울창하다(鬱蒼—) 나무가 시퍼렇게 우거지다. 🕮우거지다. 무성하다. 🕮황폐하다. ⑩울창한 나무는 나라의 보배다.
울타리 담 대신에 풀이나 나무 따위를 얽어서 집을 둘러막은 물건. 🕮담. 담장.
울퉁불퉁 물건의 거죽 모양이 고르지 않고 들어갔다 나왔다 한 모양. 🕮올통볼통. ⑩길이 울퉁불퉁하다. —하다.
울화(鬱火) 속이 답답하여 나는 화. ⑩울화가 치밀다.
움: ①땅을 파고 거적으로 위를 덮어 바람·비·추위를 피하는 곳. ②겨울에 화초·채소를 넣어 두기 위하여 만든 장치. ③식물의 새싹.
움:돋다 움이 돋아나오다.
움직씨 =동사.
움직이다 ①마음이 끌리거나 흔들리다. ②자리를 옮기다. ③흔들거나 몸짓을 하다. ④바뀌다. 변동하다. ⑤활동하다. 행동에 옮기다. ⑥운영하다.
움:집[—찝] 사람이 사는 움.
움츠리다 몸을 꼬부리고 오므라지게 하다. ⑩거지가 담밑에 움츠리고 앉아 있다.
움켜쥐다 손가락을 오므리어 힘있게 움키어 쥐다. 🕮옴켜쥐다. ⑩과자를 움켜쥐다.
움키다 ①손가락을 오므리어 잡다. ②주먹 속에 넣다.
움:트다 싹이 나오다.
움:파 겨울에 움 속에서 기른 빛이 누런 파.
움푹움푹 군데군데 겉면이 넓고 깊게 들어간 모양. 🕮옴폭옴폭. ⑩장마로 움푹움푹 패인 길. —하다.
웃거름 농작물의 싹이 나와 그것이 자라는 동안에 주는 거름. 🕮밑거름. —하다.
웃는 낯에 침 뱉으랴〈속〉 공손하게 머리를 숙여 간절히 청하여 오는 이에게는 듣기 싫은 말이나 욕을 할 수 없다.
웃다 ①마음에 기쁜 것을 얼굴에 나타내다. ②좋아서 입을 벌리고 소리 내어 기뻐하다. 🕮울다. ③꽃이 활짝 피다.
웃돈 물건과 서로 바꿀 때에 그 값을 따져서 보태 내는 돈.
웃어른 나이나 지위·신분 등이 높아서 직접, 간접으로 자기가 모셔야 할 어른.
웃옷[웃—] ①위에나 겉에 입는 옷. ②웃통에 입는 옷.
웃음 ①웃는 소리. ②웃는 일. 🕮미소. 🕮울음.
웃음꽃 유쾌한 웃음을 형용하여 이르는 말.
웃음바다 여러 사람이 한꺼번에 웃는 웃음.
웅대하다(雄大—) 굉장히 크다. 🕮웅장하다.
웅덩이 늘 물이 괴어 있는 곳. 작은 늪. 🕮구덩이.
웅변(雄辯) ①조리가 있고 거침없이 잘하는 말. ②말을 잘함. —하다.

웅성거리다 조용해야 할 때 행동을 같이하지 않는 군중이 수군수군하며 소란을 피우다.

웅장하다(雄壯—) 굉장히 크다. 비응대하다. 반빈약하다.

웅크리다 몸을 몹시 움츠러뜨리다. 비쪼그리다. 예닭이 응달에 응크리고 앉았습니다.

워낙 ①처음부터. ②원래. ③본디부터. 예몸이 워낙 약해서 병이 잘 낫지 않는다.

워낭 마소의 귀에서 턱밑으로 늘여 단 방울.

원: 놀랍거나 언짢거나 뜻밖의 일을 당할 때에 하는 말. 예원, 세상에 그럴 수가 있나.

원(員) 옛날에 고을을 지키던 수령.

원¹(圓) 한국의 돈의 단위.

원²(圓) 동그라미.

원:(願) 마음에 바라는 일. 비소망. 예훌륭하게 되기를 원한다. —하다.

원고(原告) 법원에 재판을 걸어 온 사람. 반피고.

원고(原稿) 인쇄하기 위하여 쓰거나 그리거나 한 것.

원고지 글을 쓰기 알맞게 가로·세로 줄을 쳐서 칸을 만들어 놓는 종이. 본원고 용지.

원광 법사(圓光法師, ?~630) 신라 진평왕 때의 중. 세속 오계를 지어 화랑도의 기본 정신으로 삼게 하였음.

원구단(圓丘壇) 1897년에 대한 제국의 탄생을 세계에 선포한 곳. 지금도 조선 호텔 뜰에 남아 있음.

원그래프 전체를 1로 보아 전체에 대한 각 부분의 비율로 중심각을 그린 그림표. 전체에 대한 부분의 비율을 알아보기 쉽도록 나타내는 데 알맞음.

원:근법(遠近法)[—뻡] 멀고 가까운 느낌을 보아서 나타내는 방법.

원기(元氣) ①본디 타고난 기운. ②만물의 정기. 비정력.

원기둥 원으로 된 두 평면과 곡면으로 이루어진 도형.

원나라(元—) 중국 왕조의 하나 (1271~1367). 13세기 중엽 몽고족의 추장 칭기즈 칸이 몽고족을 통일하고 중국에 침입하여 세운 나라.

원님(員—) 옛날 한 고을을 맡아 다스리던 벼슬아치를 높여 부르는 말.

원단(原緞) 아직 물을 들이지 않고 짠 그대로의 옷감.

원동력(原動力) ①사물을 활동시키는 근원이 되는 힘. ②물체나 기계의 운동을 일으키는 힘.

원두막 참외·수박 따위를 심은 밭을 지키는 곳.

원래(元來) 본디. 전부터. 워낙. 비본래. 예만주는 원래 우리 나라 땅이었다.

원료(原料) 물건을 만들 때 재료가 되는 거리. 밑감. 비재료. 원재료.

원료실 만드는 옷감의 재료가 되는 실.

원리(原理) ①으뜸이 되는 이치. ②사물을 판단하는 근본 이치. 비원칙.

원리(元利)[월—] 원금과 이자.

원리 합계 원금과 이자를 합한 것. 원리 합계=원금+이자=

원금×(1+이율×기간).

원만하다(圓滿—) ①부족함이 없다. ②서로 사이좋게 지내다. [예]원만한 관계. ③마음에 만족을 느끼다.

원:망하다(怨望—) ①못마땅하게 알고 탓하다. ②불평을 품고 미워하다. [비]저주하다. [반]감사하다.

원면(原綿) 무명실의 원료가 되는 솜.

원목(原木) 어떤 목적을 위하여 사람의 손을 거치거나 톱질을 하지 않은 나무.

원반던지기(圓盤—) 원반을 멀리 던지는 것을 다투는 경기.

원뿔 직각 삼각형이 직각의 한 변을 축으로 하여 돌아갈 때 생기는 입체. [비]원추. 원추체. [예]원뿔 도형.

원산(原産) 본디 나는 일. 또는 그 물건.

원산지 ①물건의 생산지. 또는 제조하는 땅. ②동식물의 본디 난 땅.

원색(原色) 여러 가지 빛깔의 근본이 되는 빛깔로, 곧 빨강·파랑·노랑의 세 가지 빛깔. [비]기색.

원:서(願書) 청원하는 뜻을 기록한 서류. [예]입학 원서.

원소(元素) ①만물의 본바탕. ②물질을 화학적으로 나눌 수 있는 최소의 단위. ③집합을 이루는 낱낱의 것.

원수(元首) 한 나라를 대표하는 임금이나 대통령. [예]국가 원수.

원수(怨讐) ①자기·자기 집·나라에 해를 끼친 사람. ②원한이 되는 것. [비]적. [반]은인. [예]사람은 생전에 남과 원수를 지어서는 못 쓴다.

원수는 외나무다리에서 만난다 〈속〉 피할래야 피할 수 없는 지경에 다다랐다.

원:숭이 사람과 비슷하게 생긴 짐승. 흉내를 잘 내며, 나무를 잘 오르내림.

원시림(原始林) 자연 그대로의 무성한 숲. [비]처녀림.

원시 시대 사람이 처음 지구에 나타났던 시대. 아주 옛날.

원:시안(遠視眼) 먼 것은 잘 보이나 가까운 것은 잘 보이지 않는 눈. [반]근시안. 돋보기 눈. [준]원시.

원시적 아득한 옛날의 미개한 상태 그대로인. [비]야만적. [반]현대적.

원시 지대 문명이 깨이지 않은 자연 그대로 있는 지방.

원:심력(遠心力)[—녁] 운동을 하는 물체가 중심으로부터 떨어져 나가려는 힘. [반]구심력.

원아(園兒) 유치원에 다니는 어린이.

원앙(鴛鴦) ①모양은 물오리보다 작고 암컷·수컷이 늘 같이 사는 새. ②다정하게 지내는 부부를 일컫는 말.

원:양(遠洋) 육지에서 멀리 떨어져 있는 바다. [반]근해.

원:양 어선 육지에서 멀리 떨어져 있는 넓은 바다에 나가 고기잡이를 하는 배.

원:양 어업 잡은 물고기를 오래 간수할 수 있는 냉장·냉동 시설과 통조림을 만드는 가공 시설이 되어 있는 큰 배로 먼 바

원예(園藝) 농업의 한 부분으로 과수·채소·화초의 재배 및 정원을 가꾸는 일.

원예 작물 화초·채소·과수 등의 농작물.

원월(元月) 정월의 딴 이름.

원유(原油) 땅에서 파내어 아직 골라서 깨끗이 만들지 않은 잡것이 섞인 기름.

원유회(園遊會) 여러 사람이 정원이나 산 또는 들에 나가서 노는 모임. 비야유회.

원이름 본디의 이름.

원인(原因) 일의 말미암은 까닭. 근원. 이유. 반결과. 예병이 생기는 원인은 깨끗이 하지 않는 데 있다.

원일(元日) 정월 초하룻날.

원자(原子) 더 작게 나눌 수 없는 극히 미세한 물질.

원자력 원자핵의 붕괴나 핵반응에 따라 방출되는 힘. 비원자 에너지.

원자력 발전소 원자로 안에서 발생시킨 열로써 수증기를 만들고 이것으로 터빈을 돌려 발전하는 곳.

원자 에너지 원자가 깨어질 때 생기는 큰 힘. 비원자력.

원자재(原資材) 공업 생산의 원료가 되는 자재. 반시설 자재. 소비 자재.

원자탄(原子彈) =원자 폭탄.

원자 폭탄 원자의 힘을 이용하여 만든 폭탄으로, 폭발력이 말할 수 없이 큼. =원자탄.

원적(原籍) =본적.

원점(原點)[一점] ①점의 위치를 좌표로 나타낼 때 기준이 되는 점. ②시작되는 점.

원:정(遠征) ①먼 곳에 가서 운동 경기 같은 것을 함. 예농구팀의 일본 원정. ②먼 곳을 치러 감. ―하다.

원:조(援助) 어려운 이를 도와줌. 비원호. 조력. 협조. 반방해. 예군사 원조. ―하다.

원주(圓柱) →원기둥.

원주민(原住民) 본디부터 살고 있는 사람. 반이주민.

원주율(圓周率) 원의 둘레의 길이는 지름에 일정한 수를 곱하면 되는데, 그 일정한 수가 원주율로 3.1415…, 곧 3.14임.

원천(源泉) ①물이 솟아나는 원줄기. ②사물의 근원. 비근원. 예원천 징수.

원체 ①워낙. ②본디부터. 예원체 몸이 튼튼하니까 병도 잘 걸리지 않는다.

원칙(原則) ①많은 일에 공통되는 근본의 법칙. ②사리에 꼭 맞는 일. 비원리.

원통(冤痛) 분하고 억울함. 비원한. 통분. 예그의 어머니는 아들의 성공을 보지 못하고 원통하게 돌아가셨다. ―하다.

원통(圓筒) 위와 아래 어느 쪽도 막히지 않은 둥근 통.

원판(原板) 사진에서, 밀착 또는 확대에 쓴 음화. 필름.

원:하다(願一) ①바라다. ②하고자 하다. ③부러워하다. ④청원하다. 비바라다.

원:한(怨恨) ①원통한 생각. ②분한 생각. ③뉘우치는 생각. 비원망. 통분. 반은혜.

원한을 품다 원통하고 답답한

원형(原形) 본디의 모양.
원형(圓形) ①둥근 모양. ②대열을 둥글게 한 형태.
원:호(援護) 도와 주며 보살핌. 비 원조. —하다.
원활(圓滑) ①뜻이 맞아 원만함. ②일이 거침없이 잘되어 나감. —하다.
원효 대:사(元曉大師, 617~686) 신라 말기의 고승. 성은 설, 이름은 서당. 원효는 호. 당나라로 유학하러 가다가 깨달은 바가 있어 되돌아와서 많은 저서를 내었고, 불교를 널리 퍼뜨리는 데 큰 공을 세웠음.
월간 잡지(月刊雜誌) 한 달에 한 번씩 내는 잡지.
월계관(月桂冠) ①월계나무의 잎으로 만든 관. 옛날 희랍에서 경기에 우승한 사람에게 씌워 주던 것. ②우승의 영예.
월 계 수(月桂樹) 높게 자라며 꽃은 희누르고 열매는 갸름한 상록 교목.
월광곡(月光曲) 〔월계수〕 베토벤이 작곡한 유명한 피아노 곡.
월급(月給) 다달이 받는 급료. 비 봉급.
월급쟁이 월급을 받고 일하는 사람. 또 그것으로써 생활하는 사람.
월남(越南) 남쪽으로 넘어옴. 반 월북. —하다.
월등하다(越等—)〔—뜽—〕 ①정도의 차이가 대단하다. ②대단히 좋다.

월미도(月尾島) 경기도 서해안 인천 앞바다에 있는 섬. 제방으로 육지와 연결되어 있음.
월부(月賦) 물건값 또는 빚을 다달이 얼마씩 갚아 가는 일.
월식(月蝕) 지구가 해와 달 사이를 지나게 되어, 지구가 달을 가리기 때문에 어떤 지방에서 달의 한 쪽, 또는 전체가 보이지 않는 현상.
월요일(月曜日) 칠요일의 둘째. 일요일의 다음 날.
월이율(月利率) 기간의 단위가 1개월일 때의 이율.
월인천강지곡(月印千江之曲) 조선 시대 세종이 석가모니를 기리어 지은 노래를 실은 책.
월정사 구층 석탑(月精寺九層石塔)〔—쩡—〕 고려 시대의 대표적인 석탑. 강원도 오대산 월정사에 있음.
웬: ①어찌 된. ②어떠한.
웬:만만 해도 어지간만 해도. 어느 정도만 되어도.
웬:만큼 ①그저 그만하게. ②보통으로. 웬만하게.
웬:만하다 ①그저 그만하다. ②그대로 쓸 만하다.
웬:일〔—닐〕 어찌 된 일.
위 ①중간 이상이 되는 곳. ②꼭대기. ③거죽. ④높은 지위나 촌수. 반 밑. 아래.
위급하다(危急—) ①위태하고 급하다. ②마음을 놓을 수 없이 급하다. 비 위독하다. 예 어머니의 병환이 대단히 위급한 것 같았다.
위기(危機) 위험한 때. 위험한 기회.
위대하다(偉大—) 뛰어나고 훌

름하다. 間훌륭하다. 凹미미하다. 例위대한 업적.
위독하다(危篤—) 병이 매우 위태하다. 間위급하다. 위태하다. 例할머니의 병환이 매우 위독하다.
위뜸 한 동네 안에서 따로따로 몇 집씩이 한 곳에 모여 있는 위쪽 구역. 凹아래뜸.
위력(威力) ①으르대는 힘. ②권위 있는 힘. 큰 권세.
위력(偉力) 뛰어난 힘. 위대한 힘.
위로(慰勞) 좋은 말을 하여 걱정과 근심을 덜어 줌. 間위안. 凹질책. —하다.
위문(慰問) 위로하기 위하여 방문함. 間문안. 例위문단. 위문품. —하다.
위문 편:지 위문하기 위한 편지. 例위문 편지를 보내다.
위문품 위문하기 위한 물건. 例돌아오는 크리스마스에 우리 반에서는 일선에 보낼 위문품을 모으기로 하였다.
위반(違反) 정한 것을 어김. 例교통 신호 위반. —하다.
위법(違法) 법을 위반함. 불법. 凹준법. 합법. —하다.
위산(胃酸) 위액 중에 섞인 산. 특히 염산.
위생(衛生) 몸을 튼튼하게 하고 병이 나지 않도록 하는 일.
위생병 병이나 상처를 치료하는 일을 맡아보는 병사.
위생실 아픈 사람이나 다친 사람을 데려다가 쉬게 하고 또 약을 주는 방.
위성(衛星) 지구의 둘레를 돌고 있는 달과 같이, 혹성의 둘레를 도는 별. 凹항성.
위성 국가 큰 나라나 맹주가 되는 국가의 보호를 받고 그의 명령에 따라 움직이는 나라.
위성 도시 대도시 주변에 있으면서 대도시와 깊은 관계를 맺고 있는 작은 도시.
위세(威勢) 위엄 있는 기세. 맹렬한 세력. 間위엄. 例위세가 당당하다.
위신(威信) 위엄과 신용.
위안(慰安) 위로하여 안심시킴. 間위로. —하다.
위안 스카이(袁世凱) 청나라의 총리 대신을 지내고 청나라가 망한 후 중국의 대통령을 지낸 정치가.
위압(威壓) 을러대어 억누름. 間압박. —하다.
위액(胃液) 위벽으로부터 분비되는 아무 빛깔이 없이 말간 소화액.
위엄(威嚴) 점잖고 엄숙함. 間위세. 例교장 선생님은 위엄이 있으시다. —스럽다.
위업(偉業) 위대한 사업이나 업적. 例평생에 위업을 남기다.
위원(委員) 어떤 일의 처리를 위임받은 사람.
위원회 위원들의 모임.
위인(偉人) 뛰어나고 훌륭한 사람. 凹범인.
위인전 훌륭한 사람의 업적 및 일화 등을 역사적 사실에 입각하여 적은 글. 또 그 책.
위임하다(委任—) 맡기다. 위탁하여 권리를 주다.
위조하다(僞造—) ①진짜처럼 만들어서 사람의 눈을 속이다. ②거짓으로 만들다. 비슷하게

위중하다(危重—) 병세가 무거워 위태하다.

위채 한 집안의 높은 쪽에 있는 채. 땐아래채.

위층 위에 있는 층. 비상층. 땐아래층.

위치(位置) ①차지한 자리. ②있는 곳. 비방위. 자리.

위치 에너지 높은 곳에 있는 물체가 떨어질 때에 일을 할 수 있는 힘.

위탁하다(委託—) 어떤 일을 남에게 하여 달라고 맡기다.

위태하다(危殆—) ①마음을 놓을 수 없다. ②형세가 어렵다. ③안전하지 못하고 위험하다. 예깊은 냇물 속에 들어가는 것은 위태한 일입니다.

위턱 위쪽의 턱. 땐아래턱.

위통(胃痛) 위가 아픈 증세.

위판(僞版) 절차를 밟지 않고 몰래 한 출판.

위풍(威風) 위엄 있는 풍채.

위:하다(爲—) ①소중하게 여기다. ②이롭게 하다. 예우리들은 모두 자기의 생활과 나라의 발전을 위하여 열심히 일하고 있다.

위해 주다 생각해 주다.

위험(危險) ①안전하지 못함. ②아슬아슬하여 무서움. 비위태. 땐안전. —하다.

위협(威脅) 으르고 억누름. 힘으로 윽박지름. 비협박. —하다.

위화도 회군(威化島回軍) 고려 (1388) 때 요동 정벌 도중, 압록강의 위화도에서 이성계가 군대를 돌이킨 사건. 개경으로 돌아와서 최영 등 친원파인 구귀족을 몰아내고 유학자들의 도움으로 실권을 잡았음.

윌슨(Wilson,1856~1924) 미국 제28대 대통령. 대학 교수·총장을 지내다가 1912년에 대통령에 당선되었음. 국내적으로도 업적이 많지만 특히 제1차 세계 대전 당시 민족 자결주의를 부르짖었으며, 국제 연맹 창설과 세계 평화에 기여한 공으로 노벨 평화상을 받았음.

윗니 윗잇몸에 난 이. 땐아랫니.

윗목 굴뚝에 가까운 방바닥. 땐아랫목.

윗몸 운:동(—運動) 몸의 윗도리를 전후 좌우로 굽혔다 폈다 하는 운동. 상체 운동.

윗물이 맑아야 아랫물이 맑다 〈속〉무슨 일이든지 윗사람의 행동이 깨끗해야 아랫 사람도 행실이 바르다.

윗방 잇달아 있는 두 방의 위쪽 방. 땐아랫방.

윗벌 한 벌로 된 옷에서 윗도리에 입는 옷. 땐아랫벌.

윗변 사다리꼴의 위의 변.

윗사람 자기보다 나이나 지위, 신분이 높아서 윗자리에 있는 사람. 땐아랫사람.

윗사랑 위채에 있는 사랑. 땐아랫사랑.

윗입술[윈닙—] 위쪽의 입술. 땐아랫입술.

윗잇몸[윈닏—] 위의 잇몸. 땐아랫잇몸.

윗자리 ①윗사람이 앉는 자리. ②여럿이 모인 곳에서 높은 자리. 땐아랫자리.

윙윙 무엇이 매우 빨리 도는 모양. 또는 이때 나는 소리. 젭 윙윙. —하다.

유가족(遺家族) 죽은 이의 뒤에 남아 있는 식구.

유감(遺憾) ①마음에 섭섭함. ②못마땅하게 여기는 마음. —스럽다.

유:고(有故) 사고가 있음. 땐무고. —하다.

유고슬라비아(Yugoslavia) 발칸 반도의 서부에 있는 동부 유럽의 공화국. 수도는 베오그라드.

유관순(柳寬順, 1904~1920) 3·1 운동 때 독립 만세를 부르다가 옥에 갇혀 숨진 소녀. 충남 천안에서 태어나 이화 학당 1학년 때 고향에 내려가 독립 만세 운동에 참가했음.

유교(儒敎) 중국 고대의 성인인 공자의 가르침을 받드는 교학.

유구(悠久) 연대가 길고 오램. 예유구한 역사. —하다.

유기(鍮器) 놋그릇.

유ː기물(有機物) 생물과 같이 목숨이 있는 물질. 땐무기물.

유ː난하다 보통과 아주 다르다. 땐평범하다. 예오늘은 유난히 밥맛이 좋아요.

유년(幼年) 나이 어린 사람. 또는 어린 시절. 땐노년.

유ː능(有能) 재주와 능력이 뛰어남. 땐무능. 예유능한 인물. —하다.

유니폼(uniform) 제복이나 운동복.

유ː다르다 다른 것에 비하여 두드러지게 다르다. 비남다르다.

유대(히 Judea) 지중해의 동쪽 지금의 팔레스타인 지방에 있던 나라.

유대교(Judea敎) 모세의 가르침을 기초로 기원전 4세기경부터 발달한 유대인의 종교.

유도(柔道) 상대편이 공격하는 힘을 이용하여 공격 또는 방어하는 무술.

유동체(流動體) 물과 같이 흘러 움직일 수 있는 물체. 비동체. 땐부동체.

유두(流頭) 음력 유월 보름날로 우리 나라 명절의 하나.

유라시아(Eurasia) 유럽과 아시아를 포함한 대륙.

유람(遊覽) 돌아다니며 구경함. 예한강 유람선. —하다.

유래(由來) 사물이 좇아 오는 곳. 사물의 내력. 비내력. —하다.

유럽(Europe) 아시아의 서북부에 위치한 독일·프랑스 등의 나라가 있는 대륙. 구라파.

유ː력(有力) 힘이 있음. 세력이 있음. 땐무력. 예그는 이 나라의 유력한 정치가 중의 한 사람이다. —하다.

유령(幽靈) ①죽은 사람의 혼령. ②이름만 있고 실제는 없는 것. 비허깨비.

유ː례(類例) 같거나 비슷한 사례. 또, 그 전례. 예역사상 유례가 없는 일.

유ː리(有利) 이익이 있음. 비유익. 땐불리. 유해. —하다.

유리(琉璃) 단단하나 깨지기 쉽고 환하게 내다보이는 물질.

유ː리수(有理數) 정수와 분수를 통틀은 수. 또는 모든 양의 유리수와 0과 모든 음의 유리수를 통틀은 수. 凹무리수.
유리창 유리를 끼운 창문.
유리컵 물이나 술을 마시는 운두가 높은 유리 그릇.
유린하다(蹂躪—) 짓밟다. 폭력으로 남의 권리를 누르다.
유:망하다(有望—) ①희망이 있다. ②앞으로 잘될 것 같다. 凹무망하다.
유:머(humor) 익살스러운 농담. 해학.
유:명하다(有名—) 이름이 높다. 소문나다. 凹저명하다. 凹무명하다. 에우리 나라의 금강산은 경치 좋기로 유명하다.
유모(乳母) 자기가 낳지는 않고 어머니 대신 젖만 먹여 키우는 여자. 凹젖어미.
유목민(遊牧民) 소·말·양 따위의 가축을 기르는 것을 업으로 삼고 풀과 물을 따라다니며 집을 옮겨 사는 사람.
유무(有無) 있음과 없음.
유:무 상통 서로 있고 없음을 융통함. —하다.
유물(遺物) 옛 사람이 남긴 물건. 凹유적. 에경주에는 신라 시대의 유물이 많이 있다.
유민(流民) 고향을 떠나 이리저리 떠도는 백성.
유발(誘發) 꾀어 일으킴. 어떤 일이 원인이 되어, 다른 일이 일어남. —하다.
유복하다(裕福—) 살림이 넉넉하다. 에유복한 사람.
유:사하다(類似—) 서로 비슷하다. 에유사한 제품.
유산(乳酸) 썩은 젖 속에 생기는 산. 신맛이 나며, 공업용 또는 청량 음료에 쓰임.
유산(遺産) 죽은 사람이 남긴 재산.
유생(幼生) 변태하는 동물의 어릴 때를 이르는 말.
유생(儒生) 유교의 도를 닦는 선비. 凹유가.
유:생물(有生物) 스스로 생활을 해 나가는 것. 곧, 동식물.
유서(由緖) 예부터 전해 오는 까닭과 내력. 에유서 깊은 고장.
유서(遺書) 유언하는 글.
유:선(有線) 전깃줄을 써서 전파를 보내는 것. 凹무선.
유:선 전:화 전화선이 연결되어 통하는 전화. 凹무선 전화.
유선형(流線型) 물이나 공기 같은 유체의 저항을 가장 적게 하기 위하여 곡선으로 만든 꼴. 凹방추형.
유성(流星) 우주 공간을 떠돌던 별부스러기가 지구에 끌려 지구로 떨어질 때, 대기와의 마찰로 타서 밝은 빛을 내는 별. 凹별똥별.
유수(留守) 개성·강화·광주·수원·춘천 따위의 옛 도읍을 다스리던 정2품 벼슬.
유순(柔順) 성질이 부드럽고 공손함. —하다.
유:식하다(有識—) 아는 것이 많다. 凹무식하다.
유신(維新) 묵은 제도를 아주 새롭게 고침. —하다.
유실(流失) 떠내려가서 없어짐. 에유실 가옥. —하다.
유실(遺失) 잃어버림. —하다.
유:실 녹화(有實綠化) 과일도 따먹고 숲도 만들 수 있도록 빈터에 과일 나무를 심는 일.

유:실수[一쑤] 밤나무·잣나무·감나무 등과 같이 유용한 열매가 열리는 나무.

유:심하다(有心一) 주의를 기울이다. 凹무심하다. 예개미를 유심히 관찰하다.

유아(幼兒) 어린아이.

유아(乳兒) 젖먹이.

유아(幽雅) 고상하고 품위가 있음. ―하다.

유약(釉藥) 도자기 표면에 칠하는 약. 凹잿물.

유언(遺言) 죽을 때 자손들에게 부탁하는 말. ―하다.

유:엔(UN) 제2차 세계 대전 후에 세계 여러 나라 사이의 싸움을 없애고 평화와 안전을 지키기 위하여 만든 단체. 국제 연합.

유:엔군 국제 연합에 가입한 여러 나라와 군인들로 이루어진 군대. 국제 연합군.

유:엔 사:무 총장 국제 연합 사무국의 우두머리. 유엔의 수석 행정관.

유:엔 한국 위원회 국제 연합 한국 위원회. 1947년 11월에 유엔에 설립되었던 한국의 통일을 위한 임시 기구임. 1948년 5월 10일 총선거 실시와 정부 수립에 큰 공헌을 했음.

유역(流域) 강이나 내가 흘러가는 그 언저리의 땅. 예금강 유역을 개발하다.

유:용하다(有用一) 소용이 있다. 凹이용하다. 凹무용하다.

유원지(遊園地) 놀기 좋게 시설된 곳. 凹관광지.

유월(六月) 일년 중 여섯 번째 드는 달.

유유하다(悠悠一) ①마음이나 태도가 여유가 있다. 凹초조하다. ②느릿느릿하다. 예유유히 흐르는 강물.

유의(留意) 마음에 두어 주의하거나 관심을 가짐. 유념. 예유의할 사항. ―하다.

유의점 꼭 마음에 두어야 할 일.

유:익(有益) 이로움. 이익이 있음. 凹무익. ―하다.

유인하다(誘引一) 남을 꾀어 내다. 예적을 유인하다.

유일(唯一) 오직 하나. 오직 그것 하나뿐임. 예유일한 친구. ―하다.

유적(遺蹟) 남은 자취. 凹유물. 예신라의 유적.

유전(油田) 석유가 땅 속에 묻혀 있거나 생산되는 곳.

유전(遺傳) ①끼쳐 내려옴. ②조상의 체질·성질이 그 자손에게 전함. ―하다.

유정(惟政) =사명당.

유조선(油槽船) 기름을 전문적으로 실어 나르는 배. 탱커.

유:지(有志) ①뜻이 있는 사람. ②마음이 있는 사람. ③세상일을 근심하는 사람.

유지(維持) 지니어 감. 지탱하여 감. ―하다.

유창하다(流暢一) ①하는 말에 거침이 없다. ②글을 거침없이 잘 읽다.

유:채색(有彩色) 색을 가진 빛깔. 빨강·노랑·파랑 따위. 凹무채색.

유채화(油彩畫) 기름기가 있는 물감으로 그린 그림. 유화.

유채화(油菜花) 겨잣과에 속하

는 식물. 씨는 기름을 짜서 먹음. 4월에 황색 꽃이 핌.

유:축 농업(有畜農業) 가축의 노동력을 경작에 이용하며 또 거기에서 생기는 거름도 이용하고, 수확의 일부를 먹이로 하는 농업 경영 방법.

유충(幼蟲) 알에서 아직 성충이 되지 못한 벌레. 땐성충.

유치원(幼稚園) 초등 학교에 들어가기 전의 어린애가 다니는 교육 기관.

유쾌(愉快) 즐겁고 기분이 좋음. 비상쾌. 반불쾌. —하다.

유태교(猶太教) =유대교.

유통(流通) ①흘러 드나듦. ②상품이 거래됨. —하다.

유틀란트(Jutland) 독일 서북쪽에 있는 반도. 토지가 낮고 서북쪽은 모래땅으로 되어 있음.

유프라테스 강(Euphrates江) 이라크의 메소포타미아 평야를 흐르는 강.

유학(留學) 다른 나라에 가서 공부함. 예유학생. —하다.

유학(遊學) 고향을 떠나 타향에 가서 공부함. —하다.

유한(遺恨) 원한을 남김. 또는 잊을 수 없는 원한. 뒤에 남는 원통한 마음. 예유한을 남기고 떠나다. —하다.

유행(流行) 어느 일정한 때에 여러 사람에게 널리 퍼짐. 비성행. 예가죽 치마가 유행한다. —하다.

유행가 세상에 널리 퍼져 부르도록 만든 노래.

유:형(有形) 어떤 모양이나 형체가 있는 것. 반무형.

유형원(柳馨遠, 1622~1673) 조선조 효종 때의 실학자. 〈반계수록〉을 지어 토지 제도의 개혁을 주장하였음.

유혹(誘惑) 남을 꾀어서 정신을 어지럽게 함. —하다.

유황(硫黃) 빛깔은 누르며 아무 냄새가 없고 파삭파삭한 덩어리의 비금속 원소. 물에 잘 녹지 않으나 데우면 녹고, 불이 붙으면 파란 불꽃이 일어남. 화약이나 성냥을 만드는 원료로 쓰임.

유:효(有效) 보람이나 효과가 있음. 땐무효. —하다.

유희(遊戯) ①즐겁게 놂. ②재미있게 노는 운동. ③음악에 맞추어 아이들이 춤을 추는 것. 비오락. —하다.

유희장 아이들이 재미있게 놀 수 있도록 여러 가지 시설을 갖추어 놓은 곳.

육교(陸橋) 교통이 복잡한 도로나 철로 위에 걸친 다리. 비구름 다리.

육군 병:원(陸軍病院) 육지에서 전쟁이나 훈련을 하는 군인들이 몸이 아프면 치료해 주는 병원.

육대주(六大洲) 아시아주·아프리카주·유럽주·대양주·남아메리카주·북아메리카주의 여섯 주를 이름.

육로(陸路) 육지로 가는 길. 반수로.

육면체(六面體) 6개의 면으로 둘러싸인 모양.

육방(六房) 조선 시대 지방 관청에 두었던 이방·호방·예방·병방·형방·공방의 여섯 기관. 중앙의 6조와 비슷한 일

육상(陸上) 땅 위. 물 위. 육지. 반해상.

육상 운ː동(陸上運動) 땅 위에서 하는 여러 가지 운동. 달리기·멀리뛰기·높이뛰기·던지기 등.

육송(陸松) 소나무.

육식(肉食) ①고기를 먹음. 반채식. ②일반 동물에 있어서 동물을 먹이로 하는 일. 반초식. —하다.

육식 동ː물 사자·범 등과 같이 다른 동물을 먹고 사는 동물.

육십 만ː세 운ː동(六十萬歲運動) 조선 시대 마지막 황제인 순종의 장례식날인 1926년 6월 10일에 청년 학생들이 일으킨 독립 운동.

육영(育英) 인재를 기름. 예육영 사업. 육영 재단. —하다.

육영 공원(育英公院) 조선조 26대 고종 23(1886)년에 나라에서 세운 근대식 학교.

육의전(六矣廛) 조선 시대 서울 종로구에 자리잡고 있던, 여섯 가지 종류의 나라에서 세운 가게.

육이오 전ː쟁(六二五戰爭) 1950년 6월 25일 북한 공산군이 남한으로 쳐들어와서 일어난 난리. 1953년 7월 27일 휴전함.

육조(六曹) 조선 시대 의정부 밑에서 실제 나라의 행정을 맡아보던 이조·호조·예조·병조·형조·공조의 여섯 관청. 지금의 행정부와 비슷함.

육중하다(肉重—) 살이 찌고 몸이 무겁다. 반가볍다. 예육중한 몸매.

육지(陸地) 지구 위의 땅. 비뭍. 육상. 대륙. 땅. 반바다. 해양.

육진(六鎭) 조선 세종 때 함경북도 경원·경흥·부령·온성·종성·회령에 있던 군대.

육체(肉體) 사람의 몸. 비몸뚱이. 신체. 반마음. 넋. 정신.

육풍(陸風) 육지에서 바다로 불어가는 바람. 반해풍.

육필(肉筆) 인쇄나 사진에 의한 것이 아닌, 직접 실제로 쓴 글씨. 예육필 원고.

육하 원칙(六何原則) 보도 기사 등의 글을 쓸 때에 지켜야 하는 기본적인 원칙. 곧, '누가'·'언제'·'어디서'·'무엇을'·'어떻게'·'왜'의 여섯 가지.

윤관(尹瓘, ?~1111) 고려 시대 중기의 장군. 1107년, 여진 정벌의 원수가 되어 별무반을 이끌고 함흥 평야의 여진족을 몰아내고서 아홉 곳에 성을 쌓았음.

윤극영(尹克榮, 1903~1988) 작곡가. 서울에서 출생. 1923년에 방정환 선생과 함께 '색동회'를 조직하고 우리 나라 최초의 동요 단체인 '달리아회'를 만들었으며, 〈반달〉·〈설날〉·〈할미꽃〉 등 많은 동요 작사와 작곡이 있음.

윤ː년(閏年) 윤달이 든 해.

윤ː달 음력 윤년에 두 번 거듭되는 달.

윤봉길(尹奉吉, 1908~1932) 독립 운동가. 1932년 상하이 홍커우 공원에서 폭탄을 던져 일본 시라카와 대장 등 왜인 수십 명을 죽이고, 24세의 나이

윤전기(輪轉機) 인쇄의 속도가 굉장히 빠른 최신식 인쇄기.

윤ː택하다(潤澤-) ①아름답게 빛나다. ②물건이 풍부하다.

윤회(輪廻) ①차례로 돌아감. ②육체는 죽더라도 영혼은 영원히 살아 다른 몸에 옮아 새로 태어나 삶과 죽음을 끝없이 되풀이함. 또, 그 사상. -하다.

율곡(栗谷, 1536~1584) 조선 시대 선조 임금 때의 유학자이며 정치가. 신사임당의 아들로 본명은 이이, 율곡은 호임. 높은 벼슬에 올라 가난한 백성을 구하기 위해 '사창'·'대동법' 같은 정책을 제의했고, 향약을 만들어 지방 풍속을 바로잡고 백성을 계몽했음.

율동(律動) [-똥] ①음악에 맞추어 추는 춤. ②규율이 바른 활동.

율법(律法) 지켜야 될 규칙.

융(絨) 감의 거죽이 보드라운 천의 한 가지.

융단(絨緞) =양탄자.

융성하다(隆盛-) 매우 기운차고 성하게 일어나다.

융털(絨-) 작은창자의 안벽에 촘촘하게 나 있는 부드러운 털. 소화된 영양소를 흡수하는 일을 함. 비융모.

융통하다(融通-) ①서로 돌려 쓰다. ②막힘 없이 통용하다.

융합하다(融合-) 녹아서 한데 합치다.

윷ː 둥근 나무를 반으로 쪼개어 만든 놀잇감.

윷ː놀이 편을 갈라 윷으로 승부를 다투는 일. -하다.

으깨다 ①눌러 터뜨리다. ②뭉개다.

으뜸 ①첫째. ②두목. ③근본.

으뜸꼴 어떤 낱말의 기본이 되는 꼴. 가다·보다 따위.

으레 ①응당. ②반드시. ③두말할 것 없이. 비마땅히.

-으련 '-으려느냐'의 준말. 예무엇을 먹으련?

으로서 '어떤 자격을 가지고'의 뜻을 나타냄. 예국군으로서 지켜야 할 국방 의무.

으로써 어떤 일의 수단이나 도구의 뜻을 나타냄.

으르다 놀라게 하다. 위협하다.

으르렁 사나운 짐승이 성내어 우는 소리. -하다.

으름장[-짱] 말과 행동으로 남을 위협하는 일. 예꼼짝 못하게 으름장을 놓다. -하다.

으리으리하다 매우 굉장하거나 엄숙한 느낌이 있다.

으스대다 으쓱거리며 뽐내다.

으스스 찬 기운이나 싫은 물건이 몸에 닿았을 때 소름이 끼치는 듯한 모양. -하다

으슥하다 ①깊고 고요하다. ②번화하지 않고 조용하다. 예으슥한 골목.

으쓱¹ 제가 잘난 듯이 느끼어 뽐내거나 어깨를 번쩍 쳐드는 모양. -거리다. -하다.

으쓱² 갑자기 무섭거나 차가울 때 몸이 움츠러지는 모양. 작아쓱. -하다.

윽박다 몹시 억누르다.

윽박지르다[윽박지르니, 윽박질러서] 억지로 몹시 눌러서 기를 꺾다.

은(銀) 금보다 조금 가볍고 빛

은거(隱居) 세상에 나타나지 않고 숨어서 사는 일. 凰은둔. 例은거 생활. —하다.

은공(恩功) 은혜와 공로.

은근하다 ①비밀하다. ②정이 깊다. 例은근한 사이.

은닉(隱匿) 숨기어 감춤. 비밀로 함. 例범행 도구를 은닉하다. —하다.

은덕(恩德) ①은혜와 신세. ②뒤를 잘 돌보아 준 은혜.

은돈 은으로 만든 돈. 凰은화.

은둔(隱遁) 세상을 버리고 숨음. 凰은거. —하다.

-은들 받침 있는 말 줄기에 붙어 '-다 할지라도 어찌'의 뜻으로 쓰는 말. 例겉은 검은들 속조차 검을소냐.

은막(銀幕) 영사막. 凰스크린.

은밀(隱密) 숨어 있어서 겉으로 드러나지 않음. 例은밀히 의논하다. —하다. —스럽다.

은반(銀盤) 스케이트장. 링크.

은빛[—삧] 은과 같은 빛깔. 흰빛. 凰은색.

은상자 은으로 만든 상자.

은어(隱語) 어떤 무리의 사람들끼리 자기만 알고 남이 모르도록 만들어 쓰는 말.

은연중(隱然中) 남이 모르는 가운데.

은은하다(隱隱—) 희미하게 멀리 보이거나 들리다. 例종소리가 은은하게 들려 온다.

은인(恩人) 은혜를 끼쳐 준 사람. 凰원수. 例생명의 은인.

은종이 ①은가루 또는 은박을 입힌 종이. ②납과 주석의 합금을 종이처럼 편 것.

은총(恩寵) ①은혜와 특별한 사랑. ②하느님의 사랑.

은택(恩澤) 은혜와 덕택.

은퇴(隱退) 맡은 직책에서 물러나거나 공적인 사회 활동을 그만둠. —하다.

은폐(隱蔽) 가리어 숨김. 덮어 감춤. 例범죄 사실을 은폐하다. —하다.

은하(銀河) 맑게 갠 날 밤에 흰 구름 모양으로 남북으로 길게 보이는 별의 무리.

은행(銀行) 신용을 기초로 하여 일반인의 예금을 맡고, 대출·어음 할인 및 증권 인수 등의 업무를 하는 대표적인 금융 기관.

은행나무(銀杏—) 은행나뭇과의 낙엽 교목. 잎은 부채 같고 나무 줄기는 굵고 크며, 가지가 많이 퍼짐. 열매는 10월에 노랗게 익는데 약으로 쓰임.

은혜(恩惠) 고마운 것. 신세가 되는 것. 凰은공. 은덕. 혜택. 凰원수. 例부모님의 은혜에 보답하다.

은화(銀貨) 은으로 만든 돈.

은화 식물(隱花植物) 꽃이 피어 씨로 번식하지 아니하고 홀씨로 번식하는 식물로서, 세균·박테리아 따위. 凰현화 식물.

을:러대다 마구 우격으로 으르다. 凰을러메다.

을미사변(乙未事變) 1895년 명성 황후를 시해하는 등 친러 세력을 없애고, 일본의 세력을 넓히기 위하여 일본 공사 미우라 등이 일으킨 반란.

-을뿐더러 있을 뿐만 아니라, 어떤 일이 더 있음을 뜻하는

을사조약 말. 예)그는 학식이 있을뿐더러 덕망도 있다.

을사조약(乙巳條約)[一싸一] 러·일 전쟁에서 승리한 일본이, 1905년에 우리 나라 주권과 외교권을 빼앗기 위하여 조선 정부와 강제로 맺은 조약.

-을세라[一쎄一] '크세라'와 같은 뜻. 예)늦을세라 뛰어갔다.

을지문덕(乙支文德)[一찌一] 고구려 영양왕 때의 장군. 612년 고구려에 쳐들어온 수나라 양제의 대군을 살수(청천강)에서 거의 전멸시켰음.

읊다 ①시를 읽다. ②시를 외다. ③시를 짓다.

읊조리다 시에 곡조를 붙여 점잖게 읊다.

음 보거나 듣거나 느낌을 받고 스스로 마음속에 작정을 할 때 내는 소리. 예)음, 그럴 테지.

음(音) ①물체의 진동으로 말미암아 귀에 들리는 소리. ②한자를 읽을 때의 소리.

음계(音階) 음악에 있어서 일정한 음정 사이에 정한 단계.

음극(陰極) 전류가 밖에 있는 선을 돌아서 전지 또는 발동기로 도로 돌아오는 곳. 비)음전극. 반)양극.

음량(音量) 음성 또는 악기가 내는 소리의 양.

음력(陰曆) 달의 차고 이지러짐을 표준으로 하여 만든 책력. 반)양력.

음:료수(飮料水)[一뇨一] 사람이 마셔도 좋은 물.

음률(音律)[一뉼] 소리와 음악의 가락.

음매 소의 우는 소리.

음모(陰謀) ①남이 모르게 일을 꾸밈. ②나쁜 짓 할 것을 의논함. 비)흉계. 예)뒤에 숨어서 어떤 음모를 꾸미고 있느냐? ―하다.

음미(吟味) ①시·노래 따위를 읊어 참뜻을 맛봄. ②어떤 사실을 자세히 조사함. ―하다.

음부(音符) 음의 높낮이, 장단을 표시하는 부호. 비)음표.

음산하다(陰散―) 날이 흐리고 조금 춥다.

음색(音色) 어떤 음향이 다른 음향과 구별되는 특별한 성질.

음성(音聲) 목소리.

음성(陰性) ①밖으로 드러나지 아니하는 숨은 성질. ②소극적인 성질. 반)양성.

음수 음의 정수. 또는 음의 유리수. -1, -2, -3 따위.

음:식(飮食) 먹고 마심. 또는 그 물건.

음신(音信) 소식. 편지.

음악(音樂) 소리의 조화에 의하여 사람의 감정·상상을 표현한 예술.

음악가 음악을 잘하거나, 직업으로 하는 사람.

음악 반:주 노래를 하는 데 따라서 장단을 맞추며 하는 음악.

음악회 음악을 연주하는 모임.

음양(陰陽) ①천지 만물을 만들어 내는 상반하는 성질의 두 가지 기운. 곧 음과 양. ②전기 또는 자기의 음극과 양극.

음영(陰影) 불투명체에 의해서 광선이 햇살을 받는 부분. 곧 그림자. 그늘.

음전기 에보나이트로 털을 문

지를 때 에보나이트에 생기는 전기. 유리 방망이를 깁으로 문지를 때 깁에 생기는 약한 전기. 凹양전기.
음전하다 말이나 하는 짓이 곱고 점잖다.
음절(音節) 음악의 가락의 마디. 凹음곡. 음조.
음정(音程) 두 소리의 진동수에 의한 높낮이의 차.
음조(音調) 소리의 가락. 음의 높낮이의 장단.
음지(陰地) =음달.
음지도 양지된다〈속〉 오늘날의 불행이나 역경도 때를 만나면 행운과 행복을 맞이하게 된다.
음침하다(陰沈―) ①흐리고 밝지 않다. ②성질이 음울하다.
음파(音波) 소리결.
음표(音標) 음의 장단과 고저를 표시하는 기호. 凹음부.
음표 문자[―짜] 말의 소리를 적는 글자.
음향(音響) 소리의 울림.
음향 효:과 연극이나 영화나 라디오에서 여러 가지 소리를 내는 일.
음흉하다(陰凶―) ①마음이 흉악하다. ②남을 해하고 자기만 잘되려는 마음을 가지다.
읍(邑) 고을.
읍내 읍이 있는 곳.
읍사무소 도시의 형태를 갖추고 인구 2만 이상 5만 이하인 곳의 여러 일을 맡아보는 곳.
읍장(邑長) 읍을 다스리는 사무를 처리하는 우두머리.
응 친구 사이나 손아랫사람에게 대답하는 소리.
응:급(應急) 급한 대로 우선 처리함. ―하다.
응:급 치료 갑자기 다치거나 병이 났을 때, 급한 대로 우선 하는 치료. ―하다.
응:낙(應諾) 요구에 응하거나 허락함. 凹허락. 囫제의에 응낙하다. ―하다.
응달 햇빛이 비치지 아니하는 곳. =음지. 凹그늘. 凹양지.
응달에도 햇빛 드는 날이 있다〈속〉불행한 처지에 있는 사람에게도 더러는 좋은 운이 온다.
응:답(應答) 물음에 대한 대답. 凹대답. 囫질문에 응답하다. ―하다.
응:당(應當) ①꼭. ②반드시. ③으레. 당연히. 囫어른을 보면 응당 인사를 해야 될 것이 아니냐?
응:모(應募) 모집에 응함. 囫응모 작품. ―하다.
응:석 어른에게 못난 체하고 버릇없는 행동을 하는 짓. 囫응석꾸러기. ―하다.
응:시(應時) 시기에 따름. ―하다.
응:시(應試) 시험에 응함. 囫응시자 현황. ―하다.
응:용(應用) 어떤 이치를 실지에 이용함. 囫학문의 이치를 실지로 응용하여 우리 생활을 향상시키자. ―하다.
응:원(應援) 도와 줌. 후원함. 凹성원. 후원. ―하다.
응:접(應接) ①접대하는 것. ②만나 봄. ―하다.
응:접실 손님을 접대하는 방. 凹접대실.
응:하다(應―) ①부르거나 찾을

때 대답하거나 따르다. ②따라서 일어나다. ③시키는 대로 하다. 예나는 여러 가지 방법으로 부탁해 보았으나 그는 끝내 응해 주지 않았다.

의 사물의 소유를 나타내는 말. 예남의 물건.

의:거(義擧) 정의를 위하여 일으키는 의로운 거사. —하다.

의:견(意見) 마음속에 일어난 생각. 비견해. 소견. 의사. 예누구든지 다른 사람의 의견을 존중해야 한다.

의결(議決) 의논하여 결정함. 예의결 기관. —하다.

의관(衣冠) ①옷과 갓. ②예의 바른 풍속. 예의관을 차리다. —하다.

의관을 갖추다 옷을 단정히 입고 모자를 바르게 쓰다.

의구하다(依舊—) 옛날과 다름이 없다. 비여전하다.

의군(義軍) 나라를 구하기 위하여서 국민들 스스로 조직한 군대. 비의병.

의:금부(義禁府) 조선 시대 임금의 명령을 받들어 죄인을 신문하던 관청.

의:기(義氣) 정의로운 마음. 의로 인하여 일어난 장한 마음. 비패기.

의:기(意氣) 장한 마음. 기상.

의:기 양양 바라는 것이 이루어져 좋아하는 빛이 얼굴에 나타나는 모양. —하다.

의논(議論) 어떻게 하자고 서로 이야기함. 비상의. 논의. 예어려운 일은 서로 의논하여 결정하자. —하다.

의:롭다 의기가 있다. 의리가 있다.

의뢰(依賴) 남에게 의지하거나 부탁함. —하다.

의료(醫療) 의술로 병을 치료함. 예의료품.

의료 시:설 병을 고치기 위하여 마련된 설비. 병원·구호소 같은 것.

의류(衣類) 옷가지. 비의복.

의:리(義理) 사람으로서 마땅히 지켜야 할 바른 도리.

의:림지(義林池) 충청 북도 제천시에 그 모습의 일부가 남아 있는 옛날 삼한 때의 유명한 저수지.

의:무(義務) ①자기가 마땅히 하여야 할 일. ②맡은 바 책임. 비책임. 반권리. 예국방의 의무.

의:무 교:육 일정한 나이에 달한 아동은 누구나 법의 규정에 따라 받아야 하는 보통 교육.

의문(疑問) ①의심하여 물음. ②의심스러움. 비의심. —하다. —스럽다.

의뭉하다 겉으로는 어리석은 듯하나 속은 엉큼하다.

의:미(意味) 말이나 글의 뜻. 예의미 심장. —하다.

의:병(義兵) 나라의 어려움을 구하기 위해 일어난 일반 국민들이 조직한 군사. 비의군.

의복(衣服) 옷.

의:분(義憤) 의를 위하여 일어나는 분한 마음.

의:붓자식 후실이 데리고 들어온 전남편의 자식.

의:사(義士) 옳음을 위해 뜻을 굽히지 않는 꿋꿋한 사람. 비의인. 예안중근 의사.

의:사(意思) ①생각. ②마음. ③뜻. 의향. 의견.
의사(醫師) 병을 고쳐 주는 것을 직업으로 삼는 사람. 町의원. 凹병자. 환자.
의상(義湘, 625~702) 통일 신라 시대의 명승. 화엄종의 창시자.
의술(醫術) 병을 고치는 기술. 町의학.
의:승(義僧) 정의를 위하여 일어선 중. 凹요승. ⑩의승 사명 대사.
의식(衣食) 의복과 음식.
의:식(意識) ①모든 일을 깨닫는 마음. ②눈 뜨고 있을 때 여러 가지 일을 아는 마음. 町정신. 凹무의식.
의식(儀式) 여러 가지 행사 때에 행하는 예법. 의례.
의식주(衣食住) 인간 생활에 필요한 세 가지 요소. 곧 옷과 양식과 집.
의심(疑心) ①이상히 여김. ②믿지 못하는 마음. 町의혹. 의문. 凹믿음. 확신. —하다.
의아(疑訝) 의심스럽고 놀라워함. —하다. —스럽다.
의안(議案) 회의에서 의논할 안건. 상의할 거리.
의약(醫藥) 병을 고치는 약.
의연(毅然) 의지가 굳세어서 끄떡없음. —하다.
의연하다(依然—) 전과 다름없다. 町태연하다.
의:외(意外) 뜻밖. 생각 밖. 町불의. ⑩그 애가 싸움을 했다니 참 의외의 일이구나.
의:욕(意慾) ①하고자 하는 마음. ②의로운 용기. 町욕망.

의:욕에 불타다 하고 싶어하는 생각을 참지 못하다.
의:용군(義勇軍) 정의를 느끼어 스스로 지원해 가는 군대.
의원(醫院) 병자를 치료하는 집. 町병원.
의원 내:각 제:도(議院內閣制度) 국무 총리 또는 수상이 정부의 최고 책임자가 되며, 국회는 정부에 대하여 총사직을 시킬 수 있고, 정부는 국회를 해산시킬 수 있는 제도.
의:의(意義) ①뜻. ②가치.
의인법(擬人法)[—뻡] 사람이 아닌 것을 사람인 것처럼 비유하여 말하는 표현법. 예를 들면 '성난 물결'·'꽃이 웃는다' 따위.
의자(椅子) 걸터앉아 몸을 기대는 물건. 町걸상.
의자식 ①걸상에 앉아 생활하는 방식. ⑩의자식 생활. ②의자와 같은 모양의 것.
의장(衣欌) 옷을 넣는 장.
의:장(意匠) 여러 가지 색채를 써 가며 보기 좋은 물건을 만들어 내려는 생각. 町고안.
의장(議長) 회의할 때의 우두머리.
의젓이 의젓하게.
의젓하다 말이나 하는 짓이 무게가 있다. 町점잖다.
의정부(議政府) 조선 시대의 중앙의 최고 관청. 영의정·좌의정·우의정이 국왕과 의논하여 나라일에 결정을 내리는 기관.
의좋다(誼—) 사이가 좋다.
의:주(義州) 평안 북도에 있는 읍으로, 품질이 좋은 명주로 유명함.

의지(依支) ①몸을 기댐. ②남에게 도움을 받음. 비의탁. —하다.

의:지(意志) ①마음. ②뜻. ③생각.

의:창(義倉) 평시에 곡식을 저장하여 두었다가, 흉년 때 생활이 어려운 사람을 도와 주었던 옛날의 빈민 구제 기관.

의천(義天, 1055~1101) 고려 때의 중. 시호는 대각국사. 문종의 넷째 아들. 11세에 중이 되어, 송나라에 유학하고 돌아와서 천태종이라는 새로운 종파를 열었고, 속장경을 간행하기도 했음.

의탁(依託) 남에게 의뢰함. 비의지. —하다.

의하다(依—) ①좇다. ②따르다. ③인연하다.

의학(醫學) 병의 치료·예방에 관한 것을 연구하는 학문. 비의술.

의:향(意向) 마음. 뜻. 생각.

의:협심(義俠心) 남의 어려움이나 억울함을 풀어 주기 위해 제 몸을 희생하는 마음.

의혹(疑惑) 의심하여 분별하기 어려움. 비의심. 의아. 반확신. —하다.

의회(議會) 의원들이 모여서 회의를 하는 기관. 국회·시의회·도의회 등.

이[1] 다른 말 밑에 붙어서 사람이나 사물을 뜻하는 말. 예저기 앉은 이가 누구냐?

이[2] 동물의 입 속에 있어서 음식을 씹는 일을 하는 기관.

이[3] 사람의 피를 빨아먹고 사는 벌레.

이:(利) ①장사하여 덧붙는 돈. ②유익함.

이(哩) 마일. 1마일은 약 1.609 킬로미터.

이간(離間) 남의 정이나 관계를 떼어 사이를 벌어지게 함. 예이간질. —하다.

이같이[—가치] 이렇게. 이와 같이. 작요같이. 예이같이 예쁜 꽃은 처음 보았다.

이거 '이것'의 준말. 작요거.

이것 가까운 자리에 있는 사물을 가리키는 말. 작요것.

이고 두 가지 이상의 말을 아울러 일컬을 때 쓰는 말. 예이것은 밥이고, 저것은 떡이다.

이:국(異國) 자기 나라가 아닌 다른 나라. 비외국. 타국. 반모국.

이글루(igloo) 에스키모인들이 사는 둥근 얼음집.

이글이글 불꽃이 어른어른하며 불이 잘 타오르는 모양. —하다.

이:기(利器) 인간 생활을 이롭게 하는 편리한 기구. 예문명의 이기.

이기(李芑, 1476~1552) 조선 시대의 정치가. 시호는 문경. 문과에 급제하였으며, 을사사화를 일으켜 윤임 일파를 몰아내고, 그 공으로 영의정까지 지냈으나 급사하였음.

이기다 ①상대편을 지게 하다. 반지다. ②억누르다. 비승리하다. ③칼로 잘라서 잘게 만들다. ④반죽하다.

이:기심(利己心) 자기의 이익·쾌락만 꾀하는 마음.

이기죽거리다 쓸데없는 말을 밉

이까짓 고작 이 정도밖에 안 되는. 〔작〕요까짓. 〔예〕이까짓 돈.

이끌다 ①앞잡이로 서서 남을 따라오게 하다. ②보다 나은 길로 나아갈 수 있도록 길잡아 주다. 〔예〕참된 길로 이끌어 주시는 우리 선생님.

이끼 고목이나 돌 따위의 축축한 데 나는 풀의 한 가지.

이：남(以南) 어떤 한계로부터 남쪽. 〔반〕이북.

이내[1] ①그 때에 곧. ②내처. 〔비〕금방.

이내[2] '나의'의 힘줌말. 〔예〕애타는 이내 가슴.

이：내(以內) 어떤 일정한 범위 안. 〔반〕이외.

이：념(理念) 이상적인 것으로 여겨지는 생각.

이놈 바로 앞에 있는 남자를 욕되게 부르는 말.

이：다[1] 기와나 볏짚 등으로 지붕을 덮다. 〔예〕기와를 이다.

이다[2] 물건을 머리 위에 얹다. 〔예〕보따리를 이고 간다.

이다음 이 뒤. 이번의 다음. 〔반〕이전.

이다지 이같이. 이렇게. 이토록. 〔작〕요다지.

이대로 이와 같이. 이 모양으로.

이동(移動) ①옮기어 움직임. ②위치를 바꿈. 〔비〕이전. 〔반〕고정. 〔예〕이동 문고. —하다.

이두(吏讀) 훈민정음을 만들기 전 한자의 음과 뜻을 따서 우리말을 적던 글.

이：득(利得) 이익을 얻음. 〔비〕익. 〔반〕손실. 손해. 〔예〕이득을 보다.

이듬해 바로 다음 해.

이등변 삼각형 두 변의 길이가 같은 삼각형.

이디오피아 →에티오피아.

이따가 좀 뒤에.

이따금 가끔. 때때로. 〔반〕늘. 자주. 〔예〕이따금 듣는 소리.

이라도 앞의 말을 뒤집는 뜻으로 쓰는 말. 〔예〕제 적은 힘이라도 선생님께 도움이 되었으면 좋겠어요.

이라크(Iraq) 서남 아시아의 메소포타미아 평원에 있는 공화국. 수도는 바그다드.

이란(Iran) 서남 아시아에 있는 왕국. 수도는 테헤란.

이랑 갈아 놓은 밭의 한 두둑과 고랑을 아울러 가리키는 말.

이：래(以來) 그러한 뒤. 〔비〕이후. 〔반〕이전.

이러니저러니 이러하다느니 저러하다느니. 〔예〕여러 사람이 모이면 언제나 이러니저러니 말이 많다.

이러하다 이와 같다.

이런 이러한. 〔예〕저런 종류의 사과보다는 이런 종류의 사과가 더 맛이 좋다고 한다.

-이런가 받침 있는 말에 붙어서 '-이던가'를 예스럽게 하는 말. 〔예〕꿈이런가.

이런들 '이러한들'의 준말. 이렇게 한들. 〔예〕이런들 뾰족한 수가 있나?

이렇게 이러하게. 이같이.

이렇다 '이러하다'의 준말. 〔예〕이렇다 할 만한 일도 못 해 주고 떠나서 미안하다.

이렇다 할 특별히 내세울 만한. 좍요렇다 할. 예이렇다 할 증거가 없다.

이렇듯 이러하듯.

이레 ①7일. ②이렛날.

이렛날 일곱 번째 되는 날.

이:력(履歷) 지금까지 경험하여 온 일. 예이력서.

이:론(理論) 사물의 이치. 반실천.

이:롭다[이로우니, 이로워서] 유익하다. 반해롭다.

이루 ①도저히. ②있는 것을 모두. 비도저히. 예그 때의 고생은 이루 다 말할 수 없다.

이루다 ①목적을 성공하다. ②일을 마치다. ③되게 하다. 예소망을 이루다.

이루어지다 ①뜻대로 되다. ②만들어지다.

이룩하다 ①나라·집 등을 새로 세우다. ②이루어 내다. 비완성하다. 예남북을 통일하여 살기 좋은 조국을 이룩하자.

이룩 수 없:다 이룩할 수 없다.

이륙(離陸) 비행기 따위가 땅 위를 떠나 떠오름. 반착륙. —하다.

이르다¹[이르니, 이르러] ①도달하다. 비다다르다. ②미치다. 예위험 지경에 이르다.

이르다²[이르니, 일러] ①말하다. ②깨닫게 하다. ③고자질하다. ④일컫다.

이른 빠른. 반늦은. 예매일 이른 아침에 예배당 종소리가 울립니다.

이른바 말하기를. 이르기를. 비소위. 예이것이 이른바 대한민국의 국보 제1호다.

이른 새벽 새벽 일찍이.

이를 이것을.

이를테면 가령 말하자면. 예컨대. 본이를터이면.

이름 사람이나 물건을 다른 종류와 구별하기 위하여 부르는 일컬음. 비성명.

이름나다 이름이 세상에 널리 퍼지다. 비유명하다. 반무명하다. 예동수는 우리 반에서 공부 잘하기로 이름난 학생이다. 화가로 이름나다.

이름표 이름을 써서 가슴에 다는 표. 비명찰.

이리¹ 이 곳. 이쪽.

이리² 늑대보다 크고 개와 비슷하며 성질이 흉악한 산짐승. 사람이나 집에서 기르는 짐승에게 해를 끼침.

이리 닫고 이쪽으로 달려오고. 이쪽으로 오고.

이리로 ①이 곳으로. 이쪽으로. ②이같이. 이렇게.

이리저리 방향이 일정하지 않은 모양. 이쪽으로 저쪽으로. 좍요리조리. 예이리저리 떠돌아다닌다.

이마 얼굴의 눈썹 위, 머리 아래의 부분.

이만저만하다 이만하고 저만하다. 좍요만조만하다. 예이만저만한 추위가 아니다.

이만하다 이것만하다. 정도가 이것과 같다. 좍요만하다. 예이만하면 청소는 만점이야.

이맛살 이마에 잡힌 주름살. 예이맛살을 찌푸리다.

이:면(裏面) ①겉에 나타나지 아니한 사실. ②속. 안. 반표면.

이모(姨母) 어머니의 자매.

이:모작(二毛作) 한 해에 한 땅에 두 번 농사지음. 圓그루갈이. 양모작.

이모저모 사물의 이런 면 저런 면. 여러 방면. 좌요모조모. ⑩이모저모 뜯어보다.

이목(耳目) ①귀와 눈. ⑩이목구비. ②남들의 주의. ⑩사람들의 이목을 끌다.

이:무기 용이 되려다 못 되고 물 속에 산다는 큰 구렁이.

이미 벌써. 앞서. 이왕에. 빤미처. 비로소. 아직. ⑩기차는 이미 떠났다.

이민(移民) 외국 땅에 옮겨 가서 삶. —하다.

이바지하다 ①정성들여 음식 같은 것을 보내 주다. ②사회에 이익이 되는 좋은 일을 하다. 圓공헌하다. ⑩국가에 이바지하다.

이:발사(理髮師)[—싸] 남의 머리털을 깎아 주는 일을 직업으로 하는 사람.

이번 이제 돌아올 차례. 圓금번. 좌요번.

이별하다(離別—) 같이 있던 사람이 서로 떨어져 갈리다. 圓작별하다. 헤어지다. 빤상봉하다. ⑩이별의 슬픔.

이병기(李秉岐, 1891~1968) 국문학자. 시조 작가. 호는 가람. 전북 익산에서 태어났음. 옛 문학 작품을 많이 풀이했고 현대 시조를 개척했음. 남긴 책으로는 〈가람 시조선〉·〈국문학 전사〉 등이 있음.

이:복(異腹) 아버지는 같고 어머니가 다름. ⑩이복 형제.

이:부제 수업(二部制授業) 교실 부족 관계로 학생들을 오전·오후의 두 부로 나누어 하는 수업.

이:북(以北) 어떤 한계로부터의 북쪽. 빤이남. ⑩38도선 이북.

이불 사람이 누워 잘 때 몸을 덮는 물건. 빤요.

이불감[—깜] 이불을 만드는 천.

이:사(理事) 어떠한 기관의 사무를 처리하며 대표하는 사람.

이사(移徙) 집을 옮김. 圓이전. —하다.

이사이 이제까지의 비교적 짧은 동안. 이즈음. 좌요사이.

이삭 곡식의 열매.

이:산화망간 검은 회색의 가루. 물에는 녹지 않고 열을 가하면 분해하여 산소를 발생함.

이:산화탄소 물질이 탈 때에 생기는 기체. 탄소와 산소의 화합물이며, 공기보다 무겁고, 사람이 내쉬는 숨 속에도 많이 포함되어 있음.

이:산화황 황이 공기 중에서 탈 때 발생하는 기체. 독한 냄새가 남.

이:상(以上) ①이 위. ②그 위. ③편지·서류의 끝에 적어 '그만'의 뜻을 나타내는 말. 빤이하.

이:상(異常) ①보통과 다름. ②정상에서 벗어난 상태. 빤정상. —하다.

이:상(理想) 각자의 지식·경험의 범위 안에서 가장 완전한 상태라고 생각되는 제일 높은 목표. 빤현실. ⑩이상은 높게 가져라.

이상재(李商在, 1850~1929) 정치가이며 종교가. 호는 월남. 일찍이 신앙 생활을 통하여 국민의 민족 정신을 일깨워 주었고, 1898년에는 서재필과 함께 독립 협회를 조직하여 민중 계몽에 힘썼음.

이:상적 자기의 생각에 이렇게 되었으면 하고 바라는 그것.

이:상하다(異常―) 보통과 다르다. 비괴상하다. 수상하다. 예그렇게 많던 것이 오늘은 이상하게도 하나도 보이지 않는다.

이성계(李成桂) 조선의 제1대 왕(재위 1392~1398). 고려 말의 장군이었으나, 위화도에서 회군한 후 1392년에 조선을 건국하고 왕이 되었음. 이후 새로운 정책을 세워 조선의 기반을 튼튼히 닦아 놓았음.

이수광(李睟光, 1563~1628) 조선 중기의 학자. 호는 지봉. 실학의 학풍을 처음으로 일으킨 선구적인 학자. 〈지봉유설〉이란 책을 썼음.

이순신(李舜臣, 1545~1598) 조선 선조 때의 장군. 시호는 충무. 임진왜란 때 거북선을 개량하여 목포·부산·한산도 등의 큰 싸움에서 큰 승리를 거두고 노량 해전에서 쫓겨가는 왜선을 공격하다가 왜군의 총탄에 맞아 최후를 마침.

이스라엘(Israel) 지중해의 동쪽 서남 아시아의 기슭에 있는 공화국. 수도는 예루살렘.

이:스트(yeast) 빵을 만들 때에 넣어 빵을 부풀게 하는 세균의 하나. 효모.

이슥하다 밤이 매우 깊다. 예밤이 이슥히 깊었는데도 언니는 책을 읽고 있다.

이슥하도록 밤이 매우 깊도록.

이슬 ①공기 중에 있는 수분이 밤에 엉기어 물방울이 된 것. ②덧없는 생명을 가리키는 말.

이슬람교(Islam 敎) 마호메트가 일으킨 세계 3대 종교의 하나. 회교.

이슬비 아주 가늘게 오는 비. 비보슬비. 반소나기.

이승만(李承晚, 1875~1965) 독립 운동가이며 정치가. 일찍부터 국내와 해외에서 독립 운동에 힘썼으며 대한 민국 초대 및 2대·3대 대통령을 지냈으며, 1960년 4·19혁명으로 정계에서 물러났음.

이 아픈 날 콩밥한다〈속〉 불행한 일 위에 거듭하여 불행한 일이 생긴다. 비설상가상.

이암(泥岩) 진흙이 지층 속에서 굳어져 된 암석.

이앙기(移秧機) 모내는 기계.

이야기 ①서로 말을 주고받고 함. ②말. ③소설. ④소문. 예이야기가 퍼지다. ─하다.

이야기책 이야기를 적은 책.

이양(移讓) 남에게 넘겨 줌. 예정권 이양. ─하다.

이양선(異樣船) 대한 제국 때 '외국의 배'를 이르던 말.

이어달리기 네 선수가 한 조가 되어, 일정한 거리를 나누어 차례로 배턴을 주고받으며 달려 그 빠르기를 겨루는 육상 경기. 비계주. ─하다.

이어받다 물려받다.

이어서 ①대를 물려받아서. ②계속해서. 예선생님의 노래에 이어서 우리도 한 사람씩 일어나 제각기 좋아하는 노래를 불렀다.
이언만 받침 있는 체언에 붙어 '이건마는'의 뜻으로 보다 예스럽게 일컫는 말.
이 없으면 잇몸으로 산다〈속〉 없으면 없는 그대로 아쉬운 대로 살아갈 수 있다.
이엉 지붕·담을 이는 데 쓰기 위하여 엮은 짚.
이에 그래서. 이리하여.
이여 하소연하는 뜻을 나타내는 말. 예 하늘이여.
이:역(異域) ①다른 나라의 땅. ②제 고장 아닌 다른 곳.
이오 ①사물이 확실히 그러하다는 것을 단정하는 데 쓰는 말. 예 나는 사람이오. ②의문의 뜻을 나타내는 말. 예 저것이 무엇이오?
이오 섬(硫黃—) 태평양에 있는 일본의 섬. 지금은 미국의 군사 기지임.
이온(ion) 전기를 띤 원자. 또는 원자가 모인 것.
이완(弛緩) 느슨함. 풀려 늦춰짐. 閔긴장. —하다.
이:왕(已往) ①이미. ②그전. ③벌써.
이:왕이면 이미 그렇게 된 바에야. 圓기왕지사. 예 이왕이면 잘 그려라.
이:외(以外) 일정한 범위 밖. 이밖. 그밖. 閔이내.
이:욕(利慾) 이익을 탐하는 욕심.
이:용(利用) ①이롭게 씀. 예 강물을 이용한 수력 발전. ②편리하게 씀. 圓사용. 閔악용.

예 버릴 물건을 잘 이용해 쓰자. —하다.
이울다 ①꽃잎들이 지기 시작하다. ②쇠약하여지다.
이웃 ①가까운 곳. ②집이 서로 이어진 곳. ③마주 붙은 땅. 圓인근. 근처.
이웃집 이웃에 있는 집. 옆집.
이웃집 새 처녀도 내 정지에 들어 세워 보아야 안다〈속〉 뜻이 맞는 사람을 고르기란 참으로 힘든 것이다.
이 원수(李元壽, 1911~1981) 아동 문학가. 15세 때인 1925년 동요 〈고향의 봄〉을 발표, 문단에 나옴. 현대 아동 문학 개척자의 한 사람.
이:월(二月) 일년 중, 두 번째 드는 달.
이:유(理由) ①까닭. ②이르게 된 내력. 圓사유. 근거. 영문. 예 그 이유가 뭐야?
이:윤(利潤) 장사하여 남음. 또는 남은 돈.
이:율(利率) 밑천에 대한 이익의 비율.
이윽고 조금 있다가. 圓드디어. 마침내. 閔곧. 예 먹구름이 끼더니, 이윽고 소나기가 쏟아졌다.
이음줄[—쭐] 높이가 다른 둘 이상의 음을 끊지 말고 이어서 연주하라는 뜻으로 음표의 위나 아래에 그리는 활 모양의 줄.
이응 한글의 닿소리인 'ㅇ'의 이름.
이:익(利益) ①물질적으로나 정신적으로 보탬이 된 것. ②장사에서 남는 것. 圓이득. 유

익. 빤손해.

이익(李瀷, 1681~1763) 조선 영조 때의 실학자. 유형원의 학풍을 이어받아 실학의 대가가 되었으며, 특히 천문·지리·의약·역사 등에 많은 업적을 남겼음.

이인호(李仁浩, 1933~1966) 베트남 전쟁에서 자기 목숨을 희생하고 부하 사병을 구한 청룡 부대의 정보 장교.

이자 위 밑쪽에 있으며, 이자액을 내는 몸의 기관.

이 자(一者) '이 사람'의 낮은 말. 예이자가 누구냐?

이:자(利子) 꾸어 쓰는 돈에, 덧붙어 가는 돈. 비변리. 빤원금.

이 자 겸 의 난(李資謙一亂, ?~1126) 고려 인종 때 이자겸이 일으킨 난. 이자겸은 왕의 외척으로 권세를 누리다가, 왕이 되려고 난을 일으켰으나 실패하였음.

이자액 이자에서 나오는 소화액. 녹말·단백질·지방을 소화시키는 구실을 함.

이재민(罹災民) 재앙을 당한 사람. 예이재민 구호 성금.

이 저녁 오늘 저녁.

이:전(以前) 이제보다 전. 오래 전. 예전. 빤이후.

이전(移轉) 옮김. 집을 옮김. 비이사. —하다.

이:점(利點)[-쩜] 이로운 점. 이익이 되는 점. 예이 사업은 우리에게 많은 이점이 있다.

이제 이때. 비지금. 예이제 우리의 과업은 남북 통일이다.

이제까지 지금까지. 비여태. 예너는 이제까지 뭘 하느라고 숙제도 제대로 못했느냐.

이제야 이제 겨우. 이제 비로소. 예이제야 알았다.

이젠 지금에 이르러서는. 본이제는. 예이젠 가야겠다.

이주(移住) 집을 옮겨서 사는 것. 비이사. —하다.

이죽거리다 쓸데없는 말을 밉살스럽게 지껄이다. 본이기죽거리다.

이준(李儁, 1859~1907) 조선 말엽 고종 때의 열사. 1907년 고종 황제의 밀서를 가지고 이상설·이위종과 함께 만국 평화 회의에 참석하였으나 일본의 방해로 뜻을 이루지 못하게 되자 분사하였음.

이:중(二重) ①두 겹. ②거듭함. 비두 겹.

이중환(李重煥, 1690~1756) 조선 영조 때의 실학자. 우리 나라 인문 지리서인 〈택리지〉를 지어 전국의 지형과 풍습 등을 소개하였음.

이즈음 이 사이. 이때.

이지러지다 ①그릇의 이가 빠지다. ②한 쪽이 차지 않다.

이:지적(理智的) 용모나 말·행동에서 사물을 분별·이해하는 슬기가 풍기는 것. 예그녀의 이지적인 용모가 돋보인다.

이 직(李稷, 1362~1431) 시조 '까마귀 검다 하고……'의 지은이. 조선의 개국 공신으로 벼슬이 영의정에까지 이르렀음.

이:질(痢疾) 피똥이 나오고 대변이 자주 마려운 병.

이집트(Egypt) 북아프리카의 동부 나일 강 하류 지역에 있

이집트 자 고대 이집트에서 사용했던 상형 문자. 로마자의 바탕이 됨.

이쯤 이만한 정도. [잠]요쯤. [예]이쯤하면 되겠지.

이차돈(異次頓, 503~527) 신라 법흥왕 때의 순교자. 신라에서는 이차돈의 순교 뒤에 비로소 불교를 인정하게 되었음.

이:차 소비자 풀을 뜯어먹고 사는 연약한 동물을 잡아먹는 동물들을 말하는 것. 사자·범·표범·제비 등.

이:채(異彩) ①색다른 빛. ②뛰어남. ③남과 다른 것. ④출중한 것. —롭다.

이처럼 이같이.

이천(李蕆, 1376~1451) 조선 초기의 무관. 장영실과 함께 해시계·물시계 등의 과학 기구를 제작하였음.

이:치(理致) 사물의 정당한 조리·도리에 맞는 취지.

이퀄(equal) 같음. 부호는 =.

이크 '이키'의 사투리.

이키 갑자기 놀랐을 때 지르는 소리. [예]이키! 다리가 놓여 있지 않구나. 어떻게 건너지?

이탈리아(Italia) 유럽 남부에 있는 나라. 수도는 로마.

이토 히로부미(伊藤博文, 1841~1909) 1905년 고종 때에 맺은 을사조약을 비롯하여 우리 나라 침략에 주동적인 역할을 했던 일본의 정치가. 안중근 의사에게 하얼빈에서 사살됨.

이튿날 ①하룻날의 다음날. ②이틀째의 날. [비]다음날.

이틀 '이튿날'과 같음.

이틀거리 이틀을 걸러서 앓는 학질.

이:하(以下) 일정한 한도의 아래. 이 다음. [반]이상.

이:학기(二學期) 9월부터 다음해 2월까지의 학기.

이항(移項) 방정식에서 좌변의 수를 우변으로 옮기는 것. 예를 들면, x+30=70, x=70-30 따위. —하다.

이:해(利害) 이익과 손해. [비]득실.

이:해(理解) ①사리를 헤아려 알음. ②남의 사정을 잘 알아줌. [비]양해. [반]오해. [예]무슨 말인지 잘 이해할 수 없다. —하다.

이:해 관계 이로우냐 해로우냐에 대한 것.

이:행하다(履行—) 실지로 하다. [비]실행하다.

이:화 명충(二化螟蟲) 마디발 동물의 곤충류에 딸린 벼의 해충. [비]마디충.

이화 학당(梨花學堂) 1886년에 미국인 선교사 스크랜턴 여사가 세운 우리 나라 최초의 여성 교육 기관. 현재의 이화 여자 대학교.

이황(李滉, 1501~1570) 조선 중기의 유학자로 호는 퇴계. 관직을 버리고 지방에 내려가 주자학 연구에 몰두하였고, 도산 서원을 세워서 많은 후배를 길렀음.

이:후(以後) ①이 뒤. ②이 다음. [비]금후. 뒷날. [반]이전.

익다 ①익숙하게 되다. ②자주 만나서 사이가 가까워지다. ③

음식이 끓어 삶아지다. ④열매가 여물다.

익사(溺死) 물에 빠져 죽음. 예익사체로 발견되다. —하다.

익살 말이나 행동을 재미있고 우습게 함. 또는 그러한 말이나 행동. 예익살꾼.

익살스럽다 말이나 행동이 우습고 재미있다.

익숙하다 ①자주 보아 눈에 익다. 예익숙한 얼굴. ②자주 만나서 사이가 가깝다. 예익숙한 사이. ③여러 번 하여 손에 익다. 비능숙하다. 반서투르다.

익은 밥 먹고 선 소리한다〈속〉 쓸데없는 말을 싱겁게 한다.

익조(益鳥) 농업상 해가 되는 벌레를 잡아먹는 제비·크낙새 따위. 반해조.

익충(益蟲) 직접·간접으로 사람에게 이익을 주는 유익한 벌레. 잠자리·누에·꿀벌 따위. 반해충.

익히다 ①익숙하게 하다. 연습하다. ②익게 하다.

인(人) 사람. 인간.

인(仁) 어진 것. 착한 것.

인(燐) 불이 일어나기 쉬운 쇠붙이가 아닌 원소.

인가(人家) 사람이 사는 집.

인가(認可) 인정하여 허락함. 비허가. —하다.

인간(人間) ①사람. 비인류. ②세상. ③사람의 됨됨이.

인간성[—썽] 사람으로써 본디부터 가지고 있는 바탕. 사람다운 마음의 본바탕. 예인간성이 매우 좋다.

인건 비(人件費)[—껀—] 공공 기관·단체·기업 등에서 일을 하는 사람에게 지출되는 비용.

인걸(人傑) 뛰어난 사람.

인격(人格)[—껵] ①사람의 품격. ②사람다운 점. 사람의 됨됨이. 비성품. 인품.

인격자 품위 있고 덕을 많이 닦은 사람.

인:계(引繼) 뒤를 이어받음. 반인수. —하다.

인고(忍苦) 괴로움을 참음. 예인고의 세월. —하다.

인공(人工) 사람이 하는 일. 사람이 자연물에 손을 대어 만드는 일. 반자연.

인공 가루받이[—바지] 사람의 힘으로 수꽃의 꽃가루를 암술머리에 묻혀 주어 씨와 열매를 자라게 하는 것.

인공 수정 인위적으로 채취한 수컷의 정액을 암컷의 생식기 속으로 주입시켜 수정시키는 일. 인공 정받이.

인공 위성 지구의 인력을 떠나서 지구의 둘레를 마치 위성과 같이 돌도록 인공적으로 만들어진 물체.

인공 호흡 호흡이 멈추어졌거나 호흡이 곤란한 사람에게 인공적으로 폐에 공기를 보내 소생시키는 구급법.

인구(人口) 어떠한 지역 안에 사는 사람의 수효.

인구 밀도[—또] 면적 1 km² 안에 사는 평균 인구수.

인권(人權)[—꿘] 사람이 당연히 가지는 기본적 권리. 곧 자유와 평등의 권리.

인기(人氣)[—끼] ①여러 사람의 마음이 쏠리는 것. ②세상 사람의 좋은 평판. 예공부 잘

인기척 [―끼―] 사람의 나타남을 알아낼 수 있는 발자취와 목소리.

인내심(忍耐心) 참고 견디는 굳은 마음. 비참을성.

인내하다 어려움이나 괴로움을 참고 견디다. 비참다.

인더스 강(Indus江) 파키스탄의 중앙부를 남서로 흐르는 강. 고대 문명의 발상지임.

인도¹(人道) 사람으로서 마땅히 지켜야 할 도리. 예인도주의.

인도²(人道) 사람이 다니는 길. 반차도.

인도(India) 인디아 반도의 대부분을 차지하고 있는 공화국. 수도는 뉴델리.

인도네시아(Indonesia) 동남 아시아의 적도 바로 아래에 있는 공화국. 수도는 자카르타.

인도양(印度洋) 오대양의 하나로 아시아·아프리카·오스트레일리아의 세 대륙에 둘러싸여 있는 바다.

인:도자(引導者) 가르쳐 이끄는 사람. 비안내자. 지도자.

인도주의 인류 전체를 행복스럽게 하려는 것을 이상으로 하는 주의.

인:도하다 ①가르쳐 이끌다. 지도하다. ②길을 가르쳐 주다. ③앞길을 열어 주다.

인두 바느질할 때에 불에 달구어 구김살을 펴는 데 쓰는 기구.

인 디 언(Indian) ①미국의 원주민 〔인두〕을 일컫는 말. ②인도의 흑인.

인:력(引力) 두 물체가 서로 당기는 힘. 예만유 인력.

인력(人力) 사람의 힘이나 노동력. 반신력.

인력 수출[―력―] 의사·간호사·기술자·노동자 등이 외국에 나가 일하게 하는 일.

인류(人類)[일―] 사람. 지구 위에 사는 모든 사람. 비인간. 예인류의 역사.

인명(人名) 사람의 이름.

인명(人命) 사람의 목숨. 예인명 피해가 적다.

인물(人物) ①사람. ②뛰어난 사람. ③재주가 많은 사람. ④쓸모 있는 사람. 비인재.

인물화 사람을 그린 그림.

인민(人民) ①한 정부에 딸린 일반 사람. ②어떤 사회를 구성하는 사람. 비국민.

인보관(隣保館) 이웃끼리 서로 돕고 협력하기 위해서 세운 단체. 또 그 집.

인부(人夫) 노동 일을 하여 먹고 사는 사람. 비막벌이꾼.

인사(人事) ①남에게 공경하는 뜻으로 하는 예의. ②사람 사이에 지키는 예의. 비경례. 절. 문안. ―하다.

인사말 안부를 묻거나 상대편을 높이는 뜻으로 하는 말.

인산 비:료(燐酸肥料) 인산 성분이 많이 들어 있는 비료.

인상(印象) ①자극을 받는 것. ②영향을 받는 것. 예어딘지 모르게 곧 친해질 것 같은 정다운 인상이었다.

인상적 마음속에 깊이 남아서 잊혀지지 않는 것. 예퍽 인상적인 풍경이었다.
인ː색하다(吝嗇—) 너무 재물을 아끼다. 예인색한 사람.
인생(人生) ①생명을 가진 사람. ②사람이 세상에서 사는 동안. 비생애. 인간.
인ː솔(引率) 사람을 이끌어 거느리고 감. —하다.
인쇄(印刷) 기계에 넣어 글이나 그림을 찍어내는 일. —하다.
인쇄 기계 글씨, 그림을 종이에 찍어내는 기계.
인쇄술 활자로써 글자를 박아내는 기술.
인ː수(引受) 물건이나 권리를 넘겨 받음. 비인계. —하다.
인수(因數) 어떤 수를 두 수 또는 그 이상의 수의 곱으로 나타내었을 때 본디의 수에 대하여 각 수를 일컬음.
인식(認識) ①알아봄. ②인정함. ③깨닫고 헤아려 판단하는 작용. —하다.
인심(人心) 사람의 마음.
인어(人魚) 허리 위는 사람의 몸과 같고 허리 아래는 물고기와 같다는 상상의 동물.
인연(因緣) ①서로 알게 되는 기회. ②의지하고 지낼 관계. ③사물의 유래. 비연분. —하다.
인ː용(引用) 다른 글에서 한 부분을 끌어다 씀. —하다.
인원(人員) ①단체를 이룬 사람. ②사람의 수효.
인의(仁義) 어질고 의로움.
인자(仁慈) 어질고 자애 깊음. 반악독. —하다.
인재(人材) 학식과 능력이 뛰어난 사람. 쓸모 있는 사람. 비

인물. 예인재 양성.
인적(人蹟) 사람의 발자취.
인정(人情) ①사람의 본디 가지고 있는 애정. ②남을 동정하는 마음.
인정(認定) ①그러한 줄로 알고 정함. ②허락함. ③옳다고 함. 비확정. 승인. 반부정. 부인. —하다.
인제 지금에 이르러. 이제. 이제부터. 지금부터.
인조(人造) 사람이 만듦. 또는 그 물건. 예인조 가죽.
인조견(人造絹) 인공으로 비단같이 만든 피륙.
인종(人種) 지구에 사는 사람의 종류. 황인종·백인종·흑인종 따위.
인주(印朱) 도장을 찍을 때 쓰는 붉은 재료.
인질(人質) 사람을 볼모로 잡아 두는 일. 볼모.
인ː책(引責) 책임을 스스로 이끌어 짐. —하다.
인체(人體) 사람의 몸. 예인체에 해로운 음식.
인ː출(引出) 예금을 찾음. 예현금을 인출하다. —하다.
인치(inch) 영국·미국의 길이를 재는 단위. 1피트의 1/12. 약 2.54cm.
인터넷(internet) 컴퓨터의 네트워크를 연결하는 세계적 규모의 컴퓨터 통신망.
인터뷰(interview) 면회. 회담. —하다.
인터체인지(interchange) 고속도로와 보통 도로를 입체적으로 이어서 자동차가 드나들 수 있도록 만든 길.

인품(人品) 사람의 성품이나 됨됨이. [비]성품. 인격.
인플레이션(inflation) 한 나라에서 발행하는 돈이 너무 많아지고 생산품은 적을 때, 돈의 값어치는 떨어지고 물건값이 굉장히 비싸지는 현상. [반]디플레이션.
인플루엔자(influenza) 유행성 감기. 독감.
인하여(因—) ①의지하여. ②인연하여. ③말미암아.
인해 전:술(人海戰術) 전쟁에서 공격할 때, 무기에만 의존하지 않고 엄청난 인원을 동원하여 적을 누르는 원시적인 전술.
인형(人形) 사람 모양을 한 장난감. [비]꼭두각시.
인형극 사람이 인형을 움직여서 하는 연극.
일: ①벌이. ②활동함. ③하는 일. [비]사업. —하다.
일(一) ①'한'의 뜻. ②하나.
일가(一家) ①한 집. ②한집안. ③같은 성, 같은 본의 친족. [비]친척.
일간(日間) ①며칠 되지 아니한 동안. ②가까운 날.
일:거리[—꺼—] 하여야 할 일. [비]일감. [예]일거리가 많다.
일거 양:득(一擧兩得) 한 가지 일을 하여 두 가지 이익을 얻음. =일석 이조.
일거 일동[—똥] 모든 동작.
일곱 여섯에 하나를 더한 수.
일과(日課) 날마다 하는 일. [예]몹시 게으른 그는 낮잠자는 것이 일과였다.
일광욕(日光浴)[—뇩] 온몸을 햇빛에 쬐어 몸을 튼튼하게 하는 일. —하다.
일구다 ①논밭을 만들려고 땅을 파서 일으키다. ②두더지 따위가 땅속을 쑤셔 흙이 솟게 하다. [비]갈다. [반]다지다.
일구 이:언(一口二言) 한 입으로 두 가지 말을 함. 곧 약속을 어김. —하다.
일기(日記) 날마다 일어난 사실과 자기의 생각을 적은 기록. [비]일지.
일기(日氣) 그 날의 공중의 모양. [비]날씨.
일기도 일정 시각에 어떤 지방의 기압·날씨·바람 등을 기호로 써서 지도 위에 나타낸 것.
일기 예:보 날씨의 변화를 미리 알리는 일. —하다.
일깨우다 가르쳐서 깨닫게 하다.
일:꾼 ①품팔이하는 사람. ②일을 잘 처리하는 사람. [예]나라의 일꾼.
일년(一年) 한 해.
일년감 열매가 감과 비슷한 것이 열리는 채소. [비]토마토.
일년내 일년 동안 계속.
일:다〔이니, 일어서〕 ①가만히 있는 몸이나 물건이 위로 향하여 움직이다. ②물을 부어서, 곡식에 섞인 모래 따위를 조리를 써서 가려내다. [예]쌀을 일다.
일단(一旦)[—딴] 한 번. 잠깐. 우선. [예]일단 여기서 끝내자.
일대(一大)[—때] 어떤 말 위에 붙어 '굉장한·중대한'의 뜻을 나타냄. [예]일대 사건. 일대 사업. 일대 수라장.

일대(一帶)[—때] 그 지역 전체. 예마을 일대가 물바다가 되었다.

일대일 대응[—때—] 집합 ㄱ의 각각의 원소에 대응되는 집합 ㄴ의 원소가 한 개뿐이고, 집합 ㄴ의 원소에 대응하는 집합 ㄱ의 원소가 1개뿐일 때의 집합 ㄱ과 집합 ㄴ의 대응 관계.

일대 혼란 아주 뒤죽박죽이 되어 질서가 없는 모양.

일동(一同)[—똥] ①누구나 죄다. ②한 단체 죄다. 예일동 기립.

일등(一等)[—뜽] 첫째.

일러두기 꼭 알아야 할 것을 책의 맨 앞에 써 놓은 글. 비범례.

일러 주다 잘 알아듣도록 이야기해 주다. 예사실을 그대로 일러 주다.

일렬 종대(一列縱隊) 세로로 한 줄로 늘어선 대형.

일류(一流) 첫째 가는 자리.

일몰(日沒) 해가 짐. 반일출.

일반(一般) ①한 모양. ②온통. 비보통. 반특수.

일반 국민 보통의 모든 국민.

일반 은행 은행법에 의하여 주식 회사로 설립된 은행. 조흥 은행·상업 은행·한일 은행·제일 은행·서울 은행 등. 반특수 은행.

일반적 전체적으로 보아서. 예우리 나라 사람들은 일반적으로 정에 약한 편이다.

일:벌[—뻘] 꿀벌 중의 일을 맡아 하는 벌. 반여왕벌.

일본(日本) 우리 나라의 남해를 사이에 두고 있는 나라. 1910년 한국을 빼앗고 중국에까지 손을 뻗치다가 1945년 연합군에게 패전하였으나 다시 부흥하였음. 수도는 도쿄.

일본식 일본 사람들의 방식이나 격식. 예일본식 집.

일부(一部) ①한 부분. ②한 벌. 비부분. 반전부. 모두. 전체. 예일부분.

일부러 짐짓. 다른 일은 제쳐놓고. 반우연히. 예일부러 모른 체하였다.

일분 일초(一分一秒) 썩 짧은 시간.

일사(1·4) **후퇴** 6·25 전쟁 때 중공군 개입으로 유엔군과 국군이 1951년 1월 4일 부산까지 후퇴한 일.

일산화탄소 탄소나 탄소 화합물이 산소가 부족한 상태에서 탈 때 발생하는 독한 기체. 탄소와 산소의 화합물이며, 연탄 가스 중독의 원인이 됨.

일:삼다[—따] ①그 일을 전문으로 하다. 예작곡을 일삼다. ②어떤 일을 자기의 직업처럼 자주 하다. 예놀기를 일삼다.

일상(日常)[—쌍] 늘. 항상. 비평상.

일상 생활[—쌍—] ①늘 살아서 움직이는 것. ②항상 살아가는 것. ③보통 때의 살림살이.

일생(一生)[—쌩] ①살아 있는 동안. ②한세상. 비평생.

일 석 이:조(一石二鳥)[—썩—] =일거 양득.

일선(一線)[—썬] 전쟁을 하는 곳. 전쟁을 하는 곳과 가장 가까운 곳. 비지방. 반후방.

일선 진지[—썬—] 전쟁을 하기

위하여 군인들이 전쟁 준비를 해 놓고 있는 곳. 적과 맞서서 진을 치고 있는 곳.

일성 호가(一聲胡笳)[―썽―] 한 가락의 피리 소리. '호가'는 풀잎 피리, 또는 피리 소리.

일세[―쎄] 받침 있는 말에 붙어 '이다'보다 높이고, '입니다'보다 낮춰서 말할 때 쓰이는 말. 예저게 우리 집일세.

일:손[―쏜] ①일하는 솜씨. ②일하는 사람. ③일하고 있던 손. 예일손을 멈추다.

일시(一時)[―씨] 한때. 같은 때. 비동시.

일시적[―씨―] 한때. 한동안만 관계 있는 모양. 반영구적. 항구적.

일식(日蝕)[―씩] 달이 지구와 해 사이에 들어 해를 가리는 현상. 반월식.

일신(一身)[―씬] 한 몸. 예일신의 영예를 돌보지 마라.

일쑤 곧잘 하는 버릇. 가끔 그렇게 잘 됨. 예그는 지각하기가 일쑤란다.

일어나다 ①앉았다가 서다. 반앉다. ②누웠다가 앉다. 반눕다. ③불이 붙다. ④성하다.

일어서다 ①앉았다가 서다. ②번창하다. 예기울었던 사업이 다시 일어서다.

일억(一億) 1만의 만 배인 수.

일언(一言) 한 마디의 말.

일:없다 ①쓸데없다. 필요가 없다. ②괜찮다.

일었느냐 일어났느냐.

일연(一然, 1206~1289) 고려 충렬왕 때의 중. 보각국사. 〈삼국유사〉를 지음.

일:옷 일할 때만 입는 옷. 비작업복.

일요일 칠요일의 첫째 날. 토요일의 다음날. 비공일. 휴일.

일용품(日用品) 날마다 쓰는 물품.

일월(一月) 열두 달 중 첫째 달. 정월.

일월(日月) 해와 달.

일으키다 ①일어나게 하다. ②번성하게 하다. 반넘어뜨리다. 예사업을 일으키다.

일일(日日) 매일매일. 나날이.

일일 생활권(一日生活圈)[―뀐] 하루 동안에 오가며 살 수 있는 범위.

일일이[―릴―] ①낱낱이. ②또박또박. ③하나씩. ④죄다. 비낱낱이. 하나하나. 반한꺼번에. 예그 많은 사람의 이름을 일일이 욀 수 있어요?

일:자리[―짜―] 일터. 비직장. 예일자리를 구하다.

일장검(一長劍)[―짱―] 허리에 차는 하나의 길고 큰 칼.

일정하다(一定―)[―쩡―] 한번 결정하다.

일제 사격(一齊射擊)[―쩨―] 여러 사람이 총을 한꺼번에 쏨. ―하다.

일제히[―쩨―] 모두 다 함께. 비한꺼번에. 예오늘부터 전국에서 일제히 입학 시험이 시작된다.

일주 운동(日週運動)[―쭈―] 별·태양·달 등이 하루에 한 바퀴씩 지구의 둘레를 도는 것처럼 보이는 운동. 지구가 자전하기 때문에 일어나는 현상.

일주일[―쭈―] 이레 동안.

일쩨감치 조금 더 일찍이. 예일쩨감치 떠나도록 하자.

일찍 '일찍이'의 준말. 반늦게. 예아침 일찍 일어나다. 10분 일찍 도착했다.

일찍이 앞서. 전번에. 늦지 않게. 얼른. 빨리. 준일찍.

일차 소비자 주로 풀을 뜯어먹고 사는 동물을 말하는 것. 소·양·노루·얼룩말 등.

일체(一切) 모든. 온갖.

일층(一層) ①한 겹. ②여러 층으로 겹친 것의 맨 밑. 비아래층. ③한결. 한층.

일치(一致) ①한마음 한뜻이 됨. ②서로 의견이 맞음. 비부합. 합치. —하다.

일치 단결 여럿이 한 덩어리로 굳게 뭉침. —하다.

일컫는다 부른다. 이름짓는다. 말한다.

일컫다〔일컬으니, 일컬어서〕 ①이름지어 부르다. ②다른 사람이 칭찬하다.

일컬음 ①부름. ②칭찬함. 예임진왜란 때 왜적을 무찌르신 이순신 장군은 민족의 영웅이라는 일컬음을 받고 있다.

일:터 일을 하는 곳.

일편 단심(一片丹心) ①한 조각 붉은 마음. ②한 조각 충성된 마음.

일평생(一平生) 살아 있을 동안. 비한평생.

일학기(一學期) 한 학년을 둘로 나눈 앞의 기간. 3월부터 8월까지.

일할(一割) 전체의 십분의 일.

일행(一行) ①길을 같이 가는 사람. ②행동을 같이 하는 사람. 비동행.

일화(逸話) 세상에 널리 퍼지지 아니한 이야기.

일후(日後) 뒷날. 이다음. 나중.

일흔 예순에 열을 더한 수.

읽다〔익따〕 소리를 내어 책을 보다.

잃다〔—타〕 ①없어지게 하다. 반얻다. 찾다. ②놓치다. ③떨어뜨리다. ④빠뜨리다. ⑤죽게 하다.

잃어버리다 아주 잃다. 예길에서 돈을 잃어버렸다.

임 사모하는 사람을 일컫는 말.

임:금 한 나라를 다스리는 사람. 비왕. 반신하.

임도 보고 뽕도 딴다〈속〉 한꺼번에 두 가지 일을 겸해서 이루고자 꾀한다.

임:명(任命) ①어떤 일을 맡김. ②벼슬을 줌. 반파면. —하다.

임:명식 직무를 맡기는 식. 예반장 임명식.

임:무(任務) 맡은 일. 비책무. 사명. 책임.

임박(臨迫) 어떤 시기가 가까이 닥쳐옴. —하다.

임산 자:원(林産資源) 산이나 산림에서 얻어지는 자원. 나무·버섯·약초 따위.

임시(臨時) ①정하지 아니한 시기. 예임시 열차. ②잠시 아쉬운 것을 면함.

임시 정부 정식이 아니고 임시로 세운 정부.

임야(林野) 나무가 들어서 있는 넓은 땅. 숲과 벌판.

임업(林業) 산림으로부터 인간

임:오군란(壬午軍亂) [-굴-] 1882년 신식 군대인 별기군이 특별한 대우를 받는 데 대한 반발로 구식 군인들이 일으킨 반란. 개화에 반대하는 보수 세력이 주동이 되었음.

임:원(任員) 어떤 모임의 일을 맡아 처리하는 사람. 예어린이회 임원에 선출됐다.

임:원회 어떤 단체의 임무를 맡아 처리하는 사람들로 이루어진 모임. 또는 그 회의. 예어린이회 임원회.

임:의(任意) 마음대로.

임:자 물건을 차지하고 있는 사람. 물건의 소유자. 비주인.

임:차말 글월 속에서 '무엇이'·'무엇은'에 해당되는 말. '노력은 성공의 어머니다'의 '노력' 따위. 비주어.

임:진년(壬辰年) 임진왜란이 일어난 해. '임진'은 육십 갑자의 스물아홉째.

임:진왜란(壬辰倭亂) 조선 선조 때 임진년에 일본의 도요토미 히데요시의 군대가 우리 나라에 쳐들어왔던 난리. 비칠년 전쟁.

임하다(臨-) 일에 대하다. 일을 당하다. 예군인이 싸움에 임하다.

임해(臨海) 바다에 닿아 있음. 예임해 공업 단지. -하다.

임해 공업 도시 바닷가에 있는 공업이 발달한 도시. 울산·여수·포항·군산 등.

임 향한 임금님을 위하는.

임화(臨畫) 교과서 따위의 그림을 본떠 그리는 그림.

입 ①동물이 음식을 먹는 구멍. ②말하는 기관. 예밥은 입으로 먹습니다.

입가[-까] 입의 가장자리.

입교(入校) =입학.

입교(入敎) 어떤 종교를 믿기 시작함. 예천주교에 입교하다. -하다.

입구(入口) 들어가는 어귀.

입금표(入金票) 은행 등에서 돈이 들어오는 상황을 적은 쪽지.

입김 ①입에서 나오는 더운 기운. 예하얀 입김이 나는 겨울 밤이었다. ②영향.

입다 ①몸에 옷을 꿰다. 예옷을 입다. ②받다. 예은혜를 입었다. ③당하다. 예큰 손해를 입었다. ④만나다.

입담 ①말솜씨. ②말하는 재주. 비언변.

입동(立冬) 이십사 절기의 하나. 11월 7일경. 곧 겨울이 시작되는 때.

입방(立方) 길이·높이·두께가 같은 물건. 세제곱.

입버릇 입에 굳은 버릇.

입법(立法) 법률 또는 법규를 제정함. -하다.

입상(立像) 서 있는 형상. 반좌상.

입선(入選) 뽑는 데 들음. 비당선. 반낙선. -하다.

입술 입의 아래위에 붙은 살.

입신(立身) 세상에 나아가 출세함. -하다.

입신 양명[-냥-] 출세하여 세상에 이름을 날림. -하다.

입쌀 멥쌀을 잡곡에 대하여 일

입원 병을 고치기 위하여 병원에서 거처하면서 치료를 받는 일. 뻔퇴원. —하다.

입은 거지는 얻어먹어도 벗은 거지는 못 얻어먹는다⟨속⟩ 사람이 옷만은 깨끗하게 입어야 대우를 제대로 받을 수 있다.

입을 모아 의견을 같이하여. ⑩사람들은 입을 모아 그를 칭찬하였다.

입이 닳도록 말을 많이 하는 것. ⑩길조심하라고 입이 닳도록 일렀다.

입장(立場) =처지.

입장(入場) 어떤 장소에 들어감. 뻔등장. 뻔퇴장. —하다.

입장권[—꿘] 입장을 허가하는 표.

입지(立志) 뜻을 작정하여 세움. —하다.

입지적(立地的) 위치·환경에 관계되는 것. ⑩입지적 조건.

입지전(立志傳) 어려운 환경을 이기고 뜻을 세워 이룬 사람의 전기.

입찬말 자기 지위·능력을 믿고 장담하는 말. 뻔입찬소리.

입체(立體) 길이와 너비와 두께가 있는 물체. 뻔평면.

입체 구성 어떤 재료를 가지고 구성미의 요소를 생각하여 입체적인 모양을 꾸민 구성.

입체적 옆으로 넓기만 한 것이 아니고 아래위 사방이 있어 입체감을 주는 것. 뻔평면적. ⑩입체적인 기법.

입추(立秋) 이십사 절기의 하나. 8월 7일경. 곧 가을로 들어가는 때.

입춘(立春) 이십사 절기의 하나. 2월 4·5일경. 곧 봄이 시작되는 때.

입하(立夏) 이십사 절기의 하나. 양력 5월 5·6일경. 곧 여름이 시작되는 때. 뻔입동.

입학(入學) 학교에 들어감. =입교. 뻔졸업. 퇴학. ⑩입학식. —하다.

입학 시험 학교에 들어가고자 하는 사람에게 보이는 시험.

입항(入港) 배가 항구에 들어옴. 뻔출항. —하다.

입헌 정치(立憲政治) 헌법을 정해 놓고 하는 정치.

잇:다[이으니, 이어서] ①끊어진 것을 맞대어 하나로 만들다. ②짧은 것을 잡아매어 길게 만들다. 뻔끊다.

잇:달다 ①뒤를 이어 달다. ②길게 만들다. ③자꾸 따라다. ⑩오늘은 좋은 일이 잇달아 일어났다.

잇:대다 서로 잇닿게 하다. ⑩끈을 길게 잇대다.

잇:따르다[잇따르니, 잇따라서] 뒤를 잇다. 뒤를 따르다.

잇몸 이를 싸고 있는 연한 살.

잇새 이와 이의 사이.

잇:속(利—) 이익이 있는 실속. 뻔이익. 뻔손해.

잇솔 →칫솔.

잇자국 이로 문 자국.

있건만 있지마는. ⑩가랑비는 부슬부슬 내리고 있건만 우리들은 소풍을 갔다.

있다 ①없지 않다. ②가지다. ③살다. ④생기다. 뻔없다.

잉글리시 호른(English horn) 음높이가 오보에보다 5도 낮은

잉아 베틀의 날실을 끌어올리도록 맨 굵은 줄.

잉:어 힘이 세고 둥글고 큰 비늘이 있으며, 입에 한 쌍의 수염이 있는 민물고기.

잉어국 먹고 용트림한다〈속〉 작은 일을 큰 일인 체하고 남에게 거짓 태도를 보이거나 행동을 한다.

잉:여(剩餘) 쓰고 난 나머지. 예잉여 생산물.

잉:용(仍用) 전의 것을 그대로 씀. ―하다.

잉잉 어린아이가 우는 소리. ―하다.

잉카 문명(Inca 文明) 14세기경 남아메리카의 안데스 산맥을 중심으로 잉카족이 이룩한 고대 문명.

잉카 제:국 13~16세기에 남아메리카의 페루를 중심으로 잉카족이 세운 왕국.

잉크(ink) 필기 또는 인쇄에 사용하는 색이 있는 액체. 여러 가지 빛깔이 있음. 예붉은 잉크. 잉크 지우개.

잉:태(孕胎) 아이를 뱀. 임신. ―하다.

잊다 ①기억을 못하다. ②생각을 못하다. ③알던 일을 생각해 내지 못하다. ④단념하다.

잊어버리다 아주 잊어서 기억이 없어지다. 예숙제를 깜빡 잊어버렸다.

잊지 잊어버리지. 예숙제는 잊지 말고 꼭 해야 한다.

잊혀지지 잊게 되지. 예어머니의 거룩한 사랑은 일평생 잊혀지지 않을 것이다.

잊히다 ①잊게 되다. ②생각이 나지 않다. ③알았던 사실을 모르게 되다.

잎 초목의 가지·줄기에서 나서 호흡을 맡은 보통 빛이 푸르고 넓적한 얇은 조각. 비잎사귀. 예가을 바람에 나뭇잎이 우수수 떨어집니다.

잎나무 가지에 잎이 붙은 땔나무. 반가리나무.

잎눈 자라서 줄기나 잎이 될, 식물의 눈.

잎담배 썰지 아니한, 잎사귀로 된 담배.

잎사귀 낱낱의 잎.

잎자루 잎의 일부분으로서 잎몸을 줄기나 가지에 붙게 하는 꼭지. 물과 양분의 통로가 됨.

잎줄기 잎의 줄기.

잎파랑이 =엽록소.

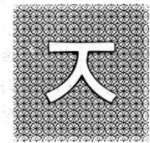

ㅈ[지읃] 한글 닿소리의 아홉째 글자.

자[1] 무슨 일을 재촉할 때에 내는 소리. 예자, 밥 먹자.

자[2] ①물건을 잴 때에 쓰는 기구. ②길이의 단위.

자(者) 사람을 가리켜 말할 때 얕잡아 일컫는 말. 예저 자가 누구냐?

자각(自覺) 스스로가 자기를 깨달음. —하다.

자갈 잘고 반들반들한 돌멩이.

자개 꾸밈새로 널리 쓰이는 금 조개의 썰어 낸 조각.

자갯돌 자개같이 생긴 모양이 보기 좋은 돌.

자:격(資格) ①신분과 지위. ②신분이나 지위를 갖춘 것. 예교육 대학을 졸업하면 선생님이 될 수 있는 자격을 얻는다.

자격루(自擊漏) 조선 세종 때에 물로써 시간을 알 수 있도록 만든 시계. [자격루]

자국 닿거나 지나간 자리. 뒤에 남은 흔적. 비형적. 예손자국.

자국(自國) 자기의 나라. 제 나라. 반타국. 예자국민.

자그마치 생각했던 것보다 훨씬 많을 때 쓰는 말. 예자그마치 백 명이 넘는다.

자:극(刺戟) ①감각을 일으킴. ②기운이 나게 함. ③흥분시킴. —하다.

자극(磁極) 자석의 극. 자석의 힘이 가장 센 남(S)극과 북(N)극으로 구분함. 자석의 양 끝 부분.

자:금(資金) 무슨 일을 하는 데 꼭 있어야 하는 돈. 비기금.

자급 자족(自給自足) 자기의 생활에 필요한 모든 물건을 자기 손으로 만들어 씀. —하다.

자기(自己) ①스스로. ②제 몸. 저. 비자신. 반타인. 남.

자기(磁氣) 자석의 기운. 쇠붙이를 당기는 기운.

자기력 자석의 서로 당기고 밀치는 힘. 또는 이와 같은 종류의 힘. 준자력.

자기력선 자기력이 작용하는 방향을 나타내는 선. 자석의 북극에서 남극으로 들어가는 방향을 나타냄. 준자력선.

자기장 자기력이 미치는 장소와 공간.

자꾸 쉬지 않고 잇달아 여러 번. 비연방. 자주. 예같은 말을 자꾸 되풀이할 필요는 없습니다.

자꾸만 ①자꾸. ②여러 번. 예언니 생각이 자꾸만 납니다.

자나깨나 자고 있을 때에나 깨어 있을 때에나. 언제나. 예자나깨나 불조심.

자네 '너'라는 뜻으로 친구 또는 나이가 적은 사람을 부르는 말. 예자네도 함께 가세.

자녀(子女) 아들과 딸. 비자식. 반부모. 예자녀 교육.

자다 ①잠이 들다. ②불던 바람이 그치다. 반깨다.

자동(自動) 제 힘으로 움직임. 스스로 활동함. 반수동. 예자동 카메라. —하다.

자동 관측 시:설 어떤 일이나 모양의 변화를 기계로 살피고 재는 장치.

자동 기계 스위치만 눌러 놓으면 스스로 움직여 일을 해 나가는 기계.

자동 날염 기계 흰 원단에 자동적으로 무늬를 물들이는 기계.

자동 수위 측정기 자동으로 강물의 높이를 재는 기계.

자동식 전:화 송·수화기를 들고 전화 번호대로 다이얼을 돌리면 교환 없이 상대편으로 직접 신호가 가는 전화.

자동 직기 피륙을 짤 때 씨실이 자동적으로 보충되고, 날실이 끊어졌을 때 자동적으로 멈추게 되어 있는 기계.

자동차 발동기의 동력으로 굴러가는 차.

자동차 보:험 자동차의 사고로 재산상의 손해를 보았을 때 보상해 주는 보험.

자두 자두나무의 열매. 복숭아와 비슷한데 조금 작고 신맛이 있음.

자라 모양은 거북과 비슷한데 등껍데기는 둥그스름하고 가운데만 단단하며, 가장자리는 무르고, 배껍데기는 작고 입이 뾰족한 짐승.

자라다 차차 커지다. 비크다. 성장하다. 발육하다. 예병없이 자라는 어린이.

자라 보고 놀란 놈이 소댕 보고 놀란다(속) 어떤 사물에 몹시 놀란 사람이 그와 비슷한 사물만 보아도 겁을 낸다.

자락 옷·피륙 따위의 아래로 드리운 넓은 조각. 예옷자락. 치맛자락.

자랑 자기가 자기를 칭찬함. 제가 젠체함. 잘난 체함. 반수치. —하다.

자랑거리[—꺼—] 남에게 자기의 물건이나 일을 자랑할 만한 거리. 예불국사는 우리 나라의 자랑거리다.

자랑 끝에 불붙는다(속) 무엇을 너무 자랑하면 그 끝에 무슨 말썽거리가 생긴다.

자랑스럽다〔자랑스러우니, 자랑스러워〕 자랑할 만하여 마음이 흐뭇하다.

자랑이 아니라 내 칭찬이 아니라. 예자랑이 아니라, 나는 매일 아침 6시면 일어난다.

자력(自力) 제 스스로의 힘. 반타력. 예자력으로 무슨 일이든 하자.

자:료(資料) 바탕이 되는 재료. 비재료. 자재. 예자료 수집.

자루 ①홑겊으로 길게 지은 큰 주머니. ②연장이나 기구에 박은 손잡이. 예칼자루.

자루 연필·칼 같은 것을 세는 단위. 예볼펜 두 자루.

자르는 톱니 나무를 결에 따라 켜도록 되어 있는 톱니.

자르다 ①끊다. 동강을 치다. ②남의 요구를 거절하다.

자리 ①서거나 앉거나 누울 곳. 비좌석. ②깔고 앉는 물건. ③물건을 두는 곳. 비위치. ④자국. ⑤있는 곳.

자리잡다 터를 잡다. 한 자리 차지하고 기초를 삼다.

자립(自立) 남에게 의지하지 아니하고 자기의 힘으로 섬. 비독립. 자주. 반의존. —하다.

자립 정신 스스로의 힘으로 살아 나가겠다는 정신. 예자립 정신이 강하다.

-자마자 '그 동작을 하자 곧'의 뜻을 나타내는 말. 예역에 이르자마자, 기차가 떠났다.

자만(自慢) 스스로 잘난 체함. 자랑함. —하다.

자매(姉妹) ①손위 누이와 손아래 누이. ②여자끼리의 언니와 아우. 반형제.

자맥질 물 속에 들어가서 떴다 잠겼다 하며 팔다리를 놀리는 짓. 본무자맥질. —하다.

자멸(自滅) ①자연히 망함. ②제 탓으로 멸망함. —하다.

자명종(自鳴鐘) 맞추어 놓은 때가 되면 저절로 울려서 시간을 알려 주는 시계.

자모(字母) 글자 맞추는 데 근본이 되는 글자.

자모(慈母) '어머니'를 사랑이 깊다는 뜻으로 일컫는 말.

자못 매우. 대단히. 예자못 기대가 크다.

자문(自問) 자신에게 스스로 물음. —하다.

자물쇠[—쐬] 여닫는 물건에 꽂아서 열지 못하게 잠그는 쇠로 만든 기구. 반열쇠.

자바 해(Java 海) 인도네시아의 자바·수마트라·보르네오·셀레베스 등의 섬으로 둘러싸여 있는 바다.

자방(子房) 암꽃술의 밑에 있는 볼록한 부분으로, 자라서 과실이 되는 부분. 비씨방.

자배기 둥글넓적하고 아가리가 벌어진 질그릇.

자백(自白) ①자기가 지은 죄를 스스로 말함. ②자기의 허물을 스스로 말함. 예그는 자기 자신의 죄를 자백하고 용서를 빌었다. —하다.

자ː본(資本) 어떠한 일을 하는 데 있어야 할 밑천.

자ː본주의 자본가가 경제상 세력의 중심이 되어 노동자를 부리고, 계약한 삯을 주는 주의.

자봉틀 →재봉틀.

자부(自負) ①자기가 자기 능력을 믿음. ②자기가 자기 재주를 믿음. —하다.

자부심 자기가 자기의 능력을 믿는 마음.

자비(慈悲) 사랑하고 가엾게 여김. 예자비를 베풀다.

자비심 사랑하고 가엾게 여기는 마음.

자살(自殺) 자기가 자기의 목숨을 끊음. 반타살. 예투신 자살. —하다.

자상(仔詳) 자세하고 찬찬함. 비상세. 세밀. 예자상하게 일러주셨다. —하다.

자석(磁石) 쇠를 끌어당기는 힘을 가진 쇠붙이. 비지남철.

자석식 전:화 전화기의 핸들을 돌리면 교환대로 신호가 가는 전화.

자선(慈善) ①선의를 베풂. 구조함. ②불행이나 재해 등으로 고생하는 사람을 도와 줌. —하다.

자선 사:업 어렵게 사는 사람을 동정하여 이들을 도와 주는 일. 비사회 사업.

자성(磁性) 물체가 쇠붙이를 끌어당기는 성질.

자세(姿勢) 몸을 가지는 모양. 비태도. 예자세를 바르게 해야 등이 굽지 않는다.

자세(子細·仔細) 미세한 것에까지 빠짐없이 속속들이 미침. 비상세. 반간략. 예자세한 내용을 알고 싶다. —하다.

자세히 하나하나 빠짐없이 똑똑히. 비세밀히. 반간단히. 간략히. 예자세히 살펴보다.

자손(子孫) ①아들과 손자. ②먼 후손. 비후손. 반조상.

자:수(刺繡) 수를 놓음. 또, 그 수. 수놓기. —하다.

자식(子息) ①자기의 자녀. 비자녀. ②남자를 욕하는 말.

자식 둔 골은 범도 돌아본다(속) 새끼 사랑하는 정은 짐승도 사람과 마찬가지이다.

자신(自身) 제 몸. 비자기.

자신(自信) 스스로 믿음. 예이번에는 틀림없이 성공할 것이라고 자신했다. —하다.

자신 있게 스스로 틀림이 없다고 믿고.

자아내다 ①실을 뽑아 내다. ②생각을 일으켜 내다.

자애(慈愛) 아랫사람에게 대한 깊은 사랑.

자양(滋養) 몸의 영양을 좋게 함. 비영양. —하다.

자에도 모자랄 적이 있고 치에도 넉넉할 적이 있다(속) 경우에 따라 많아도 모자랄 적이 있고 적어도 남을 때가 있다.

자연(自然) ①사람의 힘을 더하지 아니하고 저절로 된 것. ②생긴 그대로. 비천연. 반인공.

자연계 우주 주위의 모든 자연의 세계.

자연 과학 자연에 속하는 모든 대상을 연구하는 학문.

자연 관찰 자연의 법칙이나 움직임을 잘 살펴보는 일.

자연수 1, 2, 3……과 같이 차례로 끝없이 나가는 수.

자연스럽다〔자연스러우니, 자연스러워〕 어색하지 않다. 꾸밈이 없다. 반서먹서먹하다. 예자연스러운 말씨.

자연의 평형 일정한 지역 내의 생물간에서는 생산자와 1차 소비자 및 2차 소비자가 양적으로 자연히 서로 균형을 이루게 되는 현상.

자연 재해 홍수나 가뭄과 같이 자연 현상에서 오는 피해.

자연히 저절로.

자오선(子午線) 날줄. 곧 지구의 남북에 그은 상상의 줄로, 자는 북쪽, 오는 남쪽.

자옥하다 연기나 안개 같은 것이 잔뜩 끼어 흐릿하다. 큰자욱하다. 예안개가 자옥이 낀 산골짜기.

자:운영(紫雲英) 줄기가 땅 위로 뻗어 가는 두해살이풀. 자줏빛 꽃이 핌.

자웅(雌雄) ①암컷과 수컷. ②승부·우열·강약을 비유하는 말. 예자웅을 겨루다.

자원(自願) ①자기가 원함. ②스스로 그렇게 하기를 바람. 예자원 입대. —하다.

자:원(資源) 생산에 이용되는 온갖 물자의 근원. 비밑천.

자위 실을 감는 작은 얼레.

자유(自由) 남의 구속을 받지 아니하고 제 마음대로 행동함. 비해방. 반강제. 구속. 속박. —스럽다.

자유 국가 미국이나 영국 등과 같이 공산 진영에 들지 않은 자유를 사랑하는 나라.

자유권[-꿘] 인간이 함부로 남의 간섭을 받지 않고 자유롭게 생활할 수 있는 권리.

자유로이 자유롭게. 어떤 구속이나 지배를 받지 않고.

자유롭다〔자유로우니, 자유로워서〕자유가 있다. 마음대로 활동할 수 있다. 예행동이 자유롭다.

자유시 글자의 놓임이 어떤 형식에 구애받지 않고 자유로운 형식으로 표현되는 시. 동시·현대시 따위. 반정형시.

자유 우방 십육 개국[-뉵-] 6·25 전쟁 때 국제 연합의 결의에 따라 한국에 파견된 미국·영국·프랑스 등의 16개 나라.

자유의 마을 휴전선 안 중립 지대에 있는 마을. 판문점에서 서남쪽 2km 지점에 있음.

자유의 집 자유를 지키려고 싸운 국군과 유엔군을 기념하기 위하여 1965년 9월에 판문점에 지은 집.

자유 정신 자유롭게 살고자 하는 마음.

자유주의 몸과 목숨·사상·교육·결혼·언론 따위에 대하여 강제나 구속이 없이 자유로 하자는 주의.

자유화 본 대로 그리지 아니하고, 자기의 마음대로 표현한 그림.

자율(自律) 자기의 의지로 자기 행동을 억제함. 반타율.

자음(子音) 닿소리. 반모음. 홀소리.

자이르(Zaïre) 중부 아프리카에 있는 나라. 금강석·우라늄의 산출이 많음. 수도는 킨샤사.

자인(自認) 스스로 그렇다고 인정함. 비시인. —하다.

자작나무 키 20〜30m의 잎이 넓적한 나무. 재목은 기둥·가구의 재료·땔감 등으로 쓰임.

자장가 젖먹이를 재우려고 할 때 부르는 노래.

자:재(資材) 무엇을 만드는 근본이 되는 재료. 비자료.

자전(字典) 한문 글자를 모아 차례로 벌여 놓고 낱낱이 그 뜻을 풀이한 책.

자전(自轉) ①스스로 돌아감. ②천체가 그 몸 자체의 한 직선을 축으로 하여 돌고 있는 일. 반공전. —하다.

자전거 탄 사람의 발의 힘으로 바퀴가 돌아 빨리 가도록 장치한 수레. 비사이클.

자정(子正) 밤 열두 시. 반오정. 정오.

자제(子弟) ①남의 아들의 높임말. ②남의 집안의 젊은이.

자조(自助) 자기 힘으로 자기를 도움. 예자조 정신. —하다.

자존심(自尊心) 제 몸이나 품위를 스스로 높게 가지는 마음.

자주 여러 번 되풀이하여. 잇달아 잦게. 비자꾸. 흔히. 반가끔. 이따금.

자주(自主) 자기의 주장대로 하는 것. 비자립. 예자주 정신.

자주 국방 자기 나라를 스스로 지키는 일.

자주 독립 남의 간섭을 받거나, 남에게 의지하지 아니하고, 제 힘으로 일을 처리함. —하다.

자주력 남의 보호나 간섭을 받지 아니하고 독립으로 할 수 있는 힘.

자주성[—썽] 남에게 의지함이 없이 제 힘으로 처리해 나가려는 정신.

자주적 자기 일을 자기 힘으로 해 나갈 수 있는. 비자립적. 반예속적.

자줏빛[—주삗] 짙은 남빛에 붉은 빛을 띤 빛. 비자주색.

자중(自重) ①자신을 소중하게 여김. ②자기의 품위를 떨어뜨리지 아니함. —하다.

자지러지다 ①몹시 놀라서 몸이 움츠러지다. ②생물이 중간에 병이 생겨 순조롭게 자라지 못하다. ③웃음소리나 치는 장단 따위가 빨라서 잦아지다. 예순이는 할아버지의 이야기를 듣고 자지러지게 웃었다.

자진(自進) 스스로 나아감. 예자진 출도. —하다.

자책(自責) 제가 제 자신을 스스로 꾸짖음. —하다.

자체(自體) 제 몸. 그 자신. 예자체 정화.

자초 지종(自初至終) 처음부터 끝까지의 사실.

자취 있었거나 남긴 자국. 비흔적. 형적.

자치(自治) ①자기의 일을 제 힘으로 다스림. ②여러 사람이 뽑아 놓은 사람으로 그 사무를 처리하게 함. 예지방 자치 단체. —하다.

자칫하면 까딱 잘못하면. 조금이라도 어긋나면. 예눈길은 자칫하면 넘어지기 쉽다.

자칭(自稱) ①남에게 대하여 자기 자신을 일컬음. ②스스로 자기를 칭찬함. 예자칭 천재. —하다.

자카르타(Jakarta) 인도네시아 공화국의 수도이며, 자바 섬 서북 해안에 있는 항구 도시. 커피·차 등을 수출함.

자태(姿態) 아름다운 모양이나 태도. 비맵시.

자퇴(自退) 스스로 물러감. 반자진. —하다.

자투리 팔다 남은 피륙 조각.

자포 자기(自暴自棄) ①자신을 버리고 돌보지 아니함. ②스스로 자기의 몸을 버려 돌보지 아니함. —하다.

자활(自活) 제 스스로의 힘으로 살아감. —하다.

작가(作家) 문예 작품을 짓는 사람. 예동화 작가.

작가(作歌) 노래를 지음. 또, 그 노래. —하다.

작곡(作曲) 음악의 곡조를 지음. —하다.

작곡가 작곡을 하는 사람. 음악의 곡조를 짓는 사람.

작년(昨年) 올해의 전해. 지난해. 비지난해. 반명년. 내년. 예영희는 작년에 초등 학교에 입학했다.

작:다 ①크지 않다. ②어리다. ③잘다. 반크다.

작대기 긴 막대기. 예지게를 작대기로 받치다.

작렬(炸裂) 포탄 따위의 폭발물이 터져 산산이 흩어짐. 터져 퍼짐. —하다.

작문(作文)[장—] 글을 지음. 또는 그 글. —하다.

작물(作物)[장—] 사람이 생활하여 가는데 필요한 것을 얻기 위해서 가꾸는 식물. 본농작물. 예원예 작물.

작별하다(作別—) 서로 헤어지다. 비이별하다. 반상봉하다.

작살 물고기를 찔러 잡는 기구.

작성(作成) 지어 이룸. 예원고 작성. —하다.

작시(作詩) 시를 지음. —하다.

작업(作業) 일을 함. 예작업 환경 개선. —하다.

작업모 일을 할 때 쓰는 모자.

작업복 일을 할 때 입는 옷.

작업장 일을 하는 곳. 일을 하는 공장이나 공사장.

작용(作用) ①어떤 물건이 다른 물건에 미치는 영향. 예전기 작용. ②동작하는 힘. ③하는 일. ④하는 방법. —하다.

작은 크지 않은. 반큰.

작은골 큰골 밑에 있는데, 몸의 모든 평균을 지탱하고, 맘대로 근의 운동을 지배하는 부분. 비소뇌.

작은말 어떤 말과 뜻은 같으면서도 작고 가볍고 밝은 느낌을 주는 말. '대굴대굴'·'살랑살랑' 따위. 반큰말.

작은아버지 아버지의 아우. 반큰아버지.

작은악절 2개의 동기로 이루어진 악절.

작자(作者) ①문예 작품을 지은 사람. 비지은이. ②물건을 살 사람. ③사람을 낮추어 부르는 말. 예우스운 작자다.

작전(作戰) 싸움하는 방법을 세움. 예공동 작전. —하다.

작정(酌定) 일을 짐작하여 결정함. 예나는 일기를 열심히 쓸 작정입니다. —하다.

작품(作品) 시·소설·그림·조각 따위를 만들어 놓은 물건. 예예술 작품을 감상하는 취미를 갖자.

작품란 신문이나 잡지에서 시나 소설 따위가 실리는 지면.

잔(盞) 술잔.

잔고(殘高) 수입과 지출을 계산한 나머지 액수.

잔고기 가시 세다〈속〉 몸은 자그맣게 생겼어도 속은 알차다.

잔금(殘金) 나머지 돈. 비잔액.

잔돈 작은 돈. 많지 아니한 돈.

잔등 →잔등이.

잔등이 ①짐승의 등 뒤. ②뒤쪽. ③위.

잔디 마디마디 잔뿌리가 내리어 서로 엉키는 풀. 비떼.

잔디밭 잔디가 많이 난 곳.

잔디밭에서 바늘 찾기〈속〉 찾아 내기 매우 어렵다.

잔뜩 ①물건이 가득하게 찬 모양. ②음식을 배부르게 먹은 모양. ③힘껏 누르는 모양. ④자신 있게 믿는 모양. ⑤물건

잔뜩 쩌푸린

을 꽉 묶는 모양. ⓔ영희는 잔뜩 화가 났다.

잔뜩 쩌푸린 날씨 구름이 많이 낀 날씨.

잔말 쓸데없이 되풀이하는 말. 여러 말을 자꾸 하는 것. 町잔소리. ⓔ잔말쟁이.

잔모래 자디잔 고운 모래.

잔무(殘務) 아직 처리되지 않은 나머지 사무.

잔물결[―결] 잔잔한 물결. 조그만 물결.

잔뼈가 굵어지다 〈속〉어려서부터 어떤 일 속에서 자라나 익숙해지다.

잔설(殘雪) 녹다가 남아 있는 눈. 또는 봄이 되어도 남아 있는 눈.

잔소리 ①듣기 싫게 늘어놓는 말. ②꾸중으로 하는 여러 말. 町잔말. ―하다.

잔손 무슨 일에 여러 번 돌아가는 손질. ⓔ그 일은 잔손이 너무 가서 더디다.

잔손질 자질구레하게 여러 번 손을 놀리어 매만지는 짓. ―하다.

잔솔 어린 소나무.

잔심부름 쉽게 해낼 수 있는 작은 심부름. ―하다.

잔악(殘惡) 몹시 모질고 악독함. 町잔인. 포악. ⓔ잔악한 공산군의 행패. ―하다.

잔액(殘額) 남은 돈의 액수. 町잔고. 잔금.

잔약(孱弱) 몸과 마음이 튼튼하지 못하고 약함. ―하다.

잔인(殘忍) ①인정이 없음. ②사납고 몹쓸 짓을 함. 町잔악. 포악. ⓔ잔인한 행위. ―하다.

―스럽다.

잔잔하다 ①바람이 심하지 않다. ②물결이 가라앉아 조용하다. ⓔ잔잔한 호수의 풍경이 아름다웠습니다.

잔재미 자질구레한 재미.

잔치 기쁜 일을 축하하기 위하여 음식을 준비하여 놓고 여러 사람이 모여 즐기는 모임. 町연회. 향연. ⓔ환갑 잔치. ―하다.

잘 ①좋게. ②주의하여. ③능란하게. 町잘못. ⓔ친구는 잘 사귀어야 한다.

잘나다 ①잘생기다. ②뛰어나다. ③똑똑하다.

잘다 ①굵지 않다. 가늘다. 町굵다. ②자세하다. ③작다. 町크다. ④성질이 좀스럽다. ⓔ잘게 굴다.

잘되다 ①일이 생각한 대로 되다. ②신분이나 지위가 좋게 되다.

잘되면 제 탓 못되면 조상 탓 〈속〉일의 실패에 대한 책임을 남에게 지우려 한다.

잘들 아무 탈없이. ⓔ아기들이 재미있게 잘들 놉니다.

잘리다 ①끊어지게 되다. ②남에게 잘라 먹음을 당하다. 셴짤리다.

잘못 잘하지 못하는 짓. 잘되지 않은 일. ―하다.

잘못하다 ①그르치다. ②그릇하다. ③모르고 실수하다. 町실수하다.

잘생기다 얼굴이 잘나다. 점잖게 생기다.

잘하다 ①익숙하게 하다. ②교묘하게 하다.

잠 ①눈을 감고 쉬는 의식을 분간하지 못하는 상태. ②누에가 허물 벗기 전에 뽕을 먹지 않고 쉬는 상태. 回수면.

잠결[―껼] 자면서 아무 의식이 없이 흐릿한 결.

잠결에 남의 다리 긁는다〈속〉 자기를 위하여 한 일이 뜻밖에 남을 위한 일이 되어 버린다.

잠그다 ①자물쇠를 채우다. ②물건을 물 속에 넣다.

잠기다¹ 여닫는 물건이 잠가지다. 囮열리다. 예문이 잠기다.

잠기다² ①물 속에 들어가 가라앉다. 囮떠오르다. 예물에 잠기다. ②한 가지 일에만 정신이 쏠리다. 예생각에 잠기다.

잠깐 오래지 아니한 동안. 매우 짧은 동안. 回잠시. 囮오래. 한참.

잠꼬대 ①자는 동안에 자기도 모르게 나오는 말. ②엉뚱한 말. ―하다.

잠꾸러기 잠을 많이 자는 사람.

잠들다〔잠드니, 잠들어서〕 ①잠을 자게 되다. 예아기가 잠들다. ②죽다. 예무명 용사 여기 잠들다.

잠망경(潛望鏡) 물 속에서 물 위를 비쳐 보는 기구. 거울·프리즘·렌즈 등을 이용하여 만듦.

잠방이 무릎까지 내려오는 여름에 입는 짧은 홑바지.

잠복(潛伏) ①몰래 숨어 엎드림. ②병에 걸렸으나 증상이 나타나지 않음. ―하다.

잠수(潛水) 물 속에 잠겨 들어감. 예잠수교. 잠수부. 잠수 작업. ―하다.

잠수함 물 속에서 적함에 대해 어뢰를 발사하는 군함.

잠:시(暫時) 오래 걸리지 않는 시간. 回잠깐. 囮한동안. 오래. 오랫동안. 예이 고생도 이제 잠시 동안이니 조금만 더 참아라.

잠옷 잠을 잘 때에 입는 옷.

잠을 자야 꿈을 꾸지〈속〉 원인을 짓지 않고는 결과를 바랄 수 없다.

잠입(潛入) 몰래 들어감. 가만히 들어옴. ―하다.

잠자다 ①몸과 마음을 의식이 없이 쉬다. ②사람이 죽어서 묘 속에 누워 있다.

잠자리¹ 여름철에 많이 날아다니는 날벌레. 두 눈이 툭 불거져 크고, 환히 비치는 날개가 양쪽에 네 개 달렸음.

잠자리²[―짜―] 잠을 자는 곳.

잠자코 아무 말이 없이. 回말없이. 묵묵히. 囮수다스레. 예덤비지 말고 잠자코 있거라.

잠자코 있는 것이 무식을 면한다〈속〉 말을 않고 침묵을 지킴이 자기의 무식함을 드러내지 않는다.

잠잠하다(潛潛―) ①가만히 있고 말이 없다. ②아무 소리도 없이 조용하다.

잠재(潛在) 속에 숨어 있음. 예잠재 능력. ―하다.

잠투정 어린애가 잠들기 전이나 잠을 깬 뒤에 부리는 투정. ―하다.

잠항정(潛航艇) 물 속으로 숨어 다니는 군함의 한 가지.

잡곡(雜穀) 쌀 이외의 보리·콩·팥·밀·조 등의 여러 가

잡곡밥 잡곡으로 지은 밥.
잡기장(雜記帳) 여러 가지 일을 적어 두는 공책.
잡념(雜念) 여러 가지 쓸데없는 생각. 예잡념이 많으면 일의 능률이 떨어진다.
잡다 ①붙잡다. ②정하다. ③가지 못하게 하다. 뗸말리다. ④놓지 않다. ⑤죽이다.
잡석(雜石) 별로 소용되는 곳이 없는 돌. 뗸막돌.
잡수시다 '먹다'의 높임말.
잡아떼다 ①붙은 것을 잡아당겨서 떨어지게 하다. 예벽보를 잡아떼다. ②한 짓을 안 하였다고, 아는 일을 모른다고 우겨 말하다.
잡음(雜音) 시끄러운 소리. 뗸소음.
잡지(雜誌) 여러 가지 종류의 글을 모아서 한 달에 한 번 또는 일정한 동안을 두고 정기적으로 발행하는 책.
잡채(雜菜) 당면에 고기와 채소를 넣어 양념하여 볶은 음식.
잡초(雜草) 여기저기 멋대로 나서 자라는 풀. 뗸화초.
잡치다 ①잘못해 그르치다. ②기분을 상하다.
잡학(雜學) 조선조 때, 중인 계급의 자제가 배우던 기술 교육 기관. 전의감·관상감·소격서 따위.
잡화점(雜貨店) 일상 생활에 필요한 여러 가지 물건을 파는 상점.
잡히다¹ ①붙들리다. 뗸놓이다. ②논 등에 물이 들어가 차게 되다. ③마음이 안정되다.

잡히다² ①굽은 것이 곧게 잡음을 당하다. 예굽은 못이 잡히다. ②의복 등에 주름이 서다.
잣:나무 잣이 열리는 나무. 높이가 10m 이상 자라며, 잎은 바늘꼴임. 씨앗은 고소하여 먹고 나무는 건축재로 씀.
잣눈도 모르고 조복 마른다(속) 아무것도 모르고 가장 어려운 일을 하려고 한다.
잣:다 물레를 돌려 실을 뽑다. 예물레로 실을 잣다.
잣:엿[잔녓] 깐 잣의 알맹이를 묻히어 굳힌 엿.
장:(長) 단체나 관청의 각 부서의 우두머리. 예계장. 과장. 부장.
장(章) 시가나 문장의 한 편.
장(張) 종이나 넓적한 조각을 세는 단위. 예종이 열 장.
장¹(場) 연극에서의 한 장면. 예3막 5장.
장²(場) 많은 사람이 모여서 물건을 사고 파는 곳. 예장날.
장:(醬) 음식의 간을 맞추는 간장·된장·고추장의 총칭. 예장을 담그다.
장:(欌) 옷을 넣어 두는 가구.
장가락 다섯 손가락 중 한가운데에 있는 제일 긴 손가락.
장:갑(掌匣) 추위를 막거나 모양으로 손을 가리기 위하여 끼는 물건. 예가죽 장갑.
장:거(壯擧) 장하고 큰 일. 크나큰 계획.
장거리 경:주(長距離競走) 육상 경기 종목의 한 가지. 5,000m·10,000m 및 마라톤 경주를 두루 가리킴.
장:계(狀啓) 벼슬아치가 임금의

명을 받들고 지방에 나가 민정을 살핀 결과를 글로 써 올리던 보고서. —하다.

장:관(壯觀) 굉장하여 볼 만한 일이나 경치.

장:관(長官) 행정부의 으뜸 벼슬. 예교육부 장관.

장구 북의 한 가지. 가운데가 잘록하고 양쪽 옆에 가죽을 붙여 만듦.

장구(長久) 길고 오램. 예장구한 세월. —하다.

장군(將軍) 군사를 거느리는 우두머리. 비장수. 반군졸.

장기(長技)[—끼] ①나은 기능. ②아주 능한 재주. 비특기.

장기(長期) 오랜 시기. 반단기.

장꾼(場—) 장에서 물건을 팔고 사는 사람들. 비장수.

장끼 수꿩. 반까투리.

장난 ①아이들이 노는 것. ②함부로 노는 짓. —하다.

장난감[—깜] 아이들이 가지고 노는 물건. 비노리개.

장난꾼 장난을 잘하는 사람.

장난말 장난으로 하는 말. 농으로 하는 말. 비농담.

장:남(長男) 맏아들. 큰아들. 반차남.

장내(場內) 회장 안. 반장외.

장:년(壯年) 기운이 씩씩한 사람. 곧 나이 서른 살 안팎의 사람. 비장령.

장뇌(樟腦) 썩는 것의 방지와 좀 따위를 몰아내는 데 쓰는 약으로, 독한 냄새가 있음.

장:님 눈이 멀어 앞을 보지 못하는 사람. 비소경. 봉사.

장다리꽃 배추나 무 등의 줄기가 커 올라서 피는 꽃.

장단(長短) ①긴 것과 짧은 것. ②장점과 단점. ③노래나 음악의 곡조. 비리듬. 박자. 가락.

장:담(壯談) ①자신 있게 말함. ②큰소리를 탕탕 침. —하다.

장대(長—)[—때] 가는 나무나 대를 길게 자른 것. 비막대.

장:도리 못을 쳐서 박거나 뺄 때 쓰는 쇠로 만든 망치.

장:독(醬—)[—똑] 장을 담아 둔 독.

장:독간[—똑깐] 고추장이나 된장 따위의 장독을 놓아 두는 장소. 장독대.

장:독대[—똑때] 장독을 놓아 두는 조금 높은 곳.

장래(將來) 장차 돌아올 때. 비장차. 미래. 앞날. 반과거. 예장래에 훌륭한 사람이 되도록 노력하자.

장:려(獎勵) 권하여 힘쓰게 함. 반금지. 엄금. —하다.

장:렬(壯烈) 씩씩하고 맹렬함. —하다.

장:례(葬禮) 죽은 사람을 장사 지내는 일. 비장의.

장:례식 장사를 지내는 예식.

장:로교(長老敎)[—노—] 그리스도교의 한 교파.

장:롱(欌籠) 자그마하게 만든 옷을 넣어 두는 장. 준장.

장마 여름에 오래 두고 오는 비. 반가뭄.

장마철 비가 계속하여 많이 내리는 시기.

장:막(帳幕) 비나 바람을 막기 위하여 치는 것. 비천막. 포장. 예철의 장막.

장만영(張萬榮, 1914~1975) 〈잠자리〉·〈감자〉를 지은 시인. 황

해도 배천에서 출생. 1947년부터 어린이를 위한 시를 발표하였고 〈양〉·〈축제〉·〈밤의 서정〉 등 많은 시집을 냈음.

장만하다 ①준비하다. ②만들어 놓다. ③물건을 사서 두다. 비 마련하다. 예살림을 장만하다.

장면(場面) ①경우. ②어떤 일이 벌어진 판.

장:모(丈母) 아내의 친정 어머니. 반장인.

장물 범죄 행위로 옳지 못하게 얻은 다른 사람의 물건.

장미(薔薇) 줄기에는 가시가 돋고, 아름다운 꽃이 피는 나무. 찔레꽃의 한 가지.

장밋빛 장미꽃의 빛깔. 붉은 빛. 장미색.

장바구니(場一)[一빠一] 시장에 다닐 때 쓰는 바구니.

장방형(長方形) 직사각형.

장:병(將兵) 장교와 사병. 예국군 장병에게 위문품을 보내자.

장보고(張保皐, ?~846) 신라 말의 장수. 흥덕왕 때 당나라 수군에서 활약하다가 귀국. 해적을 없애기 위해 완도에 청해진을 베풀고 청해진 대사가 되어 해상권을 잡아 동아시아의 해외 발전의 전성 시대를 이루었음.

장:부(丈夫) 다 자란 남자. 예사나이 대장부.

장부(帳簿) 수입과 지출을 적어 두는 책. 또, 그 일. —하다.

장비(裝備) ①부속품이나 비품 등을 장치함. ②군대나 함정 등의 무장. ③꾸미어 갖춤. 비 장치. —하다.

장사 물건을 파는 영업. 비상업. —하다.

장:사(壯士) 힘이 센 사람.

장:사(葬事) 시체를 땅속에 묻거나 불에 태우는 일. —하다.

장사가 나면 용마가 난다(속) 무슨 일이거나 잘되면 좋은 기회가 저절로 응한다.

장사꾼 장사를 하는 사람. 비장사치.

장사치 장사를 하는 사람. 비장사꾼.

장삼(長衫) 검은 베로 만든 길이가 길고 소매가 넓은 중의 웃옷.

장석(長石) 화성암의 중요 성분 중의 하나로서, 사기 그릇·유리 따위를 만드는 데 쓰임.

장:성하다(長成—) ①키가 커지다. ②자라다. ③기운이 많다.

장소(場所) 곳. 비처소.

장수 물건을 파는 사람. 장사를 하는 사람. 비상인. 장꾼.

장수(長壽) 오래 삶. 목숨이 긺. —하다.

장:수(將帥) 군사를 거느리는 우두머리. 비장군. 예고구려 장수 을지문덕.

장수왕(長壽王, 394~491) 고구려의 제20대 왕. 남하 정책에 뜻을 두어 서울을 국내성에서 평양으로 옮기고 영토를 넓혀, 고구려의 전성기를 이루었음.

장식(粧飾) 겉모양을 곱게 꾸밈. 비치장. —하다.

장식(裝飾) 그릇이나 가구 따위에 꾸밈새로 박는 쇠붙이.

장신구(裝身具) 반지나 귀고리 등 몸치장을 하는 데 쓰는 제구. 패물.

장아찌 무나 오이 따위를 썰어

서 말린 뒤에 간장을 붓고, 갖은 양념을 한 음식.

장:악(掌握) ①손안에 넣어 쥠. ②권세 따위를 손아귀에 넣음. 비지배. —하다.

장안(長安) '서울'의 딴 이름.

장애물(障礙物) 거치적거리는 물건.

장애물달리기 달리는 길에 여러 개의 장애물을 놓고, 달리면서 뛰어넘는 육상 운동.

장엄하다(莊嚴—) 으리으리하게 크고 위엄이 있게 보이다. 엄하고 고상하게 보이다. 비엄숙하다. 웅장하다. 예장엄한 법당.

장영실(蔣英實) 조선 시대 세종 때의 과학자. 세종의 명을 받들어 해시계와 물시계를 제작하였음.

장외(場外) 어떠한 장소의 바깥. 반장내.

장:원(壯元) 과거 시험의 갑과에 첫째로 뽑힌 사람. —하다.

장원(莊園) 귀족이나 사원이 소유하고 있던 토지.

장음계(長音階) 셋째와 넷째 음 사이의 음정과 일곱째와 여덟째 음 사이의 음정이 반음이고 기타 각 음의 사이는 온음정을 이루는 음계. 반단음계.

장:인(丈人) 아내의 친정 아버지. 반장모.

장:인(匠人) 옛날에 공업 제품을 생산하던 기술자. 주로 노예층인 천민이 이에 속하였음.

장작 통나무를 쪼개어 만든 길쭉길쭉한 땔나무.

장작더미 쌓아 둔 장작 무더기.

장:정(壯丁) 나이가 젊고 기운이 있는 젊은 남자.

장 제스(蔣介石, 1887~1975) 중국의 정치가. 1927년부터 중국 국민 정부의 실권을 잡고 공산당과 싸웠으며, 중·일 전쟁에서는 일본의 침략에 대항했으나, 1949년에 공산군과의 싸움에서 패하여 타이완으로 건너갔음.

장조(長調)[—쪼] 장음계로 된 곡조. 예다장조 음계.

장지(障—) 방에 칸을 막아 끼운 미닫이.

장진강(長津江) 함경 남도에 있는 압록강으로 흘러 들어가는 강. 길이 261km.

장차(將次) 이제 앞으로. 비장래. 미래. 반과거. 예너는 장차 어떤 일을 하겠니?

장처(長處) ①가장 잘하는 점. ②그중 나은 점. 반단처.

장충 체육관(獎忠體育館) 서울 장충동에 있는, 운동을 할 수 있도록 지은 집.

장치(裝置) ①차려 둠. 예실내 장치. ②만들어 둠. ③기계의 설비. 비장비. 설비. 예안전 장치. —하다.

장:쾌(壯快) 씩씩하고 상쾌함. 예장쾌한 음악. —하다.

장터(場—) 장이 서는 곳. 장을 보는 곳. 비시장.

장티푸스(腸Typhus) 장티푸스 균이 장에 들어감으로써 일어나는 급성 전염병. 염병.

장판지(壯版紙) 방바닥에 바르는 기름 먹인 두꺼운 종이. 준장판.

장:하다(壯—) ①훌륭하다. ②볼 만하다. ③놀랍다. 예네가

그 일을 했다니 참 장하다.
장:학관(奬學官) 교육의 지도 및 조사·감독을 맡은 교육 공무원.
장:학금 ①학문을 장려하는 목적으로 쓰는 돈. ②가난한 학생을 위한 학비 보조금.
장항선(長項線) 천안에서 장항 간의 철도. 길이 144km.
장화홍련전[―년―] 조선조 숙종 때부터 철종 때에 걸친 한글 소설. 작자는 모름. 계모에 의한 가정 비극을 그렸음.
장황하다(張皇―) ①번잡하고 길다. ②지루하다.
장흥군(長興郡) 전라 남도의 남쪽 해안 지방에 있는 군.
잦다[1] 뒤로 기울어지다.
잦다[2] ①자주 있다. 예여름에는 비가 잦다. ②늘 일어나다. ③여러 차례로 거듭하다.
잦다[3] ①액체가 졸아들어 밑바닥에 깔리다. ②잠잠해지거나 가라앉거나 하다.
잦아서 자주 있어서. 예병이 잦아서 몸이 점점 약해졌다.
잦아지다 점점 말라서 없어지게 되다.
잦히다 밥이 끓은 뒤에 불을 잠깐 물렸다가 다시 불을 조금 때어 물이 잦아지게 하다.
재[1] 조금 높은 산길. 비고개.
재[2] 물건이 다 탄 뒤에 남는 가루. 예담뱃재.
재간(才幹) =재주.
재갈 말의 입에 물리는 쇠로 만든 물건. 이것에 고삐를 맴.
재:건(再建) 무너진 것을 다시 일으켜 세움. 예재건 사업. ―하다.

재:고(再考) 다시 생각해 봄. ―하다.
재난(災難) 사람의 힘으로 막기 어려운 뜻밖에 일어난 불행한 일. 예갑자기 닥치는 재난을 막을 수가 없었다.
재는 넘을수록 험하고 내는 건널수록 깊다(속) 일이 되어 갈수록 더 어려워진다.
재능(才能) 재주와 능력. 일을 해내는 힘. 비재주.
재:다[1] ①물건을 가지런하게 포개어 놓다. ②총에 탄약을 넣다. ③자로 물건의 길이를 헤아리다.
재:다[2] ①민첩하다. ②재빠르다. ③굼뜨지 않다. 비빠르다.
재담(才談) 재치 있고 우스운 이야기. 남을 웃기는 이야기. 비만담.
재떨이 담뱃재를 떠는 그릇.
재떨이와 부자는 모일수록 더럽다(속) 재물이 많으면 많을수록 마음이 더 인색해진다.
재:래식(在來式) 그전부터 내려 오는 식. 반외래식. 개량식. 예재래식 농업.
재:령 평야(載寧平野) 황해도 재령강 하류에 발달한 평야.
재롱(才弄) 어린애가 말과 행동을 영리하게 하는 짓. 예재롱둥이. ―스럽다.
재료(材料) ①물건을 만드는 감. 비자료. 원료. 반제품. 예버드나무를 성냥개비 재료로 쓴다. ②일거리.
재목(材木) ①건축의 재료로 쓰는 나무. ②어떤 직위에 합당한 인물. 비목재.
재물(財物) 돈이나 그 밖의 값

재미 ①마음이 즐거운 일. 回흥미. 판싫증. ②이익이 됨. 예장사를 하여 큰 재미를 보다. —스럽다.

재미있다 아기자기하고 즐거운 느낌이 있다.

재:발(再發) 병이나 사건이 다시 일어남. —하다.

재배(栽培) 식물을 심어서 기름. 예농작물 재배. —하다.

재배국 어떤 식물을 많이 심고 가꾸는 나라.

재:벌구이(再—) 도자기 같은 것을 두 번째로 굽는 일.

재봉(裁縫) 옷을 꿰매어 만듦. —하다.

재봉틀 바느질 또는 물건을 꿰맬 때 쓰는 기계.

재빠르다〔재빨라, 재빨라서〕 동작이 재치 있고 빠르다. 좌재바르다. 예재빠르게 날아가는 제비.

재빨리 재치 있고 빠르게.

재산(財産) 돈과 물건. 回자산. 재물. 천량.

재:상(宰相) 옛날에 있었던 높은 벼슬을 일컫는 말.

재:생(再生) ①다시 살아남. 回갱생. ②다시 쓰게 만듦. 예재생 종이. —하다.

재수(財數) 재물을 얻는 운수. 운이 좋은 것.

재앙(災殃) 천지 자연의 변동으로 인한 불행한 사고.

재우다 자게 하다. 판깨우다.

재우치다 빨리 하여 몰아치다.

재:일 동포(在日同胞) 일본에서 살고 있는 우리 나라 국민들.

재:작년(再昨年) 그러께. 2년 전의 해. 지지난해.

재잘거리다 빠른 말로 잇달아서 지껄이다. 큰지절거리다.

재재거리다 수다스럽게 재잘거리다. 예재재거리는 제비.

재:적(在籍) ①호적에 있음. ②학적에 있음. —하다.

재정(財政) 나라나 공공 단체의 필요한 돈.

재주(才—) ①일을 잘 해내는 재간. ②타고난 솜씨나 꾀. =재간. 回재능. 솜씨. 슬기.

재즈(jazz) 토인의 음악을 본떠 아메리카에서 시작된 춤출 때 쓰는 음악의 한 가지.

재:직(在職) 어떤 직무에 매여 있음. 回재임. —하다.

재질(才質) 재주와 성질.

재질감(材質感) 물건 자체가 지니고 있는 독특한 느낌.

재:청(再請) 두 번째 청함. 다시 청함. —하다.

재촉하다 빨리 하게 하다. 回독촉하다. 조르다. 예일을 너무 재촉하면 제대로 되지 않는다.

재치(才致) ①눈치 빠른 재주. ②문득 생기는 재주.

재:판(再版) ①이미 찍어낸 책 등을 다시 찍어냄. 중판. ②지난 일이 다시 되풀이되는 일. —하다.

재판(裁判) ①옳고 그름을 살펴서 판단함. ②소송을 심판함. 예민사 재판. —하다.

재판관 재판에 관한 사무를 맡아보는 사람.

재판소 소송을 재판하는 관청.

재화(財貨) 사람의 욕망을 만족시키는 물질.

잿더미 ①재를 모아 쌓은 무더

잿물 ①재에 물을 부어 우려낸 물. ②사기 그릇 따위의 몸에 덧씌우는 약.

잿빛 엷은 검정빛. 삐회색.

쟁기 마소에 끌려서 논밭을 가는 데 쓰는 연장.

쟁반(錚盤) 사기·나무·양철 따위로 얇고 둥글넓적하게 만든 그릇.

-쟁이 특성 있는 행동이나 모양을 나타내는 사람을 가리켜 낮게 이르는 말. 예요술쟁이.

쟁탈(爭奪) 서로 다투어 가며 싸움. 예쟁탈전. —하다.

저¹ 어른에게 자기를 가리키는 말. 예저는 모릅니다.

저² 입에 가로 대고 부는 관악기를 통틀어 일컫는 말.

저³ 멀리 떨어져 있는 사물을 일컫는 말. 예저 고개를 넘어야 고향 땅이다.

저⁴ 미처 생각이 잘 나지 않을 때 내는 말. 예저, 뭐라고 했더라.

저(箸) 젓가락. 예수저.

저걸 '저것을'의 준말. 잘조걸.

저격(狙擊) 노리어 보다가 냅다 쏘거나 침. —하다.

저고리 윗통에 입는 옷. 빤치마. 바지.

저:금(貯金) ①돈을 모아 둠. 또는 그 돈. ②돈을 우체국이나 은행에 맡김. 삐저축. 빤낭비. 예저금 통장. —하다.

저기 자기에게서 멀리 떨어져 있는 곳을 일컫는 말. 저 곳. 잘조기.

저:기압(低氣壓) 대기의 압력이 주위보다 낮은 현상. 빤고기압.

저:널리스트(journalist) 신문이나 잡지의 기자.

저녁 ①해가 지고 아직 밤이 되지 아니한 동안. ②'저녁밥'의 준말. 빤아침.

저녁 굶은 시어머니 상이다(속) 못마땅하여 얼굴을 잔뜩 찌푸리고 있다.

저녁놀 저녁 하늘의 구름이 붉게 물드는 것.

저:능아(低能兒) 슬기가 보통 아이보다 못한 아이.

저다지 저러하도록. 저렇게까지. 잘조다지.

저다지도 저렇게도.

저따위 '저러한 종류'의 뜻.

저:락(低落) 값이 떨어짐. 빤앙등. —하다.

저러하다 저 모양과 다름없다. 준저렇다. 잘조러하다.

저런 ①저와 같이. ②놀라운 일을 보거나 들었을 때, 가볍게 놀람을 나타내는 소리. 본저러한. 잘조런. 예저런, 어쩌나.

저렇게 저같이. 저렇듯.

저렇다 저것과 비슷하다. 본저러하다. 잘조렇다.

저:력(底力) 겉으로 드러나지 않고, 속에 간직하고 있는 끈기 있는 힘. 예민족의 저력.

저:렴(低廉) 물건값이 쌈. 예저렴한 가격. —하다.

저리 ①저 곳으로. 저쪽으로. ②저같이. 저렇게.

저리다¹ →절이다.

저리다² 뼈마디가 쑤시는 것처럼 아프다.

저마다 사람마다. 삐제각기.

저만큼 약간 떨어진 거리를 가리킴. 저만한 정도로.
저:명(著名) 이름이 세상에 드러남. 回유명. —하다.
저물다〔저무니, 저물어서〕 해가 지고 어두워지다. 저녁이 되다. 凹날새다.
저미다 얇게 베다. 얇게 깎다.
저:번(這番) 지난번. 回접때.
저:서(著書) 지은 책.
저:성(低聲) 낮은 목소리.
저:수지(貯水池) 둑을 쌓고 물을 모아 두는 큰 못.
저:술(著述) 책을 지음. 또는 지은 책. —하다.
저승 사람이 죽은 뒤에 넋이 간다고 하는 곳. 凹이승.
저승길이 대문 밖이다〈속〉 죽는 일이 먼 듯하면서도 실상은 가깝다.
저울 물건의 무게를 달아 보는 데 쓰는 기구.
저울대[—때] 저울판과 저울추를 거는 눈금이 새겨져 있는 가느스름한 긴 막대기.
저:음(低音) 낮은 소리로서 진동수가 적음. 凹고음.
저자 ①아침 저녁으로 반찬거리를 팔고 사기 위하여 열리는 장. ②시장에서 물건을 파는 가게. 回시장.
저:자(著者) 책을 지은 이.
저:작(著作) 책을 지음. 예저작권. —하다.
저:장(貯藏) 물건을 모아서 간직하여 둠. —하다.
저절로 제 스스로. 자연히. 제 바람에. 凹일부러.
저:주하다(詛呪—) ①원한이 있는 사람에게 화가 미치기를 신명에게 빌다. ②미워하는 사람이 하는 일이 실패되기를 바라다. 예원수를 저주하다.
저지르다〔저지르니, 저질러서〕 ①말썽을 일으키다. ②물건을 잡치다.
저:촉(抵觸) ①서로 부딪침. 모순이 생김. ②거리낌. ③법에 걸려듦. —하다.
저:축(貯蓄) 돈이나 물건을 아끼어 모아 둠. 回저금. 예금. 凹낭비. —하다.
저:택(邸宅) 구조가 큰 집.
저항(抵抗) 서로 버티고 있음. 두 쪽이 서로 굽히지 아니함. 맞섬. —하다.
저희 우리. 凹너희.
저희들 ①'우리들'을 낮추어 하는 말. ②저 사람들.
적 무슨 일이 그처럼 되었을 때. 예그럴 적에.
적(敵) ①상대자. ②원수.
적(積) 곱셈을 하여 얻은 수. '5×2=10'에서 '10' 따위.

적공(積功) 공을 쌓음. 어떤 일에 애씀. —하다.
적국(敵國) 우리와 싸우는 나라. 원수의 나라.
적군(敵軍) 원수의 군대. 回적병. 凹아군. 우군.
적극(積極) 바싹 다잡아 활동함. 凹소극. 예무슨 일이든지 좀더 적극적으로 하여라.
적극적 어떤 일에 바싹 다잡아 힘을 기울이는 것. 凹소극적. 예적극적인 활동.
적금(積金) ①돈을 모아 둠. 또는 그 돈. ②은행 예금의 한 가지로서, 일정한 기간 동안 푼돈을 넣다가 끝날 때 몫돈을 타는 일. 예정기 적금.
적다¹ 기록하다. 글로 쓰다.
적:다² ①많지 않다. ②모자라다. 반많다.
적당하다(適當—) 꼭 알맞다. 비적당하다. 적절하다. 적합하다. 반부적당하다. 예적당한 크기로 잘라 붙이다.
적도(赤道) 지구의 남극과 북극에서 같은 거리에 있는 둘레를 지도 위에 표시해 놓은 것. 이 부근은 몹시 더움.
적막(寂寞) 고요하고 쓸쓸함. 비정적. —하다.
적병(敵兵) 적국의 병사. 비적군. 반아군.
적선(敵船) 적국의 배.
적성(適性) 알맞은 성질.
적성 검사 개인의 적성을 알아내기 위한 검사.
적십자사 박애와 봉사의 정신으로써 사회 사업을 하는 국제적 구호 기관.

적십자 정신 모든 사람을 사랑하여 서로서로 도와 주자는 착한 마음.
적십자 조약 적십자사에 대한 약속을 지킬 것을 나라와 나라 사이에 맺는 것.
적용(適用) 맞추어 씀. —하다.
적:이 얼마 못 되게. 조금. 예그 소식에 적이 안심이 된다.
적임(適任) ①어떤 일에 적합한 사람. ②그 일에 재간이 있는 사람. 예적임자.
적장(敵將) 대적하는 군대의 우두머리.
적재(適材) 적당한 인재.
적재(積載) 물건이나 짐을 쌓아 실음. —하다.

적적하다(寂寂—) 외롭고 쓸쓸하다. 고요하다.
적절하다(適切—) 잘 맞다. 꼭 알맞다. 비적당하다.
적정(適正) 알맞고 바름. 예적정한 가격. —하다.
적정(敵情) 적군의 사정. 적군의 형편. 예적정을 살피다.
적:지않이 적지 아니하게. 꽤. 예그 소식에 적지않이 놀랐다.
적진(敵陣) 적의 군대가 진을 치고 있는 곳.
적탄(敵彈) 적군이 쏜 탄알.
적합하다(適合—) 꼭 합당하다. 비적당하다.
적혈구(赤血球) 피를 이루는 중요한 성분으로 붉은빛을 띠고 있으며 알맹이가 없고, 산소나 탄산가스와 결합·분리할 수 있음. 헤모글로빈이 있음.
적확하다(的確—) 확실하다.
전(全) 명사 위에 붙어서 '온통'·'전체' 등의 뜻을 나타내는 말. 예전세계.
전(前) ①앞. ②이전. ③그전. 반후. 나중.
전갈(傳喝) 사람을 시켜 안부를 묻거나 전하는 일. 예전갈을 보내다. —하다.
전갈자리 여름철의 남쪽 지평선 부근에 보이는 별자리. 가재와 비슷한 '전갈'의 모양과 같다고 해서 붙인 이름임.
전:개(展開) ①열려서 벌어짐. ②펴서 열음. —하다.
전:개도 입체 도형을 펼쳐서 그린 그림.
전공(專攻) 그것 한 가지만 몸과 마음을 다하여 연구함. 예전공 학과. —하다.

전과(全科)[―꽈] ①학교에서 규정한 모든 교과. ②초등 학교의 전 과목에 걸친 학습 참고서의 이름. ⑩전과 지도서.

전교(全校) 한 학교의 전체. ⑩전교 어린이회.

전교생 그 학교의 모든 학생. ⑩전교생이 운동장에 모였다.

전:구(電球) 전기등의 심지가 들어 있는 유리알.

전국(全國) 한 나라의 전체. 비거국. 온 나라.

전국 체전 우리 나라 각 도의 대표 선수들이 매년 10월 경에 모여 자기 도의 명예를 걸고 힘을 겨루는 체육 대회.

전권 대:사(全權大使)[―꿘―] 본국 정부를 대표하여 외국에 주재하는 가장 높은 등급의 외교 사절.

전:근(轉勤) 근무하는 곳을 옮김. 비전속. ―하다.

전기(傳記) 한 사람의 공로와 지내 온 내력을 적은 것.

전:기(電氣) 빛과 열을 내고 여러 가지 기계를 움직이게 하는 에너지. ⑩전기 담요.

전:기문 살아 있었던 실제 인물이나, 오늘날 살고 있는 훌륭한 인물에 대하여, 그에게서 본받을 만한 일이나 가르침을 이야기식으로 적어 놓은 글.

전:기 에너지 전기가 띠고 있는 에너지. 도선에 전기가 흐르면 열이 나고, 전구의 필라멘트에 흐르면 밝은 빛을 내며, 코일에 흐르면 자기력이 생김. 전동기에 흐르면 이것을 회전시켜 회전 운동을 일으킴.

전:기 철도[―또] 전기의 힘으로 궤도를 달리는 철도. =전철.

전:기 회로 전기가 일정한 방향으로 흐를 수 있도록 마련된 길. 준회로.

전:나무 솔방울과 비슷한 열매가 열리는 늘푸른 나무. 줄기는 곧고 가지가 사방으로 퍼지며, 잎은 바늘 같음.

전달하다(傳達―) ①계통을 따라 차례로 전하다. ②어떤 일을 차례차례로 전하다. ③전하여 이르게 하다. 비통지하다.

전답(田畓) 밭과 논. 비논밭.

전도(前途) 앞길. ⑩그 청년은 전도가 매우 밝다.

전도(傳導) 열이나 전기가 다른 곳으로 옮겨 감. ⑩전도율.

전:동 화살을 넣어 메고 다닐 수 있게 만든 둥근 통. 전통.

전:동기(電動機) 전류가 흐르면 빠른 속도로 회전 운동을 하여 다른 기계들을 움직여 일을 하게 할 수 있는 기계.

전:등(電燈) 전기를 이용하여 빛을 내는 기구.

전라도(全羅道)[절―] 우리 나라 행정 구역의 하나. 전라 남도와 전라 북도를 일컫는 말.

전:락(轉落) 굴러 떨어짐. 망하여 빈곤하여짐. 비타락. ⑩전락 농가. ―하다.

전:란(戰亂)[절―] 전쟁으로 말미암은 나라 안의 혼란.

전:람회(展覽會) 많이 벌여 놓고 여러 사람이 보도록 한 모임. 비전시회. ⑩미술 전람회.

전래(傳來)[절―] 옛날부터 전하여 내려옴. ⑩전래 동화. ―하다.

전래 동요 옛날부터 전해 내려오는 아이들이 부르는 노래.

전:략(戰略) 전투를 하는 수단과 방법.

전력(全力) 모든 힘. 온통의 힘. 예 전력 투구.

전:력(電力) 전기의 힘.

전:류(電流) 전기가 도체를 따라 흐르는 현상.

전:립(戰笠)[절─] 옛날 군인이 쓰던 모자.

전:망(展望) 멀리 바라다봄. 주위의 경치를 두루 바라다봄. ─하다.

전:망대 먼 곳까지 보려고 만들어 놓은 높은 곳.

전매(專賣) 정부에서 어떤 물건을 혼자 맡아 놓고 파는 일. ─하다.

전매 특허 새로운 물건을 만들어 낸 사람을 장려·보호하기 위하여 정부가 발명품에 관한 이익을 독점시키는 일.

전멸(全滅) 죄다 없어짐. 모두 망함. 비 몰살. 소탕. ─하다.

전무(專務) 회사의 일을 오로지 맡아보는 사람.

전문(全文) 글의 전체.

전문(專門) 오로지 한 가지 일에만 매달려 힘씀. ─하다.

전:문(電文) 전보의 글귀.

전문가 그 일에 대하여 깊은 지식과 경험이 있는 사람.

전문 연구원 전문 분야의 학문을 연구하는 사람.

전문적 어떤 한 가지에 대해서 깊이 공부해서 아는 바가 많은 것. 예 전문적 지식.

전문점 옷·모자·금·은 등의 일정한 물건을 파는 상점.

전문 지식 그 방면에 대한 깊은 지식.

전문직 한 가지 일에 전심하는 직업. 학자·과학 기술자·건축 기사·의사·변호사 따위.

전반전(前半戰) 운동 경기에 있어서 정해진 기간을 똑같이 나눈 경우에 앞의 절반의 싸움. 반 후반전. 예 전반전 경기가 끝나고 후반전으로 들어갔다.

전방(前方) ①앞쪽. ②적과 마주하고 있는 쪽. 반 후방.

전:별(餞別) 먼 곳으로 이사·전근하는 사람에게 정으로 음식을 차려 대접하거나 물건을 선사함. 비 전송. ─하다.

전:보(電報) 전신으로 보내거나 받거나 하는 통신이나 통보. ─하다.

전복 바다에서 나는 커다란 조개. 예 전복죽.

전:봇대(電報─)[─때]. ①전선을 늘여 매기 위하여 세운 기둥. ②키 큰 사람의 별명.

전:봇줄[─쭐] 전기가 통할 수 있도록 늘여 놓은 줄. 비 전선. 예 제비가 전봇줄에 앉았다.

전봉준(全琫準, 1853~1895) 조선 고종 때의 동학 농민 운동의 지도자. 녹두 장군이라고도 불렀음. 백성을 구하고자 전라도 지방에서 기세를 올렸으나, 청·일군의 출동으로 뜻을 이루지 못하고 체포되어 서울에서 처형되었음.

전부(全部) 온통. 죄다. 비 전체. 몽땅. 모두. 반 일부.

전:분(澱粉) 식물 속에 있어 녹말이나 앙금 따위와 같은 영양분이 되는 흰 가루로 특히 감

전분 육등 조선조 때의 세금 제도의 하나. 세종 때(1444년) 토지의 기름지고 메마름에 따라 6등급으로 나누어 세금의 기준을 정하였음.

전서구(傳書鳩) 먼 곳에 편지를 지니고 날아가 전하는 비둘기.

전선(前線) 따뜻한 공기와 찬 공기가 서로 만나는 경계선. 예한랭 전선. 온난 전선.

전:선(電線) 전류가 통하는 쇠붙이 줄. 전깃줄. 비전봇줄.

전:선(戰船) 전쟁에 사용되는 모든 배. 비전함.

전:선(戰線) 싸움하는 지역.

전설(傳說) 옛날부터 내려오는 이야기. 예전설의 인물.

전성 시대(全盛時代) ①일이 한창 잘되어 가는 때. ②세력이 가장 왕성한 때.

전:세(戰勢) 전쟁이 되어 가는 형편. 전황. 예불리한 전세.

전세계(全世界) 온 세상.

전속(專屬) 어떤 단체에 딸려 있음. 예전속 가수. ―하다.

전속 단체 어떤 곳에 딸리어 있는 단체.

전속력(全速力)[―송녁] 힘껏 다 낸 최대의 속력. 예전속력으로 달리는 차.

전:송(餞送) 떠나가는 사람을 잔치를 베풀어 작별하여 보내는 일. 비배웅. 전별. 판마중. ―하다.

전:송(電送) 사진·그림 등을 전류 또는 전파로 멀리 떨어진 곳에 보냄. ―하다.

전:송 사진 전송된 사진. 사진의 밝고 어둠을 전류의 세고 약함으로 바꾸어 전파에 실어 먼 곳으로 보내어 그것을 다시 사진으로 찍어낸 것. 준전사.

전:술(戰術) 싸우는 기술.

전:시(展示) 책·그림 등 여러 가지 물건을 모아 벌여 놓고 보임. 예작품 전시. ―하다.

전:시장 여러 가지 물건을 모아 벌여 놓고 구경을 시키는 곳.

전:시회 그림·글씨·물건 따위를 늘어놓고 여러 사람에게 보이는 모임. 비전람회.

전신(全身) 온몸. 온 몸뚱이.

전:신(電信) 전기의 힘으로 먼 곳에 소식을 전하는 통신.

전:신기 전자석에 전류를 통하면 앞에 있는 철편을 끌어 붙이고, 전류를 끊으면 철편을 놓는 성질을 이용하여 통신하는 장치. 송신기와 수신기 전원이 전선으로 연결되어 있음.

전:신사 전신기를 써서 통신을 하는 사람.

전:신 전:화 문자나 숫자를 신호로 바꾸어 전파나 도선 등을 통하여 보내는 통신. 전화나 전보 등이 이에 속함.

전:신 전:화국 전화나 전보 따위의 통신을 맡아보는 기관.

전심(專心) 마음을 한 곳에만 오로지 씀. ―하다.

전:압(電壓) 전류가 통하는 도선상의 두 점 사이의 전위의 차. 예전압이 높다.

전야(前夜) 전날 밤. 예크리스마스 전야.

전에 앞서. 먼저. 판후에.

전연(全然) 아주. 도무지. 비전혀. 예이 책에 있는 문제들은 내가 전연 모르는 것뿐이다.

전:열(電熱) 전류에서 생기는 열. 예전열 기구.

전염(傳染) ①병독이 남에게 옮음. ②못된 풍속이 전하여 물이 듦. —하다.

전염병[—뼝] 한 사람의 병이 다른 사람에게 옮는 병. 이질·장티푸스·콜레라·뇌염 따위. 비돌림병.

전:우(戰友) 생활과 전투를 같이하는 동료.

전원(田園) 논이 있고, 밭이 있고, 산이 있는 곳. 시골. 교외. 비농촌. 반도시.

전원(全員) 전체의 인원. 반일원. 예전원 집합.

전일(前日) 지난날. 요전날. 반후일.

전:자(電子) 물질을 이루는 데 공통되는 전기를 띤 알맹이로 음전자와 양전자가 있음.

전:자석 철심에 코일을 여러 번 감고, 이 코일에 전류를 통하여 자석의 성질을 갖도록 해 놓은 것. 본전기 자석.

전:장(戰場) 싸움하는 곳. 비싸움터. 전쟁터.

전:쟁(戰爭) 나라와 나라 사이의 큰 싸움. 비전투. 반평화. —하다.

전:쟁놀이 전쟁을 흉내내어 노는 놀이. —하다.

전:쟁시 전쟁을 할 때. 반평화시. 준전시.

전:쟁터 전쟁이 벌어지고 있는 곳. 비싸움터. 전장.

전정(前程) 앞길. 장래.

전제 정치(專制政治) 혼자서 혹은 몇 사람이 자기들의 생각과 이익만을 위해서 하는 정치.

전제주의 몇 사람이 자기 마음대로 정치를 하는 것.

전주곡(前奏曲) 음악의 본곡조의 앞에 있는 곡조.

전:지(電池) 화학 작용으로 전류를 일으키는 장치의 물건. 예건전지.

전:지 끼우개 전지를 끼워 고정시켜 놓고, 플러스극과 마이너스극에서 전선을 끌어낸 전기 기구. 전지 홀더.

전진(前進) 앞으로 나아감. 반후퇴. —하다.

전:차(電車) 전기의 힘으로 궤도 위를 다니는 차.

전:차(戰車) 전쟁에 쓰이는 차. 탱크.

전:철(電鐵) =전기 철도.

전체(全體) 온통. 죄다. 비전부. 반부분. 예전체 회의.

전통(傳統) 계통을 밟아 전함. 또는 이어받은 계통. 예민족의 전통을 빛내자.

전통 문화 역사적으로 이어 온 민족 고유의 문화.

전통적 대대로 계통 있게 역사적으로 이어 온 습관.

전:투(戰鬪) 전쟁에서 싸움. 비전쟁. —하다.

전:투기 하늘에서 싸움을 하는 군용 비행기.

전:파(電波) ①전기의 결. ②전기가 물체를 전해 나가는 것. 예전파 방해.

전파하다(傳播—) 널리 전하여 펴다. 점점 널리 퍼지다.

전폐하다 ①완전히 닫아 버리다. ②아무것도 먹지 아니하다. 예식음을 전폐하다.

전표(傳票) 은행이나 회사에서

금전의 출납을 적는 작은 쪽지. 예전표 정리.
전:하(殿下) 왕이나 왕비 또는 황태자를 높여 부르는 말. 비각하. 예대왕 전하.
전하다(傳—) ①이 사람이 저 사람에게 주다. ②물려주다. ③가르치다. ④알리다. 예소식을 전하다.
전:학(轉學) 이 학교에서 저 학교로 옮기어 공부함. —하다.
전:함(戰艦) 싸움을 하는 큰 배. 비군함. 전선.
전항(前項) ①앞에 적혀 있는 사항. ②비의 앞에 있는 항. 반후항. 예2:3에서 2가 전항, 3이 후항이다.
전혀(全—) ①도무지. ②아주. ③조금도. 비전연. 예나는 그 일을 전혀 몰랐다.
전형하다(銓衡—) 쓸모 있는 사람을 골라 뽑다.
전:화(電話) ①전화기. ②전기의 힘으로 먼 데 사는 사람끼리 서로 말을 함. —하다.
전:환(轉換) 이리저리 변하여 바뀜. —하다.
전후(前後) ①앞과 뒤. ②먼저와 나중. ③처음과 끝.
절 ①부처를 모셔 놓고 중들이 모여 사는 집. ②몸을 굽히고 고개를 숙여 인사함. 비인사. —하다.
절(節)¹ ①문장이나 시의 한 단락. ②악곡이나 가요의 한 마디.
-절(節)² ①명절. ②절기.
절개(節槪) 의리를 지키는 곧은 마음. 준절.
절경(絶景) 더할 수 없이 훌륭한 경치. 비가경.
절교(絶交) 서로 사귐을 끊음. 예친구와 절교하다. —하다.
절구통 ①곡식을 찧거나 빻는 데 쓰기 위해 통나무 또는 돌의 속을 파내어 우묵하게 만든 기구. ②굵은 몸집의 비유.
절규(絶叫) 있는 힘을 다해 큰 소리로 부르짖음. —하다.
절기(節氣) 한 해를 24등분하여 나타낸 계절의 구분.
절:다¹〔저니, 절어서〕 걸음을 절뚝거리다. 예다리를 절다.
절:다²〔저니, 절어서〕 물체에 염분이 속속들이 배어들다. 예소금에 절다.
절대(絶對)〔—때〕 ①맞서 비교될 만한 것이 없음. ②아무 제한을 받지 않음. ③아무 조건을 붙일 수 없음. 반상대.
절대로〔—때—〕 ①도무지. ②반드시. ③조금도. ④아주. 비도저히. 예나쁜 짓은 절대로 하지 말아라.
절도(竊盜)〔—또〕 남의 물건을 몰래 훔쳐 가는 도둑.
절뚝거리다 한쪽 다리가 짧거나 탈이 나서 기우뚱거리다.
절뚝발이 걸음을 절뚝거리는 사람의 별명. 센쩔뚝발이.
절뚝절뚝 한쪽 다리가 짧거나 탈이 나서 기우뚱거리는 모양.
절로 '저절로'의 준말.
절룩거리다 다리를 가볍게 절면서 걷다. 센쩔룩거리다. 작잘록거리다.
절름거리다 한쪽 다리가 짧거나 탈이 나서 약간 절룩거리다. 작잘름거리다.
절름발이 걸음을 절름거리는 사

절망(絶望) 소망이 끊어짐. 희망이 끊어짐. 凹희망. —하다.
절묘(絶妙) 썩 교묘함. —하다.
절미(節米) 쌀을 아낌. —하다.
절박(切迫) ①기한이 썩 급하여 여유가 없음. ②일이 급하여 긴장하게 됨. —하다.
절반(折半) 하나를 둘로 똑같이 나눔. 하나의 반.
절벅절벅 얕은 물 위를 자꾸 밟을 때 나는 소리.
절벽(絶壁) ①바위가 바람벽같이 깎아 세운 듯한 낭떠러지. ②사리에 어두운 사람을 가리키는 말. 凹절벽 강산.
절실하다(切實—) ①사실에 꼭 맞다. ②마음에 사무치다. ③아주 긴요하다. ④간절하다. 예건강이 얼마나 귀중한 것이냐 하는 것은 병이 들어 보아야 절실히 느끼게 된다.
절약(節約) 아끼어 씀. 凹낭비. 예돈을 될 수 있는 대로 절약하여 쓰자. —하다.
절에 가면 중 노릇 하고 싶다〈속〉 주견이 없이 덮어놓고 남을 따르려고 한다.
절에 가면 중인 체, 촌에 가면 속인인 체〈속〉 장소에 따라 지조와 태도가 변한다.
절에 간 색시〈속〉 남이 시키는 대로 따라하는 사람.
절용(節用) 아껴서 씀. 凹절약. 凹남용. —하다.
절이다 ①소금을 쳐서 절게 하다. 예배추를 절이다. ②두려워서 기운을 못 펴다.
절이 망하려니까 새우젓 장수가 들어온다〈속〉 운수가 그릇되려면 뜻밖의 일이 생긴다.
절정(絶頂)[—쩡] ①산의 맨 꼭대기. 凹정상. ②어떤 일의 극도. 고비. 예흥분 상태가 절정에 달했다.
절제(節制)[—쩨] ①자기의 욕망을 억눌러 방탕하지 아니함. ②알맞게 조절함. —하다.
절차(節次) 일의 순서.
절찬(絶讚) 더할 수 없는 칭찬. 예불쌍한 사람을 도와 준 소년은 여러 사람들로부터 절찬을 받았다. —하다.
절충(折衷) 한 편으로 치우치지 아니하고 이것과 저것을 섞어서 알맞은 것을 얻음. —하다.
절친하다(切親—) 사이가 썩 가까워 매우 친하다.
절판(絶版) ①출판하여 펴낸 책이 떨어져 없음. ②지형이 없어져서 다시 인쇄하지 못하게 됨. —하다.
젊다[점따] ①나이가 적다. ②혈기가 왕성하다. 凹늙다. 예누구나 젊어서 일을 열심히 해야 합니다.
젊은이 ①나이가 젊은 사람. ②혈기가 왕성한 사람. 凹늙은이. 예젊은이 못지 않게 기운이 왕성하다.
점(占) 좋고 그름을 미리 판단하는 일.
점(點) ①작고 둥글게 찍힌 표나 자리. ②글자를 쓸 때 한 번 찍힌 획. 예한 점, 한 획. ③문장의 구절을 구별하기 위하여 찍은 표. 구두점. ④여럿 가운데서 선택하여 결정할 때 쓰는 말. 예점을 찍어 놓다.
점대칭 도형 도형에서 한 점을

중심으로 하여 180°만큼 회전시켰을 때, 처음 도형과 꼭 맞아 포개지는 도형. 凹선대칭도형.
점령(占領)[-녕] 남의 땅을 쳐서 차지함. 점거. 예남의 땅을 점령하다. —하다.
점보 제트기(jumbo jet機) 미국에서 만든 여객기로 한꺼번에 400명이나 되는 사람을 태울 수 있는데, 몸체 길이가 70m, 날개 길이가 60m나 됨. '점보'란 '보잉 747'의 애칭으로 매우 크다는 뜻.
점뿌림 씨앗을 한 개 또는 몇 개씩을 한 곳에 일정한 사이를 두고 뿌리는 방법. —하다.
점수(點數)[-쑤] ①숫자로 나타낸 평가. ②물건의 수효. 凹끗수.
점:심(點心) 낮에 먹는 끼니.
점:원(店員) 상점에서 일을 보살피는 사람. 凹주인.
점:잖다[-잔타] ①태도가 의젓하다. ②말이나 행동이 야하지 않고 고상하다.
점잖은 개가 부뚜막에 오른다 〈속〉 점잖다고 믿고 있던 사람이 엉뚱한 짓을 한다.
점쟁이(占—) 남의 운수를 점쳐 주고 돈을 받는 일로 직업을 삼는 사람.
점:점(漸漸) 조금씩 조금씩. 凹차차. 예해가 넘어가서 점점 어두워진다.
점:차(漸次) 차례를 따라 점점. 예성적이 점차로 좋아진다.
점토(粘土) 물에 이기면 차지고 끈끈해지며, 수분을 잘 흡수하는 성질이 있는 흙.
점판암(粘板岩) 이암이 더욱 굳어진 것. 질이 치밀하고, 넓게 쪼개지는 성질이 있음.
접다 꺾어서 여러 겹으로 만들다. 예종이를 접다.
접대(接待) 손님을 맞아 대접함. 凹응대. —하다.
접동새 비둘기만하고 등은 잿빛, 배는 흰빛에 검은 줄이 있고 다리는 노란 새. 凹소쩍새. 두견.
접:때 얼마 되지 아니한 지나간 그때. 凹저번. 지난번.
접수(接受) 받아들임. 예원서 접수. —하다.
접시 운두가 낮고 납작한 그릇.
접전(接戰) ①어울려서 싸움. ②서로 힘이 비슷하여 승부가 쉽게 나지 않는 싸움. —하다.
접착제(接着劑) 금속·목재·플라스틱 따위를 붙이는 데 쓰이는 약품이나 풀 종류.
접책(摺冊) 종이를 여러 겹으로 접어서 책처럼 만든 것.
접촉(接觸) ①맞붙어 닿음. 예접촉 사고. ②서로 사귐. 예외부와 접촉을 끊다. —하다.
접히다 ①접어지다. ②접음을 당하다. 예종이가 접히다.
젓 새우·생선·조기 따위를 소금에 절인 짠 음식.
젓가락으로 김칫국을 집어먹을 놈 〈속〉 어림없는 짓을 하는 사람.
젓:다[저으니, 저어서] ①배를 움직이려고 노를 두르다. 예노를 젓다. ②액체를 고르게 하기 위하여 휘둘러 섞다. 예소금물을 젓다. ③어떤 뜻을 말 대신 손이나 머리를 흔들어 표

하다. 예머리를 좌우로 젓다.
정: 돌에 구멍을 뚫거나 또는 돌을 쪼아서 다듬는 쇠로 만든 연장.
정(情) ①느끼어 일어나는 마음. ②사랑하거나 불쌍히 여기는 마음.
정:가(定價)[―까] ①정해 놓은 값. ②값을 정함. ―하다.
정:각(正刻) 작성한 바로 그 시각. 예12시 정각.
정:각뿔(正角―) 밑면이 정다각형이고 옆면이 모두 이등변 삼각형으로 이루어진 각뿔.
정감(情感) 사람의 마음에 호소해 오는 것 같은 느낌.
정강이 아랫다리의 앞쪽에 뼈 있는 부분.
정거장(停車場) 차가 잠시 머무르고 사람이 타고 내리며, 화물을 싣고 내리는 곳.
정결하다(淨潔―) 말쑥하고 깨끗하다. 비깨끗하다. 예정결한 아름다움.
정겹다〔정겨우니, 정겨워서〕 정이 넘치는 듯하다. 예정겨운 고향 풍경.
정경(情景) ①아름다운 경치. ②비참한 모양.
정계(政界) 정치가들이 활동하는 사회.
정교하다(精巧―) 꼼꼼하게 썩 잘 만들다.
정구(庭球) 중앙에 그물을 치고 공을 라켓으로 받고 치고 하는 운동.
정권(政權)[―꿘] 정치를 하여 나가는 권력. 예정권 쟁탈.
정:규(定規) ①정해진 규칙. 예정규 방송. ②제도할 때 쓰는 자의 한 가지.

정근(精勤) ①맡은 바 일에 힘씀. ②부지런함. ―하다.
정글(jungle) 열대 지방의 원시림. 밀림.
정:기(正氣) 공명 정대한 의기. 예민족 정기.
정:기(定期) 정한 기한. 또는 기간. 반부정기. 예정기 예금.
정:기 여객선 정기적으로 사람을 실어 나르는 배.
정:기 예:금 미리 일정한 기간을 정하여 그 기간 중에는 찾아낼 수 없는 예금.
정:기 적금 일정한 액수를 정해 놓고, 일정한 기간에 다달이 저금을 하여, 만기가 되면 처음에 정해 놓은 액수를 한꺼번에 찾는 예금. 적은 돈으로 목돈을 마련하기에 알맞음.
정년(停年) 공무원이나 회사의 직원 또는 종업원들이 일정한 나이에 이르면 근무하던 곳에서 물러나도록 정해진 그 나이. 예정년 퇴직.
정녕 틀림없이. 꼭. 예이번엔 정녕 이기고 돌아오리라.
정:다각형(正多角形) 다각형 가운데에서 변의 길이가 모두 같고, 각의 크기가 모두 같은 다각형.
정단층(正斷層) 단층면에 따라 위쪽 지반이 아래쪽보다 밀려 내려간 것. 반역단층.
정:답(正答) 옳은 답. 예네가 말한 것이 정답이다.
정답다(情―)〔정다우니, 정다워〕 ①의가 좋다. ②사이가 가깝다. 비다정하다. 반매정하다.
정당(政黨) 정치에 대한 주장이

같은 사람끼리 뭉친 단체. 준당. 예정당 정치.
정:당하다(正當—) ①이치에 마땅하다. ②바르다. ③도리에 맞다. 반부당하다.
정도(程度) ①알맞은 한도. ②분량이 얼마쯤이나 되는가 하는 대중. 비한도. 가량. 수준.
정독(精讀) 내용을 맛보거나 따져 가며 자세히 읽음. 새겨 읽음. —하다.
정:돈(整頓) ①가지런히 바로잡음. ②깨끗하게 치워 놓음. 비정리. —하다.
정들다(情—)〔정드니〕 정이 깊어지다. 정이 생기다.
정력(精力) ①활동할 수 있는 힘. ②정신과 기력. 비기력.
정:렬(整列) 가지런히 줄지어 늘어섬. 예4열 정렬. —하다.
정류장(停留場)〔—뉴—〕 손님이 오르내리기 위하여 버스가 잠시 머무는 곳. 비정류소.
정리(情理) 인정에 따른 도리.
정:리(整理) ①차례를 바로잡음. ②쓸데없는 것을 버리고 가지런히 추림. 비정돈. 예그렇게 흩어 놓지 말고 잘 정리해 두어라. —하다.
정림사지 오층 석탑 백제 말기 충남 부여 정림사에 세워진 백제의 대표적인 탑. 단조로우면서도 균형잡힌 점이 특색임.
정:말(正—) ①참된 말. ②거짓이 없는 말. ③진실한 말. 비참말. 반거짓말. 예오늘은 정말 추운 날씨입니다.
정맥(靜脈) 몸을 돌아서 더러워진, 곧 탄산가스와 찌끼를 지닌 피를 염통으로 돌려보내는 핏줄. 반동맥.
정:면(正面) 마주 보이는 면. 반측면. 후면. 예정면 충돌.
정몽주(鄭夢周, 1337~1392) 고려 말기의 충신. '삼은'의 한 사람으로, 호는 포은. 이방원이 보낸 자객 조영규에게 선죽교에서 피살되었음.
정묘 호란(丁卯胡亂) 1627년 인조 때 후금의 침입으로 일어난 싸움. 왕은 강화도로 피난하여 후금과 평화 조약을 맺어 형제국이 됨.
정:문(正門) 건물의 정면에 있는 문. 반후문.
정:물화(靜物畫) 꽃·과일·그릇 등 움직이지 않는 것을 배치하여 놓고 그린 그림.
정미소(精米所) 동력을 이용하여 벼를 찧어 쌀을 만드는 곳. 방앗간.
정밀 묘:사(精密描寫) 대상물의 자세한 부분까지 세밀하게 그린 그림.
정밀하다 아주 자세하다. 가늘고 촘촘하다. 반조잡하다.
정박(碇泊) 닻을 내려 배를 세움. —하다.
정벌(征伐) 적이나 죄 있는 무리를 군대로써 침. —하다.
정변(政變) 정치상의 변동.
정보(情報) ①사정의 보고. ②사정을 알려 주는 자료. 예정보 제공.
정복(征服) 적을 쳐서 항복시킴. —하다.
정부(政府) 나라를 다스리는 일을 맡아보는 기관.
정:비례(正比例) 두 양의 변화가 늘 일정한 비로 될 때, 그

두 양에 대한 일컬음. 凹반비례, 역비례.
정:사각형(正四角形) 네 각이 모두 직각이고 네 변이 모두 같은 사각형.
정:삼각형(正三角形) 세 변의 길이가 같은 삼각형. 세 각도 모두 같음.
정서(情緖) ①마음이 움직이어 일어나는 실마리. ②생각을 따라 일어나는 복잡한 감정. 기쁨·슬픔·노염 등.
정성(精誠) ①참되어 거짓이 없는 마음. ②알뜰한 마음으로 섬김. 凹지성. —스럽다.
정성껏 성의가 미치는 데까지. 참되어 거짓이 없는 마음으로. 凹함부로. 예환자를 정성껏 보살피다.
정세(情勢) ①일이 되어가는 형편. ②일의 사정. 凹형세.
정:숙하다(整肅—) 몸가짐이 바르고 엄숙하다.
정숙하다(靜肅—) 고요하고 엄숙하다.
정승(政丞) 조선조 초기에 있어서 가장 으뜸가는 벼슬. 영의정·좌의정·우의정을 일컬음. 凹승상.
정:식(正式) 가짜나 거짓이 아니고 참말로 그렇게 하기로 한 것. 凹공식. 凹임의.
정신(精神) ①마음. ②영혼. ③생각. ④근본 뜻. 凹마음. 凹육체.
정신 과학 정신 작용에 관한 모든 현상을 연구하는 과학.
정신 없:다 마음을 빼앗겨 멍하다. 예정신 없이 달려오다.
정신적 정신에 관한 바. 정신 활동을 중하게 여기는 것. 凹물질적, 육체적. 예정신적 고통. 정신적 사랑.
정신적 교:훈 마음을 깨우쳐 주는 가르침.
정신차리다 ①정신을 가다듬다. ②잃었던 정신을 다시 모으다.
정:악(正樂) 속되지 않은 정식의 음악.
정약용(丁若鏞, 1762~1836) 조선 말기의 대학자로 유형원, 이익을 통해서 내려온 실학 사상을 모아 완성하였음. 호는 다산. 저서로는 〈목민심서〉·〈흠흠신서〉 등이 있음.
정:양(靜養) 몸과 마음을 편안하게 쉼. 凹요양, 휴양. 예정양소. —하다.
정어리 모양은 멸치와 비슷하나 크고, 등은 남빛, 배는 흰 바닷물고기.
정에서 노염 난다(속) 정다울수록 예의를 지켜야 한다.
정열(情熱)[—녈] 힘있게 일어나는 감정의 힘. 凹열정.
정:오(正午) 꼭 열두 시 되는 한낮. 凹오정. 凹자정.
정:원(定員) 일정한 인원. 예정원이 초과되다.
정원(庭園) 집안에 있는 뜰. 凹뜰. 예정원을 가꾸다.
정월(正月) 일년 중의 첫째 달. 일월. 예정월 대보름.
정유(精油) 각종 식물의 꽃·잎·열매·가지·줄기·뿌리 따위에서 뽑아 정제한 향기를 가진 휘발성 기름.
정유 공장 원유에서 여러 가지 기름을 만들어 내는 공장.
정유재란(丁酉再亂) 1597년 왜

군이 우리 나라를 다시 침략해 온 난리. 보통, 임진왜란 때의 제2차 침입을 독립하여 말할 때 정유재란이라 부름.

정:육면체(正六面體) 여섯 개의 똑같은 정사각형으로 둘러싸인 육면체.

정:의(定義) 어떤 것의 뜻을 확정하여 밝힌 뜻.

정의(情誼) 서로 사귀어 가까워진 사랑의 마음.

정:의(正義) ①바른 뜻. ②바른 의리. 凹불의. 예우리는 정의를 위해 싸우고 있다.

정:의감 올바른 도리를 지키려는 마음. 예정의감에 불타다.

정인지(鄭麟趾, 1396~1478) 조선 세종 때 집현전 학사로 한글을 만드는 데 힘쓴 학자이며 정치가. 〈용비어천가〉·〈고려사〉를 꾸몄음.

정자(亭子) 산수가 좋은 곳에 놀려고 지은 작은 집.

정:작 ①숨김이 없음. ②실지나 사실. ③중요함.

정:적(靜寂) 고요하며 시끄러움이 없음. 凹적막. —하다.

정전(停戰) 싸움을 정지함. 凹휴전. 凹개전. —하다.

정절(貞節) 여자의 곧은 절개.

정:정(訂正) 잘못된 것을 바르게 고침. —하다.

정:정 당당(正正堂堂) 바르고 떳떳함. 예경기에 나가서는 정정 당당히 싸우자. —하다.

정조(正祖, 1752~1800) 조선조 제22대 왕(재위 1776~1800). 영조의 뜻을 이어 탕평책을 실시했으며, 규장각을 설치하여 학문의 연구와 서적의 편찬에 힘썼음.

정조(貞操) 여자의 깨끗한 절개. 예정조가 굳은 여자.

정조(情操) 정신의 활동에 따라 일어나는 고상하고도 복잡한 감정.

정:조식(正條植) 벼농사에서 모내기를 할 때 줄을 갖추고 간격을 두어 바르게 심는 일. —하다.

정중부(鄭仲夫, 1106~1179) 고려 의종 때의 장군이며 무신. 1170년에 무신의 난을 일으켜 정권을 잡았음.

정중부의 난 고려 의종 때 정중부·이의방 등이 중심으로 일으킨 무신의 난(1170). 무신을 멸시한 데 불만을 품고 보현원에서 난을 일으켜 문신들을 죽이고 왕을 새로 세워 정권을 잡았음. 이로 인하여 무신들의 세상이 되었음.

정:중하다(鄭重—) 태도가 매우 점잖고 무게가 있다. 친절하고 은근하다. 凹경솔하다.

정지(停止) ①하던 일을 중도에 그침. ②중간에 쉼. 凹진행. —하다.

정:직(正直) ①바르고 곧은 마음. ②남을 속이지 않는 것. 凹솔직. 凹거짓. 부정직. 예철이는 우리 반에서 제일 정직한 아이다. —하다.

정:착(定着) ①달라붙어 떨어지지 않음. ②한 곳에 자리잡아 떠나지 않음. 凹유랑. —하다.

정찰(偵察) 적군의 형편을 살핌. 더듬어 살핌. 예정찰 비행. —하다.

정찰병 몰래 적의 정세를 살피

정책(政策) 나라를 다스리는 목표나 방법. 예문화 정책.

정철(鄭澈, 1536~1593) 조선조 선조 때의 정치가이며 학자. 호는 송강. 영의정까지 지냈으나 정쟁에 몰려 일생의 거의 전부를 귀양살이로 보냈음. 우리 나라 가사의 으뜸 가는 대가로서 〈관동별곡〉·〈성산별곡〉·〈사미인곡〉 등 많은 작품을 남겼음.

정:체(正體) ①거짓 없는 바른 형체. ②본심의 모양. 비본체. 예저 사람은 어떤 사람인지 정체를 모르겠다.

정취(情趣) 정조와 흥취.

정치(政治) 나라의 주권자가 영토와 백성을 다스리는 일. 예민주 정치. —하다.

정치가 나라의 살림살이를 맡아서 하는 사람.

정치계 정치 활동이 행하여지는 사회. 정치 사회.

정치부 신문사 등에서 정치에 관한 기사를 맡아보는 부서.

정탐(偵探) 몰래 형편을 알아봄. 예정탐꾼. —하다.

정통(精通) 깊고 자세히 통해 앎. —하다.

정:평(定評) 모든 사람이 다 그렇다고 하는 평판. 예이 책이 제일 낫다는 것이 정평이다.

정:하다(定—) ①자리를 잡다. ②일을 결정하다. ③뜻을 세우다. ④마음을 가라앉히다.

정:하다(淨—) ①깨끗하다. ②맑고 아름답다.

정:형시(定型詩) 글자 수와 행·절이 일정한 형식으로 되어 있는 시. 동요·민요·시조 따위. 반자유시.

정:확(正確) 바르고 틀림없음. 비확실. 반부정확. 예요즘 기상청에서는 일주일 앞의 날씨를 거의 정확하게 예보할 수 있게 되었다. —하다.

젖 젖먹이·새끼 들을 먹이는 희고 달착지근한 물.

젖니 젖먹이 적에 난 이. 비배냇니.

젖다 ①물이 묻다. 축축하게 되다. 반마르다. ②귀로 늘 듣다. ③나쁜 습관에 빠지다.

젖먹던 힘이 다 든다〈속〉 일에 힘이 몹시 든다.

젖먹이 동물(—動物) 사람·소·말·개·고래 따위와 같이 조직이 복잡하고, 피가 더우며, 몸에 털이 나고 허파로 공기를 호흡하며, 새끼에게 젖을 먹여 기르는 등마루뼈가 있는 동물. 포유 동물.

젖빛 유리[—뉴—] 우유처럼 뿌연 빛깔이 나는 유리.

젖소 젖을 짜기 위하여 기르는 소. 반일소.

젖통 젖이 들어 있는 곳.

젖히다 ①몸의 윗부분을 뒤로 기울어지게 하다. ②속의 것이 겉으로 드러나게 하다. 작잦히다. 예방문을 열어젖히다.

제[1] '나' 및 '자기'의 낮춤말인 '저'가 '가' 앞에서 쓰이는 말. 예제가 하겠습니다.

제[2] '나의·자기의'의 낮춤말인 '저의'의 준말. 예그건 제 것입니다.

제[3] 때. '적에'의 준말. 예해돋을 제 왔다.

제:(第) '째'나 '차례'의 뜻을 나타내는 말. 예제1차 세계 대전. 제24회 서울 올림픽.

제각각 여럿이 모두 각각. 저마다. 예모양이 제각각이다.

제각기 ①모두가 따로따로. ②자기는 자기대로. 비저마다. 각자. 판다같이. 예그들은 제각기 다른 생각을 가졌습니다.

제값 제가 지닌 값. 예제값이나 받아라. 거저는 싫다.

제거(除去) 덜어내어 버림. 예먼지를 제거하다. —하다.

제곱 같은 수를 두 번 곱함. 비자승. —하다.

제곱미터 넓이의 단위. 1변이 1m인 정사각형의 넓이를 1제곱미터라 하고, '1㎡'라 씀.

제곱센티미터 넓이의 단위. 1변이 1cm인 정사각형의 넓이를 1제곱센티미터라고 하고, '1㎠'라고 씀.

제곱킬로미터 넓이의 단위. 1변의 길이가 1km인 정사각형의 넓이를 1제곱킬로미터라 하고, '1㎢'라 씀.

제공(提供) 이바지함. 갖다 바침. 비제출. 바침. 예신문 기사가 되는 자료를 제공하여 주었다. —하다.

제:과(製菓) 과자를 만듦. 예제과점. —하다.

제국(諸國) 여러 나라.

제:국(帝國) 임금이 우두머리가 되어 다스리는 나라.

제:국주의 나라의 힘이 미치는 한, 영토와 권력을 확장하려는 주의.

제군(諸君) 여러분.

제금가(提琴家) 바이올린을 잘 켜는 사람. 바이올리니스트.

제기 엽전을 종이나 헝겊 따위로 싸서 발로 차는 아이들의 장난감. —하다.

제기(提起) ①의견을 붙여 의논할 것을 내놓음. ②드러내어 문제를 던짐. 예이의를 제기하다. —하다.

제기차기 엽전을 종이로 싸서 꼬리를 내어 발로 차는 장난.

제 꾀에 제가 넘어간다〈속〉 꾀를 너무 부리다가 제가 도리어 그 꾀로 인하여 손해를 보게 된다.

제 낯에 침 뱉기〈속〉 스스로 자기를 욕되게 한다.

제네바(Geneva) 스위스의 남서부 레만 호 가에 있는 국제 도시. 정밀 공업이 성하고, 국제 적십자사 본부가 있음.

제:단(祭壇) 제사나 의식을 지내게 만들어 놓은 단.

제:당(製糖) 설탕을 만듦. 예제당업. —하다.

제대로 ①제가 생긴 대로. ②바르게. 옳게. 예그 일을 제대로 하자면 하루는 걸린다.

제:도(制度) ①마련하여 놓은 법률. ②정해 놓은 규칙이나 습관. 예법률 제도.

제:도(製圖) 기계·건축물·공작물 등을 도면에 그리어 만듦. 예제도 연필. —하다.

제:도기 도면을 그리는 데 쓰는 기구. 먹줄펜·컴퍼스 따위.

제때가 오면 자기가 바라고 기다리던 그 때가 되면.

제 똥 구린 줄은 모른다〈속〉 자기 허물을 반성할 줄 모른다.

제멋대로 제 마음대로.

제목(題目) ①겉장에 쓴 책의 이름. 비표제. ②글을 짓는 문제. 예영화 제목.

제:물(祭物) 제사에 쓰는 물건.

제물에 스스로 하는 김에.

제:발 바라는 바는. 간절히 바라건대. 예위험한 장난은 제발 그만두어라.

제 발등을 제가 찍는다⟨속⟩ 제 일을 제가 그르친다.

제 발등의 불을 먼저 끈다⟨속⟩ 남의 일에 참견 않고 자기의 급한 일을 먼저 살핀다.

제법 ①꽤 무던한 모양. ②꽤 잘하는 모양. 비곧잘. 꽤. 예 밤 사이에 제법 많은 비가 내렸습니다.

제:분(製粉) 곡식 따위를 빻아 가루를 만듦. 예제분 공장에서 나오는 밀가루. —하다.

제:분 공업 가루를 만들어 내는 공업.

제:비 봄에 왔다 가을에 남쪽 방면으로 가는 제빗과의 철새. 다리는 작고 가늘지만 날개는 크고 길어 잘 날며, 부리는 작으나 입이 넓게 찢어져 날면서 작은 벌레를 잘 잡아먹음.

제:비꽃 들에서 자라는 여러해 살이풀. 오랑캐꽃이라고도 하는데 보랏빛의 꽃이 핌.

제비는 작아도 강남 간다⟨속⟩ 몸집은 비록 작아도 저 할 일은 다한다.

제:사(祭祀) 신령 또는 죽은 사람의 넋에게 음식을 차려 놓고 절하는 예절. 비차례.

제:사(製絲) 고치 또는 솜 등으로 실을 만듦. —하다.

제:사 공장 솜이나 고치 따위로 실을 뽑아 내는 공장.

제:사 공:화국(第四共和國) 1972년 10월 유신 헌법이 마련된 이후부터 1980년까지의 우리 나라의 정부. 유신 체제.

제사 덕에 쌀밥이라⟨속⟩ 무슨 일을 핑계로 거기에서 이익을 얻는다.

제:삼 공:화국 1963년 10월 총선거로 탄생되어 1972년 유신 헌법이 마련되기까지의 우리 나라 정부. 박정희 정부.

제:삼차 경제 개발 계:획 농어촌의 개발, 수출의 증대, 중화학 공업의 건설, 4대 강 유역 개발, 국민 복지와 생활 향상을 위해 세운 계획. 기간은 1972년부터 1976년까지임.

제석(除夕) 섣달 그믐날 밤.

제석의 아저씨도 벌지 않으면 아니 된다⟨속⟩ 누구든지 힘써 벌어야만 된다.

제소(提訴) 소송을 일으킴. —하다.

제:수(祭需) 제사에 쓰이는 여러 가지 물건이나 음식.

제시(提示) 어떠한 뜻을 글이나 말로써 나타내어 보임. 예증거를 제시하다. —하다.

제아무리 남을 얕잡는 뜻을 나타내는 말.

제안(提案) 어떤 생각이나 문제를 내놓음. 제의. 예학급 신문을 내자고 제안했다. —하다.

제:오 공:화국 1980년 10월 제8차 개헌 후 탄생되어 1988년 2월까지의 우리 나라 정부.

제외(除外) 그 범위 밖에 둠. 뺌. —하다.

제우스(그 Zeus) 그리스 신화

제:육감(第六感) 경험에 의하여 머리에 오는 오관 이외의 감각. 줜육감.

제:이 공:화국 4·19 혁명 이후 5·16 군사 정변 이전까지의 우리 나라 정부. 장면 내각.

제:이의 고향 자기가 나서 자란 곳 이외에 정이 들어서 오래 산 곳.

제:이차 경제 개발 계:획 산업 구조의 근대화와 자립 경제 확립의 촉진을 위해 세웠던 계획. 기간은 1967년부터 1971년까지였는데, 연평균 경제 성장률은 11.4%였음.

제:이차 세:계 대:전 1939년에서 1945년 사이에 걸친 세계적인 큰 싸움. 미국·영국·프랑스·소련 등의 연합군이 독일·이탈리아·일본 등과 싸워 승리하였음.

제:일(第一) 첫째. 밴가장. 으뜸. 예내 동생이 제일 예쁘다.

제:일 공:화국 1948년 8월 15일 정부 수립 후 1960년 4·19 혁명 이전까지의 우리 나라 정부. 이승만 정부.

제:일차 경제 개발 계:획 자립 경제의 달성을 위한 기반 조성을 목표로 세웠던 계획. 기간은 1962년부터 1966년까지였는데, 연평균 성장률 8.3%의 실적을 올렸음.

제:일차 세:계 대:전 1914~1918년 사이에 일어났던 큰 전쟁. 유럽을 중심으로 30여 개국이 참가하여 싸웠음.

제:자(弟子) 가르침을 받는 사람. 밴스승.

제자리 본디 있던 자리. 거기에 마땅히 있어야 할 자리. 예제자리에 놓아라.

제자리걸음 ①일이 진전되지 않음. 예발전이 제자리걸음이다. ②한 자리에서 한 발씩 올렸다 내렸다 하는 운동. —하다.

제:작(製作) 재료를 가지고 물건을 만듦. 밴제조. 예제작 활동. —하다.

제:작법 물건을 만드는 방법.

제:재소(製材所) 베어낸 나무로 재목이나 판자를 만드는 곳.

제:전(祭典) ①제사를 지내는 의식. ②성대히 열리는 음악회나 체육회 등을 뜻하는 말. 예전국 체육 제전.

제:정(制定) 제도를 만들어서 정함. 예헌법 제정. —하다.

제:조(製造) ①물건을 만듦. ②원료에 인공을 가하여 물건을 만듦. 밴제작. —하다.

제:주도(濟州道) 우리 나라 서남 해상에 자리잡고 있는 큰 섬으로 우리 나라에서 제일 작은 도. 특히 바람·돌·여자가 많다 하여 삼다도라고 부르며, 옛날에는 '탐라'라고 불렀음.

제:주 해:협 제주도와 추자도 사이에 있는 좁은 바다.

제:중원(濟衆院) 우리 나라에 세워진 최초의 근대식 병원. 처음 이름은 광혜원이었으나, 1886년 고종이 백성의 치료에 공이 크다 하여 제중원으로 고쳤음.

제:지(制止) 하려고 하는 일을 말려서 못 하게 함. —하다.

제:직(製織) 옷감 같은 것을 짜

제 집 개에게 발뒤꿈치를 물리었다〈속〉 자기가 도와 준 사람에게 해를 입는다.

제창(提唱) 내걸어 부르짖음. 예새마을 운동을 제창하였다. —하다.

제창(齊唱) 같은 노랫가락을 두 사람 이상의 많은 사람이 함께 노래하는 것. 예교가 제창. —하다.

제ː천 행사(祭天行事) 하늘을 숭배하고 제사드리는. 부족 국가 시대의 원시적인 종교 행사. '동맹·영고·무천' 따위.

제ː철 공업(製鐵工業) 광석으로부터 철을 뽑아 내거나, 또는 고철로부터 가려내는 일을 하는 공업.

제초제(除草劑) 농작물은 해치지 않고 잡초만 없애는 약.

제출(提出) 의견이나 안건을 내어 놓음. 비제공. 예숙제를 해 가지고 온 사람은 곧 제출하여라. —하다.

제치다 거치적거리지 않게 치워 없애다. 예그것은 제쳐 두고 이것부터 하여라.

제트기(jet 機) 제트 엔진을 장치한 속력이 빠른 비행기.

제ː품(製品) 원료를 가지고 만들어 낸 물건. 또는 물건을 만듦. 반원료. 재료. 예전자 제품. —하다.

제하다(除一) ①줄 것에서 받을 것을 빼다. ②나누다. ③없애다. ④적게 만들다.

제ː한(制限) 일정한 한도. 한도를 정함. 반무제한. 예속력 제한. —하다.

제 흉 열 가지 가진 놈이 남의 흉 한 가지를 본다〈속〉 제 결점은 모르면서 남의 결점만 들추어낸다.

조 쌀과 같이 중요한 곡식의 하나로서 잘고 누른 것. 비좁쌀.

조가비 조개의 껍데기.

조각 갈라져서 따로 떨어져 나간 물건. 예깨진 유리 조각.

조각(彫刻) 그림·글씨 또는 물건의 모양 따위를 돌·나무 따위에 새김. —하다.

조각가 조각을 하는 사람.

조각배 작은 배.

조각칼 판목을 새겨 내는 칼. 창칼·끌칼·둥근칼·세모칼 등이 있음.

조각품 나무·돌·금속 따위의 물건에 형체나 도안을 새겨 만든 작품.

조개 두 쪽의 단단한 조가비가 있는 물 속에 사는 동물.

조개더미 옛날 원시인들이 먹고 버린 조개 껍데기가 쌓여 층을 이루고 있는 유적. 패총이라고도 하는 것으로, 웅기·김해의 조개더미가 유명함.

조건(條件)[一껀] ①규약·약속 따위의 조항. ②제한하여 붙이는 조목. 예계약 조건.

조국(祖國) 조상 적부터 태어나 살아오는 나라. 비모국. 고국. 반외국. 타국.

조그마하다 아주 작은 편이다. 비작다. 반크다. 예조그마한 사람이 힘도 세군!

조그만 아주 작은.

조그만 실뱀이 온 바다를 흐린다〈속〉 한 사람의 못된 행동으

조그맣다 조금 작은 편이다. 그리 크거나 많지 않다. 凹커다랗다. 본조그마하다. 예조그마한 집.

조금 ①정도나 수효·분량이 적게. 예조금만 더 힘쓰면 되겠어요. ②시간적으로 짧게.

조급하다(躁急—) 참을성이 없이 마음이 급하다.

조급히 참을성이 없이 매우 급하게. 凹성급히. 예조급히 굴지 마라.

조기 몸 길이 30cm 정도의 바닷물고기. 붕어와 비슷한데 머리는 작고 살은 연하며 맛이 좋음.

조끔 '조금'을 힘있게 쓰는 말.

조끼 ①한복 저고리 위에 입는 소매가 없고, 호주머니가 둘 이상 달린 옷. ②양복 저고리 밑에 입는 소매 없는 옷. 예방탄 조끼. 〔조끼〕

조:난(遭難) 재앙을 만남. 예조난 사고. —하다.

조:력(助力) 힘을 써 도와 줌. 凹협력. —하다.

조령(鳥嶺) 경상 북도 문경시와 충청 북도 괴산군 사이의 소백 산맥에 있는 고개. 새재.

조롱조롱 ①열매 따위가 많이 매달려 있는 모양. 예울타리에 조롱박이 조롱조롱 달려 있다. ②한 사람에게 어린 자녀가 많이 딸려 있는 모양.

조롱하다(嘲弄—) 비웃고 놀리다. 깔보고 장난삼아 놀리다. 凹희롱하다.

조:룡대 백마강 가에 있는 바위 이름. 당나라 장수 소정방이 백제를 멸망시키기 위하여, 여기서 부여를 지켜 주는 용을 낚았다는 전설이 있음.

조류(鳥類) 날개가 있어 날아다니는 새 종류.

조류(潮流) ①밀물·썰물에 의하여 일어나는 바닷물의 흐름. ②세상의 흐름. 예세계 조류.

조류 도감 날짐승에 대하여 그림을 중심으로 모양이나 성질 등을 풀이하여 엮은 책.

조르다 ①단단히 죄어 매다. ②무엇을 요구하다. 보채다. 凹재촉하다. 예또 돈을 달라고 조르기 시작하는구나.

조름 ①물고기의 아가미 안에 있는 빗살 모양으로 된 숨을 쉬는 기관. ②소의 염통에 붙은 고기의 한 가지.

조:리 쌀을 이는 데 쓰는 대로 엮어 만든 기구.

조리(條理) ①일이 되어 가는 차례. ②이치에 맞는 것.

조리다 고기·채소 따위를 양념을 하여 국물이 적어지도록 바짝 끓이다. 예생선을 조리다.

조:림(造林) 나무를 심어 숲을 만듦. 예인공 조림. —하다.

조마조마하다 위태롭고 두려운 생각이 생기다. 예지각할까봐 마음이 조마조마하다.

조막손 손가락이 없거나 오그라져서 제대로 펴지 못하는 손.

조막손이 달걀 만지듯〈속〉사물을 자꾸 만지기만 하고 꽉 잡지 못함.

조:만간(早晚間) ①이르거나 늦

거나. ②얼마 안 가서.

조망(眺望) 먼 곳을 바라봄. 또, 바라보이는 경치. [예]조망대. —하다.

조:명(照明) 무대 효과를 높이기 위하여 무대를 밝게 또는 어둡게 하거나, 여러 빛깔의 빛을 비추는 일. 또, 그 광선. [예]조명 장치. —하다.

조:명등 조명에 사용하는 촉수가 높은 전등.

조:명탄 밤에 적의 사정을 살펴보기 위해 비쳐 보는 포탄.

조모(祖母) ＝할머니. [반]조부.

조목(條目) 낱낱이 들어 벌인 일의 가닥. [비]조항. [예]어린이 회에서 우리가 지킬 일을 조목조목 규정해 놓았다.

조목조목 하나하나. [예]영희는 나의 잘못을 조목조목 따져서 말하였다.

조밀하다(稠密—) 몹시 빽빽하다. 촘촘하다. [반]희박하다.

조바심 겁이 나거나 걱정이 되어서 마음에 불안을 느낌. [예]나무 위에 올라가는 아이를 보고 떨어질까봐 조바심을 하였습니다. —하다.

조바심 나는 나머지 마음을 조마조마하게 졸이던 끝에.

조반(朝飯) 아침밥. [반]석반.

조부(祖父) 아버지의 아버지. [반]조모.

조사(調査) ①자세히 알아봄. ②더듬어 봄. ③찾아봄. ④살펴봄. [비]검사. [예]우리는 여러 가지 사투리를 조사해 보기로 하였다. —하다.

조사부 신문사 같은 데서 조사와 통계를 맡아보는 부서.

조:상(弔喪) 사람의 죽음에 대하여 슬픈 뜻을 표함. [비]문상. —하다.

조상(祖上) 윗대의 어른. 한 갈래의 혈통을 받아 오는 어른. [비]선조. [반]자손. [예]우리들의 조상은 옛날부터 예술을 대단히 사랑했었다.

조상신 사대조 이상의 조상신으로, 자손의 보호를 맡아본다고 함. [비]조상 대감.

조석(朝夕) 아침과 저녁.

조선(朝鮮) 고대로부터 써 내려오던 우리 나라의 이름.

조:선 공업(造船工業) 배를 지어 만들어 내는 공업.

조:선소 배를 만들고, 모양을 바꾸고, 수리하는 곳.

조선 총:독부 1910년부터 1945년 광복의 그날까지 36년간에 걸쳐, 우리 나라에 대하여 식민지 정치를 폈던 일본의 통치 기관.

조선 팔도[—또] 조선 시대에 전국을 여덟 도로 나눠 다스렸던 지방 행정 구역.

조섭하다(調攝—) 병이 낫도록 조심하다. 조리하다.

조세(租稅) 나라 또는 자치 단체가 경비로 쓰기 위하여 국민에게서 받아들이는 돈.

조소(彫塑) 찰흙으로 만든 인물의 모형. 또는 그 일.

조소(嘲笑) 비웃고 놀리는 태도로 웃는 웃음. —하다.

조:수(助手) 옆에서 일을 도와주는 사람.

조수(潮水) 아침에 밀려 들어왔다가 밀려나가는 바닷물. [비]밀물. [반]썰물.

조:숙하다(早熟—) ①곡식·과일이 일찍 익다. ②나이에 비해 키가 크게 자라다.

조:심(操心) 삼가고 주의함. 비주의. 반방심. 예길을 건너갈 때에는 차조심을 해야 한다. —하다. —스럽다.

조약(條約) 나라와 나라가 합의하여 서로서로의 권리와 의무를 약속한 계약. 예국제 평화 조약.

조약돌 잘고 반들반들한 돌.

조:언(助言) 남의 말에 덧붙여 도와 줌. 비도움말. —하다.

조:예(造詣) 학문과 기술이 깊은 지경에까지 나아감. 예미술에 조예가 깊다.

조옮김(調—)[—옴—] 악곡 전체를 그대로 내리거나 올려서 다른 조로 옮겨서 연주하거나, 악보에 옮겨 쓰는 일.

조용하다 ①떠들지 아니하다. ②고요하다. ③얌전하다. 반시끄럽다. 떠들썩하다.

조운(漕運) 배로 물건을 실어나름. —하다.

조율(調律) 음을 고름. —하다.

조인(調印) 계약하는 서류에 도장을 찍음. —하다.

조인식 조인을 하는 식.

조잘거리다 새나 아이들이 입을 빠르게 놀리며 지껄이다. 예아이들이 무슨 이야기인지 저희끼리 조잘거리고 있다.

조잡하다(粗雜—) 거칠고 좀스럽다. 반정밀하다.

조절(調節) 잘 골라서 알맞게 함. 예온도 조절. —하다.

조정(朝廷) 임금이 나라의 정치를 의논하여 집행하던 곳.

조정(調停) 싸움의 중간에 서서 화해시킴. —하다.

조정(調整) 골라서 알맞도록 정돈함. —하다.

조정력[—녁] 몸을 가누고 지탱할 수 있는 힘.

조정반 조정하는 일을 맡은 사람들의 집단.

조종(操縱) 마음대로 다룸. 자유로이 부림. —하다.

조종사 비행기를 운전하는 사람. 비비행사.

조직(組織) ①맞춤. ②얽어 만듦. ③짜서 만듦. ④여러 사람이 모여 어떤 단체를 만듦. 비구성. 편성. 반해산. 해체. 예우리 학교에서는 동창회를 조직하였다. —하다.

조차 '도·따라서'의 뜻으로, 그 위의 말을 강조하는 말. 예그가 그런 끔찍한 사고를 낼 줄은 짐작조차 못 했다.

조차(租借) 다른 나라의 영토의 한 구역을 빌려 자기 나라 통치 아래 두는 일. —하다.

조창(漕倉) 고려 시대부터 두었던, 지방에서 거두어들이는 세금인 쌀이나 특산물의 수송을 위해 나루터 근처에 두었던 창고.

조처하다(措處—) 일을 잘 처리하다.

조:총(鳥銃) ①새총. ②화승총의 옛이름.

조카 형제 자매가 낳은 아들.

조:퇴(早退) 정한 시간 이전에 물러감. —하다.

조판(組版) 활판을 짬. —하다.

조표(調標) 악보 첫머리의 음자리표 다음에 '#'(올림표)나 '♭'

(내림표)를 붙여 음계를 달리 하는 것.
조합(組合) ①두 사람 이상이 돈을 내어 어떤 사업을 경영하는 단체. 예협동 조합. ②직업이 같은 사람들로 조직된 단체. 예노동 조합.
조행(操行) ①행동하는 것. ②몸을 가지는 태도. 비품행.
조헌(趙憲, 1544~1592) 조선 시대 선조 때의 학자. 호는 중봉. 임진왜란 때 홍성에서 의병을 일으켜 싸우다가 충남 금산 전투에서 700 의병과 함께 전사했음.
조:형미(造形美) 사람의 힘으로 만든 물건의 아름다움. 예조형미가 넘치는 건축물.
조:화(造化) ①모든 물건을 만들어 기른다는 자연의 힘과 재주. ②신통하게 된 사물.
조화(調和) ①고르게 하여 알맞게 맞춤. ②잘 어울리게 함. ③잘 어울림. —하다.
조회(朝會) 학교에서 아침에 수업을 시작하기 전에 학생을 한 곳에 모으고 체조 또는 훈화를 하는 모임. 조례. 반종례. —하다.
족보(族譜) 한집안의 계통을 적은 책.
족자(簇子) 글씨나 그림 등을 꾸며서 벽에 거는 물건.
족제비 머리는 짧고, 꼬리는 긴 쥐 같은 짐승. 몸은 길고 털빛은 누르스름함. 〔족제비〕
족제비도 낯짝이 있다〈속〉 사람이 염치가 없어서는 안 된다는 말.
족제비 잡은 데 꼬리 달라는 격〈속〉 가장 긴요한 부분을 남이 차지하려 한다.
족하다(足—) ①넉넉하다. ②마음에 푸근하다. ③양에 차다.
존경(尊敬) ①높이어 공경함. ②받들어 섬김. 비공경. 숭배. 존중. 반경멸. 멸시. 예존경하던 담임 선생님이 전근을 가셨다. —하다.
존경심 높이어 공손히 받드는 마음. 비공경심.
존귀(尊貴) 높고 귀함. 비귀중. 반비천. —하다.
존대(尊待) 받들어 대접함. 반하대. —하다.
존대하고 뺨맞지 않는다〈속〉 남에게 공손하면 욕이 돌아오지 않는다.
존속(存續) 오래 있음. 오래 계속함. —하다.
존엄성(尊嚴性)[—쎵] 높고 엄숙한 성질. 예인간의 존엄성.
존재(存在) ①지금 있음. 사물이 있음. ②어떤 특별한 능력을 지닌 사람. 예위대한 존재. —하다.
존중(尊重) 높이 받들고 중하게 여김. 비존경. 반멸시. 천대. 예남의 의사는 존중해야 한다. —하다.
존칭(尊稱) 존경하는 뜻으로 높여 일컬음. 반비칭. —하다.
존폐(存廢) 남아 있는 것과 없어지는 것.
존함(尊啣) '이름'의 높임말.
존호(尊號) 왕이나 왕비의 덕을 기리어 올리던 칭호.
졸:다 피곤하여 자꾸 잠을 자

졸도(卒倒)[-또] 갑자기 정신을 잃고 쓰러짐. —하다.

졸라매다 느슨하지 않게 단단히 묶다. 꼭 묶다.

졸라서 재촉해서. 비 보채서.

졸리다¹ ①남의 조름을 당하다. ②단단히 매어지다.

졸:리다² 졸려서 자고 싶은 생각이 있다.

졸보기눈 먼 곳의 물체를 잘 못 보는 눈. 비 근시안.

졸업(卒業) 학교에서 규정한 공부를 마침. 반 입학. —하다.

졸업식 졸업하는 의식. 반 입학식. 예 대학 졸업식.

졸연히(猝然-) 아무런 소문도 없이 갑자기. 별안간.

졸:음 자고 싶은 느낌. 예 졸음을 쫓으려고 세수를 했다.

졸이다 ①졸아들게 하다. 큰 줄이다. 예 간장을 졸이다. ②속을 태우다시피 마음을 초조하게 먹다. 예 합격자 발표를 마음 졸이며 기다린다.

졸:졸 ①가는 물줄기가 끊이지 아니하고 흐르는 모양. ②떨어지지 아니하고 줄곧 뒤를 따라 다니는 모양. 예 강아지가 졸졸 따라다닌다.

좀¹ ①조금. ②약간. 예 동생의 키가 형보다 좀 큽니다.

좀² 옷이나 나무·책 따위를 쏠아 구멍을 내는 아주 작은 벌레의 한 가지.

좀:³ 그 얼마나. 예 좀 좋을까.

좀더 조금 더. 그보다는 더. 예 좀더 열심히 해라.

좀먹다 ①좀이 물건을 쏠다. ②어떤 일에 대하여 모르는 가운데서 손해를 입히다.

좀:처럼 ①그것만으로는. ②여간해서. ③다하지 않고는. ④쉽게. 예 그런 과실은 좀처럼 보기 힘들다.

좀:체로 → 좀처럼.

좁다 ①넓지 않다. 예 방이 너무 좁다. ②소견이 너그럽지 않다. 반 너르다. 넓다.

좁다랗다 매우 좁다. 예 우체부가 자전거를 타고 좁다란 시골 길을 달립니다.

좁쌀 읋은 조의 낟알. 비 조.

좁쌀 한 섬 두고 흉년 들기를 기다린다(속) 변변하지 못한 것을 가지고 남이 아쉬운 때에 큰 효과를 보려 한다.

종: 다른 사람 밑에 매여서 천한 일을 하는 사람. 비 노예.

종(鐘) 달아 놓고 나무로 쳐서 소리를 내게 하는 쇠로 만든 물건.

종각(鐘閣) 커다란 종을 달아 놓은 누각.

종교(宗敎) 기독교·불교 따위와 같이 위대한 것을 믿고, 이로써 마음의 안정과 행복을 얻고자 하는 일. 비 신앙.

종:기(腫氣) 큰 부스럼.

종내(終乃) 마침내. 끝끝내. 예 그는 종내 오지 않았다.

종다래끼 댓개비·싸릿개비 따위로 만든 작은 바구니.

종달새[-쌔] 종다릿과의 새. 몸은 참새보다 좀 크고 등쪽은 갈색, 아래쪽은 담색이며 가슴에 암갈색 반점이 있음. 공중에 높이 오르며 고운 소리로 욺. 종다리.

종대(縱隊) 세로로 줄을 지어서

종두 늘어선 모양. 団횡대. 예일렬 종대.

종두(種痘) 우두를 맞음.

종두법[一뻡] 종두하는 방법. 우두법.

종래(從來) 지금까지 지나온 그 대로. 回종전.

종려나무(棕櫚一) 야자나무와 비슷하며 잎이 늘푸른 나무. 높이 3~7m로, 잎이 매우 크고 부채꼴 모양을 하고 있음. 정원수로 재배하고 장식용 재목으로 씀.

종례(終禮) 학교 등에서 그 날의 일과를 다 마친 뒤에 담임 선생과 학생이 모여 나누는 인사. 団조례.

종:류(種類) 사물을 각각 부문에 따라서 나눈 갈래. 回가지.

종:목(種目) 종류의 이름. 回항목. 예경기 종목.

종묘(宗廟) 조선 시대 옛 임금의 위패(죽은이의 이름을 적은 나뭇조각)를 모시는 사당.

종사하다(從事一) ①어떤 일에 마음과 힘을 다하다. ②어떤 일을 하다.

종성자(終聲字) 끝소리 글자. 한글에서 끝글자는 닿소리 글자를 그대로 사용함.

종신(終身) 죽을 때까지. 回한평생. 예종신 회원. ―하다.

종:아리 다리 아랫마디의 뒤쪽. 예종아리를 맞다.

종업(從業) 어떤 일을 일삼아서 함. 예종업원. ―하다.

종이 식물성 섬유로 만든, 글을 쓰거나 책을 만드는 일 등에 쓰이는 얇은 물건.

종이배 종이로 접은 장난감 배.

종이 클립 여러 장의 종이를 물려 놓는 데 쓰는 간단한 기구. 가느다란 강철선을 굽혀서 만듦.

종이 피리 종이를 세 번 접고 가운데에 구멍을 낸 것. 입에 대고 세게 불면 종이의 진동으로 인하여 소리가 남.

종일(終日) 하루의 낮 동안. 아침부터 저녁까지. 날이 마치도록. 예너는 하루 종일 방에서 무얼 하고 있었느냐?

종잇장(一張) 종이의 낱장.

종자(種子) 씨. 씨앗.

종작없다 일정한 주견이 없다. 回대중없다. 주책없다.

종적(蹤迹) 뒤에 남은 자취. 예종적을 감추다.

종점(終點)[一쩜] 기차·전철·버스 따위의 마지막 도착점. 回종착역.

종족(種族) 조상이 같고 공통의 언어·풍속·습관 등을 가진 사회 집단.

종:종(種種) ①물건의 가지가지. ②가끔. 이따금. 때때로.

종종걸음 발을 자주 떼면서 급히 걷는 걸음.

종종종 발을 자주 떼어 가며 급하게 걷는 모양.

종지뼈 무릎을 덮고 있는 종지같이 생긴 뼈. 回슬개골.

종착역(終着驛)[一녁] 전철·기차 따위의 최종 도착역. 回종점. 団시발역.

종합(綜合) 이것저것을 한데 모아서 합침. 団분석. ―하다.

좇다 ①따르다. ②뒤를 밟다. 回따르다. 복종하다.

좋:다 ①잘 사귀어 정답다. 예

사이가 퍽 좋다. ②마음에 들다. 예경치가 좋다. ③맛이 있다. ④마음이 상쾌하다. 반나쁘다. 싫다.

좋:아하다 ①좋은 느낌을 가지다. ②하고 싶어하다. ③귀엽게 여기다. 반싫어하다.

좌:담(座談) 앉아서 한가롭게 하는 이야기. —하다.

좌:담회 여러 사람이 마주 앉아서 이야기하는 모임.

좌르르 ①물이 세차게 쏟아지는 모양. ②작은 물건 여러 개를 한 번에 쏟는 소리. 센좌르르.

좌:변(左邊) ①왼편짝. ②왼편 가장자리. ③등식에서 등호(=)의 왼쪽 부분. 반우변.

좌:석(座席·坐席) 깔고 앉는 자리. 비자리. 예좌석 버스.

좌:우(左右) ①왼편과 오른편. ②곁. 옆. 반상하. 예좌우에 앉다.

좌:우간 이리하든지 저리하든지. 비어떻든. 예좌우간 이 곳을 떠나자.

좌:우하다 마음대로 다루다. 마음대로 움직이다. 예생사를 좌우하다.

좌:측(左側) 왼쪽. 반우측.

좌:표(座標) 어떤 위치나 점의 자리를 나타내는 데 표준이 되는 표.

좌:표축 좌표의 기준이 되는 가로 세로의 선.

좌:회전(左廻轉) 차 따위가 왼쪽으로 돎. —하다.

좍: 무엇이 넓게 퍼지는 모양. 센쫙. 예소문이 좍 퍼지다.

쟁:이 원추형 모양으로 생긴, 물고기를 잡는 그물의 한 가지. 비투망.

죄:(罪) ①도덕·법률에 벗어난 나쁜 행실. ②남의 앞에 내놓을 수 없는 못된 일. ③나쁜 흉. 비허물. —스럽다.

죄는 지은 데로 가고 덕은 닦은 데로 간다(속) 죄를 지은 사람은 벌을 받고, 덕을 닦은 사람은 복을 받는다.

죄:다^1 ①마음을 졸여 간절히 바라고 기다리다. 예마음을 죄다. ②벌어진 사이를 좁히다. 예죄어 앉아라. ③느슨해진 것을 잡아 켕기게 하다. 예허리 띠를 단단히 죄다.

죄:다^2 조금도 남기지 않고 모두. 준죄. 예죄다 먹어라.

죄:명(罪名) 저지른 죄의 이름.

죄:송(罪悚) 매우 죄스럽고 미안함. 비송구. 황송. —하다. —스럽다.

죄:악(罪惡) ①악한 행실. ②죄가 될 만한 나쁜 행동.

죄암죄암 젖먹이가 주먹을 쥐었다 폈다 하는 모양. 준죔죔. 큰쥐엄쥐엄.

죄:인(罪人) 죄를 지은 사람.

죄:짓다 죄를 저지르다.

주(洲) 흙이나 모래가 두둑하게 쌓여 물 위에 나타난 땅. 예삼각주.

주(週) 일요일부터 토요일까지의 7일 동안. 예주 2회 출석.

주가 되어 ①중심이 되어. ②으뜸이 되어.

주간(主幹) 주장하여 처리하는 일. 또는 처리하는 사람. 예신문사 주간. —하다.

주간(週刊) 한 주일마다 발행하

는 출판물. 예주간 잡지.
주:거(住居) 어떤 곳에 머물러 삶. 또, 그 집. —하다.
주걱 솥 속의 밥을 푸는 데 쓰는 기구.
주검 죽은 몸뚱이. 비시체.
주고받다 서로 주기도 하고 받기도 하다. 예선물을 주고받다. 말을 주고받다.
주관(主觀) 자기대로의 생각. 반객관.
주권(主權)[—꿘] ①가장 주된 권리. ②나라의 구성 요소인 가장 높고 독립된 권력.
주낙 낚싯줄에 여러 개의 낚시를 달아 물살을 따라서 얼레를 감았다 풀었다 하여 물고기를 잡는 기구.
주다 ①내 것을 남에게 가지게 하다. ②보내다. ③전하다. 반받다. 예나는 동생에게 연필을 주었다.
주동(主動) 주장이 되어 행동함. 비주장. —하다.
주동자 어떤 일에 주동이 되어 행동하는 사람. 비주모자.
주둥이 입. 부리.
주렁주렁 ①열매 같은 것이 많이 매달려 있는 모양. ②한 사람에게 여러 사람이 딸린 모양. 작조랑조랑.
주:력(注力) 힘을 들임. 예성적 향상에 주력하다. —하다.
주력(主力) 중심이 되는 세력.
주력 부대 중심을 이루는 부대.
주로(主—) 주장 삼아서. 예이 서점에서는 주로 외국 서적을 판다.
주룩주룩 ①주름이 고르게 잡힌 모양. ②비가 계속하여 쏟아지

는 모양. ③잇달아 나는 주룩 소리. 작조록조록. 예아침부터 비가 주룩주룩 옵니다.
주르르 ①눈물 따위가 거침없이 흘러내리는 모양. 예주르르 흐르는 눈물. ②날쌘 발걸음으로 앞만 바라보고 나가는 모양. 작조르르. 센쭈르르.
주름 ①종이나 헝겊 따위의 거죽에 생긴 구김살. ②치마의 폭을 접어서 금을 낸 것.
주름살[—쌀] 피부가 쇠하여 잔주름이 잡힌 금들.
주:리다 ①먹을 것을 먹지 못하여 배곯다. ②쓰고 싶은 것을 마음대로 쓰지 못하다.
주마 주겠다. 예그럼, 편지 꼭 해주마.
주막(酒幕) 시골의 길거리에서 술과 밥을 팔고 나그네도 재우는 집.
주머니 옷에 달아 물건을 넣어 두게 한 것.
주머니 돈이 쌈지 돈〈속〉 결국은 마찬가지.
주먹 다섯 손가락을 꽉 쥔 것.
주모자(主謀者) 주장하여 일을 꾀하는 사람. 비주동자.
주:목(注目) 어떤 일을 주의하여 봄. 비주시. —하다.
주무르다{주무르니, 주물러서} ①물건을 쥐었다 놓았다 하다. ②사람을 마음대로 놀리다. ③안마하다.
주:문(注文) ①물건을 미리 맞춤. ②남에게 부탁하여 물건을 보내 달라고 청구함. 예주문 상품. —하다.
주:민(住民) 그 땅에 사는 사람. 예주민 등록.

주:변 일을 주선하고 변통하는 재주. —하다.
주변(周邊) 어떤 물건이나 지역의 둘레의 가장자리. 비주위.
주보(週報) 한 주일에 한 번씩 발행하는 신문이나 잡지.
주부(主婦) ①안주인. ②한집안의 살림을 맡아 하는 아내.
주:사(注射) 약물을 침으로 몸 속에 들여보냄. —하다.
주산(珠算) 주판을 가지고 하는 계산. 반암산. —하다.
주석(朱錫) 은백색의 광택이 나며 늘어나기 잘하는 쇠붙이 원소의 한 가지.
주선(周旋) ①이리저리 변통함. ②일을 도와 줌. —하다.
주:소(住所) 살고 있는 곳.
주:시(注視) ①어떤 것을 자세히 봄. ②어떤 일에 온 정신을 모아 살핌. 비주목. —하다.
주시경(周時經, 1876~1914) 한글 학자. 한글 연구의 선구자로서, 일생을 한글 연구에 바침. 쓴 책으로는 〈국어 문법〉·〈조선어 문법〉 등이 있음.
주심(主審) 운동 경기에서 주장으로 심판을 하는 일. 또는 그 사람.
주십사고 '주십시오'의 뜻으로 '달라고'의 높임말. 예아버님께 꼭 와 주십사고 말씀드리고 오너라.
주:악(奏樂) 악기를 울리어 하는 연주 음악. —하다.
주야(晝夜) 밤낮.
주연(主演) 연극·영화 따위에 주인공으로 출연함. 예주연 배우. —하다.
주옥(珠玉) 구슬과 옥.

주옵소서 '주십시오'를 공손하게 한 말.
주요하다(主要—) 썩 소중하다. 퍽 긴요하다. 가장 필요하다. 비중요하다. 예주요한 사항을 뽑아 외워 두자.
주워 ①떨어진 물건 따위를 손으로 집어. 예휴지를 주워 쓰레기통에 버렸다. ②흩어진 물건을 거두어.
주위(周圍) 어떤 지점의 바깥 둘레. 비주변. 환경. 반중심.
주의(主義) ①자기의 주장. ②뜻하는 바 목표. ③설. 이론. 예민족주의.
주:의(注意) ①마음을 씀. ②경계함. ③충고함. 비경고. 조심. 관심. —하다.
주인(主人) ①한집안을 주장하는 사람. ②남편. ③물건 임자. 비임자. 반객. 나그네. 손님. 예주인 없는 책.
주인공 ①'주인'의 높임말. ②이야기·연극·영화 따위에서 중심이 되는 사람. 예소설의 주인공.
주인 모르는 공사 없다(속) 무슨 일이든지 주장하는 사람이 알지 못하면 되지 않는다.
주인 보탤 나그네 없다(속) 손님은 언제나 주인의 신세를 지게 마련이다.
주일(主日) 기독교에서 일요일을 일컫는 말.
주자학(朱子學) 중국 송대의 학문. 주자가 완성했으므로 주자학이라 하는데, 일명 성리학 또는 도학이라고도 부름. 조선조 후기에는 너무 헛된 이론과 형식에 치우친 학문이라 하여

주장(主張) 자기의 의견을 고집함. 町주창. 예버스 전용 차선제를 주장하다. —하다.

주장(主將) 운동 선수 가운데서 우두머리. 예배구부 주장.

주장(主掌) 어떤 일을 오로지 맡아 함. 町주동. 예집안 살림을 주장하다. —하다.

주장 강 중국의 화남 지방에 있는 강.

주저(躊躇) 망설여 머뭇거리고 나아가지 못함. 예말을 못 하고 주저하다. —하다.

주저리주저리 ①열매가 많이 열려 있는 모양. ②너저분한 물건이 어지럽게 많이 매달린 모양. 四조자리조자리.

주저앉다 ①기운 없이 섰던 자리에 그대로 내려앉다. ②물건의 밑이 저절로 움푹하게 빠져 들어가다. ③하던 일을 그만두고 물러나다.

주전자(酒煎子) 술이나 물 따위를 담아서 데우기도 하고 술잔에 따르기도 하는 그릇.

주접들다 ①잔병이 많아서 잘 자라지 못하다. ②기를 펴지 못하다. ③가난해지다.

주:정꾼(酒酊—) 술을 마시고 주정하는 사람.

주제(主題) ①중요한 문제. ②작품의 작자가 나타내고자 하는 중심 생각.

주제넘다[—따] 젠체하는 태도가 있다. 건방지다.

주조정실(主調整室) 부조정실을 거쳐 나온 방송을 고르게 조정하여 송신소로 보내는 곳.

주:차(駐車) 차를 세워 둠. 예유료 주차장. —하다.

주창(主唱) 앞장서서 외치고 이끌어 나감. 町주장. —하다.

주책 확실하게 정한 생각. 예주책 망나니. 주책바가지.

주책없다 일정한 의견 없이 이랬다 저랬다 하여 실없다.

주체(主體) 주가 되는 사물. 맨객체.

주체성[—썽] 모든 일의 주장이 되는 것이나, 주장이 되어 움직이는 힘. 또는 모든 것에 대하여 작용을 미치는 힘. 예주체성을 지닌 국민이 되자.

주추(柱—) 기둥 밑에 받쳐 놓는 돌. 町초석.

주춤 가볍게 놀라거나 망설이는 태도로 갑작스럽게 하던 동작을 멈추거나 몸을 조금 움직이는 모양. 四조춤. —하다. —거리다.

주춧돌 주추로 쓰인 돌.

주:판(籌版·珠板) 셈을 하는 데 쓰이는 기구.

주:해(註解) 글의 뜻을 알기 쉽게 풀이함. —하다.

주홍색(朱紅色) 누른빛과 붉은 빛의 중간 빛.

주화(鑄貨) 금속으로 화폐를 만듦. 또는 그 화폐. —하다.

죽¹ 옷이나 그릇 따위의 열 벌을 세는 말. 예버선 한 죽. 그릇 다섯 죽.

죽:² ①차례로 늘어선 모양. 예마당에 죽 둘러앉아 노래 부르며 놀았어요. ②종이나 피륙 따위를 찢는 소리. 團쭉.

죽(粥) 쌀에 물을 많이 부어 맑게 끓인 음식.

죽다 ①숨이 끊어지다. ②불이

죽 떠먹은 자리〈속〉 많은 것 중에서 조금 떠 내어도 흔적이 나지 않음.

죽령(竹嶺) 경상 북도 영주시와 충청 북도 단양군의 경계에 있는 고개. 중앙선이 소백 산맥을 넘는 지점임.

죽마 구:우(竹馬舊友) 어릴 때부터 같이 놀던 친한 친구. 비죽마 고우.

죽부인(竹夫人) 대오리로 만든 길고 둥근 제구. 여름에 끼고 자면서 서늘한 기운을 취함.

죽세공(竹細工) 대를 재료로 써서 작은 물건을 만드는 일.

죽세공품 바구니·부채 따위와 같이 대로 자잘하게 만든 여러 가지 물건.

죽어 석 잔 술이 살아 한 잔 술만 못하다〈속〉 살아 있는 동안에 잘해 주어야 한다.

죽은 자식 나이 세기〈속〉 이왕 그릇된 일은 생각하여도 쓸데없다.

죽은 정승이 산 개만 못하다〈속〉 죽고 나면 권력도 돈도 다 소용없다.

죽음 죽는 일. 비사망. 반삶.

죽음의 세:계 생물이라고는 아무것도 살고 있지 않은 곳.

죽의 장:막(竹―帳幕) 중국과 자유주의 국가 사이에 가로놓인 장벽을 중국 명산물인 대에 비유하여 이르는 말.

죽이 끓는지 밥이 끓는지 모른다〈속〉 무엇이 어떻게 되어 가는지 도무지 알 수가 없다.

죽이다 ①죽게 하다. ②숨을 낮추어 쉬다. 예숨을 죽이고 노래를 듣고 있었다. ③불을 꺼지게 하다.

준:공(竣工) 공사를 마침. 토목 건축의 일을 마침. 비완공. 낙성. 반착공. 시공. 예준공식. ―하다.

준:공 기념탑 어떤 일의 공사를 다 완성하였음을 길이 기념하는 뜻에서 세운 탑.

준:령(峻嶺) 높고 험한 고개.

준:말 긴 말을 줄인 간단한 말. '가지고'를 '갖고', '맞추어'를 '맞춰' 하는 따위.

준법(遵法)[―뻡] 법을 지킴. 법을 따름. 반위법.

준법 정신 법을 올바르게 지키는 정신.

준:비(準備) 미리 마련하여 갖춤. 비채비. 예비. 예소풍갈 준비를 하였는데 비가 왔다. ―하다.

준:비실 준비를 하기 위한 방.

준:비 운:동 운동을 하기 전에 가벼운 동작으로 온몸을 고르게 푸는 운동.

준:수(俊秀) 재주·슬기·풍채 따위가 뛰어남. 예준수한 외모. ―하다.

준수(遵守) 규칙·명령 등을 그대로 좇아 지킴. 예법을 준수하는 시민이 되자. ―하다.

준:치 몸이 넓적하고 대가리가 그리 크지 않으며, 몸에 빳빳한 가시가 많은 바닷물고기.

줄[1] ①새끼나 노끈. ②가로나 세로로 걸린 선. ③벌여 선 행렬. 예한 줄로 늘어서시오.

줄[2] 어떠한 방법·셈속을 나타내는 말. 예양보할 줄 아는 시

줄³: 금속이나 목재의 표면을 다듬는 데 쓰는 공구.
줄거리 ①잎이나 덩굴의 줄기. ②소설 따위의 대략 요긴한 이야기. ⑩글을 읽었으면 줄거리가 무엇인가를 알아야 한다.
줄곧 조금도 쉬지 않고. 町내내. 사뭇. 凹때때로.
줄기 ①가지·잎이 붙는, 나무나 풀의 굵은 부분. ②물이 줄닿아 흐르는 부분. ③산이 갈라져 나간 갈래. ④소나기의 한 차례.
줄기차다 잇달아 억세게 나가다. ⑩장마 뒤의 강물이 줄기차게 흐른다.
줄넘기[―끼] 아이들이 줄을 넘으면서 하는 놀이. ―하다.
줄:다 분량이나 수량 등이 적어지다. 凹늘다. ⑩가뭄으로 강물이 줄었다.
줄다리기 여러 사람이 편을 갈라서 굵은 줄을 서로 잡아당겨 이기고 짐을 겨루는 놀이의 한 가지. ―하다.
줄어들다 수가 적어지다.
줄어지다 점점 줄게 되다. 凹늘어나다. 困졸아지다.
줄:잡다 실제보다 줄이어 헤아리다. 困졸잡다.
줄:줄 ①굵은 물줄기가 계속해서 흐르는 소리. ⑩천장에서 비가 줄줄 샌다. ②굵은 줄 따위가 끌리는 모양. ③줄곧 뒤를 따라다니는 모양. ④막힘이 없이 무엇을 읽거나 외는 모양. 困졸졸. 센쭐쭐. ⑩글을 줄줄 외다.
줌: 주먹으로 쥘 만한 분량. ⑩한 줌의 흙.
줍:다〔주우니, 주워서〕 떨어진 것을 도로 손으로 집다. 흩어진 물건을 거두다. 凹버리다. ⑩이삭을 줍다.
줏대(主―)[―때] ①마음먹은 굳은 뜻. ②물건의 중심.
중: 절에서 불경을 공부하면서 부처를 위하는 일과 교리를 널리 베푸는 머리를 깎은 사람. 町승려.
중(中) ①무엇을 하는 동안. ⑩운동 경기 중. ②가운데. ③속.
중간(中間) ①가운데. ②어름. ③두 물건의 사이. 町중도.
중:개(仲介) 두 당사자 사이에서 일을 주선함. ―하다.
중:건(重建) 건물을 세움. ⑩덕수궁 중건. ―하다.
중견(中堅) 그 사회의 중심이 되는 사람. ⑩중견 작가.
중계(中繼) 중간에서 받아 이어 줌. ―하다.
중계 방:송 극장·경기장 따위의 현장에서 하는 광경을 방송국에서 아나운서와 기술자가 나가 일반 청취자나 시청자에게 보내는 방송.
중고품(中古品) 아주 낡지 않은 꽤 오래 쓴 물건.
중:공업(重工業) 부피에 비하여 무게가 비교적 무거운 철·기계 따위를 만들어 내는 공업. 凹경공업.
중국(中國) 동부 아시아에 있는 큰 나라. 중화 인민 공화국. 수도는 베이징.
중군(中軍) 전군의 중간에 자리 잡고 있는 중심 부대.

중:금속(重金屬) 비중이 4 이상의 쇠붙이로서, 금·은·구리·철 따위. [반]경금속.

중단(中斷) 중간에서 그침. [비]중지. [반]계속. [예]일을 하다가 중단하였다. —하다.

중대(中隊) 몇 개의 소대가 모여서 이루어진 부대. [예]보병 중대.

중:대하다(重大—) ①중요하고 크다. ②가볍게 여길 수 없다. [비]중요하다. 귀중하다. [반]사소하다. 하찮다.

중도(中途) 일이 되어가는 동안. [비]도중.

중독(中毒) 음식물이나 약품의 독한 성질로 인하여, 기능에 장애를 일으키는 것. [예]식중독. 알코올 중독.

중동 지방(中東地方) 극동과 근동의 중간 지역. 보통 이라크·이란·아프가니스탄·파키스탄 등을 가리킴.

중등(中等) 가운데 등급. 초등과 고등, 상등과 하등의 사이. [반]고등. 초등.

중:량(重量) 무게.

중:력(重力) 지구가 지구 위의 물체를 끄는 힘. 지구의 인력.

중로(中路) 오가는 길의 중간. 길 가운데.

중류(中流)[—뉴] ①강의 상류와 하류 사이. [예]강의 중류. ②중간쯤 되는 정도나 계층.

중립(中立) 어느 쪽으로든지 기울어지지 아니함.

중립 지대 ①전쟁 행위가 금지된 지대. ②임진강과 한강 어귀에서 동해에 이르는 155마일의 휴전선을 중심으로 남북 각각 2km 폭 안의 지대.

중매(仲媒) 남자와 여자의 혼인을 소개해 주는 일. 또, 그 사람. [예]중매쟁이. —하다.

중:복(重複) 거듭함. 한 것을 또 함. [비]반복. —하다.

중부(中部) 어떠한 곳의 가운데의 부분. [비]중앙.

중부 전:선 ①어떤 지역의 중앙에 위치한 전선. ②6·25 전쟁 때부터 우리 나라 김화·철원·평강 등지의 중부를 이루는 지대에서 싸움이 벌어졌던 전선.

중부 지방 ①어떤 지역의 중앙에 자리잡고 있는 지방. ②서울 특별시·경기도·강원도·충청 남북도를 포함하는 지역.

중상(中傷) 근거 없는 말로 남을 헐뜯음. [비]모략. —하다.

중:상(重傷) 몹시 다침. [반]경상. [예]중상자. —하다.

중:석(重石) 매우 단단하고 강철 빛이 나는 쇠붙이.

중성 용액(中性溶液) 산성도 아니고, 염기성도 아닌 용액. 푸른 리트머스 종이나 붉은 리트머스 종이를 다 같이 변화시키지 않는 용액으로, 물·설탕물·소금물 등.

중성자 가운뎃소리 글자. 한글에서는 홀소리 글자를 말함.

중소 기업 은행(中小企業銀行) 적은 자본으로 사업을 하는 중소 기업자들에게 자금을 빌려주는 은행.

중순(中旬) 한 달의 11일부터 20일까지의 열흘 동안. [예]10월 중순.

중:심(重心) 물체의 무게가 중

심이 되는 점.
중심(中心) ①한가운데. ②마음 속. ③매우 중요한 지위. 비핵심. 반주위. 예반장을 중심으로 각 분단장들이 학급의 계획을 짰다.
중심각 원의 중심에서 두 반지름이 이루는 각.
중심부 한가운데가 되는 곳. 비중앙부. 예서울의 중심부.
중심지(中心地) 중요한 자리를 차지하는 곳. 으뜸이 되는 곳.
중앙(中央) ①한가운데. ②첫째 되는 도회지. 비중부. 반지방.
중앙 기상청 기상을 관측·조사·연구하여 알려 주는 곳. '국립 중앙 기상청'의 준말.
중앙선 서울 청량리와 경주간의 철도. 길이 382.7km. 1942년에 개통되었음.
중앙 정부 내각을 조직하여 온 나라의 행정을 통치하는 곳.
중앙청 온 나라의 행정을 도맡아 보는 관청.
중얼거리다 남이 잘 알아듣지 못하게 낮은 목소리로 혼자 말하다. 반고함치다. 예어떻게 가느냐고 중얼거렸습니다.
중외(中外) ①국내와 국외. ②정부와 민간. ③서울과 시골.
중:요성(重要性)[-씽] 일의 중요한 성질. 중대성. 예평화의 중요성을 깊이 깨달아야 한다.
중:요하다 소중하다. 썩 요긴하다. 비귀중하다. 중대하다. 주요하다. 예책은 학생에게 있어서 가장 중요한 물건이다.
중용(中庸) 치우치지 않고, 지나친 것과 부족함이 없는 것.

중위(中尉) 군인 계급의 하나. 소위와 대위 사이에 있는 장교 계급.
중:유(重油) 석유에서 휘발유를 뽑아 내고 난 걸쭉한 기름.
중의 관자 구멍이다〈속〉 소용이 없게 된 물건이다.
중이 고기맛을 알면 절에 빈대가 안 남는다〈속〉 무슨 좋은 일을 한 번 당하면 그것에 빠져 정신을 잃고 덤빈다.
중이 제 머리를 못 깎는다〈속〉 아무리 긴한 일이라도 자기 일을 자기 손으로 할 수는 없다.
중일 전:쟁(中日戰爭) 1937년 중국에 대한 일본의 침략 전쟁. 중국의 항전으로 인하여 1941년의 태평양 전쟁으로 발전하였음.
중:장비(重裝備) 토목·건축에 쓰이는 중량이 큰 기계를 통틀어 일컫는 말.
중점(中點)[-쩜] 선분 위에 있으면서 선분의 양쪽 끝으로부터 같은 거리에 있는 점.
중:점(重點)[-쩜] 중요한 것. 중시해야 할 점. 예수출 증대에 중점을 두다.
중주(重奏) 둘 이상의 성부를 한 사람이 하나씩 맡아 동시에 악기로 연주하는 일. 예피아노 3중주. ―하다.
중지(中止) 무엇을 하다가 중간에서 그침. 비중단. 반계속. 진행. ―하다.
중진국(中進國) 문화나 경제의 발달 정도가 선진국과 후진국의 중간쯤인 나라.
중추적(中樞的) 사물의 중심이 되는 중요한 부분이나 자리가 되는. 비중심적. 예중추적 역할을 하는 사람.
중탕(重湯) 물질이 든 그릇을 직접 가열하지 않고, 그릇에 물을 담아 놓고, 물을 가열함으로써 물질이 서서히 일정한 온도까지 가열되도록 하는 일. 또는 이 목적으로 쓰이는 물을 말함. 예한약을 중탕하다. —하다.
중:태(重態) 병이 위중한 상태.
중턱(中—) 산이나 또는 입체로 된 물건의 허리쯤 되는 곳. 비허리.
중퇴(中退) 학업 등을 중도에 그만둠. —하다.
중풍(中風) 일반적으로 뇌일혈로 인해 생기는, 온몸이나 몸의 일부분이 마비되는 병.
중:하다(重—) ①무겁다. ②소중하다. ③위중하다. ④엄중하다. 반경하다.
중학교(中學校) 초등 학교를 마치고 들어가는 윗학교.
중학생 중학교에 다니는 학생.
중화(中和) 산과 알칼리 용액을 적당한 비율로 섞을 때, 둘 다 그 특성을 잃어버리는 현상. —하다.
중:화학 공업(重化學工業) 중공업과 화학 공업을 함께 이르는 말.
중:후(重厚) 태도가 점잖고 마음씨가 너그러움. 반경박. 예중후한 인품. —하다.
중흥(中興) 쇠하던 것을 다시 일으키거나 일어남. 예민족 중흥. —하다.
쥐 몸 길이 15~20cm의 짐승. 털빛은 거뭇하고, 꼬리는 가늘고 길며 음식을 잘 훔쳐 먹고 물건을 쏠아 놓음.
쥐고 펼 줄을 모른다〈속〉 돈을 모아 가지고 쓸 줄을 모른다.
쥐구멍 ①쥐가 드나드는 구멍. ②숨을 만한 곳.
쥐구멍에도 별들 날이 있다〈속〉 고생을 몹시 하는 사람도 좋은 때를 만날 적이 있다.
쥐구멍에 홍살문 세우겠다〈속〉 어림도 없는 일을 주책없이 하려고 한다.
쥐:다 손으로 잡다. 반펴다.
쥐:락펴락 당당한 권력으로 남을 제 마음대로 부리는 모양. —하다.
쥐며느리 좀벌레와 비슷한 벌레. 햇빛을 싫어하여 마루 밑이나 음침한 곳의 돌 밑 또는 썩은 나뭇잎 같은 곳에 삶.
쥐뿔도 모른다〈속〉 아무것도 모르고 아는 체한다.
쥐어박다 주먹으로 내지르다. 준줴박다. 예머리를 쥐어박다.
쥐엄쥐엄 젖먹이에게 주먹을 쥐었다 폈다 하게 시킬 때 부르는 소리. 좌죄암죄암.
쥐오르다 별안간 다리나 손에 경련이 일어나다.
쥐죽은 듯 ①무서워서 숨도 크게 쉬지 못하는 모양. ②퍽 고요한 모양.
즈음 때. 기회. 무렵. 적. 비당시. 준즘.
즉(卽) ①그리하여. 그래서. ②더 다시 말할 것 없이. ③다른 것이 아니라. 비곧.
즉결(卽決) 즉시 사건을 처결함. 그 자리에서 일을 결정함. 예즉결 심판. —하다.

즉사(卽死) 그 자리에서 죽음. 곧 죽음. —하다.
즉석(卽席) 그 자리. 그 자리에서 곧. 비바로. 예즉석 요리.
즉시(卽時) 곧. 바로 그때. 비즉각. 예즉시 달려오다.
즉위(卽位) 임금 자리에 오름. 반퇴위. —하다.
즉일(卽日) 그날. 그 당장.
즉행(卽行) ①곧 감. ②곧 시행함. —하다.
즉효(卽效) 당장에 효력이 나타남. —하다.
즉흥(卽興) 그 자리에서 일어나는 흥취. 예즉흥곡.
즐겁다 ①마음에 흐뭇하고 기쁘다. ②반갑다. 비기쁘다. 반괴롭다. 슬프다. 예오늘은 즐거운 설날입니다.
즐기다 ①마음에 즐겁게 여기다. ②아주 기쁘게 여기다. 반싫어하다.
즐비하다(櫛比—) 빗살 모양으로 가지런하게 늘어서 있다. 예산에 나무를 베어 즐비하게 늘어 놓았다.
증가(增加) 더 늘어남. 많아짐. 반감소. 예인구 증가. —하다.
증감(增減) 늘림과 줄임. 많아짐과 적어짐. —하다.
증강(增強) 더하여 굳세게 함. 반감소. 예병력을 증강하다. —하다.
증거(證據) 그것이 꼭 그렇다고 말할 수 있을 만한 근거. 비증명. 예그 사람이 했다는 아무런 증거도 없다.
증권(證券)[—꿘] 정부에서 발행하는 국채나, 회사의 주권 따위. 돈과 같은 값을 지니고 있으나 시세에 따라 오르내림이 있음.
증권 시:장[—꿘—] 돈의 가치를 지니고 있는 증권을 사고 팔고 하는 시장.
증기 기관(蒸氣機關) 수증기의 압력을 이용하여 기계를 움직이는 장치.
증대(增大) 더하여 늘어감. 커짐. 반감소. 예수출 증대. —하다.
증류(蒸溜) 액체 혼합물을 분리시키거나 용액을 액체 및 고체로 분리시키는 것. —하다.
증명(證明) 사물의 확실함을 밝힘. 비증거. 예결백을 증명하다. —하다.
증발(蒸發) 액체나 고체가 그 표면으로부터 기체로 변하여 달아나는 현상. 액체나 고체의 표면에서 기체 상태의 분자가 튀어나감. —하다.
증발 접시 용액 중의 수분을 증발시켜 결정을 얻고자 할 때에 용액을 담고 가열하는 데 쓰는 기구.
증산(增產) 더 남. 많이 산출함. 반감산. —하다.
증서(證書) 증거가 될 만한 서류. 비증명서. 예헌혈 증서. 졸업 증서.
증:세(症勢) 병의 형편. 병으로 앓는 여러 모양.
증인(證人) 어떠한 사실을 증거하는 사람.
증조(曾祖) 아버지의 할아버지.
증진(增進) ①더 나아가게 함. ②점점 더하여 나감. —하다.
증표(證標) 증거가 되는 표.

지 어떤 동작이나 일이 있었던 때로부터 지금까지의 동안을 나타내는 말. 반드시 'ㄴ' 아래에 쓰임. ⑩헤어진 지 일년이 되었다.

지각(地殼) 지구를 싸고 있는 땅 껍데기.

지각(遲刻) 정한 시간보다 늦음. —하다.

지각(知覺) 알아서 깨달음. 또, 그 힘. —하다.

지각나다 사물을 분별할 줄 아는 힘이 생기다.

지갑(紙匣) 가죽이나 헝겊으로 만든 돈을 넣는 주머니.

지게 짐을 얹어 등에 지는 나무로 만든 기구.

지게를 지고 제사를 지내도 제멋이다〈속〉 무슨 일이든지 제 뜻이 있어 하는 짓이니 남이 관계할 바 없다.

지겹다 몸서리가 쳐지도록 몹시 지루하고 싫증이 나다. 지긋지긋하다.

지경(地境) ①땅과 땅과의 경계. 경지. ②어떠한 경우. 비처지.

지구(地球) 사람이 살고 있는 땅덩어리.

지구(地區) 땅의 한 구획. 또는 특히 지정된 지역. ⑩공업 지구. 산림 지구.

지구력(持久力) 오래 견디어 내는 힘. ⑩지구력이 강하다.

지구상 지구 위. 사람이 살고 있는 땅 위. ⑩45억이나 되는 지구상의 인구.

지구의 돌:대[—때] 지구는 항상 빙빙 돌고 있는데 그 도는 중심이 되는 것.

지그시 슬그머니 누르거나 당기거나 닫는 모양. ⑩지그시 눈을 감고 옛일을 생각했다.

지극하다(至極—) 극진하다. 극도에 이르다. 비대단하다. ⑩어머니의 지극한 정성으로 아들의 병이 나았다.

지극히 ①대단히. ②아주. ⑩그는 부모에게 지극히 효성스러운 사람이다.

지글지글 계속하여 소리를 내면서 끓는 모양. 짝자글자글. 센찌글찌글. ⑩지글지글 끓는 된장국. —하다.

지금(只今) 시방. 이제. 비현재. 방금. 반지난날. 과거. ⑩지금은 일하기에 한창 바쁜 때입니다.

지급(支給) 물건이나 돈을 치러 줌. 비지불. —하다.

지급(至急) 매우 급함. —하다.

지긋이 →지그시.

지긋지긋하다 몸서리가 나다. 아주 성가시다. 짝자긋자긋하다. ⑩약도 너무 많이 먹으니까 이제는 지긋지긋하다.

지기(知己) 서로 마음이 통하는 친한 벗. 본지기지우.

지껄이다 조금 떠들면서 이야기하다. 짝재깔이다.

지끈지끈 ①골치가 쑤시며 몹시 아픈 상태. ②단단한 물건이 부러지거나 깨지는 소리. 짝자끈자끈. —하다.

지나가다 ①들르지 않고 가다. ②일정한 한도가 넘다. ③세월이 가다.

지나다 ①기한이 넘다. ②지나서 가거나 또는 오다. ③과거가 되다. 반다가오다.

지나치다 ①정도보다 훨씬 넘다. ②행동이 거칠고 거세다. ③지나가거나 지나오다. ⑩앞으로 이 마을을 지날 때는 그냥 지나치지 말고 저희 집을 들러 주세요.

지난달 바로 앞의 지나간 달.

지난밤 어젯밤.

지난해 지나간 해. 비작년. 거년. 만명년. 내년.

지남철(指南鐵) ①늘 남북의 방향을 가리키는 쇠. ②쇠붙이를 끌어당기는 성질이 있는 쇠. 비자석.

지:내다 ①세월을 보내다. ②살다. ③일을 치르다.

지눌(知訥, 1158~1210) 고려 신종 때의 명승. 보조 국사라고도 하며 조계종의 창시자임.

지느러미 물고기의 등과 배의 양쪽과 꼬리에 달린 날개 같은 부분으로, 이를 움직여서 헤엄을 침.

지능(知能) ①슬기와 재주. ②지식과 능력. ⑩지능 지수.

지니다 ①몸에 간직하여 가지다. ②오래 기억하고 잊지 아니하다. ③원래의 모양을 간직하다.

지다¹ ①꽃·잎이 시들어 떨어지다. ②해와 달이 서쪽으로 넘어가다. ③젖이 불어 저절로 나오다. ④거죽에 묻은 점·흠들이 없어지다. ⑤싸움을 해서 이기지 못하다. 만이기다.

지다² ①물건을 짊어서 등에 얹다. ⑩짐을 지다. ②무슨 책임을 지다. ⑩책임지고 일하다.

-지다³ 일이나 물건이 어떻게 되어 감을 나타내는 말. ⑩넘어지다. 기름지다.

지당(至當) 이치에 꼭 맞음. 아주 적당함. 비타당. ⑩지당한 말씀. —하다.

지당(池塘) ①못. ②연못.

지대(地帶) 한정된 땅의 온 구역. 비지역. ⑩이 마을은 지대가 높아 여러 모로 불편하다.

지도(地圖) 지구 위의 바다·육지·산·강의 지형을 그린 그림. 만해도.

지도(指導) 가르쳐 이끎. 비인도. —하다.

지도자 ①가르치고 이끌어 주는 사람. ②앞길을 인도하여 주는 사람. 비지휘자.

지독하다(至毒—) ①인정이 없다. ②몹시 심하다. ③더할 수 없이 맵거나 독하다.

지라 밥통의 왼쪽 밑에 있는데 그 빛이 검붉고 모양은 달걀 형상이며 적혈구·백혈구를 새로 만들고 오래 된 것을 없애는 기관. 비비장. 이자.

지랄 ①도를 벗어난 말과 행동. ②변덕을 부리는 짓. —하다.

지랄쟁이 변덕스럽게 행동하는 사람을 욕으로 하는 말.

지략(智略) 뛰어난 슬기. 비꾀. 지혜.

지렁이 땅에 배를 붙이고 기어다니는 징그러운 벌레의 한 가지. 진 땅이나 물 속에서 삶.

지레¹ 물건을 움직일 때 어느점을 괴어 그 물건을 움직이는데 쓰는 막대기. =지렛대.

지레² 무슨 일이 채 되기 전이나 어떤 기회나 시기가 성숙되기 전에 미리. 먼저. ⑩지레 짐작.

지렛대 =지레¹.
지령(指令) ①상부의 명령. ②어떤 활동에 관한 명령. 예지령을 받다. —하다.
지뢰(地雷) 땅 속에 얕게 묻어 놓고, 적군이나 적의 탱크 등이 통과할 때 폭발시켜서 적을 상하게 할 수 있게 만든 폭약.
지뢰망 땅 속에 묻었다가 터뜨리는 폭약을 여기저기 그물처럼 설치한 것.
지루하다 시간이 오래 걸려 괴롭고 싫증이 나다. 예재미없는 일을 억지로 하느라 시간이 지루했다.
지류(支流) 원줄기로부터 갈려 흐르는 물줄기. 땐본류. 원류.
지르다〔지르니, 질러서〕 ①힘껏 건드리다. ②불을 붙이다. ③큰 목소리로 부르짖다. ④지름길을 통해 가깝게 가다.
지름 원이나 공 따위에서 그 중심을 통하여 둘레까지에 이르는 거리.
지름길[—낄] 질러서 가는 가까운 길. 비첩경.
지리(地理) ①땅의 생긴 모양과 형편. ②지구 위의 지형과 그 밖의 상태.
지리산(智異山) 경상 남도 함양군과 산청군, 전라 북도 남원시와 전라 남도 구례군에 걸쳐 있는 산. 국립 공원임.
지리적 지리에 관한 모양. 지리상의 문제에 관계되는 것.
지리적 발견 대륙이나 섬·강 등을 처음으로 찾아내는 일.
지리학자 지구 위의 온갖 상태 및 생긴 모양 등을 연구하는 사람. 곧 땅의 모양·기후·생물·교통 등을 연구하는 사람.
-지마는 어떤 조건을 붙일 때 쓰는 말. 예나귀지마는 말같이 생겼다.
지망(志望) 원하고 바람. 하고 싶어함. 뜻을 둠. 비지원. —하다.
지면(地面) 땅의 거죽. 땅의 표면. 예울퉁불퉁한 지면을 평평하게 고르다.
지면(紙面) 종이의 겉면.
지명(地名) 땅 이름.
지명(指名) 여러 사람 가운데서 누구의 이름을 지정함. 예지명 타자. —하다.
지목(指目) 사람이나 사물을 지정함. 비지적. —하다.
지문(地文) 시나리오에서 인물의 동작·표정·말투·기분 등을 설명한 글.
지문(指紋) 손가락 끝 마디의 안쪽에 이루어진 무늬.
지반(地盤) ①세상에 살고 또 일을 해 나가는 근거지. ②토대가 되는 것. ③땅의 표면.
지방(脂肪) 보통 온도에서 고체 상태인 기름기. 우리 몸에서 열과 힘을 내는 데 쓰이는 중요한 영양소. 비굳기름.
지방(地方) ①나라 안 땅의 한 부분. ②서울 이외의 땅. ③시골. 비고장. 땐중앙.
지방 법원 제1심 판결을 담당하는 하급 법원.
지방 자치 올바른 민주 정치를 하기 위하여 각 고장의 특색을 살리고 이익을 가져 오도록 고장의 실정에 알맞는 정치를 하는 일.
지방 자치 단체 지방 자치 행정

지배(支配) 힘으로 다스려 자기 마음대로 처리함. 비통치. 장악. 반피지배. 예인간을 지배하는 신. —하다.

지배인 ①지배하는 사람. ②주인을 대신하여 회사나 상점의 일을 관리하는 사람.

지봉유설(芝峯類說)[―뉴―] 조선 광해군 때 이수광이 지은 일종의 백과 사전으로, 서양의 사정과 천주교 지식을 소개한 책.

지불(支拂) 돈을 내어 줌. 물건 값을 치름. 비지급. —하다.

지붕 집의 위를 기와나 짚 따위로 이어 덮은 부분.

지사(志士) ①나라나 사회를 위해 몸과 마음을 바쳐 일하는 사람. ②기개가 있는 사람.

지새다 달이 지며 밤이 새다.

지석(誌石) 죽은 사람의 이름, 태어나고 죽은 날짜, 행적 및 무덤의 방향 등을 적어서 무덤 앞에 묻는 돌.

지석영(池錫永, 1855~1935) 조선 말기의 학자. 1880년 수신사 김홍집을 따라 일본에 건너가 종두약 제조법을 배워 가지고 돌아와서, 종두법의 보급에 힘썼음.

지성(至誠) ①마음을 다함. ②정성이 지극함. 비정성. —하다. —스럽다.

지세(地勢) 땅의 생긴 형세.

지속(持續) 유지하여 계속함. 비계속. —하다.

지수(指數) 숫자나 문자의 오른쪽 어깨에 쓰이는 숫자. 5^3(5의 세제곱)에서의 3 따위.

지시(指示) ①가리켜 보임. ②하라고 시킴. 반복종. —하다.

지식(知識) ①사물에 관하여 아는 것. ②사물을 분명히 깨닫는 것. 비학문. 학식.

지식 수준 ①아는 정도. ②공부를 해서 배운 정도.

지신(地神) 땅을 맡아 다스리는 신령. 반천신.

지신밟기[―밝끼] 땅을 맡은 신을 받드는 뜻으로 집집마다 돌아다니며 음식을 차리고 풍악을 치는 민속 행사의 하나.

지아비 '남편'을 웃어른 앞에서 낮추어 일컫는 말.

지어미 '아내'를 웃어른 앞에서 낮추어 일컫는 말.

지역(地域) 일정한 구역 안의 토지. 비지대.

지역 사:회 한 지역의 일정한 범위 안에서 성립되어 있는 생활 공동체. 농촌·어촌·도시 따위의 사회.

지열(地熱) 땅덩이가 원래부터 가지고 있는 열.

지옥(地獄) ①생전에 못된 일을 한 사람이 죽은 후에 잡혀 가서 죄를 받는다는 곳. ②괴로움이 많은 곳. 반극락. 천당.

지온(地溫) 지면 또는 땅 속의 온도.

지우개 ①칠판에 쓴 글씨나 그림을 지우는 데 쓰는 도구. ②연필 글씨를 지우는 고무.

지원(志願) 하고 싶어서 바람. 비지망. —하다.

지육(智育) 지식을 얻게 하기 위하여 가르쳐 깨우치는 교육.

지은이 책 따위를 지어낸 사람.

비 저자. 작자.
지장(支障) 일을 하는 데에 거치적거리며 방해가 되는 것. 비 방해. 장애.
지저귀다 새가 시끄럽게 울다. 예 시끄럽게 지저귀는 새들을 쫓아 버렸다.
지저분하다 ①어수선하고 더럽다. ②거칠고 깨끗하지 않다. 반 깨끗하다. 말끔하다.
지적(指摘) 손가락으로 가리킴. 잘못된 일이나 잘된 일을 가려서 가리킴. 비 지목. 예 나쁜 점을 지적하다. —하다.
지절대다 지절거리다. 여러 소리로 되는 대로 잇달아 지껄이다. 작 재잘대다.
지정(指定) ①여럿 가운데에서 몇 개만 가려내어 정함. ②어떤 곳에만 특별한 권리를 줌. 예 지정 판매소. —하다.
지조(志操) 꿋꿋한 뜻과 바른 몸가짐.
지중해(地中海) 유럽·아프리카·아시아 대륙에 깊숙이 둘러싸여 외해와 해협으로 연결되어 있는 바다.
지중해성 기후 겨울이 따뜻하며, 여름보다 겨울에 강수량이 많은 기후.
지지(支持) ①사물을 붙들어서 버팀. ②옳게 여기어서 받듦. —하다.
지지다 ①음식을 끓여 익히다. ②지짐질을 하다. ③머리털을 곱슬곱슬하게 하다.
지진(地震) 땅속의 급격한 변화로 땅이 흔들리는 현상.
지짐이 국물이 국보다 적고 찌개보다 많은 음식.
지참(持參) 무엇을 가지고 가거나 가지고 옴. —하다.
지척(咫尺) 서로 떨어진 거리가 매우 가까움.
지체하다(遲滯—) ①동작을 느리게 하다. ②시간이나 기한에 늦다.
지축(地軸) 지구의 중심을 꿰뚫어서 남북 양극에 이르는 직선. 비 땅꽂이.
지출(支出) 어떠한 목적을 위하여 돈을 치르는 것. 반 수입. —하다.
지층(地層) 층을 이루고 쌓여 있는 땅. 시냇물에 의하여 운반된 진흙·모래·자갈·돌 등이 바다 밑에 차례로 쌓여서 이루어짐.
지:치다¹ ①빗장이나 고리를 걸지 않고 문을 닫아만 두다. ②얼음 위를 미끄러져 달리다.
지:치다² 병이나 괴로움에 시달려 기운이 다 빠지다. 예 병에 지치다.
지켜보다 눈을 떼지 않고 줄곧 보다. 잘 살펴보다. 예 아기의 노는 모습을 지켜보다.
지키는 사람 열이 도둑 하나를 못 당한다〈속〉은밀한 가운데에 생기는 재난은 막아 내기가 어렵다.
지키다 ①물건을 잃어버리지 않도록 살피다. ②감시하다. 예 초소를 지키다. ③절개를 굳게 가지다.
지탱하다(支撑—) ①그대로 견디어 나가다. ②오래 가지고 있다. 비 유지하다.
지팡이 걸어다닐 때 짚는 기름한 막대기.

지평선(地平線) 지평면과 하늘이 서로 맞닿아진 것같이 보이는 선.

지폐(紙幣) 종이로 만든 화폐.

지표(指標) 방향을 가리켜 보이는 표지.

지푸라기 ①잘게 부스러진 짚. ②얽힌 짚.

지:프(jeep) 군대가 작업장에서 간편하게 쓸 수 있도록 만든 소형 자동차.

지피다¹ 땔나무·석탄 따위에 불을 붙여 타게 하다. 예방에 불을 지피다.

지피다² 신이 사람의 영에 내리다. 예무당에게 신력이 지피다.

지하(地下) ①땅의 아래. ②죽은 넋이 돌아간다는 땅속. 반지상.

지하도 땅 밑을 파고 낸 길.

지하실 땅속을 파고 만들어 놓은 방이나 광. 비땅광.

지하 자:원 땅속에 숨어 있는 자원. 석탄·금·은·철·흑연 따위.

지하철 땅 밑을 파고 궤도를 만든 철도. 본지하 철도.

지형(紙型) 활자를 꽂아 놓은 판 위에 두꺼운 종이를 놓고 무거운 것으로 눌러서 그 종이에 활자의 모양이 오목하게 나오도록 만든 것.

지형(地形) 땅의 생긴 모양.

지형도 지형을 나타낸 지도.

지혜(知慧·智慧) ①슬기. ②재주. ③뛰어난 머리. 비슬기. 지략. 반우매. 예어려운 때일수록 지혜가 필요합니다.

지휘(指揮) 지시하여 일을 하도록 시킴. 비지시. —하다.

지휘관 명령하고, 지휘하는 사람. 비지도자.

지휘봉 음악을 연주할 때, 악대를 이끌어 나가는 사람이 들고 휘젓는 조그만 막대기.

지휘자 ①지시하여 시키며 이끌어 나가는 사람. 비지도자. ②음악에서 합주나 합창을 이끌어 가는 사람. 비컨덕터.

직각(直角) 가로 세로 곧게 늘인 두 직선으로 이룬 90도 되는 각.

직각 삼각형 직각이 들어 있는 삼각형. 준직삼각형.

직공(職工) 공장에서 일을 하는 일꾼.

직기(織機) 옷감을 짜는 기계.

직녀성(織女星) 칠월 칠석에 견우성과 은하수를 건너 서로 만난다는 별. 비견우성.

직류(直流) 방향이 일정한 흐름. 반교류.

직무(職務) ①직접 하는 일. ②맡아서 하는 일.

직물(織物) 옷감 등 실로 짠 천을 통틀어 일컬음.

직분(職分) ①자기가 마땅히 하여야 할 부분. ②맡은 바 책임. 비직책.

직사각형(直四角形) 네 각이 모두 직각인 사각형.

직사포탄(直射砲彈) 쏜 탄알이 곧게 나가는 대포의 탄알.

직선(直線) ①곧은 선. ②두 점 사이의 가장 짧은 선. 반곡선.

직업(職業) 생활을 꾸려 나가기 위하여 매일 해야 하는 일. 비생업. 일자리. 예직업 선택.

직육면체(直六面體)[-뉴-] 서로 이웃하는 두 면이 모두 수직으로 교차할 때의 육면체. 旧직방체.

직장(職場) 각기 자기가 맡은 일을 하는 곳. 旧일터.

직접(直接) 중간에 다른 물건을 넣지 않고 대함. 凹간접. 예나 보고 말해 달라지 말고 네가 직접 말하여라.

직접 선:거 국민이 직접 입후보자에게 투표하고 대리인에 의한 선거를 할 수 없는 제도. 凹간접 선거.

직접세 세금의 부담이 직접 납입자의 부담에 속하여 다른 사람에게 떠맡길 수 없는 세금. 凹간접세. 준직세.

직조(織造) 무명·베·비단 등의 천을 짜는 일. —하다.

직진(直進) 곧게 나아감. 예직진 운행. —하다.

직책(職責) 직무상의 책임.

직통(直通) 어떤 곳에서 다른 곳에 바로 이르는 것. 예직통 전화. —하다.

-직하다 표준에 가까움을 나타내는 말. 예굵직하다.

직할시(直轄市) '광역시'의 이전 이름.

직행(直行) 중간에서 멈추지 않고 바로 목적지로 감. —하다.

진(陣) 군사가 머물러 있는 곳.

진:격(進擊) 앞으로 나아가서 적을 공격함. —하다.

진:격 나팔 앞으로 나아가 적을 치라는 것을 알리는 나팔.

진공(眞空) 물질이 전혀 없는 공간. 또는 공기 따위의 기체가 전혀 없는 상태.

진공관 안의 공기를 뺀, 유리 대롱. 라디오에서 쓰는 기구.

진:군(進軍) 군대를 내보내어 앞으로 나아가게 함. 凹퇴군. —하다.

진:군악 군대가 앞으로 행진할 때에 연주하는 음악.

진귀하다(珍貴—) 이상하고 귀중하다. 흔하지 아니하고 드물다. 예진귀한 보배.

진:급(進級) 등급·계급 또는 학년이 오름. 旧승급. —하다.

진기하다(珍奇—) 귀하고 이상하다. 이상하고 묘하다.

진날 나막신 찾듯〈속〉 평시에는 돌아보지 않던 것을 아쉬울 때에 찾음을 가리키는 말.

진:단(診斷) 의사가 환자의 병의 상태를 진찰함. 旧진찰. —하다.

진달래 이른봄 산에 피는 연분홍의 아름다운 꽃.

진:대법(賑貸法)[-뻡] 고구려 때 가난한 사람을 도와 주기 위하여 실시하였던 빈민 구제 제도. 봄에 곡식을 나누어 주었다가 가을 추수 때에 받아들이는 제도.

진:도(進度) ①일의 진행되는 속도. ②나아가는 정도.

진돗개(珍島—)[-깨] 전라 남도 진도에서만 특별히 나는 개. 귀는 뾰족히 서며 몸이 빠르고, 꾀가 있어 도둑도 잘 지킴. 천연 기념물 제53호로 지정하여 보호하고 있음.

진:동(振動) 물체가 일직선 상에서 같은 움직임을 주기적으로 되풀이하는 운동. —하다.

진:동(震動) ①흔들려 움직임.

②널리 알려짐. —하다.

진득하다 ①성질이 가라앉고 경솔하지 않다. ②나이가 지긋하고 점잖은 태도가 있다.

진딧물 초목에 수없이 모여 사는 몸이 작고 연약한 벌레.

진ː땀(津—) 무서운 생각이나 어려운 일을 당하여 흘리는 땀. 예생각만 해도 진땀나는 일이다.

진ː력나다(盡力—) 있는 힘을 다하여 온갖 애를 다 쓰고 나서 싫증이 나다.

진ː력하다 ①마음과 힘을 다하다. ②최선을 다하다. 비노력하다.

진ː로(進路) 앞으로 나아가는 길. 예진로를 결정하다.

진ː료(診療) 진찰하고 치료함. 예농촌 진료 사업. —하다.

진리(眞理) 진실한 이치. 참된 이치. 반허위. 예진리 탐구.

진ː보(進步) ①앞으로 나아감. ②사물이 차차 발달됨. 비향상. 발달. 반퇴보. —하다.

진분수(眞分數)[—쑤] 분자의 값이 분모보다 작은 분수. 반가분수.

진ː사(進士) 과거 제도의 하나인 소과의 첫번 시험에 합격한 사람의 칭호.

진ː상(眞相) ①사물의 참된 모습. ②실제의 형편.

진ː상(進上) 지방에서 나는 귀한 물건을 고관이나 또는 직접 왕에게 바침. —하다.

진선미(眞善美) 참된 것, 착한 것, 아름다운 것. 참과 착함과 아름다움.

진실(眞實) 바르고 참됨. 비성실. 반허위. —하다.

진실로 바르고 참되게.

진심(眞心) 참된 마음. 거짓이 없는 마음. 비진정. 반허위. 사심.

진압하다(鎭壓—) 눌러 진정시키다. 누르다.

진ː열(陳列) 물건을 벌여 놓음. 비나열. —하다.

진ː열장[—짱] 상점에서 파는 물건을 벌여 놓는 데 쓰는 장.

진일[—닐] ①밥짓고 빨래하는 일 따위의 물을 써서 하는 일. ②궂은 일. —하다.

진ː자(振子) 중력의 작용으로 좌우로 움직이는 장치.

진ː작 바로 그 때에. 조금 일찍. 예진작 도착해야 했는데.

진ː재(震災) 땅이 흔들려 일어난 불행한 일.

진저리 몸을 떠는 짓.

진ː전(進展) 일이 진보하고 발전함. —하다.

진정(眞情) ①진실한 마음. ②거짓이 없는 마음. 비진심.

진ː정(進呈) 물건을 가져다 드림. —하다.

진ː정(鎭靜) ①마음을 가라앉힘. ②고요하게 함. —하다.

진ː정(陳情) 사정을 자세히 말함. —하다.

진ː정서 어떤 일의 사정을 자세히 적어 청원하는 문서. 비탄원서.

진ː정제(鎭靜劑) 신경 작용을 가라앉히는 데 쓰는 약제.

진주(眞珠) 조개류의 껍질이나 살 속에 생기는 구슬 형상의 물질로 장식용으로 쓰임.

진ː지 '밥'의 높임말.

진지(陣地) 싸움터에서 군대가 자리잡은 곳. 예적의 진지.

진지(眞摯) 진실하게 일을 하며 흔들리지 아니함. —하다.

진짜(眞—) 거짓이 아닌 참된 것. 진정한 물건. 반가짜.

진:찰(診察) 병자를 보고 어떤 병인가를 살펴봄. 비진단. 예의사가 병자를 진찰하고 있다. —하다.

진:출(進出) ①앞으로 나아감. ②다른 것보다 앞섬. 반후퇴. —하다.

진:취(進就) 일을 점점 이루어 감. 비성취. —하다.

진탕 싫증이 날 만큼 충분하게. 예술을 진탕 마셨다.

진토(塵土) 티끌과 흙.

진:통제(鎭痛劑) 신경 작용을 둔하게 하여 상처의 아픔을 느끼지 못하도록 하는 약제.

진:퇴(進退) 나아감과 물러감. 예진퇴 양난.

진:폭(振幅) 물체가 진동을 일으켜서 정지 상태로부터 오른쪽이나 왼쪽에 이르는 거리.

진하다(津—) ①묽지 않다. ②빛이 엷지 않다. 반묽다. 예연둣빛보다 초록빛이 진하다.

진:학(進學) ①학문에 나아가 공부함. ②상급 학교에 들어감. 예진학 상담. —하다.

진:행(進行) 앞으로 향하여 나아감. 비수행. 반중지. 정지. —하다.

진형(陣形) 진지의 형태. 전투의 대형.

진:화(進化) 사물이 발달함에 따라 여러 가지로 변화함. 반퇴화. —하다.

진:흥(振興) 떨치어 일으킴. 예무역 진흥. —하다.

진흥왕(眞興王, 534~576) 신라 제24대 왕. 영토를 넓혀 삼국 통일의 터전을 닦았으며, 화랑 제도를 두어 화랑 정신을 장려했음.

진흥왕 순수비 신라 진흥왕이 국토를 넓힌 뒤 국가의 위세를 떨치기 위하여 국경을 돌아보고 기념으로 세운 비석.

-질 윗말에 붙어 그 하는 짓을 나타내는 말. 예도둑질.

질(帙) 여러 권으로 되어 있는 책의 한 벌. 예이 동화집은 열 권이 한 질로 되어 있다.

질(質) ①물건이 성립하는 본바탕. ②타고난 성질. 반양.

질그릇 진흙을 구워서 만든 그릇. 겉면에 윤기가 없음.

질기다 ①연하지 않다. ②단단하다. ③튼튼하다.

질다 ①반죽이 되지 않고 물기가 많다. 예밥이 질다. ②땅이 질척질척하다. 예비가 와서 땅이 질다.

질량(質量) 물체가 가지고 있는 실질의 양.

질리다 ①몹시 놀라거나 무서워서 얼굴빛이 변하다. 예천둥 소리에 새파랗게 질렸다. ②기가 막히다. ③진력이 나서 귀찮은 느낌이 들다.

질문(質問) 모르는 것을 물어서 밝힘. 비물음. 질의. 반응답. 대답. —하다.

질박(質朴) 꾸밈이 없이 수수함. 사치하지 아니함. 비검소. 순박. —하다.

질병(疾病) 몸의 온갖 기능의

질색 장애로 발생하는 여러 가지 병. 비질환.

질색(窒塞) 몹시 놀라거나 싫어서 기막힐 지경에 이름. 예바퀴벌레는 질색이다.

질서(秩序)[―써] ①여러 사람이 지켜야 할 차례. ②사리에 맞도록 통일을 꾀하는 조리나 순서. 예교통 질서.

질서 의식 규칙·법령 따위를 지키려는 생각의 수준.

질소(窒素)[―쏘] 빛깔·맛·냄새가 없는 기체 원소. 공기의 약 78%를 차지함.

질소하다(質素―)[―쏘―] 모양을 내지 않다. 비검소하다.

질식(窒息) 숨이 막힘. ―하다.

질식사 질식으로 죽음. ―하다.

질의(質疑) 의심 나는 것을 물어서 밝힘. 비질문. ―하다.

질:질 ①바닥에 축 끌리는 모양. ②주책없이 무엇을 빠뜨리거나 흘리는 모양. ③기한을 자꾸 미루어 가는 모양.

질척질척하다 물기가 너무 많아서 질다. 작잘착잘착하다.

질탕(佚蕩) 거의 방탕에 가깝도록 흠씬 노는 일. ―하다.

질투(嫉妬) 자기보다 나은 사람을 시기하여 미워함. ―하다.

질퍽하다 보드랍게 질다. 예비가 와서 땅이 질퍽하다.

질편하다 ①넓게 열린 땅이 아주 평평하다. ②비스듬히 앉아서 게으름을 부리고 있다. 예질펀하게 앉아서 잡담하다.

질풍(疾風) 몹시 빠르게 부는 바람. 예질풍같이 달리다.

질화로(―火爐) 진흙으로 구워 만든 화로.

짊어지다 ①짐을 등에 메다. ②책임을 맡다.

짐 ①운반하도록 마련하여 놓은 물품. ②자기가 맡은 일. ③수고가 되는 일. 귀찮은 물건.

짐꾼 짐을 나르는 사람.

짐수레 짐을 싣는 수레.

짐승 온몸에 털이 나고 네 발로 기어 다니는 동물.

짐작 ①어림쳐서 헤아림. ②겉가량으로 생각함. 비추측. 예내 짐작이 맞았구나. ―하다.

짐짓 일부러. 과연.

짐짝 묶어 놓은 짐의 덩어리.

집 ①사람이 사는 건물. ②가정.

집게 물건을 집는 데 쓰는 끝이 두 가닥으로 갈라진 기구.

집게손가락[―까―] 엄지손가락과 가운뎃손가락 사이의 둘째 손가락. 비검지.

집결(集結) 한데 모여서 뭉침. ―하다.

집권(執權) 정권을 잡음. 예집권 세력. ―하다.

집기병 과학 실험에서 기체를 모으는 데 쓰는 입이 큰 병.

집다 ①손가락으로 물건을 잡다. ②주워 가지다. 반놓다.

집단(集團) 모여서 단체를 이룬 것. 비사회.

집단 농장 모든 설비를 갖추어 여러 사람이 조직적으로 경영하는 큰 규모의 농장.

집배원(集配員) 우편물을 모아서 배달하는 일을 하는 사람. 본우편 집배원.

집시(Gipsy) 정처 없이 떠돌아 다니는 사람.

집안 ①집 속. ②가까운 일가.

집안이 떠나갈 듯 정신을 차릴 수 없을 만큼 집안이 떠들썩한 상태.

집안일[—닐] 집안에서 일어나는 일. 집에서 해야 할 일.

집어삼키다 ①입에 집어 넣고 삼키다. ②슬쩍 남의 것을 가로채어 제 것으로 만들다.

집어치우다 하던 일을 그만두고 아주 치워 버리다.

집없는 아이 프랑스의 말로가 지은 소설. 슬기·인내·사랑으로써 고난을 이겨 가는 소년 레미의 이야기.

집오리 집에서 기르는 오리.

집일[—닐] 집안의 일.

집중(集中) ①한 곳으로 모임. ②어떤 물건을 중심으로 하여 그곳으로 모임. 団분산. 예집중 사격. —하다.

집짐승 집에서 기르는 짐승. 団가축.

집찰구(集札口) 철도에서 목적지에 도착한 손님으로부터 승차권을 회수하는 입구.

집채 ①집의 한 덩이. ②부피가 썩 큼을 나타내는 말. 예집채 같은 파도가 몰려온다.

집합(集合) ①서로 모임. ②한데 모음. 団해산. —하다.

집행(執行) 실제로 함. —하다.

집현전(集賢殿) 고려 이후 조선 초기에 걸쳐 설치되었던 일종의 왕립 학술 연구 기관의 하나. 이 곳에서 훈민정음 창제 등 많은 문화 사업을 했음.

집회(集會) 여러 사람이 모임. 여러 사람의 모임. 団모임. 団산회. —하다.

-짓 몸을 놀리는 일. 団행동. 동작. 예눈짓. 몸짓.

짓ː궂다 남을 일부러 괴롭혀 온화고 다정하지 않다. 団심술궂다.

짓누르다 ①심하게 누르다. ②위에서 몹시 누르다.

짓눌리다 짓누름을 당하다.

짓ː다 ①만들다. ②이루다.

짓무르다 살이 상하여 문드러지다. 예살갗이 짓무르다.

짓밟다 ①밟아 으깨다. ②함부로 밟다. 団유린하다. 예꽃밭을 그렇게 짓밟고 가면 어떻게 되느냐.

짓밟히다 함부로 밟히다. 여지 없이 밟힘을 당하다.

짓씹다 짓이기다시피 아주 잘게 씹다.

짓이기다[—니—] 썩 잘게 이기다. 마구 이기다.

짓찧다 ①몹시 세게 찧다. ②찧어 으깨다.

징 ①신바닥에 박는 쇠로 만든 물건. ②놋쇠로 대야같이 만든 작은 악기의 하나.

징검다리 내나 개천에 돌덩이·흙더미를 드문드문 떼어 놓은 다리.

[징검다리]

징계(懲戒) ①버릇을 가르침. ②잘못을 뉘우쳐 다시 못하도록 함. 예징계 위원회. —하다.

징그럽다 ①소름이 끼치도록 무섭다. ②보기에 불쾌하다.

징발(徵發) ①강제적으로 끌어냄. ②전쟁 때 필요한 물품이나 사람·마소 따위를 모아 거둠. 団징용. —하다.

징역(懲役) 교도소에 가두어 두

징용 고 어떤 일을 시키는 벌.

징용(徵用) 나라에서 국민을 강제로 뽑아다가 일을 시킴. 비 징발. —하다.

징조(徵兆) 무슨 일이 일어날 것이 미리 보이는 조짐.

짖다 ①개가 울다. ②까마귀치가 시끄럽게 지저귀다.

짙다 빛이 진하다. 반 흐리다.

짙푸르다 빛깔이 짙게 푸르다. 예 짙푸른 바다.

짚 벼의 줄기를 말린 것. '볏짚'의 준말.

짚다 ①지팡이를 손으로 들어 땅 위에 대다. ②맥박 위에 손가락을 대다. 예 의사가 맥을 짚어 본다.

짚불 볏짚을 태운 불.

짚신 볏짚으로 만든 신.

짚자리 볏짚으로 만든 자리.

ㅉ[쌍지읃] 'ㅈ'의 된소리.

짜개 콩·팥 따위를 둘로 쪼갠 한 쪽.

짜다¹ ①가구의 사개를 맞추다. ②단체를 만들다. ③꼭 비틀어 물기나 기름을 빼다. ④피륙을 만들다.

짜다² 소금 맛 같다. 반 싱겁다.

짜랑짜랑하다 목소리가 세고 야무져 울림이 크다. 큰 쩌렁쩌렁하다.

-짜리 얼마만한 수나 양으로 된 물건을 가리키는 말. 예 열 개짜리, 한 말짜리.

짜릿짜릿하다 마음속 깊이 아주 생생하다. 아주 실감이 나다. 큰 찌릿찌릿하다.

짜임 짜여 있는 모양. 비 조직.

짜증내다(—症—) 불평을 얼굴에 나타내다. 비 싫증내다.

짝¹ ①한 쌍으로 되는 물건의 한 쪽. ②부부. 비 내외.

짝:² ①활짝 바라진 모양. 큰 쩍. ②종이나 피륙 등을 찢는 소리. 큰 찍. 예 짝 찢다.

짝수(—數) 2로 나누어서 나머지가 남지 않는 수. 즉 2, 4, 6, 8과 같이 쌍을 이룰 수 있는 수. 반 홀수.

짝이 없:다 ①비교할 만한 것이 없다. ②더할 수 없다. 비 이를 데 없다. 예 이번 일로 너를 보게 되니 미안하기 짝이 없다.

짝짜꿍 젖먹이가 손뼉을 치는 재롱. —하다.

짝짝이 서로 크기나 모양이 다른 것이 하나의 짝을 이룬 것.

짠지 무를 통으로 소금에 짜게 절여 담근 김치.

짤까닥 부딪치거나 떨어지는 소리. 준 짤각. 예 잘가닥. 큰 쩔꺼덕. —하다. —거리다.

짤깍짤깍 '짤까닥짤까닥'의 준말. 예 잘각잘각. 센 찰칵찰칵. —하다. —거리다.

짤랑짤랑 작은 방울이 자꾸 흔들려서 어지럽게 나는 소리. 큰 쩔렁쩔렁. —하다.

짤막짤막 여러 개가 모두 짤막한 모양. —하다.

짤막하다 조금 짧은 듯하다. 비 길쭉하다.

짧고 꼭 찌르게 말하는 데 짧은 말로 뚜렷하게 드러나게.

짧다[짤따] ①길이가 작다. 길지 않다. ②오래지 않다. 동안이 가깝다. 반 길다.

쌍아 잠자리의 어린이 말.

-째¹ 어떤 말 아래 붙어서, '그 대로'·'통째로'의 뜻을 나타내

는 말. 예그릇째 가져가다.
-째² ①사물의 순서를 나타내는 말. ②등급을 나타내는 말. 예첫째.
째:다 ①물건을 찢다. ②옷이나 신이 몸에 작다.
째:지다 터져서 갈라지다. 터져서 벌어지다. 본째어지다.
짹짹 참새나 쥐 따위가 우는 소리. 큰찍찍.
쨍쨍 ①볕이 따갑게 내리쬐는 모양. ②굳은 물질이 터져 울리는 소리.
쩔쩔매다 ①어지러워 어찌할 줄을 모르다. ②어리둥절하여 갈팡질팡하다. 예영수는 언제나 숙제 때문에 쩔쩔매고 있다.
쪼개다 하나를 둘로 가르다. 비째다. 분할하다.
쪼그리다 ①무거운 것으로 눌려서 오그라지다. ②팔다리를 오그리고 앉거나 눕거나 하다. 큰주그리다. 예고양이가 담 위에 쪼그리고 앉아 있다.
쪼다 ①부리 따위의 뾰족한 끝으로 잇달아 찍다. 예병아리가 모이를 쪼다. ②이마를 땅에 댔다 뗐다 하며 절을 하다.
쪼들리다 ①남에게 몹시 시달리다. ②생활에 괴로움을 당하다. 예살림에 쪼들리다.
쪼르르 날쌘 발걸음으로 앞을 향하여 나가는 모양. 예대문이 열리자 강아지가 쪼르르 나왔습니다.
쪽¹ 책의 면. 페이지.
쪽² 7~8월에 피는 한해살이 식물. 다섯 개의 꽃덮이로 싸인 붉은 꽃으로, 잎에는 남빛 색소의 원료가 들어 있음.

쪽³ ①부인네의 아래 뒤통수에 땋아서 틀어 올려 비녀를 꽂는 머리털. ②쪼개진 물건의 한 부분. ③방향.
쪽박 물을 뜰 때 쓰는 작은 바가지.
쪽배 둥근 나무 토막을 쪼개어 속을 파서 만든 배.
쪽빛 푸른 하늘빛보다 더 짙은 남빛. 예쪽빛 하늘.
쪽지(-紙) ①작은 종이쪽. 예쪽지 시험. ②작은 종이에 쓴 편지.
쫓다 ①있던 곳에 못 있게 하다. ②뒤에서 몰아가다. ③내보내다. ④급한 걸음으로 뒤를 따르다.
쫓아오다 ①뒤에서 바싹 따라오다. ②달음박질하여 오다.
쫙 넓게 퍼지는 모양. 여좍.
쬐:다 ①해의 볕이 들이비치다. ②볕이나 불에 쐬거나 말리다. 예불에 쬐다.
쭈그렁 밤송이 삼 년 간다 〈속〉 아주 약한 사람이 얼마 못 살 것 같아도 오래 산다.
쭈그리다 ①팔다리를 우그리어 앉거나 눕다. 예쭈그리고 앉다. ②누르거나 우그려서 부피를 작게 하다. 작쪼그리다.
쭈뼛하다 놀라서 머리 끝이 솟는 듯한 느낌이 들다.
쭉정이 껍질만 있고 알맹이는 없는 곡식.
쫑긋거리다 ①말을 하려고 입을 자꾸 움직이다. ②짐승이 귀를 자꾸 치켜세우다. 작쫑긋거리다. 예귀를 쫑긋거리다.
-쯤 얼마나 되나 그 정도를 나타내는 말. 비께. 가까이.

쯧쯧 가엾거나 마음에 언짢을 때 혀를 차는 소리.

찌 낚시의 위치와 물고기가 미끼를 먹는 상태를 알기 위해 낚싯줄에 단 것. 뵌낚시찌.

찌개 고기나 채소에 된장·고추장 등을 풀어 끓인 음식.

찌끼 ①밑에 가라앉은 못쓸 물건. ②쓰고 남은 물건의 부스러기. 비찌꺼기.

찌는 더위 솥에 넣고 찌는 것 같은 심한 더위.

찌다¹ 물건에 뜨거운 김을 올리어 익히다.

찌다² 살이 올라서 뚱뚱하다. 예살찐 돼지.

찌르다 ①끝이 뾰족한 물건을 속까지 들어가게 하다. ②벌레가 살을 쏘다. ③일부러 남의 비밀을 다른 사람에게 알려 주다. ④감정 등을 날카롭게 건드리다. ⑤냄새가 후각을 자극하다. 예코를 찌르는 악취.

찌푸리다 ①날이 흐리다. ②얼굴을 몹시 찡그리다.

찍다 ①도장을 누르다. ②도끼로 쳐서 자르다. ③차표에 구멍을 뚫다. ④사진을 박다.

찍어매다 바늘에 실을 꿰어 대충 꿰매다.

찍자 찍자 하여도 차마 못 찍는다〈속〉 벼르기만 하다가 막상 당하면 못 한다.

찐빵 밀가루에 팥소를 넣어 뜨거운 김으로 찐 음식.

찔레 줄기에 가시가 돋고, 꽃은 작고 빛깔은 희며, 향기가 좋은 작은 나무.

찜 건더기를 흐무러지게 무르도록 삶은 음식. —하다.

찜질 얼음·더운물·약물 따위를 헝겊에 적시거나 주머니에 넣거나 하여 아픈 곳에 대어 병을 치료하는 법. —하다.

찜통 불 위에 올려놓고 음식을 찌는 통.

찡 콧등이 시큰하면서 속으로 뻐근하게 울리는 듯한 모양.

찡그리다 근심스럽거나 언짢을 때, 이마나 눈살을 찌푸리다. 예배가 아프다고 얼굴을 찡그리고 있었다.

찡긋 어떤 뜻을 남에게 알아채게 하기 위해 자꾸 끔벅이는 모양. 예눈을 찡긋해 보이다. —하다. —거리다.

찢다 ①잡아당기어 둘로 가르다. 예찢어진 종이라고 함부로 버리면 안 된다. ②이곳 저곳에서 끌다.

찧다 절구에 곡식 등을 빻기 위하여 공이로 내리치다.

ㅊ[치읓] 한글 닿소리의 열째 글자.

차¹(次) 어떤 일의 틈을 타서 다른 일까지 하게 됨을 나타내는 말. 예시골 갔던 차에 친구를 찾아보았다.

-차²(次) 횟수·도수를 나타내는 말. 예제2차 세계 대전.

차(車) 온갖 수레. 마차·기차·자동차 따위.

차(差) 견주어서 더하거나 덜한 정도. 분량. 수효.

차(茶) ①차나무의 잎을 물에 달인 음료의 재료. ②차를 달인 물. 녹차·홍차 등.

차갑다[차가우니, 차가워서] ①찬 물건이 살에 닿아 아주 찬 느낌이 나다. 예차가운 손. ②냉정하다. 예차가운 시선.

차곡차곡 물건을 가지런하게 포개거나 겹치는 모양. 예이불은 차곡차곡 개야 한다.

차관(次官) 행정부에서 장관을 돕고 대리할 수 있는 관직.

차관(借款) 다른 나라의 정부나 은행으로부터 필요한 돈을 빌려 쓰는 것. -하다.

차근차근 한 가지 한 가지를 차례차례로 하는 모양. 반엉벙덤벙. 예그는 무슨 일이든지 차근차근 해 나가는 성격을 가지고 있다. -하다.

차다¹ ①가득하다. ②기한이 되다. ③이지러짐이 없이 온전하게 되다. 예달이 차다. ④정한 수효가 모자람이 없이 되다. 예정원이 다 찼다.

차다² ①발로 힘있게 내밀다. 예공을 차다. ②옷 위에 달아 늘어뜨리다.

차다³ ①물체의 온도가 낮다. 예물이 차다. ②기온이 낮다. 예날씨가 차다.

차단(遮斷) 막아서 멈추게 함. 반개통. 예교통이 차단되어 갈 수가 없다. -하다.

차도(車道) 차가 다니는 길. 비차로. 찻길. 반인도.

차도(差度) 병이 조금씩 나아가는 일. 효험이 있는 일.

차돌 ①유리와 같이 광택을 가지며, 무색 투명하게 보이는 광물. 석영. ②야무진 사람의 비유.

차디차다 아주 차다.

차라리 저리하는 것보다 이리하는 것이 오히려 나음을 나타내는 말. 비도리어.

차량(車輛) ①기차의 한 칸. ②여러 가지 수레를 두루 일컫는 말. 예차량 검사.

차려 구령의 하나. 몸과 정신을 바로 차리어 똑바른 자세를 가지라는 뜻.

차례(茶禮) 음력 매달 초하룻날과 보름날·명절날·조상 생일 등의 낮에 지내는 제사.

차례(次例) 순서 있게 벌여 나가는 관계. 비순서.

차례차례 차례를 따라서. 예차례차례 구경하다.

차리다 ①음식을 장만하다. 예저녁상을 차리다. ②기운이나 정신 따위를 가다듬다. ③준비하다. 예여행 갈 준비를 차리다. ④몸치장을 하다. 예옷을 잘 차려 입었다.

차림 차린 모양. 예한복 차림.

차마 어떤 말 위에 어찌할 수 없다는 뜻을 나타내는 말. 예차마 눈 뜨고 못 보겠다.

차멀미 차를 타서 그 흔들림을 받아 메스껍고 어지러워지는 증상. —하다.

차별(差別) ①등급을 가림. ②사람을 대우하는 데 높낮이를 구별함. 비구별. 반평등. —하다.

차분하다 착 가라앉아서 조용하다. 반뜨다.

차서(次序) 차례의 순서.

차양(遮陽) 처마끝에 달아 볕·비 따위를 가리거나 막는, 나무나 생철 따위로 만든 물건.

차이(差異) ①서로 틀림. ②다른 점. 비상이. 반동일.

차이코프스키(Chaikovskii, 1840~1893) 러시아의 국민 음악파 음악가. 작품에는 〈백조의 호수〉·〈호두까기 인형〉·〈비창〉 등이 있음.

차일(遮日) 볕을 가리려고 치는 장막.

차임(chime) 시각을 알리거나 호출용으로 쓰이는 벨의 일종. 예차임벨.

차:입(借入) 돈이나 물건을 꾸어 들임. —하다.

차장(車掌) 차 안의 일을 맡아 보는 사람.

차전놀이(車戰—) 음력 정월 보름날의 민속놀이. 경상 북도 안동에서는 동서 두 패로 나누어 동채에 탄 대장의 지휘 아래 수백 명의 장정이 어깨에 멘 동채를 밀었다 당겼다 하여 동채를 먼저 땅에 닿게 한 편이 이김. 강원도 춘천, 경기도 가평 등지에서는 외바퀴 수레를 밀어 빨리 가는 편이 이김.

차지하다 자기의 소유로 만들다. 예이익을 차지하다.

차질(蹉跌) ①발을 헛디뎌 넘어짐. ②일이 실패로 돌아감. 예계획에 차질이 생기다. —하다.

차차(次次) ①천천히. ②차례대로. 비점점.

차창(車窓) 기차·자동차 따위의 유리창.

차체(車體) 차량의 일부분으로 승객이나 화물을 싣는 부분.

차축(車軸) 바퀴의 굴대.

차츰 ①차차. ②천천히. ③차례대로. 비점점.

차츰차츰 갑작스럽지 않게 조금씩 앞으로 나아가는 모양.

차표(車票) 차를 타기 위하여 일정한 돈을 주고 산 표.

착 잘 달라붙는 모양. 큰척.

착각(錯覺) 잘못 깨닫거나 생각함. 틀린 생각. 예착각을 일으키다. —하다.

착륙(着陸) 비행기가 육지에 내

림. 凹이륙. —하다.
착륙선 우주선에서 떨어져 나와 우주 비행사를 태우고 달에 내려앉는 비행체.
착수(着手) 일에 손을 대어 시작함. 凹완성. —하다.
착실하다(着實—) ①침착하고 충실하다. ②경솔하지 아니하며 진실이 있다.
착오(錯誤) ①착각에 의한 잘못. ②생각과 사실이 일치되지 아니함. 예시대 착오. —하다.
착착(着着) ①사물이 차례로 잘 되어가는 모양. 예착착 이루어지다. ②끈끈하여 몹시 달라붙는 모양. 큰척척.
착하다 착실하고 어질다. 凹악하다. 예놀지 않고 공부를 해서 정말 착하다.
찬:동하다(贊同—) 찬성하여 의견이 같다. 비찬성하다.
찬:란하다(燦爛—) ①눈이 부시다. ②정신이 흘리다. ③빛이 황홀하다. ④광채가 영롱하다. 예아침 해가 찬란하게 빛난다.
찬물 데우거나 끓이지 않은 맹물. 비냉수. 凹더운물.
찬:미(讚美) 아름다운 덕을 기림. —하다.
찬:미가 기독교에서 하느님 또는 예수의 덕을 기리는 노래. 비송가. 찬송가.
찬:부(贊否) 찬성과 반대.
찬:사(讚辭) 칭찬하는 말.
찬:성(贊成) 옳다고 여김. 비동의. 찬동. 凹반대. 불찬성. —하다.
찬:송(讚頌) 아름다운 덕과 행동을 칭찬함. 비칭송. 凹저주. —하다.

찬:송가 하느님이나 예수의 덕을 기리는 뜻으로 부르는 노래. 비찬미가.
찬스(chance) 좋은 기회.
찬:양(讚揚) 아름다움을 칭찬하고 착함을 드러내어 밝힘. 비칭찬. 예공적을 찬양하다. —하다.
찬:연하다(燦然—) 번쩍거리고 빛나다.
찬:장(饌欌) [—짱] 찬그릇이나 음식 등을 넣어 두는 장.
찬:조(贊助) 찬성하여 도와 줌. 예찬조 출연. —하다.
찬찬 꼭꼭 감거나 동여매는 모양. 큰친친.
찬찬하다 ①주의가 깊다. 썩 자세하다. ②일이나 행동이 급하지 않고 편안하며 느리다.
찬찬히 ①말이나 행동을 편안하고 느리게 하는 모양. ②차례를 따라 일을 처리하는 모양. 큰천천히.
찬:탄(讚嘆·贊嘆) 칭찬하고 감탄함. —하다.
찬피 동:물 =냉혈 동물.
찬:합(饌盒) 반찬이나 술안주 따위를 담는 그릇.
찰나(刹那) 몹시 짧은 시간. 비순간. 예건너가려고 망설이는 찰나 빨간 신호등이 켜졌다.
찰싹거리다 잔 물결이 부딪치는 모양이나 그 소리. 예잘싹거리다. 큰철썩거리다.
찰찰이 불찰이다〈속〉 지나치게 살펴보는 것이 오히려 살피지 않음만 못하다.
찰찰하다(察察—) 썩 자세하다.
찰흙 이기면 끈기가 있어서 차진 흙.

참[1] ①거짓이 없음. ②옳고 바른 일. 비진리. 반거짓.

참[2] 까맣게 잊었던 일이 문득 생각나거나 느낌이 극진할 때, 감탄을 품은 '참말로'와 같은 뜻으로 쓰이는 말.

참가(參加) 어떠한 모임이나 단체에 참여함. 반불참. 예서울에서 열린 제24회 올림픽은 무려 160개 국가가 참가한 세계적인 제전이었다. —하다.

참견(參見) 남의 일에 간섭함. 비간섭. —하다.

참경(慘景) ①딱한 모습. ②슬프고 참혹한 광경.

참고(參考) ①이것저것 맞추어 가며 생각함. ②공부에 도움이 됨. 비참조. 예어린이의 말이라도 참고로 삼을 것이 많다. —하다.

참고서 참고가 되는 책.

참관(參觀) 어떤 곳에 참가하여 봄. 예올림픽 경기를 참관하다. —하다.

참기름 참깨로 짠 기름.

참나무 잎과 꽃은 밤나무 비슷하고 열리는 열매는 도토리라 하는, 산에 나는 큰 나무.

참나물 미나릿과에 딸린 여러해살이 풀. 산의 나무 그늘에서 나며 향기가 있음.

참:다[—따] ①억지로 견디다. ②될 때까지 기다리다. 비인내하다. 견디다.

참담하다(慘憺—) ①보기에 끔찍하다. ②비참하다. ③앞이 캄캄하다. ④마음이 상하다.

참대 대나무 이름. 우리 나라 남쪽에서 많이 심는 대의 한 가지로 순은 먹음.

참되다[—뙤—] 거짓이 없다. 비진정하다. 반거짓되다. 예열심히 공부하여 이 나라의 참된 일꾼이 되자.

참뜻 거짓이 없는 참된 뜻. 비진의. 예너의 참뜻을 알았다.

참말 거짓이 없는 말. 참된 말. 비정말. 진담. 반거짓말.

참모(參謀) ①일의 계획·전술·작전 등을 짜고 지도하는 일. 또는 그 일을 맡은 사람. ②군에서 인사·작전·정보 등의 계획을 맡아보는 장교. 예작전참모. —하다.

참빗 빗살이 가늘고 고운 대빗. 반얼레빗.

참빗으로 훑듯〈속〉 샅샅이 뒤져 내는 모양.

참상(慘狀) 참혹한 형상. 보기에 끔찍한 모양. 예차마 볼 수 없는 전쟁의 참상.

참새 인가의 처마끝에 집을 짓고 사는 새. 몸 빛은 다갈색, 부리는 검고, 발톱은 누름.

참새가 방앗간을 그냥 지나랴〈속〉 욕심이 많은 사람이 이로움을 보고 그냥 지나쳐 버릴리 없다.

참새가 죽어도 짹한다〈속〉 아무리 약한 사람이라도 너무 괴롭히면 대든다.

참새를 까 먹었다〈속〉 잔소리를 몹시 재잘거린다.

참석(參席) 모임의 자리에 나아감. 비참가. 출석. 반불참. —하다.

참숯 참나무 등으로 구운 숯.

참:신(斬新) 처음 이루어져 가장 새로움. 반진부. 예참신한 디자인. —하다.

참여(參與) 참가하여 관계함. 비 참가. 예우리 나라 국민들은 선거를 통하여 나라의 정치에 참여하고 있다. —하다.

참외 박과의 일년생 식물. 잎은 호박잎 같고 꽃은 누르며, 길둥근 열매가 열리는데, 열매는 단맛이 있음.

참외밭 참외를 심은 밭.

참으로 진실로. 비정말로. 예오늘은 참으로 날씨가 좋습니다.

참을성[—썽] 참는 성질.

참의원(參議院) 5·16 군사 정변 중에 있었던 국회의 양원 중의 하나. 반민의원.

참작하다(參酌—) ①참고하여 헤아리다. ②생각하여 보다.

참정권(參政權)[—꿘] 국민의 3대 기본권의 하나로, 나라의 정치에 참여할 수 있는 권리.

참조(參照) 참고로 맞대어 봄. 비참고. —하다.

참판(參判) 조선 시대 6조의 판서 다음가는 벼슬로 지금의 차관급에 해당되는 관직.

참패(慘敗) ①여지없이 짐. ②참혹하게 실패함. 반대승. —하다.

참:형(斬刑) 목을 베어 죽이는 형벌. 예죄인을 참형에 처하다. —하다.

참형(慘刑) 끔찍하고 참혹한 형벌.

참혹(慘酷) ①보기에 끔찍함. ②썩 불쌍함. ③매우 비참함. 비무참. 예높은 건물에 불이 나서 참혹하게 죽은 사람이 많았다. —하다.

참회(懺悔) 자기가 지은 죄를 뉘우치어 신이나 못사람 앞에 용서를 비는 일. —하다.

참흙[—흑] 진흙과 모래가 알맞게 섞여서 농작물을 가꾸는 데 알맞은 흙.

찹찹하다 ①많이 쌓인 물건이 잠이 자서 엉성하지 않다. ②마음이 가라앉아 조용하다.

찻간(車間) 기차나 전차의 사람이 타게 되어 있는 곳. 예그를 찻간에서 만났다.

찻종(—鍾) 차를 담아 마시는 그릇.

창(槍) 옛날 사람이 전쟁 때 사람을 찌르던 무기의 하나. 긴 막대기 끝에 칼 모양으로 생긴 쇠가 달렸음.

창(窓) 채광이나 통풍을 위하여 지붕 또는 벽에 뚫어 놓은 문. 본창문.

창가[—까] 창 가까운 곳.

창:가(唱歌) 곡조에 맞추어 노래함. 또는 그 노래. —하다.

창:간(創刊) 신문이나 잡지를 처음으로 펴냄. 반폐간. 예창간호. —하다.

창고(倉庫) 물건을 쌓아 두느라고 지은 집. 비곳간. 곳집.

창공(蒼空) 맑게 개어 새파란 하늘. 비하늘.

창구(窓口) 사무실에서 바깥 손님을 상대하여 돈이나 문서 따위를 주고받는 곳. 예은행의 창구.

창:극(唱劇) 우리 나라 고유의 음악인 창에 의한 민속극.

창:립(創立) 처음으로 베풀어 세움. 예창립 기념일. —하다.

창문(窓門) 공기나 빛이 들어올 수 있도록 만든 작은 문. 준창. 예창문을 닫다.

창백하다(蒼白—) 얼굴빛이 희고 푸르다. 핼쑥하다.
창살[—쌀] 창문에 가로 세로 지른 가는 나무 오리.
창:설자(創設者)[—짜] 처음으로 만들어 세운 사람. 창립자.
창:의(創意) 새로 의견을 생각해 냄. 또, 그 의견. —하다.
창자샘 작은창자의 안벽 융털 사이에 많이 퍼져 있는 창자액을 내는 샘.
창자액 작은창자의 창자샘에서 나오는 소화액. 창자액은 다른 소화액이 소화시키지 못한 것을 모두 소화시킴. 비장액.
창:작(創作) ①처음 만드는 것. ②어떤 감흥을 받아 문예·그림·음악 등의 예술품을 만들어 냄. 반모방. —하다.
창:제(創製) 처음으로 만들어 제정함. 예훈민정음을 창제하시다. —하다.
창:조(創造) 처음으로 만들음. 비창작. 반모방. 예열심히 연구하여 새로운 문화를 창조하자. —하다.
창창하다(蒼蒼—) ①아득하다. ②멀다. 예어린이는 앞길이 창창하다. ③빛이 썩 푸르다.
창칼 ①여러 가지 작은 칼의 총칭. ②찬칼.
창파(滄波) 푸른 물결.
창포(菖蒲) 잎은 길고 연둣빛 꽃이 피는 여러해살이 풀로 관상용임.
창피하다 ①부끄럽다. ②모양이 사납다.
창호지(窓戶紙) 문에 바르는 재래식 종이의 한 가지.
찾다 ①어디 있는지 모르는 것을 얻어 내려고 뒤지거나 살피다. 예단어를 사전에서 찾다. ②있는 곳을 알려고 하거나, 불러서 오게 하다. 예전화로 찾다. ③모르는 것을 알아내거나 밝혀 내다. 예원인을 찾다. ④잃거나 빼앗겼던 것을 도로 얻어 내다. 예권리를 찾다. ⑤맡긴 물건을 도로 가져오다. ⑥만나러 오거나 가다. 비구하다. 반잃다. 예웃어른을 찾아가다.
채[1] 그대로. 그 모양대로. 예나는 너무나 피곤해서 옷을 입은 채 방바닥에 쓰러져 잠이 들어 버렸다.
채[2] ①'채찍'의 준말. 예팽이채. ②북·장구 따위를 쳐서 소리를 내는 도구. 예북채.
채[3] 집이나 큰 기구의 덩이를 세는 데 쓰는 말. 예집 한 채.
채[4] 어떠한 정도에 아직 미치지 못한 꼴. 예채 익지 않은 감.
채[5] 무·오이 같은 것을 가늘고 잘게 써는 것. 예오이채.
채:광(採光) 건축물에 창 따위를 내어 빛을 받아들임. 예채광이 좋은 방. —하다.
채:권(債券) 채무를 증명하는, 재산권을 표시한 증권.
채:권(債權) 빚 받을 권리.
채:다[1] ①걷어참을 당하다. ②중간에서 빼앗기다.
채:다[2] ①빨리 짐작하다. 예눈치를 채다. ②값이 좀 오르다. 예물가가 약간 채다.
채:도(彩度) 색의 3요소의 하나. 색의 뚜렷하고 희미한 정도. 순도라고도 함.
채롱(—籠) 싸릿개비로 엮어 만

채마밭 든 운두가 높은 그릇.
채:마 밭(菜 圃—) 채소를 심는 밭.
채:무(債務) 남에게 얻어 쓴 돈. 凰빚. 예채무 불이행. 〔채 통〕
채반 싸리 같은 것을 엮어서 만든 납작하고 울이 없는 그릇.
채반이 용수가 되게 우긴다(속) 사리에 맞지 않는 제 의견만 고집한다.
채비(—備) 갖추어 차림. 또는 그 일. 凰준비. 예여행 갈 채비를 하고 있다. —하다.
채:색(彩色) 그림에 색을 칠함. —하다.
채:석장(採石場) 건축 등 여러 가지 공사에 쓰일 돌을 깨어 내는 곳.
채:소(菜蔬) 온갖 푸성귀.
채:송화(菜松花) 여름에서 가을에 걸쳐 자주·분홍·노랑·하양 등 여러 가지 빛깔의 다섯 잎 꽃이 햇빛을 받아서 피고 오후에 시드는 꽃.
채:용(採用) ①사람을 골라서 씀. ②채택하여 씀. —하다.
채우다 ①자물쇠를 잠그다. ②상하기 쉬운 물건을 찬물·얼음에 넣어 두다. 예수박을 얼음에 채워서 먹으니 시원하구나. ③옷 위에 물건을 매달아 주다. ④가득하게 만들다. ⑤모자라는 것을 보태다.
채:집(採集) 잡아서 모음. 찾아서 모음. 캐어 모음. 凰수집. —하다.
채쩍 나무나 댓가지 끝에 끈을 매어 말이나 소를 모는 데 쓰는 회초리.
채쩍질 ①채찍으로 치는 짓. 예달리는 말에 더욱 채찍질을 하였다. ②엄하게 가르쳐 격려하는 일. —하다.
채:취(採取) 찾아서 캐내거나 뜯어냄. —하다.
책(冊) ①종이에 인쇄하여 꿰매어 놓은 것. ②서적·공책·장부 따위. 凰서적. 도서.
책가방 책을 넣어 가지고 들거나 메고 다니게 된 물건.
책갈피 책의 낱장과 낱장과의 사이. 예책갈피에 끼워 놓은 시간표.
책꽂이 책을 세워 꽂아 두는 장치. 凰서가.
책망하다(責望—) 허물을 들어 꾸짖다. 凰나무라다.
책벌레 책 읽는 것을 너무 좋아하는 사람을 빗대어 쓰는 말.
책보(冊褓) 책을 싸는 보자기.
책사(冊肆) 책을 파는 가게. 凰책방. 서점.
책상(冊床) 책을 올려놓고 공부하는 상.
책임(責任) 맡아서 꼭 해야 할 일. 凰의무. 凮무책임.
책임자 무슨 일을 주장이 되어 맡아보는 사람.
책장(冊張) 책의 낱낱의 장. 예책장을 넘기다.
책장(冊欌) 책을 넣어 두는 장. 예책장 안에 책이 많이 꽂혀 있습니다.
챔피언(champion) ①전사. 선수. ②선수권을 가진 사람. 우승자.
챙기다 ①빠짐없도록 갖추어 간수하다. 예장롱 속의 옷을 챙기다. ②어떤 일에 소용되는 물건을 찾아 한데 모으다. 예등산 도구를 챙기다.
처(妻) =아내.
처남(妻男) 아내의 남자 형제. 반매부.
처:녀(處女) 아직 시집가지 아니한 여자. 반총각.
처량하다(凄涼—) ①거칠고 황폐하여 쓸쓸하다. ②구슬프다. 비처절하다. 반유쾌하다. 예처량한 신세.
처럼 거의 같다는 뜻을 나타내는 말. '같이'와 같음. 예선생님은 어머니처럼 정다운 분입니다.
처:리(處理) 일을 다스림. 일을 끝냄. 비처치. 처분. —하다.
처마 지붕의 서까래 끝이 내민 곳. 비추녀.
처매:다 끈으로 잡아매다. 비동여매다.
처:벌(處罰) 형벌에 처함. 벌을 줌. 비처형. 예도둑놈은 잡아서 처벌해야 한다. —하다.
처:분(處分) 명령을 내리거나 일을 처리함. 비처리. 예행정 처분. —하다.
처:세(處世) 이 세상에서 살아감. —하다.
처:세술 이 세상에서 원만히 살아 나가는 수단이나 방법.
처음 ①일이 일어나는 근본. ②시작. ③첫번. ④먼저. ⑤비로소. 비최초. 시초. 시작. 애초. 반나중. 끝. 마지막. 예삼년 만에 처음으로 만난 친구.
처자(妻子) 아내와 자식.
처절하다(悽絶—) 참혹하리만큼 구슬프다. 비처량하다.

처:지(處地) ①서로 사귀어 지내는 관계. ②지위 또는 신분. ③그때에 당한 자리. =입장. 비경우.
처:지다 ①바닥으로 잠기어 가라앉다. ②동아리에서 뒤떨어져 남다. 예모두 가고 나만 처지다. ③팽팽했던 것이 아래로 늘어지다. 예전깃줄이 처지다.
처참(悽慘) ①불쌍함. ②슬픔. ③보기에 끔찍함. 예처참한 광경. —하다.
처:치하다(處置—) ①일을 처리하여 마감하다. ②다루다. 비처리하다.
처:칠(Churchill, 1874~1965) 영국의 수상으로 제2차 세계 대전을 승리로 이끈 정치가. 그림과 문장에도 뛰어나 〈2차 대전 회고록〉으로 1953년 노벨 문학상을 받았음.
처:하다(處—) ①어려운 처지를 당하다. 예어려움에 처하다. ②어떠한 형벌을 주다. 예사형에 처하다.
처:형(處刑) 형벌에 처함. 비처벌. —하다.
척¹ 체. 예잘난 척한다.
척² ①빈틈 없이 잘 들어붙는 모양. 작착. 예척 들어붙는 옷. ②서슴지 않고 선뜻 행하는 모양. 예돈을 척 내놓다.
척:³ 몹시 늘어지거나 휘어진 모양. 예피곤하여 몸이 척 늘어지다.
척(隻) 배의 수효를 세는 말.
척도(尺度) 자. 자로 잰 길이.
척주(脊柱) 등골뼈가 죽 이어진 곳. 비등마루. 척추.
척척 ①끈끈하여 몹시 달라붙는

모양. ②차례대로 거침없이 잘 되어 가는 모양. 예그는 산수 문제를 척척 푼다. —하다.

척화비(斥和碑) 조선 고종 때 병인양요·신미양요를 치른 후, 서양인을 배척하기 위하여 서울 종로 네거리를 비롯하여 전국 각지에 세운 비석.

척후(斥候) 적군의 형편 또는 지형 따위를 엿봄. —하다.

천: 옷·이불 따위의 감이 되는 피륙. 비헝겊.

천(千) 백의 열 곱절.

천:**거하다**(薦擧—) ①재주가 뛰어난 사람을 추천하다. ②택하다. 뽑다.

천공(天工) ①하늘의 조화로 이루어진 재주. ②자연의 작용. 반인공.

천국(天國) ①세상에서 가장 살기 좋은 나라. 예지상 천국. ②죽은 후에 갈 수 있다고 하는, 영혼이 영원히 축복받는 나라. 비천당. 반지옥.

천냥(千兩) 매우 많은 돈.

천냥 빚도 말로 갚는다〈속〉 사람을 사귀는 데 있어 말솜씨가 중요하다는 말.

천당(天堂) 기독교에서 사람이 죽은 뒤에 죄가 없는 영혼이 간다고 하는 상상의 세계. 비천국. 반지옥.

천:**대**(賤待) ①업신여기어 푸대접함. ②낮게 보아 예로써 대우하지 아니함. 함부로 다룸. 반우대. —하다.

천:**도**(遷都) 서울을 다른 곳으로 옮김. —하다.

천도교(天道敎) 수운 최제우가 시작한 종교로, 유교·불교· 도교·기독교의 모든 요소를 가미하였음.

천동 공중에서 방전으로 말미암아 일어나는 소리. 비우레.

천:**량** 재물과 양식. 비재산.

천렵(川獵) 냇물에서 물고기를 잡는 일. —하다.

천륜(天倫) 부자·형제 사이에 마땅히 지켜야 할 도리.

천리(千里) 아주 멀고 먼 길.

천리 길도 한 걸음부터〈속〉 아무리 큰일이라도 처음 시작은 작은 것이니 착실히 해야 된다는 말.

천리마(千里馬) 하루에 천리를 달릴 만한 썩 좋은 말.

천리마 운:**동**[철—] 공산당이 북한 동포에게 강제 노동을 시키기 위해 짜낸 계획.

천리 장:**성**[철—] 고려 덕종 때 유소에게 명하여 쌓게 한 천여 리의 긴 성벽. 거란과 여진족의 침입에 대비하여 쌓았음.

천막(天幕) 천으로 비나 따가운 햇볕을 가리기 위하여 한데 치는 장막. 텐트.

천만에 아주 그렇지 않다고 반대할 때 쓰는 말. 예천만에, 별 말씀을 다 하십니다.

천만의 말씀 합당하지 않은 말이란 뜻. 사실과는 틀리는 이야기.

천문(天文) 하늘·별·달 등에서 일어나는 일을 연구하는 학문. 본천문학.

천문 관측 하늘에서 일어나는 여러 가지 현상들을 자세히 살피는 일.

천문학 천체에 대하여 연구하는 학문. 해·달·별 등의 본바탕·운동·크기 등에 대하여 관찰·연구하는 학문. ㊀천문.

천:박하다(淺薄—) ①얕고 엷다. ②아는 것이 적다. ③말이나 행동이 고상하지 못하고 천하다. ㊡고상하다. ㊀인격이 천박하다.

천벌(天罰) 하늘이 내리는 벌.

천변(川邊) 냇가.

천부인(天符印) 하늘의 아들임을 밝히는 거울·칼·방울의 증표.

천사(天使) ①하늘에서 내려온 사람. ②아름답고 어진 여자. ㊁선녀. ㊡악마.

천성(天性) 본래부터 타고난 성질. =천품. ㊀그는 천성이 양전하다.

천신 만:고(千辛萬苦) ①갖은 괴로움. ②갖은 애를 쓰고 고생함. —하다.

천야만야하다 천 길 만 길이 되는 듯 까마득하게 높거나 깊다. ㊀천야만야한 낭떠러지.

천연(天然) ①본래의 성질. ②인공을 더하지 아니한 상태. ㊁자연. ㊡인공.

천연 가스 유전 지역이나 탄광 지역의 땅에서 분출되는 자연성 가스. 메탄가스·프로판가스 등.

천연 기념물 드물고 귀하여 나라에서 특별히 법으로 정하여 보호하는 동물·식물·광물.

천연덕스럽다 =천연스럽다.

천연두 몸에 열이 나고 두통이 생기는데, 잘못하면 얼굴이 얽게 되는 돌림병.

천연색 자연 그대로의 빛깔.

천연스럽다 거짓이 없이 끄덕않는 태도가 있다. =천연덕스럽다. ㊀천연스러운 표정으로 이야기를 계속했다.

천연 자:원 자연에서 얻는 모든 자원.

천자(天子) 임금. 황제.

천자문(千字文) 옛날 한문을 처음 배울 때 쓰는 교과서.

천장(天障) 마루의 위 되는 곳. ㊁보꾹.

천재(天才) ①타고난 재능. ②뛰어난 재주. ㊡둔재. ㊀천재 화가 피카소. 〔천장〕

천재(天災) 자연의 재앙. 곧, 지진·홍수·태풍 따위.

천주교(天主敎) 기독교의 한 갈래로서 로마 교황이 다스림.

천지(天地) ①하늘과 땅. ②우주. ③세상. ㊁천하. 우주.

천지(天池) 백두산 꼭대기의 화산이 터진 구멍에 물이 괴어서 이루어진 호수.

천지 신명(天地神明) 하늘과 땅에 있는 모든 신령.

천직(天職) ①타고난 임무. ②자연으로 몸에 갖춘 의무. ③사람으로서 하여야 할 일.

천진(天眞) 꾸밈이 없고 참됨. —하다.

천진스럽다 거짓 꾸밈이 없고 참되다.

천천히 ①말이나 행동을 느리게 하는 모양. ②차례를 따라 일을 처리하는 모양. ㊁느리게. 서서히. ㊡빨리. 속히. 얼른.

천체(天體) 해·달·별 등 우주에 존재하는 물체의 총칭.

천추(千秋) 긴 세월.

천치(天癡) 어리석고 못난 사람. 비바보. 백치.
천품(天稟) =천성.
천하(天下) 하늘 아래의 온 세상. 비천지.
천:하다(賤—) ①생긴 모양이나 말과 행동이 정도가 낮다. 예천한 말씨. ②물건이 너무 많고 흔하여 귀중하지 않다. 예금반지도 천해졌다. ③사회 계급으로 보아 신분이 낮다. 예천한 직업.
천행(天幸) 하늘이 준 행운. 하늘이 보살펴 주어 일이 좋게 됨. 비만행. 다행. 예천행으로 살아나다.
천후(天候) =기후.
철¹ ①때. ②시기. ③시절. ④절기. 계절.
철² 사물을 분별하는 힘. 예나이는 먹었어도 철이 없다.
철(鐵) ①쇠. ②쇠를 가늘고 길게 만든 줄.
철 가루[—까—] 가루 모양의 철. 모래 속에 섞여 있음.
철갑선(鐵甲船) 쇠로 거죽을 감은 싸움에 쓰는 배.
철관(鐵管) 쇠로 만든 둥글고 속이 비어 있는 대롱.
철광(鐵鑛) 철을 파내는 곳.
철교(鐵橋) 쇠로 놓은 다리.
철금(鐵琴) 실로폰의 생김새와 비슷한 타악기의 하나.
철기 시대(鐵器時代) 청동기 시대보다 더 진보한 단계로서, 단단한 철로 된 쇠붙이로 연모를 만들어 쓰던 시대.
철나다 사리를 분별하는 힘이 생기다. =철들다.
철도(鐵道)[—또] 땅 위에 두꺼운 쇠줄을 깔고 그 위로 기차가 다니게 한 설비. 비철로.
철두 철미(徹頭徹尾) 처음부터 끝까지 철저함. —하다.
철들다 =철나다.
철렁 넓고 깊은 곳에 괸 물이 움직이는 소리. —하다.
철로(鐵路) 철도. 레일. 비기찻길. 예철로를 깔다.
철망(鐵網) ①철사로 그물같이 얽은 것. ②사람의 통행을 막기 위하여 나무를 박고 그 위에 가시철을 드문드문 걸어 박은 것. 본철조망.
철매 ①연기 속에 섞여 나오는 검은 가루. ②부엌·연통 따위의 검은 가루.
철면피(鐵面皮) 부끄러운 줄을 모르는 뻔뻔한 사람.
철모(鐵帽) 전투할 때에 쓰는 쇠로 만든 모자.
철물 장수(鐵物—) 쇠붙이를 파는 장수.
철바람 춘하추동의 계절을 따라서 일정한 시기에 일정한 방향으로 부는 바람. 비계절풍.
철벅철벅 얕은 물 위를 자꾸 밟는 소리. —하다.
철봉 운:동(鐵棒運動) 힘살과 관절을 주로 움직여 몸을 철봉에 지탱하면서 동작을 이루는 기계 체조.
철부지(—不知) 철이 없는 어리석은 사람.
철사(鐵絲)[—싸] 쇠로 가늘고 길게 만든 줄. 비철선.
철새[—쌔] 철을 따라 이리저리 자리를 옮겨 사는 새. 비후조. 반텃새.
철석(鐵石)[—썩] 쇠와 돌.

철없다 사리를 분별할 만한 지각이 없다.

철원 평야(鐵原平野) 강원도 철원군에 있는 넓은 들.

철의 삼각 지대(鐵—三角地帶) 6·25 전쟁 때의 격전지였던 김화·철원·평강을 연결하는 산악 지대.

철의 장막 쇠로 만든 장막을 쳤다는 뜻으로 소련을 가리킴.

철자법(綴字法)[—짜뻡] 자모를 서로 맞추어 글자를 만드는 법. 団맞춤법.

철재(鐵材)[—째] 철의 재료. 공업용으로 쓰이는 무쇠 재료.

철저하다(徹底—)[—쩌—] ①속 깊이 들어가다. ②맨 끝까지 하다. ③어디까지나 파고들다. 예철저한 연구.

철쭉 진달래꽃보다 좀 짙은 빛의 고운 꽃이 피는 낙엽 관목.

철책(鐵柵) 쇠로 만든 말뚝 같은 것을 죽 벌여 박은 울.

철칙(鐵則) 고치거나 어길 수 없는 굳은 규칙.

철퇴(撤退) 거두어 가지고 물러감. —하다.

철판(鐵板) ①널빤지 같은 쇠. ②얇고 넓은 쇠.

철폐하다(撤廢—) 폐지하다. 그만두다.

철필(鐵筆) ①펜. ②끝이 뾰족한 등사판용의 쇠로 만든 붓. ③도장을 새기는 새김칼.

철학자(哲學者) 자연이나 인생 및 지식의 근본이 되는 이치를 연구하는 사람.

첨단(尖端) ①뾰족한 끝. ②시대·유행에 앞서는 일. ③사물의 앞을 걷는 일.

첨부(添附) 덧붙임. —하다.

첨삭(添削) 글을 보태고 깎고 고침. —하다.

첨성대(瞻星臺) 신라 때에 천문을 관측하기 위하여 만든 대. 동양에서 가장 오래 된 천문대로서 경주에 있음.

첨지(僉知) 나이 많은 이를 일컫는 말. 예김 첨지.

첨탑(尖塔) 뾰족한 탑.

-첩(帖) 사진·그림·쪽지 따위를 붙이기 위하여 맨 책의 뜻. 예사진첩. 그림첩.

첩(貼) 약봉지에 싼 약을 세는 말. 예약 한 첩.

첩첩(疊疊) ①거듭 쌓임. 겹겹이 쌓임. ②산이 깊음. 예첩첩 산중. —하다.

첫 맨 처음.

첫눈 그 해 겨울에 처음 오는 눈.

첫딸 처음으로 낳은 딸.

첫마디[천—] 맨 처음으로 하는 말의 한 마디.

첫말 첫마디로 내는 말. 빤끝말.

첫새벽 날이 밝기 시작하는 이른 새벽. 동틀 때.

첫 손가락을 꼽다 제일 으뜸이 되다. 첫째가 되다.

첫아들 처음으로 낳은 아들.

첫여름[천녀—] 여름의 처음. 빤늦여름.

첫인사[처딘—] 처음으로 하는 인사. —하다.

첫째 처음 되는 차례.

청(請) 무슨 일을 되게 하여 주기를 남에게 부탁하는 일. 비부탁. —하다.

청강(淸江) 맑게 흐르는 강.

청개구리 등은 파랗고 배는 희고 다리에는 갈색 무늬가 있는 개구리로서, 비가 오려고 할 때 나뭇가지 같은 데서 욺.

청결(淸潔) 맑고 깨끗함. 凹불결. 몐청결한 위생복. —하다.

청과물 시:장(靑果物市場) 무·배추 등의 채소와 사과·배 같은 과일을 팔고 사는 시장.

청구(請求) 달라고 요구함. 몐물품 청구. —하다.

청구(靑丘) 옛날 중국에서 우리 나라를 가리키던 말.

청구영:언 김천택이 시조 천여 수를 모아 엮어 놓은 책.

청국(淸國) =청나라.

청나라 중국에 있던 나라 이름. =청국.

청년(靑年) 젊은 사람. 凹청춘. 凹노년. 노인. 몐착실한 청년 실업가.

청년 시대 젊은 시절.

청담(晴曇) 날씨의 맑음과 흐림.

청대콩 덜 익어 아직 물기가 있는 콩.

청동(靑銅) 구리에 주석을 섞어 녹여서 만든 합금.

청동기 시대 석기 시대보다는 발달되어 청동을 써서 연모를 만들어 쓰던 시대.

청량(淸涼) 맑고 서늘함. 몐청량제. —하다.

청량 음료 탄산가스가 들어 있어 마시면 시원한 쾌감을 주는 음료수의 총칭. 콜라·사이다 따위.

청렴 결백(淸廉潔白) 욕심이 없고 마음이 깨끗함. —하다.

청렴하다 마음이 깨끗하고 탐내는 마음이 없다. 凹탐오하다.

청명하다(淸明—) 날씨가 맑고 밝다.

청무 푸른 무.

청사(靑史) =역사.

청사진(靑寫眞) ①선이나 글자, 물체의 모양 등이 청색 바탕에 흰색으로 나타나도록 한 사진. ②건물이나 기계의 설계도. ③계획이나 구상.

청산리 싸움[—살—] 1920년 만주의 청산리에서 김좌진 장군이 이끄는 독립군이 일본군을 크게 무찔러 이긴 싸움.

청산 별곡(靑山別曲) 고려 가요의 하나.

청산하다(淸算—) 셈이나 일 따위를 깨끗이 처리하다. 몐방랑하던 떠돌이 생활을 청산하고 집에 돌아왔다.

청소(淸掃) 비로 쓸고, 걸레로 닦고 하여 깨끗이 치움. 凹소제. —하다.

청소:년(靑少年) 청년과 소년. 나이 어린 사람. 젊은이.

청소함 비·걸레·양동이 등의 청소 용구를 넣어 두는 상자.

청승맞다 궁상스럽고 처량한 태도가 있다.

청신하다(淸新—) 깨끗하고 신선하다. 산뜻하다.

청아하다(淸雅—) 맑고 깨끗하다. 맑고 아름답다. 몐청아한 미소.

청어(靑魚) 청어과의 바닷물고기로 몸 길이 35cm. 가을에서 봄에 걸쳐 잡히며, 맛이 썩 좋음. 생선은 '비웃', 말린 것은 '관목'이라 함.

청우계(晴雨計) 대기의 압력,

청운교 곧 기압에 의하여 날씨가 맑거나 비가 올 것을 미리 알아보게 하는 기계.

청운교(靑雲橋) 불국사의 대웅전으로 올라가는 돌층층대의 아랫부분.

청원(請援) 어떤 일을 도와 주기를 바람. —하다.

청원(請願) 어떤 허가를 내주기를 바람. —하다.

청·일 전:쟁(淸日戰爭) 조선조 말, 고종 31년(1894) 동학 농민 운동이 일어나 우리 나라 정부에서 청국에 구원병을 청하자, 일본도 천진 조약에 의하여 동시 출병하게 되어 일어난 청국과 일본과의 전쟁.

청자(靑瓷·靑磁) 고려 때 만든 푸른 빛깔의 자기.

청자 상감 푸른빛의 청자에다 여러 가지 도안과 무늬를 새겨 다른 빛깔을 낸 자기.

청중(聽衆) 강연이나 설교를 듣는 무리.

청진기(聽診器) 환자의 살갗에 대어 몸 안의 소리를 듣는 의료 기구.

청천강(淸川江) 지금의 평안 북도와 평안 남도 사이를 흐르는 강. 옛날 이름은 살수.

청청하다(靑靑—) 푸른빛이 매우 산뜻하다.

청춘(靑春) ①젊은 나이. ②젊은 시절. ③인생의 봄. 비청년. 예청춘 남녀.

청취(聽取) 말·음악·라디오 등을 자세히 들음. —하다.

청컨대 바라건대. 원컨대.

청패(靑貝) 속껍질이 푸른빛을 띠는 삿갓 모양의 작은 조개. 자개의 재료로 많이 쓰임.

청포(靑泡) 물에 불려 껍질을 벗긴 녹두를 맷돌에 곱게 갈아서 쑨 묵. 녹두묵.

청풍(淸風) 맑게 부는 바람.

청하다(請—) ①구하다. ②바라다. ③부르다. ④초대하다.

청혼(請婚) 결혼하기를 청함. 예청혼을 받아들이다. —하다.

체[1] 그럴 듯하게 꾸미는 거짓 태도. 비척. 예잘난 체.

체[2] 가루를 치는 데 쓰는 기구.

체(滯) 먹은 것이 잘 삭지 아니하고 위 속에 답답하게 처져 있음. 비체증. —하다.

체격(體格) 몸의 생김새나 뼈대의 모양.

체결하다(締結—) ①계약이나 조약을 맺다. ②얽어서 매다.

체경(體鏡) 온몸이 비치는 큰 거울.

체계(體系) 낱낱이 계통이 서고 통일하는 조직. 또는, 그것을 구성하는 각 부분을 계통적으로 통일한 전체. 예체계 있는 학문.

체력(體力) 몸의 힘. 몸의 작업 능력. 예강인한 체력.

체면(體面) ①남을 대하는 면목. ②낯. ③모양.

체법(體法) 글자 모양과 글씨 쓰는 법.

체신부(遞信部) '정보통신부'의 이전 이름.

체온(體溫) 동물의 몸의 온도로서, 사람의 체온은 보통 섭씨 37도 전후.

체온계 사람의 몸의 온도를 재어 보는 기구.

체육(體育) 신체의 발달·단련

체육관 여러 사람이 모여서 운동을 할 수 있게 만든 건물.
체인지(change) ①변화. 변경. ②교환. 교체. —하다.
체적(體積) 입체가 차지하는 공간의 크기. 비부피.
체전(體典) 체육 대회. 예전국 체전.
체조(體操) 몸의 발달을 돕고 동작을 민첩하게 하기 위하여 하는 운동.
체중(體重) 몸의 무게.
체증(滯症) 음식이 체하여 소화가 잘 안 되는 증세. 비체.
체질(體質) 타고난 몸의 바탕. 몸의 성질.
체첩(體帖) ①모범이 될 만한 필법. ②글씨를 쓰는 본보기.
체크(check) ①대조. 검사. ②바둑판 모양의 무늬. —하다.
체포하다(逮捕—) 죄인을 쫓아가서 잡다.
체하다(滯—) 먹은 음식이 소화되지 않고 위 속에 걸리다.
체험(體驗) 몸소 경험함. 또는 그 경험. 비경험. —하다.
첼레스타(이 celesta) 피아노와 비슷하게 생겼으며 철금과 같이 건반을 때려서 쇳조각의 소리를 내는 타악기와 건반 악기를 겸한 악기.
첼로(cello) 바이올린계의 큰 현악기로 저음이며 무릎 사이에 끼우고 연주하는 악기.
쳇 못마땅하거나 아니꼬울 때 또는 원통하여 탄식할 때 내는 소리.
쳐:다보다 ①위를 향하여 보다. ②우러러보다. 비바라보다. 반내려다보다.
쳐:들다 위로 들어 올리다. 반숙이다.
쳐부수다 쳐서 무찌르다.
초 불을 켜는 데 쓰는 물건.
초(秒) 시간의 단위로서 1분의 1/60.
초(醋) 조미료의 하나로 시고 단맛이 나는 액체.
초가(草家) 짚으로 지붕을 이은 집. 반와가.
초가을(初—) 초기의 가을. 반늦가을.
초가집 이엉으로 지붕을 이은 집. 반기와집.
초겨울 초기의 겨울.
초과(超過) 일정한 한도나 수를 넘음. 예예산 초과. —하다.
초기(初期) 맨 처음으로 비롯되는 시기. 반말기.
초년 고생은 사서도 한다〈속〉 초년에 고생을 겪은 사람이라야 세상 사리에 밝고 경험이 많아서 복을 누릴 수 있으므로 그 고생을 달게 받아야 한다.
초당(草堂) 한적한 곳에 지어 놓은 초가집.
초당 삼간이 타도 빈대 죽는 것만 시원하다〈속〉 비록 큰 손해를 보더라도 마음에 들지 않거나 저를 괴롭히던 것이 없어져서 속이 후련하다.
초대(初代) ①처음 대. ②첫번째. 비제1대.
초대(招待) 손님을 오라고 청하여 대접함. 비초청. —하다.
초대장[—짱] 어떤 모임에 오라고 부르는 편지. 비초청장. 예친구의 생일 초대장을 받고도 가는 것을 깜빡 잊었구나.

초등(初等) 맨 처음의 등급.
초등 학교 공부할 나이가 된 아동들에게 초등 교육을 가르치는 학교로 수업 연한은 6년임.
초라하다 ①겉모양이 허술하여 보잘것없다. 비허술하다. 반화려하다. 예초라한 옷차림새. ②생생한 기운이 없다.
초로(草露) 풀 끝에 맺힌 이슬.
초록(草綠) =초록빛.
초록별 초록빛 별. 동화나 동시에서 별을 예쁘게 부르는 말.
초록빛 푸른 빛깔과 누른 빛깔의 중간 빛. 곧 풀빛. =초록.
초롱 석유통 같은 데에 석유나 술 따위를 담았을 때에 세는 말. 예석유 한 초롱.
초롱(一籠) 대·쇠 따위로 테를 만들고 비단·종이를 씌워 불을 켜는 등. 예초롱불.
초롱초롱 눈에 잠기가 없이 생기가 돌고 맑은 모양. 예초롱초롱한 아기 눈. —하다.
초목(草木) 풀과 나무.
초벌(初一) 첫번. 비애벌. 예초배지로 초벌을 바른다.
초벌구이 도자기 같은 것을 처음으로 굽는 일. —하다.
초보(初步) 첫번에 하는 것. 처음으로 착수하는 것. 예초보 운전. 초보자.
초사흘 그 달의 셋째 날. 초삼일. 사흗날. 본초사흗날.
초사흘 달 음력 초사흘쯤에 뜨는 달. 눈썹처럼 가는 달.
초산(醋酸) 탄소·산소·수소가 합하여 된 액체.
초상(肖像) 어떤 사람의 모습을 그린 화상이나 조각.
초상화 사람의 얼굴이나 모습을 본떠서 그린 그림.
초생(初生) ①처음 생겨남. ②그 달의 처음.
초석(礎石) 주춧돌. 기초.
초성(初聲) 한 소리 마디에서의 첫 자음. '첫·초'에서의 'ㅊ' 따위.
초속(秒速) 1초 동안에 간 거리. 초속=간 거리÷걸린 시간(초).
초순(初旬) 그 달 하룻날부터 열흘날까지 열흘 동안. 비상순. 반하순.
초식 동·물(草食動物) 소·노루 등과 같이 식물성 먹이만 먹는 동물. 반육식 동물.
초안(草案) 초잡은 글발.
초원(草原) 풀만 자라는 넓은 평지.
초월하다(超越—) ①뭇사람 중에서 뛰어나다. ②뛰어넘다. 넘어가다.
초유(初乳) 아기를 낳은 후 2~3일 동안 나오는 젖.
초인적(超人的) 보통 사람보다 매우 뛰어난 능력을 가지고 있는 것.
초인종(招人鐘) 사람을 부르기 위하여 누르면 따르릉 하고 울리도록 만든 것.
초잡다 ①글씨를 초벌로 쓰다. ②글을 쓰기 시작하다.
초저녁 날이 어두워진 지 얼마 안 되는 때.
초조하다(焦燥—) ①마음이 타는 것같이 괴롭다. ②일이 되고 아니 됨을 몰라 갑갑하다. 비안타깝다. 조급하다. 반태연하다. 예초조한 마음.
초청(招請) 청하여 부름. 비초

초콜릿 대. 예초청 만찬회. —하다.
초콜릿(chocolate) 코코아가루에 설탕을 섞고 우유로 개어서 다진 과자.
초토(焦土) ①불에 타서 검은 흙. ②불타서 없어진 자리.
초하루 그 달의 첫쨋날. 반그믐. 본초하룻날.
촉: 작은 물건이 길게 늘어지거나 처진 모양. 큰축.
촉(燭) 광도의 단위. 흔히 전등불의 밝은 정도. 1촉광은 촛불 한 개의 불빛임.
촉각(觸角) 벌레나 짐승 따위의 머리 위에 뿔같이 나와 감각을 맡은 기관. 비더듬이.
촉감(觸感) 살갗에 닿는 느낌.
촉매(觸媒) 화학 반응 때 반응을 촉진·지체시키는 물질.
촉박하다(促迫—) 썩 급하다.
촉진(促進) 재촉하여 빨리 나아가게 함. —하다.
촉촉하다 조금 물기가 있어 젖은 듯하다. 큰축축하다.
촉탁(囑託) ①일을 부탁함. ②부탁을 받은 사람. —하다.
촌:(村) 마을. 비시골.
촌닭 관청에 잡아 온 셈이다〈속〉 경험 없는 일을 당하여 어리둥절하다.
촌:뜨기 시골에 사는 촌스러운 사람의 별명.
촌:락(村落) 촌에 집이 모여 있는 곳. 비마을. 부락. 시골. 반도시.
촌:수(寸數) 친척이나 친족간의 관계를 나타내는 수.
촌:음(寸陰) 썩 짧은 시간. 예촌음도 아껴라.
촌:충(寸蟲) 기생충의 한 가지로서, 척추 동물의 창자 속에 생기는 빛이 흰 벌레.
촘촘하다 썩 빽빽하다. 빽빽하고 빈틈이 없다.
촛농 초가 탈 때에 녹아서 흘러 엉키는 것.
총(銃) 탄환을 쏘는 기계.
총:(總) 온통. 예총선거.
총:각(總角) 장가들 나이에 아직 장가들지 않은 남자. 반처녀. 예노총각.
총:계(總計) 전체를 묶은 계산. 비도합. 총화. 합계. 예총계를 내다.
총:공격(總攻擊) 모두가 한꺼번에 힘을 합하여 쳐들어감. 예총공격 개시. —하다.
총기(聰氣) ①영리한 기운. ②기억력이 좋음. 예눈에 총기가 있다.
총:독(總督) 남의 나라를 빼앗아 그 나라를 다스리기 위하여 가서 있는 제일 높은 사람.
총:력 안보(總力安保) 국민의 온 힘을 다 기울여서 나라의 안전을 보장하는 일.
총:력전 국민 또는 겨레가 있는 힘을 다하여 결행하는 싸움. 예총력전을 펼치다.
총:리(總理) ①국무 위원의 우두머리가 되는 관직. ②전체를 모두 관리함. 온통 다스림. —하다.
총:리 대:신[—니—] 임금이 있는 나라에서 백성을 다스리는 가장 으뜸가는 벼슬. 지금의 국무 총리와 같음.
총망(忽忙) 매우 급하고 바쁨. —하다.
총:면적(總面積) 전체의 넓이.

총명하다(聰明—) ①영리하고 기억력이 좋다. 예총명한 아이. ②재주가 있다.

총부리[—뿌—] 총의 탄알을 내쏘게 된 부분의 아가리. 비총구. 예총부리를 겨누다.

총•사령관(總司令官) 군대 전부를 이끌고 있는 제일 윗사람.

총•선거(總選擧) 국회 의원 전체를 한꺼번에 선출하는 선거. 예국회 의원 총선거.

총성(銃聲) 총소리. 예총성이 들린다.

총알 총에 재어 쏘아 보내는 탄알. =총탄.

총애(寵愛) 특별히 사랑을 받음. —하다.

총•연습(總練習) 통틀어서 하는 연습. —하다.

총•영사(總領事)[—녕—] 외국에 주재하는 제일 높은 영사.

총•영사관[—녕—] 총영사가 주재하여 외교 사무를 맡아보는 공관.

총총(忽忽) ①일이 매우 급하고 바쁜 모양. 예총총히 걸어가다. ②몹시 몰리어 급한 모양. —하다.

총총(葱葱) 나무가 무성히 들어선 모양. —하다.

총총(叢叢) 많은 물건이 빽빽이 들어선 모양. —하다.

총탄(銃彈) =총알.

총통(銃筒) 임진왜란 때 썼던 총포의 종류. 화전·화통·화포 등을 말함.

총•화(總和) 전체의 수나 양 또는 그 의사를 합함. 비총계. 예국민 총화.

총•회(總會) 모든 회원의 모임.

촬영(撮影) 어떤 물체의 형상을 사진 찍음. —하다.

최:고(最高) 가장 높음. 반최하. 최저.

최:고 인민 회:의 공산 독재 정치하에서 국회와 같은 구실을 하는 기관.

최:근(最近) ①가장 가까움. ②지나간 지 얼마 안 되는 날. 요즈음.

최남선(崔南善, 1890~1957) 사학가이며 문학자. 호는 육당. 신문학 운동의 선구자로서 잡지〈소년〉등을 간행하였고, 독립 선언문의 초안을 썼음.

최:대(最大) 가장 큼. 반최소.

최:대 공약수 공약수 중 가장 큰 수. 반최소 공배수.

최무선(崔茂宣, ?~1395) 홍건적과 왜구를 토벌하는 데 공을 세운 고려 말기의 장군. 특히 화약을 이용한 새로운 무기인 화포를 만들어서 왜구의 배 500척을 쳐부수었음.

최:선(最善) ①모든 힘. 비전력. 예최선의 노력. ②가장 착하고도 좋음. 반최악. 예최선의 방법.

최:소(最小) 가장 작음. 반최대. 예최소의 노력으로 최대의 효과를 거두다. —하다.

최:소 공배수 공배수 중 0을 제외한 공배수로서 가장 작은 수. 반최대 공약수.

최:신(最新) 가장 새로움.

최영(崔瑩, 1316~1388) 고려 말의 장군. 요동 정벌을 주장하다가 이성계와 대립하여 이성계 일파에게 붙잡혀 귀양갔다가 죽음을 당하였음.

최:저(最低) 가장 낮음. 빤최고. 예최저 기록.

최:전선(最前線) 적과 맞서는 맨 앞의 전선. 비제일선.

최:종(最終) 맨 나중. 비최후. 빤최초. 예최종일.

최:초(最初) 맨 처음. 빤최종. 최후.

최충(崔冲, 984~1068) 고려 문종 때의 학자로 '동방의 공자'라고 불림. 9재 학당을 세워 많은 제자를 길러 냈음.

최충헌(崔忠獻, 1149~1219) 고려 후기의 권신. 무신 간의 싸움에서 최후 승리자로서 정권을 잡고(1196) 독재 정치를 실시하였음.

최치원(崔致遠, 857~?) 통일 신라 말의 유학자이며 대문장가. 12세에 당나라에 건너가 17세에 그곳 과거에 합격하고 한림 학사를 지낸 바 있음.

최:하(最下) 맨 아래. 빤최상.

최:후(最後) ①맨 마지막. ②맨 끝. 비최종. 빤최초.

추(錘) 저울에 쓰는 질량을 이미 아는 쇠붙이로서, 이와 견주어 여러 가지 물체의 질량을 헤아리는 데 씀.

추가(追加) 나중에 더 넣음. 나중에 보태거나 채움. ―하다.

추격(追擊) 뒤쫓아 가서 냅다 침. 빤도망. ―하다.

추계(秋季) 가을철.

추구(追求) 자기가 하고자 하는 바를 끈기 있게 뒤쫓아 구함. 예이상을 추구하다. ―하다.

추기다 ①꾀어서 자기 편을 들게 하다. ②선동하다.

추녀 집의 모퉁이의 기둥 위에서 지붕 끝이 번쩍 들린 부분. 비처마.

추다 ①칭찬하여 주다. ②골라 내다. ③빼앗긴 것을 도로 찾다. ④'춤추다'의 준말.

추도회(追悼會) 죽은 사람을 생각하여 슬퍼하는 뜻을 나타내는 모임.

추돌(追突) 들이받음. ―하다.

추락(墜落) 높은 곳에서 떨어짐. 예비행기 추락 사고가 일어났다. ―하다.

추렴 무슨 모임의 비용으로 돈을 얼마씩 거두어 냄. ―하다.

추리다 섞여 있는 것 가운데서 가려 뽑다. 비선택하다. 뽑다.

추방(追放) 멀리 쫓아냄. 예국외로 추방하다. ―하다.

추분(秋分) 24절기의 하나로, 양력 9월 21일경에 드는데, 낮과 밤의 길이가 같음.

추사체(秋史體) 조선 말기의 서도가 김정희의 독창적 글씨체.

추상화(抽象畫) 실제 대상물의 모양에 얽매이지 않고 생각하는 대로 그리는 그림.

추석(秋夕) 우리 나라 명절의 하나. 음력 8월 15일.

추수(秋收) 가을에 곡식을 거두어들이는 일. 비수확. 예올해 추수는 잘 되었다. ―하다.

추수 감:사절 추수 감사일. 기독교 신자들이 1년에 한 번씩 추수한 뒤에 하느님에게 감사하는 예배를 올리는 날.

추악(醜惡) 더럽고 흉악함. ―하다.

추앙(推仰) 높이 받들어 우러러 섬김. ―하다.

추억(追憶) 지나간 일을 생각

추억이 새롭다 함. 예 오늘따라 고향의 어린 시절이 새삼스럽게 떠올라 추억에 잠기게 한다. —하다.

추억이 새롭다 지나간 일을 다시 생생하게 한다.

추월(追越) 앞지름. —하다.

추위 추운 기운. 반 더위.

추잡하다(醜雜—) 말과 행동이 깨끗하지 아니하다.

추진(推進) 밀고 나아감. 예 계획대로 일을 추진해 나가자. —하다.

추진기 배·비행기 따위를 나아가게 하는 장치.

추천(推薦) 사람을 소개하여 올림. 예 추천서. —하다.

추첨(抽籤) 제비를 뽑음. 예 추첨권. —하다.

추측(推測) 미루어 생각하여 헤아림. —하다.

추켜들다 힘있게 위로 채어 올리다.

추태(醜態) ①더러운 꼴. ②부끄러운 꼴. ③보기 싫은 모양. ④추잡한 행동.

추하다(醜—) 지저분하고 더럽다. 반 아름답다.

추후(追後) 나중. 뒤. 다음.

축¹ 같은 무리나 또래의 한 동아리. 예 잘 하는 축에 든다.

축:² 물건이 길게 아래로 늘어지거나 처진 모양. 작 촉. 예 전깃줄이 축 늘어져 있다.

축(軸) 도형이나 물체의 중심이 되는 부분. 굴대. 예 회전축.

축구(蹴球) 두 패로 나뉘어 한 개의 공을 차서 상대편의 골문 속으로 넣는 경기. 비 풋볼.

축나다 ①일정한 수효에서 부족이 생기다. 예 돈이 축나다. ②축지다. 예 몸이 축나다.

축도(縮圖) 모양은 그대로 두고 크기만 줄여서 그린 그림.

축문(祝文) 신령께 고하는 글.

축배(祝杯) 축하하는 술잔.

축복(祝福) 앞길의 행복을 빎. 반 저주. —하다.

축사(祝辭) 축하하는 말이나 글. —하다.

축산물(畜産物) 가축에서 얻는 물질.

축산업 짐승을 기르거나 그것에 의한 생산을 업으로 하는 일.

축성(築城) 성을 쌓음. 또는 군사상 중요한 곳에 세워진 방어 구조물. —하다.

축원(祝願) 신불에게 복을 빎. —하다.

축음기(蓄音機) 말이나 음악의 소리결을 소리판 속에 넣어서 필요할 때마다 들을 수 있는 기계. 비 유성기.

축이다 물에 적셔서 축축하게 만들다. 예 목을 축이다.

축전지(蓄電池) 전기 에너지를 화학 에너지로 변형 저축하고, 필요에 따라 전기 에너지로 끌어낼 수 있는 장치.

축척(縮尺) 어떤 도형을 축소해서 그릴 때 축소시킬 비율의 정도.

축출(逐出) 쫓아냄. 내쫓음. 몰아냄. —하다.

축하(祝賀) 기쁘고 즐거운 일을 빌고 치하함. 비 축복. 예 생일 축하. —하다.

춘궁기(春窮期) 농가에서 양식이 떨어져 궁하게 지낼 때. 곧 음력 삼사월경. 보릿고개.

춘부장(春府丈) 남의 아버지를

높여 일컫는 말.

춘분(春分) 24절기의 하나로, 양력 3월 21일경에 드는데, 낮과 밤의 길이가 같음.

춘추(春秋) ①봄과 가을. ②어른의 나이. [비]연세. [예]아버님의 춘추가 몇이시냐.

춘하추동(春夏秋冬) 봄·여름·가을·겨울. 곧 일년의 네 철.

춘향전(春香傳) 조선 시대 영조·정조 사이의 작품으로 짐작되는 고대 한국 소설. 남녀의 애정과 계급 타파 등을 주제로 한 작품임.

출가(出嫁) 시집을 감. [예]출가한 딸. —하다.

출근(出勤) 일을 하러 일터에 나감. [반]퇴근. —하다.

출동(出動)[—똥] 나아감. 나가서 행동함. —하다.

출두(出頭) 어떤 곳에 몸소 나감. [예]검찰에 출두하다. —하다.

출렁거리다 깊고 큰 그릇에 담긴 물이 흔들려 자꾸 소리가 나다. [작]촐랑거리다.

출렁출렁 출렁거리는 소리나 모양. —하다.

출력(出力) ①일을 할 수 있는 전기적·기계적인 힘의 양. ②컴퓨터에서, 입력된 것이 기계적으로 처리되어 정보로서 나타나는 일, 또는 그 정보.

출발(出發) 길을 떠남. [반]도착. —하다.

출산(出産) 아기를 낳음. [예]쌍둥이를 출산하다. —하다.

출생(出生)[—쌩] 세상에 태어남. [반]사망. [예]출생 신고. —하다.

출석하다(出席—)[—썩—] ①자리에 나아가다. ②참석하다. [반]결석하다.

출세(出世)[—쎄] ①높은 지위에 오르거나 훌륭하게 잘 됨. ②숨었던 선비가 세상으로 나옴. —하다.

출신(出身)[—씬] 일정한 학교를 거쳐 나옴.

출연(出演) 무대나 영화·방송 따위에 나가서 연기함. [예]방송 출연. —하다.

출입(出入) ①들어가고 나가고 함. [예]출입 금지 구역. ②문 밖으로 나감. —하다.

출전(出戰)[—쩐] 싸우러 감. [비]출정. —하다.

출정(出征)[—쩡] 군대에 참가하여 싸움터로 나감. —하다.

출출하다 ①배가 조금 고프다. ②약간 시장하다.

출판(出版) 책·그림 따위를 인쇄하여 세상에 내놓음. —하다.

출품(出品) 진열하는 곳이나 전람회 같은 곳에 물건·작품을 내어 놓음. —하다.

출현하다(出現—) 나타내다. 나타내어 보이다.

춤 음악에 맞추어 여러 가지로 손짓·발짓·몸짓을 하는 짓. [비]무용.

춤곡 춤을 출 때 연주하기 위하여 작곡된 곡.

춥다 날씨가 차다. 찬 기운이 느껴지다. [반]덥다.

충고(忠告) ①착한 길로 권고함. ②참된 마음으로 남의 잘못을 타이름. —하다.

충돌(衝突) ①서로 부딪침. ②서로 의견이 맞지 않음. [예]의

충동(衝動) ①마음이 찔려서 움직임. ②꼬드김. 예훌륭한 그림을 보고 화가가 되고 싶은 충동을 느꼈다. —하다.
충만(充滿) 가득하게 참. 예행복이 충만한 집. —하다.
충매화(蟲媒花) 나비나 벌의 매개에 의하여 다른 꽃의 꽃가루를 받아서 생식하는 꽃. 백합·벚꽃·장미 따위.
충무(忠武) 경상 남도에 있는 항구 도시.
충무공(忠武公) 이순신 장군이 돌아가신 뒤 그 공로를 기리는 뜻으로 임금이 내린 호.
충분(充分) 모자람이 없음. 빤부족. 예충분한 휴식. —하다.
충성(忠誠) ①참마음으로 섬김. ②몸과 마음을 다 바침. 비충심. 충의. 빤반역. —하다. —스럽다.
충성심 참마음에서 우러나오는 정성스러운 마음.
충신(忠臣) 나라를 위하여 충절을 다하는 신하. 빤역적.
충실하다(充實—) ①몸이 튼튼하다. ②사상이 건전하다. ③내용이 훌륭하다. 비확실하다. 빤부실하다. 예자기 생활에 충실하라.
충심(衷心) 참마음. 비충성.
충언(忠言) 충고하는 말. 예친구에게 충언하다. —하다.
충원(充員) 인원을 채움. 예부족한 인력을 충원하다. —하다.
충의(忠義) 나라에 대한 충성과 의리. 비충성.
충적 평야 흐르는 물에 흙·모래가 쌓여 만들어진 평야.
충전(充電) 축전지에 전기를 축적시킴. —하다.
충혼탑(忠魂塔) 나라에 충성을 다하다 죽은 사람들의 넋을 모셔 놓은 탑. 충령탑.
충효(忠孝) 나라를 위한 정성과 부모를 잘 섬기는 도리.
취 단풍취·참취 등 '취'가 붙는 산나물을 통틀어 일컫는 말.
취:급하다(取扱—) ①일을 처리하다. ②다루다.
취나물 삶은 참취와 쇠고기·기름·깨소금·마늘·파 따위를 넣고 양념하여 볶은 나물.
취:미(趣味) 마음에 느끼어 당기어서 자꾸 좋아하는 맛. 비흥미. 기호. 예우표를 수집하는 것이 나의 취미이다.
취:사반(炊事班) 군대나 그 밖의 단체에서 밥 짓는 일을 맡은 반.
취:소(取消) ①어떤 약속이나 계획을 나중에 안 지키기로 함. ②글·말 들을 뭉개어 없어지게 함. —하다.
취:수탑(取水塔) 강이나 저수지 등에서 물을 끌어들이기 위한 관이나 수문의 설비가 되어 있는 탑 모양으로 생긴 구조물.
취:재(取材) 어떤 사물에서 작품이나 기사의 재료를 얻음. 예기사 취재. —하다.
취:주악(吹奏樂) 입으로 불어 연주하는 음악.
취:지(趣旨) ①어떤 일을 하려고 하는 그 근본 생각. ②미리 헤아리는 마음.
취:직(就職) 일자리를 구하여 얻음. 예취직 알선. —하다.
취:체하다(取締—) ①거느리고

취하다 다스리다. ②단속하다.
취:하다(取—) ①남에게 금품을 빌리다. 꾸다. ②가지다. 제 것으로 만들다.
취:하다(娶—) 장가를 들어 아내를 맞아들이다.
취:하다(醉—) ①술을 먹어 술기운이 온몸에 퍼지다. ②반하여 마음을 빼앗기다. 団깨다. 예그는 베토벤의 음악에 취하여 내가 들어간 것도 모르고 있었다.
측(側) 어떠한 쪽을 나타내는 말. 예상대측.
측량(測量) 물건의 높이·길이·넓이 따위를 잼. —하다.
측면(側面) 물건의 앞으로부터 좌우의 면. 団정면.
측선(側線) 물고기들의 몸 옆구리에 있는 감각을 느끼는 줄.
측우기(測雨器) ①우량을 측정하는 기구. ②조선 세종 때 (1442) 장영실이 만든 비 온 양을 재던 기구로, 서양보다 200년이나 앞서 만들었음.
측은(惻隱) ①불쌍함. ②딱함. 예거지 아이를 보니 측은한 생각이 들었다. —하다.
측정(測定) ①헤아려서 정함. ②어떤 양의 크기를 기계나 장치를 써서 어떤 단위를 기준으로 하여 잼. 예거리 측정. —하다.
측정기 측정하는 데 쓰이는 기구나 기계.
측후소(測候所) 기상을 관측하고, 예보·정보를 내는 곳.
층(層) 층층대의 계단.
층계(層階) 층층이 높이 올라가게 만들어 놓은 설비. 団계단.
층층대(層層臺) 높이 쌓은 돌이나 나무로 만든 층계.
치[1] 길이의 단위. 한 자의 10분의 1촌.
치-[2] 위로 올라가는 뜻을 나타내는 말. 예치솟다.
-치[3] 값에 상당한 분량 가치를 나타내는 말. 예보름치 양식.
-치[4] 기미를 알아차리는 짓을 나타내는 말. 예눈치 코치.
치(値) 계산하여 얻는 수.
치가 떨리다 일이 매우 분하여 이가 떨리다.
치다[1] ①때리다. ②적을 무찌르다. ③모기장·장막 등을 펴서 걸다. ④병풍을 세워 놓다. ⑤체로 가루를 뽑아 내다. ⑥우물을 깨끗하게 하다. ⑦가축을 기르다. ⑧손, 꼬리, 발 따위를 물 속이나 공중에서 세게 흔들다.
치다[2] 바람·눈보라·물결·번개 따위가 몹시 일어나거나 때리다. 예빗발치다. 번개치다.
치다[3] ①점·선을 긋거나 찍다. 예선을 치다. ②가량으로 셈하다. 예10만원으로 치다.
치다꺼리 ①일을 처리 내는 일. ②남의 일을 도와 주어 이루게 함. —하다.
치뜨다 눈을 치켜 뜨다.
치료(治療) 병을 고침. 団가료. —하다.
치르다 ①물건값을 내다. ②중요한 일을 마치다. ③겪다.
치마 여자가 속옷 위에 입는 아랫도리의 겉옷. 団저고리.
치마폭이 스물네 폭이다〈속〉 자기는 아무 상관도 없는 남의

치맛자락 입은 치마폭의 늘어진 부분.

치매(癡呆) 말과 행동이 느리고 정신이 흐릿함.

치:명상(致命傷) ①죽음의 원인이 된 상처. ②다시 일어나지 못하게 된 큰 상처나 잘못.

치밀(緻密) 자세하고 꼼꼼함. ㉠계획이 치밀하다. —하다.

치밀다 ①복받쳐 오르다. ②치받치다.

치받다 치밀어오르다.

치:사(致死) 죽음에 이르게 함. ㉠과실 치사. —하다.

치:사(致謝) 고맙고 감사하는 뜻을 나타냄. —하다.

치사(恥事) 남부끄러운 일. —하다. —스럽다.

치솟다 ①위로 힘차게 솟다. ②느낌·생각 따위가 복받치다.

치수(—數) 길이에 대한 몇 자 몇 치의 셈. ㉠가구의 치수를 재다.

치수선 설계도에서 길이를 나타내는 선.

치아(齒牙) 사람의 이빨.

치약(齒藥) 이를 닦는데 쓰는 약.

치열(熾烈) 세력이 불길같이 아주 세차고 사나움. 비극렬. 맹렬. ㉠치열한 전투. —하다.

치욕(恥辱) 부끄러움과 업신여김을 당하여 욕됨. 반영광.

치우다 ①물건을 다른 데로 옮기다. ㉠그릇을 치우다. ②어지른 것을 정리하다. ㉠방을 치우다.

치우치다 한쪽으로 몰리다.

치장(治粧) 매만져서 모양을 곱게 냄. 비단장. ㉠머리를 예쁘게 치장하다. —하다.

치:중하다(置重—) 어떤 일에 정신을 모아 쓰다.

치:즈(cheese) 우유 중의 단백질을 굳혀 발효시킨 식품.

치치다 위로 올리어 긋다.

치키다 위로 끌어올리다. ㉠바지를 치키다.

치하(治下) 다스리는 범위의 안. 관할하는 구역.

치:하(致賀) ①남의 경사를 축하함. ②기쁘다는 뜻을 나타냄. —하다.

칙칙폭폭 증기 기관차가 연기를 뿜으며 달리는 소리.

친가(親家) =친정.

친구(親舊) 서로 친하게 사귀는 사람. 비벗. 친우.

친근하다(親近—) 사이가 매우 가깝다. 비친밀하다. ㉠이웃집과 친근하게 지내다.

친목(親睦) 서로 가깝고 화목함. ㉠친목회. —하다.

친밀하다(親密—) 서로 사귀는 사이가 썩 가깝다. 비친근하다. ㉠친밀히 대하다.

친선(親善) 서로 친하게 사귐. ㉠친선 게임.

친손자는 걸리고 외손자는 업고 간다〈속〉 딸에 대한 극진한 사랑으로 친손자가 더 소중하면서도 외손자를 더 귀여워함을 이르는 말.

친애(親愛) 퍽 사랑함. —하다.

친우(親友) 오래 두고 사귀어 온 가까운 친구. 친한 벗.

친절하다(親切—) 매우 정답고 고분고분하다. 반퉁명스럽다. 불친절하다. ㉠친절히 길을 가

친정(親庭) 시집간 여자의 본집. =친가. 〖반〗시가. 시집.
친정 일가 같다〈속〉 남이지만 흉허물이 없다.
친족(親族) 자기 집과 혈통이 가까운 일가.
친척(親戚) 같은 조상에서 태어난 자손들. 〖비〗일가.
친:친 실·노끈 등으로 여러 번 감거나 또는 단단하게 동여매는 모양. 〖작〗찬찬.
친친하다 축축하고도 끈끈하여 불쾌한 느낌이 있다. 〖비〗축축하다. 〖예〗아기가 이렇게 칭얼대는 것을 보니까 차고 있는 기저귀가 친친해졌나 보다.
친하다(親—) ①사이가 가깝다. ②사귀는 정이 두텁다. 〖비〗정답다.
친히(親—) 다른 사람을 시키지 않고 자기의 몸이나 손으로. 〖비〗몸소. 손수. 〖예〗오늘은 할머니께서 친히 밥을 지으셨다.
칠(七) 일곱.
칠(漆) 물건에 옻·페인트 같은 것을 바름. —하다.
칠레(Chile) 남아메리카의 남서부 태평양 쪽에 있는 공화국. 수도는 산티아고.
칠면조(七面鳥) 닭과 비슷한 새. 꼬리를 벌리면 부채 모양으로 되고 때때로 볏 빛이 빨강·파랑 등으로 변함.
칠석(七夕)[—썩] 음력 칠월 칠일. 견우성과 직녀성이 은하수에서 만난다는 날.
칠월(七月) 일년 중 일곱 번째 드는 달.
칠판(漆板) 검정이나 녹색 칠을 하여 분필로 글씨를 쓰게 만든 널조각. 〖비〗흑판.
칠팔월 수숫잎〈속〉 성질이 약하여 번복하기를 잘하는 사람.
칠팔월 은어 곯듯 한다〈속〉 졸지에 수입이 줄어서 살아가기가 곤란하다.
칠현금(七絃琴) 일곱 줄로 매어 만든 거문고.
칠흑 검은 윤이 나는 빛깔.
칡 콩과의 다년생 덩굴진 풀. 줄기는 끈으로 씀.
칡범 범을 '표범'과 구별하여 일컫는 말.
침 입 속의 타액선에서 분비되는 끈기 있는 소화액.
침(鍼) 사람이나 마소 등의 병을 고치는 데 쓰는 바늘.
침공(侵攻) 침범하여 공격함. —하다.
침노(侵擄) ①남의 나라를 쳐들어감. ②남의 나라를 빼앗음. 〖비〗침략. —하다.
침:대(寢臺) 사람이 누워 자는 상. =침상.
침략(侵略) 남의 나라를 침노하여 땅을 빼앗음. 〖비〗침노. 침입. 〖반〗구원. 방어. —하다.
침략군 남의 나라를 침략하는 군대.
침략자 침범하여 빼앗는 사람.
침:모(針母) 남의 바느질을 해 주고 일정한 값을 받는 여자.
침몰(沈沒) 물 속에 가라앉음. —하다.
침묵(沈默) 아무 말 없이 잠잠함. 〖반〗발언. —하다.
침 뱉고 밑 씻겠다〈속〉 정신이 아주 없어서 일의 갈피를 차리지 못한다.

침 뱉은 우물물 다시 먹는다〈속〉 다시는 안 볼 듯이 하여도 후에 다시 만나야 할 일이 있게 될 것이다.

침범(侵犯) 남의 나라를 쳐들어 감. 凹격퇴. -하다.

침봉(針峰) 꽃꽂이에서, 굵은 바늘이 빽빽이 꽂혀 있어 꽃줄기나 나뭇가지를 세울 수 있는 도구.

침상(寢牀) =침대.

침샘 침을 내보내는 샘. 귀밑샘·턱밑샘·혀밑샘이 있음.

침:소(寢所) 사람이 잠을 자는 곳. 예침소에 들다.

침수(浸水) 물이 들어와 젖거나 잠김. 예침수 가옥. -하다.

침술(鍼術) 침을 놓아 병을 치료하는 한방의 의술.

침식(侵蝕) 차츰 먹어 들어감. 예폐를 침식하는 결핵균. -하다.

침식(浸蝕) 지구의 표면이 바람·비·강·바닷물 등의 외부의 힘으로 말미암아 깎여 나감. -하다.

침:식(寢食) 잠자는 일과 먹는 일. -하다.

침실(寢室) 사람이 자는 방.

침엽수(針葉樹) 잎이 가늘고 긴 나무들을 통틀어 말하는 것. 잣나무·전나무·향나무 따위.

침울 마음이나 생각이 근심·걱정으로 맑지 못하고 우울함. 예침울한 표정의 얼굴. -하다. -히.

침입(侵入) 침범하여 들어옴. 예적군이 침입하다. -하다.

침전(沈澱) 액체 속에 섞인 물건이 가라앉음. -하다.

침착(沈着) 허둥지둥하지 않고, 마음이 잘 가라앉아 있음. 예침착하게 시험 문제를 풀었다. -하다.

침체(沈滯) ①일이 잘 되지 않음. ②활기가 없고 적극적인 움직임이나 발전의 기미가 보이지 않음. 예경기 침체. -하다.

침침하다(沈沈-) 어둡다. 흐리다. 예눈이 침침하다.

침탈(侵奪) 침범하여 빼앗음.

침통(沈痛) 슬픔이나 근심 때문에 마음이 아프고 괴로움. 예침통한 분위기. -하다. -히.

침투(浸透) ①액체가 스며 젖어듦. ②어떤 현상·사상 등이 깊이 스며듦. -하다.

침팬지(chimpanzee) 유인원과의 원숭이의 하나.

침해(侵害) 남의 일에 침범하여 손해를 끼침. 예저작권 침해. -하다.

칩거(蟄居) 나가서 활동하지 않고 집 안에 틀어박히어 있음. -하다.

칫솔 이를 닦는 솔.

칭송(稱頌) 칭찬하여 일컬음. 예칭송이 자자하다. -하다.

칭얼거리다 어린아이가 몸이 불편하거나 마음에 못마땅하여 짜증을 내며 보채다.

칭얼칭얼 어린애가 보채며 자꾸 우는 모양. -하다.

칭찬(稱讚) ①잘한다고 함. ②아름답고 착한 행실을 기림. 예불우 이웃 돕기를 하여 칭찬을 받았다. -하다.

칭하다(稱-) 일컫다. 부르다.

칭호(稱號) 어떠한 뜻으로 일컫는 이름. 凹명칭.

ㅋ [키읔] 한글 닿소리의 열한째 글자.

카나리아(canaria) 모양은 종달새와 비슷하나 훨씬 작고, 깃과 털이 누렇고 아름다운 새. 아프리카 서쪽 카나리아가 원산지임.

카:네이션(carnation) 잎은 실과 같고, 여름에 희거나 붉은 꽃이 피는데 향기가 퍽 좋은 패랭이꽃과에 딸린 여러해살이풀. 높이는 약 30~90 cm임.

카:드(card) ①조그맣게 자른 두꺼운 종이. 명함·엽서 따위. ②크리스마스 카드. ③카드놀이에 쓰이는 제구.

카리에스(라 caries) 뼈에 결핵균이 좀먹는 병.

카메라(camera) 들고 다니는 작은 사진기.

카:바이드(carbide) 석회나 숯을 전기 회로 안에서 화합시킨 덩어리로 빛은 회색이고 고약한 냄새가 나는데, 태우면 가스가 나며 잘 타므로 불을 켜는 데나 열을 내는 데 쓰임.

카세인(casein) 우유 속에 있는 단백질. 알칼리나 석회와 섞어 접착제로 쓰며 수성 페인트 원료로도 쓰임.

카세트(cassette) ①기계에 장치하고 빼내기 편리하도록 안에 필름·테이프 등을 넣은 비닐 상자. ②'카세트 테이프'의 준말.

카스텔라(포 castella) 과자의 한 가지. 밀가루·달걀·설탕을 버무려서 구워 냄.

카시오페이아자리(Cassiopeia—) 북쪽 하늘에 W자 모양으로 늘어서 있는 5개의 별.

카우보이(cowboy) ①목동. ②주로 북미의 목장에서 말을 타고 일하는 억센 남자.

카운트(count) 운동 경기에 있어서 헤아리는 끗수. —하다.

카이로 선언(Cairo 宣言) 제2차 세계 대전 중 1943년 11월 27일 연합국측의 루스벨트 미국 대통령, 처칠 영국 수상, 장 제스 중국 총통이 이집트의 수도 카이로에 모여 회담하고 발표한 공동 선언. 이 선언에서 우리 나라의 독립이 약속되었음.

카이저 황제(Kaiser 皇帝, 1859~1941) 제1차 세계 대전을 일으킨 독일의 황제. 빌헬름 2세라고 흔히 불림. 전쟁에 지고 1918년 임금 자리에서 물러났음.

카카오(스 cacao) 코코아를 얻기 위하여 열대 지방에서 재배하는 키가 큰 상록수. 씨는 코코아와 초콜릿의 원료가 됨.
카톨릭교(Catholic敎) 천주교.
칸 ①사방을 둘러막은 그 선의 안. 예칸막이. ②집의 칸살을 세는 말. 예방 세 칸.
칸잡이그림 방의 배치를 나타낸 그림. 건축 설계도의 한 가지인 평면도.
칼 물건을 베는 데 쓰는 연장. 비검. 예부엌칼.
칼날 물건을 베는, 칼의 얇고 날카로운 쪽.
칼라(collar) 양복이나 와이셔츠의 깃.
칼로리(calorie) 열량의 단위. 순수한 물 1그램의 온도를 1기압에서 섭씨 1도 높이는 데 필요한 열량을 말함.
칼로 물 베기〈속〉 싸우지만 갈라지지 않고 다시 화합한다. 부부 싸움을 이르는 말.
칼륨(라 kalium) 돌이나 흙에 섞여 있는 쇠붙이 원소의 하나로, 은빛이 나고 부스러지기 쉬운 화합물.
칼륨 비:료 농작물의 뿌리와 줄기를 튼튼히 하며, 병과 벌레에 잘 견디게 하는 비료.

칼리만탄(Kalimantan) 인도네시아의 보르네오 섬. 세계에서 셋째 가는 큰 섬. 일년 내내 더위가 계속되며 스콜이라 불리는 소나기가 매일같이 내리고 있음.
칼 물고 뜀뛰기〈속〉 일의 성패를 가리기. 곧 죽을 각오로 일을 하기.
칼슘(라 calcium) 은백색의 가벼운 쇠붙이로서, 석회석이나 생물의 뼈에 들어 있음.

칼자루[—짜—] 칼의 손잡이.
칼질 칼로 물건을 깎거나 썰거나 베는 일. —하다.
캄캄하다 매우 어둡다. 비어둡다. 반환하다.
캐나다(Canada) 북아메리카의 북부에 있는 영연방. 수도는 오타와.
캐:다 ①땅 속에 묻힌 물건을 파내다. ②비밀을 자꾸 찾아 밝혀 내다. 비파다. 반심다.
캐럿(carat) ①보석의 무게의 단위. 200밀리그램. ②합금 중에 섞인 금의 비율로서, 순금은 24캐럿.
캐슈:(cashew) 열대 아메리카 원산의 옻나무와 비슷한 식물. 주로 열대 지방에서 재배함. 열매는 먹을 수 있고, 나무의 진은 도료로 쓰임.
캐스터네츠(castanets) 스페인의 타악기. 두 짝의 나무쪽이나 상아를 손가락에 끼워 서로 마주 때리면서 소리를 냄.
캐시미어(cashmere) 인도의 서북부 카슈미르 지방에서 나는 염소털로 짠 부드러운 옷감.
캐어묻다 자세히 파고들어 묻다. 자꾸 다짐하여 묻다. 예꼬치꼬치 캐어묻다.
캐처(catcher) 야구의 포수. 반피처.
캐치(catch) 잡다. 파악하다. —하다.
캔디(candy) ①봉봉·드롭스·캐러멜·초콜릿·누가 등의 사탕 과자의 총칭. ②모든 과자의 총칭.
캔버스(canvas) 유화를 그리는 데 쓰는 삼베 같은 헝겊.

캠페인(campaign) 사회적·정치적 목적을 위해 조직적으로 행해지는 운동.

캠핑(camping) 천막을 치고 생활함. —하다.

캡틴(captain) ①스포츠 팀의 주장. ②육군 대위. ③선장.

캥거루(kangaroo) 오스트레일리아에서 나는 짐승으로, 암컷의 배에는 주머니가 있어 새끼를 넣고 기름. 초식 동물임. 〔캥거루〕

커녕 어떤 사실을 부정하는 것은 물론 그것은 고사하고 그보다 덜하거나 못한 것까지 부정하는 뜻을 나타내는 말. 예밥커녕 죽도 못 먹는다.

커:다랗다 매우 크다. 아주 큼직하다. 빤조그맣다.

커지다 크게 되다. 자라다. 빤작아지다. 예해가 갈수록 커지는 나무.

커:튼(curtain) 햇빛을 가리거나 방안을 아늑하게 하기 위하여 문이나 창문 따위에 치는 휘장.

커:피(coffee) 열대 지방에서 나는 커피나무의 열매를 볶아서 만든 가루. 카페인이 많고 향기가 좋은 식료품.

컨덕터(conductor) 지휘자. 관리자. 음악 용어로는 악단의 지휘자.

컨디션(condition) ①환경이나 조건 따위. ②몸의 상태.

컬러 필름(color film) ①천연색 필름. ②영화 용어로는 천연색 영화.

컬컬하다 목이 몹시 마르다.

컴백(comeback) 제자리로 돌아옴. 복귀. —하다.

컴컴하다 침침하게 아주 어둡다. 예껌껌하다. 쫀캄캄하다.

컴퍼스(compass) 그림의 길이를 재고, 원을 그리거나 또는 선의 길이를 나누는 데 쓰는 제도기.

컴퓨:터(computer) 전자 장치를 이용하여 많은 정보를 고속·자동으로 처리하고 기억하는 기계.

컴퓨:터 통신 개인용 컴퓨터와 전화선을 연결하여 상대방과 정보를 주고받을 수 있는 통신 방법.

컵(cup) ①유리로 만든 술잔. ②찻잔. ③금이나 은으로 만든 우승배.

케이블 카:(cable car) 강철줄 위로 운전하는 객차나 짐차.

케이 비:에스(K.B.S.) '한국 방송 공사'란 영어의 준말. 또는 한국 방송 공사에서 하는 방송을 뜻하는 말.

케이 에스(K.S.) 표 '한국 공업 규격'을 나타내는 표시. 정부가 제품의 품질을 보증한다는 뜻으로 쓰임.

케이오:(K.O.) 녹아웃(knockout)의 준말. 권투 용어로 상대자를 때려 눕혀 10초 안에 다시 일어나지 못하면 이김. —하다.

켄트지(Kent 紙) 그림·제도·인쇄용으로 쓰이는 종이.

켕기다 ①팽팽하게 되다. ②마음에 거리끼다.

켜 물건을 포개어 놓은 층.

켜내다 고치에서 실을 켜서 뽑아 내다.

켜다 ①조수가 빠지다. ②물이나 술 따위를 한목에 많이 마시다. ③등불·촛불 등에 불을 붙이다. 판끄다. ④톱으로 나무를 세로로 썰어서 쪼개다. ⑤기지개를 하다.

켤레 버선·신 따위의 두 짝을 단위로 하여 세는 말.

코 ①숨쉬는 것과 냄새를 맡는 것을 맡은 기관의 하나. ②코에서 나오는 진액.

코가 우뚝하다 잘난 체하다.

코골다 잘 때에 소리를 크게 내어 콧숨을 쉬다.

코끼리 몸이 크고, 눈은 작고 코는 긴데 자유롭게 놀릴 수 있으며, 웟잇몸에서 길고 큰 두 개의 이가 입밖으로 나온 길짐승 중에 제일 큰 것.

코ː너 킥(corner kick) 축구에서 수비측이 자기네 골 라인 밖으로 공을 내보냈을 때에 공격측이 코너에 공을 놓고 차는 것. —하다.

코대답 콧구멍으로 내는 소리로 하는 대답. —하다.

코ː드(cord) 전등 또는 이동시켜 쓰는 전기 기구에 접속하는 전선.

코떼다 핀잔을 받다. 무안을 당하다. 부끄러움을 당하다.

코뚜레 소의 코청을 꿰뚫어 끼는 고리 모양의 나무. 다 자란 송아지 때부터 고삐를 매는 데 씀. 본쇠코뚜레.

코뚜렛감 코뚜레로 쓸 거리.

코ː러스(chorus) 합창. 합창곡. 합창대.

코르크(독 kork) 코르크나무의 안 껍질. 병마개 따위로 씀.

코리아(Korea) 우리 나라를 서양식으로 부르는 말.

코멘 소리 코가 막힌 것처럼 되어 나는 소리.

코미디(comedy) 희극. 판비극.

코미디언(comedian) 희극을 전문으로 하는 배우.

코바늘 뜨개질을 할 때 쓰이는 끝이 갈고리 모양인 바늘.

코빼기 코의 낮춤말.

코뿔소[—쏘] 코에 하나 또는 두 개의 뿔이 있는 소. 다리가 짧고 살갗이 두꺼우며 단단함. 뿔은 약으로 쓰임.

코ː스(course) ①진로. 방향. ②경주 따위에서 선수가 나아가는 길.

코스모스(cosmos) 가을에 피는 꽃. 잎이 가늘게 갈라졌고 줄기가 길며, 꽃은 대개 분홍색이거나 흰빛임.

코앞 바로 가까이 마주 보이는 곳. 아주 가까운 곳. 예코앞에 다 두고 못 찾니?

코웃음 비웃는 웃음. 예코웃음 치다.

코웃음거리 비웃음 받을 거리.

코일(coil) 전기의 전열선을 나사 형상으로 감은 줄.

코주부 코가 큰 사람의 별명.

코ː치(coach) 운동 경기의 정신과 기술을 지도·훈련하는 일. 또, 그 사람. —하다.

코ː트(court) 정구·배구·농구 따위의 경기장.

코펜하겐(Copenhagen) 덴마크의 수도. 북부 유럽에서 제일 큰 도시.

코프라(포 copra) 야자의 열매로 만든 기름. 곧 야자유로서, 여러 화학 공업의 원료가 됨.

코피 콧속에서 나는 피.

콕 ①되게 부딪쳐 박히는 모양. ②부리나 연장으로 단단한 물건을 쪼는 모양. 큰쿡.

콘사이스(concise) 간결·간명·간편하고 요령 있는 휴대용 사전. 소형 사전.

콘 센 트(concentric plug) 옥내 배선에서 전기 기구를 접속하기 위하여 쓰이는 기구.

콘크리:트(concrete) 시멘트에 모래·자갈 등을 섞어 물에 반죽하여 굳힌 것. 집 짓는 데 많이 쓰임.

콘택트 렌즈(contact lens) 각막에 밀착시켜 안경처럼 근시·원시 등의 교정에 쓰이는 소형 렌즈. 유리나 합성 수지로 만듦.

콘테이너(container) 화물 수송을 하기 위하여 금속으로 만든 커다란 상자.

콜 더(Calder,1898~1976) 미국의 조각가. 움직이는 조각인 모빌로 유명함.

콜 럼 버 스(Columbus, ?~1506) 아메리카 대륙을 발견한 이탈리아의 항해가.

콜레라(cholera) 호열자병. 무서운 전염병의 하나.

콜롬비아(Colombia) 남아메리카의 북서부에 위치한 공화국. 수도는 보고타.

콜콜[1] 좁은 구멍으로 물이 쏟아져 흐르는 소리. 큰쿨쿨. —거리다. —하다.

콜:콜[2] 어린애가 곤하게 잠잘 때 숨쉬는 소리. 또는 그 모양. 큰쿨쿨. —하다.

콤 팩 트 디 스 크(compact disc) 레이저 광선으로 원음에 가까운 소리를 재생해 내는 금속 음반. 시디(CD).

콧구멍 코에 뚫린 두 구멍.

콧김 코에서 나오는 더운 김.

콧날 콧등의 날카로운 줄.

콧등 코의 등성이.

콧소리 ①숨을 코로 내보내면서 내는 소리. ②코가 막힌 소리.

콩 콩과에 딸린 한해살이풀.

콩고 강(Congo 江) 아프리카 대륙의 중앙부를 서쪽으로 흐르는 강.

콩깍지 콩을 떨어 낸 껍데기.

콩나물 그늘에서 콩에 물을 주어 뿌리를 내리게 한 식료품.

콩밭에 가서 두부 찾는다〈속〉 성미가 몹시 급하다.

콩 볶아 먹다가 가마 터뜨린다〈속〉 작은 이익을 탐내다가 큰 해를 입는다.

콩 심은 데 콩 나고, 팥 심은 데 팥 난다〈속〉 원인이 있으면 으레 그에 따르는 결과가 있게 마련이다.

콩알 ①콩의 낱낱의 알. ②매우 작은 물건을 가리키는 말.

콩으로 메주를 쑨다 하여도 곧이 듣지 않는다〈속〉 거짓말을 잘하여 믿을 수 없다.

콩쥐 팥쥐 지은이를 모르는 조선 시대의 한글 소설. 계모의 학대를 이겨 내는 내용임.

콩쿠:르(프 concours) 음악이나 연극 따위의 재주가 낫고 못함을 겨루는 경연 대회.

콩트(프 conte) 짧고 재치 있

콱콱 ①몹시 덥거나 춥거나 또는 지독한 냄새로 숨이 막히는 모양. ②힘껏 들이지르는 모양. —하다.

쾌감(快感) 기쁜 마음. 즐거운 느낌.

쾌락(快樂) ①욕망을 만족시킴으로써 느끼는 감정. ②즐거움. 기쁨. —하다.

쾌락(快諾) 쾌히 승낙함. 기쁜 마음으로 승낙함. —하다.

쾌미(快味) 상쾌한 맛. 기분 좋은 느낌. 즐거움.

쾌속선(快速船) 썩 빠르게 달리는 배. 쾌속정.

쾌차하다(快差—) 병이 완전히 낫다.

쾌청(快晴) ①하늘이 맑고 깨끗하게 갬. 예쾌청한 가을 하늘. ②날씨가 좋음. —하다.

쾌활(快活) 마음씨가 씩씩하고 하는 짓이 활발함. 예쾌활한 성격. —하다.

쾌히 하는 짓이 시원스럽게. 거침없이. 예쾌히 승낙하다.

쾨쾨하다 냄새가 매우 고리다. 큰퀴퀴하다.

쿠데타(프 coup d'État) 한 사람 또는 소수의 권력자가 비합법적으로 무력이나 폭력으로 국가 통치권을 빼앗는 정변.

쿠바(Cuba) 서인도 제도에서 가장 큰 섬으로 된 사회주의 나라. 수도는 아바나.

쿠베르탱(Coubertin, 1863~1937) 근대 올림픽 경기를 부흥시킨 프랑스의 체육가. 올림픽의 부활을 계획하여 1896년에 그리스의 아테네에서 제1회 대회를 여는 데 성공하였음.

쿠오레(이 Cuore) 이탈리아의 아미치스가 지은 소설. 엔리코라는 초등 학교 4학년 어린이와 자기 아들의 교육을 위해서 온 정성을 기울이는 아버지와의 사이에 가정과 학교에서 벌어지는 갖가지 이야기를 일기체로 나타내었음. 〈사랑의 학교〉라고도 번역되었음.

쿠:폰(프 coupon) ①한 장씩 찢어 사용할 수 있는 종이 쪽지. ②할인권. 경품권.

쿡쿡 ①부리 따위로 단단한 물건을 여러 번 쪼는 모양. 예비둘기가 모이를 쿡쿡 쪼다. ②끝이 무딘 물건으로 세게 찌르는 모양. 작콕콕. —하다.

쿨:리(coolie) 중국의 하층 노동자.

쿵 크고 무거운 물건이 떨어질 때, 또는 대포나 폭탄이 터질 때 나는 소리. 작콩. —하다.

퀴논(Qui Nhon) 베트남의 남지나해에 면하고 있는 도시.

퀴즈(quiz) 어떤 질문에 대한 답을 알아맞히는 놀이 및 그 질문의 총칭.

퀴퀴하다 냄새가 조금 구리다. 작쾨쾨하다.

크기 큰 정도. 예크기를 알 수 없다.

크나크다 더 클 수 없이 크다.

크낙새 =골락새.

크다 ①작지 않다. ②중대하다. ③대단하다. ④심하다. 반작다. 조그마하다.

크래버넷(Cravenette) 양털 섬유로 짠 천의 한 가지.

크래커(cracker) 단맛이 나지

크레용(프 crayon) 그림을 그릴 때 빛깔을 칠하는 재료의 한 가지.

크레인(crane) 기중기. 무거운 물건을 나를 때 쓰는 기구.

크레졸(cresol) 석탄 타르 및 목타르 중에, 석탄산과 함께 발생하는 물질. 소독약·방부제로 씀.

크레파스(craypas) 크레용보다 색의 효과가 있는 그림을 그리는 재료의 한 가지.

크로노스(Kronos) 그리스 신화 중의 농사와 시간의 신. 제우스의 아버지였으나, 자기의 자리를 잃을까 보아 자식들을 잡아먹다가 제우스에게 죽음을 당하였음.

크로스 게임(cross game) 운동 경기에 있어서의 접전·육박전·백열전 등. 回시소 게임.

크리스마스(Christmas) 예수께서 나신 날을 축하하는 12월 25일. 성탄일. 성탄절.

크리스마스 이:브 크리스마스 전날인 12월 24일 밤.

크리스마스 캐럴 크리스마스를 축복하는 노래.

크리스마스 트리 크리스마스를 축하하기 위하여 여러 가지 장식을 한 나무. 보통 상록수에 여러 가지 장식물이나 종·꼬마 전등 따위를 달아 꾸밈.

크림 전:쟁(Krym 戰爭) 터키가 영국·프랑스 등의 원조로 1853년에서 1856년까지 크림 반도에서 러시아와 싸운 전쟁. 러시아는 패하고, 터키는 큰 피해를 입었음.

큰골 머릿골의 대부분을 차지하는데, 지각·기억·판단 따위 정신 작용을 맡아보는 부분. 이상이 생기면 기억과 판단하는 힘이 없어짐. 回대뇌.

큰기침 남에게 위엄을 보이려고, 또는 자기 마음을 가다듬는 태도를 보이기 위해 소리를 크게 내어 하는 기침. 回잔기침. ―하다.

큰길 넓은 길. 대로. 回한길.

큰마음 크게 먹은 마음씨. 크게 쓰는 마음씨.

큰 말이 나가면 작은 말이 큰 말 노릇한다〈속〉 윗사람이 없으면 아랫사람이 윗사람 노릇을 한다.

큰 방죽도 개미 구멍으로 무너진다〈속〉 작은 사물이라도 업신여긴다면 그 때문에 큰 화를 입는다.

큰비 오래도록 많이 오는 비. 예여름에는 큰비가 온다.

큰살림 규모를 크게 차리고 잘 사는 살림살이.

큰소리 ①크게 나는 소리. ②야단치는 소리. ③장담하는 소리. 예형은 매일 큰소리만 친다. ―하다.

큰아버지 아버지의 맏형. 백부. 回작은아버지.

큰악절(―樂節) 2개의 작은 악절로 이루어진 악절.

큰일 ①힘이 많이 들고 범위가 넓은 일. 중대한 일. 예큰일을 저지르다. ②큰 예식을 치르는 일. 回대사. 回잔일. 예큰일을 치르다.

큰절 어른 앞에 두 손을 바닥에 짚으며 무릎을 꿇고 고개를 앞전히 숙이는 절. ㉠할아버지께 큰 절을 올리다. —하다.

클라리넷(clarinet) 목관 악기의 하나. 음색의 변화가 없고 부드러우며, 각종 합주에서 중요한 구실을 함.

클라이맥스(climax) 가장 긴장·흥분되는 장면. 비최고조.

클로:버(clover) 콩과의 다년생 풀. 길이 30~60cm의 잎꼭지 끝에 작은 잎이 보통 세 개가 손바닥을 편 모양으로 붙음. 여름에 흰 꽃이 긴 꽃줄기 끝에 나비 모양으로 핌. 토끼풀.

큼직하다 꽤 크다. ㉠큼직한 항아리.

키 ①선 물건의 높이. ②몸의 길이. ③배의 가는 방향을 조정하는 기구. ④곡식의 겨를 까부는 기구.

키(key) 열쇠.

키내림 곡식에 섞인 티끌을 바람에 날려서 고르려고 곡식을 키에 담아 높이 들고 천천히 쏟아 내리는 일. —하다.

키니네(네 kinine) 기나수의 껍질에서 만드는 알칼리성의 쓴맛이 있는 해열·강장약으로 쓰이며 말라리아의 특효약. 비금계랍.

키다리 키가 큰 사람의 별명. ㉠키다리 아저씨.

키스(kiss) 입맞춤. —하다.

키우다 크게 자라게 하다.

키질 키로 곡식 따위를 까부르는 짓. —하다.

키친(kitchen) 요리장. 부엌. 주방.

키 크고 속 없다(속) 키가 큰 사람을 놀리는 말.

킥 참을 수 없어 절로 한 번 나오는 웃음 소리. ㉠킥하고 웃다. —하다.

킬로그램(kilogram) 무게의 단위. 1킬로그램은 1000그램. 기호는 kg.

킬로미터(kilometer) 길이의 단위. 1킬로미터는 1000미터. 기호는 km.

킬로와트(kilowatt) 전력 양의 단위. 1킬로와트는 1000와트. 기호는 kW.

킹킹거리다 어린애가 울음 섞인 소리로 응석을 부리거나 무엇을 조르는 소리를 계속 내다. ㉠아기가 킹킹거리며 엄마를 찾는다.

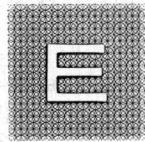

ㅌ[티읃] 한글 닿소리의 열두째 글자.

타:개(打開) 어려운 일을 뚫고 나감. 곤란한 일을 해결함. 예 타개책. —하다.

타:격(打擊) ①손해를 당함. ②때리어 침. ③기운이 꺾임. ④야구에서 투수가 던진 공을 방망이로 침. 예 타격순.

타관(他官) 다른 고을.

타:구(唾具) 침이나 가래를 뱉는 그릇.

타국(他國) 다른 나라. 凹외국. 凹고국. 자국. 조국.

타다¹ ①불이 붙다. ②많이 눋다. ③걱정이 되다. ④마음이 달아오르다. 凹오르다.

타다² ①탈것이나 짐승의 몸에 몸을 얹다. 예 비행기를 타다. ②얼음 위로 가다. 예 썰매를 타다. ③기회를 이용하다. 예 어둠을 타서 공격하다. ④섞다. 풀다. 치다. 예 커피에 설탕을 타다. ⑤상품을 받다. ⑥콩, 팥 등을 맷돌에 갈다. ⑦악기를 치다. 뜯다. ⑧나무나 산이나 줄을 올라가다. 예 바위를 타다.

타다³ ①머리를 갈라 가리마를 내다. ②박 따위를 두 쪽으로 쪼개어 가르다.

타다⁴ 부끄럼이나 노여움을 쉽게 느끼다. 예 노여움을 타다.

타:당하다(妥當—) ①꼭 들어맞다. ②잘 맞다. ③온당하다.

타:도(打倒) 쳐서 거꾸러뜨림. —하다.

타:락(墮落) ①품행이 나빠서 못된 구렁에 빠짐. ②몸을 천하게 가짐. ③떨어짐. 凹전락. —하다.

타래 실·고삐 같은 것을 감아서 틀어 놓은 분량의 단위.

타:령(打令) ①우리 나라 고유 음악의 곡조의 한 가지. ②노래. ③어떤 사물에 대해 자주 이야기하는 일. 예 그는 늘 돈 타령만 한다.

타:박하다 ①나무라다. ②좋으니 나쁘니 말이 많다.

타:성(惰性) ①물체가 외부의 작용을 받지 않는 한, 정지하거나 또는 일정한 속도로 진행을 계속하는 것. ②오래 굳어진 버릇. 凹관성.

타오르다[타오르니, 타올라서] 불이 붙어 타기 시작하다. 빛을 띠며 올라오다. 예 불꽃이 타오르다.

타:원형(楕圓形) 길쭉하게 둥근 모양. 곧, 달걀 형상.

타월 감(towel—)[—깜] 목화 섬유로 짠 천의 한 가지. 수건처럼 실오라기가 양쪽 면에 나

타의(他意) ①다른 생각. 딴마음. ②다른 사람의 뜻. 예자의 반 타의 반.

타이(Thailand) 인도차이나 반도의 중앙부에 있는 왕국. 수도는 방콕.

타이(tie) ①끈. 줄. ②넥타이의 준말. ③운동 경기에서는 동점. 무승부.

타이르다 ①알아듣도록 말하다. ②말하여 깨닫게 하다. ③잘하도록 가르치다. 비훈계하다. 반윽박지르다. 예나쁜 짓 하지 말라고 타이르다.

타이어(tyre) 차바퀴의 바깥 둘레에 끼는 쇠 또는 고무로 만든 테. 예자동차 타이어.

타이완(Taiwan) 중국 화남 지방의 동쪽에 있는 큰 섬. 중심 도시는 타이베이.

타이틀(title) ①제호. 표제. 서명. ②직명. ③자격. 권리. ④선수권. ⑤영화의 자막.

타이틀 매치(title match) 선수권을 걸고 겨루는 시합. 반논타이틀 매치.

타이프(type) ①타이프라이터. ②활자.

타이프라이터(typewriter) =타자기.

타이피스트(typist) =타자수.

타인(他人) 다른 사람. 비남. 반자기.

타임(time) 시간. 소요 시간.

타임아웃(time-out) 운동 경기의 시합 도중 경기 팀이 요구하는 휴식 또는 협의를 위한 짧은 시간.

타:자(打者) 야구에서 배트로 공을 치는 공격진의 선수.

타:자기(打字機) 손가락으로 키를 눌러서 종이 위에 글자를 찍는 기계. =타이프라이터.

타:자수 타자기로 글자를 찍는 사람. 타자를 직업으로 삼는 사람. =타이피스트.

타:작(打作) ①곡식의 이삭을 떨어서 알을 거두는 일. ②마당질하는 일. —하다.

타:조(駝鳥) 아프리카·아라비아 사막·황무지 등에 사는 큰 새로 머리까지의 키가 2~2.5m 며, 날지는 못하지마는 다리가 몹시 발달되어 잘 달림. 깃을 장식용으로 씀.

타:파(打破) 나쁜 구습을 깨뜨림. 예미신 타파. —하다.

타향(他鄕) 고향이 아닌 땅. 비객지. 타관. 반고향.

타:협(妥協) 양쪽이 서로 의논하여 일을 처리함. 예타협적인 자세. —하다.

탁 ①막힘이 없이 시원스럽게 트인 모양. 예탁 트인 길. ②갑자기 어깨나 등을 손바닥으로 치는 소리. 예어깨를 탁 쳐서 놀랐다.

탁구(卓球) 나무대 위에 네트를 치고 마주 서서 작은 공을 배트로 쳐 넘기는 실내 운동.

탁색(濁色) 순색에 회색을 섞은 빛깔.

탁아소(託兒所) 부모들이 일터에 나가 일을 하는 동안 아이들을 맡아서 보호해 주는 곳.

탁월(卓越) 남보다 뛰어남. 비월등. 반졸렬. 예영수는 운동에 소질이 탁월하여 자주 선수로 뽑힌다. —하다.

탁자(卓子) 물건을 올려놓는 가구. 비테이블.

탁하다(濁—) ①맑지 않다. 흐리다. ②마음이 흐리터분하다.

탄:광(炭鑛) 석탄을 파내는 광산. 예탄광촌.

탄:력(彈力) 물건이 어떤 힘에 의하여 그 형상에 변화가 생겼다가 그 힘이 없어지면, 그전 상태로 돌아가는 힘.

탄:로(綻露) 비밀이 드러남. 비밀을 드러냄.

탄:복(歎服) 훌륭하다고 칭찬함. 예어린 나이로 그렇게 큰 일을 해내다니 참 탄복할 일이다. —하다.

탄:산가스(炭酸gas) 탄소 하나와 산소 둘이 합하여 된 물질. 빛·맛·냄새가 없는 기체인데, 공기보다 무겁고 물건을 잘 태우지 않으며 물에 잘 녹음. 이산화탄소.

탄:산수소나트륨 청량 음료나 소화제로 쓰이는 흰 가루. 물에 잘 녹으며 가열하면 쉽게 이산화탄소를 발생함.

탄:생(誕生) 사람이 태어남. 특히, 훌륭한 사람에 대해 쓰는 말. 비출생. 반사망. —하다.

탄:성(彈性) 물체에 힘을 가했다가 놓으면 그 부피와 모양이 일정한 정도로 변했다가, 그 힘이 없어지면 근본 형상으로 돌아가려는 성질.

탄:소(炭素) 빛·맛이 없는 기체 원소로서 금강석이나 숯 따위에 들어 있음.

탄:소 동화 작용 잎에 든 엽록체가, 햇볕의 힘을 빌려서 뿌리가 빨아들인 물과, 숨구멍을 통하여 들어온 탄산가스를 원료로 탄수화물을 만드는 일.

탄:수화물 탄소·산소·수소의 화합물로 3대 영양소의 하나.

탄:식(歎息) 한숨을 쉬며 한탄함. —하다.

탄:압(彈壓) 함부로 을러대고 억누름. —하다.

탄:약(彈藥) 총알과 대포알.

탄연(坦然, 1069~1158) 고려 인종 때의 명필. 신품 사현의 한 사람.

탄:원(歎願) 사정을 자세히 말하고 도와 주기를 바람. 애원함. —하다.

탄탄하다 됨됨이나 생김새가 굳고 단단하다. 큰튼튼하다.

탄하다 ①남의 일에 참견하다. ②남의 말을 대꾸하여 시비조로 나서다.

탄:환(彈丸) 탄알·총알·총탄·포탄을 통틀어 일컫는 말.

탈[1]: ①종이·나무 따위로 만든 얼굴의 모양. ②속뜻을 감추고 겉으로 슬슬 꾸미는 의뭉스런 얼굴. 비가면.

탈[2]: 뜻밖에 일어난 사고. 또는 변고. 비고장. 사고.

탈곡기(脫穀機) 곡식의 이삭에서 낟알을 떨어 내는 데에 쓰는 농사 기구.

탈:나다 ①고장이 나다. 잘못되어 가다. ②병이 나다.

탈:바가지[—빠—] 바가지로 만든 탈.

탈선(脫線) ①기차·전차가 선로에서 벗어남. ②행동이 나빠짐. —하다.

탈싹 작은 사람이나 물건이 갑자기 주저앉거나 내려앉는 모양. 또는 그 소리. 큰털썩. —거리다. —하다.

탈주(脫走)[—쭈] 몸을 빼어 달아남. 비탈출. —하다.

탈지면(脫脂綿)[—찌—] 기름기와 깨끗하지 못한 것을 없애고 소독한 솜으로, 외과 치료에 씀. 비소독면. 약솜.

탈출(脫出) 몸을 빼서 도망함. 비탈주. —하다.

탈:춤 놀이 얼굴에 탈을 쓰고 춤을 추는 놀이. —하다.

탈퇴(脫退) 단체 따위에서 빠져 나옴. 벗어남. 비이탈. 반가입. 참가. —하다.

탈환(奪還) 도로 빼앗음. 비수복. —하다.

탐(貪) ①욕심을 냄. ②가지고 싶어함. —하다.

탐구(探究) 찾아가며 연구함. 비연구. 예탐구 정신. —하다.

탐내:다(貪—) 몹시 가지고 싶어 욕심을 내다. 비욕심내다. 예남의 물건을 탐내다.

탐방(探訪) 찾아봄. 사건을 더듬어 찾음. 예유적지 탐방. —하다.

탐사(探查) 더듬어 조사함. 예석유 탐사. —하다.

탐스럽다[탐스러우니, 탐스러워] 마음이 몹시 끌리도록 보기에 좋다. 비소담스럽다.

탐욕(貪慾) 지나치게 탐하는 욕심. 비야욕. —스럽다.

탐정(探偵) 비밀한 사정을 몰래 살핌. 또는 그 사람. 비밀정. —하다.

탐조등(探照燈) 반사경으로 먼 거리를 비쳐 보는 장치.

탐지(探知) 더듬어 살펴서 알아냄. 예적의 진지를 탐지하다. —하다.

탐탁하다 마음에 들어맞도록 모양이나 태도가 어울리다.

탐탐(眈眈) 야심을 품고 잔뜩 노리는 모양. 예호시 탐탐. —하다.

탐험(探險) 위험을 무릅쓰고 모르는 지방을 찾아다니며 살핌. 비모험. 탐색. —하다.

탐험가 탐험을 하러 다니는 사람. 비탐험자.

탐험대 탐험하는 사람들의 무리. 예아프리카 탐험대.

탐험 여행 위험을 무릅쓰고 모르는 지방을 조사하러 다님. —하다.

탑(塔) 절 같은 속에 돌로 여러 층을 쌓아 만든 집 같은 것.

탑신 탑의 기단과 꼭대기에 있는 장식 사이의 탑의 몸통.

탓 ①일이 잘못된 원인이나 까닭. ②잘못된 것을 원망하는 것. 예안 되면 조상 탓.

탓하다 잘못된 일을 무슨 까닭이라고 원망하다.

탕약에 감초 빠질까(속) 어떤 일에나 빠짐없이 끼인다.

탕:진하다(蕩盡—) 죄다 써 버리다. 예재산을 탕진하다.

태고(太古) 아주 오랜 옛날. 예태백 산맥에는 아직도 태고의 원시림이 남아 있다.

태권 도(跆拳道)[—꿘—] 우리 나라 고유의 무술. 맨손과 맨주먹으로 찌르기·치기·발로 차기 등을 중심으로 공격하여 자기 몸을 방어하는 기술.

태극(太極) 태극기 중앙의 둥근 모양.

태극기(太極旗) 우리 나라의 국기로서, 흰 바탕의 한가운데 붉은빛·남빛으로 태극을 그리고, 사방에 검정빛으로 네 괘를 그렸음.

태극 무:공 훈:장 전장에서 큰 공을 세운 사람에게 주는 우리 나라의 최고 훈장.

태극 부채 태극 모양을 그린 둥근 부채. 🗒태극선.

태견 발길로 맞은편 사람의 다리를 차서 넘어뜨리는 호신술의 하나. —하다.

태:도(態度) ①몸을 가지는 모양. ②속이 드러나 보이는 겉모양. 🗒자태.

태만(怠慢) 대단히 게으름. 🗒노력. 열중. —하다.

태백산(太白山) 경상 북도 봉화군과 강원도 삼척시 사이에 있는 산. 높이 1549m.

태백 산맥 철령 부근에서 낙동강 어귀에 이르는 우리 나라에서 제일 긴 산맥.

태봉(泰封) 후삼국 중의 한 나라(901~918). 신라 말기 궁예가 세운 후고구려를 도읍을 철원으로 옮긴 뒤, 나라 이름을 '태봉'이라 고쳤음.

태:산(泰山) ①굉장히 큰 산. 높은 산. ②크고 많음을 가리키는 말. ⑩은혜가 태산 같다.

태산을 넘으면 평지를 본다(속) 고생 끝에 즐거움이 온다.

태세(態勢) 어떤 일을 앞두고 갖추어진 모양이나 몸가짐. 🗒자세. ⑩전투 태세를 갖추다.

태양(太陽) 해.

태양계 해를 중심으로 하여 운행하는 천체의 집단. 9개의 혹성과 이에 속한 31개의 위성 및 약 1500개의 소혹성으로 이루어졌음.

태양 광선 햇빛.

태양력 지구가 해의 둘레를 한 번 도는 시간을 1년으로 하여 만든 책력. 곧, 365.2422일이 됨. 🗒태음력.

태양열[—녈] 태양으로부터 나와서 지구에 도달하는 열.

태양의 고도 태양이 떠 있는 높이. 태양의 방향을 가리키는 선이 수평면과 이루는 각도를 나타냄.

태양의 남중 태양이 정남쪽에 있게 되는 것.

태어나다 처음으로 세상에 나오다. 🗒태나다.

태연하다(泰然—) 천연스럽게 있다. 기색이 조금도 변하지 아니하고 그냥 그대로 있다.

태엽(胎葉) 시계나 유성기 따위의 속에 든 것인데, 얇고 좁은 강철을 돌돌 말아 놓은 것.

태우다 ①불에 타게 하다. 사르다. ②마음을 괴롭게 하다.

태음력(太陰曆) 달의 한 삭망을 기초로 하여 만든 책력. 🗒태양력.

태자(太子) 임금의 자리를 이어 받을 왕의 아들. 🗒세자.

태조(太祖) ①한 왕조의 첫대의 임금. ②고려 제1대 왕. ③조선의 제1대 왕.

태종(太宗, 1367~1422) 조선 태조의 다섯째 왕자로 제3대 왕. 이름은 방원. 조선을 세우는 데 공로가 컸으며 신문고 설치 등 많은 업적을 남겼음.

태종 무:열왕 =김춘추.

태질치다 되게 넘어지거나 몹시 메어치다.

태초(太初) 하늘과 땅이 맨 처음 생겨났을 때. 아주 먼 옛날. 우주의 맨 처음.

태평(太平) 평화로움. 사람이 살기 좋음. 비평화. 화평. —하다. —스럽다.

태평소 여덟 구멍이 뚫린 나무관에 깔때기처럼 생긴 놋쇠를 달아 부는 국악 목관 악기의 하나. 새납.

태평양(太平洋) 아시아와 남북 아메리카 및 오스트레일리아에 둘러싸인 세계 최대의 바다.

태평양 전:쟁 제2차 세계 대전의 일부로서, 1941년부터 1945년까지의 연합군 대 일본의 전쟁. 이 전쟁으로 인하여 우리 나라는 광복되었음.

태평 천국 사람이 살기 좋은 평화스러운 나라.

태평하다 ①나라가 무사하다. ②집안이 평안하다. ③몸에 탈이 없다. 비화평하다.

태풍(颱風) 남양 열대에서 발생하여 아시아 동부로 불어오는 맹렬한 바람. 반미풍.

태학(太學) 고구려 소수림왕 때 중앙에 세운 국립 학교. 주로 벼슬아치들의 자제에게 유학과 역사를 가르쳤던 교육 기관.

택리지(擇里志)[탱 니—] 조선 후기 영조 때 이중환이 지은 우리 나라 지리책. 우리 나라 전국에 걸친 지형·풍토·풍속 등을 실었음.

택시(taxi) 요금을 받고 손님을 태우는 작은 자동차.

택하다(擇—) 여럿 가운데서 고르다. 비선택하다. 예좋은 책을 택해서 많이 읽어야 지식을 넓힐 수 있다.

탬버린(tambourine) 금속 또는 나무로 만든 테의 한쪽에 가죽을 입히고 둘레에는 작은 방울을 단 타악기. 손에 들고 가죽을 치며, 흔들어 방울을 울림.

탱자나무 귤처럼 생긴 열매가 열리는 나무. 잎은 세 갈래로 갈라짐.

탱크(tank) ①물·가스·기름 등을 저장하는 큰 통. ②전쟁에 쓰는 전차.

터 ①장소. ②일이 이루어진 밑자리. 사용하는 땅. 곳. ③'터수'의 준말.

터널(tunnel) =굴.

터놓다 ①막은 물건을 치우다. ②친구끼리 말을 트다.

터덜거리다 ①몸이 몹시 나른하여 걸음을 무겁게 힘없이 걷다. ②깨어진 질그릇 등을 두드려 흐린 소리가 나다. 작타달거리다.

터:득하다(攄得—) 생각하여 깨달아 알아내다. 비해득하다.

터:뜨리다 터지게 하다.

터럭 사람이나 길짐승의 몸에 난 길고 굵은 털.

터무니 ①터를 잡은 자취. ②똑똑히 있는 사실·근거.

터무니없다 분명하지 아니하다. 비엉터리없다.

터벅터벅 ①가루 음식 따위가 물기가 없어 씹기에 조금 뻑뻑한 모양. ②기운이 지쳐서 걸음이 잘 걸리지 아니하는 모양. 반사뿐사뿐. 작타박타박. —하다.

터수 ①살림살이의 형편과 정도. ②사귀는 분수. 준터.

터울 한 어머니가 낳은 자녀의 나이차. 예두 살 터울.

터이다 형편이다. 예지금 집에 가야 할 터이다.

터전 ①밑바탕이 되는 터. 바탕. ②자리를 잡고 앉은 곳. 비토대. 기반. 기초.

터주(一主) 집터를 지키는 토지를 맡은 신.

터주대감 일정한 마을이나 직장 등에서 가장 오래 되어 관록을 가지고 있는 사람을 가리키는 말.

터주에 붙이고 조왕에 붙인다 〈속〉여기저기 갈라 놓는다.

터:지다 ①막았던 것이 뚫어지다. 반막히다. ②바느질한 것이 뜯어지다. ③숨은 것이 드러나다. 예비밀이 터지다. ④무슨 일이 벌어지다. 예전쟁이 터지다. ⑤화약 따위가 불붙어 튀다. 비폭발하다. 예폭탄이 터지다.

터진 꽈리 보듯〈속〉사물을 탐탁하게 보지 않는다.

터치(touch) ①손 같은 것을 댐. 건드림. ②야구에서 공을 주자에게 갖다 대는 일. 예터치 아웃. -하다.

터:키(Turkey) 서남 아시아의 북쪽에 있는 공화국. 수도는 앙카라.

턱¹ 사람이나 동물의 입 아래에 있어서 발성이나 씹는 일을 하는 기관.

턱² ①관계된 까닭. 이유. 예그럴 턱이 없다. ②그만한 정도. 예아직 그 턱인가.

턱 떨어진 개 지리산 쳐다보듯 〈속〉되지도 않을 일을 쓸데없이 탐낸다.

턱받이 어린애의 턱 아래에 대어 침을 받아 내는 헝겊으로 만든 물건.

턱없이 ①아무 까닭 없이. 예턱없이 비싸다. ②덮어놓고. ③신분에 맞지 않게.

턱찌끼 먹다 남은 음식.

털 ①사람이나 동물의 몸에 나는 가느다란 실 모양의 것. ②물건의 거죽에 부풀어 일어난 실 모양의 것.

털갈이 짐승이나 조류가 털이나 깃을 가는 일.

털끝도 못 건드리게 한다〈속〉조금도 손을 못 대게 한다.

털:다[터니, 터오] ①붙은 물건을 떼다. ②물건을 흔들어 떨어뜨리다. ③벽을 떨어 버리다. ④도둑이 들어 재물을 모조리 가져가다.

털도 아니 난 것이 날기부터 하려 한다〈속〉어리석은 사람이 제 분수를 넘어 엄청난 짓을 하려 한다.

털도 아니 뜯고 먹으려 한다〈속〉①지나치게 성급히 하려고 덤빈다. ②제 것도 아닌 것을 통째로 먹으려 한다.

털모자 털로 만든 모자.

털붓 가는 대의 끝에 털을 박아 그 털에 먹을 찍어 글씨를 쓰는 것. 비모필.

털실 털을 뽑아 만든 실.

털썩 ①사람이 갑자기 주저앉는 소리나 모양. ②조금 두껍고 넓은 물건이 갑자기 내려앉는 소리나 모양. 예짐을 털썩 내

텀벙 크고 무거운 물건이 깊은 물 속에 떨어지는 소리. —거리다. —하다.

텀블링(tumbling) ①공중제비. ②여러 사람이 손을 잡거나 어깨를 올라타 앉는 것과 같은 동작으로 여러 가지 모양을 만드는 체조. —하다.

텁석부리 수염이 많이 난 사람의 별명.

텁수룩하다 많이 난 털 같은 것이 어수선하게 덮여 있다.

텁텁하다 ①성질이 까다롭지 않다. ②거리끼는 생각이 없다. ③음식 맛이 산뜻하지 않다. 예입 안이 텁텁하다.

텃밭 집터 가까이에 있는, 집에서 먹을 채소를 심는 밭.

텃새 한 고장에 머물러 사는 새. 반철새.

텃세(—貰) 터를 빌린 세.

텃세(—勢) 먼저 자리잡은 사람이 뒤에 들어오는 사람을 업신여기는 짓. —하다.

텅스텐(tungsten) 쇠붙이 원소의 한 가지. 회백색이고 매우 단단하며 질김.

테 ①대를 쪼개어 그릇의 거죽에 둥글게 매인 물건. ②사물의 범위. ③'테두리'의 준말.

테너(tenor) 음악 용어로 남성의 최고음. 또, 그 가수.

테다 터이다. 예내가 물어 볼 테니 너는 잠자코 있거라.

테두리 물건의 가장자리. 비가. 둘레.

테라스(프 terrasse) 집의 마루 끝에 마당보다 약간 높게 하여 콘크리트를 하거나 타일을 입힌 곳.

테라 코타(이 terra cotta) 미술에서, 점토를 구워서 만든 조각 작품.

테러(terror) 폭력 수단을 행사하여 적을 위협하거나 공포에 빠지게 하는 행위.

테:마(라 thema) 주제. 제목. 문제. 예테마 송.

테스트(test) ①시험. 검사. ②맛을 봄. —하다.

테이블(table) 물건을 올려놓는 세간. 곧 책상 따위나 여러 사람이 식사할 때에 쓰는 큰 상. 비탁자. 식탁.

테이프(tape) 종이를 좁고 길게 자른 것.

텔레비전(television) 먼 데서 전파를 이용하여, 실지의 경치를 그대로 움직이는 활동 사진처럼 보내서 이것을 영사하여 브라운관에 나타나게 하는 것.

텔레비전국 ①방송국에서 텔레비전 방송에 관한 일을 맡아보는 곳. ②텔레비전 방송국.

텔레파시(telepathy) 감각 기관의 자극 없이 생각이 전달됨.

템포(이 tempo) ①악곡의 진행 속도. 예템포가 빠르다. ②소설에서의 사건 진행 속도.

토 말에 붙여 그 관계를 나타내는 말. 예토를 달다.

토공 연모(土工—) 찰흙 공장에 쓰이는 연모.

토기(土器) 흙으로 만들어 볕에 말리거나 불에 구운 오지그릇.

토끼 귀가 크고, 앞다리는 짧고, 뒷다리는 길며 동작이 날쌘 짐승.

토끼몰이 토끼를 잡으려고 한

곳으로 모는 일.
토끼와 거북 이솝이 지은 이야기. 거북이와 토끼가 달리기 시합을 하였는데, 토끼가 거북을 얕보고 낮잠을 자서 지고 말았다는 이야기.
토끼의 간 〈토끼전〉·〈별주부전〉으로 널리 알려진 이야기. 용왕의 명을 받고 거북이가 토끼의 간을 약으로 쓰려고 토끼를 속여 용궁으로 데려갔으나 오히려 토끼에게 속아 넘어갔다는 이야기.
토끼장 토끼를 넣어 기르는 조그만 상자.
토담 흙으로 쌓아올린 담.
토대(土臺) ①집·다리 따위의 맨 아래에서 위의 무게를 떠받들고 있는 밑바탕. ②사물의 근본. ⓑ기초. 터전. ⑩국어는 모든 공부의 토대가 된다.
토라지다 ①먹은 음식이 잘 삭지 못하고 신트림이 나다. ②마음먹은 것과 틀려서 싹 돌아서다.
토란(土卵) 잎은 연잎과 비슷하고 땅속에 감자와 비슷한 살이 많은 열매가 달리는, 밭에 심어 가꾸는 여러해살이풀.
토록 얼마만한 수량이나 어느 정도에 미치기까지의 뜻을 나타내는 조사. ⑩이토록 많은 줄은 몰랐다.
토:론(討論) 서로 비평하면서 의논함. ⓑ토의. —하다.
토마토(tomato) 잎은 새잎 모양의 겹잎. 꽃은 가지 꽃과 같고 열매는 크고 물기가 많으며, 익으면 빛이 발갛게 되고 비타민이 많아 널리 식용하는 한해살이풀.
토막 긴 것을 짧게 자른 그 하나. ⑩나무토막.
토막(土幕) 움집.
토막말 이야기의 뜻을 길게 설명하지 않고, 내용을 한 마디로 간추린 말. ⓑ긴말.
토목 공사(土木工事) 흙·모래·나무 등을 써서 도로나 다리 등을 만드는 공사.
토박하다(土薄—) 땅이 좋지 못하다. ⓑ기름지다.
토벌(討伐) 죄 있는 무리를 쳐서 없애 버림. —하다.
토산물(土産物) 그 지방에서 나는 산물.
토:설하다(吐說—) 숨겼던 사실을 비로소 밝히다.
토성(土星) 태양계에서 목성 다음 가는 큰 별.
토:스트(toast) 식빵을 얇게 잘라 양쪽을 살짝 구워서 버터나 잼 따위를 바른 것.
토실토실 살이 보기 좋게 찐 모양. ⓒ투실투실. —하다.
토양(土壤) 흙. 특히 농작물을 자라게 하는 흙.
토역(土役) 집을 지을 때 흙을 바르는 일. ⓑ흙일.
토요일(土曜日) 칠요일의 마지막 날.
토:의(討議) 토론하여 의논함. ⓑ토론. —하다.
토인(土人) ①대대로 그 땅에서 붙박혀 사는 사람. ②더운 곳에 사는 야만인. ③흑인.
토지(土地) ①땅. ②나라가 차지한 지경의 안. ⓑ육지.
토질(土疾) 그 곳의 물·흙·기후 따위가 좋지 않아서 생기는 병으로, 가재·게 따위를 날것으로 먹지 않는 것이 좋음.

토질(土質) 땅의 성질.

토착민(土着民) 대대로 그 땅에서 살고 있는 백성. 본토박이.

토:키(talkie) 영상과 동시에 음성·음악 등이 나오는 영화. 발성 영화.

토탄(土炭) 햇수가 오래지 않아서 완전한 석탄이 되지 못한 종류의 땔감으로서 흙덩어리 같아 보이는데, 황해도에서 많이 남.

토픽(topic) ①이야깃거리. 예해외 토픽. ②제목. 논제.

토:하다(吐—) ①가래·피 따위를 뱉다. ②생각하고 있는 바를 말로 나타내다.

토:함산(吐含山) 경상 북도 경주시 동남쪽 불국사 뒤에 있는 산. 석굴암이 있음.

톡 ①가볍게 치는 모양. ②무엇이 별안간 터지는 모양. ③별안간 튀는 모양이나 소리. 큰툭. 예벼룩이 톡 튀다.

톡탁 서로 치는 소리. 큰툭탁. 예톡탁거리며 싸우다. —거리다. —하다.

톡톡 쏘:다 방정맞은 말로 말하다. 비위에 거슬리게 하다.

톤(ton) 무게의 단위. 1톤은 1000킬로그램.

톨 밤·도토리 따위의 단단한 과실을 세는 말.

톰 소여의 모험 미국의 마크 트웨인이 지은 소설. 장난꾸러기 소년 톰 소여가 보물을 찾는 이야기.

톰 아저씨의 오두막 원이름은 〈엉클 톰스 캐빈〉. 미국의 스토 부인이 지은 소설로, 검둥이 톰과 그를 둘러싼 노예의 비참한 생활을 그려 노예 폐지 운동을 일으키는 데 밑바탕이 되었음.

톱(top) 앞장. 첫째. 수위.

톱니 톱의 날을 이룬 이.

톱니바퀴 톱니처럼 되어서 서로 엇물고 돌아가는 바퀴.

톱질 톱으로 나무 따위를 자르거나 켜는 일. —하다.

통 ①아주. ②전혀. ③도무지. 예사투리를 써서 통 못 알아듣겠다.

통(通) 편지·글 따위를 세는 말. 예호적 초본 한 통.

통(桶) 술·물 따위를 담는 데 쓰는 기름한 널조각을 맞추어 둥글게 만들고 대·쇠 따위로 테를 멘 그릇. 비상자.

통:계(統計) ①온통 모아서 계산함. ②숫자로 어떤 일의 상태를 나타낸 것. —하다.

통고(通告) 글이나 말로 통하여 알림. 비보고. —하다.

통:곡(痛哭) 소리를 내어 슬피 옮. —하다.

통과(通過) ①지나감. ②회의에서 어떤 일이 결정됨. ③관청에 내놓은 서류가 허가됨. —하다.

통나무 톱으로 켜지 아니한 굵고 둥근 재목. 비원목.

통나무배 통나무 속을 파서 만든 작은 배.

통독(通讀) 대충 읽어 대강의 뜻이나 요점을 잡아 읽음. 대충 읽기. 반정독. —하다.

통:리기무아문(統理機務衙門) [—니—] 조선 말기의 관청.

1880년 청나라의 제도를 본떠 설치한 중앙 행정 기관으로 장관을 총리 대신이라 하였으나, 설치된 지 1년 만에 대원군에 의하여 폐지되었음.

통발(筒—) 가는 댓조각을 엮어서 통과 같이 만든 고기잡이 도구의 하나.

통분(通分) 두 개 이상의 분수에서 분모를 같게 하는 것. —하다.

통사정(通事情) 저의 사정을 남에게 알림. —하다.

통상(通商) 나라와 나라 사이에 물건을 서로 팔고 사고 함. 또는 그 일. —하다.

통상(通常) 특별하지 않고 늘 있는 일.

통상 수교 거부 정책 다른 나라와는 통상도 내왕도 하지 않으려 했던 조선말 흥선 대원군의 외교 정책.

통속(通俗) ①일반 세상의 풍속. ②일반에게 널리 통하여 알기 쉬움. ⑩통속 소설.

통:솔(統率) 어떤 무리를 온통 몰아서 거느리다. ⑩통솔력. —하다.

통신(通信) 전신·전화 따위로 소식을 전함. —하다.

통신망 소식을 보내는 사람을 여러 곳에 보내어 통신하도록 하는 조직이나 설비.

통신사 여러 곳에서 뉴스를 모아, 각 신문사나 방송국 등에 전해 주는 일을 하는 회사.

통신 시설 소식을 전하기 위해서 설치하는 것.

통신용 소식을 전하는 일에 쓰임. ⑩통신용 인공 위성.

통역(通譯) 언어가 통하지 않는 사람 사이에서 양쪽의 언어를 번역하여 그 뜻을 전하여 줌. —하다.

통용(通用) 일반에 널리 쓰임. ⑩통용어. —하다.

통:일(統一) 여럿을 모아서 하나로 만듦. 凹통합. 凹분열. ⑩우리 나라가 남북 통일이 되길 간절히 바란다. —하다.

통:일 신라 시대[—실—] 신라가 삼국을 통일하여 단일 민족 국가로 출발하여 후삼국으로 갈리어지기까지의 시대.

통:일 전:쟁 여럿을 모아 하나로 만들기 위해 싸우는 싸움.

통장(通帳) 은행에서 예금을 하거나 찾은 후에 그 상태를 기록해 주는 장부.

통:제(統制) 일정 방침에 따라 제한하거나 제약함. —하다.

통조림 고기·과실·채소 따위를 오래 보존하기 위하여 양철 통에 넣고 꼭 봉한 물건.

통:증(痛症) [—쯩] 아픈 증세.

통지(通知) 기별하여 알림. 凹기별. —하다.

통지서 어떤 일을 알려 주는 글. ⑩합격 통지서.

통짜로 나누지 아니한 덩어리 물건으로. ⑩통짜로 삼킨다.

통째 나누지 않고 덩어리 그대로. ⑩통째 가져 갔다.

통:찰(洞察) 환히 꿰뚫어 봄. ⑩통찰력. —하다.

통첩(通牒) ①관청 또는 단체에서 문서로 통지하는 글. ②국가의 일방적 의사 표시를 내용으로 하는 문서. ⑩최후 통첩. —하다.

통:치(統治) ①도맡아 다스림. ②한 나라의 우두머리가 그 나라를 다스림. —하다.

통치마 양쪽 선단이 없이 통으로 지은 치마. 맨풀치마.

통:쾌(痛快) 썩 기분이 좋음. —하다.

통:탄(痛歎) 몹시 탄식함. 또는 그 탄식. —하다.

통통거리다 통통하는 소리를 내다. 큰퉁퉁거리다. 예통통거리는 똑딱선.

통통배 석유 발동기를 장치하여 통통 소리를 내는 조그만 배.

통틀다〔통트니, 통틀어서〕 있는 대로 모두 한데 묶다. 예통틀어 몇 개냐?

통풍(通風) 바람을 통하게 함. 공기를 잘 드나들 수 있게 함. 예통풍이 잘 된다. —하다.

통하다 ①다니다. ②지나가다. ③사귀다. ④뚫리다. ⑤잘 알다. ⑥닿다. 맨막히다. 예우리들은 신문이나 방송을 통하여 시시 각각으로 변하는 세계의 표정을 느낄 수 있다.

통학(通學) 자기 집이나 하숙집에서 학교에 다님. —하다.

통:합(統合) 하나로 합침. 비통일. 맨분열. 예통합 고지서. —하다.

통행(通行) ①지나다님. ②길로 오고 가고 함. 예고속 도로를 통행하다. —하다.

통화(通話) ①말을 서로 주고받음. ②전화 따위로 말을 서로 통함. 예시골에 계신 할머니와 통화했다. —하다.

퇴:각(退却) ①물러남. ②물리침. —하다.

퇴고(推敲) 시나 글의 글귀를 여러 번 생각하여 좋게 고침. =추고. —하다.

퇴:근(退勤) 직장에서 일하는 시간을 마치고 물러나옴. 맨출근. 예모두 퇴근하다. —하다.

퇴:박맞다(退—) ①물리침을 받다. ②거절을 당하다.

퇴:보(退步) ①뒤로 물러섬. ②재주나 힘이 점점 줄어감. 맨진보. 발달. 발전. —하다.

퇴비(堆肥) 잡초·낙엽 같은 것을 쌓아 썩힌 거름. 맨금비.

퇴:원(退院) 입원한 환자가 병원에서 집으로 나옴. 맨입원. —하다.

퇴:장(退場) 회장을 물러나감. 맨등장. 입장. —하다.

퇴적암(堆積岩) 지층을 이루고 있는 암석. 물에 떠내려간 진흙·모래·자갈 등이 바다 밑에 쌓인 다음 큰 압력을 받아 암석으로 변한 것. 비수성암.

퇴적 작용 흐르는 물이 운반해 온 흙이나 돌을 쌓는 작용.

퇴:학(退學) 학생이 학교를 그만둠. 맨입학. —하다.

퇴:화(退化) ①복잡하던 것이 간단하여지거나 또는 아주 없어짐. ②뒷걸음질하여 전만 못하여짐. 맨진화. —하다.

투(套) ①버릇이 된 일. 예말하는 투. ②일의 법식. 예편지 투. ③무슨 일을 하는 품이나 솜씨. 예하는 투가 좀 해본 사람이다.

투구 옛날 사람들이 싸움을 할 때 쓰던 쇠로 만든 모자.

투기(投機) 기회를 엿보아 큰 이익을 보려는 짓. —하다.

투덜거리다 혼자 자꾸 불평의 말을 중얼거리다. 예못마땅하다고 투덜거리다.

투레질 젖먹이가 입술을 떨며 '투루루' 소리를 내는 짓.

투명(透明) 비쳐 보이는 것. 말갛게 보이는 것. —하다.

투명 반:구 투명한 공을 반으로 쪼갠 것과 같은 모양.

투명체 속이 환히 틔어 보이는 물체. 유리·수정 따위.

투박하다 볼품없이 튼튼하기만 하고 모양이 없다.

투베르쿨린(독 Tuberkulin) 결핵균을 길러 열로 살균하여 만든 투명한 백신으로 결핵을 진단하는 데 쓰임.

투사(鬪士) ①전장이나 경기장에서 싸우려고 나선 사람. ②나라나 사회를 위해 활동하는 사람. 예애국 투사.

투서(投書) ①이름을 감추고 편지를 보냄. ②드러나지 않은 사실이나 남의 비행을 적어 보냄. —하다.

-투성이 ①온몸에 묻어서 더럽게 됨을 뜻하는 말. 예피투성이. 먼지투성이. ②매우 많음을 이르는 말. 예잡초투성이.

투: 스텝(two step) 4분의 2박자의 사교 댄스. 기초 스텝의 하나.

투신(投身) ①무슨 일에 몸을 던져 관계함. 예교육계에 투신하다. ②죽으려고 몸을 던짐. 예투신 자살. —하다.

투입(投入) ①던져 넣음. ②정한 인원 밖의 사람을 더 넣음. 예병력을 투입하다. —하다.

투자(投資) 이익을 목적으로 사업 밑천을 댐. 비출자. 예정보 산업에 투자하다. —하다.

투쟁(鬪爭) 다투어 싸움. 예반공 투쟁. —하다.

투정하다 ①모자랄 때에 더 달라고 떼를 쓰며 조르다. ②어린애가 끼니때 못마땅하거나 무슨 트집을 잡아 떼를 쓰다.

투지(鬪志) 싸우고자 하는 마음. 예강인한 투지.

투철하다(透徹—) ①사리가 밝고 확실하다. ②속속들이 철저하다.

투표(投票) 자기가 선거하고자 하는 사람의 성명을 쪽지에 써서 넣음. —하다.

툭 슬쩍 치는 모양. 또는 그 소리. 잭톡.

툭탁 서로 치는 소리나 모양. 잭톡탁. —거리다. —하다.

툭툭 ①여러 번 슬쩍 치는 모양이나 소리. 예툭툭 치다. ②여러 번 뛰는 모양이나 소리. ③무엇이 여러 번 터지는 모양이나 소리. 잭톡톡. 예치맛단이 툭툭 터지다.

툭하면 걸핏하면. 예영희는 툭하면 운다.

툰드라(러 tundra) 기온이 0°C 이하로 눈과 얼음이 덮여 있고 여름이 짧으며, 이끼가 끼는 유라시아·북아메리카 북부의 대평원.

통기다 ①버티어 놓은 물건이 빠져 나오다. ②뼈의 관절이 어긋나다. ③기회가 어그러지다. 잭통기다.

퉁명스럽다〔퉁명스러우니, 퉁명스러워〕 말이나 행실이 정답지 못하고 불쾌한 빛을 보이다. 빤친절하다. 예그 아이는 통명스럽게 대답하였다.
통소 구멍 여섯이 뚫린, 대로 만든 피리의 하나.
통통하다 ①몸이 뚱뚱하고 크다. ②살이 많이 붓다. ③두꺼운 옷을 입어 몸집이 크다. 빤홀쭉하다. 작통통하다.
퉤퉤 침을 함부로 뱉는 소리.
튀각 다시마를 잘라서 기름에 튀긴 반찬.
튀기 종족이 다른 남녀, 암컷과 수컷 사이에서 낳은 사람이나 짐승. 비잡종.
튀기다 ①엄지손가락에 다른 손가락을 굽혀 대었다가 힘껏 펴다. ②발로 물을 차서 멀리 튀게 하다. 예물을 튀기다. ③끓는 기름에 넣어서 부풀어오르게 하다. 예생선을 튀기다.
튀김 요리의 한 가지. 생선·고기 따위에 물에 푼 밀가루를 묻혀 끓는 기름 속에 띄워 튀긴 것. 예튀김 요리.
튀다 갑자기 불꽃 따위가 부딪쳐서 세차게 퍼지다. 예불꽃이 튀다.
튜:바(tuba) 금속 악기의 하나. 3~5개의 밸브를 가진 큰 나팔. 〔튜바〕

튤:립(tulip) 알뿌리를 가진 여러해살이풀. 잎은 넓은 피침형에 백색을 띠고 늦봄에 황·적·백색 등의 꽃이 핌.
트다¹ ①싹·꽃봉오리가 벌어지다. ②동쪽 하늘이 흰히 밝아오다.
트다² ①터놓다. ②두루마기에 귀를 만들다. ③물건에 구멍을 뚫다.
트라이앵글(triangle) 관현악에 쓰이는 타악기의 하나. 강철 막대를 정삼각형으로 구부려 한쪽 끝을 실로 매달고 금속봉으로 두들김.
트랙터(tractor) 화물 자동차에 실을 수 없는 물건을 트레일러에 싣고 이를 끌고 나르는 특수한 자동차. 견인차.
트랩(trap) 배나 비행기를 오르내릴 때 사용하는 사다리.
트럭(truck) ①화물 자동차. ②기차의 화물을 싣는 수레.
트럼펫(trumpet) 금관 악기의 하나. 소형 나팔로서 소리가 높고 날카로우며 명쾌함. 〔트럼펫〕
트럼프(trump) 서양 화투.
트레이싱 페이퍼(tracing paper) 종이가 투명하고 먹이 번지지 않아 도면을 그릴 때 쓰이는 종이의 한 가지.
트로피(trophy) 운동 경기의 우승자에게 주는 우승컵.
트:림 먹은 음식이 잘 삭지 않아서 입으로 가스가 복받쳐 나오는 일. ―하다.
트이다 ①막혔던 물건이 없어지다. 예길이 트이다. ②환하게 비치다. ③구멍이 뚫리다. 빤막히다. 준틔다.
트집 ①말썽부리는 말이나 행동. ②남을 괴롭게 함. ③남의 흠을 드러냄.
특권(特權)[-꿘] ①어떤 사람에게 한하여 특별히 가지는 지

특급 열차(特急列車) 특별 급행 열차의 준말. 큰 정거장에만 쉬며 빠른 속력으로 달리는 기차. 世완행 열차.
특기(特技) 특수한 기능. 예나의 특기는 수영이다.
특등(特等) 특별한 등급.
특별(特別) 보통과 다름. 일반과 다름. 비특수. 반보통. 평범. ─하다.
특별 방ː송 정규 프로가 아닌 특별한 내용의 방송.
특별시 도와 똑같이 직접 중앙의 감독을 받는 지방 자치 단체의 하나. 예서울 특별시.
특산물(特産物) 그 지방의 독특한 산물.
특색(特色) 보통의 것과 다른 점. 남보다 다른 점. 비특징. 반보편. 예특색 있는 문장.
특선(特選) 특별히 골라 뽑음. 또는 뽑힌 그것. ─하다.
특성(特性) 특별한 성질.
특수 은행(特殊銀行) 법률에 의하여 특별한 일을 맡아보는 은행. 한국 은행·한국 상업 은행·중소 기업 은행·국민 은행·한국 외환 은행·주택 은행·협동 조합 등.
특약(特約) 특별한 조건의 약속. ─하다.
특용 작물(特用作物) 목화·삼·담배·인삼·박하 등과 같이 식용 이외의 특별한 데에 쓰이는 농작물.
특유(特有) ①그것만이 특별히 가지고 있는 것. 비독특. ②특별히 소유함. ─하다.
특이(特異) 다른 것과 특별히 다름. 특수. 예머리 모양이 특이하다. ─하다.
특정(特定) 특별히 정함. 예특정 가격. ─하다.
특징(特徵) 특별히 눈에 띄는 표. 비특색.
특파(特派) 특별한 임무를 띠워 보냄. 예조사단을 현지로 특파하다. ─하다.
특파원 방송국·신문사 등에서 특별한 사명을 지워 외국에 보내는 기자. 예런던 특파원.
특효(特效) 특별한 효험.
특효약 어떤 질병에 대해 특별히 효험이 있는 약.
특히(特─) ①유달리. ②특별히. 예환절기 건강에 특히 유의하라.
튼튼하다 ①몸이 건강하다. ②굳고 실속이 있다. ③매우 단단하다. 굳다. ④믿음성이 많다. 건실하다. 반허약하다. 예튼튼한 몸과 아름다운 마음.
틀 ①기계. ②모형. ③본보기. ④일정한 격식이나 형식.
틀다 ①물건을 반대 방향으로 꼬다. ②서로 우기다. ③솜틀로 솜을 타다.
틀리다 ①비꼬이다. ②서로 어긋나다. ③일이 잘 안 되다. ④사이가 나빠지다.
틀림없다 어그러져 다르지 않다. 예내일은 틀림없이 비가 올 것이다.
틈 ①겨를. ②벌어져 사이가 뜬 곳. 비여가. 사이. 겨를. 예놀 틈이 없이 공부에 열중한다.
틈틈이 시간이 있을 때마다. 예우리들도 틈틈이 집안일을 돕도록 하자.

틔우다 트이게 하다. 예싹을 틔우다.

티 ①티끌의 낱개. ②작은 흠. ③몸을 가지는 모양. 기색.

티격나다 뜻이 서로 맞지 않아 사이가 벌어지다.

티격태격 서로 의견이 맞지 않아 시비하는 모양. —하다.

티끌 바람에 날리는 먼지. 비먼지.

티끌 모아 태산〈속〉 적은 것도 거듭 쌓이면 많아진다.

티눈 발가락 사이에 생기는 사마귀 비슷한 굳은 살. 예작은 신발을 신으면 티눈이 생긴다.

티뜯다 ①흠을 자꾸 찾아내다. ②티를 뜯어내다.

티:셔츠(T Shirt) 'T'자 모양으로 생긴 반소매의 셔츠.

티:자(T—) 'T'자 모양으로 생긴 자. 도면의 평행선이나 직선을 그을 때 쓰이는 자.

티:케이 오:(T.K.O.) 권투에서 기술이 엄청나게 차이질 때, 심판관이 시합 도중에 승패를 결정짓는 일.

티티새 동부 시베리아 사할린 등지에서 번식하며, 우리 나라에서는 가을부터 봄까지 떼지어 다니는 새. 지빠귀.

티하다 어떠한 색태나 버릇을 겉에 드러내다.

틴:에이저(teen-ager) 십대의 소년·소녀.

팀:(team) 두 편으로 나눈 경기 선수의 한 편짝.

팀:워:크 ①협동해서 일을 함. ②경기에 있어서 단결하여 제 편을 도움.

팀파니(이 timpani) 냄비 모양의 북. 수평으로 쇠가죽을 붙이고 둘레에 있는 나사로써 소리를 조절 〔팀파니〕 하는 타악기. 저음임.

팁(tip) 주로 시중해 주는 사람에게 고맙다는 뜻으로 계산 밖에 따로 주는 돈.

툇검불 ①짚·풀 등의 자잘한 부스러기. ②흩어진 낟알과 짚 부스러기.

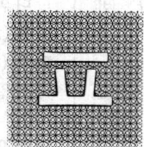

ㅍ[피읖] 닿소리의 열셋째 글자.

파 양념으로 쓰는 채소의 한 가지. 잎은 푸른데 둥글고 속이 비었으며, 끝이 뾰족함.

파견(派遣) 일정한 임무를 주어서 사람을 보냄. —하다.

파고들다 ①깊숙히 안으로 들어가다. ②비집고 들어가 발을 붙이다. ③깊이 캐어 알아내다. ④깊이 스며들다.

파곳(이 fagott) 오보에보다 두 옥타브 낮은 음을 내는 목관 악기. 관현악에서 매우 중요한 자리를 차지함. 바순.

파:괴(破壞) 깨뜨리어 헐어 버림. 깨뜨리어 기능을 잃게 함. 비파손. 반건설. —하다.

파:괴자 깨뜨려 부수는 사람.

파급(波及) ①영향이 차차 미침. ②널리 퍼짐. —하다.

파나마 운ː하(Panama 運河) 중앙 아메리카의 파나마 지역에 있는 태평양과 대서양을 연결하는 운하.

파노라마(panorama) 전체의 경치를 나타낸 그림 장치.

파다 ①땅을 뚫다. ②깊이 알아내다. ③땅 속에 묻힌 물건을 꺼내다. ④뿌리를 캐다.

파도(波濤) 큰 물결. 비물결.

파도머리 높고 큰 물결의 제일 위쪽 봉우리.

파라과이(Paraguay) 남아메리카 내륙 브라질 남서쪽에 위치한 공화국. 수도는 아순시온.

파라티온(독 parathion) 이화명충·볏짚굴파리·진딧물·나방 따위의 농작물의 해충을 죽이는 농약. 독성이 강함.

파라핀(독 paraffin) 석유를 만들 때의 부산물로서 흰빛의 환한 결정체.

파란(波瀾) ①작은 물결과 큰 물결. ②순조롭지 못하고 어수선한 실마리. 예파란 많은 생애. ③평범하지 않고 변화가 있음.

파랑 파란 물감이나 빛깔.

파랑새 푸른 빛깔을 띤 새. 날개 길이 18~20cm. 모기·매미·잠자리 등을 잡아먹음. 중국·일본 등지에서 지냄.

파랗다 진하게 푸르다. 비푸르다. 예가을 하늘은 파랗다.

파르스름하다 조금 파랗다.

파릇파릇 새뜻하게 군데군데 파르스름한 모양. 큰푸릇푸릇. 예싹이 파릇파릇 돋아난다.

파ː리 ①더러운 데서 생기는 벌레. ②구더기가 자란 것.

파리하다 몸이 마르고 해쓱하다. 비 수척하다. 여위다.

파ː면(罷免) 일자리에서 쫓겨

남. 回면직. 해면. —하다.
파:멸(破滅) 깨어져 멸망함. 回멸망. 凹번영. —하다.
파문(波紋) 물결의 무늬.
파묻다 ①속에 묻어 두다. ②깊이 숨기다.
파미르 고:원(Pamir 高原) 아시아 대륙의 중앙에 있는 '세계의 지붕'이라 불리는 고원.
파발(擺撥) 조선조 때 공문서를 신속하게 전달하기 위하여 역마를 갈아타는 곳. 보발과 기발의 두 가지 방법이 있었음.
파브르(Fabre,1823~1915) 프랑스의 곤충 학자. 살레옹에서 태어났으며 곤충에 대하여 재미를 느껴 일생 동안 많은 연구를 하였고, 그가 연구한 것을 적은 〈곤충기〉 10권은 세계적으로 유명함.
파:산(破産) 재산을 죄다 잃어 버려 집안이 망함. 回저 사람은 사업에 실패하여 파산하고 말았다. —하다.
파:선(破船) 바람과 물결로 말미암아 배가 깨어져 엎어짐. 또, 그 배. —하다.
파:손(破損) ①깨어짐. ②헐리어짐. 回파괴. 凹수리. 回기물 파손. —하다.
파수(把守) 경계하여 지킴. 또, 그 사람. 回보초. 回파수꾼. —하다.
파악(把握) 어떤 사정·본질·내용 등을 확실히 이해함. 回주제 파악. —하다.
파:약(破約) 약속을 깨뜨림. 回해약. —하다.
파:열(破裂) ①깨어져 갈라짐. ②깨뜨리어 가름. —하다.

파운드(pound) ①영국의 무게 단위. ②영국 돈의 단위.
파울(foul) 반칙. 回페어.
파이(pie) 밀가루를 반죽하여 과일·고기 등을 넣어 구운 서양 과자.
파이프 오르간(pipe organ) 소리를 내는 파이프를 많이 갖추어 이 파이프를 통하여 소리를 내는 오르간.
파인애플(pineapple) 더운 지방에서 나는 아나나스라는 식물의 열매. 향기가 좋고 단백질을 소화시키는 힘이 있음.

[파인애플]

파인 플레이(fine play) 훌륭한 경기.
파자마(pajamas) 위아래 두 개로 된 잠옷의 한 가지.
파장(波長) 파동에 있어서 서로 이웃하고 있는 같은 위치를 가진 두 점 사이의 거리.
파종(播種) 논밭에 곡식의 씨를 뿌려 심음. 回파식. —하다.
파초(芭蕉) 열대 지방에서 나는 높이 3m 가량의 큰 풀. 잎은 크고 긴 타원형, 꽃은 연꽃의 봉오리와 비슷함.
파키스탄(Pakistan) 인도를 동쪽에 두고 있는 공화국. 수도는 이슬라마바드.
파:탄(破綻) 일이나 계획 따위가 원만히 해결되지 아니하고 그릇됨. —하다.
파:티(party) 모임. 잔치.
파:편(破片) 깨진 조각. 부서진 조각. 回포탄의 파편.
파:하다(破—) 적을 쳐부수어

파:하다(罷―) ①일이 끝나서 다 헤어지다. 예백일장이 파하다. ②마치거나 그만두다. 예축하 행사를 파하다.

판(版) 활판 인쇄를 할 수 있도록 활자를 원고대로 꽂아 놓은 판. 예판을 짜다.

판결(判決) ①잘잘못을 가려서 정함. ②재판소에서 소송 사건에 관하여 해결을 지음. 예공평한 판결을 내리다. ―하다.

판교(板橋) 경기도 수원 근처의 지명.

판단(判斷) ①옳고 그름을 헤아려 결정함. ②길함과 흉함을 점침. ―하다.

판로(販路) 상품이 팔리는 방면이나 길. 예판로 개척.

판매(販賣) 상품을 팖. 반구매. 예할인 판매. ―하다.

판명하다(判明―) 환히 알다. 똑똑하게 드러나다.

판목(版木) 옛날에 책을 박아 내기 위하여 글자나 그림을 새긴 나무.

판서(判書) 조선조 때 6조의 으뜸가는 벼슬. 각 조의 책임자로 지금의 장관에 해당하는 관직임.

판소리 광대가 고수의 북 장단에 맞춰 노래하는 민속 예술.

판수 점을 쳐 주는 것으로 생업을 삼는 소경.

판옥선(板屋船) 널빤지로 지붕을 만든 작은 배.

판을 치다 어울린 판 가운데서 가장 잘하다.

판이하다(判異―) 아주 다르다.

판자(板子) 깎아서 편편하게 만든 나무. 비널빤지. 나무판.

판재(板材) 관을 만드는 재목.

판정(判定) 옳고 그른 것을 똑똑히 갈라 결정함. 예선수는 심판 판정에 따라야 한다. ―하다.

판지(板紙) 널빤지처럼 단단하고 두껍게 만든 종이.

판판하다 물건의 표면이 높고 낮은 데가 없이 고르고 넓다. 큰편편하다.

판화(版畫) 나무·금속·돌 등의 판에 그림을 새겨서 먹물이나 물감을 묻혀 찍어내는 그림. 목판화·동판화 따위.

팔 어깨와 손목 사이의 부분.

팔(八) 여덟.

팔관회(八關會) 고려 시대의 불교 의식으로 토속신에게 제사 지내던 의식.

팔꿈치 팔의 관절을 굽힐 때에 밖으로 내미는 부분.

팔놀림 팔을 이리저리 움직이는 행동.

팔다 ①값을 받고 물건을 주다. 반사다. ②눈이나 정신이 다른 데로 쏠리다. 예한눈 팔다.

팔다리 팔과 다리. 비수족.

팔당 댐(八堂 dam) 경기도 남양주시 팔당에 건설된 댐. 높이 32m, 길이 574m로 7년 6개월 만에 완공되었음. 경인 지구의 상수도 및 농업 용수·공업 용수·수력 발전·관광 개발 등에 이용되고 있음.

팔도 지리지(八道地理志) 조선 세종 때 윤회·신색·맹사성 등이 팔도의 지리를 비롯하여 인구·토질 등을 기록한 지리책. 현재는 전하지 않음.

팔뚝 팔꿈치로부터 손목까지의 부분.

팔랑팔랑 바람에 날리어 가볍게 계속하여 나부끼는 모양. 큰펄렁펄렁. —하다.

팔리다 ①남이 사 가게 되다. ②마음이 쏠리다.

팔만 대:장경(八萬大藏經) 고려 고종 때(1237년) 최우가 대장도감을 설치하여 15년 만에 완성을 보아 간행한 불경. 세계적인 문화재로 총 8만여 매. 경상 남도 합천 해인사에 보관되어 있음.

팔매질 물건을 들어 던지는 짓. 예돌팔매질. —하다.

팔모나다 여덟 모가 있다.

팔목 손과 잇닿은 팔의 끝부분.

팔십(八十) 여든.

팔월(八月) 일년 중 여덟 번째의 달.

팔일오 광복(八一五光復) 제2차 세계 대전이 연합군의 승리로 끝난 1945년 8월 15일, 우리 민족이 36년간 일본의 속박에서 벗어난 날. =팔일오 해방.

팔일오 해:방 =팔일오 광복.

팔자(八字)[—짜] 사람의 한평생의 운수.

팔죽지[—쭉—] 팔꿈치에서 어깻죽지 사이의 부분.

팔찌 여자의 팔목에 끼는 금·은 같은 귀금속으로 만든 고리 모양의 장식품.

팔팔 적은 물이 용솟음치며 자꾸 끓는 모양. 큰펄펄. 예물이 팔팔 끓는다.

팝콘:(popcorn) 튀긴 옥수수알에 소금간을 한 식품.

팥 콩보다 작은 곡식의 한 가지. 여름에 노란 꽃이 피고 긴 원통형 꼬리가 달리는데 씨의 빛깔은 여러 종류가 있음.

팥으로 메주를 쑨다 하여도 곧이 듣는다(속) 남이나 남의 말을 지나치게 믿는다.

패(牌) ①작고 평평하게 깎아 사물을 기록하는 데 쓰는 나뭇조각. ②몇 사람이 어울린 동아리. 예싸움패.

패:권(覇權)[—꿘] 한 지방 또는 한 부류 속의 우두머리가 가진 권력. 무력으로 천하를 다스리려는 사람이 가진 권력.

패:다¹ 팜을 당하다. 패어지다. 예소나기가 와서 땅이 패다.

패:다² ①도끼로 찍어 쪼개다. ②사정없이 마구 때리다.

패랭이꽃 꽃잎이 톱 모양으로 생긴 화초. 비석죽.

패러다이스(paradise) 근심 걱정 없이 행복을 누릴 수 있는 곳. 비낙원.

패:망(敗亡) 싸움에 져서 망함. 비멸망. 반승리. —하다.

패:물(佩物) 사람의 몸에 차는 장식물. 비노리개.

패:배(敗北) 싸움에 지고 달아남. 비패주. 반승리. —하다.

패스(pass) ①통과. 합격. 예시험에 패스하다. ②무임 승차권. 무료 입장권. —하다.

패스트 볼: 야구에서 투수가 던진 공을 포수·일루수·이루수·삼루수 들이 놓치어 뒤로 빠지는 공.

패스포:트 ①외국 여행자에게 주는 신분증. ②통행증.

패:전(敗戰) 싸움에 짐. 반승전. 예패전국. —하다.

패:총(貝塚) → 조개더미.

패키지(package) '소포 우편물'이란 뜻의 영어.

패:하다(敗—) ①싸움에 지다. ②살림이 망하다. ③몸이 여위고 못되다. 땐승리하다.

팬(fan) 운동 경기나 영화·연극 따위를 몹시 즐기는 사람.

팬티(panties) 속옷의 하나로 여성용의 짧은 바지.

팸플릿(pamphlet) ①간단하게 꿰맨 작은 책. ②소논문.

팽개치다 집어던져 버리다. 비동댕이치다.

팽그르르 물건을 빨리 돌리는 모양. 큰핑그르르.

팽이 둥글고 짧은 나무의 끝을 뾰족하게 깎아 채찍으로 쳐서 팽팽 돌리는 아이들의 장난감.

팽이치기 팽이를 채로 쳐서 돌리는 놀이. —하다.

팽창(膨脹) ①부풀어 띵띵하게 됨. ②퍽 늘어남. ③크게 번져 퍼짐. 땐수축. 예인구 팽창. —하다.

팽팽하다 ①물건이 힘있게 켕기어지다. ②성질이 괴팍하다.

퍼내다 깊숙한 데에 담긴 것을 길어 내거나 떠내다. 예우물물을 퍼내다.

퍼덕거리다 날짐승이 날개를 자주 치며 소리를 내다. 작파닥거리다. 쎈퍼떡거리다.

퍼드덕 큰 새나 물고기가 날개나 꼬리를 요란스럽게 퍼덕거리는 소리. —거리다. —하다.

퍼:뜨리다 ①널리 펴다. ②소문을 내다. 예쓸데없는 소문을 퍼뜨려 남을 괴롭히지 마라.

퍼뜩 어떤 생각이 별안간 머리에 떠오르는 모양. 작파뜩. 예퍼뜩 답이 생각났다. —하다.

퍼렇다 매우 푸르다. 작파랗다. 예깊은 강물은 빛이 퍼렇다.

퍼:머넌트(permanent) 전기나 약품 따위로 머리를 곱슬곱슬하게 지지는 일. 준퍼머. 본퍼머넌트 웨이브. —하다.

퍼붓다〔퍼부으니, 퍼부어서〕 ①퍼서 붓다. 예물을 퍼붓다. ②비·눈 따위가 억세게 쏟아지다. 예소나기가 퍼붓다. ③마구 욕설을 하다. 예욕설을 퍼붓다.

퍼센트(percent) 백분율을 나타내는 말. 기호는 %.

퍼:지다 ①널리 미치다. 예소문이 퍼지다. ②초목이 무성하게 되다. ③자손이 번성하여지다. ④널리 흩어지다. ⑤부피가 늘다. ⑥밥이나 죽 따위가 푹 삶아지다.

퍽 썩 많이. 아주 지나치게. 비매우. 무척. 예순희는 노래를 퍽 잘 합니다.

펄 ①바닷가나 강가의 개흙이 질척질척한 곳. ②벌. 벌판.

펄럭 바람에 날리어 한 번 가볍게 나부끼는 모양. —하다.

펄럭거리다 바람에 날리어 아주 빠르게 잇따라 나부끼다. 작팔락거리다. 예태극기가 펄럭거립니다.

펄렁펄렁 큰 물건이 바람에 날리어 가볍게 나부끼는 모양. 작팔랑팔랑. —하다.

펄쩍 ①문을 갑작스레 여닫는 모양. ②갑자기 뛰거나 솟아오르는 모양. 작팔짝. —거리다. —하다.

펄쩍 뛰다 깜짝 놀라며 화를 내다. 예숙희에게 그 이야기를 했더니 펄쩍 뛰더라.

펄쩍펄쩍 힘있게 여러 번 뛰는 모양. 작팔짝팔짝. —거리다. —하다.

펄펄 ①많은 물이 잘 끓는 모양. ②새들이 공중을 나는 모양. ③눈 따위의 작은 물건이 세게 나부끼는 모양. 작팔팔. —하다.

펄펄 뛰다 억울한 일을 당했을 때에 매우 세게 부인하다. 작팔팔 뛰다.

펄프(pulp) 종이나 인조견을 만드는 식물의 섬유.

펌프(pump) 피스톤 장치에 의하여 낮은 데서 높은 곳으로 물을 퍼올리는 기계.

펑펑 눈이나 액체 따위가 세차게 쏟아져 내리는 모양. 작팡팡. 예눈이 펑펑 내리다. —거리다. —하다.

페가수스자리(Pegasus—) 가을철의 하늘 한복판에 보이는 대표적인 별자리. 거꾸로 된, 말의 머리 부분과 같은 모양이라고 함.

페니실린(penicillin) 푸른곰팡이에서 얻은 항생 물질의 일종. 1929년 영국의 플레밍이 발견. 폐렴 같은 세균에 의하여 곪는 병에 효력이 있음. 보통 주사나 연고로 사용됨.

페니키아(Phoenicia) 옛날 시리아 지방 연안에서 페니키아 사람이 세운 도시 국가.

페루(Peru) 남아메리카의 서부에 있는 공화국. 수도는 리마.

페르시아(Persia) 지금 이란의 옛 이름. 다리우스 1세 때 큰 제국을 건설하였으나, 그리스와의 전쟁에서 세력이 약해져 기원전 33년에 망했음.

페스탈로치(Pestalozzi,1746~1827) 근대 새 교육의 싹을 트게 한 스위스의 교육자이며, 교육 학자. 빈민 학교와 고아원을 경영했으며 처음으로 초등 학교를 세웠음. 사랑·평등·경험을 바탕으로 인간성을 기르는 데 힘쓴 그의 교육 사상은 오늘날의 새 교육 사상에 큰 영향을 끼쳤음.

페어(fair) 법규에 맞음. 적법. 반파울.

페이지(page) 책 한 장의 한 쪽 면.

페인트(paint) 칠감의 한 가지. 투명하지 않아서 밑바닥을 감추어 칠하기에 알맞음.

펜(pen) 잉크나 먹물을 찍어서 글씨를 쓰는 도구. 비철필.

펜치(프 pincers) 철사를 집거나, 자르거나 또는 구부리는 데 쓰이는 금속 가공 연모.

펴다 ①개킨 것을 젖혀 놓다. ②구김살을 없애다. ③넓게 깔다. ④마음을 놓다. ⑤손발을 뻗다. ⑥발표하다. ⑦세상에 널리 알리다. 반접다. 쥐다.

편(篇) 시·글이나 책 속의 큰 대목의 수효. 예시 한 편.

편(便) ①패로 갈린 한 쪽. 예우리편이 이겼다. ②'인편'의 준말. 예빌려 온 책을 동생편에 돌려보냈다.

편가르다 ①동아리를 나누다. ②단체를 구별하다.

편달(鞭撻) ①채찍으로 때림.

②부추김. ③종아리나 볼기를 침. —하다.
편:도(片道) 가고 있는 길 중 어느 한 쪽. 또, 그 길. 반왕복. 예편도 승차권.
편도선(扁桃腺) 사람의 입 속 구석에 작은 달걀 모양으로 하나씩 볼록하게 된 부분.
편들다(便—) 한 쪽 편이 되어 도와 주다. 비후원하다.
편리(便利)[펼—] ①편하고 이로움. ②손쉬움. ③생각대로 됨. 비간편. 편의. 반불편. —하다.
편물(編物) 털실·실 따위로 여러 가지 물건을 엮어 만듦. 또는 그 물건. 뜨개질.
편식(偏食) 어떠한 음식을 가리어 먹음. —하다.
편안하다(便安—) 편하고 좋다. 거북하지 아니하다. 비평안하다. 안전하다. 반불편하다.
편의(便宜) ①형편이 좋음. ②그때그때에 적당히 처리함. 비편리. —하다.
편의점(便宜店) 생필품을 취급하는 소형 셀프 서비스 상점으로, 24시간 영업함.
편자 말굽에 대어 붙이는 쇳조각.
편자(編者) 책을 엮은 사람.
편:전(片箭) 짧고 작은 화살.
편:지(片紙·便紙) 소식을 서로 전하기 위하여 보내는 글. 비서한. 서신.
편:지틀 편지를 쓰는 격식.
편집(編輯) 여러 가지 글의 재료를 모아 신문·잡지·서적으로 꾸며 만듦. —하다.
편집국 신문이나 잡지의 원고를 모아 짜서 맞추는 일을 하는 부서.
편집실 책·신문 따위를 만들기 위하여 원고를 다루는 곳.
편찬(編纂) 여러 종류의 재료를 모아 책의 내용을 꾸며 냄. 예사전을 편찬하다. —하다.
편찮다(便—) ①편하지 아니하다. ②어른이 병으로 앓고 있다. 예어머님이 편찮으시다.
편편하다(便便—) 물건의 배가 부르지 아니하다. 비평평하다.
편평하다(扁平—) 넓고 평평하다. 예들을 이루고 있는 편평한 땅.
편하다(便—) ①거북하거나 괴롭지 않다. 예잠자리가 편하다. ②근심이 없다. 예마음이 편하다. ③쉽다. 반불편하다. 예편한 일을 맡다.
편협(偏狹·褊狹) ①사물을 너그럽게 처리하지 못하고 도량이 퍽 좁음. ②땅이 좁음. 비협소. —하다.
펼치다 넓게 펴다. 펴서 드러내다. 반덮다. 예고갯마루에 오르니 동해의 시원한 풍경이 눈앞에 펼쳐졌다.
평(坪) 땅의 넓이의 단위로 사방 6자.
평:(評) 옳고 그름을 갈라 말함. 또는 그 말. 비비평. 예평이 좋다. —하다.
평강 공주(平岡公主) 고구려 25대 평원왕의 딸. 온달의 아내.
평과(苹果) 사과.
평균(平均) ①많고 적음이 없이 고르게 함. ②여러 숫자의 중간의 수. 예내 성적은 평균 90점이다. —하다.

평등(平等) 아무 차별이 없이 똑같음. 비균등. 동등. 반차별. —하다.

평등 선:거 선거 원칙의 하나. 모든 사람이 똑같이 한 표씩의 선거권을 갖는 제도. 반차등 선거. 불평등 선거.

평:론(評論) 지니고 있는 값어치 또는 착하고 악함이나, 잘되고 못됨 따위를 평함. 또, 그 글. —하다.

평면(平面) ①평평한 면. ②일정한 면에 있는 두 점을 맺은 직선의 모든 점이 다 그 면에 놓이는 면.

평면도 건물이나 물체 등을 똑바로 위에서 보고 그린 그림.

평면적 넓은 면으로 된 것 같은. 반입체적.

평민(平民) 벼슬이 없는 사람. 보통 사람. 반귀족.

평방(平方) ①제곱한 수. ②네모꼴의 넓이.

평방형 네 변과 네 각이 똑같은 네모꼴.

평범하다(平凡—) 나은 점이 없다. 보통이고 뛰어난 점이 없다. 비보통이다. 수수하다. 반비범하다. 특출하다.

평상시(平常時) 보통 때.

평생(平生) 살아 있는 동안. 비일생. 예그는 평생 고생만 하다 죽었다.

평소(平素) 보통 때. 비평상시.

평시(平時) ①보통 때. ②평화로운 때. 반전시.

평시조(平時調) 초장·중장·종장으로 되어 있는 보통 시조. 글자 수가 45자 안팎인 가장 기본적이고 대표적인 시조. 반사설 시조.

평안(平安) ①잘 있음. ②아무 탈이 없음. ③무사함. 반불안. —하다.

평안도(平安道) 우리 나라의 평안 남도와 평안 북도를 함께 이르는 말.

평야(平野) 편편한 들. 넓은 들. 비들판. 평원. 반산골. 산악. 예김해 평야.

평온하다(平穩—) ①고요하다. ②편안하다.

평원선(平元線) 평양에서 고원 간의 철도로 길이 212.6km.

평원왕(平原王) 고구려의 제25대 임금.

평지(平地) 바닥이 편편한 땅.

평탄하다(平坦—) ①땅이 편편하다. ②마음이 고요하다.

평:판(評判) ①세상의 비평. ②이름이 높음. ③비평하여 좋고 나쁨을 결정함. —하다.

평평하다(平平—) 높낮이가 없다. 비편편하다. 예산을 평평하게 깎아 운동장을 만들었습니다.

평행(平行) 두 직선이 같은 평면 위에서 나란히 있어 서로 만나지 아니함. —하다.

평행 사:변형 맞보는 두 쌍의 대변이 서로 평행한 사변형.

평행선 나란히 간 금.

평행 이동 물체 또는 도형의 각 점이 일정한 방향으로 같은 거리만큼 평행으로 옮기는 일. —하다.

평형(平衡) 한 물체에 작용하는 힘이 서로 맞서는 것. 한 물체에 크기가 같고, 힘의 방향이 서로 반대인 힘이 작용하면 그

평화 힘은 평형이 됨. —하다.
평화(平和) ①화합하고 고요함. ②전쟁이 없이 세상이 평온함. 비화평. 반전쟁. —하다.
평화롭다 ①아무 일이 없이 고요하다. ②태평스럽다.
평화상 세계의 평화를 위하여 애쓴 사람에게 주는 상.
평화스럽다 아무 걱정이 없고 즐겁다.
평화적 평화에 관한 것. 평화로운 모양. 예평화적인 해결.
평화 정신 전쟁이 없이 평화롭게 살자는 정신.
평화주의 모든 문제를 전쟁이나 싸움에 의하지 않고 평화롭게 해결하자는 주장.
폐:결핵(肺結核) 결핵균의 침입에 의해 생기는 허파의 병. 기침·열·호흡 곤란 등의 증세가 일어나고 심하면 피를 토함.
폐:곡선(閉曲線) 곡선 위에 있는 한 점을 출발점으로 하여 한 번만 지나서 되돌아올 수 있는 곡선. 반개곡선.
폐:기(廢棄) 못 쓰게 된 것을 버림. 예폐기 처리장. —하다.
폐:단(弊端) ①괴롭고 번거로움. ②좋지 못한 점. 비결점. 폐. 예복잡한 행정 절차의 폐단을 없애다.
폐:디스토마(肺 distoma) 폐흡충과의 디스토마. 몸길이 7~12mm, 폭 4~8mm의 홍갈색의 흡충. 포유류의 폐에 기생.
폐:렴(肺炎) 폐에 생기는 염증. 열과 오한이 나고 가슴을 찌르는 아픔과 심한 기침 및 호흡 곤란을 일으킴.

폐:막(閉幕) 연극을 마치고 막을 내림. 반개막. —하다.
폐:물(廢物) 못 쓰게 된 물건. 비폐품. 예폐물 이용.
폐:쇄하다(閉鎖—) ①문을 닫고 자물쇠를 채우다. ②어떤 기관이나 단체 등을 없애 버리다.
폐:수(廢水) 사용하고 난 뒤에 버린 물. 예폐수 오염.
폐:업(閉業) 영업을 그만둠. 반개업. —하다.
폐:지(廢紙) 못 쓰게 된 종이. 비휴지.
폐:지하다(廢止—) 그만두다.
폐하(陛下) 황제나 황후를 높여 부르는 말. 예황제 폐하.
폐:해(弊害) 폐가 되는 나쁜 일. 예핵가족 제도의 폐해.
폐:허(廢墟) 아무것도 없이 버려둔 터. 비쑥대밭.
폐:활량(肺活量) 허파가 최대한도로 공기를 마실 수 있는 양. 예폐활량을 재다.
폐:회(閉會) 집회 또는 회의가 끝남. 반개회. 예폐회를 선언하다. —하다.
포개다 ①놓인 위에 또 놓다. ②있는 위에 거듭하다.
포:고(布告) 일반에게 널리 알림. —하다.
포:고령 정부에서 국민에게 널리 알리는 명령.
포:괄(包括) 사물·현상을 휩싸서 하나로 묶음. —하다.
포:교(布教) 종교의 교리를 널리 전함. —하다.
포구(浦口) 배가 드나드는 개의 어귀. 곧 항구의 작은 것.
포근하다 부드럽고 따뜻하다. 반쌀쌀하다. 큰푸근하다. 예겨울답지 않게 포근한 날씨다.
포기 푸성귀·풀·나무 따위의 줄기의 낱개.
포:기(抛棄) ①내던짐. ②버리고 돌아보지 않음. ③자기의 자격·권리를 쓰지 않음. 예출전을 포기하다. —하다.
포대(布袋) 베로 만든 자루. 비부대.
포대기 젖먹이의 이부자리.
포도(葡萄) 잎이 지는 여러해살이 덩굴풀. 잎은 손바닥 모양으로 갈라지고 꽃은 희누르며, 열매는 조랑조랑 뭉치어 열리는데 조금 신맛이 있음. 날로 먹거나 포도주를 담금.
포도당 포도 따위의 과실 속에 있는 당분.
포도주 포도로 만든 술.
포동포동 살이 통통하게 찐 모양. 큰푸둥푸둥. 예아가의 포동포동한 팔목. —하다.
포:럴(poral) 양털 섬유로 짠 천의 한 가지. 여름 옷감으로 쓰임.
포:로(捕虜) 사로잡힌 병사.
포:로 수용소 전투에서 사로잡힌 병사를 집단적으로 한 곳에 가두거나 거주시키는 시설.
포르르 ①적은 물이 좁은 그릇에서 넘을 듯이 끓어오르는 모양이나 소리. ②작은 새 따위가 갑자기 제자리에서 기운차게 날아오르는 모양이나 소리. —하다.
포르투갈(Portugal) 남부 유럽의 이베리아 반도 서부에 있는 공화국. 수도는 리스본.
포:박(捕縛) 죄인을 잡아 묶음. —하다.

포:부(抱負) 마음속에 품은 생각이나 계획. 비소신.
포:성(砲聲) 대포를 쏘는 소리나 터지는 소리. 예포성이 울리다.
포:수(砲手) 총으로 짐승을 잡는 사냥꾼.
포 스 터(Foster,1826~1864) 미국의 가곡 작곡가. '미국 민요의 아버지'라고 불림. 작품에는 〈기러기〉·〈오 수재너〉·〈켄터기 옛집〉 등이 있음.
포스터(poster) 광고로 선전하는 종이. 비선전 광고.
포슬포슬 ①덩이를 이룬 가루 따위가 말라서 따로따로 쉽게 헤어지는 모양. ②눈이나 비가 가늘고 성기게 날리어 떨어지는 모양. 비보슬보슬. 예봄비가 포슬포슬 내린다. —하다.
포악(暴惡) 성질이 사납고 악독함. 비잔악. 흉악. 예6·25 전쟁 때 공산군들의 포악한 행동은 이루 다 말할 수 없이 많았다. —하다. —스럽다.
포:옹(抱擁) 품에 안음. 끌어안음. —하다.
포위(包圍) 언저리를 뺑 둘러쌈. —하다.
포위망 치밀하게 싸인 포위의 비유. 예적의 포위망을 뚫다.
포인트(point) 점·요점·목적 따위의 뜻.
포자(胞子) 민꽃 식물이 모체를 떠나서 번식을 맡은 세포. 비홀씨.
포장(布帳) 베·무명 따위로 만든 휘장. 비막. 장막.
포장(包裝) 물건을 싸서 꾸림. 예상품을 포장하다. —하다.

포장(鋪裝) 길 위에 아스팔트·돌·콘크리트 같은 것을 깔아 단단하게 꾸미는 것. —하다.

포:졸(捕卒) 포도청의 군졸.

포:즈(pose) ①어떤 자세를 취함. 자세. ②마음가짐.

포:진(布陣) 전쟁이나 경기를 하기 위하여 진을 침. —하다.

포:착(捕捉) ①꼭 붙잡음. 예좋은 기회를 포착하다. ②요점이나 요령을 얻음. —하다.

포츠담 선언(Potsdam 宣言) 제2차 세계 대전이 끝날 무렵인 1945년 7월, 베를린 교외의 포츠담에서 미국·영국·중국·소련의 연합국의 회의 결과로 발표된 공동 선언.

포크(fork) ①양식에서 고기나 과일을 찍어 먹는 용구. ②두엄이나 풀무덤을 찍어 옮기거나 헤칠 때 쓰이는 농기구.

포크 댄스(folk dance) 전통적인 민속 무용. 향토 무용.

포크 송 민요.

포탄(砲彈) 대포알. 비폭탄.

포플러(poplar) 줄기가 곧고 높이 30m쯤 되는 나무. 가로수로 많이 심음. 비미루나무.

포플린(poplin) 목화 섬유로 짠 천의 한 가지. 바닥이 곱고 깨끗하며 커튼감·장식용 감 따위로 쓰임.

포:학(暴虐) 몹시 사나움. 예성질이 포학하다. —하다.

포함(包含) ①속에 싸여 있음. ②둘러싸임. —하다.

포:화 용액(飽和溶液) 일정한 온도에서 어떤 물질이 그 이상 녹일 수 없을 정도의 양까지 녹아 있는 액체.

폭¹ ①아주 깊고 느긋하게. 예폭 잠이 들다. ②빈틈 없이 덮거나 싸는 모양. 예아기를 폭 싸다. ③단번에 빠지거나 힘없이 고꾸라지는 모양. 큰푹.

폭² 너그러운 마음과 깊은 생각. 예폭 넓은 사람.

폭(幅) ①가로의 길이. ②피륙 따위의 넓이. 비너비. 반길이.

폭격(爆擊) 비행기에서 폭탄을 떨어뜨림. —하다.

폭도(暴徒) 함부로 사나운 짓을 하며 나쁜 행동을 하는 무리.

폭동(暴動) 여러 사람이 법을 무시하고 일어나서 사람을 죽이고, 물건을 부수고 하는 짓. 비난동.

폭력(暴力) 함부로 사나운 짓을 하는 힘. 비완력.

폭로(暴露) 감추는 일을 드러냄. 반은폐. —하다.

폭발(爆發) 불이 일어나며 갑자기 터짐. 비폭파. —하다.

폭발력 불이 일어나며 갑작스럽게 터지는 힘.

폭발음 폭발할 때 나는 소리.

폭소(爆笑) 갑자기 터져 나오는 웃음. —하다.

폭약(爆藥) 별안간 터지어 가스가 되는 성질의 화약.

폭우(暴雨) 갑자기 많이 쏟아지는 비.

폭음(爆音) ①요란스럽게 나는 소리. ②화산·화약 등이 폭발하는 큰 소리.

폭죽(爆竹) 가느다란 대통이나 종이통 속에 화약을 넣고 불을 붙여 터뜨려 소리나 불꽃이 나게 하는 물건.

폭탄(爆彈) 별안간 터지는 약을

폭포(瀑布) 높은 절벽에서 많이 흘러 떨어지는 물.

폭풍(暴風) 몹시 세게 부는 바람. 비태풍.

폭풍우 사나운 바람과 함께 오는 큰 비.

폭행(暴行) 사납고 악한 행동. —하다.

폴로네즈(프 polonaise) 3박자로 이루어진 폴란드의 춤곡.

폴리에스테르(polyester) 석탄이나 석유를 원료로 해서 만든 합성 섬유. 합성 수지(플라스틱)로 만들어서 건축 재료로도 많이 쓰이는데 단단하고 가벼워 파이프로도 많이 이용됨.

폴카(polka) 보헤미아 지방에서 일어난 4분의 2박자의 가볍고 씩씩한 춤곡.

폼:(form) 모습. 자태.

표(表) ①위. 겉. ②중요한 줄거리를 간추려서 적어 놓은 것. 예통계표. 시간표.

표(票) 증거로 삼는 쪽지. 예기차표.

표(標) ①눈으로 보아 알 수 있는 물건. ②증거가 될 형적. ③특징을 나타내는 어느 점.

표독하다(慓毒—) 성질이 모질고 악독하다.

표류(漂流) ①떠서 흘러감. ②정처없이 돌아다님. —하다.

표리(表裏) ①겉과 속. ②안과 밖. 예표리 부동.

표면(表面) 거죽으로 드러난 면. 반내막. 내부. 이면.

표명(表明) 드러내어 밝힘. —하다.

표방하다(標榜—) ①앞에 내세우다. ②자기의 주의를 드러내 보이다. 예자유를 표방하다.

표백분(漂白粉) 무명 따위의 빛깔을 바래거나, 풀의 소독에 쓰이는 흰색의 약품. 준백분.

표범 범과 비슷하나 굵은 점이 박힌 사나운 짐승.

표변하다(豹變—) ①사람의 말과 행동이 갑자기 변하다. ②이전 허물을 고치고 달라지다.

표본(標本) 하나를 보여 다른 한 종류의 물건의 표준을 삼는 물건. 비본보기.

표본병[—뼝] 물고기나 뱀·사람의 내장 등 상하기 쉬운 것을 표본을 만들어 보관하는 데 쓰는 병. 표본으로 할 재료를 알코올이나 포르말린 용액 속에 담가 둠.

표본실 본보기가 되는 물건을 보호하거나 여러 사람이 볼 수 있도록 늘어놓은 방.

표시(表示) 보여 알림. 비표현. 예감사의 표시. —하다.

표어(標語) 어떤 일을 지키거나, 본받게 하기 위하여 만든 짧은 말.

표연하다(飄然—) ①비바람에 가볍게 날리는 모양. ②훌쩍 떠나거나 나타나는 모양.

표적(標的) ①목표가 되는 물건. ②무슨 일이 생긴 것이 뒤에까지 남아 있는 것. 비흔적.

표정(表情) 감정을 얼굴에 나타냄. 또는 그 감정. 비안색.

표주박 조롱박을 반으로 타서 만든 바가지. 비조롱박.

[표주박]

표준(標準) ①대중이 되는 것,

②목표로 하는 것. ③본이 되는 것. 비기준. 본보기. 예표준 치수.
표준말 =표준어.
표준시 지구의 씨줄에 따라 각기 다른 지방의 시간을 일정한 범위 안에서만 공통으로 사용하는 지방시.
표준어 한 나라 안의 표준이 될 만한 말. 우리 나라의 표준어는 교양 있는 사람들이 두루 쓰는 현대 서울말임. =표준말. 반사투리.
표지(表紙) 책뚜껑. 책의 겉장.
표지(標識) 어떤 사물을 나타내기 위한 표. 예교통 표지.
표창(表彰) 남의 아름다운 점을 세상에 드러냄. 예대통령 표창. -하다.
표창장 표창하는 내용을 적은 종이.
표현(表現) ①의견이나 감정 따위를 드러내어 나타냄. ②어떤 대상에 대한 생각이나 느낌 따위를 말이나 몸짓 등으로 나타내 보임. -하다.
푯말(標-)[푄-] 목표나 표지로 박아 세우는 말뚝. 비표목.
푸근하다 ①겨울 날씨가 따뜻하다. ②물체의 감촉이 부드럽고 따뜻하다. ③마음이나 분위기 따위가 정겹고 따뜻하다. 예가족간의 푸근한 정.
푸념 ①무당이 귀신의 뜻을 받아서 정성들이는 사람을 꾸짖음. ②불평을 말함. -하다.
푸다 ①물을 뜨다. ②그릇 속에 담긴 것을 퍼내다. 반붓다.
푸닥거리 무당의 굿의 한 가지. -하다.

푸대접(-待接) 아무렇게나 하는 대우. 비냉대. -하다.
푸드덕 날짐승이 날개를 무겁고 어지럽게 치는 소리. 작포드닥. 예새가 푸드덕대며 날아간다. -거리다. -하다.
푸르다 ①갠 하늘빛 같다. ②우거진 나뭇잎의 빛과 같다. 비파랗다.
푸르름 빛깔이 온통 푸르게 되어 있는 것. 푸른 빛깔의 모양을 시적으로 나타내기 위하여 변화시켜서 쓴 말.
푸르스름하다 조금 푸르다. 작파르스름하다.
푸른곰팡이 밥·떡 따위에 생기는 녹색·청록색 곰팡이를 통틀어서 일컫는 말.
푸릇푸릇 군데군데 푸른빛이 나는 모양. 작파릇파릇. 예푸릇푸릇한 새싹. -하다.
푸새 옷에 풀을 먹이는 일. -하다.
푸성귀 사람이 먹을 수 있는 풀. 비채소.
푸수수하다 물기가 적어서 한데 엉키지 않고 흩어지다.
푸주(-廚) 쇠고기·돼지고기 따위를 파는 가게. 비육간.
푹 ①빈틈 없이 덮거나 싸는 모양. ②깊이 들어간 모양. ③흠뻑 삶는 모양. ④힘껏 깊이 찌르는 모양. ⑤잠이 깊이 든 모양. 예오늘은 소풍을 갔다 와서 피로할 테니 푹 쉬어라.
푹하다 겨울날이 춥지 않고 따뜻하다.
푼: ①옛날 돈의 단위. ②길이의 단위. 한 치의 10분의 1. ③무게의 단위. 한 돈의 10분

푼더분하다 ①얼굴이 두툼하여 탐스럽다. ②약소하지 아니하고 두둑하다.
푼:돈[―돈] 많지 않은 몇 푼의 돈. 만목돈. 예푼돈 모아 목돈 마련.
푼:푼이 한 푼씩 한 푼씩.
푼푼하다 ①모자람이 없이 넉넉하다. ②사람됨이 옹졸하지 아니하고 너그럽고 활달하다.
풀 ①줄기가 연한 식물을 통틀어 일컬음. ②끈기 있는 물건으로 물건을 붙이는 데 씀.
풀:(pool) 헤엄치고 놀도록 만들어 놓은 작은 못.
풀다 ①맨 것을 끄르다. 만매다¹. 묶다. ②사람을 동원하다. ③원한을 씻다. 만품다.
풀리다 ①맨 것이 끌러지다. ②춥던 날이 누그러지다. ③원한이 사라지다. 만맺히다.
풀무 불을 피울 때 바람을 불어 넣는 연모.
풀밭 풀이 많이 나 있는 평지.
풀숲 풀이 무성한 수풀.
풀어지다 ①풀리게 되다. ②덩어리가 녹다.
풀어헤치다 끌러 놓고 이리저리 흩어지게 하다. 예짚을 풀어헤치고 새끼를 꼽니다.
풀없다 맥이 빠지다. 기운이 없다. 예기다리다 풀없이 돌아가고 말았다.
풀이 알기 쉽게 쉬운 말로 밝혀 말함. 예문제 풀이. ―하다.
풀이말 글월 속에서 '어찌한다·어떠하다·무엇이다'에 해당되는 말. '꽃이 아름답다'의 '아름답다' 따위. 비술어.

품 ①옷의 넓이. ②가슴. 몸. ③따뜻한 보살핌을 받는 환경. 예어머니의 품. ④어떤 일에 수고가 드는 것. 예품삯. ⑤말이나 동작의 됨됨이.
품갚음 남의 도움을 받은 것을 그대로 갚음. ―하다.
품:격(品格)[―격] 개인이 지니고 있는 성질과 인격.
품다[―따] ①품 속에 넣거나, 가슴에 대어 안거나 몸에 지니다. 만풀다. 예아기를 가슴에 품다. ②원한이나 슬픔·기쁨·생각 같은 것을 마음속에 가지다. 예큰 희망을 품다.
품:사(品詞) 낱말을 그 성질·구실·형식에 따라 갈라 놓은 갈래. 비씨.
품삯[―싹] 품팔이를 하고 받는 돈. 예품삯을 주다.
품:성(品性) ①개인이 가지고 있는 성질. ②타고난 본바탕. 비성품.
품:위(品位) 아름다움과 의젓함을 잃지 않은 몸가짐. 준품. 예품위 있는 말씨.
품:종(品種) 농작물이나 가축의 여러 종류를 그 성질이나 특징에 의하여 나눈 종류. 예좋은 품종.
품:종 개:량 사람들이 바라는 성질을 갖도록 동식물을 더 좋은 것으로 만드는 일.
품:질(品質) 물건의 성질.
품팔다 품삯을 받고 일하다.
품팔이 품삯을 받고 하는 일. ―하다.
품:평회(品評會) 산물·제작품 따위를 모아서 품질을 서로 의논하여 평가하는 모임.

품:행(品行) 마음과 몸을 가지는 태도. ⑩품행이 단정하다.

풋것 그 해에 새로 익은 곡식·과일·채소 따위.

풋곡식(—穀食) 덜 익은 곡식. ㈜풋곡.

풋김치 열무·어린 배추 따위로 담근 김치.

풋나무 땔나무로 가을에 벤 풀.

풋나물 봄에 뜯은 초목의 새순.

풋내 푸성귀·풋나물 따위로 만든 음식에서 나는 풀 냄새.

풋대추 아직 붉게 익지 아니한 대추.

풋밤 잘 익지 아니한 밤.

풍경(風磬) 처마 끝에 달아 바람에 흔들리어 소리가 나게 하는 작은 종 모양의 방울.

풍경(風景) 산과 물의 보기 좋은 모양. 回경치. 광경.

풍경화 경치를 그린 그림.

풍구(風具) 바람을 일으키어 곡식 따위를 부쳐 쭉정이·겨·먼지 등을 제거하는 농기구.

풍금(風琴) 서양식 건반 악기의 하나. 回오르간.

풍기(風紀) ①지켜야 할 풍속. 습관. ②풍습상의 기율.

풍기다 냄새를 사방에 퍼뜨리다. ⑩향기를 풍기는 장미꽃.

풍년(豐年) 농사가 잘된 해. 凹흉년.

풍뎅이 날벌레의 한 가지. 거죽이 단단하게 생긴 껍질로 쌔워지고, 몸 빛은 광택이 나는 검은빛임.

풍랑(風浪) 바람과 물결. 回풍파. ⑩심한 풍랑.

풍력(風力) 바람의 세기.

풍류놀이(風流—) 시도 읊고, 노래도 하고, 술도 마시고, 춤도 추는 놀이.

풍매화(風媒花) 나비나 벌에 의하지 아니하고, 바람에 화분이 날려 생식 작용을 하는 꽃.

풍문(風聞) 세상에 돌아다니는 소문. 回소문. 풍설.

풍부(豐富) 넉넉하여 많음. 回풍족. 凹부족. ⑩풍부한 지하 자원. —하다.

풍산개(豐山—) 함경도 백두산을 중심으로 한 지방에서 나던 크기가 진돗개와 셰퍼드 중간쯤 되는 이름난 사냥개였으나 지금은 없어져 볼 수 없게 되었음.

풍상(風霜) ①바람과 서리. ②여러 가지 고생.

풍선(風船) 바람이나 가스를 불어 넣어 공중에 뜨게 하는 기구. ⑩풍선을 날리다.

풍설(風說) 뜬소문. 回소문. 풍문. ⑩항간의 풍설.

풍성(豐盛) 넉넉하고 많음. 回풍족. ⑩부지런히 일한 보람으로 풍성한 수확을 거둘 수 있게 되었다. —하다.

풍속(風俗) 옛날부터 내려오는 습관. 回풍습. 습관.

풍속(風速) 바람이 부는 속도.

풍속계 풍속을 재는 장치. 4개의 날개가 바람을 받아 회전한 횟수로써 풍속을 알 수 있음.

풍속화 사회의 사정과 습관을 그린 그림. 조선 후기의 유명한 김홍도·신윤복 등이 대표적인 화가임. 回풍속도.

풍습(風習) 옛부터 전해 내려오는 습관. 回풍속. ⑩추석에 송편을 빚는 풍습.

풍요(豐饒) 흠뻑 많아서 넉넉함. 예풍요한 사회. —하다.

풍우(風雨) ①바람과 비. ②풍속 10m 이상 정도로 비를 가져오는 바람. 비비바람.

풍자(諷刺) 빗대어 재치 있게 경계하거나 비판함. —하다.

풍장 풍물놀이에 쓰는 풍물을 민속적으로 일컫는 말. 꽹과리, 태평소, 소고, 북, 장구, 징 등을 일컬음.

풍전 등화(風前燈火) 바람 앞에 있는 등불처럼 몹시 위급한 자리에 놓여 있는 상태를 가리키는 말.

풍족(豐足) 부족이 없음. 넉넉함. 비부유. 풍부. 풍성. 반부족. —하다.

풍채(風采) 사람의 생긴 모양.

풍토(風土) 기후와 토질.

풍파(風波) ①세찬 바람과 험한 물결. 비풍랑. ②어수선하고 떠들썩한 것.

풍향(風向) 바람이 부는 방향.

풍향계 풍향을 재는 기계.

풍화 작용(風化作用) 바위가 공기 중의 산소·탄산가스·수증기 또는 온도의 변화로 부서지는 현상.

퓨:즈(fuse) 센 전류가 흐르면 녹아 떨어져 전류를 끊고 위험을 막는 금속선.

프라이팬(frypan) 음식을 튀기는 데 쓰는 넓적한 냄비.

프랑스(France) 서유럽의 공화국. 기계·귀금속·섬유·건축·화학 공업이 성하고, 수도 파리는 유행의 중심지로 불리고 있음.

프레파라:트(독 präparat) 현미경으로 관찰할 수 있도록 해 놓은 관찰 재료.

프로그램(program) 일의 차례. 비순서. 차례. 목록.

프로듀:서(producer) 제작자. 연출가. 무대 감독.

프로이센(Preussen) 독일 영방 가운데에서 가장 컸던 나라.

프로펠러(propeller) 비행기나 기선 따위에 붙어 동력의 힘으로 움직여 나가게 하는 잠자리 날개 모양으로 생긴 물건.

프록 코:트(frock coat) 남자용의 서양식 예복으로 보통 검은색인데 저고리 길이가 무릎까지 이름.

프리즘(prism) 유리로 만든 세모진 막대기로 광선을 비추어, 광선의 꺾임이나 갈라져 흩어지는 상태를 살피는 데 씀.

프리 킥(free kick) 축구에서 반칙을 했을 때에 상대편이 그 자리에 공을 놓고 차는 일.

플라스크(flask) 몸체는 둥글고, 목이 긴 유리 기구. 주로 액체를 담아 가열하는 데 씀.

플라이어(pliers) 가는 관이나 둥근 쇠막대를 집거나 돌리는 연모.

플래카:드(placard) 데모 같은 데에 들고 다니는 주의·주장 따위를 쓴 판이나 천 따위.

플랫폼(platform) 역이나 정거장의 기차를 타고 내릴 수 있게 한 곳.

플러그(plug) ①콘센트에 끼워 전류를 흐르게 하는 전기 기구. ②점화하는 장치.

플러스(plus) 수학에서 보탬표 '+'의 이름. 반마이너스(-).

플레밍(Fleming, 1881~1955) 영국의 세균 학자. 1922년 항생 물질 라이소자임을 발견했으며, 1929년 푸른곰팡이로부터 페니실린을 발견하여 1945년 노벨 의학상을 받았음.

플레이트(plate) ①판. 금속판. ②야구에서 투수가 공을 던질 때 밟는 판. 예홈 플레이트.

플루:트(flute) 목관 악기의 하나로 금속으로 만든 것도 있음. 고음 악기로 음색이 곱고 빠른 악곡을 연주하는 데 쓰임. 〔플루트〕

플리머스록(Plymouth Rock) 고기와 알을 얻기에 알맞은 닭의 한 품종.

피[1] 동물의 몸 속에 있어서 염통에서 핏줄을 통하여 온몸을 돌아다니는 붉은빛의 체액. 비혈액.

피[2] 볏과에 딸린 한해살이풀로 벼와 비슷한데, 빛이 검푸르고 털이 없으며 반질반질함.

피겨 스케이팅(figure skating) 얼음판 위에서 안정된 자세와 예술적인 율동으로 승부를 겨루는 빙상 경기의 하나.

피:격(被擊) 남으로부터 공격을 당함. 예피한에게 피격당하다. —하다.

피:고(被告) 원고에 의하여 고소를 당한 사람. 반원고.

피곤(疲困) 몸이 지치고 괴로움. 비고단. 피로. —하다.

피골(皮骨) 살가죽과 뼈.

피끓다[-글타] 감정이 복받쳐 오르다. 씩씩하고 힘차다.

피나다 몹시 고생하다. 예피나는 노력 끝에 결실을 얻었다.

피나무 깊은 산에 자라는 낙엽 큰키나무. 잎 뒤에 잔털이 있고, 잎가에는 톱니가 있으며 뽕나무 잎과 비슷함. 재목은 가구를 만들고, 껍질은 밧줄·그물·끈 등의 재료로 쓰임.

피:난(避難) 천재 지변 따위의 재난을 피하여 있는 곳을 옮김. —하다.

피:난민 난리를 피하여 온 사람들. 예피난민 수용소.

피다[1] ①꽃봉오리·잎 따위가 벌어지다. 반지다. ②불이 일어나다. ③잘 살게 되다.

피다[2] ①솜을 매만져 얇게 늘이다. ②수단을 부리다. 예잔꾀 피지 마라. ③사람이 살이 오르고 혈색이 좋아지다.

피:동(被動) ①남의 힘에 의해 움직이는 일. ②주체가 남에 의해 움직이는 성질. '안기다·입히다' 같은 말. 반능동.

피땀 몹시 힘들여 일을 하여 흘리는 진땀. 예피땀어린 노력.

피라미 잉어과에 딸린 민물고기. 몸길이 10~14cm 정도로 비늘은 둥글고 뒷지느러미가 매우 큼.

피라미드(Pyramid) 아프리카 이집트 나일 강가에 있는 사각뿔 모양으로 높게 쌓아 올린 탑. 5000여 년 전 옛날 이집트 임금의 무덤임. 금자탑. 〔피라미드〕

피:란(避亂) ①난리를 피함. ②난리를 피하여 있는 곳을 옮김. —하다.

피로(疲勞) 몸이 지침. 지치어 고단함. 비피곤. —하다.

피:뢰침(避雷針) 지붕 같은 데, 벼락을 피하려고 세워 놓은 뾰족한 쇠붙이 막대.

피륙 옷감이 될 만한 포목. 무명·베·비단 따위.

피:리 ①목관 악기의 하나. ②속이 빈 대에 구멍을 뚫고 숨을 내불어 소리를 내는 악기.

피:복(被服) 옷. 예피복 창고.

피:복선(被覆線) 전선 겉을 전기의 부도체로 싼 전선.

피봉(皮封) 편지 따위의 겉봉.

피부(皮膚) 동물의 살을 싼 껍질. 비살가죽. 살갗.

피비린내 ①피에서 풍기는 비린 냄새. ②몹시 거칠고 무시무시한 기운.

피사리 논이나 밭에 나는 피를 뽑아 버리는 일. —하다.

피:서(避暑) 더위를 피하여 서늘한 곳으로 옮김. —하다.

피:선거권(被選擧權)[—꿘] 선거에 입후보하여 나라의 일을 맡아 볼 수 있는 권리. 반선거권.

피스톤(piston) ①주사기의 실린더 안에 약물을 빨아들이거나 밀어내거나 하는 일을 하는 유리 막대. ②내연 기관의 실린더 안에서 왕복 운동을 하는 부품.

피:신(避身) 몸을 피함. 비은신. 예피신처. —하다.

피아노(piano) 모양이 오르간과 비슷한 서양 악기의 한 가지. 85개 또는 88개의 건반을 손가락 끝으로 눌러 소리를 냄. 비양금.

피아노곡 피아노를 치는 데 알맞게 만든 음악 곡조.

피아니스트(pianist) 피아노 연주자.

피우다 ①피게 하다. ②먼지·냄새 따위를 퍼뜨리거나 일으키다.

피장파장 서로 낫고 못함이 없는 경우나 처지를 이르는 말. 예이 일이나 그 일이나 어려움은 피장파장이다.

피:차(彼此) ①서로. ②저것과 이것.

피처(pitcher) 야구에서, 내야의 중앙에서 타자에게 공을 던지는 사람. 투수. 반캐처.

피콜로(piccolo) 관악기의 한 가지. 소형의 플루트로서 플루트보다 한 옥타브 높음.

피크닉(picnic) 도시락이나 빵·과실 등을 가지고 가는 소풍. 교외 산책.

피폐(疲弊) ①낡아서 썩음. ②쇠약하여짐. 비쇠퇴. 반번성. 예피폐한 조국 땅을 노력으로 부흥시키자. —하다.

피:하다(避—) ①몸을 숨기다. ②비나 눈 따위를 안 맞으려고 처마 밑 같은 데에 들어서다. ③꺼리다. ④벗어나다. ⑤관계하지 않다. 예의사 선생님은 너무 힘에 겨운 운동을 피해야 건강에 좋다고 말씀하셨다.

피:해(被害) 손해를 당함.

픽 ①힘없이 가볍게 쓰러지는 모양. 짝팩. 예픽 쓰러지다. ②어처구니없는 일을 당했을 때 힘없이 싱겁게 웃는 모습.

핀(pin) 쇠붙이 등으로 못이나 바늘처럼 가늘게 만든 물건을

핀셋 통틀어 일컫는 말. 바늘핀·옷핀·머리핀 등.

핀셋(프 pincette) 작은 물체를 집는 데 쓰는 집게.

핀잔 ①맞대어 책망하는 말. ②꾸지람. —하다.

핀치 콕(pinch cock) 고무관의 물의 양을 조절하는 집게.

필(匹) 말·소를 세는 데 쓰는 말. 비마리. 예말 한 필.

필(疋) 피륙을 세는 데 쓰는 말. 예광목 한 필.

필경(畢竟) 마침내. 나중에는. 비결국. 예필경 돌아올 거야.

필기(筆記) 글씨를 씀. 말을 받아씀. —하다.

필담(筆談)[—땀] 말로 뜻이 통하지 못하는 사람끼리 글자를 써서 생각을 문답함. —하다.

필답(筆答)[—땁] 글로 써서 대답함. 반구답. —하다.

필라멘트(filament) 전등알의 심지로 사용하는 것으로 대개 텅스텐 선으로 만듦.

필름(film) 투명한 셀룰로이드 위에 감광제를 칠한 물건. 흑백용과 천연색용이 있음. 사진 따위를 박는 데 씀.

필마(匹馬) 한 필의 말.

필산(筆算)[—싼] 숫자를 써서 셈을 함. 반암산. —하다.

필생(畢生)[—쌩] 생을 마칠 때까지. 비평생.

필승(必勝)[—씅] 꼭 이김. 예필승의 굳은 의지.

필시(必是)[—씨] 꼭. 반드시. 틀림없이. 비필연. 예그는 필시 오고야 말 것이다.

필연(必然) 꼭 반드시.

필요(必要) 꼭 소용이 됨. 비요긴. 소용. 반불필요. 예필요는 발명의 어머니이다. —하다.

필적(筆跡)[—쩍] 써 놓은 글씨의 글자 모양이나 그 솜씨.

필통(筆筒) ①볼펜·연필·지우개 등을 넣어 가지고 다니는 기구. ②붓·연필·볼펜 등을 꽂아 두는 통.

핍박(逼迫) 괴롭게 굶. 몹시 심하게 굶. —하다.

핏기(—氣) 사람의 피부에 드러난 피의 빛깔. 혈색.

핏대올리다 성을 내다.

핏발 몸의 어떤 부분에 피가 모여 붉게 된 것.

핏발서다 핏발이 생기다.

핏줄[피쭐] ①몸 속에서 피가 돌아다니는 줄기. 비혈관. ②같은 혈족.

핏줄기[피쭐—] ①피의 줄기. ②혈통.

핑 ①갑자기 정신이 아찔한 모양. 예정신이 핑 돈다. ②갑자기 눈물이 괴는 모양. 예눈물이 핑 돌다. ③한 바퀴 힘차게 도는 모양. 작팽.

핑계 ①다른 일을 끌어 붙여 변명함. ②다른 일을 방패로 내세움. —하다.

핑계 없는 무덤이 없다〈속〉 무슨 일이든지 반드시 핑계거리는 있다.

핑핑 ①계속해서 힘있게 도는 모양. ②총알 따위가 공중으로 빠르게 지나가는 소리. 또, 그 모양. 작팽팽.

핑핑하다 ①낫고 못함이 없다. 예힘이 서로 핑핑하다. ②빳빳하게 일어서는 모양. ③힘있게 켕기는 모양. 작팽팽하다.

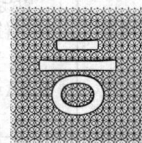

ㅎ[히읗] 한글 닿소리의 열넷째 글자.

하[1] ①많이. ②크게. ③매우. ④몹시. ⑤퍽. 예하 많은 집들.

하:[2] 기쁨·슬픔·노여움·즐거움 따위를 나타내는 소리. 큰허. 예하, 참 훌륭하구나.

하가에(何暇—) ①무슨 겨를에. ②어느 틈에.

하:강(下降) 높은 데서 낮은 데로 내려옴. 반상승. —하다.

하:계(夏季) 여름의 시기. 반동계. 예하계 올림픽.

하고 ①'와·과'와 같음. ②같이. 예너하고 나하고 함께 가자.

하고많다 ①매우 많다. ②어디든지 있다. ③수두룩하다.

하구(河口) 강물이 바다로 흘러 들어가는 어귀.

하:급(下級) 아랫등급. 급이 낮음. 반상급. 예하급생.

하나 ①수의 처음. ②오직 그것 뿐. ③같은 것. ④한쪽.

하나하나 ①하나씩. ②하나도 빠짐없이 죄. 비일일이. 반한꺼번에.

하느님 세상 만물을 마음대로 할 수 있으며, 옳고 그름을 가려 사람에게 화와 복을 내린다고 여기고 있는 거룩한 존재.

하느작하느작 ①가벼운 것이 날리는 모양. ②고요하게 춤추는 모양. 큰흐느적흐느적. 예하느작하느작 춤춘다. —하다.

하늘 ①우리의 머리 위의 끝없이 푸르고 먼 공중. 비공중. 창공. 반땅. ②천지 만물의 주재자. ③하늘 나라.

하늘가[—까] 하늘의 끝.

하늘거리다 가볍고 부드럽게 흔들거리다. 큰흐늘거리다. 예바람에 코스모스가 하늘거린다.

하늘과 땅 두 사물 사이에 큰 차이나 큰 거리가 있음을 비유하는 말.

하늘 나라 이 세상이 아닌 저 세상. 죽어서 넋이 영원히 산다는 세상. 비천국. 천당.

하늘의 별 따기(속) 일이 아주 어렵다.

하늘이 무너져도 솟아날 구멍이 있다(속) 아무리 큰 재난에 부닥치더라도 그것에서 벗어나 도움을 받을 방법과 꾀가 서게 된다.

하늘하늘 가볍게 흔들리는 모양. 큰흐늘흐늘. 예하늘하늘 흔들리는 나뭇잎. —하다.

하늬바람 농가·어촌에서 서풍을 이르는 말. 준하늬.

하다 ①만들다. ②짓다. ③행동하다. ④이루다. ⑤시작하다. ⑥말하다.

하더라도 한다고 해도. 예 잘은 못하더라도 흉은 보지 마셔요.
하도 ①매우. ②퍽. 예 하도 궁금해서 언니에게 편지를 썼다.
하등(何等) 조금도. 아무런. 예 그것과는 하등 관계가 없다.
하라마는 하겠느냐마는
하려니와 하겠지마는.
하루 ①하룻날. ②한 밤이 지나가는 동안. 일일. ③어떤 날.
하루갈이 하루에 갈 수 있는 넓이의 논밭.
하루 물림이 열흘 간다(속) 무슨 일이든 뒤로 미루지 마라.
하루바삐 하루라도 빠르게. 하루라도 일찍이. 비 하루 속히. 예 우리는 하루바삐 남북 통일을 이루도록 힘쓰자.
하루살이 ①여름날 저녁에 떼지어 날아다니는 작은 날벌레. ②목숨의 덧없음의 비유.
하루속히 하루라도 빨리. 하루라도 빠르게. 비 하루바삐. 예 하루속히 연락해라.
하루 종일 하루의 아침부터 저녁까지. 비 온종일. 예 오늘은 하루 종일 비가 내린다.
하룻강아지 ①뱃속에서 나온 지 하루밖에 안 되는 개의 어린 새끼. ②재게 뛰어다니는 강아지. ③초보자. 신출내기.
하룻강아지 범 무서운 줄 모른다 〈속〉 아주 어리고 약한 자가 크고 힘센 사람에게 멋도 모르고 함부로 덤빈다.
하룻길 하루에 걸어서 갈 수 있는 길의 거리.
하룻날 그 달의 첫째 날.
하 : 류(下流) ①강·내가 흘러내려가는 곳. ②강·내의 아래쪽. 물아래. ③신분이 낮은 사람. 반 상류.
하 : 륙(下陸) 배나 비행기 따위에서 짐을 땅에 옮겨 놓음.
하마(河馬) 몸의 길이가 4m 남짓이나 되는 큰 짐승으로서 다리는  〔하마〕
짧고 입은 크며, 아랫잇몸에 5cm쯤 되는 송곳니가 났음. 낮에는 물 속에서 살고, 밤에는 뭍으로 나와서 먹이를 구함. 사하라 사막 이남의 아프리카에서 삶.
하마터면 위태한 경우를 벗어난 것을 기뻐하는 말. 곧 조금 잘못하였더라면. 예 하마터면 물에 빠져 죽을 뻔했다.
하 멜(Hamel, ? ~1692) 1653년 1월, 태풍으로 떠내려와 제주도에 표착한 네덜란드의 상인이며 선원.
하멜 표류기 하멜이 우리 나라에 표착해 온 후의 14년 간에 걸친 억류 생활을 기록한 책. 원이름은 〈제주도 난파기〉로 우리 나라가 서양에 소개된 최초의 기록임.
하 : 모 니(harmony) 화음. 조화. 조절. 비 화성.
하 : 모니카(harmonica) 입에 대고 불게 만들어 놓은 서양의 악기.
하물(荷物) 짐. 비 화물.
하물며 그 위에 더군다나. 예 짐승도 못할 짓을 하물며 사람이 하랴?
하 : 사(下士) 병장의 위, 중사의 아래인 군인의 계급.
하 : 서(下書) 웃어른이 주신 편

하소연하다 지. 땐상서.
하:소연하다 ①원통한 사정을 말하여 풀거나 씻어 달라고 하다. ②딱한 사정을 이야기하다. 예소년이 자기의 억울한 사정을 아무리 하소연하여도, 험상궂은 사나이는 들어주지 않았다.
하소하다 '하오'의 말씨를 쓰다. '합쇼하다'보다는 낮게, '하게하다'보다는 높게 쓰임.
하:숙(下宿) 오랜 기간을 정하고 남의 집에 방과 밥값을 내고 묵음. —하다.
하:숙집 하숙을 치는 집.
하:순(下旬) 그 달 스무하룻날부터 그믐까지의 열흘 동안. 땐상순.
하얗다[—야타] 매우 희다. 땐까맣다. 큰허옇다.
하여간(何如間) 어찌하였든지. 어쨌든. 하여튼. 예하여간 곧 와 주게.
하여금 ①으로써. ②에게. ③시키어.
하염없다 ①아무 생각이 없다. ②끝맺는 데가 없다.
하염없이 아무 생각 없이. 예하염없이 흐르는 눈물을 어찌할 수 없었다.
하:오(下午) 낮 12시부터 밤 12시. 점심 때부터 저녁 때까지의 사이. 비오후. 땐상오.
하이든(Haydn, 1732~1809) 오스트리아의 고전파 음악가. '교향곡의 아버지'라고 불림. 작품에는 〈군대〉·〈시계〉 등의 교향곡이 있고, 〈천지 창조〉 등의 악곡이 있음.
하이칼라(high collar) 멋쟁이.
하이킹(hiking) 몇몇 사람이 떼를 지어 먹을 것을 가지고, 산이나 들로 걸어서 놀러 다니는 일. —하다.
하이 힐:(←high heeled shoes) 뒷굽이 높은 여자 구두.
하:인(下人) 집에서 부리는 남자종과 여자종. 땐상전.
하자스라 '하자꾸나·하였으면 좋겠다'의 옛말.
하잘것없다 시시하여 대수롭지 않다. 보잘것없다. 예하잘것없는 작은 벌레.
하:절(夏節) 여름철. 비여름.
하:지(夏至) 일년 중에서 낮이 가장 길고 밤이 가장 짧은 날. 양력 6월 22일경. 땐동지.
하:직(下直) 먼 길을 떠날 때에 웃어른에게 작별 인사를 올림. 땐배알. —하다.
하:차(下車) 차에서 내림. 땐승차. 예도중 하차. —하다.
하찮다 그다지 훌륭할 것 없다. 그저 볼만하다. 대단하지 않다. 땐중대하다.
하:트(heart) 마음. 심장.
하품 심심하거나 잠이 올 때, 또는 고단할 때에 입이 저절로 크게 벌어지면서 나오는 깊은 숨. —하다.
하필(何必) 무슨 필요가 있어서. 어찌 반드시.
하하 ①기뻐서 입을 크게 벌리어 웃는 소리. ②기가 막히어 탄식하여 내는 소리. 큰허허. —하다.
하:학(下學) 학교에서 그 날의 과정을 마침. —하다.
하:현달(下弦—)[—딸] 달의 왼쪽 반이 빛나 보이는 상태의

반달. 음력 22~23일경에 뜨는 달. 凹상현달.
하:회(下回) ①다음 차례. ②윗사람이 아랫사람에게 어찌 하라고 내리는 회답.
학(鶴) 몸은 흰빛에 목과 다리가 긴 큰 새. 凹두루미.
학과(學課) 학교에서 배우는 과정. 凹공과.
학교(學校) 일정한 설비를 하여 놓고 교사가 가르치는 곳. 凹학원.
학교 문고 학교에서 돌려 가며 보는 책을 모아 둔 곳.
학교 생활 기록부 학교에서 학생의 이름·생년월일·주소 따위를 적어 둔 등록 장부.
학교 신문 학교 안의 새 소식을 알리거나, 학생들의 의견, 또는 문예 작품 등을 발표하기 위하여, 학생들이 중심이 되어 만들어 내는 신문.
학군(學群) 입시 제도에 따라 지역별로 나누던 몇 개의 중학교 또는 고등 학교의 무리.
학급(學級) 같은 학과를 동시에 배우는 학생의 무리.
학급 문고 학급에 두고 돌려보려고 마련해 놓은 책.
학급 신문 학급에서 내는 신문.
학급 일기 학급에서 일어난 중요한 일을 그날그날의 당번이 쓰는 일기. 凹학급 일지.
학급회 반에서 여는 어린이회. 학급 어린이회.
학급 회:장 학급회의 일을 주로 맡아보고, 그 학급을 대표하는 사람.
학기(學期) 한 학년 동안을 가른 기간. 우리 나라에서는 한 학년을 두 학기로 나눔.
학년(學年) 일년 동안의 공부하는 기간.
학당(學堂) 학교 또는 글방.
학대하다(虐待—) 남을 괴롭히거나 아주 못 살게 굴다.
학도병 학생들로 조직된 군대. 또 그 군인. 준학병.
학도 호:국단(學徒護國團) 학생의 애국 운동을 통일 지도하여 사회 봉사의 실행을 기함을 목적으로 하는 학생 단체로, 개성의 발전을 도와 주고 자치 능력을 배양함.
학력(學力) ①학문의 실력. ②학문을 쌓은 정도.
학문(學問) ①배워 익힘. ②배워 닦은 지식과 재주. 凹글. 학술. —하다.
학부모(學父母) 학생의 아버지와 어머니.
학비(學費) 글을 배우는 데 드는 돈. 凹학자금.
학사(學士) 대학을 졸업한 사람에게 주는 칭호.
학살(虐殺) 참혹하고 모질게 죽임. —하다.
학생(學生) 학교에 다니며 공부를 하는 사람. 凹교사.
학생용 학생들에게 쓰임. 예학생용 가방.
학설(學說) 학자가 학문상으로 자기의 믿는 바를 주장하는 설명.
학술(學術) 학문과 기술. 凹학문. 예학술 회의.
학습(學習) 배워서 익힘. 凹공부. 예교과 학습. —하다.
학습 발표난 신문·게시판 따위에 공부하는 모습을 발표하는 자리.
학습 일기 그날그날 배운 각 학과에 대하여 특히 중요한 점을 적어 두는 일기.
학습장(學習帳) 공부하는 데 필요한 것을 적는 공책. 노트.
학식(學識) 글을 배워서 얻은 지식. 비지식.
학업(學業) ①학문을 닦는 일. ②공부하는 일.
학예(學藝) 학문과 예술.
학예회 학교에서 평소에 배운 것을 발표하는 모임. 본학예 발표회.
학용품(學用品) 학습에 필요한 물건. 연필·공책 등.
학원(學院) 학문을 닦는 곳.
학자(學者) ①공부를 많이 한 사람. ②학문을 연구하는 사람. 비선비.
학장(學長) 단과 대학의 우두머리. 예사범 대학 학장.
학적부(學籍簿) 학교에서 학생의 이름·생년월일·주소 따위를 적어 둔 등록 장부.
학정(虐政) 악독한 정치.
학질(瘧疾) 일정한 시간이 되면 몸이 춥고 열이 나며 떨리는 병. 비말라리아.
학창(學窓) 학교에서 글을 배우는 곳. 예학창 생활.
한¹ 셈의 하나. '하나'의 뜻.
한² 말 앞에 붙어 '큰·바른' 등의 뜻을 나타내는 말. 예한길. 한겨울.

한(限) 넘지 못하게 정하여진 정도. 예사람의 목숨에는 한이 있다.
한(恨) 못다 이룬 원통한 생각. 본원한. 예한이 되는 일이 무엇이냐?
한가(閑暇) 별로 할 일이 없이 틈이 있음. 비한적. 반분주. 예한가한 겨울 농가. —하다.
한가로이 별로 할 일이 없이.
한가롭다〔한가로우니, 한가로워서〕 할 일이 없거나 일을 하다가 쉬어서 편안하고 마음이 조용하다. 반바쁘다. 예오늘은 한가로운 일요일이다.
한가운데 한복판. 가장 가운데. 비정중. 반둘레.
한가위 음력 8월 15일. 비추석. 중추. 중추절.
한가지 서로 같음.
한갓 ①그것만으로. ②단지. ③다만.
한갓지다 아늑하고 조용하다.
한:강(漢江) 우리 나라의 중부 태백 산맥에서 시작되어 강원도·충청 북도·경기도·서울을 동서로 흘러 황해로 들어가는 강. 길이 514km.
한:강 투석 지나치게 미미하여 전혀 효과가 없음.
한겨울 추위가 한창인 겨울.
한결 ①훨씬 더. ②제법 좀. 비한층. 더욱. 예오늘 날씨는 한결 따뜻해졌다.
한결같다 처음부터 나중까지 똑같다. 비변함없다. 예아직도 한결같은 더운 날씨가 계속되고 있다.
한결같이〔ㅡ가치〕 처음부터 끝까지 꼭 같게. 비변함없이. 예크리스마스가 지난 후부터 날씨는 한결같이 춥다.
한:계(限界) 어디서부터 어디까지의 경계.
한국(韓國) 우리 나라의 국호.

한국 공업 규격 공업 표준화법에 따라 제정된 공업 표준 규격. 합격된 제품에는 ㉿마크를 붙일 수 있음.

한국 과학 기술원 과학 기술 분야의 고급 인재를 양성하고 첨단 과학을 연구하는 교육 기관. 대전 광역시 대덕 연구 단지 안에 위치하며 약칭은 카이스트(KAIST).

한국 방:송 공사 방송을 효과적으로 실시하고, 전국에 방송의 시청을 가능하게 함으로써 방송 문화의 발전과 국민 생활의 향상에 이바지함을 목적으로 설립된 공공 단체. K.B.S.

한국 산:업 은행 우리 나라 산업 발전을 위해 큰 규모의 자금을 빌려 주는 특수 은행.

한국 외:환 은행 외국과의 돈거래를 맡아보는 특수 은행.

한국 은행 한국 은행권을 발행하고 각 은행에 자금을 빌려 주는 중앙 은행.

한국 은행권[-꿘] 한국 은행에서 발행하는 지폐(종이돈).

한국적 우리 나라의. 우리 나라식의. 우리 나라에만 있는. ㉔ 한국적인 아름다움.

한국 주:택 은행 주택을 마련하려는 사람에게 자금을 꾸어 주는 특수 은행.

한국 통사(韓國通史) 일제가 우리 역사를 왜곡하자 박은식이 상하이에서 쓴, 일본의 한국 침략 과정을 밝힌 역사책.

한군데 어떤 일정한 곳.

한글 홀소리 10자, 닿소리 14자의 모두 24자로 된 우리 나라 글자의 이름.

한글날 세종 임금이 한글을 만들어 세상에 펴신 것을 기념하는 날. 10월 9일.

한글 문학 한글로써 나타낸 우리 문학. 조선 후기 영조·정조 시대에 일어났음. 〈춘향전〉·〈심청전〉·〈장화홍련전〉·〈홍길동전〉 등은 당시의 대표적인 한글 소설임.

한글 학회 1921년 한글 연구를 목적으로 조직된 단체. 처음의 이름은 '조선어 학회'로서, 일제 식민지 통치 밑에서 조직되어 오늘에 이름.

한기(寒氣) ①추위. ②추위를 느끼는 기운. ㉽열기.

한길 사람이 많이 다니는 큰길. ㉽큰길.

한꺼번에 ①여러 번 할 것을 한번에. ②동시에.

한:껏(限-) 할 수 있는 데까지. 힘이 자라는 데까지. ㉔ 한껏 잡아당기다.

한끼 한 번의 식사.

한:나라(漢-) 고대 중국의 나라 이름. 기원전 108년에 우리 땅에 낙랑·임둔·현도·진번의 4군을 설치하였었음.

한나절 하루 낮의 반.

한낮 낮의 한가운데. 곧, 낮 12시가 되는 때. ㉽밤중.

한낱 ①오직. 단지. 하나의. ② 하잘것없는.

한:눈 볼 것을 안 보고 딴 것을 보는 눈. ㉔한눈 팔지 마라.

한눈에 든다 ①다 보인다. ②남김없이 잘 보인다.

한눈에 볼 수 있다 한 번 보아서 모든 것을 대번에 다 알아차릴 수 있다. 예세계를 한눈에 볼 수 있는 지도.
한:눈 팔다 ①다른 생각을 하다. ②다른 곳을 보다.
한대(寒帶) 온대에서 양극에 가까운 부분. 적도에서 남북으로 각각 66.5° 이상의 추운 지대. 가장 따뜻한 달의 평균 기온이 10℃ 미만임. 반열대.
한:데¹ ①방 밖. ②하늘과 사방을 덮거나 가리지 않은 곳. 예한데 나가 놀자.
한데² 한 곳. 한 군데. 반따로. 예한데로 모여라.
한:도(限度) 넘지 못하게 정하여진 일정한 정도. 비한정.
한돌림 차례로 돌아가는 한 번. 비한바퀴.
한동생 부모가 같은 형제 자매.
한동안 ①얼마 동안. ②꽤 오랜 동안. 비한참. 예그 말을 듣고 한동안 멍하니 서 있었다.
한들한들 가볍게 이리저리 자꾸 움직이는 모양. 큰흔들흔들. -하다.
한때 한동안. 한차례. 예오늘은 낮 한때 비가 올 것이다.
한라산(漢拏山)[할-] 제주도 중앙에 자리잡은 높이 1950m의 산. 산 위에 백록담이 있고 상·중·하 세 지대에 한대·온대·아열대의 식물이 자람.
한란계(寒暖計)[할-] 기온을 재는 기계. 도수가 적힌 유리 대롱 속에 수은이나 알코올을 넣어서 그 오르고 내리는 데 따라서 기온의 높낮이를 헤아림. 비온도계.
한랭 전선(寒冷前線)[할-] 찬 공기가 따뜻한 공기를 밀고 갈 때에 생기는 전선. 소나기가 내리고, 바람이 갑자기 바뀌며 기온도 급격히 내리는 일이 있음. 반온난 전선.
한:량없다(限量-)[할-] 끝이 없다. 예안타깝기 한량없다.
한려 수도(閑麗水道)[할-] 경상 남도 한산도에서 전라 남도 여수에 이르기까지의 뱃길. 물결이 잔잔하고 경치가 아름답기로 유명하며, 국립 해상 공원으로 지정되어 있음.
한류(寒流)[할-] 남북 양극에서 적도쪽으로 흐르는 찬 해류로서, 물빛은 녹색을 띠고 염분이 적음. 반난류.
한마음 여러 사람이 하나로 합친 마음.
한마음 한뜻으로 같은 마음으로 한 뭉치가 되어.
한몫 한 사람 앞에 돌아가는 분량. 예나도 한몫 주시오.
한문(漢文) 중국의 글·문자.
한밑천 많은 밑천. 큰 밑천.
한바퀴 한돌림 도는 것. 한차례 도는 것. 비한돌림.
한바탕 한 번 일이 크게 벌어진 판. 예한바탕 웃고 나니 배가 고프다.
한밤중[-중] 밤 열두 시쯤인 때. 오밤중. 준한밤.
한배검 대종교를 믿는 사람들이 단군을 높여 부르는 이름.
한번 한차례. 한돌림.
한번 실수는 병가의 상사〈속〉 한 번 정도의 실수는 흔히 있는 일이니 크게 탓하지 마라.
한복(韓服) 한국의 고유한 의복. 반양복.
한복판 넓이가 있는 물건의 한

가운데. 반가장자리.
한:사코(限死—) 기어코. 고집이 아주 세게. 예왜 한사코 반대만 하는지 모르겠구나.
한산도 대:첩(閑山島大捷) 임진왜란 때 이순신 장군이 한산도 해전에서 일본 해군을 쳐부순 큰 승리.
한산섬(閑山—) 경남 충무시 근방에 있는 섬. 임진왜란 때 이순신 장군의 수군 근거지였으며, 장군의 사당이 있음.
한산하다(閑散—) ①일이 없어 한가하다. ②쓸쓸하고 적적하다. 예한산한 거리.
한석봉(韓石峯, 1543~1605) 조선조 선조 때의 선비. 이름은 '호', 호는 '석봉'임. 특히 글씨의 천재로 유명했으며, 가난한 집안에 태어났으나 어머니의 뜻을 잘 받들어 중국에까지 알려진 명필이 되었음.
한성(漢城) 우리 나라 서울의 옛 이름.
한:성 순보(漢城旬報) 1883년 10월 1일에 창간된 순한문으로 인쇄된, 우리 나라 최초의 신문. 1884년 갑신정변으로 폐간되었음.
한세상(—世上) 살아 있을 동안. 일생.
한속 ①같은 뜻. ②같은 계통. ③한 단체의 가운데.
한손놓다 일이 일단 끝나다.
한술 한 숟가락. 적은 양의 음식을 이르는 말.
한술 밥에 배부르랴(속) 무슨 일이든지 단번에 만족한 결과를 얻을 수는 없다.
한숨 ①길게 몰아서 쉬는 숨. ②잠시간의 휴식이나 잠.
한:시(漢詩) ①한문으로 된 시. ②중국의 시.
한시도 잠깐 동안이라도.
한시름 한 가지 시름. 한걱정. 예한시름 놓다.
한식(寒食) 동지 뒤 105일 되는 날. 명절의 하나로 조상의 산소에 가서 제사를 지냄.
한심하다(寒心—) ①보기에 딱하다. ②걱정이 되다. ③기가 막히다.
한 쌍 ①두 마리. ②같은 것 두 개. ③암컷과 수컷.
한 아름 두 팔을 벌려 한 번 껴안은 둘레의 길이.
한양(漢陽) 우리 나라 서울의 옛 이름.
한:없다 끝이 없다.
한:없이 ①끝이 없이. ②무궁하게. 예푸른 바다가 한없이 넓다.
한여름[—녀—] ①더위가 한창인 여름. ②여름 한철.
한옆[—녑] 한 모퉁이. 한구석.
한옥(韓屋) 양식 건물에 대해 우리 나라 전통적인 집.
한일 합방(韓日合邦) →국권 피탈.
한자(漢字)[—짜] ①중국의 글자. ②한문 글자.
한자리 같은 자리. 예설날에는 친척이 한자리에 모인다.
한자에 젖다[—짜—따] ①한자를 많이 배우다. ②한자만을 옳은 글자인 줄 알다.
한잠 ①깊이 든 잠. ②잠시 자는 잠. 예고단할 텐데 한잠 자거라.
한적(閑寂) 고요하고 쓸쓸함.

回한가. 고적. 반번잡. 예산중에 있는 한적한 절. —하다.
한:정(限定) 제한하여 정함. 비한도. —하다.
한:정판 책의 부수를 제한하여 내는 출판.
한:족(漢族) 중국 본토에서 예로부터 살아오던 민족으로 고대 중국 문화를 이룩한 민족.
한줄기 한바탕. 한차례.
한줌 한 주먹. 손아귀에 들어갈 만한 양. 예한줌의 흙.
한:증(汗蒸) 불을 많이 때어 뜨겁게 단 한증막에 들어앉아 몸을 덥게 하고 땀을 내어 병을 고치는 일.
한:증막 한증을 하는 곳.
한:지(韓紙) 닥나무의 껍질을 원료로 하여 한국의 전통적인 제법으로 만든 종이. 창호지 따위.
한집안 ①한 집에서 사는 가족. ②같은 일가 친척.
한집안 같다 한 집에서 사는 가족 같다. 흉허물이 없다. 매우 정답다.
한쪽 한편 쪽.
한차례 한돌림의 차례. 한바퀴. 한바탕.
한참[1] 역참에서 다음 역참까지의 사이.
한참[2] ①일을 하거나 쉬는 동안의 한차례. ②한동안. 비오래. 한동안. 예한참 생각해 봐도 통 모르겠다.
한창 ①그중 성할 때. ②가장 세력이 있을 때. ③제일 활기가 있을 때. 예고기잡이가 한창입니다.
한창 나이 기운이 가장 왕성할 때의 젊은 나이.
한천(寒天) 우뭇가사리를 끓여 식혀서 굳힌 식품. 우리 나라 해산물 중 중요한 수출품의 하나. 비우무.
한철 ①봄·여름·가을·겨울 중 한 계절. 예여름 한철을 외갓집에서 보냈다. ②한때.
한층(一層) 한결. 비더욱. 예비가 오고 나니 꽃들이 한층 싱싱합니다.
한층 더 훨씬 더. 예올해는 한층 더 열심히 공부해야겠다.
한:탄(恨歎) 원통하거나 뉘우침이 있을 때 한숨짓는 탄식. 비탄식. 예신세 한탄하지 마라. —하다.
한턱 한바탕 남에게 음식을 대접하는 일. —하다.
한테 에게. 예어른한테는 공손히 인사를 해야 한다.
한통속 마음이 서로 통하여 모이는 한 동아리.
한판 한 차례의 내기.
한편 ①목적이 같은 편. ②서로 맞서는 편의 하나. 예철수는 공부를 하는 한편 들에 나가 일도 한다.
한평생(一平生) 살아 있는 동안. 비일평생.
한:하다(恨—) ①원통히 여기다. ②원한을 가지다. ③불평을 품다.
한:하여(限—) ①한정으로 하여. ②그 이상은 더 안 되게 작정하여. 예극장은 성인에 한하여 입장시킨다.
한:해(旱害) 가뭄으로 말미암아 받는 피해. 반수해.
할당(割當) 일이나 물건을 몫몫

할 따름이다 할 뿐이다.
할딱거리다 숨을 몹시 급하게 쉬며 계속 할딱이다. 큰헐떡거리다.
할머니 부모의 어머니. =조모.
할멈 신분이 낮은 늙은 여자를 일컫는 말.
할미꽃 줄기와 잎에 흰 털이 나고 자줏빛의 꽃이 피는, 고개가 굽은 꽃.
할미새 벌레를 잡아먹는 이로운 새. 몸은 대개 참새만 하고, 몸 빛은 잿빛이며, 배는 희고 목 아래에 검은 줄이 있음. 꼬리는 매우 크고 위아래로 까부는 버릇이 있으며, 흔히 물가에서 삶.
할부 판매 물건값을 나누어 갚게 하는 판매 방식.
할수없다 어찌할 도리가 없다.
할아버지 ①부모의 아버지. ②늙은이를 대접하여 일컫는 말. 비조부. 반손자.
할인(割引) 값을 얼마간 깎아 줌. 반할증. —하다.
할증(割增) 일정 액수에 얼마를 더 얹음. 반할인. —하다.
할퀴다 날카로운 물건이나 손톱으로 긁어 상처를 내다.
핥다[할따] ①혀끝을 물건에 대고 맛보다. ②혀끝을 물건에 대고 문지르다.
-함(函) 통. 상자. 예서류함.
함경선(咸鏡線) 원산에서 길주·청진을 지나 상삼봉에 이르는 철도. 길이 629.6km, 1928년 개통.
함구(緘口) 입을 다물고 말을 아니함. —하다.
함께 같이. 서로. 한데. 반따로. 예영이와 함께 숙제를 하였다.
함:대(艦隊) 군함 두 척 이상으로 이루어진 해군 부대.
함:락(陷落) ①무너져 떨어짐. ②쳐서 떨어뜨림. ③성이나 요새를 쳐서 깨뜨리고 항복을 받음. 예요새 함락. —하다.
함박꽃 꽃은 모란꽃과 비슷하고, 빛은 빨강·하양 또는 보랏빛의 여러해살이 꽃풀로서 그 뿌리는 약에 씀. [함박꽃]
함박눈 꽃송이같이 굵고 탐스럽게 많이 오는 눈.
함부로 ①되는 대로 마구. ②마음대로. ③정도에 지나치게. ④버릇없이. 비마구. 허투루. 반정성껏. 예함부로 까불지 말아라.
함빡 전부. 다. 아주 많이. 큰흠빡. 예옷이 함빡 젖었다.
함석 겉에 아연을 입힌 양철.
함석판 함석으로 된 철판.
함:성(喊聲) 여러 사람이 함께 높이 지르는 고함 소리. 비고함. 예승리의 함성을 울리다.
함수 탄소(含水炭素) 탄소와 물로 된 것으로 식물의 중요 성분임. 비탄수화물.
함양(涵養) ①차차 길러 냄. ②학식을 넓히어 마음을 닦음. 비함육. 예도덕심을 함양하다. —하다.
함유(含有) 섞여 있거나 머금고 있음. —하다.
함자(銜字)[—짜] 남의 이름을

높여서 부를 때 쓰는 말. 예아 버님 함자가 무엇이냐?
함:정(陷穽) 짐승이나 적군을 잡기 위하여 파놓은 구덩이. 비허방다리.
함:정(艦艇) 전투력을 가진 온갖 배를 두루 일컫는 말. 전함·잠수함·어뢰정 따위.
함지박 통나무의 속을 우벼 파서 만든 큰 바가지.
함흥 평야(咸興平野) 함경 남도 함주·정평·영흥군에 걸쳐 발달한 평야.
합(合) '합계'의 준말.
합격(合格)[一껵] ①시험에 뽑힘. 비급제. ②격식·조건에 맞음. 또는 자격을 얻음. 반불합격. —하다.
합계(合計) 합하여 계산한 수. 또는, 그 계산. 비총계. 합산. —하다.
합당(合當) 꼭 알맞음. 비적당. 반부당. —하다.
합동(合同)[一똥] ①둘 이상의 것을 하나로 합침. ②둘 이상의 것이 하나가 됨. —하다.
합력(合力) ①힘을 합함. ②서로 도와 줌. 반분력. —하다.
합방(合邦) 두 나라를 한 나라로 합침. 또, 그 나라. 비합병. 반분할. —하다.
합법(合法) 법령이나 규정에 맞음. 비적법. 반위법. 불법. 예합법 단체.
합병(合併) ①하나로 합침. ②둘 이상을 합하여 하나로 만듦. 비합방. —하다.
합삭(合朔) 달이 전혀 보이지 않을 때를 말하는 것. 달, 지구, 태양의 차례로 놓였을 때.

합산(合算) 합하여 셈함. 비합계. —하다.
합성 섬유(合成纖維) 석회석·석탄·물·공기 따위를 원료로 하여 만든 섬유.
합성 세:제 비누 이외의 세제 중 합성해서 만든 것. 요즈음 많이 쓰이는 하이타이·트리오·클린업 등.
합성 수지 화학적으로 합성하여 만들어진 수지(나무진) 모양의 물질. 플라스틱 같은 것.
합세(合勢) 세력을 한데 모음. —하다.
합심(合心) 많은 사람이 마음을 합함. —하다.
합의(合意) 서로 의사가 일치함. —하다.
합의(合議) 두 사람 이상이 모여서 의논함. —하다.
합주(合奏) 두 개 이상의 악기로 동시에 하는 연주. 반독주. —하다.
합중국(合衆國) 둘 이상의 나라가 합쳐서 한 나라를 이룬 국가. 예아메리카 합중국.
합 집 합(合集合) 두 집합의 모든 원소로 이루어진 집합으로, 합집 〔합집합〕 합을 U로 나타냄. 집합 가와 집합 나의 합집합은 그림의 빗금 부분임.
합창(合唱) 두 사람 이상이 소리를 맞추어 노래함. 반독창. 예합창 대회에 나가 일등을 했다. —하다.
합치(合致) 서로 합하여 일치함. —하다.
합치다 ①여럿이 하나가 되다.

②마음에 들어맞다. [반]나누다. [예]이것과 저것을 합치다.
합판(合板) 얇은 널빤지를 몇 겹 붙여서 만든 널빤지. [비]베니어판.
합하다(合—) ①여럿이 모여 하나가 되다. ②뒤섞이다. ③마음에 들어맞다. [반]나누다.
핫옷[한—] 두꺼운 솜옷.
핫 캡(hot cap) 온도를 따뜻하게 해주고 병·벌레를 막아 주기 위해 비닐로 모자처럼 만들어 씌운 것.
항:(項) ①글의 줄. ②사물의 종류의 구분. [예]제1항.
항:간(巷間) 보통 민간인의 사이. [예]항간에 떠도는 소문.
항:거(抗拒) 순종하지 않고 버팀. 대항함. [비]대항. 항쟁. [예]일제에 항거하다. —하다.
항:거 운:동 권력 등의 압력에 맞서서 대항하는 운동.
항:공(航空) 항공기로 공중을 날아다님. —하다.
항:공기 비행기·비행선·글라이더 따위를 통틀어 일컬음.
항:공 모:함 비행기를 싣고, 뜨고 내리게 할 수 있는 갑판 및 특별 장치를 한 군함.
항:구(港口) 바닷가에 배가 드나들거나 머무를 수 있도록 시설을 갖추어 놓은 곳.
항구(恒久) 변하지 아니하고 오래감. —하다.
항구적 변하지 아니하고 오래가게. [비]영구적. [반]일시적. [예]항구적인 대책을 세우다.
항:라(亢羅)[—나] 명주·모시·무명실 등으로 성기게 짠 여름 옷감의 한 가지.
항렬(行列) 친족 등급의 차례.
항:로(航路) ①뱃길. [비]해로. 수로. ②항공로.
항:만(港灣) 바닷가의 굽어 들어간 곳에 방파제·부두·창고 등의 시설을 갖춘 곳.
항:만 수입(港灣收入) 항구에 출입하는 선박의 정박·여객·화물 등을 통하여 얻는 수입.
항:목(項目) 어떤 기준에 따라 세분화한 일의 가닥.
항문(肛門) 고등 포유동물의 소화 기관의 마지막. 곧, 직장 끝에 있는 대변의 배설구.
항복(降服) 싸움에 져서 적에게 굴복함. [비]굴복. [반]대항. [예]무조건 항복. —하다.
항상(恒常) 늘. 언제든지. [반]가끔. 이따금. [예]항상 늦는다.
항성(恒星) 천구상에서 서로의 상대 위치를 바꾸지 아니하고 별자리를 구성하는 별.
항:소(抗訴) 제1심 판결에 불만이 있을 때 제2심 법원에 상소하는 일이나 절차. —하다.
항아리(缸—) 아래위가 좁고 배가 부른 그릇.
항:의(抗議) 반대의 뜻을 주장함. 또 그 주장. —하다.
항:쟁(抗爭) 맞서서 싸움. [비]항전. 투쟁. 항거. —하다.
항:전(抗戰) 적에 대항하여 싸움. [비]항쟁. —하다.
항:해(航海) 배를 타고 바다를 건넘. [비]항행. —하다.
항:해 지도 바다를 여행할 때 쓰는 지도.
해 ①태양계의 중심인 한 행성. [비]태양. ②세월. 광음.
해:(害) 이롭지 못함. —하다.

해:결(解決) ①얽힌 일을 풀어서 처리함. ②결말을 냄. ③곤란한 문제를 풀어 결정함. 䣷 미결. —하다.

해:군(海軍) 바다에서의 싸움과 국방을 맡은 군대. 䣷 육군. 공군. 몓 해군 기지.

해금(奚琴) 속 빈 둥근 나무에 짐승의 가죽을 메우고 긴 나무를 꽂아 줄을 활 모양으로 건 악기. 䣷 앵금.

해:내다 맡은 일 또는 부닥친 일을 처리해 내다.

해:녀(海女) 바다 속에서 해삼·전복 따위를 따는 것을 업으로 삼는 여자.

해님 해를 아름답게 일컫는 말.

해:답(解答) 자세히 풀어 대답함. 䣷 질문. —하다.

해당(該當) 바로 맞음. 관계되는 바로 그것. —하다.

해:당화(海棠花) 줄기에는 가시가 돋고 담홍색의 아름다운 꽃이 피는 낙엽 관목.

해:도(海圖) 바다의 모양과 배가 다니는 길을 그려 놓은 지도. 䣷 지도.

해:독(害毒) 해와 독.

해돋이[-도지] 해가 돋아 오르는 때. 또, 그 현상. 일출.

해:동(海東) 옛날에 우리 나라를 가리키던 말.

해동 성국 옛날에 중국에서 발해를 가리키던 말. 바다 건너 동쪽의 번성한 나라라는 뜻.

해:득하다(解得—) 깨우쳐 알다. 䣷 터득하다.

해:롭다(害—)〔해로우니, 해로워서〕 ①이롭지 않다. ②해가 있다. ③좋지 않다. ④나쁘다.

해:류(海流) 무역풍이나 온도 차이로 말미암아 일정한 방향으로 흐르는 바닷물.

해:륙(海陸) 바다와 육지.

해:리(海里) 바다 위의 거리를 나타내는 단위. 약 1,852m.

해마다 그 해 그 해. 䣷 매년.

해머(hammer) 망치.

해:면(海綿) 홀몸이나 또는 여럿이 덩이를 이루어 바다에 사는 하등 동물.

해:몽(解夢) 꿈꾼 것을 풀어 길흉을 판단함. —하다.

해묵다 여러 해를 지나다.

해바라기 늘 해를 따라 고개를 숙이는 화초. 잎은 둥글고 꽃은 누런데 씨는 먹음.

해바라지다 모양새 없이 넓게 바라지다. 䣴 헤벌어지다.

해:발(海拔) 바다 수면에서부터 측량한 육지나 산의 높이.

해:방(解放) 꼼짝 못하게 얽히 매였거나 가두었던 것을 풀어 놓음. 석방. 䣷 구속. 속박. 압박. —하다.

해:변(海邊) 육지와 바다가 서로 맞닿은 곳. 바닷가. 䣷 해안. 몓 해변 학교.

해:산(解散) 모였던 사람이 흩어짐. 䣷 해체. 몓 우리들은 역전에서 선생님의 말씀을 듣고 해산하였다. —하다.

해:산물(海産物) 바다 속에서 나는 생선·조개·해초 따위.

해:상(海上) 바다 위. 䣷 육상. 해저.

해:상 교통 배를 이용하여 바다 위를 오고 가는 일.

해:상 무:역 바다의 교통 기관인 배를 이용하여 하는 무역.

해:상 보:험 해상을 왕래하는 배가 가라앉거나 그 밖의 손해를 보았을 때 대비하여 드는 보험.

해:서(海西) 황해도.

해:석(解釋) 어려운 내용이나 뜻을 알기 쉽게 풀어 설명함. —하다.

해:설(解說) 뜻을 설명함. 비설명. —하다.

해:수욕(海水浴) 바닷물에 목욕하는 일. —하다.

해:수욕복 해수욕을 할 때 입는 옷. 비수영복.

해:수욕장 여름에 바다에서 수영을 할 수 있도록 마련된 곳.

해시계 해의 그림자로 시간을 알 수 있게 만든 시계. 〔해시계〕

해쓱하다 얼굴에 핏기가 없다. 비 핼쑥하다.

해:안(海岸) 바다에 가까이 닿은 땅. 바닷가. 비해변. 예해안 도시. 해안 기후.

해:안선 바다와 육지가 닿아 있는 경계선.

해:양(海洋) 크고 넓은 바다. 비바다.

해:양성 기후[—썽—] 바다의 영향이 많은 기후로 대체로 추위와 더위의 차가 적고, 공기에 습기가 많이 포함되어 비오는 날이 많음.

해어지다 닳아서 떨어지다. 준해지다. 예양말이 해어지다.

해오라기 부리와 목과 다리가 모두 길고, 눈가가 드러나며 빛이 흰 물새. 비백로.

해:왕성(海王星) 해에서 여덟번째 떨어져 있는 떠돌이별.

해:외(海外) 바다 밖에 있는 나라. 곧 외국. 비국외. 반국내. 예해외 동포.

해:외 시:장 물건을 사고 팔고 하는 다른 나라의 시장. 예해외 시장 개척.

해:운업(海運業) 바다에서 배를 부리어 화물이나 여객을 운송하는 사업.

해:인사(海印寺) 경상 남도 합천군 가야산에 있는 절. 팔만 대장경이 보관되어 있음.

해:저(海底) 바다의 밑바닥.

해:저 전:신 바다 밑바닥에 줄을 늘인 전기 통신 장치.

해:적(海賊) 바다 위에서 배를 습격하여 재물을 빼앗는 강도.

해:적선 바다 위에서 다른 배를 위협하여 재물을 빼앗는 도둑 떼를 싣고 다니는 배.

해:전(海戰) 바다에서 행하여지는 전투. —하다.

해:제(解除) 어떤 일을 풀어서 그 전의 상태로 되돌림. 예폭풍 주의보 해제. —하다.

해:조(害鳥) 곡식 따위에 해가 되는 새로, 참새·까마귀 따위. 반익조.

해:조(海藻) 바다에서 나는 식물을 통틀어 일컫는 말.

해죽이 만족한 모습으로 살며시 웃는 모양.

해죽해죽 ①자꾸 해죽이 웃는 모양. ②짧은 팔을 가로 세로 내저으며 가볍게 걷는 모양. 예내 연필을 빼앗아 간 꼬마 동생은 저만치서 나를 보며 해죽해죽 웃고 있다. —하다.

해질녘 해가 질 무렵.

해ː충(害蟲) 사람이나 곡식에 해가 되는 벌레. 곧 모기·빈대·파리·메뚜기·진딧물 따위. 凹익충.

해ː치다 ①해롭게 하다. 凹돕다. ②남을 상하게 하거나 죽이다. 몐생명을 해치다.

해ː치우다 ①어떤 일을 빨리 시원스럽게 끝내다. ②일의 방해가 되는 대상을 없애 버리다.

해ː코지(害―) 남을 해롭게 하는 짓. ―하다.

해ː풍(海風) 바닷바람.

해피 엔딩(happy ending) 소설·영화·연극 따위에서 행복하게 끝맺는 것을 일컫는 말.

해ː하다(害―) ①해롭게 하다. ②죽이다. ③방해하다. ④시기하다.

해해 마음이 흐뭇하여 만족해하면서 까불거리며 웃는 소리. 큰히히. ―거리다. ―하다.

해ː협(海峽) 육지 사이에 끼어서 바다로 통하는 좁은 바다. 凹지협.

핵(核) 세포의 중심이 되는 것.

핵가족(核家族) 부부와 미혼 자녀로 이루어진 가족.

핵무기(核武器)[행―] 원자 폭탄·수소 폭탄처럼 핵이 폭발할 때 일어나는 힘을 이용하여 물건을 부수는 무기.

핵심(核心) 사물의 중심이 되는 요긴한 부분. 凹중심. 몐문제의 핵심.

핸드백(handbag) 여자들이 나들이할 때 들고 다니는 작은 손가방.

핸들(handle) 손잡이.

핸디캡(handicap) 남보다 불리한 조건.

핼쑥하다 얼굴이 파리하고 핏기가 없다. 凹해쓱하다. 몐앓고 난 순이의 얼굴이 핼쑥하다.

햄(ham) 돼지 넓적다리 고기를 소금에 절여서 불에 슬쩍 구워 만든 식품.

햄프셔(hampshire) 영국의 햄프셔 지방에서 미국으로 건너가 개량된 돼지의 한 품종.

햅쌀 그 해에 처음으로 난 쌀. 凹묵은쌀. 몐추석에는 햅쌀밥을 먹었습니다.

햇곡식 그 해에 새로 난 곡식.

햇발 비쳐 오는 태양의 광선.

햇볕 해에서 쬐는 따뜻한 기운. 준볕. 몐따뜻한 햇볕.

햇빛 해의 빛. 凹일광.

햇살 햇빛이 뻗치는 힘.

햇솜 그 해에 새로 농사지은 솜. 몐햇솜 이불.

-행(行) 어떤 곳으로 가는 뜻을 나타내는 말. 몐서울행 열차.

행동(行動) ①몸을 움직여 무엇을 함. ②몸가지는 태도. 凹동작. 행실. 짓. ―하다.

행랑(行廊) 대문의 양쪽이나 문간에 있는 방.

행렬(行列) 여러 사람이 줄을 지어감. 또 그 줄. ―하다.

행방(行方) 간 곳. 간 방향. 몐범인의 행방을 모르겠다.

행ː복(幸福) ①다행한 운수. ②경사스러운 일. ③좋은 일. ④팔자가 좋은 것. 凹행운. 다행. 凹불행. 몐행복한 우리 집엔 언제나 웃음이 가득해요. ―하다.

행ː복스럽다[행복스러우니, 행복스러워] 다행하고 복되다. 운수가 좋다. 딴불행스럽다. ⑩ 행복스러운 얼굴.
행:복을 누려야 다행한 일을 오래오래 지녀 나가야.
행사(行事) 정해진 계획 밑에 일을 행함. 또, 그 일. ⑩학교 행사. —하다.
행상(行商) 일정한 가게가 없이 상품을 한쪽 어깨에 걸어 메고 다니며 파는 장수. 비도붓장사. —하다.
행색(行色) ①행동하는 태도. ②길 떠나는 차림새.
행성(行星) 지구처럼 태양의 둘레를 공전하는 별들. 수성·금성·지구·화성·목성·토성·천왕성·해왕성·명왕성의 9개의 별.
행세(行世) ①사람의 도리를 지키어 행하는 것. ②제법 그럴듯한 노릇을 하는 것. ③그 사회에서 행하는 행실. ⑩아무 지식도 없는 주제에 제법 신사 행세를 하고 다닌다. —하다.
행:실(行實) ①행동하는 것. ②몸가짐. 마음가짐. 비품행. 행동. ⑩행실이 바른 소년.
행:여(幸—) ①만일에. ②바라건대. ③뜻밖에라도. ④운좋게. 비혹시. ⑩행여 오실까.
행:여나 ①어쩌다가라도. ②혹시나. ⑩행여나 좋은 수가 있을까 하고 생각해 보았다.
행:운(幸運) 좋은 운수. 행복스러운 운명. 비행복. 딴불운.
행:운아 때를 잘 만나서 좋은 운수를 탄 사람.
행위(行爲) 하는 짓.
행인(行人) 길 가는 사람.
행장(行裝) 여행할 때에 쓰는 모든 기구. 비행구.
행적(行績) 행위의 실적. 평생 동안에 한 일.
행정(行政) ①정치를 행함. ②관리하고 운용함. —하다.
행정 구역 행정 기관의 책임과 권한이 지역적으로 나뉘어져 있는 경우의 그 지역.
행정 재판 정부에서 처리한 일이 잘못되어 손해를 입게 된 국민이 정부를 상대로 하여 거는 재판.
행주 그릇을 씻거나 훔치는 데 쓰는 깨끗한 헝겊.
행:주 대:첩(幸州大捷) 임진왜란 때 권율 장군이 행주 산성에서 1만의 군사로 13만이나 되는 가토 기요마사가 거느린 왜군을 쳐부순 큰 승리.
행주치마 음식을 만들 때 치마 위에 덧입는 희고 작은 치마.
행진(行進) ①앞으로 걸어 나아감. ②여러 사람이 줄을 지어서 걸어 나아감. —하다.
행진곡 행진할 때에 걸음걸이를 맞추도록 연주하는 곡.
행:짜 심술을 부려 남을 해치는 짓. ⑩행짜 부리는 사내.
행차(行次) 웃어른이 길 가는 것을 높여서 일컫는 말. ⑩임금님께서 행차하신다. —하다.
행패(行悖) 도리에 벗어나는 사나운 짓을 함. 또는 그러한 짓. ⑩도둑의 행패. —하다.
향(香) ①좋은 냄새가 나는 물건. 좋은 냄새. ②제사 때 피우는 향내 나는 물건.
향가(鄕歌) 신라 시대부터 고려 시대 초기까지 민간에 널리 퍼졌던 우리 나라 고유의 시가.

향교(鄕校) 조선조 때에 지방의 문묘와 거기 딸린 학교.

향긋하다 좋은 냄새가 풍기다. 비 향기롭다. 예 어디서 향긋한 꽃 향기가 풍겨 나온다.

향기(香氣) 좋은 냄새. 향냄새. 비 향내. 예 은은한 향기.

향기롭다 좋은 냄새가 나다. 비 향긋하다. 예 꽃밭에 가니 냄새가 향기롭게 풍겨 온다.

향내(香─) 좋은 냄새. 꽃다운 냄새. 비 향기.

향:락(享樂) 즐거움을 누림. 쾌락을 누림. 즐거워함. ─하다.

향:상(向上) 차차 수준이 높아지고 낫게 됨. 비 발전. 진보. 반 퇴보. 예 실력의 향상을 꾀하다. ─하다.

향수(鄕愁) 고향을 생각하고 그리워하는 마음.

향약(鄕約) 조선조 때 농촌 사회를 중심으로 서로 돕고 이끌어 주며 힘을 뭉치게 할 목적으로 세워진 자치 조직. 중종 때를 전후하여 널리 퍼졌음.

향약구급방 고려 고종 때 대장도감에서 간행한 지금까지 남아 있는 우리 나라에서 가장 오래 된 의약책.

향토(鄕土) ①시골. ②고향 땅.

향토 봉:사대 고장 일을 스스로 돕기 위하여 조직한 모임.

향토색 그 지방만이 가지고 있는 특색. 지방색.

향토애 고향에 대한 사랑.

향토 예:비군 예비역으로 편성된 자기 고장을 지키는 군대.

향피리(鄕─) 피리의 한 가지. 당피리와 같으나 다만 둘째 구멍이 뒤에 있음.

향:하다(向─) ①얼굴을 그쪽으로 대하다. ②마음을 그쪽으로 기울이다. ③마주 서다. 반 피하다.

향:학(向學) 학문에 뜻을 둠.

향학(鄕學) 고려 때의 지방 교육 기관. 인종 때(1127)에 각 지방에 널리 세워져, 여기서 공부한 우수한 사람은 국자감에 입학하였음.

허가(許可) ①허락함. ②소청을 들어줌. 비 허락. ─하다.

허겁지겁 여유가 없어 조급한 마음으로 허덕거리는 모양. 예 영수는 개한테 쫓겨 허겁지겁 도망쳤다. ─하다.

허기지다(虛飢─) ①배가 몹시 고프게 되다. ②무엇을 간절히 바라다.

허깨비 ①눈에 보이지 않는 귀신. ②마음이 허하여 일어나는 착각. 비 헛것.

허다(許多) ①수효가 많음. ②많은 수효. 비 무수. ─하다.

허덕이다 ①숨이 차서 허덕거리다. 예 산길을 올라가느라고 숨이 차서 허덕이다. ②어린애가 팔·다리를 움직이다.

허둥지둥 어찌할 바를 몰라 허둥거리는 모양. 비 갈팡질팡. 반 차근차근. 예 불이야! 하는 소리에 허둥지둥 달려왔다. ─하다.

허드레 함부로 쓸 수 있는 허름한 일이나 물건. 예 허드렛일.

허락(許諾) ①청하는 바를 들어줌. ②승낙함. 비 허가. 승낙. 반 거절. 불허. ─하다.

허룩하다 ①많이 없어지다. ②줄어들다.

허름하다 ①귀중하지 않다. ②새롭지 않다. 낡다.

허리 사람의 몸의 갈빗대 아래 배 옆의 잘록한 부분.

허무(虛無) ①텅 비어 실속이 없음. ②마음속이 비고 아무 생각도 없음. —하다.

허물 ①잘못. ②실수. ③죄. 비흉. 예허물없다.

허물벗다 ①피부의 얇은 가죽이 벗어지다. ②뱀·매미 따위가 껍질을 벗다. ③누명을 씻다.

허물어지다 쌓인 물건이나 짜인 것이 흩어져 무너지다. 예담이 허물어지다.

허밍(humming) 입을 다물고 소리를 코로 내면서 노래를 부르는 법. '합창'할 때 많이 씀.

허방 움푹 패인 땅.

허방다리 짐승을 잡기 위하여 파 놓은 구덩이. 비함정.

허벅 제주도의 물 항아리 이름.

허베이 성 중국 대륙의 중간쯤 위치한 고장. 밭농사를 많이 짓는 양자 강 상류부터 중류까지의 땅.

허비(虛費) ①헛되게 없앰. ②쓸데없는 비용을 씀. 비낭비. —하다.

허사(虛事) 헛된 일. 실속이 없음. 비헛일. 헛것.

허송(虛送) 헛되이 보냄. 하는 일 없이 때를 보냄. —하다.

허수아비 ①짚으로 사람의 형상을 만들어 논밭에 세워 놓아 새가 곡식을 먹으러 오는 것을 막는 데 쓰는 물건. ②쓸모 없는 사람을 비웃는 말.

허술하다 ①헐어서 못 쓰게 되다. ②소중하지 않다. 비소홀 하다. 예옷을 너무 허술히 입어서 곧 더러워졌다.

허식(虛飾) 실속 없이 겉만 꾸밈. 비가식. 겉치레. —하다.

허약하다(虛弱—) 몸이 몹시 약하다. 반건강하다. 튼튼하다.

허영(虛榮) ①신분에 맞지 아니한 외관상의 영화. ②속에는 든 것이 없는 겉치장. 비허욕. 예허영에 들뜬 여자.

허옇다 ①흐리게 희다. ②매우 희다. 반꺼멓다. 작하얗다.

허욕(虛慾) ①쓸데없는 일을 바라는 마음. ②헛된 욕심. 비허영. 예그는 허욕을 부리다가 도리어 망해 버렸다.

허우대 ①몸에 살이 찌고 키가 큰 것. ②볼썽만 그럴 듯하게 좋아 보이는 것.

허우적거리다 위험한 고비에서 빠져 나오려고 손과 발을 내두르며 몸부림을 치다.

허울 내용이 없는 겉치레.

허울좋다 ①외면만 좋다. ②보기만 좋다.

허위(虛僞) 없는 것을 있는 것처럼 하는 짓. 거짓. 반진실. 사실. 예허위 진술.

허전하다 ①주위에 아무것도 없어서 서운하다. ②무엇을 잃은 것 같은 느낌이 있다. 예같이 놀던 동무들이 모두 돌아가니 어쩐지 허전하다.

허청허청 기운이 없어 비틀거리며 걷는 모양. —하다.

허출하다 ①배가 조금 고프다. ②마음이 텅 빈 것 같다.

허탕 아무 소득이 없는 짓.

허투루 대수롭지 않게. 아무렇게나. 비함부로. 예허투루 말

허파 부아.

허파꽈리 허파 속에서 산소와 이산화탄소가 교환되는 작은 방. 실핏줄이 둘러싸고 있으며, 허파는 이 허파꽈리가 수없이 모여서 이루어졌음.

허풍(虛風) 실제보다 너무 동떨어지게 과장하여 믿음성이 적은 언행. 예허풍떨다.

허허 기뻐서 입을 크게 벌리고 웃는 소리. 짝하하. —하다.

허허바다 끝없이 넓은 바다.

허허벌판 끝없이 넓고 큰 벌판. 예허허벌판을 달리는 말.

허황(虛荒) 거짓이 많아 믿을 수 없음. 반진실. —하다.

헌:금(獻金) 돈을 바침. 또 그 돈. —하다.

헌:데 부스럼이 난 곳.

헌:법(憲法)[—뻡] 한 나라를 다스리는 데 기본이 되는 큰 원칙을 정한 중요한 법률.

헌:병(憲兵) 군인의 위반 행위를 예방하고 죄가 있을 때 잡아내어 단속하는 군인.

헌:병대 헌병으로 조직한 군대.

헌:신(獻身) 자기의 몸을 바쳐 있는 힘을 다함. —하다.

헌:신적 자기의 이로움이나 손해를 돌보지 않고 온힘을 다하는 것. 예나라를 위해 헌신적으로 싸우다가 돌아가셨다.

헌:장(憲章) 여러 사람이 그것을 기준으로 행동할 조건으로 여럿이 의논하여 정한 것. 예어린이 헌장.

헐겁다 낄 물건보다 낄 자리가 넓다. 짝할갑다.

헐:다 ①물건이 오래 되어 새것 같지 않다. 비낡다. ②부스럼이 나다. 예코가 헐었다.

헐떡거리다 숨을 계속 가쁘게 쉬다. 짝할딱거리다. 예헐떡거리며 뛰어갔다.

헐레벌떡 급한 동작으로 숨이 가빠 헐떡거리며 몰아 쉬는 모양. 짝할래발딱. —하다.

헐:벗다 ①떨어진 옷을 입다. ②가난하다. 예헐벗고 굶주린 사람을 동정한다.

헐하다 ①값이 시세보다 싸다. ②엄하지 않다.

험:로(險路) 험난한 길.

험:산(驗算) 계산한 결과가 바른지를 다시 계산함. 비검산. —하다.

험:상궂다(險狀—) ①보기에 흉하다. ②모양이 사납게 생기다. 비흉악하다. 예험상궂은 얼굴을 한 사람이 그 애를 데려갔다.

험:악하다(險惡—) ①길이나 날씨가 험난하다. ②성질이 거칠고 악하다.

험:준하다(險峻—) 매우 높고 가파르다. 반순탄하다.

험:하다(險—) ①길이 평탄하지 않아 걷기 어렵다. ②위태하다. ③성질이 사납다.

헙수룩하다 ①허름하다. ②모양이 산뜻하고 깨끗하지 못하다. 비허술하다. 반말쑥하다. 예헙수룩한 머리에 해진 옷을 입은 아이가 찾아왔다.

헛간 문이 없는 광. 비곳간.

헛걸음 목적을 이루지 못하고 공연히 갔다 옴. —하다.

헛것 도깨비 같은 귀신을 일컫는 말. 비허깨비.

헛기침 인기척을 내기 위해 일부러 하는 기침.

헛김나다 기운이 새어 나오다.

헛노릇 한 보람이 없는 헛된 일. 쓸데없는 일. —하다.

헛되다 ①아무 보람이 없다. 허황하여 믿기가 어렵다. ②쓸데없다. ③덧없다. 비무상하다. 예시간을 헛되게 보내지 말도록 하자.

헛된말 허황하여 믿기 어려운 말. 예헛된말은 그만 해라.

헛듣다 잘못 듣다.

헛디디다 발을 잘못 디디다. 예발을 헛디뎌 그만 넘어지고 말았다.

헛말 거짓말. 근거 없는 말.

헛물켜다 아무 보람도 없이 한갓 애만 쓰다.

헛배부르다 ①음식을 먹지 않고 배가 부르다. ②실속은 없고 마음에만 느긋하다.

헛보다 잘못 보다.

헛뿌리 실뿌리처럼 생겨 물을 빨아들이는 기관.

헛소리 ①쓸데없는 소리. ②앓는 사람이 정신없이 지껄이는 소리. —하다.

헛소문(一所聞) 실제로는 없는 일이 떠도는 말. 비뜬소문.

헛일[헌닐] 헛된 일. 실상이 없는 일. 비허사.

헛턱 실질이 없는 것. 비무턱.

헛헛하다 속이 비어 배고픈 느낌이 있다. 배가 출출해서 무엇을 먹고 싶다.

헝가리(Hungary) 동부 유럽에 있는 공화국. 1989년 우리 나라와 수교를 맺었음. 밀·옥수수가 많이 남. 언어는 헝가리어. 수도는 부다페스트.

헝가리의 반:공 투쟁 1956년 10월 헝가리의 국민들이 소련군을 몰아내고 자유 정부를 세우려던 반공 투쟁.

헝:겊 ①피륙의 조각. ②해진 옷감의 조각. 비천.

헤다 ①'헤엄치다'의 준말. ②어려운 고비를 벗어나다.

헤드라이트(headlight) 기차나 자동차 따위의 앞에 달린 등.

헤딩(heading) 축구에서, 공을 머리로 받는 짓. —하다.

헤뜨리다 ①흩어지게 하다. ②어수선하게 늘어놓다.

헤르니아(라 hernia) 뱃속의 창자가 제자리에서 빠져 나오는 병. 탈장.

헤매다 이리저리 돌아다니다. 예그들은 길을 잃고 이리저리 헤매게 되었다.

헤모글로빈(hemoglobin) 혈액의 적혈구 속에 있어 산소를 운반하는 화합물.

헤벌어지다 어울리지 않게 넓게 벌어지다. 작해바라지다.

헤:아리다 ①알려고 시험하다. ②수량을 세다. ③미루어 생각하거나 짐작하다. 예그들은 생사를 헤아리지 않고 용감히 싸워서 승리를 거두었다.

헤:아릴 수 없:다 셀 수 없을 만큼 많다. 굉장히 많다. 비짐작할 수 없다. 예밤 하늘에는 별들이 헤아릴 수 없을 만큼 많이 있다.

헤어지다 제각기 따로 가다. 비이별하다. 반만나다.

헤어핀(hairpin) 여자의 머리에 꽂는 장식품.

헤엄 물에 떠서 팔과 다리를 놀리어 이리저리 다니는 짓. 비수영. —하다.

헤엄 잘 치는 사람 물에 빠져 죽고, 나무에 잘 오르는 사람 나무에서 떨어져 죽는다〈속〉아무리 재주 있는 사람이라도 한 번 실수는 있는 법이다.

헤엄치기 헤엄치는 일.

헤엄치다 헤엄을 하다.

헤이그 밀사 사:건(Hague 密使事件) 1907년 이준·이상설·이위종 등이 고종 황제의 밀서를 가지고, 네덜란드의 헤이그에서 열린 만국 평화 회의에 참석하여 일본의 침략상을 호소하여 도움을 얻고자 하였던 사건. 영국과 일본의 방해로 실패함.

헤쳐지다 속에 있는 물건을 드러나게 하기 위하여 파서 헤뜨려지다.

헤치다 ①속에 있는 물건을 드러내기 위하여 파서 헤뜨리다. ②모인 것을 헤어지게 하다. ③앞에 걸리는 물건을 좌우로 물리치다. 흐트러뜨리다.

헤:프게 아끼지 않고 마구 쓰는 것. 예물건이 흔하다고 너무 헤프게 쓰지 않도록 하자.

헤:프다 ①물건이 쉽게 닳거나 없어지다. ②함부로 없애다. 반알뜰하다.

헥타:르(hectare) 1아르(are)의 100배인 넓이의 단위. 기호는 ha.

헬리콥터(helicopter) 땅 위를 구르지 않고 곧장 위로 뜨고 내릴 수 있는 비행기.

헬멧(helmet) 플라스틱이나 쇠로 만들어 머리의 보호를 위해 쓰는 투구 모양의 모자.

헹가래 기쁜 일을 축하하는 뜻으로 여러 사람이 한 사람의 네 활개를 번쩍 들어 계속해서 밀었다 들이켰다 하는 짓.

헹구다 빤 빨래를 다시 깨끗한 물에 넣어 흔들어서 빨다. 예빨래를 맑은 물에 헹구다.

혀 사람·동물의 입 안 아래쪽에 붙어 있는 길으죽 살로서 운동이 자유롭고 맛을 느끼며 소리를 고르는 역할을 하는 기관. 예혀를 차다.

혁대(革帶) 가죽으로 만든 띠.

혁명(革命) ①묵은 제도를 깨뜨리고 새 제도를 세움. ②이전의 정권을 뒤집고 다른 통치자가 정권을 잡음. —하다.

혁명 정부 혁명을 일으킨 사람들에 의하여, 그 혁명의 목표를 완수하기 위하여 세워진 새로운 정부.

혁신(革新) 낡은 습관을 고치어 새롭게 함. 비개혁. —하다.

혁혁하다(赫赫—) ①세력이 대단하다. ②빛나다.

현:(縣) 조선 시대에 있었던 지방 행정 구역의 하나.

현:격하다(懸隔—) ①차이가 크다. ②서로 몹시 틀리다.

현관(玄關) 건물의 출입구에 달아 내거나 방처럼 만든 문간.

현:금(現金) 지금 몸에 지니고 있는 돈. 비맞돈.

현:기증(眩氣症) 눈이 아찔하고 깜깜해지며 머리가 어지러워지는 증세.

현:대(現代) 지금 이 시대. 이 세상. 비근대. 반고대.

현:대 소:설 현대에 씌어진 소설. 환경과 사건을 통하여 사람의 성격을 그려 내는 데 중점을 두고 있음.

현:대 시조 현대의 우리 생활에서 흔히 느낄 수 있는 감정을 노래한 시조. 1연 또는 그 이상으로 짜여짐.

현:대식 오늘날의 시대에 알맞은 방식. 또는 그 형식. [예]현대식 건물.

현:대인 현대에 살고 있는 사람.

현명(賢明) 마음이 어질고 일의 이치에 밝음. [예]현명한 판단. —하다.

현모(賢母) 어진 어머니. [예]현모 양처.

현무암(玄武岩) 검은 잿빛 또는 검은빛의 화산암으로, 바탕이 차지고 굳으며 기둥 모양으로 쪼개어짐.

현미(玄米) 벼를 매통에 넣고 갈아서 뉘가 섞이고 속겨가 벗겨지지 않은 쌀. [반]백미.

현:미경(顯微鏡) 썩 작은 물건을 크게 보려고 만든 기구.

현:상(現狀) 현재의 상태. 지금의 형편.

현:상(現象) 눈앞에 나타나 보이는 사물의 모습.

현:상(懸賞) 상품을 걸고 모집함. [예]현상 모집. —하다.

현:세(現世) 이 세상. 지금 살고 있는 세상.

현수교(懸垂橋) 기둥과 기둥 사이를 케이블로 연결하고 케이블에 다시 바닥을 강철봉으로 연결해서 만든 다리.

현숙(賢淑) 여자의 마음이 어질고 깨끗함. —하다.

현:실(現實) ①지금 있음. ②지금 나타나 있음. ③참으로 있는 실제의 사실이나 형편. [반]꿈. 이상.

현악기(絃樂器) 줄을 타는 악기. 거문고·가야금·기타·바이올린 따위.

현자 총통[—짜—] 화승의 불로 화약을 터지게 하여 쏘는 포. 연철환(납과 쇠로 된 포탄)이나 '차대전'이라고 하는 화살을 넣어 쏘았음.

현:장(現場) ①사물이 현재 있는 곳. ②현재 사건이 발생한 곳. [예]사고 현장.

현:재(現在) ①눈앞. 지금. ②이 세상. ③지금 당장. [비]지금. 현실. [반]미래.

현:저하다(顯著—) 분명히 드러나다. 확실히 나타나다.

현제명(玄濟明, 1902~1960) 우리 나라의 테너 가수이며 작곡가. 작품으로는 가극 〈춘향전〉·〈왕자 호동〉 등과, 가곡으로 〈고향 생각〉 등이 있음.

현:주소(現住所) 자기가 지금 살고 있는 곳.

현:충사(顯忠祠) 충청 남도 아산에 있는 충무공 이순신을 추모하기 위해 세운 사당.

현:화 식물(顯花植物) 꽃이 피어서 열매가 열리고, 씨가 생기는 식물. [반]은화 식물.

현:황(現況) 현재의 상황. 지금의 형편. [예]사고 현황 보고.

혈관(血管) 몸 속으로 피가 돌아다니는 핏줄.

혈기(血氣) ①우리가 살아가고 있는 몸의 힘. ②깊이 감동하

혈색(血色)[―쌕] 살갗에 나타난 핏기.

혈압(血壓) 혈관 속의 피의 압력. ⑩고혈압. 저혈압.

혈액(血液) 사람과 동물의 혈관 가운데 있는 붉은빛의 피.

혈육(血肉) ①피와 살. ②자기가 낳은 자녀. ③부모·자식·형제·자매 들.

혈청(血淸) 피를 뽑아 놓을 때, 엉긴 피에서 분석하여 나오는 누르스름하고 맑은 물.

혈통(血統) ①부자·형제의 관계. ②겨레붙이의 서로 관계가 있는 피의 계통.

혐오(嫌惡) 싫어하고 미워함. 逊애호. ―하다.

혐의(嫌疑) ①의심함. ②꺼리고 싫어함. ―하다. ―스럽다.

협동(協同) 힘과 마음을 합하여 일을 같이함. 凹단결. ⑩협동 정신. ―하다.

협동심 서로 마음을 같이하고 힘을 합치는 마음.

협력(協力) 힘을 모아 서로 도움. 逊방해. 비협력. ―하다.

협박(脅迫) 윽박지르고 누르는 행동과 말. 凹위협. ⑩강도가 장사꾼을 협박하여 돈을 빼앗았다. ―하다.

협상(協商)[―쌍] 서로 의논함. 凹협정. ―하다.

협약(協約) 협의하여 맺은 약속. ―하다.

협업(協業) 많은 사람이 일정한 계획 아래 노동을 분담하여 협동적·조직적으로 하는 일. ―하다.

협의(協議) 의논하여 결정함. ―하다.

협잡(挾雜) 옳지 않은 짓으로 남을 속이는 일. ⑩협잡꾼. ―하다.

협정(協定) 서로 의논하여 결정함. 凹약정. 협상. ―하다.

협조(協助) 힘을 모아 서로 도움. ⑩우리 반이 모범반이 되도록 모두 협조하자. ―하다.

협착(狹窄) 차지하고 있는 공간이 매우 좁음. ―하다.

협회(協會) 어떤 사업을 하기 위하여 같은 뜻을 가진 사람끼리 만든 단체. ⑩무역 협회.

헛바늘 혓바닥에 붉은 좁쌀 알 같은 것이 돋는 병.

헛바닥 혀의 위.

형(兄) 형제 중에서 자기보다 나이가 많은 사람. 凹언니. 逊동생. 아우.

형(刑) '형벌'의 준말.

형(形) '형상'의 준말.

형만한 아우 없다〈속〉아무래도 경험을 많이 쌓은 형이 아우보다 낫다.

형무소(刑務所) 교도소의 옛 이름. 凹감옥.

형벌(刑罰) 죄를 지은 사람에게 주는 벌. ―하다.

형법(刑法)[―뻡] 범죄 및 죄를 범한 때에 가해지는 형벌을 규정한 법률.

형사 재판(刑事裁判) 도둑이나 살인자와 같이 사회 질서를 어지럽히는 범죄자를 처벌하기 위한 재판.

형상(形狀·形相) ①물건의 모양. ②꼴. 凹형태.

형석(螢石) 빛이 없거나 흰빛·풀빛·자줏빛의 광물로 결정이 되어 구리·아연 따위에 섞여 있음. 어두운 곳에 두면 누르고 푸른빛으로 엷게 빛나는 광물. 유리 공업에 사용함.

형세(形勢) 형편과 모양. 回기세. 정세.

형식(形式) 바깥으로 나타나 보이는 격식. 回내용.

형언(形言) 사물의 형상이 어떻다는 것을 나타내어 보이면서 말하는 것. 例형언할 수 없는 슬픔. —하다.

형장(刑場) 죄인을 사형하는 장소.

형적(形迹) 뒤에 남은 형상. 回자취.

형제(兄弟) 같은 피를 받은 형과 아우. 回자매.

형태(形態) ①사물의 모양. ②형상과 태도. 回형상.

형편(形便) ①일이 되어 가는 모양이나 결과. ②지내는 형세. 回사정. 例순이네 형편이 어려워 돕기로 했다.

형편없다 볼 모양이 없다. 대단히 좋지 못하다. 例이번 학기 성적은 형편없다.

형형 색색(形形色色) 여러 가지 종류가 서로 다른 가지가지. 回가지각색.

혜:민국(惠民局) 고려 때 일반인의 병을 고쳐 주기 위하여 설치한 의료 기관. 조선 시대에는 '혜민서'로 이름이 바뀜.

혜:성(彗星) ①긴 꼬리를 날리며 태양의 둘레를 도는 별. ②어떤 분야에서 갑자기 뛰어나게 뚜렷이 드러나기 시작함의 비유.

혜:초(慧超) 신라 경덕왕 때의 중. 당나라에 가서 불도를 배웠고, 바닷길로 인도까지 갔다가 당나라로 돌아가 〈왕오천축국전〉을 지었음.

혜:택(惠澤) 은혜와 덕택. 例우리가 이렇게 잘 사는 것도 다 우리 조상님네의 혜택이다.

호: 입을 조금 오므리고 입김을 많이 내부는 소리. 團후. —하다.

호:(戶) 집의 수효를 나타내는 말. 例50호 되는 마을.

호(弧) 원에서 원 위의 두 점 사이의 곡선 부분.

호:(號) 비행기·기차·배 따위의 이름에 붙여 쓰는 말. 例통일호.

호가(胡笳) 태평소 또는 풀잎 피리.

호:각(號角) =호루라기.

호:감(好感) ①좋은 감정. ②마음에 기쁜 감정. 回악감.

호강 영화를 누림. 팔자 좋게 편안히 삶. 回고생. —하다. —스럽다.

호걸(豪傑) 여러 사람보다 뛰어난 인물. 例영웅 호걸.

호:구(戶口) 집과 사람의 수효.

호:기(好機) 좋은 기회.

호:기심(好奇心) 새롭고 이상한 것을 좋아하는 마음.

호남(湖南) 호남 지방.

호남 고속 도:로 대전에서 순천 간의 고속 도로. 총길이 268 km. 1973년에 개통되었음.

호남선 대전에서 목포간의 철도. 길이 260.4km.

호남 지방 소백 산맥의 서남부 지방. 곧 전라 남도와 전라 북도를 합친 지방.

호남 평야 전라 남·북도 서부에 있는 넓은 평야.

호놀룰루(Honolulu) 하와이 오아후 섬 남동부에 있는 도시. 기후가 좋고 풍경이 아름다움. 교외에 유명한 와이키키 해수욕장이 있음.

호되다 매우 심하다. ⑩숙제를 해 오지 않아서 선생님께 호되게 야단을 맞았습니다.

호두 호두나무의 열매.

호두나무 넓은 잎의 큰키나무. 열매는 호두로 먹을 수 있으며, 나무는 반질반질하게 윤이 나서 그릇을 만드는 데 쓰임.

호드기 물오른 버들가지나 풀잎으로 만든 피리.

호:랑나비 날개의 무늬가 담녹황색이나 암황색에 검은 점이 있는 큰 나비.

호:랑이 ①범. ②몹시 무서운 사람.

호랑이 담배 먹을 때〈속〉 까마득해서 종잡을 수 없는 옛날.

호랑이도 제 말을 하면 온다〈속〉 그 자리에 없는 사람에 대해서는 말을 삼가야 한다. 남의 말을 할 때 그 사람이 공교롭게 찾아온다.

호랑이에게 끌려갈 줄 알면 누가 산에 갈까〈속〉 처음부터 위험한 줄 알면 아무도 모험을 하지 않는다.

호:령(號令) ①큰 목소리로 지휘하는 명령. ②꾸짖음. 비구령. 명령. —하다.

호로박 열매가 작고 가운데가 잘록하게 열리는 박 〔호로박〕의 한 가지. =호리병박.

호루라기 신호용으로 쓰는 불어서 소리를 내는 물건. =호각. ⑩호루라기 소리.

호르몬(독 hormon) 몸 안에서 각 기관의 일을 조절하여 생물의 생장 발육에 영향을 미치는 감각기나 신경계가 못하는 일을 함. ⑩남성 호르몬.

호른(독 horn) 나팔꽃 모양의 금관 악기. 금관 악기 중에서 가장 사람의 목소리와 비슷하며 부드럽고 가냘픈 소리를 냄. 〔호 른〕

호리병박 =호로박.

호리호리하다 키가 날씬하게 좀 크다. 邑후리후리하다.

호미 김매는 데 쓰는 농기구의 한 가지.

호박 박과의 한해살이 덩굴풀. 여름에 종 모양의 노란 꽃이 피며, 길고 둥근 연한 황색의 열매를 맺음. 열매는 요리에 쓰이며, 잎과 순도 먹음.

호박(琥珀) 옛적 송진이 땅속에서 변하여 된 광물. 장식품으로 씀.

호:박순 호박 줄기에 새로 돋아 나는 연한 줄기.

호:사(豪奢) 대단히 모양을 냄. 사치한 생활을 함. —하다. —스럽다.

호서(湖西) 충청 남북도.

호소(呼訴) 딱한 사정을 남에게 말함. ⑩억울한 사정을 친구에게 호소하였다. —하다.

호수(湖水) 육지에 둘러싸이고 맑은 물이 괴어 있는 곳. 못이

호숫가 호수의 가장자리.
호스(hose) 물이나 가스 따위를 넣어 보내기 위해 속이 비게 만든 고무관.
호:시절(好時節) 좋은 때. 좋은 시절.
호:신(護身) 자기 몸을 보호함. —하다.
호:신술 몸을 보호하기 위한 무술. 예 호신술을 배우다.
호열자(虎列刺) 토하는 것과 설사가 심한 급성 전염병의 한 가지. 비 콜레라.
호:외(號外) ①신문·잡지의 임시로 발행하는 중요한 보도. ②일정한 수나 번호 밖에 붙인 번호.
호:위(護衛) 따라다니며 지키고 보호함. 비 경호. —하다.
호응(呼應) ①부름에 따라 대답함. ②서로 뜻이 통함. 예 수재민 돕기 운동에 온 국민이 열렬히 호응하였다. —하다.
호:의(好意) 친절한 마음. 좋은 마음. 반 악의.
호:인(好人) 성질이 좋은 사람. 반 악인.
호적(戶籍) 한 집의 가족 관계를 자세히 기록한 공문서.
호적(胡笛) →태평소.
호:적부 동일한 시·구·읍·면의 호적을 땅 번호의 차례로 기록한 장부.
호:전(好轉) 무슨 일이 잘되어 감. 반 악화. 예 회사의 운영이 점차 호전되어 가기 시작했다. —하다.
호젓하다 적적하다. 쓸쓸하고 무섭다.
호주머니 조끼·저고리에 꿰매어 단 주머니.
호출(呼出) 불러 냄. —하다.
호콩 땅콩.
호탕하다(豪宕—) ①마음이 크고 너그럽다. ②씩씩하고 사내답다.
호텔(hotel) 서양식의 여관.
호통 대단히 노하여 크게 꾸짖음. —하다.
호:평(好評) ①평판이 아주 좋음. ②좋은 평판. —하다.
호협(豪俠) 의기가 장하여 작은 일에는 마음을 두지 아니하고 남자다운 용맹이 있음. —하다.
호:호 ①작은 소리로 예쁘게 웃는 모양. 또는 그 소리. ②입술을 오므리고 김을 내부는 소리. 예 손이 시려서 입으로 호호 불었다.
호:호 백발(皜皜白髮) 머리털이 온통 하얗게 된 머리. 또는 그러한 늙은이.
호호호 입을 오므려 작은 소리로 예쁘게 웃는 소리.
호화(豪華) 사치스럽고 번화함. —하다. —스럽다.
호화롭다〔호화로우니, 호화로워서〕집안이 넉넉하여 지나치게 사치를 하다.
호화판 ①표지 등을 호화롭게 꾸민 출판물. ②굉장히 사치스러운 판국.
호흡(呼吸) 숨을 쉼. —하다.
혹 병으로 피부 거죽에 불룩하게 나온 군더더기 살.
혹(或) 또는. 만일. 어쩌다가. 행여나. 비 혹시.
혹독(酷毒) ①정도가 퍽 심함.

혹시 ②성질·행동 따위가 매우 나쁨. 비지독. —하다.

혹시(或是) 혹은. 만일에. 행여나. 비행여. 만약. 혹. 예혹시 비가 올까봐 못 떠나겠다.

혹하다(惑—) ①홀리어 자기 마음을 잃다. ②반하다.

혼(魂) 정신. 얼. 비넋.

혼나다 ①몹시 놀라거나 무서워서 정신이 빠지다. 예어두운 밤에 길을 잃어 정말 혼이 났습니다. ②꾸지람을 듣다.

혼:돈(混沌·渾沌) 사물이 흐리멍텅하여 분명하지 아니함. —하다.

혼:동(混同) 이것저것을 뒤섞음. —하다.

혼:란(混亂)[홀—] ①이것저것 뒤섞여서 어지러움. ②뒤죽박죽이 되어 질서가 없음. 예나라가 혼란하다. —하다. —스럽다.

혼령(魂靈) 죽은 사람의 넋. 비영. 영혼.

혼:방(混紡) 성질이 다른 두 섬유를 섞어서 짠 옷감. —하다.

혼백(魂魄) 넋.

혼비 백산(魂飛魄散) 몹시 놀라는 것을 가리키는 말. —하다.

혼사(婚事) 혼인에 관한 일. 비혼인.

혼:성 합창(混成合唱) 남녀가 각 성부로 나뉘어 부르는 합창.

혼수 상태(昏睡狀態) 의식이 몽롱하고 인사 불성이 되어 거의 죽게 된 모양.

혼:식(混食) ①여러 가지 음식을 섞어서 먹음. ②쌀과 잡곡을 섞어서 먹음. 예혼식 장려. —하다.

혼인(婚姻) 장가들고 시집가는 일. 비혼사. 결혼. —하다.

혼자 자기 한 몸. 비홀로. 반여럿. 예이 많은 일을 혼자서 해내기는 지극히 어려운 일이다.

혼:잡(混雜) 뒤섞여 어수선함. 반한산. —하다.

혼잣말 자기 혼자서 중얼거리는 말. 비독백. —하다.

혼:합물(混合物) 두 가지 이상의 다른 물질이 섞여 있는 것.

홀:(hall) 식당·회관·현관 등 건물 속의 널따란 방.

홀가분하다 ①가뿐하고 산뜻하다. ②가뜬하다. ③딸린 것이 없다. ④대수로운 상대자가 아니다.

홀랑 ①죄다 드러나는 모양. ②가볍게 벗어지거나 벗은 모양. 큰훌렁. 예껍질이 홀랑 벗어진다.

홀로 외롭게. 자기 혼자. 비혼자. 예냇가에 홀로 앉아서 그리운 옛 친구를 생각해 본다.

홀리다 ①정신이 어지럽게 되다. ②반하다. ③유혹에 빠지다. ④속다.

홀몸 혼자 몸. 비단신.

홀소리 허파에서 나오는 숨이 몸 밖으로 나올 적에 다만 목청을 떨어 울려서 나는 소리. 곧 ㅏ·ㅑ·ㅓ·ㅕ… 따위. 비모음. 반닿소리. 자음.

홀소리 글자[—쏘—짜] 홀소리의 글자. ㅏ·ㅑ·ㅓ·ㅕ…… 따위. 반닿소리 글자.

홀수[—쑤] 둘로 나누어 나머지가 생기는 수. 1·3·5·7… 따위. 비기수.

홀스타인(독 Holstein) ①덴마크 땅이었으나 지금은 독일에 합쳐진 땅. ②젖소의 한 종류.

홀씨 민꽃식물이 불어날 때에 꽃식물의 씨와 같은 구실을 하는 것. 비포자.

홀아비 아내를 잃고 혼자 사는 남자. 반홀어미.

홀어머니 남편이 죽고 홀몸이 된 어머니.

홀어미 남편을 잃고 혼자 사는 여자. 반홀아비.

홀연(忽然) 갑자기. 별안간. 문득. 예홀연 생각났다.

홀연히 갑자기 나타나거나 사라지는 모양. 예눈앞에서 홀연히 사라졌다.

홀쭉이 몸이 호리호리하고 가냘픈 사람. 반뚱뚱이. 뚱보.

홀쭉하다 ①몸집이 가냘프고 길다. ②끝이 뾰족하고 길다. ③병을 앓고 난 뒤 살이 몹시 빠지다. 반통통하다. 큰홀쭉하다. 예순이는 살이 빠져 얼굴이 홀쭉해졌습니다.

홈: 베이스(home base) 야구에서, 캐처 앞에 있는 베이스. 본루.

홈: 인(home in) 야구에서 주자가 본루에 살아 돌아오는 일. —하다.

홈질 치마폭이나 저고리 소매를 달 때처럼 옷감 두 장을 포개어 놓고 드문드문 꿰매는 바느질 방법. —하다.

홉 부피의 단위. 한 되의 10분의 1.

홉(hop) 뽕나뭇과에 속하는 여러해살이 덩굴풀. 맥주의 향기를 내는 재료로 쓰임.

홍건적(紅巾賊) 고려 공민왕 때 중국 북방에서 날뛰던 도적의 무리. 머리에 붉은 수건을 쓰고 다녔음.

홍경래의 난(洪景來一亂) 조선 순조 때, 정치의 어려움과 평안도 사람의 차별 대우에 불만을 품고, 홍경래가 평안도 지방에서 일으킨 민란.

홍길동전(洪吉童傳)[—똥—] 조선 광해군 때 허균이 지은 소설. 서울을 배경으로 하여 조선 시대의 가족 제도와 사회 개선을 주제로 쓴 이야기.

홍난파(洪蘭坡, 1897~1941) 본이름은 영후. 난파는 호. 와이엠 시 에이(YMCA)를 중심으로 음악 방면에 크게 활약하여 음악의 선구적 공로가 매우 큼. 작품에는 〈고향의 봄〉·〈봉선화〉·〈성불사의 밤〉·〈옛 동산에 올라〉 등이 있음.

홍대용(洪大容, 1731~1783) 조선 영조·정조 때의 학자. 북학파에 드는 실학자로, 청나라와 서양의 발달한 문물을 받아들여 상공업을 일으켜야 한다고 주장하였음.

홍두깨 다듬잇감을 감아서 다듬이질하는 데 쓰는 도구.

홍보(弘報) 널리 알림. 또 그 보도. 예기업 홍보. —하다.

홍삼(紅蔘) 수삼을 쪄서 말린 붉은빛이 나는 단단한 인삼.

홍송(紅松) 몸이 푸르고 결이 매우 고운 소나무의 한 가지.

홍수(洪水) ①비가 많이 와서 강물이 넘쳐 흐르는 큰물. 반가뭄. ②사람이나 물건이 아주 많음을 가리키는 말.

홍시(紅柿) 흠뻑 익어 붉고 말랑말랑한 감. 연감.

홍역(紅疫) 열이 오르고 온몸에 좁쌀 같은 종기가 돋고, 기침이 나는 어린이의 전염병.

홍영식(洪英植, 1855~1884) 대한 제국 끝 무렵 사람. 외교관으로 미국에 갔었고 우정국(지금의 우체국) 일을 맡아보다가 '갑신정변'을 일으켰음.

홍예(虹蜺) 무지개. 또는 무지개 같은 문.

홍예문 무지개 같이 반원형으로 만든 문.

홍익 인간(弘益人間) [홍예문] 널리 인간을 이롭게 한다는 뜻으로, 단군 왕검의 건국 이념임.

홍인종(紅人種) 얼굴빛이 붉은 인종으로 아메리카 인디언을 일컬음.

홑 한 겹이나 외톨의 뜻을 나타냄. 凹겹.

홑옷[홑―] 한 겹으로 지은 옷.

홑이불[혼니―] 이불 안쪽에 덧시치는 한 겹으로 된 이불. 또는 여름에 덮는 얇은 이불.

화:(火) 몹시 언짢거나 못마땅해서 나는 성. 예화가 치밀다.

화:(禍) 뜻밖의 변고를 당하여 받는 괴로움이나 해. 凹복.

-화(化) 어떤 말 밑에 붙어, 그렇게 만들거나 됨을 나타냄. 예기계화하다. ―하다.

-화(畫) 그림을 나타내는 말. 예풍경화. 동양화.

화:가(畫家) 그림을 전문으로 그리는 사람. 凹화공.

화강암(花崗岩) 석영·운모·장석 등을 주성분으로 한 화성암의 하나.

화:경(火鏡) ①작은 것을 크게 비추어 보는, 가운데가 볼록한 유리. ②햇볕에 비추어서 불을 일으키는 볼록 렌즈.

화:공(畫工) 그림 그리는 것을 직업으로 삼는 사람. 凹화가.

화:광(火光) 불빛.

화교(華僑) 중국 사람으로 다른 나라에 나가서 사는 사람.

화:급(火急) 타는 불길과 같이 매우 급함. 예화급한 일이 생겨 조퇴하다. ―하다.

화:기(火氣) ①더운 기운. ②가슴이 답답하여지는 기운. ③몹시 화난 기운.

화:기(火器) 화약의 힘으로 탄알을 멀리 내쏘는 병기. 총·기관총·대포 따위.

화끈 뜨거운 기운을 받아서 몸이나 쇠붙이 따위가 몹시 달아오르는 모양. 큰후끈. 예얼굴이 화끈 달다. ―하다.

화:나다 성이 나서 화기가 생기다. 예화난 얼굴.

화단(花壇) 꽃을 심기 위하여 뜰 한쪽에 흙을 한층 높게 쌓아 놓은 곳. 凹꽃밭.

화답(和答) 시나 노래에 응하여 대답함. ―하다.

화락(和樂) 서로 사이좋게 즐김. ―하다.

화랑(花郞) 신라 때에 씩씩한 소년들을 뽑아 나라 일을 위해서, 품성과 체력을 닦던 무리들.

화려(華麗) ①빛나고 고움. ②매우 고움. 凹찬란. 凹검소. 소박. 예화려한 강산. 화려한 옷차림. ―하다.

화:력(火力) ①불의 힘. ②총포의 힘.

화:력 발전[―쩐] 석탄이나 석유를 때서 물을 끓여 거기서 나오는 수증기의 힘으로 발전기를 돌려 전기를 일으키는 일. [반]수력 발전.

화:력 발전소[―쩐―] 불을 때어서 그 힘으로 전기를 일으키는 곳.

화:롯불(火爐―) 화로의 불.

화:륜선(火輪船) '기선'과 같음.

화:면(畫面) ①그림의 표면. ②영사막이 텔레비전 등에 나타나는 면 또는 나타난 그 영상.

화목(和睦) 서로 뜻이 맞고 정다움. [반]불목. ―하다.

화문석(花紋席) 꽃무늬를 놓아 짠 돗자리. [비]꽃돗자리.

화:물(貨物) 짐. [비]하물.

화:물선[―썬] 짐을 실어 나르는 배. [반]여객선.

화:물 열차 짐만 나르는 기차.

화:백(畫伯) 화가의 존칭.

화백 제:도(和白制度) 나라에 큰 일이 있을 때 여러 단체의 우두머리가 모여서 의논하여 결정하던 신라 시대의 정치 방법. 만장 일치제로 진행하였음.

화병(花瓶) 꽃을 꽂는 병. [비]꽃병.

화:복(禍福) 온갖 불행과 행복.

화북 지방(華北地方) 중국의 북부, 황하 유역 지방.

화분(花盆) 화초를 심는 분. [비]꽃분.

화분흙 화분에 꽃 등을 기를 때 쓰는 거름기가 많은 고운 흙.

화:산(火山) 땅속의 수증기나 열의 작용으로 땅속 깊은 곳에서 바위의 녹은 것이 땅 위로 터져 나와 된 산.

화살 가는 대에 위에는 새깃을 꽂고 아래에는 쇠촉을 박은 무기. [준]살.

〔화 살〕

화:상(畫像) 사람의 얼굴을 그린 그림.

화:석(化石) 동식물이 오래 땅 속에 묻히어 돌에 박힌 것.

화:성(火星) 태양계에 딸린 지구에서 가장 가까운 떠돌이별의 하나.

화성(和聲) 둘 이상의 음이 동시에 울리는 느낌을 주는 음. [비]하모니.

화:성암(火成岩) 땅 속에 녹아 있던 마그마가 땅껍데기 가까이로 올라와서 굳어진 바위로서 쑥돌·총석돌 따위.

화:승총(火繩銃) 불을 붙게 하는 노끈의 불로 터지게 하여 쏘는 옛날 총.

화:식(火食) ①불에 익힌 음식. ②불에 익힌 음식을 먹음. [반]생식. ―하다.

화씨 온도계(華氏溫度計) 독일 사람 파렌하이트가 1714년에 만든 온도계. 물이 얼기 시작하는 때의 온도를 32도로 치고 끓는 때의 온도를 212도로 쳐서 만든 온도계.

화:약(火藥) 공업에 이용할 수 있는 폭발물.

화:약 수련법[―뻡] 고려 말의 장군이었던 최무선이 아들에게 물려준 책이름으로, 화약을 만

화약을 지고 불에 들어간다〈속〉 자기 스스로 위험한 곳에 들어간다.

화:염(火焰) 불꽃.

화요일(火曜日) 칠요일의 하나. 일요일부터 셋째 되는 날.

화원(花園) 화초를 심은 동산. 비 꽃동산.

화원 반:도(花原半島) 전라 남도 목포 남쪽에 뻗쳐 있는 반도.

화음(和音) 높낮이가 다른 둘 이상의 소리가 함께 어울리는 소리.

화의(和議) 전쟁을 그만두는 일을 서로 의논함. —하다.

화:장(化粧) 화장품을 발라 가며 얼굴을 곱게 매만짐. 비 단장. —하다.

화:장대 여자들이 화장을 할 때 사용하는 기구.

화:재(火災) 불이 나서 당하는 불행.

화:재 보:험 화재로 말미암아 손해가 생겼을 때 그 손해를 보상해 주는 보험.

화:전민(火田民) 원시적 농사법으로 산이나 들에 불을 지르고 그 자리를 파 일구어 농사짓는 사람.

화:젓가락 불덩이를 집는 데 쓰는 젓가락 같은 기구.

화제(話題) ① 이야기의 제목. ② 이야깃거리.

화:주승(化主僧) 절에서 쓸 돈이나 양식을 여러 마을로 집집마다 돌아다니며 구하는 중.

화중 지방(華中地方) 중국의 중앙부의 대부분과 양쯔 강 유역 지방.

화:증(火症) 가슴이 답답하고 화를 벌컥 내는 증세.

화:차(火車) 옛날에 적을 불로 공격할 때 쓰던 수레로 된 병기. 1592년에 변이중이 창안하였음.

화:차(貨車) 짐을 실어 나르는 기차. 본 화물차.

화창(和暢) 날씨가 따뜻하고 좋음. 예 화창한 봄날. —하다.

화채(花菜) 꿀·설탕물에 과실을 썰어 넣고 잣을 띄운 음식.

화초(花草) 꽃을 보기 위하여 심는 식물. 비 잡초.

화통도감(火㷁都監) 고려 때 화약을 제조하는 일을 맡은 임시 관청임. 우왕 3년에 최무선의 건의로 설치되어 화약을 만들었는데 우리 나라의 화약 제조업이 이때에 처음 생김.

화평하다(和平—) 마음이 기쁘고 편안하다. 비 태평하다.

화:폐(貨幣) 물건을 바꾸는 데 쓰는 쇠붙이 돈과 종이돈을 통틀어 일컬음.

화:포(火砲) ① 총이나 대포의 다른 이름. ② 고려 말 최무선이 만든 대포.

화:학(化學) 모든 물질의 성질·구조·화학 변화 등을 연구하는 학문.

화:학 거름 원료를 화학적으로 처리하여 만든 거름.

화:학 공업 화학을 이용하여 여러 가지 제품을 만드는 공업.

화:학사 무명실·명주실·털실 등이 아닌 인공적으로 만든 실. 나일론실·비닐론실 따위.

화:학 섬유 화학적 제조 공정을

화학적 변:화 나무가 타서 재가 되는 따위. 다른 물질로 변하는 것.

화합(和合) 서로 뜻이 맞아 잘 합하여짐. —하다.

화해(和解) ①성이 풀리어 다시 사이좋게 지냄. ②싸움을 그치고 서로 양보하여 다시 친하게 지냄. —하다.

화환(花環) 생화나 조화를 고리 같이 만들어 환영 혹은 조의를 표하는 데에 보내는 물건. 비 꽃다발.

확대(擴大) 늘리어서 크게 함. 반축소. —하다.

확대경 물체를 크게 보이게 하는 볼록 렌즈. 비돋보기.

확률(確率) 일어나는 모든 경우의 수에 대한 기대되는 경우의 수의 비율.

확보(確保) 확실히 보존함. 틀림없이 보유함. 비보유. 예진지를 확보하다. —하다.

확성기(擴聲器) 소리를 크게 하여 멀리까지 들리게 하는 장치.

확신(確信) 확실히 믿음. 반의심. 예나는 그의 성공을 확신한다. —하다.

확실(確實) 분명함. 틀림이 없음. 똑똑함. 비정확. 분명. 반불확실. —하다.

확인(確認) 확실히 인정함. 똑똑히 알아냄. 예서류의 날짜를 확인하다. —하다.

확장(擴張) 늘리어서 크고 넓게 함. 반축소. —하다.

확정(確定) 틀림없이 작정함. 예정부는 신시가지 건설 계획을 확정했다. —하다.

환:(換) 멀리 있는 사람에게 불편과 위험을 덜기 위해 어음이나 수표로 송금하는 방법.

환갑(還甲) 예순한 살. 회갑.

환경(環境) 자기가 살아가는 주위의 사정. 예모든 생물은 환경의 영향을 많이 받는다.

환경 오:염 교통 기관 매연과 공장 폐수 등으로 자연이 파괴되고 환경이 더럽혀지는 일.

환경 요인 생물의 주위에 있으며, 그 생활에 관계가 큰 물이나 공기·햇빛 등의 자연적인 것과 인공적인 것을 가리킴.

환:난(患難) 불행한 일로 말미암은 근심과 걱정.

환:등(幻燈) 강한 불빛을 그림·사진 등에 비추어, 상이 막에 확대하여 비추는 장치.

환:등기 등불을 켜서 그림자를 늘여 막에 비치게 하는 기계.

환락(歡樂) 기뻐하고 즐거워함. —하다.

환:상(幻想) 실제로는 물건이 없는데 있는 것같이 보이는 것. 예돌아가신 어머니의 환상이 눈에 아른거린다.

환:생(幻生) 죽었다가 형상을 바꿔 다시 태어남. —하다.

환성(歡聲) 기뻐서 고함치는 소리. 즐거움에 못 이겨 부르짖는 소리.

환:송(歡送) 기쁘게 보냄. 반환영. 예환송식. —하다.

환심(歡心) ①기뻐하는 마음. ②남의 비위를 맞추는 것.

환영(歡迎) 기쁘게 맞음. 비영접. 반환송. —하다.

환원(還元) 근본으로 다시 되돌아감. —하다.

환:자(患者) 병을 앓는 사람. 回병자.

환:쟁이 조잡한 그림을 그리는 것을 직업으로 삼는 사람.

환조(丸彫) 물체의 형상을 모두 두드러지게 새기는 조각법의 한 가지.

환:하다 ①앞이 막힌 것이 없다. ②매우 밝다. ③사리가 분명하다. ④숨김이 없다. ⑤얼굴이 잘생기다. 回밝다. 凹깜깜하다. 어둡다. 예전깃불이 환하게 길을 비춰 주었다.

환호(歡呼) 기뻐서 부르짖음. 예경기에서 승리하여 환호성을 올렸다. —하다.

환:희(歡喜) 즐겁고 기쁨.

환:히 맑고 밝게. 큰훤히.

활 댓개비·나무를 억지로 휘어서 시위를 걸어 화살을 쏘는 기구.

활개 ①사람의 두 팔. ②새의 두 날개.

활개치다 ①양쪽 팔을 세차게 앞뒤로 흔들어 움직이다. ②혼자 차지하여 의기 양양하게 굴다. 예외국에서 활개치는 우리 나라 상품.

활공기(滑空機) 글라이더.

활기(活氣) ①활발한 기개나 기운. ②활동하는 힘. 回생기. 凹침체. 예활기찬 모습.

활동(活動)[—똥] ①활발하게 움직임. ②어떤 일의 성과를 거두기 위하여 운동함. 예활동 범위. —하다.

활발(活潑) 생기가 있음. 기운차게 움직이는 모양. 예활발한 성격. —하다.

활석(滑石)[—썩] 빛깔이 없거나 담록색인데, 광택이 있고 매끄러우며, 널빤지에 쓰면 흰 흔적이 남는 광물.

활선어(活鮮魚)[—썬—] 살아 있는 물고기와 싱싱한 생선.

활시위[—씨—] 활에 걸어서 켕기게 하는 줄.

활쏘기 활을 쏘는 일. —하다.

활약(活躍) ①기운차게 일함. ②눈부시게 활동함. —하다.

활엽수(闊葉樹) 잎이 넓고 편편한 나무. 凹침엽수.

활용(活用) ①잘 응용함. ②살려 씀. —하다.

활자(活字)[—짜] 인쇄에 쓰는 도장처럼 생긴 쇠붙이 글자.

활주로(滑走路)[—쭈—] 비행장 안에서 비행기가 뜨고 내릴 때 달리는 길.

활짝 ①생각한 것보다 매우 크고 넓게. ②매우 넓게 벌어진 모양. 예문을 활짝 열어 젖뜨려라.

활화산(活火山) 현재 불을 내뿜고 있는 화산. 凹휴화산.

활활 ①불길이 세게 타오르는 모양. ②옷을 시원스럽게 벗어 버리는 모양. ③부채로 바람을 시원스럽게 일으키는 모양. 큰훨훨.

황(黃) 낮은 온도에서 녹고, 독특한 냄새를 내며 타는 물질. 노란 빛의 고체로, 잘 부서짐.

황공하다(惶恐—) 높은 자리에 눌리어 두렵고 무섭다. 예임금께서 주시는 술잔을 황공하게 두 손으로 받는 신하의 모습.

황금(黃金) 빛이 노랗고 아름답다

운 귀한 쇠붙이. [비]금.

황금 어장 고기가 잘 잡히는 곳.

황급(遑急) 어리둥절하고 급하게 날뜀. 매우 급함. [예]사고 현장에 황급히 가다. ―하다.

황달(黃疸) 얼굴빛이 누렇게 뜨고 소변색이 누레지는 병.

황당(荒唐) 허황하고 터무니없음. [예]황당한 일. ―하다.

황량하다(荒涼―) 황폐하여 처량하다. [예]황량한 들판.

황린(黃燐) 불이 잘 붙기 쉬운 인의 한 가지. 흰인.

황무지(荒蕪地) 손을 대지 않고 버려 두어 거칠어진 땅. [반]옥토. [예] 황무지 개간.

황사(黃絲) 빛깔이 누른 실.

황산(黃酸) 빛이 없고, 맛도 없는 액체인 약품. 진한 것은 천 같은 것을 태우는 힘이 셈.

황산벌(黃山―)[―뻘] 지금의 충청 남도 연산 벌판. 백제 의자왕 때 계백 장군이 결사대 5천을 거느리고 신라의 5만 대군을 맞아 겨루었던 곳. '황산벌 싸움'이라 일컬음.

황산암모늄 농작물의 잎과 줄기를 무성하게 하는 질소 비료의 한 가지.

황산칼륨 칼리 성분이 많아 밑거름으로 쓰이는 비료. 유리·의약품 제조에도 쓰임.

황:새 황샛과의 새. 모양은 해오라기와 같고 크며, 빛은 잿빛, 부리는 검고 다리는 붉은데, 물고기를 잡아먹고 사는 새.

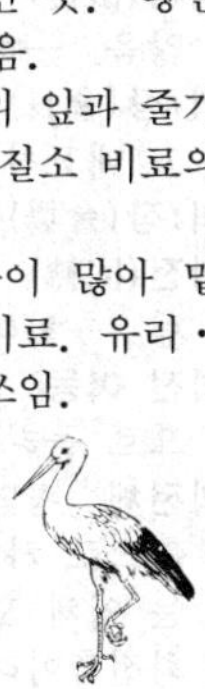

〔황 새〕

황색(黃色) 누른빛.

황소 털빛이 누르고 큰 수소.

황송하다(惶悚―) 높은 위엄에 눌리어서 매우 마음이 두렵고 거북하다. [비]황공하다. [예]걱정을 끼쳐 드려서 황송합니다.

황숙기(黃熟期) 벼나 보리·과일 따위가 누렇게 익는 시기.

황실(皇室) 황제의 집안. 황제의 족속.

황야(荒野) 거두거나 손질하지 아니하여 거칠게 된 들.

황인종(黃人種) 살갗이 누렇고 머리털이 검은 인종으로, 우리 나라·중국·일본 사람 들이 이에 속함. [본]황색 인종.

황제(皇帝) 제국의 군주. 임금. [비]천자.

황조(黃鳥) 꾀꼬리.

황족(皇族) 황제의 가까운 친족.

황폐하다(荒弊―) 거칠어지고 허물어지다.

황해도(黃海道) 경기도와 평안남도 사이에 있는 도.

황혼(黃昏) 해가 지고 어둑어둑할 때. 어스레할 때. [예]황혼이 깃들다.

황홀하다(恍惚―) ①눈이 부시다. ②정신이 홀리다. [예]눈앞에 어리는 황홀한 경치.

황후(皇后) 황제의 본부인. 임금의 아내.

홰 ①새장·닭장 속에 새나 닭이 앉도록 가로지른 나무 막대. ②싸리·갈대 따위를 묶어서 불을 켜는 물건.

홰나무 잎이 넓은 큰키나무. 8월에 연한 노랑빛의 꽃이 피고 10월에 열매를 맺음.

핵 ①망설이지 않고 무엇을 빨리 결단하는 모양. ②일을 재빠르게 해치우는 모양. ③물건을 힘있게 던지는 모양. ④몹시 뿌리치는 모양.

햇불 어두운 길을 밝히기 위하여 홰에 켠 불.

햇불쌈 대보름날 밤, 농민들이 햇불을 갖고 노는 놀이.

행하다 ①사물에 밝다. ②속이 비다.

회(回) ①몇 번임을 세는 말. ②돌림. 예60회 졸업식.

회:(膾) 고기·물고기 따위를 날로 먹게 한 음식.

회:개(悔改) 잘못을 뉘우치고 고침. —하다.

회:견(會見) 서로 만나 봄. 접견. 예기자 회견. —하다.

회:계(會計) ①금품을 주고받는 걸 계산함. ②재산이 늘고 주는 것을 계산함. —하다.

회고(回顧) 뒤를 돌아다봄. 지나간 일을 돌이켜 생각함. 비회상. —하다.

회고(懷古) 옛일을 돌이켜 생각함. —하다.

회:관(會館) 모임을 여는 데 쓰이는 많은 사람들이 모여 설 수 있는 집. 예어린이 회관.

회:담(會談) 한 곳에 모여 이야기함. 비회의. —하다.

회답(回答) ①물음을 받고 대답함. ②받은 편지에 대한 답. 비답장. —하다.

회람(回覽) 여러 사람이 돌려 가며 봄. —하다.

회로 검:사기(回路檢査機) 전기 회로에 이상한 점이 없는지 알아보는 데 쓰는 장치.

회:리바람 회오리바람.

회복(回復) 전과 같이 됨. 비복구. —하다.

회복(恢復) 쇠퇴하였던 것을 이전 상태와 같이 만들어 놓음. 예건강을 회복했다. —하다.

회분(灰分) 뼈·피·소화액 등을 이루는 칼슘·철·인·요오드·나트륨 등을 통틀어서 이르는 말.

회:사(會社) 여러 사람이 자본을 내어 가지고 어떤 영업을 하는 단체.

회상(回想) 지나간 일을 돌이켜 생각함. 비회고. —하다.

회생(回生) 도로 살아남. 비소생. —하다.

회오리바람 갑자기 일어나는 바람으로, 먼지 따위를 하늘로 말아 올리는 바람.

회:원(會員) 어떤 모임을 이루는 사람. 예회원 모집.

회:의(會議) 여러 사람이 모여서 의논함. 또는 그 의논. 비회담. 예학급 회의. —하다.

회의(懷疑) 의심을 품음. 믿지 않음. —하다.

회:장(會長) 회의 일을 책임지고 대표하는 사람.

회:장(會場) 회의를 하는 곳.

회전(回轉) 빙빙 돎. 또는 굴림. —하다.

회전 이동 도형을 한 점을 중심으로 돌려서 옮기는 일.

회전체 평면 도형을 한 직선을 축으로 하여 1회전해서 얻어지는 입체 도형. 이때 한 직선을 회전축이라 함.

회전축 회전의 중심이 되는 일정한 직선 또는 그 점.

회초리 어린아이를 때릴 때에 쓰는 가느다란 나뭇가지.

회포(懷抱) 마음속에 품고 있는 생각. 잊혀지지 않는 생각.

회피(回避) ①책임을 지지 아니하고 피함. ②몸을 피하고 만나지 아니함. ③일하기를 피함. —하다.

회:합(會合) 여러 사람이 모임. 또는 그 모임. —하다.

회:화(繪畫) 그림.

회회교(回回敎) 세계 3대 종교의 하나. 마호메트가 일으킨 종교. 곧 마호메트교.

획(劃) 글씨나 그림에서 붓으로 그은 줄이나 점을 가리키는 말. 예이 획이 조금 굽었다.

획기적(劃期的) 새로운 시대를 긋는 상태. 반보편적. 예획기적 전환.

획득(獲得) 손에 넣음. 얻어서 가짐. 예예선을 거쳐 올림픽 출전권을 획득했다. —하다.

획책(劃策) 일을 계획하는 꾀. 일을 꾀함. —하다.

횟가루 벽을 희게 하기 위하여 바르는 하얀 가루.

횟돌 석회를 만드는 돌.

횟수(回數) 돌아오는 차례의 수.

횡단(橫斷) ①가로지름. ②가로지나감. ③아래위 둘로 나눔. 반종단. —하다.

횡령(橫領) ①남의 물건을 불법으로 빼앗음. ②남에게 부탁받은 물건을 가로채어 가짐. 예공금 횡령. —하다.

횡설 수설(橫說竪說) ①쓸데없는 말을 길게 함. ②조리가 없는 말을 함. —하다.

횡포(橫暴) ①몹시 사납게 굶. ②자기 마음대로 하는 행동. —하다.

횡행(橫行) 거리낌없이 함부로 돌아다님. —하다.

효:과(效果) ①보람이 나타나는 결과. 비보람. 예약을 쓴 효과도 없이 죽고 말았습니다. ②영화·연극 등에서 시각과 청각에 호소하여 정취를 더하는 것. 예연출 효과.

효:과 음악[—꽈—] 연극·영화·방송 등에서 장면의 효과를 높이기 위해 내는 여러 가지 시늉 소리.

효:과적[—꽈—] 일을 한 결과가 썩 좋음. 일의 보람이 나타나는. 효율적. 예원자력의 효과적 이용 방법.

효:녀(孝女) 부모를 잘 모시어 받드는 딸. 예효녀 심청.

효:도(孝道) ①부모를 섬기는 도리. ②부모를 잘 섬김. 비효성. 반불효. —하다.

효:력(效力) ①보람. ②잘 들음. ③효과·효험 등을 나타내는 힘. ④공로.

효:성(孝誠) 마음을 다하여 어버이를 섬기는 정성. 비효도. 반불효. —스럽다.

효:심(孝心) ①효도하는 마음. ②부모를 잘 섬기는 마음.

효:자(孝子) 부모를 잘 섬기는 아들.

효:종(孝宗) 조선 제17대 왕. 청나라에 볼모로 잡혀갔다 돌아온 후 인조의 뒤를 이어 왕위에 올랐음. 북벌 계획을 세웠으나 뜻을 이루지 못하였음.

효:험(效驗) ①일의 좋은 보람.

②이로움.
후:(後) ①다음. ②뒤. 비추후. 나중. 반전.
후:계(後繼) 뒤를 받아 이음. 예후계자. —하다.
후:금(後金) 청나라.
후:대하다(厚待—) 후하게 대접하다. 반박대하다.
후두두 빗방울이 갑자기 떨어지는 소리.
후들거리다 ①물기나 먼지를 쓴 짐승이 그 묻은 것을 몸을 흔들어 떨어내다. ②분함을 참지 못하여 몸을 떨어 대다.
후딱 썩 빨리 날쌔게 움직이는 모양.
후레아들 행실이 불량한 사람을 욕하는 말.
후려치다 채찍으로 몹시 갈기다. 힘껏 때리다.
후련하다 속이 시원하다. 마음이 상쾌하다.
후룩후룩 묽은 죽 같은 것을 야단스럽게 들이마시는 소리. 작호록호록. 본후루룩후루룩.
후릿그물 바다나 큰 강물에 넓게 둘러치고 여러 사람이 그물의 두 끝을 끌어당기어 물고기를 잡는 큰 그물.
후무리다 남의 물건을 슬그머니 휘몰아서 제것으로 만들다.
후:미(後尾) 뒤쪽의 끝. 반선두. 예행렬의 후미.
후:반전(後半戰) 운동 경기의 시간을 앞뒤로 갈랐을 경우의 나중의 경기.
후:방(後方) ①일선보다 훨씬 뒤쪽의 안전한 지대. ②중심으로부터 뒤쪽. 반전방. 예후방 부대.

후:배(後輩) ①학교 따위를 뒤에 나온 사람. ②사회에 늦게 나온 사람. 비후진. 반선배.
후:백제(後百濟, 892~936) 후삼국 중의 한 나라. 신라 말기에 완산주(지금의 전주)에서 견훤이 세운 나라.
후보(候補) ①빈자리가 있을 때 채워서 넣음. ②선거 따위에 나선 사람. ③장차 어떤 직위에 쓰일 수 있는 자격을 갖춘 사람.
후보자 어떤 일자리가 비었을 때 그 일에 나아갈 자격이 있는 사람.
후:부(後部) 뒤에 있는 부분.
후:삼국(後三國) 신라·후백제·태봉의 세 나라. 신라가 삼국을 통일하기 이전의 신라·고구려·백제에 대하여, 통일 신라 말기의 국토의 분열로 생긴 3국을 말함.
후:생(厚生) ①넉넉하게 삶. ②생활을 돕고 건강을 증진함.
후:세(後世) ①뒤의 세상. ②죽은 뒤에 오는 세상. 비내세.
후:손(後孫) 몇 대가 지나간 뒤의 자손. 비자손. 반조상.
후:원(後援) 뒤에서 도와 줌. 비응원. 예학교 일을 학부형들이 많이 후원한다. —하다.
후:원(後園) 집 뒤에 있는 동산이나 정원.
후유 ①일이 고되서 힘에 부치어 내는 소리. ②어려운 일을 끝내고 한숨 돌릴 때 내는 소리. 예후유! 그 어려운 일을 기어코 끝내고 말았구나.
후조(候鳥) 철 따라서 살 곳을 옮겨 다니는 새. 비철새.

후:진(後進) ①나이가 뒤지거나 새로 나온 사람. ②문물의 발달이 뒤진 상태. 비후배. 반선배. 선진.

후:진국 산업·기술·학문 등 문화가 다른 나라에 비하여 뒤떨어진 나라. 식민지이거나 식민지로부터 갓 벗어난 나라들이 여기에 포함됨. 반선진국.

후추 매운 맛이 나는 녹두알만한 열매. 갈아서 양념으로 씀.

후춧가루 후추를 곱게 갈아서 만든 조미료의 한 가지.

후:퇴(後退) 뒤로 물러감. 반전진. 예작전상 후퇴. —하다.

후:하다(厚—) ①박하지 않다. 예대접을 후하게 받았다. ②두께가 두껍다.

후:항(後項) 비의 뒤에 있는 항. 반전항. 예 2 : 3에서 3이 후항.

후:환(後患) 어떤 일로 말미암아 뒷날에 생기는 걱정이나 근심. 예후환을 두려워하여 증언을 거부하다.

후:회(後悔) 이전의 잘못을 깨닫고 뉘우침. 비참회. 예지난 일은 아무리 후회하여도 돌이킬 수 없다. —하다.

훅(hook) ①단추 대신에 쓰는 갈고리 모양을 한 쇠단추. ②권투에서 팔꿈치를 굽혀 옆으로 치는 동작.

훈:계하다(訓戒—) 잘 알아듣도록 타이르다. 비타이르다.

훈:도하다(薰陶—) 덕으로써 사람에게 감화를 주어 착한 사람이 되도록 하다.

훈:련(訓練) 익숙해지도록 연습함. 비단련. 예군대에 들어가서 두 달 동안 훈련을 받았다. —하다.

훈:련병 훈련을 받고 있는 병사. 준훈병.

훈:련원 조선조 때 병사들에게 무예 연습을 시키던 관청.

훈:민정음(訓民正音) 세종 대왕께서 지으신 우리 나라의 글자. 자음 17자, 모음 11자로 되어 있음.

훈:수(訓手) 바둑·장기 따위에서, 옆에서 가르쳐 줌. 예훈수꾼. —하다.

훈:시(訓示) ①아랫사람에게 여러 가지로 타이름. ②주의시킴. —하다.

훈:육(訓育) 학생을 가르쳐 기름. —하다.

훈:장(勳章) 나라에 공을 세운 사람에게 표창하기 위하여 주는 가슴에 다는 표.

훈:화(訓話) ①잘 가르쳐 깨닫게 하는 말. ②교훈으로 하는 말. —하다.

훈훈하다 더운 김이 몸에 닿는 것같이 덥다. 반싸늘하다. 예훈훈한 공기.

훌륭하다 ①매우 좋다. ②칭찬할 만하다. ③퍽 아름답다. 비뛰어나다. 위대하다. 반못나다. 졸렬하다. 예훌륭한 사람이 되겠다는 꿈을 가져라.

훌쩍 ①액체를 단숨에 들이마시는 모양. ②단번에 가볍게 뛰거나 날아오르는 모양. ③망설이지 않고 갑자기 떠나가는 모양. ④콧물을 들이마시는 모양. 작홀짝.

훌쩍거리다 계속하여 콧물을 들이마시다. 작홀짝거리다. 예

홀쭉하다 감기로 홀쩍거리고 있다.
홀쭉하다[―쭈카―] 가늘고 길다. 짝홀쪽하다. 예키가 홀쭉하다.
홀:홀 시원스럽게 벗어 버리거나 또는 벗는 모양. 짝홀홀.
훑다[훌따] ①말갛게 부시어 내다. ②물건을 사이에 끼우고 잡아당기다. ③물건에 붙은 것을 모조리 떨다.
훑어 내:다[훌터―] 겉에 붙은 것을 떼어 내다.
훑어보다[훌터―] 위아래로 빈틈 없이 자세히 눈여겨보다.
훔치다 ①더러워진 것을 깨끗하게 닦다. ②남의 물건을 몰래 가지다. 짝홈치다.
훗훗하다 ①훈훈한 기운이 몸에 닿는 것같이 덥다. 비무덥다. 예날씨가 훗훗하다. ②마음을 부드럽게 녹여 주는 기운이 있다. 예훗훗한 인심.
훤:히 탁 트여 막힌 것이 없이. 짝환히. 예훤히 트인 벌판.
훨씬 ①생각한 것보다 크거나 넓게. ②정도 이상으로 적거나 많게. 짝활씬.
훨:훨 ①날짐승 따위가 높이 떠서 느릿느릿 날개치며 시원스럽게 나는 모양. 예훨훨 날아가는 기러기. ②옷을 시원스럽게 벗어 버리는 모양. ③불길이 세게 타오르는 모양. 짝활활. 예불이 훨훨 타오르다.
훼:방 ①남의 일을 방해함. ②남의 일을 못하게 함. ③남을 헐뜯음. 비방해. ―하다.
휑하다 ①막힌 것이 없이 두루 잘 통해 알다. ②구멍 따위가 시원스럽게 뚫려 있다.

휘감다[―따] ①둘러 감다. ②휩싸다. ③옷을 입다.
휘날리다 ①깃발 따위가 바람에 펄펄 날리다. ②마구 흩어져 펄펄 날다. ③마구 펄펄 나부끼게 하다. ④펄펄 날게 하다. ⑤이름을 널리 떨치다.
휘다 ①물건을 구부리다. ②남의 의기를 꺾어 제게 굽히게 하다.
휘두르다 ①물건을 들고 둥글게 돌리다. ②남의 얼을 빼다. ③제 마음대로 하다.
휘둘리다 남에게 속거나 놀림을 당하여 얼이 빠지다.
휘둥그렇다 두려워하여 눈이 둥그렇게 되다.
휘몰다 ①한데 몰다. ②죄다 모으다. 일을 서둘러 급히 하다.
휘몰아치다 함부로 급히 내몰게 하다.
휘묻이[―무지] 묘목을 만드는 한 방법으로 긴 가지를 어미 나무에 붙인 채 구부려서 땅에 묻어 뿌리가 나게 하는 일. ―하다.
휘발(揮發) 액체가 저절로 기체로 변하여 날아 흩어지는 작용. ―하다.
휘발유 석유를 증발시켜 만든 자동차・비행기의 연료.
휘어가다 굽어져 흘러가다.
휘어잡다 휘둘러서 잡다. 기운차게 잡다.
휘어지다 꼿꼿하던 것이 어떤 힘을 받아 구부러지다.
휘영청 ①틔어서 시원스러운 모양. ②몹시 밝은 모양. 예휘영청 달 밝은 밤.
휘장(揮帳) 사방을 둘러치는 장

휘젓다〔휘저으니, 휘저어서〕 ① 골고루 섞이도록 휘둘러 젓다. 예물에 소금을 타서 휘젓다. ②팔을 야단스럽게 휘둘러 젓다. 예팔을 휘저으며 걷다.

휘청거리다 가늘고 긴 물건이 자꾸 휘어지며 흔들리다.

휘파람 입술을 오므리고 입김을 내불어서 소리를 내는 짓.

휘황찬란하다(輝煌燦爛−) 빛이 찬란하여 눈에 어리다. 예밤의 번화가에는 네온 사인이 휘황찬란하다.

휙 ①빨리 돌아서는 모양. ②바람이 세게 부는 모양. ③물건을 갑자기 세게 던지는 모양.

휙휙 ①바람이 잇달아 세게 부는 모양. ②계속하여 급히 돌아가는 모양. ③계속해서 세게 던지는 모양. 작회획.

휩싸다 ①휘휘 감아서 싸다. ②드러내지 않고 덮어 주다. ③겉으로 드러나지 않게 하다.

휩쓸다〔휩쓰니, 휩쓸어서〕 ①함부로 죄다 쓸다. ②행동을 제 마음대로 함부로 하다. 예불량배가 거리를 휩쓸다.

휩쓸리다 힘센 것에 한데 몰려 들어가다. 거세게 쓸리다.

휴가(休暇) ①하던 일을 쉼. ②일정한 기간을 정해 쉬는 일.

휴게(休憩) 잠깐 쉼. 비휴식. −하다.

휴게실 잠깐 동안 머물러 쉬도록 설비한 방.

휴교(休校) 어떠한 사정에 의하여 학교의 과업을 한때 쉼. −하다.

휴대(携帶) 손에 들거나 몸에 지님. 예휴대품. −하다.

휴식(休息) 일을 하다가 쉼. 비휴게. −하다.

휴양(休養) 몸을 쉼. 병을 앓고 난 뒤에 몸을 쉼. 비정양. 예휴양지. −하다.

휴일(休日) 일을 쉬고 노는 날. 예일요일은 휴일이다.

휴전(休戰) 전쟁 중 한때 싸움을 멈춤. −하다.

휴전선 ①전쟁 중에 양쪽의 합의에 의하여 이루어진 군사 경계선. ②우리 나라와 북한 공산 집단과의 경계선.

휴전 협정 ①휴전을 하기로 맺은 합의 사항. ②1953년 7월 27일에 공산군과 유엔군 사이에 맺은 협정.

휴전 회:담 전쟁을 그만두기 위하여 양편이 만나서 서로 의논하는 일.

휴지(休紙) 못 쓰게 된 종이.

휴지부(休止符) 소리가 쉬는 것을 나타내는 부호.

휴지 줍기 길이나 땅바닥에 떨어진 종이를 줍는 일.

휴지통 휴지를 버리도록 만들어 놓은 통.

휴학(休學) 한동안 학업을 쉼. −하다.

휴화산(休火山) 오랜 옛날에는 화산이던 것이 불을 뿜기를 그친 화산. 반활화산.

흉 잘못. 흠. 비웃을 만한 점. 비허물.

흉내 남과 같은 말이나 행동을 그대로 본떠 하는 짓. 비모방. 예흉내쟁이.

흉년(凶年) 농사가 잘 안 된 해. 반풍년.

흉몽(凶夢) 불길한 꿈. 回악몽. 回길몽.

흉보다 남의 나쁜 점을 들어서 말하다. 回칭찬하다.

흉악하다(凶惡—) ①겉모양이 험상궂고 모질다. ②성질이 아주 나쁘다. 回험상궂다.

흉업다 불쾌할 정도로 말과 행동이 나쁘다. 回흉측하다.

흉측하다(凶測—) 몹시 흉악하다. 回흉업다.

흉터 상처가 아문 자리.

흉하다 ①좋지 않다. ②언짢다. ③보기 싫다. ④이상하다.

흉허물없다 서로 어려워함이 없이 가깝게 지내다.

흐느끼다 설움이 복받쳐 올라서 흑흑 소리를 내어 울다.

흐려지다 흐리게 되다.

흐르다〔흐르니, 흘러서〕 ①물 따위가 낮은 곳으로 내려가거나 넘치어 떨어지다. ②어떠한 방향으로 쏠리다.

흐리다¹ ①공중에 구름이 끼다. ②눈이 어두워지다. 回맑다. 回나이가 드니 눈이 흐리다.

흐리다² ①맑지 않다. ②분명하지 아니하다. 回오래 되어 기억이 흐리다.

흐리멍덩하다 ①기억이 아름아름하여 분명하지 않다. ②귀에 들리는 것이 분명하지 않고 흐리다. ③분명하지 않다. ④정신이 몽롱하다.

흐림 맑지 않음. 回갬.

흐물흐물 푹 익어서 아주 무르게 된 모양. 또, 엉길 힘이 없어 아주 흐무러진 모양. 쟉하물하물. —하다.

흐뭇하다 마음에 모자람이 없이 만족하다. 回불만이다. 回그는 흐뭇한 마음으로 이야기를 듣고 있었다.

흐트러뜨리다 흐트러지게 하다. 回헤치다.

흐흐 ①흐뭇한 마음을 참지 못하여 입술을 조금 벌릴 듯이 하며 은근히 웃는 소리나 모양. ②털털하게 웃는 소리나 모양. —하다.

흑막(黑幕) ①검은 장막. ②거죽에 나타나지 아니한 의뭉하고 흉악한 내용.

흑백(黑白) ①검은빛과 흰빛. ②옳음과 그름.

흑사병(黑死病)[—뼝] 페스트라는 병균으로 말미암아 일어나는 돌림병. 이 병으로 죽은 사람은 몸 빛이 거멓게 변함.

흑연(黑鉛) 연필의 심 따위를 만드는 탄소로 된 광물.

흑인종(黑人種) 살갗이 검고 코가 넓적하며, 입술이 두꺼운 특색이 있는 인종. 아프리카와 북아메리카 동남부에 많음.

흔들다〔흔드니, 흔들어서〕 ①건드리어 움직이게 하다. ②붙잡고 움직이다. ③사람을 속이고 놀리다. ④인심을 부추기다.

흔적(痕迹) ①남은 자취. ②뒤에 남은 자국. 回자취. 형적.

흔타 '흔하다'의 준말.

흔하다 ①많이 있다. ②귀하지 않다. ③물건의 값이 싸다. 回귀하다.

흔히 많이. 늘. 항상. 回숱하게. 자주. 回드물게. 回그런 일은 흔히 있는 일이다.

흘겨보다 눈을 가로 떠서 못마땅하게 노려보다.

흘기다 눈을 옆으로 굴리어 노려보다.

흘끔흘끔 남의 눈을 피해 연해 곁눈질을 하는 모양. —하다.

흘깃흘깃 남의 눈을 피하여 곁눈으로 옆을 보는 모양. 예흘깃흘깃. 잭힐끗힐끗. —하다.

흘려쓰다 글씨를 급히 쓰다.

흘리다 ①쏟아지게 하다. ②물을 새게 하다. ③잃어버리다.

흙 땅을 이루고 있는 바위의 부스러진 가루.

흙덩이 덩어리로 된 흙.

흙일[흥닐] 흙을 다루는 일. 비토역. —하다.

흙탕물 흙이 풀려 흐려진 물.

흠:(欠) ①물건의 거죽이 이지러진 곳. ②부스럼이나 상처의 나은 자국. ③물건이 성하지 아니한 부분. ④완전하지 못하거나 모자라는 점.

흠:가다(欠—) 흠이 생기다. =흠지다.

흠뻑 썩 많이. 잭함빡. 예저 화분에 물을 흠뻑 주어라.

흠씬 정도가 차고도 남을 만큼 넉넉하게. 예비를 흠씬 맞았더니 몹시 춥다.

흠:지다 =흠가다.

흠:집 흠이 있는 곳.

흠칫 갑자기 놀라거나 겁이 나서 어깨나 목을 움츠리는 모양. —하다.

흡사(恰似) ①꼭 같음. ②비슷함. 비마치. 예진짜와 흡사한 모조품. —하다.

흡수(吸收) ①모아들임. ②빨아들임. 예솜은 물을 잘 흡수한다. —하다.

흡연(吸煙) 담배를 피움. 반금연. —하다.

흡열 반응 주위의 열을 흡수하여 진행되는 화학 반응.

흡입(吸入) 빨아들임. —하다.

흡족(洽足) ①부족함이 없이 넉넉함. ②마음이 대단히 기쁨. 비만족. —하다.

흥: ①마음이 즐겁고 좋아서 일어나는 느낌. 예흥이 나서 노래를 불렀다. ②업신여기거나 아니꼬울 때 코로 비웃는 소리. 예흥, 제까짓 게 뭐라고.

흥건하다 ①물이 넘칠 만큼 많이 괴어 있다. 예비가 와서 길바닥에 물이 흥건히 괴어 있다. ②음식에 국물이 많다.

흥:겹다[흥겨우니, 흥겨워서] 멋이 지나치게 일어나다.

흥망(興亡) 떨쳐 일어남과 망함. 비성쇠. 흥패.

흥망 성:쇠 흥하고 망함과 성하고 쇠함.

흥미(興味) 마음이 끌릴 정도로 좋은 멋이나 취미. 비재미. 취미. 흥취. 예오늘 본 영화는 통 흥미가 없었다.

흥부전(興夫傳) 지은이를 모르는 조선 시대의 한글 소설. 욕심쟁이 형 놀부와 착한 아우 흥부를 그린 이야기. 〈놀부전〉이라고도 함.

흥:분(興奮) ①감정이 복받쳐 일어남. ②자극을 받아 신경이 날카로워짐. 예흥분하지 말고 차근차근 말하여라. —하다.

흥사단(興士團) 1906년 국내에서 조직된 독립 운동 단체인 신민회의 후신으로, 1913년 안창호가 미국 로스엔젤레스에서 조직한 민족 혁명 수양 단체.

흥선 대:원군(興宣大院君, 1820~1898) 조선 시대 말기의 왕족 출신 정치가. 고종의 아버지. 이름은 하응. 정치를 바로잡기 위하여 과감한 개혁 정치를 펴는 한편, 통상 수교 거부 정책을 단행하였음.

흥성(興盛) 왕성하게 흥함. —하다.

흥얼거리다 ①흥에 겨워서 입 속으로 노래 부르다. 예즐거운 듯 흥얼거린다. ②입 속으로 연해 지껄이다. 예혼자 흥얼거리며 걷는다.

흥왕사(興王寺) 고려 문종 때 경기도 개풍군 진봉면 흥왕리에 세워진 절. 무려 2천 8백 칸이나 되는 큰 절로, 제1대 주지가 대각국사 의천이었음.

흥:이 나다 재미가 나다. 무척 좋다.

흥정 물건을 팔고 살 때 값을 정하는 것. 예흥정은 붙이고 싸움은 말리라 했다. —하다.

흥:취(興趣) 마음이 끌릴 정도로 좋은 멋이나 취미. 흥과 취미. 비흥미.

흥패(興敗) 흥하는 것과 망하는 것. 비흥망.

흥하다 잘되어 가다. 반망하다. 예사업이 흥하다.

흥행(興行) 연극·영화·서커스 따위를 하여 값을 받고 구경시키는 일. 예그 영화는 흥행에 실패했다. —하다.

흩날리다 흩어지며 날리다. 예낙엽이 바람에 흩날리다.

흩어 놓다 흩어지게 하다.

흩어지다 ①제각기 헤어지다. ②널리 퍼지다. ③없어지다. 반모으다.

희:곡(戱曲) 연극할 때에 쓰는 무대의 모양과 배우의 말씨를 적은 글. 비각본.

희귀(稀貴) 드물어서 매우 귀함. 예희귀한 책. —하다.

희:극(喜劇) 웃음과 즐거움을 주도록 꾸민 연극. 반비극. 예희극 배우.

희끗희끗 흰 빛깔이 여러 군데 나타나는 모양. 잭해끗해끗. —하다.

희다 눈빛과 같다. 반검다.

희:로애락(喜怒哀樂) 기쁨·노여움·슬픔·즐거움. 곧, 사람의 온갖 감정.

희:롱하다(戱弄—) 놀리다. 실없이 굴다. 비조롱하다.

희망(希望) 어떤 일을 이루거나 그것을 얻으려는 바람. 비소망. 반낙망. 절망. 실망. 예큰 희망을 가지고 서울에 공부하러 왔다. —하다.

희멀쑥하다 얼굴빛이 희고 멀쑥하다. 잭해말쑥하다.

희미하다(稀微—) ①똑똑하지 아니하다. ②어렴풋하다. ③아리송하다. 반뚜렷하다.

희번덕거리다 눈을 크게 뜨고 흰자위를 굴리어 번쩍거리다. 잭해반닥거리다.

희붐하다 날이 새려고 밝은 빛이 비치어 오다.

희:비극(喜悲劇) ①비극적인 요소와 희극적인 요소가 한데 뒤엉켜 웃겼다 울렸다 하는 연극. ②희극과 비극.

희:사(喜捨) 남을 위해 재물을 기꺼이 내놓음. 예교실 신축 비용을 희사했다. —하다.

희생(犧牲) ①딴 사람을 위하여 자기의 목숨을 바침. ②남을 위하여 자기를 돌아보지 아니함. 예나라를 위하여 희생하는 정신을 가진 사람을 애국자라 한다. —하다.

희생 정신 자기를 돌보지 않고 다른 사람이나 어떤 사물을 위해 자기 목숨이나 재물을 바치겠다는 마음씨.

희소 가치(稀少價値) 드물기 때문에 인정되는 가치.

희:소식(喜消息) 기쁜 소식. 좋은 기별.

희한하다(稀罕—) 썩 드물어서 좀처럼 볼 수 없다. 예별 희한한 일도 다 있다.

희:희낙락(喜喜樂樂) 매우 기뻐하고 즐거워함. —하다.

흰구름 하얀 구름. 빤먹구름.

흰나비 빛이 하얀 나비.

흰둥이 살빛이 흰 사람이나 털빛이 흰 짐승을 이르는 말. 빤검둥이.

흰밥 잡곡을 섞지 않고 쌀로만 지은 밥.

흰불나방 미국이 원산인 회고 작은 나방의 하나. 농작물의 잎을 갉아먹는 해충.

흰인 공기 가운데에서 잘 타며 흰 연기를 내는 화학 원소.

흰자 =흰자위.

흰자위 ①달걀이나 새알 속에 노른자위를 싸고 있는 흰 부분. =흰자. 빤노른자위. ②눈알의 흰 부분. 빤검은자위.

흰죽(—粥) 쌀로만 쑨 죽.

휭:하다 몸이 피로하거나 놀라 머리가 빙 돌며 정신이 없다.

휭:허케 아주 빨리 가는 모양.

예휭허케 다녀오다.

히드(heath) 봄·겨울에 걸쳐 연분홍이나 흰색의 꽃이 피는 잎이 작은 관목.

히로시마(일 廣島) 일본 히로시마 현 서남부의 큰 도시. 1945년 8월 6일 세계 최초로 원자탄이 투하된 곳임.

히말라야 산맥(Himalaya 山脈) 인도와 중국·티베트와의 사이에 있는 큰 산맥. 에베레스트 산이 있음.

히스테리(독 hysterie) 정신적·신경적 원인으로 생기는 정신병의 한 가지.

히스토그램(histogram) 계단 모양으로 나타낸 그래프.

히죽히죽 빈정대며 웃는 모양. 좌해죽해죽. 센히쭉히쭉. 예히죽히죽 웃다. —하다.

히트(hit) ①크게 인기를 끎. ②야구에서 안타. —하다.

히트 송(hit song) 인기를 끈 노래. 작품으로 성공한 가요.

힌두교(Hindu 敎) 인도교.

힌트(hint) 귀띔. 암시.

힐끔 잠깐 눈동자를 돌려 슬쩍 쳐다보는 모양. —거리다.

힐끗 ①눈에 얼른 띄는 모양. ②눈동자를 빨리 굴려서 한 번 보는 모양. —하다.

힐끗거리다 눈동자를 빨리 굴려 자꾸 흘겨 쳐다보다.

힘 ①사람이나 동물이 기운을 쓰는 동작. ②일을 하는 능력. ③세력. ④공로. ⑤물체의 운동을 일으키고 혹은 운동을 그치게 하는 작용. 예아는 것이 힘이다.

힘겨룸 힘의 많고 적음을 겨루

힘겹다 힘이 넘쳐 능히 당해 내기 어렵다.

힘껏 ①힘이 미치는 데까지. ②있는 힘을 다 내어.

힘내다 ①힘을 내어 어떤 일에 당하다. ②꾸준히 힘을 써서 일을 행하다.

힘닿는 데까지 제 힘으로 되는 데까지.

힘닿다 힘이나 권세·위력 등이 미치다. 예힘겨운 일을 혼자 힘닿는 데까지 해내다.

힘들다[힘드니, 힘들어서] ①힘이 쓰이다. ②수고가 되다. 예힘들여 한 공부. ③쉽지 아니하고 어렵게 이루다. ④마음을 쓰다. 비어렵다.

힘부치다 어떤 일에 힘이 모자라다.

힘살[-쌀] 몸의 연한 부분을 이루고 있는 힘줄. 몸의 운동 기능을 맡음. 비근육.

힘세다 기운이 많다. 예힘센 사람이 도둑을 끌고 갔다.

힘쓰다 ①힘을 다하다. ②무슨 일을 이루는 데 힘을 이용하다. ③부지런히 일하다. ④괴로움과 어려움을 참아 가며 꾸준히 해 나가다. ⑤남의 어려운 경우를 도와 주다.

힘없다 힘이나 기력이 없다. 반힘차다.

힘없이 ①기운 없이. ②능력 없이. 예꾸중을 듣고 힘없이 집으로 돌아왔다.

힘을 기울이다 힘을 많이 들여 애쓰다.

힘입다[-닙따] 남의 신세를 지다. 나의 도움을 받다.

힘주다 ①힘을 한 곳에 몰아서 기울이다. ②어떠한 일이나 말을 강조하다.

힘줄[-쭐] 살갗의 밑바탕이 되는 희고 질긴 살의 줄.

힘줄기[-쭐-] 힘줄.

힘줌말 뜻을 강조하여 나타내는 말. '부딛다'에 대한 '부딪치다' 따위.

힘지다 힘이 있다. 힘이 들 만하다. 예힘진 길.

힘차다 ①매우 힘이 세차다. 예힘차게 달리는 우리 학교 육상 선수. ②힘이 많이 들어 벅차다. 반힘없다.

힝 ①코를 세게 푸는 소리. ②코웃음치는 소리.

힝힝 ①연이어 코를 푸는 소리. ②아니꼬워 연이어 코로 비웃는 소리.

부 록

표준어 모음 · 610
표준어와 사투리 · 621
맞선말, 반대말 · 628
같은 말, 비슷한 말 · 641
속담 · 664
뜻구별 · 675
띄어쓰기의 규칙 · 699
문장 부호 · 701
수량 호칭 일람표 · 702
수의 우리말 · 705
꽃말 · 707

표준어 모음

> 중요 표준어를 비표준어와 함께 대비하여 보였다. 단수 표준어는 하나만을 표준어로, 복수 표준어는 둘 또는 셋을 표준어로 인정한 것이다.
> ○표는 표준어, ×표는 비표준어이다.

단수 표준어

- 가까워(○)
- 가까와(×)

- 가루약(○)
- 말약(×)

- 가욋일(○)
- 가외일(×)

- 가을갈이(○)
- 가을카리(×)

- 간편케(○)
- 간편ㅎ게(×)

- 강낭콩(○)
- 강남콩(×)

- 개다리소반(○)
- 개다리밥상(×)

- 객쩍다(○)
- 객적다(×)

- 거북지(○)
- 거북치(×)

- 거시기(○)
- 거시키(×)

- 결구(○)
- 결귀(×)

- 결단코(○)
- 결단ㅎ고(×)

- 결코(○)
- 결ㅎ고(×)

- 겸사겸사(○)
- 겸두겸두, 겸지겸지(×)

- 겸상(○)
- 맞상(×)

- 겸연쩍다(○)
- 겸연적다(×)

- 경구(○)
- 경귀(×)

- 경황없다(○)
- 경없다(×)

- 곗날(○)
- 계날(×)

- 고구마(○)
- 참감자(×)

- 고삿(○)
- 고살(×)

- 고와지다(○)
- 고워지다(×)

- 고치다(○)
- 낫우다(×)

- 골목쟁이(○)
- 골목자기(×)
- 골목장이(×)

- 곳간(○)
- 고간(×)

- 광주리(○)
- 광우리(×)

- 괴로워(○)
- 괴로와(×)

- 괴팍하다(○)
- 괴퍅하다(×)
- 괴팩하다(×)

- 구들장(○)
- 방돌(×)

- 구려(○)
- 구료(×)

- 구먼(○)
- 구면(×)

- 구법(○)
- 귀법(×)

- 구절(○)
- 귀절(×)

- 구점(○)
- 귀점(×)

- 국물(○)
- 말국, 먹국(×)

- 굴젓(○)
- 구젓(×)

- 궁상떨다(○)
- 궁떨다(×)

- 귀고리(○)
- 귀엣고리(×)

- 귀때기(○)
- 귓대기(×)

- 귀띔(○)
- 귀팀(×)

- 귀밑머리(○)
- 귓머리(×)

- 귀이개(○)
- 귀개(×)

- 귀지(○)
- 귀에지(×)

- 귀찮다(○)
- 귀치 않다(×)

귓밥(○)	나뭇가지(○)	넷째(○)
귀밥(×)	나무가지(×)	네째(×)
귓병(○)	나뭇잎(○)	넉(○)
귀병(×)	나무잎(×)	녁(×)
글귀(○)	나팔꽃(○)	농지거리(○)
글구(×)	나발꽃(×)	기롱지거리(×)
길잡이(○)	낙인찍다(○)	늙다리(○)
길앞잡이(×)	낙치다, 낙하다(×)	노닥다리(×)
김(○)	난봉(○)	닐리리(○)
기음(×)	봉(×)	닐리리(×)
까다롭다(○)	낭떠러지(○)	닝큼(○)
까탈스럽다(×)	낭떨어지(×)	닝큼(×)
까딱하면(○)	내기(○)	다다르다(○)
까떡하면(×)	나기(×)	다닫다(×)
까막눈(○)	내색(○)	다오(○)
맹눈(×)	나색(×)	다구(×)
까뭉개다(○)	내숭스럽다(○)	다정타(○)
까무느다(×)	내흉스럽다(×)	다정ㅎ다(×)
까치발(○)	냄비(○)	단벌(○)
까치다리(×)	남비(×)	홑벌(×)
깍쟁이(○)	냇가(○)	담배꽁초(○)
깍정이(×)	내가(×)	담배꽁추(×)
깡충깡충(○)	냇물(○)	담배설대(○)
깡총깡총(×)	내물(×)	대설대(×)
깨끗지(○)	남남거리다(○)	담쟁이덩굴(○)
깨끗치(×)	얌남거리다(×)	담장이덩굴(×)
깻묵(○)	너돈(○)	대구(○)
깨묵(×)	네돈(×)	대귀(×)
깻잎(○)	너말(○)	대장일(○)
깨잎(×)	네말(×)	성냥일(×)
꼭두각시(○)	너발(○)	댑싸리(○)
꼭둑각시(×)	네발(×)	대싸리(×)
끄나풀(○)	너푼(○)	댓가지(○)
끄나불(×)	네푼(×)	대가지(×)
낌새(○)	넉되(○)	댓잎(○)
낌(×)	너되, 네되(×)	대잎(×)
나룻배(○)	넉섬(○)	더부룩하다(○)
나루, 나루배(×)	너섬, 네섬(×)	더뿌룩하다(×)
나무라다(○)	넉자(○)	더욱이(○)
나무래다(×)	너자, 네자(×)	더우기(×)

┌던(○)	┌딱따구리(○)	┌멸치(○)
└든(×)	└딱다구리(×)	└며루치,메리치(×)
┌도와(○)	┌때깔(○)	┌모깃불(○)
└도워(×)	└땟갈(×)	└모기불(×)
┌돌(○)	┌떡보(○)	┌모이(○)
└돐(×)	└떡충이(×)	└모(×)
┌돗자리(○)	┌똑딱단추(○)	┌목메다(○)
└돗(×)	└딸꼭단추(×)	└목맺히다(×)
┌동댕이치다(○)	┌똬리(○)	┌못자리(○)
└동당이치다(×)	└또아리(×)	└모자리(×)
┌동짓달(○)	┌마구잡이(○)	┌못지않다(○)
└동지달(×)	└막잡이(×)	└못치않다(×)
┌두껍닫이(○)	┌마른갈이(○)	┌무(○)
└두껍창(×)	└건갈이(×)	└무우(×)
┌두렛일(○)	┌마른빨래(○)	┌무심코(○)
└두레일(×)	└건빨래(×)	└무심ㅎ고(×)
┌둘째(○)	┌마방집(○)	┌문구(○)
└두째(×)	└마바리집(×)	└문귀(×)
┌둥이(○)	┌막상(○)	┌미루나무(○)
└동이(×)	└마기(×)	└미류나무(×)
┌뒤꿈치(○)	┌망가뜨리다(○)	┌미륵(○)
└뒷굼치(×)	└망그뜨리다(×)	└미력(×)
┌뒤웅박(○)	┌맞추다(○)	┌미숫가루(○)
└뒝박(×)	└마추다(×)	└미싯가루(×)
┌뒤져내다(○)	┌맷돌(○)	┌미장이(○)
└뒤어내다(×)	└매돌(×)	└미쟁이(×)
┌뒤통수치다(○)	┌머릿기름(○)	┌민망스럽다(○)
└뒤꼭지치다(×)	└머리기름(×)	└민주스럽다(×)
┌뒷머리(○)	┌머릿방(○)	┌밀뜨리다(○)
└뒤머리(×)	└머리방(×)	└미뜨리다(×)
┌뒷일(○)	┌먼발치(○)	┌밀짚모자(○)
└뒤일(×)	└먼발치기(×)	└보릿짚모자(×)
┌뒷입맛(○)	┌멋쟁이(○)	┌바가지(○)
└뒤입맛(×)	└멋장이(×)	└열바가지,열박(×)
┌등나무(○)	┌멥쌀(○)	┌바닷가(○)
└등칡(×)	└멧쌀(×)	└바다가(×)
┌등때기(○)	┌멧나물(○)	┌바라다(○)
└등떠리(×)	└메나물(×)	└바래다(×)
┌등잔걸이(○)	┌면구스럽다(○)	┌바람꼭지(○)
└등경걸이(×)	└민주스럽다(×)	└바람고다리(×)

┌박달나무(○)	┌봉숭아(○)	┌뻐기다〔誇〕(○)
└배달나무(×)	└봉숭화(×)	└뻐개다(×)
┌반나절(○)	┌부각(○)	┌뻘정다리(○)
└나절가웃(×)	└다시마자반(×)	└뻘장다리(×)
┌발가숭이(○)	┌부끄러워하다(○)	┌뻣뻣하다(○)
└발가송이(×)	└부끄리다(×)	└왜굿다(×)
┌발목쟁이(○)	┌부스러기(○)	┌뽐내다(○)
└발목장이(×)	└부스럭지(×)	└느물다(×)
┌방고래(○)	┌부스럼(○)	┌사글세(○)
└구들고래(×)	└부럼(×)	└삭월세(×)
┌뱀(○)	┌부싯돌(○)	┌사돈(○)
└배암(×)	└부시돌(×)	└사둔(×)
┌뱀장어(○)	┌부엌(○)	┌사래논(○)
└배암장어(×)	└부억(×)	└사래답(×)
┌뱃길(○)	┌부조(○)	┌사래밭(○)
└배길(×)	└부주(×)	└사래전(×)
┌뱃병(○)	┌부지깽이(○)	┌사삿일(○)
└배병(×)	└부지팽이(×)	└사사일(×)
┌버젓이(○)	┌분침(○)	┌사자탈(○)
└뉘연히(×)	└푼침(×)	└사지탈(×)
┌벌레(○)	┌붉으락푸르락(○)	┌사잣밥(○)
└벌거지(×)	└푸르락붉으락(×)	└사자밥(×)
┌베갯잇(○)	┌빈대떡(○)	┌산누에(○)
└베개잇(×)	└빈자떡(×)	└멧누에(×)
┌벽돌(○)	┌빌리다(○)	┌산줄기(○)
└벽(×)	└빌다(×)	└멧발, 멧줄기(×)
┌볍씨(○)	┌빔(○)	┌살얼음판(○)
└볏씨(×)	└비음(×)	└살판(×)
┌볏가리(○)	┌빗물(○)	┌살쾡이(○)
└벼가리(×)	└비물(×)	└삵괭이(×)
┌보통내기(○)	┌빚쟁이(○)	┌살풀이(○)
└행내기(×)	└빚장이(×)	└살막이(×)
┌보퉁이(○)	┌빛깔(○)	┌삼촌(○)
└보통이(×)	└빛갈(×)	└삼춘(×)
┌본받다(○)	┌빠뜨(트)리다(○)	┌상추(○)
└법받다(×)	└빠치다(×)	└상치(×)
┌본새(○)	┌뺨따귀(○)	┌상투쟁이(○)
└뽄새(×)	└뺌따귀(×)	└상투꼬부랑이(×)
┌봇둑(○)	┌뻐개다(○)	┌샘(○)
└보둑(×)	└뻐기다(×)	└새암(×)

- 샛별(○) / 새벽별(×)
- 생각건대(○) / 생각컨대(×)
- 생각다 못해(○) / 생각타 못해(×)
- 생인손(○) / 생안손(×)
- 생쥐(○) / 새앙쥐(×)
- 서돈(○) / 석돈, 세돈(×)
- 서말(○) / 석말, 세말(×)
- 서발(○) / 석발, 세발(×)
- 서푼(○) / 석푼, 세푼(×)
- 석냥(○) / 세냥(×)
- 석되(○) / 세되(×)
- 석섬(○) / 세섬(×)
- 석자(○) / 세자(×)
- 선머슴(○) / 풋머슴(×)
- 선짓국(○) / 선지국(×)
- 설거지(○) / 설겆이(×)
- 설령(○) / 서령(×)
- 섭섭지(○) / 섭섭치(×)
- 섭섭하다(○) / 애운하다(×)
- 성구(○) / 성귀(×)
- 성깔(○) / 성갈(×)
- 성냥(○) / 화곽(×)
- 셋방(○) / 세방(×)
- 셋째(○) / 세째(×)
- 소금쟁이(○) / 소금장이(×)
- 소리꾼(○) / 소릿군(×)
- 속말(○) / 속소리(×)
- 손목시계(○) / 팔목시계(×)
- 손수레(○) / 손구루마(×)
- 솔개(○) / 소리개(×)
- 솔직히(○) / 솔직이(×)
- 솟을무늬(○) / 솟을문(×)
- 쇠고랑(○) / 고랑쇠(×)
- 쇳조각(○) / 쇠조각(×)
- 수꿩(○) / 수퀑, 숫꿩(×)
- 수놈(○) / 숫놈(×)
- 수도꼭지(○) / 수도고동(×)
- 수두룩하다(○) / 수둑하다(×)
- 수삼(○) / 무삼(×)
- 수소(○) / 숫소(×)
- 수캉아지(○) / 숫강아지(×)
- 수캐(○) / 숫개(×)
- 수컷(○) / 숫것(×)
- 수키와(○) / 숫기와(×)
- 수탉(○) / 숫닭(×)
- 수탕나귀(○) / 숫당나귀(×)
- 수퇘지(○) / 숫돼지(×)
- 수평아리(○) / 숫병아리(×)
- 숙성하다(○) / 숙지다(×)
- 숫양(○) / 수양(×)
- 숫염소(○) / 수염소(×)
- 숫쥐(○) / 수쥐(×)
- 습니다(○) / 읍니다(×)
- 시구(○) / 시귀(×)
- 시름시름(○) / 시늠시늠(×)
- 식은땀(○) / 찬땀(×)
- 신기롭다(○) / 신기스럽다(×)
- 실망케(○) / 실망ㅎ게(×)
- 심부름꾼(○) / 심부름군(×)
- 쌍동밤(○) / 쪽밤(×)

┌쏜살같이(○) └쏜살로(×)	┌애달프다(○) └애닯다(×)	┌오뚝이(○) └오똑이(×)
┌아궁이(○) └아궁지(×)	┌애벌레(○) └어린벌레(×)	┌오래오래(○) └도래도래(×)
┌아내(○) └안해(×)	┌양칫물(○) └양치물(×)	┌온갖(○) └온가지(×)
┌아래로(○) └알로(×)	┌양파(○) └둥근파(×)	┌온달(○) └왼달(×)
┌아랫니(○) └아래이(×)	┌얄은꾀(○) └물탄꾀(×)	┌올시다(○) └올습니다(×)
┌아랫마을(○) └아래마을(×)	┌어구(○) └어귀(×)	┌옹골차다(○) └공골차다(×)
┌아랫방(○) └아래방(×)	┌어음(○) └엄(×)	┌외지다(○) └벽지다(×)
┌아랫집(○) └아래집(×)	┌어중간(○) └어지중간(×)	┌요컨대(○) └요건ㅎ대(×)
┌아름다워지다(○) └아름다와지다(×)	┌어질병(○) └어질머리(×)	┌우두커니(○) └우두머니(×)
┌아무튼(○) └아뭏든(×)	┌언뜻(○) └펀뜻(×)	┌우렁잇속(○) └우렁이속(×)
┌아서라(○) └앗아라(×)	┌언제나(○) └노다지(×)	┌우레(○) └우뢰(×)
┌아주(○) └영판(×)	┌얼룩말(○) └워라말(×)	┌울력성당(○) └위력성당(×)
┌아지랑이(○) └아지랭이(×)	┌에는(○) └엘랑(×)	┌움파(○) └동파(×)
┌안걸이(○) └안낚시(×)	┌여느(○) └어늬(×)	┌웃돈(○) └윗돈(×)
┌안쓰럽다(○) └안슬프다(×)	┌역겹다(○) └역스럽다(×)	┌웃비(○) └윗비(×)
┌안절부절못하다(○) └안절부절하다(×)	┌역성들다(○) └편역들다(×)	┌웃어른(○) └윗어른(×)
┌앉은뱅이저울(○) └앉은저울(×)	┌열심히(○) └열심으로(×)	┌웃옷(○) └윗옷(×)
┌알사탕(○) └구슬사탕(×)	┌예삿일(○) └예사일(×)	┌위짝(○) └웃짝(×)
┌암내(○) └곁땀내(×)	┌오금팽이(○) └오금탱이(×)	┌위채(○) └웃채(×)
┌앞지르다(○) └따라먹다(×)	┌오동나무(○) └머귀나무(×)	┌위층(○) └웃층(×)

위치마(○)	윤달(○)	잿더미(○)
웃치마(×)	군달(×)	재더미(×)
위턱(○)	으레(○)	적이(○)
웃턱(×)	으례(×)	저으기(×)
웃통(○)	이마빼기(○)	전봇대(○)
윗통(×)	이맛배기(×)	전선대(×)
위팔(○)	익살꾼(○)	전셋집(○)
웃팔(×)	익살군(×)	전세집(×)
윗넓이(○)	익숙지(○)	절구(○)
웃넓이(×)	익축치(×)	절귀(×)
윗눈썹(○)	인용구(○)	정녕코(○)
웃눈썹(×)	인용귀(×)	정녕ㅎ고(×)
윗니(○)	일구다(○)	제삿날(○)
웃니(×)	일다(×)	제사날(×)
윗도리(○)	일꾼(○)	제석(○)
웃도리(×)	일군(×)	젯돗(×)
윗동아리(○)	일찍이(○)	조갯살(○)
웃동아리(×)	일찌기(×)	조개살(×)
윗목(○)	입담(○)	주책(○)
웃목(×)	말담(×)	주착(×)
윗몸(○)	잇몸(○)	주책없다(○)
웃몸(×)	이몸(×)	주책이다(×)
윗배(○)	잇자국(○)	주추(○)
웃배(×)	이자국(×)	주초(×)
윗벌(○)	잎담배(○)	죽데기(○)
웃벌(×)	잎초(×)	죽더기, 피죽(×)
윗변(○)	자두(○)	죽살이(○)
웃변(×)	오얏(×)	죽살(×)
윗사랑(○)	자릿세(○)	쥐락펴락(○)
웃사랑(×)	자리세(×)	펴락쥐락(×)
윗수염(○)	잔돈(○)	지게꾼(○)
웃수염(×)	잔전(×)	지겟군(×)
윗입술(○)	장꾼(○)	지겟다리(○)
웃입술(×)	장군(×)	목발(×)
윗잇몸(○)	장난꾼(○)	지루하다(○)
웃잇몸(×)	장난군(×)	지리하다(×)
윗자리(○)	장사치(○)	지만(○)
웃자리(×)	장사아치(×)	지만서도(×)
유기장이(○)	재봉틀(○)	짐꾼(○)
유기쟁이(×)	자봉틀(×)	부지꾼(×)

짓무르다(○) 짓물다(×)	코주부(○) 코보(×)	하마터면(○) 하맣더면(×)
짧은작(○) 짜른작(×)	콧병(○) 코병(×)	하여튼(○) 하옇든(×)
쪽(○) 짝(×)	킷값(○) 키값(×)	한사코(○) 한삵고(×)
찌꺼기(○) 찌걱지(×)	타(○) ㅎ다(×)	햇볕(○) 해볕(×)
찹쌀(○) 이찹쌀(×)	탯줄(○) 태줄(×)	햇수(○) 해수(×)
찻간(○) 차간(×)	털어먹다(○) 떨어먹다(×)	허드레(○) 허드래(×)
찻잔(○) 차잔(×)	텃마당(○) 터마당(×)	허우대(○) 허위대(×)
찻종(○) 차종(×)	텃세(○) 터세(×)	허우적허우적(○) 허위적허위적(×)
찻집(○) 차집(×)	토록(○) ㅎ도록(×)	호루라기(○) 호루루기(×)
천장(○) 천정(×)	퇴박맞다(○) 퇴맞다(×)	홀쭉이(○) 홀쭈기(×)
철따구니(○) 철때기(×)	툇간(○) 툇간(×)	횟가루(○) 회가루(×)
청대콩(○) 푸른콩(×)	툇마루(○) 툇마루(×)	횟배(○) 회배(×)
쳇바퀴(○) 체바퀴(×)	튀기(○) 트기(×)	횟수(○) 회수(×)
촛국(○) 초국(×)	판자때기(○) 판잣대기(×)	훗날(○) 후날(×)
총각무(○) 알무, 알타리무(×)	팔꿈치(○) 팔굼치(×)	훗일(○) 후일(×)
칫솔(○) 잇솔(×)	포수(○) 총댕이(×)	휴지(○) 수지(×)
칸(○) 간(×)	푼돈(○) 분전, 푼전(×)	흉업다(○) 흉협다(×)
케케묵다(○) 켸켸묵다(×)	핏기(○) 피기(×)	혼타(○) 혼ㅎ다(×)
코맹맹이(○) 코맹녕이(×)	핏대(○) 피대(×)	흰말(○) 백말, 부루말(×)
코빼기(○) 콧배기(×)	하늬바람(○) 하니바람(×)	흰죽(○) 백죽(×)

복수 표준어

- 가는허리(○) / 잔허리(○)
- 가락엿(○) / 가래엿(○)
- 가뭄(○) / 가물(○)
- 가엾다(○) / 가엽다(○)
- 감감무소식(○) / 감감소식(○)
- 개수통(○) / 설거지통(○)
- 개숫물(○) / 설거지물(○)
- 갱엿(○) / 검은엿(○)
- -거리다(○) / -대다(○)
- 거슴츠레하다(○) / 게슴츠레하다(○)
- 거위배(○) / 횟배(○)
- 거짓부리(○) / 거짓불(○)
- 게을러빠지다(○) / 게을러터지다(○)
- 고깃간(○) / 푸줏간(○)
- 고까(○) / 꼬까, 때때(○)
- 고린내(○) / 코린내((○)
- 곰곰(○) / 곰곰이(○)
- 관계없다(○) / 상관없다(○)
- 괴다(○) / 고이다(○)

- 교정보다(○) / 준보다(○)
- 구들재(○) / 구재(○)
- 구린내(○) / 쿠린내(○)
- 귀퉁머리(○) / 귀퉁배기(○)
- 극성떨다(○) / 극성부리다(○)
- 기세부리다(○) / 기세피우다(○)
- 꺼림하다(○) / 께름하다(○)
- 꼬리별(○) / 살별(○)
- 꽃도미(○) / 붉돔(○)
- 꾀다(○) / 꼬이다(○)
- 나귀(○) / 당나귀(○)
- 나부랭이(○) / 너부렁이(○)
- 내리글씨(○) / 세로글씨(○)
- 넝쿨(○) / 덩굴(○)
- 네(○) / 예(○)
- 녘(○) / 쪽(○)
- 노을(○) / 놀(○)
- 눈대중(○) / 눈짐작, 눈어림(○)
- 다달이(○) / 매달(○)

- -다마다(○) / -고말고(○)
- 닭의장(○) / 닭장(○)
- 댓돌(○) / 툇돌(○)
- 덧창(○) / 겉창(○)
- 독장치다(○) / 독판치다(○)
- 돼지감자(○) / 뚱딴지(○)
- 되게(○) / 된통, 되우(○)
- 뒷갈망(○) / 뒷감당(○)
- 뒷말(○) / 뒷소리(○)
- 들락거리다(○) / 들랑거리다(○)
- 들락날락(○) / 들랑날랑(○)
- 딴전(○) / 딴청(○)
- 땅콩(○) / 호콩(○)
- 땔감(○) / 땔거리(○)
- -뜨리다(○) / -트리다(○)
- 마룻줄(○) / 용총줄(○)
- 마파람(○) / 앞바람(○)
- 막대기(○) / 막대(○)
- 만큼(○) / 만치(○)

┌말동무(○) └말벗(○)	┌벌레(○) └버러지(○)	┌-세요(○) └-셔요(○)
┌망태기(○) └망태(○)	┌변덕스럽다(○) └변덕맞다(○)	┌송이(○) └송이버섯(○)
┌머무르다(○) └머물다(○)	┌보조개(○) └볼우물(○)	┌쇠-(○) └소-(○)
┌먹새(○) └먹음새(○)	┌보통내기(○) └여간내기,예사내기(○)	┌수수깡(○) └수숫대(○)
┌멀쩌감치(○) └멀쩍이,멀쩌가니(○)	┌볼따구니(○) └볼퉁이,볼때기(○)	┌술안주(○) └안주(○)
┌멍게(○) └우렁쉥이(○)	┌부침개질(○) └부침질,지짐질(○)	┌-스레하다(○) └-스름하다(○)
┌면치레(○) └외면치레(○)	┌불똥앉다(○) └등화앉다,등화지다(○)	┌시누이(○) └시누,시뉘(○)
┌모내다(○) └모심다(○)	┌불사르다(○) └사르다(○)	┌시늉말(○) └흉내말(○)
┌모쪼록(○) └아무쪼록(○)	┌비발(○) └비용(○)	┌시새(○) └세사(細沙)(○)
┌목화씨(○) └면화씨(○)	┌뽀두라지(○) └뽀루지(○)	┌신(○) └신발(○)
┌무심결(○) └무심중(○)	┌살쾡이(○) └삵(○)	┌심술꾸러기(○) └심술쟁이(○)
┌물방개(○) └선두리(○)	┌삽살개(○) └삽사리(○)	┌쐬다(○) └쏘이다(○)
┌물부리(○) └빨부리(○)	┌상두꾼(○) └상여꾼(○)	┌쑵쓰레하다(○) └쑵쓰름하다(○)
┌물심부름(○) └물시중(○)	┌생(○) └새앙,생강(○)	┌아귀세다(○) └아귀차다(○)
┌민둥산(○) └벌거숭이산(○)	┌생뿔(○) └새앙뿔,생강뿔(○)	┌아래위(○) └위아래(○)
┌밑층(○) └아래층(○)	┌생철(○) └양철(○)	┌아무튼(○) └어떻든,여하튼(○)
┌바깥벽(○) └밭벽(○)	┌서두르다(○) └서둘다(○)	┌아무튼(○) └어쨌든,하여튼(○)
┌바른(○) └오른(○)	┌서럽다(○) └섧다(○)	┌알은척(○) └알은체(○)
┌발모가지(○) └발목쟁이(○)	┌서투르다(○) └서툴다(○)	┌앉음새(○) └앉음앉음(○)
┌버들강아지(○) └버들개지(○)	┌성글다(○) └성기다(○)	┌애갈이(○) └애벌갈이(○)

┌애꾸눈이(○) └외눈박이(○)	┌왕골기직(○) └왕골자리(○)	┌좀처럼(○) └좀체(○)
┌애순(○) └어린순(○)	┌외겹실(○) └외올실, 홑실(○)	┌죄다(○) └조이다(○)
┌양념감(○) └양념거리(○)	┌외손잡이(○) └한손잡이(○)	┌줄꾼(○) └줄잡이(○)
┌어금버금하다(○) └어금지금하다(○)	┌외우다(○) └외다(○)	┌중신(○) └중매(○)
┌어기어차(○) └어여차(○)	┌욕심꾸러기(○) └욕심쟁이(○)	┌짚단(○) └짚뭇(○)
┌어림잡다(○) └어림치다(○)	┌우레(○) └천둥(○)	┌쪽(○) └편(○)
┌어이없다(○) └어처구니없다(○)	┌우지(○) └울보(○)	┌쬐다(○) └쪼이다(○)
┌어저께(○) └어제(○)	┌-으세요(○) └-으셔요(○)	┌찌꺼기(○) └찌끼(○)
┌언덕바지(○) └언덕배기(○)	┌울러대다(○) └울러메다(○)	┌차차(○) └차츰(○)
┌얼렁뚱땅(○) └엄벙뗑(○)	┌의심스럽다(○) └의심쩍다(○)	┌책거리(○) └책씻이(○)
┌여왕벌(○) └장수벌(○)	┌이기죽거리다(○) └이죽거리다(○)	┌척(○) └체(○)
┌여쭈다(○) └여쭙다(○)	┌-이에요(○) └-이어요(○)	┌천연덕스럽다(○) └천연스럽다(○)
┌여태(○) └입때(○)	┌일일이(○) └하나하나(○)	┌철따구니(○) └철딱지, 철딱서니(○)
┌여태껏(○) └입때껏, 이제껏(○)	┌일찍감치(○) └일찌거니(○)	┌추어올리다(○) └추어주다(○)
┌역성들다(○) └역성하다(○)	┌입찬말(○) └입찬소리(○)	┌축가다(○) └축나다(○)
┌연달다(○) └잇달다(○)	┌자리옷(○) └잠옷(○)	┌침놓다(○) └침주다(○)
┌엿가락(○) └엿가래(○)	┌자물쇠(○) └자물통(○)	┌편지투(○) └편지틀(○)
┌엿반대기(○) └엿자박(○)	┌장가가다(○) └장가들다(○)	┌한턱내다(○) └한턱하다(○)
┌오누이(○) └오뉘, 오누(○)	┌재롱떨다(○) └재롱부리다(○)	┌혼자되다(○) └홀로되다(○)
┌옥수수(○) └강냉이(○)	┌제가끔(○) └제각기(○)	┌흠가다(○) └흠나다, 흠지다(○)

표준어와 사투리

표준어	사투리

<ㄱ>

가깝다······가찹다
가르쳐······갈쳐, 가르켜
가르치다······가르키다
가리키다······가르치다
가만히······가만이
가볍다······개볍다
가슴······가심
가시······까시
가운데······가운테
가을······가슬, 가알
가장······기중
가지······가장이
감추어······감쳐
갑자기······갑재기
강아지······갱아지
개구리······개고리
개구쟁이······개구장이
개다······개이다
거꾸로······꺼꾸로
거미······거무
거미줄······거무줄
거슬러······거실러
거의······거진
거지······거러지
거짓말쟁이······거짓말장이
거치적거리다······걸거치다
건너려고······건느려고
검둥이······검뎅이
겨우······제우, 게우
겨울······겨을
견디다······견데다
겸연쩍다······계맨쩍다

계셨다······기셨다
계집······기집
고깔······꼬깔
고드름······고드레
고르다······골르다
고생······고상
고요히······고요이
고운······고은, 곱은, 고분
고집쟁이······고집장이
고추······꼬추
곡식······곡석
곧바로······곧바루
골고루······골고로
골목······골묵
골짜기······골째기, 골짜구니
곰팡이······곰팽이
공기······종기
괭이······꽹이
괴로워······괴로와
구덩이······구뎅이
구르며······굴르며
구석······구석지
궁둥이······궁딩이
그냥······기냥, 그양
그래요······그레요
그리고······그라고
그만······구만
그만두자······고만두자
그치다······끄치다
기념일······기렴일
기다리다······기달리다, 기대리다
기쁜······기뿐
기쁨······기뿜

깊숙이……깊숙히
까마귀……까마구
까지………까장
꺼리다……끄리다
꼬리……꼬랑댕이
꼬챙이……꼬창이
꼬투리……꼬타리
꾸지람……꾸지럼
꿰매야……꾸매야
꿰매어……꼬매어
꿰어서……뀌어서
끊어지다……끊치다

<ㄴ>
나란히……나란이
나머지……남저지
나중………야중, 내중
나중에……야중에
나지막한……나즈막한
난쟁이……난장이
날개……나래
날아갑니다……날러갑니다
날아왔는지……날라왔는지
남기신……냉기신, 낭기신
내려서……나려서
내려오는……나려오는
내리는……나리는
내리다……나리다
내리쬐는……내려쪼이는
내린……나린
너……니
너무……너머
넉넉히……넉넉이
널리……널르게
넣고……옇고
네가………늬가, 니가
녹슬다……녹쓸다
놀라서……놀래서
놓고………놓구
누르던……눌르던

늘리다……늘구다

<ㄷ>
다녀와서……댕겨와서
다니는……댕기는
다르다……달르다
다리……대리
다리미……대리미
다스리게……다시리게
다음……댐
단숨에……단바람에
달려들어……달겨들어
당나귀……당나구
대단히……대단이
더러운……드러운
던지는……떤지는
덤벼라……뎀벼라
덥석………덤썩
덩이………뎅이
데려다……다려다
데리고……다리고
도둑놈……도적놈
도둑질……도적질
도련님……되련님
도로……도루
도리어……도리혀, 되려
도무지……도모지
도저히……도저이
독벌레……독벌러지
돌멩이……돌맹이, 돌막
동그라미……동글뱅이
동네……동니, 마실
동무……동모
동생……동상
돼지……도야지
될 거야……될 것이어
두들겨……뚜드려
두르자……둘르자
둥글다……둥굴다
뒹구는……딩구는

드리려고……디리려고
들르다……들리다
들이마시다……들어마시다
따로……따루
때마침……때마춤
때부터……때부텀
떠내려가다……떠나려가다
똑바로……똑바루
뚫린……뚤핀
뜨물……뜸물
뜨입니다……떠입니다
뜰……뜨락

< ㅁ >

마루……말레
마을……마슬, 마실
마음……마암
마주……마조
마지막……마즈막, 마주막
마침……마참
마침내……마참내, 마츰내
만드는……맨드는
만든다……맹근다, 맨든다
만들어……맹글어, 맨들어
말씀……말씀, 말씸
말아야……말어야
망그러져……망그래져
맞히려면……마추려면
매우……억세게
머무르고……머물르고
먹고……묵고
먹다……묵다
먹일……메일
먼저……먼침, 먼첨
먼지……몬지
멈추다……멈치다
멋쟁이……멋장이
메고……미고
메뚜기……미뚜기
며칠……메칠

몇 사람……멧 사람
몇몇……멧멧
모두……모도, 모다
모르게……물르게
모르겠다……물르겠다
모르다……물르다
모르지만……물르지만
모습……모십
모아서……모와서
모양……모냥
모으고……모우고
모으기……모우기
모은……모운
모자라면……모지라면
모자람……모자램
모조리……모주리
모퉁이……모통이
목숨……목숨, 목심
목욕……모욕
몸부림……몸보림
몽둥이……몽뎅이
무……무수
무거운……무건
무릎……무르팍
무슨……무신
무찌르다……무젤르다
문지르다……문질르다
물건……물견
뭐……머
미워서……밉어서
미치광이……미치괭이

< ㅂ >

바뀌었어요……배뀌었어요
바라다……바래다
바로……바루
바위……바우
반드시……반다시
받아서……받어서
발자국……발자욱

밟았구나……밟았고나
배워도……배와도
배웠구나……배왔고나
배추……배차
버려졌던……베려졌던
벌레……벌러지
벌써……하마, 발써
벌이고……벌리고
벙어리……버버리
베다……비다
베셨다……버셨다
벼……베
벼락……베락
벼슬……벼실
변변히……벤벤이
별로……별루
별안간……베란간
보던……보든
보려고……볼라고
보리……버리
본디……본데
부대……푸대
부르게……블르게
부르다……불르다
부르며……불르며
부리나 봐……부리나 베
부서진……부셔진
부스러기……뿌스레기
부스스……부시시
불구하고……불고하고
붙잡혀……붙잽혀
비뚜로……비뚜루
비로소……비로서
비행기……비 향기
빌려……빌어
빌려다……빌어다

< ㅅ >
사이……새이
산골짜기……산골짜구니

산비탈……산비알
새로……새루
새벽……새복
서두르다……서둘르다, 깝치다
서로……서루
서른……설혼
서투른……서툴른
선생님……선상님
설을 쇤……슬을 쇤
세상……시상
세숫대야……시숫대야
셋째……시쩨
소곤거리다……소근거리다
소금……소곰
소나기……소내기
소리……소래
손가락……손구락, 손고락
손아귀……손아구
손잡이……손잽이
솜……소캐
수수께끼……수수꺼기
수양딸……수영딸
수줍게……수집게
수줍다……수집다
수줍은……수집은
쉬운……시운
쉽게……숩게
스러져……시러져
스무살……수무살
슬며시……실무시
시골……시굴
싣고……실고
싱거운……싱겁은
싸워……싸와
싸웠다……싸왔다
쌍지팡이……쌍지팽이
쓰다듬다……씨다듬다
쓰더라도……쓰드라도
쓰러지다……씨러지다
쓸데없다……섫데없다

< ㅇ >

아끼다……애끼다
아끼듯이……애끼듯이
아내……안해
아름……아람
아무데……아모데
아무리……아모리
아버지……아베, 아부지
아저씨……아제, 아자씨
아주……아조
아직……아즉
아침……아참, 아츰
아픈……아푼
안긴……앵긴
안타까워……안타까와
앉아……앉어
않습니다……않십니다
알려졌다……알래겼다
앞잡이……앞잽이
야위고……야비고
얘들아……야들아
어깨……어께
어느덧……어느듯
어디……어데
어디든지……어데든지
어디선지……어데선지
어떻게……어뜨케
어려운……에려운
어른……어룬, 으른
어린이……어린아
어머니……어마니
어미제비……에미제비
어지간히……언간히
어째……우쩨
억센……억신
얼굴……얼골
얼른……얼렁, 얼룽
얼리고……얼구고
얼마나……얼매나
업신여긴……업수이여긴
없다……웂다
엎드려……엎디려
여간……앤간
여기……여게
여기저기……여게저게
여보……이보
여섯……여숫
여쭈어……여쭈워
열어젖뜨린……열어재친
영원히……영원이
예쁘게……이쁘게
예쁜……이쁜
예쁠까……이쁠까
오너라……오느라
오늘……오날, 오눌
오르기……올르기
오죽……오작
오직……오즉
오히려……오이려
온갖……왼갓
온통……왼통
옮길……옴길
외쳤다……웨쳤다
외치다……웨치다
요기……요구
요새……요세
요즈음……요지음
욕심쟁이……욕심장이
우선……위선
우스운……우서운
웅덩이……웅뎅이
워낙……워냥
원수……웬수
원칙……원측
위……우
위에……우에
의원……이원
이걸……이것을
이루……이로

이른……일른
이마……이매
이슬……이실
이야기……이바구, 이얘기
이제……이자
이제까지……이태까지
인제……인저
읽으려면……읽을라면
임금……잉금

<ㅈ>

자국……자욱
자꾸……자꼬
자세히……자세이
자주……자조, 자꼬
잔치……잔채
잠겨……쟁겨
잠기다……장기다
잠깐……잠간
잠꾸러기……잠꾸리기
잠자리……자마리, 짱아
잠자코……잠자꼬
잠잠히……잠잠이
잡혀……잽혀
장난……장냔, 작난
장대……장때기
장수……장시
재미……자미
재미있는……자미있는
저고리……저구리
저녁……지녁, 제녁
저절로……저질로
저희들……즈회들
점심……겸심, 즘심
정성스럽게……정성시럽게
정의……정이
정직……증직
제가……지가
제각기……지각기
제곱……제꼽

제대로……지대로
제법……지법
제사……지사
제일……지일
제자리……지자리
조……서숙
조각……쪼각
조그만……쩨그만, 쬐고만
조그맣게……쬐그맣게
조금……쬐금, 조꼼
조르다……졸르다
조마조마……오마조마
좀처럼……좀체로
종이……조이
주둥이……주딩이
주머니……주무니, 줌치
주워……줏어
죽여……쥑여
줄기……쭐기
줍고……줏고
즐거운……질거운
즐겁게……질겁게
즐겁다……질겁다
즐겨……질겨
즐겼으나……질겼으나
즐기다……질기다
즐길 수……질길 수
지게꾼……지개꾼
지금……지끔
지나지……지내지
지루한……지리한
지르고……질르고
지붕……지벙
지우고……지고
지저귀는……지저기는
지팡이……지팽이
지푸라기……지프래기
짐승……김승, 짐생
집게……지게
집밖에……집백에

쪼들리고……쬐들리고

<ㅊ>

차례차례……차래차래
차리려나……채리려나
차림……채림
참외……채미
찾아다녔다……찾아댕겼다
찾아서……찾어서
찾으러……찾으로
채찍질……채쭉질
처음에……츠음에
철모르는……철물르는
첫째……첫쩨
쳐부수다……쳐부시다
초사흘……초사을
초하루……초하로
추운……치운
추워졌으나……춤어졌으나
층층대……칭칭대

<ㅌ>

타이르다……타일르다
턱……택
텐데……턴데
토끼……퇴끼, 토깡이
통째로……통채로
통틀어……통털어
투성이……투생이

<ㅍ>

팔베개……팔비개
펴심……피심
편지……펜지, 핀지
편히……펜이
펄……필
평안……펜안
평화스럽게……평화시럽게

<ㅎ>

히더라도……하드래도
하려면……할려면, 할라면
하루……하로
하마터면……하마트면
학교……핵교
한가위……한가우
한결……항결
한데……한디
한 모금……한 모곰
한숨……한심
한층 더……한칭 더
할머니……할매, 할무이, 할마씨, 할마니
할아버지……할아부지, 할바이, 할바씨, 할베,
함께……항께
함부로……함부루
합니다……합네다
합쳐서……합처서
해봐……히봐
햅쌀밥……햇쌀밥
헤아리다……세아리다
헤엄……혜염
형……성
호랑이……호랭이
호미……호맹이
혼났다……식겁먹다
혼자……혼차
활짝……할짝
흥……슝
흥보다……슝보다
흐르는……홀르는
흐른다……홀른다
힘……심
힘들거든……심들거든
힘센……심센

맞선말, 반대말

맞선말 또는 반대말이란 그 낱말과 반대 또는 대립되는 말이다. 예를 들면 '해'와 '달'은 서로 맞선말이고, '등교'와 '하교'는 반대말이다.
여기에서는 맞선말과 반대말은 구분하지 않았다.

\<ㄱ\>

가……가운데
가까이……멀리
가끔……자주
가난……부유
가냘프다……억세다
가늘다……굵다
가능……불가능
가다……오다
가르치다……배우다
가뭄……장마
가볍다……무겁다
가시다……생기다
가운데……둘레, 가장자리
가을……봄
가입……탈퇴
가짜……진짜
가축……야수
간결……복잡
간단……복잡
간섭……불간섭
간신히……손쉽게
간편……복잡
간혹……항상
감기다……풀리다
감다……뜨다
감독……방임
감사……원망
감추다……드러내다

감행……중지
갑갑하다……시원하다
갑절……절반
강……약
강제……자의
강철……연철
강화……약화
같다……다르다
갚다……꾸다
개교……폐교
개다……흐리다
개량……개악
개선……개악
개시……종료, 종결
개인……단체, 집단
갸름하다……둥그스름하다
거두다……뿌리다
거북하다……편안하다
거절……승낙, 허락
거짓……참말
거칠다……매끄럽다
걱정……안심
건강……쇠약, 허약
건설……파괴
건성……진정
걸상……책상
검다……희다
검소……화려, 사치
겨우……넉넉히
결과……원인

결렬……합의	광명……암흑
결의……부결	광활……협소
결정……미정	괘씸하다……기특하다
겸손……불손, 거만	괴다……흐르다
경계……방심	괴롭다……즐겁다
경내……경외	괴상……평범
경박……침착	괴수……졸개
경선……위선	교외……시내
경어……비어, 속어	구국……매국
경험……무경험	구별……혼동
계속……중단	구석……가운데, 복판
계약……해약	구차하다……넉넉하다
고갯마루……산기슭	구체적……추상적
고국……외국, 타국	국내……국외
고귀……비천	국제……국내
고단하다……편안하다	굳세다……약하다
고대……현대	굶주리다……배부르다
고되다……쉽다	굽실거리다……빳빳하다
고마움……귀찮음	굽히다……펴다
고상하다……천하다	권고……만류
고생……편안, 안락	권리……의무
고약하다……착하다	귀엽다……얄밉다
고요……소란	귀족……평민
고지……저지, 평지	귀하다……천하다
고초……안락	그늘……양지
고통……향락	근심……안심
고향……타향	근처……원처
곤란……용이	금방……오래
곧다……굽다	금지……권장
곱다……거칠다	급속……완만
곱다……밉다	기름지다……메마르다
공격……방어, 수비	기쁨……슬픔
공급……수요	기억……망각
공로……죄과	길다……짧다
공손……거만, 교만	깊다……얕다
공주……왕자	까맣다……하얗다
공훈……죄과	깔다……걷다
과거……현재, 미래	깜깜하다……환하다
과학……미신	깨끗하다……더럽다
관심……무관심	꼬리……머리

꽂다······빼다, 뽑다
꿈······현실
꿰다······뽑다

< ㄴ >
나······너
나가다······들어오다
나누다······합하다
나쁘다······좋다
나중······처음
나지막하다······높직하다
나타나다······사라지다
낙심······희망
날아가다······기어가다
날짐승······길짐승
날카롭다······무디다
낡다······새롭다
남······자기
남극······북극
남다······모자라다
남편······아내
낫다······못하다
낮······밤
낮추다······높이다
낯익다······낯설다
내다보다······들여다보다
내려가다······올라가다
내리막······오르막
내밀다······들이밀다
내용······형식
내일······어제
널찍하다······좁다랗다
넓어지다······좁아지다
넓적하다······뾰족하다
노년······소년
노력······태만
녹다······얼다
논일······밭일
농번기······농한기
높다······낮다

누나······오빠
눕다······일어나다
늘다······줄다
늘어나다······줄어들다
늙다······젊다
능란하다······서투르다
늦다······이르다

< ㄷ >
다르다······같다
다물다······벌리다
다수······소수
다음······먼저
다정······냉정, 무정
다행······불행
단결······분열
단단하다······무르다
단순······복잡
닫히다······열리다
달성······미달
답답하다······후련하다
당번······비번
당연······부당
대강······자세히
대규모······소규모
대다수······극소수
대단하다······하찮다
대답······질문, 질의
대륙······대양
대부분······일부분
대장······졸병
대접······괄시, 천대, 푸대접
더위······추위
던지다······받다
도달······미달
도매······소매
도시······시골, 농촌
도움······방해
독립······예속
동물······식물

동양……서양
동지……원수
두껍다……얇다
두툼하다……얄팍하다
둘레……복판, 중앙, 한가운데
둥글다……모나다
뒤……앞
뒤꼍……앞뜰
뒤뜰……앞뜰
뒷산……앞산
드디어……곧
듣다……말하다
들……산, 메
들다……놓다
들어가다……나오다
들판……뫼, 산
등교……하교
등장……퇴장
따뜻하다……서늘하다
따로……한데
딸……아들
때때로……늘, 줄곧
떠나다……닿다, 도착하다
떠들썩하다……조용하다
떨어지다……달라붙다, 올라가다
떼다……붙이다
또렷하다……희미하다
똑똑하다……어리석다
똑똑히……어렴풋이, 희미하게
뚜렷하다……희미하다
뚱뚱하다……홀쭉하다
뜨겁다……차갑다
뜨다……가라앉다
뜻글자……소리 글자

<ㅁ>

마녀……선녀
마르다……뚱뚱하다
마음……몸, 신체
마중……배웅

마지막……처음
마찬가지다……다르다
막내딸……맏딸
막다……트다
만나다……헤어지다
만점……영점
만족……불만
많다……적다
맏딸……맏아들
말기……초기
말꼬리……말머리
말리다……적시다
말엽……초엽
맑다……흐리다
망하다……흥하다
맞다……틀리다
매국노……애국자
매다……풀다
맨손 체조……기계 체조
머리……꼬리
멀리……가까이
명령……복종
명예……수치
모나다……둥글둥글하다
모두……일부
모르다……알다
모욕……영예
모자라다……남다, 넉넉하다
목적……수단
몰다……이끌다
몰래……떳떳이
몸……마음, 정신
못나다……잘나다
무겁다……가볍다
무력……평화
무리……순리
무시……중시
무식……유식
무심……유심
무인……문인

무지……유식
무한……유한
묶이다……풀리다
문……답
문명……미개, 야만
문제……해답
문화……미개, 야만
묻다……대답하다
물……불
미개……개화
미래……과거
미루다……당기다
미리……나중
미소……폭소
민주……독재
믿다……의심하다
밀다……끌다
밀물……썰물
밑……위

<ㅂ>
바깥……안
바다……뭍, 육지
바르다……그르다
바쁘다……한가하다
바삐……천천히
밖……안
반가이……쌀쌀히
반대……찬성
반등……반락
반사……직사
받다……주다
발달……퇴보
발바닥……발등
발전……퇴보, 쇠퇴
밝다……어둡다
밤일……낮일
방비……공격
방해……조력, 협조
밭……논

배경……전경
배부……수집
배부르다……배고프다
배우다……가르치다
번번이……가끔
번성……쇠퇴
번영……쇠퇴
벌리다……오므리다
벌써……아직
벌주다……상주다
벌판……산악
벗다……입다
별명……본명
병사……장교
병약……건강
보태다……덜다
복……액
복잡……단순, 간단
복종……반항, 불복
복판……가장자리, 변두리
본부……지부
부강……빈약
부근……원근
부끄럽다……떳떳하다
부모……자식
부분……전체
부유하다……가난하다
부인……부군, 남편
부자……가난뱅이
부자……모녀
부자연……자연
부족……풍족
부지런하다……게으르다
부터……까지
부풀다……쭈그러들다
부하……우두머리
부흥……쇠퇴
북서……남동
북한……남한
분명……불분명

분주……한가
불가능……가능
불결……청결
불리……유리
불만……만족
불안……편안, 안심
불의……정의
불쾌……유쾌, 상쾌
불편……편리
불평……만족
불행……행복, 다행
붙다……떨어지다
붙잡다……놓다, 놓치다
비극……희극
비난……칭찬, 칭송
비다……차다
비뚜로……바로
비로소……이미
비명……환성
비밀……공개
비번……당번
비스듬히……똑바로
비싸다……싸다
비좁다……넓다
빈곤……부유
빈궁……부유
빈민……부호, 부자
빠르다……느리다
빽빽하다……듬성듬성하다
뽑다……꽂다
뾰족하다……뭉툭하다

<ㅅ>

사나이……계집
사납다……온순하다
사다……팔다
사라지다……나타나다
사랑……미움, 증오
사실……허위
사치……검소
산……들
산악……평야
살다……죽다
삼키다……뱉다
상……벌
상급……하급
상냥하다……무뚝뚝하다
상류……하류
상륙……출항
상승……하락
상쾌……불쾌
새롭다……낡다
생각……행동
생기다……없어지다
생물……무생물
생산……소비
생일……기일
생전……사후
생존……사망
서늘하다……따뜻하다
서다……앉다
서먹서먹하다……자연스럽다
서양……동양
서울……시골
서투르다……익숙하다
선생……학생, 제자
선선하다……훈훈하다
선용……악용
선조……후손
선천성……후천성
섭섭하다……반갑다
성가시다……편하다
성공……실패
성대……간소
성인……범인
성장……위축
세로……가로
소녀……소년
소득……손실
소리 글자……뜻글자

소박……사치
소식……무소식
소용……무용
소중……소홀
소홀……소중, 신중
속……겉, 밖
속삭이다……외치다
속히……천천히
손님……주인
손해……이익
솟다……가라앉다
송신소……수신소
쇠약……건강
수공업……기계 공업
수동……자동
수입……수출
수줍다……활발하다, 괄괄하다
수집……배부, 분배
수출……수입
수컷……암컷
수평선……지평선
숙이다……들다, 쳐들다
순간……영원
순수……불순
숨기다……드러내다
숭고……저속
숭배……멸시
쉬다……일하다
쉽다……어렵다
스승……제자
슬기롭다……미련하다, 우둔하다
슬프다……기쁘다
습격……방어, 방비, 피습
승낙……거절
승리……패배
승전……패전
시……산문
시간……공간
시골……도시
시끄럽다……조용하다

시내……교외, 시외
시원하다……답답하다
시작……끝, 완료, 종결
시초……종말
식목……벌목
식물……동물
신다……벗다
신사……숙녀
실망……희망
실패……성공
싫다……좋다
심다……캐다
싱싱하다……시들다
싸다……비싸다
쌓다……헐다
썩다……싱싱하다
쓰다……달다, 지우다
쓰러지다……일어서다
씩씩하다……힘없다

< ㅇ >

아군……적군
아내……남편
아늑하다……되바라지다
아담하다……투박하다
아들……딸
아래층……위층
아랫목……윗목
아름답다……추하다, 밉다
아무렇게……신중하게, 정성들여
아울러……따로
아직……이미, 벌써
아침……저녁
악독……인자
안녕……불안, 고생
안심……불안
안전……불안전, 위험
앉다……서다
알다……모르다
알뜰하다……헤프다

암탉……수탉	영광……치욕
암흑……광명	영리……우둔
앞날……지난날	영영……잠깐
애국자……매국노	영예……수치
야만인……문명인	영원……순간
야위다……살찌다	예쁘다……밉다
약소……강대	예사로……유달리, 특별히
약하다……강하다	예산……결산
얄밉다……귀엽다	예습……복습
얇다……두껍다	예약……후약
얌전하다……까불다	예전……요즈음
양반……상놈	옛날……오늘날
양지……음지, 응달	오다……가다
어기다……지키다	오뚝……움푹
어둡다……밝다	오래……잠깐
어렵다……쉽다	오르다……내리다
어리석다……현명하다	오르막……내리막
어서……천천히	오해……이해, 양해
어울리다……배돌다	오후……오전
억세다……연약하다	온순……난폭
억지로……저절로	올라가다……내려가다
언제나……가끔	올리다……내리다
언짢다……달갑다	올바르다……그르다
얼다……녹다	옭매듭……풀매듭
얼른……천천히	완강……나약
엄금……권장	완성……미완성
엄숙하다……경박하다	완전……불완전
업다……안다	왕……신하
업신여기다……존경하다	왕성……쇠퇴, 부진
여성……남성	외국……내국, 본국
연결……절단	외상……맞돈
연약하다……강하다	외해……내해
연합……분립	왼편……오른편
열다……닫다	요란하다……고요하다
열대……한대	욕설……칭송
열쇠……자물쇠	용감……비굴
열심히……태만히	용맹……비겁
열중……등한	용서……처벌
염려……안심, 방심	우대……천대
염색……탈색	우두머리……졸개

우렁차다……가냘프다	이상……현실
우리……너희	이성……감성, 감정
우선……나중	이성……동성
우수……열등	이외……이내
우승……참패	이윽고……곧
우연……당연, 필연	이익……손해
울다……웃다	이자……원금
울음……웃음	이전……이후
울창……황폐	이후……이전
원망……감사	익숙……미숙
원수……은인	인공적……자연적
원시……현대	인력……동력
원인……결과	인상……인하
원한……은혜	인정……부인
위급……안전	일반……특수
위대……미미	일부러……우연히
위인……범인	일선……후방
위태……안전	일일이……한꺼번에
위험……안전	일찍……늦게
유명……무명	일치……불일치
유선……무선	잃다……얻다
유식……무식	임금……신하
유심히……무심히	임명……파면
유용……무용	입다……벗다
유유히……초조히	입선……낙선
유익……무익, 유해	입장……퇴장
유지……폐지, 변경	입학……졸업
유쾌……불쾌	잇속……손해
육식……채식	
육지……바다, 해양	<ㅈ>
은인……원수	자기……남, 타인
의사……환자	자녀……부모
의식……무의식	자다……깨다
의심……확신, 믿음	자랑……수치, 흉
이기다……지다	자세히……간략히
이르다……늦다	자연……인공
이미……미처, 아직	자유……구속, 속박
이민……원주민	자음……모음
이상……이하	자주……가끔, 이따금
이상……정상	자주적……예속적

작년……내년	정중……경솔
작다……크다	정지……진행
작별……상봉, 만남	정직……부정, 거짓
잠깐……오래, 한참	정확……부정확
잠시……오래	제각기……다같이
잠자코……수다스럽게	제한……무제한
장교……사병	조국……외국, 타국
장군……군졸, 졸병, 병졸	조상……자손
장려……금지, 엄금	조심……방심
장마……가뭄	조용하다……시끄럽다
장차……과거	조직……해산
재미……싫증	조회……종회, 종례
재우다……깨우다	존경……멸시
저기압……고기압	존귀……비천
저녁……아침	존중……천대, 멸시
저축……낭비	졸업……입학
적군……아군, 우군	졸작……걸작
적극적……소극적	좁다……넓다
적다……많다	좋다……나쁘다
적당……부적당	주다……받다
적병……아군	주인……손님
전……후	주장……추종
전부……일부	죽다……살다
전송……마중	준공……착공
전원……도시	줄다……늘다
전쟁……평화	중금속……경금속
전체……부분	중단……계속
전편……후편	중대……사소, 예사
절대……상대	중심……주위
절약……낭비	중앙……지방, 주위
젊다……늙다	중얼거리다……고함치다
정답다……매정하다	중요하다……사소하다
정말……거짓말	중지……계속
정면……후면	즐겁다……괴롭다
정밀……조잡	즐기다……싫어하다
정복……사복	증가……감소
정식……임시	증산……감산
정신……육체, 물질	지금……아까
정의……불의	지나치다……모자라다
정전……개전	지다……이기다

지방……중앙
지배……피지배
지불……수령
지옥……극락, 천당
지하……지상
지휘……복종
직선……곡선, 간선
직접……간접
진심……허위, 사심
진짜……가짜
진출……후퇴
진행……중지
질문……대답, 응답
질서……무질서, 혼란
짐승……식물
짐작……확인
짙다……엷다, 얕다
짧다……길다

<ㅊ>
차갑다……뜨겁다
차근차근……엄벙덤벙
차다……비다, 따뜻하다
차도……인도
차등……균등
차별……평등
차분하다……들뜨다
착륙……이륙
착하다……악하다
찬성……반대
찬찜질……더운 찜질
참……거짓
참말……거짓말
참석……불참
참패……대승, 압승
창간……폐간
창작……모방
창조……모방
찾다……잃다
책임……무책임

처녀……총각
처음……마지막
천골……귀골
천국……지옥
천대……우대
천사……악마
천연……인공
천재……둔재, 백치
천하다……귀하다
청결……불결
청년……노인, 노년
청렴……부정
청춘……노인
쳐다보다……내려다보다
초가집……기와집
초라하다……화려하다
초순……하순
초조……태연
촌락……도시
최대……최소
최후……최초
추가……삭제
축복……저주
축하……저주
출근……퇴근
출발……도착
출석……결석
충분……부족
충성……반역, 불충
충신……역적
충실……부실
취임……퇴임
취하다……깨다
친근……경원
친절……불친절
친정……시집
침략……방어
침묵……발언, 웅변
침범……격퇴
칭찬……꾸중, 책망

<ㅋ>

캄캄하다……환하다
캐다……심다
커다랗다……조그맣다
켜다……끄다
크다……작다
큼직하다……조그맣다
키다리……난쟁이, 작다리

<ㅌ>

타다……내리다, 꺼지다
타이르다……윽박지르다
타향……고향
탁음……청음
탄생……사망
탈퇴……가입
태풍……미풍
터벅터벅……사뿐사뿐
통상……특별
통일……분열
통하다……막히다
퇴장……입장
퉁명스럽다……상냥스럽다
트다……막다
특별……보통
특색……보편
특수……보통, 평범
틔다……막히다

<ㅍ>

파괴……건설
파멸……번영
팔다……사다
패전……승전
패하다……승리하다
팽팽하다……느슨하다
펴다……접다
편리……불편
편안……불편
평등……차별
평안……불안
평야……산악
평화……전쟁
포근하다……쌀쌀하다
폭……길이
폭등……폭락
표면……이면
표준말……사투리
풀리다……맺히다
풍부……부족
피다……지다
피폐……번성
필요……불필요

<ㅎ>

하나하나……한꺼번에
하늘……땅
하류……상류
하얗다……까맣다
하직……배알
하차……승차
하찮다……중대하다
학생……선생
한가……분주
한데……따로
한적……복잡
한참……잠간, 금방
함께……따로
함부로……정성껏
합격……낙방
합법……불법
합창……독창
합치다……나누다
항구……공항
항구적……일시적
항복……대항
항상……가끔
해결……미결
해도……지도

해독……이득
해방……속박, 구속
해상……육상
해외……국내
행복……불행
향기……악취
향상……저하
허둥지둥……차근차근
허락……거절, 불허
허투루……신중히
헌신적……이기적
험준……평탄
헙수룩하다……말쑥하다
헛되다……참되다
헤어지다……모이다
현대……고대
현실……이상
현재……미래
협력……방해, 훼방
형식……내용
형제……자매
혼자……여럿이
혼잡……한산
홀쭉하다……뚱뚱하다

화려……검소, 소박
화물선……여객선
확실……불확실
환영……환송, 배척
활기……침체
황무지……옥토
효과……역효과
효도……불효
효성……불효
후……전
후년……전년
후방……전방
후세……전세
후퇴……전진
훌륭하다……못나다, 졸렬하다, 초라하다
흉년……풍년
흐리다……맑다
흐뭇하다……불만하다
혼하다……귀하다, 드물다
흩어지다……모이다
희다……검다
희미하다……뚜렷하다
힘없다……힘차다

같은 말, 비슷한 말

같은 말 또는 비슷한 말이란, 그 낱말의 뜻이 같게 쓰이거나 비슷하게 쓰이는 말을 이른다. 예를 들면, '노인'과 '늙은이'는 같은 말이고, '각기'와 '각각'은 비슷한 말이다.
여기서는 같은 말과 비슷한 말을 굳이 구분하지 않았다.

<ㄱ>

가……가장자리
가끔……간혹, 때때로
가난……궁핍
가난하다……구차하다
가냘프다……연약하다
가득……잔뜩
가령……가사
가르다……쪼개다
가르치다……지도하다
가리다……고르다
가만가만……살금살금
가만히……조용히, 살그머니
가망……희망
가물……가뭄, 한발
가시다……사라지다
가엾다……불쌍하다
가운데……중간, 한복판
가입……가담
가장……제일
가족……식구
가짜……거짓
각가지……갖가지
각기……각각
각색……각종
각오……결심
각지……각처
간간이……이따금
간단……간결, 간략
간섭……참견
간신히……겨우
간절히……간곡히
간직……간수
간청……애원
간편……간단, 단순
간호……간병
간혹……간간이, 혹간
감격……감동
감당……감내
감사……치사
감시……감독
감탄……감격, 탄복
감흥……흥취
갑갑하다……답답하다
갑자기……별안간
값어치……가치
강……내
강산……산천, 강토
강연……연설
강조……역설
강하다……세다
같이……함께
갚다……보답하다
개구쟁이……장난꾸러기
개다……맑다
개선……개량
개시……시작
개척……개간, 개발
개천……개울
갸름하다……기름하다
갸웃이……기웃이
거닐다……산책하다
거들다……돕다

거듭……중복	경기……시합
거룩하다……신성하다	경영……운영
거름……비료	경우……처지
거리……길거리, 한길	경작……농작
거북하다……불편하다	경축……경하
거의……거지반	경치……풍경
거저……그냥	경험……체험
거절……거부	곁……옆
거지……걸인	계속……연속
거짓……허위	계절……철
거행……거사	계획……기획
걱정……근심	고개……언덕
건강……건장	고갯마루……산마루
건국……개국	고귀……존귀
건너다……넘다	고깃배……어선
건설……건립	고단하다……피곤하다
걸상……의자	고대……기대
걸음……발길	고되다……힘들다
걸작……명작	고루……골고루
검사……조사	고맙다……감사하다
검소……검약, 소박	고목……노목
겉장……표지	고비……막바지
게으름쟁이……게으름뱅이	고상하다……숭고하다
겨레……민족	고생……고난, 고통
겨우……간신히	고소……고발
겨우내……겨울내	고약하다……괴팍하다
격동……충동	고요하다……조용하다
견디다……참다	고장……지방, 고향
견문……문견	고적……유적
견본……본보기	고초……고난
결과……결말, 성과	고통……고초
결국……필경	고향……향토
결백……청백	곡물……곡식
결심……각오, 결의	곡조……가락
결의……각오, 결심	곤란……곤경, 곤궁
결정……작정, 확정	곧잘……제법
결혼……혼인	골……성, 화
겸손……겸양, 공손	골라……가려
겹겹이……첩첩이	골몰하다……골똘하다
경계……지경	골짜기……산골짜기

곱다……아름답다
곳……장소
공격……돌격, 습격, 공박
공기……기체
공로……공적
공부……학습
공사……역사
공손하다……겸손하다
공적……공로
공책……학습장, 노트
공통……상통
공포……선포
과연……과시, 참으로
과일……과실, 실과
관가……관청
관계……관련
관광객……유람객
관리……공무원
관심……주의
관현악단……오케스트라
광……창고
광복……해방, 회복
광활……광대
괴뢰……꼭두각시
괴상……기이
괴수……수괴
교외……야외
교육……교화
교육자……교육가
교인……신자
교통……왕래
교환……교역
교회……예배당
구경……관람
구미……입맛
구별……구분, 분별, 차별
구실……역할, 일
구원……구제
구제……구호
구조……구원, 구제

구차하다……가난하다
국가……나라
국경일……경축일
국력……국세
국민……백성, 인민
국외……해외
국토……강토, 영토
군대……군인, 부대
군도……제도
군사……군인, 군대, 병사, 병졸
군중……대중
군함……전함
굳히다……다지다
굴복……복종
굽히다……꺾이다
궁금하다……답답하다
궁둥이……엉덩이
궁리……연구
궁전……궁궐, 대궐
권고……권유
권세……권력
귀국……환국
귀신……혼령
귀양……유배
귀엽다……사랑스럽다, 예쁘다
귀중……소중
귀찮다……성가시다
귀하다……귀중하다
규칙……규정, 법칙
그냥……그대로
그늘……응달
그대로……그냥
그러께……재작년
그루……포기
그리다……사모하다
그림……회화
극진……지극
근래……근간
근본……기초
근심……걱정

근원……근본
근처……근방
글……문장
금년……올해
기갈……갈증
기구……도구
기금……자금
기도……기원
기력……기운
기록……기재
기미……조짐
기본……근본
기부……기증
기쁘다……즐겁다
기쁨……즐거움
기사……기록
기상……기침
기색……안색
기세……형세
기술……기예
기와집……와가
기왕……이왕
기운……힘, 기력
기이하다……기묘하다
기초……토대
기호……부호
기회……시기
기후……천후
길가……노변
길손……나그네
까닭……이유, 영문
깔다……펴다
깡통……양철통
깨끗하다……말끔하다
껍데기……껍질
꼬리……꽁지
꼬투리……깍지
꼭……반드시
꼭꼭……단단히
꽂히다……박히다

꽃……화초
꽃다발……화환
꽃밭……화단
꾀하다……도모하다
꾸중……꾸지람
꾸짖다……나무라다
꿈……희망, 이상
끌다……당기다
끝없이……한없이
끼니……식사

<ㄴ>

나그네……여행자
나들이……외출
나라……국가
나란하다……가지런하다
나루터……도선장
나무라다……꾸짖다
나이……연령
나중……결국
낙심……낙망, 실망
낙원……천국, 낙토
날래다……날쌔다
날마다……매일
날씨……일기
날카롭다……뾰족하다
낡다……헐다
남……타인
남매……오누이
남아……사나이
남자……사내
남쪽……남방
남해……남쪽 바다
낫다……좋다
낯익다……익숙하다
낱낱이……일일이
내……연기
내년……명년
내막……내용
내부……내면

내빈……객, 손님
내일……명일
너른……넓은
넉넉하다……부유하다, 충분하다, 흡족하다
넋……영혼, 정신
널조각……널빤지
넓은……너른
넓히다……늘이다
넘어가다……지다
네모……사각
노고……수고
노고지리……종달새
노랑……누렁
노래……가요
노력……진력
노망……망령
노예……노비, 종
노인……늙은이
노자……여비
녹슬다……녹나다
논밭……전답
논의……의논
놀리다……조롱하다
놀이……장난
농부……농군
농사……농업
농사철……농기
농삿집……농가
농장……농원
농지……농토
높이다……올리다
누나……누님, 누이
누룽지……눌은밥
눈부시다……휘황하다
눈치……기미, 낌새
늘다……불어나다
늙어서……늙바탕에
능숙하다……능란하다
늦다……더디다

\< ㄷ \>

다능……다재
다른 데……딴 곳
다만……오직
다물다……닫다
다스하다……따뜻하다
다시……거듭
다음……뒤
다음해……이듬해
다짐……결심
다행……요행
단결……단합
단단하다……야무지다
단독……독단
단련……연마, 수련
단숨에……한숨에
단장……화장
단점……단안
단지……항아리
달다……걸다
달리다……뛰다
달리다……모자라다
달빛……월광
달성……성취
달아나다……도망치다
닭장……계사
담……담장
담다……넣다
담당……담임
담임……담당
답답하다……갑갑하다
답서……답장
당번……든번
당부……부탁
당선……피선
당시……당대
당신……그대
당연하다……마땅하다
닿다……도착하다

닿소리……자음
대강……대개, 간략
대관절……대체
대궐……왕궁, 궁전, 궁궐
대다수……대부분
대단하다……굉장하다
대답……대꾸, 응답
대륙……대지
대목……고비, 부분
대번에……단번에
대부분……대개, 거의 다
대상……상대
대신……대리
대우……대접, 접대
대중……민중
대체……대관절
대표……책임자
대한……한국
대항……대적, 항거
더구나……더욱이
더디다……늦다
덕택……덕분, 혜택
덮다……씌우다
도달……도착
도대체……대관절
도령……총각
도로……길
도리어……오히려
도망……도주
도무지……아주, 좀처럼, 전혀
도서실……도서관
도시……도회
도저히……이루
도회지……도시
독립……자립
독특……특수, 특유
돈……금전
돋다……나오다
돌보다……보살피다
동댕이치다……팽개치다

동무……친구
동생……아우
동아줄……밧줄
동안……기간
동요……동시
동이다……묶다
동작……행동
동지……동료
동창……동문
되풀이……반복
두들기다……때리다
두렵다……무섭다
두메……산골
둘러앉다……모여 앉다
둘레……주위
둥글다……동글다
뒤뜰……뒤꼍
뒤죽박죽……엉망진창
뒷간……변소
드디어……마침내
드문드문……이따금, 띄엄띄엄
드물다……성기다
들판……평야, 벌판
등불……등화
따뜻하다……따스하다
따라서……좇아서
딱하다……가엾다
땅……토지, 대지
땅바닥……땅거죽
때……시대, 시간
때때로……가끔
때리다……두들기다
때문……까닭
떠나다……출발하다
떠들썩하다……왁자지껄하다
떼……억지
또렷하다……분명하다
똑똑하다……분명하다
뚜렷하다……분명하다
뛰다……달리다

뛰어나다……빼어나다
뜨겁다……따갑다
뜨다……오르다
뜨이다……보이다
뜰……마당
뜻……의미
뜻밖에……의외로

< ㅁ >
마구……함부로
마당……뜰
마땅하다……당연하다
마련……준비
마술사……마법사
마을……동네
마음……정신
마음놓다……안심하다
마중……영접
마지막……나중
마찬가지다……같다
마치……흡사
마치다……끝내다
마침……끝냄
마침내……드디어
막……장막, 포장
막……함부로
막론……물론
만고……천고, 만대
만들다……꾸미다
만발……만개
만약……만일
만족……흡족
많다……숱하다
맏딸……큰딸
말기……말엽
말꼬리……말끝
말끔히……깨끗이
말다툼……입다툼
맑다……깨끗하다
망령……노망

망하다……쇠하다, 패하다
매우……몹시
매월……매달
매일……날마다
맨손 체조……도수 체조
맵시……모양
맹렬……격렬, 치열
맹세……서약
맹수……야수
머리털……머리카락
먼저……우선
먼지……티끌
멀쩡하다……온전하다
메……산
멧부리……봉우리
면포……광목, 무명
면하다……피하다
멸시……천시
명랑……쾌활
명령……분부, 지시
명예……명성, 영예
명작……걸작
명필……달필
모두……다
모습……모양
모자라다……부족하다
모조리……죄다
모질다……맵다
모집……수집
모퉁이……귀퉁이
모험……탐험
목소리……말소리, 목청
목숨……생명
목욕……목간
목재……재목
목적……목표
목초……꼴
목화……면화
몰래……슬그머니
몸……신체

몸가짐……태도	물바다……물난리
몸소……손수, 친히	물음……질문
몸집……몸피	미개……야만, 원시
몹시……매우, 대단히	미개인……야만인
못난이……바보	미래……장래
못생기다……못나다	미루다……연기하다
묘목……모나무	미리……먼저
묘하다……야릇하다	미안하다……죄송하다
무기……병기	미처……아직, 채
무당……무녀	민족……겨레, 종족
무덤……묘, 산소	민첩……민활
무럭무럭……모락모락	믿음……신앙, 신의
무력……병력, 군사력	밀접……긴밀
무렵……즈음	밑……아래
무명……면포	
무사히……무고히	<ㅂ>
무섭다……두렵다	
무성……울창	바다……해양
무술……무예	바닷가……해변
무시……멸시	바닷바람……해풍
무식……무지	바로……금방, 곧
무지……무식	바르다……곧다, 옳다
무진장……무한량	바른쪽……오른쪽
무찌르다……쳐부수다	바보……등신, 천치
무척……매우, 몹시	바쁘다……분주하다
무한히……한없이	바삐……급히
묵묵히……잠잠히	박히다……찍히다
묵상……묵념	밖……바깥
묶이다……매이다	반가이……기꺼이
문득……갑자기	반격……역습
문란……혼란	반달……반월
문명……문화	반대……거부, 거역
문명인……문화인	반대말……맞선말
문자……글자	반대편……맞은편
문제……물음	반드시……꼭
물건……물자	받들다……섬기다
물결……파도, 파문	발기계……발틀
물기……습기	발달……발전
물려받다……상속받다	발동선……통통배
물론……무론, 암	발음……발성
	발전……발달, 진보, 향상

발표······공포	병······병환, 질병
발행······발간	병구······무기
밝다······환하다	병기······무기
밤낮······항상	병력······군사력
밤늦도록······이슥하도록	병원······의원
밤일······야근	병자······병인, 환자
방글방글······생글생글	병정······군인, 병졸
방긋······벙글, 생긋	보고······통보, 신고
방도······방법, 방책	보내 준······붙여 준
방면······방향	보도······발표
방법······방도, 수단	보람······효험, 효과
방비······수비	보랏빛······보라색
방 안······실내	보름달······만월, 망월
방해······훼살, 훼방	보물······보배
방향······방면, 향방	보복······앙갚음
배급······배부	보잘것없는······하잘것없는
배달······배부	보장······보증
배척······배격	보존······보전
백성······국민	보채다······조르다
백합꽃······나리꽃	보통······예사, 평범
뱃사람······사공, 선원	보호······옹호
버릇······습성, 습관	복도······낭하
번번히······자주	복잡······번잡
번성······번영	복종······순종, 굴복
번지다······퍼지다	복판······중심, 가운데
번창······번성, 번영	본래······본디, 원래
번화······번잡, 번창	본보기······모범
벌···들	볼······뺨
벌거숭이······알몸	볼 낯이 없다······면목이 없다
벌써······이미	볼모······인질
벌여 놓다······늘어놓다	볼품······맵시
벌판······들판	봄바람······춘풍
범상······평범	봉양······봉로
법칙······규칙	봉우리······산꼭대기
벗······친구	부강······부유
벼슬······관직	부끄럽다······창피하다
변변히······제대로	부락······동네
변화······변동, 변천	부르짖다······외치다
별로······그다지	부모······양친
별안간······갑자기	부부······내외

부상……상이
부상병……상이 군인
부유……풍족
부인……아내
부자……부호
부지런하다……열심하다
부탁……당부, 청탁
부하……졸병
부합……일치
부호……기호
부활……소생, 재생
부흥……재건
분간……구별, 분별
분명……확실
분야……부문
분주……분망
불구하고……고사하고
불만……불평
불안……근심
불행……불우
붉다……빨갛다
비겁……비열
비결……비법
비교하다……견주다
비극……참극
비밀……기밀
비비다……문지르다
비비새……뱁새
비스듬하다……기우뚱하다
비싼……고가
비용……경비
비웃음……조소
비참……참혹, 처참
비통……비장
비판……비평
빈곤……가난, 구차
빈궁……빈한
빈손……맨손
빌리다……꾸다
빗줄기……빗발

빙긋이……싱긋이
빚……부채
빛깔……색
빨간……붉은
빨리……급히, 속히
뽐내다……으스대다, 뻐기다
뽑아 놓다……가려 놓다
뾰족하다……뾰쪽하다

<ㅅ>
사납다……무섭다
사냥꾼……포수
사라지다……없어지다
사람……인류, 인간
사랑……애정
사래……이랑
사리……이치
사무……직무
사무실……사무소
사방……사면
사상자……살상자
사실……진실
사업……기업
사연……내용
사용……이용
사이……틈
사이좋게……의좋게
사정……실정, 형편
사철……사시
사태……형편, 정세
사흘……삼일
산골……두메
산골짜기……골짜기, 계곡
산골짝……산곡
산뜻하다……깨끗하다
산모롱이……산모퉁이
산봉우리……산봉
산수……강산, 산천
산허리……산중턱
살림……생활

삼삼하다……어리다	선언……선고
삽시간……순식간	선원……뱃사람
삿대……상앗대	선장……함장
상관……관계	선전……광고
상기……아직	선조……조상
상대……대상	선출……선거
상륙……등륙	설령……설사
상상……공상, 추측	설명……해설
상인……장수	설움……슬픔
상점……가게, 점포	섭섭하다……서운하다
상태……실정	성가시다……괴롭다, 귀찮다
상쾌……경쾌, 유쾌	성격……성품, 성질
상하다……다치다	성공……성취
새다……밝다	성과……결과, 효과
색다르다……유별나다	성내다……화내다
색동옷……꼬까옷	성능……기능
샘물……우물물	성명……성함, 이름
생각……사고, 상상	성의……성심
생명……목숨	성장……장성
생사……사생	성질……성미, 성격
생산품……제품	성품……인품, 품격
생일……생신	세력……권력, 권세
생전……생시	세모……삼각
생활……생계	세밀하다……자세하다
서럽다……슬프다	세상……세계, 천하
서리다……어리다	세세하다……자세하다
서먹서먹하다……어색하다	세수……세면
서성대다……머뭇거리다	세월……광음, 시일
서양……서구	세차다……거세다
서운하다……섭섭하다	셈……계산
서울……장안	소견……의견
서점……책방	소경……봉사, 장님
서투르다……미숙하다	소동……소란
선……금	소리……음성
선거……선출	소망……소원
선교……포교	소모……소비
선물……선사	소문……풍문
선비……학자	소박……순박
선생……스승	소변……오줌
선선하다……서늘하다	소상……상세

소식……소문, 안부
소용……필요
소원……소망
소인……소생
소중……귀중
소풍……산보, 원족
소홀하다……등한하다
속……안
속국……식민지
속도……속력
속박……구속
속삭이다……소곤거리다
속하다……딸리다
손님……객, 내빈
손들다……항복하다
손목……팔목
손뼉……박수
손해……손실
송가……찬미가
쇠다……지내다
쇠약……허약
수고……고생, 노고
수군……해군
수다하다……허다하다
수단……방법
수도……서울
수라장……난장판
수려……화려
수립……건립
수복……탈환
수산물……해산물
수상……시상
수상……총리
수심……근심
수없이……무수히
수입……소득
수준……정도
수줍다……부끄럽다
수초……물풀
수효……수량

숙망……숙원, 소망
숙이다……수그리다
순간……찰나
순서……차례
순수하다……순진하다
순식간……삽시간
숨기다……감추다
숭고……고상
숭배……숭상, 존경
숲……삼림
쉽다……용이하다
스파이……간첩, 밀정, 오열
슬그머니……가만히, 넌지시, 살그머니
슬금슬금……가만가만
슬기롭다……지혜롭다
슬픔……설움
습격……공격, 기습
습관……관습, 습성
승……승려
승낙……승인, 허락
승리……승첩, 승전
승상……정승
승인……승낙
승전……승리
승패……승부
시가……시내
시각……시간
시간……시각
시골……촌, 두메, 지방
시늉……흉내
시대……시절
시댁……시가
시설……설비
시원하다……서늘하다
시인……시재
시작……개시, 시초, 처음
시절……시기, 시대
시종장……시종관
시주……공양

시초……최초
시행……실시
시험……고사
식구……가족
식량……양식
식목……식수
신기하다……기이하다, 신묘하다, 신통하다
신령……귀신
신명……신령
신부……사제
신비……신기
신선……선인
신세……처지
신앙……종교
신체……육체
신통……신기
실력……능력
실망……낙망
실상……사실
실시……실행, 시행
실정……형편
실지……실제
실천……실행
실패……실수
실험……시험
실현……실천
심술궂다……짓궂다
심하다……지나치다
싱겁다……멋쩍다
싱싱하다……생생하다
싸다……헐하다
싸매다……동여매다
싸우다……다투다
싸움……전투, 전쟁
썩다……상하다
쓰다……적다
쓰다듬다……어루만지다
쓰라림……고통
쓰러지다……넘어지다

씨……씨앗
씩씩하다……용감하다

<ㅇ>

아군……우군
아기……아이
아내……처
아늑하다……깊숙하다
아담하다……담아하다
아들……영식
아름답다……곱다, 예쁘다
아마……대개
아무렇게나……마구
아무리……비록
아물아물……가물가물
아예……애당초
아우……동생
아울러……함께
아이……아동
아저씨……삼촌, 숙부
아주……매우
아직……여태
안……속
안녕……평안
안정……진정
알뜰히……소중히
알맞다……적합하다
암만……아무리
압력……압박
압박……속박
앞길……장래
앞날……장래
애써……힘써
애쓰다……노력하다
애원……간청, 애소
애초……처음
야단……꾸지람, 꾸중, 법석
야만……미개
야욕……탐욕
약……대략

약속……약조, 언약	여간……보통
약하다……허약하다	여론……공론
알밉다……밉다	여름……하절
얇다……엷다	여비……차비
얌전하다……점잖다	여성……여자
양반……귀족	여인……여자
양분……영양분	여태……아직
양식……식량	여행……원행
양지……양달	역사……청사
양쪽……양편	연구……궁리, 탐구
어귀……입구	연못……못, 늪
어느……어떤	연방……연속
어두컴컴하다……어둠침침하다	연습……연마
어둡다……캄캄하다	연약하다……가냘프다
어렵다……힘들다	연월……세월
어루만지다……쓰다듬다	연합……연맹
어른……성인	연합군……동맹군
어름어름……어물어물	연해……잇달아
어리석다……우매하다	열렬……맹렬
어린이……아동, 아이	열성……성의
어머니……모친	열없어서……부끄러워서
어서……빨리	열중……열심, 골몰
어엿하다……버젓하다	열차……기차
어처구니없다……어이없다	염려……우려
억세다……강하다	영……넋
억지로……강제로	영감……노인
언니……형	영광……영예, 광영
언덕……비탈	영문……이유, 까닭
언약……약속	영영……영원히
언제나……항상, 늘	영예……명예
언행……언동	영원……영구
얼……넋	영향……반향
얼굴……낯	영화……활동 사진
얼른……빨리, 속히	옆……곁
엄격……엄중	예쁘다……곱다
엄숙……엄격	예사……보통
엄숙하다……근엄하다	예술가……예술인
업신여기다……깔보다	예약……선약
업적……공적	예전……그전, 옛날
에워싸다……둘러싸다	예절……예의

예정……계획	요소……요건
옛날……옛적	요점……중점
오늘……금일, 현대	요즈음……근래
오랑캐……되놈	욕심……욕망
오래오래……길이길이	용감……과감, 용맹
오랜……긴	용기……패기
오로지……다만	용서……용납, 용인
오막살이집……오두막집	우거지다……울창하다
오정……정오	우군……아군
오직……다만	우대……후대
오후……하오	우두머리……두목
오히려……도리어	우러러보다……쳐다보다
옥……감옥	우렁차다……굉장하다
옥좌……왕좌, 보좌	우물쭈물하다……어물어물하다
온갖……갖은	우비……우구
온돌……구들	우선……먼저
온몸……전신	우수……우월
온순……유순	우연히……뜻밖에
온통……모두, 죄다, 전부	우정……우의
올해……금년	운동……체육
옳다……맞다	운동장……경기장
옷……의복	운명……운수, 숙명
옷장……장롱	운반……운송
완강히……굳세게	운영……경영
완성……완료, 완수	운전……조종
완전……온전	울긋불긋……알록달록
완쾌……쾌유	울창……무성
왕……임금	울타리……담
왕국……군주국	웅장……장대
왕궁……궁궐	웅크리다……쪼그리다
왕래……내왕	원래……본래
왕실……황실	원료……재료
왕위……왕좌, 제위	원리……원칙
왜적……왜구	원망……저주
외국……타국, 해외	원수……적
외롭다……고독하다	원인……근원
외치다……부르짖다	원통……억울
요구……요청	원한……한
요란……소란	월급……봉급
요새……요즘	위급……위태

위대하다……훌륭하다	의외로……뜻밖에
위독……위급, 위태	의원……의사
위로……위안	의자……걸상
위법……불법	의젓하다……점잖다
위성……달별	의지……의탁
위안……위로	의혹……의심
위압……압박	이기다……승리하다
위엄……위세, 엄숙	이동……이전
위치……방위	이듬해……다음 해
위험……위태	이래……이후
유기……놋그릇	이루……도저히
유난히……유달리	이룩하다……완성하다
유럽……구주, 구라파	이르다……빠르다, 가르치다
유명……저명	이른바……소위
유언……유음	이름……성명
유용……이용	이름나다……유명하다
유원지……관광지	이미……벌써
유익……이익, 유리	이번……금번
유지……지탱, 보전	이사……이전
유쾌……상쾌	이상……괴상
유행……성행	이슬비……가랑비
육지……땅, 뭍, 대륙	이용……사용
으뜸……제일	이웃……인근
은돈……은화	이웃집……옆집
은둔……도피	이윽고……드디어
은혜……은공, 은덕, 혜택	이익……이득, 유익
읊은……부른	이자……이식
음모……흉계	이제……지금
음성……성음, 목소리	이중……두 겹
응원……후원, 성원	이치……원리
응접실……접대실	이튿날……다음날
의견……의사	이해……해석
의구……여전	익숙……능숙
의기……기상, 패기	인간……인류
의논……상의	인걸……호걸
의미……의의	인격……인품
의복……옷	인도……안내
의사……의원	인류……인간
의식……정신	인사……문안
의심……의문, 의혹	인생……생애

인연……연분	자주……자꾸, 흔히
인품……인격	자주적……자립적
인형……꼭두각시	자줏빛……자주색
일구다……갈다	자취……혼적
일기……일지	작금……요즘
일년……한해	작년……거년, 지난해
일부……부분	작별……이별
일상……평상	잘못하다……실수하다
일생……평생	잠깐……잠시
일시……동시	잠자코……말없이, 가만히, 묵묵히
일요일……공일	잠잠하다……조용하다
일일이……하나하나	잡다……쥐다
일출……해돋이	잡음……소음
일행……동행	장……시장
임금……왕	장군……장수
임무……책무	장난감……노리개
임원……역원	장님……소경
임자……주인	장단……리듬
입선……당선	장대……막대
입장……등장	장마……장림
입학……입교	장막……천막, 포장
잇달다……연달다	장만……마련
잇속……이익	장소……처소
	장수……상인
＜ㅈ＞	장식……치장
자기……자신	장엄……웅장
자국……혼적	장차……미래
자꾸……자주	장치……장비
자녀……자식	장하다……훌륭하다
자라다……크다	재……고개
자료……재료	재능……재주
자루……주머니	재료……자료
자리……좌석	재미……흥미
자본……밑천	재산……재물
자세……상세	재주……재능
자손……후손	재촉……독촉
자신……자부	잿빛……회색
자연……천연	저금……저축, 예금
자원……자산, 밑천	저절로……자연히
자유……해방	저축……여축, 예금, 적금

저희……우리	정신……마음, 영혼
적군……적병	정양……요양
적다……쓰다	정열……열정
적막……정적	정원……뜰
적절하다……적당하다	정전……휴전
적히다……쓰이다	정직……솔직
전과……전적	정체……본체
전래……내력, 전승	정치……정사
전봇줄……전깃줄	정확……확실
전부……전체	제각기……저마다, 각자
전송……배웅	제공……공급
전시회……전람회	제목……표제
전연……전혀	제법……곧잘, 꽤
전원……농촌	제비꽃……오랑캐꽃
전쟁……전투	제사……차례
전쟁터……싸움터	제안……제의
전체……전부	제일……가장
전투……전쟁	제작……조작
전함……군함	제조……제작
전황……전세	제창……주창
절……인사	제한……한정
절대로……도저히	조국……모국
절룩거리다……절름거리다	조그만……자그만, 작은
절실……간결	조그맣다……자그맣다
절찬……극찬	조르다……보채다
젊은이……청년	조목……조항
점점……점차, 차차	조사……검사
정답다……다정하다	조상……선조
정도……가령, 한도	조성……편성
정력……기력	조심……주의
정리……정돈, 정비	조용하다……고요하다
정말……참말	조잘거리다……재잘거리다
정면……앞면	조종사……비행사
정복……정벌	조직……구성, 편성
정부……행정부	조짐……기미
정상……형편	조회……조례
정성……지성, 성심	존경……공경
정세……형세	존중……존귀, 존대
정승……대감	졸도……기절
정식……공식	졸라서……보채서

좁다……비좁다	지극하다……대단하다
종래……종전	지금……이제, 현재
종목……항목	지니다……가지다
종사……종업	지당……연못
종숙……당숙	지당……타당
종자……씨앗	지대……지역
종종……가끔	지방……고장, 지역
종합……총합	지성……정성
좋다……기쁘다	지우다……없애다
죄……허물	지저분하다……더럽다
죄명……죄목	지혜……슬기
죄송……황송	직분……직책
주머니……호주머니	직업……생업
주목……주시, 관심	진보……향상
주변……언저리	진실……성실
주요……중요	진심……진정
주위……주변	진영……진
주의……경고	진정……탄원
주인……임자	진찰……진단
주일……주간	질문……질의
주장……주창	질서……규율
주저하다……망설이다	질펀하다……흥건하다
주춤하다……머뭇거리다	짐승……동물
죽음……사망	짐작……추측
준공……낙성	집안……가정
준비……마련, 채비	짓……행동
줄거리……대강	징용……징발
중……승려	짚단……짚뭇
중간……중도	짜임……조직
중단……중지	짜증……싫증
중대……중요, 귀중	쪼개지다……갈라지다
중심……중앙, 핵심	쫓아오다……달려오다
중요……중대, 주요	쯤……가량
중지……중단	
중턱……허리	**＜ㅊ＞**
즈음……당시, 무렵	차근차근……초군초군
즐겁다……기쁘다	차례……순서
증거……증명	차별……구별
증서……증명서	차이점……상이점
지경……처지, 경지	차차……점점, 점차

착하다……어질다
찬성……동의, 찬동
찬송……찬미
참……과연, 정말
참가……참여
참고……참조
참다……견디다
참된……진정한
참석……출석
참으로……과연, 정말로
참패……대패
창고……곳간
창문……창
창설……창립
창조……창작
책……서적
책방……서점
책임……임무, 책무
책장……책꽂이
처량하다……쓸쓸하다
처리……처치
처매다……동여매다
처벌……형벌
처음……최초
천국……낙원
천사……선녀
천연……자연
천연두……마마
천지……천하, 우주
천천히……느리게
천하다……천박하다
철도……철로
철사……철선
청결……깨끗
청년……젊은이
청사……역사
청소……소제
체험……경험
처부수다……무찌르다
초대……초청

초라하다……허술하다
초록빛……풀빛
초순……상순
초원……풀밭
초조하다……조급하다
촌……시골
촌락……시골, 부락
최전선……최일선
최후……최종
추녀……처마
추리다……뽑다
추석……한가위
추수……수확
축복……축원
축하……축복
출발……시발
출옥……출감
출전……참전
춤……무용
춥다……차다
충격 요법……쇼크 요법
충분……흡족
충성……충의, 충절
충실……확실, 성실
취미……기호, 취향, 흥미
측량……측정
치다……때리다
치료……가료, 진료
치사……감사, 치하
치장……단장
친구……동무, 벗
친근……친절, 절친, 다정
친아버지……친부
친절……다정
친정……친가
친히……몸소
칠판……흑판
침대……침상
침략……침노, 침범
침찬……칭송

<ㅋ>

캄캄하다……어둡다
캐다……파다
커다랗다……큼직하다
콧방귀……콧방아
쾌적하다……상쾌하다
쾌활하다……섹섹하다
큰누이……맏누이
큰댁……큰집
큰물……홍수
키……신장

<ㅌ>

타국……외국
타다……오르다
타이르다……훈계하다
타이르다……달래다
타향……객지
탁월……월등
탄생……출생
탈……가면
탈퇴……이탈
탐내다……욕심내다
탐정……밀정
탐험……탐색, 모험
태도……자태
태양……해
태평……화평
태풍……폭풍
터덜터덜……터벅터벅
터득……해득
터전……기반
토대……기본, 기초
토론……토의
토인……흑인
통나무……원목
통상……보통
통일……통합
통제……제재
통지……고지, 기별
퇴장……퇴석
퇴직……퇴임
툭하면……걸핏하면
트럭……화물 자동차
특별……특수, 특이
특별히……유난히
특색……특징
특이……유다른, 색다른
튼튼하다……건실하다
틀림없다……어김없다
틈……겨를, 사이
티끌……먼지

<ㅍ>

파괴……파손
파도……물결
파란……푸른
파릇파릇……푸릇푸릇
파멸……멸망
판자……널빤지
패망……멸망
팽팽하다……탱탱하다
퍽……대단히, 매우
편리……간편, 편의
편안……평안, 안녕
편의……편리
편지……서신, 서한
편편하다……평평하다
평등……균등
평생……일생
평소……평시
평야……평원
평화……태평, 평온
포구……항구
포근하다……푸근하다
포악……흉악
포탄……포환, 폭탄
폭……나비
폭도……불량배

폭동……소동, 난동
폭력……완력
폭발……폭파
폭풍……태풍
표……표시
표면……외면
표시……표현
표정……안색
표준……기준
표준말……표준어
풀없다……힘없다
품다……지니다
품성……성품
풍경……광경, 경치
풍부……풍족
풍습……풍속
풍파……풍랑
피……혈액
피곤……피로
피난……피란
피폐……쇠퇴
필……마리
필경……결국, 마침내
필시……필연
필요……긴요, 소용
핏줄……혈관
핏줄기……혈맥

< ㅎ >
하나하나……일일이
하늘……공중
하마터면……자칫 하면
하물며……더군다나
하얀……흰
하얗다……희다
학교……학원
학문……학술
학비……학자금
학생……생도
학식……지식

학자……선비
한가……한산
한가위……추석
한결……한층
한길……큰길
한눈……먼눈
한쌍……한짝
한없이……끝없이
한적……한가, 고적
한참……한동안
한층……한결
한탄……탄식
할아버지……조부
함께……같이, 더불어
함부로……마구
함빡……흠뻑
함성……고함
합방……합병
합치다……섞이다
항거……항쟁, 대항
항구……포구
항구적……영구적
항로……수로, 해로
항복……굴복
항상……늘, 항시
항해……항행
해……태양
해군……수군, 해병
해마다……매년
해방……광복
해산……해체
해안……해변
해외……국외
핼쑥하다……해쑥하다
햇볕……햇빛
행동……거동
행복……다행, 행운
향기……향내
향기롭다……향긋하다
향상……진보

허다하다……무수하다	환하다……밝다
허둥지둥……갈팡질팡	활기……생기, 활발
허락……승낙	활동……활약
허술……소홀	황공……황송
허욕……허영	황급……황망
헛간……곳간	황실……왕실
헤아리다……짐작하다	황제……임금
헤어 보다……세어 보다	황홀……찬란
헤어지다……이별하다	회견……면회, 접견
헤엄……수영	회복……복구
헤치다……흐트리다	회상……회고
현대……현세	회의……회담
현상……상태	효과……보람, 효력
현재……지금, 현실	효도……효성
협력……협동, 협심	효성……효도
협박……위협	후세……후대
협약……협정, 약정	후원……원조, 응원
협정……약정	후회……참회
협조……협력	훈기……훈김
형태……형상	훈련……단련
형편……형세	훈장……휘장
호소……하소연	훌륭하다……뛰어나다, 위대하다, 거룩하다
혹시……만약, 행여	
혼……넋	훼방……방해
혼란……문란	휴양……정양
혼잡……복잡	휴일……공일
홀로……혼자	휴전……정전
홀몸……단신	흉내……모방
홀어머니……편모	흐뭇하다……흡족하다
홀쭉……훌쭉	흔하다……숱하다
홍수……큰물	흔히……자주
화……성	흥망……성쇠
화가……화공	흥미……재미
화단……꽃밭	흥이 나다……신이 나다
화려……번화, 찬란	흥취……흥미
화문석……꽃돗자리	흥하다……성하다
확실……정확	희곡……각본
확충……확대	희망……소망
환영……영접, 환대	힘없다……맥없다
환자……병자	힘차다……기운차다

속 담

*숫자는 본문 쪽수임

<ㄱ>

가게 기둥에 입춘……1
가난 구제는 나라도 못한다……2
가난한 집 제삿날 돌아오듯……2
가는 날이 장날……2
가는 말에 채찍질한다……2
가는 말이 고와야 오는 말이 곱다……2
가랑비에 옷 젖는 줄 모른다……3
가랑잎에 불붙기……3
가랑잎으로 눈가리고 아옹한다……3
가랑잎이 솔잎 보고 바스락거린다고 한다……3
가로 지나 세로 지나……3
가루는 칠수록 고와지고 말은 할수록 거칠어진다……4
가마 밑이 노구솥 밑을 검다 한다……4
가물에 콩 나듯……5
가을 부채다……철 지나서 쓸모 없는 물건이라는 뜻.
가을 중 싸대듯한다……6
간에 가 붙고 염통에 가 붙는다……9
간에 기별도 안 간다……9
간이 콩알만해지다……겁이 나서 몹시 두렵다는 뜻.
갈모 형제라……11
갈수록 태산이다……11
갈치가 갈치 꼬리 문다……11
감사 덕분에 비장 나리 호사한다……12
감장 강아지로 돼지 만든다……13
값도 모르고 싸다 한다……14
값싼 갈치 자반……14
값싼 것이 비지떡……14
강물도 쓰면 준다……15
강아지 똥은 똥이 아닌가……15
같은 값이면 다홍치마……17
개구리 올챙이 적 생각을 못한다……17
개 꼬락서니 미워서 낙지 산다……18
개꼬리 삼 년 두어도 황모 못된다……18
개 눈엔 똥만 보인다……18
개똥도 약에 쓰려면 없다……18
개 머루 먹듯한다……18
개미 금탑 모으듯한다……18
개미 쳇바퀴 돌듯한다……18
개발에 주석 편자……18
개밥에 도토리……18
개 보름 쇠듯한다……18
개살구도 맛들일 탓……19
개싸움에 물 끼얹는다……19
개천에서 용 난다……19
거문고 인 놈이 춤을 추면 칼 쓴 놈도 춤을 춘다……22
거미도 줄을 쳐야 벌레를 잡는다……22
거지도 손 볼 날이 있다……23
건너다보니 절터……24

게 잡아 물에 넣다……27
곗술에 낯내기……36
고기는 썩어야 맛이요 말은 해야 맛이라……37
고기도 저 놀던 물이 좋다……37
고래 싸움에 새우 등 터진다……38
고슴도치도 제 새끼가 함함하다면 좋아한다……40
고양이 목에 방울 단다……40
고양이 보고 반찬 가게를 지키라고 한다……40
고양이 앞의 쥐 걸음……40
고양이 죽은 데 쥐 눈물만큼……41
고음 일흔이 감 하나만 못하다……41
고추는 작아도 맵다……42
공든 탑이 무너지랴……47
광에서 인심 난다……54
구관이 명관이다……57
구더기 무서워 장 못 담글까……57
구렁이 담 넘어가듯……58
구멍을 보아 가며 쐐기 깎는다……58
구슬이 서 말이라도 꿰어야 보배……59
국수 잘하는 솜씨가 수제비 못하랴……61
굳은 땅에 물이 괸다……65
굶어 죽기는 정승하기보다 어렵다……65
굽은 나무가 선산을 지킨다……65
굽은 나무는 길맛가지가 된다……65
굿이나 보고 떡이나 먹지……66

귀가 보배다……67
귀신도 모른다……67
귀신 듣는 데 떡 말한다……67
귀에 걸면 귀고리 코에 걸면 코고리……67
급하기는 우물에 가 숭늉 달라겠다……급한 것만 생각하고 일의 절차를 분간하지 못한다는 뜻.
급하면 바늘 허리에 실 매어 쓸까……76
기는 놈 위에 나는 놈이 있다……77
기도 못 하고 뛰려 한다……78
길고 짧은 것은 대보아야 안다……82
김 안 나는 숭늉이 덥다……83
김칫국부터 마신다……84
까마귀가 메밀을 마다 한다……85
까마귀 날자 배 떨어진다……85
꼬리가 길면 밟힌다……88
꽁지 빠진 새 같다……89
꽃밭에 불지른다……89
꿀도 약이라면 쓰다……91
꿀 먹은 벙어리……91
꿈보다 해몽……91
꿈에 본 돈이다……91
꿩 구워 먹은 자리다……92
꿩 대신 닭이다……92
꿩 먹고 알 먹는다……92
꿩 잡는 것이 매다……제 구실을 하는 것이 제일이다

< ㄴ >
나간 놈의 몫은 있어도, 자는 놈의 몫은 없다……94
나무에 오르라 하고 흔드는 격……95

나이 젊은 딸이 먼저 시집간다……96

나중 난 뿔이 우뚝하다……선배보다 그 후배들이 더 나을 때 쓰는 말.

낙숫물이 댓돌을 뚫는다……꾸준히 노력하면 아무리 어려운 일이라도 이룰 수 있다.

날면 기는 것이 능하지 못하다……100

남의 다리 긁는다……101

남의 말하기는 식은 죽 먹기……101

남의 잔치에 감 놓아라 배 놓아라 한다……101

낫 놓고 기역자도 모른다……102

낮말은 새가 듣고 밤말은 쥐가 듣는다……103

내 배 부르면 종의 밥 짓지 말라 한다……104

내 할 말을 사돈이 한다……105

냉수 먹고 이 쑤시기……106

노송나무 밑이다……110

누워서 침 뱉기……115

눈가리고 아웅……116

눈감으면 코 베어 먹을 인심……116

눈치가 빠르면 절에 가도 젓국을 얻어먹는다……117

뉘 집에 죽이 끓는지 밥이 끓는지 아나……117

〈ㄷ〉

다 된 죽에 코풀기……120

다리 아래에서 원을 꾸짓는다……121

단단한 땅에 물이 괸다……123

달면 삼키고 쓰면 뱉는다……제게 이로울 때에는 이용하고, 필요하지 않을 때에는 버린다는 뜻.

닭 잡아먹고 오리발 내어 놓는다……126

닭 쫓던 개 지붕 쳐다보듯……127

도끼로 제 발등 찍는다……남을 해치려다가 오히려 제가 해를 입는다.

도둑놈 개 꾸짖듯……138

도둑놈 개에게 물린 셈……138

도둑놈 문 열어 준 셈……138

도둑을 맞으려면 개도 안 짖는다……138

도둑을 앞으로 잡지 뒤로는 못 잡는다……138

도둑이 제 발 저리다……138

도둑질을 해도 손이 맞아야 한다……138

도마에 오른 고기……139

도마 위에 고기가 칼을 무서워 하랴……139

독 안에 든 쥐……아무리 하여도 벗어날 수가 없는 처지.

돈만 있으면 개도 멍첨지라……143

돈만 있으면 귀신도 사귈 수 있다……143

돌다리도 두들겨 보고 건너라……잘 아는 일이라도 조심하여 실수 없게 하라.

돌로 치면 돌로 치고, 떡으로 치면 떡으로 친다……144

돌부리를 차면 발부리만 아프다……144

돌절구도 밑 빠질 때가 있다……144

동냥은 아니 주고 쪽박만 깬다……145

동네 색시 믿고 장가 못 간다 ……145

동무 따라 강남 간다……146

되글을 가지고 말글로 써먹는다 ……149

되로 주고 말로 받는다……149

될성부른 나무는 떡잎부터 알아본다……150

두더지 혼인 같다……150

뒷간에 갈 적 맘 다르고, 올 적 맘 다르다……153

들으면 병이요, 안 들으면 약이다……156

등잔 밑이 어둡다……157

딸의 집에서 가져온 고추장 ……159

땅 짚고 헤엄치기……160

떡 본 김에 제사 지낸다 ……161

떡 줄 사람은 아무 말도 없는데 김칫국부터 마신다……161

떡 해 먹을 집안……161

똥구멍으로 호박씨 깐다 ……162

똥싼 주제에 매화 타령한다 ……162

똥이 무서워서 피하나 더러워서 피하지……162

뚝배기보다 장맛이 좋다 ……163

뛰엄뛰엄 걸어도 황소 걸음 ……164

<ㅁ>

마음은 굴뚝 같다……172

마치가 가벼우면 못이 솟는다 ……173

막다른 골이 되면 돌아선다 ……174

말 갈 데 소 간다……177

말많은 집은 장 맛도 쓰다 ……178

말이 많으면 쓸 말이 적다 ……178

말 한 마디에 천 냥 빚도 갚는다……말재주가 좋으면 큰 빚도 갚을 수 있다는 말로, 세상살이에 말솜씨가 중요하다는 뜻.

매도 먼저 맞는 것이 낫다 ……181

머리카락 뒤에서 숨바꼭질한다 ……184

먹기는 파발이 먹고 뛰기는 말이 뛴다……184

먹는 개도 아니 때린다……184

먹는 소가 똥을 누지……184

먼 데 무당이 영하다……185

모기 보고 칼 빼기……190

모난 돌이 정 맞는다……190

모로 가도 서울만 가면 된다 ……191

목구멍이 포도청……193

목수가 많으면 집을 무너뜨린다 ……193

못된 송아지 엉덩이에 뿔 난다 ……못된 자가 더욱 건방지고 나쁜 짓을 한다.

무는 개를 돌아다본다……197

문비를 거꾸로 붙이고 환장이만 나무란다……202

물장수 삼년에 궁둥이짓만 남았다……205

미꾸라지국 먹고 용트림한다 ……206

미꾸라지 용 되었다……206

믿는 도끼에 발등 찍힌다 ……210

밀가루 장사하면 바람이 불고 소금 장사하면 비가 온다

······210
밑 빠진 가마(독)에 물 붓기 ······210

<ㅂ>
바늘 가는 데 실이 간다······212
바늘 도둑이 소도둑 된다 ······212
바늘 방석에 앉은 것 같다 ······212
바늘뼈에 두부살······212
바람 앞에 등불······213
바위를 차면 제 발부리만 아프다······214
반딧불로 별을 대적하랴 ······217
발등에 불이 떨어지다······갑자기 피할 수 없는 급한 일이 닥쳐오다.
발 없는 말이 천리 간다 ······220
배보다 배꼽이 크다······225
백미에 뉘 섞이듯······226
백장이 버들잎을 물고 죽는다 ······227
백지장도 맞들면 낫다······227
뱁새가 황새를 따라가면 다리가 찢어진다······228
번개가 잦으면 천둥을 한다 ······229
번갯불에 솜 구워 먹겠다 ······229
번갯불에 콩 볶아 먹겠다 ······229
벌에 쒼 바람 같다······230
벌집을 건드렸다······230
범도 제 말하면 온다······231
범 없는 골에는 토끼가 스승이라······231
벙어리 냉가슴 앓듯······232

벼락치는 하늘도 속인다 ······233
벼룩의 선지를 내어 먹지 ······233
변덕이 죽 끓듯 한다······234
병 주고 약 준다······236
보기 좋은 떡이 먹기도 좋다 ······겉이 좋으면 내용도 좋다.
보리밥에는 고추장이 제일이다 ······237
보채는 아이 밥 한 술 더 준다 ······239
복의 이 갈 듯한다······240
부뚜막의 소금도 집어 넣어야 짜다······244
부러진 칼자루에 옻칠하기 ······244
부엉이 소리도 제가 듣기에는 좋다고······246
부엌에서 숟가락을 얻었다 ······246
부조는 않더라도 제상다리는 치지 말라······246
부처 밑을 기울이면 삼거웃이 드러난다······247
북은 칠수록 소리가 난다 ······248
분에 심어 놓으면 못된 풀도 화초라 한다······250
불 가져오라는데 물 가져온다 ······하라는 일은 하지 않고 엉뚱한 일을 한다.
불난 데 부채질한다······252
불난 집에서 불이야 한다 ······252
불면 꺼질까, 쥐면 터질까 ······252
불에 놀란 놈이 부지깽이만 보아도 놀란다······253

불집을 건드린다……253
비지 먹은 배는 연약과도 싫다 한다……258
비짓국 먹고 용트림한다……258
빚 주고 뺨 맞는다……261
빛 좋은 개살구……261
뺨 맞는 데 구레나룻이 한 부조……262
뿔 뺀 소 상이라……263

<ㅅ>
사공이 많으면 배가 산으로 올라간다……일에 간섭하는 사람이 많으면 일이 잘 안 된다.
사나운 개 콧등 아물 틈이 없다……264
사돈 남 말한다……제 일을 놔두고 남의 일에 말참견한다.
사돈집과 뒷간은 멀어야 한다……265
사또 덕분에 나팔 분다……265
사또 떠난 뒤에 나팔 분다……265
사모에 갓끈이다……266
사위 사랑은 장모……268
사족을 못 쓴다……269
사흘 굶어 도둑질 아니할 놈 없다……271
산 사람 입에 거미줄 치랴……272
살강 밑에서 숟가락 얻었다……274
삼십육계 줄행랑이 제일……276
상전의 빨래에 종의 발뒤축이 희다……279
상주 보고 제삿날 다툰다……280

새 까먹은 소리……280
새는 앉는 곳마다 깃이 떨어진다……281
새벽달 보자고 초저녁부터 기다린다……281
서당 개 삼년에 풍월을 읊는다……285
서리맞은 구렁이……286
선무당이 사람 죽인다……289
설마가 사람 죽인다……291
성균관 개구리……293
섶을 지고 불로 들어가려 한다……295
세 살 적 버릇 여든까지 간다……296
소경 기름 값 내기……298
소경 단청 구경……298
소경 매질하듯……298
소경 북자루 쥐듯……298
소경이 개천을 나무란다……298
소경이 저 죽을 날을 모른다……298
소경 제 닭 잡아먹기……298
소경 팔매질하듯……298
소금도 먹은 놈이 물을 켠다……298
소금에 아니 전 놈이 장에 절까……298
소 닭 보듯 닭 소 보듯……299
소 잃고 외양간 고친다……301
소 잡은 터전은 없어도 밤 벗긴 자리는 있다……301
솔개 까치집 빼앗듯……303
솔개도 오래면 꿩을 잡는다……303
송곳도 끝부터 들어간다……304
송곳 박을 땅도 없다……304
솥 씻어 놓고 기다리기……305

솥에 개 누웠다……305
쇠귀에 경 읽기……305
쇠뿔도 단김에 빼랬다……305
쇠죽 가마에 달걀 삶아 먹을라……306
수레 위에서 이를 간다……307
수양딸로 며느리 삼는다……310
수염이 대 자라도 먹어야 양반이다……310
숯이 검정 나무란다……315
시루에 물 퍼붓기……320
시어머니 미워서 개 옆구리 찬다……321
시작이 반이다……322
시장이 반찬이다……322
시집도 가기 전에 기저귀 마련한다……322
식지에 붙은 밥풀……324
십년 공부 나무 아미타불/십년 공부 도로 아미타불……330
십년이면 강산도 변한다……십년이란 세월이 흐르면 세상에 변하지 않는 것이 없다.
싸움은 말리고 흥정은 붙이랬다……좋지 않은 일은 중지시키고, 좋은 일은 권장하라.
쏘아 놓은 살이요 엎지러진 물이라……한번 저지른 일은 다시 고쳐 할 수 없다.

<ㅇ>
아는 길도 물어 가라……쉬운 일도 침착하게 물어서 해야 틀림이 없다.
아니 땐 굴뚝에 연기 날까……336
아닌 밤중에 홍두깨……336
아무리 바빠도 바늘 허리 매어 쓰지 못한다……338
안 되면 조상 탓……342
안 인심이 좋아야 바깥 양반 출입이 넓다……343
앉은 자리에 풀도 안 나겠다……사람이 너무 깔끔하고 매서울 만큼 냉정하다.
약방에 감초……351
얕은 내도 깊게 건너라……354
어두운 밤중에 홍두깨 내밀듯……355
어물전 망신은 꼴뚜기가 시킨다……못난 것이 그와 함께 있는 동료까지 망신시킨다.
업은 아기 삼 년 찾는다……가까운 데 있는 것을 알지 못하고 먼 데로 찾아다닌다.
엎드러지면 코 닿을 데……362
에 해 다르고 애 해 다르다……같은 이야기라도 말하는 데 따라 달라진다.
여름 불도 쬐다 나면 섭섭하다……364
열 길 물 속은 알아도 한 길 사람의 속은 모른다……370
열 번 찍어 아니 넘어가는 나무가 없다……370
염불에는 마음이 없고 잿밥에만 마음이 있다……371
옆구리 찔러 절 받기……상대편은 모르고 있거나 또는 할 생각도 없는데, 스스로가 요구하거나 알려 줌으로써 대접을 받는다.
오뉴월 감기는 개도 아니 앓는다……여름에 감기 앓는 사람을 비웃는 말.
오는 정이 있어야 가는 정이 있다……376
오르지 못할 나무는 쳐다보지도 말라……378

오이는 씨가 있어도 도둑은 씨가 없다……379

옥에도 티가 있다……아무리 좋은 물건이나 훌륭한 사람에게도 결점은 있다.

옷이 날개다……좋은 옷을 입으면 못난 사람도 예쁘게 보인다.

외상이면 소도 잡아먹는다……외상이면 나중에 갚을 것을 생각지 않고 우선 사들인다.

우물 안 개구리……391

우물에 가서 숭늉 찾는다……일의 순서도 모르고 성급하게 행동한다.

우물을 파도 한 우물을 파라……391

우선 먹기는 곶감이 달다……나중에야 어떻게 됐든 우선 취할 만하다.

울며 겨자 먹기……394

울지 않는 아이 젖 주랴……395

웃는 낯에 침 뱉으랴……395

원님 덕에 나발 분다……남의 덕에 좋은 대접을 받는다.

원수는 외나무다리에서 만난다……397

원숭이도 나무에서 떨어진다……아무리 능숙한 사람도 실수할 때가 있다.

윗물이 맑아야 아랫물이 맑다……401

음지도 양지된다……410

응달에도 햇빛 드는 날이 있다……410

이 아픈 날 콩밥한다……417

이 없으면 잇몸으로 산다……418

이웃집 새 처녀도 내 정지에 들어 세워 보아야 안다……418

익은 밥 먹고 선소리 한다……421

임도 보고 뽕도 딴다……427

입은 거지는 얻어먹어도, 벗은 거지는 못 얻어먹는다……429

잉어국 먹고 용트림한다……430

<ㅈ>

자는 범 코침 주기……가만히 두면 무사할 것을 공연히 건드려서 화를 부른다.

자라 보고 놀란 놈이 소댕 보고 놀란다……432

자랄 나무는 떡잎부터 알아본다……크게 될 사람은 어려서부터 장래성이 엿보인다.

자랑 끝에 불붙는다……432

자식 둔 골은 범도 돌아본다……434

자에도 모자랄 적이 있고 치에도 넉넉할 적이 있다……434

잔고기 가시 세다……437

잔디밭에서 바늘 찾기……437

잔뼈가 굵어지다……438

잘되면 제 탓 못되면 조상 탓……438

잠결에 남의 다리 긁는다……439

잠을 자야 꿈을 꾸지……439

잠자코 있는 것이 무식을 면한다……439

잣눈도 모르고 조복 마른다……440

장사가 나면 용마가 난다……442

재는 넘을수록 험하고 내는 건널수록 깊다……444

부록

재떨이와 부자는 모일수록 더럽다……444
저녁 굶은 시어머니 상이다……446
저승길이 대문 밖이다……447
절에 가면 중 노릇하고 싶다……454
절에 가면 중인 체, 촌에 가면 속인인 체……454
절에 간 색시……454
절이 망하려니까 새우젓 장수가 들어온다……454
점잖은 개가 부뚜막에 오른다……455
젓가락으로 김칫국을 집어먹을 놈……455
정에서 노염 난다……458
젖 먹던 힘이 다 든다……460
제 꾀에 제가 넘어간다……461
제 낯에 침 뱉기……461
제 똥 구린 줄은 모른다……461
제 발등을 제가 찍는다……462
제 발등의 불을 먼저 끈다……462
제 버릇 개 줄까……타고난 결점은 여간해서 고치기가 어렵다는 뜻.
제비는 작아도 강남 간다……462
제사 덕에 쌀밥이라……462
제석의 아저씨도 벌지 않으면 아니 된다……462
제 집 개에게 발뒤꿈치를 물리었다……464
제 흉 열 가지 가진 놈이 남의 흉 한 가지를 본다……464
조그만 실뱀이 온 바다를 흐린다……464
조막손이 달걀 만지듯……465

족제비도 낯짝이 있다……468
족제비 잡은 데 꼬리 달라는 격……468
존대하고 뺨맞지 않는다……468
좁쌀 한 섬 두고 흉년 들기를 기다린다……469
종로에서 뺨맞고 한강 가서 눈 흘긴다……그 자리에서는 아무 말도 못하고 딴 데 가서 화풀이한다.
좋은 약은 입에 쓰다……듣기 싫은 말이 제 인격 수양에는 이롭다.
죄는 지은 데로 가고 덕은 닦은 데로 간다……471
주머니 돈이 쌈지 돈……472
주인 모르는 공사 없다……473
주인 보탤 나그네 없다……473
죽 떠먹은 자리……475
죽어 석 잔 술이 살아 한 잔 술만 못하다……475
죽은 자식 나이 세기……475
죽은 정승이 산 개만 못하다……475
죽이 끓는지 밥이 끓는지 모른다……475
중의 관자 구멍이다……478
중이 고기맛을 알면 절에 빈대가 안 남는다……478
중이 제 머리 못 깎는다……478
쥐고 펼 줄을 모른다……479
쥐구멍에도 볕들 날이 있다……479
쥐구멍에 홍살문을 세우겠다……479
쥐뿔도 모른다……479
지게를 지고 제사를 지내도 제 멋이다……481

지렁이도 밟으면 꿈틀한다……
  약하고 순한 사람도 업신여기
  면 화를 낸다.
지키는 사람 열이 도둑 하나를
  못 당한다……485
진날 나막신 찾듯……487
집도 절도 없다……가진 집이나
  재산도 없이 여기저기 떠돌아
  다닌다는 뜻.
집에서 새는 바가지 들에 가도
  샌다……본바탕이 좋지 않으
  면 어디를 가나 그 본색이 드
  러난다.
쭈그렁 밤송이 삼 년 간다
  ……493
적자 적자 하여도 차마 못 적는
  다……494

< ㅊ >
찰찰이 불찰이다……497
참빗으로 훑듯……498
참새가 방앗간을 그냥 지나랴
  ……498
참새가 죽어도 짹한다……498
참새를 까 먹었다……498
채반이 용수가 되게 우긴다
  ……501
천냥 빚도 말로 갚는다……503
천리 길도 한 걸음부터……503
첫술에 배부르랴……무슨 일이
  나 처음부터 만족할 만한 소
  득이 생기지는 않는다.
초년 고생은 사서도 한다
  ……509
초당 삼간이 타도 빈대 죽는 것
  만 시원하다……509
촌닭 관청에 잡아 온 셈이다
  ……511
치마폭이 스물네 폭이다
  ……517

친손자는 걸리고 외손자는 업고
  간다……518
친정 일가 같다……519
칠팔월 수숫잎……519
칠팔월 은어 곯듯 한다……519
침 뱉고 밑 씻겠다……519
침 뱉은 우물물 다시 먹는다
  ……520

< ㅋ >
칼로 물 베기……522
칼 물고 뜀뛰기……522
콩밭에 가서 두부 찾는다……525
콩 볶아 먹다가 가마 터뜨린다
  ……525
콩 심은 데 콩 나고, 팥 심은
  데 팥 난다……525
콩으로 메주를 쑨다 하여도 곧
  이듣지 않는다……525
콩을 팥이라 해도 곧이듣는다
  ……남의 말을 곧이듣는다는
  뜻.
콩이야 팥이야 한다……별 차이
  없는 것을 가지고 다르다고
  따진다.
큰 말이 나가면 작은 말이 큰
  말 노릇한다……527
큰 방죽도 개미 구멍으로 무너
  진다……527
큰 북에서 큰 소리가 난다……
  도량이 큰 사람이 훌륭한 일
  을 한다.
키 크고 속 없다……528

< ㅌ >
탕약에 감초 빠질까……532
태산을 넘으면 평지를 본다
  ……533
터주에 붙이고 조왕에 붙인다
  ……535

터진 꽈리 보듯……535
턱 떨어진 개 지리산 쳐다보듯
……535
털끝도 못 건드리게 한다
……535
털도 아니 난 것이 날기부터 하려 한다……535
털도 아니 뜯고 먹으려 한다
……535
토끼 둘을 잡으려다가 하나도 못 잡는다……욕심을 부려서 한꺼번에 여러 가지 일을 하려고 하면 한 가지도 성취하지 못한다.
티끌 모아 태산……544

<ㅍ>
팔은 안으로 굽는다……자기와 가까운 사람에게 더욱 정이 쏠린다.
팥으로 메주를 쑨다 하여도 곧이듣는다……548
핑계 없는 무덤이 없다……563

<ㅎ>
하나만 알고 둘은 모른다……융통성이 없고 미련하다.
하늘의 별 따기……564
하늘이 무너져도 솟아날 구멍이 있다……564
하던 일도 멍석 펴놓으면 안 한다……시키지 않아도 잘하던 일인데 떠받들고 권하면 안 한다.
하루 물림이 열흘 간다……565
하룻강아지 범 무서운 줄 모른다……565
한 번 실수는 병가의 상사
……570
한 술 밥에 배부르랴……571

함흥 차사라……심부름 간 사람이 돌아오지 않을 때 하는 말.
헌짚신도 짝이 있다……아무리 어렵고 가난한 사람도 다 짝이 있다.
헤엄 잘 치는 사람 물에 빠져 죽고, 나무에 잘 오르는 사람 나무에서 떨어져 죽는다
……584
형만한 아우 없다……586
호랑이 담배 먹을 때……588
호랑이도 제 말을 하면 온다
……588
호랑이에게 끌려갈 줄 알면 누가 산에 갈까……588
호랑이에게 물려 가도 정신만 차리면 산다……아무리 위급한 일을 당하더라도 정신만 똑똑히 차리면 위기를 면할 수 있다.
호미로 막을 것을 가래로 막는다……일이 작을 때에 미리 처리하지 않다가 나중에는 반드시 큰 힘을 들이게 됨을 이르는 말.
호박이 덩굴째 굴러 떨어졌다
……뜻밖에 재물이 생겼다.
혹 떼러 갔다가 혹 붙여 온다
……이득을 얻으러 갔다가 도리어 손해를 보게 되었다.
화약을 지고 불에 들어간다
……594
흉년에 어미는 굶어 죽고, 아이는 배 터져 죽는다……흉년에는 양식이 모자라 어른은 안 먹고 아이들을 먹이어, 아이는 과식을 하게 되고 어른은 굶주린다.

뜻 구 별

<ㄱ>

- 가다……앞으로 움직이다(집으로 가다).
- 갈다……① 칼을 갈다.
  ② 논밭을 갈다.
- 가다듬다……목소리를 가다듬다.
- 다듬다……몸을 다듬다(차리어 맵시를 내다).
- 가령……만일, 만약.
- 가량……어림짐작(수량을 대강 나타내는 말).
- 가르치다……모르는 것을 알도록 일러주다.
- 가리키다……손가락으로 사물 있는 쪽을 가리키다.
- 가름……둘로 가름.
- 갈음……새 책상으로 갈음하였다.
- 가리다……골라낸다는 뜻(쌀에서 돌을 가리다).
- 가르다……쪼갠다는 뜻(사과를 똑같이 가르다).
- 가엾다……불쌍하다(집 없는 고아는 가엾다).
- 가없다……끝이 없다(하늘은 너르고 가없다).
- 가진……내가 가진 연필은 좋은 것이다(가지고 있는).
- 갖은……갖은 고생을 겪고 성공하였다(온갖).
- 간청……간절한 마음으로 청하는 것.
- 강청……억지로 짓궂게 청하는 것.
- 강산……강과 산. 산천.
- 강상……강물 위.
- 갖다……없는 것 없이 다 있다("가지다"의 준말).
- 갔다……학교에 갔다
- 같다……이것과 저것은 모양이 같다(다르지 않다).
- 가지다……손에 쥐다
- 갖추다……여러 가지를 골고루 다 차리다.
- 갇히다……가두어지다(옥에 갇히다).
- 거룩하다……성스럽고 위대하다.
- 갸륵하다……착하고 장하다.
- 거름……식물의 자람에 필요한 양분(논에 밑거름을 주다).
- 걸음……발로 걸어다니는 것.
- 거리……① "길거리"의 준말(거리가 복잡하다).
  ② 무엇을 만드는 재료(찬거리).
- 거:리……두 곳 사이의 떨어진 정도.

- 거치다……영월을 거쳐왔다.
- 걷히다……외상값이 잘 걷힌다.
- 건마는……다 모였건마는 형은 안 왔다.
- 것만은……이것만은 줄 수가 없다.
- 걷잡다……걷잡을 수 없는 상태.
- 겉잡다……겉잡아서 이틀 걸리다.
- 게……너는 게 섰거라("거기"의 준말).
- 게……이게 내 책이다("것이"의 준말).
- 게……내게 맡겨라("에게"의 준말).
- 겨누다……① 총을 겨누다.
  ② 어깨를 겨누다(맞대다).
- 겨루다……두 사람이 서로 실력을 겨루다(서로 버티고 힘주다).
- 겨우……힘을 들여서 가까스로.
- 거의……온전한 것에 가깝게(거의 완성되어 간다).
- 결의(決意)……마음을 결정하는 것(우리는 죽음으로써 나라를 지킬 것을 결의했다).
- 결의(決議)……외논을 결정하는 것(회의에서 결의된 안건).
- 결정(決定)……결단하여 작정함.
- 결정(結晶)……물질이 몇 개의 평면으로 둘러싸이어 규칙 바른 모양을 이룬 상태.
- 경계……이곳과 저곳의 지경.
- 경:계……마음을 가다듬어 조심함.
- 결……무엇에 딸린 어느 한 쪽.
- 겉……밖으로 드러난 쪽.
- 고르다……① 더하고 덜함이 없이 모두 같다.
  ② 정상적 상태로 순조롭다(기후가 고르지 못하다).
- 고르다……① 가려 뽑다.
  ② 높낮이 없이 평평하게 하다.
- 고장……① 나거나 자라난 곳.
  ② 어떤 방면의 땅.
- 고:장……기계 따위가 잘 움직이지 않음(고장난 자동차).
- 고적……외롭고 쓸쓸함.
- 고:적……옛 자취.
- 곧……① 곧 오너라(금방).
  ② 이 말은 곧 나의 신조이다(다시 말하면).
- 곧장……이 길로 곧장 가거라.
- 곳……이곳은 정말 경치가 아름답다(장소).
- 공포……실탄을 재지 않고 쏘는 헛총.
- 공포……널리 알림.
- 공:포……무서움과 두려움.

┌ 과거……옛날 관리를 뽑기 위해 보이던 시험.
└ 과:거……지나간 때.
┌ 괴:다……① 우묵한 곳에 물 따위가 모이다.
│ ② 밑을 받치어 안정시키다.
│ ③ 유난히 귀여워 사랑하다.
└ 꾀:다……① 벌레 따위가 많이 모여 들끓다.
   ② 사람들이 한 곳에 많이 모이다.
   ③ 남을 속이거나 충동하여 행동하게 하다.
┌ 교:외……도시 주위의 들(교외로 소풍을 갔다).
├ 교:외……학교 밖(공부 시간에는 교외에 나가지 마라).
└ 교:회……예배당(교회의 종소리).
┌ ~구나……해라 할 자리에 혼자서나 느낌으로 말할 때 쓰는 말
│ (너무 크구나).
└ ~자꾸나……해라 할 자리에 "함께 하자"는 뜻으로 쓰이는 말(어
   서 가자꾸나).
┌ 구수하다……① 냄새나 맛이 입에 꽤 맞아서 비위에 당기다.
│ ② 말이 듣기에 그럴 듯하게 재미있다.
└ 고소하다……① 미운 사람이 잘못되는 것을 볼 때에 마음에 재미
   스럽다.
   ② 볶은 참깨 맛이나 냄새가 나다.
─ 구실……마땅히 자기가 하여야 할 일(사람 구실을 해라).
┌ 구슬……보석이나 유리 따위로 만든 둥근 물건(파랗고 빨간 빛깔
│ 의 구슬).
└ 구:술……입으로 말함(구술 시험을 보다).
┌ 구하다……찾아서 얻다.
└ 구:하다……어려움에서 벗어나도록 도와 주다.
┌ 굳게……한마음 한뜻으로 굳게 뭉쳐 나가자(단단하게).
└ 궂게……오늘 날씨는 궂게 보인다(나쁘게).
┌ 그러므로(그러니까)……그는 부지런하다. 그러므로 잘산다.
└ 그럼으로(써)(그렇게 하는 것으로)……그는 열심히 공부한다. 그
   럼으로(써) 은혜에 보답한다.
┌ 그런……그러한.
└ 그른……올바르지 못한.
┌ 그리다……고향 산천을 그리다(마음으로 생각하다).
├ 그르다……거짓말을 하는 것은 그르다(잘못된 것).
└ 그리다……그림을 그리다(물감으로 색칠을 하다).
┌ 그치다……① 계속되던 것이 멈추다.
│ ② 하던 일을 멈추다.
├ 거치다……우리 모두 저 산을 거쳐가자(지나는 길에 들르다).
└ 끝이다……마지막이다. 끝나는 곳이다.

- ┌급사……갑자기 죽음.
- ├급사……급한 일 또는 급히 일어난 일.
- └급사……잔심부름하는 아이. 사환.
- ┌기구하다……팔자가 사납다(운명이 기구하다).
- └기괴하다……기이하고 괴상하다.
- ┌기르다……① 몸을 튼튼히 기르다.
-   ② 짐승을 기르다(자라게 하다).
- └기리다……선생님의 덕을 오래오래 기리다(높이 찬양하다).
- ┌김:……① 먹는 김.
-   ② 물이 끓어서 나오는 김(수증기).
-   ③ 논밭에 나는 잡풀.
- └짐……무거운 짐을 지고 가다.
- ┌깊다……"얕다"의 반대(물이 깊다).
- └깁다……떨어진 옷을 꿰맨다는 뜻(해진 옷을 깁다).
- ┌깜짝……깜짝 놀랐다(갑자기 놀라는 모양).
- ├깜빡……눈을 깜빡거린다.
- └깜짝……눈 깜짝할 사이(눈을 감았다 곧 뜨는 모양).
- ┌깨:다……잠이 깨다.
- ├깨:다……배워서 알게 되다.
- └깨다……단단한 것을 부수다.
- ┌꼬치……음식물을 꼬챙이에 꿴 것(꼬치 백반).
- ├고추……양념에 쓰이는 익으면 몹시 매운 빨간 열매.
- ├고초……괴로움과 어려움(많은 고초를 겪고 성공했다).
- └고치……누에가 실을 토하여 만든 집(누에고치).
- ┌꼽다……날짜를 꼽다(세어 보다).
- └곱다……저 빛깔은 참 곱다(보기에 아름답다).
- ┌끌다……잡아당기다(썰매를 끌다).
- ├끓다……몹시 뜨거워져서 부글부글 솟다(찌개가 끓다).
- ├끄다……불을 끄다.
- ├꿇다……무릎을 구부려 바닥에 대다.
- └끊다……한 줄로 이어져 있던 것을 잘라 내다.

<ㄴ>
- ┌나다……①생기다, 나타나다(대구에서는 사과가 많이 난다).
-   ② 태어나다(서울에서 나다).
- ├낫:다……① 병이 낫다(병이 없어지다).
-   ② 이것보다 저것이 더 낫다.
- ├낮다……높다의 반대(낮은 산).
- ├낳다……새끼나 알을 내어 놓다(암탉이 달걀을 낳다).
- └놓다……물건을 땅에 놓다.

부 록

- 날……자정에서 다음 자정까지의 동안(초하룻날).
- 날……칼이나 그 밖에 연장의 가장 날카로운 부분(도끼날).
- 날……옷감이나 돗자리 등의 세로 놓인 줄(삼뱃날).
- 날……익히지 아니하고 싱싱함을 나타냄(날고기).
- 날아……공중에 떠서 움직이어.
- 날라……옮겨(짐을 날라 놓았다).
- 날아……옷의 빛깔이 날아서 보기 흉하다.
- 낡은……물건 따위가 오래 되거나 삭은.
- 늙은……나이가 많은.
- 낮……낮에는 일하고 밤에는 공부한다(밤낮).
- 낫……낫으로 풀을 벤다(베는 연장).
- 낯……낯을 씻는다(얼굴이라는 뜻).
- 낱……낱개로 판다(한 개 한 개라는 뜻).
- 낟……이 보리는 낟알이 굵다(곡식의 알).
- 너머……산너머 마을.
- 너무……길이 너무 멀다.
- 넘어……고개를 넘어간다.
- 너르다……우주는 한없이 너르다(이리저리 다 넓다는 뜻).
- 넓다……교실이 넓다(넓이가 넓다는 뜻).
- 널다……펼쳐 놓다.
- 너의……"네"의 본디말(저기 보이는 것이 너의 집이냐).
- 너희……여러 사람을 가리키는 "너"(너희들은 모두 학생이다).
- 넣다……가방에 책을 넣다.
- 낳다……복슬이가 새끼를 낳다.
- 노리다……털이 타는 냄새(머리털이 타는 냄새가 노리다).
- 노리다……눈독을 들여 겨누다(소매치기가 돈을 노리다).
- 녹음(綠陰)……우거진 나무 그늘.
- 녹음(錄音)……소리를 그대로 기계 위에 옮겨 놓음.
- 놀:라다……아기가 깜짝 놀라다(스스로 놀라다).
- 놀:래다……소리를 질러 남을 놀라게 하다.
- 놀리다……① 놀게 하다.
  ② 남을 희롱하다.
- 놀음……노는 일(재미있는 놀음을 하자).
- 노름……돈을 걸고 따먹기를 내기하는 짓.
- 누르다……① 위에서 힘을 주다(꼼짝 못하게 누르다).
  ② 꼼짝 못하도록 윽박지르다.
  ③ 이기다.
- 누리다……복을 받고 잘살다(행복을 누리다).
- 눈……물건을 보는 눈.
- 눈:……겨울에 하늘에서 내리는 눈.

- ┌ 느니보다(어미)……나를 찾아오느니보다 집에 있거라.
- └ 는 이보다(의존 명사)……오는 이가 가는 이보다 많다.
- ┌ 늘이다……엿가락을 길게 늘이다(본디보다 더 길게 하다).
- ├ 늘리다……생산되고 있는 물건의 수량을 더 늘리다.
- └ 느리다……너는 동작이 매우 느리다(빠르지 못하다).

<ㄷ>

- ┌ 다니다……늘 갔다 오다(학교에 다니다).
- ├ 당기다……끌어서 앞으로 오게 하다(줄을 당기다).
- └ 댕기다……불을 붙이다(촛불을 댕기다).
- ┌ 다르다……서로 성질이 다르다(같지 아니하다).
- └ 다루다……물건을 잘 다루다(잘 매만지다).
- ┌ 다리다……옷을 다리다.
- └ 달이다……약을 달이다.
- ┌ 다치다……상하다(손을 다치다).
- └ 닫히다……닫음을 당하다(문이 닫히다).
- ┌ 단장……얼굴을 곱게 하고 머리나 옷맵시를 꾸밈.
- ├ 단:장……짧은 지팡이.
- ├ 단장……단체의 우두머리.
- └ 단:장……슬퍼서 창자가 끊어지는 듯함.
- ┌ 달리다……힘이 모자라다.
- ├ 달리다……매달리다(감이 탐스럽게 달리다).
- ├ 달리다……빨리 가게 하다(힘껏 달리다).
- └ 딸리다……어떤 것에 붙어 있다(아버지께 딸린 식구가 많다).
- ┌ 닻……배가 흘러가지 못하게 하는 쇠(여기에 닻을 내려라).
- ├ 덫……짐승을 산 채로 잡는 기구(쥐덫에 치인 강아지).
- └ 돛……배에 바람을 받게 하는 포장(바람이 세니 돛을 내려라).
- ┌ 닿다……① 물건이 서로 접하다.
-   ② 어떠한 곳에 가서 이르다.
- ├ 닷다……다지다의 준말(마당을 닷다).
- └ 닫다……열렸던 문을 제자리에 가게 닫다.
- ┌ 대다……서로 닿게 하다.
- └ 데다……뜨거운 기운으로 살이 상하다(불에 손을 데다).
- ┌ 대로……"그 모양과 같이"의 뜻.
- └ 데로……"곳"이라는 뜻(네가 있는 데로 나도 갈게).
- ┌ 대:장……군대의 가장 높은 계급(육군 대장).
- └ 대장……한 무리의 우두머리(소방 대장).
- ┌ 더듬다……① 지난 일을 더듬어 생각하다.
-   ② 말을 더듬다.
- └ 다듬다……나물을 다듬다.

- 데리고……아이를 데리고 간다.
- 다리고……다리미로 옷을 다리고 있다.
- 도로……본디대로, 또다시(내 물건을 도로 찾아왔다).
- 도:로……사람이나 차가 다니는 길(고속 도로).
- 돌……오늘은 갑순이의 돌이다.
- 돌:……물 위에 돌을 던졌다.
- 돌아오다……차례가 닥쳐오다(내 차례가 돌아오다).
- 돌아오다……떠난 곳을 다시 오다(학교에서 집으로 돌아오다).
- 동:물……새, 짐승, 물고기 따위.
- 독물……독한 기운이 있는 물건(성질이 사나운 사람이나 짐승).
- 되……되로 쌀을 된다.
- 돼……"되어"의 준말(일이 잘 돼 간다).
- 두껍다……벽이 두껍다(두께가 크다).
- 두텁다……우애가 두텁다(정의가 깊다).
- 두루……두루 찾아보아라(빠짐없이 골고루).
- 도로……도로 집으로 돌아가자(반대쪽으로 향하여).
- 드리다……① 벼를 바람에 드리다(바람에 필요 없는 것을 날려 버리다).
  ② 몇 가닥의 실을 하나로 꼬거나 땋다.
  ③ 팔기를 그만두고 가게의 문을 닫다.
  ④ 길을 가르쳐 드리다(윗사람을 위하여 해주다).
- 들이다……① 손님을 모셔 들이다.
  ② 맛을 붙이다.
  ③ 물감을 배게 하다.
- 든……가리는 뜻을 나타내는 말(먹든 안 먹든).
- 던……지나간 때를 나타내는 말(입던 옷, 먹던 밥).
- 들러……아저씨 댁에 들러 오너라(잠깐 거쳐서).
- 들어……이 책을 좀 들어라.
- 들려 오는……멀리서 들려 오는 종소리.
- 들어오는……집에 들어오는 사람(안으로 들어서는).
- 때……① 점심때가 되었다(시간).
  ② 옷에 때가 묻었다(더러운 것).
- 떼……① 사람이 떼를 지어 간다(무리).
  ② 돈을 달라고 떼를 쓴다(억지 주장).
- 뛰어나……특히 다르게(훌륭함을 나타내는 말).
- 띄어……눈에 보인다는 뜻을 나타내는 말.
- 뜨다……병 기운이 나타나다(얼굴이 누렇게 뜨다).
- 뜨다……물위에서 가라앉지 않다(나뭇잎이 물위에 뜨다).
- 뜨다……감았던 눈을 벌리다(눈을 뜨다).
- 뜨다……공중에서 땅에 떨어지지 아니하다.

- 띠다……① 중대한 사명을 띠다(가지다).
  ② 허리띠를 띠다(두르다).
  ③ 홍조를 띠다(빛깔을 띠다).
- 띄:다……없던 것이 눈에 띄다("보이다"의 뜻).
- 띄우다……① 물에나 공중에 뜨게 하다(비행기를 띄우다).
  ② 물건과 물건의 사이가 뜨게 하다.

<ㄹ>

- (으)러(목적)……공부하러 간다.
- (으)려(의도)……서울에 가려 한다.
- (으)로서(자격)……사람으로서 그럴 수는 없다.
- (으)로써(수단)……닭으로써 꿩을 대신했다.
- (으)므로……그가 나를 믿으므로 나도 그를 믿는다.
- (ㅁ, -음)으로(써)……그는 믿음으로(써) 산 보람을 느꼈다.
- (으)리만큼(어미)……그가 나를 미워하리만큼 내가 그에게 잘못한 일이 없다.
- (으)ㄹ 이만큼……찬성할 이도 반대할 이만큼이나 많을 것이다.

<ㅁ>

- ~마는……앞과 뒤의 말뜻이 반대될 때(그렇지마는 할 수 없다).
- ~만은……하나만을 들어서 말할 때(이것만은 좋다).
- 마술……요술.
- 마:술……말을 타는 기술.
- 마치……거의 비슷하게(마치 대낮처럼 밝은 밤이다).
- 마침……어떤 때에 꼭 알맞게(마침, 때맞춰 왔구나).
- 마침내……드디어, 기어이, 결국(그렇게 애를 쓰더니, 마침내 성공하였구나).
- 마치다……일을 끝내다(공부를 끝마치다).
- 맞히다……알아맞히다(답을 알아맞히다).
- 맞추다……부탁하다(옷을 맞추다).
- 맞추다……꼭 맞게 하다(시간을 맞추다).
- 막다……통하지 못하게 하다(흐르는 물을 막다).
- 맑다……더러운 것이 섞이지 않고 깨끗하다.
- 만나다……서로 마주 보다(아저씨를 만나다).
- 맛나다……맛이 있다(이 과자는 정말 맛나다).
- 만은……너만은 용서할 수 없다.
- 마는……소풍을 가고 싶지마는 틈이 없다.
- 많은……많은 책을 읽었다.
- 만이……나만이 아는 비밀이 있다.
- 많이……돈을 많이 벌었다.

- 만큼……"거의 같다"는 뜻(정신을 잃을 만큼 놀랐다).
- ~만큼……"거의 같다"는 뜻(저 집만큼 큰 집도 없다).
- 맏……첫째(맏형).
- 맛……① 물건을 혀에 댈 때의 느낌(맛있는 과자).
  ② 재미있는 느낌(요즈음은 사는 맛이 난다).
- 멋……① 말쑥한 몸매.
  ② 참다운 맛.
- 맏이……내가 우리 형제 중에서 맏이다.
- 맞이……손님을 맞이하다.
- 말려……젖은 옷을 말려 입다.
- 말려……종이가 말려 들어가다.
- 맞다……① 손님을 맞다(맞아들이다).
  ② 비를 맞다(몸으로 맞다).
  ③ 답이 맞다(틀리지 않다).
  ④ 신발이 꼭 맞다(크기가 크지도 작지도 않고 알맞다).
- 맡다……① 책임을 맡다(자기가 담당하다).
  ② 냄새를 맡다(코로 감각하다).
  ③ 허가를 맡다.
  ④ 낌새를 맡다(눈치채다).
- 매:다……① 움직이지 않게 묶는다는 말.
  ② 풀을 뽑는다는 말(논을 매다).
  ③ 가축 등을 말뚝 같은 데에 붙잡아 묶어 두다.
- 메:다……① 구멍이 막힌다는 뜻(목이 꽉 메다).
  ② 어깨에 얹는다는 뜻(물건을 어깨에 메다).
- 머리……누나의 까맣고 긴 머리(머리털).
- 머리……머리가 좋아 우등생이 되었다(두뇌).
- 메워……빈 곳을 채워.
- 매워……"맵다"의 변한 말.
- 명목……그런 명목으로는 그 일을 할 수가 없다(구실).
- 맹목……맹목적으로 일을 해서는 안 된다(무턱대고 분별없이).
- 모욕……업신여기어 욕을 함.
- 목욕……머리를 감고 몸을 씻음.
- 모이다……사람들이 공원에 많이 모이다(스스로 모인다는 뜻).
- 모으다……많은 사람들을 공원으로 모으다(모이게 한다는 뜻).
- 목거리……목거리가 덧났다(목이 부어 아픈 병).
- 목걸이……금목걸이, 은목걸이.
- 무안……볼낯이 없음, 면목이 없음.
- 미안……남에게 대하여 겸연쩍은 마음이 있음.
- 무덤……어머니 무덤 앞에서 울었다(시체를 묻은 곳).
- 묻음……나무를 심을 때 깊이 파서 묻음(땅에 묻는 일).

- 묵다……① 오래 되다(묵은 쌀).
  ② 나그네로서 머물다(여관에 묵다).
  ③ 본디의 자리에 머물다.
- 묶다……① 잡아매거나 얽어매다.
  ② 한군데로 모아 합치다.
- 묽다……되지 않고 물기가 너무 많다.
- 문명……물질적으로 세상이 점점 발전해 나감.
- 문화……정신적으로 세상이 점점 깨어 나감.
- 묻다……① 물, 가루 같은 것이 들러붙다.
  ② 물건을 다른 물건 속에 넣어 안 보이게 하다.
- 묻:다……모르는 일에 대하여 남에게 대답을 구하다.
- 묻히다……돌이 땅에 묻히다(흙으로 덮이어지다).
- 무치다……나물을 무치다(나물에 여러 가지 양념을 섞어 버무리다).
- 미소……방긋 웃는 웃음(미소를 띠다).
- 미소……① 아주 작음(미소한 생물).
  ② 아주 적음(미소한 차이).
- 미치다……정신 이상이 되다.
- 미치다……영향이 다른 사람에게까지 미치다.

< ㅂ >

- 바로……곧(집으로 바로 가다).
- 바로……바르게, 곧게(틀린 글자를 바로잡아라).
- 바르다……① 풀을 바르다(묻게 하다).
  ② 비뚤어지지 않다(마음이 바르다).
  ③ 도리나 사실에 옳다, 맞다(이 해답이 바르다).
- 바래다……① 배웅하다.
  ② 볕이나 습기를 받아 빛이 변하다.
- 바치다……① 윗사람에게 드리다.
  ② 마음과 몸을 내놓다(목숨을 바치다).
  ③ 세금 따위를 내다(세금을 바치다).
- 받치다……넘어지지 않게 버티어 놓다(통나무로 지붕을 단단히 받치다).
- 받히다……받음을 당하다.
- 밭치다……술을 체에 밭친다.
- 반드시……꼭, 틀림없이(그 사람은 반드시 성공하고 말거야).
- 반듯이……자세를 반듯이 앉아라(비뚤어지지 않게).
- 방긋이……아이가 방긋이 웃는다.
- 받았다……아버지께서 주시는 책을 받았다.
- 받았다……그릇에 물을 받았다.

- **발**……문에 드리운 발.
- **발**……걸어다니는 발.
- **발견**……아무도 모르던 것을 처음 알아냄.
- **발명**……이제까지 없었던 것을 처음 만들어 내는 것.
- **발전**……① 전기를 일으킴.
  ② 전보를 띄움.
- **발전**……① 일이 잘되어 피어남.
  ② 널리 뻗어 나감(해외로 발전하다).
- **방문**……방으로 드나드는 문.
- **방:문**……남을 찾아보는 일.
- **배**……① 배를 타고 간다(기선 따위).
  ② 갑절. 곱절.
  ③ 배가 아프다.
  ④ 먹는 배.
- **베**……삼베 옷을 입었다(옷감).
- **배웠다**……모르는 것을 배웠다.
- **배었다**……메뚜기가 알을 배었다.
- **버리다**……① 쓰지 못할 물건을 내던지다.
  ② 마음에 맞지 않아서 돌보지 아니하다.
- **벌이다**……① 일을 베풀어 놓다.
  ② 가게를 차리다.
  ③ 물건을 늘어놓다.
- **벌리다**……사이를 넓게 떼다.
- **번쩍**……물건을 가볍게 드는 모양(주먹을 번쩍 들었다).
- **번쩍**……빛이 잠깐 강하게 나타났다 없어지는 모양(불빛이 번쩍 번쩍한다).
- **벋다**……① 바깥쪽으로 길게 자라나다.
  ② 힘이 어디까지 미치다(사람의 힘이 우주까지 벋다).
- **벗다**……옷을 벗다.
- **뻗다**……꼬부렸던 것을 펴서 길게 내밀다(다리를 뻗고 누웠다).
- **베:다**……① 베개를 베다.
  ② 나무를 베다.
- **배:다**……① 아이를 배다.
  ② 씨앗 뿌린 것이 배다.
  ③ 물이 스미어 젖다(땀이 배다).
  ④ 버릇이 되어 익숙해지다(일이 몸에 배다).
- **병**……술병, 물병.
- **병:**……병이 나서 누워 있다.
- **보내다**……시간을 흘러가게 하다(시간을 보내다).
- **보내다**……물건 같은 것을 옮기다(편지를 보내다).

- 보이고……멀리 보이고, 눈에 뜨이고(거리에서 가끔 보이고).
- 보이고……갖다가 보인다(성적표를 아버지께 보이고).
- 봉우리……산을 말할 때(높은 산봉우리가 솟아 있다).
- 봉오리……꽃을 말할 때(꽃봉오리가 방긋 열린다).
- 뵈었다……선생님을 뵈었다(어른을 본다는 뜻의 존대말).
- 베었다……낫으로 풀을 베었다(자른다는 뜻).
- 부대………종이나 헝겊 따위로 만든 주머니(밀가루 열 부대).
- 부대………군대의 하나(공군 부대가 있다).
- 부딪치다……물체와 물체가 세게 마주 닿다(차와 차가 마주 부딪쳤다).
- 부딪히다……부딪침을 당하다(자동차가 기차에 부딪혔다).
- 부르다…… ① 노래를 부르다.
  ② 배가 부르다.
- 부리다……소를 부리다.
- 부모……어버이 양친, 즉 어머니 아버지.
- 보:모……유치원의 여자 선생.
- 부수다……깨뜨린다는 뜻(문을 두들겨 부수다).
- 부시다…… ① 눈이 어리다는 뜻(아침 햇살에 눈이 부시다).
  ② 씻다(그릇을 깨끗이 부시다).
- 부인……시집간 여자를 높이는 말.
- 부:인……사실이 그렇지 않다고 함.
- 부쳐서…… ① 남을 시켜서 편지나 물건을 보내서.
  ② 부채를 흔들어 바람을 일으켜서.
  ③ 힘이 모자라서.
  ④ 논밭을 다루어 농사를 지어서.
- 붙어서……서로 마주 닿아서.
- 붙여서……서로 맞닿아서 떨어지지 않게 하여서.
- 부터……시작한다는 뜻(열 시부터 공부하자).
- 붙어…… ① 떨어지지 않는다는 뜻(종이가 붙어 있다).
  ② 불이 옮아 당긴다는 뜻(불이 붙어 탄다).
- 분…… ① 시간의 한 단위.
  ② 몫.
- 분……얼굴에 바르는 가루.
- 분……화초를 심는 그릇.
- 분……사람의 높임말.
- 분:……분한 마음.
- 불과……그것에 지나지 않음(오늘 출석한 사람은 불과 반이다).
- 불가……옳지 않음(네 의견은 불가하다).
- 불안……마음이 불안함.
- 불편……몸이 불편함.

- 붓:다……① 물을 독에 붓다.
  ② 병으로 얼굴이 붓다.
- 붇:다……비가 와서 강물이 붇다.
- 붙다……종이가 벽에 들어붙다.
- 비……비가 온다.
- 비……비를 가지고 깨끗이 쓸었다(청소 도구).
- 비장한……죽음을 무릅쓴 비장한 결심.
- 비참한……많은 사람이 죽은 비참한 사고.
- 비추다……빛을 보내어 밝게 하다.
- 비취다……"비추이다"의 준말
- 비치다……빛이 이르러 환해지다.
- 뻬:치다……획을 길게 뻬치다(긋다).
- 빌:다……① 부처님께 빌다.
  ② 물건을 거저 달라고 사정하다(거지가 밥을 달라고 빌다).
- 빌리다……어느 때 도로 찾기로 하고 물건을 빌려주다.
- 빗나는……비뚤어지게 나가는(빗나가는).
- 빛나는……빛이 찬란한.
- 빗는……빗 따위로 곱게 다듬는(머리를 빗는 어머니).
- 빚는……송편 따위를 만드는(송편을 빚는 어머니).
- 뿌리고……비가 뿌리고 바람이 부는 날씨이다.
- 뿌리고……꽃밭에 물을 뿌리고 가꾸었다.
- 뿜다……속에 있는 것을 바깥으로 불어 내보내다.
- 품다……가슴에 안다. 가슴에 지니다.

<ㅅ>

- 사과……붉은 사과를 사 왔다(과일).
- 사:과……잘못을 사과하였다.
- 사:리……일의 이치.
- 사리……사사로운 이익.
- 사리……부처나 고승의 유물.
- 사리……국수나 새끼를 사려서 묶은 뭉치.
- 사리……매달 보름과 그믐날의 조수가 밀려오는 시각.
- 사방……산 같은 데서 흙이나 모래를 막는 일.
- 사:방……동서남북.
- 사:신……임금의 명령으로 외국에 가는 신하.
- 사신……사사로운 편지.
- 사:실……실지로 있는 일.
- 사:실……역사상에 있는 사실.
- 사용……사사로이 쓰다.
- 사:용……물건을 쓰다.

- 사:자……심부름하는 일을 맡은 사람.
- 사자……짐승의 왕이라고 불리우는 무서운 동물.
- 사:회……세상, 세간.
- 사회……회의의 진행 등을 맡아보는 일.
- 산림……산과 수풀(산림 녹화 사업).
- 살림……한 집을 이루어 살아가는 일(신혼 살림).
- 살림……죽지 않게 하다(죽게 된 나무를 살림).
- 산:수……셈본.
- 산수……산과 물.
- 살:다……사람이 살다(죽지 않다).
- 사르다……부엌에서 불을 사르다(아궁이 같은 데 불을 피우다).
- 살든……살든지(살든 죽든 상관없다).
- 살던…… 살고 있던(어려서 내가 살던 옛집).
- 삼:다……① 그를 제자로 삼다(정하다).
  ② 짚신을 삼다(만들다).
- 삶:다……감자를 삶다(익게 한다).
- 상……장한 일을 칭찬하여 주는 표적(일등상을 탔다).
- 상……소반, 책상 등을 통틀어 일컫는 말(밥상을 차린다).
- 새……이제 새 학년이 되었다.
- 새:……나뭇가지에서 새가 짹짹거린다.
- 새기다……① 뜻을 새기다(기억하여 두다).
  ② 도장을 새기다.
- 삭이다……밥통에서 먹은 음식을 삭이다.
- 사귀다……친구를 사귀다.
- 새끼……짐을 묶는 데 사용하는 것.
- 새끼……소가 새끼를 낳다.
- 새:다……① 물이 새다.
  ② 날이 새다.
  ③ 비밀이 온 마을에 새다.
- 세:다……① 힘이 세다.
  ② 수효를 세다.
- 샘:……① 물이 땅에서 솟아나오는 자리(물이 맑은 샘).
  ② 시기하다의 뜻(영자는 샘을 잘 낸다).
- 셈:……계산(수효를 셈하다).
- 선뜻……거침없이 가볍고 시원스러운 모양.
- 선뜩……갑자기 놀라거나 찬 느낌을 받는 모양.
- 성……적을 막기 위한 성.
- 성……이름과 성.
- 성……남성, 여성
- 성:……성난 얼굴.

- 성심……정성스러운 마음.
- 선심……착한 마음, 남을 도와 주는 마음.
- 성장……생물이 자라서 점점 커짐.
- 성:장……훌륭하게 웃을 차림.
- 세우다……기둥을 세우다(위로 일으키다).
- 새우다……① 밤을 새우다(자지 않고 보내다).
  ② 샘을 내다.
- 손……아기의 예쁜 손.
- 손……오늘 우리 집에는 손이 많이 왔다(손님).
- 쇠:다……명절이나 생일을 지내다.
- 세:다……① 희어지다(머리털이 세다).
  ② 힘이 세다.
  ③ 수효를 세다.
  ④ 마음이 굳세다.
- 수입……돈이나 곡식을 거두어 들임.
- 수입……외국에서 나는 물건을 사들여 옴.
- 수효……사물의 수(모인 사람들의 수효는 무척 많았다).
- 수요……필요해서 얻고자 함(연탄의 수요가 줄어 간다).
- 수여……상품이나 상장 따위를 준다는 뜻.
- 쉬워요……이 문제는 참 쉬워요.
- 쉬어요……일은 그만 하고 쉬어요.
- 스치다……① 생각이 퍼뜩 떠오르다.
  ② 살짝 닿으며 지나가다.
- 시치다……바느질을 할 때 듬성듬성 호다.
- 슬기……그는 슬기로운 사람이다(지혜).
- 쓸개……쓸개 빠진 사람 같다(간에 붙어서 쓸개즙을 내는 것).
- 승패……이김과 짐.
- 성패……성공과 실패.
- 시리다……손이 시리다(찬 기운을 느끼다).
- 실리다……① 책에 실리다(기록되다).
  ② 차에 실리다(실게 되다).
- 시조……우리 나라에만 있는 노래의 한 형식.
- 시:조……맨 처음의 조상.
- 시:초……맨 처음(시작).
- 시키다……아이에게 심부름을 시키다.
- 식히다……더운물을 차게 식히다.
- 식물……생물 가운데서 동물을 제외한 풀과 나무 따위.
- 식물(食物)……먹는 것.
- 실망……바라는 일이 안 되어 섭섭해 하는 것.
- 신:망……믿고 바람, 믿음과 덕망.

┌─ **실업**……상업, 농업, 공업들과 같은 사업.
└─ **실업**……직업을 잃어버리는 것.
┌─ **실었습니다**……① 짐을 실었습니다.
│   ② 신문에 글을 실었습니다.
└─ **싫었습니다**……그와 놀기가 싫었습니다.
┌─ **싹**……풀의 싹이 돋는다(풀의 눈).
└─ **삯**……품삯을 받는다(일을 해주고 받는 돈).
┌─ **쌓다**……① 장작더미를 쌓다(겹겹이 포개 놓다).
│   ② 공을 쌓다(공을 여러 번 세우다).
└─ **싸다**……① 종이로 책을 싸다(둘레를 덮어씌우다).
   ② 감싸다(보살펴 두둔하다).
┌─ **쓰다**……입맛이 쓰다.
├─ **쓰다**……글씨를 쓰다.
├─ **쓰다**……모자 따위를 머리에 쓰다.
└─ **쓰다**……묘를 자리잡아 만들다(묘를 쓰다).
┌─ **쓰러져**……그는 쓰러져 흐느껴 울었다.
├─ **스러져**……모양이나 자취가 차차 엷어져 없어지다.
└─ **쓸어져**……교실이 벌써 깨끗이 쓸어져 있었다(비 따위로 소제되어).
┌─ **썩어**……글씨가 써지어(칠판에 글씨가 썩어 있다).
└─ **씌워**……머리에 쓰게 하여(모자를 씌워 주어라).

<ㅇ>

┌─ **아름**……두 팔을 벌려 껴안은 둘레의 길이.
├─ **아람**……밤, 도토리 등의 잘 여문 열매.
├─ **알음**……전부터 알음이 있는 사이.
└─ **앎**……앎이 힘이다.
┌─ **아울러**……그것과 아울러 이것도 해라(함께, 같이하여).
└─ **아울려**……우리는 모두 아울려 산으로 갔다(합하여).
┌─ **안**……"아니"의 준말(그 곳에서는 안 놀겠다).
├─ **않**……"아니하"의 준말(그렇지 않아).
└─ **안**……"속"의 반대(집 안에 들어갔다).
┌─ **안고**……아기를 안고 있다(두팔로 무엇을 가슴에 대고).
└─ **않고**……공부는 않고 뭘 하느냐(아니하고의 준말).
┌─ **안:다**……어린아이를 품에 안다.
└─ **앉다**……자리에 앉다.
┌─ **안치다**……밥을 안치다.
└─ **앉히다**……윗자리에 앉히다.
┌─ **앉았네**……전깃줄에 참새가 앉았네.
└─ **않았네**……아직 여름은 오지 않았네.

- 애타다……근심이 커서 속이 타는 듯하다.
- 애달프다……마음이 아프고 쓰리다. 몹시 안타깝다.
- 얘……"이 아이"의 준말(얘야!).
- 예……대답할 때의 "예".
- 어기다……약속을 어기다.
- 우기다……억지를 부리다.
- 어려서……① 나이가 적어서.
  ② 눈에 보이는 듯하여서.
- 어울려서……여럿이 한데 잘 섞이어서.
- 어:름……두 물건의 끝이 닿는 자리(두 물건의 어름).
- 어림……대강 짐작으로 헤아림(어림도 없는 소리).
- 얼음……물이 얼어서 굳어진 물건(얼음이 풀리는 봄).
- 어리다……양쪽 기슭의 풍경이 물위에 어리다.
- 어리다……눈에 눈물이 어리다.
- 어리다……아직 나이가 어리다.
- 언짢다……마음에 달갑지 않다.
- 귀찮다……귀여운 것이 없고 성가시기만 하다.
- 얹다……물건을 시렁 위에 얹다.
- 업다……아이를 등에 업다.
- 없다……"있다"의 반대(연필이 한 자루도 없다).
- 엎다……① 위, 아래가 바뀌어 놓이게 하다(물그릇을 엎다).
  ② 망쳐 버리다(다 된 일을 엎어 놓았구나).
  ③ 못 일어나도록 위를 덮다(꼼짝도 못하게 엎어 놓았다).
- 에:다……칼 따위로 도려 내다.
- 에우다……사방을 둘러싸다.
- 여성(女聲)……여자의 목소리.
- 여성(女性)……여자.
- 여의다……① 죽어 이별하다(부모를 여의다).
  ② 시집보내다.
- 여위다……① 몸이 마르다.
  ② 가난하여 살림이 보잘것없다.
- 역사……우리 겨레의 반만년 역사.
- 역사……그는 힘이 역사다(힘이 센 사람).
- 역사……토목·건축 등 여러 사람이 하는 큰 일.
- 연기……기한을 물림(운동회는 연기되었다).
- 연기……물건이 탈 때 나는 흐릿한 기체.
- 연:기……배우가 무대에서 보이는 말이나 몸짓.
- 열:다……열매같은 것이 맺히다(배가 많이 열다).
- 열:다……① 닫힌 문이나 뚜껑 같은 것을 터놓거나 빼다.
  ② 어떤 모임을 개최하다(동창회를 열다).

- ~오……받침 없는 말에 붙어 베풂, 물음, 시킴을 나타내는 말(날이 차오. 어디로 가오? 어서 오오).
- 요……말끝에 붙어서 상대를 높이거나 주위를 끌게 하는 말(비가 와요. 빨리 가요).
- 오로지……오직 한 쪽으로, 전혀(학생은 오로지 공부에만 열중해야 한다).
- 오직……하나뿐이라는 뜻(오직 이것밖에 없습니다).
- 오죽……얼마나(오죽 아프랴).
- 완전……모자람이 없고 빠짐이 없음.
- 안전……편안하고 온전함.
- 외적……나라 밖에서 쳐들어오는 적.
- 왜적……원수인 일본 군사.
- 용:기……용맹스러운 기운(용기를 내라).
- 용기……물건을 담는 그릇(플라스틱 용기).
- 우거지다……초목이 무성하게 되다(산에 나무가 우거지다).
- 우그러지다……안으로 구부러지다(냄비가 우그러지다).
- 우리……우리들은 학생이다.
- 우리……돼지우리.
- 우습다……그 이야기는 참으로 우습다.
- 웃다……즐거워서 웃다.
- 원:수……해를 끼치어 원한이 되는 사람이나 물건.
- 원수……군인 가운데서 가장 높은 계급.
- 위엄……실력이 있는 사람은 위엄이 있다(점잖고 엄숙함).
- 위험……위험한 곳에 가지 말아라(위태하고 험함).
- ~으러……목적을 나타냄(고기를 잡으러 간다).
- ~으려……하고 싶어하는 마음을 나타냄(책을 읽으려 한다).
- ~으로서……학생으로서 그런 일을 하면 되나(자격으로).
- ~으로써……이것으로써 오늘의 식을 마치겠습니다(수단, 방법, 가지고의 뜻).
- 은근한……은근한 태도로 대한다(겸손하고 정중한).
- 은은한……은은한 종소리가 들린다.
- 의:견……마음속에 느낀 생각(내 의견은 이렇다).
- 이:견……남과 다른 의견.
- 의논……여러 사람이 의논한 결과 우리반 앞에 꽃밭을 만들기로 했다(서로 상의함).
- 이:론……여러 가지 이론이 나왔다(서로 뜻을 내세움).
- 의:미……그 말의 의미를 알 수 없구나(뜻).
- 이미……이미 그 일은 끝났다(벌써).
- 의복……옷.
- 이:복……아버지가 같고 어머니가 다른 사람(이복 동생).

- 의사……병을 고치는 것을 업으로 하는 사람(외과 의사).
- 의:사……생각, 마음, 뜻.
- 의:사……정의와 지조를 굳게 지키는 사람(안중근 의사).
- 이따가……이따가 오너라.
- 있다가……돈은 있다가도 없다.
- 이:래……그 뒤로(그런 일은 유사 이래 처음이다).
- 이레……초이레, 일곱(이레를 걸려서 일을 마쳤다).
- 이루다……뜻을 이루다(성공하다).
- 이르다……① 역에 이르다(다다르다).
   ② 잘 알아듣도록 이르다(알아듣게 말하다).
   ③ 아직 이르다(빠르다).
- 이룩하다……집안을 크게 이룩하다(일으켜 세우다).
- 이사……살고 있던 집을 옮겨감.
- 이:사……담당 사무를 집행하는 사람의 직명(상무 이사).
- 이:상(理想)……이상이 높은 사람(가장 좋다고 생각하는 경지).
- 이:상(以上)……① 이상으로 수업을 마치다(끝).
   ② 10년 이상(더 많거나 더 나음).
- 이:상(異常)……오늘 날씨는 이상하다(보통과 다름).
- 이제……지금 말하고 있는 바로 이때.
- 이제야……이제 겨우.
- 인제……지금에 이르러, 지금부터 곧.
- 이:해……깨달아 알아들음.
- 이:해……이로움과 해로움.
- 익다……① 열매가 여물다(감이 익다).
   ② 음식이 삶아지다(삶은 밤이 다 익다).
- 읽다……글을 소리내어 외다(책을 읽다).
- 인력……사람의 힘.
- 인:력……서로 끌어당기는 힘(만유 인력).
- 인류……사람을 다른 동물과 구별하여 일컫는 말.
- 일류……첫째가는 지위.
- 인명(人名)……사람의 이름.
- 인명(人命)……사람의 목숨.
- 인사(人事)……선생님께 아침 인사를 드렸다.
- 인사(人士)……그는 이름 있는 인사이다.
- 잊다……잊어버리다(약속을 깜박 잊다).
- 잇:다……끼니를 잇다(끊이지 않게 하다).
- 있다……사람이 있다(없지 않다).
- 잃다……① 정신을 잃다(있던 것이 없게 되다).
   ② 내기에 져서 빼앗기다.
   ③ 가까이 있던 사람이 죽다.

- 잎……나뭇잎이 벌써 누렇게 되었구나(나무의 잎).
- 입……노래를 부를 때는 입을 크게 벌려라(밥을 먹는 입).
- 닢……엽전을 세는 단위(엽전 한 닢).

<ㅈ>

- 자기……제 몸(자기 일은 자기가 해라).
- 자기……질그릇(고려 자기).
- 자라다……키가 무럭무럭 자라다(점점 커가다).
- 자르다……가위로 종이를 자르다(조각을 내다).
- 자라서……성장한다는 뜻(어서 자라서 꽃을 피워라).
- 잘아서……크기가 매우 작다는 뜻(글씨가 너무 잘아서 잘 읽을 수가 없다).
- 잘라서……끊는다는 뜻(나무는 잘라서 무엇에 쓰려느냐).
- 자신(自信)……어떤 일을 할 수 있다고 믿음(자신 있게 대답했다).
- 자신(自身)……스스로의 제 몸(자신의 이름을 말하라).
- 작가……문학, 미술, 영화 등의 작품을 만드는 사람.
- 작자……① 책이나 글을 쓴 사람.
  ② 물건을 살 사람.
- 작년……지난해.
- 장:년……기운이 한창 섞섞한 나이.
- 잠그다……① 문을 잠그다(열쇠로 채우다).
  ② 물에 잠그다(물 속에 넣다).
- 잠기다……① 문이 잠기다(잠가지다).
  ② 독서에 잠기다(골똘하다).
- 쟁이다……여러 장을 차곡차곡 포개어 놓다.
- 장수……① 돈을 벌기 위해 공장에서 물건을 사다 파는 사람.
  ② 할아버지는 장수하였다(목숨이 길다).
- 장사……장사가 잘된다.
- 장:사……그는 힘이 장사다(힘이 센 사람).
- 저리……저리 가면 학교가 보인다(저쪽으로).
- 저리……왜 저리 떠드는지 모르겠구나(저러하게).
- 저리다……다친 다리가 저리다.
- 절이다……김장 배추를 절이다.
- 저의……저 집이 바로 저의 집입니다.
- 저희……선생님이 안 계셔도 저희끼리 공부합니다.
- 저이……저 사람(저이가 나를 부른다).
- 적다……글씨를 쓴다는 뜻(공책에 이름을 적다).
- 적:다……많지 않다는 뜻(분량이 매우 적다).
- 작:다……크지 않다(키가 작다).

- 전력(電力)······전기의 힘.
- 전력(全力)······모든 힘(공부에 전력을 다하라).
- 전원······논밭과 동산.
- 전원······전체의 인원.
- 전:장······싸움터.
- 전:쟁······나라와 나라 사이의 싸움.
- 젓······시장에 가면 새우젓이 있다.
- 젖······아기가 어머니의 젖을 빤다.
- 정:당······바르고 마땅함.
- 정당······정치 단체라는 뜻.
- 정부······나라를 다스리는 가장 중심되는 관청.
- 정:부······바름과 바르지 못함.
- 정(定):하다······어떻게 하자고 뜻을 세우다.
- 정:하다······깨끗하고 맑다(샘물은 언제나 정하다).
- ~조차······"까지"라는 뜻(너조차 그렇게 하니?).
- 좇아······"따라서"라는 뜻(뒤를 좇아 오너라).
- 쫓아······"몰아낸다"는 뜻(밖으로 쫓아내다).
- 조리다······고기나 채소 따위를 양념하여 국물이 바특하게 바짝 끓이다.
- 졸리다······① 졸음이 와서 자고 싶은 느낌이 들다.
  ② 남에게 졸림을 당하다.
  ③ 단단하게 매어지다.
- 졸이다······마음을 졸이다.
- 종······때려서 울리는 종.
- 종:······남의 밑에서 일하는 사람.
- 주검······주검 앞에서 한없이 울었다(죽은 사람, 시체).
- 죽음······죽음으로써 나라를 지키자(죽는 일).
- 주리다······여러 날을 주렸다(배를 곯다).
- 줄이다······비용을 줄인다.
- 주었다······제것을 남에게 가지게 하다.
- 주웠다······떨어진 물건을 집었다.
- 주장······자기의 생각은 이렇다고 내세움.
- 주장······① 한 부대의 우두머리.
  ② 어떤 운동 경기에 나가는 선수들의 우두머리.
- 줍다······땅에 떨어진 것을 줍는다는 뜻(종이를 줍다).
- 집다······지목하여 가리키다(누구라고 집어서 말하다).
- 잡다······붙잡는다는 뜻(도둑놈을 잡다).
- 즐기다······① 고기 반찬을 즐기다(좋아하다).
  ② 음악을 즐기다(마음의 재미를 누리다).
- 질기다······나일론 옷감은 매우 질기다.

- 지나다……① 어떤 곳을 통과하다.
  ② 시간이 흐르다.
- 지내다……① 살아가다.
  ② 어떤 직책을 맡아 하다(군수를 지내다).
  ③ 제사 따위를 치르다.
- 집……사람이 사는 건물.
- 짚……"볏짚"의 준말(짚으로 가마니를 짜다).
- 짓다……집을 짓다.
- 짖다……개가 큰 소리로 짖다.
- 짙다……빛깔이나 색이 진하다.
- 집는다……손으로 공을 집는다.
- 짚는다……땅을 손으로 짚는다.
- 줍는다……땅에 떨어진 돈을 줍는다.
- 깁는다……해어진 옷을 깁는다.
- 집단……모임, 단체(집단으로 황무지를 개척했다).
- 짚단……볏짚의 묶음(짚단을 날랐다).
- 집안……① 가까운 살붙이(집안 사람).
  ② 가정(집안일, 집안 살림).
- 집 안……집의 안쪽(집 안에 있는 채소밭).
- 짜다……① 옷감 따위가 되게 하다(비단 옷감을 짜다).
  ② 기름을 짜다(깨로 기름을 짜다).
- 짜다……소금 맛 같다(국이 너무 짜다).
- 찢다……옷을 찢다.
- 찧다……벼를 찧다.

<ㅊ>

- 차다……가득하여 더 들어갈 수 없게 되다.
- 차다……차갑다(냇물이 차다).
- 차다……공을 차다.
- 차다……수갑을 차다.
- 차마……애틋하고 안타까운 정을 억눌러 참고서(차마 눈으로 볼 수 없는 일이다).
- 참아……굳은 마음으로 어려운 고비를 견디어(불편해도 참아라).
- 찼다……그릇에 물이 가득 찼다.
- 찼다……발로 공을 찼다.
- 채……가늘고 긴 물건의 길이(머리채).
- 채……어떤 상태가 계속된 대로 그냥(산 채로 잡다).
- 채……일정한 한도에 이르지 못한 상태(채 익지도 않은 사과).
- 체……모르면서 아는 체한다.

- **쳐들어**……높게 들어 올려(국기를 높이 쳐들어라).
- **쳐들어**……공격하여(외적이 쳐들어온다).
- **초대**……첫번째.
- **초대**……남을 불러서 대접함.
- **출가**……시집을 가는 것(언니는 작년에 출가했다).
- **출가**……중이 되는 일.
- **치다**……손이나 물건을 어떤 물건에 닿도록 급히 힘을 주다(손뼉을 치다).
- **치다**……천막을 치다.
- **치다**……"치우다"의 준말(길가의 돌을 치다).
- **치다**……적을 공격하다(적을 치다).
- **치다**……붓을 놀리어 어떤 곳에 점이나 줄을 치다.
- **치다**……집짐승을 기르다(닭을 치다).
- **치다**……힘있게 소리를 내다.
- **침묵**……입을 다물고 말을 않는 것(침묵은 금이다).
- **친목**……서로 친해지고 가까워짐.

< ㅌ >

- **탈:**……종이, 나무, 흙 등으로 만든 얼굴의 모양.
- **탈:**……속뜻을 감추고 겉으로 꾸미는 거짓 얼굴.
- **탈**……사고(배탈이 났다).
- **탐험**……위험을 무릅쓰고 알려지지 않은 곳을 탐험한다.
- **탐정**……범죄 사건의 진상을 살핌(소년 탐정).
- **통하다**……① 양쪽 구멍이 통하다(막힘이 없이 트이다).
  ② 잘 통하는 사이다(거침없이 서로 사귀다).
  ③ 말로는 안 통한다(서로의 뜻을 알다).
  ④ 지리에 밝게 통하다(어떤 방면에 잘 알다).
- **동:하다**……그 일에 마음이 조금 동하다(움직이다).

< ㅍ >

- **품**……윗도리 옷에 있어 겨드랑이 밑의 넓이.
- **품**……껴안은 가슴(어머니 품에 안긴다).
- **품**……어떤 생김새나 모습(품이 매우 고상하다).
- **품**……무슨 일에 드는 품(품삯을 받아라).
- **픽**……"픽" 소리를 내며 웃는 모습(픽하고 웃다).
- **픽**……힘없이 가볍게 쓰러지는 모양(옆으로 픽 쓰러졌다).

< ㅎ >

- **하노라고**……하노라고 한 것이 이 모양이다.
- **하느라고**……공부하느라고 밤을 새웠다.

- 하러……공부하러 가자(목적을 나타냄).
- 하려……무엇을 하려고 한다(뜻을 나타냄).
- ~하므로……공부를 잘하므로 상을 준다(하는 까닭으로).
- ~함으로……일함으로써, 낙을 삼는다(~을 가지고).
- 한낱……오직, 단지, 하나뿐의(한낱 보잘것없는 사람이지만).
- 한낮……대낮(달이 한낮같이 밝구나).
- 한데……우리 민족은 한데 뭉쳐야 한다(한 곳으로).
- 한:데……춥지 않으니 한데 나가서 놀아라(바깥, 밖).
- 한테……에게(언니한테 보낼 물건).
- 한몫……한 사람 앞에 돌아가는 분량.
- 한목……한꺼번에 다(숙제를 한목에 다했다).
- 한참……한동안(한참 생각하더니 대답한다).
- 한창……가장 성할 때(지금은 벼베기가 한창이다).
- 해……"하여"의 준말(순이는 공부를 잘해요).
- 해……태양(아침 해가 떴다).
- 해:……보탬이 되지 않은 것, 손해(홍수에 큰 해를 입었다).
- 해:방……얽어매었던 것을 풀어 놓음.
- 훼:방……남이 하는 일을 방해함.
- 해:치다……해롭게 만들다(사람을 해치다).
- 헤치다……속에 든 것을 드러나게 하려고 잡아 젖히다.
- 햇빛……해의 빛(햇빛이 밝다).
- 햇볕……해가 내쏘는 뜨거운 기운(햇볕이 따스하다).
- 헙수룩하다……허름하고 어수선하다.
- 허술하다……낡아서 보기에 어울리지 않다.
- 허룩하다……없어지거나 줄어들다.
- 허름하다……값이 싼 듯하다(정도에 미치지 못하다).
- 현:상……실지로 나타나 보이는 모습.
- 현:상……사진 적은 필름을 약물에 넣어 그 모습이 나타나게 하는 일.
- 현상……무엇을 모집하는 데 상을 거는 일.
- 호수……땅이 우묵히 패어 물이 괸 곳(호수에 배를 띄우다).
- 호:수……집의 수효(네 동네 호수가 얼마냐?).
- 화:상……사람의 모양을 그린 그림.
- 화:상……불에 데어 상함(화상 환자).
- 효:성……마음을 다하여 어버이를 모시는 정성.
- 효:성……샛별.
- 흐르다……강물이 몹시 빠르게 흐르다(움직여 내려가다).
- 흐리다……오늘 날씨는 몹시 흐리다(구름이 잔뜩 끼다).
- 홀리다……떨어지게 하다(땀을 흘리다).
- 홀리다……정신이 홀리다(어떤 힘에 이끌리어 반하다).

띄어쓰기의 규칙

1. **조사는 그 앞말에 붙여 쓴다.**
   사람은 사람이 사람과 사람만 사람으로서
   책에서 책으로 책만큼 책이라도
   여자라도 남자라야 너에게 바보처럼

2. **의존 명사는 띄어 쓴다.**
   학교는 모든 학생의 것이다.
   시키는 대로 한다.
   땅을 치고 울 만큼 원통하다.
   어찌할 바를 모르겠다.
   최선을 다했을 뿐이다.
   그때는 그럴 수밖에 없었다.
   이 이가 바로 그 사람이다.
   졸업한 지 만 1년이 되었다.

3. **단위를 나타내는 명사는 띄어 쓴다.**
   종이 석 장 소금 넉 섬 생선 네 마리 속옷 두 벌
   운동화 세 켤레 집 한 채 자반 한 손 차 석 잔
   붓 한 자루 김 한 톳 자동차 열 대

   다만, 순서를 나타내는 경우나 숫자와 어울리어 쓰이는 경우에는 붙여 쓸 수 있다.
   한시 이십삼분 사십오초 1질 15권 1945년 8월 15일
   십사층 일호 4차 108동 1401호

4. **수를 적을 적에는 '만(萬)' 단위로 띄어 쓴다.**
   구천팔백칠십육억 오천사백삼십이만 일천이백삼십사
   9876억 5432만 1234

5. **두 말을 이어 주거나 열거할 적에 쓰이는 말들은 띄어 쓴다.**
   국장 겸 과장   열 내지 스물
   청군 대 백군   책상, 걸상 등이 있다
   이사장 및 이사들   사과, 배, 귤 등등

6. **한 자로 된 낱말이 연이어 나타날 적에는 붙여 쓸 수 있다.**
   이집 저집 한권 두권 그날 그날

7. 보조 용언은 띄어 씀을 원칙으로 하되, 경우에 따라 붙여 씀도 허용한다.
   그럭저럭 살아 간다. 그럭저럭 살아간다.
   친구를 도와 준다. 친구를 도와준다.
   일이 잘 될 듯하다. 일이 잘 될듯하다.
   여행을 할 만하다. 여행을 할만하다.
   될 법한 일이다. 될법한 일이다.
   날이 갤 성싶다. 날이 갤성싶다.
   책을 읽는 척 한다. 책을 읽는 척한다.

8. 성과 이름, 성과 호 등은 붙여 쓰고, 이에 덧붙는 호칭어, 관직명 등은 띄어 쓴다.
   이퇴계 정다산 김구 선생 이승만 대통령
   우장춘 박사 최영 장군

9. 성명 이외의 고유 명사는 단어별로 띄어 씀을 원칙으로 하되, 단위별로 띄어 쓸 수 있다.
   서울 대학교 사범 대학 부속 초등 학교
   서울대학교 사범대학 부속초등학교

10. 전문 용어는 단어별로 띄어 씀을 원칙으로 하되, 붙여 쓸 수 있다.
    만성 골수성 백혈병 만성골수성백혈병
    중거리 탄도 유도탄 중거리탄도유도탄

문장 부호

구분	부호	부호의 이름	쓰 임	보 기
마침표	.	온점	문장의 끝남을 나타냄.	*꽃이 피었다.
	○	고리점	세로쓰기에는 고리점을 씀.	다 추 모 *석 레 다 이 가
	?	물음표	의심이나 물음을 나타냄.	*오늘이 며칠이냐?
	!	느낌표	감탄, 놀람, 부르짖음, 명령 등 강한 느낌을 나타냄.	*단풍 든 산은 정말 아름답다! *빨리 가!
쉼표	,	반점	휴식이나 여러 낱말을 늘어놓음을 나타냄.	*나뭇잎이 날리면, 가을이다.
	、	모점	가로쓰기에는 반점, 세로쓰기에는 모점을 씀.	만 는 라 우 이 * 사 인 다 천 구 나
	·	가운뎃점	대등하거나 같은 계열의 낱말임을 나타냄.	*사과·배·감·밤. *우리 나라는 다른 분야보다도 과학을 연구·발전시켜야 한다.
따옴표	" "	큰따옴표	대화, 인용, 특별 어구 따위를 나타냄.	*선생님께서 "모레 소풍을 간다."고 말씀하셨다.
	' '	작은따옴표	따온 말에서 다시 따온 말, 마음 속의 생각을 나타냄.	*"속담에 '콩 심은 데 콩 나고, 팥 심은 데 팥 난다.'고 했다." *성적표를 받아 들고 '공부를 더 열심히 해야지.' 하고 다짐했다.

수량 호칭 일람표

> 물건의 이름을 찾아 그 수에 붙여 부르는 이름(명수사)을 알아봅시다.

가마……한 채
가위……한 개, 1정
가죽……한 평(한 자 평방)
간장……한 병, 한 통
갈비……한 짝(한 편쪽 전부), 한 대(토막친 것 한 토막)
건시……한 접(100 개), 한 동(100 접)
고삐……한 타래
공기……한 개, 한 죽
곶감……개, 접, 동
과물……한 개, 한 접(100 개), 한 동(100 접)
교정……초교, 재교, 삼교……
구두……한 켤레, 한 짝
기와……한 장
기차……한 대
김……한 톳
꽃……한 송이
나무……한 그루
나뭇잎……한 잎
낫……한 자루
널……한 장
노래……한 곡
다기……한 세트
달걀……한 개, 한 꾸러미(10 개), 한 줄, 한 판(30 개)
달구지……한 채
담배……한 갑, 한 보루(10 갑)
대포……한 문, 100 문
도끼……한 자루
돗자리……한 잎

두루마리……한 축(하나)
두릅……한 두름(물고기나 나물을 길게 엮은 것)
두부……한 모, 한 판
디스크……한 장
라디오……한 대
말……한 마리, 한 필
맥주……한 잔, 한 병, 한 상자
머리털……한 개, 한 움큼
먹……한 동(열 장)
메밀 국수……한 장
명태……한 쾌(스무 마리), 한 동(2,000 마리)
묘석·묘비……1 기
무명·베……한 동(50 필)
문장……한 편
물고기……한 마리
물오리·들오리……한 마리, 한 쌍(두 마리)
미나리……한 손(한 줌)
미역·다시마……한 꼭지, 한 모숨(길고 가느다란 물건의 한 줌)
바둑……한 판
발……하나
발동기……한 대
밭……a, ha, 평
백지……1 권(20 장), 1 동(100 권)
버선……한 켤레, 한 죽(열 켤레)
볏단……한 뭇

부록

보석……캐럿(carat)
붓……한 동(열 자루)
비행기……한 대
사람……한 사람, 한 명
생강……한 동(열 접)
생선……한 마리, 한 손(조기, 암치, 통배추 따위 크고 작은 것을 끼어 두 마리, 또는 두 개), 한 뭇(열 마리), 한 동(2,000 마리)
생선회……한 접시
석유……한 초롱(한 통)
선로……m, km
선박……한 척
설탕……g, kg
세대……한 세대
세수 수건……한 장
셔츠……한 벌
소……한 마리, 한 필
소설……한 편
솜……한 근, 한 채
수레……한 채
수저……한 벌(숟가락과 젓가락)
숙박……일 박, 이 박
숟가락……한 개, 한 죽
술……병, 통, 섬
숯……한 섬
시……한 편
시조……한 수
시합……한 판
식사……일인분, 한 그릇, 한 상
신발……한 켤레
신사복……한 벌
실……한 타래, 한 꼭지
쌀 ……홉, 되(열 홉), 말(열 되), 섬(열 말), kg
씨름……한 판
암치·수치……한 손(두 마리)

약……일 정, 한 포, 한 병(양약), 한 첩, 한 제(스무 첩)
양말……한 켤레
어린이……한 명
연극……한 편
엽전……한 꿰미(열 냥), 한 쾌(열 꾸러미)
영화……한 편
오디오·비디오……한 대
오징어·낙지……한 마리, 한 죽, 한 뭇
옷감……한 감
우동·국수……한 사리
윷놀이……한 사리(모나 윷을 치다)
음료수……한 잔, 한 병
의류……한 벌, 한 죽(열 벌)
이불·요……한 채
인쇄기……한 대
자반……한 손(크고 작은 것 두 마리)
장갑……한 켤레
장기……한 판
장작……한 뭇(작게 묶은 한 단), 한 짐(열 뭇)
재목……m³
전기 세탁기……한 대
전화기……한 대
접시……한 개, 한 죽(열 개)
젓가락……한 매
조기……한 마리, 한 동(2,000 마리)
조기·비웃……한 동(2,000 마리)
족자……한 축, 대련(대가 되는 두 축)
종(種)……종류
종이……한 장, 한 연(양지 전지 500장), 한 권(한지 20장), 한 축(한지 열 권)
주발(사발)·대접……한 개, 한

부 록　　　　　704

죽
직물……한 필
짐승……한 마리
집……한 채
짚……한 춤(한 손으로 쥘 만한 분량)
차(茶)……한 잔
채소……한 단, 한 뭇, 한 접
책……한 권, 한 부
천……한 필
초밥……한 개, 일인분
촛대……한 쌍(두 개)
총……한 자루
카메라……한 대
칼……한 자루
컴퓨터……한 대

탑……1기
텔레비전……한 대
토끼……한 마리
토지……m², 평
통조림……한 통
포도……한 송이
풀……한 포기
피아노……한 대
한시……한 수
화물……kg
화물차……한 대(량)
화투·트럼프……한 벌
화폐……원
화환……한 다발, 1속
활자……호, 급, 포인트
회화(그림)……한 폭

수의 우리말

숫자의 우리말		차례의 우리말		달의 우리말	
1 하나	40 마흔	제 1	첫째	1월	정월
2 둘	50 쉰	제 2	둘째	2월	이월
3 셋	60 예순	제 3	셋째	3월	삼월
4 넷	70 일흔	제 4	넷째	4월	사월
5 다섯	80 여든	제 5	다섯째	5월	오월
6 여섯	90 아흔	제 6	여섯째	6월	유월
7 일곱	100 백	제 7	일곱째	7월	칠월
8 여덟	101 백하나	제 8	여덟째	8월	팔월
9 아홉	110 백열	제 9	아홉째	9월	구월
10 열	120 백스물	제10	열째	10월	시월
20 스물	365 삼백예순다섯	제11	열한째	11월	동짓달
30 서른		제12	열두째	12월	섣달

날짜와 우리말	날수와 어림수	
1일 초하루	한두	하나나 둘 가량. 일이(一二).
◦ 초하룻날	한둘	하나나 둘. 일이(一二).
2일 초이틀	두어	둘 가량의 뜻. ¶~ 개/~ 사람.
◦ 초이튿날	두서너	둘 혹은 서너. ¶~ 권/~ 번.
3일 초사흘	두서넛	둘 혹은 서넛. ¶~ 가져 보다.
◦ 초사흗날	두세	둘이나 셋. ¶~ 가지.
4일 초나흘	두셋	둘 혹은 셋. ¶사과 ~을 먹는다.
◦ 초나흗날	서너	셋이나 넷쯤. 삼사(三四).
5일 초닷새	서넛	셋이나 넷. 삼사(三四).
◦ 초닷샛날	서너너덧	셋이나 넷 또는 넷이나 다섯.
6일 초엿새	너더댓	넷이나 다섯 가량.
◦ 초엿샛날	너덧	넷 가량.
7일 초이레	대여섯	다섯이나 여섯 가량.
◦ 초이렛날	대엿	대여섯.
8일 초여드레	예닐곱	여섯이나 일곱.
◦ 초여드렛날	일고여덟	일곱이나 여덟.
9일 초아흐레	일여덟	일고여덟.
◦ 초아흐렛날	여남은	열 가량에서 열 좀 더 된 수.
10일 초열흘	1일	하루.
◦ 초열흘날	2일	이틀.
15일 보름	3일	사흘.
◦ 보름날	4일	나흘.
31일 그믐	5일	닷새.
◦ 그믐날	6일	엿새.
	7일	이레.
	8일	여드레.
	9일	아흐레.
	10일	열흘.
	20일	스무날.
	30일	한 달.
	사날	사흘이나 나흘, 삼사일.
	사나나달	삼사일이나 사오일.
	나달	나흘이나 닷새쯤.
	닷새	다섯날.
	댓새	닷새 가량.
	대엿새	닷새나 엿새 가량.
	엿새	여섯날.
	예니레	엿새나 이레.

꽃 말

〈드릴 때〉

국화……군자의 마음
금어초……욕망
난초……고귀한 뜻
들국화……결백
모란꽃……부귀를 바랍니다
백합……순결하고 존엄하다
붓꽃……존경합니다
아네모네……고독
아마릴리스……자랑스럽다
억새풀……노력

〈떠나가는 사람에게〉

개나리……잃어버린 사랑
과꽃……변화
금잔화……실망했다. 이별을 고한다
낙엽……서러움
노란 카네이션……자기 자신을 경멸한다
노란 튤립……끊어질 사랑
달리아……변하기 쉬운 마음
만수국……그 여자의 질투
문주화……유랑
수국……내가 졌다
시든 흰 장미……덧없는 세상
쑥……나는 간다
연꽃……나는 물러갑니다
팬지……내 생각도 좀 해 다오
흰 봉선화……나를 건드리지 마라
흰 양귀비……잊고 싶어
흰 장미꽃봉오리……당신은 내 마음을 몰라 준다
히아신스……비애, 승부

〈못 믿을 사람에게〉

나팔꽃……거짓 사랑
노란 백합……허위
디기탈리스……불성실
살구꽃……당신을 의심한다

〈사랑하는 사람에게〉

담쟁이덩굴……결혼합시다
도깨비부채……나는 행복해요
동백꽃……그대를 사랑합니다
등불꽃……고백
레몬……순정(純情)
물망초……참된 사랑 그대 나를 잊지 마시오
민들레……내 사랑 그대에게
배꽃……보고파
봉선화……기다리는 안타까움
붉은 국화……내 사랑을 받아 주세요
붉은 복숭아……변함 없는 사랑
붉은 튤립……나는 당신을 사랑합니다
사프란……언제나 기뻐요
스톡……변하지 않는 아름다움
아카시아……남몰래 바라는 사랑
주머니꽃……언제까지나 나를 기다려 주세요
치자……나는 너무 행복합니다
칸나……남국의 정열 같은 사랑
흰 장미……이제 나도 당신을 사랑할 만합니다
흰 진달래……그대의 사랑을 바랍니다

〈위안 드릴 때〉

글라디올러스……무장을 단단히
등나무……나그네여 내게로 오라
붉은 양귀비……위안
시네라리아……쾌활
장미 잎……때만 기다리시오
채송화……인내

〈친구에게〉

데이지……언제나 깨끗하게
마거리트……젊은이의 기쁨
무궁화……일편 단심
방울꽃……행복
백일홍……헤어진 벗의 생각
분홍 진달래……신념
석류꽃……점잖음
스위트 피……아름다운 추억
작약……부끄러움
창포……반가운 기별
추해당……그대는 친절하다
프리뮬러……청춘
프리지어……우정
해바라기……의지와 신앙
흰 라일락……청춘을 즐기자

〈약 호〉

1. 일러두기

ㄱ…ㄱ말
ㄴㅔ…ㄴㅔ말
눅…눅말
ㅁㅏ…ㅁㅏ말
ㅁㅏㄹㅣ…ㅁㅏㄹㅣ말
뱅…뱅어
ㅅ…ㅅㅔ이말
옌…옌의말
중국…중국말
포…포르투갈말
프…프랑스말

2. 부호

〈속〉 속담
( ) 표제어 원자 표시 및 어례의 표시
[ ] 발음 표시
[ ] 표제어 활용
← 비표준어이나 경우 가 보기
→ 해당 말의 설명 있음에
ː 긴 발음
= 같은 말
⑩ 열거로 쓰이는 보기
①, ②, ③ 그 말뜻이 여러 가지인 경우 쓰임

[비] 비슷한말   [图] 큰말   [国] 본디말
[여] 여린말   [아] 아기말   [例] 예사말
[비] 비속한말 [중] 준말   [기] 기세말